November 8–11, 2016
Teresina, PI, Brazil

Association for Computing Machinery

Advancing Computing as a Science & Profession

WebMedia'16

Proceedings of the 22nd Brazilian Symposium on
Multimedia and the Web

Sponsored by:

SBC - Sociedada Brasileira de Computação

In-cooperation with:

ACM SIGMM & ACM SIGWEB

**Association for
Computing Machinery**

Advancing Computing as a Science & Profession

The Association for Computing Machinery
2 Penn Plaza, Suite 701
New York, New York 10121-0701

Notice to Past Authors of ACM-Published Articles
ACM intends to create a complete electronic archive of all articles and/or other material previously published by ACM. If you have written a work that has been previously published by ACM in any journal or conference proceedings prior to 1978, or any SIG Newsletter at any time, and you do NOT want this work to appear in the ACM Digital Library, please inform permissions@acm.org, stating the title of the work, the author(s), and where and when published.

ISBN: 978-1-4503-4095-3 (Digital)

ISBN: 978-1-4503-4713-6 (Print)

Additional copies may be ordered prepaid from:

ACM Order Department
PO Box 30777
New York, NY 10087-0777, USA

Phone: 1-800-342-6626 (USA and Canada)
+1-212-626-0500 (Global)
Fax: +1-212-944-1318
E-mail: acmhelp@acm.org
Hours of Operation: 8:30 am – 4:30 pm ET

Printed in the USA

WebMedia 2016 Chairs' Welcome

It is our great pleasure to welcome you to the 22nd Brazilian Symposium on Multimedia and the Web – WebMedia'16. WebMedia is an annual symposium sponsored by the Brazilian Computer Society (SBC - Sociedade Brasileira de Computação) in the fields of Multimedia, Hypermedia and Web. WebMedia's 22nd edition is held from November 8th to November 11th, 2016 in Teresina, capital of Piauí State - Brazil.

The organization of WebMedia'16 is under the responsibility of the Federal Institute of Education, Science and Technology of Piauí (IFPI), Federal University of Piauí (UFPI) and State University of Piauí (UESPI). The central feature of the symposium, since its inception, is its Technical Program. The symposium's technical program is composed of technical sessions with full papers, short papers, short courses, workshops (Thesis and Dissertation Workshop, Tools and Applications Workshop and Undergraduate Research Workshop), as well as keynote speakers invited talks.

In addition to the Technical Program, this year's symposium features a diverse range of activities including Panels, Keynote Speakers, and Courses included on the 9th Unified Computing Meeting (ENUCOMP) that will take place along with WebMedia. Additionally, the conference will hold the 1st International Workshop on Synchronism of Things (WSoT).

WebMedia'16 proceedings include 29 full papers and 28 short papers. These papers were selected from 94 full paper submissions and 62 short paper submissions, with acceptance rates of 30% and 45%, respectively. The Symposium's Program Committee worked very hard to select papers out of many submissions of excellent quality. We thank all the submitting authors for their research efforts and for their submissions and congratulate those who had their work accepted. Finally, we thank the hosting universities, IFPI, UFPI, UESPI, our sponsor, SBC, the supporters, Delta TIC's, Faculdade Estácio/CEUT, Instituto Delta, and our generous sponsors and supporters, CGI/NIC.br, CAPES, CNPq, FAPEPI and InfoWay. We also thank ACM SIGWEB and SIGMM for their in-cooperation support.

We hope you find this program interesting and thought-provoking and that WebMedia 2016 provides you with a valuable opportunity to share ideas with other researchers and practitioners.

Fábio de Jesus Lima Gomes
WebMedia'16 Chair
IFPI, Brazil

Ricardo de A.L. Rabêlo
WebMedia'16 Co-chair
IFPI, Brazil

Carlos de S. Soares Neto
WebMedia'16 Adjunct-chair
UFMA, Brazil

Roberto Willrich
WebMedia'16 Program Chair
UFSC, Brazil

Cesar A.C. Teixeira
WebMedia'16 Program Co-chair
UFSCar, Brazil

Jussara M. de Almeida
WebMedia'16 Program Co-chair
UFMG, Brazil

Windson Viana
WebMedia'16 Program Co-chair
UFC, Brazil

Table of Contents

Track 1: Digital TV, Ubiquitous and Mobile Computing – Short Papers

Track 2: Multimedia – Full Papers

Track 2: Multimedia – Short Papers

Track 3: Web and Social Networks – Full Papers

Track 3: Web and Social Networks – Short Papers

WebMedia'16 Organization

General Chairs: Fábio de Jesus Lima Gomes *(IFPI, Brazil)*
Ricardo de Andrade Lira Rabelo *(UFPI, Brazil)*
Carlos de Salles Soares Neto *(UFMA, Brazil)*

Organization Committee: Fábio de Jesus Lima Gomes *(IFPI, Brazil)*
Ricardo de Andrade Lira Rabelo *(IFPI, Brazil)*
Carlos Giovanni Nunes de Carvalho *(UESPI, Brazil)*
Harilton da Silva Araújo *(Faculdade Estácio de Sá-CEUT, Brazil)*
Rodrigo Augusto Rocha Souza Baluz *(UESPI – Parnaíba, Brazil)*

Program Chair: Roberto Willrich *(UFSC, Brazil)*

Program Co-Chairs: Cesar Augusto Camillo Teixeira *(UFSCar, Brazil)*
Jussara Marques de Almeida *(UFMG, Brazil)*
Windson Viana de Carvalho *(UFC, Brazil)*

Keynotes Chair: Maria da Graça Campos Pimentel *(USP, Brazil)*

Workshop of Undergraduate Research Chairs: Roberto Gerson de Albuquerque Azevedo *(PUC-Rio, Brazil)*
Franciéric Alves de Araújo *(IFPI, Brazil)*

Workshop on Tools and Applications Chairs: Valter Roesler *(UFRGS, Brazil)*
Carlos Giovanni Nunes de Carvalho *(UESPI, Brazil)*

Workshop on Ongoing Thesis and Dissertations Chairs: Celso Alberto Saibel Santos *(UFES, Brazil)*
Pedro de Alcântara dos Santos Neto *(UFPI, Brazil)*

International Workshop on Synchronism of Things Chairs: Marcio Ferreira Moreno *(IBM Research, Brazil)*
Sergio Colcher *(PUC-Rio, Brazil)*

Short Courses Committee: Fernando Antonio da Mota Trinta *(UFC, Brazil)*
Erick Baptista Passos *(IFPI, Brazil)*

Steering Committee Chair: Carlos de Salles Soares Neto *(UFMA, Brazil)*

Steering Committee: Adriano C. Machado Pereira *(UFMG, Brazil)*
Celso Alberto Saibel Santos *(UFES, Brazil)*
Fábio de Jesus Lima Gomes *(IFPI, Brazil)*
Fernando Antonio Mota Trinta *(UFC, Brazil)*
Guido Lemos de Souza Filho *(UFPB, Brazil)*
José Valdeni de Lima *(UFRGS, Brazil)*
Luis Fernando Gomes Soares *(PUC-Rio, Brazil)* – in memoriam
Manoel Carvalho Marques Neto *(IFBA, Brazil)*
Marco Antônio Pinheiro de Cristo *(UFAM, Brazil)*

Steering Committee (continued):	Maria da Graça Campos Pimentel *(USP, Brazil)*
	Roberto Willrich *(UFSC, Brazil)*
	Valter Roesler *(UFRGS, Brazil)*
Program Committee:	Adriano Alonso Veloso *(UFMG, Brazil)*
	Adriano C. M. Pereira *(UFMG, Brazil)*
	Alessandra Macedo *(USP, Brazil)*
	Álvaro Rodrigues Pereira Jr. *(UFOP, Brazil)*
	Ana Paula Couto da Silva *(UFMG, Brazil)*
	André Santachè *(UNICAMP, Brazil)*
	Anísio Lacerda *(CEFET-MG, Brazil)*
	Anselmo Paiva *(UFMA, Brazil)*
	Aquiles Burlamaqui *(UFRN, Brazil)*
	Bruno Zatt *(UFPEL, Brazil)*
	Carlos Eduardo Pires *(UFCG, Brazil)*
	Carlos Ferraz *(UFPE, Brazil)*
	Carlos de Salles Soares Neto *(UFMA, Brazil)*
	Cássio Prazeres *(UFBA, Brazil)*
	Celso Alberto Saibel Santos *(UFES, Brazil)*
	Cesar Augusto Camillo Teixeira *(UFSCar, Brazil)*
	Claúdio Baptista *(UFCG, Brazil)*
	Crediné Menezes *(UFES, Brazil)*
	Cristian Koliver *(UFSC, Brazil)*
	Daniel G. Costa *(UEFS, Brazil)*
	Daniel Lucrédio *(UFSCAR, Brazil)*
	Daniela Barreiro Claro *(UFBA, Brazil)*
	Daniela Brauner *(UFRGS, Brazil)*
	David Menotti *(UFPR, Brazil)*
	Débora C. Muchaluat Saade *(UFF, Brazil)*
	Eduardo Albuquerque *(UFG, Brazil)*
	Eduardo Barrére *(UFJF, Brazil)*
	Erick Melo *(UFSCar, Brazil)*
	Fabio de Jesus Lima Gomes *(IFPI, Brazil)*
	Fabricio Benevenuto *(UFMG, Brazil)*
	Fernando Trinta *(UFC, Brazil)*
	Flavia Delicato *(UFRN, Brazil)*
	Flávio Luís Cardeal Pádua *(CEFET-MG, Brazil)*
	Frank Siqueira *(UFSC, Brazil)*
	Frederico Araújo Durão *(UFBA, Brazil)*
	Graça Bressan *(USP, Brazil)*
	Guilherme Lima *(PUC-RIO, Brazil)*
	Gustavo Rossi *(UNLP, Argentina)*
	Humberto Torres Marques Neto *(PUC-Minas, Brazil)*
	Jauvane Oliveira *(LNCC, Brazil)*
	João Santos-Jr *(PUC-Minas, Brazil)*

Program Committee (continued):

Joberto Martins *(UNIFACS, Brazil)*
Jonice Oliveira *(UFRJ, Brazil)*
José Maria N. David *(UFJF, Brazil)*
José Valdeni de Lima *(UFRGS, Brazil)*
Jussara Marques de Almeida *(UFMG, Brazil)*
Kelvin Dias *(UFPE, Brazil)*
Leandro Balby Marinho *(UFCG, Brazil)*
Leandro Krug Wives *(UFRGS, Brazil)*
Lincoln Nery e Silva *(UFPB, Brazil)*
Luciana A M Zaina *(UFSCAR, Brazil)*
Luciana A. S. Romani *(EMBRAPA, Brazil)*
Luciano Agostini *(UFPEL, Brazil)*
Luiz-Fernando Rust da Costa Carmo *(INMETRO, Brazil)*
Manoel Marques *(IFBA, Brazil)*
Marcelo Manzato *(USP, Brazil)*
Marcelo Moreno *(UFJF, Brazil)*
Marcio Ferreira Moreno *(IBM, Brazil)*
Marcio Maia *(UFC, Brazil)*
Marco Cristo *(UFAM, Brazil)*
Maria da Graça Pimentel *(USP, Brazil)*
Mario Godoy Neto *(UNIVASF, Brazil)*
Mario M. Teixeira *(UFMA, Brazil)*
Mark Song *(PUC-Minas, Brazil)*
Mirella Moura Moro *(UFMG, Brazil)*
Moacir Ponti-Jr. *(USP, Brazil)*
Patricia Vilain *(UFSC, Brazil)*
Paulo Sampaio *(UNIFACS, Brazil)*
Pedro Olmo Vaz de Melo *(UFMG, Brazil)*
Raoni Kulesza *(UFPB, Brazil)*
Regina Silveira *(USP, Brazil)*
Renan Cattelan *(UFU, Brazil)*
Renata Fortes *(USP, Brazil)*
Renata Galante *(UFRGS, Brazil)*
Renato Bulcão Neto *(UFG, Brazil)*
Renato Fileto *(UFSC, Brazil)*
Roberto Gerson de Albuquerque Azevedo *(PUC-Rio, Brazil)*
Roberto Willrich *(UFSC, Brazil)*
Rodrigo Laiola Guimarães *(IBM, Brazil)*
Ronaldo Husemann *(UFRGS, Brazil)*
Rostand Costa *(UFPB, Brazil)*
Rudinei Goularte *(USP, Brazil)*
Ryan Ribeiro de Azevedo *(UFRPE, Brazil)*
Sergio Colcher *(PUC-Rio, Brazil)*
Silvia Albuquerque *(CEFET-MG, Brazil)*
Silvio Cazella *(UFCSPA, Brazil)*

Program Committee (continued):	Tatiana Tavares *(UFPEL, Brazil)*
	Thais Batista *(UFRN, Brazil)*
	Tiago Maritan de Araújo *(UFPB, Brazil)*
	Tiago Salmito *(RNP, Brazil)*
	Valdecir Becker *(UFPB, Brazil)*
	Valter Roesler *(UFRGS, Brazil)*
	Vinicius Garcia *(UFPE, Brazil)*
	Windson Viana de Carvalho *(UFC, Brazil)*
	Wladmir Cardoso Brandão *(PUC-Minas, Brazil)*
	Yuska Aguiar *(UFPB, Brazil)*
Additional reviewers:	Alexis Huf *(UFSC, Brazil)*
	Álan Lívio *(PUC-Rio, Brazil)*
	Caio Nóbrega *(UFCG, Brazil)*
	Charles Prado *(Inmetro, Brazil)*
	Demétrio Mestre *(UFCG, Brazil)*
	Dimas C. Nascimento *(UFCG, Brazil)*
	Eduardo Cruz Araújo *(PUC-Rio, Brazil)*
	Erick Passos *(UFPI, Brazil)*
	Fabio Rangel *(UFRJ, Brazil)*
	Guilherme Corrêa *(UFPel, Brazil)*
	Ivan Salvadori *(UFSC, Brazil)*
	João M. de Oliveira Neto *(UFPB, Brazil)*
	Marcello Novaes *(UFES, Brazil)*
	Mateus A. Prestes *(UFPB, Brazil)*
	Reinaldo Braga *(IFC, Brazil)*
	Ricardo Mendes *(UFES, Brazil)*
	Rodrigo Costa *(PUC-Rio, Brazil)*
	Rosembergue Souza *(UFRJ, Brazil)*
	Sergio T. Carvalho *(UFG, Brazil)*
	Tiago Brasileiro *(UFCG, Brazil)*
	Wallace Ugulino *(UFRJ, Brazil)*
	Wanderley Alencar *(UFG, Brazil)*

WebMedia'16 Sponsors & Supporters

Sponsors:

nic

Núcleo de Informação
e Coordenação do
Ponto BR

cgi

Comitê Gestor da
Internet no Brasil

SBC
Sociedade Brasileira
de Computação

65 CAPES anos

CNPq
Conselho Nacional de Desenvolvimento
Científico e Tecnológico

INFOWAY
e-health company

In cooperation with:

acm In-Cooperation

SIGMM sig web

Supporters:

instituto
DELTA TIC's

Instituto Delta

FAPEPI
FUNDAÇÃO DE AMPARO A PESQUISA
DO ESTADO DO PIAUÍ

Estácio | CEUT

Institutional donors/ supporters:

INSTITUTO FEDERAL DE
EDUCAÇÃO, CIÊNCIA E TECNOLOGIA
PIAUÍ

UESPI

Interactive and Immersive Media Experiences

Teresa Chambel
LaSIGE, Faculdade de Ciências
Universidade de Lisboa, 1749-016 Lisboa, Portugal
tc@di.fc.ul.pt

ABSTRACT

Media has the potential to engage viewers perceptually, cognitively and emotionally, by appealing to several senses with rich information. Immersive media can go beyond, with a stronger impact on users' emotions and their sense of presence and engagement. Immersion may be influenced by sensory or perceptual modalities, surround effect, and vividness through resolution, associated with the sense of presence, the viewer's conscious feeling of being inside the virtual world, or alternate reality; and by participation and social immersion in the media chain, increasing the sense of belonging. Increasingly, technology is supporting capturing, producing, sharing and accessing information from users' own perspectives and experiences, on the internet, in social media, and through video on demand services in interactive TV and the web. We have been witnessing an increase in the amount of content and range of devices for capturing, viewing and sensing, many of them mobile, allowing richer and more natural multimodal interactions, and offering tremendous opportunities for immersion, user participation and personalization. These developments have been promoting the emergence of a new participatory paradigm and enabling new perceptual user experiences that provide more realistic, engaging and immersive involvement.

In this keynote, I will present insights from human studies, addressing dimensions like perception, cognition, and emotions, along with design and technological approaches and innovations for immersion, illustrated in interactive and immersive media applications. Several examples will be based on our own projects and research, in interactive videos and movies, immersive TV, digital art, and media for wellbeing, contextualized in a broader perspective. I will conclude by highlighting potential benefits and challenges, along with some of the trends and research directions that have been shared and are emerging in the area.

CCS Concepts

• **Information Systems→ Multimedia Information Systems.**
• **Human-Centered Computing→ Human-Computer Interaction (HCI).**

Keywords

Immersion and Presence; Belonging and Participation; Multimedia and Multimodal; Interactive Video and TV; Audio, Vision, Touch, Smell and Taste; Perception and Sensing; Emotions and Cognition; Wellbeing; User Experience; Immersive Media; Alternate Realities.

WebMedia '16, November 08-11, 2016, Teresina, PI, Brazil
ACM 978-1-4503-4512-5/16/11.
http://dx.doi.org/10.1145/2976796.2984746

SHORT BIO

Teresa Chambel is a professor at the Department of Informatics, Faculty of Sciences, University of Lisbon in Portugal (DI-FCUL), and a senior researcher of the Human-Computer Interaction and Multimedia group at the Lasige Lab. She graduated in Computer Science at FCUL, in 1988, with a final research project in Artificial Intelligence: Expert Systems for Intelligent Buildings, at LNEC; has a master degree in Electrical and Computer Engineering, from IST, with a thesis on Distributed Hypermedia; and a PhD in Informatics from FCUL, on Video, Hypermedia and Learning Technology. Along the years, she has also been taking some courses in topics related with psychology, pedagogy and design. She is teaching at DI-FCUL since her final year as an undergraduate student in 1987, was a member of the Artificial Intelligence Research Group, at LNEC, in 1987-88, a member of the TIM - Multimedia and Interaction Techniques Group, at INESC, 1992-97, and is a member of the HCIM - Human Computer Interaction and Multimedia Team of LaSIGE - Large Scale Informatic Systems Laboratory, since its foundation in 1998. She was a founding partner of OnTV - "Sistemas e Serviços de Televisão Interactiva, SA.", later integrated in the Interactive Television division at Novabase, having participated in the launching of Interactive TV in Portugal, 2000-05. She has also been collaborating with the industry in the context of research projects and the supervision of students.

Her research interests include Multimedia and Hypermedia, with a special emphasis on Video and Hypervideo, Human-Computer Interaction (HCI), Creativity, Immersion, Visualization, Accessibility, Cognition and Emotions, Wellbeing, Interactive TV, e-Learning, Digital Talking Books and Digital Art. In these areas, she has been teaching, working in research projects, supervising students, authored around 130 conference or journal papers and book chapters, and also participated in the organization and program committees of several workshops, conferences and journals, mainly in HCI and Multimedia, including ACM Multimedia, TVX, CHI, IUI, etc. She was Program Chair for the Area of Multimedia Art, Entertainment and Culture at ACM Multimedia in 2014, and the Area of Multimedia HCI and Quality of Experience in 2016; has co-chaired the three editions of the Immersive Media Experiences workshop at ACM Multimedia 2013-2015, is co-chairing the AltMM 2016 | Multimedia Alternate Realities workshop at ACM Multimedia 2016; and is a member of the ACM TVX Steering Committee since 2016. With students, she received the best paper award at EuroiTV'2011 (ACM TVX since 2014). Website: www.di.fc.ul.pt/~tc

Acknowledgements

This work is partially supported by FCT through LaSIGE Multiannual Funding in Portugal. The author also acknowledges the financial support of CAPES-Brazil for this keynote at WebMedia.

Migrating Legacy Web Apps to Cloud Computing Environments: An architectural and economic perspective

Mario Meireles Teixeira
Laboratory of Advanced Web Systems – LAWS
Department of Informatics
Federal University of Maranhao
Sao Luis, MA, Brazil
mario@deinf.ufma.br

ABSTRACT

In this talk, we discuss some challenges found when porting traditional web applications to a cloud computing environment. We take the AWS cloud platform as a reference and describe a proposal for a Web hosting solution using AWS products.

CCS Concepts

• **Computer systems →Computer systems organization →Architectures →Distributed Architectures →Cloud computing.**

Keywords

Architecture; Web Apps; AWS; Cloud Computing.

1. INTRODUCTION

The Web can be seen as a worldwide platform that allows access to hyperlinked documents, written in HTML, spread across the Internet. Initially, these documents were known as static pages, since they were actually files previously stored on web servers. Over time, new technologies have emerged, allowing the formatting of HTML documents at runtime, by scripts running on the Web server side, using information stored in databases or other sources.

The popularity and variety of those solutions has become such that web applications based on dynamic content, scripting languages and databases are usually named under the LAMP acronym (Linux, Apache, MySQL and PHP), an allusion to a set of very popular technologies for building web applications, the so-called *web apps*. This term has been commonly used to describe client-server systems whose client (or user interface) runs within a web browser and communicates with the Web server using HTTP. Such traditional web hosting architecture is comprised of three different tiers, each one dealing with the aspects of presentation (front-end web servers), application (business rules in application servers), and persistence (databases, mostly).

One of the key points when deploying a web application is to estimate the number and frequency of accesses from its users and the utilization of resources, such as databases, over the life time of the system. Scalability is built within the architectural model mentioned above by adding additional hosts at each layer to handle periods of peak demand.

WebMedia '16, November 08-11, 2016, Teresina, PI, Brazil
ACM 978-1-4503-4512-5/16/11.
http://dx.doi.org/10.1145/2976796.2984748

Such planning is often overcome over time, so developers end up having to negotiate with the Web hosting provider to upgrade the contracted services in order to meet new user demands. However, such a change is not instantaneous and may take some time to be implemented and migration can even render the system offline for a few hours, or even days, hindering the availability of the web application.

In this context, cloud computing [1] emerges as a solution to the problem of system and application scalability, as it provides a set of pre-configured services and highly elastic resources contracted on demand, which can be rapidly provisioned and released with a minimum of management effort (elasticity). Thus, the cloud is able to respond to application demands in constant fluctuation, whose variations can occur within a month, a week or even at different times of the same day. Opting for a cloud-based solution prevents companies or institutions from incurring in high upfront infrastructure costs and allows information systems to be put into operation more quickly, with better management and lower maintenance effort.

In this talk, we will explore a few solutions for the deployment of web apps in cloud computing environments. Our reference platform will be the *Amazon Web Services* (AWS) cloud and we discuss some architectural alternatives under a systems and economic perspective.

2. CLOUD SERVICE MODELS

When dealing with cloud providers, one should also be aware of three different Service Models: SaaS, PaaS and IaaS [2]. SaaS (Software as a Service) model refers to some piece of software made available in the cloud that can be remotely used. It is perhaps the most common means of using the cloud and often goes unnoticed by users. A classic example is the use of Gmail, Google Docs or similar services. PaaS (Platform as a Service) is related to offering a platform in the cloud to automate application configuration, deployment and maintenance. Amazon Beanstalk is an example of such a service. IaaS (Infrastructure as a Service) is a lower level facility that consists mainly of virtual servers (machines) made available to users on demand. In this latter case, users are responsible for installing and maintaining their own software and applications. Amazon EC2 instances are a well-known case of an IaaS offering.

However, the development and implementation of a cloud-based information system is not limited to a mere configuration of virtual machines (VMs) and to the installation of the developed solution in these VMs. There are numerous cloud services at different levels that can be exploited to implement web application architectures, facilitating and automating the job of system administrators.

3. WEB HOSTING IN THE AWS CLOUD

We can leverage the AWS platform in various ways to offer a web hosting solution in the cloud. One possible architecture is depicted in Figure 1.

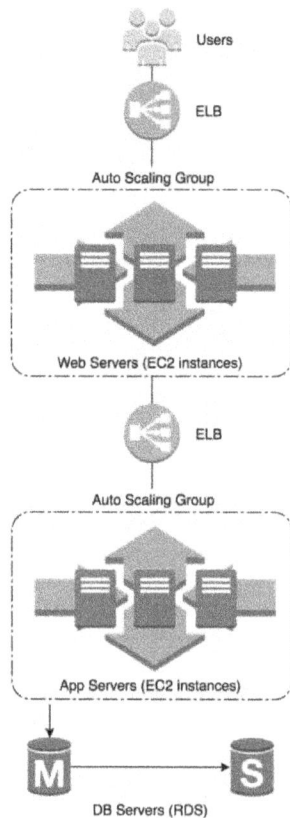

Figure 1. A Web hosting architecture in the AWS cloud

The first tier is comprised of a pool of Web servers responsible for the interaction of the application itself with the outside world. This Web Layer receives HTTP requests from clients and pass them on to the Application Servers of the second tier, which can only be accessed through the Web Layer. App Servers have access to DB Servers in the third layer, responsible for data persistence. At each layer, there are specific AWS services to suit its needs. *Elastic Compute Cloud* (EC2) instances host the Web servers of the first tier and the App servers of the second tier. Amazon RDS (*Relational Data Service*) is chosen to host the relational databases of the third tier. There is no need to configure any firewalls to filter inbound traffic since security is handled locally at each EC2 node by Amazon security groups. This feature allows the administrator to set permissions for each compute instance, filtering inbound traffic by protocols, ports, source IPs and subnet ranges.

An AWS service often used to enhance the availability of an infrastructure are load balancers. Amazon *Elastic Load Balancer* (ELB) can distribute an incoming workload among two or more instances comprising a server cluster. ELB can also perform health check on hosts and dynamically add and remove hosts from the load balancing group to adjust to incoming traffic. This prevents the cluster from becoming overloaded and helps to improve overall system performance. As shown in Figure 1, that load balancing

service is often combined with Auto-scaling groups, a key feature to guarantee scalability in the cloud.

Auto-scaling is one aspect where web hosting in the cloud is clearly more valuable than traditional web hosting in web server clusters, for example. Each VM (an EC2 instance, in the AWS nomenclature) is actually a software-defined virtual server running on top of a physical machine that is completely hidden from the user/application. Given the virtual nature of those machines, it is fairly easy to add and remove VMs to adapt to fluctuating application demands. Cloud resources can be scaled out and in as needed, providing the so-called cloud elasticity. If needed, new EC2 instances are automatically included in an ELB group to take part in the load-balancing scheme. All this is performed under the hood by AWS (or any equivalent IaaS cloud) with virtually no administrator's interference besides the initial configuration of load-balancing and scaling groups.

Finally, database availability and failure protection can be obtained using Amazon RDS, that supports several popular SQL and noSQL database managers. It is even possible to deploy DB servers in multi-availability zones to increase availability.

4. CONCLUSION

Attempting to explain all the details of a Web hosting architecture in an infrastructure as complex as Amazon's is beyond the scope of this paper. Our intention here was to exemplify traditional web app migration to the cloud and to help clarify some details by using products of a well-known cloud provider, namely AWS. However, we do not particularly advocate AWS utilization or of any other cloud provider whatsoever. In the near future, some researchers predict a scenario of a public cloud marketplace where multiple stakeholders operate the cloud, which would no longer be restricted to a small number of providers, resulting in a much more flexible and efficient ecosystem [3].

5. REFERENCES

[1] Armbrust, M., Fox, A., Griffith, R., Joseph, A. D., Katz, R. H., Konwinski, A., Lee, G. et al. 2010. A view of cloud computing. *Communications of the ACM* 53, no. 4 (2010): 50-58.

[2] Erl, T., Puttini, R., and Mahmood, Z. 2013. Cloud Computing: Concepts, Technology & Architecture. *Prentice Hall*. 528p.

[3] Bestavros, A., and Krieger, O. Toward an open cloud marketplace: Vision and first steps. *IEEE Internet Computing* 18, no. 1 (2014): 72-77.

BIO

Mario M. Teixeira is an Associate Professor at UFMA, Brazil, holds a PhD in Computer Science from the University of Sao Paulo (2004), Brazil and has a Post-doc from Boston University (2015). His broad areas of interest are distributed systems, cloud computing, web services and games. His current research is focused on designing cloud applications and architectures for real-world problems, cloud elasticity, and serious games development.

The Internet Governance Ecosystem: Where We Are and the Path Ahead

Flávio Rech Wagner
Universidade Federal do Rio Grande
do Sul – Instituto de Informática
Porto Alegre, Brazil
+55-51-33089494
flavio@inf.ufrgs.br

ABSTRACT

This talk addresses the main entities, forums, actors, and processes involved in the international Internet Governance ecosystem. It considers not only the classical technical functions, related to domain names, IP numbers, and technical standards, but also the complex social, economic, political and cultural aspects shaping the current debate around Internet Governance. It also discusses the national ecosystem in Brazil and the main challenges facing both the international and national processes, especially the adoption of the multistakeholder governance model.

CCS Concepts

• **Social and professional topics**→ **Computing / technology policy** • **Intellectual property**→ **Internet governance / domain names.**

Keywords

Multistakeholder governance; Internet governance entities; IANA; ICANN; IGF; NETmundial; CGI.br.

According to the Tunis Agenda, Internet Governance (IG) "is the development and application by governments, the private sector and civil society, in their respective roles, of shared principles, norms, rules, decision-making procedures, and programmes that shape the evolution and use of the Internet". In a more classical view, IG is mainly related to technical functions and standards that are required to keep the Internet open, unfragmented, stable, resilient, and secure. As the Internet itself, also its governance has a distributed nature, such that processes are managed by a large number of international, regional, and national entities, such as ICANN, IETF, W3C, the Regional Internet Registries, and the registries handling generic and country-code top-level domains.

IG is also intrinsically a multistakeholder endeavor. As already recognized in the Tunis Agenda, its processes are handled by various stakeholders, such as governments, the private sector, and civil society, including technical and scientific communities. Internationally recognized principles state that Internet Governance must be open, transparent, democratic, collaborative, inclusive, and accountable. International organizations, such as ICANN and IETF, are expected to meet those criteria.

WebMedia'16, November 8–11, 2016, Teresina, PI, Brazil.
ACM. ISBN 978-1-4503-4497-5/16/09.
DOI: http://dx.doi.org/10.1145/2976796.2984747

Due to the growing importance of the Internet, a more modern view of IG encompasses all social, economic, political, and cultural dimensions that both affect and are affected by the Internet. Many crosscutting aspects, such as Net Neutrality, Human Rights, Privacy, and Security, have impact on all those dimensions. This makes IG distributed processes much more complex, as they need to consider this crosscutting nature of the issues they handle and try to reconcile conflicting demands of a much enlarged range of stakeholders.

The talk also addresses the Internet Governance Forum (IGF), an event promoted by the United Nations, created after the World Summit of the Information Society, which is an open space for dialogue among all interested stakeholders on all themes that may be relevant for the IG ecosystem. While the IGF is held annually since 2007 and is not deemed to produce concrete recommendations, the international community decided to hold in Brazil in 2014 the NETmundial, a one-shot event that produced a final and conclusive statement, approved by rough consensus by all attendees, representing all relevant stakeholders. This statement included both a set of IG principles, which are since then used as a reference by the community, and a roadmap indicating relevant issues to be addressed by the community in future years.

The IG ecosystem faces enormous challenges, which are addressed in this talk. Examples are: How can we engage relevant stakeholders that are not adequately represented in current IG processes, such as representatives from emerging countries and marginalized communities? How can we reconcile different national legislations, since Internet activities are mostly transnational, without resorting to complex intergovernmental agreements? Which is the role of governments and intergovernmental organizations, such that the Internet is kept free from regulations (as opposed to the telecom sector) and innovation in technologies, business models and services continues to be promoted? Will the international multistakeholder community adequately assume the supervision of the IANA functions, which is transitioning from the US government to ICANN itself? Will the IGF keep its role only as a dialogue arena for relevant themes and stakeholders, or will it succeed in providing more concrete outcomes? How can we enforce agreed IG principles in all IG-related entities, forums, and processes?

The talk also discusses the Brazilian IG ecosystem. Brazil has a pioneering position, with the creation, in 1995, of CGI.br – Brazilian Internet Steering Committee, a multistakeholder Internet Governance body. Besides managing the registration of domain names under the country code top level domain .br and the allocation of IP numbers, CGI.br also has a very broad mission regarding the proposal of non-binding strategic directives related to the use and the development of the Internet in Brazil. According to this mission, among other tasks CGI.br proposes policies and procedures regarding Internet activities; recommends standards for technical procedures; promotes studies and standards for network and service security; and collects, organizes, and disseminates information on Internet services, including indicators and statistics.

CGI.br is a committee composed of 21 members, 9 of which come from various government ministries and agencies and the remaining 12 represent other sectors of the society – civil society, private sector, and scientific and technological community. Those 12 representatives are elected by their respective communities, in a truly open and bottom-up process.

In 2005, NIC.br was created, as a not-for-profit organization affiliated to CGI.br and responsible for carrying out all technical activities that are defined by the committee. NIC.br also shows an impressive record of achievements, among them a network of 26 Internet Exchange Points, whose aggregated peak traffic amounts to more than 1.8 TB/s, as of August 2016.

The excellent results of CGI.br and NIC.br made them a role model for many other countries, which are currently trying to implement their own multistakeholder IG models. In the national scenario, the Brazilian Internet bill of rights (the "Marco Civil") enshrined the responsibility of CGI.br in proposing strategic directives for the use and development of the Internet.

If this new legal status is a recognition of CGI.br's reputation and quality, it also brings new challenges to the committee and to the Brazilian multistakeholder IG model, for instance regarding its ability to reconcile very stringent and opposing positions of relevant stakeholders in contentious issues with legal consequences, such as net neutrality and data privacy. The discussion of issues with large economic, social and political impact also brings tensions related to the composition of the committee, since the 21 members of the Board hardly represent the interests of an extremely broad range of relevant stakeholders.

The talk discusses these challenges as well as measures that may enlarge the participation and influence of the society in CGI.br's deliberations. The talk also discusses perspectives on how effective will be the role of CGI.br in the definition of directives for public policies related to the Internet, as established in the Marco Civil, as this will depend on how willingly will the government accept CGI.br's role.

SHORT BIO

Flávio R. Wagner received a Dr.-Ing. degree in Computer Engineering from the University of Kaiserslautern, Germany, in 1983, and an MSc degree in Computer Science in 1977 and a BSc degree in Electrical Engineering in 1975, both from the Federal University of Rio Grande do Sul (UFRGS), in Brazil. His main research interest is the design and architecture of electronic embedded systems. He is a Full Professor of the Institute of Informatics at UFRGS, in Porto Alegre, Brazil, where he served as Dean from 2006 to 2011. Since October 2011 he is the Director of the Science Park at UFRGS. He has been Chair of the IFIP (International Federation for Information Processing) Working Group 10.5, which gathers experts in the field of Design and Engineering of Electronic Systems, from 2001 to 2007. He served in the Board of Directors of the Brazilian Computer Society (SBC) for 12 years and has been its President in two consecutive terms, from 1999 to 2003. Since 2008 he is a Board member of the Brazilian Internet Steering Committee and has an active participation in several international Internet Governance forums.

Accessibility and Usability Evaluation of Rich Internet Applications

Renata P. M. Fortes
ICMC/USP
São Carlos, SP, Brazil
renata@icmc.usp.br

Humberto Lidio Antonelli
ICMC/USP
São Carlos, SP, Brazil
humbertoantonelli@usp.br

André de Lima Salgado
ICMC/USP
São Carlos, SP, Brazil
alsalgado@usp.br

ABSTRACT

Popularity of Internet applications has reached significant scales. In consequence, a wide diversity of solutions has been created based on Web features. Rich Internet Application (RIA) is a relevant term adopted for technological advances in software developed for the Web, which refers to Web applications aimed to provide users with a desktop similar experience. RIAs usually have wider capabilities in comparison with traditional hypertext applications, specially regarding to the interactive elements of their interfaces. New possibilities that have emerged from RIA are essential to support relevant aspects of Web 2.0, such as participation and collaboration. As among other applications, developing accessible and usable RIAs is a valuable and fundamental aspect for development teams, since these new interaction features available on the Web are not always accessible for people with disabilities or reduced mobility. For this reason, this mini-course aims to present the main concepts usually used to evaluate accessibility and usability of RIA; it is an overview of perspectives about practices and theoretical references, from Standards for Quality up to the implementation resources of Web applications. The approach of this mini-course covered practices on main RIA coding techniques, and methods of usability and accessibility evaluation as Guidelines Review and Heuristic Evaluation. Moreover, this mini-course was developed aiming newcomers and professionals that want to specialize their skills on the development and evaluation of usable and accessible RIAs.

CCS Concepts

•Human-centered computing → HCI design and evaluation methods; Accessibility; *Hypertext / hypermedia; Web-based interaction;*

Keywords

RIA; Accessibility; Usability; Evaluation

WebMedia '16 November 08-11, 2016, Teresina, PI, Brazil

© 2016 Copyright held by the owner/author(s).

ACM ISBN 978-1-4503-4512-5/16/11.

DOI: http://dx.doi.org/10.1145/2976796.2988221

1. OVERVIEW ON RIA EVALUATION

ISO 9241 [4] showed the User Centered Design (UCD) as a set of approaches for developing usable and accessible interfaces, from the perspective of practicing methods related to human factors and ergonomics.

Rogers et al. [12] showed a summarized overview of the sequence of stages that are part of each cycle of UCD. According to the authors, each cycle of UCD includes the following phases: Requirements Analysis, *(Re)Design*, Prototyping and Evaluation. Aiming at the proposal of this mini-course, we prepared a material focused on different methods for usability and accessibility evaluation that can be considered for RIA development.

Literature showed a wide range of practices for evaluating the usability and accessibility of interfaces. According to ISO/IEC TR 25060 [5], such methods can be grouped among two main categories: Test and Inspection.

Some approaches aim to evaluate these aspects (usability and/or accessibility) automatically. However, its performance is still discussed on the literature in order to understand whether they can be used alone during the UCD cycle [11, 13]. We intend discuss the applicability of these approaches during the mini-course. However, we also included the presentation of other popular methods of evaluation - not considered as automatic evaluation - during the mini-course.

ISO ISO/IEC TR 25060 [5] presented a variety of Usability Test Methods that count on a representative sample of real users participation. Tests include observation of the real users performing pre-defined tasks with the interface under evaluation. Therefore, techniques and additional tools may be adopted, such as the protocol Think Aloud, tolls for record videos and the Eye-tracking [2, 1, 12].

According to ISO ISO/IEC TR 25060 [5], methods of inspection approach the judgment of inspectors based on pre-defined criteria. The referred standard showed that these inspectors might vary among usability/accessibility experts, end users and other kind of professionals. The present mini-course placed it focus at two of the most popular inspection methods on the literature: Guidelines Review and Heuristic Evaluation [3, 10, 6].

Heuristic Evaluation (HE) was developed by Nielsen and Molich [8, 7]. The method involves inspectors' judgment about the conformance between the evaluated interface elements and a pre-defined set of broad usability principles, called heuristics. Initially, Nielsen and Norman developed a set of 9 usability heuristics to be used with the method, however, Nielsen later reviewed it and prepared a revised set of 10 heuristics [7].

Guidelines Review method refers to inspectors (a automatized system or a human) verifying conformance between an evaluated interface and a set of specific usability and/or accessibility guidelines [9]. At this mini-course, we intend to discuss one of the most relevant sets of accessibility guidelines, the second version of Web Content Accessibility Guidelines (WCAG 2.0) defined by World Wide Web Consortium (W3C).

2. BIO

Renata Pontin de Mattos Fortes is currently Associate Professor in the Computer Science Department of the Instituto de Ciências Matemáticas e de Computação, at the University of São Paulo, Brazil. She received the B.Sc. in Computer Science from the University of São Paulo, Brazil, and the Ph.D. degree in Computational Physics, from University of São Paulo, São Carlos, Brazil. She was a visiting scholar at the Georgia Institute of Technology, Atlanta-GA, in 2000. Her research interests are in Human-Computer interaction, model-driven engineering, web engineering, web accessibility and software process. Renata serves on the Steering Committee of the ACM SIGDOC conference and is a member of the ACM and the Brazilian Computer Society.

Humberto Lidio Antonelli is currently a Doctoral student at Instituto de Ciências Matemáticas e de Computação, at the University of São Paulo, Brazil. He received the B.Sc. in Computer Science from the Federal University of Goiás, Brazil, in 2013, and MSc degree from University of São Paulo, Brazil, in 2015. The author has been conducting researches on Human-Computer Interaction (HCI) field since 2011. His research interests are in web accessibility and usability for multiple contexts, model-driven engineering, design rationale, mobile interfaces, and web engineering. Currently, the author conducts research in web accessibility evaluate of Rich Internet Applications (RIA).

André de Lima Salgado is currently a MSc candidate at University of São Paulo (USP), ICMC Institute, at São Carlos, SP, Brazil. He holds a Bachelor's degree on Information Systems from the Federal University of Lavras (UFLA), at Lavras, MG, Brazil. Additionally, A. de Lima Salgado was a Mitacs Globalink Research Internship undergraduate researcher at University of Ontario Institute of Technology (UOIT), ON, Canada. The author has been conducting researches on Human-Computer Interaction (HCI) field since 2012. From the beginning of his studies, his focus has been placed on studies about Usability and Heuristic Evaluation. Recently, he started to explore the challenges regarding to Heuristic Evaluation conducted by newcomers, also called novices. However, the author also performs researches on other topics related to the HCI area, as Mobile Usability and User Centered Design (UCD).

3. ACKNOWLEDGMENTS

We thank all collaborators that have supported this study. This study was supported by the grant 2015/09493-5, São Paulo Research Foundation (FAPESP). In addition, this study was supported by CAPES.

4. REFERENCES

[1] A. Dix, J. Finlay, G. D. Abowd, and R. Beale. *Human Computer Interaction*. Pearson Education Limited, 3rd edition, 2003.

[2] K. A. Ericsson and H. A. Simon. Verbal reports as data. *Psychological Review*, 87(3):215–251, 1980.

[3] A. Følstad, E. Law, and K. Hornbæk. Analysis in practical usability evaluation: A survey study. In *Proceedings of the SIGCHI Conference on Human Factors in Computing Systems*, CHI '12, pages 2127–2136, New York, NY, USA, 2012. ACM.

[4] ISO 9241-210. Ergonomics of human-system interaction — part 210: Human-centred design for interactive systems. Technical Report ISO 9241-210:2010(en), International Organization for Standardization (ISO), 2010.

[5] ISO/IEC TR 25060. Systems and software engineering — systems and software product quality requirements and evaluation (square) — common industry format (cif) for usability: General framework for usability-related information. Technical Report ISO/IEC TR 25060:2010(en), International Organization for Standardization (ISO) and International Electrotechnical Commission (IEC), 2010.

[6] A. I. Martins, A. Queirós, A. G. Silva, and N. P. Rocha. Usability Evaluation Methods: A Systematic Review. *Human Factors in Software Development and Design*, page 250, 2014.

[7] J. Nielsen. Heuristic evaluation. In R. L. NIELSEN, J.; MACK, editor, *Usability inspection methods*, pages 25 –62. John Wiley & Sons, New York, NY, 1994.

[8] J. Nielsen and R. Molich. Heuristic evaluation of user interfaces. In *Proceedings of the SIGCHI conference on Human factors in computing systems*, pages 249–256. ACM, 1990.

[9] F. Paz and J. A. Pow-Sang. A systematic mapping review of usability evaluation methods for software development process. *International Journal of Software Engineering and Its Applications*, 10(1):165–178, 2016.

[10] H. Petrie and C. Power. What do users really care about?: a comparison of usability problems found by users and experts on highly interactive websites. In *Proceedings of the SIGCHI Conference on Human Factors in Computing Systems*, pages 2107–2116. ACM, 2012.

[11] C. Power, A. Freire, H. Petrie, and D. Swallow. Guidelines are only half of the story: accessibility problems encountered by blind users on the web. In *Proceedings of the SIGCHI conference on human factors in computing systems*, pages 433–442. ACM, 2012.

[12] Y. Rogers, H. Sharp, and J. Preece. *Interaction design: beyond human-computer interaction*. John Wiley & Sons, 2011.

[13] W. M. Watanabe. *Avaliação automática de acessibilidade em RIA*. PhD thesis, Universidade de São Paulo, 2014.

Challenges in Interactive Multimedia Document Consistency Verification

Joel dos Santos[1,2]

[1] Escola de Informática & Computação - CEFET/RJ

[2] Laboratório MídiaCom - Universidade Federal Fluminense

joel.santos@cefet-rj.br

Débora Muchaluat-Saade[2]

debora@midiacom.uff.br

ABSTRACT

A multimedia document may be specified manually or automatically generated, instantiated, adapted or has its content and structure dynamically edited. Therefore, changes in a document specification may occur from its *creation* to its *execution*. Such different phases and changes performed over a document caracterize its life cycle. It is important to maintain multimedia document consistency along its life cycle, which means that document execution should always follow guidelines expressed at *creation* time. Different works in the literature present approaches for addressing this issue by validating multimedia documents along different phases of a document life cycle.

Categories and Subject Descriptors

D.2.4 [**Software Engineering**]: Software/Program Verification – *Validation*. F.3.2 [**LOGICS AND MEANINGS OF PROGRAMS**]: Semantics of Programming Languages – *Program analysis.*

General Terms

Verification.

Keywords

Multimedia document validation, Spatial validation, Temporal validation, Spatio-temporal validation, Multimedia document adaptation, Multimedia document life cycle.

PROPOSAL

Nowadays mobile devices equipped with cameras, microphones, sensors, displays and with great processing and storage capability are available to everyone. Therefore, multimedia systems become more and more frequent in our daily life. We can be either content producers - given such devices capability of capturing information - as content consumers - given such devices capability of exhibiting a previously captured information.

The aforementioned content represent information units consumed by humans, such as text, image, audio, video and even sensorial effects like movement and vibration. Those information units,

WebMedia '16, November 08-11, 2016, Teresina, PI, Brazil

ACM 978-1-4503-4512-5/16/11.

http://dx.doi.org/10.1145/2976796.2988192

called medias, are presented together organized in time and space following the description contained in a multimedia documento. A multimedia document, therefore, describes a set of medias to be considered - also called the document content - and a set of relations among those medias, defining how they will be presented in time, space or both - also called the document layout.

Relations in a document may take into consideration event occurrences in the document presentation, such as viewer interaction (including gesture recognition), the result of a computation (e.g., by an auxiliary script) or a query (e.g, to an external server) performed during document execution, or even the arrival of the viewer to a geographic position.

When executed, the description contained in a document yields an particular arrangement of medias in time and space, called a multimedia presentation. Different from a document, a presentation is the result that is actually presented to the viewer.

Currently, new facilities are available for multimedia document presentations, among which we highlight: personalization of presentations for a given viewer [1], splitting a presentation in an array of displays (for example a TV set and a second screen) [2], new displays (such as touch screens or with embedded motion sensors) improving the viewer presentation interface by enabling new kinds of viewer interaction (such as gestures, multi touch and force touch), dynamic presentation editing (for example by means of annotation [3] or live editing [4]) and document dynamic generation according to user queries (such as web documents).

In order to cope with those facilities, a multimedia document describes a set of possible different presentations. This set is restricted according to the viewer context so that the most suited presentation to the viewer is chosen. The viewer context contains information about its exhibition device, viewing preferences, and anything else that may influence document presentation. Although a document may yield different presentations, they are not completely different among each other, as they must follow the same document specification. An example of document adaptation to the viewer context would be to adjust the document presentation to the exhibition device screen size, suppressing the presentation audio given that no audio channel is available, etc.

After a document is restricted according to the viewer context, viewer interactions may further restrict the set of possible presentations resulting in one single presentation, i.e., the one presented to the viewer. Viewer interactions may be performed, for example, by gestures, speech recognition, selection, multi touch and force touch. As an example, suppose a document where a given media B is presented as a reaction to the viewer interaction on media A. The resulting presentation may be composed just by the presentation of media A, or by the presentation of both medias A and B. In the latter the presentation will also vary according to the moment when the viewer interacted with media A.

The description contained in a document is usually textual, following some authoring language. In the declarative paradigm, authoring languages provide constructions in a high level of abstraction for declaring the set of medias in a document and the relations among them. The idea of a declarative language is to separate the document description from its execution specificities.

Another benefit of declarative programming, in the multimedia scenario, is to ease the task of creating multimedia documents. Such goal is important since multimedia documents can be used in different areas, such as web, digital TV and IPTV; and by different author profiles, such as developers and content producers.

A document specification may vary along its life cycle, i.e., from its creation to its execution. It ranges from synchronization relations expressed in a high-level abstraction integration language to low-level executing events and incremental modifications that may be performed over it. Therefore, it is important to guarantee that a document remains consistent to its specification, i.e., to the guidelines expressed at its creation, along its life cycle.

This short course's objective is to discuss multimedia document consistency checking along their life cycle. Document consistency can be maintained along its life cycle by means of validation. The idea is to combine the document specification with properties representing its main guidelines and validate them in order to guarantee that any change performed at a given life cycle step does not make a document inconsistent.

The following contents will be presented: (i) a motivation for multimedia document consistency checking; (ii) different temporal synchronization models available for multimedia document authoring; (iii) different kinds of document validation, focusing on validating the document structure and the document behavior - either in time, space or both; (iv) the life cycle of a multimedia document, focusing on the steps where validation is necessary; (v) a discussion about key solutions presented in the literature [5-12]; and (vi) challenges and directions for future research in this topic.

REFERENCES

[1] S. Laborie, J. Euzenat, and N. Layaïda. Semantic adaptation of multimedia documents. Multimedia tools and applications, 55(3): 379–398, 2011.

[2] M. Sarkis, C. Concolato, and J. C. Dufourd. The virtual splitter: Refactoring web applications for the multiscreen environment. In Proceedings of the 2014 ACM Symposium on Document Engineering, 2014.

[3] C. A. C. Teixeira, E. L. Melo, G. B. Freitas, C. A. S. Santos, and M. d. G. C. Pimentel. Discrimination of media moments and media intervals: sticker-based watch-and-comment annotation. Multimedia Tools and Applications, 61(3):675–696, 2012.

[4] L. F. G. Soares, C. S. S. Neto, and J. G. Sousa. Architecture for hypermedia dynamic applications with content and behavior constraints. In ACM symposium on Document engineering, 2012.

[5] E. Bertino, E. Ferrari, A. Perego, and D. Santi. A constraint-based approach for the authoring of multi-topic multimedia presentations. In IEEE International Conference on Multimedia and Expo, 2005.

[6] S. Bouyakoub and A. Belkhir. Smil builder: An incremental authoring tool for smil documents. ACM Transactions on Multimedia Computing, Communications, and Applications (TOMCCAP), 7(1):2:1–2:30, Feb. 2011.

[7] J. A. F. dos Santos. Multimedia Document Validation Along its Life Cycle. PhD thesis, Universidade Federal Fluminense, February 2016.

[8] S. Elias, K. Easwarakumar, and R. Chbeir. Dynamic consistency checking for temporal and spatial relations in multimedia presentations. In ACM symposium on Applied computing, 2006.

[9] M. F. Felix. Formal Analysis of Software Models Oriented by Architectural Abstractions. PhD thesis, Pontifícia Universidade Católica do Rio de Janeiro, 2004. in Portuguese.

[10] O. Gaggi and A. Bossi. Analysis and verification of smil documents. Multimedia Systems, 17(6):487–506, April 2011.

[11] D. P. Júnior, J.-M. Farines, and C. Koliver. An approach to verify live ncl applications. In Brazilian Symposium on Multimedia and the Web, 2012.

[12] P. King, P. Schmitz, and S. Thompson. Behavioral reactivity and real time programming in xml: functional programming meets smil animation. In ACM symposium on Document engineering, 2004.

BIO

Dr. Joel André Ferreira dos Santos is graduated in Telecommunications s engineering (2009), master (2012) and doctor in Computer Science (2016) by Fluminense Federal University. He is currently a professor at the Computer and Informatics School in CEFET/RJ (Federal Center of Technological Education Celso Suckow da Fonseca). He acts since 2006 in Interactive Digital TV related projects in MídiaCom lab. Among the projects developed in the lab are the *RummiTV* game and the development of the XTemplate 3.0 language. Both projects were funded with grant from the Brazilian agency CNPq (National Council of Technological and Scientific Development). At the startup Peta5, acted in the development of *TargTV*, a platform for targeted advertisement on Digital TV, a project also funded by CNPq. During his graduation, he worked for a brief period at the *Universität Ulm*, in Germany. During his doctorate worked as invited scientist for a year at the *Inria* lab, in Grenoble, France.

Dr. Débora Christina Muchaluat Saade is a Computer Engineer graduated by PUC-Rio (1992), and she is MSc (1996) and DSc in Informatics (2003) by the same university. Since 2002, she is professor at the Fluminense Federal University (UFF), first at the Engineering department and since 2009 at the Computing Institute. She has a productivity scholarship from CNPq and young scientist from FAPERJ (Rio de Janeiro's Agency for Research Support). She participated in the development of NCL - *Nested Context Language* - a standard for Digital TV in Latin America and ITU standard for IPTV. She is one of the MídiaCom lab's founding members, with research in the fields of multimedia, advanced networks, wireless networks, smart cities and telemedicine.

Crowdsourcing & Multimedia:
Enhancing Multimedia Activities with the Power of Crowds

Ricardo M. C. Segundo, Marcello N. de Amorim, Celso A. S. Santos
Federal University of Espírito Santo
Vitória, Brazil
[rmcosta,novaes,saibel]@inf.ufes.br

ABSTRACT

This paper summarizes some information about a 4 hours short course presented by the authors during the WebMedia'16. Our short course aims on present the concept of crowdsourcing and empower participants to implement this model of production in various activities linked with Multimedia and Web Systems, such as annotation, generation, summarization, synchronization, recommendation, retrieval, presentation and evaluation of the content quality. The idea behind crowdsourcing is to take advantage of the processing power of a multitude of employees to accomplish tasks that are "difficult for a computer", but which are apparently "simple to human intelligence". Describing the contents of an image or a video as inappropriate is an example of such difficult task, because the description of the problem by means of algorithms and automated techniques applied to parameters of this content is very complex and inaccurate. Another complex task is the subjective assessment of the quality of video encoders, the results depend on the user's perception and not only on parameters such as signal-to-noise ratio, resolution or frame rate. The crowdsourcing model tends to provide reliable results for this and other problems related to Multimedia and Web Systems. The additional content support for this short course brings the fundamental concepts of crowdsourcing, a discussion of suitable scenarios for their use within the multimedia and examples of practical use of the concept in real-world scenarios.

Categories and Subject Descriptors

Information systems → Crowdsourcing;
Information systems → Multimedia information systems;

Keywords

Crowdsourcing, Multimedia.

WebMedia '16, November 08-11, 2016, Teresina, PI, Brazil
ACM 978-1-4503-4512-5/16/11.
http://dx.doi.org/10.1145/2976796.2988223

PROPOSAL

The use of crowdsourcing facilitates large or complex tasks, which would be unviable to be resolved: (i) automatically by a computer, because of their characteristics and/or (ii) manually by few people, due to the effort required to perform them. A typical example of this task in multimedia domain is the annotation of a large image database to identify what emotional reactions are provoked by a subset of the images stored in a base. The task in question can be performed by any human collaborator, while any automatic system would have enormous difficulties in performing it. Additionally, the sheer volume of images makes it very costly to be held by a single person or even a small group in order to use the processing power of the crowd could achieve the expected result.

This short course aims empower participants to shape and build applications based on crowdsourcing approaches. Some important issues, such as the identification of activities that require human intelligence and the definition of the micro-tasks are addressed. Besides this, the course discusses points concerning the implementation and integration of applications, such as the characteristics of the crowd, employee retention and verification of the reliability of the individual contributions.

The course is divided into two parts. The first one corresponds to the theoretical stage. It describes basic concepts of crowdsourcing and presents some case studies, which reports the use of crowdsourcing model in real-world scenarios. This part also introduces the technological tools for supporting the activities to be developed in the final part of the course. This practical part involves the annotation of a group of images, following the crowdsourcing principles, and the analysis of the obtained results.

The course syllabus is as follows:

1. Theoretical
   1.1. Contextualization: introduction to the context of the problem, multimedia concepts and human computing.
   1.2. Crowdsourcing: definitions, terminology, concepts, dimensions and ratings.
   1.3. Study Case: demonstration of several studies that use crowdsourcing techniques in activities involving the media text, image and video.
   1.4. Areas of contribution: examples of how the concept of crowdsourcing can be applied in different lines of research of multimedia: notes, search, recommendation, Quality of Experience, content generation and synchronization.
2. Practical
   2.1. Crowdsourcing platforms: presentation of some known crowdsourcing platforms, particularly, the Crowdflower platform used in the practical activities.

2.2. Problem to be solved: presentation of the problem, the problem modeling using crowdsourcing aspects and expected results.

2.3. Development of the solution: implementation of the solution integrating the Crowdflower API and HTML5 programming.

2.4. Evaluation of the results.

AUTHORS BIO

Dr. Celso Alberto Saibel Santos is Dr. in Fondamentalle et Informatique Parallelisme by the Université Paul Sabatier Toulouse III (1999), MSc. in Engineering of Electronic Systems for the POLI-USP (1994) and Electrical Engineer UFES (1991). Has great experience in guidance at all levels of training and coordination of research and innovation projects, working mainly in the areas of multimedia, hypermedia and the Web. He published numerous scientific papers related to these areas in several vehicles. He has worked at University of Salvador (Unifacs), from 2001 to 2009, and at the Dep. of Computer Science of the Federal University of Bahia (UFBA), from 2009 to 2012. Currently, he is adjoint professor at Department of Informatics of the UFES and fellow of Productivity and Technological Development of Innovative Extension from CNPq-Brazil, since 2012.

Marcello Novaes de Amorim has received his MSc. in Informatics (2007) and BSc. in Computer Science (2005), both from Federal University of Espírito Santo (UFES). He is currently Ph.D. candidate in Computer Science also at UFES and has special interest in assistive technologies, crowdsourcing, mobile devices, education and application of new technologies.

Ricardo Mendes Costa Segundo has received his MSc. in Informatics (2011) and BSc. in Computer Science (2009) from Federal University of Paraíba (UFPB). He is currently a PhD candidate in Computer Science at UFES and his research interests are related to Multimedia Systems, Video Synchronization and Mobile Applications. He is also Lecturer at the University of Vila Velha (UVV) since.

ESPIM: An Ubiquitous Data Collection and Programmed Intervention System using ESM and Mobile Devices

Isabela Zaine, Kamila R. H. Rodrigues, Bruna C. R. da Cunha, Caio C. Viel, Alex F. Orlando,
Olibário J. Machado Neto, Yuri Magagnatto, Maria da Graça C. Pimentel
University of São Paulo (USP), Institute of Mathematics and Computer Science (ICMC)
São Carlos/SP, Brazil

{isazaine, kamilarios, brunaru, caioviel, alex_orlando, olibario, yurimagagnatto, mgp}@icmc.usp.br

ABSTRACT

The present course aims to introduce the attendants to the *Experience Sampling and Programmed Intervention Method* (ESPIM). This method combines selected procedures from the field of Psychology, such as Individualized Programmed Teaching and Experience Sampling Method (ESM), and the advantages promoted by ubiquitous computing. Our goal is to enhance data collection and interventions in naturalistic settings. The method is supported by a computational system - ESPIM - developed for the Web and mobile platforms by a multidisciplinary team. The ESPIM system allows the design of interventions based on both, explicit and pervasive data collection. The system supports multimedia data exchange between the stakeholders involved in planning data collection and/or intervention. We expect ESPIM to enable researchers and professionals from various fields, as health and education, to create and execute experiments or interventions carried out remotely. During the course attendants will learn about the fundamentals of the ESM and relevant results deriving from this method, data collection and interventions in naturalistic settings. Also, they will be presented to the latest version of the system ESPIM, its functionalities and computational development details. Attendants will have the opportunity to interact with the system, evaluating it in terms of usability and user experience, contributing to the improvement of the system.

Keywords

ESPIM System, ESM, Intervention, Ubiquitous Computing.

PROPOSAL

Obtaining accurate information about behavior, feelings and activities of people in their daily lives and the natural environment has been a challenge for researchers and professionals from various fields of knowledge. The Experience Sampling Method - ESM (Csikszentmihalyi and Larson, 1987) is a commonly used method for collecting data on the experience of people in their daily lives and natural environment. In studies involving ESM, participants receive random or programmed reminders according to time intervals or occurrence of events of interest to make a self-report about what they are doing or feeling at any given time. This method has been successful to obtain information about various topics of interest, such as stress and job satisfaction, student behavior in schools and various psychopathologies, such as

WebMedia '16, November 08-11, 2016, Teresina, PI, Brazil
ACM 978-1-4503-4512-5/16/11.
http://dx.doi.org/10.1145/2976796.2988222

depression, anxiety and substance abuse (for a comprehensive review, see Hektner *et al.* (2007)). Besides being an efficient method of data collection on everyday experiences, data can be valuable for planning intervention programs taking into account the particularities of experience, behavior, physical and social environment of a sample of individuals or an individual in particular, which increases the scope and effectiveness of the proposed intervention.

Research involving ESM have started with printed materials and use of pagers and PDAs. Currently, mobile devices such as smartphones and tablets are widely popular, accessible to the population and are equipped with a series of features like high quality camera, microphone, voice recording tools, text editors, GPS and sensors, such as accelerometer, ambient light sensing, proximity detection, among others.

The increasingly growth of adoption of mobile devices allows great flexibility of the ESM technique, being users immediately encouraged to carry out tasks and provide reports of their experience in many ways, using different formats of media, such as video, photo, and voice recording. In addition, the use of mobile devices enables data collection in natural environment, tracing interactions between people and situations, and allows report immediately after the occurrence of an event of interest. The combination of the ESM and mobile devices also present the following advantages: 1. Accurate time control; 2. Monitoring the effective participation of users; 3. Obtaining auxiliary data on behaviors (sensor device); 4. Human error reduction; 5. Data organization in formats compatible with statistical software; and 6. Minimal interference of external observers.

Progressively more people use computer systems in their daily routines in an unconscious and automatic way to help them accomplish tasks. In this context, Ubiquitous Computing (Weiser, 1991) is an area that studies the development of models that take into account the activities carried out by individuals and the contexts in which these activities take place (Yin *et al*, 2008; Kapoor and Horvitz, 2008). Computational solutions that make use of the ESM and Ubiquitous Computing allow and facilitate access to information about behaviors of interest and facilitate interventional actions.

From the point of view of social applicability, the more pervasive, contextualized and individualized data collection is, the wider the scope of interventions in different fields will be, since the data obtained from preliminary data collection can be used to program interventions fit to everyday needs of different individuals. Thus, our team aimed to model the *Experience Sampling and Programmed Intervention Method - ESPIM*, a method which combines: a) selected procedures of individualized programmed teaching, b) techniques from the ESM method, and c) Ubiquitous Computing, to increase effectiveness of data collection and planning, authoring and implementing ubiquitous interventions by different fields of knowledge, such as education, physical and mental health.

The ESPIM method is supported by a system with the same name, developed for the Web and mobile platforms, which allows ubiquitous data collection and interventions. The system has been developed collaboratively with professionals from different areas, including: computer science, health and education. This course aims to present the ESPIM to this community, so it is intended to undergraduates and graduate students from computer science and related fields. Professionals and students of health and education areas may also have special interest, as ESPIM supports research and clinical follow-up of individuals.

The contents will be presented in two moments. In the theoric portion of course there will be explanations about the ESM method, its applicability in several fields of knowledge, as well as to collect ubiquitous data about the individuals' experiences in real time, and in natural environment. Also, we will address to the planning and implementation of interventions based on previously collected data. In continuity, we will detail technological architecture of the ESPIM and its components. The three main components of the ESPIM are: 1) a mobile application developed for Android, to be used by users who are being tracked; 2) a Web system, developed with the Grails framework, HTML5 and JavaScript, to be used by researchers and professionals for planning data collection and interventions, and 3) a Web service RESTful, developed in Java with Spring framework, responsible for storage information. The guidelines, requirements and design decisions taken by the multidisciplinary team throughout the system development will also be addressed. Finally, the lecturer will detail the main features of the ESPIM system, as well as the activities that each user profile can accomplish.

In the second part of the course, participants will install ESPIM on their personal devices and will be instructed to interact with both, Web and mobile interfaces. Empirical evaluations also will be conducted with participants to evaluate the system's functionalities and interface regarding usability and user experience.

REFERENCES

Csikszentmihalyi, M., and Larson, R. (1987). Validity and reliability of the experience-sampling method. *The Journal of Nervous and Mental Disease, 175*(9), 526–536.

Hektner, J. M., Schmidt, J. A., and Csikszentmihalyi, M. (2007). *Experience sampling method: Measuring the quality of everyday life.* Sage.

Kapoor, A. and Horvitz, E. (2008). *Experience sampling for building predictive user models: A comparative study.* In Proceedings of the SIGCHI Conference on Human Factors in Computing Systems, CHI '08, pp. 657–666, New York, NY, USA. ACM.

Weiser, M. (1991). The computer for the 21st century. *Scientific american, 265*(3), 94–104.

Yin, J., Yang, Q., and Pan, J. J. (2008). Sensor-based abnormal human-activity detection. Knowledge and Data Engineering, *IEEE Transactions on, 20*(8): 1082–1090.

BIO

Isabela Zaine is a psychologist, PhD in Psychology (UFSCar), Specialist in Behavioral Psychotherapy, Professor of Psychology. Currently holds a postdoctoral fellow at University of São Paulo (ICMC-USP), conducting research in interactive technologies applied to educational and health contexts.

Kamila R. H. Rodrigues is PhD in Computer Science, Professor of Computer Science. Conducts research in Interactive Multimedia Systems and Human-Computer Interaction (HCI). Currently holds a postdoctoral fellow at University of São Paulo (ICMC-USP), conducting research with interactive documents for specialized collection of everyday experiences of individuals.

Bruna C. R. da Cunha is a PhD candidate in Computer Science at University of São Paulo (ICMC-USP). Conducts research in the areas of HCI, User Experience, Assistive Technology and Ubiquitous Computing.

Caio C. Viel is a PhD candidate in Computer Science at University of São Paulo (ICMC-USP). Conducts research in the fields of Ubiquitous Computing and Interactive Multimedia Systems with emphasis on applications for capture and access.

Alex F. Orlando is a PhD candidate in Computer Science at University of São Paulo (ICMC-USP). He is also a Project Manager at Monitora Soluções Tecnológicas and an entrepreneur at bluedotsoft. He has experience in computer science, with emphasis on Software Engineering.

Olibário J. M. Neto is currently a PhD candidate in Computer Science at University of São Paulo (ICMC-USP). Conducts research on Accessibility, HCI, Usability, User Experience and solutions for mobile devices.

Yuri Magagnatto is a Master's Student in Computer Science at University of São Paulo (ICMC-USP). Conducts research on the use of mobile devices in health services.

Maria da Graça C. Pimentel is a Professor at University of São Paulo (ICMC-USP), PhD in Computer Science from the University of Kent at Canterbury. Conducts research in the fields of Document Engineering, Ubiquitous Computing, Semantic Web and HCI, with research applied to Assistive Technologies, Digital TV and Education.

MM4DM: How Multimedia Enrolls Decision-making Processes in the Era of Cognitive Computing

Marcio Ferreira Moreno, Rafael Rossi de Mello Brandão, Renato Cerqueira
IBM Research | Brazil
Av. Pasteur, 138 and 146
Rio de Janeiro – 22296-903 – Brazil
{mmoreno, rmello, rcerq}@br.ibm.com

ABSTRACT

The increasing momentum towards cognitive computing unlocks a diverse set of opportunities and challenges for the multimedia research area. In fact, with a different approach from the one present in the traditional artificial intelligence systems, cognitive computing glimpses a human-machine collaboration, where a more symbiotic interaction is required. The main goal of the Multimedia for Decision-Making (MM4DM) tutorial is to discuss how the multimedia research area enrolls decision-making processes in the era of cognitive computing. In this context, this tutorial discusses topics of multidisciplinary interest, always from a multimedia perspective, aiming to inspire heterogeneous participation of researchers from industry and academia.

Keywords

Hypermedia and Multimedia Systems; Media Synchronism, Cognitive computing systems; Human-centered computing; Decision-making processes; Mulsemedia; Hypermedia Conceptual Models.

MM4DM: Multimedia for Decision-Making

The increasing use of cognitive computing [1] at different market sectors brings a diverse set of opportunities and challenges for scientific research in the area of multimedia. With a different approach from the one present in the traditional artificial intelligence systems, cognitive computing glimpses a human-machine collaboration, where a more symbiotic interaction is required.

The main goal of the Multimedia for Decision-Making (MM4DM) tutorial is to discuss how the multimedia research area enrolls decision-making processes in the era of cognitive computing. In this sense, the tutorial debates topics of multidisciplinary interest, always from a multimedia perspective, aiming to inspire diverse participation of researchers from industry and academia.

Decision-making [2] can be seen as a cognitive process of making choices by setting goals, identifying and gathering information (evidence), reflecting and choosing alternatives to take actions. In this context, the role of multimedia research area goes far beyond an isolated analysis of multimedia content to enhance, for instance, indexing and retrieval of content. In fact, multimedia plays a key role in the signification process (i.e. semantic qualification) [3] of unstructured data demanded for making decisions. On the one hand, to decision makers, the process of effectively producing and consuming semantically structured and relevant multi-modal information is key. On the other hand, representing knowledge from unstructured data, such as video and audio streams, without a defined semantic model, can be challenging. In the same way, structuring this type of data comprehends a costly process, since traditionally this is achieved by manual analysis and human interpretation. In this context, enhancing knowledge acquisition and modeling to support decision-making processes is an open issue that may involve sophisticated multimedia processing, machine learning and cognitive processes.

MM4DM has many challenges in different topics with distinct interests, gathered in specific domains, including but not limited to: knowledge extraction from multimedia content; media synchronization [4]; rich multimedia presentations [3] aiming at knowledge consumption; hypermedia and multimedia conceptual model [3], aiming at registration and navigation in decision-making processes; content capturing aiming at understanding the context and intent of users.

Tutorial Organization

In order to present the aforementioned multimedia challenges in a didactic way, the tutorial has the following organization:

1) **Introduction**. Introducing the basic concepts. Decision-Making Processes [2]. Decision Support Systems [2]. Cognitive Systems. Cognitive Systems and Cognitive Computing Systems [1]. Human-machine symbiosis issues. The importance of multimedia area in cognitive computing and decision-making support systems.

2) **MM4DM**. Use of multimedia in cognitive computing and decition-making processes. State of the art and current research challenges. Cognitive computing web services and APIs. Integration of cognitive computing and multimedia to support decision-making.

3) **Case Study**. Introducing basic concepts of Cloud Computing. IaaS, PaaS, SaaS, and communicability aspects [5]. Bluemix platform, its starter applications and catalog. Using IBM Watson [1] APIs and Cognitive Web Services to extract knowledge from multimedia content. Capturing and processing user input commands and multimedia content for decision-making. Hyperknowledge conceptual model [3].

4) **Final Remarks**. Tutorial highlights. Pointers and references to prototypes and recent work in this research area. Research agenda.

WebMedia'16, November 08–11, 2016, Teresina, Brazil.
ACM 978-1-4503-4512-5/16/11.
http://dx.doi.org/10.1145/2976796.2988191.

Our Point of View

Cognitive computing has unique relevance, especially when it overcame the status of technological trend to define a new computing era. In fact, the era of cognitive computing brings not only new challenges for scientific research, as well as multidisciplinary contributions able to present solutions from new perspectives in several areas, including for decision support systems. Moreover, the study of decision-making processes consists in an area of interest not only to academia, but particularly to industry. The human-machine collaborative nature of cognitive computing and decision-making, in which a symbiotic interaction between human and machine is necessary, is the main argument of the tutorial organizers, who claim that the success of these areas strongly depends on the engagement of the multimedia community.

References

[1] Aya Soffer, David Konopnicki, and Haggai Roitman. 2016. When Watson Went to Work: Leveraging Cognitive Computing in the Real World. In ACM SIGIR conference on Research and Development in Information Retrieval (SIGIR '16). ACM, New York, NY, USA, 455-456. DOI: http://dx.doi.org/10.1145/2911451.2926724

[2] Power, D. J., Sharda, R. and Burstein, F. 2015. Decision Support Systems. Wiley Encyclopedia of Management.

[3] Moreno, M.F., Brandao, R.R.M., Cerqueira, R. NCM 3.1: A Conceptual Model for Hyperknowledge Document Engineering. DOI: http://dx.doi.org/10.1145/2960811.2967167. ACM Document Engineering, Vienna, Austria. September 2016. *In press*.

[4] Moreno, M. F., Costa, R. M. R., and Soares, L. F. G. "Interleaved Time Bases in Hypermedia Synchronization." IEEE MultiMedia Magazine, pp. 68–78. 2015.

[5] Brandao, R.R.M., Moreno, M.F., Ferreira, J.J., Cerqueira, R. Communicability Issues on PaaS Application Development. IHC'16. Oct, 2016, São Paulo, Brazil.

BIO

Dr. Marcio Ferreira Moreno is currently a Research Staff Member on Natural Resources Solutions at IBM Research, investigating the role of multimedia on cognitive computing and decision-making processes, as well as new software technologies (including IoT, cloud, and visualization) for development, integration and operation of systems. By studying multimedia technologies, he has designed and implemented network protocols, client-server applications, distributed multimedia and hypermedia applications, conceptual models, and the reference implementation of a Digital TV middleware named Ginga. In addition, he has contributions in the specification of the NCL (Nested Context Language), a declarative language for hypermedia-document authoring. Ginga and NCL are part of two international standards that he has also contributed: ITU-T H.761 Recommendation for IPTV services and the ISDB-T standards (International Standard for Digital Broadcasting – Terrestrial). Dr. Moreno has published more than 40 research papers in refereed international journals and conference proceedings. He was on the editorial board of Brazilian Computing Magazine as invited editor, and is TPC member of international conferences, including ACM Multimedia, ACM MMSys, IEEE ISM, and IARIA MMEDIA. Dr. Moreno is also chair and organizer of the first international workshop that discusses the **M**ultimedia **S**upport for **De**cision-**M**aking **P**rocesses (MuSDeMP'16), and the first international workshop on **S**ynchronism **of T**hings (SoT'16). Dr. Moreno got the best PhD award from ACM EuroITV'10, and the Oscar Niemeyer Award for Scientific and Technological Projects in 2011.

Dr. Rafael Brandão is a multidisciplinary researcher at IBM Research Brazil. Currently, his research is mostly focused on aspects of knowledge modeling, particularly involving Cognitive Computing and Cloud Computing technologies. He is part of the research team for Natural Resources applications, in domains such as agriculture and O&G industries. He has also interest in decision-making processes and Cognitive Sciences research fields. He earned his doctorate in Computer Science from PUC-Rio, investigating acquisition and structuring of qualitative analysis data through a ubiquitous software infrastructure. His thesis draws on features of Semiotic Engineering, a HCI theory bred within the Semiotic Engineering Research Group (SERG). Recently, he co-authored a book entitled "Software Developers as Users: Semiotic Investigations in Human-Centered Software Development", in process of publication by Springer. Previously, he had worked for five years in Tecgraf Institute, at PUC-Rio, where acted as R&D lead developing a software infrastructure for prototyping Capture and Access systems. From the industry side, he had worked as media consultant, software engineer and as a developer for different companies where he developed middleware and other distributed systems. His research agenda also includes multimedia systems and models, document authoring, digital TV middleware, and IoT technologies. He is also co-organizer and co-chair of MuSDeMP'16.

Dr. Renato Cerqueira is a Senior Research Manager at IBM Researh Brazil, where he investigates new software technologies for the design and implementation of cognitive computing systems, applied to natural resources. Dr. Cerqueira is particularly interested in new technologies and approaches to speed up the development, deployment and evolution of cognitive systems and their knowledge bases. From 2002 to 2011, he was professor of PUC-Rio. From 1993 to 2011, he was a researcher at the Tecgraf / PUC-Rio, and the scientific leader of his research group in Distributed Systems Engineering, conducting several R&D projects with industry partners and academia. Dr. Cerqueira has published more than 80 scientific papers in refereed international journals and conference proceedings, with more than 2400 citations, and was the advisor of several doctoral and master students. He graduated in Computer Engineering at PUC-Rio, where he also obtained his Masters and PhD. During 2001, he was Visiting Researcher at the University of Illinois at Urbana-Champaign, working with Prof. Roy Campbell in middleware technologies for Ubiquitous Computing. He has served in the ACM/IFIP/USENIX International Middleware Conference as Technical Program Chair, Steering Committee member, TPC member, Tutorial Chair, Local Arrangements and Financial Chair. He is also Steering Committee member of the Workshop on Adaptive and Reflective Middleware, as well as co-organizer and co-chair of MuSDeMP'16.

Pratical Introduction to Internet of Things: Practice using Arduino and Node.js

Cintia Carvalho Oliveira
IFTM Campus Patrocínio
Minas Gerais, Brasil
cintiaoliveira@iftm.edu.br

Daniele Carvalho Oliveira
UFU Campus Monte Carmelo
Minas Gerais, Brasil
danieleoliveira@ufu.br

João Carlos Gonçalves
IFTM Campus Patrocínio
Minas Gerais, Brasil
jcarlosptc@live.com

Júlio Toshio Kuniwake
IFTM Campus Patrocínio
Minas Gerais, Brasil
Juliokuniwake@hotmail.com

ABSTRACT

The Internet of Things brings the idea of "all connected", from television that choose the schedule according to the viewer's preference to cars that select the fastest path to the desired point. With the Web access expansion not only computing devices such as laptops, personal computers and smartphones but also equipment such as refrigerators, television, among others, the communication and automation possibilities expand and cities, homes and smart environments become one reality. This short paper aims to explore the potential of this technology by presenting the necessary steps to develop a simple application that uses the Arduino platform and framework Node.js

Keywords

Internet of Things; Software Development.

1. INTRODUCTION

The new trends indicate the passage of the information age into the intelligence era, the last one is characterized by the presence of devices connected to each other sharing different information to provide greater efficiency and automation tasks in everyday life. In this context of intelligent environments comes the Internet of Things (IoT), which is nothing more than a network of connected devices together with applications in Smart Home, public security, energy and environmental protection, agriculture and tourism.

In 1991 began the discussion on the interconnection of different objects, when the TCP/IP standard and the Internet we know today began to be accessible. Bill Joy, Sun Microsystems co-founder, was the thinking head from behind the idea of connecting multiple networks and devices. [1]

In 1999 Kevin Ashton of MIT proposed the term "Internet of Things" after ten years of study and projects. He wrote the article "The Internet of Things Thing" for the RFID Journal and from there the term became popular. According Ashton, the lack of time in the routine of people will need to connect to the Internet by various ways. [1]

This paper presents a subject for people who want to know more about the Internet of Things. Technologies associated with Web development, such as Node.js framework and the Arduino platform will be studied. Participants will have the opportunity to follow the development of a small web application that communicates with an Arduino.

2. ARDUINO

The Arduino is an electronic hardware prototyping platform. Is important to know how to install and program the Arduino, the installation and use of Shild Ethernet module that allows HTTP communication, the use of sensors and actuators. [2] [3]

The Arduino objective is to create tools that are affordable, low cost, flexible and easy to use by amateurs. Especially for those who wouldn't have the most sophisticated controllers and more complicated tools.

A typical Arduino board have a controller, a few lines of digital and analogical I/O and an USB or serial interface for connecting to the host, which is used to program it and interacted with it in real time. It itself does not have any network resource, but it is common to combine one or more Arduinos using appropriate extensions call shields. The host interface is simple and can be written in various programming languages.

3. NODE.JS

Node.js is a JavaScript code interpreter that runs on the server side. Your goal is to help developers to create highly scalable applications (like a web server), with codes that are capable to handling with thousands of concurrent connections on a single physical machine. [4] [5] [6]

Node.js is part of a technology set for developing called Stack MEAN, composed by:

- MongoDB – Documents Database oriented
- Express – Node web development framework
- AngularJS – Javascript MVC Framework
- Node.js – Javascript Execution Environment

4. DEVELOPMENT OF PRACTICAL APPLICATION

In this work will be presented a LED control system via Web page and Arduino. It will be presented the assembly of the circuit, the development of the source code in C, server creation with Node.js framework and system testing. [7] [8] [9]

The internet of things has its basis in communication between the real world elements and the internet. In this context we highlight the existence of several projects that fall within the context of application for home automation such as control of home lights.

The example application is the control of LEDs connected on circuit to an Arduino board and controlled by a web page hosted on a server created with Node.js.

5. REFERENCES

[1] Internet of Things Consortion (2015). <http://openinterconnect.org/>. July

[2] Arduino (2016), https://www.arduino.cc/, July

[3] Lemos, M. (2016) "Arduino: Conheça esta plataforma de hardware livre e suas aplicações",http://blog.fazedores.com/arduino-conheca-esta-plataforma-de-hardware-livre-e-suas-aplicacoes/, July

[4] Node.js (2016), https://nodejs.org/en/, July

[5] Lopes, C. (2016) "O que é Node.js e saiba os primeiros passos", http://tableless.com.br/ o-que-nodejs-primeiros-passos-com-node-js/, July

[6] Young, A., Harter, M., & Noordhuis, B. (2015). *Node. js in Practice*. Manning.

[7] Afonso, B. S., Pereira, R. B. D. O., & Pereira, M. F. L. (2015) "Utilização da Internet das Coisas para o desenvolvimento de miniestação de baixo custo para monitoramento de condições do tempo em áreas agrícolas". Anais da Escola Regional de Informática da Sociedade Brasileira de Computação (SBC) – Regional de Mato Grosso, 6, 183-189.

[8] Botta, A., de Donato, W., Persico, V., & Pescapé, A. (2016) "Integration of cloud computing and internet of things: a survey. Future Generation Computer Systems", 56, 684-700.

[9] Ricardo, R. (2016) "Primeiros passos no mundo da Internet das Coisas", http://www.devmedia.com.br/primeiros-passos-no-mundo-da-internet-das-coisas/34102, July

BIO

Msc. Cintia Carvalho Oliveira is PhD student and Master in Computer Science from the Federal University of Uberlândia. Degree in Computer Science from the Universidade Federal de Juiz de Fora. She is a professor and Research, Postgraduate and Innovation Coordinator of the Instituto Federal do Triângulo Mineiro Campus Patrocínio. Dedicated to the study and Web development, Image Processing and Robotics. Working mainly with the technologies: C, C ++, Java, JSP/JSF, PHP and Arduino.

Msc. Daniele Carvalho Oliveira is Master in Computer Science from the Universidade Federal de Uberlândia. Graduated in Computer Science from the Universidade Federal de Juiz de Fora. She is currently Assistant Professor at the Universidade Federal de Uberlândia – Campus Monte Carmelo. Coordinator of the Extension Program: Young Developers, which promotes educational programming for estadual students of the Monte Carmelo city, using C ++ and Robotics with Arduino.

João Carlos Gonçalves is an Analysis and Development Systems Technologist of Instituto Federal do Triângulo Mineiro – Campus Patrocínio. Has interest in research involving the development of educational applications, computer networks and computer science.

Julio Toshio Kuniwake is an Analysis and Development Systems Technologist student of Instituto Federal do Triângulo Mineiro – Campus Patrocínio.

Programming Multimedia Applications in GStreamer

Guilherme F. Lima   Rodrigo C. M. Santos   Roberto Gerson de Albuquerque Azevedo
Department of Informatics
PUC-Rio, Rio de Janeiro, Brazil
{glima,rsantos,razevedo}@inf.puc-rio.br

ABSTRACT

This short course is an introduction to GStreamer, one of the main free/open-source frameworks for multimedia processing. We start presenting GStreamer, its architecture and the dataflow programming model, and then adopt a hands-on approach. Starting with an example, a simple video player, we introduce each concept of GStreamer's basic C API and implement it over the initial example incrementally, so that at the end of the course we get a complete video player with support for the usual playback operations (start, stop, pause, seek, fast-forward, and rewind). We also discuss sample filters—processing elements that manipulate audio and video samples. We present the various filters natively available in GStreamer and show how one can extend the framework by creating a plugin with a custom filter that manipulates video samples. The only prerequisite for the short course is a basic knowledge of the C programming language. At the end of the short course, we expect that participants acquire a general view of GStreamer, and be able to create simple multimedia applications and explore its more advanced features.

CCS Concepts

•**Information systems** → **Multimedia streaming; Multimedia content creation;** *Open source software;*

Keywords

Multimedia; Digital signal processing; Dataflow pipeline; GStreamer; C language; Open-source; Video player.

THE SHORT COURSE

GStreamer is currently one of the main free/open-source frameworks for multimedia processing. It is flexible and robust, supports a large number of audio and video formats, and is widely used in both academy and industry [3]. In this short course, we present the conceptual part and the practical part

WebMedia '16 November 08-11, 2016, Teresina, PI, Brazil

© 2016 Copyright held by the owner/author(s).

ACM ISBN 978-1-4503-4512-5/16/11.

DOI: http://dx.doi.org/10.1145/2976796.2988193

of GStreamer. In the conceptual part, we discuss the framework's programming model, namely, the dataflow pipeline, which is the model adopted by most systems for serious multimedia processing, e.g., Pure Data [5], CLAM [1], DirectShow [2], etc. Under the dataflow model, a multimedia application is structured as a directed graph (or pipeline) in which nodes are the processing elements and edges represent connections between elements over which audio and video samples, and control data flow. The dataflow model is particularly attractive for multimedia processing because it supports implementations that are naturally parallel, modular, and scalable [6].

In the practical part, we present the main concepts of GStreamer's C API and illustrate their use by constructing a simple video player. Though here we are mainly interested in video playback, i.e., decoding and presentation, this same API can be used to capture, encode, and transmit audio and video streams. GStreamer natively supports a great variety of components to deal with each of the these processing phases, and can thus be used in the construction of applications ranging from audio and video editors, transcoders, and transmitters, to media players.

For this reason, we believe that not only programmers, but any person interested in multimedia processing might benefit from this short course. The only requirements are a basic knowledge of the C programming language [4] and familiarity with some developing environment. The course examples assume a GNU/Linux environment, thus some basic Unix knowledge is also desirable though not mandatory.

The short course consists of the following eight parts.

Introduction to GStreamer. We give an overall presentation of GStreamer—its history, architecture, software license, notable users, and dependencies, plus the supported formats and platforms—and also discuss its programming model: the pipeline dataflow.

Hello world: A video player. We present the first version of the video player example which serves as a basis for the rest of the topics addressed in the course. This first version is built upon the high-level `playbin` API, which is one of the simplest ways to implement an audio or video player in GStreamer.

Basic concepts: Analyzing the previous example. We discuss what is behind the apparently simple code of the previous example. We begin by showing the pipeline constructed and maintained internally by the `playbin` element, and use this pipeline as a model to introduce the basic concepts of GStreamer: element, pad, caps, clock, buffer, event, message, bus, bin, and pipeline. After presenting each of these concepts, we get back to coding and re-implement the same video player example but this time using GStreamer's core API. Though one can generally rely on `playbin` to implement simple media players, complex applications demand a deep knowledge of the core API. For this reason, from this point on we focus on the core API syntax and operation model. Finally, we discuss the tools `gst-inspect` and `gst-launch`. The former can be used to query the elements available in a particular installation, and the latter can be used to construct a pipeline directly on the command-line.

Filter elements. We present the main audio and filters available in the standard GStreamer installation and discuss how these can be integrated into the video player example. At this point, we present the result of combining the example with different filters, and also discuss how filter parameters can be dynamically modified, at run-time.

Input and output. We add support to keyboard and mouse input to the video player example, and also show how to redirect the output video samples to a specific OS-level window—up to this point, the example was rendering on a new window created automatically by one of the pipeline elements.

Pause, seek, fast-forward and rewind. We discuss the theory and implementation (over the video player example) of the usual playback operations: pause, seek, fast-forward and rewind. We also discuss the problems involved in supporting each of these operations and the situations in which they may fail.

Plugins. We present GStreamer's plugin architecture and implement a custom video filter element. Besides showing its code, we discuss how a custom element can be wrapped into a plugin and installed in the system, and how it can be used by other GStreamer applications, in particular, how it can be used by the original video player example.

Conclusion. We discuss briefly some advanced topics, such as dynamic changes in pipeline topology, the implementation of sample mixers, inter-pipeline synchronization, audio and video capturing, encoding and decoding, transmission on network, and language bindings, and conclude the course by pointing out references for further study.

BIO

Guilherme F. Lima is an associate researcher at the TeleMídia Lab. in PUC-Rio, Rio de Janeiro, Brazil. His research interests include programming languages and models for multimedia synchronization, in particular, those occurring in the intersection between synchronous languages and multimedia. He holds a Sc.D. (2015) and a Sc.M. (2011) in Informatics, and a B.A. (2009) in Information Systems, all from PUC-Rio.

Rodrigo C. M. Santos is a PhD Candidate in Informatics at Pontifical Catholic University of Rio de Janeiro (PUC-Rio).

He earned a Master's Degree in Computer Science from Federal University of Maranhão (UFMA) in 2013. His main research interests are inter-media synchronization, distributed multimedia systems, reactive/synchronous programming and multimedia programming languages.

Roberto Gerson de Albuquerque Azevedo is an associate researcher at TeleMídia Lab/PUC-Rio. He earned his Ph.D. (2015) and Masters (2010) degrees in Informatics from PUC-Rio. He also received the degree of Computer Scientist from the Federal University of Maranhão (UFMA) (2008). His research interests include authoring and representation of multimedia scenes; and 3D video representation, coding, transmission, and rendering.

REFERENCES

[1] Xavier Amatriain, Pau Arumi, and David Garcia. A framework for efficient and rapid development of cross-platform audio applications. *Multimedia Systems*, 14(1):15–32, 2008.

[2] Amit Chatterjee and Andrew Maltz. Microsoft DirectShow: A new media architecture. *SMPTE Motion Imaging Journal*, 106(12):865–871, 1997.

[3] GStreamer Developers. GStreamer applications. https:// gstreamer.freedesktop.org/apps/. Accessed 24 de agosto de 2016.

[4] Brian W. Kernighan and Dennis M. Ritchie. *The C Programming Language*. Prentice Hall PTR, Upper Saddle River, NJ, USA, 2nd edition, 1988.

[5] Miller S. Puckette. *The Theory and Technique of Electronic Music*. World Scientific Publishing Company, Singapore, 2007.

[6] Hervé Yviquel, Alexandre Sanchez, Pekka Jääskeläinen, Jarmo Takala, Mickaël Raulet, and Emmanuel Casseau. Embedded multi-core systems dedicated to dynamic dataflow programs. *Journal of Signal Processing Systems*, 80(1):121–136, 2015.

Software Ecosystems in the Development of Web, Social Networks and Multimedia Platforms

Rodrigo Santos
Department of Applied Informatics
Federal University of the State of Rio de Janeiro (UNIRIO)
ZIP Code: 22290-240 - Rio de Janeiro, RJ, Brazil
rps@uniriotec.br

Davi Viana
Computer Engineering Coordination
Federal University of Maranhão (UFMA)
ZIP Code: 65085-580 – São Luís, MA, Brazil
davi.viana@ufma.br

ABSTRACT

A software ecosystem (SECO) is a set of actors and artifacts that exchange resources and information based on a common technological platform, in which external players are also included. This context has affected decisions on the management and development of those platforms in several domains, especially regarding the architecture, governance and collaboration models. As such, it is important to integrate mechanisms and tools to support the exchange of information, resources and artifacts, as well as to ensure an effective communication and interaction among organizations, developers and users. This short course presents how the SECO reality changes the development of web, social networks and multimedia platforms. Initially, SECO's concepts and strategies are introduced. Next, some mechanisms to analyze the development of the abovementioned platforms are discussed. Finally, real cases are used to explore some decision scenarios and SECO resources, such as iOS/Android, Moodle, Facebook, and the Brazilian Public Software (BPS) Portal.

Keywords
Software Ecosystems, Social Networks, Web, Multimedia.

1. OVERVIEW

The pace of change in the global industry is driving organizations towards increasing levels of agility in their software development methods, while products and services are concurrently becoming ever more software-intensive [1]. Software represents a crucial element for most of existing systems. Thus, software-intensive systems have become more and more ubiquitous, large and complex, with considerable dissemination in several application domains and tightly dependent upon different technologies [2]. Those systems have been centered in a common technological platform, in which several elements are involved in both the social system and the technical system.

In such contexts, the development of web, social networks and multimedia platforms involves better thinking about the influence and interdependency that exist in the relations among players within a competitive market. In other words, organizations no longer function as independent units that can deliver separate products, but have become dependent on others for vital components and infrastructures, for example, operating systems, programming languages, libraries, and component stores [3].

WebMedia'16, November 08-11, 2016, Teresina, PI, Brazil
ACM 978-1-4503-4512-5/16/11.
DOI: http://dx.doi.org/10.1145/2976796.2988220

These networks have been investigated as a software ecosystem (SECO), as discussed in the first Brazilian PhD thesis on this topic [4]. SECO consists of a set of software solutions that enable, support and automate the activities and transactions performed by the actors in the associated social or business ecosystem, and the organizations that provide these solutions [5].

In this short course, we present the main SECO's concepts and strategies. Next, mechanisms to analyze the development of the abovementioned platforms are discussed. Finally, real cases are used to explore some decision scenarios and SECO resources, such as iOS/Android, Moodle, Facebook, and the Brazilian Public Software (BPS) Portal. This initiative is of great relevance for the Multimedia and Web community once this short course provides researchers and practitioners with an overview of an emerging concept that is currently used in industry. Since there are different types of SECOs and the development of their platforms are a real concern, it is important to analyze the SECO's characteristics in order to foster new strategies and approaches for the development of web, social networks and multimedia platforms.

2. TOPICS

2.1 SECO' Concepts and Strategies

The ecosystem metaphor aims to highlight the fact that external and/or unknown players are contributing to maintain and evolve a common technological platform, changing the traditional, organization-centric value chain towards a software supply network, where multiple components developed over different platforms co-exist and affect organizations' businesses. In fact, software as an artifact becomes a first-class citizen for all industry sectors that depend on it to produce goods and services to society [6]. Components developed in the software industry have a direct relation with users' participation in promoting, distributing (or selling) and evolving them, creating sociotechnical applications. Thus, suppliers and acquirers have to carefully consider their strategic role within their interrelated ecosystems to survive regardless of market turbulences or movements [3].

2.2 Analyzing Web, Social Networks and Multimedia Platforms

According to Santos [7], a SECO can be related to other SECOs. A SECO has a platform on which products and services can be included, modified or extended as software artifacts. A SECO is also composed by a community of hubs, i.e., main agents in a SECO (e.g., leading organizations that polarize a SECO), and niche players, i.e., all stakeholders who collectively affect a SECO from individual actions onto the platform (e.g., each of them can influence, commit to, contribute to, promote, or extend the platform). Both types of central players are associated to a role (e.g., keystone, developers, reseller, end-user etc.). In addition, as an important initiative to analyze SECO concepts and relations, Bosch [5] organized the existing SECOs into two dimensions. Dimension #1 refers to categories in which SECOs are grouped in terms of their abstraction level: operating system, application, and end-user programming. In turn, Dimension #2 refers to computing platforms in which SECOs are grouped regarding the platforms' infrastructure: desktop, web and mobile.

In the development of web, social networks and multimedia platforms, some challenges can be pointed out: (1) how to support the participation of external developers? (2) how can architecture and design be affected by the SECO context? (3) how to maintain an ecosystem vibrant, i.e., with many actors interacting with each other? (4) how to manage the evolution of the abovementioned platforms? (5) how to measure productivity, robustness and niche creation: (6) how to cope with dichotomies like explicit *vs* tacit knowledge, open *vs* closed SECO, and internal *vs* external development? And (7) how to manage a network of artifacts' and projects' dependencies in large scale, globalized development?

2.3 Discussions: Real Cases

Examples of SECO are Microsoft SECO, iPhone SECO and Drupal SECO [7]. Some typical ecosystem's characteristics can be observed: (a) SECO can be part of another SECO, e.g., Microsoft CRM SECO is contained in Microsoft SECO; and (b) one might refer to iPhone SECO with its app store as a closed SECO, whereas a software platform can sustain an open SECO in the context of open source software (OSS), e.g., Drupal SECO is a OSS maintained by a community of thousands of users and developers across the world. This context affects management and development decisions in diversified application domains. So, it is crucial to integrate mechanisms and tools to support the exchange of information and resources, as well as to ensure an effective communication and interaction among developers and users.

3. FINAL REMARKS

We can summarize some benefits and difficulties when looking at the development web, social networks and multimedia platforms in the SECO context. Some benefits are: (a) to improve the notion of value for products and services; (b) to attract new customers; (c) to get time-to-market based on co-innovation (i.e., create new functionalities and tools upon the SECO platform aided by the community's members); and (d) to reduce maintenance costs. In turn, managing software in the SECO context allows acquirers to better select, adopt and maintain products and services, as well as technologies, to keep their businesses alive and profitable in a dynamic market. On the other hand, some barriers lie upon: (a) to manage the network's knowledge; (b) to maintain the platform architecture (stability, security etc.); (c) to cope with a diversity of licenses and risks; (d) to coordinate and communicate requirements; and (e) to seek decision support.

4. ACKNOWLEDGMENTS

The authors would like to thank CNPq (Proc. No. PDJ 150539/20016-9) and FAPEAM (062.00600/2014 and 062.00578/2014) for partially supporting this research.

5. REFERENCES

[1] B. Boehm. 2006. A View of 20th and 21st Century Software Engineering. In: *Proc. of the 28th International Conference on Software Engineering* (Shanghai, China), 12-29.

[2] K. Manikas. 2016. Revisiting Software Ecosystems Research: A Longitudinal Literature Study. *The Journal of Systems and Software* 117, 2016, 84-103.

[3] S. Jansen, E. Handoyo, C. Alves. 2015. Scientists' Needs in Modelling Software Ecosystems. In: *Proc. of the 9th European Conference on Software Architecture Workshops* (Dubrovnik/Cavtat, Croatia), 1-6.

[4] R. Santos. 2016. *Managing and Monitoring Software Ecosystem do Support Demand and Solution Analysis.* PhD Thesis, COPPE/UFRJ, Rio de Janeiro, Brazil, 228p.

[5] J. Bosch. 2009. From Software Product Lines to Software Ecosystem. In: *Proc. of the 13th International Software Product Line Conference* (San Francisco, USA), 1-10.

[6] D. Seichter, D. Dhungana, A. Pleuss, B. Hauptmann. 2010. Knowledge Management in Software Ecosystems: Software Artifacts as First-class Citizens. In: *Proc. of the 4th European Conference on Software Architecture Workshops* (Copenhagen, Denmark), 119-126.

[7] R.P. Santos, C.M.L. Werner, O.A.L.P. Barbosa, C.F. Alves. 2012. Software Ecosystems: Trends and Impacts on Software Engineering. In: *Proc. of the XXVI Brazilian Symposium on Software Engineering* (Natal, Brazil), 206-210.

AUTHORS' BIOS

Rodrigo Santos is Lecturer at the Department of Applied Informatics at UNIRIO, and Postdoc in Software Engineering at Federal University of Rio de Janeiro (COPPE/UFRJ). He visited University College London (UCL) as a researcher in 2014-2015. He holds a PhD degree in Systems Engineering and Computer Science from COPPE/UFRJ. His research interests are Software Ecosystems, Requirements and Acquisition. He leaded projects related to process improvement and ecosystem management at Coppetec Foundation since 2008. He is member of the steering committee of the Workshop on Distributed Software Development, Software Ecosystems and Systems-of-Systems.

Davi Viana completed his PhD in Informatics at Federal University of Amazonas (UFAM). He is Assistant Professor at Federal University of Maranhão (UFMA) and member of the Usability and Software Engineering Research Group (USES) from UFAM. He was an organizing committee member of the Brazilian Symposium on Human Factors in Computer Systems 2013 and general co-chair of the Brazilian Symposium on Software Quality 2015. His research interests are Software Quality, Software Process Improvement, Organizational Learning, Social and Human Aspects of Software Engineering, and Empirical Software Engineering.

A Contextual Data Offloading Service With Privacy Support

Francisco A. A. Gomes, Windson Viana, Lincoln S. Rocha, Fernando Trinta
Grupo de Redes de Computadores, Engenharia de Software e Sistemas
Universidade Federal do Ceará – UFC
Fortaleza, Ceará, Brasil
{franciscoanderson, windson, lincoln, fernandotrinta}@great.ufc.br

ABSTRACT

Mobile devices, such as smarthphones, became a common tool in our daily routine. Mobile Applications (a.k.a. apps) are demanding access to contextual information increasingly. For instance, apps require user's environment data as well as their profiles in order to adapt themselves (interfaces, services, content) according to this context data. Mobile apps with this behavior are known as context-aware applications (CAS). Several software infrastructures have been created to help the development of CAS. However, most of them do not store the contextual data, once mobile devices are resource constrained. They are not built taking into account the privacy of contextual data either, due the fact that apps may expose contextual data, without user consent. This paper addresses these topics by extending an existing middleware platform that help the development of mobile context-aware applications. Our extension aims at store and process the contextual data generated from several mobile devices, using the computational power of the cloud, and the definition of privacy policies, which avoid dissemination of unauthorized contextual data.

CCS Concepts

•Information systems → Retrieval on mobile devices; *Storage management;* •Security and privacy → *Access control; Authorization;* •Software and its engineering → *Object oriented development;*

Keywords

Cloud, Context-Aware, Middleware, Mobile Device, Offloading, Privacy

1. INTRODUÇÃO

Os últimos anos apresentaram uma grande popularização do uso de dispositivos móveis (e.g., *smartphones, tablets* e *smartwatches*). Esses dispositivos são equipados com uma quantidade cada vez maior de sensores embarcados (e.g.,

WebMedia '16, November 08-11, 2016, Teresina, PI, Brazil

© 2016 ACM. ISBN 978-1-4503-4512-5/16/11. . . $15.00

DOI: http://dx.doi.org/10.1145/2976796.2976860

acelerômetro, giroscópio e GPS), os quais possibilitam o sensoriamento de dados do ambiente para que possam ser interpretados e processados por diversas aplicações. Cada vez mais, essas aplicações acessam dados contextuais que caracterizam o ambiente em que executam e os usuários que as acessam. A partir da caracterização deste contexto de uso, as aplicações estão aptas a se adaptarem a possíveis mudanças (e.g., alteração da localização do usuário) de forma a oferecerem serviços mais relevantes nestas novas situações contextuais. Aplicações dotadas desse comportamento são conhecidas como sensíveis ao contexto [12]. A sensibilidade ao contexto é uma característica chave no cenário de Computação Ubíqua antevisto por Mark Weiser [18], em que os dispositivos computacionais seriam incorporados em objetos comuns utilizados pelos seres humanos, de uma forma que a interação com o usuário se tornaria natural e quase imperceptível.

Um dos principais problemas com a adoção da Computação Ubíqua está relacionado com a infraestrutura de suporte [3]. Dispositivos móveis, apesar dos avanços tecnológicos, são limitados se comparados aos *desktops*, já que o poder computacional desses dispositivos é restrito devido a requisitos de tamanho reduzido, menor custo e eficiência energética. Uma possível solução para esta questão é o uso de serviços de nuvem [11], em um paradigma denominado de *Mobile Cloud Computing* (MCC) [16, 7]. De forma sucinta, o paradigma de MCC concentra-se nos benefícios que podem ser alcançados por dispositivos móveis ao se delegar uma operação de armazenamento ou processamento de dados para um ambiente remoto de execução com maior capacidade computacional. Essa técnica de delegação de armazenamento e processamento é referenciada na literatura como *offloading* [13].

Particularmente, o *offloading* de dados precisa lidar com questões sensíveis relativas a privacidade dos dados dos usuários (e.g., Quais dados devem ser anonimizados? Quem pode ter acesso aos dados? O acesso será dado no todo ou em parte?). Esses tipos de questões, quando negligenciadas, podem acarretar na divulgação pública dos dados contextuais do usuário sem a sua devida anuência, pavimentando um caminho para onerosas disputas judiciais. Para lidar com essas questões, este trabalho propõe um serviço de *offloading* de dados com suporte a privacidade que: (i) realiza a disseminação de dados contextuais entre o dispositivo móvel e o ambiente de nuvem de forma transparente e configurável; e (ii) provê um modelo de privacidade ajustável que permite restringir a divulgação e difusão de informações contextuais de cada usuário do sistema.

23

O restante deste artigo está organizado como segue. A Seção 2 trata da fundamentação teórica, apresentando os conceitos importantes adotados na pesquisa. A Seção 3 descreve um cenário motivador à necessidade da solução proposta. Na Seção 4, o serviço proposto é descrito, assim como os modelos de contexto e privacidade adotados, além das políticas de sincronização utilizadas. A Seção 5 apresenta uma aplicação desenvolvida que utiliza o serviço, como forma de mostrar o uso da solução. Na Seção 6, são mostrados um experimento e os resultados de uma avaliação de desempenho realizada com intuito de analisar a validade do trabalho. A Seção 7 apresenta os trabalhos relacionados. Por fim, a Seção 8 conclui o artigo e expõe possíveis trabalhos futuros.

2. FUNDAMENTAÇÃO TEÓRICA

Existem dois temas diretamente relacionados ao trabalho proposto: (i) Sensibilidade ao Contexto e (ii) *Mobile Cloud Computing*. Tais tópicos são melhor discutidos a seguir.

2.1 Sensibilidade ao Contexto

Existem várias definições para o termo "contexto", sendo a mais utilizada a apresentada por Dey em [5], cujo foco está na interação do usuário com seu aplicativo, seu ambiente e a situação dos recursos envolvidos. De acordo com o autor, contexto é "qualquer informação que pode ser usada para caracterizar a situação de uma entidade. Uma entidade é uma pessoa, lugar ou objeto que é considerada relevante para a interação entre um usuário e uma aplicação, incluindo o usuário e a aplicação em si". Em [8] é apresentada uma linha do tempo que representa a constante evolução da definição de contexto. Para os autores, contexto é "qualquer informação que fornece conhecimento e características sobre uma entidade (um usuário, um aplicativo/serviço, um dispositivo, ou um lugar inteligente espacialmente delimitado), que é relevante para interação entre as entidades em si e com o mundo digital. Contexto pode ser categorizado como sendo estático, dinâmico e de rápida mutação".

O conceito de Dey foi expandido por Viana [17] de maneira a retirar a restrição da definição que limitava contexto aos elementos que caracterizavam a interação entre usuário e sistema. Segundo a definição de Viana [17], os elementos que compõem o contexto (e.g., temperatura ambiente e localização do usuário) são definidos baseados na relevância que possuem para o sistema e na possibilidade do sistema sensoreá-los em um determinado instante do tempo. A ideia é incluir sistemas que fazem a aquisição de informações contextuais relevantes no instante do sensoriamento. Assim, a sensibilidade ao contexto é a capacidade das aplicações de monitorar as informações do usuário e do ambiente em que ele está inserido e alterar o seu comportamento em virtude de mudanças nessas informações. Esta definição de contexto é adotada na pesquisa apresentada neste artigo.

2.2 Mobile Cloud Computing

Mobile Cloud Computing (MCC) é um paradigma que incorpora três tecnologias heterogêneas: computação móvel, computação em nuvem e redes sem fio [7]. MCC visa contornar as limitações dos dispositivos móveis em relação ao desempenho e consumo de energia, por meio do uso de recursos de nuvens para aumentar tanto a capacidade de computação quanto a capacidade de armazenamento desses dispositivos.

Não existe um consenso sobre o conceito de *Mobile Cloud Computing*. Para [16], MCC é "o mais recente paradigma

computacional prático, que estende a visão da computação utilitária de computação em nuvem para aumentar os recursos limitados dos dispostivos móveis". Segundo [13], MCC é "uma rica tecnologia de computação móvel que utiliza recursos elásticos unificados de nuvens variadas e tecnologias de rede com funcionalidade irrestrita, armazenamento e mobilidade para servir uma multidão de dispositivos móveis em qualquer lugar, a qualquer momento através do canal de *Ethernet* ou Internet independentemente de ambientes heterogêneos e plataformas baseadas no princípio *pay-as-you-use*".

Existem vários temas de pesquisa relacionados a MCC, sendo destacado na literatura o *offloading* [7], que é uma técnica que visa aumentar o desempenho e reduzir o consumo de energia de dispositivos móveis por meio da migração de processamento ou dados de dispositivos móveis para outras infraestruturas, com maior poder computacional e armazenamento. Existem várias questões de pesquisa relacionadas ao *offloading*, como por exemplo: como, quando, onde e por que deve-se realizar essa técnica. Com relação ao local de execução, o *offloading* pode acontecer em: uma nuvem pública, um *cloudlet* ou em outro dispositivo móvel. Um *cloudlet* pode ser visto como um ambiente de execução (e.g. *desktop* ou *laptop*) que interage com os dispositivos móveis dentro de uma mesma rede local sem fio, provendo meios para a realização de *offloading* [14]. A vantagem da execução em *cloudlet* é que as redes *Wi-Fi*, em geral, possuem velocidades maiores e latência menores em relação as redes celulares. É importante destacar que *offloading* é diferente do modelo cliente-servidor tradicional, em que o *thin client* sempre delega a responsabilidade de realizar o processamento no servidor remoto.

Tipicamente, existem dois tipos principais de *offloading*: processamento e dados [7]. O *offloading* de processamento é a entrega de um processamento computacional do dispositivo móvel para outro ambiente de execução (e.g., *laptop*), a fim de prolongar a vida útil da bateria e aumentar a capacidade computacional. O *offloading* de dados tem por objetivo melhorar o envio de dados entre o dispositivo móvel e a nuvem. Assim, retira-se do armazenamento do dispositivo e envia-se os dados para um ambiente com maior capacidade de armazenamento, com a possibilidade também de se enviar dados processados de volta para o dispositivo móvel. Esses dados, geralmente, são difundidos para a nuvem sem prover nenhuma forma de privacidade para o usuário [7]. Assim, no caso dos dados conterem informações contextuais do usuário, ele não estaria ciente da possibilidade desses dados sensíveis terem se tornado públicos.

3. CENÁRIO MOTIVADOR

Baseado nos conceitos de sensibilidade ao contexto e MCC, esse trabalho procura melhorar a migração de dados contextuais entre o dispositivo móvel e o *cloudlet*, bem como dos *cloudlets* para uma nuvem. Dessa forma, os dados contextuais seriam aglutinados em um local centralizador. Na migração dos dados é necessário que exista um controle de privacidade dos dados do usuário para que não ocorra a divulgação dos seus dados. A relevância desse trabalho torna-se mais clara em um cenário motivador apresentado a seguir.

Alexandre está na abertura dos Jogos Olímpicos do Rio 2016. Alexandre e milhares de usuários estão publicando fotos e marcando-as com *hashtags* com um aplicativo que executa no dispositivo móvel e sugere *hashtags* de fotos com contexto semelhante (i.e., com local e instante semelhantes ao de novas fotos). Sempre que for possível, a aplicação realiza o *offloading* de dados no *cloudlet* que executa no Estádio Olímpico. Quando Alexandre captura uma foto, são recomendadas as cinco *hashtags* mais comentadas entre os usuários do aplicativo durante a festa de abertura. Depois do jogo, Alexandre vai a um *shopping* na cidade que também possui um *cloudlet*. Ele continua utilizando o aplicativo. Por receio que outros usuários saibam a sua localização, Alexandre não quer mais divulgar seus dados contextuais. Ele desativa o envio dos seus dados.

Nesse cenário, existem dois momentos distintos. No primeiro, Alexandre é recomendado sobre as *hashtags* mais comentadas na hora da cerimônia de abertura. No segundo, Alexandre não quer tornar pública a sua localização. Esse cenário tem por objetivo mostrar como é interessante o uso de dados contextuais de mais de um usuário, bem como a necessidade de fornecer um mecanismo de privacidade, que seja capaz de filtrar apenas os dados públicos de um usuário de uma determinada aplicação.

4. PROPOSTA

A partir do cenário motivador, com o objetivo de mitigar os problemas apresentados, propõe-se uma solução para disseminação de dados contextuais. Essa solução é um serviço denominado de COPE (*Context Offloading with support Privacy sErvice*), que baseia-se em um: (i) modelo de contexto; (ii) modelo de privacidade; e (iii) políticas de sincronização.

4.1 Modelo de Contexto

Com relação ao modelo de contexto utilizado no trabalho proposto, foi realizado a extensão de um modelo de contexto definido para o LoCCAM [10, 6]. Essa infraestrutura é um *middleware* que dá suporte ao desenvolvimento e execução de sistemas sensíveis ao contexto na plataforma Android. O LoCCAM intermedeia de forma adaptativa e transparente a aquisição de contexto. Para realizar a captura das informações contextuais, o *middleware* utiliza elementos chamados de Componentes de Aquisição de Contexto (CAC).

Essas informações, no formato de tuplas (Definição 1), são disponibilizadas pelo LoCCAM em um espaço de tuplas[1], no qual as aplicações podem fazer consultas diretas (i.e., interação do tipo *request-response*) ou subscreverem interesse em um determinado tipo de informação contextual. O segundo caso segue um modelo de interação do tipo *publish-subscribe*, no qual as aplicações são notificadas quando as informações de contexto de interesse são inseridas no espaço de tuplas. O módulo do LoCCAM que implementa o gerenciamento das tuplas e funcionamento das interfaces de requisição e subscrição é chamado de SysSU [9].

Para a comunicação entre o *middleware* e os aplicativos é utilizado um vocabulário compartilhado, que representa os tipos de informações contextuais. Cada tipo de informação contextual está associada univocamente com uma chave, denominada *Context Key* (CK). Internamente ao LoCCAM, essa chave é usada para mapear o CAC responsável por prover essa informação. Além disso, as CKs podem ser utilizadas pelas aplicações e outros CACs para consulta de informações contextuais ou subscrição em eventos relacionados a esse mesmo tipo de informação contextual. Para a geração de chaves únicas, foi definido um esquema hierárquico,

inspirado na *Management Information Base* (MIB)[2], que identifica o tipo da informação contextual a ser recuperada. Usando esse esquema, uma informação contextual é referenciada por uma sequência de nomes separados por pontos. Por exemplo, a CK "`context.device.location`" é utilizada no LoCCAM para identificar informações contextuais de localização do dispositivo.

Definição 1 (Tupla). *Uma tupla t é uma sequência de n pares $t = \langle (n_0, v_0), (n_1, v_1), ..., (n_{n-1}, v_{n-1}) \rangle$, onde cada par (n_i, v_i) é formado por um nome (n_i) e um valor (v_i). Cada par é também único e $\forall (n_j, v_j), (n_k, v_k) \in t, j \neq k$ temos que $n_j \neq n_k$.*

No LoCCAM, as tuplas armazenadas no espaço de tuplas possuem um formato padrão (i.e., o modelo de contexto definido) e são representadas como descrito na Definição 2.

Definição 2 (Tupla no LoCCAM). *Uma tupla no LoCCAM é representada por 5 elementos $t = \langle (\texttt{contextkey}, \text{"?"}), (\texttt{source}, \text{"?"}), (\texttt{values}, \text{"?"}), (\texttt{accuracy}, \text{"?"}), (\texttt{timestamp}, \text{"?"}) \rangle$, onde `contextkey` é utilizado para identificar o tipo de informação contextual; `source` é utilizado para informar a fonte de informação (i.e., sensor físico, lógico ou virtual); `values` contém o valor da informação contextual; `accuracy` informa a precisão de uma leitura; e `timestamp` contém o instante de tempo, em milissegundos, em que a informação foi sensoreada.*

O LoCCAM recupera as informações contextuais no espaço de tuplas do SysSu por meio de filtros contextuais. Duas formas de recuperação estão presentes: (i) *pattern matching*; e (ii) *pattern matching* com filtro de tuplas. Na primeira, um subconjunto dos campos (nome e valor) de uma tupla é fornecido e todas as tuplas existentes no espaço de tuplas que casam com o padrão fornecido é retornada. Por exemplo, caso uma aplicação queira ler as tuplas cujo valor da temperatura ambiente seja igual a $25\,°C$, o padrão (1) deve ser usado.

$$q = \langle (\texttt{contextkey}, \text{"context.ambient.temp"}), \quad (1)$$
$$(\texttt{values}, \text{"25"}) \rangle$$

Os filtros de tuplas estabelecem critérios mais refinados para a recuperação de tuplas. Eles são compostos por um *pattern matching* e uma expressão lógica definida sobre os nomes dos campos das tuplas e possíveis valores que estes podem assumir. Por exemplo, caso a aplicação necessite recuperar apenas leituras da temperatura ambiente cujo valor seja superior a $25\,°C$, o filtro (2) pode ser usado. Observe que a primeira parte do filtro de tupla consiste em um padrão de tupla ((`contextkey`, "context.ambient.temp")) e a segunda parte uma expressão lógica que restringe o limite dos valores da temperatura a serem recuperados (`values` > 25).

$$f = \langle \langle (\texttt{contextkey}, \text{"context.ambient.temp"}) \rangle, \quad (2)$$
$$\texttt{values} > 25 \rangle$$

A proposta de extensão do *middleware* para lidar com a migração de dados contextuais exigiu modificações tanto no tipo como nos dados representados pelas tuplas. No COPE, as informações contextuais geradas por todos os dispositivos do sistema são enviadas para um ambiente centralizado de armazenamento e processamento em nuvem, denominado

---

[1] Um conjunto finito e não ordenado de tuplas

[2] http://www.ieee802.org/1/pages/MIBS.html

de SysSU Cloud (uma extensão do espaço de tuplas SysSU). Desta forma, no COPE, as tuplas possuem mais campos para garantir a identificação da origem das informações de contexto, lidar com questões de relógio em ambiente distribuído, e com a privacidade dos dados (veja a Definição 3).

Definição 3 (Tupla no SysSU Cloud). *Uma tupla no SysSU Cloud é representada por 9 elementos, os 5 primeiros da Definição 2, t = ⟨(`contextkey`, "?"), (`source`, "?"), (`values`, "?"), (`accuracy`, "?"), (`timestamp`, "?"), (`iddevice`, "?"), (`idapp`, "?"), (`visible`, "?"), (`globaltimestamp`, "?")⟩, onde `iddevice` representa a identificação do dispositivo móvel; `idapp` representa a identificação da aplicação que está utilizando o middleware; `visible` é utilizado para identificar a visibilidade da informação contextual, se pública ou privada; e `globaltimestamp` representa o instante, em milissegundos, em que a informação contextual é inserida no SysSU Cloud.*

A estrutura apresentada em (3) caracteriza uma leitura da informação de contexto "temperatura do ambiente" no formato de tupla estendido do LoCCAM. Os campos sublinhados foram adicionados aos já existentes. Nessa estrutura, o dispositivo móvel tem identificação "0424033418" e utiliza uma aplicação com identificação "`br.casa.temp`".

$$t = \langle(\texttt{contextkey, "context.ambient.temp"}), \quad (3)$$
$$(\texttt{source, "physical"}),$$
$$(\texttt{values, "25"}),$$
$$(\texttt{accuracy, "0"}),$$
$$(\texttt{timestamp, "239459060969"}),$$
$$(\underline{\texttt{iddevice}}, \texttt{"0424033418"}),$$
$$(\underline{\texttt{idapp}}, \texttt{"br.casa.temp"}),$$
$$(\underline{\texttt{visible}}, \texttt{"0"}),$$
$$(\underline{\texttt{globaltimestamp}}, \texttt{"239459780932"})\rangle$$

4.2 Modelo de Privacidade

Com relação ao modelo de privacidade proposto no trabalho, foram estabelecidos dois conceitos: dados contextuais sensíveis e *cloudlet* confiável. Os dados contextuais sensíveis estão relacionados com a visibilidade desses dados. O usuário pode estabelecer explicitamente quais desses dados ele autoriza serem enviados para o SysSU Cloud ou não. Na prática, atua como um valor lógico, onde o valor do campo `visible` da tupla deve ser atribuído "1", para indicar que a visibilidade é pública ou "0", caso a visibilidade seja privada. Na estrutura apresentada em (3), o valor do campo `visible` é "0". Assim, esse dado contextual é dito sensível e não será enviado para o SysSU Cloud que executa em um *cloudlet* público (e.g., no estádio de futebol).

O *cloudlet* confiável ou *gateway* é definido pelo usuário e seria, por exemplo, um *desktop* da casa desse usuário. Se os dados contextuais forem definidos como privados, eles serão difundidos para um *cloudlet* confiável. Por exemplo, o usuário deseja que a posição geográfica dele seja privada para outros usuários, mas permite que a temperatura do ambiente capturada pela infraestrutura seja pública. Assim, no momento da migração dos dados se o dispositivo móvel não estiver conectado a um *cloudlet* confiável, apenas as tuplas públicas serão enviadas. Caso contrário, se o dispositivo estiver conectado a um *cloudlet* confiável todas as informações contextuais serão enviadas, independente da sua visibilidade.

4.3 Políticas de Sincronização

Um outro ponto importante é definir em que momentos as informações contextuais devem ser migradas do dispositivo para nuvem. No trabalho proposto, foram estabelecidas estratégias diferentes de envio das informações contextuais do dispositivo móvel para o SysSU Cloud, os quais são denominadas de políticas de sincronização. Atualmente, três estratégias de envio encontram-se implementadas. A saber: por tempo, por quantidade de tuplas e orientado a conexão *Wi-Fi*. A estratégia de envio por tempo significa que, periodicamente (e.g., a cada 30 segundos), as tuplas são enviadas ao SysSU Cloud. Esta é a estratégia padrão utilizada, caso o usuário não defina explicitamente uma estratégia a ser usada. A estratégia de envio por quantidade de tuplas implica que, se atingir uma quantidade pré-estabelecida de tuplas, elas serão enviadas. Por fim, a estratégia de envio orientação a conexão *Wi-Fi* define que se uma conexão de rede *Wi-Fi* for estabelecida, as tuplas são envidas.

Estas estratégias podem ser combinadas quando escolhidas simultaneamente pelo usuário. Neste caso, a que ocorrer primeiro será executada. Por exemplo, o usuário define que deseja utilizar as estratégias por tempo e por quantidade de tuplas. Se caso a quantidade de tuplas pré-estabelecidas sejam atingidas antes que o tempo definido, essas tuplas serão enviadas. O mesmo acontece se a estratégia por tempo acontecer antes.

4.4 Arquitetura

Uma visão geral da arquitetura do COPE é apresentada na Figura 1. No lado do dispositivo móvel, foi acrescentado um banco de dados NoSQL orientado a documentos, o Couchbase[3]. Este componente atua como uma espécie de *cache* local das informações de contexto, até que o processo de *offloading* ocorra.

O componente *Synchronizer* presente no dispositivo móvel é responsável por recuperar os dados contextuais do banco de dados no dispositivo móvel e enviar ao SysSU Cloud por meio de um *webservice* do tipo RESTful. O *Synchronizer* utiliza as estratégias de envio definidas nas políticas de sincronização. Sempre que as tuplas forem enviadas para o SysSU Cloud, o banco de dados local é esvaziado para evitar o acúmulo de dados no dispositivo móvel. No lado da nuvem, o SysSU Cloud possui um banco de dados NoSQL orientado a documentos, conhecido como MongoDB[4], similar ao que executa no dispositivo móvel, e que tem por objetivo a persistência dos dados contextuais dos dispositivos móveis que compõem o sistema.

No COPE, além das tuplas dos dispositivos móveis serem enviadas para o *cloudlet*, essas tuplas podem ser enviadas dos *cloudlets* para outro *cloudlet* ou uma nuvem. Assim, os dados contextuais seriam aglutinados em um local centralizador. Para o envio desses dados, o SysSU Cloud, que executa nos *cloudlets*, possui um componente *Synchronizer*, que utiliza a estratégia de envio por tempo. É importante destacar que, se caso não for descoberto um *cloudlet* na mesma rede *Wi-Fi* que o dispositivo móvel, os dados contextuais podem ser enviados diretamente para o SysSU Cloud da nuvem. Contudo, levando em consideração o modelo de privacidade, os dados privados armazenados nos *cloudlets* confiáveis não são enviados para a nuvem.

---

[3]http://www.couchbase.com/
[4]https://www.mongodb.com/

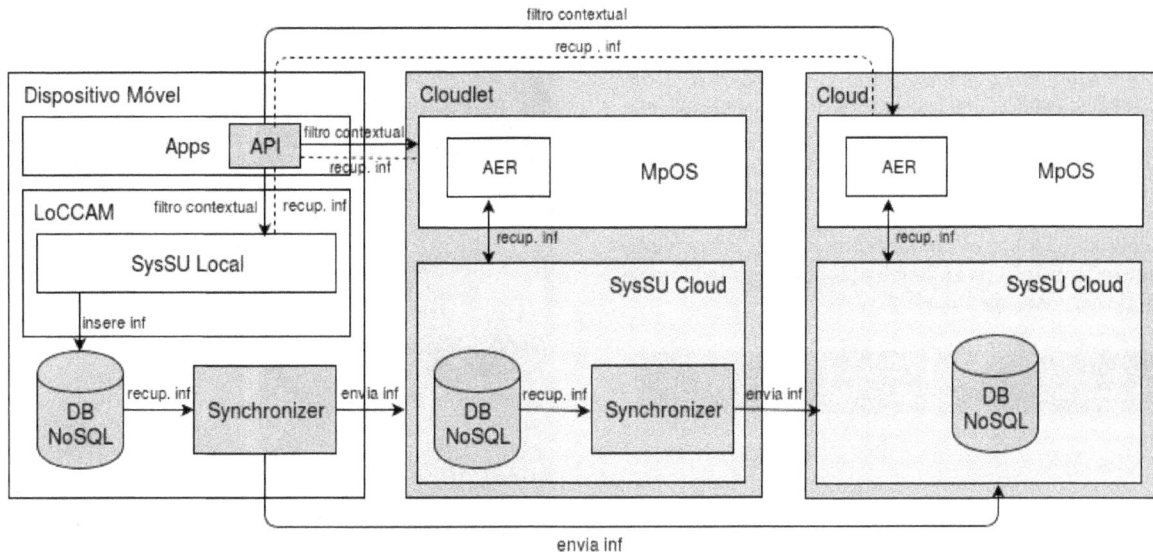

Figura 1: Arquitetura do COPE

A comunicação entre as aplicações e o *middleware* acontece por meio de uma API[5], de modo a padronizar o acesso ao serviço que executa no dispositivo móvel. Assim como no LoCCAM, esse serviço acessa as informações contextuais por meio de filtros contextuais e de maneira transparente, podendo ser no dispositivo móvel (SysSU local) ou na nuvem (SysSU Cloud). Para isso, é utilizada uma infraestrutura que dá suporte ao *offloading* de processamento denominada MpOS [4]. O MpOS, entre outras funcionalidades, decide se o *offloading* deve ser executado ou não na nuvem, a fim de melhorar o desempenho da aplicação. Para a tomada de decisão, são usadas métricas de rede, especialmente em relação à qualidade da conexão entre o dispositivo móvel e o servidor remoto (e.g., latência da conexão). A partir da utilização do MpOS, a API do COPE realiza a descoberta do local de execução da aplicação e direciona a execução dos filtros contextuais sobre as tuplas. Se o local de execução for o dispositivo móvel, esse filtro será executado sobre as tuplas que estão no SysSU Local. Se esse local for a nuvem, quando oportuno, esses filtros são descarregados para nuvem, especificamente no componente AER[6] do MpOS, e executados sobre as informações de contexto que estão no SysSU Cloud.

Para a execução dos filtros contextuais tanto no dispositivo móvel como na nuvem, é necessário que o desenvolvedor da aplicação implemente esses filtros. Na prática, a interface a ser implementada por ele é denominada de `IFilter`. Esses filtros podem ser diferentes, pois os algoritmos remotos, por serem executados na nuvem, podem ser mais complexos que os algoritmos locais. A Listagem 1 apresenta um exemplo de implementação de um filtro local e um filtro remoto. Nesse exemplo, foi implementado um filtro contextual para consultar as tuplas que representam a temperatura do ambiente. No filtro local, o avaliador de expressão retorna "**true**" apenas se a tupla analisada tiver o valor do campo "**Values**" maior que "**25.0**". Assim, se a temperatura do ambiente for maior do que 25°C, a tupla é retornada para aplicação. No filtro remoto, o avaliador retorna "**true**" se no campo

---

[5] *Application Programming Interface*
[6] Ambiente de Execução Remota

"IdApp" tiver valor "`br.casa.app`" e o campo "`Values`" tiver valor maior ou igual a "`25.0`". Assim, se a temperatura do ambiente for maior ou igual a 25°C e a aplicação identificada for "br.casa.app", a tupla é retornada para aplicação.

Listagem 1: Exemplo de Filtro Contextual

```
...
ArrayList<Tuple> result = null;
try {
    Pattern p = (Pattern) new Pattern().addField("ContextKey","context.
        ambient.temp");
    result = (ArrayList) SysSUManager.read(p, f);
} catch (RemoteException e) {
    e.printStackTrace();
}
...
IFilter.Stub f = new IFilter.Stub() {

    @Override
    public boolean localFilter(Tuple tuple) throws RemoteException {
        NumberListVariable lVar = new NumberListVariable("Values", 0);
        Expression vExp = gt(lVar, new NumberConstant(25.0));
        return Evaluator.eval(tuple, vExp);
    }

    @Override
    public boolean remoteFilter(Tuple tuple) throws RemoteException {
        StringListVariable idApp = new StringListVariable("IdApp");
        NumberListVariable values = new NumberListVariable("Values", 0);

        Expression idAppExp = eq(idApp, new StringConstant("br.casa.app"));
        Expression valuesExp = gteq(values, new NumberConstant(25.0));

        Expression fExp = and(idAppExp, valuesExp);
        return Evaluator.eval(tuple, fExp);
    }
}
...
```

5. PROVA DE CONCEITO

Como forma de ilustrar os ganhos da migração de dados dos dispositivos móveis que utilizam esta solução, foi desenvolvido um aplicativo de recomendação intitulado MyPhotos. O MyPhotos é baseado no cenário motivador e visa mostrar como dados contextuais podem ser usados para sugerir itens baseado no interesse do usuário da aplicação. O aplicativo usa a API do COPE para implementar dois filtros contextuais para a recuperação dos dados contextuais.

O MyPhotos é semelhante ao aplicativo Instagram[7], utilizado para aplicação de filtros em fotos e seu compartilhamento em redes sociais. Os usuários podem compartilhar fotos e marcá-las com *hashtags*, de modo a facilitar a busca

---

[7]https://instagram.com

por outros usuários. Além disso, fotos também são marcadas com a localização e o instante (data/hora) em que foram capturadas pelo dispositivo móvel do usuários. Uma vez que o serviço usado guarda os dados de vários usuários, a aplicação MyPhotos sugere *hashtags* de fotos com contexto semelhante. Para testar a aplicação, foram utilizados dois dispositivos móveis e ajustadas as configurações necessárias ao serviço pelos usuários. O *cloudlet* que recebe as requisições é não confiável para os dois dispositivos. Uma visão da tela de configuração de sincronização e privacidade nesse serviço pode ser vista na Figura 2.

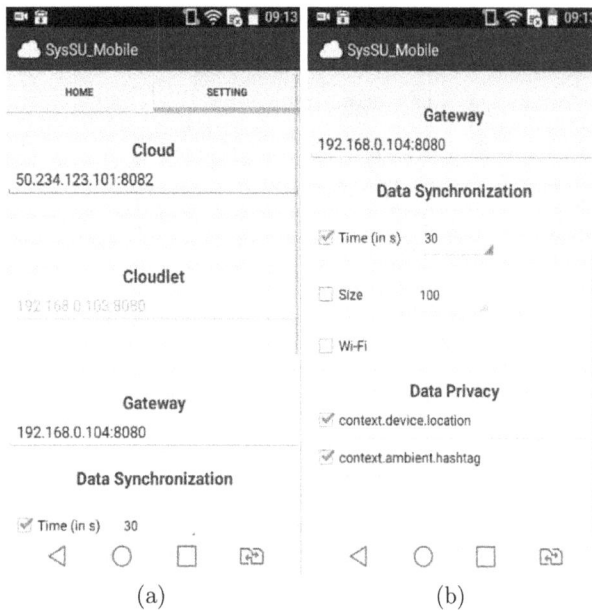

(a)   (b)

Figura 2: Tela de Configuração do COPE

Durante a execução do MyPhotos é necessário configurar alguns parâmetros para a recomendação das *hashtags*: o intervalo de localização (em metros) e o intervalo de tempo (em segundos). Assim, o usuário define o quão distante e o quão atrasado estão os dados referentes a sua posição geográfica atual. A Figura 3 mostra a execução do MyPhotos nos dispositivos. Um vídeo exemplificando as interações na aplicação e no serviço está disponível em: https://goo.gl/jPPC3h.

O primeiro dispositivo (D1) foi configurado para não tornar público os dados, diferente do segundo dispositivo (D2). Em D1, foi aplicado um filtro que deixa a imagem com tom vermelho (*Simplex*) (Ver Figura 3(a)). Na próxima tela (ver Figura 3(b)), são apresentadas as possíveis configurações no aplicativo para a filtragem das *hashtags*. Nessa tela foram recomendadas algumas *hashtags* (#estadioolimpico, #aberturadosjogos e #rio2016) e digitado a *hashtag* #eunorio2016. Como D1 foi configurado para não tornar público os dados, eles não foram enviados. Caso não houvesse conexão *Wi-Fi*, apenas seriam recomendadas as *hashtags* de D1 (ver Figura 3(c)). Em D2, foi realizado o mesmo filtro de imagem utilizado em D1. A *hashtag* enviada por D2 foi #euestounorio. Quando solicitado a recomendação de *hashtags*, foram recomendadas as mesmas que D1 acrescidas de #euestounorio, como ilustrado na Figura 3(d).

Portanto, o usuário consegue recomendações de *hashtags* a partir de dados contextuais de outros usuários com o MyPho-

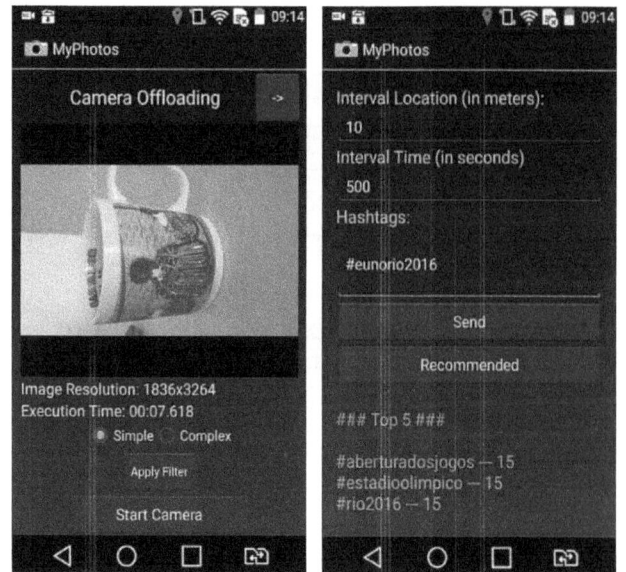

(a) D1 - Tela inicial

(b) D1 - Tela de recomendação com conexão *Wi-Fi*

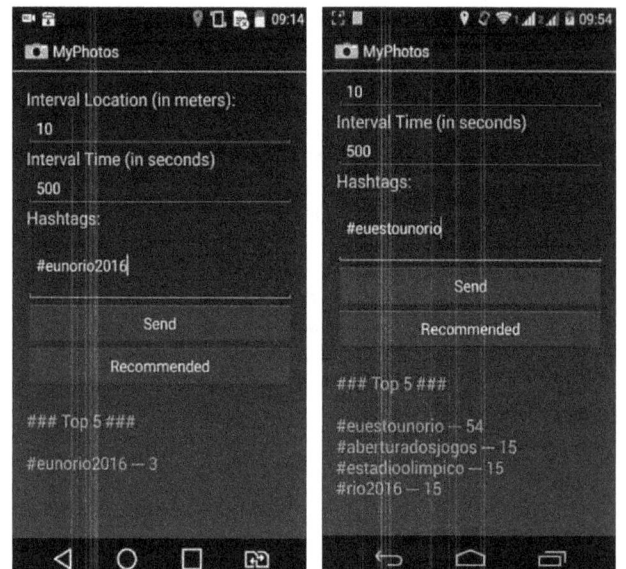

(c) D1 - Tela de recomendação sem conexão

(d) D2 - Tela de recomendação com conexão *Wi-Fi*

Figura 3: MyPhotos Executando em Dois Dispositivos Móveis

tos. Essa aplicação mostra a importância da migração dos dados para um ambiente centralizador, ao mesmo tempo, que torna transparente para o desenvolvedor e configurável por parte do usuário.

6. EXPERIMENTO E AVALIAÇÃO

Um experimento que calcula o tempo de processamento para a execução dos filtros contextuais no dispositivo móvel e na *cloudlet* foi implementado. Ele objetiva medir os ganhos da migração de dados de acordo com a proposta deste trabalho.

Para esse experimento, foram usados um *laptop* e um *smartphone*. O *laptop*, que funciona como *cloudlet*, tem as seguintes configurações: ASUS X450LD com processador Intel Core i5-4200U 1.60 GHz Quad Core, 8 GB de memória RAM, 1 TB de disco rígido e sistema operacional Linux Mint 17.2 Rafaela. O *smartphone* foi um LG G3 Beat com chipset Qualcomm Snapdragon 400 MSM8226 Cortex-A7 1.2 GHz Quad Core, memória interna 8GB e 1 GB de memória RAM, executando Android 5.0.2.

Para o experimento, foi configurado o serviço para o envio de tuplas seguindo a estratégia de envio por tamanho. Foi estabelecido que, a cada 50 tuplas inseridas no serviço, essas seriam enviadas para o *cloudlet*. Foi utilizada a aplicação MyPhotos para a geração de tuplas, a partir das *hashtags* inseridas. Para medir o tempo de processamento dos filtros contextuais sobre as tuplas tanto no dispositivo móvel como no *cloudlet*, depois de cada envio das tuplas foi calculado o instante em milissegundos anterior e posterior a execução dos filtros. Esse cálculo foi realizado quando conectado ao *cloudlet* e quando desconectado. O envio das tuplas foi realizado 20 vezes, totalizando 1000 (50x20) tuplas analisadas. Esse experimento foi executado 10 vezes, calculando-se ao final a média aritmética dos resultados.

Depois do experimento, foram comparados os dados obtidos em um gráfico de quantidade de tuplas por tempo (em milissegundo), apresentado na Figura 4. De acordo com esse gráfico é possível afirmar que o tempo de processamento dos filtros contextuais no dispositivo móvel aumenta a medida que a quantidade de tuplas aumenta. Já na execução no *cloudlet*, o tempo de processamento mostrou-se estável com aumento na quantidade de tuplas, apresentando apenas pequenas oscilações. Assim, podemos confirmar que a migração de dados é vantajosa. No começo do experimento, como a quantidade de tuplas era pequena (i.e., 50), o tempo de processamento foi menor no dispositivo móvel, o que mostra que a qualidade da conexão tem maior influência no serviço do que a quantidade de tuplas processadas.

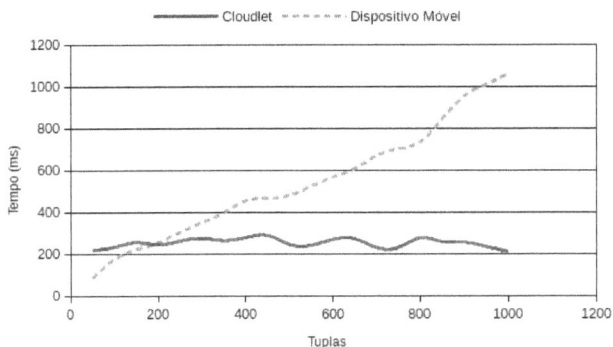

Figura 4: Gráfico Comparativo do Tempo de Processamento no Dispositivo Móvel e no Cloudlet - Tuplas x Tempo (ms)

7. TRABALHOS RELACIONADOS

Do ponto de vista de suporte ao desenvolvimento de aplicações móveis e sensíveis ao contexto, muitas soluções (e.g., frameworks e plataformas de middleware) foram propostas ao longo dos anos [19]. Dentre os trabalhos existentes, poucos são aqueles que levam em consideração a migração de dados. A seguir são apresentados alguns exemplos.

Zabaleta *et al* propuseram um *middleware* que é responsável pelo gerenciamento de contexto, desde a captura das informações contextuais, adaptação e entrega para o usuário [20]. Esse *middleware* possui alguns componentes no dispositivo móvel e outros em um servidor, sendo transparente para o consumidor das informações contextuais a origem dessas informações, pois são utilizados os princípios da arquitetura REST[8]. Porém, este middleware não oferece nenhum tipo de suporte à privacidade das informações contextuais, podendo tornar pública informações de um usuário sem seu consentimento.

CUPUS é um *middleware open-source* proposto por [1], que é baseado em nuvem adequado para ambientes de Internet das Coisas, especialmente para *deployment* de aplicativos colaborativos. A propriedade mais importante desse *middleware* é a elasticidade, em que o CUPUS implementa um mecanismo de auto-organização de seus componentes de processamento através do ajuste dos recursos da nuvem de acordo com a intensidade da solicitação e a chegada de dados. Assim como em [20], não existe nenhum componente que trate a privacidade dos dados enviados para a nuvem.

CAROMM é um *framework* para aplicações móveis que utilizam dados provenientes de muitos usuários [15]. Essa infraestrutura visa facilitar a coleta de dados do sensores oriundos dos dispositivos móveis e correlacionar esses dados com informações de mídias sociais em tempo real. O CAROMM foi projetado com base nos seguintes princípios: capturar diferentes tipos de *stream* de dados oriundos dos dispositivos móveis; processar, gerenciar e analisar tais dados com as informações contextuais associadas (e.g, associar a intensidade da luz com fotos); e facilitar as consultas em tempo real que venham dos dispositivos. O *framework* executa em um dispositivo móvel compatível com a plataforma Android e possibilita o ajuste de parâmetros (e.g, frequência de envio das informações e habilitar sensores). O lado nuvem utiliza os serviços da Amazon AWS[9]. Assim como nos trabalhos citados anteriormente, a privacidade dos dados contextuais é negligenciada.

Sahyog é um *middleware* proposto por [2] e desenvolvido para plataforma Android, com objetivo de fornecer o suporte ao desenvolvimento de aplicações colaborativas. Foram estabelecidos alguns requisitos para o *middleware*. Um desses requisitos seria o controle da privacidade dos dados, onde o usuário pode optar por compartilhar ou não suas informações com os outros usuários. Sahyog utiliza JSON[10] na troca de dados, o que que permite uma alta flexibilidade dos parâmetros para as busca dos dados. Na representação desses dados, existem parâmetros obrigatórios que podem invalidar uma informação e assim não retornar essa informação para os usuários interessados (e.g., *timestamp*), sendo uma deficiência desse trabalho.

A Tabela 1 detalha um comparativo entre os trabalhos relacionados e o serviço COPE proposto neste artigo.

8. CONCLUSÕES E TRABALHOS FUTUROS

Este artigo apresenta o COPE, uma proposta de um serviço para a migração de dados contextuais do dispositivo móvel para uma nuvem e um mecanismo de definição de políticas de privacidade desses dados. Para lidar com a migração desses dados, a técnica de *offloading* foi empregada utilizando um ambiente de *cloudlet*. Já os problemas de pri-

---

[8] *Representational State Transfer*
[9] https://aws.amazon.com/
[10] http://www.json.org/

Tabela 1: Comparativo Entre os Trabalhos Relacionados

Trabalho	Tipo	Plataforma	Paradigma de Comunicação	Política de Sincronização	Privacidade
Zabaleta et al.	Middleware	Android	Requisição-Resposta Publish/Subscribe	Sim	Não
CUPUS	Middleware	Android	Publish/Subscribe	Sim	Não
CAROMM	Framework	Android	Requisição-Resposta	Sim	Não
Sahyog	Middleware	Android	Requisição-Resposta Publish/Subscribe	Não	Sim
COPE	Middleware	Android	Requisição-Resposta Publish/Subscribe	Sim	Sim

vacidade foram resolvidos modificando o modelo de contexto do LoCCAM e estabelecendo um modelo de privacidade, que consiste na visibilidade dos dados contextuais e no conceito de *cloudlet* confiável.

Como trabalhos futuros, propõe-se algumas melhorias no COPE, tais como: (i) a execução do SysSU Cloud em uma nuvem, para que as informações contextuais presentes nos *cloudlets* sejam enviadas para um local único, permitindo uma capacidade de armazenamento ainda maior, assim como de processamento dos filtros contextuais; (ii) a implementação de um gerenciamento de escalabilidade do sistema, a fim de permitir que esse se adapte diante das requisições dos usuários; e (iii) a realização de experimentos, levando em consideração mais métricas (e.g., memória interna), a fim de melhorar a avaliação do serviço proposto.

9. REFERÊNCIAS

[1] A. Antonić, M. Marjanović, K. Pripužić, and I. P. Žarko. A mobile crowd sensing ecosystem enabled by cupus: Cloud-based publish/subscribe middleware for the internet of things. *Future Generation Computer Systems*, 56:607 – 622, 2016.

[2] G. Bajaj and P. Singh. Sahyog: A middleware for mobile collaborative applications. In *New Technologies, Mobility and Security (NTMS), 2015 7th International Conference on*, pages 1–5, July 2015.

[3] R. Caceres and A. Friday. Ubicomp systems at 20: Progress, opportunities, and challenges. *IEEE Pervasive Computing*, 11(1):14–21, January 2012.

[4] P. B. Costa, P. A. L. Rego, L. S. Rocha, F. A. M. Trinta, and J. N. de Souza. Mpos: A multiplatform offloading system. In *Proceedings of the 30th Annual ACM Symposium on Applied Computing*, SAC '15, page 577–584, New York, NY, USA, 2015. ACM.

[5] A. K. Dey. Understanding and using context. *Personal Ubiquitous Comput.*, 5(1):4–7, Jan. 2001.

[6] P. A. Duarte, L. F. M. Silva, F. A. Gomes, W. Viana, and F. M. Trinta. Dynamic deployment for context-aware multimedia environments. In *Proceedings of the 21st Brazilian Symposium on Multimedia and the Web*, WebMedia '15, pages 197–204, New York, NY, USA, 2015. ACM.

[7] N. Fernando, S. W. Loke, and W. Rahayu. Mobile cloud computing. *Future Gener. Comput. Syst.*, 29(1):84–106, Jan. 2013.

[8] M. Knappmeyer, S. L. Kiani, E. S. Reetz, N. Baker, and R. Tonjes. Survey of context provisioning middleware. *IEEE Communications Surveys Tutorials*, 15(3):1492–1519, Third 2013.

[9] F. Lima, L. Rocha, P. Maia, and R. Andrade. A decoupled and interoperable architecture for coordination in ubiquitous systems. In *Software Components, Architectures and Reuse (SBCARS), 2011 Fifth Brazilian Symposium on*, pages 31–40, Sept 2011.

[10] M. E. F. Maia, A. Fonteles, B. Neto, R. Gadelha, W. Viana, and R. M. C. Andrade. Loccam - loosely coupled context acquisition middleware. In *Proceedings of the 28th Annual ACM Symposium on Applied Computing*, SAC '13, pages 534–541, New York, NY, USA, 2013. ACM.

[11] V. R. Messias, J. C. Estrella, and R. Ehlers. Efficient resource allocation for web applications hosted in the cloud by means of weighted multi-objective linear programming. In *Proceedings of the 21st Brazilian Symposium on Multimedia and the Web*, WebMedia '15, pages 57–64, New York, NY, USA, 2015. ACM.

[12] D. Preuveneers and Y. Berbers. Towards context-aware and resource-driven self-adaptation for mobile handheld applications. In *Proceedings of the 2007 ACM Symposium on Applied Computing*, SAC '07, pages 1165–1170, New York, NY, USA, 2007. ACM.

[13] Z. Sanaei, S. Abolfazli, A. Gani, and R. Buyya. Heterogeneity in mobile cloud computing: Taxonomy and open challenges. *IEEE Communications Surveys Tutorials*, 16(1):369–392, First 2014.

[14] M. Satyanarayanan, P. Bahl, R. Caceres, and N. Davies. The case for vm-based cloudlets in mobile computing. *Pervasive Computing, IEEE*, 8(4):14–23, Oct 2009.

[15] W. Sherchan, P. P. Jayaraman, S. Krishnaswamy, A. Zaslavsky, S. Loke, and A. Sinha. Using on-the-move mining for mobile crowdsensing. In *Mobile Data Management (MDM), 2012 IEEE 13th International Conference on*, pages 115–124, July 2012.

[16] M. Shiraz, A. Gani, R. Khokhar, and R. Buyya. A review on distributed application processing frameworks in smart mobile devices for mobile cloud computing. *Communications Surveys Tutorials, IEEE*, 15(3):1294–1313, Third 2013.

[17] W. Viana. *Mobility and Context-awareness for Personal Multimedia Management: CoMMediA*. Theses, Université Joseph-Fourier - Grenoble I, Feb. 2010. Financé par CAPES-Brésil.

[18] M. Weiser. The computer for the 21st century. *SIGMOBILE Mob. Comput. Commun. Rev.*, 3(3):3–11, July 1999.

[19] O. Yurur, C. Liu, Z. Sheng, V. Leung, W. Moreno, and K. Leung. Context-awareness for mobile sensing: A survey and future directions. *Communications Surveys Tutorials, IEEE*, PP(99):1–1, 2014.

[20] K. Zabaleta, P. Curiel, and A. B. Lago. Context-aware platform for mobile device-based communication assistance. In *Information Systems and Technologies (CISTI), 2013 8th Iberian Conference on*, pages 1–7, June 2013.

A Solution to Discard Context Information using Metrics, Ontology and Fuzzy Logic

Márcio Vinícius Oliveira Sena, Renato de Freitas Bulcão-Neto
Instituto de Informática
Universidade Federal de Goiás
Goiânia, Goiás, Brazil
marciosenainf@gmail.com, renato@inf.ufg.br

ABSTRACT

Quality of context (QoC) is any information that describes the quality of the context information itself. The qualification process evaluates if the level of QoC computed meets context consumers' expectations in face of ambiguities, imprecisions or errors in a particular context information. A context management system should deal with those imperfections on a broad sense, including QoC representation, quantification, qualification and dissemination. This paper presents our Hermes Quality (HQ) approach, which combines an ontology, QoC metrics and fuzzy logic-based QoC policies. Experienced nursing professionals helped evaluate the HQ capability to accept and discard irrelevant vital signs of ICU patients. Results show that HQ properly qualifies vital sign measurements in conformance with fuzzy rules representing Nursing knowledge.

CCS Concepts

•Human-centered computing → Ubiquitous and mobile computing theory, concepts and paradigms;

Keywords

Quality of context; metric; ontology; fuzzy logic; vital sign

1. INTRODUÇÃO

Um Sistema de Gerenciamento de Contexto (do inglês *Context Management System - CMS*) manipula informações de contexto de entidades de um ambiente de interação usuário-aplicação repleto de entradas e saídas de dados significantes ou não. Loureiro et al. [5] e Perera et al. [11] descrevem que informações de contexto tendem a ser caracterizadas como imprecisas, desatualizadas e com taxas de atrasos variáveis, o que pode acarretar desperdício de processamento em modelos repletos de informações irrelevantes, com influência na entrega de serviços básicos de um CMS. Por exemplo, no monitoramento domiciliar de um paciente

WebMedia '16, November 08-11, 2016, Teresina, PI, Brazil
© 2016 ACM. ISBN 978-1-4503-4512-5/16/11... $15.00
DOI: http://dx.doi.org/10.1145/2976796.2976849

uma medida de 28°C apresenta baixa relevância e poderia ser descartada, segundo o conhecimento médico.

A relevância de uma informação de contexto é objeto de pesquisas que envolvem Qualidade de Contexto (do inglês *Quality of Context - QoC*) que, segundo Buchholz et al. [2], é qualquer informação que descreva a qualidade de uma informação de contexto. QoC refere-se à informação e não ao processo, nem mesmo ao componente de hardware que fornece essa informação. Neste caso, a qualificação de informação de contexto envolve avaliar se o nível de QoC quantificado para essa informação atende às expectativas de consumidores de contexto (ex: aplicações).

Para que um CMS gerencie a qualidade de informações de contexto a literatura [5] [6] [11] sugere o desenvolvimento de pesquisas que envolvam, dentre outros, métricas e métodos de avaliação de QoC, mecanismos de inferência do valor de confiança de informações de contexto, e suporte a anotações para disseminação de QoC.

Trabalhos na linha de QoC têm proposto métricas e métodos de avaliação de QoC [6], modelo arquitetural para avaliação de QoC [9] e filtragem baseada em políticas de QoC [12]. Essas contribuições têm evidenciado: (i) a importância de filtros baseados em políticas de QoC para decisão quanto ao armazenamento ou descarte de informação; e (ii) a localização desses filtros entre provedores de informação e serviços que realizam processamento (ou armazenamento) dessa informação no âmbito de um CMS.

O CMS *Hermes* [14] tem como característica principal o fato de gerenciar informações de contexto baseado na semântica das mesmas, com destaque para a representação ontológica [4] de informações adquiridas de sensores [15], a interpretação da semântica dessas informações e a disseminação destas a aplicações interessadas [8]. No entanto, o CMS *Hermes* não oferece um serviço de tratamento de QoC, que envolveria etapas de representação, quantificação, qualificação e anotação de QoC.

Um primeiro ponto de investigação associado à inexistência de um serviço para tratamento de QoC é a influência da combinação de métricas no aceite ou descarte de informações de contexto. O CMS *Hermes* pode inferir que um paciente está sofrendo um infarto do miocárdio, mas a qualidade das informações de contexto adquiridas pode evidenciar que são antigas, imprecisas e, portanto, irrelevantes para definir o estado de saúde do paciente.

Outro ponto de investigação é a disseminação de informações de QoC para componentes e aplicações consumidoras de informações de contexto. Segundo Manzoor [6], o envio e o recebimento de informações de contexto precisam permitir que consumidores de contexto estejam cientes da qualidade da informação recebida. Ou seja, no âmbito de um CMS as informações de contexto devem ser propagadas juntamente com a qualidade das mesmas para que possa, por exemplo, minimizar a quantidade de novas avaliações de QoC.

Em decorrência de imperfeições e incertezas de informações de contexto, em especial daquelas adquiridas de sensores físicos, este artigo propõe uma solução para avaliação da qualidade de informações de contexto que combina métricas de QoC, ontologia e lógica nebulosa [17]. A solução proposta é integrada ao CMS *Hermes* na forma de um serviço para avaliação de QoC chamado *Hermes Quality* (HQ).

Uma ontologia para representação de métricas de QoC foi desenvolvida com base em métricas propostas na literatura [6, 10, 9]. O grau de relevância de informações de contexto é representado na forma de regras *fuzzy*, que combinam diferentes métricas de QoC com os respectivos pesos atribuídos por especialistas do domínio nos quais essas informações estão inseridas. Após esse processo de qualificação, os valores de QoC computados são anotados juntamente às respectivas informações de contexto para disseminação aos consumidores dessas informações.

A validação funcional do HQ e a avaliação de sua capacidade de aceite e descarte de informações irrelevantes foram apoiadas por uma equipe de Enfermagem com experiência em monitoramento de sinais vitais de pacientes em unidades de terapia intensiva (UTI). Os resultados validam a funcionalidade do HQ, bem como a correta avaliação de QoC de sinais vitais conforme o conhecimento da equipe de Saúde modelado em regras *fuzzy*.

O artigo está assim organizado: a Seção 2 detalha o serviço HQ; a Seção 3 reporta experimentos que validam o HQ e avaliam a sua capacidade de descartar informações de contexto irrelevantes segundo a experiência de profissionais da Saúde; a Seção 4 analisa trabalhos relacionados à qualificação e à disseminação de informações de contexto; e a Seção 5 resume contribuições e trabalhos futuros desta pesquisa.

2. HERMES QUALITY - HQ

Esta seção descreve o desenvolvimento do HQ em termos de principais requisitos, desenho arquitetural e a sua interação com os outros serviços do CMS *Hermes*. O HQ foi implementado na linguagem Java e fez uso do arcabouço Apache Jena para, dentre outros, manipular e anotar modelos de dados RDF recebidos. Com o objetivo de criar controladores de lógica *fuzzy*, foi utilizado o *fuzzylite*, uma biblioteca livre e de código aberto.

2.1 CMS Hermes

O CMS *Hermes* [14] oferece serviços de apoio ao gerenciamento do ciclo de vida das informações de contexto, serviços estes apoiados na semântica das informações de contexto extraída de ontologias. A Figura 1(a) apresenta a arquitetura em camadas do CMS *Hermes* e sua interação com as camadas de aplicação e de aquisição de contexto de sensores. Os principais componentes do CMS *Hermes* são:

- *Hermes Widget*, para representação ontológica de informação de contexto vinda da camada de aquisição [15];

- *Hermes Quality*, para avaliação e anotação de QoC da informação representada por um *Hermes Widget*;

- *Hermes Aggregator*, para agregação de informações de contexto com maior nível de expressividade;

- *Hermes Interpreter*, para inferência e filtragem semântica de informações de contexto [8];

- *Hermes History*, para a gerência de histórico, consultas e acesso a informações de contexto; e

- *Hermes Base*, presente em cada componente supracitado, é responsável pela comunicação intercomponentes e destes com a camada de aplicações [8].

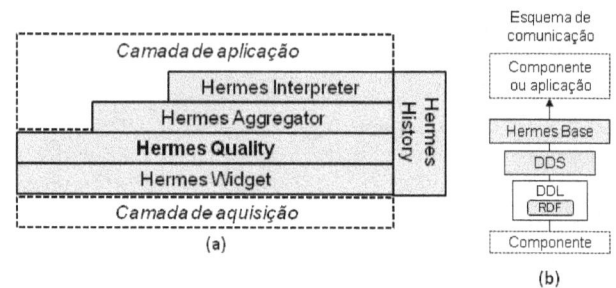

Figura 1: (a) Arquitetura em camadas do CMS *Hermes*, adaptado de [14]; e (b) esquema do serviço de comunicação distribuída fornecido por *Hermes Base*.

No intuito de simplificar a visualização do fluxo de contexto dentro do CMS *Hermes*, a Figura 1(b) apresenta o esquema de comunicação de responsabilidade do *Hermes Base*. Este encapsula o acesso a um *middleware* de comunicação segundo a especificação *Data Distribution Service* (DDS), que por sua vez, permite a comunicação de modelos de triplas RDF entre os componentes e destes com as aplicações.

2.2 Requisitos do HQ

Apresenta-se a seguir os principais requisitos definidos para o desenvolvimento do HQ [6, 12, 11, 9]:

1. **Representar métricas de QoC**: o HQ deve adotar um modelo de representação de QoC independente de domínio baseado em métricas consensuais;

2. **Computar métricas de QoC**: o HQ deve calcular um valor para cada métrica de QoC adotada, processo este chamado de *quantificação*;

3. **Qualificar informações de contexto**: com base no resultado da quantificação, o HQ utilizar técnicas de combinações de quantificadores para estabelecer um valor geral para a qualidade de uma informação de contexto, processo este chamado de *qualificação*;

4. **Descartar informações de contexto com base em políticas de QoC**: o HQ deve descartar informações de contexto com baixo nível de qualidade com suporte de políticas de QoC expressas, segundo conhecimento de domínio de aplicação;

5. **Disseminar quantificadores e qualificadores das respectivas informações de contexto**: o HQ deve anotar os resultados dos processos de quantificação e qualificação nas informações de contexto correspondentes para transmiti-las a interessados;

6. **Manutenabilidade, extensibilidade e flexibilidade**: o HQ deve ser facilmente modificado para alterar, adicionar ou otimizar funções (ex: representação, quantificação, qualificação e disseminação), visando o uso em diferentes domínios de aplicação.

2.3 Arquitetura do HQ

A arquitetura em camadas do HQ é ilustrada na Figura 2. Cada camada foi projetada e desenvolvida de forma a atender os requisitos descritos na seção anterior.

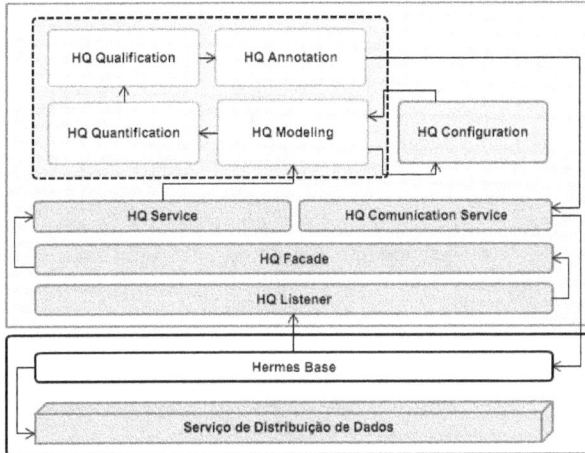

Figura 2: Arquitetura do *Hermes Quality*.

2.3.1 HQ Listener

Camada para notificação dos tópicos assinados pelo HQ, segundo o paradigma de comunicação *publish-subscribe*. São dois os tipos de tópicos assinados: solicitação de criação de filtro e notificação de contexto.

Na solicitação de criação de filtro, aplicações solicitam ao CMS *Hermes* a assinatura de um tópico qualquer. Essa assinatura pode conter uma restrição de situação de contexto, em que será necessária a criação de um filtro, ou sem restrição, quando o assinante deseja ser notificado de todas as alterações de contexto que forem publicadas para aquele tópico. Se a assinatura contiver restrição de contexto, o *Hermes Base* notifica o HQ sobre a necessidade de criação de um filtro para o respectivo assinante no tópico recém-assinado.

Um exemplo de tópico no domínio de monitoramento de sinais vitais é apresentado no código JSON do Exemplo 1, no qual é possível identificar as seguintes propriedades:

- *tipo*: informa se o tipo do tópico é uma notificação de contexto ou criação de filtro;

- *registrar*: corresponde à identificação da informação de contexto que será notificada quando disponível, neste caso, VSO_000008 representa temperatura corpórea na ontologia de domínio;

- *nome*: identificação do tópico no qual o contexto é publicado, neste caso, temperatura corpórea;

- *complementoTopico*: utilizado para publicar os eventos de contexto filtrados; por meio deste, o publicador informa o código do assinante na infraestrutura Hermes, o que permite que apenas o respectivo assinante seja notificado.

```
# --------------------- EXEMPLO 1 ---------------------
"topicos":[
  {
    "tipo": "notificacao",
    "registrar": "VSO_000008",
    "publicar": [
      {
        "nome": "Temperatura",
        "complementoTopico": "quality"
      }]
  }]
```

Quando a interação com o HQ ocorre por meio do tópico de notificação de contexto, o componente é notificado sobre alguma alteração de contexto. Nessa situação, o HQ procede com a quantificação e qualificação de contexto e consequente execução dos filtros anteriormente criados para o tópico. Os detalhes desses procedimentos são descritos a seguir.

2.3.2 HQ Facade

Visa remover de *HQ Listener* o acesso direto às camadas de negócio de HQ, por meio de uma interface com métodos para registro, publicação e assinatura de tópicos e qualificação de contexto.

Esta camada também contribui para a manutenabilidade e flexibilidade da camada *HQ Service* quanto às possíveis variações de tipos de inferência por tópicos notificados.

2.3.3 HQ Service

Responsável por abstrair os detalhes de instanciação do serviço de qualificação em relação à camada solicitante. A classe *HQ Service Factory* acessa *Hermes Configurator*, que conhece os detalhes de acesso das configurações de HQ, ou seja, qual serviço de qualificação deve ser instanciado para o tópico corrente. Baseado nessa informação, *HQ Service* instancia e retorna o objeto referente ao tópico do parâmetro.

Por essas características, o *HQ Service* atribui manutenabilidade, flexibilidade e extensibilidade ao HQ com respeito à instanciação dos serviços citados.

2.3.4 HQ Communication Service

Invoca os serviços de comunicação da camada *Hermes Base* como registro, publicação e assinatura de tópicos através do objeto *HermesBaseManager*. Este centraliza o acesso ao *middleware* DDS, pois mantém as instâncias dos *publishers*, *subscribers* e demais objetos responsáveis pela comunicação na rede DDS.

Esta camada contribui para a manutenabilidade do HQ ao separar dos serviços de comunicação os demais serviços providos pelo componente. Alterações na interface com *HermesBase* afetam apenas *HQ Communication Service*.

2.3.5 HQ Modeling

A camada de modelagem é a primeira camada exclusiva do HQ, visto que as camadas anteriores, descritas no fluxo da Figura 2, são reusadas dos serviços do CMS *Hermes* que realizam representação (*Hermes Widget*), agregação (*Hermes Aggregator*) e inferência (*Hermes Interpreter*).

A camada *HQ Modeling* utiliza uma ontologia de QoC no modelo de informação recebido, possibilitando a anotação semântica das informações que serão geradas nas camadas posteriores, e configura o modelo de informação por meio do *HQ Configuration*.

Essa ontologia de QoC formaliza as regras identificadas para o componente e se preocupa em ser independente de contexto da aplicação. O emprego de uma ontologia é fundamental para a modelagem das informações recebidas, visto que é possível formalizar as regras, os conceitos e os relacionamentos das propriedades dentro do cenário de QoC.

O escopo de uma ontologia pode ser determinado por meio de questões de competência, que podem servir como guia para o desenvolvimento da ontologia ou como ferramenta de avaliação. Algumas das questões de competência elaboradas para a construção da ontologia voltada para representação de QoC incluem, dentre outras, quais os valores crítico, mínimo e máximo para uma dada informação de contexto e qual o tipo, a idade e o tempo válido para uma dada informação de contexto.

A Figura 3 ilustra a modelagem realizada dos conceitos (classes, propriedades-objeto e propriedades de dados) envolvidos em QoC. Uma breve explicação é feita a seguir para melhor compreensão da utilidade dessa ontologia.

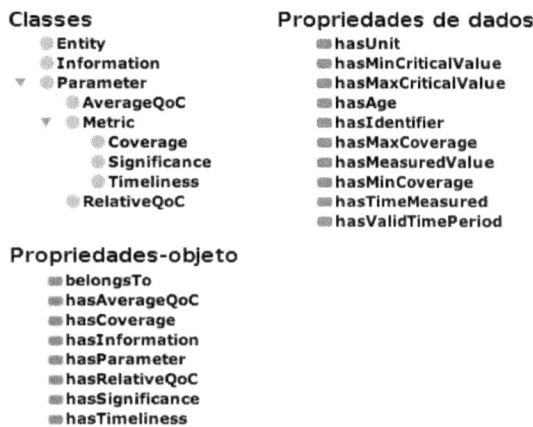

Classes
- Entity
- Information
- ▼ Parameter
  - AverageQoC
  - ▼ Metric
    - Coverage
    - Significance
    - Timeliness
  - RelativeQoC

Propriedades-objeto
- belongsTo
- hasAverageQoC
- hasCoverage
- hasInformation
- hasParameter
- hasRelativeQoC
- hasSignificance
- hasTimeliness

Propriedades de dados
- hasUnit
- hasMinCriticalValue
- hasMaxCriticalValue
- hasAge
- hasIdentifier
- hasMaxCoverage
- hasMeasuredValue
- hasMinCoverage
- hasTimeMeasured
- hasValidTimePeriod

Figura 3: Ontologia de QoC em *HQ Modeling*.

- *Classes*

  - *Entity*: pessoa, lugar, objeto real ou computacional relevantes em uma interação;

  - *Information*: informações que caracterizam uma entidade;

  - *Parameter*: parâmetros para medir a QoC de uma informação. Uma informação precisa ter pelo menos três dos seguintes parâmetros:
    * *Metric*: métricas de QoC existentes na literatura e que possibilitam medir a qualidade de uma informação de contexto:
      · *Coverage*: indica o intervalo válido de uma informação específica;
      · *Significance*: representa o valor ou a importância da informacão em um determinado contexto; e
      · *Timeliness*: caracteriza o grau de atualização de uma informação.
    * *AverageQoC*: valor médio de QoC dado pela média ponderada das métricas de QoC;
    * *RelativeQoC*: valor relativo de QoC obtido pela aplicação de lógica *fuzzy* em conjunto com as métricas de QoC.

- *Propriedades-objeto*

  - *belongsTo*: relaciona uma informação a uma entidade (inversa de *hasInformation*);

  - *hasParameter*: relaciona uma informação a um ou mais parâmetros;

  - *hasCoverage*, *hasSignificance* e *hasTimeliness*: associam uma informação às métricas *Coverage*, *Significance* e *Timeliness*, respectivamente;

  - *hasAverageQoC* e *hasRelativeQoC*: ligam uma informação às técnicas de combinação de quantificadores *AverageQoC* e *RelativeQoC*, respectivamente.

- *Propriedades de dados*: valores calculados conforme equações definidas por Manzoor [6].

  - *hasAge*: a idade da informação de contexto;

  - *hasMaxCriticalValue* e *hasMinCriticalValue*: os valores máximo e mínimo para uma informação ser considerada **crítica**, importantes para o cálculo da métrica *Significance*;

  - *hasMaxCoverage* e *hasMinCoverage*: os valores máximo e mínimo para uma informação ser considerada **válida**, importantes para o cálculo da métrica *Coverage*;

  - *hasMeasuredValue*: o valor medido da informação de contexto cuja qualidade será avaliada, que influencia as métricas *Coverage* e *Significance*;

  - *hasValidTimePeriod* e *hasTimeMeasured*: o tempo válido (em milissegundos) e a data da coleta de uma determinada informação, respectivamente, importantes para o cálculo da métrica *Timeliness*.

2.3.6 HQ Configuration

A camada de configuração é responsável pelo armazenamento de dados de configuração não dinâmicos e de informações que são dependentes de domínio.

O Exemplo 2 apresenta um trecho com dados de configuração para o sinal vital temperatura corpórea: os cinco primeiros parâmetros são relativos a uma ontologia de domínio para monitoramento de sinais vitais [1] (i.e. tipo de sinal vital e respectivas classe e propriedades OWL).

```
# ---------------------- EXEMPLO 2 ----------------------
"information": [
  {
    "identifier": "temperature",
    "urlType": "http://...#VSO_0000008",
    "urlValue": "http://...#temperatureValue",
    "urlUnit": "http://...#temperatureUnit",
    "urlTime": "http://...#instantCalendarClockDataType",
    "maximumCriticalValue": "38",
    "minimumCriticalValue": "35",
    "maximumCoverage": "42",
    "minimumCoverage": "32",
    "timePeriod": "3600000"
  }]
```

Ainda segundo o Exemplo 2, as cinco últimas propriedades são definidas por um especialista do domínio e descrevem parâmetros que possibilitam o cálculo de métricas de QoC para o sinal vital temperatura corpórea, a saber:

- os valores críticos máximo e mínimo são 38°C e 35°C, respectivamente;

- os valores máximo e mínimo considerados válidos, segundo especialistas do domínio, são 42°C e 32°C, respectivamente;

- o tempo máximo para considerar uma medida de temperatura corpórea válida é de 1 hora.

Há outros dados de configuração gerenciados pelo *HQ Configuration*, que incluem a parametrização de cada métrica de QoC utilizada.

Já o Exemplo 3 apresenta uma configuração da métrica de QoC *significance*, contendo o seu peso (*weight*: "1") para o cálculo da média ponderada de QoC e três intervalos *fuzzy* para que uma informação seja considerada irrelevante, relevante ou muito relevante, tendo assim um valor mínimo, médio e máximo para o cálculo da QoC baseado em lógica *fuzzy*. A parametrização dos intervalos *fuzzy* segue o conhecimento de especialistas do domínio e o padrão adotado pela ferramenta *fuzzylite*, tendo os valores *minimum, medium, maximum* a formação de um triângulo para definir os intervalos *fuzzy* de determinada relevância e métrica.

```
# ---------------------- EXEMPLO 3 ----------------------
 "label": "significance",
 "weight": "1",
 "interval": [
  {
   "label": "irrelevant",
   "minimum": "0.00",
   "medium": "0.00",
   "maximum": "0.95",
  },
  {
   "label": "relevant",
   "minimum": "0.95",
   "medium": "0.97",
   "maximum": "0.98",
  },
  {
   "label": "veryRelevant",
   "minimum": "0.97",
   "medium": "1.00",
   "maximum": "1.00",
  }]
```

Por fim, as regras *fuzzy* utilizadas para a aceitação ou descarte de informações de contexto são também gerenciadas pelo *HQ Configuration*.

O Exemplo 4 descreve uma regra a qual pode ser interpretada da seguinte forma: se uma informação é considerada irrelevante em relação ao intervalo (*coverage*) **ou** à atualidade (*timeliness*), então essa informação tem baixa importância. Por exemplo, se uma medida de temperatura corpórea estiver fora do intervalo de 32°C e 42°C **ou** for coletada a mais de 1 hora, trata-se de uma informação de baixa importância. Regras *fuzzy* também devem ser criadas por especialista de domínio como, por exemplo, enfermeiros em monitoramento de temperatura corpórea de pacientes assistidos em UTI.

```
# ---------------------- EXEMPLO 4 ----------------------
 "rules": [
   "if coverage is irrelevant or timeliness is irrelevant
      then relevance is LOW",
   ],
```

A concentração de todas essas informações de domínio no *HQ Configuration* possibilita abstrair a complexidade desse componente, isolando os pontos de mudança dos demais componentes do CMS *Hermes*, atribuindo-lhe maior flexibilidade e manutenabilidade.

2.3.7 HQ Quantification

A camada de quantificação consiste na aplicação de métricas de QoC, que possibilitam mensurar a qualidade das informações de contexto. As métricas *coverage, significance* e *timeliness* foram eleitas a fim de atender melhor o estudo de caso detalhado na Seção 3. A partir das métricas adotadas, o cálculo de QoC é executado para cada informação de contexto do modelo, tendo assim um valor de QoC para cada métrica, sendo este um valor entre 0 e 1.

O Exemplo 5 representa uma serialização de triplas RDF da métrica *timeliness*: é possível identificar o valor da métrica ("0.9") e as propriedades *hasTimeliness* e *hasValue*, identificando assim o tipo da métrica de QoC para uma informação de contexto e o valor quantificado, respectivamente.

```
# ---------------------- EXEMPLO 5 ----------------------
<http://www.semanticweb.org/.../qoc-ontology#hasTimeliness>
  [ a <http://.../qoc-ontology#Timeliness> ;
     <http://.../qoc-ontology#hasValue>  "0.9"^^xsd:double
  ]
```

O *HQ Quantification* possibilita a inclusão de novas métricas de QoC, condição em que são necessárias as seguintes modificações: a inserção de cada métrica na ontologia de QoC, a inclusão e a configuração dos respectivos parâmetros no *HQ Configuration* e a adição de uma classe que implemente a interface *Metrics*.

2.3.8 HQ Qualification

A camada de qualificação de contexto é responsável por quatro atividades fundamentais ilustradas na Figura 4:

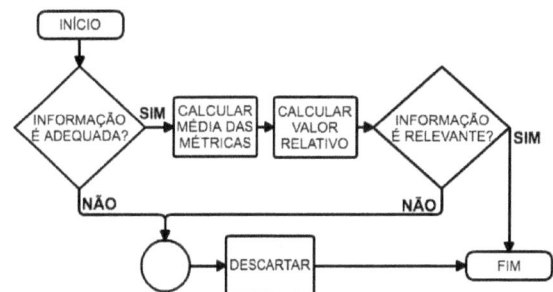

Figura 4: Atividades do *HQ Qualification*.

1. **Descartar informações de contexto inadequadas**: verifica a adequação da informação de contexto, ou seja se o modelo contém as informações necessárias como, por exemplo, o valor das três métricas de QoC, para computar os valores posteriores;

2. **Calcular o valor médio de QoC**: computa a média ponderada das métricas de quantificação, tendo em vista os pesos de cada métrica de QoC configurados na camada *HQ Configuration*. Embora apresente limitações, o cálculo do valor médio de QoC possibilita avaliação comparativa com o valor de QoC *fuzzy*;

3. **Computar o valor relativo de QoC**: a partir dos valores de cada métrica de uma dada informação de contexto e as regras de QoC configuradas em *HQ Configuration*, identifica a relevância tendo em vista os intervalos *fuzzy* de uma informação a partir dos processos de fuzzificação e defuzzificação.

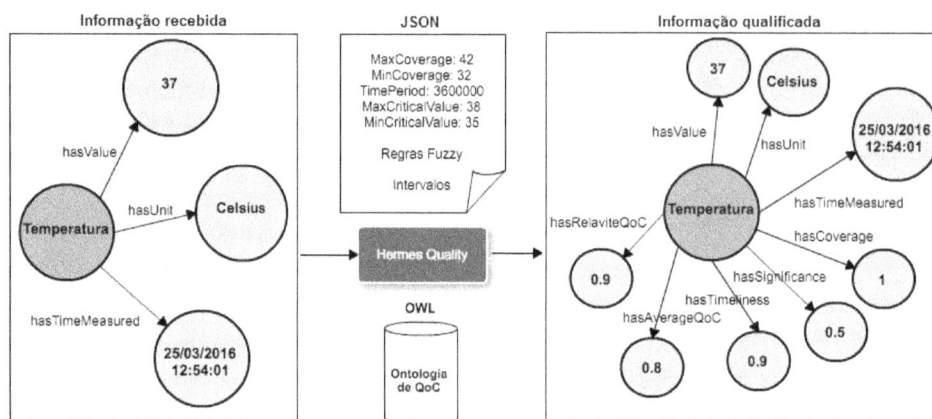

Figura 5: Modelo de triplas RDF com dados de temperatura corpórea anotados com propriedades de QoC após a etapa de qualificação.

Esta é uma das principais contribuições desta pesquisa, tendo em vista que o valor relativo assume o ambiente configurado e possibilita entender a importância da informação de contexto avaliada.

Logo, relevância da informação é definida pelo especialista e modelada a partir das regras e dos intervalos *fuzzy* e de conceitos fornecidos pela ontologia de QoC.

4. **Descartar informações de contexto irrelevantes**: avalia a relevância da informação de contexto, tendo em vista o valor relativo de QoC e as políticas de QoC configuradas previamente no componente.

2.3.9 HQ Annotation

Camada responsável por descrever no próprio modelo de informação de contexto recebido os resultados obtidos das camadas anteriores do HQ. Esta camada é vital para o desempenho de toda a arquitetura e dos consumidores de informações de contexto, já que a quantificação e a qualificação são processos de alto custo em função da quantidade de métricas, do cálculo de cada uma das métricas e das técnicas de combinações de quantificadores.

A Figura 5 apresenta uma informação de contexto de temperatura corpórea com três propriedades (*hasValue, hasUnit, hasTimeMeasured*): 37°C obtida às 12:54 de 25/03/2016. A partir dessas propriedades e dos resultados obtidos nas camadas anteriores, o HQ anota propriedades de QoC descritas na camada *HQ Modeling*, com base na ontologia de QoC e tendo em vista a relevância da informação de contexto.

As anotações são, portanto, marcações semânticas representadas como triplas RDF, o que possibilita que consumidores de contexto estejam cientes da QoC consumida.

3. ESTUDO DE CASO

Esta seção descreve o cenário de validação e avaliação do HQ, que envolve o monitoramento de sinais vitais de pacientes em UTIs. Esse cenário resulta de entrevistas e questionários aplicados a uma equipe de Enfermagem do Hospital das Clínicas de uma universidade federal brasileira.

Destacam-se dois objetivos principais com este estudo de caso, segundo uma abordagem experimental: a validação funcional dos serviços oferecidos pelo HQ e a avaliação do comportamento de descarte de informações irrelevantes.

Foram definidas, junto à equipe de Enfermagem, as configurações necessárias para quantificação e qualificação de medições de sinais vitais, semelhantes àquelas sobre o *HQ Configuration* (vide Seção 2.3.6).

Acrescenta-se também que foram utilizadas medições reais de sinais vitais coletadas em UTI, validadas pelos especialistas, cuja origem é a base de dados MIMIC (*Multiparameter Intelligent Monitoring in Intensive Care*) [3]. Foram criados 240 modelos de informações de contexto em um intervalo de 4 horas, simulando assim uma coleta a cada minuto. Estes modelos foram divididos em 60 modelos para cada sinal vital, na seguinte ordem: temperatura corpórea, frequência respiratória, frequência de pulso e saturação de oxigênio.

Uma questão imprescindível na qualificação das informações de contexto, descrita na camada *HQ Configuration*, é a definição das regras *fuzzy*. Estas devem ser definidas por um especialista do domínio, que tem o devido conhecimento para considerar o que deve ser aceito ou descartado em termos da qualidade das informações de contexto envolvidas.

Assim, a partir de reuniões com a equipe de Enfermagem foi possível traduzir seu conhecimento em regras *fuzzy* para os fins dos dois experimentos, como mostra a Tabela 1.

Tabela 1: Regras *fuzzy* para medições dos 4 sinais vitais envolvidos no estudo de caso.

#	Regra
R01	Se intervalo válido OU atualidade são irrelevantes então a relevância é BAIXA
R02	Se intervalo válido é muito relevante E atualidade é relevante então relevância é NORMAL
R03	Se intervalo válido E atualidade são muito relevantes então relevância é ALTA
R04	Se intervalo válido é muito relevante E atualidade é relevante então relevância é ALTA
R05	Se intervalo válido é muito relevante E atualidade é relevante E significância é muito relevante então relevância é ALTA

3.1 Validação funcional

Para os 4 sinais vitais usados neste experimento foram criados casos de teste para validar as configurações estabelecidas pela equipe de Enfermagem, como valores críticos máximo e mínimo e tempos de validade das medições. Segue a lista de casos de teste e as funcionalidades validadas para medições de temperatura corpórea:

- Qualificar medida de temperatura coletada em tempo inferior a 5 minutos: por meio deste caso de teste foi possível validar a quantificação, a qualificação de uma informação muito relevante e a anotação semântica;

- Qualificar medida de temperatura coletada em 10 minutos e em tempo superior a 60 minutos: validou-se a quantificação, a qualificação de uma informação relevante e irrelevante, respectivamente, bem como a função de descarte dessa medida irrelevante (tempo superior a 60 minutos, segundo a equipe de Enfermagem);

- Qualificar informação de temperatura sem medida ou tempo de coleta especificados: validou-se a função de descarte dessa informação.

Como resultado da aplicação desses testes, o HQ mostrou-se adequado em relação aos requisitos pré-estabelecidos.

3.2 Descarte de Informações Irrelevantes

Este experimento tem como objetivo avaliar o comportamento do HQ em relação ao aceite e ao descarte de informações de contexto.

Tendo em vista o cenário crítico de monitoramento de sinais vitais em UTI, o HQ necessita de uma alta taxa de acertos quanto às tomadas de decisão, e o descarte de informações pode comprometer os serviços consumidores de contexto, como por exemplo a inferência do estado de saúde de um paciente.

A Tabela 2 apresenta os resultados obtidos pelo HQ nesta avaliação para o sinal vital temperatura corpórea. É possível visualizar os valores que compõem uma informação de contexto (o instante da coleta transcrito para idade em minutos e a medida do sinal vital), as métricas de QoC (*timeliness*, *coverage* e *significance*), o valor relativo de QoC produzido por *HQ Qualification* e a identificação da regra que foi atendida pelo valor de QoC.

Tabela 2: Qualificação de informações de temperatura corpórea validada pela equipe de Enfermagem.

Temperatura		Métricas de QoC			Qualificação HQ	
Min.	°C	Tim	Cov	Sig	QoC Relativo	Regra
<1	36.7	1	1	0.966	Muito Relevante	R03
1	36.7	0.983	1	0.966	Muito Relevante	R03
2	36.7	0.966	1	0.966	Muito Relevante	R03
3	36.7	0.949	1	0.966	Muito Relevante	R03
4	36.7	0.932	1	0.966	Muito Relevante	R03
5	36.7	0.915	1	0.966	MuitoRelevante	R03
6	36.7	0.897	1	0.966	Relevante	R04
7	36.7	0.881	1	0.966	Relevante	R04
8	36.7	0.863	1	0.966	Relevante	R04
58	37.2	0.027	1	0.979	Relevante	R04
59	37.3	0.01	1	0.982	Relevante	R04
60	37.3	0	1	0.982	Irrelevante	R01

Observa-se que as informações de temperatura avaliadas com tempo de coleta inferior a 6 (seis) minutos são sempre atendidas pela regra **R03**, tendo em vista que as informações compreendem o intervalo válido e foram colhidas em uma espaço de tempo curto. Durante o restante das informações, visualiza-se que a atualidade da informação é menor, logo atende a regra **R04**.

A última informação de contexto da Tabela 2 é considerada irrelevante, mesmo estando dentro de um intervalo válido e tendo uma alta significância. Isto se dá porque a lógica *fuzzy* permite definir intervalos para cada relevância e métrica. Dessa maneira, seguindo o conhecimento dos especialistas, uma informação de contexto é muito relevante quanto à atualidade quando esta é colhida em menos de 5 (cinco) minutos; relevante quando colhida em menos de 60 (sessenta) minutos; e considerada irrelevante após estes intervalos. Assim, é possível entender a causa da última informação atender a regra **R01**, sendo considerada irrelevante.

O desempenho do HQ quanto ao descarte de informação de contexto foi superior ao esperado. Diante de aspectos como a sensibilidade dos dados de monitoramento de sinais vitais, a criticidade dessas informações e a lacuna entre o conhecimento tácito dos especialistas e a tradução desse conhecimento em regras *fuzzy*, seria aceito uma taxa próxima de 100% de acerto. Entretanto, a partir dessa avaliação foi constatado o acerto de **todas** as informações, tendo as três métricas de QoC como quantificadores.

4. TRABALHOS RELACIONADOS

Esta seção apresenta trabalhos relacionados ao *Hermes Quality* do ponto de vista de representação, quantificação, qualificação e anotação de QoC.

Dos trabalhos de representação de QoC, embora contenha métricas e informações ligadas a QoC, a ontologia desenvolvida por Nazário [9] não atende à necessidade de representação de informações de contexto independente de domínio de aplicação. Assim como o trabalho de Nazário [9], a ontologia de Toninelli et al. [13] é também voltada para um domínio específico.

Nazário [9] também contribui com a proposta de uma arquitetura em que se define os papéis de componentes quantificador e avaliador de QoC. Sua proposta está incorporada e estendida na arquitetura do HQ, com uma arquitetura de dutos e filtros em que cada saída de um processo (ex.: representação) corresponde à entrada do processo seguinte (ex.: quantificação). O HQ atende não apenas à proposta de avaliação de QoC, como também combina os resultados obtidos na quantificação e propõe um valor relativo de QoC, em contraposição ao uso de média ponderada de QoC defendidos por Yasar et al. [16] e Nazário [9]. O valor relativo de QóC proposto no HQ é computado a partir de regras e intervalos *fuzzy*, o que possibilita associar um valor de QoC mais preciso em termos de intervalos de relevância de uma informação de contexto.

Na abordagem de Silva et al. [12] é considerado o processo de filtragem (quantificação, qualificação e descarte) de dados de contexto, antes de serem enviados a um CMS, ou seja, filtragem executada externamente a um CMS. Em relação ao processo de qualificação do HQ, o trabalho de Silva et al. [12] propõe métricas e políticas de QoC acopladas em um mesmo processo, o que pode dificultar a sua adaptação para diferentes domínios de aplicação.

Quanto às anotações de QoC, Manzoor et al. [7] propuseram um mecanismo de anotação XML de QoC para fins de transmissão dessa informação aos consumidores de contexto. O HQ apoia a proposta de Manzoor et al. e a estende ao propor anotações semânticas a partir de um modelo ontológico que seja independente de domínio, em contraposição ao seu formato XML, e que ainda promove a interoperabilidade semântica entre aplicações e serviços de um CMS.

5. CONSIDERAÇÕES FINAIS

Avaliar a qualidade da informação de contexto em um cenário repleto de sensores como fontes de informação é um desafio apontado como centro das pesquisas em QoC.

Esta pesquisa apresenta uma nova abordagem para a combinação de métricas de QoC, com o propósito de produzir um valor geral de QoC baseado em lógica nebulosa para a informação de contexto avaliada. Esta abordagem é acrescida de uma preocupação com a disseminação dessa avaliação, na forma de anotações semânticas, para componentes e aplicações consumidoras de informação de contexto. Esses resultados são materializados em um componente denominado *Hermes Quality* (HQ), integrado a serviços de representação, agregação, histórico e inferência de informações de contexto oferecidos pelo CMS *Hermes*.

Como trabalhos futuros, pretende-se apoiar a modelagem de informações de contexto multivaloradas, como o sinal vital pressão arterial, com valores para pressão sistólica e diastólica. O HQ deverá também ser capaz de suportar mais níveis de relevância, além dos três utilizados (pouco relevante, relevante e muito relevante) nesta pesquisa. Cabe também experimentar a QoC anotada junto às respectivas informações de contexto de forma a se analisar a contribuição dessas informações anotadas e transmitidas a consumidores de contexto, quer seja a uma aplicação, quer seja a um serviço de inferência de contexto, por exemplo.

6. ACKNOWLEDGMENTS

Os autores agradecem a todos aqueles que têm contribuído com o desenvolvimento e a avaliação dos serviços oferecidos pelo CMS *Hermes*, incluindo o *Hermes Quality*. O aluno Márcio Vinícius Oliveira Sena também agradece à Coordenação de Aperfeiçoamento de Pessoal de Nível Superior (CAPES) pela concessão de uma bolsa de mestrado.

7. REFERENCES

[1] A. B. Bastos, I. G. Sene Jr, and R. F. Bulcão-Neto. Modeling and inference based on the semantics of monitoring of human vital signs. In *20th Brazilian Symposium on Multimedia and the Web*, pages 13–16, João Pessoa, Brazil, 2014. ACM.

[2] T. Buchholz, A. Küpper, and M. Schiffers. Quality of context: What it is and why we need it. In *10th Workshop of the OpenView University Association*, pages 1–14, 2003.

[3] A. L. Goldberger, L. A. N. Amaral, L. Glass, et al. PhysioBank, PhysioToolkit, and PhysioNet: Components of a new research resource for complex physiologic signals. *Circulation*, 101(23):215–220, 2000.

[4] T. R. Gruber. A translation approach to portable ontology specifications. *Knowledge Acquisition*, 5(2):199–220, June 1993.

[5] A. A. F. Loureiro, R. A. R. Oliveira, T. R. M. B. Silva, et al. *Computação ubíqua ciente de contexto: Desafios e tendências*, chapter 3 - Minicursos do SBRC, pages 99–149. SBC, Recife, Brazil, 2009.

[6] A. Manzoor. *Quality of context in pervasive systems: Models, techniques, and applications*. PhD thesis, Technische Universitat Wien, Wien, Austria, 2010.

[7] A. Manzoor, H.-L. Truong, and S. Dustdar. On the evaluation of quality of context. In *3rd European Conference on Smart Sensing and Context*, pages 140–153, Zurich, Switzerland, 2008. Springer-Verlag.

[8] G. M. Maranhão, I. G. Sene Jr, and R. F. Bulcão-Neto. Anatomy of a semantic context interpreter with real-time events notification support. In *20th Brazilian Symposium on Multimedia and the Web*, pages 159–162, João Pessoa, Brazil, 2014. ACM.

[9] D. C. Nazário. *CUIDA - Um modelo de conhecimento de qualidade de contexto aplicado aos ambientes ubíquos internos em domicilios assistidos*. PhD thesis, Universidade do Estado de Santa Catarina - UDESC, Florianópolis, Santa Catarina, Brasil, 2015.

[10] D. C. Nazário, M. A. R. Dantas, and J. L. Todesco. Taxonomia das publicações sobre qualidade de contexto. *Sustainable Business International Journal*, 20(2012):1–28, 2012.

[11] C. Perera, A. Zaslavsky, P. Christen, and D. Georgakopoulos. Context aware computing for the internet of things: A survey. *Communications Surveys Tutorials, IEEE*, 16(1):414–454, 2014.

[12] C. Silva and M. Dantas. Quality-aware context provider: A filtering approach to context-aware systems on ubiquitous environment. In *9th International Conference on Wireless and Mobile Computing, Networking and Communications*, pages 422–429, Oct 2013.

[13] A. Toninelli, A. Corradi, and R. Montanari. A quality of context-aware approach to access control in pervasive environments. In *Mobile Wireless Middleware, Operating Systems, and Applications*, pages 236–251. Springer, 2009.

[14] E. F. Veiga, G. M. Maranhão, and R. F. Bulcão-Neto. Apoio ao desenvolvimento de aplicações de tempo real sensíveis a contexto semântico. In *IX Workshop de Teses e Dissertações do XX Simpósio Brasileiro de Sistemas Multimídia e Web*, pages 1–4, João Pessoa, Brazil, 2014.

[15] E. F. Veiga, G. M. Maranhão, and R. F. Bulcão-Neto. Development and scalability evaluation of an ontology-based context representation service. *IEEE Latin America Transactions*, 14(3):1380–1387, 2016.

[16] A. Yasar, K. Paridel, D. Preuveneers, and Y. Berbers. When efficiency matters: Towards quality of context-aware peers for adaptive communication in vanets. In *Intelligent Vehicles Symposium*, pages 1006–1012. IEEE, June 2011.

[17] L. A. Zadeh. Fuzzy sets. *Information and Control*, 8:338–353, 1965.

Extending NCL to Support Multiuser and Multimodal Interactions

Álan L. V. Guedes[1,2]
alan@telemidia.puc-rio.br

Roberto G. de A. Azevedo[1,2]
razevedo@inf.puc-rio.br

Sérgio Colcher[1,2]
colcher@inf.puc-rio.br

Simone D. J. Barbosa[1]
simone@inf.puc-rio.br

[1] Department of Informatics, PUC-Rio
[2] TeleMídia Lab, PUC-Rio
[1,2] Rua Marques de Sao Vicente, 225
Rio de Janeiro, RJ, 22451-900, Brasil

ABSTRACT

Recent advances in technologies for speech, touch and gesture recognition have given rise to a new class of user interfaces that does not only explore multiple modalities but also allows for multiple interacting users. Even so, current declarative multimedia languages—e.g. HTML, SMIL, and NCL—support only limited forms of user input (mainly keyboard and mouse) for a single user. In this paper, we aim at studying how the NCL multimedia language could take advantage of those new recognition technologies. To do so, we revisit the model behind NCL, named NCM (Nested Context Model), and extend it with first-class concepts supporting multiuser and multimodal features. To evaluate our approach, we instantiate the proposal and discuss some usage scenarios, developed as NCL applications with our extended features.

CCS Concepts

• **Human-centered computing**→**Hypertext / hypermedia**
• **Applied computing**→**Markup languages**

Keywords

Multimodal interactions; Multiuser interactions; Multimedia Languages; Nested Context Language; NCL; Ginga-NCL

1. INTRODUCTION

Multimedia languages—e.g. HTML, SMIL [5], and NCL (Nested Context Language) [26]—are declarative programming languages for specifying interactive multimedia presentations. Traditionally, they focus on synchronizing a multimedia presentation (based on media and time abstractions) and on supporting user interactions for a single user, usually limited to keyboard and mouse input. Recent advances in recognition technologies, however, have given rise to a new class of multimodal user interfaces (MUIs) [28], as well as novel ways to allow the system to be aware of multiple users, interacting with each device.

In short, MUIs process two or more combined user input modalities (e.g. speech, pen, touch, gesture, gaze, and head and body movements) in a coordinated manner with output modalities [22]. An individual input modality corresponds to a specific type of user-generated information captured by input devices (e.g. speech, pen) or sensors (e.g. motion sensor). An individual output modality corresponds to user-consumed information through stimuli captured by human senses. The computer system produces those stimuli through audiovisual or actuation devices (e.g. tactile feedback). Bolt's seminal work on MUIs, "Put-That-There" [4], illustrates a MUI system. He proposes to use gestures and voice commands for planning tactical activities of military units over a map. The user can move a military unit by: (1) pointing his finger to a unit on the battlefield while saying "put that"; and then (2) pointing his finger to the desired location and saying "there".

Specifically regarding multiuser interactions, but without considering multimodal features, Stefik [27] proposes the early paradigm of WYSIWIS (What You See Is What I See). This paradigm enables users to collaborate in face-to-face meetings using the same GUI (Graphical User Interface) across multiple users' screens. More recently, Tabletop [20] and Distributed User Interfaces (DUI) [8] research has been studying multiuser interactions over shared GUIs. Increasing the number of interacting users, however, does not necessary imply that the system has become able to identify or distinguish each of them, i.e., it does not mean that the system is aware of multiuser interactions [13]. For instance, in a "shared screen" scenario (e.g. WYSIWIS, tabletop) even when multiple users are interacting with the system, they are handled as if there was only one interacting user. Truly multiuser applications are those in which the system can distinguish, and the programmer is aware of, the different users that are interacting with the system.

In this paper, we aim at extending the NCL multimedia language to take advantage of multimodal and multiuser scenarios—e.g., involving shared displays (e.g. public displays, tabletop, and TV) and many simultaneous users interacting using different modalities. NCL aims at specifying interactive multimedia presentations, but, as will be discussed in the remainder of the text, its current version does not allow authors to adequately create presentations for the aforementioned scenarios.

To achieve our goal, we propose to include first-class abstractions in the language for: (a) describing agnostic input/output modalities; (b) describing user and groups of users; and (c) relating the interacting users and the input/output modalities. Regarding multimodal features, our proposal builds on the previous work of Guedes et al. [11]. Whereas some previous work focused on multimodal interactions [6, 7, 11, 32, 38] and others on multiuser interactions [10, 12, 19, 25], to the best of our knowledge, our proposal is the first to support both multimodal and multiuser features in a multimedia language.

WebMedia '16, November 08-11, 2016, Teresina, PI, Brazil
© 2016 ACM. ISBN 978-1-4503-4512-5/16/11 $15.00
DOI: http://dx.doi.org/10.1145/2976796.2976869

For the presentation and discussion of our proposal, the paper continues as follows. Section 2 briefly describes basic scenarios we want to support. Section 3 discusses related work. Section 4 presents an overview of the model behind NCL: the Nested Context Model (NCM) [24]. Section 5 presents our solution and highlights the extensions we propose to both the NCM model and the NCL language. Section 6 discusses how one can implement the scenarios of Section 2 using our proposal. Finally, Section 7 brings our conclusions and discusses some future work.

2. ENVISAGED SCENARIOS

Based on the previously mentioned Bolt's "Put-That-There" system, Figure 1 presents the three categories of scenarios we aim to support, named: "Put-That-There", "I-Get-That-You-Put-It-There", and "Anyone-Get-That-Someone-Else-Put-It-There". We discuss each of them in what follows.

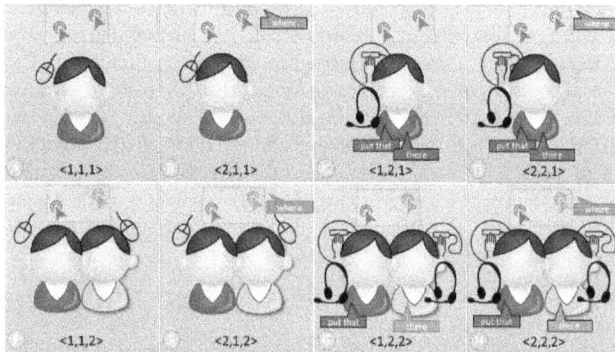

Figure 1: Scenarios based on Bolt's Put-that-there with additional output/input modalities and numbers of interacting users. Descriptions at the bottom of each scenario follow the scheme: *<number of output modalities, number of input modalities, number of interacting users>*.

The "Put-That-There" category is illustrated in Figures 1-A to 1-D. In this scenario, there can be different input and/or output modalities for a *single user* interacting with the system. In Figure 1-A, the user interacts using a mouse and gets feedback on a screen (one input and one output modality). Figure 1-B extends A with voice feedback (one additional output modality). In Figure 1-C, the user interacts using gestures and voice commands (two input modalities and one output modality). Figure 1-D extends 1-C with voice feedback (two input and two output modalities); it is similar to the original "Put-That-There". Note that these scenarios focus on multimedia applications supporting multimodal input/output for a *single user* only.

The "I-Get-That-You-Put-It-There" category is illustrated in Figures 1-E to 1-H. It is similar to the previous "Put-That-There", but the task must be done by *two different users*, who are uniquely identified by the system (e.g. User1 and User2). Figure 1-E shows each user interacting through individual mice. Figure 1-F extends Figure 1-E with voice feedback. Figure 1-G shows each user interacting through gestures and voice commands. Figure 1-H extends Figure 1-G with voice feedback (i.e., it is similar to the original "Put-That-There", but for *two users*).

Finally, the "Anyone-Get-That-Someone-Else-Put-It-There" category extends the "I-Get-That-You-Put-It-There" scenario with users that are *intentionally defined* during runtime. For instance, one may define that the first interaction (i.e. point and say "put that") is done by any user and the second one (i.e. point and say "there") by another user, who must be different from the first one.

3. RELATED WORK

Given the scenarios envisaged in Section 2, in this section, we discuss related work that focus on specifying multimodal or multiuser interactions. With regards to multimodal interactions, we limit the discussion to works that extend multimedia languages. With regards to multiusers, we discuss works on multiuser interactions in gaming contexts and others that indirectly address multiuser interactions by supporting distributed user interfaces.

Carvalho et al. [6, 7] and Guedes et al. [11] propose some level of multimodal interactions for NCL.

Carvalho et al. [6, 7] integrate VoiceXML elements inside an NCL document. In [7], the VoiceXML code is inserted into the <port> NCL element; whereas in [6] it is inserted into the <link> element. Voice recognition events are mapped onto keyboard-based events of NCL. Besides only supporting speech recognition, these works compromise the separation between the structure and the content, which is favored by the NCL model.

Differently, Guedes et al. [11] do not compromise the separation between the content and the structure of NCL by proposing a new <input> element that handles input modalities in an agnostic way. Indeed, Guedes et al. can implement the single-user multimodal scenarios defined in Section 2 (Figures 1-A to 1-D). Our work builds on Guedes et al.'s proposal to support multimodal interactions and extends it to support multiuser interactions. Moreover, we revisit the NCM model and discuss both multimodal and multiuser supports in the model behind NCL.

W3C (2001) [38] and W3C (2012) [32] propose multimodal interactions in HTML.

Similar to Carvalho et al., W3C (2001) directly integrates VoiceXML elements into the HTML document. Voice recognition events are controlled in an imperative manner using JavaScript code. That work, however, supports only one additional modality, the audio modality.

To support other input modalities, W3C (2012) [32] proposes a complementary specification, named SCXML (State Chart XML) [37]. SCXML is a state machine-based language responsible for combining multiple input modalities; HTML is responsible for presenting the output modalities.

Microsoft [19] and Google [10] propose multiuser support in gaming contexts. Both enable multiuser interactions by imperative APIs to handle gamepad controllers. Microsoft supports multiuser in DirectX applications by the XInput controller API. Similarly, Google supports multiuser interactions in Android applications by the GamePad API. These both APIs use callback events with an identification parameter informing the source controller.

Guerrero-Garcia [12] and Soares et al. [25][3] support multiple users through distributed user interfaces, respectively, in UsiXML and NCL.

UsiXML [18] is a task-oriented GUI description using an MDE (Model-Driven Engineering) approach to be deployed to different device configurations (e.g. desktop, web, and mobile). Guerrero-Garcia [12] extends UsiXML by modeling the coordination of multiple users in task-oriented systems. In particular, the work models GUIs for *group tasks* in UsiXML, in which users or groups of users can interact with one another. Then, each grouping task is deployed to each device of a user or a group of users.

Soares et al. [25] propose a hierarchical distribution of media in NCL. The distribution specification uses the abstraction of *device groups*, called *device class*. The author of a multimedia application distributes it by sending and orchestrating the media presentation for the different device groups. When sending a media (e.g. image) to a device class, Soares et al. do not define how the different users who may interact with the devices can be identified. Indeed, an expected interaction over a media object in a specific device class will be triggered when any of the users do it. Soares' work—which specified fixed device classes (*passive* and *active*)—is extended by Batista et al [2, 3]. In [3], the authors define new *device classes* using a description based on UAProf [21] description. In [2], they propose that the author may use a document variable called *child.index*, which can be consulted by the author inside each NCL document sent to each device.

4. NCM 3.0

NCM (Nested Context Model) [24] is the conceptual model behind NCL. Figure 2 partially[1] illustrates the NCM entities; the main are: *Node*, which represents information fragments; and *Link*, used to define relationships between *Nodes*.

An NCM *Node* is defined by its *Content*, a *Descriptor*, and a list of *Anchors*. *Content* is the collection of information of a node. *Descriptor* defines properties for how a node should be exhibited, such as position for graphics, frame rate for video, and volume for audio. The *Anchors* in the list of *Anchors* can be of two types: *ContentAnchor*, which represents portions of the *Content* of the node; or *AttributeAnchor*, which represents a property of the node. *ContentNode* and *CompositeNode* are specializations of *Node* and detail the semantics of *Content* and *ContentAnchor*. The *Content* of a *ContentNode* or its subclasses (e.g. *TextNode, AudioNode, VideoNode*) are audiovisual media objects (e.g. text, audio, video, respectively). *ContentAnchors* of *ContentNode* are spatial or temporal portions of these media objects. For instance, the *Content* of a *VideoNode* may be defined via references to a video file (e.g. file URI) and its temporal anchors via references to the presentation times.

There are other subclasses of *Node* that are not directly related to media content. *ApplicationNode* represents imperative code (e.g. a Lua script [23]). *TimeNode* defines timers useful in temporal relationships. *SettingsNode* is a *Node* with a list of global variables as properties. It does not need to be manually started and is available for every *Link*. These variables are useful for authors to consult environment characteristics (e.g. *screenSize*) or store auxiliary values. Finally, a *CompositeNode* has a collection of

Nodes as *Content*. *CompositeNode* also defines a list of *Ports*, which map to internal *Nodes* (or a *Node's Anchor*) of the *CompositeNode*. Ports and anchors have similar purpose and extend a common type named *Interface*.

A *Link* is defined by a *Connector* and a list of *Binds*. *Connectors* define the link semantics, independently of the participating *Nodes*. More precisely, a *Connector* defines the relation between *Roles* and not between specific *Nodes*. When instantiating a *Connector*, one *Link* must define the association (i.e. *Bind*) of each connector *Role* to a node interface (*ContentAnchor, AttributeAnchor* or *Ports*).

A *Role* is defined by the attributes: *RoleID, EventType, minCardinality,* and *maxCardinality*. *RoleID* must be unique in the *Connector*. *EventType* refers to a specific event related to an *Anchor*. NCM 3.0 has three main event types: *PresentationEvent*, meaning the exhibition of a *ContentAnchor*; *AttributionEvent*, meaning the modification of a node property (*AttributeAnchor*); and *SelectionEvent*, meaning a mouse click or key-based event while a specific *ContentAnchor* is occurring. Also, events have attributes. The "state" attribute defines the occurrence status of the event and may have the values "sleeping", "paused" or "occurring". The "occurrences" attribute means the number of times that the event has passed by the "occurring" state during the multimedia presentation. In particular, the "selection" event has a *key* attribute that defines the key (e.g. keyboard or remote control) that may trigger the event.

Whereas a connector may represent any kind of relationship between anchors of nodes, NCL 3.0 defines only the *CausalConnector* relationship. *CausalConnector* specifies that conditions (*ConditionRoles*) shall be satisfied to trigger actions (*ActionRoles*).

A *ConditionRole* can be a *SimpleCondition* or a *CompoundCondition*. *SimpleConditions* act over *Nodes* and may test the occurrence of an event (e.g., when the event state changes to "occurring"). *CompoundConditions* represents a logical expression (using "and" or "or" operators) through *SimpleConditions* and *AssessmentSatements*. An *AssessmentSatement* is used to compare event attributes values, e.g. using a comparator (e.g. $=$, $\neq$, $<$, $\leq$, $>$, $\geq$). For instance, *SelectionEvent* has a key attribute, which can be tested in *SimpleCondition* or *AttributeAssessment*.

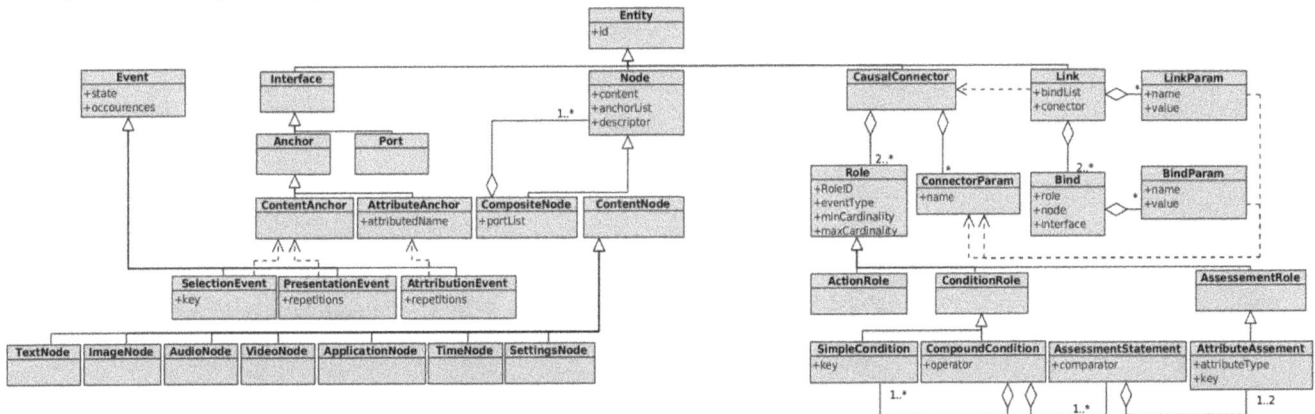

Figure 2: NCM 3.0

---

[1] Some NCM entities are omitted from the discussion here for simplicity (e.g. *Descriptor, DescriptorSwitch, SwitchPort, Rule, Interface,*) or because they are not used in NCL 3.0 (e.g. *ConstraintConnector, ConstraintGlue*). For a complete description of NCM, we refer the reader to [24].

Finally, *ActionRoles* may be used to change the presentation state of *Anchors* or the properties of a *Node*, using an attribution event.

Using only the current NCM concepts, authors cannot represent modalities different from the GUI-based ones, neither can they be aware of the users who interact with the application. In the next section, we present our approach to extend NCM aiming at addressing these limitations.

5. PROPOSED APPROACH

To achieve both multimodal and multiuser features in NCM, we extend it by defining:

- a new subclass of *ContentNode*, named *MediaNode*. This class is reserved to represent output modalities. Previous audiovisual-oriented *ContentNodes* (e.g. *Text, Image,* and *Video)* and other proposed types of output modalities (e.g. *TTSNode*) became *MediaNode* specializations;

- a new subclass of *ContentNode*, named *RecognitionNode*. This class is used for representing input modalities, different from the previous ones, which are limited to keyboard/mouse. Examples *RecognitionNode* specializations include *SpeechRecognitionNode*, *GestureRecognitionNode*, *InkRecognitionNode*;

- a new kind of *Anchor*, called *RecognitionAnchor*, and an associated "recognition" event type. Two specializations of "recognition" event include *PointerEvent* and *KeyEvent;*

- a new *UserClass* entity, aiming at representing a *group of users* interacting with the multimedia presentation;

- new event attributes ("user_id" and "excluded_user_id") for *Link*-related entities (e.g. *SimpleCondition* and *BindParam*) which allow the specification of complex behaviors for multimodal and multiuser presentations.

Figure 3 brings our main modifications in NCM highlighted in light green. The remainder of this section details each of our proposed extensions to the model, whereas Section 5 is reserved to discuss how they are instantiated in NCL.

5.1 Multimodal Specializations of *Node*

As previously mentioned, the *ContentNode* entity may be specialized to different output modalities. It has been specialized mainly for 2D or 3D [1] audiovisual media modalities, such as *TextNode, ImageNode,* and *VideoNode*. In our proposal, we group the audiovisual modalities as specializations of the new *MediaNode* class, which is itself a specialization of *ContentNode*. Also, we propose three new *MediaNode* specializations for representing output modalities: (1) *TTSNode,* representing a TTS (Text-To-Speech) content (as described in W3C SSML [36], for example),

useful for visually impaired users; (2) *AvatarNode,* representing embodied conversational agents (e.g. described using BML [29]), useful for deaf-, children- or elderly-oriented interfaces ; and (3) *SensorialNode,* representing sensorial effects (e.g. described in MPEG-V SEDL [15]), useful for increasing the QoE [9]of the multimedia presentations.

For the representation of input modalities, we propose the new *RecognitionNode*, which is a subclass of *ContentNode* and can be used in *Link* relationships. The *Content* of a *RecognitionNode* is also a collection of information. Different from the *MediaNode*, however, the information is expected to be captured, not presented. Some examples of *RecognitionNode* specializations include: (1) *SpeechRecognitionNode*, used for speech recognition, such as recognizing words and phrases spoken by the user(s); (2) *GestureRecognitionNode*, used for gesture recognitions; (3) *InkRecognitionNode,* used for pen writing ("ink") recognitions; (4) *PointerRecognitionNode,* used for recognizing interaction from a pointer device; and (5) *KeyRecognitionNode,* used for recognizing interactions from keyboard devices. Some examples of how the *Content* of those nodes may be represented include: W3C SRGS [35] for *SpeechRecognitionNode*; GDL (Gesture Description Language) [14] for *GestureRecognitionNode*; and *InkXML* [31] for *InkRecognitionNode*.

Since *RecognitionNode* is indeed a specialization of *ContentNode*, it is also possible to define *Anchors* in it. A special type of *Anchor*, the *RecognitionAnchor*, specifies a portion of the recognition content. For instance, an anchor may refer to expected speech tokens defined in an SRGS file. A *RecognitionAnchor* is associated to a "recognition" event. Moreover, an anchor may refer to events of that *RecognitionNode*, for instance, a "click" anchor to a *PointerRecognitionNode*. The "recognition" event indicates that the system has recognized the expected information defined in a *RecognitionAnchor*. It is important to highlight that the occurrence of events issued by a *RecognitionNode* are not coupled with events from a *MediaNode. For instance, KeyEvent* is different from the *SelectionEvent* with key parameter, because the latter only happens during a *Media* occurrence. Similarly, we can contrast the *Pointer* event with the *PointOver* event.

Since the use of *MediaNode* and *RecognitionNode* entities are similar (they are both subclasses of *ContentNode*), it is now possible to use both "selection" and "recognition" events in *Link*s. Therefore, it is possible to create relationships such as: "when a *SpeechRecognitionNode* recognizes a specific word or sequence of words (e.g. "Put that"), a *TTSNode* should render a phrase (e.g. "where?"). However, authors are still unaware of the multiple interacting users. To support applications in which authors may be

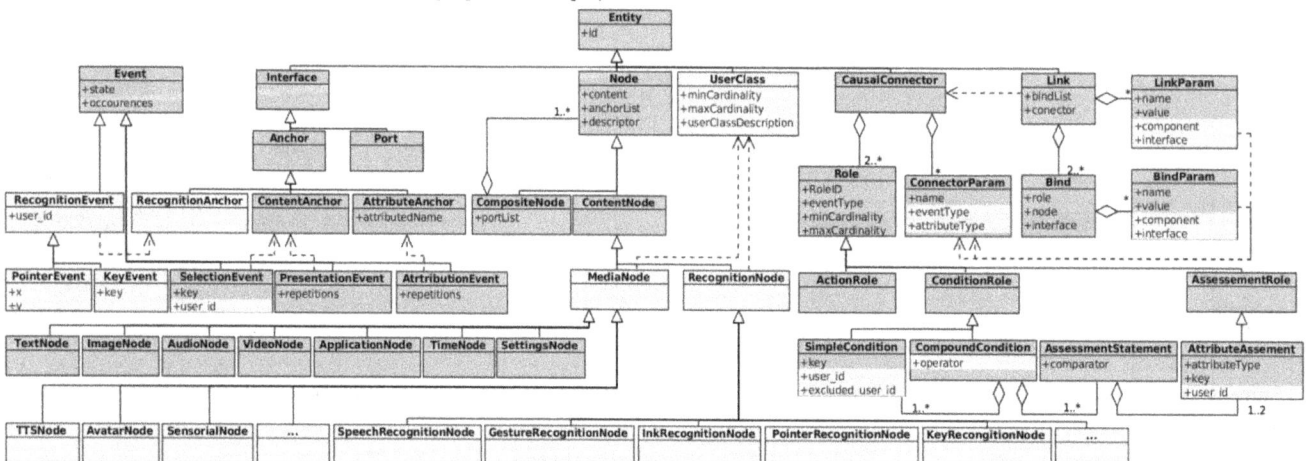

Figure 3: NCM 3.0 with proposed extensions.

truly aware of multiuser interactions, we propose the new *UserClass* entity, discussed in next subsection.

An important feature of MUIs is the combination of interaction modalities. According to Nigay and Coutaz [16], this combination can be: *redundant*, when only one of the interactions is needed; *complementary*, when all interactions are needed; or *sequentially complementary*, when all interactions are needed in a specific order. To support these combinations in NCL, authors may use *CompoundCondition*s with *RecognitionNode*s. Using the "or" operator, authors can define alternative (redundant) ways in which the user may interact. Using the "and" operator authors can define complementary interactions. In addition to the operators already defined by NCM, we include a new "seq" operator, through which authors can define a required sequence of interactions. In the "Put-That-There" scenario, for instance, authors must use a "seq" operator to guarantee that the interactions must occur in the specified order (first, the "put that"; then, the "logo" selection, etc.).

5.2 Multiuser Support

In multiuser applications, a user may assume different roles. For instance, it is possible to create an application that behaves differently if the user is a professor or a student. Moreover, both professors and students can use the application at the same time. By supporting multiuser features in the authoring model, authors can develop applications that are aware of who and how users are interacting with the application. With current NCM concepts, however, authors cannot model such possibilities. To support multiuser features in NCM, we create a new *UserClass* entity. *UserClass* is used to model the different types of interacting users—i.e., different roles that users can play when using an application.

A *UserClass* is defined by an *id*, a *minCardinality* and a *maxCardinality* attributes, and a *userClassDescription*. The *id* attribute uniquely defines a *UserClass*. The cardinality attributes allow to limit the number of users that can be part of that *UserClass*. The *userClassDescription* specifies how users are identified as being part of the *UserClass*. To do that, each user that is interacting with the system must have a *profile description*. The user profile may include, for example, information such as if he (or she) is a student or a professor. Moreover, it may include the devices he (or she) is using to interact with the application. The *userClassDescription* then should specify which users, based on their profiles, are part of a *UserClass*.

Note that the specification of *userClassDescription* is tied to the specific vocabulary used to describe the user's profiles. NCM, however, should be agnostic and not prescribe the *userClassDescription* specification details, which should be defined by NCM instantiation (discussed in Section 5.4). Moreover, runtime properties related to a *UserClass*, such as the number of users registered in a class, can be consulted as properties in the *SettingsNode*.

5.3 Linking Multiple Modalities and Users

To support multiuser-oriented authoring, we define a new event attribute, named "user_id". The value of the "user_id" (e.g. *BoltLikeUser* (1)) attribute defines which specific user from a *UserClass* was responsible for generating the event. This approach is similar to how Soares [24] uses the "key" attribute to define which key from "selection" events may trigger a link. Indeed, the "user_id" attribute is defined for both "selection" and "recognition" events. As in the "key" case, the "user_id" attribute may also be tested by authors, in *SimpleConditionRole*s and *AttributeAssessment*s, when creating *Connectors*. By doing this, it

is possible to limit which specific users can trigger a link. Moreover, we define another optional attribute in *SimpleConditionRole,* called "excluded_user_id". In this attribute, authors can define a list of users that are not allowed to trigger a *SimpleConditionRole*.

It is also interesting to give authors access to the proposed attributes through *Links*. To do that, we defined extensions to *ConnectorParam, BindParam,* and *LinkParam*. Besides an arbitrary string value, *ConnectorParam* can now receive an interface as well. To define that a *ConnectorParam* should receive an *Interface*, we propose the *eventType* and *attributeType* attributes, which are analogous to those of *AttributeAssessment*. *BindParam* and *LinkParam* can pass an *Interface* as a parameter to *Connectors* through the *component* and *interface* attributes. For instance, in the "Put-That-There" scenario, the author should save the position pointed by the user.

5.4 Instantiating the Proposed Extensions in NCL

The previously proposed entities were instantiated in NCL. Table 1 shows the XML elements with their corresponding attributes and content, which can be used in NCL documents.

Table 1: NCL elements related to the proposed NCM extensions

NCL element	Main attributes	Content
media	id, src, type, descriptor	(area|property)*
input	id, src, type	(area|property)*
connectorParam	name, eventType, attributeType	empty
bindParam	name, value, component, interface	empty
linkParam	name, value, component, interface	empty
userClass	id, min, max, userClassDescription	empty

MediaNode and *RecognitionNode* are instantiated using <media> and <input>, respectively. They are both defined inside the <body> element and may participate in NCL <link>s. They have *id*, *src* and *type* attributes. Different from <media>, <input> does not have a *descriptor* attribute, which is used in <media> for starting and ending a presentation (e.g. transitions, border details). Specific attributes for recognizing user input are defined as properties in the <input> element.

Moreover, <bindParam> and <linkParam> are extended with *component* and *interface* attributes (similar to those of <bind>) and <connectorParam> is extended with *eventType* and *attributeType* attributes (similar to those of <attributeAssessment>).

The <userClass> element is defined inside <userBase>, in the document head (<head> element). It has *id*, *min*, *max*, and *userClassDescription* attributes. A <userClass> can be used by <input> and <media> elements by the "userClass" property, which value must be the *id* of a <userClass>. The *userClassDescription* is an URL to an external document describing the *UserClass*.

As previously mentioned, *userClassDescription* is tied to how user profiles are specified. In our instantiation, user profiles are described in RDF (Resource Description Framework) [33], and a *userClassDescription* is a SPARQL [34] query. Each user is a foaf:Person element from the FOAF [30] RDF vocabulary, used for user profiles. Additionally, this foaf:Person may define prf:name elements from UAProf [21] RDF vocabulary, used to define device profiles. The SPARQL query is responsible for selecting which users should be part of the *UserClass*. Listing 1 shows a SPARQL query defining that a *UserClass* is composed of the users whose emails belong to the "inf.puc-rio.br" domain and who have a Leap Motion device.

```
1  PREFIX foaf: <http://xmlns.com/foaf/0.1/>
2  PREFIX prf:
3  <http://www.wapforum.org/profiles/UAPROF/ccppschema-
4  20010430>
5  SELECT ?person
6  WHERE {
7   ?person foaf:mbox ?email FILTER regex(?email,
8  "@inf.puc-rio.br$") .
9   ?person prf:component ?component .
10  ?component prf:name ? name FILTER regex(?name,
11 "Leap Motion")
12 }
```

Listing 1: SPARQL code fragment for *UserClassDescription*

Finally, runtime properties related to a *UserClas*s can be accessed in <media> elements of the type "x-ncl-settings" using the scheme: "userClass(UserClassName).propertyName" for the "user" scope. For instance, if we want to know (e.g. using a Link) the number of users registered in a class named "BoltLikeUser" we can use the property "user.userClass(BoltLikeUser).count".

6. USAGE SCENARIOS

This section discusses how the usage scenarios presented in Section 2—the "I-Get-That-You-Put-It-There" and the "Anyone-Get-That-Someone-Else-Put-It-There" scenarios—can be implemented using the proposed extensions. For simplicity, we replaced the military unit of the "Put-that-there" scenario with an image (the Ginga logo), which can be moved by two users using a combination of voice and gesture commands.

Both scenarios use the same <userClass>, <media> and <input>, elements, which are depicted in Listing 2. The code fragment is composed of one <userClass> ("BoltLikeUser"), two <media> elements ("logo" and "sentences"), and two <input> elements ("pointer" and "asr"). "BoltLikeUser" (lines 1-6) defines a *UserClass* that must have two users and which description is in the "boltlikeuser.sparql" file.

Both scenarios use "logo" and "sentences"<media> elements and "pointer" and "asr" <input> elements. The "logo" media (lines 13-17) is an *ImageNode* using "ginga.png" file as *Content*. The "sentences" media (lines 18-21) is a *TTSNode* using an SSML specification in the "sentences.ssml" file as *Content*. An *Anchor* (<area> element) is defined in the "sentences" media pointing to the SSML fragment responsible for defining the word "where". The "pointer" input (lines 22-26) is responsible for recognizing the point on the screen at which the user's finger is pointing to. The "asr" input (lines 27-32) enables voice commands recognition using the SRGS "commands.sgrs" file as *RecognitionContent*. Two anchors are defined to the SRGS rules specifying the "put that" and "there" sentences. Both scenarios begin by starting the "logo", "pointer", and "asr" elements, as defined in the <port> elements (lines 10-12). In particular, the "asr" media is started by the "put_that" interface, which defines the word expected in the first interaction.

```
1  <head>
2   <userBase>
```

```
3   <userClass id="BoltLikeUser" min="2" max="2"
4    userClassDescription="boltlikeuser.sparql">
5   </userClass>
6  </userBase>
7  ...
8  </head>
9  ...
10 <port component="logo">
11 <port component="pointer">
12 <port component="asr" component="put_that">
13 <media id="logo" src="ginga.png">
14  <property name="userClass" name="BoltLikeUser"/>
15  <property name="top"/>
16  <property name="left"/>
17 </media>
18 <media id="sentences" type="application/ssml+xml"
19  src="sentences.ssml">
20  <area label="where"/>
21 </media>
22 <input id="pointer"
23  type="application/x-ncl-pointer">
24  <property name="userClass" name="BoltLikeUser"/>
25  <area label="pointer_click"/>
26 </input>
27 <input id="asr" type="application/srgs+xml"
28  src="commands.sgrs">
29  <property name="userClass" name="BoltLikeUser"/>
30  <area label="put_that"/>
31  <area label="there"/>
32 </input>
```

Listing 2: Code fragment of <userClass>, <media> and <input> elements

6.1 I-Get-That-You-Put-It-There

The "I-Get-That-You-Put-It-There" scenario considers interactions of two specific users from a *UserClass*. Listing 3 shows the code fragment of "I-Get-That-You-Put-It-There" that controls the logo movement, based on voice and gesture input modalities. We use two <link> elements, which are described in what follows.

The first <link> (lines 2-13) says that when the first user from the *BoltLikeUser* class performs the voice command "put that", followed by the selection of the "logo" media, the application will synthesize the word "where". Here, the selection of the "logo" is equivalent to the user pointing his finger at the logo but using the "user_class" and "user_id" in <connectorParam>.

The second *Link* (lines 14-30) says that when the second user from the *BoltLikeUser* class performs the voice command "there", the "logo" must be moved to the new position where the user's finger is pointing at. For that, it reads the "x" and "y" properties of the "pointer" input, by defining a <LinkParam> with names "user_event_to_getX" and "user_event_to_getY". Then, it uses those values to set the new "logo" position ("top" and "left" properties).

```
1  ... <!-- code from Listing 2 -->
2  <link xconnector="onRecognizeByUserOnSelectionByUser
3  Start">
4  <linkParam name="user_id" value="BoltLikeUser(1)"/>
5   <bind role="onRecognizeByUser"
6    component="asr"
7    interface="put_that"/>
8   <bind role="onSelectionByUser" component="logo"/>
9   <bind role="start" component="asr"
10   interface="there"/>
```

```
11  <bind role="start" component="sentences"
12    interface="where"/>
13  </link>
14  <link
15  xconnector="onRecognizeByUserSetXFromUserEventSetYFr
16  omUserEvent">
17    <linkParam name="user_id" value="BoltLikeUser(2)"/>
18    <linkParam name="user_event_to_getX"
19      component="pointer"
20      interface="click"/>
21    <linkParam name="user_event_to_getY"
22    component="pointer"
23    interface="click"/>
24    <bind role="onRecognizeByUser" component="asr"
25    interface="there"/>
26    <bind role="setXFromUserEvent" component="logo"
27    interface="left"/>
28    <bind role="setYFromUserEvent" component="logo"
29    interface="top"/>
30  </link>
```

Listing 3: Code fragment of Links from I-Get-That-You-Put-There

6.2 Anyone-Get-That-Someone-Else-Put-It-There

The "Anyone-Get-That-Someone-Else-Put-It-There" scenario considers interactions of any two users from a *UserClass*. More precisely, it first considers the interaction of any user and, in sequence, the interaction of another one, who must be different from the first one. We access the first interacting user by a <connectorParam> and store, in the *SettingsNode*, his (or her) "user_id". Listing 4 shows the code fragment of the <causalConnector> using our extended <connectorParam>. First, we access the "user_id" from a "recognition" event of the given *Node* passed in the <connectorParam>. Then, the link sets the "user_id" value as value of the *AttributeAnchor* passed in the *setUserId* role.

```
1  <conectorBase>
2    <causalConnector id="onRecognizeSetUserId">
3      <connectorParam name="var_user_id"
4        evenType="recognition" attributeType="user_id"/>
5      <simpleCondition role="onRecognize"/>
6      <simpleAction role="setUserId"
7        value="$var_user_id"/>
8    </causalConnector>
9    ...
10  </connectorBase>
```

Listing 4: Code fragment of using new <connectorParam> extensions.

Listing 5 shows the code fragment of "Anyone-Get-That-Someone-Else-Put-It-There" that controls the logo movement. We use three <link> elements, which are described in what follows.

The first <link> (lines 2-7) says that when any user perform the voice command "put that", we then store the "user_id" of that user. Here, the any user is defined by not specifying the "user_id" in the <bindParam>.

The second *Link* (lines 8-17) says that when the stored user performs the selection of the "logo" media, the application will synthesize the word "where".

The third *Link* (lines 18-35) says that when another user performs the voice command "there", the "logo" must be moved to the new position, where this user is pointing at. Here, another user is defined by specifying "excluded_user_id" in the <bindParam>, which is the value of the previously stored "user_id", from the first interaction. For that, it reads the "x" and "y" properties of the "pointer" input, and uses those values to set the new "logo" position ("top" and "left" properties).

```
1  ... <!-- code from Listing 2 and Listing 4-->
2  <link xconnector="onRecognizeSetUserId">
3    <bind role="onRecognize" component="asr"
4      interface="put_that"/>
5    <bind role="setUserId" component="settings"
6      interface="first_user"/>
7  </link>
8  <link xconnector="onSelectionByUserStart">
9    <linkParam name="user_id"
10    component="settings"
11    interface="first_user"/>
12    <bind role="onSelection" component="logo"/>
13    <bind role="start" component="asr"
14    interface="there"/>
15    <bind role="start" component="sentences"
16    interface="where"/>
17  </link>
18  <link xconnector="onRecognizeByExcludedUserSetXYFrom
19  User">
20    <linkParam name="excluded_user_id"
21      component="settings" interface="first_user"/>
22    <linkParam name="user_event_to_getX"
23      component="pointer"
24      interface="click"/>
25    <linkParam name="user_event_to_getY"
26      component="pointer"
27      interface="click"/>
28    <bind role="onRecognizeByExcludedUser"
29      component="asr"
30      interface="there"/>
31    <bind role="setXFromUserEvent" component="logo"
32      interface="left" />
33    <bind role="setYFromUserEvent" component="logo"
34      interface="top"/>
35  </link>
```

Listing 5: Code fragment of Links from "Anyone-Get-That-Other-Put-There".

7. FINAL REMARKS

This paper proposes extensions to NCL aiming at supporting multimodal and multiuser interactions in NCL. For that, we build on the multimodal extensions of Guedes et al. [11], review them based on the NCM model, and propose new entities for authors to be aware of multiple users interacting with a multimedia system. In particular, we have added the *RecognitionNode* and *UserClass* entities for supporting, respectively, input modality interaction and multiuser interactions.

As future work, we aim at improving our proposal following three main paths.

First, we intend to investigate the use of multiuser features in multimedia presentations for ubiquitous environments. In this scenario, each user can use or share different devices, such as tablets or smartphones. This scenario may bring up several issues such as device discovery and relationships between *UserClass* and these devices. The work of Batista et al. [3] proposes a form of description for screen-based devices required in NCL applications. Therefore, a possible approach would be extending the Batista et al. description for supporting multiple users' concepts.

Second, we plan to evaluate our approach through observations [17] with developers. Such evaluation may help us to highlight the possible benefits and difficulties of using the proposed extensions.

Third, we consider that NCL extended with the *RecognitionNode* abstraction can enable other sensor/actuators-based scenarios, for instance, those based on IoT (Internet of Things). Given the imminent researches in IoT, we aim at studying how NCL could handle IoT applications using different ambient sensors, such as those measuring ambient conditions (e.g. temperature, humidity, and barometric conditions) or user conditions (e.g. heart rate).

ACKNOWLEDGMENTS

First, we are strongly thankful to Prof. Luiz Fernando Gomes Soares (*in memoriam*) for the profound guidance and friendship, essential to this work and its authors. We also thank Rodrigo Costa, Marcos Roriz and all TeleMidia Lab's researchers, who provided thoughtful discussions on this work. Finally, we thank the Brazilian National Council for Scientific and Technological Development (CNPq) for their financial support (project #309828/2015-5).

REFERENCES

[1]   Azevedo, R.G.D.A. and Soares, L.F.G. 2012. Embedding 3D Objects into NCL Multimedia Presentations. *Proceedings of the 17th International Conference on 3D Web Technology* (New York, NY, USA, 2012), 143–151.

[2]   Batista, C.E.C.F. et al. 2010. Estendendo o uso das classes de dispositivos Ginga-NCL. *WebMedia '10: Proceedings of the 16th Brazilian Symposium on Multimedia and the Web* (2010).

[3]   Batista, C.E.C.F. 2013. *GINGA-MD : Uma Plataforma para Suporte à Execução de Aplicações Hipermídia*. Pontifícia Universidade Católica do Rio de Janeiro.

[4]   Bolt, R.A. 1998. "Put-that-there": voice and gesture at the graphics interface. *Readings in Intelligent User Interfaces*. M.T. Maybury and W. Wahlster, eds. Morgan Kaufmann Publishers Inc. 19–28.

[5]   Bulterman, D.C.A. and Rutledge, L.W. 2008. *SMIL 3.0: Flexible Multimedia for Web, Mobile Devices and Daisy Talking Books*. Springer Publishing Company, Incorporated.

[6]   Carvalho, L. and Macedo, H. 2010. Estendendo a NCL para Promover Interatividade Vocal em Aplicações Ginga na TVDi Brasileira. *WebMedia '10: Proceedings of the 16th Brazilian Symposium on Multimedia and the Web* (2010).

[7]   Carvalho, L.A.M.C. et al. 2008. Architectures for Interactive Vocal Environment to Brazilian Digital TV Middleware. *Proceedings of the 2008 Euro American Conference on Telematics and Information Systems* (New York, NY, USA, 2008), 22:1–22:8.

[8]   Elmqvist, N. 2011. Distributed User Interfaces: State of the Art. *Distributed User Interfaces*. J.A. Gallud et al., eds. Springer London. 1–12.

[9]   Ghinea, G. et al. 2014. Mulsemedia: State of the Art, Perspectives, and Challenges. *ACM Transactions on Multimedia Computing, Communications, and Applications*. 11, 1s (Oct. 2014), 17:1–17:23.

[10] Google (n.d.). Supporting Multiple Game Controllers | Android Developers. *https://developer.android.com/intl/pt-br/training/game-controllers/multiple-controllers.html*. Accessed on 2016-05-02.

[11] Guedes, A.L.V. et al. 2015. Specification of Multimodal Interactions in NCL. *Proceedings of the 21st Brazilian Symposium on Multimedia and the Web* (2015), 181–187.

[12] Guerrero Garcia, J. et al. 2010. Designing workflow user interfaces with UsiXML. *1st Int. Workshop on User Interface eXtensible Markup Language UsiXML'2010* (2010).

[13] Haber, C. 2001. Modeling Multiuser Interactions. *Proceedings at the First European Computer Supported Collaborative Learning Conference, Maastricht, Germany* (2001), 22–24.

[14] Hachaj, T. and Ogiela, M.R. 2012. Semantic Description and Recognition of Human Body Poses and Movement Sequences with Gesture Description Language. *Computer Applications for Biotechnology, Multimedia, and Ubiquitous City*. T. Kim et al., eds. Springer Berlin Heidelberg. 1–8.

[15] ISO/IEC 2013. ISO/IEC 23005-3:2013 Information Technology - Media Context and Control - Part 3: Sensory Information. *www.iso.org/iso/home/store/catalogue_ics/catalogue_detail_ics.htm?csnumber=60391*. Accessed on 2016-08-08.

[16] Laurence Nigay and Coutaz, J. 1997. Multifeature Systems: The CARE Properties and Their Impact on Software Design. *Multimedia Interfaces: Research and Applications, chapter 9* (1997).

[17] Lazar, J. et al. 2010. *Research Methods in Human-Computer Interaction*. Wiley Publishing.

[18] Limbourg, Q. et al. 2004. USIXML: A User Interface Description Language Supporting Multiple Levels of Independence. *ICWE Workshops* (2004), 325–338.

[19] Microsoft (n.d.). Getting Started With XInput. *https://msdn.microsoft.com/en-us/library/windows/desktop/ee417001#multiple_controllers*. Accessed on 2016-08-02.

[20] Müller-Tomfelde, C. and Fjeld, M. 2010. Introduction: A Short History of Tabletop Research, Technologies, and Products. *Tabletops - Horizontal Interactive Displays*. C. Müller-Tomfelde, ed. Springer London. 1–24.

[21] OpenMobileAlliance 2001. WAG UAProf. *http://www.openmobilealliance.org/Technical/wapindex.aspx*. Accessed on 2016-08-02.

[22] Oviatt, S. 2007. Multimodal Interfaces. *The Human-Computer Interaction Handbook*. CRC Press. 413–432.

[23] Sant'Anna, F. et al. 2008. NCLua: Objetos Imperativos Lua Na Linguagem Declarativa NCL. *Proceedings of the 14th Brazilian Symposium on Multimedia and the Web* (New York, NY, USA, 2008), 83–90.

[24] Soares, L.F.G. et al. 2010. Ginga-NCL: Declarative Middleware for Multimedia IPTV Services. *IEEE Communications Magazine*. 48, June (Jun. 2010), 74–81.

[25] Soares, L.F.G. et al. 2009. Multiple Exhibition Devices in DTV Systems. *Proceedings of the 17th ACM International Conference on Multimedia* (New York, NY, USA, 2009), 281–290.

[26] Soares, L.F.G. 2009. Nested Context Model 3.0: Part 1 – NCM Core. *ftp://obaluae.inf.puc-rio.br/pub/docs/techreports/05_18_soares.pdf*. Accessed on 2016-08-02.

[27] Stefik, M. et al. 1987. WYSIWIS Revised: Early Experiences with Multiuser Interfaces. *ACM Trans. Inf. Syst.* 5, 2 (Apr. 1987), 147–167.

[28] Turk, M. 2014. Multimodal interaction: A review. *Pattern Recognition Letters*. 36, (2014), 189–195.

[29] Vilhjálmsson, H. et al. 2007. The Behavior Markup Language: Recent Developments and Challenges. *Intelligent Virtual Agents*. C. Pelachaud et al., eds. Springer Berlin Heidelberg. 99–111.

[30] W3C 2014. FOAF Vocabulary Specification. *http://xmlns.com/foaf/spec/*. Accessed on 2016-08-02.

[31] W3C 2011. Ink Markup Language (InkML). *http://www.w3.org/TR/2011/REC-InkML-20110920/*. Accessed on 2016-08-02.

[32] W3C 2012. Multimodal Architecture and Interfaces. *http://www.w3.org/TR/mmi-arch/*. Accessed on 2016-08-02.

[33] W3C 2014. RDF/XML Syntax Specification. *https://www.w3.org/TR/REC-rdf-syntax/*. Accessed on 2016-08-02.

[34] W3C 2008. SPARQL Query Language for RDF. *https://www.w3.org/TR/rdf-sparql-query/*. Accessed on 2016-08-02.

[35] W3C 2004. Speech Recognition Grammar Specification Version 1.0. *http://www.w3.org/TR/speech-grammar/*. Accessed on 2016-08-02.

[36] W3C 2010. Speech Synthesis Markup Language (SSML) Version 1.1. *http://www.w3.org/TR/speech-synthesis11/*. Accessed on 2016-08-02.

[37] W3C 2012. State Chart XML (SCXML): State Machine Notation for Control Abstraction. *http://www.w3.org/TR/scxml/*. Accessed on 2016-08-02.

[38] W3C 2001. XHTML+Voice Profile 1.0. *http://www.w3.org/TR/xhtml+voice/*. Accessed on 2016-08-02.

Lua2NCL: Framework for Textual Authoring of NCL Applications using Lua

Daniel de S. Moraes[1,2,3], André Luiz de B. Damasceno[2,3], Antonio José G. Busson[2,3],
Carlos de Salles Soares Neto[1,2]
[1]Telemídia - UFMA
[2]Laboratory of Advanced Web Systems - UFMA
[3]Mediabox Technologies
Av. dos Portugueses, Campus do Bacanga
São Luís/MA, Brazil
(daniel, andre, busson, csalles)@laws.deinf.ufma.br

ABSTRACT

Nested Context Language (NCL) is the standard declarative language used for the development of interactive digital TV applications in SBTVD (Brazilian Digital TV System) and ITU-T. Some previous researches show that NCL is more appropriate for content producers, whereas imperative languages are better for application developers. However, the size of NCL applications codes can reach levels that may affect even the legibility, which does not attract developers. The aim of this paper is to propose a framework, named Lua2NCL, to provide a set of textual features that enable the creation of applications for Digital TV without the same effort dispensed to the textual NCL authoring. These features offered by Lua2NCL have as their central focus the reduction in the verbosity of documents. This paper also presents two case studies performed with programmers showing that Lua2NCL can considerably reduce source codes, as well as, time spent in the authoring.

CCS Concepts

•**Software and its engineering** → **Frameworks;** *Source code generation;*

Keywords

Autoria Hipermídia; NCL; Lua; TV Digital; Lua2NCL

1. INTRODUÇÃO

Aplicações hipermídia para TV Digital abrangem desde aplicações simples, sem relação semântica com o conteúdo em exibição pelo programa principal, até programas não-lineares, em que todas as mídias estão sincronizadas entre si, inclusive as mídias do programa principal [18]. Tais aplicações são comumente desenvolvidas usando

WebMedia '16, November 08-11, 2016, Teresina, PI, Brazil

© 2016 ACM. ISBN 978-1-4503-4512-5/16/11...$15.00

DOI: http://dx.doi.org/10.1145/2976796.2976851

dois paradigmas de programação: o declarativo e não-declarativo.

Linguagens de programação declarativas são linguagens de alto nível de abstração, em geral, ligadas a um domínio específico. Nelas o autor só precisa especificar a tarefa a ser executada, sem se preocupar como o interpretador ou compilador da máquina que irá executá-la. As linguagens declarativas são geralmente baseadas em um meta-modelo ou modelo conceitual que as impõe regras para a criação de um documento. Por outro lado, em linguagens não-declarativas, o programador possui maior poder sobre o código. Contudo, é necessário estabelecer todo o fluxo de controle e execução do programa informando cada passo a ser executado. Evidentemente, o paradigma imperativo tem maior popularidade entre os programadores, pois é usado por linguagens já consagradas e populares como C, C++ e Java.

Além disso, pode-se destacar também o público-alvo desses paradigmas na autoria de aplicações hipermídia e a forma como essas aplicações são desenvolvidas. Tratando-se especificamente de aplicações para TV Digital é possível distinguir dois públicos-alvo distintos: os programadores e os produtores de conteúdo (produtores de TV, *designers*, jornalistas). Os programadores estão mais familiarizados à programação imperativa e textual. Já os produtores de conteúdo são alvo da programação declarativa e autoria visual.

No Sistema Brasileiro de TV Digital Terrestre (SBTVD-T), o Ginga [1] é o *middleware* responsável por viabilizar a execução de aplicações hipermídia. Inicialmente, o Ginga permitia o uso dos dois paradigmas de programação já mencionados, através dos ambientes Ginga-NCL [22] e Ginga-J [26]. O Ginga-NCL usa a linguagem NCL para dar suporte declarativo à criação de aplicações e é obrigatório no padrão. Já o Ginga-J é uma extensão desenvolvida para permitir que aplicações pudessem ser desenvolvidas imperativamente por meio da linguagem Java. No entanto, este módulo foi descontinuado por motivos técnicos relacionados aos custos de licenciamento da tecnologia Java.

NCL (Nested Context Language) é uma linguagem baseada em XML [2, 14, 21] destinada à autoria de documentos hipermídia fundamentando-se no modelo conceitual NCM [20]. A linguagem foi inicialmente projetada para o ambiente Web, mas sua principal aplicação é como linguagem declarativa padrão do Sistema Brasileiro de TV Digital Terrestre. Também é uma recomendação H.761 da União Internacional de Telecomunicações para serviços de IPTV [9]. Em ambos os casos é utilizada para o desenvolvimento de aplicações TVDI.

A complexidade e verbosidade da linguagem NCL se dá pelo fato de ser XML, o que agrega bem mais texto, e ainda por possuir vários elementos que não possuem influência direta na semântica da aplicação. A justificativa para a existência da maioria desses elementos serve para facilitar a estruturação do reuso de código [19], ou seja, eles são bem-vindos para melhor estruturar o documento mas implicam em aumento do tamanho do código.

Visando especificamente diminuir a verbosidade de código NCL, este trabalho propõe uma abordagem chamada Lua2NCL, que pode ser definida como um *framework* Lua para facilitar a autoria textual de aplicações NCL, por programadores com ou sem experiência em NCL. O *framework* fornece uma estrutura sintática não baseada em XML. É importante salientar que Lua2NCL não estende a semântica de sincronismo temporal de NCL ou de Lua. Um desenvolvedor escreve código Lua2NCL e o executa normalmente com o interpretador Lua de forma a gerar código equivalente em NCL. Resultados apontados por dois diferentes experimentos, ambos descritos neste trabalho, indicam uma diminuição considerável de código Lua2NCL quando comparado a similares NCL.

O artigo está organizado como se segue. A Seção 2 apresenta os trabalhos relacionados. A Seção 3 contém o núcleo da proposta, com a especificação e construção do framework. Na Seção 4 são apresentados os resultados da comparação entre as abordagem Lua2NCL e NCL. A Seção 5 descreve as considerações finais e discussão dos resultados.

2. TRABALHOS RELACIONADOS

O trabalho realizado em [17] apresenta o JNS (JSON NCL Script), uma linguagem para autoria textual de aplicações NCL baseadas no formato JSON [6]. A linguagem JNS apresenta funcionalidades que aumentam o reuso e facilitam a autoria, o que implica na diminuição considerável do tamanho do documento quando comparado com NCL. Essa abordagem está próxima da proposta do presente trabalho, a diferença é que o Lua2NCL utiliza Lua como script por já ser linguagem padrão do SBTVD.

Em [10] é proposto o Perfil NCL Raw, o trabalho descreve um subconjunto básico da linguagem NCL, com o objetivo de simplificar a implementação de players NCL. O NCL Raw elimina a maior parte dos elementos de cabeçalho do perfil EDTV [11], e os incorpora como propriedades das mídias. Além disso, substitui o *switch* por uma estrutura equivalente composta de contextos e elos. O NCLRaw é usado como uma linguagem intermediária mais simples para a qual documentos EDTV podem ser convertidos antes de serem apresentados. O trabalho também aborda uma arquitetura para intercâmbio de documentos EDTV para NCL Raw. Essa abordagem se relaciona com o Lua2NCL por buscar simplificar o NCL, diminuindo sua complexidade e verbosidade.

Trabalhos como [5] empregam a inserção de código Lua em documentos NCL. Nessa abordagem é introduzido o Luar, uma linguagem para autoria de templates NCL. O kernel Luar possui dois processadores, o primeiro consiste do processador de templates, que faz a interpretação dos templates e gera os documentos. Já o segundo, o processador de aplicação, é que interpreta os templates e os envia para o processador de templates. O Luar e o Lua2NCL são abordagens mais familiares para o domínio de interação do programador. No entanto, o Lua2NCL não exige conhecimento completo em NCL para especificar tais documentos, ao contrário de Luar, que funciona com base no uso de templates NCL.

Em [24] é apresentada TAL (Template Authoring Language), uma linguagem para autoria de templates de documentos hipermídia. TAL possibilita que o autor descreva um template de forma independente da linguagem hipermídia. TAL é capaz de gerar documentos NCL E HTML5 [27] completos tendo como entrada a especificação do template em TAL. A estrutura usada para geração de documentos em TAL se assemelha ao Lua2NCL, com a diferença que em Lua2NCL não há transformação de documentos, a geração do documento é feita a partir de instâncias da tabelas Lua, portanto pela execução do código diretamente.

3. LUA2NCL

O *framework* proposto sugere uma abordagem em que o programador use a linguagem imperativa Lua [8, 7, 12] visando minimizar o esforço despendido na autoria de documentos hipermídia em NCL. Por ser uma linguagem poderosa, rápida, leve e bastante flexível [15], a linguagem Lua se mostra uma boa alternativa para a consecução desse objetivo. Além disso, Lua é a linguagem de *script* padrão para extensão de aplicações no SBTVD-T [16].

3.1 Apresentação

A linguagem NCL possui como uma de suas principais vantagens na criação de documentos hipermídia, a possibilidade de reuso de suas estruturas e até mesmo de conteúdo [25]. No entanto, mesmo permitindo reuso, a verbosidade implicada pelo XML penaliza aplicações mais simples, pois requer a declaração de muitos elementos para que a aplicação esteja de acordo com os padrões da linguagem, deixando o código NCL final extenso [19]. Isso se torna evidente na declaração de elementos como <head>, <body>, <regionBase>, <connectorBase> e <descriptorBase>, que são usados apenas para organização e para facilitar o reuso.

O Lua2NCL evita a declaração de alguns desses elementos. Estes, por usa vez, são adicionados automaticamente no código NCL final. No entanto, se faz necessária a declaração dos elementos filhos destes como, por exemplo, <region> e <descriptor>. Além disso, o elemento <head> deve ser declarado explicitamente, por possuir uma ordem de declaração de seus elementos filhos [21] e para que seja mantida uma certa divisão entre os elementos referenciáveis e de conteúdo. O *framework* também não inclui os elementos relacionados à área da criação de conectores. Porém, ele sugere a utilização de uma base de conectores padrão que contempla um grande número de conectores. Essa base de conectores foi retirada da ferramenta NCL Eclipse [4], que é software livre e está inclusa ao código fonte do framework. A Tabela 1 mostra os elementos que o *framework* não dá suporte e os que são inseridos automaticamente pelo gerador de código NCL, ou seja, que não precisam ser representados explicitamente.

Tabela 1: Elementos NCL suportados pelo Lua2NCL

Elementos NCL	Lua2NCL
ncl	implícito
body	implícito
regionBase	implícito
descriptorBase	implícito
bind	implícito
causalConnector	não possui
connectorParam	não possui
simpleCondition	não possui
compoundCondition	não possui
simpleAction	não possui
compoundAction	não possui
assessmentStatement	não possui
attributeAssessment	não possui
valueAssessment	não possui
compoundStatement	não possui
ruleBase	implícito
importBase	implícito
transitionBase	implícito

Além da redução de verbosidade promovida pela omissão de elementos e pela diferente representação dos elementos, o processo de autoria utilizando a linguagem Lua possibilita a introdução de estruturas comuns às linguagem procedurais, como por exemplo, as estruturas de controle (*ifs, whiles, for*). Assim, é possível reduzir ainda mais o número de elementos que o usuário precisa ter na aplicação. As seções a seguir trazem mais detalhes sobre as mudanças promovidas pelo *framework*.

3.2 Representação dos elementos NCL como tabelas Lua

As principais mudanças entre a linguagem NCL e o Lua2NCL estão relacionadas à forma de representação dos elementos. A primeira mudança remete-se ao uso da linguagem Lua na autoria de uma aplicação. Os elementos de NCL são representados por meio de tabelas Lua, que desempenham o papel de classes. Cada classe possui os atributos referentes aos do elemento NCL que representa. As classes possuem ainda alguns metódos usados para a conversão de Lua para NCL na geração do documento final. Para declarar uma região com o Lua2NCL, o desenvolvedor instancia um novo objeto da classe relacionada à região. Em seguida, é possível adicionar os campos que definem o título, a posição e as dimensões do objeto.

Na Listagem 1, a tabela `region` (linhas 1 a 9) tem o papel de protótipo da classe NCL chamada *region*. Ela estabelece todos os atributos pertencentes à classe *region*, que podem ou não ser instanciados por um objeto. A definição do construtor da classe é apresentada entre as linhas 10 e 17. O construtor, por meio de herança, faz uso dos mesmos atributos definidos na tabela `region`. Com a utilização dessa metodologia é possível representar todos os elementos de NCL como classes, assim como os seus respectivos atributos e valores. O método `analyse()`, utilizado na linha 14, verifica se o objeto declarado pelo autor está de acordo com a classe a que este pertence, caso esteja, o objeto é retornado e guardado em uma lista de objetos instanciados.

Para a instanciação dos objetos dessas classes basta que o desenvolvedor siga a notação da linguagem Lua e utilize o método `new()`, conforme é apresentado na linha 18 da Listagem 1.

Listagem 1: Definição da classe Region e objeto instanciado.

```
1  region = {        id = "",
2                    left = "",
3                    top = "",
4                    right = "",
5                    bottom = "",
6                    width = "",
7                    height = "",
8                    zIndex = "",
9                    title = "" }
10 function region:new(o)
11      o = o or {}
12      setmetatable(o,self)
13      self.__index = self
14      if (o:analyse()) then
15          return o
16      end
17 end
18 region:new{ id="reg1", width="100%",
       height="100%", top="10%", left="15%",
       zIndex="2"}
```

Como resultado, um elemento NCL que antes era declarado como um elemento XML agora é representado como um objeto (uma tabela) Lua. Além disso, cada par (atributo="valor") de um elemento corresponde a um campo da tabela que o representa.

3.3 O elemento <link> como tabela Lua

Um elo em NCL é uma "cola" entre os papéis definidos pelos conectores e os elementos aos quais esses papéis são atribuídos [18]. O `<link>` possui como elemento filho o `<bind>`, que é responsável por fazer a ligação entre os papéis (*role*) e os elementos (*component*). Contudo, embora seja necessário fazer algumas modificações para ajustar à linguagem Lua, a representação de elos em Lua2NCL baseia-se no que foi proposto em [19]. Naquele trabalho é definida uma nova sintaxe para os elos, onde não há a necessidade de referenciar os conectores. O elo também é escrito de uma forma mais simples, sem os elementos filhos `<bind>`.

Em NCL, tanto a relação de causalidade definida pelos conectores, quanto a associação do objeto com o elo podem ter seus papéis divididos em duas partes: condição e ação. Por isso, a classe *link* proposta em Lua2NCL, define seus atributos em duas tabelas (`when` e `do`) para representar respectivamente as duas partes dos conectores e elos NCL (condição e ação). Vale ressaltar que "do" em Lua é uma palavra reservada. Devido a isso, a tabela `do` deve ser usada entre colchetes e aspas, tendo sua notação no framework da seguinte maneira: `["do"]`. A instanciação de objetos da classe *link* é ilustrada na Listagem 2.

Listagem 2: Objetos da classe Link.

```
1  link:new{ when = { onEnd = {"img3"} }, ["
       do"] = { start = {"img1"} } }
2  link:new{ when = { onEnd = {"img1",
       interface="explicitDur"} }, ["do"] = {
       start = {"img2"}, stop = {"img3"} } }
3  link:new{ when = { onSelection = {"img1",
       interface="area1", keyCode="ENTER"} },
       ["do"] = { set = {"img2", interface="
       explicitDur", var="5s"} } }
```

Os objetos mostrados na Listagem 2 evidenciam o uso das tabelas `when` e `do`. Com base no elo apresentado na linha 1, pode ser feito uma leitura de alto nível da seguinte forma: *"when onEnd img3 do start img1"* (quando o elemento img3 terminar sua execução, inicie o elemento img1). Neste caso, a condição (`onEnd`) é o evento de término do elemento `img3` e a ação (`start`) é o evento de início a ser disparado sob o elemento `img1`.

3.3.1 A tabela de condição

Conforme dito anteriormente, a condição de um *link* é realizada pela tabela `when`. Essa tabela deve conter uma ou mais subtabelas (caso a condição seja composta) declaradas com as suas devidas condições (por exemplo, `onEnd`, `onSelection` e `onBegin`). Essas subtabelas devem possuir o *id* do objeto associado. Isso equivale ao atributo *component* do elemento `<bind>` em NCL. Além disso, as subtabelas podem ter também campos referentes aos demais atributos do elemento `<bind>`, como o par (*interface="explicitDur"*) ilustrado na linha 3 da Listagem 2. Fazendo uma leitura de alto nível, essa condição pode ser lida da seguinte maneira: *"when onEnd interface aStopImage of img1"* (quando a interface aStopImage do elemento img1 encerrar a execução). Já na linha 3, a condição do *link* pode ser lida da seguinte forma: *"when onSelection interface area1 of img1 with keyCode Enter"* (quando a interface area1 do elemento img1 for selecionada com a tecla Enter).

3.3.2 A tabela de ação

A ação de um objeto, referenciado por um *link*, é representada pela tabela `do`. Assim como na tabela `when`, a tabela `do` além de ter subtabelas com as ações declaradas (por exemplo, `start`, `stop` e `set`), deve conter o *id* do objeto associado ao *link*. Ela pode também possuir os campos de interface e/ou de parâmetro da mesma forma que a tabela de condição. A Listagem 2 mostra alguns exemplos que evidenciam como a tabela `do` pode ser constituída. A linha 2 apresenta duas subtabelas que associam dois objetos a diferentes ações. Portanto, pode ser observado um *link* disparando mais de uma ação. Esse exemplo pode ser lido em alto nível dessa maneira: *"do start img2 and stop img3"* (inicie o elemento img2 e pare o elemento img3). Já na linha 3, o exemplo mostra como os campos interface e parâmetro são usados, podendo ser lido dessa forma: *"set interface explicitDur of img2 as 5s"* (atribua o valor 5s à interface explicitDur do elemento img2).

3.4 O Gerador de Documentos NCL

O Lua2NCL realiza a geração de documetos NCL a partir das tabelas Lua descritas nas sub-seções anteriores. O módulo de geração é composto por dois componentes, o primeiro contém as rotinas responsáveis pela geração e validação do documento, e o segundo, as classes que representam as entidades NCL.

O processo de geração do documento NCL é iniciado com a chamada da função *"Generate"*. Essa função faz a transcrição de todos os objetos declarados no documento Lua. Esses objetos instanciados são alocados em uma tabela Lua como classes do NCL. Na etapa seguinte todas as classes são transcritas diretamente em trechos de código, como ilustra a Figura 1. Ao fim do processo de geração o documento NCL final é validado com a ferramenta NCL Validator [3].

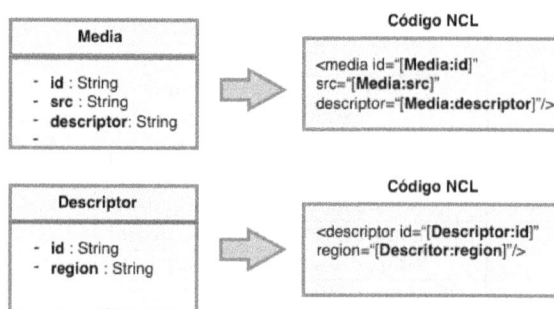

Figura 1: Transcrição de objetos Lua2NCL em códigos NCL

3.5 Exemplo de aplicação com Lua2NCL

O uso do Lua2NCL é exemplificado na Listagem 3, onde é apresentado o código de uma aplicação simples para TV Digital. Nessa aplicação uma imagem é iniciada após o término da apresentação de uma outra imagem. Para efeito prático, esse exemplo é nomeado de Carrossel. A aplicação é iniciada pela mídia `img1`, que depois de 3s é finalizada e inicia a mídia `img2`, que também tem duração de 3s. Quando a mídia `img2` é finalizada, a mídia `img3` passa a ser executada com a mesma duração das mídias anteriores. Após a mídia `img3` ser finalizada, a mídia `img1` é iniciada e todas as outras ações acontecem novamente.

Listagem 3: Exemplo de aplicação em Lua2NCL.

```
1   Lua2NCL = require("Lua2NCL/Lua2NCL")
2   head:new {
3       region:new{ id= "reg1", width = "100%"
        , height = "100%"},
4       descriptor:new{ id ="desc1", region =
        "reg1"},
5       connectorBase:new{ documentURI= "
        ConnectorBase.ncl", alias= "con"}
6   }
7   media:new{ id ="img1", src = "medias/
        img1.jpg", descriptor="desc1",
        property:new{name="explicitDur", value=
        "3s"} }
8   media:new{ id ="img2", src = "medias/
        img2.jpg", descriptor="desc1",
        property:new{name="explicitDur", value=
        "3s"} }
9   media:new{ id ="img3", src = "medias/
        img3.png", descriptor="desc1", area:new
        {id="anchor1", begin="1s", ["end"]="3s"
        } }
10  port:new{ id = "p1", component = "img1"}
11  link:new{ when = { onEnd = {"img1"} }, ["
        do"] = { start = {"img2"} } }
12  link:new{ when = { onEnd = {"img2"} }, ["
        do"] = { start = {"img3"} } }
13  link:new{ when = { onEnd = {"img3"} }, ["
        do"] = { start = {"img1"} } }
14  Lua2NCL:Generate()
```

A primeira linha de código do Carrossel, na Listagem 3, utiliza a função `require` do Lua, que é uma função responsável por importar módulos. Nesse caso, o módulo do *framework* Lua2NCL é importado e atribuído a uma variável de mesmo nome. Em seguida, nas linhas 2 à 6, tem-se a declaração da tabela de cabeçalho **head**. Essa tabela, conforme dito na Seção 3.1, é utilizada para organização do código. Assim como em NCL, a tabela **head** contém elementos relacionados à região, descritor e conector (respectivamente *region*, *descriptor* e *connectorBase*), que são referenciados pelas mídias da aplicação. Entretanto, como dito anteriormente, alguns elementos são omitidos por serem incluídos automaticamente no documento final. Por isso, não é necessário criar tabelas para os elementos pais como: **<regionBase>** e **<descriptorBase>**. Isso pode ser visto nas linhas 3 e 4, da Listagem 3. Já a linha 5, apresenta a importação da base de conectores utilizada como padrão em Lua2NCL.

A partir da linha 7 estão os elementos que em NCL são filhos do elemento **<body>**. Dessa linha até a linha 9, estão declaradas as três mídias utilizadas na aplicação. Ainda em comparação com NCL, **property** e **area** são declarados, por meio de *tags*, como elementos. Já na abordagem Lua2NCL, eles são declarados como objetos no campo da tabela *media*. Nas mídias **img1** e **img2**, é atribuído em cada uma, propriedades explicitando sua duração. A mídia **img3**, por sua vez, possui uma âncora que define os tempos em que ela é iniciada e finalizada.

Na linha 10, mostra a declaração do objeto *port*, que possui obrigatoriamente os campos *id* e *component*. Esses campos são respectivamente responsáveis por armazenar o identificador do objeto e por referenciar uma mídia ou um contexto. Na aplicação Carrosel, esse objeto inicia a execução da mídia **img1**. Logo a seguir, as linhas 11 a 13 da Listagem 3, mostra a declaração dos elos. Os três elos usam o mesmo conector da base, que pode ser deduzido observando os campos das tabelas **when** e **do**. O caso da aplicação em questão, nos campos das tabelas **when** e **do**, são declarados respectivamente a subtabela de condição **onEnd** e a de ação **start**. Ambas, contém os *id*'s das mídias relacionadas à condição e a ação do elo. Um exemplo é o elo mostrado na linha 11, que fazendo uma leitura de alto nível significa *"when onEnd objeto1 do start objeto2"* (quando objeto1 terminar a execução, inicie o objeto2). Vale ressaltar, que diferente de NCL, na abordagem utilizando tabelas Lua, não há a necessidade de declarar o atributo **xconnector**, pois o conector usado é selecionado automaticamente pelo *framework* a partir do *id* das subtabelas das tabelas de condição e ação (**when** e **do**). A última linha da Listagem 3, apresenta o uso do método *"Generate"* do *framework* Lua2NCL. Esse método, a partir do mapeamento do código Lua, gera e valida o código NCL equivalente.

3.6 Inclusão de Estruturas de Repetição

O uso de linguagem imperativa para o desenvolvimento de aplicações hipermídia torna o processo de desenvolvimento mais próximo do modelo de interação do programador. Essa abordagem permite, por exemplo, a inclusão de estruturas de repetição (como *while, for, do*). Apresentações descritas em NCL não possuem estruturas de repetição. Dessa forma, o autor é impelido a declarar todos os nós de mídia mesmo que estes diferenciem-se apenas por um atributo. Isso, no entanto, pode ser minimizado, usando uma estrutura de repetição, como por exemplo o **for**.

Usando o exemplo descrito na seção anterior com uma maior quantidade de imagens e consequentemente de elos, a autoria dessa aplicação torna-se bastante cansativa pois seria demasiado trabalhoso declarar todos os objetos de imagem e elos relacionando esses objetos. No Lua2NCL, esse processo pode ser simplificado com o uso de estruturas de repetição, as quais podem ser usadas para instanciar grandes quantidades de nós e elos. A Listagem 4 exemplifica o uso da estrutura **for** para criar 100 imagens na aplicação Carrossel. O primeiro laço (linhas 1 à 4), faz a instância dos objetos de imagem, o segundo laço (linhas 5 à 7) faz a instância dos elos entre os objetos de imagens, e por fim na linha 8, é instanciado o elo que liga o último e o primeiro objeto de imagem.

Listagem 4: Exemplo do uso de estrutura de controle.

```
1  N=100;
2  for i=1,N do
3    media:new{ id = "img"..i, src="medias/
       img"..i..".jpg", descriptor="desc1",
       property:new{name="explicitDur", value=
       "3s"} }
4  end
5  for i=1,N-1 do
6    link:new{ when={ onEnd={"img"..i} }, ["
       do"]={ start={"img"..i+1} } }
7  end
8  link:new{ when={ onEnd={"img"..N} }, ["do"
     ]={ start={"img1"} } }
```

3.7 Funções como Templates de Composição

A Figura 2 apresenta um template de composição, extraído de [24]. A ideia é que a composição modela um menu em que diversas mídias são apresentadas na tela da TV à esquerda, representando botões. Quando um desses botões é selecionado, a imagem correspondente é exibida à direita.

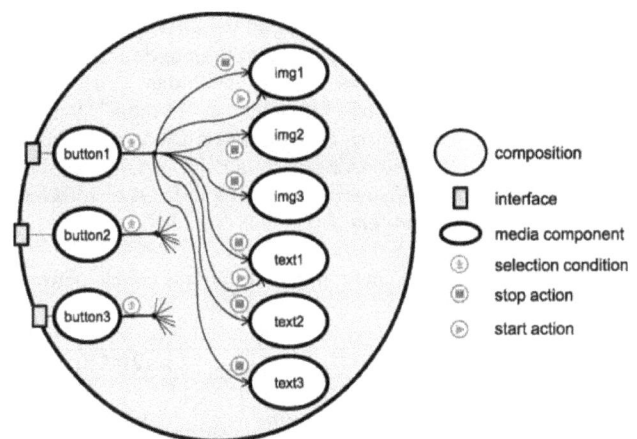

Figura 2: Visão Estrutural de uma composição representado um menu de navegação. Fonte: [13]

Uma vantagem de utilizar Lua para descrever essa estrutura repetitiva de composição é a possibilidade de usar funções para isso. O código Lua da Listagem 5 exibe o exemplo, que para apenas três imagens representaria seis mídias e três elos em NCL (com algumas dezenas de linhas de código).

Listagem 5: Exemplo do emprego de funções para composições.

```
1  function buttonMenu(buttons, imgs)
2    stopList = {}
3    for i=1,#buttons do
4      media:new{ buttons[i] }
5      media:new{ imgs[i] }
6      stopList[i] = imgs[i].id
7    end
8    for i=1,#buttons do
9        link:new{ when = { onSelection={
     buttons[i].id}},
10      ["do"] = {stop={stopList},
11          start={buttons[i].id} }}
12   end
13 end
```

4. COMPARANDO LUA2NCL COM NCL

Para medir a eficácia e eficiência da abordagem Lua2NCL foram realizados dois experimentos. Eles foram feitos visando comparar o desenvolvimento de aplicações para TV digital em ambas as abordagens NCL puro ou Lua2NCL. Os parâmetros de comparação são o número de elementos e linhas de código, bem como o tempo gasto. No primeiro experimento é comparado o tamanho médio de cinco versões de uma mesma aplicação criada tanto em Lua2NCL por programadores experientes quanto em NCL. Já no segundo experimento, além de comparações do tamanho do código fonte, também foi usada como métrica de comparação o tempo de desenvolvimento de duas aplicações de TV digital por programadores iniciantes.

4.1 Experimento de Inspeção

Para o experimento de inspeção foi escolhido o exemplo "O Primeiro João" [18]. Esse exemplo possui várias versões, onde cada uma introduz um conceito diferente da linguagem NCL. Dentre essas versões foram escolhidas: "01sync", "02syncInt", "07transition", "10menu" e "11nclua". Três desenvolvedores experientes reconstruiram todas as versões do exemplo usando a abordagem Lua2NCL e comparadas com suas respectivas versões em NCL original. Os resultados podem ser vistos na Tabela 2.

Tabela 2: Comparação entre número de linhas em elementos em NCL e em Lua2NCL.

Exemplos	NCL		Lua2NCL	
	Nº linhas	Nº Elementos	Nº linhas	Nº Elementos
1-01sync	49	33	23	20
2-02syncInt	84	61	41	34
3-07transition	108	79	66	49
4-10menu	218	167	151	101
5-11nclua	237	182	156	106

Os resultados obtidos no primeiro experimento mostram que a abordagem Lua2NCL reduz consideravelmente a verbosidade e o tamanho de um documento NCL. Quanto ao tamanho do documento NCL, é visto uma redução mínima de 30% para o exemplo "10menu", e máxima de 53% para o exemplo "01sync". Já em relação à quantidade de elementos usados, é visto uma redução mínima de 37% para

o exemplo "07transition", e máxima de 44% para o exemplo "02syncInt". As Figuras 3 e 4 ilustram esses resultados de forma gráfica.

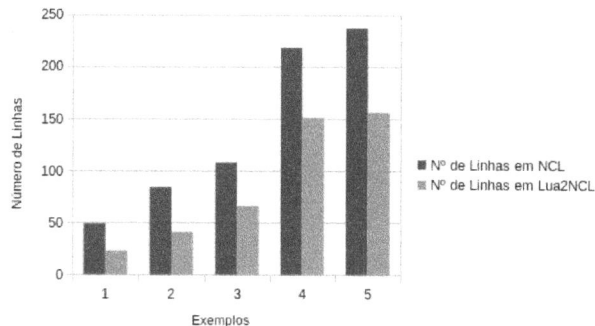

Figura 3: Comparação do número de linhas em NCL e Lua2NCL

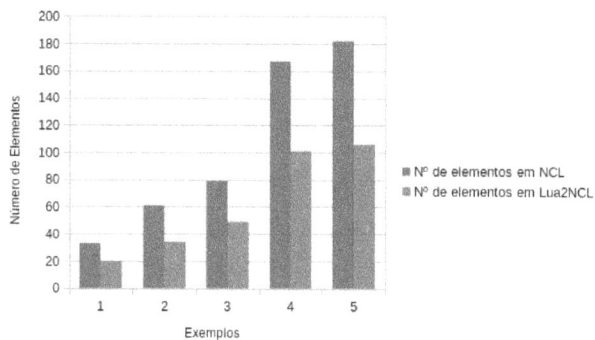

Figura 4: Comparação do número de elementos em NCL e Lua2NCL

4.2 Experimento de Interação

Para o segundo experimento foram selecionados seis profissionais com conhecimentos básicos de programação em NCL e Lua. Como objetos de teste foram escolhidas duas aplicações: "Roteiro do Dia"[1] e a "Viva mais pratos"[2]. Foram medidos o tempo de desenvolvimento de ambos os exemplos usando as abordagens Lua2NCL e NCL. Os resultados podem ser vistos na Tabela 3, que mostra o tempo total em minutos que cada programador levou para desenvolver as aplicações usando apenas NCL e usando o Lua2NCL.

Os resultados obtidos no segundo experimento mostram que a abordagem Lua2NCL consegue reduzir o tempo no desenvolvimento de documentos NCL. Para os exemplos usados, nota-se uma redução no tempo médio de 15% para a aplicação "Roteiro do Dia" e de 27% para a aplicação "Viva mais pratos". Na Figura 5 é possível notar essas diferenças de forma gráfica.

---

[1]Disponível em: http://clube.ncl.org.br/node/61
[2]Disponível em: http://clube.ncl.org.br/node/29

Tabela 3: Tempo gasto (em minutos) para replicação das aplicações usando NCL e Lua2NCL

Progra-mador	Roteiro do Dia		Viva mais Pratos	
	NCL	Lua2NCL	NCL	Lua2NCL
A	59.8	44.1	36.6	20.9
B	77.3	79.8	50.7	38.2
C	84	54	64.1	36
D	103.7	87.2	63.9	48.2
E	109	93	59	50
F	87.1	79.8	57.2	48.2

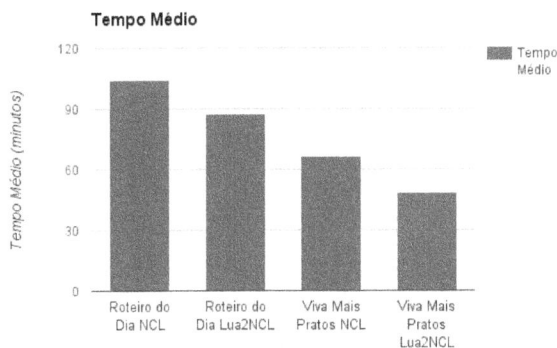

Figura 5: Tempos médio dos programadores para cada aplicação

5. CONCLUSÕES

O Lua2NCL propõe-se a diminuir o esforço no desenvolvimento de aplicações hipermídia para TV Digital atacando diretamente a verbosidade da linguagem NCL. Essa verbosidade está ligada não apenas intrinsicamente à própria sintaxe XML mas também ao número de elementos que devem ser especificados em um documento para uma certa aplicação e consequentemente ao número de linhas do documento final.

O Lua2NCL consegue diminuir o tamanho de um documento sem alterar a semântica da aplicação, já que a aplicação final é o documento NCL semtanticamente equivalente gerado pelo próprio Lua2NCL. A função do Lua2NCL não é substituir a linguagem NCL mas sim servir como uma ferramenta de apoio ao desenvolvimento de aplicações para TV Digital.

É importante enfatizar que essa redução no número de elementos de um documento ocorre pelo fato do Lua2NCL abster-se da declaração de partes do cabeçalho (<head>) relacionados à organização e reúso do código, mas mantendo ainda um nível adequado de organização. Outro fator importante é a mudança na representação dos elos, que em NCL precisam definir explicitamente o conector que usará e as ligações dos papéis desse conector às âncoras por meio dos elementos filhos <bind>. Por outro lado, usando as tabelas Lua, o Lua2NCL consegue selecionar o conector desejado pelo elo, o que impacta na importante perda de reuso do par relação/relacionamento (conector/elo) mas é outra decisão de projeto que promove redução de verbosidade.

Em suma, ao empregar o Lua2NCL, o programador descreve sua aplicação com a linguagem Lua. Essa já é a linguagem imperativa padrão usada em conjunto com NCL, o que significa que normalmente esse público alvo já possui experiência com Lua. O código escrito é executado para se ter ao final um documento executável pelo *middleware* Ginga, gerado pelo *framework* e validado pelo NCL Validator. Os resultados de dois experimentos apontam para uma redução considerável de verbosidade no emprego desta proposta.

Note que o fato da proposta ser passível de execução no próprio Ginga permite que se crie aplicações realmente dinâmicas em que a mesma é montada por comandos de edição durante tempo de exibição na TV e não mais cedo durante a autoria. Esse conceito já foi explorado anteriormente por [23].

Como trabalhos futuros pretende-se fazer a aplicação de testes de usabilidade para buscar possíveis melhorias ao *framework* baseadas principalmente no *feedback* do público-alvo. Também é um objetivo futuro a criação de uma versão com uma linguagem com sintaxe própria e que reduza ainda mais a verbosidade de um documento hipermídia. Como se nota ao observar a sintaxe aninhada de construção de tabelas em Lua, essa ainda não parece ser a mais apropriada para a presente proposta.

6. REFERÊNCIAS

[1] ABNT. 15606-2 (2007)–associação brasileira de normas técnicas,". *Televisão digital terrestre–Codificação de dados e especificações de transmissão para radiodifusão digital–Parte*, 2:15606–2, 2007.

[2] M. J. Antonacci, D. Muchaluat-Saade, R. Rodrigues, and L. F. G. Soares. Ncl: Uma linguagem declarativa para especificação de documentos hipermídia na web. *VI Simpósio Brasileiro de Sistemas Multimídia e Hipermídia-SBMídia2000, Natal, Rio Grande do Norte*, 2000.

[3] E. C. Araújo, R. G. A. Azevedo, and C. S. Soares Neto. Ncl-validator: um processo para validação sintática e semântica de documentos multimídia ncl. *II Jornada de Informática do Maranhão–São Luís, Brasil*, 2008.

[4] R. G. A. Azevedo, M. M. Teixeira, and C. S. Soares Neto. Ncl eclipse: Ambiente integrado para o desenvolvimento de aplicações para tv digital interativa em nested context language. In *SBRC: Simpósio Brasileiro de Redes de Computadores*, 2009.

[5] D. H. D. Bezerra, D. M. T. Sousa, G. L. Souza Filho, A. M. F. Burlamaqui, and I. R. M. Silva. Luar: a language for agile development of ncl templates and documents. *Proceedings of the 18th Brazilian symposium on Multimedia and the web*, pages 395–402, 2012.

[6] D. Crockford. Theapplication/jsonmediatypeforjavascript object notation (json). URL: http://tools.ietf.org/html/rfc4627, 2006.

[7] R. Ierusalimschy, L. H. Figueiredo, and W. Celes. The evolution of lua. In *Proceedings of the third ACM SIGPLAN conference on History of programming languages*, pages 2–1. ACM, 2007.

[8] R. Ierusalimschy, L. H. Figueiredo, and W. Celes Filho. Lua-an extensible extension language. *Softw., Pract. Exper.*, 26(6):635–652, 1996.

[9] ITU-T. H. 761, nested context language (ncl) and ginga-ncl for iptv services, geneva, apr. 2009, 2009.

[10] G. Lima, L. F. G. Soares, C. S. Soares Neto, M. F. Moreno, R. R. Costa, and M. F. Moreno. Towards the ncl raw profile. In *II Workshop de TV Digital Interativa (WTVDI)-Colocated with ACM WebMedia*, volume 10, 2010.

[11] G. A. F. Lima. Eliminando Redundâcias no Perfil NCL EDTV. Master's thesis, PUC-Rio - Pontifícia Universidade Católica do Rio de Janeiro, Rio de Janeiro, Brasil, 2011.

[12] Lua. Lua, the programming language, 2016. Acessado em: 2015-03-20.

[13] C. S. S. Neto, L. F. G. Soares, and C. S. de Souza. Tal—template authoring language. *Journal of the Brazilian Computer Society*, 18(3):185–199, 2012.

[14] D. C. M. Saade, H. V. Silva, and L. F. G. Soares. Linguagem ncl versão 2.0 para autoria declarativa de documentos hipermídia. *IX Simpósio Brasileiro de Sistemas Multimídia e Web-WebMídia2003*, pages 1–17, 2003.

[15] F. Sant'Anna, R. Cerqueira, and L. F. G. Soares. Nclua: objetos imperativos lua na linguagem declarativa ncl. In *Proceedings of the 14th Brazilian Symposium on Multimedia and the Web*, pages 83–90. ACM, 2008.

[16] F. Sant'Anna, C. S. Soares Neto, S. D. J. Barbosa, and L. F. G. Soares. Nested context language 3.0 aplicações declarativas ncl com objetos nclua imperativos embutidos. *Monografias em Ciência da Computação do Departamento de Informática da PUC-Rio*, (17):07, 2009.

[17] E. C. O. Silva, J. A. F. dos Santos, and D. C. Muchaluat-Saade. Jns: An alternative authoring language for specifying ncl multimedia documents. *Multimedia and Expo Workshops (ICMEW)*, pages 1–6, 2013.

[18] L. F. G. Soares and S. D. J. Barbosa. *Programando em NCL 3.0: desenvolvimento de aplicaçoes para middleware Ginga: TV digital e Web*. Elsevier, 2009.

[19] L. F. G. Soares, G. A. F. Lima, and C. S. Soares Neto. Ncl 3.1 enhanced dtv profile. In *Workshop De Tv Digital Interativa em WebMedia*, volume 1, page 44, 2010.

[20] L. F. G. Soares and R. F. Rodrigues. Nested context model 3.0: Part 1–ncm core. *Monografias em Ciência da Computação do Departamento de Informática, PUC-Rio*, (18/05), 2005.

[21] L. F. G. Soares and R. F. Rodrigues. Nested context language 3.0 part 8–ncl digital tv profiles. *Monografias em Ciência da Computação do Departamento de Informática da PUC-Rio*, page 06, 2006.

[22] L. F. G. Soares, R. F. Rodrigues, and M. F. Moreno. Ginga-ncl: the declarative environment of the brazilian digital tv system. *Journal of the Brazilian Computer Society*, 12(4):37–46, 2007.

[23] L. F. G. Soares, C. S. Soares Neto, and J. G. Sousa. Architecture for hypermedia dynamic applications with content and behavior constraints. In *Proceedings of the 2012 ACM symposium on Document engineering*, pages 217–226. ACM, 2012.

[24] C. S. Soares Neto, H. F. Pinto, and L. F. G. Soares. Tal processor for hypermedia applications. *Proceedings of the 2012 ACM symposium on Document engineering*, pages 69–78, 2012.

[25] C. S. Soares Neto and L. F. G. Soares. Reuse and imports in nested context language. In *Proceedings of the XV Brazilian Symposium on Multimedia and the Web*, page 20. ACM, 2009.

[26] G. L. Souza Filho, L. E. C. Leite, and C. E. C. F. Batista. Ginga-j: The procedural middleware for the brazilian digital tv system. *Journal of the Brazilian Computer Society*, 12(4):47–56, 2007.

[27] W3C. Html5. http://www.w3.org/TR/html5/, 2014. [Acessado em 16/06/2016].

Posture Monitoring via Mobile Devices: SmartVest Case Study

Olibário J. Machado Neto
University of Sao Paulo
olibario@icmc.usp.br

Amanda Polin Pereira
University of Sao Paulo
amanda.polin.pereira@usp.br

Valeria Meirelles C. Elui
University of Sao Paulo
velui@fmrp.usp.br

Maria da Graça C. Pimentel
University of Sao Paulo
mgp@icmc.usp.br

ABSTRACT

The *SmartVest* (Smart from "smartphone" and Vest from "vestiment") is a solution created to help users with motor disabilities to correct their postures while performing daily activities. By means of a thoracic holder made of neoprene, a smartphone is placed to the user's chest. The smartphone is equipped with an application that uses the coordinates of the accelerometer to identify the variation of the position of the user's body in relation to a previously-calibrated position, which represents the adequate posture of the user. The application, called Postural, was built upon a software architecture that aims to facilitate the development of accessible applications for mobile devices used by persons with motor disabilities. The solution was tested in two phases. The first considered four users, while the second considered three users, all healthy. In the first phase, an occupational therapist who works with rehabilitation of people with hemiplegy and hemiparesis due to stroke was involved. The results indicated that the solution is promising for identifying and correcting the user's posture, and can help both healthy users and people with hemiplegy and hemiparesis.

Keywords

Tecnologia Assistiva; Dispositivos móveis; Terapia Ocupacional; Arquitetura de software; Estudo de caso

1. INTRODUÇÃO

A manutenção de uma postura corporal adequada enquanto se realizam atividades da vida diária é fundamental para a saúde do corpo. A má postura, além de comprometer a realização correta dos movimentos, pode ocasionar lesões, dores, contraturas musculares e até deformações [1][11]. Entretanto, é comum encontrar pessoas realizando atividades cotidianas em postura prejudicial e normalmente as pessoas

WebMedia '16, November 08-11, 2016, Teresina, PI, Brazil

© 2016 ACM. ISBN 978-1-4503-4512-5/16/11...$15.00

DOI: http://dx.doi.org/10.1145/2976796.2976870

tem baixa percepção do posicionamento inadequado para se autocorrigirem.

No caso de indivíduos com deficiência motora, a percepção de postura pode ser ainda mais prejudicada, por conta das limitações impostas pela própria deficiência. Em pessoas que sofreram acidentes vasculares encefálicos (AVEs), por exemplo, são comuns os quadros clínicos de hemiparesia (perda de força muscular na metade esquerda ou direita do corpo, que compromete ou impede a realização dos movimentos) ou hemiplegia (paralisação transitória ou permanente da metade esquerda ou direita do corpo). Em ambos os quadros, o indivíduo perde parte da consciência corporal que tinha anteriormente à ocorrência do AVE, sendo imprescindível a realização de um processo de reabilitação funcional para a melhora de sua qualidade de vida. A reabilitação funcional prioriza o alinhamento corporal e a percepção adequada das posturas durante as atividades e exercícios propostos, sendo um desafio para os profissionais da área o alcance destes objetivos.

Neste trabalho apresentamos o *SmartVest*, uma solução composta por uma vestimenta torácica feita de neoprene e um smartphone equipado com uma aplicação para Android que usa as coordenadas do acelerômetro do celular para identificar variações do movimento do corpo do usuário nos planos sagital (esquerda e direita) e frontal. Essa solução foi criada essencialmente com o intuito de auxiliar especialistas da área da saúde a reabilitarem pacientes com hemiparesia e hemiplegia decorrentes de AVEs, ensinando-os a terem mais consciência corporal e os estimulando a se manterem em uma postura adequada, tanto na clínica de reabilitação quanto em suas casas.

Por meio de testes preliminares realizados com quatro indivíduos saudáveis, sendo um deles um terapeuta ocupacional que cuida de pacientes com o perfil citado, concluiu-se que a solução pode ser promissora tanto para os pacientes acometidos com AVE quanto para indivíduos sem deficiência. Além disso, a solução exige apenas que o usuário tenha um smartphone equipado com Android e providencie a vestimenta torácica.

Nas próximas seções discutimos trabalhos relacionados, a metodologia adotada neste trabalho, os resultados preliminares obtidos, bem como as limitações da solução atual e trabalhos futuros.

2. TRABALHOS RELACIONADOS

A literatura tem reportado esforços para apoio ao monitoramento postural utilizando técnicas que exploram, entre outros, computação vestível e dispositivos móveis. A identificação automatizada da postura é realizada por meio da análise de dados coletados por meio de sensores, como acelerômetros e giroscópios.

Nevins et al. aparentemente foram pioneiros na proposta de usarem acelerômetros para monitoramento postural de pessoas. Eles usaram seis acelerômetros de coordenadas bidimensionais (x e y) distribuídos ao longo das costas do usuário, na linha da coluna vertebral, além de seis processadores intermediários e um processador principal e um cartão de memória para armazenamento das informações coletadas. A solução era conectada por fios e os acelerômetros eram colados à pele por meio de fita adesiva, e permitia identificar alterações posturais no sentido sagital [12].

Jeong et al. usaram um acelerômetro de coordenadas tridimensionais (eixos x, y e z) na cintura do usuário para analisar a quantidade de movimento que o usuário realizava ao longo do dia enquanto ele estava em diferentes posturas. A solução elaborada pelos autores podia ser usada pra identificar emergências, como quedas. Em seus testes, os autores identificaram que o acelerômetro tinha padrões de excitação diferentes para diferentes posturas, ou seja, ele tinha ótimo potencial de ser usado para monitoramento postural em estudos futuros. Os dados gerados pelo acelerômetro eram enviados a um computador desktop, que os processava [9].

Uma solução, a qual empregava um conjunto de 10 sensores integrados a uma aplicação executando localmente em um computador pessoal em que se realizavam a coleta, a calibragem e análise de dados foi apresentada por Arteaga et al [1]. O número de sensores utilizados permitia a análise e monitoramento de um número maior de partes do corpo do que a solução Postural. Contudo, a solução é mais difícil de ser implantada para usuários comuns pela quantidade de sensores e custos associados. A solução não foi testada em pessoas com deficiência motora.

Iwasaki et al. utilizaram seis acelerômetros para monitorar a postura sentada de uma criança de 10 anos acometida de paralisia cerebral. Os sensores foram dispostos em diferentes partes do corpo da criança (testa, punhos, tornozelos e abdômen). Os autores concluíram que a manutenção da postura sentada correta diminuía o número de movimentos involuntários, contribuindo para que a criança realizasse melhor diferentes atividades funcionais [8]. O sistema não analisava outras posições posturais além da sentada.

Baek et al. usaram um acelerômetro acoplado a um celular para identificar quando o usuário estava sentado, em pé ou caminhando enquanto usava o celular. O objetivo era usar essas informações para desenvolver soluções sensíveis ao contexto. O acelerômetro usado nesse caso era externo ao dispositivo e não identificava se a postura em cada uma das três posições do usuário estava incorreta [2].

Hong et al. desenvolveram um hardware intitulado SEP-TIMU, o qual é embutido em fones de ouvido. A tecnologia utiliza acelerômetros e identifica por quanto tempo o usuário se mantém numa mesma posição, mas não é capaz de identificar a postura do usuário [6].

O Smart Pose é uma solução que usa a câmera, o acelerômetro e o magnetômetro do celular para identificar a postura errada do pescoço do usuário enquanto ele lê o conteúdo da tela do celular. A hipótese dos autores é de que o ângulo do pescoço do usuário quando ele utiliza o celular está diretamente relacionado ao ângulo em que o aparelho se encontra no espaço tridimensional. O aplicativo usa a câmera para identificar quando o usuário está olhando para o aparelho. Os autores conseguiram identificar uma gama de valores calculados pelos dados dos sensores que identificavam a postura cervical incorreta e avisava o usuário por meio de vibração, mensagem de texto e alarme sonoro [10].

Redes de sensores também podem ser usados para monitoramento de postura de modo geral [3][4] ou de aspectos específicos, como por exemplo o monitoramento da respiração [5]. Essas soluções podem ser bastante efetivas, mas exigem um ambiente com uma infraestrutura mais completa, que suporte a comunicação entre diferentes dispositivos.

3. METODOLOGIA

3.1 Levantamento de requisitos

A primeira etapa do trabalho foi a realização de 3 sessões de *brainstorming*, realizadas entre duas profissionais da área da saúde, ambas terapeutas ocupacionais que trabalham na reabilitação de pacientes que sofreram AVE, e dois especialistas da área da computação, a fim de levantar os requisitos para a solução desejada. Cada reunião teve duração aproximada de 2 horas.

Por meio dessas reuniões, identificou-se uma demanda por soluções para apoiar a reabilitação desses pacientes. As terapeutas ressaltaram a necessidade de soluções que exercitem movimentos de coordenação motora fina dos pacientes, mas ressaltaram que indivíduos que tiveram AVE costumam perder sensivelmente a consciência postural (normalmente de um lado do corpo), necessitando reaprender a se manterem na postura correta antes de começarem a reabilitar os movimentos mais finos de coordenação.

As terapeutas envolvidas destacaram ainda que, apesar de trabalharem com pacientes de diferentes condições socio-econômicas, dificilmente esses pacientes não possuíam um smartphone. Identificou-se, portanto, a oportunidade de criação de um aplicativo para percepção e monitoramento postural dos pacientes por meio do uso das coordenadas do acelerômetro de dispositivos móveis. Tal aplicativo, intitulado *Postural*, seria um facilitador no processo de reabilitação de pacientes com hemiparesia ou hemiplegia decorrente de AVEs, e deveria ser usado pelos pacientes tanto na clínica de reabilitação quanto no ambiente domiciliar, em suas atividades diárias.

Os principais requisitos levantados por meio das reuniões foram:

- *Requisitos não funcionais*

  1. O aplicativo não deve exigir o uso de nenhum outro dispositivo computacional, além do celular: o uso de dispositivos extras encarece a solução e inviabiliza que muitos pacientes possam praticar os exercícios em suas casas;

  2. O celular será amarrado ao peito do paciente por meio de uma veste: é muito importante monitorar a postura do tronco do paciente, portanto é mais adequado que o celular esteja preso ao peito. Nessa posição, o usuário consegue visualizar a tela do celular caso esteja em frente a um espelho, objeto comum em clínicas de reabilitação;

3. O aplicativo será implementado para celulares equipados com o sistema operacional Android: os celulares com Android são os mais comuns entre os pacientes com deficiência tratados e os desenvolvedores envolvidos possuem experiência em desenvolvimento de aplicativos para Android;

4. O aplicativo deve funcionar mesmo com a tela desligada: os usuários podem querer usar o aplicativo no dia a dia e a tela ligada consome quantidade considerável de bateria.

- *Requisitos funcionais*

1. Após iniciado, o aplicativo deve permitir calibrar a posição adequada do usuário por meio de um clique de um botão: o terapeuta irá colocar o usuário na posição adequada e calibrar o sistema conforme as necessidades do paciente;

2. O aplicativo deve permitir a entrada de um valor de tolerância, referente à quantidade de graus em relação à posição calibrada que o usuário poderá se movimentar: movimentos pequenos que não tenham tanta influência na postura do paciente devem ser ignorados;

3. O aplicativo dever permitir o fornecimento do tempo de tolerância (em segundos) que o usuário poderá ficar na postura errada: movimentos em postura inadequada por um curto período de tempo devem ser ignorados. Importante caso o usuário queira pegar um objeto no chão, por exemplo;

4. Excedidos os limites de movimento e de tempo, o aplicativo deve mudar a cor da tela para vermelho e avisar o usuário por meio de comandos de voz e/ou vibração que ele está em uma postura inadequada;

5. Uma vez recebidos os comandos referentes à posição inadequada, o aplicativo deve informar ao usuário por meio de comandos de voz e/ou vibração que movimentos ele deverá realizar para voltar à posição calibrada;

6. De volta à posição calibrada, o aplicativo deve fornecer uma mensagem de sucesso ao usuário, por meio de comandos de voz e/ou vibração.

7. O aplicativo deve armazenar informações referentes à interação com o usuário: informações referentes às ocasiões em que o usuário esteve em postura inadequada, bem como as instruções necessárias para voltar à postura adequada e ações realizadas pelo usuário devem ser registradas, para eventuais análises posteriores.

3.2 Arquitetura do sistema

O aplicativo Postural foi desenvolvido sobre um modelo arquitetural que disponibiliza as principais funcionalidades de cada sensor desses dispositivos e permite que o desenvolvedor escolha quais sensores utilizar, de forma simplificada. A arquitetura proposta foi elaborada para que futuras aplicações, que utilizem um número maior de sensores, possam ser implementadas de forma mais simples e em tempo reduzido.

A arquitetura do aplicativo Android Postural segue o padrão de projetos MVC (*Model View Controller*), que separa a definição dos dados a serem armazenados (*Model*) da camada de visualização (`View`) e da entrada de dados (*controller*. O aplicativo está incluído em uma arquitetura cliente-servidor, que permitirá estender a aplicação Postural para suportar o acompanhamento remoto do paciente pelo terapeuta por meio de uma interface web e amparar o desenvolvimento de outras aplicações acessíveis que utilizem sensores de dispositivos móveis com Android. Essa arquitetura está ilustrada por meio da Figura 1.

A interface do aplicativo Android é representada pelo componente "Visualização". A partir da interface, a aplicação tem acesso à camada de controle.

O componente "Sensores" contém classes de fachada com as funcionalidades mais importantes de cada sensor já implementadas, cabendo ao desenvolvedor apenas escolher quais sensores irá utilizar em sua aplicação e utilizar as funcionalidades que ele julgar necessárias. A arquitetura disponibiliza funcionalidades de todos os sensores existentes em dispositivos com Android na atualidade.

Apesar de os dados dos sensores disponibilizados no módulo "Sensores" serem suficientes para a implementação de muitas aplicações, o desenvolvedor pode querer realizar operações sobre os dados obtidos. Esse pós-processamento de informações está ilustrado pelo componente "Extração de informações".

Após o processamento das informações pela aplicação, os dados podem ser armazenados na camada "Dados". Nessa etapa, o desenvolvedor tem a opção de armazenar os dados em JSON seguindo o formato oficial de armazenamento de informações médicas da plataforma openMHealth[1]. Os dados podem ser armazenados em um servidor ou no próprio dispositivo móvel. No caso da aplicação *Postural*, os dados estão sendo provisoriamente armazenados no próprio dispositivo.

O cliente web permite, por exemplo, a criação de ambientes administradores para as soluções criadas. No caso do *Postural*, pretende-se criar um sistema que permita ao terapeuta monitorar o progresso de seus pacientes e estimulá-los a realizarem os exercícios de reabilitação por meio de envio de mensagens e lembretes em seus celulares.

3.3 Funcionamento do sistema

Ao iniciar o aplicativo, o terapeuta (ou o cuidador do paciente, devidamente orientado pelo terapeuta) deve posicionar o paciente em uma postura adequada e pressionar o botão *calibrar*. Essa operação informa ao sistema que o usuário está na postura correta. Uma vibração breve e uma mensagem de áudio em voz sintetizada com a mensagem "Sistema calibrado" indicam a correta calibração do sistema.

Com o sistema calibrado, o especialista pode informar alguns parâmetros de funcionamento do sistema, os quais são informados na tela de configuração (mostrada na Figura 2), a qual pode ser acessada a qualquer momento acessando o menu pelo botão do canto superior direito da tela.

---

[1]A plataforma openMHealth conta com um repositório contendo recomendações de como armazenar dados médicos referentes a inúmeros parâmetros, como postura, nível de glicose no sangue, pressão arterial, percentual de gordura corporal, dentre outros. Maiores informações em http://www.openmhealth.org/documentation/\# /schema-docs/schema-library

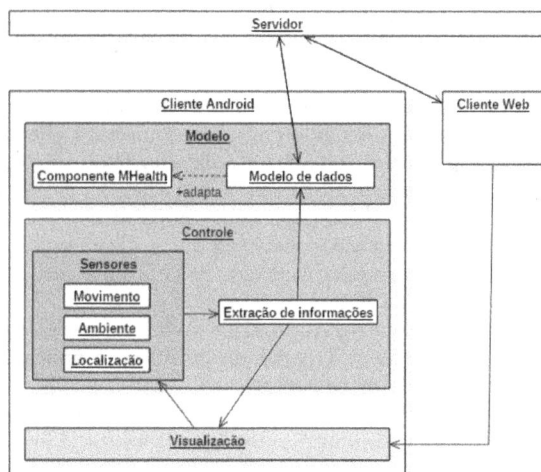

Figure 1: Arquitetura de software do sistema.

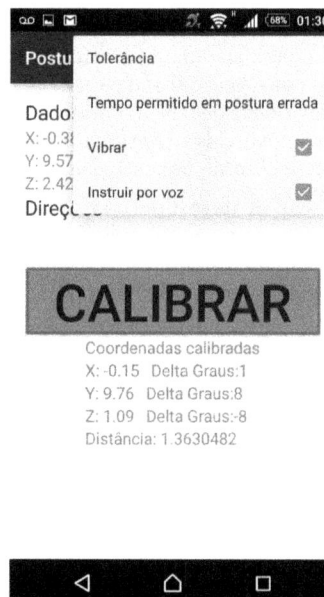

Figure 2: Tela principal, com parâmetros de funcionamento do sistema.

O primeiro parâmetro indica a tolerância de inclinação (frontal e lateral) que o dispositivo permitirá que o usuário realize.

O segundo parâmetro é o tempo que o sistema permitirá que o usuário fique em posição inadequada.

O terceiro parâmetro indica se a vibração do dispositivo será usada para indicar ao usuário que ele está numa postura incorreta.

Por fim, o quarto parâmetro indica se instruções de voz deverão ser dadas ao usuário quando ele estiver em uma posição incorreta.

Uma vez calibrado, o sistema está em funcionamento e pronto para dar instruções ao usuário. As intervenções do sistema ocorrem somente quando o usuário fica em postura inadequada por tempo maior que o permitido.

3.4 Detalhes de implementação

O *Postural* usa o acelerômetro do smartphone para identificar a posição do corpo do paciente no espaço tri-dimensional. O dispositivo é posicionado no peito do paciente por meio de um suporte vestível de quatro pontos com alças ajustáveis. O suporte foi elaborado para permitir a identificação de alterações da posição do tronco e dos ombros do usuário. O conjunto smartphone + vestimenta foi intitulado *SmartVest*.

As coordenadas do acelerômetro dos dispositivos equipados com Android indicam a aceleração em m/s^2 do dispositivo nos eixos x, y e z. Para que os dados pudessem ser usados para a identificação postural, os valores das coordenadas passaram por uma normalização de seus valores, gerando um vetor a partir do qual se consegue calcular a diferença em graus entre dois pontos tridimensionais.

O valor de normalização é calculado pela raiz quadrada da soma dos quadrados de cada coordenada. Em seguida, esse valor é usado para normalizar cada uma das coordenadas do acelerômetro. Matematicamente, tem-se:

$$normalizador = \sqrt{x^2 + y^2 + z^2}$$

$$x = \frac{x}{normalizador}$$

$$y = \frac{y}{normalizador}$$

$$z = \frac{z}{normalizador}$$

O valor em graus relativo à rotação do dispositivo entre dois pontos normalizados é calculada pela diferença entre os valores $arccos()$ de cada coordenada. Sendo x2 e x1 duas coordenadas do acelerômetro normalizadas, temos que a diferença em graus entre as duas coordenadas é dada por:

$$\Delta(graus) = \arccos(x2) - \arccos(x1)$$

Os valores do acelerômetro são atualizados continuamente uma vez a cada 5 segundos. Em cada atualização, calculam-se os valores normalizados de cada coordenada. Em seguida, o valor normalizado de cada coordenada calculado no momento corrente é subtraído do valor calculado na iteração anterior (de 5 segundos antes), como mostrado anteriormente.

Por meio de testes iniciais, notou-se que a variação dos eixos sagital (esquerda e direita) e frontal do usuário quando ele coloca o dispositivo no peito são calculados pela variação Δ em graus nos eixos x e z, respectivamente. Essa variação foi possível de ser notada por conta de os valores serem exibidos na tela em tempo à medida que o dispositivo é movido. Como apenas os eixos sagital e frontal deveriam ser considerados, os valores das coordenadas y acabam sendo descartados.

A cada iteração, verifica-se se a variação dos eixos x e z em relação à coordenada calibrada ultrapassou o limite de graus fornecido na tela de configuração da aplicação. Em caso afirmativo, começa-se a contar o período em que o usuário está em posição inadequada e a tela do aplicativo muda para a cor vermelha, indicando visualmente que o usuário saiu da posição adequada. Essa verificação é repetida a cada cinco segundos e, caso o usuário permaneça em posição inadequada por mais que o tempo permitido (fornecido na tela de configuração), o aplicativo vibra e emite instruções de áudio para que o usuário chegue à posição adequada de postura.

As instruções por voz são ditadas ao usuário por meio de voz sintetizada, e as mensagens possíveis são: (1) "Vá para

```
App started... 1466336056688
App started... 1466386870176
System calibrated. 1466386878786
User leaned forward. 1466386900488
User leaned forward. 1466386905640
User leaned to the right. 1466386910745
App started... 1466386916048
App started... 1466386937983
Tolerance in wrong posture changed to 10.
1466386949056
System calibrated. 1466386950405
User leaned to the right. 1466386968324
User leaned to the left. 1466386973418
User leaned forward. 1466386978555
User leaned forward. 1466386983663
User leaned to the right. 1466386988770
User is up straight. 1466386993862
Front-back Tolerance changed to 10.
1466387004945
Left-right Tolerance changed to 5.
1466387009486
Tolerance in wrong posture changed to 5.
1466387014923
```

Figure 3: Exemplo de histórico de atividades.

trás"; (2) "Vá para a frente"; (3) "Vá para a direita"; (4) "Vá para a esquerda"; (5) "Muito bem. Você está na postura correta". Quando o usuário se encontra em uma posição inadequada em uma das diagonais, o sistema primeiramente o orienta a ir para a frente (ou para trás) até que a rotação do corpo seja eliminada e em seguida o orienta a ir para a direita (ou para a esquerda). Portanto, nas posições diagonais a ordem de execução das mensagens de áudio são da mensagem (1) para a mensagem (5).

A mensagem (5) só é apresentada ao usuário somente quando ele atinge a postura correta, após ter estado em uma postura incorreta.

O histórico de atividades, que registra todas as interações ocorridas, desde o momento em que o sistema foi calibrado, inclui uma identificação da atividade realizada, além do instante em que ela ocorreu. Esse histórico é armazenado internamente no próprio dispositivo, por meio de um arquivo-texto. Um exemplo de trecho desse arquivo pode ser visualizado na Figura 3. O número à frente das atividades indica o instante em que o evento ocorreu.

3.5 Testes preliminares de bancada

Segundo metodologia de projetos definida por Pahl et al., uma das fases de um projeto é a verificação preliminar da segurança e bom funcionamento do produto, antes que ele seja testado com a população alvo, no caso, indivíduos com hemiparesia ou hemiplegia decorrentes de AVEs. Essa fase do projeto é definida pelos autores como "Fase de Validação e Otimização" [13].

No nosso estudo, a fase de validação e otimização foi realizada por meio do teste da solução em duas etapas, as quais serão descritas a seguir.

3.5.1 Testes com auxílio de terapeuta ocupacional

A primeira etapa de testes foi realizada com quatro indivíduos saudáveis. Apenas uma vestimenta estava disponível,

de modo que os testes foram realizados com um usuário de cada vez, em sessões separadas (uma sessão por usuário).

Em casa sessão, solicitou-se ao usuário que vestisse a *Smart-Vest*. Em seguida, um dos terapeutas ocupacionais envolvidos na pesquisa realizou a calibração inicial em uma postura que ele considerava adequada para o usuário. Foram solicitados que o usuário realizasse os seguintes movimentos:

- inclinação do corpo para a esquerda;
- inclinação do corpo para a direita;
- inclinação do corpo para frente;
- inclinação do corpo para trás;
- levantamento do ombro direito;
- levantamento do ombro esquerdo.

Todos os movimentos foram executados pelos usuários nas posições santada e em pé.

Os resultados obtidos nesta etapa de testes foram discutidos em nova reunião com os demais membros da equipe de projeto, os mesmos que estavam presentes nas reuniões de *brainstorming*. Algumas mudanças na vestimenta e no aplicativo foram realizadas, a fim de que a solução fosse melhorada. Essas mudanças são discutidas na Seção 4.

3.5.2 Testes sem auxílio do terapeuta

Na segunda etapa os testes foram realizados com 3 indivíduos saudáveis, sendo dois deles os próprios especialistas em computação envolvidos no projeto. Novamente, apenas um veste foi usada, mas desta vez o modelo era diferente, feito em um neoprene com alças mais largas que as alças da veste anterior.

As atividades solicitadas aos usuários foram as mesmas solicitadas na primeira etapa de testes, acrescidas de duas atividades: rotacionar o tronco e inclina-lo para as diagonais, a fim de testar se o dispositivo saberia orientar corretamente o usuário até a postura adequada.

Nesta etapa de testes, a calibragem do sistema foi feita pelos próprios usuários, a partir de uma postura decidida em consenso entre os demais usuários como sendo uma postura adequada.

4. RESULTADOS

Como indicam inúmeros trabalhos da Literatura, o acelerômetro de dispositivos móveis é capaz de calcular a rotação do dispositivo em relação aos eixos X, Y e Z, em graus com bastante precisão. Os resultados dos testes preliminares confirmaram a viabilidade do uso do acelerômetro para a identificação postural em comparação à coordenada calibrada.

Logo na primeira etapa de testes realizada, concluiu-se que a solução identifica com precisão, em relação à coordenada calibrada, as seguintes posições do usuário (vide Figura 4 para ilustração):

1. inclinado para a frente: desalinhamento do tronco para a frente;

2. inclinado para trás: desalinhamento do tronco para trás;

3. inclinado para a esquerda: desalinhamento do tronco para a esquerda;

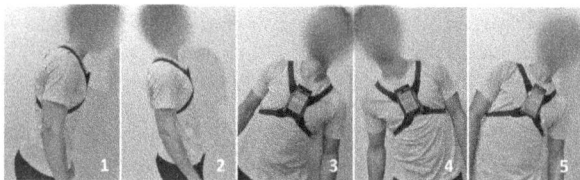

Figure 4: Posições que o sistema é capaz de identificar.

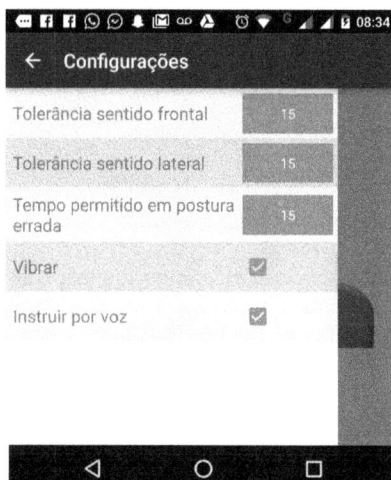

Figure 5: Parâmetros de funcionamento do sistema, após a diferenciação de tolerâncias nos sentidos sagital e frontal.

4. inclinado para a direita: desalinhamento do tronco para a direita;

5. inclinado para uma diagonal: desalinhamento do tronco em mais de uma direção, indicando que o tronco está, ao mesmo tempo, desalinhado e rotacionado.

Apesar do bom resultado na identificação das posições citadas, o aplicativo falhou para identificar todos os movimentos de ombro realizados pelos usuários. Mesmo levantando o ombro com a maior amplitude de movimento que os usuários conseguiam, a excitação do acelerômetro era mínima e não mudava consideravelmente as coordenadas.

A variação das coordenadas do acelerômetro no sentido sagital (esquerda/direita) era consideravelmente menor que a variação obtida no sentido frontal. Isso significa, por exemplo, que uma alteração de 10 graus para a esquerda/direita em relação à posição calibrada poderia representar que o usuário estava numa postura inadequada, ao passo que essa mesma variação para frente/trás ainda mantinha o usuário em uma postura aceitável. Dessa forma, optou-se por permitir o fornecimento de duas tolerâncias distintas na tela de configuração do aplicativo. Essa mudança pode ser visualizada na Figura 5.

O modelo da vestimenta utilizado também foi alterado. A veste anterior era feita com elásticos estreitos, que tinham grande flexibilidade, mas não tinham rigidez suficiente para movimentar o aparelho, ou seja, mudanças na posição dos ombros não alterava as coordenadas do dispositivo. A nova veste, por sua vez, foi confeccionada com alças mais largas

em neoprene, material confortável que alia flexibilidade a uma rigidez maior que a do elástico.

As mudanças realizadas se mostraram positivas na segunda etapa de testes realizados. A separação entre duas tolerâncias em graus deixou o aplicativo flexível e mais condizente com as necessidades dos terapeutas, porque a variação tolerável dos ombros era, de fato, menor que a variação tolerável no sentido frontal.

Mudanças discrepantes de alinhamento dos ombros foram identificadas corretamente como uma postura inadequada. Contudo, o aplicativo considerava esse comportamento como um desalinhamento do corpo do usuário à esquerda ou direita, o que gerava uma das instruções de áudio: "vá para a direita" e "vá para a esquerda". Note-se que não havia instrução relativa ao movimento dos ombros. Esse comportamento precisa ser corrigido para versões futuras da solução.

As demais instruções para que o usuário se recuperasse de uma postura inadequada foram corretas, mesmo quando o usuário ficava com o corpo em alguma das diagonais.

A mudança da cor da interface imediatamente depois que a postura ficava inadequada se mostrou um comportamento positivo da solução, porque deixava o usuário ciente de sua má postura e o estimulava a corrigi-la antes mesmo de as instruções de áudio serem emitidas.

5. LIMITAÇÕES

O botão *calibrar* e os botões de parâmetros devem ser acessados apenas por pessoas autorizadas, o que ainda não foi implementado na versão atual. Uma alternativa para esse controle é criar uma opção de login no sistema por meio de senhas, de modo que apenas pessoas autorizadas consigam operar os botões de controle do sistema.

Os dados referentes à interação do usuário são salvos no próprio dispositivo. Como permitir o monitoramento e ajustes remotos por parte to terapeuta é um dos objetivos futuros da solução proposta, é necessário migrar o armazenamento de informações para o servidor.

Apesar de os dados serem armazenados, ainda se carece de uma análise matemática precisa da acurácia do sistema em relação à quantidade de acertos e erros cometidos. É necessário, por exemplo, armazenar as coordenadas calibradas no sistema e as coordenadas em que o usuário esteve errado. Essas informações poderiam ser usadas para entender melhor o comportamento do aplicativo quando a postura se torna incorreta por conta do desalinhamento do ombro do usuário. No momento esse desalinhamento pode ser confundido com o desalinhamento do tronco no sentido sagital.

Apesar de os testes de bancada serem importantes, é necessário que testes sejam realizados em usuários reais, acometidos de hemiparesia ou hemiplegia decorrente de AVEs. Um projeto contemplando esses testes foi submetido à Plataforma Brasil para aprovação pelo Comitê de Ética, a fim de que os dados coletados possam ser reportados em pesquisa. Espera-se, portanto, que esses testes possam ser realizados em breve.

6. CONCLUSÃO

Com o advento dos dispositivos móveis, os estudos acerca do tema de acessibilidade ganharam novos rumos porque os pesquisadores perceberam que esses dispo–sitivos poderiam servir como tecnologias para a criação de soluções acessíveis a pessoas com deficiências diversas. A Literatura reporta, por exemplo, que muitas vezes dispositivos como tablets e smartphones com telas sensíveis ao toque se adequam melhor às necessidades de pessoas com deficiência, porque tais dispositivos podem deixar a interação mais intuitiva e imediata [7]. A experiência dos especialistas envolvidos neste estudo indica que o desenvolvimento de soluções de acessibilidade usando dispositivos móveis é promissora no Brasil, porque a maioria dos usuários possuem smartphones.

Do ponto de vista de reabilitação, grande parte do esforço do terapeuta durante as sessões com o paciente é gasto apenas para lembrá-lo de que ele está numa postura inadequada. Portanto, utilizar a tecnologia para identificar quando os pacientes estão em posturas inadequadas e orientá-los a voltarem para uma postura correta é um benefício tanto para o paciente quanto para o terapeuta, e os testes preliminares indicam que a solução empregada no SmartVest pode facilitar o trabalho do terapeuta ao permitir que ele foque em instruções que não inerentes à manutenção postural do usuário e disciplinar o paciente a manter-se em uma postura adequada.

Os resultados dos testes indicam que o posicionamento torácico do dispositivo no paciente permite monitorar corretamente a posição do tronco, o que é da maior importância dado que a estabilização do tronco dos pacientes é o primeiro objetivo do processo de reabilitação. Isso porque, sem a estabilização do tronco, não é possível estabilizar outras partes do corpo do paciente com hemiparesia ou hemiplegia. Por conta de o neoprene ser um material firme e ao mesmo tempo flexível, mudanças no posicionamento do ombro também mudaram os valores do acelerômetro, permitindo que a postura fosse identificada também em função de eventuais desbalanços dos ombros, como um ombro mais alto do que o outro. Contudo, o aplicativo não fornece instruções relativas à posição do ombro, o que pode gerar instruções inconsistentes para o usuário.

7. AGRADECIMENTOS

Agradecemos às agências FAPESP (Fundação de Amparo à Pesquisa do Estado de São Paulo), CNPq (Conselho Nacional de Desenvolvimento Científico e Tecnológico) e CAPES (Coordenação de Aperfeiçoamento de Pessoal de Nível Superior) pelo aporte financeiro oferecido para a realização desta pesquisa.

8. REFERENCES

[1] S. Arteaga, J. Chevalier, A. Coile, A. W. Hill, S. Sali, S. Sudhakhrisnan, and S. H. Kurniawan. Low-cost Accelerometry-based Posture Monitoring System for Stroke Survivors. In *Proc. ACM ASSETS*, pages 243–244, 2008.

[2] J. Baek and B. J. Yun. Posture monitoring system for context awareness in mobile computing. *IEEE Transactions on Instrumentation and Measurement*, 59(6):1589–1599, June 2010.

[3] D. Curone, G. M. Bertolotti, A. Cristiani, E. L. Secco, and G. Magenes. A Real-time and Self-calibrating Algorithm Based on Triaxial Accelerometer Signals for the Detection of Human Posture and Activity. *Trans. Info. Tech. Biomed.*, 14(4):1098–1105, July 2010.

[4] E. Farella, A. Pieracci, L. Benini, L. Rocchi, and A. Acquaviva. Interfacing Human and Computer with Wireless Body Area Sensor Networks: The WiMoCA Solution. *Multimedia Tools Appl.*, 38(3):337–363, 2008.

[5] A. R. Fekr, K. Radecka, and Z. Zilic. Design of an e-Health Respiration and Body Posture Monitoring System and Its Application for Rib Cage and Abdomen Synchrony Analysis. In *Proceedings of the 2014 IEEE International Conference on Bioinformatics and Bioengineering*, BIBE '14, pages 141–148, Washington, DC, USA, 2014. IEEE Computer Society.

[6] D. Hong, B. Zhang, Q. Li, S. Nirjon, R. Dickerson, G. Shen, X. Jiang, and J. Stankovic. Demo abstract: Septimu - continuous in-situ human wellness monitoring and feedback using sensors embedded in earphones. In *Proceedings of The 11th ACM/IEEE Conference on Information Processing in Sensor Networks*. ACM, April 2012.

[7] A. Hurst and J. Tobias. Empowering individuals with do-it-yourself assistive technology. In *The proceedings of the 13th international ACM SIGACCESS conference on Computers and accessibility*, pages 11–18. ACM, 2011.

[8] Y. Iwasaki, T. Hirotomi, and A. Waller. Using accelerometers for the assessment of improved function due to postural support for individuals with cerebral palsy. In *The Proceedings of the 13th International ACM SIGACCESS Conference on Computers and Accessibility*, ASSETS '11, pages 301–302, New York, NY, USA, 2011. ACM.

[9] D. U. Jeong, S. J. Kim, and W. Y. Chung. Classification of posture and movement using a 3-axis accelerometer. In *Convergence Information Technology, 2007. International Conference on*, pages 837–844, Nov 2007.

[10] H. Lee, Y. S. Choi, S. Lee, and E. Shim. Smart pose: Mobile posture-aware system for lowering physical health risk of smartphone users. In *CHI '13 Extended Abstracts on Human Factors in Computing Systems*, CHI EA '13, pages 2257–2266, New York, NY, USA, 2013. ACM.

[11] S.-H. Lin. Detecting Hunchback Behavior in Autistic Children with Smart Phone Assistive Devices. In *Proc. ACM ASSETS '12*, pages 293–294, 2012.

[12] R. J. Nevins, N. G. Durdle, and V. J. Raso. A posture monitoring system using accelerometers. In *Electrical and Computer Engineering, 2002. IEEE CCECE 2002. Canadian Conference on*, volume 2, pages 1087–1092 vol.2, 2002.

[13] G. Pahl, W. Beitz, J. Feldhusen, and K. H. GROTE. Projeto na engenharia. *São Paulo: Edgard Blücher*, 2005.

STEVE: Spatial-Temporal View Editor for Authoring Hypermedia Documents

Douglas Paulo de Mattos
MídiaCom Lab, Univ. Federal Fluminense
Niterói, Brazil
douglas@midiacom.uff.br

Débora Christina Muchaluat-Saade
MídiaCom Lab, Univ. Federal Fluminense
Niterói, Brazil
debora@midiacom.uff.br

ABSTRACT

Interactive multimedia applications are available in many platforms such as smartphones, computers and digital TVs. In addition, the production of multimedia content has been growing increasingly and facilitated due to easier access to these devices. In this scenario, the creation of multimedia applications has gained importance. There are several commercial tools that allow building multimedia presentations using the timeline paradigm for users with no programming knowledge. However, these tools inherit the timeline authoring paradigm limitations. In order to facilitate hypermedia document authoring for users with no knowledge of programming and avoid the timeline paradigm limitations, this paper proposes an event-based hypermedia document model and a graphical editor, which is based on this model, for spatio-temporal view editing of a document. The proposed tool is called STEVE, Spatio-Temporal View Editor, which supports the definition of viewer interactions. Besides, STEVE exports hypermedia applications to NCL and HTML5 documents to accomplish different execution platforms.

Keywords

Multimedia authoring; graphical editor; hypermedia document model; digital TV; NCL; HTML5

1. INTRODUÇÃO

Aplicações hipermídia estão presentes em diversas plataformas como computadores, smartphones e TVs digitais. A facilidade de acesso a estes dispositivos tem aumentado não só a produção de conteúdo multimídia como também tem tornado a criação de aplicações hipermídia cada vez mais relevante. Diante deste cenário, diversos editores comerciais têm sido disponibilizados para diferentes plataformas, a fim de permitir a autoria de aplicações multimídia mesmo para usuários que não possuem conhecimento de programação.

Esses editores comerciais utilizam o paradigma *timeline*, onde as mídias são posicionadas diretamente no eixo do tempo, oferecendo uma interface bem intuitiva de ser compreendida pelos autores, e permitindo que autores sem conhecimento de programação criem suas próprias aplicações hipermídia. Por outro lado, este paradigma possui diversas limitações decorrentes de não especificar relacionamentos de sincronização temporal relativos entre as mídias. Essa característica impede que o formatador realize ajustes em tempo de execução, caso haja algum atraso para executar uma mídia que deveria ser sincronizada com outras, o que pode acarretar a perda do sincronismo da aplicação multimídia.

Um outro paradigma de autoria, que é bastante utilizado no meio acadêmico, é baseado na ocorrência de eventos durante a execução da aplicação multimídia. O modelo baseado em eventos é bastante expressivo na definição dos relacionamentos temporais entre as mídias, conforme afirmado em [7]. Além disso, esta abordagem trata facilmente os eventos assíncronos, como a interatividade e os testes de variáveis, que não são possíveis de ser representados utilizando o paradigma *timeline*. Um exemplo de modelo hipermídia que faz uso do paradigma baseado em eventos é o NCM (*Nested Context Model*) [22], utilizado pela linguagem de autoria NCL (*Nested Context Language*) [21]. O NCM é bastante expressivo e, por isso, ferramentas de autoria NCL exigem do autor conhecimento sobre as entidades do modelo, tais como conectores e contextos, dificultando o uso da ferramenta para usuários leigos, como acontece com os editores gráficos Composer [14] e NEXT [16]. Desta forma, uma ferramenta fundamentada em um modelo conceitual mais simples baseado em eventos facilitaria bastante a autoria de aplicações hipermídia, principalmente para usuários sem conhecimento no modelo ou linguagem de autoria.

A fim de permitir e facilitar a autoria de documentos hipermídia para usuários com nenhum conhecimento em linguagens de programação ou em modelos de autoria multimídia, e evitar as limitações do paradigma de autoria *timeline*, este artigo propõe um modelo de documento hipermídia e um editor gráfico da visão espaço-temporal baseado neste modelo. O modelo proposto, SIMM (*Simple Interactive Multimedia Model*), utiliza a representação de sincronização temporal baseada em eventos e apresenta um conjunto de entidades simplificado, quando comparado ao modelo NCM. O editor proposto, STEVE (*Spatio-Temporal View Editor*), fornece a edição da visão espaço-temporal de documentos multimídia interativos, permite aos autores criar relações temporais entre os itens de mídia e definir suas características de apresentação. Além disso, STEVE suporta a definição e simulação de eventos interativos.

WebMedia '16, November 08-11, 2016, Teresina, PI, Brazil
© 2016 ACM. ISBN 978-1-4503-4512-5/16/11. . . $15.00
DOI: http://dx.doi.org/10.1145/2976796.2976865

STEVE exporta as aplicações multimídia interativas criadas na ferramenta para documentos NCL [21] e HTML5 [4]. Assim, as aplicações hipermídia podem ser executadas no Sistema Brasileiro de Televisão Digital (SBTVD) [1], em serviços IPTV no padrão H.761 [3] do ITU-T e em navegadores Web, consequentemente, exibidas em diversas plataformas como TVs, smartphones, tablets e computadores. A ferramenta pode ser facilmente estendida para suportar outras linguagens de autoria multimídia e é implementada utilizando a tecnologia JavaFX para fornecer uma rica interface gráfica e executar em distintas plataformas.

O restante do artigo possui a seguinte estrutura. A Seção 2 discute o modelo hipermídia proposto. A Seção 3 apresenta o editor STEVE proposto neste artigo. A Seção 4 comenta os trabalhos relacionados. A Seção 5 discute testes de usabilidade do editor STEVE. A Seção 6 conclui o artigo, apresentando as contribuições e trabalhos futuros.

2. MODELO SIMM

Esta seção introduz o modelo de documento hipermídia proposto neste artigo, SIMM (*Simple Interactive Multimedia Model*). Ele visa facilitar a autoria de aplicações multimídia interativas utilizando o modelo de sincronização temporal baseado em eventos. Este se baseia na ocorrência de eventos, que podem ser síncronos ou assíncronos (instante de ocorrência do evento é desconhecido a priori), durante a execução do documento para especificar as relações temporais condicionais entre os itens de mídia. Além do modelo permitir especificar a sincronização temporal, ele define entidades para realizar a sincronização espacial.

SIMM possui um nível de abstração relativamente mais alto do que o modelo NCM. Ele é um modelo conceitual para o desenvolvimento de ferramentas de autoria multimídia para usuários não especialistas, oferecendo uma abordagem simples, capaz de representar as aplicações hipermídia mais comuns. Por ser simples e não se basear em nenhuma linguagem de autoria multimídia específica, o modelo SIMM facilita o mapeamento de aplicações hipermídia para diferentes linguagens de autoria, tais como NCL, HTML5 ou SMIL [2]. É importante realçar que o modelo SIMM não visa substituir modelos hipermídia mais expressivos presentes na literatura, como por exemplo, o modelo NCM.

SIMM representa um documento hipermídia, através de cadeias temporais, itens de mídia e elos síncronos e assíncronos. Os elos temporais síncronos são definidos baseando-se nas relações temporais de Allen [5], para as quais, o modelo SIMM atribui uma interpretação de causalidade, representando cada uma das relações temporais através de uma condição e ações. Além disso, o modelo estende as relações de Allen, permitindo definir um valor de tempo como atraso no disparo das ações definidas em elos síncronos.

No modelo SIMM, a visão temporal de documentos hipermídia é composta por uma ou mais cadeias temporais, onde cada uma é composta por mídias e elos entre elas. As relações temporais no modelo proposto possuem uma mídia denominada mestre, que participa do elo temporal assumindo o papel da condição que deve ser satisfeita para que a ação associada ao mesmo elo seja disparada. Além da mídia mestre, a relação temporal possui uma lista de mídias denominadas escravas, que sofrem alteração em seus estados de seus eventos de apresentação após a condição do elo, a qual pertencem, ser satisfeita. Essa alteração pode corresponder à ação de iniciar ou parar a apresentação da mídia escrava.

As relações temporais definidas no modelo possuem duas classificações: síncronas e assíncronas. Dependendo do tipo da relação síncrona, um valor de atraso t pode ser especificado, indicando que a ação associada à relação deverá ser executada após t instantes de tempo da condição da relação ser satisfeita. Nestas relações, apenas uma condição precisa ser satisfeita para disparar a ação. Elas também definem apenas um tipo de ação a ser executada sobre um ou mais nós (mídias escravas). A Tabela 1 apresenta as relações síncronas definidas no modelo SIMM, suas respectivas representações gráficas e descrições. A mídia na cor verde é a mestre de cada tipo de relação.

Table 1: Relações Temporais do Modelo SIMM

Relação	Símbolo	Descrição
Starts		Escravas iniciam quando o mestre começa
Starts _Delay		Escravas iniciam com atraso quando o mestre começa
Finishes		Escravas terminam quando o mestre finaliza
Finishes _Delay		Escravas terminam com atraso quando o mestre finaliza
Meet		Escravas iniciam quando o mestre termina
Meets _Delay		Escravas iniciam com atraso quando o mestre termina
Met_By		Escravas terminam quando o mestre inicia
Met_By _Delay		Escravas terminam com atraso quando o mestre inicia
Before		Apresenta as escravas sequencialmente, com atraso entre elas, após o mestre terminar

A fim de enfatizar a simplicidade da definição de uma relação temporal no modelo SIMM e seu maior nível de abstração, quando comparada à especificação correspondente em NCM, pode-se analisar a relação *Starts* como exemplo. Para defini-la, deve-se especificar uma mídia mestre, a lista de escravas e o tipo da relação, no caso *Starts*, como a Figura 1a ilustra. Para especificá-la em NCM, é necessária a definição de um conector hipermídia [17], que dá a semântica da relação temporal, indicando o papel de condição de início de um evento de apresentação e o de ação de início de um evento de apresentação. Além do conector, é necessário definir um elo, que utiliza o conector definido e indica os itens de mídia associados aos papéis do conector, através de *binds*. A Figura 1b mostra os componentes necessários para especificar a relação *Starts* no modelo NCM.

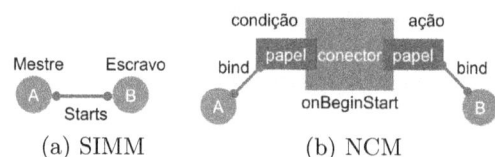

(a) SIMM   (b) NCM

Figura 1: Definição de *Starts* no modelo SIMM e em NCM

As relações assíncronas no modelo SIMM representam os eventos de interação do usuário, onde a condição do elo é representada pela seleção da mídia mestre da relação e as ações, que também podem possuir um atraso em seu disparo, podem corresponder ao término dos escravos do elo, finalização da própria mídia interativa ou ainda iniciar novas cadeias temporais.

O modelo SIMM também possui entidades que representam as características de apresentação de um item de mídia como a posição, tamanho, transparência e também outras propriedades específicas para mídias do tipo áudio e texto.

A sincronização espacial também é oferecida pelo modelo SIMM, permitindo que itens de mídia de um documento hipermídia sejam posicionados relativos a outros. No modelo, dois tipos de relação, que foram baseados nas restrições espaciais discutidas em [13], são definidos: distribuição e alinhamento.

O conceito de mestre e escravo, como utilizado nas relações temporais, também é aplicado nas relações espaciais de alinhamento. Isto é, a mídia mestre define o comportamento, neste caso, espacial das mídias escravas associadas à relação. A Tabela 2 apresenta a descrição e a representação gráfica para cada tipo de alinhamento oferecido pelo modelo SIMM.

Table 2: Alinhamento do Modelo SIMM

Relação	Símbolo	Descrição
Top		Escravas são alinhadas pelo topo do mestre
Bottom		Escravas são alinhadas pela base do mestre
Left		Escravas são alinhadas pela borda esquerda do mestre
Right		Escravas são alinhadas pela borda direita do mestre
Center		Escravas são alinhadas horizontalmente pelo centro do mestre
Middle		Escravas são alinhadas verticalmente pelo centro do mestre
Equal		Escravas passam a ocupar a mesma área do mestre

O outro tipo de relação espacial estabelecido no SIMM é a distribuição, que pode ser realizada horizontalmente ou verticalmente. Para este tipo de relação, além das mídias participantes, um valor deve ser definido representando o espaço entre as mídias distribuídas espacialmente.

3. STEVE

O editor STEVE proposto neste artigo é baseado no modelo SIMM. STEVE oferece uma visão temporal do documento multimídia sendo editado, na qual o autor pode sincronizar as mídias usando as relações temporais causais definidas no modelo SIMM. Além disso, STEVE permite que o autor especifique características de apresentação dos itens de mídia e verifique como e onde as mídias serão apresentadas durante a execução do documento. O editor também permite realizar a definição e simulação de eventos de interatividade, e exportar as aplicações hipermídia criadas para as linguagens de autoria NCL e HTML5.

O diagrama de fluxos de dados do editor STEVE, apresentado na Figura 2, tem três entradas: novos projetos STEVE, arquivos de projeto do STEVE preexistentes e documentos NCL. Um projeto criado diretamente no editor STEVE é

representado com as entidades do modelo SIMM. Um documento NCL recebido como entrada é transformado no modelo SIMM, como será visto na Seção 3.2.

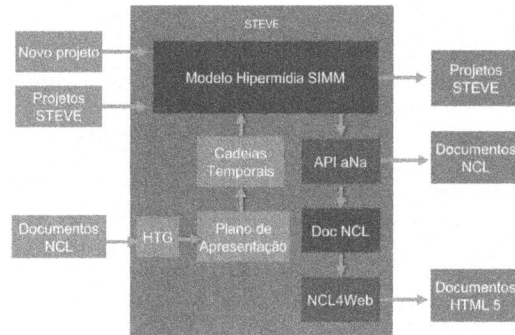

Figura 2: Diagrama de Fluxo de Dados do STEVE

A partir do modelo SIMM, o sistema pode gerar um documento hipermídia em NCL, transformando as entidades do modelo SIMM em elementos da linguagem NCL. Para escrever o documento NCL, o sistema faz uso da API aNa [19], que permite especificar um documento NCL através de objetos Java. O sistema também pode exportar a aplicação para um documento especificado em HTML5, fazendo uso da ferramenta NCL4Web [20], a qual usa folhas de estilo XSLT e bibliotecas Javascript para transformar documentos NCL em aplicações HTML5. Além disso, a aplicação aberta no sistema pode ser salva no formato de arquivo do projeto STEVE para futuras edições. Ambas as ferramentas estão destacadas em lilás na Figura 2.

A interface gráfica do STEVE, exibida na Figura 3, foi projetada contendo três regiões: (i) o repositório de mídias (parte superior esquerda da figura), (ii) a visão temporal (parte inferior), composta por uma barra de botões e a linha do tempo, e (iii) a visão espacial (parte superior central e direita), possuindo o painel de propriedades de apresentação das mídias e a tela de prévia da aplicação hipermídia.

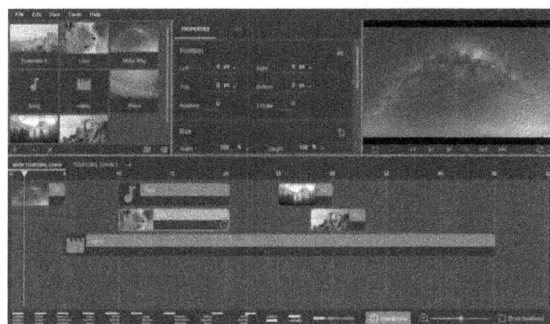

Figura 3: Interface Gráfica do STEVE

No repositório de mídias, são armazenados todos os arquivos de mídia que o usuário importou para utilizá-los na criação da sua aplicação multimídia interativa. STEVE também proporciona a edição da visão espacial, permitindo aos usuários especificarem onde e como os itens de mídia irão se apresentar durante toda a execução do documento. Para isso, a ferramenta proposta apresenta painéis de propriedades baseadas no modelo SIMM, que definem a posição, tamanho e estilo de um item de mídia. O editor proposto ainda exibe uma região que permite visualizar a disposição espacial e a aparência das mídias apresentadas num determinado instante de tempo, realizando uma prévia da apresentação do documento multimídia.

3.1 Visão Temporal

A visão temporal do STEVE permite ao autor criar suas aplicações hipermídia através da manipulação dos itens de mídia ao longo da linha do tempo e definindo relações temporais causais entre eles. Quando o usuário deseja adicionar itens de mídia à sua aplicação, ele deve selecionar uma das mídias armazenadas no repositório e arrastá-la para a cadeia temporal desejada. Quando uma mídia é a primeira a ser adicionada na cadeia temporal, ela é definida pelo sistema como sendo a mídia mestre da cadeia. Esta mídia é posicionada no instante zero da cadeia temporal independentemente do instante escolhido pelo usuário ao soltar a mídia na visão temporal. Para as subsequentes inserções de mídia, o início de apresentação do item de mídia se torna exatamente o instante em que a mídia é solta na cadeia temporal. No caso de mídias contínuas (áudio e vídeo), o sistema obtém sua duração natural, por outro lado, para mídias discretas, o editor define uma duração explícita de 5s, que pode ser modificada pelo autor.

Visando garantir a organização e qualidade na edição do documento, o sistema posiciona automaticamente na vertical as mídias inseridas nas cadeias temporais. O sistema verifica se é possível adicionar a mídia na primeira linha disponível (de cima para baixo na cadeia), considerando os instantes de início e término da mídia. Após uma mídia ser inserida na cadeia temporal, ela pode ser arrastada para outro instante de tempo ao longo do eixo e também ter sua duração alterada pelo usuário.

3.1.1 Sincronização Temporal dos Itens de Mídia

As relações temporais causais da Tabela 1 são oferecidas por STEVE na barra de botões da visão temporal na sua parte inferior, conforme a Figura 3. Para definir uma relação temporal no STEVE, o usuário deve selecionar duas ou mais mídias, a primeira será a mestre e as demais escravas. Em seguida, o usuário deve pressionar um dos botões na barra inferior da visão temporal para definir o tipo de relação desejado. Caso não seja selecionado o número necessário de mídias para definir uma relação, o sistema exibe alertas.

STEVE também oferece outras relações, mostradas na Tabela 3, que são derivadas das relações do modelo SIMM. A primeira delas corresponde à relação *Equals*, a qual é implementada fazendo uso das relações *Starts* e *Finishes*, indicando que os itens de mídia especificados como escravos pelo usuário iniciam suas respectivas apresentações quando a mídia mestre da relação iniciar e terminam quando a mídia mestre finalizar sua apresentação. A relação *During* especifica que a mídia escrava executa durante a apresentação do mestre e utiliza as relações *Starts With Delay* e *Met By With Delay* do modelo SIMM em sua definição. Já a relação *Overlaps* estabelece que a mídia escrava deve iniciar um intervalo de tempo após a mídia mestre começar e deve terminar com atraso quando a mestre finaliza sua apresentação. Dessa forma, a relação *Overlaps* faz uso das relações *Starts With Delay* e *Finishes With Delay*.

Após a definição da relação, o sistema exibe setas que representam graficamente o elo temporal criado entre os itens

Table 3: Relações Temporais Oferecidas pelo STEVE

Relação Temporal	Símbolo
Equals	
During	
Overlaps	

de mídia participantes da relação caso a opção *Show Relations*) na barra de botões da visão temporal esteja selecionada. Como exemplo desta representação, considere a relação temporal *Starts With Delay* definida no STEVE como a Figura 4 ilustra. Esta representação gráfica possui uma seta que tem como origem a borda esquerda do retângulo que representa a mídia mestre e como destino cada uma das bordas de início das mídias escravas do elo. De forma análoga, representações gráficas são criadas para os outros tipos de relação.

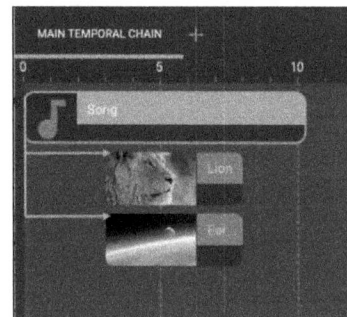

Figura 4: Relação *Starts With Delay* no STEVE

3.1.2 Suporte à Interatividade

Além de oferecer as relações síncronas, STEVE também permite que os usuários criem relações de interatividade e realizem a simulação dos eventos de interatividade presentes na aplicação. As relações de interatividade possuem uma mídia mestre, uma lista de mídias escravas e uma lista de cadeias temporais. Semelhante às relações síncronas, a interatividade possui uma única condição, que corresponde à ocorrência de um evento de seleção, ou seja, à interação do espectador com a mídia interativa do elo (mídia mestre). Entretanto, ela pode possuir uma ação composta pelo início e término do evento de apresentação de um ou mais itens de mídia.

Para simular os eventos de interatividade, o usuário deve informar para o sistema ou utilizar um valor padrão dado pelo editor para o instante de tempo no qual a interação do espectador com as mídias interativas da aplicação ocorre. A partir disto, a ferramenta gera uma nova cadeia temporal representando a apresentação da aplicação supondo a ocorrência dos eventos de interatividade.

Para definir uma relação de interatividade no STEVE, primeiramente o usuário necessita selecionar algum item de mídia para ser o mestre do elo (mídia interativa) e em seguida, pressionar o botão *Interactivity* presente na barra de ferramentas da visão temporal.

Após selecionar uma mídia e pressionar o botão *Interactivity*, STEVE exibe a janela de criação de relações de interatividade, *New interactive media*, apresentada na Figura 5. Nela, três regiões podem ser notadas: *Interactivity Key, What Will Be Stopped?* e *What Will Be Started?*, que permitem definir a tecla de interação, a lista de mídias a serem paradas e as cadeias a serem iniciadas respectivamente. É possível definir mais de uma relação de interatividade para uma mesma mídia, dependendo de qual tecla é utilizada para interação com a mídia.

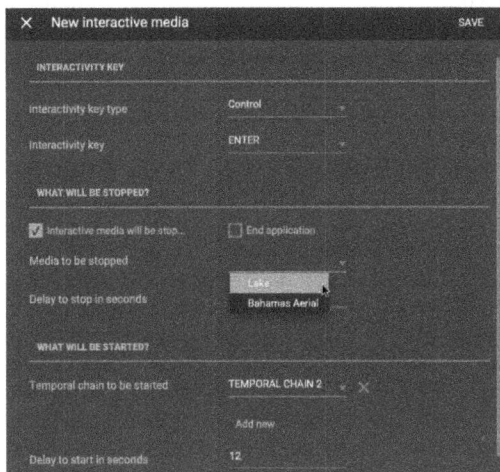

Figura 5: Definindo Nova Mídia Interativa

Após o usuário salvar as informações preenchidas nesta janela, o editor realiza a validação dos campos preenchidos e em seguida, STEVE reflete o elo criado graficamente na cadeia temporal, conforme a Figura 6, destacando a mídia interativa utilizando um ícone com a letra *i*, a lista de mídias a serem finalizadas com bordas vermelhas e as abas das cadeias temporais que devem ser iniciadas com borda verde. Um vídeo demonstrando as principais funcionalidades do STEVE está disponível em https://goo.gl/tKSNtq e outro, disponível em https://goo.gl/WuyhbY, mostrando a execução da aplicação hipermídia na máquina virtual do GINGA criada no vídeo de demonstração.

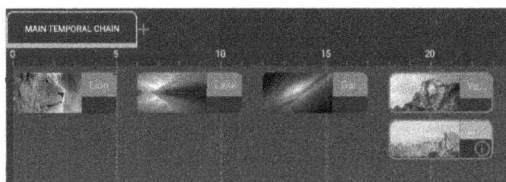

Figura 6: Representação gráfica da relação de interatividade

3.1.3 Mantendo a Consistência Temporal

A fim de manter a consistência temporal das aplicações hipermídia durante a edição, STEVE possui tratamentos específicos dependendo da alteração realizada na aplicação. No que diz respeito à criação de relações temporais síncronas, o editor pode exibir alertas aos usuários informando os seguintes conflitos conforme a Tabela 4.

Quando o usuário deseja reposicionar uma mídia na linha do tempo, o sistema também arrasta automaticamente todos os objetos de mídia que estão ligados direta ou indiretamente através de relações temporais ao item arrastado pelo usuário. No caso de uma mídia interativa, o sistema verifica se os

Table 4: Conflitos na Criação das Relações Temporais

Conflito	Cenário Onde Ocorre
Início já definido	Nova relação tenta definir o início de uma mídia que já possui seu começo especificado por uma outra relação
Término já definido	Nova relação tenta definir o término de uma mídia que já possui seu fim especificado por uma outra relação
Início e término já definidos	Tentativa de criar qualquer relação para uma mídia que já possui seu início e término definidos por outras relações
Novo início é maior do que o fim existente	Nova relação tenta especificar um início para uma mídia cujo término é menor que este novo início
Novo fim é menor do que o início existente	Nova relação tenta especificar um término para uma mídia cujo início é maior que este novo fim

objetos de mídia a serem finalizados por esta relação de interatividade ainda estão sendo apresentados durante o novo intervalo de apresentação da mídia arrastada. Para os itens que não estão mais sendo apresentados, STEVE os remove da lista de itens a serem parados.

O sistema também implementa uma lógica de verificação das relações quando o usuário remove um item de mídia ou uma cadeia temporal. No primeiro caso, STEVE verifica se existe alguma relação temporal que fazia referência ao item deletado. Caso isto se confirme, o sistema remove esta relação caso sua lista de escravas se torne vazia ou seu mestre foi deletado. Além disso, quando a mídia mestre de uma cadeia temporal é removida, o sistema seleciona o item de mídia com menor instante de início como a nova mídia mestre da cadeia temporal. No caso de remoção de uma cadeia temporal, o sistema remove o elo de interatividade que iniciava a cadeia somente se a lista de cadeias e de mídias a serem finalizadas pelo elo estiverem vazias.

Quando o autor deseja alterar a duração de uma mídia, o editor pode bloquear esta edição caso o instante de início ou término da mídia já esteja definido por uma relação temporal. Outro cenário que pode ocorrer durante a edição da duração é quando o item modificado é mestre de alguma relação temporal. Neste caso, o sistema atualiza a posição das mídias escravas conforme o tipo da relação. Ou seja, se o elo define o instante de início dos itens escravos e o começo do mestre é alterado, o sistema atualiza o instante de início de cada um de forma a manter a relação causal existente entre o mestre e seus escravos. Analogamente, se a relação define o instante de término dos escravos e o fim do mestre é alterado, o editor modifica o instante de fim de cada um a fim de preservar o relacionamento temporal entre os itens de mídia. Alguns dos tratamentos do STEVE para manter a consistência temporal discutidos anteriormente podem ser visualizados no vídeo disponível em https://goo.gl/n58Nru.

3.2 Suporte à NCL e HTML5

Como visto na Figura 2, STEVE permite importar um documento NCL. Este documento é transformado num modelo de grafo hipermídia temporal, *Hypermedia Temporal Graph* - HTG [11]. Em seguida, o HTG é mapeado para o plano de apresentação, outra estrutura de dados proposta em [11], representando um conjunto de transições de eventos disparados sobre os componentes da aplicação e cada uma destas transições possuindo seus instantes de tempo de execução. Posteriormente, o plano de apresentação permite determinar os instantes de tempo em que os itens de mídia do documento são exibidos, criando as cadeias temporais da aplicação multimídia. Este processo de transformação do documento NCL está destacado em laranja na Figura 2. Com a cadeia temporal gerada, ela é mapeada para as entidades do modelo SIMM sem realizar a transformação das relações NCL para elos SIMM, exceto quando elos de interatividade são criados para representar as relações interativas presentes no documento NCL associando as diversas cadeias temporais geradas devido à interatividade.

Outra funcionalidade do STEVE é a exportação das aplicações hipermídia criadas no editor para documentos NCL e HTML5. Dado que o modelo SIMM, utilizado por STEVE, é independente de linguagem de autoria multimídia e apresenta uma modelagem simples principalmente na definição das relações temporais, a exportação das aplicações hipermídia criadas na ferramenta para outro modelo é facilitada.

Para realizar a transformação da aplicação hipermídia para um documento NCL, as entidades do modelo SIMM devem ser mapeadas para os elementos da linguagem NCL. Quanto às relações temporais oferecidas no STEVE, cada uma deve ser mapeada para elos NCL (elemento *link*) cuja semântica da relação é definida por conectores hipermídia [17]. Assim, STEVE utiliza uma base de conectores[1] predefinida para especificar cada um dos tipos de relação temporal e de interatividade oferecidos pelo editor. Caso o início de uma mídia não esteja determinado por uma relação (item apenas posicionado na linha do tempo), a ferramenta cria um elo NCL para iniciá-la cuja utilizando o conector *onBeginStartDelay* presente na base.

STEVE também realiza a exportação do documento criado para HTML5. Para isso, o sistema utiliza a ferramenta NCL4WEB [20], que permite executar aplicações hipermídia NCL na Web. A implementação desta ferramenta faz uso das tecnologias XSLT e JavaScript para transformar o código especificado na linguagem NCL em um documento HTML5. Assim, primeiramente STEVE gera o documento NCL e, em seguida, o transforma em um documento HTML5, aplicando a folha de estilo oferecida por NCL4WEB [20]. É importante destacar que todas as relações temporais oferecidas no STEVE são suportadas pelo NCL4WEB. Entretanto, nem todas as características de apresentação disponíveis na ferramenta são suportadas na transformação do NCL4WEB.

4. TRABALHOS RELACIONADOS

A ferramenta *Composer* [14] é uma ferramenta de autoria de documentos NCL que oferece diversas visões (temporal, estrutural, leiaute e textual) para facilitar a autoria multimídia. Entretanto, ela não oferece, em sua versão mais atual, a edição da visão temporal. Apesar de permitir a execução das aplicações, o editor não oferece uma visão espacial integrada à visão temporal de forma a permitir a verificação das características de apresentação em um determinado instante de tempo. Visto que o ambiente gráfico da ferramenta baseia-se diretamente nas entidades do modelo NCM, o usuário necessita conhecer as entidades do modelo para estar apto a utilizar a ferramenta, o que não é trivial para leigos.

O editor *NEXT* [16] permite que autores sem conhecimento de modelo ou linguagem de autoria multimídia consigam criar aplicações NCL fazendo o uso de templates de composição especificados em XTemplate [18]. Entretanto,

para os autores utilizarem outros recursos da ferramenta, como sua visão estrutural, eles devem conhecer o modelo NCM, como ocorre com a ferramenta *Composer*. *NEXT* também não oferece a prévia ou execução das aplicações hipermídia, nem a visão temporal.

Tanto o editor *CMIFed* [23] quanto *GRiNs* [9], que geram documentos SMIL, utilizam um modelo de sincronização temporal baseado em composições hierárquicas (paralelas e sequenciais). A visão temporal disponibilizada por estes editores apresentam estas composições diretamente na linha do tempo, o que pode dificultar a compreensão da sincronização temporal em aplicações mais complexas com uma estrutura de aninhamento de composições temporais em vários níveis.

Já o sistema *FireFly* [8], que possui um modelo baseado em restrições, apresenta uma visão em grafo bastante expressiva, mas pouco intuitiva para o usuário principalmente na verificação da ordem dos itens de mídia da aplicação, visto que os nós não estão dispostos diretamente no tempo. Além de não oferecer a edição da visão espacial.

O sistema *LimSee 2* [12] apresenta diversas visões de uma aplicação multimídia, inclusive a visão temporal. Entretanto, ele não suporta a definição de relações de interatividade e exige um determinado nível de conhecimento do modelo hierárquico para sincronizar temporalmente os itens de mídia da aplicação.

Além destas ferramentas, foram analisados softwares comerciais que permitem a criação de apresentações multimídia. Eles usam o paradigma de sincronização baseada em *timeline* que é bastante intuitivo e fácil na compreensão da ordem temporal das aplicações. Entretanto, esses editores apresentam sérias limitações que são intrínsecas ao paradigma adotado, como não suportar a definição de eventos assíncronos (interatividade e testes de variáveis) e de relações temporais entre os itens de mídia, o que pode comprometer o sincronismo das aplicações. Além disso, elas não produzem documentos hipermídia especificados em uma linguagem padrão de autoria multimídia, por exemplo NCL e HTML5, como formato final da aplicação. Elas geram apenas formatos de vídeo (MP4 e MOV) para representar as aplicações multimídia.

A partir do estudo realizado dos trabalhos relacionados, foram selecionados requisitos relevantes para o desenvolvimento de uma ferramenta de autoria multimídia. Estes requisitos estão listados na Tabela 5, onde o suporte a estes requisitos são verificados para cada um dos trabalhos relacionados, comparando-os com o editor STEVE.

Outro trabalho estudado foi o *Eventline* [10], que não está presente na Tabela 5, visto que ele propõe apenas um modelo de representação da visão temporal de aplicações multimídia baseado em eventos e não implementa a abstração proposta oferecendo uma ferramenta de autoria multimídia. Nesta representação, o eixo temporal é discretizado em eventos que ocorrem sobre uma mídia em um determinado instante de tempo. Diferentemente do modelo SIMM, *Eventline* não permite definir relações temporais causais entre qualquer item de mídia do documento, dado que os eventos (ações) das mídias são dispostos no eixo sempre de maneira relativa aos eventos (condições) que ocorrem com uma mídia denominada de principal.

---

[1]Base de conectores disponível em https://goo.gl/5QKwNK

Table 5: Recursos das Ferramentas de Autoria

Recurso / Editor	Composer	NEXT	CMIFed	FireFly	GRiNs	LimSee 2	STEVE
Paradigma de autoria	E	E	H	R	H	H	E
Formato final da aplicação	NCL	NCL	SMIL	Modelo FireFly	SMIL	SMIL	NCL / HTML5
Edição da Visão temporal			✓		✓	✓	✓
Edição da Visão espacial	✓	✓	✓		✓	✓	✓
Suporte à interatividade	✓	✓	✓	✓	✓		✓
Prévia da execução			✓	✓	✓	✓	✓
Suporte a autores sem conhecimento de modelo ou linguagem multimídia		✓					✓
Execução	✓		✓	✓	✓	✓	

E : Baseado em Eventos; R : Baseado em Restrições; H : Hierárquico;

5. TESTE DE USABILIDADE

Um teste de usabilidade do STEVE foi realizado por um grupo de 10 pessoas, que se caracterizaram predominantemente por estudantes na área de computação. Três usuários nunca tinham utilizado um editor de vídeo e apenas 2 usuários tinham conhecimento de modelos ou linguagens de autoria multimídia. Foram utilizados dois questionários: o primeiro é o SUS (*System Usability Scale*)[2] [15] para avaliar a complexidade do sistema e a necessidade de suporte e de treinamento do editor e o segundo[3] é um formulário específico para mensurar a expressividade dos componentes da ferramenta, a organização da interface gráfica e coletar opiniões gerais sobre o uso do STEVE.

É importante enfatizar que o teste de usabilidade foi focado nas funcionalidades da visão temporal do STEVE. Assim, a aplicação definida para realizar o teste apresenta poucos objetos de mídia e relacionamentos, a fim de remover a dificuldade na elaboração da aplicação e focar a atenção do usuário na utilização dos componentes da ferramenta. Inicialmente, alguns conceitos básicos foram passados através de slides para os usuários, como a definição de uma aplicação multimídia interativa, exemplos de aplicação hipermídia e de ferramentas comerciais bastante comuns na autoria de aplicações multimídia. Em seguida, STEVE foi apresentado discutindo seus objetivos e motivação, além de apresentar sua interface gráfica indicando suas principais funcionalidades como a adição de mídias na visão temporal, a sincronização temporal através das relações temporais oferecidas pela ferramenta e a definição de mídias interativas.

Após a introdução da ferramenta, os usuários foram submetidos ao teste. A visão temporal da aplicação hipermídia a ser construída pelos autores no teste é apresentada na Figura 7. Esta aplicação foi realizada pelos usuários em 3 etapas. A primeira etapa correspondeu apenas a iniciar a aplicação com um vídeo e após 1s iniciar um áudio. Na segunda etapa, o autor precisou adicionar a sequência de 3 imagens com intervalos de 1s entre elas iniciando com o áudio. E por último, foi necessário criar um botão interativo para finalizar o vídeo introdutório quando a tecla ENTER fosse pressionada.

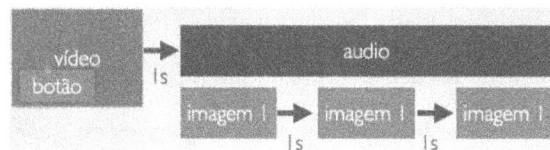

Figura 7: Aplicação hipermídia usada no teste

Como o teste foi realizado de forma remota, os usuários não puderam pedir ajuda técnica durante a realização da aplicação. A única orientação sobre o STEVE estava disponível nos slides.

Dos 10 usuários que realizaram o teste, apenas 2 não conseguiram finalizar a etapa 3. Vale ressaltar que um deles nunca tinha utilizado um editor de vídeo anteriormente. Os demais usuários conseguiram completar as 3 etapas do teste e executá-las no navegador Web com sucesso.

Em relação ao questionário SUS, foi obtida uma média de pontos SUS de 71,75 com desvio padrão de 11,55. Em uma escala de 0 (pouco satisfeito) a 100 (muito satisfeito), esta pontuação demonstra que, de acordo com os usuários, o editor obteve uma usabilidade aceitável (70-100 pontos SUS) [6]. O gráfico com a pontuação obtida para cada usuário pode ser visualizado na Figura 8. Neste gráfico, apenas os usuários 3 e 4 conheciam a linguagem NCL, e os usuários 1, 3 e 7 nunca tinham utilizado nenhuma ferramenta de edição de vídeo.

Para o segundo questionário, foi calculada a média para cada pergunta, que também utilizou as mesmas opções de resposta que o formulário SUS (1-Discordo Completamente a 5-Concordo Completamente). Assim, uma média alta para uma determinada questão caracteriza que, em geral, os usuários concordaram com a afirmação descrita nela. Diante do resultado, médias altas indicaram que os usuários tiveram uma boa experiência ao utilizar o STEVE, que o leiaute e estilo da interface gráfica agradaram muito bem os autores e que o usuário facilmente exportou sua aplicação hipermídia criada no STEVE para o formato HTML5 e, em seguida, conseguiu executá-la com sucesso em um navegador Web.

---

[2]Questões 1 a 10 disponíveis em https://goo.gl/Ai89Wq
[3]Questões 11 a 26 disponíveis em https://goo.gl/Ai89Wq

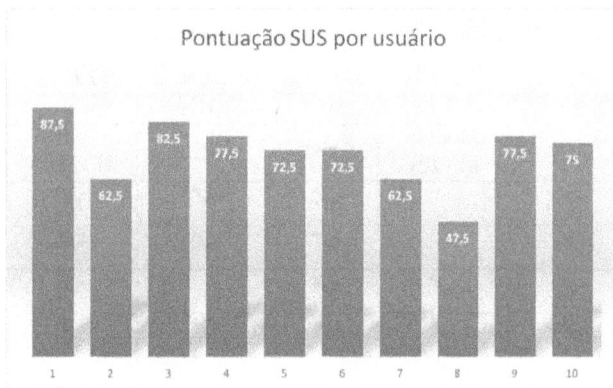

Figura 8: Resultado do questionário SUS

6. CONCLUSÃO

Este artigo apresentou como principais contribuições o modelo de documento hipermídia chamado SIMM (*Simple Interactive Multimedia Model*) e o editor gráfico da visão espaço-temporal denominado STEVE (*Spatio-Temporal View Editor*) baseado neste modelo. STEVE facilita a autoria de documentos hipermídia mesmo por autores sem conhecimento sobre modelos ou linguagens de autoria multimídia, oferecendo relações temporais simples e razoavelmente expressivas para representar as aplicações hipermídia, além de permitir a exportação para documentos NCL e HTML5, possibilitando sua execução em diferentes plataformas.

Como trabalho futuro, novos testes de usabilidade devem ser realizados. Outras funcionalidades podem ser adicionadas à ferramenta STEVE a fim de enriquecer seu poder de edição. A primeira delas é estender o suporte do STEVE a outras linguagens de autoria multimídia, por exemplo, SMIL. Outro recurso também relevante é oferecer a definição de relações espaciais entre os itens de mídia no STEVE e a definição de âncoras em itens de mídia, já que o modelo SIMM oferece essas funcionalidades. Permitir alterar propriedades de apresentação dos objetos de mídia através de relações e a inclusão de templates em STEVE facilitariam ainda mais a autoria de aplicações hipermídia por usuários sem conhecimento em linguagens ou modelos multimídia. Implementar a transformação das relações NCL para elos SIMM no momento da importação de um documento NCL para o STEVE enriqueceria o suporte a NCL. Outro trabalho futuro seria estender o modelo SIMM para definir novas abstrações e dar suporte a testes de variáveis, o que enriqueceria o ambiente de autoria.

7. AGRADECIMENTOS

Este trabalho foi parcialmente financiado pela CAPES, CNPq e FAPERJ.

8. REFERÊNCIAS

[1] *Digital terrestrial television - Data coding and transmission specification for digital broadcasting Part 2: Ginga-NCL for fixed and mobile receivers - XML application language for application coding.* ABNT 15606-2, 2007.

[2] Synchronized Multimedia Integration Language - SMIL. http://www.w3.org/TR/SMIL/, 2008.

[3] *Nested Context Language (NCL) and Ginga-NCL for IPTV.* ITU H.761 recommendation, 2009.

[4] HTML5. http://www.w3.org/TR/html5/, 2014.

[5] J. F. Allen. Maintaining knowledge about temporal intervals. *Commun. ACM*, 1983.

[6] A. Bangor, P. Kortum, and J. Miller. Determining what individual sus scores mean: Adding an adjective rating scale. *J. Usability Studies*, 2009.

[7] G. Blakowski and R. Steinmetz. A media synchronization survey: reference model, specification, and case studies. *Selected Areas in Communications, IEEE Journal on*, 1996.

[8] M. Buchanan and P. Zellweger. Specifying Temporal Behavior in Hypermedia Documents. In *Hypertext*, 1992.

[9] D. Bulterman, L. Hardmen, J. Jasen, K. Mullender, and L. Rutledge. GRiNS: A GRaphical INterface for creating and playing SMIL documents. *Computer Networks and ISDN Systems*, 1998.

[10] J. R. Cerqueira Neto, R. C. Mesquita Santos, C. S. Soares Neto, and M. M. Teixeira. Eventline: Representation of the temporal behavior of multimedia applications. WebMedia '12, São Paulo, Brazil.

[11] R. M. R. Costa. *Controle do Sincronismo Temporal de Aplicações Hipermídia.* Tese de doutorado, Pontifícia Universidade Católica do Rio de Janeiro, 2010.

[12] W. D. Deltour R, Layaida N. Limsee2: a cross-platform smil authoring tool. In *ERCIM News*, 2005.

[13] J. A. dos Santos, C. Braga, D. C. Muchaluat-Saade, C. Roisin, and N. Layaïda. Spatio-temporal validation of multimedia documents. In *Proceedings of the 2015 ACM Symposium on Document Engineering*, DocEng '15, pages 133–142, Lausanne, Switzerland, 2015.

[14] R. L. Guimarães, R. Costa, and L. F. G. Soares. Composer: Authoring Tool for iTV Programs. *European Interactive TV Conference - EuroITV*, 2008.

[15] B. J. Sus: a quick and dirty usability scale. *In: Jordan P, Thomas B, Weerdmeester B, McClelland I (eds) Usability evaluation in industry. Taylor & Francis*, 1996.

[16] D. P. Mattos, J. V. Silva, and D. Muchaluat-Saade. NEXT: Graphical editor for authoring NCL documents supporting composite templates. EuroITV '13.

[17] D. C. Muchaluat-Saade and L. F. G. Soares. XConnector & XTemplate: Improving the Expressiveness and Reuse in Web Authoring Languages. *New Review of Hypermedia and Multimedia*, 2002.

[18] J. A. F. Santos and D. C. Muchaluat-Saade. XTemplate 3.0: Spatio-temporal Semantics and Structure Reuse for Hypermedia Compositions. *Multimedia Tools and Applications*, 2012.

[19] J. A. F. Santos, J. V. Silva, R. Vasconcelos, W. Schau, C. Werner, and D. C. Muchaluat-Saade. aNa: API for NCL Authoring. *WebMedia - Workshop de Ferramentas e Aplicações*, 2012.

[20] E. C. O. Silva, J. A. F. Santos, and D. C. Muchaluat-Saade. NCL4WEB: Translating NCL applications to HTML5 web pages. DocEng '13.

[21] L. F. G. Soares and R. Rodrigues. *Nested Context Language 3.0 Part 8 NCL Digital TV Profiles. MCC 35/06 Technical Report.* 2006.

[22] L. F. G. Soares, R. Rodrigues, and D. C. Muchaluat-Saade. Modeling Authoring and Formatting Hypermedia Documents in The Hyperprop System. *ACM Multimedia Systems Journal*, 2000.

[23] G. van Rossum, J. Jansen, K. S. Mullender, and D. Bulterman. CMIFed: A Presentation Environment for Portable Hypermedia Documents. In *ACM Multimedia*, 1993.

STyLe: Extending NCL for providing Dynamic Layouts

Glauco F. Amorim* §   Joel A. F. dos Santos* §   Débora C. Muchaluat-Saade§

* Grupo de Pesquisa em Ciência de Dados - CEFET-RJ
§ Laboratório MídiaCom - Departamento de Ciência da Computação - UFF
(gamorim, joel, debora)@midiacom.uff.br

ABSTRACT

Template-based languages can be used for arranging interface components in a layout model, like a grid. Declarative multimedia authoring languages, such as NCL (Nested Context Language), may use those templates for decreasing the authoring effort while specifying a presentation spatial layout. Although layout models are helpful for specifying presentation characteristics for media items, they usually do not consider the case where changes may happen at runtime. Moreover, presentations may lose tidiness when displayed on a device different then the one it was designed for or due to the viewer context or even due to viewer interaction. This paper proposes STyLe, a template language for dynamic spatial layout. STyLe is a constraint-based template language for providing dynamic and adaptive spatial layouts for hypermedia documents. It also presents a framework capable of interpreting this language and performing the necessary changes in order to dynamically update NCL media object presentation characteristics at runtime.

Keywords

Template Authoring; Dynamic Spatial Layouts; NCL; XTemplate; Spatial Constraints

1. INTRODUÇÃO

Aplicações multimídia interativas são visualizadas em diversos dispositivos com diferentes tamanhos de tela. Para que a experiência do usuário seja a melhor possível, independentemente do dispositivo utilizado, as aplicações deveriam possuir leiautes autoajustáveis que seriam modificados dependendo das condições de visualização apresentadas. Algumas linguagens de autoria, como HTML5 [10] e CSS3 [19], permitem que o autor do documento declare diretivas para que o leiaute da aplicação possa responder a mudanças no contexto do usuário. Entretanto, essas linguagens normalmente utilizam como ambiente de apresentação a Web. Outras linguagens para autoria multimídia, como NCL (Nested

Context Language) [1] e SMIL (*Synchronized Multimedia Integration Language*) não fornecem facilidades para que o autor do documento possa desenvolver leiautes adaptáveis.

NCL é padrão para a criação de conteúdo interativo para o Sistema Brasileiro de TV Digital [1] e serviços IPTV [15]. Geralmente, aplicações NCL envolvem a apresentação de vários tipos de objetos de mídia em dispositivos que vão desde *smartphones* até TVs de alta definição. Para que cada objeto de mídia seja apresentado na tela de um dispositivo, é preciso informar suas características de apresentação como: coordenadas espaciais (x, y, z) e tamanho da região que ocupará na tela do exibidor. Essas características são estáticas, mas podem ser alteradas em tempo de execução. Isso é feito através da definição de elos que mapeiam as alterações desejadas e modificam o valor das características de apresentação. O problema de tal abordagem é que o autor deverá estabelecer previamente todas as modificações que o documento irá realizar, o que torna a autoria do documento extremamente complexa e propensa a erros.

Este artigo propõe STyLe, uma linguagem de *templates* baseada em restrições para especificar leiautes espaciais adaptativos e dinâmicos para aplicações multimídia. Chamamos de *leiaute espacial adaptativo* uma abordagem que possibilita que autores possam criar características de apresentação genéricas que adaptam o leiaute espacial especificado ao número de objetos de mídia de um dado documento. Isto diminui o esforço de autoria na criação do leiaute espacial da aplicação.

Um *leiaute espacial adaptativo e dinâmico* é uma extensão de um leiaute adaptativo de tal forma que as características de apresentação dos objetos de mídia possam ser alteradas em tempo de execução e em resposta a ocorrência de eventos na apresentação do documento, tais como interação do usuário ou edição ao vivo de partes do documento. STyLe fornece esta facilidade definindo o leiaute espacial de um documento hipermídia através de restrições espaciais. Adicionalmente, o uso de restrições no STyLe pode também ser usado para adaptar a aplicação a diferentes tamanhos de tela do dispositivo exibidor.

STyLe define um conjunto de restrições espaciais predefinidas, incluindo as representações dos modelos de leiautes propostos em [3]. Deste modo o leiaute espacial definido no *template* é mantido quando uma mudança ocorre durante a apresentação do documento. Além das restrições predefinidas, STyLe possibilita ao autor personalizar os tipos de restrições espaciais através de conectores de restrição [13].

O uso de um *template* STyLe é processado por um *framework* capaz de interpretar as restrições espaciais contidas

WebMedia '16, November 08-11, 2016, Teresina, PI, Brazil
© 2016 ACM. ISBN 978-1-4503-4512-5/16/11...$15.00
DOI: http://dx.doi.org/10.1145/2976796.2976861

no *template* e construir ou atualizar corretamente o leiaute espacial de um documento. Este artigo apresenta uma extensão da linguagem NCL para dar suporte ao uso de STyLe para definição de leiautes espaciais e também uma implementação do framework STyLe para documentos NCL.

A linguagem STyLe fornece *templates* somente para definição do leiaute espacial da aplicação. As relações temporais entre os objetos de mídia devem ser estabelecidas diretamente na linguagem alvo ou geradas a partir de linguagens de *templates* de documentos como XTemplate [3] e TAL [14]. Contudo, é possível criar uma solução completa utilizando STyLe diretamente em um documento NCL ou referenciando *templates* STyLe dentro de um template XTemplate. Para tal, extensões para ambas as linguagens são necessárias e serão apresentadas no decorrer do artigo.

O restante do artigo está estruturado da seguinte forma: A Seção 2 discute os trabalhos relacionados. A Seção 3 descreve as características da linguagem STyLe. A Seção 4 apresenta a extensão de NCL para a utilização de STyLe. A Seção 5 descreve um *framework* para a linguagem e apresenta casos de uso de STyLe. A Seção 6 conclui o artigo e apresenta os trabalhos futuros.

2. TRABALHOS RELACIONADOS

Para manter a consistência de documentos hipermídia que se alteram dinamicamente, duas abordagens foram destacadas nesta seção. A primeira é a utilização de restrições [12, 6, 16, 11, 9, 7] e a segunda é o uso de *templates* [17, 3].

McCormack et al. [12] propõem a adição de mecanismos declarativos de leiautes para SVG que permitem um comportamento adaptativo dos elementos espaciais em relação a modificações como: variação da janela do navegador ou diferentes tamanhos de fontes. Uma sugestão dada pelos autores é que os valores dos atributos sejam especificados através de expressões que deverão ser avaliadas em tempo de exibição para determinar o valor do atributo a ser utilizado. Uma pequena extensão SVG, denominada CSVG, que fornece esta funcionalidade é descrita. Nela, um conjunto de restrições espaciais são propostas. Os autores demonstram o uso de uma rede acíclica de restrições que são declaradas como expressões que mapeiam atributos de propriedades entre componentes SVG. Por exemplo, uma definição do tipo *svg:rec id="B" x="A.x + A.width + 30"* deveria declarar B espaçado 30 pixels à direita de A. Desta forma, sempre que a propriedade de A é atualizada, a modificação é refletida em B. Os autores demonstram que a extensão permite que se criem leiautes sofisticados.

Exemplos simples, como demonstrado acima, podem ser facilmente descritos com a linguagem. Entretanto, quando os leiautes são mais sofisticados as expressões tendem a aumentar consideravelmente o nível de complexidade. STyLe tenta manter a complexidade baixa fornecendo restrições predefinidas que determinam comportamentos mais complexos.

Borning et al. [6] apresentam um sistema onde ambos, o autor de uma página web e o usuário podem declarar restrições de leiautes. As restrições podem ser *requeridas* ou *preferidas*. O modelo de leiaute baseado em restrição proposto pelos autores tem três componentes principais: uma ferramenta de autoria do documento, uma ferramenta de visualização e um *solver* usado para processar as restrições.

A ferramenta de autoria permite ao autor editar o conteúdo do documento. Ela consiste de texto, *boxes* invisíveis,

imagens e tabelas. Cada componente não textual é alocado em *boxes* e o leiaute espacial do documento é especificado definindo-se restrições entre esses *boxes*. O texto do documento é então arranjado para que seja distribuído em torno dos *boxes*.

As restrições são resolvidas em tempo de autoria, diferente do trabalho apresentado neste artigo onde as restrições são processadas em tempo de execução. Entretanto, é importante mencionar que a hierarquia de restrições definida em [6] serviu de base para o trabalho proposto.

Em [7], o autor define relações espaciais para documentos hipermídia. Essas relações podem ser estabelecidas entre janelas ou regiões. Apesar do conjunto de relações ser interessante, a utilização das relações na linguagem é desnecessariamente complexa. O trabalho proposto neste artigo simplifica as relações definidas em [7]. Além disso, a linguagem proposta é baseada em *templates* e estabelece uma clara separação entre a definição espacial e a temporal.

Soares et al. [17] propõem uma abordagem baseada em *templates* para criar documentos hipermídia dinâmicos. A abordagem proposta baseia-se em um *framework* que fornece suporte a geração automática e dinâmica de aplicações hipermídia declarativas no lado cliente. O *framework* é composto por objetos com código imperativo que são incluídos na aplicação resultante.

Novos padrões web, tais como HTML5.0 e CSS3.0, estão sendo usados para criar *design* responsivo, permitindo aos autores criar um único *website* que pode adaptar o leiaute e o conteúdo a diferentes contextos de visualização em um grande número de dispositivos. Isso resulta em uma experiência mais satisfatória para o usuário. A ideia dessa abordagem é fornecer ferramentas para redimensionar, esconder, minimizar, expandir ou mover o conteúdo do documento para que a aparência da aplicação se ajuste em qualquer tamanho de tela.

Apesar da importância do *design* responsivo para páginas web, sua especificação ou depende fortemente de linguagens baseadas em *script*, tal como JavaScript, ou é complexa e algumas vezes confusa, como *table layout*. De acordo com [4], leiautes baseados em restrições fornecem uma solução para esses problemas, pois restrições podem ser definidas como expressões determinísticas e usadas para descrever, de forma clara, o leiaute de páginas web. O trabalho proposto neste artigo adota restrições em conjunto com modelos de leiaute para definir o leiaute espacial de aplicações. Os modelos de leiaute representam organizações comuns de objetos de mídia para documentos hipermídia, como uma grade ou um fluxo.

3. LINGUAGEM STyLe

STyLe é uma linguagem baseada em XML, usada para definição de *templates* de leiaute espaciais que serão instanciados em documentos hipermídia. Ela estende a linguagem de leiaute espacial definida em XTemplate 4.0 [3], acrescentando restrições. Além da linguagem, um *framework* foi desenvolvido para permitir mudanças dinâmicas das características de apresentação de objetos de mídia que são exibidos na tela de um dispositivo.

As restrições permitem especificar a definição do leiaute de um documento através de relações espaciais que utilizam atributos de posição, tornando-se uma solução flexível. Esta é uma das principais vantagens da utilização de restrições para definição do leiaute espacial.

Quando um leiaute espacial é definido utilizando restrições, ele pode se adaptar ao tamanho da tela, por exemplo, e pode ser alterado, em tempo de execução, quando acontecem eventos durante a apresentação do documento. Isto, por que as restrições deverão ser sempre satisfeitas independente das mudanças que ocorrerem. A ideia é manter o leiaute definido no *template* S^{T}yL^e durante toda a execução do documento.

O elemento básico em um *template* S^{T}yL^e é o *item*. Ele define uma área retangular no leiaute espacial do documento. A escolha de uma área retangular deve-se ao fato de que a maioria das linguagens de autoria para aplicações multimídia interativas, tais como NCL e SMIL, utilizam regiões retangulares para definição espacial de objetos de mídia. Um *item* representa características de apresentação que serão atribuídas a, possivelmente, muitos objetos de mídia.

Em S^{T}yL^e, *itens* podem ser agrupados dentro de um elemento espacial, denominado *container*. Um *container* pode especificar um tipo que define como os itens declarados dentro desse *container* serão organizados no espaço. Os seguintes tipos estão disponíveis: *gridLayout*, *flowLayout*, *stackLayout* e *carouselLayout*. Quando o tipo do *container* não é especificado, a organização dos itens deve ser estabelecida pelas restrições que são declaradas dentro do próprio *container*.

Itens e *containers* definem pontos de interface que representam coordenadas específicas em sua área retangular. Esses pontos de interface são atributos utilizados nas restrições. A Figura 1 mostra os pontos de interface disponíveis para itens e *containers*.

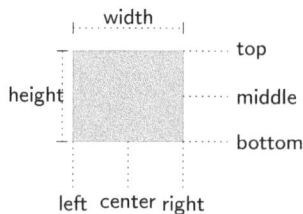

Figura 1: Pontos de Interface de *Item* e *Container*

S^{T}yL^e propõe três tipos de restrições predefinidas para especificar um leiaute espacial, que são: *align*, *distribute* e *size*. A restrição espacial *align* é usada para alinhar pontos de interface dos itens ou *containers*. A restrição espacial *distribute* distribui os itens ou *containers* ao longo de uma direção, mantendo os espaços entre suas bordas. Já a restrição espacial *size* pode ser utilizada para associar o tamanho de determinados pontos de interface de um item ou *container* (*width*, *height* e *size*) com outro item ou *container*, como por exemplo, para indicar que a largura de um *item* A é duas vezes maior que a largura de um *item* B.

Ainda é possível para o autor do *template*, definir seu próprio tipo de restrição. Uma restrição definida pelo autor é determinada utilizando-se um conector de restrição (*constraint connector*). De acordo com [18], "um *constraint connector* é uma relação multiponto com semântica de restrição, que define uma expressão assertiva. Esta expressão deve ser satisfeita durante a execução do documento".

A definição completa de um *template* S^{T}yL^e é feita dentro de um elemento *layout*, que possui dois elementos filhos: *head* e *body*. No elemento *head* é possível definir uma base

de conectores de restrição através da declaração do elemento *contraintConnectorBase* e uma base de transições através da declaração do elemento *transitionBase*. Já o elemento *body* contém as declarações do leiaute espacial que será herdado pelo documento que utiliza o *template* de leiaute. A Tabela 1 resume os principais elementos e atributos definidos por S^{T}yL^e.

O leiaute espacial descrito no corpo do *template* é determinado com elementos *item*, *container* e *spatialConstraint*.

As dimensões (posição e tamanho) para um dado elemento *item* podem ser definidas através de seus atributos *top*, *left*, *right*, *bottom*, *width* e *height* ou através de uma restrição espacial. A Listagem 1 apresenta um exemplo das duas possibilidades.

Um *item* pode ser declarado tanto fora como dentro de um *container*. No exemplo apresentado na Listagem 1, três itens, A, B e C, são declarados dentro de um *container*. O item A tem sua posição e tamanho determinado pelos seus atributos, enquanto que o posicionamento dos itens B e C são definidos pelas restrições espaciais *dist1* e *align1*.

3.1 Container

O elemento *container* estabelece uma área delimitadora contendo *itens* e/ou outros *containers* aninhados. Como mencionado anteriormente, a posição e o tamanho do *item* podem ser especificados dentro do *container* através da declaração de atributos e/ou restrições espaciais, como pode ser visto na Listagem 1.

```
1  <container id="foo">
2    <item id="A" top="0" left="100" width="260"
3      height="195"/>
4    <item id="B" width="260" height="195"/>
5    <item id="C" width="260" height="195"/>
6
7    <spatialConstraint id="dist1" type="distribute"
       direction="horizontal" >
8      <bind component="A"/>
9      <bind component="B"/>
10     <bind component="C"/>
11   </spatialConstraint>
12
13   <spatialConstraint id="align1" type="align">
14     <bind component="A" interface="bottom"/>
15     <bind component="B" interface="top"/>
16     <bind component="C" interface="bottom"/>
17   </spatialConstraint>
18 </container>
```

Listagem 1: Container não tipado

Este *container* pode ser visualizado na Figura 2.

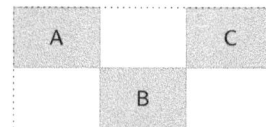

Figura 2: Container não tipado

Outra opção para determinar o posicionamento e o tamanho do *item* dentro de um *container* é seguindo uma regra definida pelo tipo do *container*. Quatro tipos foram disponibilizados em S^{T}yL^e: *gridLayout*, *flowLayout*, *stackLayout* e *carouselLayout*. Esses modelos de leiaute adaptativos foram herdados da linguagem XTemplate 4.0[3]. O objetivo da utilização de modelos de leiautes é diminuir o esforço do autor de *templates* no momento de autoria.

O tipo **flowLayout** especifica que os *itens* devem ser dispostos dentro do *container* da esquerda para a direita, linha por linha. Quando não existe mais espaço em uma linha

Elementos Principais	Atributos	Conteúdo
layout	id	head, body
head		constraintConnectorBase, transitionBase
constraintConnectorBase		constraintConnector, importBase
transitionBase		transition, importBase
constraintConnector	id	connectorParam, compoundStatement, assessmentStatement, attributeAssessment
transition	id, type, dur	
body	id	item, container, spatialConstraint
container	id, type, focusIndex, transIn, transOut, sort, rearrange, rearrangeDur	item, format, focus, container, spatialConstraint
spatialConstraint	id, xconnector, type, priority, offset, factor, master	bind
item	id, top, left, right, bottom, width, height, focusIndex	
format	top, left, right, bottom, width, height, align, vspace, hspace, columns, rows, orientation, step, zIndex	
focus	focusIndex, moveLeft, moveRight, moveUp, moveDown	

Tabela 1: Elementos de Linguagem S^{T}yL^{e}

para um *item* com um determinado tamanho, outra linha é criada abaixo da anterior e o mesmo procedimento é adotado. A Figura 3a mostra o tipo *flowLayout*.

O tipo **gridLayout** determina que os *itens* sejam colocados no *container* da esquerda para a direita, linha por linha, na forma de uma grade. A grade é sempre construída considerando toda a área estabelecida pelo *container*. A Figura 3b mostra o tipo *gridLayout*.

O tipo **stackLayout** especifica que os *itens* do leiaute sejam colocados no *container* um sobre o outro, com algum deslocamento na posição horizontal e vertical. O último elemento inserido será aquele que ficará a frente de todos os demais (i.e. ele terá o maior atributo *zIndex*). A Figura 3c apresenta o *stackLayout*.

O tipo **carouselLayout** determina que os *itens* do leiaute deverão ser posicionados em uma forma elíptica. A elipse é construída dentro de uma região retangular delimitada pelo *container*. A Figura 3d apresenta o *carouselLayout*.

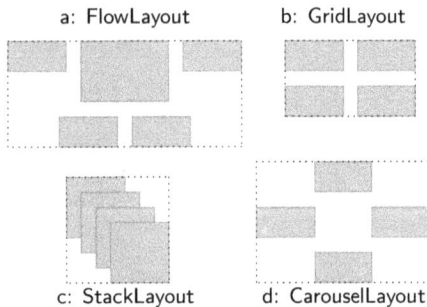

Figura 3: Tipos de Container

Sempre que um *container* define um tipo, seu elemento filho *format* deve ser declarado. Tal elemento é usado para especificar a área coberta pelo *container*, como será feita a arrumação dos *itens* dentro do *container* e o espaçamento entre eles. O tipo do *container* representa o modelo do leiaute instanciado por um determinado *container*. Dependendo do modelo que é instanciado, diferentes atributos podem ser definidos. Um *container flowLayout* não precisa definir o número de linhas e colunas. Ao invés disso, é necessário definir o alinhamento dos *itens* (*left*, *right* e *center*). Por outro lado, um *container gridLayout* precisa definir o número de linhas e colunas, mas não determina o alinhamento ou tamanho para os *itens*. Um *container carouselLayout* de-

clara a região ao redor da elipse e um *container stackLayout* determina índices de sobreposição entre os *itens*.

Toda vez que um *container* instancia um modelo de leiaute do tipo: *flow*, *stack* ou *carousel*, é possível incluir *itens* de tamanhos diferentes. Desta forma, cada elemento *item* definido dentro do *container* pode determinar seu próprio *width* e *height*.

Além do tamanho e posicionamento, um componente *container* ainda é capaz de descrever: (i) o comportamento de navegação entre seus componentes internos e entre *containers*, (ii) uma transição para os *itens* internos ao *container* e (iii) uma animação para rearranjar os elementos restantes de um *container*, quando ocorrer um evento de parada da execução de um *item*. A navegação interna é estabelecida sempre que o elemento filho *focus* é declarado, conforme definido em [2].

Para realizar uma transição ao se mostrar os *itens* pela primeira vez, se faz necessário a declaração de um elemento *transition* na base de transições localizada no elemento *head*. O elemento *transition* possui como atributos um identificador único, o tipo da transição (*barWipe*, *fade*, *diagonalWipe* e *clockWipe*) e a duração da transição. Para relacionar uma transição a um *container* e definir quando a transição irá ocorrer (início ou fim da apresentação do objeto de mídia), basta definir um atributo *transIn* ou *transOut* com o valor igual ao *id* da transição. Esse processo é o mesmo que é feito na linguagem NCL [1] para criar transições.

É possível animar a mudança de posição de *itens* em um *container* para que ela seja percebida de forma mais suave pelo usuário. Isso é definido através do atributo *rearrange* que espera receber dois valores: *animate* e *appear*. O valor *animate* anima a forma como os *itens* serão rearranjados quando um deles for retirado e o valor *appear* posiciona os *itens* nas coordenadas corretas sem fazer uma animação. Para estabelecer a duração da animação, o atributo *rearrangeDur* deve ser declarado.

3.2 Restrições Espaciais

Uma restrição espacial é declarada em um *template* S^{T}yL^{e} com o elemento *spatialConstraint*. Quando ele representa uma restrição espacial predefinida, é necessário definir os atributos *id* e *type*. O atributo *id* é usado para identificar unicamente a restrição espacial. O atributo *type* identifica se é uma restrição de alinhamento, distribuição ou de tamanho. Para definir o nível de prioridade, é possível declarar o atributo *priority*, criando desta forma, uma hierarquia de restrições como mencionado em [6]. Este atributo é opcional e possui o valor *default high*.

S^{T}yL^e fornece quatro níveis de prioridade: *core, high, medium* e *low*. Uma restrição com o valor de prioridade igual a *core* deve sempre ser satisfeita pelo sistema. Os valores *high, medium* e *low* definem níveis preferidos, mas não requeridos. Então, quando o sistema tenta resolver as restrições, ele procura uma solução que atenda ao conjunto de restrições por completo. Se isso não é possível, uma nova tentativa é feita, removendo-se as restrições com prioridade *low* do conjunto de restrições. Esse processo continua até que o conjunto de restrições tenha somente restrições com prioridade *core*. Se ainda assim o sistema não consegue encontrar uma solução, então um erro é gerado.

Uma *spatialConstraint* pode relacionar dois ou mais componentes espaciais (*item* ou *container*). Os componentes que participam da restrição são identificados no elemento filho *bind*. Um elemento *bind* deve indicar o ponto de interface espacial do componente que será considerado. O componente participante e seu ponto de interface são determinados pelos atributos *component* e *interface*, respectivamente.

Como mencionado anteriormente, uma restrição do tipo *align* serve para alinhar um ou mais pontos de interface de *itens* ou *containers*. Adicionalmente, pode-se definir um *offset* ou *factor* que será, adicionado ou multiplicado, entre cada par de pontos de interface participantes de uma dada restrição. O atributo *master* pode ser declarado para determinar se cada relação criada a partir do *align* terá como mestre o elemento imediatamente anterior (*previous*) ou o primeiro elemento declarado (*first*). No exemplo mostrado pela Listagem 2, o lado esquerdo do *item* B será alinhado com o lado esquerdo de A, acrescentando 10 pixels nesse alinhamento e o lado esquerdo de C será alinhado com o lado esquerdo de B, acrescentando mais 10 pixels nesse alinhamento. O valor *default* desse atributo é *first*.

```
1  <spatialConstraint id="leftAlign" type="align" offset="10"
       priority="core" master="previous">
2    <bind component="A" interface="left"/>
3    <bind component="B" interface="left"/>
4    <bind component="C" interface="left"/>
5  </spatialConstraint>
```

Listagem 2: Exemplo da restrição espacial Align

Uma restrição espacial do tipo *distribute* especifica que dois ou mais componentes espaciais deveriam ser distribuídos ao longo de uma parte da tela. Pode-se determinar um atributo *direction* com valores *horizontal, vertical* ou um valor representando um ângulo, que define a direção da distribuição. O ângulo entre dois itens é calculado como mostrado na Figura 4.

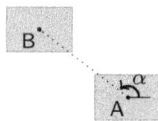

Figura 4: Distribute usando um ângulo

Já uma restrição espacial do tipo *size* cria relações de tamanho sobre os componentes, como por exemplo: o tamanho de A é duas vezes maior que o tamanho de B ou a altura de C é a altura de D + 10. Os atributos *factor* e *offset* definem se o valor vai ser multiplicado ou somado ao ponto de interface. Normalmente, os pontos de interface utilizados

nessa restrição são pontos referentes à altura, largura ou tamanho de um item. O ponto de interface que relaciona o tamanho do elemento, isto é, manipula altura e largura ao mesmo tempo, denomina-se *size*. A Listagem 3 mostra um exemplo de utilização dessa restrição.

```
1  <spatialConstraint id="doubleSize" type="size" factor="2"
       priority="core">
2    <bind component="A" interface="size"/>
3    <bind component="B" interface="size"/>
4  </spatialConstraint>
```

Listagem 3: Exemplo da Restrição Espacial Size

Além das restrições espaciais predefinidas, S^{T}yL^e fornece ao autor a possibilidade de definir uma restrição espacial customizada. Isto é feito utilizando-se conectores de restrição, que são baseados na linguagem XConnector [13]. Este conector confere maior flexibilidade à linguagem, pois fornece ao autor a possibilidade de criar qualquer restrição que desejar. Todas as restrições predefinidas podem ser reescritas utilizando-se conectores de restrição. Entretanto, as restrições predefinidas diminuem a complexidade na autoria de restrições que relacionam vários componentes, por isso também são oferecidas por S^{T}yL^e.

Um conector de restrição é uma relação multiponto com semântica de restrição que define uma expressão assertiva. Essa expressão deve ser satisfeita durante a execução do documento. Um conector define um conjunto de *papeis* e uma *cola*. Cada *papel* descreve um evento que será associado a um componente da relação, enquanto que a *cola* descreve a combinação entre os eventos de acordo com a semântica de restrição.

Cada *papel* do conector define um *id*, um *tipo do evento* e um *tipo do atributo*. *Papeis* de restrição são especificados em *papeis* de avaliação. Um *papel* de avaliação contém uma expressão que retorna o valor de uma propriedade de um nó, por exemplo o valor da sua largura.

A *cola* de um conector de restrição define uma expressão relacionando os *papeis* declarados no conector. A expressão pode ser simples ou composta. Uma expressão simples compara *papeis* de um mesmo tipo ou um *papel* com um valor. Uma expressão composta consiste de uma expressão lógica envolvendo duas ou mais expressões. A Listagem 4 apresenta um exemplo de um conector de restrição.

```
1  <constraintConnector id="alignLeftBottomTop">
2    <compoundStatement operator="and">
3      <assessmentStatement comparator="eq">
4        <attributeAssessment role="left1" eventType="
           attribution" attributeType="nodeProperty"/>
5        <attributeAssessment role="left2" eventType="
           attribution" attributeType="nodeProperty"/>
6      </assessmentStatement>
7      <assessmentStatement comparator="eq">
8        <attributeAssessment role="base" eventType="
           attribution" attributeType="nodeProperty"/>
9        <attributeAssessment role="base50" eventType="
           attribution" attributeType="nodeProperty" offset="50"
           />
10     </assessmentStatement>
11   </compoundStatement>
12  </constraintConnector>
```

Listagem 4: Conector de restrição

Para utilizar um conector de restrição, uma restrição espacial deve declarar um atributo *xconnector* que relaciona esta restrição ao conector. O valor do atributo é o *id* do conector de restrição, que pode ter sido declarado no *head* do *template* ou em uma base de conectores de restrição.

Cada elemento *bind* na restrição espacial deve ter um atributo *role* cujo valor é um dos *papeis* declarados no conector de restrição. As linhas 37-47 da Listagem 6 apresentam um exemplo da restrição espacial usando o conector exibido na Listagem 4.

4. ESTENDENDO NCL PARA USAR STyLe

Esta seção apresenta como documentos NCL devem ser estendidos para que possam usar *templates* STyLe para fornecer leiaute espacial dinâmico. Para mostrar o funcionamento da linguagem proposta, um exemplo de um documento NCL utilizando um *template* STyLe foi especificado. A Figura 5 mostra o leiaute espacial criado para este documento.

Figura 5: Leiaute Espacial do Documento

A Listagem 5 mostra um fragmento do código NCL para o documento que utiliza o *template* STyLe.

```
1  <ncl>
2    <head>
3      <layoutBase>
4        <importBase alias="layBase" documentURI="
         LayoutAppExample.xml"/>
5      </layoutBase>
6      ...
7    </head>
8    <body>
9      <media id="menu1" ... layout="layBase#menu"/>
10     <media id="menu2" ... layout="layBase#menu"/>
11     <media id="menu3" ... layout="layBase#menu"/>
12     ...
13     <media id="image1" ... layout="layBase#grid"/>
14     <media id="image2" ... layout="layBase#grid"/>
15     ...
16     <media id="image13" ... layout="layBase#info"/>
17     ...
18     <media id="video1" ... layout="layBase#videos" item="
         item1"/>
19     <media id="video2" ... layout="layBase#videos" item="
         item1"/>
20     ...
21    </body>
22  </ncl>
```

Listagem 5: Código do exemplo NCL

Resumidamente, um *template* STyLe define *itens* e/ou *containers* para representar regiões espaciais onde grupos de objetos de mídia serão posicionados. O documento que usa um dado *template* espacial associa seus objetos de mídia aos *itens* e/ou *containers* do *template* através de rótulos (atributo *layout*). Relações de restrição que relacionam componentes espaciais são declaradas no *template* STyLe. Em tempo de processamento, esses componentes dão origem a regiões que serão ocupadas por objetos de mídia declarados no documento que utiliza o *template* espacial.

Para que o documento NCL possa referenciar o *template* espacial correto, é necessário definir uma referência. Isso pode ser feito através da declaração de um elemento *importBase* dentro de uma base de leiautes (*layoutBase*).

A Listagem 6 mostra a definição do leiaute espacial utilizando STyLe.

```
1  <layout id="LayoutAppExample">
2    <head>
3      <constraintConnectorBase>
4        <importBase alias="const"
```

```
5        documentURI="constraint.xml"/>
6      </constraintConnectorBase>
7    </head>
8    <body>
9      <container id="menu" type="gridLayout" focusIndex="1">
10       <format top="0" left="0" width="120" height="240"
           columns="1" rows="4" vspace="0" hspace="0"/>
11     </container>
12
13     <container id="grid" type="gridLayout" focusIndex="1">
14       <format width="490" height="300" columns="4"
15         rows="3" vspace="0" hspace="0"/>
16     </container>
17
18     <item id="info" width="190" height="380"/>
19
20     <container id="videos" type="flowLayout" focusIndex="1
         ">
21       <format width="860" height="100" hspace="20"/>
22       <item id="item1" width="200" height="100"/>
23     </container>
24
25     <spatialConstraint id="dist1" type="distribute"
         direction="horizontal">
26       <bind component="menu"/>
27       <bind component="grid"/>
28       <bind component="info"/>
29     </spatialConstraint>
30
31     <spatialConstraint id="align1" type="align" >
32       <bind component="menu" interface="top"/>
33       <bind component="grid" interface="top"/>
34       <bind component="info" interface="top"/>
35     </spatialConstraint>
36
37     <spatialConstraint id="align2"
38       xconnector="alignLeftBottomTop">
39       <bind role="left1" component="menu"
40         interface="left"/>
41       <bind role="left2" component="videos"
42         interface="left"/>
43       <bind role="base" component="info"
44         interface="bottom"/>
45       <bind role="base50" component="videos"
46         interface="top"/>
47     </spatialConstraint>
48    </body>
49  </layout>
```

Listagem 6: Código do template STyLe

Este código determina três *containers* e um *item*. O *container menu*, na esquerda, e o *container grid*, no centro, instanciam um modelo de leiaute do tipo *grid* e o *container vídeos*, na parte inferior, instancia um modelo do tipo *flow*. Como os *containers* possuem um tipo, o autor do *template* não precisa criar restrições espaciais adicionais dentro dos *containers*.

Duas restrições espaciais predefinidas e um conector de restrição foram usados para criar o leiaute resultante. A disposição dos *containers menu, grid* e do *item info* (esquerda, centro e direita, respectivamente) é determinada com o uso de uma restrição do tipo *distribute*. Em seguida, esses elementos são alinhados utilizando-se uma restrição do tipo *align* usando como pontos de interface o atributo *top*. Outra restrição, usando o conector de restrição definido na Listagem 4, é utilizada para (i) alinhar os *containers menu* e *vídeo* usando o valor *left* para o ponto de interface e (ii) alinhar o ponto de interface *bottom* do *container vídeo* com o ponto de interface *top* do *item info*.

É importante notar que o conector de restrição define o atributo *offset* no papel *top*. Isso faz com que um espaçamento de 50 pixels seja adicionado ao valor definido como topo do *container vídeo* depois que a restrição foi efetuada.

Embora NCL tenha usado STyLe diretamente para definir o leiaute espacial da aplicação, é possível que documentos NCL usem *templates* de composição, escritos em XTemplate por exemplo, e que esses *templates* de composição façam referência a leiautes STyLe. Neste caso, um objeto de mídia NCL deveria referenciar um componente genérico no *template* de composição através do atributo *xlabel* e o componente genérico referenciaria um *item* ou *container* no leiaute STyLe através do atributo *layout*. Documentos NCL que usam XTemplate ou S^{T}yL^e devem ser processados para serem executados em uma implementação padrão NCL.

Quando um documento NCL utiliza um *template* S^{T}yL^e, o documento final NCL é gerado depois do processamento do *template*. Cada objeto de mídia no documento NCL possui um rótulo com a identificação de um elemento de leiaute (*container* ou *item*). Portanto, no processamento do leiaute, as características de apresentação são criadas de acordo com o número de objetos de mídia associados a cada elemento de leiaute. Depois desse passo, o documento final NCL tem o conteúdo original do documento mais a especificação do posicionamento, tamanho e navegação definidos no *template* de leiaute. Se o documento NCL utiliza *template* de composição, um passo anterior a esse é necessário para processar o *template* [2].

5. FRAMEWORK S^{T}yL^e

Um *template* S^{T}yL^e é processado e as mudanças no leiaute espacial da apresentação são realizadas no lado do cliente. Isto é executado pelo *framework* que utiliza como base a arquitetura descrita em [17] e mostrada na Figura 6.

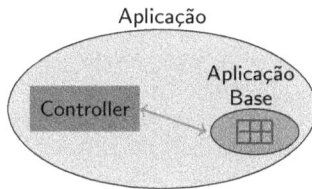

Figura 6: Estrutura do framework S^{T}yL^e

Como visto na Figura 6, o documento NCL, que terá seu leiaute espacial alterado dinamicamente, é denominado *Aplicação Base*. Esta aplicação será inserida em outra Aplicação NCL que contém o componente *controller*, responsável por capturar ocorrência de eventos e realizar as mudanças necessárias no leiaute espacial da Aplicação Base em tempo de execução.

Os eventos capturados pelo componente *controller* podem ser relacionados a começo/fim da apresentação de objetos de mídia, a seleção desses objetos pelos usuários ou a recepção de comandos de edição ao vivo vindos das emissoras. O componente *controller* foi implementado em Lua, que é usada como linguagem de script auxiliar para aplicações NCL.

Baseado na aplicação base original e no *template* S^{T}yL^e usado por ela, o *controller* constrói um mapa inicial de apresentação para os objetos de mídia da aplicação base. Sempre que o *controller* captura uma ocorrência de um evento, ele verifica se tal evento gera uma atualização do mapa de apresentação, uma mudança na estrutura do documento, ou ambos. O início/fim da apresentação de um objeto de mídia é um caso típico de atualização no mapa de apresentação. A recepção de um comando de edição ao vivo é um caso típico de alteração na estrutura do documento e no mapa de apresentação. Após identificar a natureza da modificação, o *controller* irá enviar comandos de edição para mudar o leiaute espacial da apresentação.

O componente *controller* é composto por três componentes, que são: o processador S^{T}yL^e, um componente denominado *diff* e um *solver*. A arquitetura do *controller* é apresentada na Figura 7.

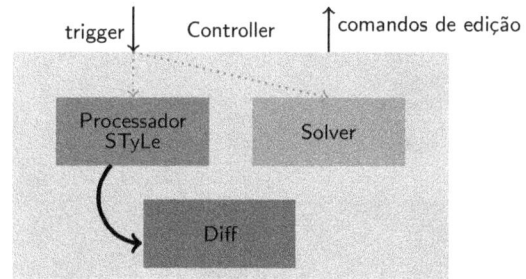

Figura 7: Arquitetura do Controller

Depois de receber o disparo da ocorrência de um evento, o *controller* decide se tal evento precisa ser tratado ou pelo processador S^{T}yL^e ou pelo componente *solver*. O processador S^{T}yL^e é escolhido quando acontece uma alteração na estrutura do documento e o componente *solver* é escolhido quando acontece apenas uma atualização no mapa de apresentação.

O processador S^{T}yL^e é usado para gerar novos relacionamentos de sincronização (links NCL) para novos objetos de mídia incluídos na aplicação base (por comandos de edição ao vivo) ou para atualizar o conjunto de relações existentes quando objetos de mídia são removidos da aplicação base. Isto é feito pelo reprocessamento do documento resultante (considerando a edição) com o *template* S^{T}yL^e. Ambos, documento original e o novo documento processado, são enviados ao componente *diff* para que se possa estabelecer quais modificações serão necessárias. A partir das diferenças encontradas entre os documentos, comandos de edição são gerados e, de forma incremental, aplicados na aplicação antiga. O novo documento torna-se, então, a aplicação base para futuras modificações.

O componente *solver* é usado para resolver o conjunto de restrições do *template* S^{T}yL^e. Restrições espaciais são representadas e resolvidas utilizando-se um *solver* SMT (*Satisfiability Modulo Theories*) [5]. Este trabalho utiliza o *solver* Yices 2.4 [8].

De acordo com [5], um problema SMT é um problema de decisão para fórmulas lógicas baseada na combinação de teorias expressadas em lógica de primeira ordem com igualdades. Um exemplo é a teoria linear aritmética, que é usada neste trabalho. Neste caso, predicados representam desigualdades aritméticas lineares. Restrições espaciais são, então, representadas como desigualdades entre pontos de interface de *itens* e/ou *container*. A escolha de usar SMT pode ser vista como uma abordagem formal para o problema de satisfação de restrições.

5.1 Caso de Uso do S^{T}yL^e em NCL

Considerando o exemplo NCL mostrado na Seção 4, um evento de *stop* foi simulado em um objeto de mídia no canto superior direito do *container grid* (no centro) (veja Figura 5). Neste caso, o *controller* irá interceptar este evento e processá-lo. Este evento causa somente uma mudança no mapa de apresentação. Então, o *controller* enviará este evento para o *solver*, que criará o novo mapa da apresentação. Portanto, comandos de edição mudarão o leiaute de apresentação, como pode ser visto na Figura 8.

No segundo experimento, foram usados comandos NCL estendidos de edição ao vivo para adicionar um novo objeto

Figura 8: Parando e adicionando um objeto de mídia

de mídia no *container menu* à esquerda da figura. Como anteriormente, este evento é interceptado pelo *controller* e processado. Neste caso, o documento original (aplicação base) teve que ser processado novamente junto com seu *template*. Então, o *controller* enviará o documento editado e o *template* para o processador, que irá criar um novo documento. Depois da diferenciação entre a aplicação base original e a nova aplicação, comandos de edição irão alterar a estrutura do documento e seu leiaute, como apresentado na Figura 8.

6. CONSIDERAÇÕES FINAIS

Geralmente, linguagens de programação suportam templates de leiaute para arrumar componentes gráficos da interface do usuário automaticamente e adaptar a apresentação dos elementos quando alterações ocorrem em tempo de execução, tais como diminuição da janela. Entretanto, linguagens declarativas multimídia, tais como NCL, não fornecem esta facilidade e os autores precisam declarar as características de apresentação para cada objeto de mídia separadamente, além de ter que construir diferentes leiautes para diferentes tipos de dispositivos.

Este artigo apresentou S^{T}yL^e, uma nova linguagem baseada em *template* para leiautes espaciais dinâmicos. O artigo também apresentou uma extensão da linguagem de autoria NCL para usar S^{T}yL^e e o framework S^{T}yL^e para aplicações de TV digital, que possibilita o processamento de documentos usando *templates* S^{T}yL^e e altera o leiaute espacial da aplicação em tempo de execução de acordo com as especificações contidas no *template*.

A linguagem S^{T}yL^e inclui um conjunto de restrições espaciais de alto nível, que podem ser declaradas no *template* para definir o comportamento de componentes do leiaute. Além disso, modelos de leiautes como: *grid*, *flow*, *stack* e *carousel* são representados internamente em S^{T}yL^e como restrições. Por isso, os modelos também podem ser atualizados com as alterações do documento em tempo de execução.

A abordagem proposta neste trabalho representa restrições usando fórmulas SMT. O problema de resolução das restrições, portanto, é solucionado utilizando-se um *solver*.

Alterações em tempo de execução na apresentação do leiaute espacial da aplicação são tratadas pelo componente *controller*, que é incluído na aplicação base.

Um trabalho futuro é avaliar o desempenho do framework S^{T}yL^e, assim como o tempo necessário para que a aplicação como um todo reaja a uma mudança no leiaute espacial ou em sua estrutura. Outro trabalho futuro é estender outras linguagens, como HTML5 ou TAL, para que possam utilizar S^{T}yL^e.

7. REFERÊNCIAS

[1] ABNT 15606-2:2007. *Data coding and transmission specification for digital broadcasting Part 2: Ginga-NCL for fixed and mobile receivers — XML application language for application coding*, 2011.

[2] G. F. Amorim, J. A. F. dos Santos, and D. C. Muchaluat-Saade. Adaptive layouts and nesting templates for hypermedia composite templates. WebMedia '15, 2015.

[3] G. F. Amorim, J. A. F. dos Santos, and D. C. Muchaluat-Saade. Xtemplate 4.0: Providing adaptive layouts and nested templates for hypermedia documents. MMM '16, 2016.

[4] G. J. Badros, A. Borning, K. Marriott, and P. Stuckey. Constraint cascading style sheets for the web. In *UIST*, pages 73–82, 1999.

[5] C. W. Barrett, R. Sebastiani, S. A. Seshia, and C. Tinelli. Satisfiability modulo theories. *Handbook of satisfiability*, 185:825–885, 2009.

[6] A. Borning, R. K.-H. Lin, and K. Marriott. Constraint-based document layout for the web. *Multimedia Systems*, 8(3):177–189.

[7] M. S. A. de Moura. Relações espaciais em documentos himermídia. Master's thesis, PUC-Rio, 2001.

[8] B. Dutertre. *Yices Manual Version 2.4*. SRI International, December 2015.

[9] J. P. T. M. Geurts, J. R. van Ossenbruggen, and H. L. Hardman. *Application-specific constraints for multimedia presentation generation*. Centrum voor Wiskunde en Informatica, 2001.

[10] I. Hickson, R. Berjon, S. Faulkner, T. Leithead, E. D. Navara, E. O'Connor, and S. Pfeiffer. HTML5: A vocabulary and associated APIs for HTML and XHTML. http://www.w3.org/TR/html5/, 2014.

[11] J. Lumley, R. Gimson, and O. Rees. Extensible layout in functional documents. *SPIE*, 6076, 2006.

[12] C. McCormack, K. Marriott, and B. Meyer. Adaptive layout using one-way constraints in svg. In *SVG Open*, 2004.

[13] D. C. Muchaluat-Saade, R. F. Rodrigues, and L. F. G. Soares. Xconnector: Extending xlink to provide multimedia synchronization. DocEng '12, 2002.

[14] C. S. Neto, H. F. Pinto, and L. F. G. Soares. TAL Processor of Hypermedia Applications. DocEng '12, 2012.

[15] Recommendation ITU-T H.761. *Nested Context Language (NCL) and Ginga-NCL for IPTV Services*, 2011.

[16] E. Schrier, M. Dontcheva, C. Jacobs, G. Wade, and D. Salesin. Adaptive layout for dynamically aggregated documents. IUI '08, 2008.

[17] L. F. G. Soares, C. S. S. Neto, and J. G. S. Junior. Framework for automatic generation of hypermedia applications in runtime. WebMedia '14, 2014.

[18] L. F. G. Soares and R. F. Rodrigues. Nested Context Model 3.0: Part 1 – NCM Core. Technical Report ISSN: 0103-9741, PUC-RJ, Rio de Janeiro, 2005.

[19] W3Schools. CSS Tutorial. http://www.w3schools.com/css/, 2015.

Addressing the Concurrent Access to Smart Objects in Ubiquitous Computing Scenarios

Marcos Alves Vieira[1,2], Sergio T. Carvalho[1]
[1]Instituto de Informática (INF) – Universidade Federal de Goiás (UFG)
Goiânia – GO – Brazil
[2]Instituto Federal de Educação, Ciência e Tecnologia Goiano – Campus Iporá
Iporá – GO – Brazil
marcos.vieira@ifgoiano.edu.br, sergio@inf.ufg.br

ABSTRACT

The increasing number of smart spaces, fostered by the Internet of Things (IoT) and the Web of Things (WoT), as well as the user mobility in these spaces, can lead to smart spaces overlap, where a certain smart object may be used in different smart spaces. This paper presents the use of Model-Driven Engineering techniques to propose: *(i)* a language to enable the definition of access rules for smart objects and ubiquitous applications; and *(ii)* an algorithm to process models written in this language, enabling addressing smart objects' concurrent access issues that might arise from smart spaces overlap. The proposal validation was performed by modeling a ubiquitous computing scenario's access rules.

Keywords

Concurrent Access, Access Rules, Smart Spaces Overlapping, Smart Object, Ubiquitous Computing, Personal Smart Space, Fixed Smart Space

1. INTRODUÇÃO

A convergência, disseminação e popularização das tecnologias de rádio, dos microprocessadores e dos dispositivos eletrônicos digitais pessoais, aliadas aos novos paradigmas computacionais, como a Internet das Coisas (*Internet of Things* - IoT) e a Web das Coisas (*Web of Things* - WoT) estão concretizando o conceito de ubiquidade vislumbrado por Mark Weiser [7].

Nesse contexto, dispositivos inteligentes, tanto móveis quanto fixos, coordenam-se entre si para prover aos usuários acesso imediato e universal a novos serviços que visam aumentar as capabilidades humanas [3]. A computação ubíqua permite incorporar tecnologia de forma transparente a ambientes físicos, possibilitando auxiliar as pessoas na realização de suas tarefas diárias de forma contínua e onipresente. Os dispositivos podem ser integrados aos espaços físicos cotidianos, transformando-os, assim, em espaços inteligentes [7].

WebMedia '16, November 08-11, 2016, Teresina, PI, Brazil

© 2016 ACM. ISBN 978-1-4503-4512-5/16/11. . . $15.00

DOI: http://dx.doi.org/10.1145/2976796.2988166

Em complementação aos espaços inteligentes tradicionais, que em geral são fixos e confinados a uma determinada área, surgiu recentemente o conceito de espaços inteligentes pessoais. Um espaço inteligente pessoal é composto pelo conjunto de objetos inteligentes que um usuário carrega consigo, e o acompanha durante sua mobilidade, estando sempre disponível e agindo como uma interface entre o usuário e os serviços disponíveis em seu próprio espaço inteligente pessoal e entre este e os demais espaços inteligentes, sejam fixos ou pessoais [4].

A integração dos espaços inteligentes pessoais com espaços inteligentes fixos inevitavelmente acarreta na chamada sobreposição de espaços inteligentes, isto é, quando um objeto inteligente está configurado para ser utilizado simultaneamente por mais de um espaço inteligente. Essa sobreposição introduz dificuldades no que se refere ao compartilhamento de objetos inteligentes entre diferentes usuários e aplicações ubíquas e suas regras de acesso e uso.

Este trabalho se apoia em técnicas de Engenharia Dirigida por Modelos (do inglês, *Model-Driven Engineering* - MDE) para propor *(i)* uma linguagem para definição de regras de acesso a objetos inteligentes, considerando um cenário de computação ubíqua e *(ii)* um algoritmo para seu processamento.

No presente trabalho, o termo *cenário de computação ubíqua* refere-se a:

> **Cenário de computação ubíqua.** *Um conjunto modelado de espaços inteligentes tanto pessoais quanto fixos, pessoas, aplicações ubíquas, objetos inteligentes e suas inter-relações.*

Em um trabalho prévio [6], foi proposta uma linguagem de modelagem de cenários de computação ubíqua que visa, dentre outras coisas, facilitar a modelagem de espaços inteligentes e possibilitar vocabulário e representação gráfica comuns entre os pesquisadores da área para os conceitos específicos do domínio de espaços inteligentes. Essa linguagem se baseia em um metamodelo próprio, que serviu como base para construção do metamodelo que define a linguagem de regras de acesso a objetos inteligentes proposta neste trabalho.

O restante do trabalho está organizado da seguinte forma: a Seção 2 apresenta um cenário, detalha a linguagem para definição de regras de acesso para os recursos de um cenário de computação ubíqua e o algoritmo para processamento dos modelos escritos nessa linguagem; a Seção 3 apresenta a validação da proposta, composta pela modelagem das regras de acesso para o cenário descrito; por fim, a Seção 4 traz as conclusões e indica possíveis trabalhos futuros.

2. PROPOSTA

A proposta deste trabalho é composta por: *(i)* uma linguagem para definição de regras de acesso aos objetos inteligentes e aplicações ubíquas de um cenário de computação ubíqua; e *(ii)* um algoritmo para o processamento dos modelos construídos com essa linguagem.

Como forma de facilitar o entendimento da proposta e seu contexto, esta seção traz primeiramente a descrição de um cenário, em sua Subseção 2.1. Esse cenário também serve de base para a validação da proposta, detalhada na Seção 3. Na Subseção 2.2 é apresentado o conceito de sobreposição de espaços inteligentes utilizado neste trabalho. A Subseção 2.3 detalha a linguagem para definição de regras de acesso aos objetos inteligentes e aplicações ubíquas de um cenário de computação ubíqua, juntamente com seu algoritmo de processamento.

2.1 Cenário

A seguir é descrito o cenário de uma casa inteligente na qual residem dois pacientes idosos que necessitam de cuidados médicos. Este cenário possui considerável relevância, que é corroborada pela preocupação de diversos autores em fornecer ferramentas de suporte à assistência domiciliar e permitir o monitoramento remoto de pacientes (*e.g.*, [1], [2], [5]).

O Senhor Genaro e a Dona Rute formam um casal de idosos que vivem juntos. Sr. Genaro possui hipertensão arterial, e, por conta disso, desenvolveu recentemente arritmia cardíaca. D. Rute também é hipertensa, além de sofrer de osteoporose. Ambos tomam medicação de forma contínua e recebem recomendação médica para realizar exercícios físicos diários. Na residência do casal foram instalados vários objetos inteligentes, tais como sensores e atuadores fixos, conforme ilustrado na Figura 1. Dispositivos médicos vestíveis são usados por eles de acordo com suas enfermidades. Esses dispositivos enviam informações para uma aplicação ubíqua de saúde pessoal, instalada em seus smartphones. *Tanto o Sr. Genaro quanto a D. Rute possuem os seus próprios espaços inteligentes pessoais, compostos por seus dispositivos vestíveis, seus* smartphones *e a aplicação ubíqua de saúde pessoal. Demais objetos inteligentes são adicionados ao espaço inteligente pessoal sob demanda, como é o caso da TV da sala de estar, que é usada para exibir informações e alertas da aplicação ubíqua de saúde pessoal de cada um dos moradores, tais como mensagens com o horário para tomar as medicações e lembretes para a realização de exercícios físicos ou para aferir seu peso na balança digital, que é compartilhada entre o casal. Além disso, há ainda na casa três outras aplicações ubíquas (de segurança, de bem-estar, e de economia de energia), que estão hospedadas em um espaço inteligente fixo que abrange todos os cômodos da casa.*

2.2 Sobreposição de Espaços Inteligentes

Apesar de ser um problema típico e facilmente observável da área de espaços inteligentes, não há uma definição clara sobre o conceito de sobreposição de espaços inteligente. Diante disso, este trabalho usa a seguinte definição, proposta em [6]:

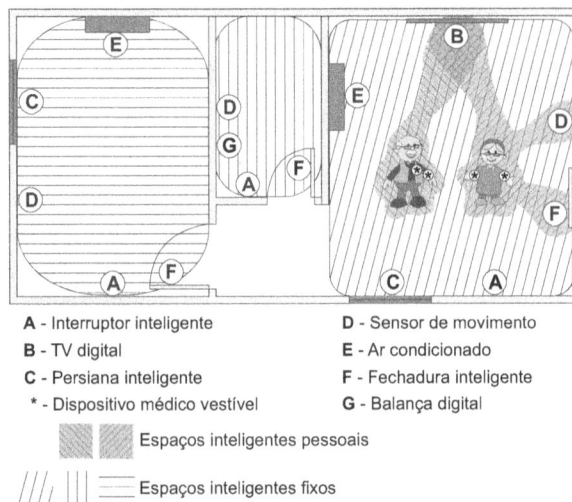

A - Interruptor inteligente   D - Sensor de movimento
B - TV digital   E - Ar condicionado
C - Persiana inteligente   F - Fechadura inteligente
* - Dispositivo médico vestível   G - Balança digital

Espaços inteligentes pessoais

Espaços inteligentes fixos

Figura 1: Casa inteligente, na qual dois usuários compartilham objetos inteligentes simultaneamente configurados em diferentes espaços inteligentes.

Sobreposição de espaços inteligentes. *A sobreposição de espaços inteligentes ocorre quando um ou mais objetos inteligentes estão configurados em espaços inteligentes distintos, sejam estes pessoais ou fixos.*

Por "configurado" considera-se que o objeto inteligente está pronto para ser utilizado pela aplicação ubíqua. Em outras palavras, "configurado" significa que o objeto inteligente foi localizado, instalado e configurado pela aplicação, tornando seus serviços disponíveis perfeitamente utilizáveis.

A sobreposição de espaços inteligentes pode ocorrer pela mobilidade de um usuário que carrega consigo seu espaço inteligente pessoal. Dessa forma, ele pode interagir com outros espaços, tanto fixos quanto pessoais de outro usuário, requisitando acesso a dispositivos que estão configurados em outros espaços inteligentes. Outra forma de sobreposição ocorre quando um único dispositivo está configurado em diferentes espaços inteligentes, novamente, fixos ou pessoais.

O cenário apresentado exemplifica situações onde ocorre a sobreposição de espaços inteligentes. No cenário, o casal de idosos compartilha dispositivos que, em certas ocasiões, também estão configurados em outros espaços inteligentes fixos, que hospedam as aplicações ubíquas de segurança, bem-estar e economia de energia, tais como a TV, o ar-condicionado, a fechadura inteligente, etc.

A sobreposição de espaços inteligentes pode trazer conflitos na utilização dos objetos inteligentes pois estes estão disponíveis para serem utilizados pelos membros dos espaços inteligentes que formam a sobreposição (*i.e.*, usuários e aplicações ubíquas), sendo necessário, portanto, uma forma de tratar o acesso concorrente aos objetos inteligentes de um cenário de computação ubíqua.

2.3 Acesso aos Objetos Inteligentes

A linguagem de definição de regras de acesso e seu algoritmo de processamento lidam com questões referentes ao acesso concorrente aos recursos de um cenário de computação ubíqua, permitindo a definição de um conjunto de regras de acesso para cada um dos objetos inteligentes e aplicações ubíquas que o compõem. O algoritmo, por sua vez, se baseia no modelo de regras de acesso previamente definido para determinar se uma entidade requisitante terá permissão de acesso a um dado recurso.

A linguagem para definição de regras de acesso é definida por um metamodelo próprio, construído no *Eclipse Modeling Framework* (EMF)[1] e ilustrado na Figura 2. Sua sintaxe concreta é representada por meio de um esquema XML (do inglês, *eXtensible Markup Language*). Sendo assim, o arquivo XML representa uma instância do metamodelo da linguagem de regras de acesso. Essa representação permite modelar as regras de acesso para um cenário completo em um único arquivo XML, facilitando sua serialização e processamento. A sintaxe abstrata do metamodelo de regras de acesso é detalhada a seguir. As metaclasses `SmartObject` e suas constituintes (`Actuator`, `Sensor` e `InputOutput`), além de `UbiquitousApplication` e `Person` são oriundas do metamodelo para modelagem de cenários de computação ubíqua, apresentado em um trabalho anterior [6].

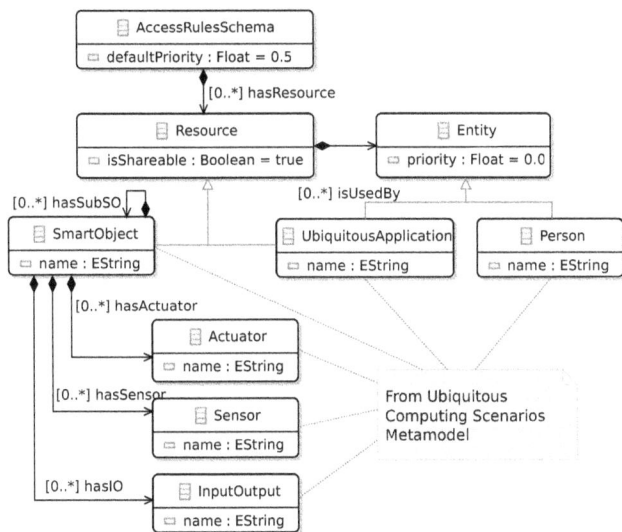

Figura 2: Metamodelo da linguagem de regras de acesso.

- **AccessRulesSchema**: este é o nó raiz e representa o modelo de regras de acesso de um cenário. O `Access-RulesSchema` é constituído por recursos (`Resource`) e estes são acessados por entidades (`Entity`). Por meio do atributo `defaultPriority` é possível definir o valor de prioridade de acesso padrão para todas as entidades ou recursos que não tenham sido modelados. Esse valor é determinado inicialmente em `0.5`, em uma escala que varia de `0` a `1`, onde `0` indica sem permissão de acesso e `1` indica prioridade máxima de acesso. É importante notar que se o valor da prioridade de acesso padrão for definido em `0`, todos os recursos não modelados não poderão ser acessados, a não ser que a entidade requisitante seja uma pessoa (`Person`) dona do recurso, isto é, associada ao mesmo por meio da relação `isOwnerOf`. O mesmo ocorre caso o valor de `defaultPriority` seja `0` e uma determinada entidade requisitante não modelada em um determinado recurso tentar usá-lo, ou seja, neste caso a entidade não terá permissão de acesso ao recurso.

[1]http://www.eclipse.org/modeling/emf/

- **Resource**: um recurso define um objeto inteligente (`SmartObject`) ou uma aplicação ubíqua (`Ubiquitous-Application`). Recursos são acessados por entidades (`Entity`). Um recurso é compartilhável por padrão, sendo possível modificar essa característica por meio de seu atributo `isShareable`. Para cada recurso, é possível detalhar a prioridade que as demais entidades do cenário terão ao usá-lo. Caso um recurso não tenha sido modelado, todas as entidades irão usá-lo com valor de prioridade de acesso padrão (`defaultPriority`).

- **Entity**: uma entidade define uma pessoa (`Person`) ou aplicação ubíqua (`UbiquitousApplication`). Entidades acessam recursos (`Resource`). O atributo `priority` determina o valor da prioridade de acesso da entidade ao recurso no qual ela está modelada. Este número varia de `0` a `1`, sendo que `0` indica que a entidade não possui permissão de acesso ao recurso e `1` indica prioridade máxima de acesso. Caso uma entidade não esteja modelada em um determinado recurso esta irá acessá-lo com valor de prioridade de acesso padrão (`defaultPriority`), definido em `AccessRulesSchema`.

A lógica do algoritmo de processamento da linguagem para definição de regras de acesso a objetos inteligentes de um cenário de computação ubíqua é apresentada no Diagrama de Atividades da UML ilustrado na Figura 3.

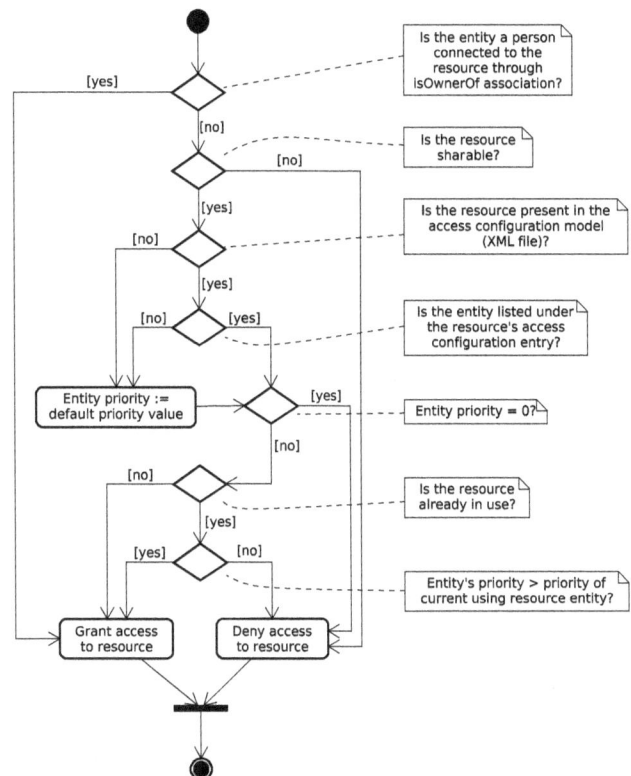

Figura 3: Algoritmo para definição da prioridade de acesso.

3. VALIDAÇÃO DA PROPOSTA

A validação da proposta se baseou no desenvolvimento de uma ferramenta capaz de produzir modelos para regras de acesso e uso dos recursos de um cenário de computação ubíqua, com base no metamodelo proposto, e sua aplicação para modelagem do cenário apresentado na Subseção 2.1.

Código 1: Modelo de regras de acesso aos recursos do cenário.

```
 1   <?xml version="1.0" encoding="UTF-8" ?>
 2   <AccessRulesSchema defaultPriority="0.0">
 3     <resource type="UbiquitousApplication" name="personalHealth" isShareable="true">
 4       <entity type="Person" name="patient1" priority="1.0"/>
 5       <entity type="Person" name="patient2" priority="1.0"/>
 6     </resource>
 7     /* suprimido */
 8     <resource type="SmartObject" name="smartPhone" isShareable="false">
 9       <entity type="Person" name="patient1" priority="1.0"/>
10       <entity type="Person" name="patient2" priority="1.0"/>
11     </resource>
12     <resource type="SmartObject" name="bloodPressure" isShareable="false">
13       <entity type="Person" name="patient1" priority="1.0"/>
14       <entity type="Person" name="patient2" priority="1.0"/>
15     </resource>
16     /* suprimido */
17     <resource type="SmartObject" name="window" isShareable="true">
18       <entity type="Person" name="patient1" priority="1.0"/>
19       <entity type="Person" name="patient2" priority="1.0"/>
20       <entity type="UbiquitousApplication" name="security" priority="0.9"/>
21       <entity type="UbiquitousApplication" name="welfare" priority="0.8"/>
22       <entity type="UbiquitousApplication" name="energySaving" priority="0.7"/>
23     </resource>
24     /* suprimido */
25   </AccessRulesSchema>
```

As metaclasses do metamodelo de regras de acesso foram utilizadas como base da ferramenta-protótipo. Essa ferramenta foi desenvolvida em linguagem Java, uma vez que o EMF possui mecanismos para exportar as metaclasses de um metamodelo diretamente em linguagem Java. Sendo assim, utilizou-se como base as metaclasses do metamodelo da linguagem de regras de acesso – a saber, `AccessRulesSchema`, `Resource` e `Entity` –, na forma de classes Java, as quais foram inicialmente geradas pelo EMF e tiveram então seus códigos-fonte incrementados com a lógica necessária.

A ferramenta-protótipo faz a serialização de objetos Java, que são instâncias do metamodelo de regras de acesso, na forma de entradas (*tags*) de um arquivo XML.

Para modelar as regras de acesso aos recursos do cenário, foi inicialmente definido que cada usuário (*patient1* e *patient2*) possui prioridade máxima de acesso (*i.e.*, `1.0`) a todos os objetos inteligentes e aplicações ubíquas do cenário, com exceção dos objetos inteligentes que pertencem ao PSS de outro usuário. Para os objetos inteligentes que compõem os espaços inteligentes fixos, a aplicação ubíqua de segurança possui prioridade maior que a aplicação de bem-estar e esta, por sua vez, possui prioridade maior que a aplicação ubíqua de economia de energia. Além disso, foi definido que entidades que não estejam no modelo de regras de acesso não terão acesso aos recursos. Sendo assim, definiu-se o valor de prioridade de acesso padrão do modelo de regras de acesso para `0.0`. Trechos do arquivo XML do modelo das regras de acesso deste cenáriosão apresentados no Código 1.

4. CONCLUSÃO

Neste trabalho foram utilizados conceitos de Engenharia Dirigida a Modelos para propor uma linguagem para modelagem de regras de acesso aos objetos inteligentes de um cenário de computação ubíqua, como forma de minimizar o problema de acesso concorrente, resultante da sobreposição de espaços inteligentes.

A validação da proposta se deu por meio da modelagem das regras de acesso de um cenário de computação ubíqua, na forma de uma instância da linguagem proposta, utilizando uma ferramenta-protótipo.

O principal trabalho futuro consiste na implementação de uma ferramenta de modelagem de regras de acesso mais abrangente, que possibilite a realização de transformações M2T (*model-to-text*) para a geração de código em nível M0 a partir dos modelos nela construídos.

5. REFERENCES

[1] S. T. Carvalho, A. Copetti, and O. G. Loques Filho. Sistema de computação ubíqua na assistência domiciliar à saúde. *Journal Of Health Informatics*, 3(2), 2011.

[2] S. T. Carvalho, L. Murta, and O. Loques. Variabilities as first-class elements in product line architectures of homecare systems. In *Software Engineering in Health Care (SEHC), 2012 4th International Workshop on*, pages 33–39, June 2012.

[3] R. B. de Araujo. Computação ubíqua: Princípios, tecnologias e desafios. In *XXI Simpósio Brasileiro de Redes de Computadores*, volume 8, pages 45–115, 2003.

[4] K. Dolinar, J. Porekar, D. McKitterick, I. Roussaki, N. Kalatzis, N. Liampotis, I. Papaioannou, E. Papadopoulou, S. M. Burney, K. Frank, P. Hayden, and A. Walsh. PERSIST Deliverable D3.1: Detailed Design for Personal Smart Spaces. https://www.tssg.org/2010/08/persist-2/, 2008. [Acessado em Maio-2016].

[5] M. A. Vieira and S. T. Carvalho. Configuração de Espaços Inteligentes para Sistemas Ubíquos de Monitoramento de Pacientes Domiciliares. In *Anais da III Escola Regional de Informática de Goiás (ERI-GO 2015)*, pages 19–30, Goiânia-GO, Brazil, 2015. Sociedade Brasileira de Computação (SBC).

[6] M. A. Vieira and S. T. Carvalho. (Meta)Modelagem de Espaços Inteligentes Pessoais e Espaços Inteligentes Fixos para Aplicações Ubíquas. In *XXXVI Congresso da Sociedade Brasileira de Computação (CSBC) - VIII Simpósio Brasileiro de Computação Ubíqua e Pervasiva (SBCUP)*, pages 1056–1065, Porto Alegre-RS, Brazil, jul 2016. Sociedade Brasileira de Computação (SBC).

[7] M. Weiser. The computer for the 21st century. *Scientific american*, 265(3):94–104, 1991.

Features of Second Screen Applications:
A Systematic Review

Francisca Joamila Brito do Nascimento
IFCE – Fortaleza
Fortaleza, CE, 60040-531
+55 85 3307-3607
joamila.brito@gmail.com

Cidcley Teixeira de Souza
IFCE – Fortaleza
Fortaleza, CE, 60040-531
+55 85 3307-3607
cidcley@ifce.edu.br

ABSTRACT

In this paper, we present a systematic literature review, whose object of study are the available features in second screen applications. The second screen is the ability to interact with the TV programming by using mobile devices. The research was conducted in order to find out what the most common features in second screen apps. The selected articles refer to 16 different features, which were grouped into 5 categories. Interactivity was the category with more features mentioned in the researched works. Therefore, we concluded the features that provide interactivity between users and TV programming are the most common on the second screen.

Keywords

applications; digital tv; features; mobile devices; second screen; systematic review.

1. INTRODUÇÃO

A TV Digital tem dois campos de atuação em que se destaca prioritariamente, um deles é a exibição em alta definição e o outro é a interatividade. No Brasil, o *middleware* Ginga foi proposto com a intenção de fornecer um meio de vincular a interatividade ao aparelho televisor. Desde os primórdios da implantação do Ginga, algumas marcas de televisão embarcaram o *middleware* em seus aparelhos, possibilitando, assim, a execução de aplicações interativas. Alguns grupos de pesquisa e desenvolvedores do mercado de software apostaram nas aplicações para TV Digital e disponibilizaram suas iniciativas, como exemplo, podemos citar o *StickerCenter*.

Segundo o autor de [13], o *StickerCenter* permite que as emissoras e seus anunciantes desenvolvam aplicativos interativos para serem recebidos pelo ar e armazenados no aparelho de TV ou baixados a partir da loja de aplicativos. Mas pela quantidade de *downloads* desses aplicativos na loja virtual podemos inferir que esse modelo de interatividade entre os usuários e a TV Digital não se popularizou.

Dentre os motivos para que a interatividade não esteja estabelecida no Brasil, um deles, é o fato de que as pessoas, geralmente, assistem televisão em grupo, enquanto a interatividade é uma experiência individual.

A alternativa para popularizar a interatividade na TV Digital, que surgiu com o advento do uso dos dispositivos móveis, foi a segunda tela. A segunda tela é a possibilidade de interagir com a programação da TV (primeira tela) usando dispositivos móveis, como, *smartphone* e *tablet*. Os autores de [5] tratam a segunda tela como um mecanismo de sincronização e renderização de componentes audiovisuais, usando diferentes modelos de protocolo de transporte para entrega. A utilização da segunda tela deve explorar a interatividade da TV Digital, não interferindo na experiência coletiva da TV, mas possibilitando a exploração de mecanismos de interatividade bidirecional.

Nesse contexto, o presente artigo usa a metodologia de revisão sistemática da literatura para buscar trabalhos científicos que esclareçam sobre as funcionalidades de aplicativos de segunda tela. A avaliação dos trabalhos selecionados pode fornecer subsídios para que pesquisadores de segunda tela alinhem suas soluções tecnológicas com modelos já testados por seus pares.

No que concerne à organização do artigo, primeiramente, explicitamos o planejamento elaborado para conduzir a pesquisa e quais os critérios foram adotados para selecionar os artigos pertinentes. Em seguida, abordamos as características das publicações, no que se refere ao ano e base de dados mais recorrentes. A seção seguinte sintetiza os artigos selecionados após a análise qualitativa e lista as funcionalidades abordadas em cada um deles. Finalmente, na conclusão, coloca-se em evidência a contribuição do presente artigo e os trabalhos futuros.

2. MÉTODO

A metodologia empregada nesta pesquisa é a revisão sistemática da literatura. Uma revisão sistemática da literatura é um meio de identificação, avaliação e interpretação de todas as pesquisas disponíveis relevantes para uma determinada questão de pesquisa ou área de tópico, ou fenômeno de interesse, conforme [7].

2.1 Planejamento

Para o desenvolvimento e análise dos resultados foi elaborado, primeiramente, um planejamento para a revisão sistemática. Os componentes do planejamento, listados abaixo, foram propostos em [7], e, permitem estabelecer um protocolo para controlar o processo de execução da revisão sistemática, realizar pesquisa bibliográfica, selecionar artigos encontrados e analisar artigos selecionados.

2.1.1 Questões de pesquisa
- Questão 1: Quais as funcionalidades dos aplicativos de segunda tela?
- Questão 2: Quais as funcionalidades mais frequentes em aplicativos de segunda tela?

2.1.2 Bases científicas
- ACM Digital Library – http://dl.acm.org
- IEEE Xplore Digital Library – http://ieeexplore.ieee.org
- Scopus – http://www.scopus.com
- Web of Science – http://apps.webofknowledge.com

2.1.3 Palavras de Busca
A combinação de palavras usadas para a pesquisa foi a seguinte: *((application OR applications OR app OR apps) AND "second screen" AND "digital TV")*.

2.1.4 Critérios de inclusão
- Pesquisas que estejam inseridas no contexto de TV Digital (I01).
- Pesquisas que exponham desenvolvimento, análise ou descrição de um aplicativo de segunda tela (I02).
- Revisões sistemáticas da literatura com o mesmo tema do presente trabalho (I03).
- Pesquisas que mencionem funcionalidades de aplicativos de segunda tela (I04).

2.1.5 Critérios de exclusão
- Pesquisas publicadas antes do ano de 2005, pois os dispositivos móveis e a TV Digital não eram populares antes desse período (E01).
- Pesquisas com texto completo escrito em língua diferente de português, inglês ou francês, pois os autores têm proficiência apenas nesses três idiomas (E02).
- Pesquisas que não estejam inseridas no contexto de TV Digital (E03).
- Pesquisas que não mencionem funcionalidades de aplicativos de segunda tela (E04).

2.2 Pesquisa Bibliográfica
A pesquisa bibliográfica obteve o total de 88 artigos, somando os resultados de todas as bases pesquisadas. Os critérios de exclusão E01 e E02 foram os primeiros aplicados, logo os 88 artigos são posteriores ao ano de 2004 e publicados em língua portuguesa, inglesa ou francesa. A Figura 1 mostra um diagrama que apresenta a quantidade de artigos de cada base e as interseções entre elas. Ao fim desta etapa de pesquisa, 77 artigos foram selecionados para a primeira fase da análise qualitativa. Vale ressaltar que os artigos repetidos foram considerados como pertencentes às bases mais populosas. Portanto, após esta seção, a base *Web of Science* não é mais mencionada.

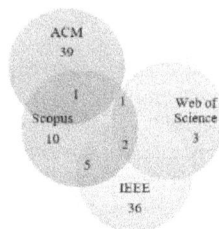

Figura 1. Quantidade de artigos de cada base e repetições entre elas.

A Figura 2, gráfico que relaciona a quantidade de artigos de cada base ao ano em que foram publicados, permite verificar que ainda não há publicações no ano de 2016 e 2014 foi quando se encontrou mais publicações em todas as bases científicas.

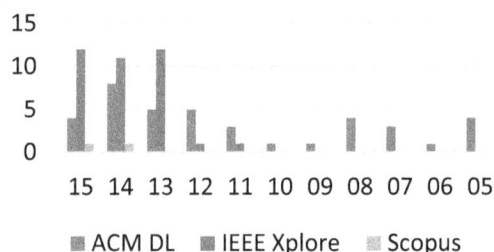

Figura 2. Quantidade de artigos de cada base publicados por ano, de 2005 (05) a 2015 (15).

2.3 Análise Qualitativa: Primeira Fase
Após a pesquisa bibliográfica inicial, foi elaborada uma tabela de extração de informações dos artigos. As seguintes informações foram consideradas na tabela: Título, Ano, País, Palavras-Chave e Resumo. A leitura do título, palavras-chave e resumo foi focada em identificar se o artigo cumpre o critério de inclusão I01. Na primeira fase da análise qualitativa foram aprovados 29 artigos para a segunda fase e rejeitados 48. Foram aprovados 10 artigos da base *ACM Digital Library*, 17 da *IEEE Xplore* e 2 da *Scopus*. Enquanto aos rejeitados, foram 29 da *ACM Digital Library*, 19 da *IEEE Xplore* e nenhum da *Scopus*.

2.4 Análise Qualitativa: Segunda Fase
Na segunda fase da análise qualitativa foi lido o texto completo de cada um dos 29 artigos aprovados na fase anterior. Todos os critérios de inclusão e exclusão foram considerados para selecionar definitivamente os artigos que respondem às questões de pesquisa propostas no planejamento da revisão sistemática.

Ao fim da análise, foram aprovados 11 artigos, dos quais, 5 artigos provenientes da *ACM Digital Library*, 4 artigos da *IEEE Xplore Digital Library* e 2 artigos oriundos da *Scopus*. Dentre eles, 8 artigos foram incluídos pelo critério I02 e 3 artigos, pelo critério I04. O ano de 2014 foi o que teve o maior número de inclusões, 5 artigos, seguido pelo ano de 2013 com 3 artigos, 2015 com 2 e 2012 com apenas um trabalho.

Os critérios de exclusão foram considerados para definir os artigos rejeitados. No total, 18 artigos foram rejeitados na segunda fase, dos quais, 5 artigos da *ACM Digital Library* e 13 artigos provenientes da *IEEE Xplore Digital Library*. Dentre os excluídos, 2 artigos foram rejeitados baseado no critério E03, enquanto 16 foram rejeitados de acordo com o critério E04.

3. RESULTADOS E DISCUSSÃO
O foco da síntese dos artigos selecionados na análise qualitativa é entender quais aplicativos foram desenvolvidos e/ou analisados e de quais funcionalidades esses aplicativos estão dotados.

[1] é uma proposta de uso da TV Digital para transmitir conteúdo educativo em regiões onde a banda de internet é insuficiente ou inexistente, por exemplo, cidades da região Norte do Brasil. Para validar a ideia, foi desenvolvido um protótipo de aplicativo educativo de segunda tela. O aplicativo é capaz de prover

informações adicionais sobre um determinado assunto com o auxílio de atividades interativas, principalmente os *quizzes*.

A proposta [2] é um aplicativo para os espectadores de eventos esportivos compartilharem opiniões e emoções durante um evento televisionado. As emoções compartilhadas podem ser escolhidas em uma lista previamente definida, contendo as 6 emoções mais comuns, segundo os estudos de psicologia citados pelos autores. Os usuários do aplicativo podem escolher uma emoção para compartilhar, visualizar as emoções de seus amigos na primeira tela, comentar e ver informações sobre placar, escalação dos times e jogadas. [2] também cita outros aplicativos como exemplo, que apresentam as seguintes funcionalidades: assistir vídeo ao vivo e gravado, controle remoto, visualizar conteúdo adicional sobre programas de TV, jogo e compartilhar comentários.

A inclusão de uma funcionalidade de um aplicativo em outro é apesentada em [3]. O aplicativo de segunda tela *WeBet* é um jogo cuja proposta é acertar quando um gol em um jogo de futebol está em iminência de acontecer. Esta funcionalidade foi inserida no aplicativo Viva Ronaldo, para que assim, as premissas do *WeBet* fossem testadas em um evento esportivo real e com usuários acostumados à segunda tela. Outras funcionalidades do aplicativo Viva Ronaldo citadas no texto são: seguir jogos do Cristiano Ronaldo, jogos, *quizzes*, votação, participar de ranking e conversar com outros usuários.

[4] apresenta uma breve pesquisa sobre o uso de telas de dispositivos móveis combinadas ao uso da TV, especialmente os *tablets*. Funcionalidades de aplicativos que são citadas: *quizzes*, votação e consultar informações adicionais sobre um programa.

[6] discute novas estratégias para a propaganda na TV, visando as mudanças decorrentes da implantação da TV Digital na Bélgica. O aplicativo *Stievie* é usado como um exemplo, ele foi lançado na TV belga pelo consórcio de 3 canais importantes no país. O aplicativo é pago e o usuário pode assistir programas ao vivo e programas gravados. Conversar com outros telespectadores via TV social, *quizzes* e votação são funcionalidades usadas para ilustrar as possibilidades da segunda tela no artigo.

[8] apresenta o desenvolvimento de um aplicativo para uma série de TV, cujo objetivo é ajudar o telespectador a entender os relacionamentos entre os personagens da série. As funcionalidades propostas são disponibilizar informações sobre os personagens e seus relacionamentos e mostrar trechos de vídeos de cenas passadas que contribuam para a compreensão da cena exibida no momento. Outros aplicativos de segunda tela são citados no artigo, para que as suas funcionalidades sejam conhecidas, são elas: compartilhar trechos de vídeos de um programa, informações suplementares sobre programas, filmes e eventos esportivos, *quizzes*, enquetes e assistir vídeos de bastidores.

A proposta apresentada em [9] é um framework para concentrar jogos a serem executados durante a transmissão de um programa de TV. Os *smartphones* são usados como controle e para a visualização individual do jogo. O artigo apresenta micro jogos que foram desenvolvidos para esse propósito. Outras funcionalidades citadas são: TV Social, guia de programação e *quizzes*.

O artigo [10] apresenta o protótipo de um aplicativo para o seriado *Game of Thrones*. O protótipo tem o objetivo de ajudar os telespectadores a entender o roteiro complexo, as relações entre seus personagens e quais os personagens principais. O usuário interage com o aplicativo acompanhando textos, imagens e anotações sincronizadas sobre a trama, os personagens e bastidores.

O usuário pode escolher o que visualizar usando os filtros de cena, família e grau de amizade/inimizade entre os personagens.

[11] e [12] são trabalhos semelhantes, um controle remoto para dispositivos com sistema operacional *Android*. As funcionalidades do controle remoto, são: guia de programação, controlar como o conteúdo da tela principal será exibido, mostrar vídeos dos programas exibidos no momento em todas as emissoras sintonizadas no aparelho televisor. O aplicativo também permite que o usuário assista a programas no dispositivo móvel, independentemente da televisão.

[14] apresenta o desenvolvimento de um *framework* para prover comunicação bidirecional entre aplicações *Web* para TV e dispositivos de segunda tela. O *framework* encontra, conecta e realiza a comunicação entre as duas telas. O autor cita aplicativos de segunda tela populares e funcionalidades inseridas nesses aplicativos, são elas: informação adicional sobre programas de TV, TV Social, *quizzes*, enquetes e controle remoto.

No total, foram citadas 16 funcionalidades diferentes. Essas funcionalidades podem ser agrupadas por propósito em comum, como listadas abaixo.

- Conteúdo Extra: obter conteúdo adicional, conteúdo sobre relacionamentos, informações sobre eventos esportivos e conteúdo sobre bastidores.

- Interatividade: *quiz*, jogo, votação, enquete e participar de ranking.

- TV Social: TV Social/chat, compartilhar opinião/emoção e compartilhar vídeos.

- Assistir Vídeos: assistir vídeo ao vivo, assistir vídeo gravado e guia de programação.

- Controle Remoto: controle remoto do aparelho televisor.

A Figura 3 apresenta um gráfico com a frequência dos grupos de funcionalidades propostos no parágrafo anterior. Como podemos observar, as funcionalidades do grupo de Interatividade foram as mais abordadas, evidenciando assim o maior empenho dos pesquisadores em usar a segunda tela para disponibilizar interatividade entre o usuário e a programação de TV.

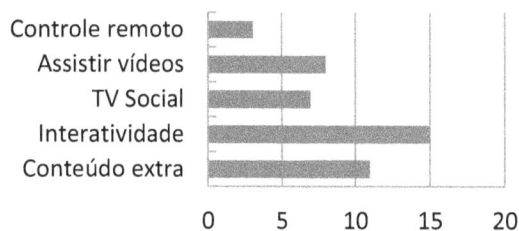

Figura 3. Quantidade de funcionalidades por grupo.

4. CONCLUSÃO

A condução da revisão sistemática seguindo os passos pré-estabelecidos permite concluir que os artigos selecionados respondem às questões de pesquisa definidas durante o planejamento. Como resultados, obtivemos 16 funcionalidades de aplicativos de segunda tela que os pesquisadores mais mencionam em seus trabalhos. Essas funcionalidades foram agrupadas em 5 categorias diferentes, de acordo com a sua natureza.

Concluímos, então, que as funcionalidades que proporcionam interatividade entre os usuários e a programação da TV são as mais abordadas, seguidas por funcionalidades para obter conteúdo extra e TV Social, quando os telespectadores usam seus dispositivos para discutir sobre a programação. As funcionalidades de controle do aparelho televisor foram citadas, mas em menor quantidade, evidenciando assim uma disposição maior para tornar a segunda tela uma ferramenta de imersão do telespectador na programação televisiva e assim tornar a interatividade acessível.

Logo, esta revisão sistemática cumpre com a finalidade de catalogar as funcionalidades dos aplicativos de segunda tela, usadas com mais frequência pelos desenvolvedores. Além disso, amplia a discussão sobre esses aplicativos visando integrar plenamente o telespectador à programação da TV Digital.

Como trabalho futuro, planejamos elaborar um modelo para o desenvolvimento de aplicativos de segunda tela, no qual abordaremos as funcionalidades mais adequadas para cada aplicativo, de acordo com o seu objetivo.

5. AGRADECIMENTOS
Agradecemos à Fundação Cearense de Apoio ao Desenvolvimento Científico e Tecnológico pelo suporte financeiro.

6. REFERÊNCIAS
[1] Angeluci, A. C. B., Calixto, G. M., Zuffo, M. K., Lopes R. D. D and Pemberton, L. 2013. Human Computer Interaction requirements for an educational toolset using Digital TV infrastructure: Case study. In *Proceedings of the EDUCON Global Engineering Education Conference* (Berlin, Germany, March 13 - 15, 2013). EDUCON '13. IEEE, Berlin, 813-819. DOI= http://dx.doi.org/10.1109/EduCon.2013.6530200.

[2] Centieiro, P., Cardoso, B., Romão, T. and Dias A. D. 2014. If You Can Feel It, You Can Share It!: A System for Sharing Emotions During Live Sports Broadcasts. In *Proceedings of the ACE 11th Conference on Advances in Computer Entertainment Technology* (Funchal, Portugal, 2014). ACE '14. ACM, New York, NY, 15:1-15:8. DOI= http://doi.acm.org/10.1145/2663806.2663846.

[3] Centieiro, P., Romão, T. and Dias A. D. 2014. From the Lab to the World: Studying Real-time Second Screen Interaction with Live Sports. In *Proceedings of the ACE 11th Conference on Advances in Computer Entertainment Technology* (Funchal, Portugal, 2014). ACE '14. ACM, New York, NY, 14:1-14:10. DOI= http://doi.acm.org/10.1145/2663806.2663843.

[4] Courtois, C. and D'heer, E. 2012. Second Screen Applications and Tablet Users: Constellation, Awareness, Experience, and Interest. In *Proceedings of the EuroiTV 10th European Conference on Interactive Tv and Video* (Berlin, Germany, 2012). EuroiTV '12. ACM, New York, NY, 153-156. DOI= http://doi.acm.org/10.1145/2325616.2325646.

[5] Howson, C., Gautier, E., Gilberton, E., Laurent A. and Legallais, Y. 2011. Second screen TV synchronization. In *Proceedings of the ICCE-Berlin International Conference on Consumer Electronics* (Berlin, Germany, September 6 - 8, 2011). ICCE-Berlin '11. IEEE, Berlin, 361-365. DOI= http://dx.doi.org/10.1109/ICCE-Berlin.2011.6031815.

[6] Jennes, I. and Van den Broeck, W. 2014. Digital TV innovations: Industry and user perspective. *Info*. 16, 6 (2014), 48-59. DOI= http://dx.doi.org/10.1108/info-06-2014-0027.

[7] Kitchenham, B. A. 2007. *Guidelines for performing systematic literature reviews in software engineering*. Technical Report. Kelle University and University of Durham.

[8] Nandakumar, A. and Murray, J. 2014. Companion Apps for Long Arc TV Series: Supporting New Viewers in Complex Storyworlds with Tightly Synchronized Context-sensitive Annotations. In *Proceedings of the TVX 2014 ACM International Conference on Interactive Experiences for TV and Online Video* (Newcastle , United Kingdom, 2014). TVX '14. ACM, New York, NY, 3-10. DOI= http://doi.acm.org/10.1145/2602299.2602317.

[9] Punt, M. A., Bjelica, M. Z. B., Zdravkovic, V. C. and Teslic, N.B. 2015. An integrated environment and development framework for social gaming using mobile devices, digital TV and Internet. Multimedia Tools and Applications. 74, 18 (2015), 8137-8169. DOI= http://dx.doi.org/10.1007/s11042-014-2045-8.

[10] Silva, P., Amer, Y., Tsikerdanos, W., Shedd, J., Restrepo, I. and Murray, J. 2015. A Game of Thrones Companion: Orienting Viewers to Complex Storyworlds via Synchronized Visualizations. In *Proceedings of the TVX 2015 ACM International Conference on Interactive Experiences for TV and Online Video* (Brussels, Belgium, 2015). TVX '15. ACM, New York, NY, 3-10. DOI= http://doi.acm.org/10.1145/2745197.2755519.

[11] Soskic, N., Tapavicki, D. P., Rapic, D., Medic, S. and Kuzmanovic, N. 2014. Remote control android application for second screen DTV environment. In *Proceedings of the MECO 3rd Mediterranean Conference on Embedded Computing* (Budva, Montenegro, June 15 - 19, 2014). MECO '14. IEEE, Berlin, 272-274. DOI= http://dx.doi.org/10.1109/MECO.2014.6862714.

[12] Soskic, N., Tapavicki, D. P., Rapic, D., Medic, S. and Kuzmanovic, N. 2013. A proposal for second screen DTV and remote control application. In *Proceedings of the ICCE-Berlin International Conference on Consumer Electronics* (Berlin, Germany, September 9 - 11, 2013). ICCE-Berlin '13. IEEE, Berlin, 1-3. DOI= http://dx.doi.org/10.1109/ICCE-Berlin.2013.6698000.

[13] Tellaroli, T.M. 2014. TV digital interativa na prática: a experiência do stickercenter. *Comunicação & Inovação*. 15, 28 (2014), 95-104. DOI= http://dx.doi.org/10.13037/ci.vol15n28.2358.

[14] Ziegler, C. 2013. Second screen for HbbTV - Automatic application launch and app-to-app communication enabling novel TV programme related second-screen scenarios. In *Proceedings of the ICCE-Berlin International Conference on Consumer Electronics* (Berlin, Germany, September 9 - 11, 2013). ICCE-Berlin '13. IEEE, Berlin, 1-5. DOI= http://dx.doi.org/10.1109/ICCE-Berlin.2013.6697990.

Hypermedia Content Transmission Plan: Managing the Broadcast/Multicast Delivery

Marina Josué   Marcelo Moreno   Romualdo Costa

Universidade Federal de Juiz de Fora
Juiz de Fora/MG - Brasil
{marinaivanov, moreno, romualdo}@ice.ufjf.br

ABSTRACT

Nowadays hypermedia content may be delivered over different platforms, such as Terrestrial DTV, IPTV and the Web. Therefore hypermedia presentation engines must be designed taking into consideration the specificities of their supported networks to provide the expected QoE levels. Presentation engines employ some content analysis to help on the task of maintaining QoE. However, when the content includes pushed data, this analysis should be transferred to the server side for building the so-called Transmission Plan. The Transmission Plan is a data structure that predicts the time when media objects should be transmitted and for how long, in order to optimize end-to-end resource usage. This work proposes a framework for managing the push-mode delivery of hypermedia content. The framework is generic enough to be instantiated over different content delivery scenarios. Introductory instantiation scenarios and initial results are also discussed.

Keywords

Hypermedia content analysis; Push delivery; Resource usage optimization.

1. INTRODUÇÃO

Atualmente, a entrega de aplicações hipermídia pode ocorrer por meio de diferentes tecnologias de rede, e em plataformas como TV Digital Terrestre, IPTV ou Web. As máquinas de apresentação hipermídia devem ser projetadas levando em consideração as especificidades das tecnologias de rede por elas suportadas, de forma a prover os níveis esperados de QoS/QoE aos seus usuários.

Primordialmente, as máquinas de apresentação buscam assegurar que os relacionamentos de sincronismo espaço-temporal entre os objetos de mídia mantenham-se conforme especificado pelo autor da aplicação. Porém, a entrega desses objetos comumente ocorre durante a apresentação da própria aplicação, o que exige técnicas avançadas de gerenciamento, que incluem a análise do comportamento temporal da aplicação.

Quando os instantes dos relacionamentos entre objetos de mídia são determinísticos, pode-se inferi-los em tempo de apresentação e, então, representar o sincronismo temporal como intervalos absolutos de um eixo temporal. Para os casos de relacionamentos que envolvam eventos imprevisíveis ou de duração variável, é possível também uma representação, de forma relativa, condicionada à ocorrência e variabilidade desses eventos.

O comportamento temporal de uma aplicação hipermídia deve então ser modelado por uma estrutura, como o HTG (*Hypermedia Temporal Graph*) [1]. O HTG modela cadeias temporais determinísticas e não-determinísticas. Ele vem sendo aplicado para auxiliar na construção dos Planos de Apresentação [1] e de Pré-busca [2] de conteúdo, que auxiliam a máquina Ginga-NCL [6] na manutenção do sincronismo temporal.

De fato, se os objetos de mídia são entregues em modo pull, um Plano de Pré-busca baseado no comportamento temporal da aplicação deve ser empregado para coordenar a chegada a tempo dos objetos de mídia. No entanto, se os objetos de mídia são entregues em modo push, a responsabilidade por analisar o comportamento da aplicação para fins de otimização no uso dos recursos deve recair sobre o lado servidor. Tal análise deve servir de base para a construção de um novo plano, neste trabalho denominado Plano de Transmissão de Conteúdo Hipermídia.

O Plano de Transmissão contém informações sobre quando cada objeto de mídia entregue em modo push deve ser inserido ou removido do stream de dados. Esse plano deve levar em conta o momento em que cada objeto de mídia será necessário na apresentação da aplicação, e o tempo estimado para que os receptores consigam obtê-lo no stream de dados.

A utilização do plano de transmissão tende a levar a uma economia de recursos de maneira fim-a-fim, como a redução na ocupação de banda passante pelo servidor de aplicações hipermídia. Isso ocorre porque ao invés de enviar todos os objetos de mídia da aplicação a todo instante, o plano de transmissão faz com que o stream de dados seja composto apenas pelos objetos necessários à sua execução, em um dado intervalo de tempo.

Este trabalho propõe um framework voltado ao gerenciamento da transmissão push de aplicações hipermídia baseado no comportamento temporal da aplicação. O framework é genérico o suficiente para ser adaptável a diferentes cenários e tecnologias de rede. O framework define estruturas de dados, componentes gerenciadores e suas estratégias para

WebMedia '16, November 08 - 11, 2016, Teresina, PI, Brazil

© 2016 Copyright held by the owner/author(s). Publication rights licensed to ACM.
ISBN 978-1-4503-4512-5/16/11...$15.00

DOI: http://dx.doi.org/10.1145/2976796.2988163

a construção e aplicação do Plano de Transmissão de Conteúdo Hipermídia, promovendo uma coordenação dos instantes de envio dos objetos de mídia.

O uso do framework é exemplificado de forma introdutória em dois cenários de entrega de aplicações hipermídia especificadas em linguagem NCL (*Nested Context Language*) [7]. Tais cenários se resumem duas estratégias de transmissão: (i) sem otimização e (ii) otimização baseada em eventos determinísticos.

Este artigo está estruturado da seguinte forma. A Seção 2 apresenta fundamentos e trabalhos relacionados a esta proposição. Na Seção 3, o framework proposto é apresentado. Exemplos de sua instanciação em cenários introdutórios são descritos na Seção 4. Por fim, a Seção 5 apresenta conclusões e trabalhos futuros.

2. TRABALHOS RELACIONADOS

Em serviços de entrega de conteúdo hipermídia em modo push (normalmente por broadcast ou multicast), normalmente o transmissor do conteúdo não tem conhecimento sobre quando um novo receptor irá se juntar ao serviço. Dessa maneira, os dados da aplicação são normalmente enviados em uma estrutura de entrega cíclica, para permitir seu recebimento independente do instante em que ocorre a seleção do serviço.

O protocolo DSM-CC (Digital Storage Media Command Control) [3] especifica uma estrutura cíclica denominada carrossel. O receptor de um conteúdo transmitido por carrossel, caso não obtenha o dado desejado ao se juntar ao serviço, deve esperar por um novo ciclo do fluxo de dados, para obtê-lo.

Na entrega em modo push, algum gerenciamento pode ser realizado no servidor do conteúdo. Em [4], é proposto um controlador de largura de banda ciente do conteúdo para gerenciar a QoS para aplicações multimídia, em ambientes de serviços diferenciados (DiffServ). O controlador utiliza políticas baseadas na natureza e adaptabilidade do fluxo, e a parâmetros de rede como delay e jitter. O trabalho emprega classes de serviços diferenciados para classificar seus fluxos com um índice de flexibilidade. Esse índice se baseia na tolerância da aplicação às variações dos parâmetros de rede. Apesar de possibilitar a adaptação de aplicações às condições de rede e evitar a interrupção na transmissão em situações de congestionamento, o trabalho não garante a manutenção do sincronismo temporal da aplicação, pois considera os fluxos de mídia de maneira independente.

O gerenciamento coordenado dos fluxos de mídia que compõem uma aplicação é apresentado em [5], e define uma arquitetura que dá suporte à troca de informações entre os fluxos de uma mesma aplicação. Através de um Protocolo de Coordenação (PC), informações específicas da aplicação e sobre o estado da rede são trocadas entre os fluxos, possibilitando que todos tenham a mesma visão das condições da rede. A arquitetura permite relacionar fluxos de dados semanticamente relacionados, porém não oferece meios para especificar e gerenciar os relacionamentos temporais entre os dados dos diferentes fluxos de mídia.

Atualmente, as propostas que gerenciam a transmissão de conteúdo hipermídia em modo push não aplicam análise do comportamento da aplicação. Tal análise vem sendo empregada apenas para gerenciar a entrega de conteúdo em modo pull, no lado cliente, como na técnica de pré-busca. A pré-busca consiste em estimar qual o próximo objeto da

aplicação deve ser requisitado ao emissor, para armazená-lo antes em cache, e necessita se antecipar às ações do sistema.

Em [2] a pré-busca é realizada através da construção de um plano no qual o sincronismo depende da ocorrência de eventos com duração variável, ou mesmo imprevisível. O plano de pré-busca proposto contém os tempos de início para recuperação antecipada dos objetos de mídia, e determina como calcular o tamanho máximo necessário do buffer. Diferente de [2], o presente trabalho propõe um framework para gerenciar a entrega em modo push, no qual a responsabilidade por analisar o comportamento da aplicação para fins de otimização no uso dos recursos recai sobre o lado servidor.

3. FRAMEWORK PROPOSTO

Esta seção apresenta o framework desenvolvido neste trabalho, e as estruturas de dados auxiliares definidas para auxiliar na análise do comportamento de aplicações multimídia e em sua entrega. Foi adotada uma abordagem de especificação orientada a classes e objetos para facilitar o entendimento de toda a estruturação do framework. Essa estruturação é genérica e deve ser especializada para cada cenário de provisão de serviços hipermídia.

3.1 Hypermedia Temporal Graph

O HTG (*Hypermedia Temporal Graph*) [1] é uma estrutura com o propósito de modelar o comportamento temporal de aplicações hipermídia, preservando todos os relacionamentos entre os eventos determinísticos e não-determinísticos, e o estado atual de cada máquina de estados associada a um evento.

A Figura 1 apresenta a definição da estrutura, que é composta por vértices e arestas dirigidas, onde cada aresta representa os relacionamentos entre os objetos de mídia definidos nos vértices. Estão também ilustradas algumas operações que podem ser realizadas sobre o grafo, como a inserção de vértices e mecanismos de caminhamento no mesmo.

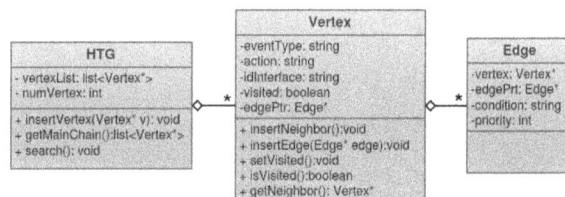

Figure 1: Definição do grafo temporal hipermídia

O vértice contém atributos que relacionam a interface de um nó de mídia a eventos definidos na aplicação, e atributos que permitem a construção do grafo através de uma lista de adjacências. A tripla (*action, eventType, idInterface*) representa a transição da máquina de estado do evento, que pode ser identificada pela ação que dispara a transição, o tipo de evento e o identificador da interface que define o evento, respectivamente. Uma interface pode representar o conteúdo de uma mídia, uma âncora do conteúdo ou até mesmo uma propriedade do objeto.

O atributo *edgePtr* define um ponteiro para um novo vizinho, que se liga ao vértice através de uma aresta (Edge), que contém dois atributos, a condição de caminhamento (*condition*), e sua prioridade (*priority*), em relação às outras arestas que possuem o vértice fonte em comum. As regras para construção do grafo independem da sintaxe utilizada para a autoria. Tomando como base a NCL, o HTG será construído durante o processamento de um documento que especifica a aplicação hipermídia.

3.2 Plano de Transmissão de Conteúdo Hipermídia

O caminhamento no HTG, tendo como ponto de partida o vértice especificado como porta de entrada da aplicação NCL, permite o preenchimento inicial do Plano de Transmissão de Conteúdo Hipermídia contendo o comportamento temporal da aplicação. A classe **TransmissionPlan** definida na Figura 2 é neste ponto ainda um pré-plano, informando os instantes em que cada mídia é necessária na aplicação, os instantes em que deixam de ser utilizadas e informações relacionadas ao objeto de mídia, como seu identificador (id) e localização (src), definidos no documento.

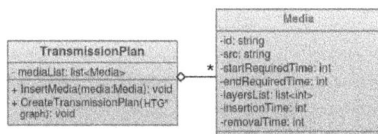

Figure 2: Definição do Plano de Transmissão

Tanto o HTG quanto o pré-plano de transmissão são construídos na etapa de análise da aplicação, implementada pela classe **ApplicationAnalyzer**, ilustrada pela Figura 3. Ao analisar uma aplicação definida por linguagem baseada em eventos, como a NCL, é possível obter informações sobre o comportamento temporal de sua apresentação no dispositivo receptor, além de escalonar a transmissão dos objetos de mídia.

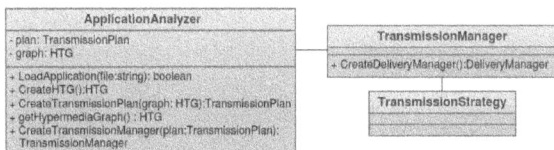

Figure 3: Gerenciadores da transmissão

O pré-plano representado por **TransmissionPlan**, inicialmente preenchido pela classe **ApplicationAnalyzer**, é complementado com base no cálculo de tempo de acesso aos objetos do fluxo de dados, e nas estratégias de transmissão definidas em **TransmissionStrategy**. A classe **TransmissionManager** contém o método responsável por criar o plano de transmissão final que irá coordenar a entrega do conteúdo hipermídia. A Figura 3 exibe os componentes do framework que desempenham atividades relacionadas ao gerenciamento da transmissão.

3.3 Gerenciadores de entrega e recepção de conteúdo

O emissor de dados (**DataSender**) comunica-se com o gerenciador de entrega (**DeliveryManager**), e implementa o protocolo de entrega de conteúdo. As atividades desempenhadas pelo emissor de dados estão diretamente ligadas à plataforma em que o conteúdo hipermídia será entregue. O gerenciador de entrega é responsável por manipular a estrutura utilizada pelo protocolo de entrega para envio dos dados, através da inserção e remoção de objetos de mídia.

O framework também define componentes que atuam no dispositivo receptor, responsáveis pela comunicação com o emissor de dados e controle da exibição do conteúdo hipermídia. A comunicação com o emissor, definida pelo protocolo de entrega de conteúdo ocorre em **DataReceiver**. A apresentação da aplicação multimídia é coordenada pelo componente **ApplicationMiddleware**, que orquestra e monitora o carregamento de players de mídia e interações dos usuários.

O framework tem o propósito de ser genérico, para se adaptar às plataformas de envio de conteúdo hipermídia por push (multicast ou broadcast), e a diferentes estratégias de envio através da instanciação de certos pontos de flexibilização. A seção a seguir apresenta algumas possibilidades de preenchimento desses pontos, especializando o framework para dois cenários de provisão de serviços hipermídia.

4. CENÁRIOS DE INSTANCIAÇÃO DO FRAMEWORK

Nesta seção, alguns cenários de utilização do framework proposto são apresentados, a fim de exemplificá-lo e avaliar o desempenho de estratégias de transmissão tomadas como introdutórias. O gerenciador da transmissão (**TransmissionManager**) pode empregar diferentes estratégias para construção do plano de transmissão. Nesta discussão sobre a instanciação do framework, são consideradas duas estratégias para construção do Plano de Transmissão: (i) sem otimização (**TS_Basic**) e (ii) com otimização baseada em eventos determinísticos (**TS_DeterministicEventsBased**). A Figura 4 ilustra tal especialização das estratégias junto ao framework, que podem ser aplicadas no cenário de TV Digital.

A estratégia **TS_Basic** determina o envio de todos os objetos de mídia ao longo de toda a transmissão da aplicação, sem melhoria alguma no consumo de banda. Para isso, o Plano de Transmissão é configurado de modo que o tempo de envio de todos os objetos de mídia é "0" e o tempo de exclusão é o mesmo do fim da transmissão da aplicação. Na estratégia **TS_DeterministicEventsBased** a transmissão é otimizada através da análise de eventos determinísticos, e o plano é preenchido com os instantes de inserção e remoção de mídia do fluxo, calculados com base no momento em que são necessárias na apresentação do conteúdo, e o tempo necessário para transferi-la.

Nos cenários de instanciação do framework, o protocolo FLUTE pode ser utilizado para envio dos objetos de mídia que compõem uma aplicação hipermídia. Esta foi inclusive a escolha como implementação base para os experimentos, utilizando um carrossel dinâmico que permite diferentes versões de conteúdo a serem transmitidas. Dessa forma, a classe **DeliveryManager** deve ser especializada como **CarouselManager**, conforme ilustrado na Figura 5. A classe **CarouselManager** é responsável por criar uma ou mais versões de carrosséis para entrega, de acordo com a estratégia de construção (**CarouselStrategy**) utilizada. Os objetos de mídia que são enviados no carrossel são descritos por uma ou mais tabelas de descrição de arquivo definidas pelo protocolo FLUTE.

Na estratégia **CS_Basic** apenas um carrossel é criado para toda a transmissão. Quando alterações no carrossel podem ocorrer devido à inserção ou remoção de objetos de mídia, mais de uma versão do carrossel deve ser gerada (**CS_DeterministicEventsBased**). Um objeto transmitido por meio de um carrossel tem seu tempo de transferência dado pela taxa de transmissão dedicada ao carrossel, que permanece inalterada ao longo da transmissão, e o tempo necessário para acessá-lo dentro da estrutura. O tempo para acessar um objeto na estrutura cíclica pode levar a retardos na entrega, sendo no pior caso, equivalente a uma volta completa do carrossel.

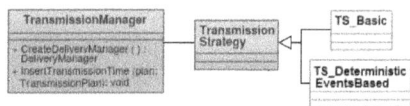

Figure 4: Instanciação de TransmissionStrategy

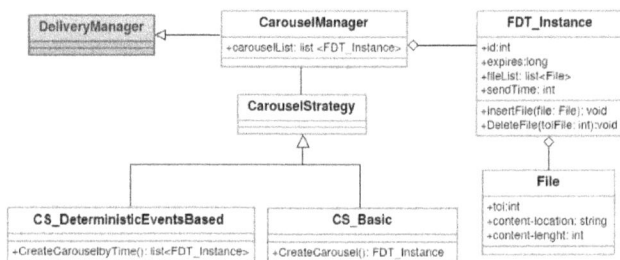

Figure 5: Instanciação de DeliveryManager

4.1 Resultados

Esta subseção apresenta os resultados obtidos nos experimentos realizados, com o objetivo de avaliar as estratégias de transmissão definidas no trabalho de acordo com a eficiência na entrega do conteúdo hipermídia. Durante os testes, uma aplicação especificada em NCL foi enviada por push para um grupo de 10 receptores. Para isso, cenários de transmissão por broadcast que instanciam as estratégias do framework proposto foram criados. Como o conteúdo é enviado por broadcast e multicast, sem nenhum canal de comunicação entre o receptor e o servidor, a quantidade de receptores analisados não altera o desempenho do gerenciamento de transmissão.

Os cenários foram avaliados através da ocupação média do carrossel, ou seja, a quantidade de dados transportados ao longo da transmissão da aplicação. A aplicação é composta por eventos determinísticos (sincronização de textos e imagens com o vídeo principal), e não-determinísticos (interação do usuário) e contém um conjunto de mídias que representam 30,33 Mbytes de dados transportados no carrossel. No cenário que emprega a estratégia **TS_Basic**(*Basic*) enquadram-se transmissões em TV Digital terrestre (broadcast) e IPTV (multicast) como são realizadas atualmente.

Os testes demonstraram que o cenário que utiliza a estratégia **TS_DeterministicEventsBased** (*DeterministicEventsBased*) apresenta uma melhoria em relação ao *Basic*, considerando a ocupação média do carrossel. No cenário *Basic* o tamanho do carrossel permanece igual ao tamanho total da aplicação (30,33 MBytes) ao longo de toda transmissão. Já em *DeterministicEventsBased*, onde a construção do Plano de Transmissão se baseia na análise de eventos determinísticos, de modo que apenas os dados necessários ao momento de apresentação da aplicação são enviados, o tamanho médio do carrossel mostrou-se menor (6,66 MBytes), conforme esperado.

5. CONCLUSÃO

Mecanismos para gerenciar a transmissão de conteúdo multimídia podem ser empregados para garantir as relações de sincronismo entre as mídias especificadas pelo autor da aplicação, e consequentemente sua qualidade de apresentação.

Neste contexto, um framework genérico que analisa o comportamento da aplicação para orquestrar a entrega dos elementos que a compõem foi proposto. Para isso, foi utilizado um grafo hipermídia para modelar o comportamento temporal da aplicação e um plano de transmissão para escalonar o processo de envio de conteúdo.

A utilização do framework foi exemplificada através de dois cenários de transmissão em broadcast. É possível notar que no cenário *DeterministicEventsBased*, que emprega a análise de eventos determinísticos para construção do Plano de Transmissão obtém-se uma economia na ocupação média da banda passante ao longo da transmissão, comparado ao cenário *Basic*.

Além dos cenários de transmissão em broadcast, o framework pode ser instanciado também em cenários que empregam a transmissão em multicast. Nesse caso é possível utilizar estratégias de gerenciamento que consideram também os eventos não-determinísticos. Como são utilizados diferentes canais para entrega do conteúdo, torna-se possível enviar os objetos de mídia cuja apresentação está relacionada a eventos não-determinísticos em canais separados. Tal instanciação é deixada como trabalho futuro.

6. REFERENCES

[1] R. M. d. R. Costa, M. F. Moreno, and L. F. Gomes Soares. Intermedia synchronization management in dtv systems. In *Proceedings of the eighth ACM symposium on Document engineering*, pages 289–297. ACM, 2008.

[2] A. A. M. Figueroa. Pré-busca de conteúdo em apresentações multimídia. Master's thesis, Programa de Pós-graduação em Informática da PUC-Rio, Março 2014.

[3] ISO/IEC. Information technology – generic coding of moving pictures and associated audio information - part 6: Extensions for dsm-cc. Technical report, International Organization for Standardization 13818-6., 1998.

[4] M. Mahajan and M. Parashar. Managing qos for multimedia applications in the differentiated services environment. *Journal of Network and Systems Management*, 11(4):469–498, 2003.

[5] D. E. Ott and K. Mayer-Patel. An open architecture for transport-level protocol coordination in distributed multimedia applications. *ACM Transactions on Multimedia Computing, Communications, and Applications (TOMM)*, 3(3):17, 2007.

[6] L. F. G. Soares, M. F. Moreno, C. D. S. S. Neto, and M. F. Moreno. Ginga-ncl: declarative middleware for multimedia iptv services. *IEEE Communications Magazine*, 48(6):74–81, 2010.

[7] L. F. G. S. Soares. *Programando em NCL 3.0: desenvolvimento de aplicações para middleware Ginga: TV digital e Web.* Elsevier, 2009.

NCL-Tester: Graphic Application for NCL Documents Temporal Test Creation

Fábio Barreto
UNILASALLE-RJ
fabio.barreto@lasalle.org.br

Daniel Tamaki Batista
Laboratório MídiaCom, UFF
danieltamaki.uff@gmail.com

Joel A. F. dos Santos
CEFET/RJ
joel.santos@cefet-rj.br

Débora C. Muchaluat-Saade
Laboratório MídiaCom, UFF
debora@midiacom.uff.br

ABSTRACT

Interactive digital TV applications with runtime errors would certainly damage the viewer's experience. Testing NCL multimedia applications is very important to ensure that they will run appropriately on a digital TV receiver and really fits the author's specification. In the literature, there are works that propose tools for checking consistency of NCL documents. However, most of these works do not provide a graphical editor that facilitates the specification of temporal tests that can be used to verify if a document executes as desired. This paper proposes a new graphical tool, called NCL-Tester, which offers such functionality for NCL documents. Through NCL-Tester, an NCL application designer can specify temporal relationships between its media components and test whether these relationships will be respected when the NCL application runs. NCL-Tester uses aNaa (API for NCL Authoring and Analysis) to run the tests and returns to the author a success or error message for each test. The usefulness of the proposed tool was verified by usability tests.

KEYWORDS

Relação temporal, NCL, aNaa, verificação de consistência de documentos hipermídia, NCL-Tester

1. INTRODUÇÃO

Sistemas hipermídia manipulam mídias, digitalmente, sendo elas contínuas ou discretas além de prover a interação com usuários. Estão disponíveis em várias plataformas como smartphones, computadores, *tablets* e TVs digitais. Essas aplicações são desenvolvidas por diversos tipos de profissionais que variam desde designers gráficos, editores audiovisuais e autores que trabalham na construção de documentos hipermídia. Enquanto designers trabalham buscando definir a qualidade e editores com a produção de determinados itens de mídia específicos da aplicação, o autor trabalha com a integração dos módulos de modo que a aplicação atenda às especificações definidas.

Documentos hipermídia podem ser criados através de uma

WebMedia '16, November 08-11, 2016, Teresina, PI, Brazil
© 2016 ACM. ISBN 978-1-4503-4512-5/16/11...$15.00
DOI: http://dx.doi.org/10.1145/2976796.2988199

linguagem de autoria hipermídia, que permite especificar tanto propriedades temporais quanto espaciais das mídias que participam da aplicação.

Diferentes linguagens hipermídia são usadas para especificar comportamentos temporais e espaciais de um documento hipermídia. Dentre as principais, estão as linguagens de autoria SMIL (*Synchronized Multimedia Integration Language*) [1], HTML5 (*HyperText Markup Language 5*) [2] e NCL (*Nested Context Language*) [3]. Esta última é a linguagem adotada como padrão para desenvolvimento de programas interativos no Sistema Brasileiro de TV Digital e foco deste trabalho.

Com o objetivo de minimizar os erros na autoria hipermídia, alguns trabalhos propõem ferramentas gráficas [4][5] [6] e validadoras [7] [8] [9] [10] como alternativas para facilitar a produção e edição de aplicações multimídia.

O uso de ferramentas de autoria gráfica como o NEXT [5], abstrai do usuário a necessidade de utilizar detalhes da linguagem adotada na criação do documento. Isso pode eliminar o problema de criação de uma aplicação não funcional, porém, problemas comportamentais podem ainda persistir. Os diferentes tipos de mídias e suas interações definidas em um documento hipermídia podem não representar o comportamento desejado pelo autor apesar de não apresentarem erros funcionais.

A API aNaa (*API for NCL Authoring and Analysis*) [11] possui a capacidade de analisar um documento NCL baseado em uma determinada propriedade representando um comportamento específico. Entretanto, não oferece diretamente ao autor um ambiente com uma representação visual amigável ao usuário.

Este trabalho propõe NCL-Tester, uma ferramenta gráfica que oferece tal funcionalidade para documentos NCL. Através de NCL-Tester, o projetista de uma aplicação NCL pode especificar relacionamentos espaço-temporais entre os seus componentes de mídia e testar se esses relacionamentos serão respeitados quando a aplicação NCL for executada. NCL-Tester utiliza a API aNaa para executar os testes e retorna para o autor a resposta de sucesso ou erro para cada teste. O usuário pode especificar testes baseados em tipos pré-definidos de propriedades e realizar a análise do documento através da ferramenta proposta. Os resultados da análise gerados pela API são apresentados pelo editor para o usuário de forma clara e visual para que ele possa interpretá-los e obter auxílio no desenvolvimento de um documento hipermídia.

O restante deste trabalho está estruturado da seguinte maneira. A Seção 2 apresenta trabalhos relacionados. A Seção 3 apresenta o NCL-Tester. A Seção 4 discute brevemente testes de usabilidade feitos com a ferramenta. A seção 5 conclui o artigo e aponta trabalhos futuros.

2. TRABALHOS RELACIONADOS

A literatura é rica em discussão sobre a validação de documentos multimídia. Em geral, são poucos os trabalhos que permitem a criação de propriedades definidas pelo próprio autor de um documento. Esta seção resume alguns trabalhos que propõem abordagens para validação de documentos NCL.

Felix em [12] apresenta uma abordagem para a validação de documentos NCL através de *model-checking*. A validação de um documento é feita sobre um conjunto de autômatos, representando seu comportamento, usando fórmulas em lógica temporal previamente criadas pelo autor. Entretanto, o trabalho não oferece uma ferramenta gráfica que facilite a criação de tais fórmulas.

Bertino et al. em [13] propõem um modelo de autoria baseado em restrições.. A validação de um documento é feita verificando a consistência do conjunto de restrições. Se uma inconsistência é encontrada, o conjunto de restrições é automaticamente reduzido de forma a evitar a inconsistência. Quando tal redução automática não é possível, o autor deve revisar o código criado para evitar a inconsistência.

Elias et al. em [14] também propõem um sistema de autoria baseado em restrições. Dois operadores são definidos: TEMPORAL e SPATIAL. Cada operador permite ao autor definir um valor de prioridade. Para manter a consistência de um conjunto de restrições, sempre que necessário, restrições são removidas com base em sua prioridade.

Gaggi e Bossi em [15] definem uma semântica formal para SMIL. Durante autoria, a estrutura de um documento é enriquecida com assertivas expressando propriedades temporais a serem respeitadas. A validação de um documento é realizada pela aplicação de axiomas, definidos na semântica proposta em [15], para verificar se uma dada construção ou conjunto de construções corretamente muda o estado do documento. Caso contrário, o problema encontrado é indicado ao autor para que seja corrigido.

Junior et al. em [16] usam uma abordagem dirigida a modelos para a validação de documentos NCL. A validação é realizada através da transformação de um documento NCL em uma estrutura de Kripke. A validação usa uma ferramenta de model-checking e fórmulas em lógica temporal representando propriedades a serem validadas. O trabalho propõe um editor para especificação de propriedades definidas pelo usuário.

NCL-Tester possibilita a execução de testes isoladamente ou em grupos de propriedades das mídias pertencentes de um documento NCL padrão. A estrutura da ferramenta deixa em aberto a possibilidade para futuras inclusões de novos testes sobre outras propriedades. Tais testes podem ser definidos pelo próprio autor permitindo uma maior flexibilidade em seu trabalho.

Em [12] [16] são providas ferramentas para a criação e teste de propriedades temporais e espaciais em documentos hipermídia. Em [12]o autor deve especificar as propriedades através de fórmulas em lógica temporal. Em [16] o autor escolhe uma propriedade de um conjunto de propriedades predefinidas. Diferente destes trabalhos, NCL-Tester prove uma interface gráfica com a qual o autor pode especificar o teste a ser validado.

É importante ressaltar ainda que NCL-Tester atua sobre documentos NCL padrão, diferente de [16], onde o autor deve converter o documento para uma versão simplificada de NCL afim de realizar a validação.

3. NCL-TESTER

A realização de testes temporais em um documento hipermídia através da ferramenta NCL-Tester se dá com testes unitários entre mídias, contidas em um documento a ser testado. Para tanto, durante a leitura de um documento NCL selecionado pelo usuário, suas mídias são identificadas e adicionadas ao repositório de mídias de NCL-Tester. A ferramenta permite analisar um documento NCL por vez, portanto ao abrir um novo documento, todas as abas com testes criados anteriormente são apagadas, bem como seus resultados.

A Figura 1 apresenta a tela do NCL-Tester, onde podemos perceber três menus: *Project*, *Test* e *Help*. O menu *Project* possui duas funcionalidades. Uma para importar o documento NCL a ser validado e outra que permite fechar a aplicação. A opção de importar abre um browser para o usuário selecionar o documento a ser validado, nesse momento todas as mídias contidas no documento aparecem no repositório de mídia na parte inferior da tela. Na Figura 1, por exemplo temos as mídias: *hey*, *ho* e *listen*.

Além dos menus a ferramenta apresenta dois conjuntos de abas, o *Relations Test* e o conjunto de abas de testes. O *Relations Test* possui duas abas contendo em cada uma os tipos de relações a serem utilizados na criação dos testes. Na aba *Temporal* o usuário pode escolher qual/quais relações temporais ele quer testar. São apresentadas representações gráficas para as relações de Allen **before**, **meets**, **ovelaps**, **starts**, **during**, **finishes** e **equals**.

A representação de cada relação remete às figuras da relação de Allen. A partir do momento que o usuário escolhe o teste que deseja realizar, uma aba é criada no conjunto de abas de testes. A partir de então o usuário pode escolher quais mídias presentes no repositório de mídias participarão do teste. A escolha da mídia é feita arrastando uma mídia para o campo correspondente na relação sendo criada. Um exemplo é apresentado na Figura 1 onde o retângulo verde foi preenchido com a mídia *ho*.

Todo teste criado tem uma mídia considerada como mestre e uma ou mais consideradas como escravas. Na representação visual do teste, a mídia mestre é indicada por um retângulo verde, enquanto as mídias escravas são indicadas por retângulos cinza. No exemplo apresentado na Figura 1 a mídia *ho* foi selecionada como mestre do teste *Equals*. Nesta figura, a mídia *listen* foi escolhida como escrava.

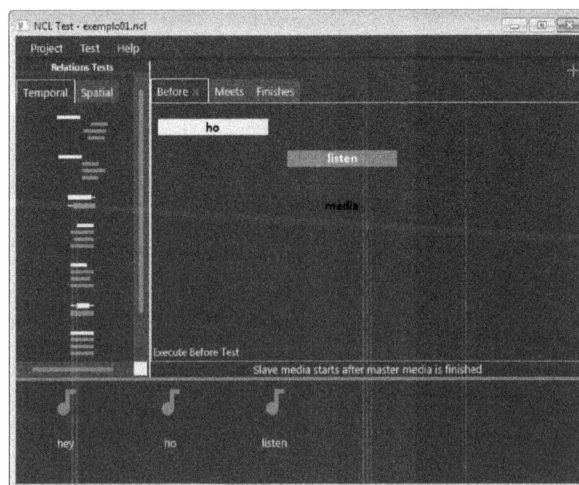

Figura 1: Tela do NCL-Tester

Cada teste especificado pelo usuário, no momento da validação, é convertido em uma lista de testes, um para cada mídia escrava. Nessa lista, cada teste segue o mesmo tipo do teste criado na ferramenta mas possui apenas dois participantes, a mídia mestre e uma mídia escrava. Os testes são então analisados separadamente através da API aNaa. Esse procedimento permite que o resultado da análise seja mais específico, indicando ao usuário em qual, ou quais, mídia um erro foi detectado, caso exista.

A partir do momento que o teste é criado ele poderá ser executado individualmente no link "Execute Equals test" como podemos ver no final da aba Equals na Figura 1. O resultado do teste será apresentado conforme na Figura 2.

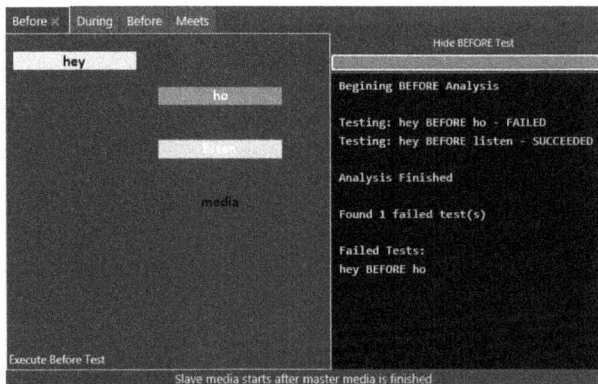

Figura 2: Execução do teste finalizada

As mídias para as quais o teste falhou são pintada de vermelho e as que passaram são pintadas de verde. No final da aba de descrição do teste é apresentando uma lista dos testes individuais que falharam.

As vantagens na abordagem de sistema de abas estão nas facilidades para o usuário final de poder eliminar um teste apenas fechando a aba correspondente, melhor organização, tendo todos os testes visíveis ao mesmo tempo e possibilidade de troca do teste em destaque para edição ou execução. Todos os itens listados eliminam o passo extra de buscar o teste desejado dentro de uma pilha. Com o sistema, o usuário pode preferir executar apenas um teste separado enquanto trabalha na criação de outros ou pode realizar a execução de todos os testes de uma vez para ter um resultado mais completo da análise de um documento.

A escolha dos possíveis testes a serem realizados foi motivada pela possibilidade de análise que a ferramenta aNaa [11] permite. Assim, os testes possíveis a serem feitos no editor são aqueles que verificam as propriedades (relações) atômicas implementadas em aNaa. Outras propriedades podem ser criadas usando as propriedades atômicas como base e consequentemente testadas.

4. AVALIAÇÃO DO EDITOR

Foi avaliada a usabilidade da ferramenta NCL-Tester através de teste de usabilidade baseado no sistema de escala de usabilidade (SUS - System Usability Scale)[17]. Os participantes do teste são alunos e profissionais da área de ciência da computação. O grupo de participantes foi subdividido entre aqueles sem conhecimento de NCL, contendo 5 participantes, e aqueles com experiência em NCL, contendo 6 participantes.

Os resultados do teste foram interpretados e por fim, levados em consideração para futuras melhorias na ferramenta. A Tabela 1

contém os resultados finais de média SUS dos participantes agrupados por sua proficiência na linguagem NCL.

Proficiência em NCL	5	4	3	2	1
Total	72,5	73,75	80	55	60,8

Tabela 1: Resultado SUS

O resultado padrão do SUS para que uma interface seja considerada aceitável é 68 [29]. Como a média geral foi de 68,4 e a para pessoas proficientes na linguagem NCL foi de 75,4 pode-se afirmar que NCL-Tester está bem avaliado para seu público alvo, usuários proficientes em NCL. O resultado de 58 para pessoas sem proficiência em NCL mostra que a interface ainda há de ser melhorada para ser melhor aceita por usuários em geral. Dentre as sugestões indicadas pelos participantes do teste, foi reforçada a melhoria na intuitividade da ferramenta alegando-se a existência de pouca informação na interface do editor para indicar ao usuário o que fazer. Outras sugestões envolveram a adição de teclas de atalho para execução de funcionalidades da ferramenta, possibilidade de apagar o registro do painel de resultados sempre que uma avaliação for realizada e sugestões para melhorias dos nomes exibidos na interface da ferramenta

5. CONCLUSÕES

Este trabalho tem como principal contribuição a proposta e criação de uma ferramenta gráfica, chamada NCL-Tester, para especificação de testes temporais em documentos NCL, visando auxiliar o desenvolvimento de aplicações interativas para o Sistema Brasileiro de Televisão Digital.

Ao utilizar a ferramenta proposta, o autor de um documento hipermídia tem condições de realizar testes automatizados e obter respostas ilustrativas sobre o comportamento entre mídias de seu documento, melhorando assim o processo de desenvolvimento de aplicações interativas para o SBTVD. Este autor teria uma maior dificuldade de garantir que seu documento atenda a determinadas propriedades especificadas sem o uso da ferramenta proposta.

NCL-Tester se baseia na API aNaa para executar cada teste especificado pelo usuário e exibir seu resultado. aNaa realiza a validação de um documento através de *model-cheking* e considera propriedades temporais baseadas nas relações de Allen e propriedades espaciais baseadas nas relações RCC.

A implementação de NCL-Tester utiliza o padrão de projeto MVC e o paradigma de programação orientado a objetos em Java. Foram realizados testes de usabilidade de NCL-Tester com um grupo de 11 usuários, que consideraram a ferramenta útil para a validação de documentos NCL, obtendo uma média SUS de 75,4 entre autores NCL.

Melhorias hão de ser feitas no editor com o desenvolvimento de mais tipos de testes temporais entre mídias, por exemplo, contendo especificação de atraso exato entre elas e testes verificando propriedades de interação com o usuário final. Um outro trabalho futuro é possibilitar a criação de testes espaciais a partir das relações RCC (Randell, Cui e Cohn)[18] e combinação das propriedades atualmente disponíveis.

No âmbito de usabilidade da ferramenta, a possibilidade de salvar o ambiente de trabalho do autor para que se possa continuar a análise de um documento com testes já criados posteriormente, melhorias na legibilidade, melhor intuitividade de uso da ferramenta, bem como atalhos do teclado para suas funções, são trabalhos em andamento.

A expansão dos tipos de documentos hipermídia a serem analisados, além de NCL, virão com o suporte futuro da API aNaa ou a criação de outra API que realize tal verificação. Também será considerada a possibilidade do repositório de mídias de importar mais tipos de mídia, além de áudio, vídeo e imagem, conforme as novas possibilidades de testes forem criadas.

6. REFERÊNCIAS

[1] SMIL, "Synchronized Multimedia Integration Language (SMIL 3.0)," 2008. [Online]. Available: http://www.w3.org/TR/SMIL3/. [Acesso em 13 08 2015].

[2] HTML5, "A vocabulary and associated APIs for HTML," 2014. [Online]. Available: http://www.w3.org/TR/html5/. [Acesso em 2015 08 13].

[3] ITU, "Nested Context Language (NCL) and Ginga-NCL for IPTV," 2009. [Online]. Available: http://www.itu.int/rec/T-REC-H.761-200904-S. [Acesso em 07 06 2016].

[4] R. L. Guimarães, R. M. R. Costa and L. F. Soares, "Composer: Ambiente de Autoria de Aplicações Declarativas para TV Digital Interativa," in *XII Simpósio Brasileiro de Sistemas Multimídia e Web*, 2007.

[5] D. Silva e D. Muchaluat-Saade, "NEXT-Editor Gráfico par Autoria de Documentos NCL com Suporte a Templates de Composição," em *WebMedia*, 2012.

[6] D. Mattos, STEVE - Editor Gráfico da Visão Espaço-Temporal para Autoria de Documentos Hipermídia, Niterói: Dissertação de Mestrado em Computação, Universidade Federal Fluminense, 2015.

[7] E. Araújo, R. Azevedo e C. Neto, "NCL-validador: um processo para validação sintática e semântica de documentos multimidia NCL," em *Jornada de Informática do Maranhão*, 2008.

[8] B. Lima, R. Azevedo, M. Moreno e L. Soares, "Composer 3: Ambiente de Autoria Extensível, Adaptável e Multiplataforma.," em *WebMedia - Workshop de TV Digital Interativa (WTVDI)*, 2010.

[9] A. Bossi e O. Gaggi, "Enriching smil with assertions for temporal validation," em *15th international conference on Multimedia*, 2007.

[10] S. Elias, K. Easwarakumar e R. Chbeir, "Dynamic consistency checking for temporal and spatial relations in multimedia presentations.," em *the 2006 ACM symposium on Applied computing*, 2006.

[11] J. A. F. dos Santos, Multimedia Document Validation Along Its Life Cycle, Niterói: Tese de Doutorado em Computação, Universidade Federal Fluminense, 2016.

[12] M. F. Felix, "Formal Analysis of Software Models Oriented by Architectural Abstractions," 2004.

[13] E. Bertino, E. Ferrari, A. Perego and D. Santi, "A Constraint-Based Approach for the Authoring of Multi-Topic Multimedia Presentations," in *IEEE International Conference on Multimedia and Expo*, Amsterdam, Netherlands, IEEE Computer Society, 2005, pp. 578-581.

[14] S. Elias, K. Easwarakumar and R. Chbeir, "Dynamic consistency checking for temporal and spatial relations in multimedia presentations," in *Proceedings of the 2006 ACM symposium on Applied computing*, Dijon, France, ACM, 2006, pp. 1380-1384.

[15] O. Gaggi and A. Bossi, "Analysis and verification of SMIL documents," *Multimedia Systems*, vol. 17, no. 6, pp. 487-506, April 2011.

[16] D. Picinin Júnior, C. Koliver, C. A. S. Santos and J.-M. Farines, "Verifying Hypermedia Applications by Using an MDE Approach," in *System Analysis and Modeling: Models and Reusability*, vol. 8769, Springer International Publishing, 2014, pp. 174-189.

[17] J. Brooke, SUS - A quick and dirty usability scale. Usability Evaluation in Industry, Taylor and Francis, 1996.

[18] D. A. Randell, Z. Cui and A. G. Cohn, "A spatial logic based on regions and connection," *Principles of Knowledge Representation and Reasoning*, pp. 165-176, 1992.

[19] JavaFX, "Client Technologies: Java Platform, Standard Edition (Java SE) 8 Release 8," 2014. [Online]. Available: http://docs.oracle.com/javase/8/javase-clienttechnologies.htm. [Acesso em 10 07 2014].

[20] C. Santos, L. Soares, G. Souza and J. Courtiat, "Design methodology and formal validation of hypermedia documents," *Proceedings of the sixth ACM International Conference*, pp. 39-48, 1998.

[21] W3C, "Synchronized Multimedia Integration Language - SMIL," World-Wide Web Consortium Recommendation, 2008. [Online]. Available: http://www.w3c.org/TR/SMIL3.

[22] M. a. T. M. a. M. P. de Oliveira, "ACM Transactions on Information Systems (TOIS)," *A statechart-based model for hypermedia applications*, vol. 19, p. 52, 2001.

[23] E. Clarke, O. Grumberg and D. Peled, Model Checking, The MIT Press, 2000.

[24] M. Clavel, S. Eker, F. Drurán, P. Lincoln, N. Martí-Oliet and J. Meseguer, "All about Maude - A High-performance Logical Framework: how to Specify, Program, and Verify Systems in Rewriting Logic," *Springer-Verlag New York Inc*, vol. 4350, 2007.

[25] J. A. F. dos Santos, J. V. Silva, R. R. Vasconcelos, W. Schau, C. Werner and D. C. Muchaluat-Saade, "aNa: API for NCL Authoring," in *Proceedings of the 18th Brazilian Symposium on Multimedia and the Web - Workshop of Tools and Applications*, 2012.

[26] J. A. F. dos Santos, C. Braga and D. C. Muchaluat-Saade, "Automating the Analysis of NCL Documents with a Model-driven Approach," in *Proceedings of the 19th Brazilian Symposium on Multimedia and the Web*, New York, ACM, 2013, pp. 193-200.

[27] J. F. Allen, "Maintaining Knowledge about Temporal Intervals," *Communications of the ACM*, vol. 26, no. 11, pp. 832-843, 1983.

[28] A. Pnueli, "The temporal logic of programs," in *18th Annual Symposium on Foundations of Computer Science*, IEEE, 1997, pp. 46-57.

[29] L. Soares, R. Rodrigues and D. Muchaluat-Saade, "Modeling, authoring and formatting hypermedia documents in the HyperProp system," *Multimedia Systems*, vol. 8, no. 2, pp. 118-134, 2000.

OffDroid: A Framework for Offline Working in Android Applications

Jean G. F. Guedes
UFRN
guerethes@gmail.com

Gibeon S. A. Júnior
UFRN
gibeon@dimap.ufrn.br

Victor J. G. L. de Oliveira
UFRN
victorlopesjg@gmail.com

ABSTRACT

Given the growing demand for the development of mobile applications, driven by use increasingly common in smartphones and tablets grew in society the need for remote data access in full in the use of mobile application without connectivity environments where there is no provision network access at all times. Given this reality, this work proposes a framework that present main functions are the provision of a persistence mechanism, replication and data synchronization, contemplating the creation, deletion, update and display persisted or requested data, even though the mobile device without connectivity with the network. From the point of view of the architecture and programming practices, it reflected in defining strategies for the main functions of the framework are met. Through a controlled study was to validate the solution proposal, being found as the gains in reducing the number of lines code and the amount of time required to perform the development of an application without there being significant increase for the operations.

Keywords

Framework; Persistence; sync; Mobile Applications; replication; Offline.

1. INTRODUÇÃO

Diante dos novos hábitos da sociedade em portar dispositivos móveis, um dos obstáculos que as empresas vêm enfrentando consiste na tentativa de migrar versões de seus sistemas e aplicações para a computação móvel, pois há instabilidade no acesso à rede, inexistência de uma solução de replicação e de sincronização de dados e não há um padrão quanto a persistência dos dados na plataforma Android.

Para minimizar esses obstáculos, está sendo proposto um framework chamado *Offdroid*, cuja função principal é a persistência, replicação e sincronização dos dados envolvidos na interação entre a aplicação móvel e seus serviços de back-end da web. O framework permite, de forma transparente, que aplicações executem as operações de inserção, remoção,

WebMedia '16, November 8–11, 2016, Teresina, PI, Brazil.

© 2016 ACM. ISBN 978-1-4503-4512-5/16/11...$15.00

DOI: http://dx.doi.org/10.1145/2976796.2988165

atualização e consulta de dados persistidos localmente ou solicitados via REST [1].

O *Offdroid* baseia-se na plataforma android e tem a intenção de apoiar o desenvolvimento de aplicativos que precisam se adaptar a inconstância do acesso à rede. As aplicações serão capazes de executar operações sem a necessidade de conexão com a internet, fazendo apenas uso da base de dados local. Assim, o aplicativo pode ter mais cobertura, abrangendo tanto os usuários com acesso contínuo à rede como aqueles que não têm acesso em todos os momentos.

2. O FRAMEWORK OFFDROID

Neste seção será abordada a construção do framework, desde a definição dos requisitos funcionais e não funcionais, construção da arquitetura do framework e a sua implementação.

Mesmo apresentando as funções de sincronização e replicação dos dados, o *Offdroid* não apresenta nenhuma preocupação quanto a resolução de conflitos. Todos os dados alterados no dispositivo na ausência de conexão serão enviados para o servidor.

2.1 Requisitos

Mediante interações com diversos desenvolvedores de aplicativos móveis, foram levantados os requisitos funcionais e não funcionais que o framework deveria apresentar. Por se tratar de um framework para dispositivos móveis, alguns requisitos não funcionais foram atendidos, pois trata-se de características e aspectos inerentes a computação móvel. Os requisitos não funcionais levantados foram:

- **Desempenho**: O framework deverá ter um baixo tempo de resposta para as operações de cadastro, leitura, atualização e remoção.

- **Confiabilidade**: O framework deverá ser capaz de contornar diversos eventos inesperados, como por exemplo, ao ocorrer timeout o offdroid deverá ser capaz de realizar a mesma operação na base de dados do dispositivo.

Já os requisitos funcionais levantados durante as interações foram:

- **Criação do banco**: O framework deverá ser capaz de criar o banco de dados e todas a tabelas das classes mapeadas;

- **Cadastrar**: O sistema deverá ser capaz de realizar o cadastro das classes mapeadas no framework;

- **Buscar**: O sistema deverá ser capaz de realizar a consulta das classes mapeadas no framework;

- **Remover**: O sistema deverá ser capaz de realizar a remoção das classes mapeadas no framework;

- **Atualizar**: O sistema deverá ser capaz de realizar a atualização das classes mapeadas no framework;

- **Comunicação com o servidor**: Na presença de conectividade o sistema deverá ser capaz de realizar a comunicação com o servidor.

- **Sincronização dos dados**: A sincronização é bilateral, ocorrendo nas duas direções, tanto entre o servidor de aplicação e o dispositivo móvel, quanto entre o dispositivo móvel e o servidor de aplicação. A primeira ocorre quando o dispositivo móvel realiza alguma requisição REST junto ao servidor, se houver retorno esse deverá ser armazenado na base de dados local do dispositivo móvel, se essa for a estratégia adotada pela classe. A segunda sincronização só ocorrerá se algum dado presente na base de dados do dispositivo móvel sofrer alguma modificação quando offline e essa alteração tenha que ser enviada para o servidor de aplicação.

2.2 Arquitetura

Durante o processo de desenvolvimento do framework foram utilizados alguns padrões de projetos, como o padrão estrutural, padrão comportamental e padrão de criação. Dentre os padrões comportamentais existentes, foi utilizado o padrão Chain of Responsibility e Strategy, o que permitiu que através de uma única classe fosse possível realizar o encadeamento do processamento de todas as operações existentes no offdroid. Essa classe receptora repassa a solicitação ao longo da cadeia até a classe responsável pelo seu processamento.

Segundo [2], a utilização de reflexão e interfaces em um framework pode torná-lo mais adaptável a diferentes contextos e aplicações. Entretanto, implementações de interfaces mal realizadas ou de classes estendidas do framework podem ocasionar a quebra do código da aplicação. Dessa forma é possível constatar que quanto menor for o acoplamento, mais facilmente será possível evoluir de forma independente a aplicação e vice-versa.

Com base nesse entendimento acima citado, o framework foi desenvolvido fazendo uso de reflexão, padrões de projetos e de interfaces, possibilitando que as funcionalidades existentes sejam facilmente estendidas para os mais diversos cenários, facilitando a sua evolução de forma independente. Com o intuito de manter o baixo acoplamento, o framework foi dividido em quatro módulos: Utils, Comunicação com o servidor, Persistência e Sincronização. Os módulos da arquitetura são autônomos e cooperantes entre si. Cada um dos módulos supracitado será exemplificado em detalhes nas seções que seguem.

A arquitetura do framework é mostrado na Figura 1.

2.2.1 Utils

O módulo Utils se relaciona diretamente com a aplicação desenvolvida, fazendo uso do padrão de projeto façade. É através desse módulo que ocorrerá a inicialização dos demais módulos, bem como criação do banco de dados e da conexão responsável pela troca de informação entre o dispositivo móvel e o servidor de aplicação.

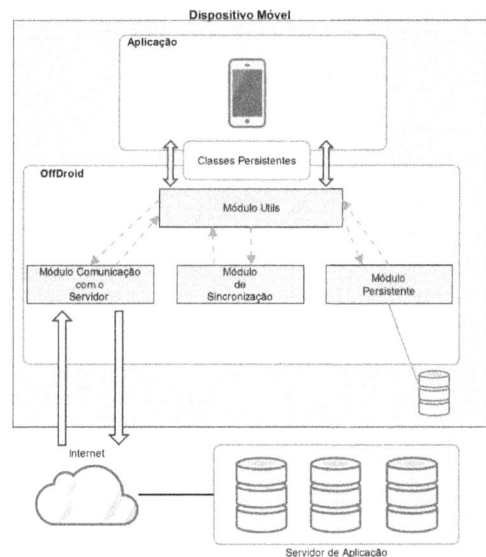

Figure 1: Arquitetura do Framework

2.2.2 Comunicação com o Servidor

O módulo em questão apresenta a função de realizar o envio e de recebimento de mensagens trocadas entre o dispositivo móvel e o servidor de aplicação, utilizando o padrão REST [1]. O módulo contempla as quatro operações básicas que compõem o CRUD (Create, Read, Update ou Delete) existente na classe *OffLineManager*, tendo ainda a responsabilidade gerar a URL dinamicamente que será utilizada durante a requisição, bem como tem a funcão de tratar a resposta obtida após a utilização.

2.2.3 Persistência

O módulo de persistência apresenta todas operações necessárias para a manipulação dos dados contidos no banco de dados. A persitência dos dados utiliza a técnica de mapeamento objeto relacional e as anotações foram baseadas na API de persistência JPA, que consiste num padrão encontrado nos principais frameworks de persistência, tais como o Hibernate, o Oracle TopLink e o Java Data Objects [3].

2.2.4 Sincronização

A sincronização, o framework dar suporte a sincronização bilateral. A sincronização do dispositivo móvel para o servidor de aplicação poderá ocorrer sempre que o dispositivo sair do estado offline para o estado online, momento em que uma tarefa assíncrona verificará se há registro na tabela sincronização, ou seja, se houve alguma modificação durante o período de ausência de conectividade, para que possa ser enviada para o servidor.

Já a sincronização oriunda do servidor de aplicação para o dispositivo móvel ocorrerá sob demanda, isto é, o framework, ao realizar uma requisição REST no servidor de aplicação, salvará uma cópia dos dados retornados no banco de dados do dispositivo para que possa ser utilizado quando estiver offline.

2.2.5 Estratégias contempladas

Durante a concepção do framework foram definidas três possíveis estratégias de configuração para as classes de domínio, tendo como finalidade informar para o framework quais módulos deverão ser utilizados durante a manipulação da classe em questão.

A anotação *@OnlyLocalStorage* só deverá ser utilizanda quando a manipulação dos dados deverá se restringir apenas no banco de dado do dispositivo móvel. Já na anotação *@OnlyOnLine* os dados só podem ser manipulados quando requisitados junto ao servidor de aplicação se o dispositivo apresentar conectividade. Na última estratégia as classes de domínio não requerem nenhuma anotação específica, pois os dados fazem parte dos dois cenários, tanto do dispositivo móvel quanto do servidor de aplicação.

3. AVALIAÇÃO

Com o intuito de avaliar a produtividade e a eficácia do uso do framework *OffDroid*, um estudo experimental controlado foi conduzido utilizando o processo de experimentação proposto por [4]. O estudo precisou de um planejamento minucioso, composto por quatro participantes e sem a possibilidade de novas réplicas caso ocorresse alguma ameaça grave a sua validade.

Ao longo do experimento foi observado o tempo de desenvolvimento da solução com uso e com o não uso do framework, resultando em três métricas quantitativas: tempo de desenvolvimento; quantidade de linhas de código; e tempo médio gasto em cada uma das operações realizadas.

3.1 Análise dos Resultados

Segundo [4], o experimento conduzido foi o Tipo I, que consiste avaliar cada uma das métricas aplicando dois tratamentos que consiste no uso e não do framework.

Após a seleção do tipo de experimento a ser conduzido, procedeu-se à comparação dos grupos através do teste não-paramétrico de Mann-Whitney [5], cuja finalidade é comparar 2 amostras independentes. Segundo [6] o teste não-paramétrico de Mann-Whitney é considerando a alternativa mais poderosa para o teste não-paramétrico para as amostras independentes.

A Tabela 1 apresenta os dados coletados durante a execução do experimento.

Para a análise dos resultados obtidos, a técnica de intervalo de confiança empregado para calcular a média e o nível de significância adotado foi de 5% (0,05).

A comparação do tempo de desenvolvimento dos dois grupos, através do teste U. MannWhitney mostrou que há diferenças estatisticamente significativas entre os 2 grupos (p = 0,029). Portanto é possível constatar o tempo necessário para solucionar o problema proposto utilizando o framework é inferior, quando comparado ao tempo não fazendo uso do mesmo.

Já quanto a quantidade de linhas de código, através do teste U. MannWhitney, ficou constatado que há diferença estatisticamente significante (p=0,029) entre a quantidade de linhas de código para quando comparado os dois grupos. Conforme apresentado na Tabela 1, exemplificam a o quão é destoantes o total de linhas desenvolvidas pelos 2 grupos, estando a maior parte situados fora dos valores médios.

Já comunicação entre o framework e o servidor, nos 2 grupos, apresentou resultados compatíveis com a média. Não

Table 1: Dados do experimento

Exper	Ins	Read	Update	Rem	Time	LOC
Exp 01	132ms	155ms	70ms	25ms	98:45	394
Exp 02	69ms	88ms	66ms	40ms	36:07	129
Exp 03	112ms	219ms	46ms	16ms	94:25	383
Exp 04	35ms	24ms	26ms	29ms	186:08	604
Exp 05	71ms	84ms	63ms	38ms	30:24	150
Exp 06	33ms	25ms	31ms	25ms	67:34	468
Exp 07	72ms	91ms	65ms	36ms	18:31	145
Exp 08	69ms	88ms	68ms	40ms	14:50	124
Exp 09	140ms	130ms	121ms	59ms	41:33	312
Exp 10	34ms	30ms	31ms	30ms	194:28	724
Exp 11	139ms	131ms	118ms	49ms	40:51	342
Exp 12	31ms	65ms	39ms	41ms	165:07	721
Exp 13	134ms	46ms	44ms	27ms	144:13	638
Exp 14	142ms	145ms	119ms	52ms	44:02	80
Exp 15	140ms	370ms	38ms	25ms	76:26	581
Exp 16	150ms	150ms	120ms	50ms	21:31	97

há, portanto, uma tendência à externalidade ou à internalidade. Os dados que seguem a mesma tendência nos extremos superior e inferior. O teste U. MannWhitney veio a comprovar, mostrando que não há diferença estatisticamente significativas entre os 2 grupos (p=0,114)

4. PROVA DE CONCEITO

Essa seção tem como finalidade exemplificar a utilização do framework construído em um caso concreto. O framework foi utilizado nos aplicativos recém desenvolvidos, são eles: o Coletor de Presença Mobile, Coletor de Patrimônio, RU UFRN, UFRN Notify, UFRN security, *SIGAA Beta* [1] e o Fans rio 2016.

Dentre os aplicativos supramencionados, o Coletor de Presença Mobile foi o selecionado para que fosse o primeiro aplicativo a usar o framework OffDroid, devido a sua natureza que tem como função realizar a coleta de presenças dos participantes de um evento e das atividades que o compõe. O aplicativo tem como função exportar as presenças coletadas para um servidor de aplicação, cuja finalidade é a emissão dos certificados dos participantes presentes. Porém, o aplicativo tem um requisito funcional, que é permitir que a coleta possa ser realizadas mesmo que o dispositivo não apresente conectividade. A presença coletada deverá ficar armazenada no dispositivo e, quando o mesmo retornar a conectividade, as presenças coletadas serão sincronizadas para o servidor de aplicação.

A primeira versão do Coletor de Presença que está em uso desde 2012, sendo a sua implementação realizada sem o uso do framework desenvolvido. Por esse motivo, o desenvolvedor precisou se ater a todas as situações de conectividade existentes, ou seja, foi necessário verificar, a cada requisição, o estado da conexão apresentada pelo dispositivo para selecionar a estratégia a ser realizada, isto é, ou seria feito uma requisição junto ao servidor de aplicação, ou na base de dados do dispositivo. Além dessas verificações, a primeira versão do coletor de Presença Mobile tinha ainda dependência de outros dois projetos para o seu funcionamento.

---

[1] https://play.google.com/store/apps/details?id= br.ufrn.sinfo.sigaambeta

Para validar o framework foi desenvolvido uma nova versão do coletor, que deveria apresentar os mesmos requisitos funcionais, dentre eles, o principal, que consiste na possibilidade de coletar as presenças dos participantes mesmo o dispositivo não apresentando conectividade. A nova versão difere da versão antiga por já realizar a sincronização dos dados automaticamente ao detectar conexão e na existência de dados ainda não sincronizados.

Realizando um comparativo entre as versões do coletor de presença, foi constatado uma redução em torno de 87% na quantidade de classes e de quase 78% na quantidade de linhas de código, constatando uma considerável redução no esforço necessário para o desenvolvimento do aplicativo, apresentando as mesmas funcionalidades.

5. TRABALHOS RELACIONADOS

O trabalho apresentado por [7] descreve um modelo denominado de MCSync, tendo como finalidade realizar a sincronização entre um dispositivo Android e um servidor de aplicação Web que faz uso dos serviços da Google, fornecendo a criação automática do banco de dados e das tabelas necessárias para a utilização do aplicativo. O MCSync opera no sistema operacional Android e oferece aos desenvolvedores a capacidade de construir bancos de dados SQLite, que podem ser sincronizado através do Google App Engine. O MCSync sincroniza os dados presentes no SQLite com os dados correspondentes no banco de dados no GAE, o protocolo Cloud Messaging é o responsável por notificar as mudanças ocorridas, bem como realizar a atualização da base de dados interna do dispositivo.

A principal diferença entre o framework e o trabalho apresentado por [7] é que, enquanto o principal objetivo de SEDIVY é a realização da sincronização entre os dados do dispositivo móvel com o servidor utilizando exclusivamente a GAE, o Offdroid poderá realizar a sincronização com qualquer servidor de aplicação. Já os pontos distintos entre as abordagens consiste no fato da replicação de SEDIVY ser total, uma vez que todo o banco de dados do GAE vai para o dispositivo móvel, ao contrário da replicação realizada pelo Offdroid que é parcial, em que nem todos os dados presentes no base de dados do servidor de aplicação vai para o dispositivo móvel. No Offdroid a atualização dos dados ocorre sob demanda.

[8] apresenta o SyncML, que é um modelo de comunicação cliente-servidor responsável por realizar as trocas de mensagens utilizando o formato XML, sendo capaz de resolver conflitos durante o processo de sincronização. O modelo contempla ainda a sincronização bilateral ou unilateral.

É possível constatar que a diferença encontrada entre o SyncML e o framework Offdroid está no formato das mensagens trocadas entre o servidor e o dispositivo móvel, no modelo SyncML o formato utilizado é XML, enquanto que no Offdroid, por padrão, as mensagens enviadas utilizam o formato JSON.

A principal semelhança entre o SyncML e do framework Offdroid consiste na flexibilidade para a realização das sincronizações ou replicações entre o dispositivo móvel e o servidor de aplicação, onde a sincronização utilizada pode ser a bilateral ou a unilateral.

6. CONSIDERAÇÕES FINAIS

O desenvolvimento deste framework foi baseado no crescente aumento da computação móvel no mundo, principalmente, diante do fato da população ter adquirido, em massa, aparelhos como os smartphones e tablets. Essa realidade gerou uma alta demanda na realização de download de aplicativos, criando a necessidade do uso destes em situações em que não houvesse conectividade.

A criaçao do Framework aqui presentado tem como finalidade realizar a persistência, a replicação e sincronização dos dados. Tais funcionalidades estão implementadas de forma não intrusiva, uma vez que há a possibilidade de configurar a estratégia de cada classe conforme desejado, ou seja, é possível ter classes de armazenamento apenas local; classes que não devem ser persistidas; classes que podem apresentar a persistência local e a realização da requisição junto ao servidor de aplicacação. Para esses casos, ficará a cargo do framework verificar o estado da conectividade e assim definir se a operação será realizada utilizando os serviços REST's ou se a operação ocorrerá na base de dados do dispositivo.

O framework foi desenvolvido e validado no aplicativo Coletor de Presença, que requisita os serviços junto ao servidor da aplicação e armazena as informações no banco de dados do disposivo. Este aplicativo foi selecionado em virtude da sua essência, que é a persistência, a replicação e a sincronização dos dados.

Diante do estudo de caso apresentado, foi devidamente demonstrado que o framework desenvolvido é plenamente viável para solucionar as problemáticas listadas, pois ele já disponibiliza todas as funcionalidades de forma nativa, sem a necessidade de realizar nenhuma configuração adicional.

7. REFERENCES

[1] R. T. Fielding, "Architectural styles and the design of network-based software architectures," Ph.D. dissertation, University of California, Irvine, 2000.

[2] A. Shoshani, P. Holland, J. Jacobsen, and D. Mitra, "Characterization of temporal sequences in geophysical databases," in *Scientific and Statistical Database Systems, 1996. Proceedings., Eighth International Conference on*, Jun 1996, pp. 234–239.

[3] R. Biswas and E. Ort, "The java persistence api - a simpler programming model for entity persistence," 2006. [Online]. Available: http://www.oracle.com/technetwork/articles/javaee/jpa-137156.html

[4] C. Wohlin, P. Runeson, M. Höst, M. Ohlsson, B. Regnell, and A. Wesslén, "Experimentation in software engineering: an introduction. 2000," 2000.

[5] H. B. Mann and D. R. Whitney, "On a test of whether one of two random variables is stochastically larger than the other," *Ann. Math. Statist.*, vol. 18, no. 1, pp. 50–60, 03 1947. [Online]. Available: http://dx.doi.org/10.1214/aoms/1177730491

[6] J. Levin and J. A. Fox, *Elementary Statistics in Social Research*, 2006.

[7] J. Sedivy, T. Barina, I. Morozan, and A. Sandu, "Mcsync - distributed, decentralized database for mobile devices," in *Cloud Computing in Emerging Markets (CCEM), 2012 IEEE International Conference on*, Oct 2012, pp. 1–6.

[8] A. Stage, "Synchronization and replication in the context of mobile applications," *May*, vol. 30, pp. 1–16, 2005.

Opportunistic Recording of Live Experiences Using Multiple Mobile Devices

Bruna C. R. Cunha, Andrey Omar M. Uscamayta, Maria da Graça C. Pimentel
Universidade de São Paulo
Instituto de Ciências Matemáticas e de Computação
São Carlos, SP - Brazil
brunaru@icmc.usp.br, omar.mozo@usp.br, mgp@icmc.usp.br

ABSTRACT

In this work, we present a case study in which participants used a mobile application for collaborative record presentations. We developed an application for Android-enabled devices to investigate the usability and design requirements of a mobile and collaborative capture system. Our main concern is to facilitate collaboration and create an enhanced result without adding complexity in relation to the individual capture task. In this way, we focused on problems related to the usability and to the awareness information that enables users to conduct an opportunistic recording. We report our case study results and discuss design requirements we identified for the collaborative recording of presentations by users in possession of smartphones and tablets.

CCS Concepts

•**Human-centered computing** → **Collaborative and social computing systems and tools;** *Ubiquitous and mobile computing systems and tools;* Interactive systems and tools;

Keywords

mobile devices; multi-device; design; collaboration; live capture

1. INTRODUÇÃO

Tecnologias que permitam a captura, edição e publicação de conteúdo multimídia estão cada vez mais poderosas, viáveis e fáceis de utilizar. Este cenário incentiva a gravação de apresentações para que interessados possam se beneficiar do conteúdo gerado. No contexto educacional, por exemplo, muitos trabalhos estudam a experiência dos estudantes com sistemas de gravação de aulas (e.g. [4, 8, 9, 18]).

Atualmente, smartphones possuem câmeras de boa qualidade, o que os tornam ferramentas com um grande potencial para gravação e compartilhamento de vídeos. No entanto, pouca atenção tem sido dada à geração de gravações pelos próprios estudantes [5]. Além disso, o uso de múltiplos dispositivos pode melhorar a experiência de visualização pois a captura colaborativa de um evento enriquece

WebMedia '16, November 08-11, 2016, Teresina, PI, Brazil

© 2016 ACM. ISBN 978-1-4503-4512-5/16/11. . . $15.00

DOI: http://dx.doi.org/10.1145/2976796.2988197

cenários de composição lineares, uma vez que gera múltiplos pontos de vista e tipos de mídia do mesmo evento [2]. Dispositivos móveis são comumente usados para capturar mídias, no entanto, é necessário proporcionar meios para otimizar a captura e o resultado, considerando requisitos de qualidade e duração, além de aproveitar colaborações oportunísticas.

O objetivo deste trabalho foi investigar o uso de dispositivos móveis como uma solução para permitir que usuários capturem apresentações acadêmicas de modo colaborativo. Para este fim, foi desenvolvido um sistema de captura colaborativa para dispositivos móveis. Foi realizado um estudo de caso para avaliar a usabilidade e expandir requisitos de design de um cenário de captura colaborativa. Os resultados obtidos permitiram gerar uma lista de recomendações de design para sistemas de captura colaborativa via dispositivos móveis, com especial atenção às questões relacionadas à usabilidade e à percepção da informação colaborativa.

O restante deste texto é organizado da seguinte forma. Trabalhos Relacionados (Seção 2), Implementação (Seção 3), Estudo de Caso (Seção 4), Recomendações de Design (Seção 5) e Conclusão (Seção 6).

2. TRABALHOS RELACIONADOS

A popularização de dispositivos móveis equipados com câmera e conexão sem fio têm incentivado vários trabalhos de captura colaborativa. Um exemplo é a proposta do uso de dispositivos móveis para a captura e transmissão colaborativa de um evento ao vivo por meio de um serviço de *streaming* que incluiu o processo de produção colaborativa de modo geral [10] e o processo de coordenação da produção para a criação de narrativas alternativas [11] [12].

Outros pesquisadores focaram seus esforços no problema de mixagem automática de vídeo a partir da captura colaborativa com uso de dispositivos móveis [15]. Apesar de não reportarem uma análise de requisitos, os autores discutem características de eventos que precisam ser considerados na implementação de sistemas de captura.

Ao investigar alternativas para a captura colaborativa com dispositivos móveis, em seu trabalho Sá et al. [16] propõem oferecer aos usuários a possibilidade de ter um *preview* do que os outros usuários estão capturando. Com o objetivo de investigar os requisitos de design de um cenário como esse, os autores produziram um protótipo semi-funcional. O artigo propõe requisitos originais, mas estes não foram implementados nem avaliados por meio do protótipo.

Existem produtos comerciais que permitem captura colaborativa de video, como é o caso do Streamweaver[1] e do Vyclone.[2] Em

---

[1]http://www.streamweaver.com
[2]https://www.vyclone.com/

ambos o resultado é simplificado na forma de múltiplos vídeos ou em um vídeo fragmentado aleatoriamente.

São vários os autores que investigaram requisitos de sistemas para captura de apresentações em ambientes acadêmicos fazendo uso de ambientes instrumentados com câmeras e lousas eletrônicas [1] [3] [13] [19] [20], em alguns casos permitindo que captura seja realizada por membros da audiência [4, 6, 17], mas não de modo colaborativo. Apesar da diversidade contribuições, não foi possível identificar trabalhos que investiguem a captura colaborativa de eventos acadêmicos.

3. IMPLEMENTAÇÃO

Em trabalhos anteriores dos autores, foram desenvolvidas ferramentas para permitir a captura, reprodução, sincronização e anotação de várias mídias [7, 14]. Essas ferramentas foram estendidas para suportar a captura colaborativa. Foram implementados requisitos que foram identificados por meio da gravação de apresentações formais, realizadas por membros do grupo de pesquisa dos autores, e pela revisão da estado da arte da literatura (e.g. [4, 5, 15, 16]). Com o objetivo de investigar a captura colaborativa de eventos acadêmicos utilizando dispositivos móveis, foram definidos como principais requisitos das provas de conceito:

- Mecanismo de sincronização flexível: pessoas podem começar a participar de uma sessão de captura a qualquer momento. A sincronização deve ser o mais implícita possível.

- Fornecer conscientização do trabalho colaborativo e articulação implícita: considerando princípios de sistemas colaborativos e a colaboração oportunística, usuários necessitam estar hábeis a decidir quais mídias capturar com base na captura de outros colaboradores.

- Integração automática para visualização: as mídias geradas devem ser integradas automaticamente em um sistema que organize sua visualização.

A ferramenta desenvolvida como prova de conceito para a captura colaborativa é chamada MoVIA2. Essa ferramenta permite a captura de vídeo, fotos periódicas, áudio e marcas temporais. Fotos e áudio podem ser capturados ao mesmo tempo ou separadamente. Dado que o armazenamento é uma preocupação, o vídeo é gravado em baixa qualidade, porém fotos são capturadas em alta resolução para garantir a qualidade de elementos visuais importantes de uma apresentação, como lousa e slides. O intervalo de tempo em que as fotos são capturadas pode ser personalizado. A MoVIA2 permite utilizar um microfone Bluetooth conectado ao dispositivo para obter áudio de alta qualidade. A ferramenta possui um mecanismo de sincronização dinâmico que permite aos usuários entrar em uma sessão e sincronizar a qualquer momento. O primeiro usuário que inicia uma captura deve criar um evento colaborativo. Quando outros usuários iniciarem a ferramenta o evento estará disponível para adesão. Usuários podem sair e voltar a participar de um evento se desejarem. Um evento é finalizado somente após todos os usuários saírem e o tempo limite expirar. Todo o conteúdo capturado em relação a um evento colaborativo tem uma chave única, que é utilizada para integrar automaticamente todas as mídias gravadas. Para prover informações relacionadas ao evento colaborativo, a ferramenta possui uma tela que lista os participantes de um evento indicando qual mídia está sendo capturada por cada um deles, como mostra a Figura 1. Quando um participante da lista é selecionado, uma foto de pré-visualização da captura de seu dispositivo é exibida.

Quando o dispositivo está sendo recarregado e tem uma conexão do tipo Wi-Fi, a MoVIA2 faz o carregamento automático das mídias capturadas para uma ferramenta de reprodução Web chamada

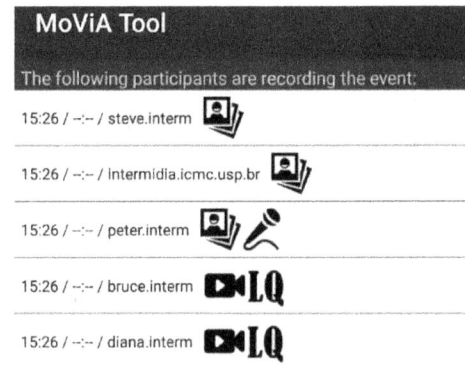

Figure 1: Percepção da informação durante uma captura: lista dos participantes com as respectivas mídias capturadas.

I+WaC-Editor. A I+WaC-Editor gera sessões individuais e também uma sessão colaborativa em que todas as mídias que compartilham a mesma chave de evento são automaticamente agrupadas e sincronizadas. Usando suas contas Google, usuários podem acessar a ferramenta e assistir às sessões geradas. A ferramenta Web I+WaC-Editor permite reproduzir, anotar e navegar em múltiplas mídias sincronizadas [14]. O foco deste trabalho foi o estágio de captura, portanto, para a visualização foi definido um layout simplificado com o principal objetivo de verificar o resultado de uma captura colaborativa. A tela é repartida em duas: que o lado esquerdo exibe as fotos capturadas periodicamente enquanto o lado direito exibe um vídeo. As mídias pertencentes ao evento colaborativo podem ser alternadas usando caixas de seleção do tipo combo.

4. ESTUDO DE CASO

Para avaliar os requisitos identificados e sua instanciação na ferramenta MoVIA2 conduzimos um estudo de caso composto por duas partes. A primeira, foi uma avaliação de usabilidade em que participantes interagiram com a MoVIA2 individualmente com o objetivo de avaliar sua interface. Na segunda, participantes utilizaram a MoVIA2 para capturar de forma colaborativa aulas reais de duas disciplinas de pós-graduação. Foram recrutados cinco voluntários estudantes de pós-graduação com idades entre 25 a 35 anos.

A avaliação de usabilidade teve por objetivos introduzir MoVIA2 aos participantes, identificar problemas de usabilidade e verificar a compreensão das funcionalidades colaborativas. O experimento foi realizado individualmente e levou cerca de 20 minutos cada. Embora cada sessão tenha sido conduzida individualmente, elaboramos um conjunto de tarefas que tentou simular uma sessão de captura colaborativa. Para isso, foram utilizados dois smartphones com a MoVIA2 e um notebook que reproduziu o vídeo de uma palestra. A tarefa consistia em gravar o vídeo da palestra utilizando os dois dispositivos. Utilizamos o protocolo *Think Aloud* para coletar dados de uso e uma entrevista para obter opiniões sobre a ferramenta. A avaliação de usabilidade indicou que a ferramenta foi fácil de aprender e utilizar e não apresentou problemas que poderiam prejudicar a sua utilização. Todos os participantes completaram as tarefas propostas sem ajuda.

Após a avaliação de usabilidade, os participantes já estavam familiarizados com a ferramenta. O objetivo deste experimento foi observar uma captura colaborativa usando vários dispositivos distribuídos em uma sala de aula real. Antes do experimento, foram entregues instruções explicando os critérios que os participantes deveriam considerar. Os critérios a serem considerados eram, nesta ordem: a) o que os outros participantes estavam gravando, b) a qualidade das outras capturas, e c) escolha pessoal. Foram enviadas perguntas a serem respondidas via e-mail após o experimento. Neste primeiro experimento foi observado que os participantes estavam ansiosos para iniciar a captura. Isso ocorreu pois eles estavam preocupados em perder conteúdo ou perturbar a aula. Os participantes não sabiam se deveriam criar ou participar de um evento de captura. Mesmo com a capacidade de ver o que os outros estavam gravando, um participante perguntou em voz alta quais mídias estavam sendo gravadas. Dois participantes escolheram as mídias sem considerar nenhum aspecto do que os outros estavam capturando. Pode-se perceber que a maioria estava preocupada com sua captura individual e não queria analisar o que outros estavam capturando.

No segundo experimento o objetivo foi realizar uma captura colaborativa e gerar a sessão correspondente para os participantes visualizarem e avaliarem. Foram utilizadas as mesmas instruções do primeiro experimento. As mídias capturadas durante a aula foram enviadas para a I+WAC-Editor e o link da sessão colaborativa foi compartilhado com os participantes. Os participantes visualizaram a sessão resultante e responderam um questionário sobre a sua experiência durante a captura e a sua opinião sobre o resultado. No segundo experimento os resultados foram mais positivos pois os participantes já sabiam como posicionar seus dispositivos e quais mídias queriam capturar. As respostas sobre a captura foram positivas, no entanto, como a interface para visualização era muito simples, as respostas foram neutras ou negativas. Como o foco da proposta não foi a visualização, esse resultado era esperado.

5. RECOMENDAÇÕES DE DESIGN

Considerando os resultados do estudo de caso foram identificados requisitos mínimos e princípios de design para aplicações cujo principal objetivo é a captura colaborativa de aulas, de modo a utilizar dispositivos móveis de forma colaborativa e oportunística. As recomendações são divididas em quatro categorias: captura, sincronização, percepção da informação e compartilhamento. Foi realizada uma discussão de acordo com as seguintes características que são comuns aos cenários educacionais: apresentações de longa duração, o uso do lousas e/ou slides, possibilidade de gesticulações dos oradores, envolvimento dos participantes durante a apresentação, possibilidade de pausas durante a apresentação, distribuição de participantes em uma sala e atenção dedicada à apresentação.

5.1 Captura

É importante considerar restrições e requisitos gerados pelos dispositivos móveis e pelo formato de apresentações formais longas, por exemplo: armazenamento limitado dos dispositivos móveis, captura de áudio com qualidade confiável, possibilidade de adição de marcações, não perturbar a atenção dos ouvintes, iniciar a gravação sem esforço.

Como base em nossos trabalhos e em trabalhos relacionados citados anteriormente, as recomendações para a categoria de captura são:

- em apresentações longas: capturar vídeos de baixa qualidade por padrão e capturar fotos de alta qualidade periodicamente juntamente com o áudio;

- permitir capturar áudio de qualidade via microfone sem fio utilizado pelo apresentador;

- permitir que os usuários registrem momentos importantes por meio marcas inseridas de modo simples e inobustrusivo;

- permitir o uso opcional de controles remotos com conexão Bluetooth para facilitar a captura e adição de marcações;

- permitir iniciar a gravação rapidamente utilizando configurações recomendadas automáticas com base em informações de contexto da sessão e dos colaboradores.

5.2 Sincronização

A captura de uma sessão por múltiplos usuários pode resultar em uma grande quantidade de mídias. O conjunto de mídias resultantes deve ser sincronizado automaticamente exigindo mínima ou nenhuma interação do usuário. Pensando neste problema, alguns aspectos devem ser considerados para facilitar o processo de sincronização.

A captura de uma sessão por múltiplos usuários via dispositivos móveis deve considerar as seguintes indicações para o processo de sincronização:

- sincronizar as mídias automaticamente exigindo mínima ou nenhuma interação com usuários;

- permitir sincronização durante a gravação, por ser uma opção mais barata em termos computacionais, quando comparada ao pós processamento multimídia;

- proporcionar uma sincronização flexível, de modo que os utilizadores possam se associar ou abandonar uma sessão a qualquer momento.

5.3 Percepção da Informação

A seleção da melhor configuração de captura para usuários é uma solução eficiente, mas a flexibilidade das aplicações deve ser priorizada, portanto a percepção da informação ainda é necessária. Além disso, devem ser consideradas questões de privacidade e informar sobre eventos que estão sendo gravados por outros usuários próximos.

As recomendações indicadas para fornecer um nível adequado de percepção da informação aos usuários são:

- oferecer acesso às informações dos demais participantes e das mídias por eles gravadas;

- oferecer uma pré-visualização do ponto de vista de outras câmeras;

- compartilhar a pré-visualização da câmera automaticamente desde que uma opção de privacidade permita aos usuários desligar o compartilhamento;

- notificar os usuários sobre eventos próximos a eles, estando cientes de outros participantes que capturam um evento, usuários podem decidir colaborar.

5.4 Compartilhamento

Deve ser possível compartilhar mídia capturadas para outros dispositivos ou pela Web. No entanto, em um cenário colaborativo oportunista requisitos adicionais de compartilhamento são necessários.

Os seguintes requisitos de compartilhamento devem ser considerados:

- compartilhar e integrar as mídias automaticamente;

- prover um repositório para o qual as mídias sejam transferidas transparentemente e possam ser visualizadas de modo personalizado pelos colaboradores.

6. CONCLUSÃO

Um sistema colaborativo eficaz deve manter a qualidade de um sistema individual correspondente: quaisquer pequenos custos incrementais resultantes da demanda por colaboração devem ser compensados na tarefa colaborativa – assim, designers de sistemas colaborativos devem minimizar inconvenientes e promover colaboração. A principal contribuição desse trabalho trata-se de um conjunto de recomendações de design para sistemas de captura multimídia colaborativa com o uso de dispositivos móveis. As recomendações de design foram divididas em quatro categorias principais: captura, ciência de contexto, sincronização e compartilhamento. São propostas alternativas para reduzir custo de armazenamento, para facilitar a captura pelos usuários, para melhorar o resultado capturado e para encorajar captura oportunística. Ouvintes precisam de sistemas fáceis de utilizar e que não requerem interação durante uma apresentação. Embora os requisitos propostos sejam focados em apresentações acadêmicas, eles também são adequados para outros cenários de apresentações formais. Além disso, as recomendações também podem ser úteis para outros sistemas colaborativos que façam uso de dispositivos móveis.

7. ACKNOWLEDGEMENTS

Agradecimentos à CAPES (bolsa PROEX-5378258/D) ao CNPq (processo nº 312058/2015-2) e à FAPESP (processo nº 16/00351-6) pelo apoio financeiro.

8. REFERENCES

[1] G. D. Abowd, C. G. Atkeson, A. Feinstein, C. Hmelo, R. Kooper, S. Long, N. Sawhney, and M. Tani. Teaching and learning as multimedia authoring: The classroom 2000 project. In *Proceedings of the Fourth ACM International Conference on Multimedia*, MULTIMEDIA '96, pages 187–198, 1996.

[2] I. M. Arntzen, N. T. Borch, F. Daoust, and D. Hazael-Massieux. Multi-device linear composition on the web: Enabling multi-device linear media with htmltimingobject and shared motion. In *Media Synchronization Workshop (MediaSync) 2015 in conjunction with ACM TVX 2015*, TVX '15, 2015.

[3] J. A. Brotherton and G. D. Abowd. Lessons learned from eClass: Assessing automated capture and access in the classroom. *ACM Transactions on Computer-Human Interaction*, 11(2):121–155, June 2004.

[4] E. Canessa, C. Fonda, and M. Zennaro. One year of ICTP diploma courses on-line using the automated EyA recording system. *Computers & Education*, 53(1):183–188, 2009.

[5] E. Canessa, L. Tenzo, C. Fonda, and M. Zennaro. Apps for synchronized photo-audio recordings to support students. In *Proceedings of the LAK 2013 Work. Analytics on Video-based Learning*, WAVe '13, pages 29–33, 2013.

[6] P. Carr, M. Mistry, and I. Matthews. Hybrid robotic/virtual pan-tilt-zom cameras for autonomous event recording. In *Proceedings of the 21st ACM International Conference on Multimedia*, MM '13, pages 193–202, 2013.

[7] B. C. Cunha, O. J. Machado Neto, and M. d. G. Pimentel. Movia: A mobile video annotation tool. In *Proceedings of the 2013 ACM Symposium Document Engineering*, DocEng '13, pages 219–222, 2013.

[8] J. Danielson, V. Preast, H. Bender, and L. Hassall. Is the effectiveness of lecture capture related to teaching approach or content type? *Computers & Education*, 72(0):121–131, 2014.

[9] P. E. Dickson, D. I. Warshow, A. C. Goebel, C. C. Roache, and W. R. Adrion. Student reactions to classroom lecture capture. In *Proceedings of the 17th ACM Annual Conference on Innovation and Technology in Computer Science Education*, ACM ITiCSE '12, pages 144–149, 2012.

[10] A. Engström, M. Esbjörnsson, and O. Juhlin. Mobile collaborative live video mixing. In *Proceedings of the 10th International Conference on Human Computer Interaction with Mobile Devices and Services*, MobileHCI '08, pages 157–166, 2008.

[11] A. Engström, M. Esbjörnsson, O. Juhlin, and M. Perry. Producing collaborative video: Developing an interactive user experience for mobile tv. In *Proceedings of the 1st International Conference on Designing Interactive User Experiences for TV and Video*, UXTV '08, pages 115–124, 2008.

[12] A. Engström, G. Zoric, O. Juhlin, and R. Toussi. The mobile vision mixer: A mobile network based live video broadcasting system in your mobile phone. In *Proceedings of the 11th International Conference on Mobile and Ubiquitous Multimedia*, MUM '12, pages 18:1–18:4, 2012.

[13] S. Halawa, D. Pang, N.-M. Cheung, and B. Girod. Classx: An open source interactive lecture streamingsystem. In *Proceedings of the 19th ACM International Conference on Multimedia*, MM '11, pages 719–722, 2011.

[14] D. S. Martins and M. d. G. Pimentel. Activetimesheets: Extending web-based multimedia documents with dynamic modification and reuse features. In *Proceedings of the 2014 ACM Symposium Document Engineering*, DocEng '14, pages 3–12, 2014.

[15] J. Ojala, S. Mate, I. D. D. Curcio, A. Lehtiniemi, and K. Väänänen-Vainio-Mattila. Automated creation of mobile video remixes: User trial in three event contexts. In *Proceedings of the 13th International Conference on Mobile and Ubiquitous Multimedia*, MUM '14, pages 170–179, 2014.

[16] M. Sá, D. A. Shamma, and E. F. Churchill. Live mobile collaboration for video production: Design, guidelines, and requirements. *Personal Ubiquitous Computing*, 18(3):693–707, Mar. 2014.

[17] K. N. Truong and G. D. Abowd. Stupad: Integrating student notes with class lectures. In *ACM CHI '99 Extended Abstracts*, CHI EA '99, pages 208–209, 1999.

[18] R. Veeramani and S. Bradley. UW-Madison online learning study: Insights regarding undergraduate preferences for lecture capture, 2008.

[19] C. C. Viel, E. L. Melo, M. d. G. Pimentel, and C. A. Teixeira. Multimedia multi-device educational presentations preserved as interactive multi-video objects. In *Proceedings of the 19th Brazilian Symposium Multimedia and the Web*, WebMedia '13, pages 51–58, 2013.

[20] C. Zhang, Y. Rui, J. Crawford, and L.-W. He. An automated end-to-end lecture capture and broadcasting system. *ACM Transactions on Multimedia Computing, Communications, and Applications (TOMM)*, 4(1):6:1–6:23, Feb. 2008.

TV-Health: A Context-Aware Health Care Application for Brazilian Digital Tv

Vitor Lopes
Federal Institute of Ceará
vitor.carvalho@lit.ifce.edu.br

Eliezio Queiroz
Federal Institute of Ceará
egqneto@gmail.com

Nicodemos Freitas
Federal Institute of Ceará
nicodemosfreitas@gmail.com

Mauro Oliveira
Federal Institute of Ceará
amauroboliveira@gmail.com

Odorico Monteiro
Federal University of Ceará
odorico@ufc.br

ABSTRACT

The home care consists in a form of primary care performed by a lay caregiver, a specialist or a multidisciplinary team. This modality is applied in elderly people or patients in treatment of chronic disease who are not at risk of death. The aim of this work is to present a set of context-aware health applications in a prototype of software and hardware that will assist caregivers and/or patients in home care situations. For this, a Set-Top Box (STB) connected to a TV with access to the Internet is used as a way of user interaction, which may enter information about its current state. Furthermore, health sensors can be used to capture data continuously to feed the system. The raw data and information provided by the user are later used, allowing, then, an inference about the patient condition.

Keywords

Health Applications; Home Care; Set-Top Box

1. INTRODUCTION

The population is aging and the life expectancy of Brazilian people has been growing since 1960. It is estimated that almost 15% of Brazilian population will be composed of individuals above 60 years old by 2025 [5].

This situation affects health plans that already charge high fees for their elderly insured, causing a chain reaction where the most affected are patients. We also realized that the cost with hospitalization are increasingly high [6, 11].

This research shows that it is possible to reduce costs with home care in cases where the gravity are low and where the patient does not run risk of death. With home care, the patient also benefits by proximity with the family and the familiar environment. Bourdette [1] compares the costs involved in treatment of multiple sclerosis rehabilitation. The variables involved were costs with medical staff, payments of patients benefits and caregivers time versus hospitalization

WebMedia '16 Nov 8–11, 2016, Teresina, PI, BR

© 2016 Copyright held by the owner/author(s). Publication rights licensed to ACM.
ISBN 978-1-4503-4512-5/16/11... $15.00

DOI: http://dx.doi.org/10.1145/2976796.2988170

diary cost. The home care showed about six times cheaper than hospitalization.

The home care can be assisted by smart systems. This kind of system can be described as context-awareness systems [4]. Such systems are capable to adapt in a dynamic way to the context information by purpose general sensors (localization, temperature, humidity etc) or virtual sensors (access difficulties, outbreak of disease etc), as well as inferences about the data reported by the patient and the data acquired through medical sensors connected to the patient.

This project aims to present a low cost solution based on context-aware application, capable of infer and take decisions that will help in the patient recovery process by using the Brazilian digital TV as platform and vehicle of interaction and access to health information. This work is part of the NextSAÚDE project, which aims to create new technologies and processes in the context of home care, e-health and medical ontologies.

This paper is organized as follows: Section 2 describes concepts such as the Brazilian system of digital TV and Set-Top Box (STB). In section 3 we present some works from literature related to our research. Section 4 presents the prototype and applications following by an user scenario in section 5, whereas, in section 6, we show some conclusions.

2. THEORETICAL REVIEW

In this section we describes shortly concepts such as the Brazilian system of digital TV and Set-Top Box (STB)

2.1 Brazilian System of Digital TV

A digital TV standard is divided into several distinct layers. According to Mendes, the following layers [7] can represent the Brazilian System for Digital TV (SBTVD in Portuguese) macro view:

- **Content and Application**: layer responsible for the capture and for formatting the audio and video signals as well for the development of interactive applications;

- **Compression**: layer responsible for removing redundancy in the transmission signals, thus reducing the required bit rate for transmitting the information;

- **Middle-ware**: software layer that integrates all the sub-layers of the system;

- **Multiplexing**: layer responsible for generating a single beam data containing video, audio and applications of the various programs to be transmitted; and

- **Interactivity channel**: is the channel through which the viewer can request and receive specific information or send data to the broadcaster.

In this way, the implementation of the Brazilian System of Digital Television allows the exchange from analog technology to digital technology, thus enabling and improving the quality of audio and video. It also attempts to achieve advances towards Brazilian social sphere in order to include in the decree number 4901 of November 26 of 2003 [2] a social bias of digital TV. Thus, studies with the aim of incorporating education and access to general services and health were conducted.

2.1.1 Set-Top Box

The ordinary Set-Top Box (STB) is responsible for receiving the broadcast digital signal, decoding it and presenting it. Furthermore, there is the possibility of installing general-purpose applications, such as games, banking applications, foreign language teaching etc.

The equipment developed in this work has robust technical specifications, making it capable of processing large amount of information, besides storing various contents and allowing interactivity to specific services of NextSAÚDE project for the users of digital TV.

Add such applications to the Set-Top Box can bring benefits to society, since the TV is part of everyday life of Brazilian population, which demonstrates a familiarity already established in dealing with the appliance. These applications may allow interactions with a medical team, mark appointments remotely, display alerts, care of basic procedures and quick access to emergency and urgency services.

The great advantage of using an external STB developed by project partners is the ability to add additional devices, to develop new applications and to update the software. This fact does not happen if you use a built-in STB from a TV manufacturer in which every update comes from the manufacturer itself, making it impossible for a developer to implement new features

3. RELATED WORKS

Sorwar and Hasan, from Southern Cross University, proposed a model in which the patient has at their disposal a medical monitoring system. The system uses sensors and has access to a medical support team. In case of emergency the system will automatically notify the medical team [8].

Furthermore, Stankovic et al [10] proposes the creation of a wireless sensor network with essential elements for medical applications, such as integration with existing medical practices and monitoring in real time. Thus, the acquired data in continuous way can help the diagnosis of the medical professional to help people with chronic diseases or elderly. Susanna Spinsante et al [9] developed a remote health monitoring system using technologies such OSGi and digital TV. This system achieve to acquire data through medical sensors with Bluetooth connection, transmit the data to the multimedia platform of the house and finally to a web server, thus allowing data to become accessible to a health system.

The approach of our system differ in the post processing data where we use ontology to infer data. Additionally, it is simpler and cheaper because we do not use a wide range of medical sensors. The system proposed by Sorwar tends to be rather expensive once they have involved a wider range

of devices capable of detecting an emergency/urgency situation. However, nothing prevents our system from running in conjunction with Sorwar's system, thus allowing a better accuracy to the user.

4. PROTOTYPE

We used the STB designed (sub-section 2.1.1) on the Next-SAÚDE project. We projected a software for the STB, allowing the user to press a button on the remote control, which indicates an emergency/urgency situation. The software reports a local emergency to previously added contacts and to the medical team of the patient.

4.1 Hardware

The hardware used in this prototype is described as follows: ARM AllWinner 20 processor, 2GB of RAM, 4GB of NAND storage, an additional storage slot with 16 GB (microSD card), HDMI for video output and WiFi, Bluetooth and Ethernet connections. Figure 1 represents a 3D view of the STB developed.

Figura 1: 3D view of STB.

4.2 Software

The softwares was projected for running embedded in the STB (sub-section 2.1.1) and they are event-driven software.

4.2.1 Panic Button

Panic button allows the user to actuate a button in the remote control of STB. This action shows a notification on screen and the following list of actions is done:

1. Get in touch with the user urgency and emergency service;

2. Send message (SMS or Whatsapp/Telegram) to the medical team; and

3. Send message (SMS or Whatsapp/Telegram) to relatives or friends;

In the items 1 and 2 listed above, the contacts need to be registered in advance in the system. The user case diagram presented in figure 2 formally describes the software.

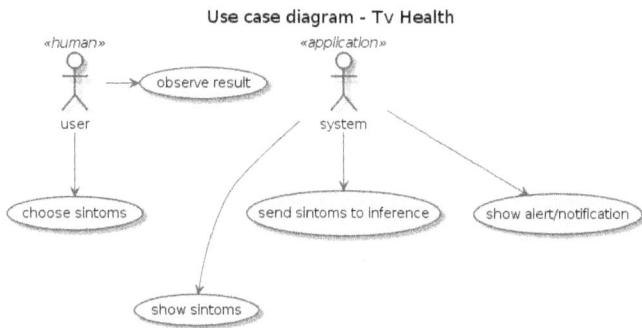

Figura 3: Use case diagram - Tv Health.

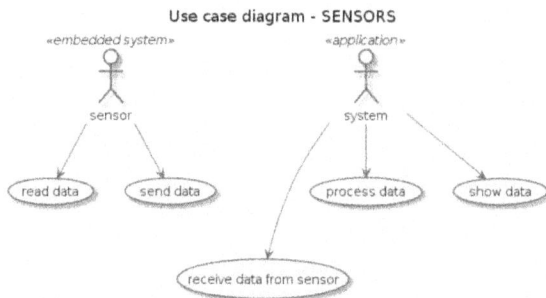

Figura 4: Use case diagram - Sensors Applications.

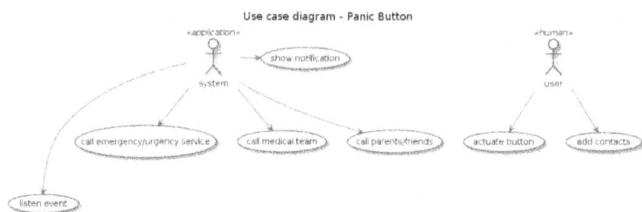

Figura 2: Use case diagram - Panic Button.

4.2.2 Tv Health

The service Tv Health is responsible for receive data from user through remote control, process and show results which are generated by ontologies. This module was designed based on the MVC pattern [3]. The user case diagram presented in figure 3 formally describes the service Tv Health.

4.2.3 Sensors Applications

The sensor application is responsible for receive data from sensors (real sensors or virtual sensors). This data helps the inference software and the final user (caregiver or patient). The sensors application dispose an API to receive data from various sources. The user case diagram presented in figure 4 formally describes the sensors application.

5. USER SCENARIO

The user scenario to module 4.2.1 (Panic Button) is described as follows: when the user is not feeling very well, or in a case of emergency/urgency, they use the remote control from STB and activate the "panic button". This will run one

of the software projected in this study. The main part of our application sends messages through SMS or well-known services such as Whatsapp and Telegram to the user family and to the medical team who assists the user. Besides, the software calls the local emergency service and registers a help request to the user. Figure 5 shows the window in the user scenario described above as an example.

Figura 5: Message shown to the user, saying "You have activated the panic button. The registered contacts have been notified. Wait and keep calm."

Another user scenario can be described as follows: the patient or caregiver (user) uses the remote control from STB to access the DADO service. The main window of our application show pictures representing some symptoms. The user can choose one or more symptoms that represents better what the patient feels. After this, the user submits this symptoms, the application process this information and presents to the user a list of possible diseases. Figure 6 shows the main window of this module.

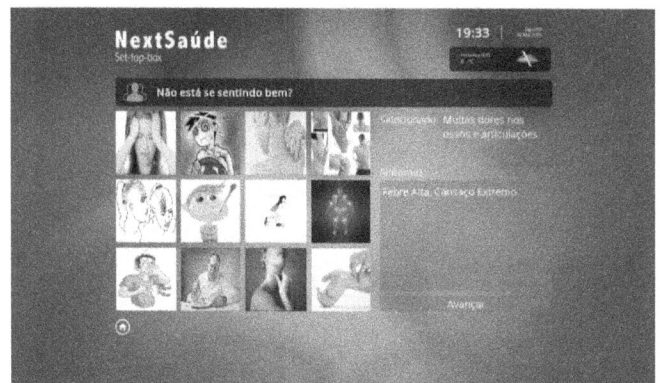

Figura 6: Main window where the user can choose between a wide range of symptoms

6. CONCLUSION

The first version of the Tv-Health prototype was implemented on the context of NextSAÚDE. A project supported by the Government Research Council of Ceará. This prototype - hardware and software - was developed take into account the functionalities presented in this work.

Besides, regarding the panic button the research team is studying the possibility to add emergency/urgency situations detection through medical sensors to this prototype.

Furthermore, the researchers are making efforts to add this functionality to the "Bolsa Família" federal program, through PUC-RIO - a university with years of research in Brazilian Digital TV. For future work, we are planning to develop a solution to attend people with motor disability.

Acknowledgment

This work was partially supported by FUNCAP (Ceará Foundation for the Support of Scientific and Technological Development) number 6424611/2014. We also thank PPGCC-IFCE (Post-Graduation Program in Computer Science at the Federal Institute of Education, Science and Technology of Ceará).

7. REFERENCES

[1] D. N. Bourdette, A. V. Prochazka, W. Mitchell, P. Licari, J. Burks, et al. Health care costs of veterans with multiple sclerosis: implications for the rehabilitation of ms. *Archives of physical medicine and rehabilitation*, 74(1):26–31, 1993.

[2] P. da República. Sistema brasileiro de televisão digital - sbtvd. [online], 2003.

[3] J. Deacon. Model-view-controller (mvc) architecture. *Online]/[Citado em: 10 de março de 2006.] http://www. jdl. co. uk/briefings/MVC. pdf*, 2009.

[4] A. K. Dey, G. D. Abowd, and D. Salber. A conceptual framework and a toolkit for supporting the rapid prototyping of context-aware applications. *Human-computer interaction*, 16(2):97–166, 2001.

[5] L. H. T. Gonçalves, A. M. Alvarez, E. d. S. Sena, L. d. S. Santana, and F. R. Vicente. Perfil da família cuidadora de idoso doente/fragilizado do contexto sociocultural de florianópolis, sc. *Texto Contexto Enferm*, 15(4):570–7, 2006.

[6] A. I. d. Loyola Filho, D. Leite Matos, L. Giatti, M. E. Afradique, S. Viana Peixoto, and M. F. Lima-Costa. Causas de internações hospitalares entre idosos brasileiros no âmbito do sistema único de saúde. *Epidemiologia e serviços de saúde*, 13(4):229–238, 2004.

[7] L. Mendes. Sbtvd: Uma visão sobre a tv digital no brasil. *TC AmazônicaV(12)*.

[8] G. Sorwar and R. Hasan. March. smart-tv based integrated e-health monitoring system with agent technology. in advanced information networking and applications workshops (waina). *2012 26th International Conference on IEEE.*, pages 406–411, 2012.

[9] S. Spinsante and E. Gambi. Remote health monitoring by osgi technology and digital tv integration. *IEEE Transactions on Consumer Electronics*, 58(4):1434–1441, 2012.

[10] J. Stankovic, Q. Cao, T. Doan, L. Fang, Z. He, R. Kiran, S. Lin, S. Son, R. Stoleru, and A. Wood. Wireless sensor networks for in-home healthcare: Potential and challenges. In *High confidence medical device software and systems (HCMDSS) workshop*, pages 2–3, 2005.

[11] M. A. Ugá, S. F. Piola, S. M. Porto, and S. M. Vianna. Descentralização e alocação de recursos no âmbito do sistema único de saúde (sus). *Ciênc Saúde Coletiva*, 8(2):417–27, 2003.

Ubiquitous Computing: Gestures Interaction Applied the Learning Disabilities in Process Literacy

Danielle Teixeira Oliveira
Universidade do Estado da Bahia-
UNEB
Salvador – Ba - BR
dannyserena@gmail.com

Marla Dore Carvalho
Universidade do Estado da Bahia-
UNEB
Salvador – Ba - BR
marladore@gmail.com

Tuane Lisboa Silva Paixão
Universidade do Estado da Bahia-
UNEB
Salvador – Ba - BR
tu.ane.lisboa@hotmail.com

ABSTRACT

This article uses the interaction of gestures and learning concept with mobility or mobile learning (M-Learning) to propose a mobile platform based on manipulation gestures focusing on benefit children in the literacy process in early childhood education to submit a learning disability. Based on ubiquitous computing and better usability, the objective is to make children can learn while playing through the manipulation of objects in touchscreen.

Keywords

Ubiquitous computing; Learning Disabilities; Gestures; M -learning.

1. INTRODUÇÃO

A aprendizagem é um processo onde as competências, habilidades, conhecimentos ou valores são adquiridos ou modificados a partir de estudos, experiências, formação, raciocínio e observação. De acordo com Vygostky, Luria e Leontiev [13] o aprendizado é um aspecto necessário e universal para o desenvolvimento das funções psicológicas culturalmente organizadas e particularmente humanas. No início do processo de alfabetização a criança pode apresentar dificuldades na aprendizagem, essas dificuldades podem ser classificadas como: Dificuldades Escolares (DE), relacionadas a problemas de origem pedagógicas.

Dificuldades de aprendizagem (DA) que possuem as seguintes características: hiperatividade, problemas psicomotores, labilidade emocional, problemas gerais de orientação, perturbação da atenção, impulsividade, perturbações da memória ou raciocínio, dificuldades na audição e na fala. Pode-se diferenciar das Dificuldades de Aprendizagem Específicas (DAE), Dislexia (Dificuldade de leitura), Disgrafia (Dificuldade na escrita), Discalculia (Dificuldade com a matemática) e Disortografia (Erros na escrita).

WebMedia '16, November 08-11, 2016, Teresina, PI, Brazil
© 2016 ACM. ISBN 978-1-4503-4512-5/16/11...$15.00
DOI: http://dx.doi.org/10.1145/2976796.2988168

Dentro do grande grupo das Necessidades Educativas Especiais (NEE), a DA é a problemática com maior taxa de prevalência (48%). Segundo a Associação Portuguesa de Pessoas com Dificuldades de Aprendizagem Específicas[2], os números de alunos com estes distúrbios são crescentes, registrando-se atualmente uma prevalência de 5% a 10% da população total de alunos.

Neste contexto, a computação ubíqua, aplicada à educação, proporciona através de suas aplicações e ambientes, novos meios para um aprendizado, tomando como base a possibilidade de personalizar o aprendizado e direcionar para as necessidades e dificuldades das crianças. A proposta desse trabalho é criar uma plataforma mobile, cuja interação é baseada em gestos. Os conteúdos foram divididos em dois módulos: letras e figuras. As interfaces de toque envolvem um maior nível direto de manipulação dos objetos que potencializa o desempenho do aluno.

A combinação de gestos congruentes e contato direto contribuem para fluidez da representação mental e operações de conceitos abstratos, apoiando assim o melhor desempenho. Os gestos estão diretamente ligados aos estágios iniciais do desenvolvimento da linguagem oral das crianças da faixa etária de 4 a 10 anos. Para Vygotsky [14], os gestos têm o significado de uma escrita no ar. "O gesto é o signo visual inicial que contém a futura escrita da criança, assim como uma semente contém um carvalho".

As atividades desenvolvidas durante o período pré-escolar são ensaios para atividade da escrita. Segundo Lemle [9], na fase inicial de alfabetização a criança deverá desenvolver a compreensão de que os sons da fala podem ser representados graficamente; e posterior na fase de alfabetização deve construir uma percepção visual fina acentuada para diferenciar as letras do alfabeto de forma consciente. O processo de aprendizagem é gradativo em cada estágio. "Não é a compreensão que gera o ato, mais é muito mais o ato que produz a compreensão" [14].

A principal contribuição deste projeto é evidenciar a necessidade de aplicativos para a área educacional voltados para crianças especiais, propondo uma plataforma em fase inicial de desenvolvimento, propondo etapas futuras e testes de usabilidade para aperfeiçoamento da mesma.

A seção 1 deste artigo aborda uma visão geral da plataforma proposta, assim como tecnologias envolvidas. A seção 2 fundamenta a interação de gestos e o ambiente ubíquo que transcende as barreiras escolares. A seção 3 descreve a metodologia com que a plataforma foi modelada e implementada. E por fim a seção 4 descreve a conclusão e trabalhos futuros.

2. INTERAÇÃO DE GESTOS E AMBIENTE UBÍQUO

2.1 M-Learning e Computação Ubíqua

Marc Weiser, considerado o pai da computação ubíqua, vislumbrou a uma década que, no futuro, computadores habitariam os mais triviais objetos, de forma invisível para o usuário [3]. Com o objetivo de proporcionar um ensino à distância mais interativo e dinâmico, tem-se aderido à comunicação móvel, o chamado Mobile Learning ou M-learning, Sharma e Kitchens apud [5] referem-se ao M-learning como um processo de aprendizagem que enfatiza as vantagens dos dispositivos móveis, das tecnologias de comunicação ubíquas e das interfaces inteligentes. Segundo o autor, a adoção de M-learning facilitará progressos na pedagogia e nas aulas práticas.

Os dispositivos móveis potencialmente são ferramentas importantes para contribuir com a melhoria e ampliação da aprendizagem.

2.2 Interação de Gestos e a Manipulação Direta

O uso de interfaces gestuais que incorporam o toque direto está diretamente ligado à construção da cognição. As interfaces de toque envolvem um maior nível de manipulação direta dos objetos, além de facilitar o desempenho. A manipulação direta refere-se à interação de manipular objetos na tela dentro de várias interfaces [6]. Em um estudo sobre os gestos e a carga cognitiva, Goldin-Meadow, Nusbaum, Kelly, e Wagner [6], descobriram que os gestos quando ligados a determinada tarefa, são compactadas no processamento de dados relacionado à memória, deste modo reduz a carga cognitiva e aumenta a capacidade de armazenar mais informações. Os experimentos compararam os diferentes níveis de manipulação direta das interfaces e elucidam sobre o impacto do pensar.

Os Gestos revelam informações sobre o estágio de desenvolvimento infantil e podem apoiar o processo de aprendizagem. Goldin-Meadow [6] afirma que o gesto desempenha um papel na mudança comportamental da criança e na construção do conhecimento, as crianças expressam conhecimentos em gestos que não podiam expressar na fala. Os gestos refletem o pensamento de forma que o avanço precoce no desenvolvimento pode diagnosticar novas formas de aprendizagem. Há um crescente corpo de pesquisa sobre gestos espontâneos e seus efeitos sobre a comunicação, a memória, a aprendizagem, a modelagem mental, e reflexão de pensamento funcionando.

2.3 Interação de Gestos e Novas Tecnologias

A compreensão de como as pessoas interagem com a informação no ambiente natural e as respostas aos novos ambientes para recuperá-la e suas formas de compartilhar com os outros, são exemplos de mudanças que desafiam nossas concepções das maneiras com as quais as pessoas aprendem e, por extensão como ensinamos. A cognição estendida segundo Atkinson [4] enfatiza a ligação indissolúvel entre a mente e o ambiente incorporada vistas a cognição, que se fundamenta em estados corporais. Esta concepção ressalta o papel do mundo físico em nosso pensamento e, por extensão, a nossa aprendizagem. De acordo com Segal [12] os gestos espontâneos foram mostrados para apoiar o pensamento e aprendizagem, e há também evidência de que os gestos desenhados, assim como a manipulação de objetos em *touchscreen* pode ter um impacto sobre o processo de aprendizagem.

Recentemente, novas formas de interagir com a informação tornaram-se amplamente disponíveis como um resultado de uma série de desenvolvimentos tecnológicos que utilizam do uso do toque, gestos e outras ações corporais. Telas sensíveis ao toque e tecnologias que reconhecem movimentos e voz desencadearam questões quanto a sua eficiência, naturalidade, intuição e usabilidade. Múltiplas funções foram substituídas por toques em telefones, notebooks e outros dispositivos baseadas na detecção de gestos realizados com o corpo para executar comandos como: selecionar, clicar, arrastar, aumentar e diminuir zoom, entre outros. Segundo Normam [11], essas interfaces convencionais, que utilizam botões e dispositivos de controle artificiais, trazem para o usuário limitações que exigem longos períodos de aprendizagem e adaptação à tecnologia, além de maior esforço cognitivo em atividades de interpretação e expressão das informações que o sistema processa.

3. METODOLOGIA E DESENVOLVIMENTO DO PROTÓTIPO

No âmbito educacional faz-se cada vez mais presente no uso dos dispositivos móveis conectados à internet, sendo inserida num contexto ubíquo, por meio deste foi idealizado, criado e desenvolvido sua primeira etapa em um ambiente capaz de ensinar crianças a trabalharem sua inteligência mais cedo, sem deixar de se divertirem. O cérebro recebe informações e através destas a criança pode aprender por meio de estímulos, sendo eles: afetivos, físicos, cognitivos e sensoriais. O ambiente proposto tem como objetivo auxiliar as crianças com dificuldades na aprendizagem da escrita, leitura e lógica associativa, adotando premissas lúdicas que visam auxiliar no processo de aprendizagem ubíqua com interface amigável, provendo auxílio da usabilidade e mobilidade de forma significativa para aprendizagem. Neste sentido pode-se dividir a pesquisa em duas etapas, a primeira delas da qual foi desenvolvida com base no uso de Design Iterativo através de grafia por gestos, a segunda etapa dispõe de associações de formas geométricas como tarefas lúdicas. A Primeira etapa contempla atividades que podem ser compreendidas como uma espécie de gamificação no processo de aprendizagem ubíqua, englobando o cadastro dos gestos mediante toques na tela do dispositivo e associado às letras do nosso alfabeto.

O cadastro de gestos funciona como uma assinatura digital da qual o administrador cadastra o gesto, afim de que a criança repita o gesto para validar a assinatura, ou seja, se o desenho feito na tela coincidir com o cadastrado na base de dados ele é validado e retorna uma pontuação exibindo na tela uma imagem associada à letra juntamente com a iteração do áudio, no caso da letra A, exibe: "Letra A de avião". No caso da letra desenhada não corresponda à letra cadastrada é apresentado um emoticon do estado "triste", dessa forma a tela é bloqueada temporariamente cerca de 3 segundos e então a criança pode refazer o desenho e assim a tela é limpa permitindo efetuar uma nova tentativa. Para a segunda etapa o ambiente propõe funcionalidades associativas, seguindo o mesmo padrão da primeira etapa, o gesto se torna mais natural devido à experiência do usuário UX (User Experience) adquirida anteriormente, intuitiva e flexível à execução de tarefas de toques na tela, ligando os elementos de extremidade à outra, em caso de ambos relacionados possuírem o mesmo formato são considerados válidos e passam a ter o mesmo padrão de cores, gerando pontuação para o usuário, no caso de não possuírem os mesmos padrões são eliminadas as ligações feitas pelo usuário de uma extremidade à outra. Essas etapas possuem execução de tarefas, como a escrita de letras e associação de figuras muito importantes para o auxílio no processo de aprendizagem da criança.

3.1 A Plataforma Para Validação do Projeto

Como prova de conceito para a ideia abordada neste trabalho, foram prototipadas as telas iniciais do ambiente educacional ubíquo móbile e a confecção do aplicativo, utilizando um padrão primário de navegação intuitivo Springboard, um layout em grade invisível personalizadas em cada etapa do aplicativo. Segundo Neil [10] a tela inicial propõe efetuar o Login de acordo como foi cadastrado o perfil do usuário, após efetuar autenticação o usuário é redirecionado para a tela de cadastro básico dos gestos, onde o usuário com perfil de administrador efetua o cadastro dos gestos e os associam as letras do alfabeto (Figura 1). Para a criança que vão utilizar o aplicativo, é exibida uma tela de atividade, onde são desenhados os gestos e no caso do gesto escrito por ela possuir uma associação válida, é então exibido o resultado de acerto sendo possível pontuar e confirmar a associação da letra com uma imagem que represente sua grafia inicial da qual foi desenhada (Figura 2). Como segunda etapa tem-se as atividades de associação de objetos (Figura 3). É importante ressaltar que por conta do tempo, inicialmente foi desenvolvida a primeira etapa do ambiente de aprendizagem ubíqua mobile.

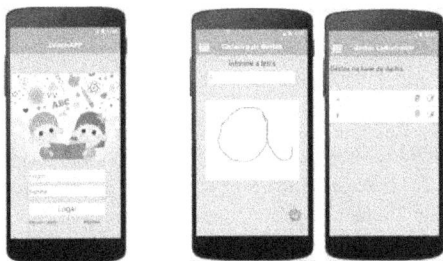

Figura 1 – Login do ambiente e cadastro de gestos e letras

Figura 2 – Atividade de desenho da letra na primeira etapa

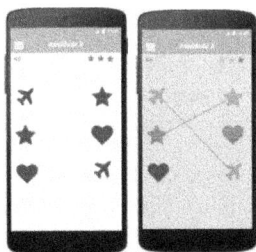

Figura 3 –Atividade associativa de objetos

3.2 Propósito De Modelo, Descrevendo as Suas Camadas E Componentes

Para o desenvolvimento do código do aplicativo utilizou-se a plataforma Android com a IDE (Integrade Development Enviroment) Android Studio 1.3.2, uma ferramenta open source para edição de código inteligente para aplicativos. Construída sobre a Intellij ajuda ao desenvolvedor em tarefas de refatoração e análise de código, além de possui um emulador SDK do qual podem ser feitos testes configurando aplicações para tablets, smartphones, Google Wear e dispositivos para TV (Android, 2016) [1].

A arquitetura do ambiente educacional ubíquo foi projetada seguindo o modelo de uma camada cliente-servidor (Figura 4), considerando que o lado cliente está criança ou administrador onde manipulam através de gestos o desenho de uma grafia no dispositivo móvel. Para fins de compatibilidade com a maioria dos dispositivos Android, adotou-se a versão Lollipop representando 36,1% do mercado em relação às demais versões [7]. No seu desenvolvimento foi adotada captura de gestos realizados pelo usuário através da Biblioteca Gestures que permite efetuar uma comparação do desenho com o gesto que foi cadastrado e associado à letra do alfabeto para então validar o gesto e pontuar emitindo um áudio com a fonética do gesto pontuado seguindo de uma imagem. Além do uso da biblioteca foram utilizados atributos e classes, e dessa forma adicionada permissão de escrita e leitura no arquivo principal do projeto Main. Já na camada servidor foi tratado o webservice, através de uma comunicação REST, que é basicamente um protocolo HTTP fazendo uma requisição de acesso à página por meio dos métodos GET e POST retornando objetos JSON para encapsular informações da classe AssyncTask, para então ser feita a persistência dos dados utilizando o SQLite.

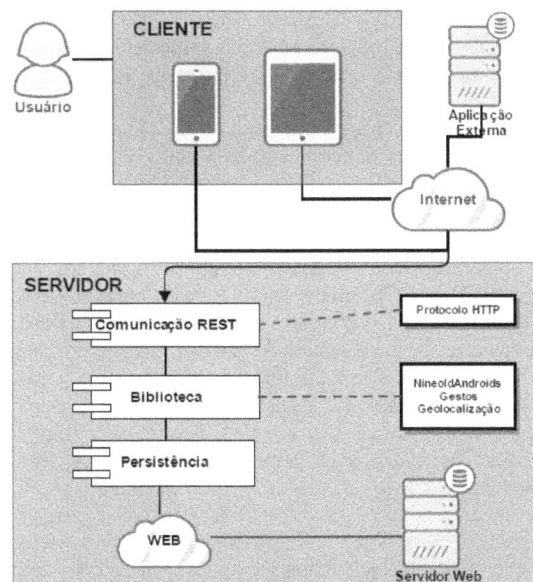

Figura 4 - Arquitetura do ambiente educacional ubíqua

3.3 Usabilidade Da Plataforma Desenvolvida

Segundo Korhonen et al. (2010) apud [8], tanto aspectos emocionais e físicos, quanto a localização do usuário e a quantidade de pessoas no ambiente, podem causar impacto nas interações. A plataforma tem a proposta de utilizar interações por toques na tela, a fim de proporcionar interações mais naturais e flexíveis ao comportamento das crianças na faixa etária que se pretende alcançar. Visando apresentar usabilidade de interface amigável como sendo de grande relevância a prender a atenção do usuário serão disponibilizadas versões para smartphones e tablets a fim de trabalhar com arquiteturas voltadas à mobilidade. A execução das tarefas será disponibilizada na plataforma por uma aplicação de forma fácil e interativa, fazendo com que esta tecnologia possibilite ser um tópico auxiliador no processo de ensino aprendizagem sendo fundamentado em propostas pedagógicas que envolvem atividades lúdicas endereçadas à educação infantil de forma que apresente uma interface gráfica atraente, abrangendo recursos sonoros e de fácil usabilidade. No processo de aprendizagem da língua escrita, o trabalho com objetos significativos para o aluno contribui para o desenvolvimento da alfabetização. A ideia básica da computação ubíqua é que a computação transcenda as estações de trabalho e computadores pessoais tornando-se pervasiva em nossa vida cotidiana. A prototipação da aplicação móvel pode proporcionar a realização de uma análise técnica das possiblidades e limitações da plataforma, que de forma transparente para o usuário utilizará recursos computacionais, fundamentar-se-á pedagogicamente e utilizará fases aumentando o nível de dificuldade, gerando pontuação, utilizando estratégias de gamificação, com o objetivo de reter a atenção dos usuários e motivá-los a passarem para as próximas fases, permitindo, de forma lúdica, aprender e estimular o raciocínio lógico e cognitivo.

4. CONCLUSÃO E FUTUROS TRABALHOS

A relevância dos aplicativos educacionais para dispositivos móveis está no contexto de possibilidade de melhoria do ensino e da aprendizagem. Com o objetivo de propor uma plataforma que agregue valor e colabore com a melhoria da aprendizagem em crianças com NEE nas fases iniciais, esta plataforma, faz uso da interação com gestos e manipulação direta, da computação ubíqua, proporcionando as crianças brincarem de aprender e aprenderem brincando, através da manipulação de objetos em *touchscreen*.

A fundamentação necessária para o ambiente proposto foi atingido, conforme apresentado na Figura 1, os testes das tecnologias viabilizaram o desenvolvimento inicial da fase 1, que engloba a associação de letras à imagens, fazendo com que a proposta desta plataforma objetive também fomentar o desenvolvimento de mais ferramentas para uma área que necessita de aperfeiçoamento contínuo, com intuito de ratificar a eficiência da plataforma nas próximas fases nas quais englobarão o desenvolvimento por completo da plataforma com as tecnologias previamente testadas para um nicho de crianças, envolvendo uma fase de testes e o resultado destes testes impactando na refatoração do código e aperfeiçoamento para que alcance uma maior quantidade de usuários. A primeira etapa foi desenvolvida, o cadastro e associação dos gestos encontra-se como demonstração em vídeo no YouTube no link < https://www.youtube.com/watch?v=z5xhVn9NnWo>. A inclusão de som a imagem relacionada à letra e a expansão do aprendizado envolvendo cálculos matemáticos e demais funcionalidades poderão ser realizadas em trabalhos futuros.

5. REFERÊNCIAS

[1] ANDROID, Disponível em: https://developer.android.com/studio/index.html acessado em 29/06/2016.

[2] ASSOCIAÇÃO PORTUGUESA DE PESSOAS COM DIFICULDADES DE APRENDIZAGEM ESPECÍFICAS (2011b). *Disgrafia*. Acedido a 27 de Fevereiro de 2016 em http://www.appdae.net/disgrafia.html.

[3] ARAUJO, *Regina. Computação Ubíqua: Princípios, Tecnologias e Desafio. XXI Simpósio Brasileiro de Redes de Computadores*. Disponível em: www.ceavi.udesc.br/.../id.../diogo_floriano_marcelo_kahl_co mputacao_ubiqua.pdf Acessado em 25/06/2016.

[4] ATKINSON, D. (2010). *Extended, embodied cognition and Second Language Acquisition*. Applied Linguistics, 31(5), 599-622.

[5] COSTA, Giselda, *MOBILE LEARNING: Explorando potencialidades com o uso do celular no ensino - aprendizagem de língua inglesa como língua estrangeira com alunos da escola pública*, 2013. Programa de Pós-Graduação em Letras Doutorado Interinstitucional Disponível em: www.pgletras.com.br/2013/teses/TESE-Giselda-dos-Santos-Costa.PDF Acessado em 23/-6/2016

[6] GOLDIN-MEADOW, S., Cook, S. W., & Mitchell, Z. A. (2009*). Gesturing gives children new ideas about math. Psychological Science*, 20, 267-272.

[7] KLEINA, Nilton. Lollipop passa KitKat e agora é o Android mais usado no mundo. Disponível em: http://www.tecmundo.com.br/android/102010-lollipop-passa-kitkat-android-usado-mundo.htm. Acessado em 27/06/2016.

[8] KRONBAUER, Artur. *Avaliação de Usabilidade para Smartphones – Novas Tendências*. Novas Edições Acadêmicas, 2016

[9] LEMLE, Miriam. *Guia teórico do alfabetizador*. São Paulo, SP: Ática, 2003

[10] NEIL, Theresa. *Padrões de design para aplicativos móveis*, São Paulo, Novatec,2016.

[11] NORMAM, Donald. 1986. *A. User Centered System Design: New Perspectives on Human-Computer Interaction.*

[12] SEGAL, A. (2011). *Do Gestural Interfaces Promote Thinking? Embodied Interaction: Congruent Gestures and Direct Touch Promote Performance*. In Math Unpublished PhD thesis, New York: Columbia University.

[13] VYGOTSKY, Lev Semenovitch. *A formação social da mente: o desenvolvimento dos processos psicológicos superiores*. São Paulo: Martins Fontes, 1998.

[14] VYGOTSKY LS, Luria AR, Leontiev NA. *Linguagem, desenvolvimento e aprendizagem*. São Paulo: Ícone/EDUSP, 1988, 228p.

A Model-driven Approach for MulSeMedia Application Domain

Marcelo Fernandes de Sousa
Informatics Center, CIn
Federal University of Pernambuco,
UFPE
Recife, Brazil
+55 81 2126 8430
mfs4@cin.ufpe.br

Raoni Kulesza
Informatics Center, CI
Federal University of Paraíba,
UFPB
João Pessoa, Brazil
+55 83 3216 7093
raoni@lavid.ufpb.br

Carlos André Guimarães Ferraz
Informatics Center, CIn
Federal University of Pernambuco,
UFPE
Recife, Brazil
+55 81 2126 8430
cagf@cin.ufpe.br

ABSTRACT

The MulSeMedia has been considered the great challenge of Multimedia for the next ten years. Aiming to stimulate other human sensory receptors such as mechanoreceptors, chemoreceptors and thermoceptors, the MulSeMedia increases the degree of immersion of users as well as improves the Quality of Experience and is standardized by MPEG-V. It is currently possible to identify a gap in the definition of processes, methods and tools to support the systematic development of multimedia /multisensory applications in accordance with the MPEG-V standard. The main objective of this work is to propose a Model-driven approach to integrate media, software and sensory effects projects. In this research, the thesis is argued that MDD can increase the productivity of the development of MulSeMedia applications, in particular those with such strong integration requirement with complex programming logic.

CCS Concepts

• **Software and its engineering** → **Software creation and management** → **Software development techniques** → **Reusability**

Keywords

Model-driven development, generative development, domain-specific language, MulSeMedia applications development.

1. INTRODUÇÃO

A multimídia tradicional por si só ainda possui uma série de questões não resolvidas. Em virtude da sua natureza, é preciso considerar em processos de desenvolvimento para aplicações multimídia o envolvimento de especialistas das áreas de projeto de software, projeto de mídia e projeto de interação [1]. Contudo, o problema recorrente é que enquanto engenharia de software prevê um suporte muito limitado para

WebMedia '16, November 08-11, 2016, Teresina, PI, Brazil
© 2016 ACM. ISBN 978-1-4503-4512-5/16/11...$15.00
DOI: http://dx.doi.org/10.1145/2976796.2976872

especificar, projetar e integrar objetos de mídia num software, a área de mídia e interação focam apenas na criação e autoria dos objetos de mídia, bem como a sua interação com os usuários [2][3]. Dessa forma, o grande desafio é aliar ao processo de modelagem dos objetos multimídia e interativos as técnicas tradicionalmente usadas na especificação de sistemas para solução de questões como: estruturação de requisitos, reutilização, comunicação em equipes multidisciplinares, definição de ferramentas, etc. [4].

A MulSeMedia surge dentro deste contexto e, portanto, herda os desafios da multimídia tradicional, assim como possui seus próprios desafios peculiares. Em seu artigo sobre o estado da arte, perspectivas e desafios na área de mídia de múltiplos efeitos sensoriais. [5] afirma que o desenvolvimento de algoritmos e sistemas relacionados a MulSeMedia ainda estão em seus primórdios e, portanto, ela é o novo desafio da área de Multimídia para os próximos dez anos. Sua importância pode ser explicada pelo fato de 60% da comunicação humana se dá de forma não verbal e a grande parte da nossa percepção sobre o mundo ocorrer por meio de uma combinação dos nossos cinco sentidos [5].

Observando pesquisas anteriores para melhorar o suporte ao desenvolvimento de aplicações MulSeMedia, encontramos na literatura esforços compatíveis com o padrão MPEG-V relacionados à autoria de efeitos sensoriais [6][7][8]. Além de ferramentas de autoria, também existem pesquisas recentes relacionadas à reprodução e à renderização de efeitos sensoriais [9][6][10][11]. Contudo, atualmente é possível identificar uma lacuna na definição de processos, métodos e ferramentas que auxiliem o desenvolvimento sistemático de aplicações multimídia/multissensoriais em conformidade com o padrão MPEG-V.

Uma das abordagens de desenvolvimento de software que procura diminuir a complexidade da construção de aplicações de domínio específico é o Desenvolvimento Orientado a modelos (do inglpês, *Model-Driven Development - MDD*) [12]. A ideia principal do MDD está no fato de considerar a importância dos modelos em um processo de desenvolvimento de software, não apenas como uma documentação para tarefas de desenvolvimento e manutenção, mas como parte integrante do software, assim como o código. Pesquisas recentes relacionadas à aplicação de MDD em domínios específicos [13][14][15][16][17] apontam que a rota mais curta para preencher a lacuna identificada é adaptar algumas das metodologias usadas na engenharia de software às restrições e peculiaridades do domínio MulSeMedia. Relatos da área de Multimídia tradicional [3][18] demonstram que o MDD, quando integrado com outras práticas da indústria, pode aumentar a produtividade numa escala de 3 a 10 vezes.

Uma abordagem complementar ao MDD é o Desenvolvimento Generativo de Software (do inglês, *Generative Software Development - GSD*) [19], que procura diminuir a distância semântica entre o espaço (domínio) do problema e o espaço (domínio) da solução, através de modelos de alto nível que protegem os desenvolvedores de software das complexidades da plataforma de implementação. O GSD tem como característica a utilização de tecnologias para automatização do desenvolvimento de software como, por exemplo, a meta-programação, a reflexão, a transformação de modelos etc. O objetivo é modelar e implementar "família de sistemas" de um modo que um determinado sistema pode ser automaticamente gerado a partir de especificações que refletem a solução descrita nos modelos, a partir em uma ou mais linguagens de domínio específico.

O trabalho está organizado da seguinte forma: a seção 2 discute as metodologias MDD para outros domínios; seção 3 apresenta a abordagem MDD proposta para o domínio MulSeMedia; seção 4 relata o estudo de caso: *Multisensory Video* e, finalmente, a seção 5 conclui o artigo discutindo as limitações e trabalhos futuros.

2. METODOLOGIAS DE DESENVOLVIMENTO MDD PARA OUTROS DOMÍNIOS

Tendo a abstração, reuso e automação como princípios chaves, o MDD tem sido amplamente utilizado em diferentes domínios com sucesso. Apresentamos nesta seção alguns trabalhos recentes motivados pelos benefícios dessa abordagem nas seguintes áreas: Multimídia, TV Digital, Jogos, Internet das Coisas e Computação Sensível ao Contexto.

Na área de TV Digital Interativa (TVDI), [3] propõe uma abordagem de desenvolvimento orientado a modelos que procura uma melhor integração entre os projetos de mídia e software, uma vez que as principais abordagens de desenvolvimento dessa área tratam cada um desses projetos isoladamente. Nesta pesquisa defende-se a tese de que o MDD pode aumentar a produtividade do desenvolvimento de aplicações de TV Digital, principalmente, as que possuem como requisito forte integração entre os objetos de mídia e a lógica da aplicação. Para tanto, é realizada uma estruturação dos requisitos de uma família de aplicações; configuração das partes comuns e variáveis de cada categoria das aplicações através de um Modelo de Características (do inglês, *Feature Model*); emprego de linguagens específicas de domínio para modelagem de visões que integram o projeto de mídia e projeto de software; e utilização de técnicas de metaprogramação para geração automática do código das aplicações. Por fim são apresentados os resultados de uma avaliação envolvendo estudos empíricos, que buscou determinar a viabilidade da abordagem e os benefícios que podem ser alcançados com o emprego da mesma.

Ainda na área de TVDI, mas agora com foco em *middleware* ao invés das aplicações, [17] apresenta uma estratégia baseada em MDD chamada ArchSPL-MDD que compreende um processo genérico com atividades para modelar e gerir as variabilidades em uma Linha de Produto de Software (do inglês, *Software Product Line* – SPL), bem como para suportar o geração de produtos derivados e de seu código-fonte. O estratégia proposta utiliza modelos arquiteturais descritos em LightPL-ACME [20], uma ADL (do inglês, *Architecture Description Language*) leve e simples para representar arquiteturas SPL e estabelecer relações entre as variabilidades descritas no Modelo de *Feature* e a arquitetura SPL de uma forma fácil. Além disso, ArchSPL-MDD tem uma ferramenta associada com o objetivo de apoiar arquitetos de SPL para lidar com os modelos envolvidos no processo e para gerar outros artefatos automaticamente, como código fonte de produtos. Objetivando avaliar a eficiência e aplicabilidade da abordagem ArchSPL-MDD, foi realizado um experimento controlado utilizando *GingaForAll* [21], uma SPL para o *middleware* adotado pelo Sistema Brasileiro de Televisão Digital (do inglês, *Brazilian Digital Television System* – SBTVD).

A indústria de desenvolvimento de jogos é uma das mais lucrativas do mundo atualmente. Em virtude deste mercado aquecido, a demanda da área se torna cada vez maior e a cada ano novos jogos são desenvolvidos. Contudo, desenvolver jogos é uma atividade bastante complexa e requer programadores experientes. [16] propõe uma abordagem MDD para a criação de jogos que permita a inclusão de programadores com pouca experiência na área no processo de criação de jogos. Para tanto, a abordagem combina a utilização de motores de jogos (do inglês, *Game Engines*), múltiplas Linguagens Específicas de Domínio (do inglês, *Domain Specific Language* – DSL), gerador de código e padrões de projeto para integrar código gerado manualmente e código gerado automaticamente. O MDD torna o processo de *design* mais rígido e, por isso, torna-se um desafio utilizá-lo no domínio de jogos, pois liberdade no processo criativo é uma necessidade inerente da área. A estratégia de múltiplas DSLs visa melhorar a flexibilidade dando a possibilidade dos desenvolvedores de jogos desfrutarem de maior poder de expressão.

Ainda na área de jogos, [15] propõe a utilização de MDD no desenvolvimento de jogos computacionais pervasivos por meio de um processo de desenvolvimento iterativo. Neste processo, as atividades relacionadas à modelagem específica de domínio (do inglês, *Domain Specific Modeling* – DSM) são intercaladas com as atividades de desenvolvimento de jogos. A análise de domínio é realizada com base em uma ontologia pré-definida para jogos pervasivos [22] (do inglês, *Pervasive Game Ontology* – PerGO). Para validar a proposta, foi realizado um estudo de caso sobre o desenvolvimento do jogo baseado em localização chamado *RealCoins*, e também foi realizada uma avaliação com base nas informações de horas trabalhadas e linhas de código escritas.

Deixando de lado o domínio de Jogos, mas ainda no contexto da computação pervasiva, [14] propõe uma abordagem MDD para a geração de aplicações móveis e sensíveis ao contexto. Neste domínio de aplicações, a utilização de *middlewares* é uma estratégia recorrente para resolver o problema relacionado à heterogeneidade de dispositivos e complexidade nos códigos para acessar os sensores. Dessa forma, a abordagem se propõe a combinar o paradigma MDD com o *middleware* LoCCAM (do inglês, *Loosely Coupled Context Acquisition Middleware*). Este *middleware* é adotado por permitir a aquisição adaptativa de informações contextuais em dispositivos Android. O trabalho também propõe uma DSL visual chamada DSL-LoCCAM que tem como objetivo a modelagem de informações contextuais e de regras contextuais para criação de aplicações móveis e sensíveis ao contexto que utilize a plataforma de *middleware* para a aquisição contextual. A DSL-LoCCAM objetiva gerar um esqueleto de projeto Android devidamente configurado para a utilização do *middleware*, incluindo um acesso transparente às informações contextuais desejadas, de modo a abstrair ao desenvolvedor os detalhes da arquitetura interna do *middleware*.

Internet das coisas (do inglês, *Internet of Things* – IoT) é outro domínio que possui trabalhos recentes utilizando abordagens MDD. [13] apresenta o *framework* FRASAD (do inglês, *Framework of Sensor Application Development*) que implementa uma abordagem MDD com o intuito de melhorar o reuso, flexibilidade e manutenção de software para sensores. São utilizados um modelo baseado em regras (do inglês, *rule-based model*) e uma DSL no nível mais alto de abstração da arquitetura proposta para descrever as aplicações IoT. O *framework* foi elaborado para desacoplar a linguagem de programação e o seu modelo de execução do Sistema Operacional e do hardware. A fim de ajudar os desenvolvedores na criação, otimização e teste das aplicações, foram incluídas interface gráfica com o usuário provida como um *plugin* para o Eclipse, componentes de geração de código e ferramentas para suporte.

3. ABORDAGEM PROPOSTA

Neste seção apresentamos uma abordagem de desenvolvimento orientado a modelos para a integração entre projetos mídia, software e efeitos sensoriais no domínio das aplicações MulSeMedia. A abordagem foi definida a partir de pesquisa da literatura em que foram estudados artigos científicos na área de desenvolvimento orientado a modelos e desenvolvimento de aplicações multimídia/sensoriais. Foram incorporados os pontos fortes dos trabalhos relacionados, em especial a abordagem para o domínio de TV Digital proposta por [3]. A abordagem proposta também buscou adotar as práticas e tarefas já bem estabelecidas, como aquelas definidas pela comunidade de MDD e GSD. Para melhor ilustrar as etapas da abordagem, as apresentaremos por meio de duas visões: (i) a primeira utilizando a nomenclatura e as camadas arquiteturais do MDA [23] (do ingles, *Model Driven Architecture*); e a segunda (ii) por meio de uma visão Generativa, separando as atividades e artefatos gerados de acordo com a engenharia de domínio e engenharia de aplicação. Por fim, para ilustrar o uso da abordagem proposta, apresentamos um estudo de caso tratando a família de aplicações de vídeos com múltiplos efeitos sensoriais: *Multisensory Video*.

3.1 Visão MDA

Nesta subseção é utilizada a nomenclatura e camadas arquiteturais do MDA para facilitar o entendimento do uso de modelos em cada etapa da abordagem. Na primeira etapa da abordagem proposta, o MDA define os artefatos produzidos como CIM (do inglês, *Computational Independent Model*), uma vez que são independentes de representação computacional. Ela envolverá basicamente duas equipes, uma equipe de Mídia (diretor de produção, projetistas gráficos, produtores de conteúdo, etc) e uma equipe de Software (analista de negócio, analista de requisitos, analista de sistemas, etc). O objetivo desta etapa é especificar os requisitos das aplicações por meio de artefatos da área de multimídia sensorial e da área de desenvolvimento de software.

Os artefatos gerados pelas equipes mencionadas nesta primeira etapa auxiliam na identificação dos principais conceitos e elementos do domínio em estudo, de modo a definir o escopo de uma categoria de aplicação, que pode ver vista como uma *Família de Aplicação*. Para representar as características de todas as aplicações pertencentes a uma família de aplicação é utilizada uma técnica de análise de domínio chamada de Modelagem de Características (do inglês, *Feature Modeling*) [24]. Por meio do modelo de *Feature* podemos identificar as funcionalidades e propriedades que são comuns a todas as aplicações da família, bem como as que não são. Dessa forma, é possível estruturar os requisitos para facilitar as atividades seguintes relacionadas ao projeto de software da categoria da aplicação.

Na segunda etapa da abordagem na visão MDA, todos os modelos gerados são conhecidos como PIM (do inglês, *Platform Independent Model*), ou seja, são independentes de plataforma, possuindo uma notação não ambígua e padronizada a fim de permitir a sua transformação em modelos e/ou código-fonte para plataformas específicas e diferentes. Esta etapa recebe os artefatos gerados pela primeira e, a partir deles, realiza a atividade de projeto (design) apoiada pela linguagem específica de domínio MML (do inglês, *Multimedia Modeling Language*). Na abordagem proposta, foram adotados quatro tipos de visões de projeto da MML: (1) modelo de cena; (2) modelo de apresentação; (3) modelo estrutural; e (4) modelo de interação. Os dois primeiros modelos são de responsabilidade da equipe de mídia, e os dois últimos da equipe de software. Dessa forma, a linguagem MML promove uma melhor estruturação da *Família da Aplicação*; e ao mesmo tempo, favorece a colaboração de profissionais da *Equipe de Mídia* e da *Equipe de Software* como pode ser observado na Figura 1.

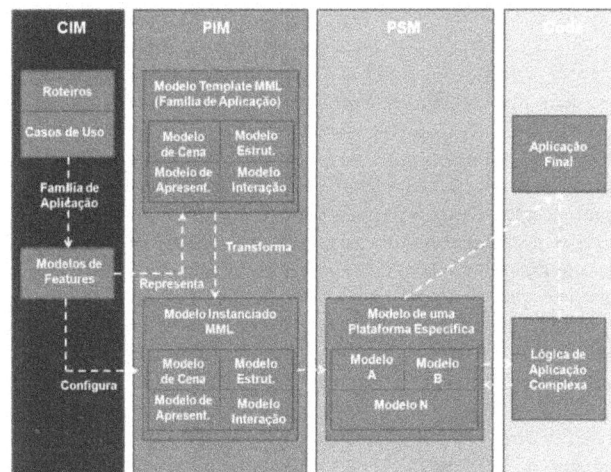

Figura 1.Visão da abordagem proposta de acordo do MDA

É importante destacar que o conjunto dos modelos MML tem o objetivo de especificar uma estrutura geral da solução, a interface e os relacionamentos entre os diferentes aspectos que a compõe. Dessa forma, pode ser considerado como uma arquitetura de referência para uma determinada família de aplicações, sendo capaz de derivar diversos modelos diferentes decorrentes das configurações realizadas no Modelo de Features. O conjunto de modelos que representa a família é chamado de Modelo Template, e o conjunto de modelos que representa uma versão de uma aplicação derivada é chamado de Modelo Instanciado. A geração do Modelo Instanciado a partir do Modelo Template é uma transformação de modelo para modelo. Para expressar as variabilidades da aplicação – ou seja, as mais diversas características que podem estar presentes ou ausentes em uma aplicação pertencente a uma determinada família de aplicações – os elementos do Modelo Template são anotadas por meio de estereótipos UML que servirão para expressar: (i) condição de presença (CP) e (ii) multiplicidade de elementos (M). Estas anotações são definidas em termos das características e podem ser avaliadas de acordo com uma determinada configuração que é escolhida no momento da derivação do produto (aplicação). Por exemplo, uma CP permite definir se um elemento do Modelo Template estará presente ou ausente no Modelo Instanciado e uma CM pode indicar quantos elementos de um determinado tipo do Modelo Template estarão presentes no Modelo Instanciado.

Na terceira etapa da abordagem proposta, o MDA define os artefatos produzidos como PSM (do inglês, Platform Specific Model). Consiste justamente em transformar um Modelo Instanciado de uma aplicação da Família de Aplicação modelada na fase anterior para um ou mais modelos de uma plataforma específica representando os modelos que estão associados a algum paradigma e linguagem de programação e são especializações dos modelos anteriores. Na ilustração da Figura 1, é representado o mapeamento do Modelo Instanciado MML para modelos de uma plataforma específica. Neste momento é possível habilitar uma opção para definir para qual plataforma ocorrerá à transformação (e posteriormente a geração do código) e, uma vez implementado o mapeamento e transformações para outras plataformas, é possível aproveitar os modelos CIM e PIM para outras tecnologias de implementação.

Ainda sobre o PSM, a Figura 2 detalha melhor como deve ocorrer o mapeamento do modelo MML para o modelo de Plataforma específica de uma aplicação MulSeMedia. [25] afirma que por meio da associação de um arquivo SEM (do ingles, *Sensory Effect Metadata*), descrito por meio da linguagem SEDL (do ingles, *Sensory Effect Description Language*) do padrão MPEG-V, a qualquer tipo de conteúdo multimídia tradicional (como jogos, filmes, música, web sites, etc.), podemos obter multimídia/multissensorial. Assim, para cada Modelo Instanciado, representado por um dos quatro tipos de modelo: estrutural, cena, apresentação e interação, devem ser criados mecanismos de transformação que procurem por elementos específicos de cada tipo de diagrama UML. Por exemplo, no diagrama de atividades, busca-se: parâmetros, fluxos e ações. Para o diagrama de estado, as transições e para o diagrama estrutural são consultadas as propriedades. Assim, cada elemento presente nos diagramas UML será convertido em elemento da plataforma da aplicação MulSeMedia especificada. Por exemplo, no caso de aplicações de TVD, ocorreriam conversões para a plataforma NCL, conforme trabalho [3]; já no caso de aplicações Web, poderia existir transformações projetadas para a plataforma Flash [26]. Contudo, esses trabalhos anteriores não abordam questões relacionadas a efeitos sensoriais.

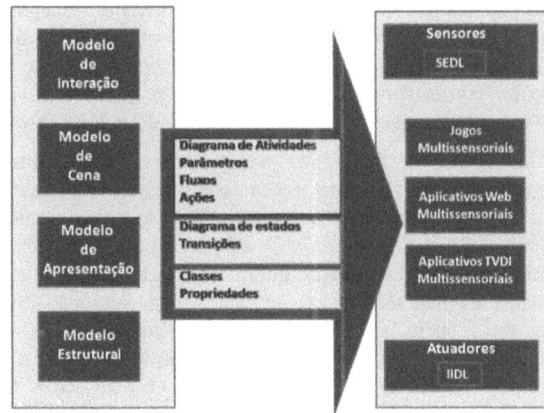

Figura 2. Resumo do mapeamento do modelo instanciado para o PSM

A última etapa é responsável por transformar os modelos PSM, normalmente com ajustes detalhados e informações de instância (valores de propriedades), para o código-fonte da Aplicação Final específica para uma determinada plataforma alvo (TV, Web, etc.). Também é possível nessa etapa desenvolver ou reutilizar elementos de implementação que são visualizados e/ou configurados diretamente pelo código-fonte (exemplo, Lógica de Aplicação Complexa). Nesse caso, o ideal é que os modelos PSM facilitem a integração com as demais visões da aplicação. Vale salientar que a elaboração dos modelos apresentados é organizada em sequência, porém, é possível retornar para um nível anterior durante qualquer momento da execução do processo para refinar um modelo ou transformação definida anteriormente.

3.2   Visão Generativa

A Engenharia de Domínio compreende a definição de artefatos (modelos de análise e projeto, componentes de software, DSLs, geradores de código-fonte, etc.) para habilitar o desenvolvimento com reuso. Já a Engenharia de Aplicação tem como objetivo elaborar o produto de software a partir de um conjunto de Requisitos do Sistema e combinação dos artefatos definidos na Engenharia de Domínio de modo a permitir um desenvolvimento com reuso. Com base nestes conceitos, desta vez apresentamos a abordagem proposta na perspectiva apresentada por [27], também conhecida como Engenharia de Linhas de Produto e utilizada por metodologias de Desenvolvimento Generativo de Software.

Um detalhamento da abordagem é apresentado na Figura 3. Nela, os itens descritos por caixas retangulares e texto em branco representam atividades, e os itens descritos nas setas representam artefatos que são gerados durante o processo de desenvolvimento de software.

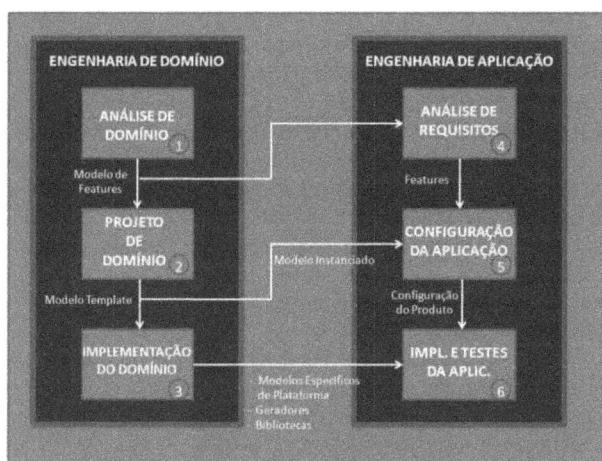

Figura 3. Visão generativa da abordagem

Na área esquerda da Figura 3 estão ilustradas as atividades relacionadas à Engenharia de Domínio: Análise, Projeto e Implementação de Domínio. Ao final dessas atividades teremos uma arquitetura de referência para uma determinada família (ou categoria) de aplicação. Para tanto, na Atividade 1 (análise de domínio), um ator da equipe de software – especialista em domínio ou engenharia de requisitos – define o Modelo de Features que representa o universo de possibilidades que a atividade seguinte de projeto de domínio deve tratar por meio do Modelo de Template. Na Atividade 2 (projeto de domínio) um outro ator da equipe de software – engenheiro ou arquiteto de software – com base no Modelo de Features produzido no passo anterior, modela o Modelo Template utilizando a linguagem MML. O objetivo é contemplar todos os elementos pertencentes a todas as soluções válidas que são originadas a partir do Modelo de Features e que geram um Modelo Instanciado para cada conjunto de configurações definidas. Para apoiar a definição do Modelo Template são empregados o Perfil MML (estereótipos específicos do domínio de aplicações multimídia) e Perfil de Variabilidades (estereótipos para representar variabilidades em diagramas UML). Na Atividade 3 (implementação do domínio), um ator da equipe de software – engenheiro ou desenvolvedor de software – pode implementar: (1) estratégias de derivação automática ou manual (transformadores) que mapeiam os modelos MML (Modelo Template e Modelos Instanciados) em diagramas específicos de domínio (por exemplo, Wizards) e/ou uma plataforma; e (2) componentes e/ou bibliotecas de software que serão utilizados na Atividade 6 (Integração com código imperativo) da engenharia de Apliação.

Na área direita da Figura 3 estão ilustradas as atividades relacionadas à Engenharia da Aplicação: Análise de Requisitos, Configuração da Aplicação e Implementação e Testes da Aplicação. Na abordagem definida nesse trabalho, tais atividades podem ser executadas por profissionais da equipe de mídia (projetista de interface gráfica, produtor de conteúdo, programador de linguagens declarativas com pouca experiência em linguagens imperativas, etc.) e nesse caso esses atores são conhecidos como engenheiros de aplicação. A Atividade 4 (Análise de Requisitos) corresponde em analisar uma especificação de requisitos e identificar se existe algum Modelo de Features definido pela engenharia de domínio que pode ser utilizado. Logo em seguida, na Atividade 5 (Configuração da Aplicação), depois da escolha anterior (features), o engenheiro de

aplicação realiza uma configuração manual a fim de definir as características que ele deseja para a aplicação a ser gerada. Essa configuração pode ser apoiada por um Wizard, por exemplo. O resultado desta etapa é a geração de um Esqueleto da Aplicação provavelmente correspondendo a um código declarativo de uma aplicação multimídia/sensorial (como, por exemplo, um game, aplicação de TV, vídeo ou animação). Vale salientar que para chegar a este esqueleto da Aplicação ocorrem os seguintes mapeamentos entre modelos: (i) um mapeamento de Modelo Template para Modelo Instanciado, depois uma (ii) transformação de Modelo Instanciado para modelo Modelo Específico de Plataforma e, em seguida, a geração do Esqueleto da Aplicação. Na Atividade 6 (implementação e testes), o engenheiro de aplicação utiliza alguma ferramenta de autoria para refinar o projeto criativo e implementar a lógica complexa da aplicação. Para gerar a aplicação final, é possível utilizar modelos específicos da plataforma e componentes de software desenvolvidos pela equipe de software da engenharia de domínio.

4. ESTUDO DE CASO: MULTISENSORY VIDEO

Nesta seção apresentamos um estudo de caso para avaliar a viabilidade, dificuldades e benefícios do uso da abordagem proposta. O objetivo é identificar evidências que reforcem a ideia de que uma abordagem de desenvolvimento orientada a modelos pode trazer ganho de produtividade quando considerado o projeto de mídia com múltiplos efeitos sensoriais e projeto de software no domínio de aplicações MulSeMedia. Inspirados no *framework 4D-Broadcast* proposto por [28], criaremos uma família de aplicações de vídeos multissensoriais: *Multisensory Video*.

4.1 Passo 01 – Especificação do Modelo de Features

Os metadados de efeitos sensoriais (SEM) são descritos em conformidade com a linguagem de descrição de efeitos sensoriais (SEDL) e seus vocabulários (SEV). Além disso, esses metadados podem ser utilizados em qualquer tipo de conteúdo multimídia. No caso específico deste estudo de caso, o objetivo é criar uma família de aplicações de vídeos multissensoriais e, para tanto, o primeiro passo é criar o Modelo de Features para descrever as possíveis soluções. O Modelo *TemplateMultisensoryVideo* é apresentado na Figura 4.

Basicamente o *TemplateMultisensoryVideo* modela as características da linguagem SEDL. Dessa forma, na modelagem de características realizada, criamos o modelo EffectsQuantity para definir as opções sobre quais efeitos sensoriais serão suportados. Para esta primeira versão, a família de aplicações de vídeos multissensoriais suportará os efeitos de vento, vibração e de luz. Neste mesmo modelo definimos as características relacionadas à quantidade de vezes que cada efeito aparecerá no vídeo. Já o modelo EffectParameters define quais são os parâmetros suportados por cada efeito de acordo com a parte 3 da norma do MPEG-V. Por fim, o SEDL provê uma forma de agregar mais de um efeito sensorial no mesmo timestamp (*GroupOfEffects*) que informa quando o grupo de efeitos se torna disponível para a aplicação. O modelo GroupOfEffects indica as possibilidades de *GroupOfEffects* por meio das possíveis combinações dos até 3 (três) efeitos mencionados.

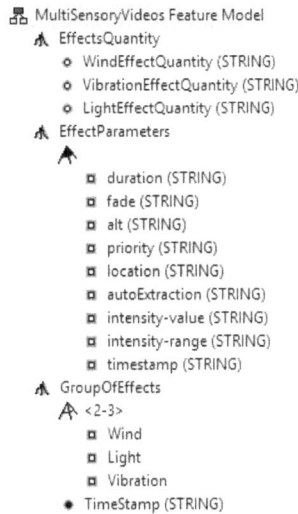

Figura 4. Modelo de Features da Família de
Multisensory Video

4.2 Passo 02 – Projeto do Modelo de Template e variabilidades associadas

O Modelo Template de Multisensory Video especifica a união de todas as possíveis soluções da família de aplicações de vídeos com múltiplos efeitos sensoriais. Para tanto, ele é descrito por meio dos modelos relacionados às visões estruturais e comportamentais da linguagem MML. Assim, o template é composto pelos seguintes modelos: (i) estrutural, (i) de cena, (iii) de apresentação e; (iv) de interação. Já as variabilidades de cada modelo são especificadas como estereótipos UML que são anotados junto aos elementos do modelo. Cada estereótipo é mapeado para uma determinada característica. A seguir ilustramos alguns diagramas UML para o template de *Multisensory Video*.

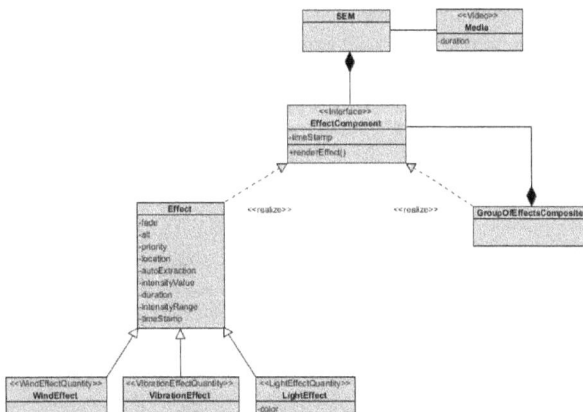

Figura 5. Modelo Estrutural Multisensory Video

Seguindo as orientações da linguagem específica de domínio MML, a primeira modelagem a ser realizada é a estrutural. Nela se evidencia os elementos do domínio, bem como o seu relacionamento com as respectivas mídias. Na Figura 5 é ilustrado o modelo estrutural de *Multisensory Video*. Ele é composto pelos elementos do modelo (classes, associações etc.) e das anotações dos mesmos, realizadas pelos estereótipos. Com a aplicação dos estereótipos mapeiam-se os elementos do modelo para as características.

O modelo contém uma superclasse para representar os efeitos sensoriais (`Effect`), que possui uma série de atributos opcionais. São subclasses de `Effect` as classes `WindEffect`, `VibrationEffect` e `LighhtEffect` que representam os efeitos sensoriais suportados por esta primeira versão do modelo de template. Temos também uma classe `Media` para representar o vídeo no qual os efeitos sensoriais serão sincronizados. Por fim, a classe `GroupOfEffects` permite que um grupo de efeitos (no mínimo dois) se torne disponível para a aplicação no mesmo timestamp.

Tendo finalizado a apresentação do modelo estrutural, discutiremos agora o Modelo de Cena. O seu objetivo é especificar o comportamento geral da aplicação através de uma máquina de estados com um conjunto de estados (cenas) e de transições entre eles. A *Multisensory Video* possui na sua versão atual uma navegação baseada apenas na linha do tempo (*timeline*), e, dessa forma, o Modelo de Cena não possui transição entre telas (por exemplo, entrar em um menu de opções como acontece em jogos), nem provê interação com usuário por meio de captura de eventos, como cliques de botão ou até mesmo via sensores distribuídos no ambiente. Assim, o modelo de cena é bastante simples conforme apresentado na Figura 6. Nele, exista apenas a cena `SensoryEffectScene` que representa a reprodução do vídeo principal, bem como os efeitos sensoriais disparados pelos atuadores em sincronia com o vídeo de acordo com o *timestamp* de cada efeito sensorial.

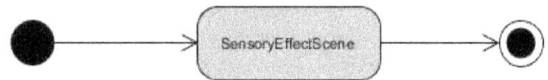

Figura 6. Modelo de Cenas *Multisensory Video*

Dando continuidade, o modelo de apresentação da cena `SensorialEffectScene` (Figura 7) descreve os elementos da interface gráfica e atuadores de efeitos sensoriais através das classes `VibrationEffectAc`, `WindEffectAc` e `LightEffectAc`, as quais representam respectivamente os atuadores que exibirão os efeitos sensoriais de vibração, vento e luz respectivamente. Elas são anotadas com o estereótipo `OutputComponent` que, segundo a linguagem MML, representa um componente abstrato de saída de dados e no contexto deste trabalho, esses dados de saída são efeitos sensoriais.

Os valores dos componentes visuais a serem exibidos são representados tomando como base uma dependência partindo da classe para o objeto do modelo estrutural, o qual é responsável por armazenar os dados. Por exemplo, a duração do vídeo principal é obtida utilizando a dependência cujo valor é a propriedade `duration`. Os estereótipos `VibrationEffectQuantity`, `LightEffectQuantity` e `WindEffectQuantity` definem a variabilidade com relação à quantidade de cada efeito sensorial definido no modelo de *Feature*.

O modelo de interação é um diagrama de atividades da UML anotado com as variabilidades. A partir dele, deve-se derivar o relacionamento temporal e a interatividade entre os objetos de mídia. Contudo, como já mencionado, o *Multisensory Video* possui na sua versão atual uma navegação baseada apenas por *timeline*, portanto, não possui modelo de interação

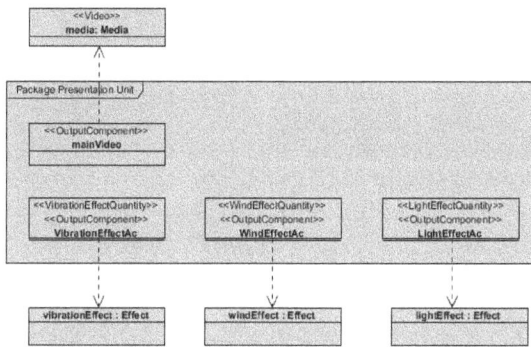

Figura 7. Modelo de Apresentação da Cena da Multisensory Video

4.3 Passo 03 – Instanciação dos Modelos Abstratos de Templates

Um Modelo Instanciado representa o processamento das variabilidades do Modelo Template (descritas na seção anterior) de acordo com as opções do engenheiro da aplicação. Estas escolhas são satisfeitas através de uma configuração do Modelo de Features que é criada pelo *Wizard* e são descritas no passo seguinte. Assumiremos que a configuração escolhida foi um vídeo de aproximadamente dois minutos e meio possuindo efeitos de vento e luz. A instância do modelo estrutural ilustrada na Figura 8 é obtida pela transformação do modelo estrutural num diagrama de objetos.

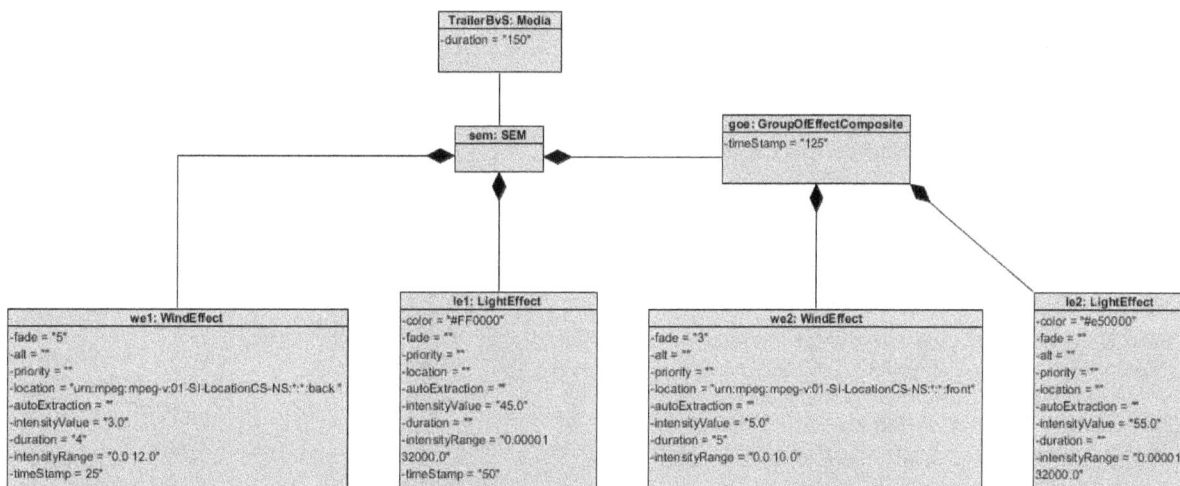

Figura 8. Modelo Instanciado Estrutural da Multisensory Video

4.4 Passo 04 – Geração da Aplicação – e Passo 05 – Integração com Código Imperativo

Para a família de aplicações de *Multisensory Video*, as etapas de Geração da Aplicação e de Integração com código imperativo ainda não chegaram a ser realizadas.

5. CONCLUSÃO

O objetivo principal deste trabalho é propor uma abordagem de desenvolvimento orientado a modelos que procure integrar os projetos de mídia, software e efeitos sensoriais. Nesta pesquisa, defende-se a tese de que o desenvolvimento orientado a modelos pode aumentar a produtividade do desenvolvimento de aplicações de MulSeMedia, principalmente, as que possuem como requisito forte integração entre os objetos de mídia, efeitos sensoriais e lógica da aplicação. Em particular, é realizada uma estruturação dos requisitos de uma família de aplicações; configuração das partes comuns e variáveis de cada categoria das aplicações através de um Modelo de *Features*; emprego de linguagens específicas de domínio para modelagem de visões que integram o projeto de mídia, projeto de software e os efeitos sensoriais; e utilização de técnicas de metaprogramação para geração automática do código das aplicações. Contudo, para a consolidação da abordagem

proposta e verificação dos benefícios que podem ser alcançados com o emprego da mesma, faz-se necessário a realização de uma avaliação envolvendo estudos empíricos em diferentes contextos de desenvolvimento.

Como contribuições, podemos destacar: (i) uma abordagem sistemática, detalhando atividades e artefatos para o desenvolvimento de aplicações MulSeMedia; (ii) modelagem de famílias de aplicações MulSeMedia que exploram novos cenários de uso: *Multisensory Video*. São limitações e possíveis atividades futuras do presente trabalho: (i) a abordagem não possui todas as etapas de engenharia de domínio; (ii) especialização da abordagem para outras plataformas específicas, como Web; (iii) modelagem e implementação de famílias de aplicações MulSeMedia que exploram outros cenários MulSemedia, e , por fim, (iv) realização de estudos empíricos relacionado à MulSeMedia.

6. REFERENCES

[1] Pleuss, A.; Hussmann, H. Model-Driven Development of Interactive Multimedia Applications with MML. *Studies in Computation Intelligence*. Springer. 2011. v. 340, p.199-218.

[2] Pleuss, A.; Hauptmann, B.; Dhungana D.; Botterweck G. User interface engineering for software product lines: the

dilemma between automation and usability. *In: ACM Symposium on Engineering Interactive Computing Systems*, 2012. p.25-34.

[3] Kulesza, R. *Uma Abordagem de Desenvolvimento Orientado a Modelos para a Integração entre Projetos de Mídia e Software no Domínio de Aplicações de TV Digital*. 2013. 176f. Tese (Doutorado), UFPE, Recife, Brasil

[4] Marques Neto, M. C. *Contribuições para a Modelagem de Aplicações Multimídia em TV digital interativa*. 2011. 170f. Tese (Doutorado). Universidade Federal da Bahia, Salvador, Brasil.

[5] Ghinea, G. et al. Mulsemedia: State of the Art, Perspectives, and Challenges. *Acm Trans. Multimedia Comput. Commun. Appl.*, [s.l.], v. 11, n. 1, p.1-23, 1 out. 2014. Association for Computing Machinery (ACM). http://dx.doi.org/10.1145/2617994.

[6] Waltl, M. et al. An end-to-end tool chain for Sensory Experience based on MPEG-V. *Signal Processing: Image Communication*, New York, v. 28, n. 2, p.136-150, fev. 2013. Elsevier BV. http://dx.doi.org/10.1016/j.image.2012.10.009.

[7] Kim, S. K.; Han, J. J. Text of white paper on MPEG-V. In: San Jose, USA. *MPEG Group Meeting*, ISO/IEC JTC. 2014.

[8] Choi, B.; Lee, E.; Yoon, K. Streaming Media with Sensory Effect. *2011 International Conference On Information Science And Applications*, Jeju Island, p.1-6, abr. 2011. Institute of Electrical & Electronics Engineers (IEEE). http://dx.doi.org/10.1109/icisa.2011.5772390.

[9] Saleme, E. B.; Santos, C. A. S. PlaySEM: a Platform for Rendering MulSeMedia Compatible with MPEG-V. *Proceedings Of The 21st Brazilian Symposium On Multimedia And The Web - Webmedia '15*, [s.l.], p.145-148, 2015. Association for Computing Machinery (ACM). http://dx.doi.org/10.1145/2820426.2820450.

[10] Cho, H.Y. *Event-Based control of 4D effects using MPEG RoSE*. 2010. 63f. Dissertação (Mestrado), Instituto Avançado de Ciência e Tecnologia da Coréia.

[11] Kim, S.; Joo, Y.; Lee, Y. Sensible Media Simulation in an Automobile Application and Human Responses to Sensory Effects. *Etri J*, [s.l.], v. 35, n. 6, p.1001-1010, 2 dez. 2013. Electronics and Telecommunications Research Institute (ETRI). http://dx.doi.org/10.4218/etrij.13.2013.0038.

[12] Kleppe, A.; Warmer, J.; Bast, W. *MDA Explained - The Model Driven Architecture: Practice and Promise*. [S.l.]: Addison-Wesley. 2003. (Object Technology Series).

[13] Nguyen, X. T. et al. FRASAD: A framework for model-driven IoT Application Development. 2015 *Ieee 2nd World Forum On Internet Of Things (wf-iot)*, Milan, p.387-392, dez. 2015. Institute of Electrical & Electronics Engineers (IEEE). http://dx.doi.org/10.1109/wf-iot.2015.7389085.

[14] Duarte, P. A. et al. A Model-Driven Approach to Generate Context-Aware Applications. Proceedings *Of The 20th Brazilian Symposium On Multimedia And The Web - Webmedia '14*, João Pessoa, p.99-102, 2014. Association for Computing Machinery (ACM). http://dx.doi.org/10.1145/2664551.2664586.

[15] Guo, H. et al. RealCoins: A Case Study of Enhanced Model Driven Development for Pervasive Games. *International Journal of Multimedia and Ubiquitous Engineering*, v. 10, n. 5, p. 395-410, 2015.

[16] Prado, E. F.; Lucredio, D. A Flexible Model-Driven Game Development Approach. *2015 Ix Brazilian Symposium On Components, Architectures And Reuse Software*, Belo Horizonte, p.130-139, set. 2015. Institute of Electrical & Electronics Engineers (IEEE). http://dx.doi.org/10.1109/sbcars.2015.24.

[17] Medeiros, A. L. et al. ArchSPL-MDD: An ADL-Based Model-Driven Strategy for Automatic Variability Management. 2015 *Ix Brazilian Symposium On Components, Architectures And Reuse Software*, Belo Horizonte, p.120-129, set. 2015. Institute of Electrical & Electronics Engineers (IEEE). http://dx.doi.org/10.1109/sbcars.2015.23.

[18] Furtado, A. W.B. *Domain-Specific Game Development*. 2012. Tese (Doutorado), UFPE, Recife, Brasil.

[19] Czarnecki, K. Overview of generative software development. *In: BANÂTRE, J.-P. et al. (Ed.). Unconventional Programming Paradigms, International Workshop*. Springer, (Lecture Notes in Computer Science, v. 3566), p. 326–341, 2004.

[20] Silva, E. et al. A Lightweight Language for Software Product Lines Architecture Description. Software Architecture, Montpellier, v. 7957, p.114-121, 2013. *Springer Science + Business Media*. http://dx.doi.org/10.1007/978-3-642-39031-9_10.

[21] Saraiva, D. et al. Architecting a Model-Driven Aspect-Oriented Product Line for a Digital TV Middleware: A Refactoring Experience. Software Architecture, Copenhagen, v. 6285, p.166-181, 2010. *Springer Science + Business Media*. http://dx.doi.org/10.1007/978-3-642-15114-9_14.

[22] Guo, H. et al. PerGO: An Ontology towards Model Driven Pervasive Game Development. *In: On the Move to Meaningful Internet Systems: OTM 2014 Workshops*. Springer Berlin Heidelberg, 2014. p. 651-654.

[23] OBJECT MANAGEMENT GROUP (OMG). MDA Guide Version 1.0.1. [S.l.], 2003. Disponível em: <http://www.omg.org>. Acesso em: 14 Junho de 2016.

[24] Kang, K. et al. FORM: A Feature-Oriented Reuse Method with domain-specific reference architectures. *In: Annals of Software Engineering Notes*, v.05, 1998, p.143–168.

[25] Kim, S. K.; Han, J. J. Text of white paper on MPEG-V. *In: San Jose, USA. MPEG Group Meeting*, ISO/IEC JTC. 2014.

[26] Pleuss, A. *Model-driven development of interactive multimedia applications*. 2009. 287f. Tese(Doutorado), Universidade de Munique, Munique, Alemanha.

[27] Czarnecki, K.; Eisenecker, U. W. *Generative Programming: Methods, Tools, and Applications*. Boston: Addison-Wesley, 2000.

[28] Yoon, K. et al. *MPEG-V: Bridging the Virtual and Real World*. Academic Press, 2015.

Accessibility in Digital Cinema: A Proposal for Generation and Distribution of Audio Description

Leonardo A. Domingues
LAVID/CI/UFPB
João Pessoa, Brasil
leonardo.araujo@lavid.ufpb.br

Virgínia P. Campos
UFRN
Natal, Brasil
virginia@lavid.ufpb.br

Tiago M. U. de Araújo
LAVID/CI/UFPB
João Pessoa, Brasil
tiagomaritan@lavid.ufpb.br

Guido L. de S. Filho
LAVID/CI/UFPB
João Pessoa, Brasil
guido@lavid.ufpb.br

ABSTRACT

Technological advances in digital cinema have allowed people to encounter experiences that awaken their imagination and expose them to other realities. Experiencing these realties can be more difficult for the blind or visually impaired, however. In our cinema rooms, visual impairments create barriers that can restrict a person's access to critical information. Therefore, we propose a solution that attempts to eliminate these barriers by using a computational system that is able to automatically generate and distribute accessible audio tracks that describe the digital cinema experience. Using mobile devices to provide the content, visually impaired participants were given the opportunity to partake in an experiment to confirm or reject the viability of the solution presented in this article. The results of the experiment demonstrated that our computational system may be a feasible solution.

CCS Concepts

•Information systems → Multimedia information systems; *Mobile information processing systems;* •Human-centered computing → Accessibility design and evaluation methods; Accessibility systems and tools; •Social and professional topics → People with disabilities;

Keywords

Cinema Digital, Acessibilidade, Deficiência Visual, Aplicações Multimídia

1. INTRODUÇÃO

O cinema é considerado o eixo principal na revolução das mídias audiovisuais. Sua ascenção contínua tem viabilizado o desenvolvimento de novas tecnologias e oferecido diversas formas de entretenimento, além de permitir que os usuários tenham acesso à informação, interajam com o conteúdo audiovisual e participem de experiências inovadoras. Esse crescimento pode ser observado durante o período de 2005 a 2015 [1], onde a bilheteria de filmes brasileiros registrou um aumento de 109,28% e a dos filmes estrangeiros exibidos no Brasil, um crescimento de 90,41%.

Acompanhando o bom desempenho do público em salas de exibição, a renda gerada em bilheteria para o período de 2005 a 2015 foi de R$ 14,13 bilhões [2]. Porém, diante dessa evolução tecnológica e de crescimento de mercado, surgem alguns questionamentos pertinentes: *os cegos têm as mesmas condições de acesso a esses conteúdos audiovisuais? O cinema atual oferece meios para que essas pessoas vivenciem essas experiências inovadoras? Ou seja, quais são os recursos oferecidos para os cegos nas salas de cinema?*

Atualmente, existem poucos recursos de acessibilidade disponíveis nos cinemas para as pessoas cegas [8], [11], [16]. Dessa forma, para ter acesso aos conteúdos, normalmente, os cegos recorrem a ajuda de amigos e familiares para narrar os acontecimentos durante a exibição de um filme. Então, foi baseado nessa abordagem que surgiu o recurso da Audiodescrição (AD). Em entrevista a um programa de TV [2], a atriz e audiodescritora Graciela Pozzobon, explica que o recurso da AD é um instrumento de inclusão social e cultural, que contribui tanto para a formação de opiniões críticas como para a educação das pessoas com deficiência visual, preparando-a, dessa forma, para o exercício pleno de sua cidadania.

Com o propósito de tornar o cinema acessível para as pessoas cegas, Encelle, Beldame e Prié [8] desenvolveram uma solução que consiste em inserir janelas de interrupção – uma espécie de *pseudo* pausas – apenas nos intervalos do vídeo onde há silêncio (isto é, inexistência de diálogos ou elementos sonoros importantes), para que, dessa forma, os conteúdos acessíveis de AD possam ser introduzidos nesses entremeios. Um detalhe importante nessa abordagem é que essas pausas podem ser inconvenientes, uma vez que o cinema é uma experiência coletiva e a apresentação desses conteúdos na primeira tela pode incomodar as pessoas que não têm deficiência visual.

ACM acknowledges that this contribution was authored or co-authored by an employee, contractor or affiliate of a national government. As such, the Government retains a nonexclusive, royalty-free right to publish or reproduce this article, or to allow others to do so, for Government purposes only.

WebMedia '16, November 08-11, 2016, Teresina, PI, Brazil

© 2016 ACM. ISBN 978-1-4503-4512-5/16/11. . . $15.00

DOI: http://dx.doi.org/10.1145/2976796.2976867

---

[1] http://bit.ly/23iYPLy
[2] http://bit.ly/1UVJixs

No contexto da Internet, devido à grande quantidade de vídeos que trafegam pela rede a todo momento, Kobayashi et al. [11] propuseram uma plataforma Web para inserir conteúdos de AD em vídeos disponíveis na Internet. Sua abordagem utiliza a tecnologia *Text-to-Speech* (TTS) para gerar conteúdos com voz sintética e *scripts* de AD em formato de texto, onde esses scripts contêm as descrições das imagens e o tempo de apresentação de cada descrição. Com essa abordagem, Kobayashi et al. [11] esperam que as plataformas de vídeo na Internet disponibilizem mais conteúdos acessíveis para os usuários cegos.

A tecnologia do Whatscine também é voltada para a criação de salas de cinemas acessíveis [16]. O sistema do Whatscine foi concebido na *Universidad Carlos III de Madrid* na Espanha, e seu objetivo é oferecer para as pessoas com deficiências visuais ou auditivas, conteúdos de AD, legendas no formato de texto e trilhas vídeo alternativas com tradução para língua de sinais. A ideia é que os usuários possam ter acesso a esses conteúdos por meio de óculos especiais com *microdisplays* ou através de *smartphones*. Uma característica do Whatscine é que são utilizados apenas conteúdos previamente gerados. Além disso, não foram encontrados resultados que verifiquem a viabilidade da ferramenta.

Os trabalhos desenvolvidos por Encelle, Beldame e Prié [8], Kobayashi et al. [11] e a tecnologia do Whatscine [16] apresentam possíveis soluções para tornar as salas de cinema acessíveis para os usuários cegos. Porém, existem algumas características que inviabilizam a utilização dessas soluções nos cinemas. A proposta de Encelle, Beldame e Prié [8] pode ser incoveniente devido à inserção de pausas durante o filme. O trabalho de Kobayashi et al. [11] não apresentam uma solução para as salas de cinema. O sistema do Whatscine [16] necessita que os conteúdos acessíveis sejam gerados previamente, ou seja, não oferece solução para a geração automática.

Outro ponto crítico de algumas propostas é o alto custo operacional envolvido na produção dos conteúdos. Por exemplo, segundo Lakritz e Salway [12], um profissional audiodescritor precisa de, em média, 60 horas para descrever um filme com 2 horas de duração. Além disso, de acordo o artigo publicado no site Deficiente Online [3], o valor estimado para a geração da AD pode variar entre 3 e 6 mil reais por hora de programação gravada; entre 2 e 3 mil reais por hora de programação ao vivo roteirizada; e entre 1 e 2 mil reais por hora de programação ao vivo.

Nesse contexto, este artigo apresenta uma solução computacional para viabilizar a participação dos cegos nas salas de cinema. Para isso, o objetivo é gerar automaticamente conteúdos acessíveis de AD e distribuir esses conteúdos para os usuários cegos. Dessa forma, a ideia é que os usuários utilizem dispositivos móveis para receber os recursos da AD. Essa solução é uma extensão do trabalho publicado por Domingues et al. [7], onde o objetivo é gerar conteúdos acessíveis em Língua Brasileira de Sinais (LIBRAS) para pessoas surdas das salas de cinemas.

Por fim, este artigo está organizado da seguinte forma: a Seção 2 contextualiza o recurso de acessibilidade da Audiodescrição (AD); a Seção 3 apresenta a solução proposta neste artigo; a Seção 4 discute alguns resultados obtidos após experimentos com usuários cegos; e a Seção 5 apresenta as considerações finais deste artigo.

2. CONTEXTO TEÓRICO

2.1 Audiodescrição

A Audiodescrição (AD) é um recurso de acessibilidade criado com o objetivo de oferecer às pessoas cegas o acesso à informações que só podem ser percebidas por meio da visão. Segundo Cintas [6], a AD consiste na transformação de imagens em palavras, que a partir de então podem ser faladas nos momentos onde não há diálogo ou sinais sonoros importantes. Para Silva [15], essa técnica é um tipo de tradução audiovisual que, por essa razão, pode ser considerada de tradução intersemiótica, onde o signo visual é transposto para o signo verbal.

Existe um número considerável de estudos a respeito da AD. Isso inclui relatórios e implementações práticas em diferentes países e continentes, como Bartolomé e Cabrera [10] na Espanha, Greening e Rolph [9] na Grã-bretanha, Seibel [14] na Alemanha, Orero [13] na Europa, dentre outros. No Brasil, a Lei nº 10.098 de dezembro de 2000 estabelece normas gerais e critérios básicos para a promoção da acessibilidade [4]. Além disso, o documento técnico nº 15.599 de 2008, definido pela Associação Brasileira de Normas Técnicas [1], fornece diretrizes para promover a acessibilidade na prestação de serviços, de maneira que sejam reduzidas as barreiras de comunicação existentes por meio do princípio da redundância.

Como recurso de acessibilidade, normalmente, a AD é elaborada por profissionais com habilidades específicas, conhecidos como audiodescritores. A função de um audiodescritor consiste em narrar os conteúdos visuais de maneira imparcial, ou seja, descrevendo apenas aquilo que está sendo visto, de maneira clara e coerente. Graciela Pozzobon explica em entrevista [4] que o papel do audiodescritor é ser uma ponte entre aquele evento e o sujeito cliente do serviço, onde são dados a estes os subsídios necessários e pertinentes à compreensão do evento.

Nesse contexto, a AD pode ser considerada como um recurso de acessibilidade essencial para as pessoas cegas ou com limitações na visão. Esse recurso permite não apenas o acesso à informação, mas, sobretudo, a promoção da igualdade social de todos.

3. SOLUÇÃO PROPOSTA

Há um grande número de aplicações e serviços cujo objetivo consiste em oferecer acesso à informação, promover o entretenimento e a disseminação da cultura, criar meios que facilitem a comunicação entre as pessoas, dentre outros. No entanto, essa ainda é uma realidade distante para as pessoas com deficiências sensoriais, isto é, pessoas com problemas de audição ou de visão.

Na Seção 1, foram apresentados alguns trabalhos [8], [11], [16] cujo objetivo principal é tentar reduzir as barreiras de acesso à informação das pessoas com deficiência visual. No entanto, embora esses trabalhos apresentem estratégias e tecnologias sofisticadas, existem algumas limitações que os tornam inviáveis em alguns ambientes, dado o alto custo operacional envolvido, por exemplo, além de pouco eficientes, quando não são exploradas as técnicas de *Text-to-Speech* (TTS) para a geração dos conteúdos acessíveis.

Nesse contexto, este artigo apresenta uma solução computacional capaz de gerar e distribuir conteúdos acessíveis para

---

[3]http://bit.ly/1XwEUIL

[4]http://bit.ly/1UVJixs

as pessoas cegas, ou com baixa visão, nos cinemas. Essa solução é uma extensão do trabalho publicado por Domingues et al. [7], onde o objetivo é gerar conteúdos acessíveis em Língua Brasileira de Sinais (LIBRAS) para pessoas surdas em salas de cinemas.

As Seções 3.1, 3.2 e 3.3 apresentam os principais aspectos da solução proposta. Na Seções 3.1 e 3.2 são apresentados o modelo conceitual e a arquitetura da solução, respectivamente. Na Seção 3.3, é apresentado o protocolo de comunicação da solução proposta com o sistema de controle e exibição de conteúdos da sala de cinema.

3.1 Modelo Conceitual da Solução

Uma sala de cinema digital possui dois ambientes principais: o ambiente de controle e o ambiente de exibição. O ambiente de controle agrega sistemas responsáveis pelo controle da reprodução das mídias de áudio e de vídeo. O ambiente de exibição consiste no espaço onde são distribuídos os sons e projetadas as imagens, assim como o ambiente onde os usuários se acomodam para acompanhar a exibição desses conteúdos. A Figura 1 ilustra a configuração desses dois ambientes.

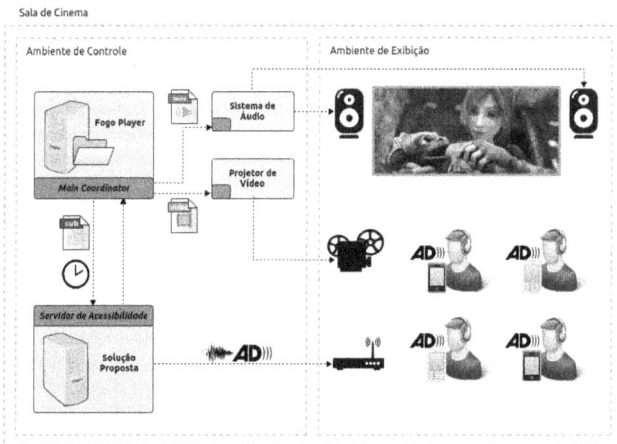

Figure 1: Modelo conceitual da solução proposta.

Conforme ilustrado na Figura 1, no ambiente de controle, o Fogo Player é o sistema responsável pelo controle da exibição das mídias do filme. Além disso, o Fogo Player também é responsável por controlar e fornecer os conteúdos e informações necessárias a solução proposta. O Fogo Player foi adotado como sistema de controle da sala de cinema em virtude da sua flexibilidade e por oferecer uma interface de comunicação simplificada com outros sistemas, que permite, dessa forma, agregar novas funções ao cinema, como a geração de conteúdos acessíveis, por exemplo. No entanto, como apresentado na Seção 3.3, a solução apresentada neste artigo é independente do sistema de controle das salas de cinema, uma vez que o protocolo de comunicação foi concebido para esse propósito. Maiores informações sobre o sistema do Fogo Player podem ser encontradas em Aquino Júnior et al. [3].

Os conteúdos solicitados ao Fogo Player pela solução proposta são os arquivos de legenda e de roteiro do filme. Esses arquivos são usados na geração das descrições das cenas, ou seja, para gerar um roteiro de AD. Esse processo de geração dos roteiros de AD é feito pela solução desenvolvida por Campos [5]. Na solução de Campos [5], os roteiros de AD possuem o formato de arquivo *SubRip Text* (SRT) e contêm três informações básicas: (1) índice da descrição; (2) instante de tempo de início e fim de cada descrição; e (3) descrição em formato texto das cenas. Mais informações sobre o processo de geração dos roteiros de AD podem ser encontradas em [5].

Além dos arquivos de legenda e de roteiro do filme, a solução proposta precisa de informações referentes ao tempo e de mensagens de controle, usadas para iniciar ou finalizar a distribuição dos conteúdos acessíveis. As informações de tempo são essenciais para manter ambos os sistemas coordenados, de modo que as trilhas acessíveis de AD possam ser sincronizadas com a exibição do filme. Essa sincronização é feita com base no cálculo do PTS (*Presentation Time Stamp*) de cada descrição presente no roteiro de AD e no tempo lógico da aplicação. É importante ressaltar que o sincronismo dos conteúdos é feito logo após ambos os sistemas concordarem com o mesmo tempo lógico.

A comunicação entre o player de cinema — nesse caso, o Fogo Player — e a solução proposta é feita através da permutação de mensagens. Essas mensagens seguem um conjunto de especificações definidas em um protocolo de comunicação, ou seja, a "gramática" da linguagem usada na comunicação. O protocolo de comunicação é apresentado em detalhes na Seção 3.3.

Com as trilhas de AD geradas, o processo de distribuição é feito por meio de uma rede local *Wireless Local Area Network* (WLAN), configurada com o padrão 802.11g definido pela IEEE. Isso permite que os conteúdos sejam recebidos por dispositivos móveis conectados na rede através de um *Access Point* (AP). Dessa forma, os usuários com deficiência visual podem receber as trilhas de AD e ter acesso ao conteúdo do filme.

Os detalhes do desenvolvimento da solução proposta neste artigo são apresentados na Seção 3.2, onde é mostrado o Sistema de Acessibilidade, os componentes de software responsáveis pela geração das trilhas de AD e a estratégia de distribuição desses conteúdos.

3.2 Sistema de Acessibilidade

O sistema de acessibilidade é a principal contribuição deste artigo. Esse sistema possui um conjunto de componentes de software agrupados e coordenados entre si. Esses componentes são responsáveis pela comunicação com o player de cinema, pela geração das trilhas de AD e pela distribuição desses conteúdos nas salas de cinema. A Figura 2 ilustra uma visão da arquitetura do Sistema de Acessibilidade.

De acordo com a arquitetura ilustrada na Figura 2, o Sistema de Acessibilidade é composto pelo módulos: Servidor de Acessibilidade; *Sob Demanda*; Controlador; Gerador de Conteúdos Acessíveis; e Distribuidor. O Servidor de Acessibilidade (discutido em detalhes na Seção 3.2.1) é o módulo responsável pela comunicação com o player de cinema, isto é, o Fogo Player.

O Controlador é responsável por encaminhar os conteúdos e as informações recebidas através do Servidor de Acessibilidade para os demais módulos do sistema. Além disso, o Controlador também tem a função de coordenar a execução e a comunicação entre todos os módulos, ou seja, o Controlador é o módulo articulador do processo de geração e distribuição dos conteúdos acessíveis.

No caso dos conteúdos acessíveis gerados anteriormente, por esta solução, por profissionais ou por meio de outras

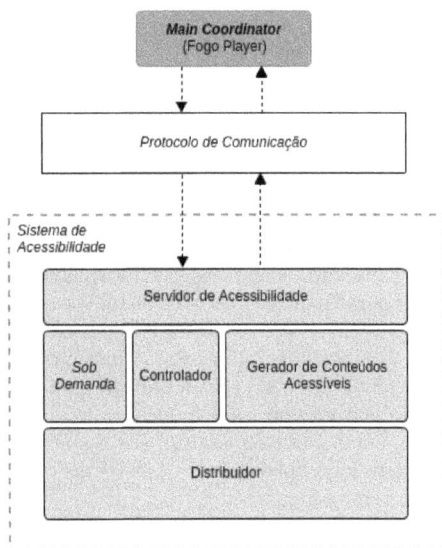

Figure 2: Arquitetura de alto nível do Sistema de Acessibilidade.

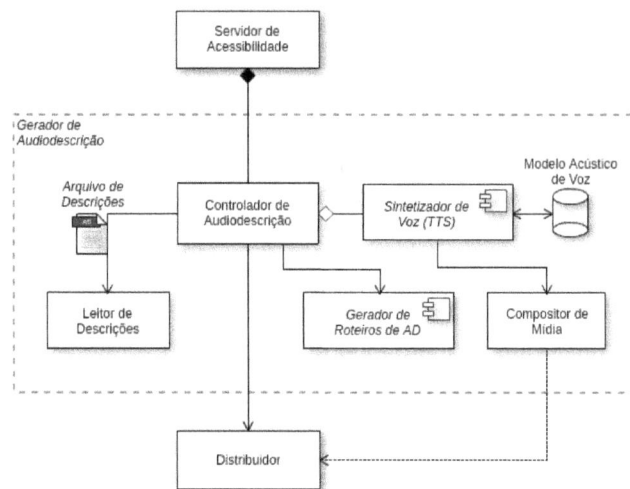

Figure 3: Arquitetura do módulo de geração dos conteúdos de AD.

ferramentas, é o módulo `Sob Demanda` o responsável por representar a entrada desses conteúdos. Para isso, o módulo `Sob Demanda` oferece mecanismos para gerenciar esses conteúdos produzidos e disponíveis nesta solução.

O `Gerador de Conteúdos Acessíveis` é o módulo responsável pela geração das trilhas acessíveis de AD. Dessa forma, para gerar esses conteúdos, são necessários os arquivos de legenda e do roteiro de produção do filme. Então, baseado nesses arquivos, é gerado um roteiro de AD usando a solução desenvolvida por Campos [5]. Dessa forma, com o roteiro de AD, são gerados os conteúdos com síntese de voz usando técnicas de *Text-to-Speech*. Os detalhes de implementação do `Gerador de Conteúdos Acessíveis` são apresentados na Seção 3.2.2.

Por fim, o `Distribuidor` é o módulo responsável pela transmissão das trilhas de AD para os dispositivos móveis conectados na aplicação. Além disso, o `Distribuidor` também tem a função de manter os dispositivos móveis sincronizados com o `Servidor de Acessibilidade`. Esse sincronismo é importante para garantir que os dispositivos estejam reproduzindo os conteúdos acessíveis sincronizados com o filme. Esse processo de sincronização entre o `Distribuidor` e os dispositivos é feito através do envio periódico de mensagens de controle. As técnicas de sincronismo e os detalhes de implementação do `Distribuidor` são apresentados na Seção 3.2.3.

3.2.1 Servidor de Acessibilidade

O `Servidor de Acessibilidade` é o módulo responsável por enviar e receber mensagens do player de cinema. Essas mensagens seguem as especificações definidas no `Protocolo de Comunicação` (abordado detalhadamente na Seção 3.3). Dentre os tipos de mensagens permutadas entre os dois sistemas, existem requisições para obter os arquivos de legenda, do roteiro de produção e das informações de referência de tempo. Além disso, essas mensagens são usadas pelo player de cinema para controlar a execução da solução proposta, onde são enviadas mensagens de início e fim.

Para receber essas mensagens, o `Servidor de Acessibilidade` oferece uma interface de comunicação. Essa interface é composta por um conjunto de *endpoints*. Nesse contexto, esses *endpoints* consistem em URLs de rede disponíveis para receber mensagens que estão, normalmente, relacionados a alguma funcionalidade do Web service. Por exemplo, as mensagens que indicam o início e o fim de uma sessão são recebidas pelos *endpoints*: "http://address/api/start" e "http://address/api/stop", respectivamente.

3.2.2 Gerador de Conteúdos Acessíveis

O `Gerador de Conteúdos Acessíveis` (ilustrado na Figura 2) é o módulo responsável por oferecer um conjunto de funcionalidades abstratas para serem implementadas por outros módulos, isto é, disponibiliza funções que podem ser extendidas por qualquer componente especialista que as implemente. Como exemplo de componentes especialistas, pode-se ter componentes de geração de conteudos em LIBRAS, legendas em formato de texto, conteúdos de AD, dentre outros. O componente `Gerador de Libras`, proposto por [7], publicado na 20ª edição do Webmedia em 2014, por exemplo, pode ser visto como uma implementação deste componente. Neste trabalho, portanto, foi desenvolvido o módulo `Gerador de Audiodescrição`, conforme arquitetura ilustrada na Figura 3.

Como ilustrado na Figura 3, o `Gerador de Audiodescrição` é composto por cinco componentes principais: (1) `Controlador de Audiodescrição`; (2) `Leitor de Descrições`; (3) `Sintetizador de Voz (TTS)`; (4) `Gerador de Roteiros de AD`; e (5) `Compositor de Mídia`. O `Controlador de Audiodescrição` tem a função de coordenar o processo de geração das trilhas de AD. Para isso, inicialmente, ao receber os arquivos de legenda e do roteiro de produção do filme, encaminha esses arquivos para o componente `Gerador de Roteiros de AD`[5], que após o processamento devolve um arquivo contendo as descrições em formato de texto e o tempo de apresentação associado a cada uma delas.

Dessa forma, com o roteiro de AD produzido, o compo-

---

[5]Para a geração dos roteiros de AD, foi utilizada a solução desenvolvida por [5].

nente `Leitor de Descrições` é responsável pela extração dos elementos[6] descritivos contidos neste arquivo. Então, à medida em que esses elementos vão sendo extraídos, são encaminhados para o componente `Sintetizador de Voz`. O `Sintetizador de Voz` utiliza um `Modelo Acústico de Voz` (ver Figura 3) humana para transformar o conteúdo de texto em áudio com voz sintética. Essa técnica é conhecida na literatura científica como *Text-to-Speech* (TTS). Para a implementação do `Sintetizador de Voz`, foi utilizada a biblioteca de TTS do *Ivona*[7].

Por fim, o componente `Compositor de Mídia` (Figura 4) recebe as amostras de voz geradas pelo `Sintetizador de Voz`, monta a trilha de AD e encaminha essa mídia para o `Distribuidor`. Os detalhes de implementação do `Distribuidor` são apresentados em detalhes na Seção 3.2.3.

3.2.3 Distribuidor

O `Distribuidor` (introduzido na Figura 2) é responsável pela transmissão das trilhas de AD nas salas de cinema. Uma visão de alto nível da arquitetura do `Distribuidor` é ilustrada na Figura 4.

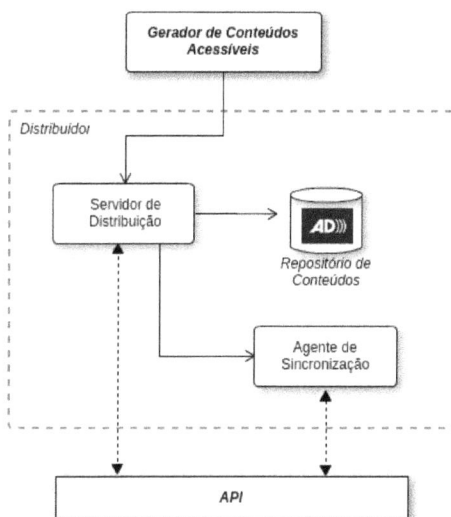

Figure 4: Arquitetura do Distribuidor de conteúdos.

Conforme mostrado na Figura 4, o `Distribuidor` possui quatro componentes principais: (1) `API`; (2) `Servidor de Distribuição`; (3) `Agente de Sincronização`; e (4) `Repositório de Conteúdos`. A API (*Application Programming Interface*) possui um conjunto de funções bem definidas que, como resultado, permite que os usuários tenham acesso aos conteúdos acessíveis de AD através dos dispositivos móveis.

Para receber os conteúdos acessíveis, as aplicações do lado cliente precisam enviar um identificador. Esse identificador é usado pelo servidor para direcionar o tipo de conteúdo acessível para o perfil do usuário do serviço. Essas requisições de registro são feitas através da função `/api/entry/:user`, definida na API de distribuição. Dessa forma, por exemplo, para que um usuário com deficiência visual receba os

conteúdos acessíveis da AD, é preciso que a aplicação envie o identificador "AD" na requição, da seguinte forma: `http://192.168.0.100:8000/api/entry/AD`.

A distribuição dos conteúdos é feita por meio do protocolo HTTP (*Hypertext Transfer Protocol*). O objetivo de usar o HTTP para fazer *streaming* dos conteúdos acessíveis é que há a possibilidade de quebrar o fluxo em pequenos segmentos de dados, o que torna o serviço flexível e adaptável. Em virtude disso, as aplicações dos clientes têm mais autonomia para gerenciar o *buffer* e, dessa forma, requisitar em qualquer momento novos segmentos de dados conforme necessidade.

A API de distribuição especifica as funções de acesso e o `Servidor de Distribuição` (ver Figura 4) é o componente que recebe e processa essas requisições. O `Servidor de Distribuição` é responsável por, dentre outras funções: gerenciar a lista de clientes conectados; direcionar os conteúdos acessíveis para cada perfil de cliente; enviar mensagens de controle para as aplicações, como "START", "STOP"; e remeter mensagens periódicas com informações de tempo para manter as aplicações sincronizadas.

O `Servidor de Distribuição` foi desenvolvido usando o *framework* `Node.js`[8]. O Node.js é uma plataforma que permite construir aplicações de rede escaláveis e de alto desempenho. A plataforma do Node.js utiliza um modelo orientado a operações de E/S não bloqueantes que, de acordo com especialistas, torna as aplicações mais leves e eficientes, ideal para sistemas distribuídos com tráfego intenso e de tempo real.

Outro componente importante observado na Figura 4 é o `Agente de Sincronização`. Esse componente é responsável por enviar mensagens, periodicamente, para os clientes conectados no servidor. O objetivo dessas mensagens é atualizar as aplicações quanto ao tempo atual de exibição dos conteúdos do filme. Isso possibilita que os clientes observem seu tempo corrente e ajustem a exibição dos conteúdos acessíveis caso haja alguma inconsistência entre o tempo local e o tempo do servidor. O método de ajuste de tempo e o envio de mensagens de sincronismo é ilustrado na Figura 5.

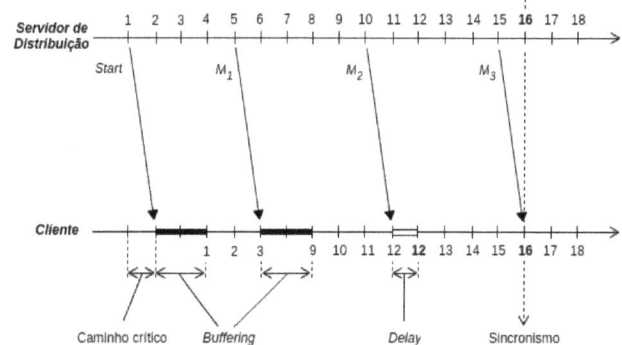

Figure 5: Diagrama de sincronização entre cliente e servidor.

Como observado na Figura 5, inicialmente, o `Servidor de Distribuição` envia uma mensagem (*Start*) notificando os clientes o início da exibição. O tempo que essa mensagem leva para chegar até o cliente, o qual é representado no diagrama como "Caminho crítico". Nesse caso, o caminho

---

[6]Nesse caso, cada elemento possui um contador numérico, que identifica as descrições de modo sequencial; um instante de tempo de entrada e de saída para cada elemento; e o texto descritivo da imagem relacionada.

[7]http://www.ivona.com/en

[8]https://nodejs.org

crítico representa um intervalo de tempo com algumas variações, que dependem de fatores como, por exemplo: adaptadores de rede; velocidade de transmissão; interferências no canal de comunicação; dentre outros. No entanto, para ilustrar o funcionamento do método de ajuste de relógio e da permutação de mensagens entre a aplicação cliente e o servidor, foi considerada uma unidade de tempo para representar esse intervalo.

Ao receber a mensagem notificando o início do sessão, o cliente então carrega uma quantidade de dados suficientes para reproduzir o conteúdo, ou seja, realiza o *Buffering*. Em seguida, após obter esses dados e estar pronto para reproduzir, observando o diagrama na Figura 5, nota-se que os relógios estão diferentes, isto é, não estão sincronizados. Então, para ajustar a reprodução dos conteúdos, o cliente deve efetuar o cálculo de deslocamento dado através da seguinte equação:

$$\theta = S' + 2 \cdot (S' - C'),$$

onde θ representa o tempo de deslocamento de tempo entre os relógios; o S' representa o tempo lógico do servidor; e o C' o tempo do cliente.

De acordo com o diagrama apresentado na Figura 5, as mensagens de sincronismo são denotadas pelo conjunto $T = \{M_1, M_2, M_3, ..., M_n\}$. Cada mensagem é responsável por carregar o tempo lógico atual do servidor. Dessa forma, como exemplo do cálculo de deslocamento, podemos considerar inicialmente o envio da mensagem M_1, que parte do servidor para o cliente. Quando a mensagem M_1 é enviada, o servidor está no tempo igual a 5. Ao chegar no cliente — considerando o caminho crítico — seu tempo lógico é igual a 3. Essa diferença pode variar bastante de dispositivo para dispositivo, pois depende de recursos de processamento, memória, hardware, dentre outros.

Assim que as informações de tempo são obtidas, o cliente então utiliza a função apresentada anteriormente para calcular o deslocamento. Ao substituir os valores na função, será obtido o valor 9. Esse valor indica que o cliente deve requisitar ao servidor os quadros do conteúdo referentes ao tempo a partir do instante 9. Dessa forma, após carregar quadros suficientes, é retomada a exibição no instante 9.

Após essa operação, é possível observar que o cliente agora está adiantado com relação ao tempo do servidor. Essa diferença é percebida quando o servidor envia a mensagem seguinte, M_2. Ao receber a mensagem M_2, o cliente nota que está no tempo 12, enquanto o servidor em 10. Nesse caso, o cálculo de ajuste é feito de maneira diferente, pois, como o custo de requisitar novos dados ao servidor é uma tarefa custosa, torna-se mais viável inserir atrasos até conseguir o sincronismo. O cálculo de ajuste de tempo nesse caso é dado através da função a seguir:

$$\sigma = 0.5 \cdot (|S'' - C''|),$$

onde σ é o tempo total de atraso calculado; S'' indica o tempo atual do servidor; e C'' o tempo do cliente.

Substituindo os valores na função, será encontrado o valor 1. Isso significa que o cliente deve introduzir um atraso de uma unidade. Esse procedimento pode ser visto na Figura 5 pelo indicador *Delay*. É possível que haja a necessidade de inserir novos atrasos em mensagens subsequentes, resultantes do ajuste contínuo até chegar o sincronismo. No entanto, é possível observar que o sincronismo foi alcançado

após receber a mensagem M_3. De maneira empírica, baseado apenas em testes analíticos, foi definido um limiar de diferença máxima de 300 ms (trezentos milisegundos), que para um vídeo codificado em 30 fps[9], a diferença não pode ser superior a 9 quadros.

Outro componente observado na Figura 5 é o *Repositório de Conteúdos*. O Repositório de Conteúdos, como o próprio nome sugere, consiste em um repositório cuja responsabilidade é armazenar as mídias acessíveis (isto é, os conteúdos de AD) geradas pela solução apresentada neste artigo.

Antes da etapa de geração dos conteúdos acessíveis, são necessários alguns conteúdos e informações do player de cinema. Dentre esses conteúdos, existem os arquivos de legenda e do roteiro de produção do filme; e das informações, relógio e eventos de controle. Dessa forma, para formalizar o acesso e a comunicabilidade, foi definido um protocolo de comunicação para ser utilizado entre a solução proposta e o player de cinema. Esse protocolo é apresentado em detalhes na Seção 3.3.

3.3 Protocolo de Comunicação

A comunicação entre a solução proposta e o player de cinema é feita através da troca de mensagens. O objetivo disso é possibilitar o envio de conteúdos e informações entre esses dois sistemas. A Tabela 1 apresenta a especificação das mensagens utilizadas nesta comunicação.

Table 1: **Especificação do Protocolo de Comunicação.**

REQUEST		RESPONSE	
IDENTITY	Solicita autenticação no player por meio do *Unique Identification* (UID) da aplicação	IDENTITY	Se a autenticação for realizada com sucesso, retorna OK, caso contrário, ERRO
CLOCK	Solicita o instante atual do player para o ajuste do relógio	PCR	Envia o Program Clock Reference (PCR) do player
SUB	Solicita os arquivos de legenda	SUB	Envia os arquivos de legenda
AD	Solicita os arquivos de Audiodescrição	AD	Envia os arquivos do roteiro de Audiodescrição
		INITIALIZE	Indica o início do filme
		FINALIZE	Indica que o filme foi encerrado

Observando a Tabela 1 é possível identificar que as mensagens estão agrupadas em duas categorias: *REQUEST* e *RESPONSE*. Cada mensagem *REQUEST* está relacionada a uma mensagem *RESPONSE*, exceto as mensagens *INITIALIZE* e *FINALIZE*, que são usadas pelo Fogo Player para notificar os eventos de início e de fim da exibição do filme.

Para esta versão da solução proposta, o `Protocolo de Comunicação` é essencial para a comunicação com player de cinema para obter as legendas e o roteiro do conteúdo.Além disso, outra vantagem é usar as informações de tempo do player para manter o sincronismo entre módulos de exibição e geração dos conteúdos acessíveis da solução proposta apresentada neste artigo.

4. RESULTADOS E DISCUSSÕES

Para avaliar os conteúdos de AD gerados pela solução proposta neste artigo, foram realizados testes de inteligibilidade

---

[9]*Frames per Second* — Quadros por Segundo.

envolvendo pessoas com deficiência visual (cegueira total ou parcial). Os testes foram realizados no Instituto dos Cegos da Paraíba. No total, 12 voluntários com deficiência visual participaram dos testes, onde, dentre esses, haviam 10 homens e 2 mulheres com idades entre 18 e 40 anos.

Com relação ao grau de visão, 4 afirmaram ser completamente cegos e 8 que tinham cegueira parcial. O nível de escolaridade dos voluntários também foi observado e, de acordo com a classificação, 16,67% ainda não tinham o ensino fundamental completo, 8,33% haviam concluído o ensino fundamental, 25% estavam com o ensino médio em andamento, 8,33% já tinham o ensino médio, 16,67% encontravam-se terminando o ensino superior, e 25% tinham o nível superior de ensino.

Divididos em dois grupos, os usuários foram convidados a assistir dois filmes curta-metragem (um do gênero comédia com duração de 5m:29s e outro do gênero drama com duração de 5m:43s) e um trecho de um longa-metragem (do gênero drama com duração de 01m:43s). A dinâmica dos testes foi que um grupo tivesse apenas o áudio original do filme e o outro grupo utilizando os recurso da AD gerada pela solução proposta.

À medida em que cada filme era exibido, os usuários foram convidados a responder um questionário com perguntas relacionadas ao conteúdo apresentado. A ideia foi observar o nível de compreensão dos deficientes com relação aos conteúdos do filme usando a abordagem investigada. Os vídeos utilizados nos testes e o questionário aplicado podem ser consultados em uma pasta compartilhada no Google Drive [10], conforme link disponível. O gráfico apresentado na Figura 6 mostra os resultados obtidos com esse experimento.

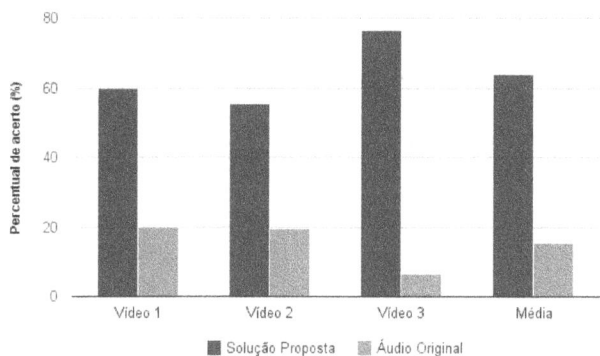

Figure 6: Resultado do nível de compreensão dos conteúdos apresentados.

De acordo com a Figura 6, os usuários que tiveram acesso ao filme apenas pelo áudio original, isto é, sem o recurso da AD, conseguiram 20%, 19,44% e 6,67% de acertos para os vídeos 1, 2 e 3, respectivamente, média de 15,37%. Em contrapartida, o percentual de acerto dos usuários que acompanharam o filme com o auxílio da AD gerada pela solução proposta foi superior. De acordo com os resultados, no primeiro filme, 60% das perguntas foram respondidas corretamente; no segundo, foram 55,56% de acertos; e, por fim, o terceiro com 76,67% de aproveitamento, média de 64,07%.

Outra questão importante investigada neste experimento foi o nível de dificuldade que os usuários tiveram para en-

[10]http://bit.ly/2bnikAp

tender os filmes com a AD gerada pela solução proposta e apenas com o áudio original do filme. O método utilizado para avaliar esse aspecto foi baseado em uma escala numérica de 1 a 6, onde 1 significa que houve muita dificuldade e 6 indica que foi muito fácil. A Figura 7 apresenta o resultado obtido nessa investigação.

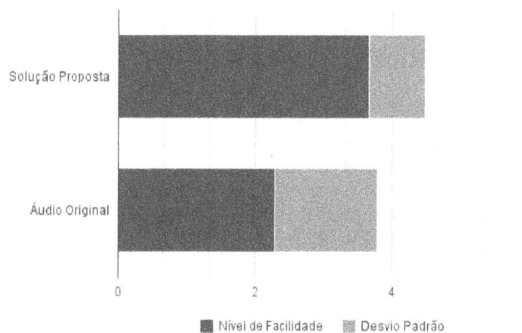

Figure 7: Facilidade de entendimento dos filmes.

Conforme o gráfico ilustrado na Figura 7, os usuários indicaram que, utilizando a AD gerada pela solução, foi mais fácil compreender o conteúdo dos filmes exibidos, média de 3,67 (61,17%) e desvio padrão de 0,81. Para o grupo que acompanhou os filmes utilizando apenas o áudio original dos filmes, a média do nível de facilidade foi de 2,3 (38,33%), com desvio padrão de 1,5.

O último ponto abordado nos testes foi com relação aos benefícios que a AD gerada por esta solução podem trazer para os deficientes visuais. Então, utilizando a mesma escala numérica de 1 a 6, os usuários indicaram o quanto esses recursos podem ser favoráveis para que pessoas com problemas na visão possam ter acesso às informações disponíveis em ambientes como os cinemas. A Figura 8 mostra o gráfico com o resultado dessa análise.

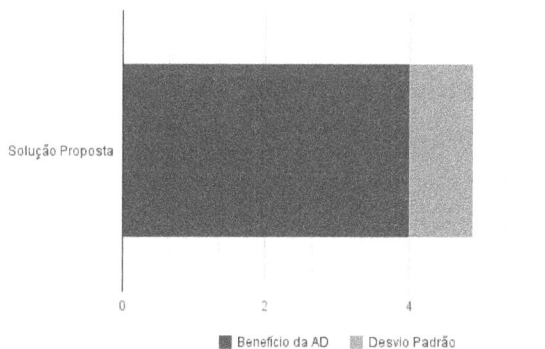

Figure 8: Benefícios da AD gerada pela solução na compreensão dos filmes.

De acordo com o gráfico ilustrado na Figura 8, é possível perceber que os deficientes visuais que participaram desse experimento responderam que a AD gerada pela solução proposta é capaz de auxiliar consideravelmente no entendimento dos conteúdos dos filmes. Isso pode ser observado através da média obtida nessa questão, que foi igual a 4 (66,67%) e desvio padrão de 0,89.

Por fim, com base nos resultados obtidos nos testes de inteligibilidade, é possível observar que, utilizando a solução proposta, os deficientes visuais tiveram um percentual de compreensão maior do que os deficientes que utilizaram apenas o áudio original do filme. Em virtude disso, é provável que a solução apresentada neste artigo seja útil para auxiliar usuários cegos (ou com grau elevado de deficiência visual) em salas de cinema.

5. CONSIDERAÇÕES FINAIS

Este artigo apresentou uma solução para viabilizar a participação de pessoas com deficiências visuais nos cinemas. A proposta é que conteúdos de AD sejam gerados automaticamente a partir dos arquivos de legenda e do roteiro de produção do filme e distribuídos dentro das salas de cinema, de modo que os usuários deficientes possam ter acesso à esses conteúdos usando dispositivos móveis. Dessa forma, é possível que esses usuários tenham condições de acompanhar e compreender o conteúdo do filme, uma vez que é disponibilizado o recurso da AD.

Para validar a solução proposta, foi desenvolvido um protótio da solução e realizado um conjunto de testes de inteligibilidade com usuários deficientes visuais. De acordo os resultados dos testes, foi verificado que o grupo de pessoas com deficiência visual que utilizou a solução proposta obteve um nível de compreensão dos conteúdos superior (64,07%) ao grupo que acompanhou o filme tenho como recurso apenas o áudio original (15,37%). Esses resultados evidenciam a viabilidade de utilização da solução proposta neste artigo para reduzir as barreiras de acesso à informação, à cultura e da integração social de modo geral das pessoas com deficiências visuais.

Por fim, como perspectiva de trabalhos futuros, pretende-se aprimorar a técnica de sincronismo e distribuição dos conteúdos acessíveis apresentadas neste artigo, de modo que outras estratégias possam ser comparadas e, dessa forma, escolhida a que melhor apresente eficiência para este cenário. Além disso, é imprescindível a realização de novos testes com usuários cegos para validar as melhorias aplicadas na solução proposta apresentada neste artigo.

6. AGRADECIMENTOS

Inicialmente, os agradecimentos são direcionados a Lukasz Strenk e a Piotr Syrokwarz, que em nome da companhia Ivona[11], conceberam uma licença de uso da ferramenta TTS para a construção do protótipo da solução proposta neste trabalho. Em seguida, os agradecimentos são para os coordenadores do Instituto dos Cegos da Paraíba, que foram bastante solidários e ajudaram na realização dos testes com os deficientes visuais. Por fim, um agradecimento especial ao LAViD pelo suporte em todas as fases deste trabalho.

7. REFERÊNCIAS

[1] ABNT. NBR 15599: Acessibilidade - comunicação na prestação de serviços. http://bit.ly/1WX05UC, 2008. Acessado em Junho de 2016.

[2] Ancine - Agência Nacional do Cinema. Taxas de crescimento do mercado de cinema de 2015 são as maiores dos últimos cinco anos. http://bit.ly/264yEx3, jan 2016. Acessado em Junho de 2016.

[3] L. L. Aquino Júnior, R. Gomes, M. G. Neto, A. Duarte, R. Costa, and G. L. S. Filho. A software-based solution for distributing and displaying 3D UHD films. *IEEE Computer Society*, pages 60–68, 2013.

[4] Brasil. Lei n. 10.098/2000. http://bit.ly/1eaSigz, 2000. Acessado em Dezembro de 2014.

[5] V. P. Campos, T. M. U. Araújo, and G. L. Souza Filho. Cinead: Um sistema de geração automática de roteiros de audiodescrição. João Pessoa, Paraíba, 2014. WebMedia'14. 20th Brazilian Symposium on Multimedia and the Web.

[6] J. Diaz Cintas. Audiovisual translation today: a question of accessibility for all. *Translating Today*, (4):3–5, 2005.

[7] L. A. Domingues, F. L. S. Ferreira, T. M. U. Araújo, M. S. Neto, L. A. Júnior, G. L. S. Filho, and F. H. Lemos. Cinelibras: A proposal for automatic generation and distribution of windows of libras on the cinema rooms. In *Proceedings of the 20th Brazilian Symposium on Multimedia and the Web*, WebMedia '14, pages 83–90, New York, NY, USA, 2014. ACM.

[8] B. Encelle, M. O. Beldame, and Y. Prié. Towards the usage of pauses in audio-described videos. In *Proceedings of the 10th International Cross-Disciplinary Conference on Web Accessibility*, W4A '13, pages 31:1–31:4, New York, NY, USA, 2013. ACM.

[9] J. Greening and D. Rolph. *Accessibility: raising awareness of audio description in the UK*, volume 30, pages 127–138. In Díaz Cintas et al. (Eds.), 3 edition, 1 2007.

[10] A. I. Hernández-Bartolomé and G. Mendiluce-Cabrera. Audesc: Translating images into words for spanish visually impaired people. *Meta: Journal des traducteurs*, 49(2):264–277, 2004.

[11] M. Kobayashi, T. Nagano, K. Fukuda, and H. Takagi. Describing online videos with text-to-speech narration. In *Proceedings of the 2010 International Cross Disciplinary Conference on Web Accessibility (W4A)*, W4A '10, pages 29:1–29:2, New York, NY, USA, 2010. ACM.

[12] J. Lakritz and A. Salway. The semi-automatic generation of audio description. Technical report, University of Surrey, Departament of Computing, 2002.

[13] P. Orero. *Sampling audio description in Europe*, volume 30, pages 111–125. In Díaz Cintas et al. (Eds.), 3 edition, 1 2007.

[14] C. Seibel. *La audiodescripción en Alemania*, volume 30, pages 167–178. In Catalina Jiménez Hurtado (Ed.), 3 edition, 1 2007.

[15] M. C. C. Silva. Com os olhos do coração: estudo acerca da audiodescrição de desenhos animados para o público infantil. Dissertação de mestrado, Universidade Federal da Bahia - UFBA, 2009.

[16] Whatscine. Empowering theatres. http://www.whatscine.es/accesibilidad.html, 2015. Acessado em Janeiro de 2015.

---

[11]http://www.ivona.com

Animated Words Clouds to View and Extract Knowledge from Textual Information

Felicia De Lucia Castillo
Universidade Federal do Espírito Santo
Av. Fernando Ferrari, 514 -
Goiabeiras, 29075-910
Vitória-ES, Brasil
feldlucyca@gmail.com

Jessica Oliveira Brito
Universidade Federal do Espírito Santo
Av. Fernando Ferrari, 514 -
Goiabeiras, 29075-910
Vitória-ES, Brasil
jobrito@inf.ufes.br

Celso A. S. Santos
Universidade Federal do Espírito Santo
Av. Fernando Ferrari, 514 -
Goiabeiras, 29075-910
Vitória-ES, Brasil
saibel@inf.ufes.br

ABSTRACT

The presentation of information is a very important part of the comprehension of the whole. Therefore, the chosen visualization technique should be compatible with the content to be presented. An easy and fast visualization of the subjects developed by a research group, during certain periods, requires a dynamic visualization technique such as the Animated Word Cloud. With this technique, we were able to use the titles of bibliographic publications of researchers to present, in a clear and straightforward manner, information that is not easily evident just by reading its title. The synchronization of the videos generated from the Animated Word Clouds allows a deeper analysis, a quick and intuitive observation, and the perception of information presented simultaneously.

Keywords

Visualization; Word Cloud; Pivot Charts; Animated Word Cloud; Synchronization.

1. INTRODUÇÃO

A Visualização de Informação pode ser tratada como um campo de conhecimento bem estabelecido, sendo associada ao uso de representações visuais interativas de dados abstratos, não físicos, para expandir o conhecimento [1][2]. A Visualização de Informação é uma tecnologia plural que consiste em transformar dados em informação semântica ou em criar ferramentas para que qualquer pessoa possa completar tal processamento, baseado na combinação de sinais de natureza icônica (figurativos) com outros de natureza arbitrária e abstrata (não figurativos, tais como textos, estatísticas, entre outros) [3]. Assim, a Visualização de Informação é caracterizada por transformar dados brutos em informações relevantes, permitindo que os usuários interajam, transformem e interpretem essas informações e adquiram conhecimento sobre os dados a partir dessas ações. Ela surge em resposta à procura de abordagens que favoreçam a análise e compreensão dos dados abstratos através da utilização da computação gráfica interativa e o uso de técnicas de visualização [4][5].

WebMedia'16, November 08-11, 2016, Teresina, PI, Brazil
© 2016 ACM. ISBN 978-1-4503-4512-5/16/11...$15.00
DOI: http://dx.doi.org/10.1145/2976796.2976848

Para muitos usuários, selecionar, processar, analisar e visualizar coleções de textos é uma atividade necessária, mas acaba se tornando árdua devido à quantidade excessiva de informação manipulada. Isso exige a criação de novas técnicas de visualização para esse tipo de informação. Em muitos casos, a apresentação de informações é um fator crucial para que o usuário tenha um bom entendimento das informações apresentadas [5].

Buscando solucionar o problema anterior, este trabalho apresenta uma nova forma de Visualização de Informação, gerada a partir de dados textuais e que permite detectar padrões, comportamentos e evidências a partir do dinamismo na apresentação visual das informações. O objetivo é ampliar a possibilidade de que fatos escondidos sejam descobertos e melhorar a forma de examinar e compreender informações textuais.

A solução proposta, denominada Nuvem de Palavras Animada, permite a visualização dinâmica de termos de um repositório de textos, dentro de intervalos de tempo, revelando informações que poderiam não ser evidentes se apenas a análise estática de termos presentes nos textos fosse realizada. Além disso, nuvens podem ser sincronizadas de maneira simples, evidenciando outras características "escondidas" nos repositórios analisados. Alguns experimentos foram realizados sobre uma base de dados real, contendo informações das publicações de um grupo de pesquisadores, para permitir uma avaliação inicial das possibilidades da proposta na descoberta de conhecimento.

O texto foi estruturado em 6 seções. A seção 2 traz alguns trabalhos relacionados, seguida da seção que trata da visualização de informações e suas técnicas. A seção 4 descreve a técnica Nuvem de Palavras Animada, o processo de desenvolvimento e os resultados obtidos usando essa técnica. A seção 5 apresenta as conclusões e os trabalhos futuros, seguida pelas referências.

2. TRABALHOS RELACIONADOS

Atualmente, existem diversas ferramentas disponíveis para a análise e visualização de dados textuais. Essas ferramentas possibilitam desde a obtenção de informações simples sobre um texto, até a identificação de padrões e tendências que levam a *insights* significativos [6].

Uma das ferramentas mais conhecidas para visualização de dados é o *Many Eyes* [7]. Trata-se de uma ferramenta colaborativa, lançada em 2007 e desenvolvida por um grupo de pesquisa da empresa IBM[1], criado por M. Wattenberg no ano 2004. *Many Eyes* permite que os usuários façam o *upload* de dados e criem diversas visualizações a partir deles. Um dos seus principais

---

[1] http://manyeyes.alphaworks.ibm.com/manyeyes/

objetivos é tentar transformar a informação em gráficos, de modo que certos conhecimentos sejam disponibilizados para todas as pessoas. Entre as muitas técnicas de Visualização de Informação que o *Many Eyes* disponibiliza está a *Tag Cloud*. Essa forma de visualização foi incluída para atender aos usuários que tinham dados não estruturados como entrada e queriam contar a frequência de palavras. Os criadores notaram que as nuvens de palavras atraíam um novo tipo de usuário, mais interessados em dados textuais que em dados numéricos [7].

Tagul[2] é uma conhecida ferramenta para criar nuvens de palavras que funciona online, sem a necessidade de instalar nenhum *software* no computador [8]. As nuvens de palavras criadas com Tagul têm interatividade e uma função interessante que adiciona um hiperlink para cada palavra; é uma ferramenta muito útil neste contexto.

Criada por P. Steinweber e A. Koller, a *Similar Diversity*[3] é outra técnica de visualização para textos. Ela foi utilizada para mostrar as similaridades e diferenças entre cinco livros sagrados de diferentes religiões. A representação gráfica é feita a partir da contagem de todas as palavras dos livros, sendo criados grandes arcos visuais em torno das 40 principais palavras mais frequentes. De acordo com essa técnica, os nomes que têm um papel importante em vários livros se mostram maiores. A partir das principais palavras, um gráfico de barras com as palavras já filtradas é gerado, associando os verbos aos personagens principais. O tamanho das letras dos verbos indica a frequência dessas atividades nos livros.

ZingChart[4] é uma biblioteca *opensource* desenvolvida em *JavaScript* para o HTML5 que permite criar gráficos interativos com o objetivo de apoiar a visualização de informação por meio de diversas técnicas. Essa biblioteca tem como objetivo ser flexível, interativa, rápida e escalável. O *ZingChart* permite criar uma nuvem de palavras clássica a partir de um conjunto de dados fornecidos em formato de texto e essa técnica foi utilizada para a filtragem dos dados de entrada em nosso trabalho.

WordSwarm[5] é um projeto desenvolvido em *Python*, de código aberto, licenciado com GPLv3 e disponível para utilização. Ele foi originalmente concebido para analisar as tendências de variação na área financeira, interesses científicos e nomes populares em um intervalo de tempo. Entretanto, o projeto, desenvolvido por M. Kane, acabou sendo usado com sucesso para gerar visualizações dinâmicas de temas de interesse a partir da frequência das palavras presentes em periódicos. Por ser um projeto tão interessante, o autor foi contatado pelos autores, permitindo o uso da biblioteca e auxiliando no desenvolvimento dos experimentos apresentados neste artigo.

Pygame[6] consiste em um conjunto de módulos *Python*, os quais permitem a criação de aplicações multimídia ou interfaces gráficas com animações. É também muitas vezes usado para criar jogos em duas dimensões de uma forma simples. As animações criadas para as nuvens de palavras utilizadas neste trabalho foram baseadas nos módulos *Pygame*.

---

[2] http://tagul.com

[3] http://similardiversity.net/project/

[4] https://www.zingchart.com/about-us/

[5] http://www.thisismikekane.com/proj_wordswarm.php?filter=

[6] http://www.pygame.org/hifi.html

GlobeMash é uma aplicação Web que permite ao usuário fazer pesquisas em um conjunto de repositórios da iniciativa GLOBE (*Global Learning Objects Brokered Exchange*), que visa a troca de recursos de aprendizagem em escala mundial. Essa aplicação desenvolve uma visualização a partir do histórico de busca, usando as palavras-chave buscadas pelos usuários. A visualização na aplicação é composta de duas partes sincronizadas: (i) nuvem de palavras e (ii) linha do tempo. A localização da palavra é definida em um sistema de coordenadas que usa como critérios o número de vezes que uma palavra foi pesquisada e o número de repositórios onde a palavra pode ser encontrada. A palavra é colocada dentro de um círculo, onde o raio é calculado com base na frequência da palavra nas pesquisas. A linha do tempo usa dias, meses e anos como escalas. Além disso, o usuário pode definir um intervalo de tempo para ser visualizado manipulando a nuvem de palavras [9][10].

3. VISUALIZAÇÃO DE INFORMAÇÃO

A visualização de informação pode ser vista como uma representação visual que visa transformar dados simples em informação [2]. O seu principal objetivo é transmitir as informações ao usuário de forma clara e eficaz por meio de componentes gráficos. Para expressar o conhecimento de forma eficaz, tanto a dimensão funcional quanto a estética devem trabalhar em conjunto [11].

A visualização de informação é especialmente útil para permitir uma análise rápida de uma situação específica, tendo, como entrada, grandes quantidades de informação. Um exemplo prático desse tipo de situação, que exige uma análise e uma tomada de decisão rápida, é a ocorrência de um desastre natural [12].

O desenho adequado de ferramentas de visualização simplifica a busca de informações, melhora as chances de detecção de padrões, aumenta os recursos acessíveis por usuários, entre outras vantagens [2]. Assim, contribuir para a área de visualização de informação significa criar uma representação visual inovadora que seja compreensível e que gere conhecimento para o usuário [3].

3.1 Técnicas de Visualização de Informações

As técnicas de Visualização de Informação são utilizadas para aproveitar a capacidade humana de extrair padrões a partir de imagens e ajudá-los a compreender de maneira mais rápida esses padrões. Na busca do conhecimento em grandes coleções de informação, essas técnicas permitem capturar estruturas intelectuais percebidas em um domínio de conhecimento específico [13]. Elas também podem ressaltar características importantes de um conjunto de informações, transformando dados abstratos em formas visuais. Por exemplo, milhares de imagens extraídas da rede social *Instagram* poderiam ser organizadas em mosaicos ou em grafos a partir de suas características de cor, brilho e saturação, para possibilitar a percepção de padrões visuais e a análise do que estas imagens poderiam representar [14]. O uso de diferentes objetos sincronizados e arranjados por meio de diferentes formas numa tela também é bastante útil no processo de extração de conhecimento a partir da visualização dos dados [15].

3.2 Visualização de Textos

A quantidade de informações a que temos acesso cresce a cada dia e a maioria desta informação está em formato de texto [5]. Um texto é um dado sequencial e classificado como unidimensional [16]. Por outro lado, os textos podem apresentar um conteúdo subjetivo e uma estrutura abstrata, o que torna difícil a análise e a extração de conhecimento.

F. Viegas e M. Wattenberg relataram, há alguns anos, em uma entrevista a J. Heer, que uma das coisas que achavam realmente promissoras era a visualização de textos [17]. Até aquela época, o texto vinha sendo ignorado em termos de ferramentas de visualização de informações, apesar de uma grande quantidade de informação importante existir em formato de texto [17]. Mais recentemente, a explosão das redes sociais e dos conteúdos produzidos e compartilhados pelos usuários finais, por meio de *tweets* e *posts* no *Facebook*, atraíram a atenção de pesquisas envolvendo toda a cadeia relacionada à captura, processamento e visualização de informações textuais [18] [19].

O objetivo da análise de texto (ou mineração de texto [20]) é detectar uma informação que esteja representada num texto, mas que como é desconhecida até então, já que não pôde ser efetivamente descrita [21]. Portanto, a visualização de texto leva à compreensão do texto de uma forma diferente, em uma dinâmica mais interativa, modificando o conteúdo original, que é convertido num conjunto de informações não estruturadas.

Em geral, a informação textual bruta não é usada diretamente para a visualização. Ela é, de fato, quebrada em porções menores e representativas do texto a partir de um processo de transformação. Este processo pode ser feito, por exemplo, a partir de uma redução do texto, transformando-o em uma lista de palavras ordenadas de acordo com a sua frequência [5]. Esta lista ordenada pode ser então trabalhada e representada em uma forma gráfica, tornando os textos utilizáveis, interativos e mais facilmente perceptíveis para a análise visual. Um exemplo de representação gráfica usual é a Nuvem de Palavras.

3.3 A Nuvem de Palavras

A Nuvem de Palavras (*Word Cloud*) ou Nuvem de *Tags* (*Tag Cloud*) é uma combinação de vários tamanhos de fonte diferentes em uma única visualização, tendo os seus primeiros indícios há 90 anos, na era do construtivismo soviético [6]. Além do estilo visual, uma Nuvem de Palavras normalmente tem uma finalidade específica: apresentar uma descrição visual de uma coleção de dados textuais [6][7][22].

A Nuvem de Palavras pode ser utilizada para fins analíticos, comunicar padrões de textos e apresentar retratos das pessoas individualmente. Essa técnica de visualização é bem flexível, podendo processar grandes quantidades de texto, com qualquer que seja o tema, e resultar rapidamente uma visão geral dos termos mais relevantes. Além disso, pode ser adaptada em análises formais ou informais. A crescente demanda das Nuvens de Palavras indica a necessidade do usuário em visualizar uma importante classe de dados: o texto não estruturado [6][23].

4. A NUVEM DE PALAVRAS ANIMADA

A Nuvem de Palavras representa uma técnica de visualização muito versátil, com diferentes aplicações. Por exemplo, ela pode ser utilizada em periódicos e revistas para apresentar debates políticos de candidatos presidenciais ou para retratar os comentários dos cidadãos sobre as reformas de saúde [24].

A representação visual em nuvem de palavras serve principalmente para identificar as palavras mais utilizadas em um texto, conhecer os conceitos enfatizados e para analisar a densidade dessas palavras-chave identificadas. Ela fornece um elemento gráfico tipográfico atraente que apresenta uma característica que a distingue das demais: o texto não precisa ser estruturado, sendo possível compreender as informações com uma simples visão geral.

Na Nuvem de Palavras Animada, as informações textuais são apresentadas de maneira dinâmica e diferente, de acordo com algum atributo temporal dos dados. Neste sentido, partindo-se, por exemplo, de um repositório de artigos, a técnica permitiria visualizar a evolução de temas de pesquisa com o tempo ou detectar um tema de pesquisa que se mantém consistente durante um intervalo de tempo.

Neste artigo, a ideia da Nuvem de Palavras Animada foi aplicada para apresentar informações sobre a produção técnica associada a um grupo de pesquisadores de um programa de pós-graduação, tendo como base a variação de frequência de palavras-chave dos títulos das publicações produzidas por seus docentes. A técnica de visualização utiliza as diferenças de tamanho do texto para evidenciar a quantidade de trabalhos produzidos sobre um determinado tema em determinado instante e a animação destes tamanhos para evidenciar o momento do surgimento, a manutenção da relevância ou o esgotamento de um tema nas pesquisas do grupo.

Construir essa Nuvem de Palavras Animada apresenta uma série de desafios, dentre os quais: (i) entender quais informações podem ser acompanhadas; (ii) entender o significado que é atribuído às mudanças observadas no intervalo de tempo apresentado e (iii) como interpretar a dinâmica das informações apresentadas.

4.1 Sincronização de Nuvens Animadas

O conceito de sincronização multimídia (áudio e vídeo) está associado à apresentação de múltiplos conteúdos de forma coerente e orquestrado sobre uma plataforma. Assim como os gráficos, o uso de animações para a visualização de dados oferece uma representação útil para a análise da variação das informações com relação à dimensão temporal.

A apresentação em sincronia de várias Nuvens de Palavras Animadas permite observar, rápida e intuitivamente, correlações e padrões temporais entre as informações apresentadas de maneira simultânea. As evidências encontradas servem de base para uma análise mais aprofundada da base de dados nos instantes ou períodos precisos que foram identificados durante o processo de visualização sincronizada das informações. A análise aprofundada dos dados em períodos específicos limita o espaço de busca, facilitando a extração de conhecimento.

Em nosso estudo, a sincronização das nuvens de palavras permite observar, entre outras coisas, o comportamento das publicações em um grupo com relação aos outros, os períodos em que os grupos publicam pouco ou nos quais ocorre desbalanceamento da produção entre os grupos, além de instantes de mudança no perfil das publicações de um grupo e coincidências entre os temas pesquisados pelos diferentes grupos em certos períodos.

4.2 Método de Obtenção de Dados

As informações sobre as publicações do grupo de pesquisadores considerado neste artigo foram obtidas diretamente da plataforma CNPq-Lattes[7]. A ideia inicial foi fazer *Web Scraping* [25] na base do Lattes, mas como a plataforma começou, recentemente, a aplicar o controle de acesso com o uso de um *Captcha*, a solução encontrada foi acessar, de forma individual, cada currículo e realizar o *download* do arquivo XML correspondente, de forma manual e colaborativa.

Para o armazenamento dos dados, foi desenvolvido um programa, a fim de gerenciar os dados obtidos (em XML) do Lattes, em um

---

[7] http://lattes.cnpq.br

banco de dados MySQL. Esse programa interpreta a estrutura dos arquivos XML, coleta a informação selecionada, faz a conexão com a base de dados e armazena, nessa base, os dados de produção bibliográfica do grupo de pesquisadores considerado. A base de dados armazena todos os dados das publicações bibliográficas de cada pesquisador: Artigos em periódicos, Livros e Capítulos de Livros e Trabalhos, completos e resumos, em Anais de Congressos. Especificamente, os dados utilizados para gerar as Nuvens de Palavras nos experimentos descritos neste artigo foram: o título da publicação, o ano no qual foi publicada, o grupo de pesquisa e a qual autor a publicação pertence.

4.3 O Método de Geração da Visualização

A biblioteca *ZingChart* (ver seção 2) foi utilizada para gerar uma Nuvem de Palavras principal, estática, que faz a filtragem da informação para cada grupo de pesquisa do programa de estudo por ano. Como saída, a biblioteca oferece uma imagem da Nuvem de Palavras, além de arquivos PDF e outros formatos. A *ZingChart* gera a quantidade de vezes que uma palavra aparece em uma publicação, indicando assim sua relevância. O processo também exclui as palavras cujas ocorrências devem ser desconsideradas (as chamadas *stop words*): *of*, *the*, *if*, a, e, o, do, das, no, nas, etc.

A partir destes dados e considerando as palavras que tem incidência maior ou igual a dois, foi possível gerar um arquivo CSV contendo as palavras da nuvem e o número de ocorrência de cada uma delas por ano. Este arquivo é utilizado como entrada para a segunda parte do processo proposto que era a animação das palavras na nuvem.

O componente responsável pela animação das palavras na solução proposta é baseado na plataforma *WordSwarm* (ver seção 2). A *WordSwarm* foi criada para realizar um *Web Scraping* diretamente de um *website* e extrair as informações relevantes, posteriormente gerando um arquivo CSV com a filtragem da informação. Como não precisamos realizar esse processo, o código da aplicação original foi modificado para permitir que a entrada do programa para fazer a criação da animação fosse o arquivo CSV gerado anteriormente com o ZingChart. Entre outras vantagens, esta estratégia permite reduzir bastante o tempo de processamento das informações e codificação dos vídeos com as animações, uma vez que o ZingChart faz todo o trabalho de filtragem das informações irrelevantes para a análise. Na solução original, todo esse trabalho anterior à geração da animação seria realizado pela plataforma *WordSwarm*.

O arquivo CSV foi manipulado a partir da biblioteca *PyGame*, que é encarregada de criar as animações em Python. Em seguida, são gerados vários frames pertencentes à animação final, mas que não podem ser manipulados pela biblioteca. Os frames são gerados em formato PNG com dimensões de até 1920 x 1080 (*full HD*). Eles são posteriormente convertidos em um arquivo de vídeo codificado em H.264 com o uso do FFmpeg[8]. O processo completo utilizado na nossa abordagem é mostrado na Figura 1.

O vídeo gerado ao fim do processo apresenta as características das pesquisas realizadas por um grupo ao longo dos anos. De forma simples e intuitiva, é possível se observar, por exemplo, os temas mais pesquisados em um determinado ano, assim como as evoluções e consolidações dos temas pesquisados.

A técnica de Nuvem de Palavras utilizada comumente só apresenta uma espécie de fotografia dos dados em um momento

determinado, mas não a dinâmica desses dados. É exatamente para cobrir essa lacuna que nossa técnica é utilizada. Além disso, é possível aplicar a sincronização de vídeos relacionados a um mesmo período para evidenciar correlações entre os dados que poderiam estar escondidas quando apenas a visualização instantânea das Nuvens de Palavras é utilizada.

A fim de facilitar a visualização de informações associadas a várias nuvens de palavras animadas, foi desenvolvida uma aplicação Web em HTML5, para construir um mosaico da apresentação dos vídeos obtidos no processo da Figura 1. Esta estratégia permite revelar correlações temporais entres as informações apresentadas de forma simultânea na tela. Para isso, é necessário que todos os vídeos do mosaico estejam em sincronia. A aplicação HTML5 desenvolvida tem esse propósito e permite controlar a apresentação de todos os vídeos do mosaico por meio de uma única *timeline*. Como os vídeos foram gerados seguindo o mesmo processo, possuem a mesma duração (associada ao intervalo de tempo considerado nos experimentos de 1995 a 2015) e com a mesma taxa e quantidade de *frames*, não foi necessário nenhum controle extra para que os vídeos mantivessem uma sincronização perfeita quando apresentados ao simultaneamente.

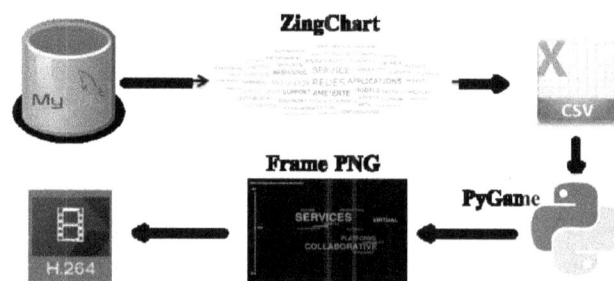

Figura 1. Processo de criação da animação.

4.4 Visualização dos Resultados e Extração de Conhecimento

No caso do primeiro grupo de pesquisa selecionado, verificamos que vários temas foram pesquisados ao longo dos anos, mas sem uma definição clara de um assunto principal que centralizasse a atenção de todas as pesquisas do grupo. Um dos temas de pesquisa relevantes para esse grupo foi *Multimedia*. A primeira menção ao termo foi no ano 1995 (Figura 2), com bastante relevância, mas também se pode observar que poucos temas foram trabalhados naquele momento. No ano 2002 (Figura 3) o tema continua sendo trabalhado, porém, com um nível de relevância similar a outros do mesmo grupo. Continuou sendo pesquisado no ano 2003 (Figura 4), mas com relevância bem menor que outros temas ("*Service*", "*Platform*" e "*Collaborative*") do grupo. Sua evolução continua e no ano 2008 (Figura 5), volta a ser um dos principais temas de pesquisa e, embora ainda estando presente na nuvem no ano 2010, já não aparece como um dos principais temas de pesquisa do grupo (Figura 6). No ano 2015, o termo não está dentro das pesquisas mais relevantes do grupo, conforme pode ser visto na Figura 7. Além da evolução do tema *Multimedia*, foi possível observar outros temas também desenvolvidos nesses anos, tais como: *Collaborative*, *Service*, Ginga, *Architecture*, *Networks*, *Platform*, *Smartphones*, entre outros. Estes temas caracterizam as pesquisas realizadas pelo grupo no intervalo temporal considerado.

---

[8] http://www.ffmpeg.org/

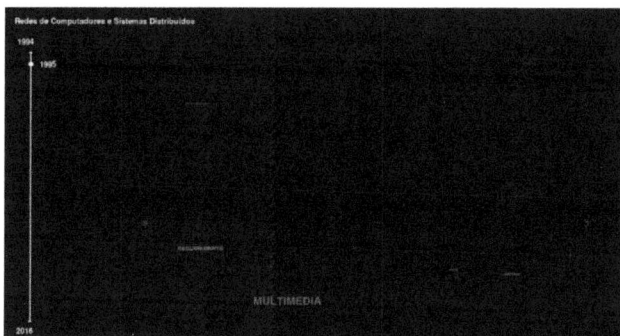

Figura 2. Tema *Multimedia* no ano 1995.

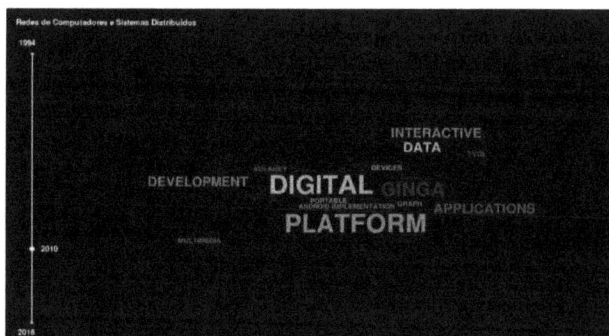

Figura 3. Tema *Multimedia* no ano 2002.

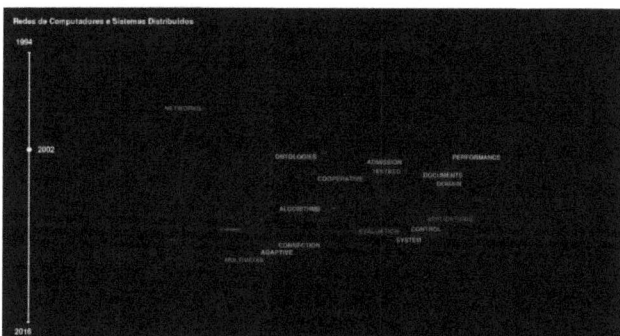

Figura 4. Tema *Multimedia* no ano 2003.

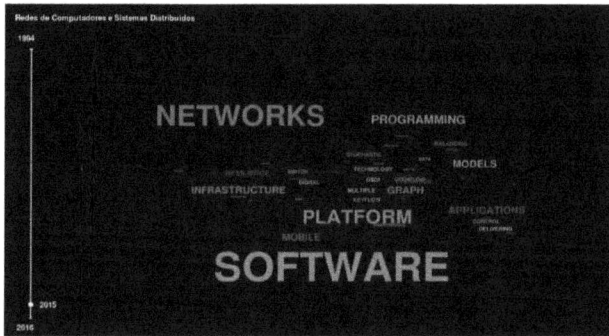

Figura 5. Tema *Multimedia* no ano 2008.

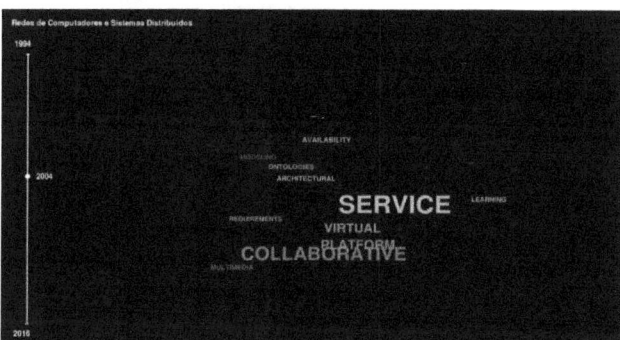

Figura 6. Tema *Multimedia* no ano 2010.

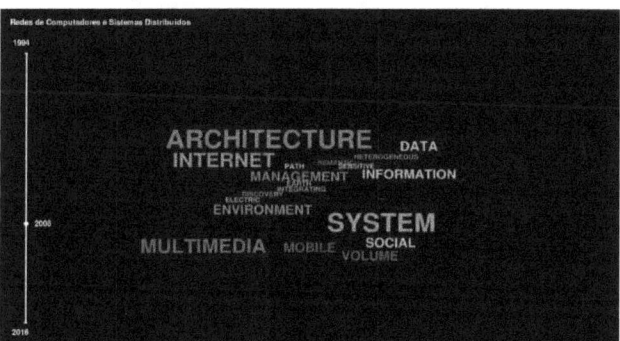

Figura 7. Tema *Multimedia* no ano 2015.

No caso do segundo grupo de pesquisa selecionado, de maneira geral, podemos observar que seus temas de pesquisa estão relacionados com: *Learning*, *Ontology*, *Software*, *Knowledge*, entre outros. Um dos temas mais expressivos é *Learning*, que permanece sendo apresentado em quase todos os anos da visualização, acompanhado de outras pesquisas. Esse fato indica uma consolidação do tema nesse grupo de pesquisa, uma vez que ele se mantém relevante durante todos os anos considerados no estudo. A primeira aparição foi no ano 1999 (Figura 8) destacando-se em relação aos outros temas, durante o ano 2000 (Figura 9) também foi pesquisado. Assim como os temas *Knowledge* e *Software* que foram importantes no ano 2003, o tema *Learning* foi igualmente relevante como mostra a Figura 10. E ainda, essas 3 palavras são maiores que as outras apresentadas nesse ano. Nos anos 2005 e 2008, nas Figuras 11 e 12, respectivamente, o tema *Learning* continua presente nas pesquisas, porém, alguns dos temas mais relevantes começam a surgir: *Ontology*, *Design*, *Framework* e *Software*. Isso indica o crescimento dessa área de pesquisa no grupo e corresponde ao momento da chegada de pesquisadores recém-doutores com produção exatamente nessas linhas.

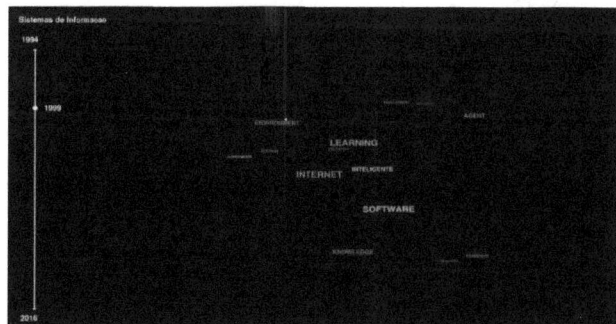

Figura 8. Tema *Learning* no ano 1999.

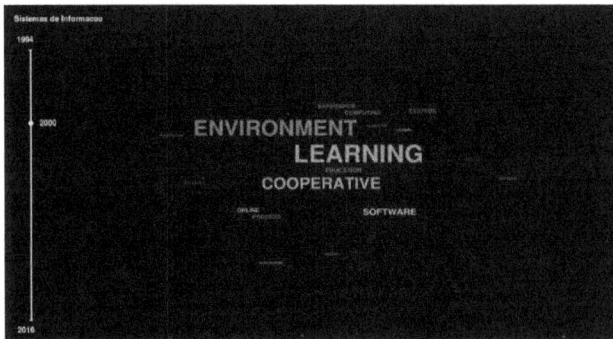

Figura 9. Tema *Learning* no ano 2000.

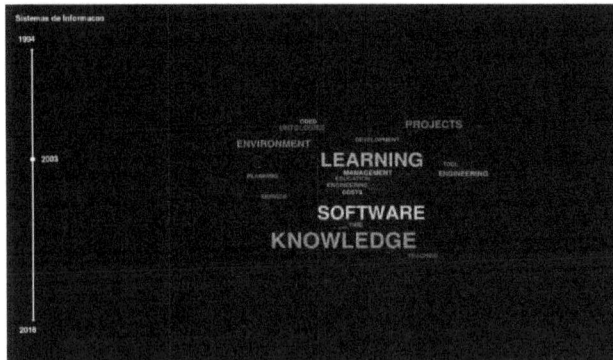

Figura 10. Tema *Learning* no ano 2003.

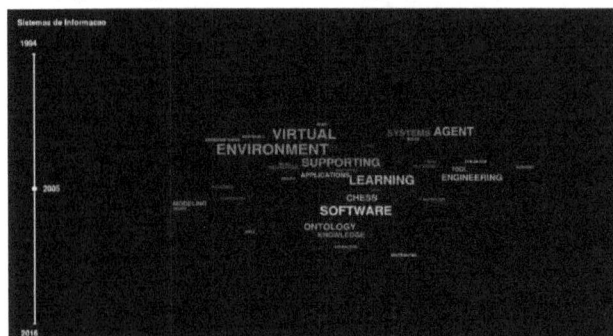

Figura 11. Tema *Learning* no ano 2005.

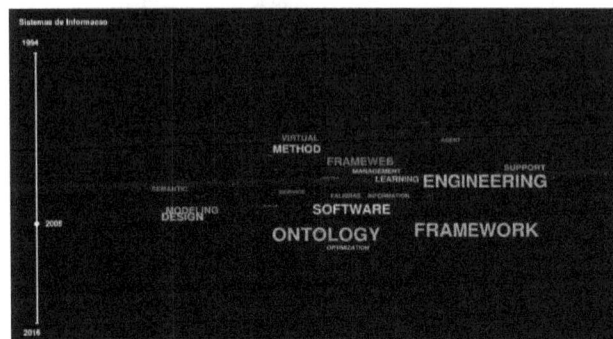

Figura 12. Tema *Learning* no ano 2008.

Conforme pode ser visto na Figura 13, no ano 2015, o tema "*Learning*" ainda é relevante para o grupo, mas com uma importância menor do que temas como *Ontology*, *Software*, *Modeling* e *Language*, que começaram a ter maior relevância a partir de 2008 e que mantém o interesse do grupo até o momento da escrita deste artigo.

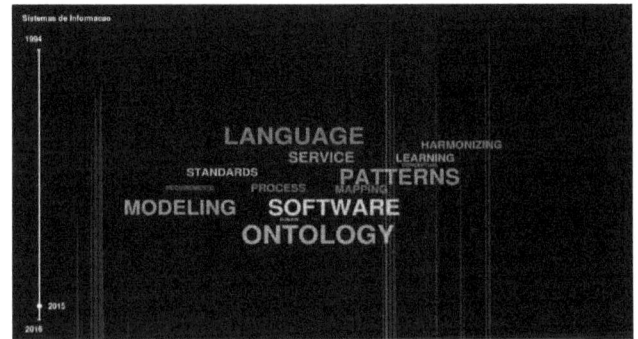

Figura 13. Tema *Learning* no ano 2015.

A sincronização dos vídeos com as Nuvens de Palavras Animadas permite observar de uma só vez, como as informações de vários grupos de pesquisa evoluem no tempo e revelar correlações até então desconhecidas entre os dados. Para este tipo de visualização, foram utilizadas quatro Nuvens de Palavras Animadas, cada uma delas associada a uma das diferentes linhas de pesquisa às quais estavam ligados os pesquisadores. Denominamos Grupo 1 a imagem da lateral superior esquerda, Grupo 2 a imagem da lateral superior direita e assim, sucessivamente.

A apresentação sincronizada das Nuvens de Palavras Animadas permitiu que levantássemos alguns indícios sobre as informações dos grupos:

1. No intervalo de 1995 a 2014, o Grupo 3 não demonstrou possuir uma área de pesquisa muito bem definida em comparação com os outros grupos, uma vez que as publicações do grupo estão dispersas em vários temas.
2. O fato mencionado no item anterior se manteve até o ano 2015, quando há evidência da concentração do Grupo 3 em torno das palavras-chave "*Diffusion*", "*Robot*", "*Dynamic*" e "*Localization*" (Figura 14).
3. Alguns temas foram repetidos e apresentaram mais ou menos a mesma relevância nas Nuvens de Palavras Animadas dos Grupos 2 e 4, o que poderia evidenciar uma grande superposição de pesquisas dos grupos em temas como "*Knowledge*" e "*Learning*", conforme Figura 15.
4. O pior ano em termos de publicações para todos os grupos foi o 2006 (Figura 16).

Depois de evidenciar as informações anteriores com a visualização sincronizada, tentamos comprová-las consultando os dados armazenados na base construída para os experimentos:

1. O aumento da concentração de trabalhos em torno de um tema para o Grupo 3 ocorreu porque, como citado anteriormente, foi motivado tanto pela chegada de um pesquisador no grupo como pela captação de um projeto de pesquisa pelo mesmo grupo.
2. A evidência de superposição de temas entre os grupos de pesquisa 2 e 4 não é correta; isto é explicado, na verdade, pela participação simultânea de um mesmo subconjunto de pesquisadores nos dois grupos de pesquisa no período considerado.
3. O crescimento no número de publicações, junto com a consolidação de alguns temas ocorridos a partir de 2006 foi consequência da entrada de cerca de 7 novos pesquisadores doutores no programa de pós-graduação avaliado no experimento, sendo que 4 deles trabalham em um mesmo domínio de pesquisa, o Grupo 2, que também é o grupo que contém o maior número de pesquisadores.

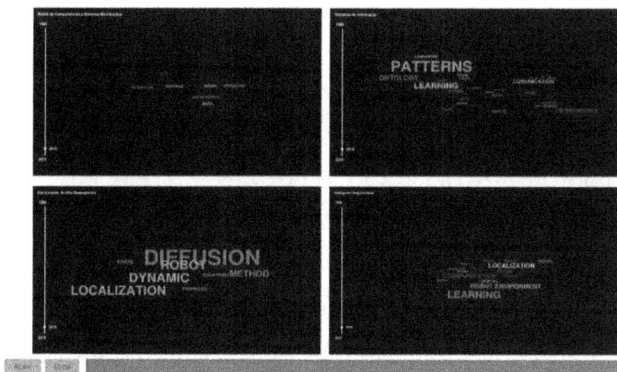

Figura 14. Consolidação de temas no grupo 3 em 2015.

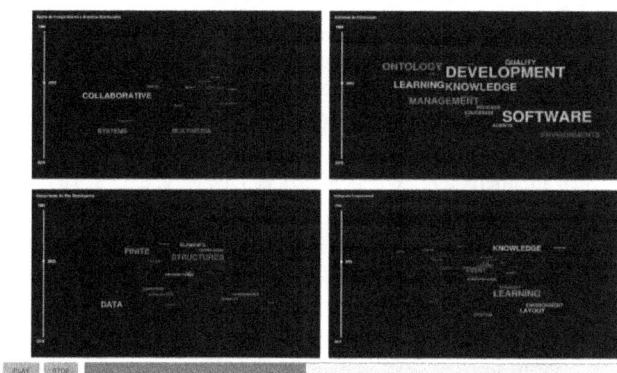

Figura 15. Temas *Knowledge* e *Learning* em 2003.

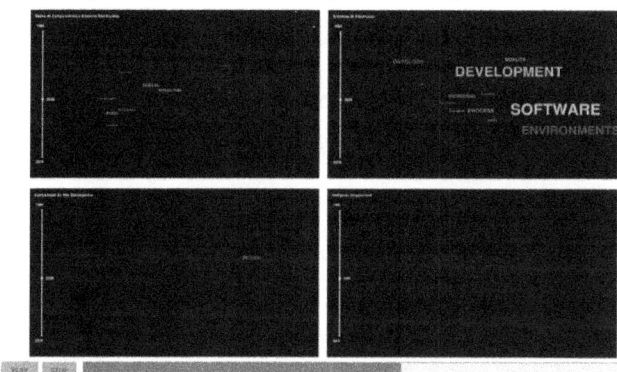

Figura 16. Publicações no ano 2006.

4.5 Discussão sobre os Resultados

O acompanhamento da evolução dos termos associados à produção acadêmica de um grupo pode evidenciar a consistência de uma determinada linha/área ao longo do tempo. Assim, quando um ou mais termos aparecem em destaque (tamanho maior da palavra) em determinados instantes da linha do tempo da Nuvem de Palavras Animada, mas se tornam pequenos ou desaparecem em outros anos, existe um forte indício de que este não é um tema recorrente ou que se trata de um tema que atraiu a atenção momentânea dos pesquisadores durante certo período e depois perdeu o interesse por diferentes motivações (conclusão de um projeto, interesse comercial, fim de ciclos de desenvolvimento, entre outros). Um exemplo disso foi o crescimento de pesquisas ligadas ao *Middleware* Ginga e à TV Digital nos anos de 2009 e 2010 em um dos grupos de pesquisa tratados nesse trabalho (Figura 6). Seguindo o mesmo raciocínio, quando o conjunto de temas relevantes relacionados com um determinado grupo se

mostra semelhante ao longo do tempo, isso pode indicar que a linha de pesquisa do grupo é consistente e bem definida.

A quantidade de palavras exibidas com tamanho destacado (maior relevância) ao longo da linha do tempo também pode revelar pontos importantes sobre o perfil do grupo e de seus pesquisadores. Se o número de temas relevantes é constante, isso pode indicar que o grupo possui um perfil mais conservador, enquanto um número crescente de temas em evidência pode indicar que o grupo, além de dar continuidade aos temas já pesquisados, incorpora novos tópicos aos seus interesses de pesquisa ao longo do tempo.

Os vídeos produzidos[9,10] e os dados utilizados para gerar as Nuvens de Palavras Animadas[11] associados aos experimentos estão disponíveis *online* nos repositórios indicados.

5. CONCLUSÕES

Neste artigo, tratamos da questão da extração de conhecimento a partir da visualização de informações por meio de Nuvens de Palavras. Em especial discutimos o uso de algumas técnicas usadas na visualização de informação do tipo texto. Diferente de outros trabalhos direcionados à visualização de grandes volumes de informações textuais, nossa proposta tem interesse na dinâmica dessas informações ao longo do tempo. Neste sentido, agregamos diferentes tecnologias para criar um processo de desenvolvimento de uma Nuvem de Palavras Animada, que permite avaliar a evolução de um conjunto de termos durante um período de tempo. A partir dessa evolução, diversos indícios sobre as informações podem ser levantados, facilitando a extração de conhecimento (descoberta de padrões ou de características) sobre esses dados.

A abordagem proposta foi aplicada em uma base contendo os dados de grupos de pesquisa de uma universidade no intervalo de 20 anos (1995-2015). Os experimentos foram efetuados considerando os dados de grupos de pesquisa (em particular, as palavras-chave e os títulos dos trabalhos publicados) fornecendo uma série de indícios a serem validados sobre estes dados posteriormente. Cabe ressaltar, porém, que a estratégia pode ser estendida para qualquer conjunto de características, individuais ou coletivas, que se deseja avaliar.

Como trabalhos futuros, pretendemos trabalhar na sincronização de outras metáforas de visualização juntamente com a nuvem de palavras animada como forma de evidenciar correlações escondidas entre os dados. Também, pretendemos gerar a animação das Nuvens de Palavras em HTML5, deixando o sistema mais ágil e flexível, permitindo assim que os dados possam ser atualizados a qualquer momento refletindo instantaneamente na visualização.

Outros pontos de interesse para a evolução do nosso trabalho são: (i) a avaliação mais detalhada dos motivos de descontinuidade de certos temas dentro dos grupos com a evolução do tempo; (ii) o acompanhamento individual dos membros com relação ao seu grupo de pesquisa, ao próprio programa e à sua comunidade; (iii) desenvolver outras técnicas de visualização de informação do tipo texto para permitir a observação de diferentes dimensões das publicações dos membros dos grupos de pesquisa, como quantidade de publicações por ano, o índice de impacto das publicações, número de citações, etc.

---

[9] http://bit.ly/2aS3DHy

[10] http://bit.ly/2aybvvI

[11] http://bit.ly/2aNE9sY

Por fim, a técnica de visualização proposta foi aplicada numa base de publicações de um grupo relativamente pequeno de pesquisadores. Esperamos adaptar a técnica a outros tipos de dados textuais, tais como dados textuais de bases acadêmicas, redes sociais, além de aplicá-la a bases de maiores dimensões.

6. AGRADECIMENTOS

Os autores gostariam de agradecer à Coordenação de Aperfeiçoamento de Pessoal de Nível Superior (CAPES) e à Fundação de Amparo à Pesquisa e Inovação do Espírito Santo (FAPES) pelo apoio financeiro.

7. REFERÊNCIAS

[1] STRECKER, J. 2012. Data visualization in review: summary. Tech. Report IDRC, Ottawa, Canada. URL: http://idl-bnc.idrc.ca/dspace/bitstream/10625/49286/1/ IDL-49286.pdf

[2] CARD, S. K.; MACKINLAY, J. D.; SHNEIDERMAN, B. 1999. Readings in information visualization: using vision to think. Morgan Kaufmann, ISBN-10: 1558605339.

[3] CAIRO, A. El arte funcional: infografía y visualización de información. Alamut, 2011. ISBN: 9788498890679

[4] MARTIG, S. R.; CASTRO, S. M.; DI LUCA, S. Interacción en la visualización de información. In: IV Workshop de Investigadores en Ciencias de la Computación. 2002. URL: http://sedici.unlp.edu.ar/bitstream/handle/ 10915/ 21829/ Documento_completo.pdf?sequence=1

[5] NUALART VILAPLANA, J.; PÉREZ MONTORO, M.; WHITELAW, M. 2014. Cómo dibujamos textos: Revisión de propuestas de visualización y exploración textual. El profesional de la información, vol. 23, no 3, p. 221-235.

[6] VIÉGAS, F.; WATTENBERG, M. 2008. Timelines tag clouds and the case for vernacular visualization. Interactions, v. 15, n. 4, p. 49-52, 2008.

[7] VIEGAS, Fernanda; WATTENBERG, Martin; VAN HAM, Frank, KRISS; Jesse, MCKEON, Matt. 2007. Manyeyes: a site for visualization at internet scale. In: IEEE Transactions on Visualization and Computer Graphics, 13(6), 1121-1128.

[8] SANTOS, R.; DE PRÓSPERO, R. P.; GIANORDOLI, G. 2014. Estudo sobre a abordagem quantitativa para visualização de dados qualitativos: processo e ferramentas. Blucher Design Proc. URL: http://pdf.blucher.com.br.s3-sa-east-1.amazonaws.com/designproceedings/cidi/CIDI-141.pdf

[9] KLERKX, J.; DUVAL, E. A Synchronized Tag Cloud and Timeline Visualization.

[10] KLERKX, J.; DUVAL, E. GlobeMash: a Mashup for Accessing GLOBE. In: Proc. 7th Int. Conf. on Knowledge Management (I-Know), Graz, Austria. 2007. p. 392-399

[11] FRIEDMAN, V. 2007. Data visualization: Modern approaches. Smashing Magazine, v. 2. URL: http://www.theartstory.org/critic-fried-michael.htm

[12] KUMAR, S.; BARBIER, G.; ABBASI, M.A.; LIU, H. 2011. TweetTracker: An Analysis Tool for Humanitarian and Disaster Relief. In: Proc. 5th Int. AAAI Conf. on Weblogs and Social Media. ICWSM. Pp.661-662.

[13] CHEN, Chaomei. 2002. Visualization of knowledge structures. Handbook of software engineering and knowledge engineering, v. 2, p. 700.

[14] HONORATO, J. I.; CARREIRA, L. S.; GOVEIA, F. G. 2014. Análise de Big Data pelos Parâmetros de Características Visuais. In: Anais do XIX Cong. de Ciências da Comunicação na Região Sudeste. URL: http://www.portalintercom.org.br/anais/sudeste2014/resumos /R43-1279-1.pdf

[15] KOLANO, Paul Z. 2015. Time-synchronized visualization of arbitrary data streams. IS&T/SPIE Electronic Imaging. International Society for Optics and Photonics.

[16] SHNEIDERMAN, B. 1996. The eyes have it: A task by data type taxonomy for information visualizations. In: Proc. IEEE Symposium Visual Languages.pp. 336–343. DOI= http://dx.doi.org/10.1109/VL.1996.545307

[17] HEER, J. 2010. A conversation with Jeff Heer, Martin Wattenberg, and Fernanda Viégas. Queue, v. 8, n. 3, 10 pp. DOI= http://doi.acm.org/10.1145/1737923.1744741

[18] ARAÚJO, Matheus, et al. 2013. Métodos para análise de sentimentos no Twitter. In: Proceedings of the 19th Brazilian symposium on Multimedia and the Web (WebMedia'13).

[19] FELDMAN, Ronen. 2013. Techniques and applications for sentiment analysis. Commun.of the ACM 56, 4, 82-89. DOI= http://dx.doi.org/10.1145/2436256.2436274

[20] FELDMAN, R; SANGER, J. 2006. The text mining handbook: Advanced approaches in analyzing unstructured data. Cambridge Univ. Press. ISBN: 13 978 0 521 83657 9.

[21] HEARST, Marti A. 2003. What is text mining? SIMS, UC Berkeley. URL: http://people.ischool.berkeley. edu/~hearst/ text-mining.html

[22] MCNAUGHT, Carmel; LAM, Paul. 2010. Using Wordle as a supplementary research tool. In: The qualitative report. vol. 15, no 3, p. 630. URL: http://www.nova.edu/ssss/QR/QR15-3/mcnaught.pdf

[23] CUI, W.; WU, Y.; LIU, S.; WEI, F.; ZHOU, M. X.; QU, H. 2010. Context preserving dynamic Nuvem de Palavras visualization. In: IEEE Pacific Visualization Symposium. pp. 121-128. URL: http://research.microsoft.com/en-us/um/people/weiweicu/ images/wordpv.pdf

[24] VIEGAS, F. B.; WATTENBERG, M.; FEINBERG, J. 2009. Participatory visualization with Wordle. IEEE Transactions on Visualization and Computer Graphics. vol. 15, no 6, p. 1137-1144. URL: http://ieeexplore.ieee.org/stamp/ stamp.jsp?arnumber=5290722

[25] HOGUE, Andrew; KARGER, David. Thresher. 2005. Automating the unwrapping of semantic content from the World Wide Web. In: Proc. 14th Int. Conf. on World Wide Web. ACM, p. 86-95. URL: http://dl.acm.org/citation.cfm?id=1060762

Auris: System for Facilitating the Musical Perception for the Hearing Impaired

Felipe Alves Araújo
LAVID/CI/UFPB
João Pessoa, Brasil
felipealves@lavid.ufpb.br

Carlos Eduardo Batista
LAVID/CI/UFPB
João Pessoa, Brasil
bidu@lavid.ufpb.br

ABSTRACT

The Auris system aims to improve music perception for deaf people. The system includes a set of tools for audio conversion into a new media (consisting of audio filtered synchronized with tactile impulses) to be played through loud speakers and special haptic interfaces, an improvement in musical experimentation by deaf people. The rating system is performed through the use of EEG interfaces, from the analysis of the recorded signals during cognitive testing. This article includes the presentation of the Auris system architecture and the results of its first stages of evaluation.

CCS Concepts

•**Social and professional topics** → **People with disabilities;** •**Human-centered computing** → *Accessibility systems and tools;* •**Information systems** → Multimedia information systems;

Keywords

surdez; acessibilidade; musica

1. INTRODUÇÃO

A definição de música está intrinsecamente associada ao contexto sociocultural em que a palavra é utilizada, mas, dentre os artefatos sensoriais comumente envolvidos na definição, temos sempre a utilização do som como meio de entrega de informações. Naturalmente, o principal meio de percepção do som para humanos é o sistema auditivo. Porém, outros sentidos são estimulados pelo som: tons entre 4 e 16 Hz podem ser percebidos pelos sensores de tato no corpo humano e, no tocante à música, outros sentidos são afetados pelos diferentes aspectos comumente envolvidos em atividades musicais.

Uma pesquisa realizada recentemente [19], na área de neurociências indica que a experiência que os surdos têm quando sentem a música, é tratada na mesma região do cérebro utilizada para ouvir música em pessoas ouvintes. Baseado nesta

ACM acknowledges that this contribution was authored or co-authored by an employee, contractor or affiliate of a national government. As such, the Government retains a nonexclusive, royalty-free right to publish or reproduce this article, or to allow others to do so, for Government purposes only.

WebMedia '16, November 8–11, 2016, Teresina, PI, Brazil.

© 2016 ACM. ISBN 978-1-4503-4512-5/16/11. . . $15.00

DOI: http://dx.doi.org/10.1145/2976796.2976866

descoberta, podemos considerar então que pessoas surdas, são aptas à musicalidade, e são vários os casos de músicos surdos ou com alguma deficiência auditiva. Ainda assim, muitas pessoas surdas ou com alguma deficiência auditiva não se sentem atraídas pelo consumo de música ou participam de atividades musicais.

A multidimensionalidade da música passou a ser tratada através da tecnologia para viabilizar uma experiência sensorial mais rica para pessoas com algum grau de surdez. Na segunda seção deste artigo são analisadas soluções tecnológicas que buscaram amplificar os elementos sonoros perceptíveis por tato e traduzir o som em outras mídias. A avaliação de tais soluções, porém, consistiu em verificar apenas qualitativamente se a experiência musical foi próxima da experiência de uma pessoa ouvinte.

A realização deste trabalho buscou identificar qual o atual estágio de desenvolvimento científico de estratégias que viabilizem o consumo de música por pessoas surdas. Assim, é proposto um sistema que realize a conversão de trilhas de áudio em documentos multimídia para que estimulem a percepção musical para surdos: o sistema Auris.

O sistema Auris inclui mecanismos que estimulam a percepção musical para surdos, traduzindo música para som filtrado e estímulos táteis. Uma metodologia inovadora de avaliação baseada em registros eletroencefalográficos (EEG) é parte do sistema, e seus resultados são utilizados para otimização do mesmo.

Nas seguintes seções deste artigo serão apresentados: os principais trabalhos que visam preencher a lacuna referente a acessibilidade musical; as metodologias de teste que utilizaram interface (EEG); a solução Auris, desenvolvida como um sistema, e a exposição de todos os seus elementos; a metodologia de testes e avaliação dos usuários que foi utilizada; os testes do sistema que foram realizados; os resultados obtidos e o que pode ser concluído sobre todo o estudo.

2. TRABALHOS RELACIONADOS

Nesta seção serão apresentados trabalhos que exploram a acessibilidade musical e também diferentes abordagens de testes baseadas em EEG, em duas subseções distintas. A primeira subseção visa situar a *Auris Chair* em relação ao estado da arte. A segunda subseção apresenta trabalhos que serviram de inspiração e suporte para a elaboração do processo de testes e avaliação do sistema Auris.

2.1 Ferramentas para Acessibilidade Musical

A proposta definida em [8] estabelece um mecanismo de acessibilidade (para pessoas com deficiência auditiva) em função da experiência emocional relacionada ao consumo de música. A cadeira MHC (*Model Human Cochlea*) baseia-se em funções rudimentares da cóclea humana, e foi produzida utilizando-se uma estrutura de lona, onde foram fixados 8 alto-falantes (no encosto superior da cadeira) na configuração quatro por dois, visando a máxima vibração possível. Cada uma das quatro linhas de alto-falantes vibram e criam sensações tácteis associadas à música. Este arranjo apresenta uma distribuição de sinais aos pares para cada uma das quatro linhas de alto-falantes, visando um efeito de distribuição simétrica ao longo dos dois lados da coluna vertebral (analogia ao áudio estéreo). Para o estudo da melhor forma de representar a música por meio de vibrações, foram utilizados três modelos:

- *Track Model* (TM) onde os canais de vibração representam os instrumentos, vozes ou melodias da música (encontrado em gravações multi-track)

- *Frequency Model* (FM) onde são criadas múltiplas bandas de sinais de áudio de acordo com a frequência

- *Control Model* (CM) todos os sinais são os mesmos

Os resultados obtidos por meio de um retorno das expressões corporais e faciais dos participantes da pesquisa mostraram que existe uma relação entre a variação da intensidade e das vibrações e as expressões emocionais, onde: os sinais mais intensos e variados transmitem alegria; os sinais mais lentos e menos variados produzem vibrações que são difíceis de detectar ou foram interpretadas como triste. Isso para os modelos TM e FM. Para o CM, as trilhas tristes podem apresentar um sinal mais elevado e assim serem confundidos como sendo mais alegres. Porém, para ambas as emoções transmitidas pelas trilhas alegria e tristeza, o modelo TM foi o que transmitiu mais corretamente as emoções.

O artigo [12] sugere um enriquecimento da experiência musical por parte de pessoas surdas, com a utilização de dois artefatos, a *Haptic Chair* e uma tela para efeitos visuais correspondente com a música. A *Haptic Chair* foi produzida com o objetivo de amplificar as vibrações sentidas pelas pessoas surdas, para isso, foi produzida uma cadeira de madeira que contava com um transdutor (SD1sm) fixado no encosto superior da cadeira que transmitia as vibrações da música por toda a superfície. Já o recurso visual transmitia informações da peça musical em questão por meio de formas geométricas, onde as maiores formas correspondiam as menores notas e as menores formas correspondiam as notas mais altas. Este recurso foi produzido com ajuda de dois músicos surdos, um pianista e um percussionista. O estudo dos artefatos produzidos foram feitos com a ajuda de quarenta e três participantes com uma idade media de dezesseis anos. Os resultados obtidos mostraram que, nas três peças musicais que foram apresentadas, os surdos preferiram: a musica juntamente com a cadeira *Haptic* e o recurso visual; a musica e a cadeira *Haptic*. O uso do recurso visual se mostrou pouco relevante no estudo em questão, pois os resultados mostram que para as três peças musicais ocorreu uma diferença bem pequena quando usado o recurso visual juntamente com a cadeira *Haptic* e quando usado só a cadeira.

2.2 Metodologias de teste baseadas em EEG

A avaliação de usabilidade conduzida nos trabalhos expostos na subseção anterior apresentam algumas lacunas relacionadas à coleta de informações. Uma análise mais precisa, principalmente com relação a testes com usuários, requer uma gama de informações mais ampla, contemplando registros específicos e não subjetivos - o que não é o caso dos trabalhos analisados anteriormente, pois estes tem como cerne de suas metodologias de avaliação questionários de usabilidade, contemplando perguntas de interpretação individual e subjetiva.

Os trabalhos expostos nesta seção exploram o uso de interfaces EEG no processo de avaliação das emoções dos usuários no contexto do consumo de música. O estudo desses trabalhos evidencia a possibilidade da análise de *neurofeedbacks* para a obtenção de uma informação mais precisa, com relação à percepção de música.

O artigo desenvolvido por [5] oferece uma prova de conceito para o sistema *Affective Jukebox*, sistema este que propõe um controle de seleção musical a partir de *neurofeedbacks*. As informações neurais do indivíduo são extraídas a partir de uma interface EEG e as emoções são interpretadas a partir de dois parâmetros: excitação e valência. A partir da interpretação dos dados obtidos, são escolhidos em tempo real clipes musicais para aquele indivíduo.

Um conjunto representativo de músicas foi previamente definido, com suas músicas classificadas para serem testadas com a interface EEG. Foi determinado então, que a possibilidade de controle da seleção musical a partir de uma interface EEG com a utilização dos dois parâmetros já mencionados (excitação e valência), para a inferência dos sentimentos abordados no estudo (medo, raiva, frustração, animação, felicidade, satisfação, cansaço, tristeza, infelicidade, relaxamento, calma e satisfação), é possível.

O trabalho proposto por [20] combina a terapia musical com a utilização de uma interface EEG (Emotiv), propondo assim uma forma de ajuste da terapia musical com base nas necessidades do paciente, necessidades estas que são obtidas através dos seus respectivos *neurofeedbacks*. A partir dos *neurofeedbacks*, podem ser reconhecidas seis emoções em tempo real, que são: o medo, a frustração, a tristeza, a felicidade, agrado e satisfação. Os estudos realizados mostraram que o sistema desenvolvido dispensa a necessidade de um terapeuta, e por ser adaptativo oferece uma terapia individual e personalizada para cada paciente.

3. SISTEMA AURIS

O sistema Auris foi elaborado a fim de promover uma melhor experiencia musical para pessoas com deficiência auditiva. Esse sistema é composto por uma cadeira acústica (*Auris Chair*), por uma interface háptica (*Auris Bracelet*), por um componente de software (*Auris Core*) e cada componente é gerenciado por um componente de software chamado de (*Auris Controller*). A arquitetura deste sistema pode ser melhor observada na Figura 1.

Cada componente e subcomponente tem atribuído a si uma responsabilidade e para melhor compreensão da Figura 1, foram enumerados da seguinte forma: (1) *Auris Controller*; (2) *Auris Core*, (2.1) *Midi Melody Generator*, (2.2) *Auris Stream*, (2.3) *Auris Filter*; (3) *Auris Drivers*, (3.1) *Auris Chair* e (3.2) *Auris Bracelet*. O componente (1), tem por responsabilidade gerenciar os demais componentes, ele recebe duas entradas: um arquivo de áudio no formato *.wav* ou *.mp3* e um arquivo de configuração no formato *.txt*, contendo as possíveis configurações do *Auris Bracelet*. O componente (2) recebe os arquivos de áudio e de configura-

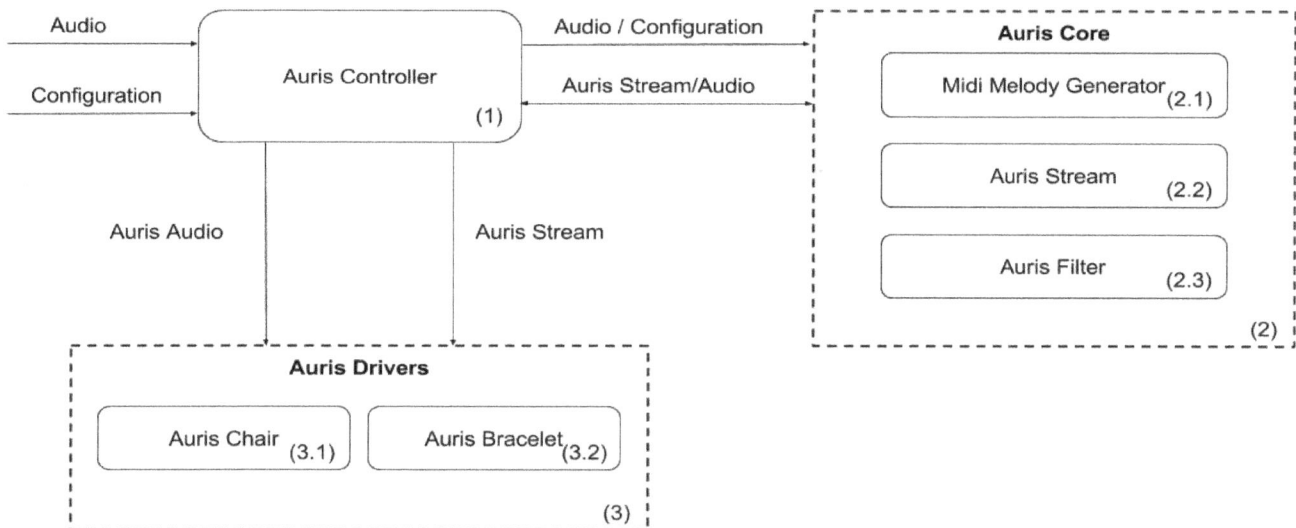

Figure 1: Arquitetura Auris

ção do componente (1), os repassa para os respectivos sub-componentes e devolve os artefatos gerados de volta para o componente (1). O componente (2.1) recebe um arquivo de áudio e gera um arquivo *.midi*, contendo as informações melódicas da musica, informações estas que foram extraídas usando a implementação feita por [15] que usa o algoritmo MELODIA desenvolvido por [16]. O componente (2.2) tem a responsabilidade gerar a partir de um arquivo *.midi* e do arquivo de configuração, o artefato *Auris Stream File*, que contém todas as informações a serem enviadas para o componente (3.2). O componente (2.3) é responsável por aplicar filtros no áudio a fim de amplificar alguns sinais, gerando assim o artefato *Auris Audio*. O componente (3) encapsula todos os *drivers* que fazem parte do sistema, e que serão os responsáveis por transmitir as vibrações (informações tácteis) para os usuários surdos. O componente (3.1) é responsável pelo processamento e reprodução do *Auris Audio*. O componente (3.2) tem a responsabilidade de processar as informações recebidas por *stream* e reproduzir através de vibração nos motores.

Para uma melhor visualização do fluxo de execução do sistema e do seu funcionamento, podemos observar o diagrama de sequencia na Figura 2.

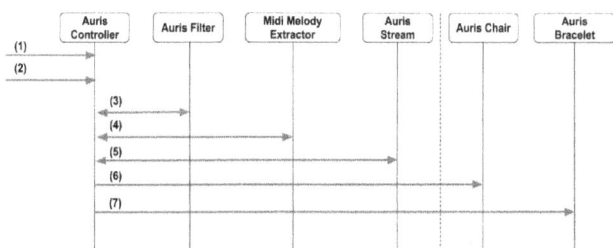

Figure 2: Diagrama de Sequencia Auris

Nas interações (1) e (2) o componente *Auris Controller* recebe duas entradas, um arquivo de áudio e um arquivo de configuração respectivamente. Na interação (3), o arquivo de áudio é então encaminhado do *Auris Controller* para o componente *Auris Filter*, que modifica o áudio ao realizar aplicações de filtros nos mesmos, gerando assim o artefato *Auris Audio*, que é então encaminhando de volta para o componente *Auris Controller*. Na interação (4), o componente *Auris Controller* encaminha o artefato *Auris Audio* gerado na interação anterior para o componente *Midi Melody Generator*, para que seja realizada a extração da melodia e geração do arquivo *.midi* da mesma, que é então enviado de volta para o componente *Auris Controller*. Na interação (5), o componente *Auris Controller* encaminha o artefato gerado na interação anterior juntamente com o arquivo de configuração para o componente *Auris Stream*, para que seja gerado o artefato *Auris Stream File*. Na interação (6), o componente *Auris Controller* encaminha o áudio gerado na interação (3) para o componente *Auris Chair*, para que o mesmo seja reproduzido. Na interação (7), o componente *Auris Controller* realiza o *streaming* das informações contidas no artefato *Auris Stream File* para o componente *Auris Bracelet*.

O *Auris Chair*, conforme ilustrado na Figura 3, é composta por quatro alto-falantes de seis polegadas posicionados no encosto superior da mesma, um *subwoofer* posicionado no encosto inferior e ambos acusticamente isolados. Este é o componente responsável por reproduzir o *Auris Audio*.

Figure 3: *Auris Chair*

Conforme ilustrado na Figura 4, o *Auris Bracelet* é composta por 6 motores *vibracall* fixados em placas de plástico de quatro centímetros quadrados, a fim de aumentar a superfície de vibração do mesmo.

Figure 4: *Auris Bracelet*

O *Auris Bracelet* tem a função de representar as informações melódicas presentes na música através de vibrações. Essas informações são recebidas por *streaming* e podem ser expressas de três formas:

- **Tom por Motor:** nesta primeira estratégia, são associados um tom ou semitom musical presentes no áudio, para cada motor. Dessa foma, as informações melódicas são transmitidas através de uma alternância de vibração entre os motores, ou seja, um motor vibrando por vez.

- **Variação de Vibração:** esta estratégia utiliza todos os motores para representação melódica da música. Nesse caso, é associado uma frequência de vibração para cada tom ou semitom presente no áudio em questão, assim, todos os motores vibram variando a sua frequência de acordo com a nota musical.

- **Tom e Variação por Motor:** esta estratégia, utiliza-se as duas estrategias explicitadas anteriormente. Definimos um tom ou semitom musical para cada motor, assim como uma frequência de vibração para os mesmos, ou seja, cada motor vibra por vez numa frequência especificada.

A escolha de uma dessas três formas de representação é feita em tempo de configuração, através de um arquivo que é carregado pelo componente *Auris Controller*.

4. METODOLOGIA

Com a produção dos componentes integrantes do Auris *Drivers*, que são respectivamente a Auris *Chair* e o Auris *Bracelet*, foi possível elaborar o processo de testes. Como já dito anteriormente, uma das inovações do presente trabalho é sua metodologia de avaliação, construída como um processo de testes e validação independente de informações subjetivas (no que se refere à avaliação da percepção musical por partes dos usuários do sistema).

No estudo da psicologia musical são documentadas diferentes reações (ou respostas emocionais) à música (mais informações sobre a relação entre música e emoção são oferecidas em [9] e [17]). Alguns trabalhos como [3], [14] e [18] exploram tal relação e utilizam interfaces EEG e de ressonância magnética para tentar estabelecer como se procede a percepção musical, do ponto de vista cognitivo, a partir do registro da ocorrência de diferentes estados do cérebro (traduzidos em emoções).

Foram consideradas duas abordagens distintas com relação a estrutura da emoção: a discreta e a contínua. Darwin utilizou a abordagem discreta para estabelecer seis emoções básicas e universais dos seres humanos: medo, felicidade, surpresa, raiva, tristeza e desgosto. Já Russell [1] e outros teóricos da abordagem contínua defendem que existem duas dimensões de emoções, valência e excitação. A dimensão de excitação, mede estados de calma versus estados de agitação. Por outro lado, a valência indica a positividade versus a negatividade de uma emoção.

Trabalhos como o de Russell [1] mostram que as duas dimensões emocionais estão associadas com várias ondas cerebrais, como:

- **Ondas theta**, que também ocorrem em estados meditativos [2], mostram excitação ou sonolência em adultos.

- **Ondas alfa**, ocorrem ao fechar os olhos e durante o relaxamento.

- **Ondas beta**, são ligadas com o comportamento motor, ocorrem quando o indivíduo está em movimento [13]. A ocorrência de frequências baixas de ondas beta é frequentemente associada com estados de concentração.

A utilização de uma interface EEG para registrar sinais cognitivos relativos à percepção de música foi considerada para o processo de validação do sistema Auris principalmente pela facilidade propiciada por interfaces EEG, como o Emotiv [7]. O Emotiv [7] é um aparelho similar a um *headset*, que contem 14 eletrodos, em que estes são capazes de detectar os impulsos elétricos produzidos pelo cérebro, através da encefalografia (EEG). As ondas elétricas são medidas a partir destes sensores e em diversas áreas do couro cabeludo. A partir de sua SDK, é possível extrair um conjunto de informações acerca da ativação de diferentes regiões do cérebro.

Assim, o cenário de aplicação dos testes foi organizado com o intuito de obter a menor quantidade possível de variáveis interferentes, para que o usuário não recebesse estímulos externos que influenciassem na experiência musical que estava participando. Para garantir isso, todo o cenário foi montado em um ambiente isolado, onde o participante ficava de costas para o aplicador dos testes, como pode ser observado na Figura 5.

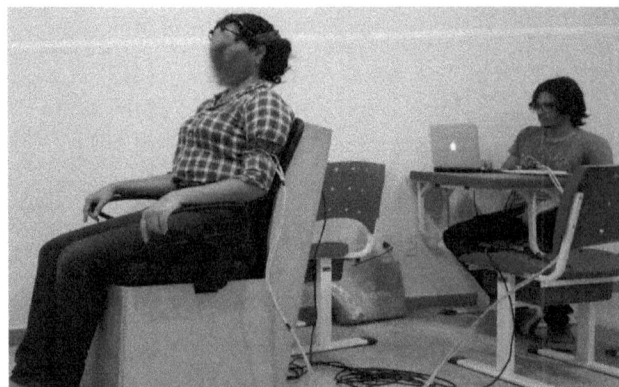

Figure 5: Um dos testes aplicados

Tipo da Música (*tags*)	Artista - Título
Calmo Positivo	Mike Oldfield - Harmonia Mundi
	Pink Martini - White Christmas
Energética Positiva	George Benson - All Of Me
	Jennifer Lopez - Let s Get Loud
Escura Calma	David Sylvian - Bringing Down The Light
	Matanza - Clube dos Canalhas
Escura Energética	Celine Dion - Regarde moi
	Placebo - Meds

Table 1: Tabela dos tipos de música considerados e suas respectivas amostras

Durante a execução das músicas, a fim de obter um retorno mais preciso por parte dos usuários, sem a necessidade de utilização de questionários de usabilidade (como nos trabalhos propostos por [8] e [12]) foi utilizado a interface EEG conhecida como *Emotiv*.

Com a utilização do *Emotiv*, para captura dos dados fornecidos por seus 14 canais dispostos em diferentes regiões do cérebro, (ver Figura 6) e do *software TestBench* que permite a captura dos dados puros, foi possível obter o *neurofeedback* de todos os participantes, para a reação à exposição de cada uma das músicas aplicadas.

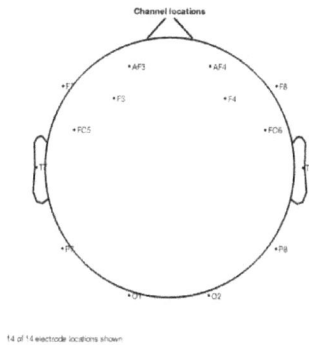

Figure 6: Imagem da Disposição dos Eletrodos do *Emotiv* Gerada com o EEGLAB

5. TESTES DO SISTEMA

Várias iterações de testes foram realizadas a fim de se avaliar todos os artefatos integrantes do sistema Auris. Além dos testes tradicionais de *software*, foram realizados experimentos de acordo com a metodologia descrita na seção anterior. As amostras de músicas foram selecionadas e classificadas com base em *tags* pré definidas [11]. As *tags* e as respectivas amostras utilizados podem ser observados na Tabela 1

Em posse de todas as musicas, devidamente classificadas, foram selecionados os participantes. Todos os sujeitos que fizeram parte dos testes tinham entre 23 e 29 anos, dentre estes: 4 surdos e 2 ouvintes. No total, 6 participantes fizeram parte do experimento, quatro homens e duas mulheres. Cada participante tinha a liberdade de escolher o volume da música, e foram expostos a uma música de cada tipo, de acordo com a Tabela 1.

Os sujeitos foram levados a um ambiente isolado, sem variáveis interferentes, onde eram expostos à amostras de músicas dos quatro tipos (calma positiva, escura calma, ener-

gética positiva e escura energética). Os quatro usuários com de deficiência auditiva foram expostos aos quatro tipos de música, em que dois sentiram a música através da utilização apenas da *Auris Chair* e dois através da *Auris Chair* e do *Auris Bracelet*. Os dois usuários ouvintes sentiram as músicas através de fones de ouvidos intra-auricular, para que o som externo e o fone não interferisse na captura dos dados que estavam sendo feitos através dos eletrodos do *Emotiv*.

6. ANÁLISE DOS EXPERIMENTOS

A partir da captura dos dados realizados nos experimentos foram feitas análises com o auxilio da ferramente EEGLAB [4]. A utilização da ferramenta se deu no que se refere a: extração dos diferentes tipos de frequência a partir dos dados capturados pelo *Emotiv* e as suas respectivas disposições nas diferentes regiões do couro cabeludo (ver Figuras 7, 8 e 9).

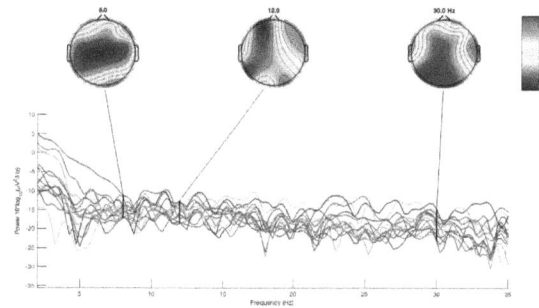

Figure 7: Análise de dados de participante surdo utilizando a *Auris Chair* feita com o EEGLAB

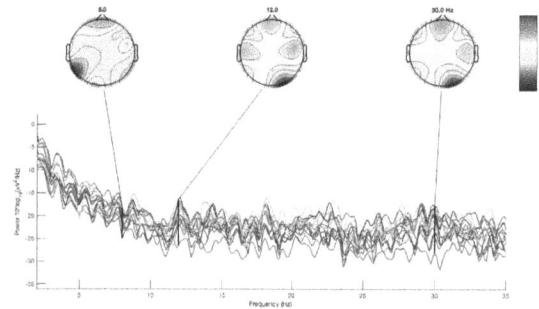

Figure 8: Análise de dados de participante surdo utilizando a *Auris Chair* e o *Auris Bracelet* feita com o EEGLAB

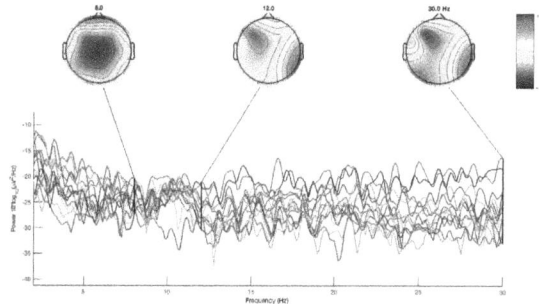

Figure 9: Análise de dados de ouvinte feita com o EEGLAB

Cada uma das linhas coloridas exibidas nos gráficos acima, representam o espectro de atividade em cada um dos canais. Ou seja, cada canal, representado por uma linha colorida, expressa a variação de frequência daquele canal, ao longo de 100% da música.

A partir da análise de todos os gráficos, gerados para cada participante e para cada uma das músicas, foi possível construir as Tabelas 2, 3 e 4. Para construção das mesmas, os participantes foram divididos em três tipos: ouvintes, surdos utilizando apenas a Auris *Chair* e surdos utilizando a Auris *Chair* e o Auris *Bracelet*. Cada uma das tabelas expõe os resultados obtidos, relativos as regiões do couro cabeludo ativadas sob cada frequência e tipo de musica utilizada. É possível perceber a relação entre as regiões de ativação, de acordo com as músicas utilizadas, entre os testes realizados com pessoas ouvintes e surdas. Ainda há, porém, uma distância considerável com relação a intensidade da ativação, o que é foi foi mais perceptível na utilização de algumas músicas em particular (classificadas como escuras e calmas). Tal resultado pode ser um indicativo de quais características musicais carecem de melhora significativa na sua representação a partir do sistema Auris.

Conforme podemos perceber nas Tabelas 2, 3 e 4, o sistema Auris mostrou-se satisfatoriamente eficaz para o seu atual estágio de maturidade, pois, para os quatro tipos de música considerados, conseguiu induzir alterações em diferentes regiões do couro cabeludo. Todos os tipos de música sentidas pelos participantes surdos, mostraram ao menos uma região do couro cabeludo em comum com um dos participantes ouvintes.

7. CONCLUSÃO

Apesar dos resultados apresentados serem animadores, o caminho para a realização de um sistema que de fato ajude pessoas com algum grau de surdez na percepção musical ainda é longo.

Mais testes deverão ser realizados para a construção de um volume significativo de informações tanto de reações de ouvintes à diferentes músicas como das reações de pessoas com algum grau de surdez à utilização do sistema Auris. A análise deverá considerar também mais elementos da música, verificando as reações em função de como os elementos se apresentam no tempo. Assim, pode-se verificar com mais detalhes o grau de precisão da representação dos elementos musicais por parte do sistema Auris, e assim, tem-se um melhor suporte para sua otimização.

O aprendizado resultante da realização dos testes excederam nossas expectativas, não só no que pode ser medido qualitativa e quantitativamente, mas enquanto crescimento pessoal. Vários dos relatos e conclusões empíricas dos usuários dos testes também foram primordiais para a realização deste trabalho. Fica evidente, porém, a necessidade de evolução tanto da metodologia de avaliação quanto no sistema de representação, para que seja possível identificar a percepção dos diferentes elementos envolvidos na música (ritmo, harmonia, melodia, timbres) e oferecer melhores formas de

Tipo	Participante	Frequência	(Escura Calma)	(Calma Positiva)	(Energetico Positivo)	(Escuro Energetico)
Ouvinte	1	8	frontal	frontal	frontal	frontal
		12	frontal	occipital direito e temporal direito	frontal e temporal direito	frontal e temporal direito
		30	frontal e temporais	occipital direito e temporal direito	frontal e temporal direito	frontal e temporais
	2	8	frontal e temporais	frontal	frontal e temporal direito	temporal direito
		12	occipital direito e temporal direito	frontal, occipital e temporal direito	frontal, occipital direito e temporal direito	occipital direito e temporal direito
		30	frontal e occipital direito	frontal e temporais	temporal direito	frontal esquerdo

Table 2: Tabela das áreas do couro cabeludo ativadas nos participantes ouvintes para todos os tipos de música

Tipo/ Auris Hardware	Participante	Frequência	(Escura Calma)	(Calma Positiva)	(Energetico Positivo)	(Escuro Energetico)
Surdo/ *Auris Chair*	1	8	frontal e occipital direita	frontal e temporais	frontal direita	occipital esquerda
		12	occipital	frontal e occipital esquerda	frontal, occipital e temporal direita	occipital esquerda e frontal
		30	temporais	temporais e parietal esquerda	temporais e frontal	occipital esquerda
	2	8	frontal e temporal direita	frontal e temporal direita	frontal e occipital direita	frontal
		12	occipital esquerda e temporal direita	frontal e occipital	frontal e temporal direita	occipital
		30	temporal direita	temporal direita	temporais e frontal	temporais

Table 3: Tabela das áreas do couro do cabeludo ativadas nos participantes surdos usando apenas a *Auris Chair*

140

Tipo/ Auris Hardwares	Participante	Frequência	(Escura Calma)	(Calma Positiva)	(Energetico Positivo)	(Escuro Energetico)
Surdo/ *Auris Chair* e *Auris Bracelet*	1	8	frontal e occipital direito	frontal e occipital direito	temporal direito	temporais e frontal direito
		12	temporal direito	occipital esquerdo, temporal, pareital e frontal	temporais e occipital esquerdo	temporais
		30	temporais	frontal e temporais	temporais	temporais e frontal direito
	2	8	frontal	frontal direito	frontal	frontal
		12	frontal e temporais	frontal direito	temporais e occipital esquerdo	frontal e occipital
		30	frontal e temporal direito	temporais	frontal e temporais	temporais, frontal e occipital

Table 4: Tabela das áreas do couro do cabeludo ativadas nos participantes surdos usando a *Auris Chair* e o *Auris Bracelet*

representar e expressar elementos musicais (estímulos visuais, mais níveis de estímulos tácteis, entre outros).

Para tanto, diferentes frentes de trabalho estão sendo desenvolvidas em paralelo. O sistema de representação Auris (atualmente consolidado no *Auris Chair* e *Auris Bracelet*), está sendo redesenhado em duas versões: uma com componentes miniaturados, como opção móvel/vestível e outra para coexistir em ambientes onde som seja consumido por pessoas ouvintes.

Uma integração com o sistema VLibras [6] está em desenvolvimento, para que este seja capaz de representar informações musicais e, possa oferecer uma representação visual para elementos musicais. Assim, quando usado com o sistema Auris, o avatar do sistema VLibras (visualizado a partir de qualquer dispositivo com tela [10] conectado) passa a apresentar a letra da música em LIBRAS, também utilizando referências visuais que representam elementos musicais: movimenta o tronco de acordo com o ritmo, dá ênfase em momentos de ápice.

A metodologia de avaliação baseia-se na interpretação de dados eletroencefalográficos, os quais requerem uma interpretação mais aprofundada para que possamos entender melhor como acontece a cognição musical de forma geral, e também para melhor identificar o que os usuários do sistema Auris estão experimentando, para que assim possamos melhor aproximar uma experiência da outra. Para balizar tais definições, um número maior de testes, envolvendo mais pessoas e uma biblioteca músicas maior e mais representativa.

8. AGRADECIMENTOS

Gostaríamos de agradecer a toda equipe do projeto VLibras, pelo suporte oferecido desde o inicio do desenvolvimento do projeto, em especial aos surdos Tamara, Alexandre e Klícia. Agradecer a Fundação Centro Integrado de Apoio ao Portador de Deficiência (Funad), por ceder o espaço para a realização dos primeiros testes do Sistema Auris. Agradecer a Professora Edneia Alves, por todo apoio oferecido, inclusive na realização de vários testes. Por fim agradecer aos músicos contribuintes, Daniel Jesi e Guilherme Alves.

9. REFERENCES

[1] L. F. Barrett and J. A. Russell. The structure of current affect controversies and emerging consensus. *Current directions in psychological science*, 8(1):10–14, 1999.

[2] B. R. Cahn and J. Polich. Meditation states and traits: Eeg, erp, and neuroimaging studies. *Psychological bulletin*, 132(2):180, 2006.

[3] G. Chanel, J. Kronegg, D. Grandjean, and T. Pun. Emotion assessment: Arousal evaluation using eeg's and peripheral physiological signals. In *International Workshop on Multimedia Content Representation, Classification and Security*, pages 530–537. Springer, 2006.

[4] A. Delorme and S. Makeig. Eeglab: an open source toolbox for analysis of single-trial eeg dynamics including independent component analysis. *Journal of neuroscience methods*, 134(1):9–21, 2004.

[5] J. Eaton, D. Williams, and E. Miranda. *Affective jukebox: A confirmatory study of EEG emotional correlates in response to musical stimuli*. Ann Arbor, MI: Michigan Publishing, University of Michigan Library, 2014.

[6] E. d. L. Falcão et al. Deaf accessibility as a service: uma arquitetura escalável e tolerante a falhas para o sistema de tradução vlibras. 2014.

[7] E. Inc. Emotiv epoc. http://emotiv.com/epoc/.

[8] M. Karam, G. Nespoli, F. Russo, and D. I. Fels. Modelling perceptual elements of music in a vibrotactile display for deaf users: A field study. In *Advances in Computer-Human Interactions, 2009. ACHI'09. Second International Conferences on*, pages 249–254. IEEE, 2009.

[9] A. Lamont and T. Eerola. Music and emotion themes and development. *Musicae Scientiae*, 15(2):139–145, 2011.

[10] F. H. Lemos et al. Uma proposta de protocolo de codificação de libras para sistemas de tv digital. 2012.

[11] J. Li, H. Lin, and L. Zhou. Emotion tag based music retrieval algorithm. In *Information Retrieval Technology*, pages 599–609. Springer, 2010.

[12] S. Nanayakkara, E. Taylor, L. Wyse, and S. H. Ong. An enhanced musical experience for the deaf: design and evaluation of a music display and a haptic chair. In *Proceedings of the SIGCHI Conference on Human Factors in Computing Systems*, pages 337–346. ACM, 2009.

[13] G. Pfurtscheller and F. L. Da Silva. Event-related eeg/meg synchronization and desynchronization: basic

principles. *Clinical neurophysiology*, 110(11):1842–1857, 1999.

[14] R. Ramirez and Z. Vamvakousis. Detecting emotion from eeg signals using the emotive epoc device. In *International Conference on Brain Informatics*, pages 175–184. Springer, 2012.

[15] J. Salamon. Melody extraction. www.justinsalamon.com/melody-extraction.

[16] J. Salamon and E. Gómez. Melody extraction from polyphonic music signals using pitch contour characteristics. *Audio, Speech, and Language Processing, IEEE Transactions on*, 20(6):1759–1770, 2012.

[17] K. R. Scherer. Which emotions can be induced by music? what are the underlying mechanisms? and how can we measure them? *Journal of new music research*, 33(3):239–251, 2004.

[18] L. A. Schmidt and L. J. Trainor. Frontal brain electrical activity (eeg) distinguishes valence and intensity of musical emotions. *Cognition & Emotion*, 15(4):487–500, 2001.

[19] D. K. Shibata, E. Kwok, J. Zhong, D. Shrier, and Y. Numaguchi. Functional mr imaging of vision in the deaf. *Academic radiology*, 8(7):598–604, 2001.

[20] O. Sourina, Y. Liu, and M. K. Nguyen. Real-time eeg-based emotion recognition for music therapy. *Journal on Multimodal User Interfaces*, 5(1-2):27–35, 2012.

CÉU-MEDIA: Local Inter-Media Synchronization using CÉU

Rodrigo C. M. Santos[1] Guilherme F. Lima[1] Francisco Sant'Anna[2] Noemi Rodriguez[1*]

[1]Department of Informatics
PUC-Rio, Rio de Janeiro, Brazil
{rsantos,glima,noemi}@inf.puc-rio.br

[2]Department of Informatics and Computer Science
UERJ, Rio de Janeiro, Brazil
francisco.santanna@gmail.com

ABSTRACT

The semantics of current multimedia languages is informal and may lead to the development of ambiguous applications. In this paper we investigate the use of the synchronous language CÉU for programming local multimedia applications, in particular, those applications that can be described as a set of synchronized media objects. CÉU has a deterministic, concise and accurate semantics which, along with high-level programming constructs, makes the language an attractive alternative for developing multimedia applications. We also present CÉU-MEDIA, a library for programming multimedia in CÉU. CÉU-MEDIA implementation guarantees that the properties of the CÉU synchronous semantics are reflected in the multimedia presentation, ensuring inter-media synchronization. We compare the synchronization paradigm of CÉU with those of NCL and SMIL, and examine the implementation of representative use cases.

CCS Concepts

•**Software and its engineering** → **Development frameworks and environments;** Application specific development environments;

Keywords

Multimedia; CÉU; CÉU-MEDIA; Inter-media synchronization; Synchronous Hypothesis

1. INTRODUCTION

Current multimedia languages (e.g., NCL, SMIL, HTML) have an informal semantics which is described in verbose manuals and written in natural language. The lack of rigor often leads to the development of ambiguous or inconsistent applications. This issue has motivated the development of formal methods to validate applications specified in these

languages [10, 14, 7]. However, most of these works are concerned with static validation; their are complex and impractical for real-time performance, and usually do not cover the whole semantics of the target languages [9].

In this paper, we approach the problem of multimedia authoring by exploring the use of the synchronous language CÉU. CÉU has some characteristics that make it attractive for specifying multimedia applications. The first one is flexibility. In addition to the traditional programming language control constructs (e.g., loops, conditional expressions, functions), CÉU has high-level statements (e.g., parallel compositions, awaits) and abstractions (e.g., organisms) that allow one to create further abstractions more suitable to particular scenarios.

In second place, CÉU has a straightforward, accurate semantics induced by the synchronous hypothesis and enforced determinism. In CÉU, programs react to external events. Reactions are conceptually instantaneous and always deterministic. The passage of time is represented by an ordinary event and can be controlled precisely by programs. This precise treatment of (logical) time is essential to the description of any synchronization scenario, and especially to those occurring in multimedia.

These advantages contrast with the use of NCL or SMIL (or similar languages) for specifying multimedia applications. In both languages, any extension must be done externally via pre-processors or via scripts (Lua or JavaScript) that modify the original program; they have ambiguous and inconsistent semantics, and they do not allow the precise control of the presentation output neither at specification nor at implementation level.

Our investigation led to the development of CÉU-MEDIA, a library for authoring multimedia applications using CÉU. With CÉU-MEDIA authors describe multimedia presentations in an abstraction level close to that adopted by traditional high-level multimedia languages, while taking advantage of CÉU features. In its implementation, we strove to maintain the accuracy imposed by the synchronous semantics of CÉU in the audiovisual output presentation.

The rest of the paper is organized as follows. In Section 2, we briefly present the CÉU programming language. In Section 3, we compare the general synchronization constructs of CÉU with those of NCL and SMIL. In Section 4, we present the architecture and implementation of CÉU-MEDIA. In Section 5, we discuss some use cases and examine their implementation in CÉU-MEDIA. Finally, in Section 6 we draw our conclusions and point out future work.

*The authors would like to thank the Brazilian National Counsel of Technological and Scientific Development (CNPq) for funding this research.

WebMedia '16, November 08-11, 2016, Teresina, PI, Brazil

© 2016 ACM. ISBN 978-1-4503-4512-5/16/11...$15.00

DOI: http://dx.doi.org/10.1145/2976796.2976856

2. CÉU IN A NUTSHELL

CÉU [17] is a synchronous programming language for developing safe concurrent programs. By *synchronous*, we mean that its programs assume the synchronous hypothesis [5], i.e., that program reactions are conceptually instantaneous and always terminate. Added to this hypothesis, pure CÉU programs are by definition *deterministic*, hence the adjective "safe". If we view a CÉU program as a blackbox that reacts to external events, then the synchronous part guarantees that such reactions are instantaneous (from the point of view of program logic), while the deterministic part guarantees that the occurrence of an event in a given program state always leads to the same final state. Originally the language was designed to be an alternative for developing control-intensive embedded applications (Wireless Sensor Network domain), therefore CÉU runtime is resource-efficient and maintains real-time responsiveness even in constrained devices [17].

Determinism is a desirable property of systems in general, but it is even more desirable when concurrency is involved—nondeterministic, concurrent programs are a profuse source of bugs, they are often harder to compose, debug, and analyze than their deterministic counterparts [4]. In CÉU, concurrency can only be programmed via the compositions par, par/or and par/and, which create concurrent execution *trails* when evaluated. The execution of such trails is necessarily deterministic and the CÉU compiler enforces mutual exclusion between them, so access to shared variables is always consistent [17].

To illustrate these concepts, consider the CÉU program depicted in Listing 1. This program blinks two LEDs, Led1 and Led2, by changing their state (on or off) every couple of seconds. When the program starts, the LEDs go on blinking until a key is pressed, i.e., event KEY occurs, at which point the program terminates.

```
1  input void KEY;
2  par/or
3  do                    /* trail 1 */
4    loop do
5      await 2s;
6      _Led1_on()
7      await 2s;
8      _Led1_off()
9    end
10 with                  /* trail 2 */
11   loop do
12     await 4s;
13     _Led2_on()
14     await 4s;
15     _Led2_off()
16   end
17 with                  /* trail 3 */
18   await KEY;
19 end
```

Listing 1. Blinking LEDs in CÉU.

In Listing 1, line 1 declares the external input event KEY. Lines 2–19 define a parallel composition having 3 trails. The first trail (lines 4–9) executes an infinite loop that awaits 2 seconds, turns Led1 on, awaits 2 more seconds and turns it off. The second trail (lines 11–16) is similar, but it awaits 4 seconds to turn Led2 on and off. The last trail (line 18) awaits for the event KEY and terminates. When the program starts, the three trails are started; trails 1 and 2 run indefinitely, blinking their corresponding LEDs with the programmed frequency, while trail 3 waits for a KEY before terminating. Because the par/or composition ends when any of its trails

end, the three trails will join at line 19 when trail 3 terminates with a key press.

Note that CÉU trails are *not* operating-system threads. OS threads can be preempted at any time by the scheduler, which often leads to nondeterminism and synchronization problems. In contrast, the CÉU compiler generates a single-threaded program that schedules the execution of its trails in a completely deterministic manner. The trail-scheduling algorithm of CÉU can be summarized in four steps:

1. The program initiates with a single trail.
2. Then its active trails execute until they block (wait for some external input event) or terminate.
3. When all trails block or terminate, which inevitably happens due to the synchronous hypothesis, the reaction is done; the program goes idle and the environment takes control.
4. If an external input event E occurs, the environment gives control back to the program; all trails that are blocked waiting for event E are resumed, and we are back in step (2)

Figure 1 depicts a timeline representing the state of the LEDs of the program in Listing 1. The synchronous and deterministic execution model of CÉU guarantees that the pattern presented in this 18-seconds timeline repeats indefinitely until some key is pressed. Every 4 seconds, the program executes three function calls in exactly the same order. First, it turns Led1 on and off (lines 6 and 8 of Listing 1), and then either turns Led2 on (line 13) or off (line 15). From the program's perspective, these calls are simultaneous; they occur in the same reaction, i.e., both trails react to the same event (viz., the passage of 4 seconds), and therefore (logical) time does not pass between the calls.

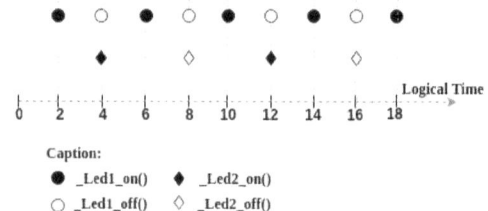

Figure 1. Timeline of the blinking LEDs program.

Given an input program such as that of Listing 1, the CÉU compiler generates a corresponding C program. In this process, it checks for inconsistencies and makes sure that the properties advertised by the semantics of CÉU (synchronicity, termination, consistency and determinism) are reflected in the resulting C logic. The exceptions are native C calls, which are the statements starting with an underscore (_), e.g., lines 6, 8, 13 and 15 in Listing 1. These are mapped directly into C calls which cannot be checked by the compiler. The drawback here is that if a native call performs a blocking operation, i.e., one that takes a non-negligible time to return, the logical time may diverge from the physical time. For instance, the "2s" written in the CÉU program may not correspond exactly to two physical seconds (though they will always mean two logical seconds, i.e., two occurrences of event "second"). That said, for our purposes this is not a big problem. We expose a high-level pure CÉU API to application authors, namely, CÉU-MEDIA, so that in general they do not write custom C code.

Synchronous Languages and Multimedia

The synchronous programming model was developed in the 1980s by French research groups for the trusted design of safe-critical embedded systems. The languages Esterel [6], Lustre [12], and Signal [11] are the main products of this initial effort. Esterel is a control-oriented imperative language, while Lustre and Signal are data-oriented declarative languages—the former is a functional language and the latter is an equational language. Céu is similar to Esterel but has a simpler semantics. The common features of all these languages is that they assume the synchronous hypothesis, i.e, that the program always reacts fast enough to external stimuli, making the actual reaction time negligible.

That this hypothesis can be maintained in hard real-time multimedia systems is demonstrated by the existence of specialized languages for audio and video processing that implicitly assume it [3]. Examples of such languages are Pure Data [15], ChucK [20], CLAM [2], and Faust [13]. ChucK (imperative) and Faust (functional) deal only with audio, while Pure Data and CLAM (both "dataflow" languages) deal with audio and video. In this paper, we also argue for the adoption of the synchronous hypothesis in the multimedia domain. But our main concern is the accurate specification and maintenance of inter-media synchronization (most of the mentioned languages were designed with digital signal processing in mind) and we regard multimedia applications as soft-real time systems.

3. COMPARING CÉU TO NCL AND SMIL

Céu-Media (discussed in next section) aims to describe multimedia presentations in a strictly precise way in both dimensions logical and physical, i.e., from the point of view of the program state and the resulting audio and video samples. To validate the Céu-Media approach, we compare versions of presentations written in Céu against versions of similar presentations written in traditional multimedia languages, and how these specifications are realized by the corresponding implementations. Céu-Media targets non-specialist users. Thus here we are mainly concerned with high-level multimedia languages, i.e., those with a concept of "media object" and synchronization primitives that allow for combining objects in groups and describing their behavior in time. For this reason, we choose NCL 3.0 [1] and SMIL 3 [19].

Because pure Céu does not deal with media objects, we first compare it with NCL and SMIL as regards to the synchronization model and corresponding primitives offered by the languages. One may view the Céu program of Listing 1 as a multimedia presentation if we replace the LEDs by media objects. In this case, the program presents two media objects (e.g., texts, images, audios, videos, etc.) on screen in a loop. The first should be presented for two seconds, every two seconds, and the second should be presented for four seconds, every four seconds. At any moment, if the user presses any key, the presentation should halt.

3.1 Blinking LEDs in NCL

Listing 2 depicts the relevant parts of the multimedia version of the blinking LEDs program written in NCL. In the listing, each LED state is represented by a corresponding media object (lines 4–15). Media object `Led1_on` (lines 4–6) displays an image on screen for two seconds, while `Led1_off`

(lines 7–9) displays nothing on screen for two seconds and terminates. Similarly, `Led2_on` (lines 10–12) displays an image on screen for four seconds, and `Led2_off` (lines 13–15) waits for four seconds and terminates. The duration of each object is given by the value of its `explicityDur` property (lines 5, 8, 11 and 14), and their presentation is interleaved by four links (lines 16–31).

When the program of Listing 2 starts, objects `Led1_off` and `Led2_off` are started (lines 2–3). These behave as countdown timers that wait for some time (two and four seconds, respectively) and end. When `Led1_off` ends, the first link (lines 16–19) is triggered and object `Led1_on` is started. Thus after two seconds, the first LED is displayed for two seconds, and after that the countdown timer `Led1_off` is restarted (lines 20–23). Similarly, when `Led2_off` ends, the third link (lines 24–27) is triggered and object `Led2_on` is started. Thus after four seconds, the second LED is displayed for four seconds, and after that `Led2_off` is restarted (lines 28–31). The last link (lines 32–35) establishes that when some specific key is pressed by the user the whole body (lines 1–36) stops, the program terminates.

```
1  <body id="blink">
2    <port id="pLed1_off" component="Led1_off"/>
3    <port id="pLed2_off" component="Led2_off"/>
4    <media id="Led1_on" src="Led1.png">
5      <property name="explicitDur" value="2s"/>
6    </media>
7    <media id="Led1_off">
8      <property name="explicitDur" value="2s"/>
9    </media>
10   <media id="Led2_on" src="Led2.png">
11     <property name="explicitDur" value="4s"/>
12   </media>
13   <media id="Led2_off">
14     <property name="explicitDur" value="4s"/>
15   </media>
16   <link xconnector="onEndStart">
17     <bind role="onEnd" component="Led1_off"/>
18     <bind role="start" component="Led1_on"/>
19   </link>
20   <link xconnector="onEndStart">
21     <bind role="onEnd" component="Led1_on"/>
22     <bind role="start" component="Led1_off"/>
23   </link>
24   <link xconnector="onEndStart">
25     <bind role="onEnd" component="Led2_off"/>
26     <bind role="start" component="Led2_on"/>
27   </link>
28   <link xconnector="onEndStart">
29     <bind role="onEnd" component="Led2_on"/>
30     <bind role="start" component="Led2_off"/>
31   </link>
32   <link xconnector="onKeySelectionStop">
33     <bind role="onKeySelection" component="blink"/>
34     <bind role="stop" component="blink"/>
35   </link>
36 </body>
```

Listing 2. Blinking LEDs in NCL.

At first sight, it seems that the program of Listing 2 does what it is supposed to do: the first LED object is presented for 2s every two seconds, the second LED object is presented for 4s every four seconds, and the program terminates when the user presses a key. However, there is an issue with this program: its logical and physical behavior is simply unpredictable. The constants "2s" and "4s" are meaningless from a logical point of view. There is no guarantee that the second and fourth links (lines 20–23 and 28–31), which must be triggered exactly every 8s, will be triggered in the same time instant. In fact, in NCL, even the notion of what constitutes a "time instant" is open to interpretation. We can only hope that both are triggered as close as possible to each other. Moreover, if they happen to be triggered at exactly the same time, then there is no way to tell which of them will be executed first since link evaluation is nondeterministic.

These problems are caused by the ambiguous semantics of NCL and they exist independently of a particular implementation. This loose semantics is also reflected in implementations in the form of physical dyssynchrony. Even if we assume that the links are triggered at the same logical time we have no guarantee that the LEDs will appear at the same physical time on screen. Ideally, they should appear in the same video frame, but the language does not enforce that when a link is triggered, actions should be executed synchronously (at the same logical tick). In our tests, the Ginga-NCL reference implementation did not maintain the images blinking in-sync.

3.2 Blinking LEDs in SMIL

Listing 3 depicts the relevant parts of the blinking LEDs program written in SMIL. In the listing, each LED is represented by an image. The first image Led1_on (line 3) begins two seconds after its parent container is started (lines 2–4) and is displayed for two seconds (dur="2s"). Similarly, the second image Led2_on (line 6) begins four seconds after its parent container is started (lines 5–7) and is displayed for four seconds (dur="4s")—the begin attributes emulate the countdowns Led1_off and Led2_off of the NCL counterpart. The innermost <par> containers are repeated indefinitely (repeatCount="indefinite"), and both are children of a parent <par> container (lines 1–8) that starts them in parallel as soon as the program starts and executes until key "q" is pressed (end="accessKey(q)").

```
1  <par end="accessKey(q)">
2   <par repeatCount="indefinite">
3    <img id="Led1_on" begin="2s" dur="2s" src="L1.png"/>
4   </par>
5   <par repeatCount="indefinite">
6    <img id="Led2_on" begin="4s" dur="4s" src="L2.png"/>
7   </par>
8  </par>
```

Listing 3. Blinking LEDs in SMIL.

The SMIL program should behave exactly as the previous NCL program. After the program is started, Led1_on will be presented for 2s seconds every two seconds, and Led2_on will be presented for 4s every four seconds. This situation continues until the user presses key "q", at which point the <par> container (and consequently the whole program) terminates. Though the program of Listing 3 is conciser than its NCL version, it suffers from same semantical problems. SMIL also does not have a precise (unambiguous and well-defined) notion of logical time, so the meaning of terms such as "at the same time", and of constants such as "2s" and "4s" is open to interpretation.

In SMIL, logical time may pass even while "instantaneous" operations are being evaluated. For instance, the language does not guarantee there is no delay between subsequent repetitions of the innermost <par> containers (lines 2–4 and 5–7) of the previous program. This possibility is described in the SMIL 3.0 specification [19, cf. Section "Event Sensitive"]: "[The] timing of event propagation is implementation dependent, and so there are occasions in which delivery of an event may not occur because an intervening state change in the timegraph precludes event delivery". In our tests using the SMIL Ambulant Player, we could not notice delays between the generation and the processing of events.

4. CÉU-MEDIA

CÉU-MEDIA[1] is a library for programming multimedia applications in CÉU. The library itself has three main concepts: Scene, Media, and Player. A Scene represents a top-level OS window with audio and video output. A Media holds the description of a media object. And a Player renders a Media on a Scene. Listing 4 depicts a simple CÉU-MEDIA application that uses these concepts to present two side-by-side videos for 15s on screen, restarting them whenever both end.

```
1  var Scene s with
2   this.size = Size (1080, 720);
3  end;
4  var Media m1 = Media.VIDEO ("video1.ogv",
5                     Region(0, 0, 540, 720), 1.0);
6  var Media m2 = Media.VIDEO ("video2.ogv",
7                     Region(540, 0, 540, 720), 1.0);
8  watching 15s do
9   loop do
10   par/and do
11    await Player.play (m1, &s);
12   with
13    await Player.play (m2, &s);
14   end
15  end
16 end
```

Listing 4. Two side-by-side videos in Céu-Media.

Lines 1–3 define a Scene with 1080x720 pixels and store it in variable s. Lines 4–7 declare two Media descriptions, both videos. The first video (lines 4–5), variable m1, has as source "video1.ogv"; it is to be played on the region delimited by the given rectangle (Region (0,0,540,720)) with its normal volume (1.0). Similarly, the second video (lines 6–7), variable m2, has as source "video2.ogv" and is to be played on the given region (Region (540,0,540,720)) also with its normal volume. Note that these Media declarations are only descriptions used by players to determine what they will render on a scene. Thus at this point (line 7) nothing has happened and the screen is empty—in fact, time has not even passed.

The next statement is a watching block (lines 8–16). It defines an execution block with a duration of 15s, that is, a block that executes its body for at most 15 seconds, i.e., 15 occurrences of event "second", and terminates. Here the body (lines 9–15) consists of an infinite loop whose sole statement is a par/and composition (lines 10–14) with two execution trails, each also consisting of a single statement (line 11 and line 13). Once executed, the par/and statement starts its trails in parallel and terminates only after both of them terminate. In this case, the first trail creates an anonymous player to render media m1 on scene s, starts it, and waits for its end. Similarly, the second trail creates an anonymous player to render m2 on s, starts it, and waits for its end.

When the program in Listing 4 starts, the two players are created and start to render the corresponding video objects in parallel. Whenever *both* of them end, the whole par/and statement terminates and is immediately restarted by the outermost loop, which means that new anonymous players are created and started. This process goes on until the 15th second is reached, at which point the watching block, and thus the whole program, terminates. Note that the await statements are the only instructions that actually block. All other instructions are conceptually instantaneous and execute in no time.

In practice, the Media is a structured data type, while Scene and Player are CÉU organisms: abstractions that combine

---

[1]http://rodrimc.github.io/ceu-media

146

data and behavior [16]. Before detailing their implementation we introduce some terminology. Thinking in terms of modeling concepts and their relative level of abstraction, we regard the process of writing a multimedia application in CÉU-MEDIA as consisting of four layers, depicted in Figure 2.

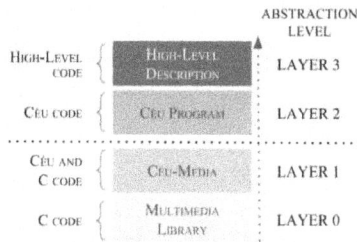

Figure 2. The abstraction layers of the authoring process.

Layer 0 is the base layer; it is a C API for programming multimedia. Currently, this C API is LibPlay[2], a simple multimedia library based on GStreamer. Layer 1 is CÉU-MEDIA itself; it is written in CÉU upon Layer 0, hides its complexity, and exposes to the upper layer a pure high-level CÉU API (the Media type and the Scene and Player organisms). Layer 2 consists of CÉU-MEDIA programs, i.e., CÉU programs that use the CÉU-MEDIA extensions to build multimedia applications. One could stop in Layer 2, but it is possible to go further. Using CÉU mechanisms we can combine the basic abstractions of CÉU with those of CÉU-MEDIA into novel abstractions that are better suited to the description of particular scenarios. For instance, in Section 5 we discuss the definition of an organism for constructing multimedia slideshows. These CÉU-MEDIA extensions appear in Layer 3, the uppermost layer in terms of level of abstraction. From now on, whenever a code listing is presented, we will indicate its position in this abstraction scale.

4.1 Implementation

The Media data type

The Media type is a CÉU tagged data type. Each tag groups properties related to one of the following media types: text, image, audio, or video. A simplified version of the CÉU code that defines the Media type is presented in Listing 5.

```
1  data Media with
2    tag VIDEO with
3      var _char[255] uri;    /* source uri */
4      var Region region;     /* screen region */
5      var float volume;      /* sound level */
6    end
7  or
8    tag IMAGE with
9      var _char[255] uri;    /* source uri */
10     var Region region;     /* screen region */
11   end
12 or
13   tag AUDIO with
14     var _char[255] uri;    /* source uri */
15     var float volume;      /* sound level */
16   end
17 or
18   tag TEXT with
19     var _char[255] text;   /* text to render */
20     var uint color;        /* text color */
21     var Region region;     /* screen region */
22   end
23 end
```

Listing 5. The Media tagged data type (Layer 1).

A variable of type Media holds a set of properties but has no behavior associated to it. Although more verbose, this design promotes reuse: different Players can render the same Media description.

The Scene organism

A Scene composes the output of multiple players into a synchronized multimedia scene and, under the hood, is implemented as a CÉU organism. Listing 6 depicts the interface of a Scene (lines 2–4) and a simplified version of its execution body (lines 5–16).

```
1  class Scene with
2    var Size? size;                /* interface */
3    event mouse_click_event;
4    event key_event;
5  do                               /* body */
6    par/and do
7      loop do
8        evt = ⟨get next event⟩;
9        emit evt;
10     end
11   with
12     every FREQ ms do
13       _advance_time (FREQ * 1000000);
14     end
15   end
16 end
```

Listing 6. The Scene organism (Layer 1).

When a variable of type Scene is defined, a new scene organism is created and its body starts immediately; it executes in parallel with the surrounding code until the variable goes out of scope. The Scene body performs two main tasks: (i) it emits scene-level events to the application, e.g., mouse clicks, key presses and releases, etc., and (ii) it controls the scene clock. Every Scene maintains an internal clock to which players are synchronized. This clock only advances through explicit calls to a Layer 0 function advance_time (line 13, in the previous listing). The inner workings of the scene clock and its impact on the synchronization of the output presentation are discussed in Section 4.2.

The Player organism

A Player renders a Media description on a Scene. Each Player is an organism that, when instantiated, immediately presents its associated Media on the given Scene. When there is no more content to be presented (i.e., the player has drained all of its media content), the player stops (the organism ends).

```
1  class Player with
2    var Scene &scene;              /* interface */
3    var Media media;
4    function(Media, Scene&) => Player play;
5    function(char, int) => void set_property_int;
6    function(char) => int get_property_int;
7    event (void) start;
8    event (void) stop;
9  do                               /* body */
10   p = ⟨allocate memory⟩;
11   finalize
12     _start (p);
13   with
14     _stop (p);
15   end
16   await p;
17 end
```

Listing 7. The Player organism (Layer 1).

Listing 7 depicts a sketch of the CÉU code that defines the Player organism. The Player interface consists of its data (associated Media and Scene, lines 2–3), exposed functions

[2]https://github.com/TeleMidia/LibPlay

147

(constructor plus property getters and setters, lines 4–6), and events (start and stop, lines 7–8). The player constructor (function `play`) takes a `Media` and a `Scene` and returns a new `Player`, and the getters and setters are used to get or set player properties, which control the audiovisual characteristics of the player output. In Listing 7, only the functions for getting and setting integer properties are shown, namely, `get_property_int` and `set_property_int`; there are similar functions for the other primitive data types.

Starting the presentation of a `Media` might take a nonnegligible time—because it involves complex operations such as resolving the content URI, opening the content file, decoding it, transforming the raw samples, etc. So the `Player` uses an asynchronous start process: it loads the Level 0 player, requests an asynchronous start, waits for its completion, and emits a corresponding (Level 1) `start` event. Similarly, when the Level 0 player notifies that its samples have been exhausted, the `Player` emits a corresponding (Level 1) `stop` event. From the logical point of view, a `Player` starts at the moment (logical time) its constructor is called—it uses the `start` event to notify the completion of the asynchronous start. To reflect what is specified in the source code, the `Scene` has to consider the moment players have been created, and not the moment their `start` event is emitted. Thus, for timed media, initial content may not be rendered if the asynchronous start takes too long to complete.

In CÉU, the organism body may have a `finalize` block that executes a given piece of code whenever the organism is killed or finishes [17] (such blocks are similar to destructor methods). In the Listing 7, we use a finalize block (lines 11–15) to guarantee that the Level 0 player is stopped whenever the corresponding `Player` variable goes out of scope. This ensures not only that the player is stopped, but also that the allocated resources are properly released.

4.2 Synchronization

Every `Scene` has an internal monotonic clock that starts with 0 and advances only through explicit calls to the Layer 0 function `advance_time()`. Such calls are triggered by the scene organism itself (i.e., CÉU-MEDIA users should not worry about calling this function). For instance, in Listing 6, the `Scene` advances its clock every `FREQ` milliseconds (lines 12–14), where `FREQ` is an internal constant, by the corresponding amount of time. This call binds the logical time events of CÉU with the "physical" clock used to synchronize all players in a given scene—or more precisely, to time-stamp the samples produced by these players.

To illustrate the consequence of this binding of logical and physical time, consider the program depicted in Listing 8. The program creates a scene (lines 1–3), four muted videos (with no audio tracks), vid1, vid2, vid3, vid4 (lines 4–7), and an audio (line 8), audio. Then it waits for five seconds (line 9) and creates four players (lines 10–13), p1, p2, p3, and p4, initializing each with one of the previous video media; these are started as soon as they are created. Finally, it creates an anonymous player (line 14) to play the audio media, starts it, and waits for its end (stop event).

The only instructions that actually take time in this program are the `await` statements in lines 9 and 14, and the code that advances the scene clock (Listing 6, lines 12–14)—and they all consume exactly the specified amount of logical time. This means that logical time does not pass while the players are being created and started. Moreover, because

the logical clock drives the physical (scene) clock, this also means that no samples are timestamped with distinct values during this time. Because the physical time actually passes while the program creates the players, without this "deterministic" control over the scene clock, each `Player` would set a different timestamp value on the produced samples. This would happen even though they have been created in the same reaction. The program in Listing 8 produces a presentation that renders the four videos and their respective audio in-sync.

```
1  var Scene s with
2    this.size = Size (1080, 720);
3  end;
4  var Media vid1 = Media.VIDEO ("muted_video.ogv", ...);
5  var Media vid2 = Media.VIDEO ("muted_video.ogv", ...);
6  var Media vid3 = Media.VIDEO ("muted_video.ogv", ...);
7  var Media vid4 = Media.VIDEO ("muted_video.ogv", ...);
8  var Media audio = Media.AUDIO ("audio.ogg", 1.0);
9  await 5s;
10 var Player p1 = Player.play(vid1, &s);
11 var Player p2 = Player.play(vid2, &s);
12 var Player p3 = Player.play(vid3, &s);
13 var Player p4 = Player.play(vid4, &s);
14 await Player.play(audio, &s);
```

Listing 8. Binding logical and physical time (Layer 2).

5. SAMPLE APPLICATIONS

In this section, we discuss two sample applications written in CÉU-MEDIA. These applications implement simple use cases that show that is not only feasible, but also advantageous, to use CÉU-MEDIA when programming common multimedia synchronization scenarios. The first application (Section 5.1) is an SRT player that reads a SubRip text file and renders the corresponding subtitles. The second application (Section 5.2) is a simple multimedia slideshow that reuses the organism defined in the first application. We conclude the section (Section 5.3) with a discussion of how one could go further and define an organism for slideshows which can be reused by other applications.

5.1 The SRT organism

Listing 9 depicts the partial CÉU code for an `SRT` organism. When instantiated, the organism reads a SubRip text file and, for each subtitle entry, obtains its start time, end time, and text (lines 8–10), awaits for the amount of time corresponding to its start time (line 11), and creates a `Player` that renders the subtitle text for the duration of the entry.

```
1  class SRT with                    /* interface */
2    var Scene &scene;
3    var char[] &file;
4    var int y_offset;
5  do                                /* body */
6    var int now = 0;
7    loop entry in ⟨subtitle entry in file⟩ do
8      var int from = get_start_time (entry);
9      var int to = get_end_time (entry);
10     var char[]text = get_subtitle_text (entry);
11     await (from - now)ms;
12     watching (to - from)ms do
13       var Media text = Media.TEXT (text, 0xffff0000,
14                        Region(0, y_offset, 800, 100));
15       await Player.play(text, &scene);
16     end
17     now = to;
18   end
19 end
```

Listing 9. The SRT organism (Layers 1–2).

The complete code of the `SRT` organism demands the use of asynchronous I/O operations for reading the SRT file, along

148

with `await` statements for synchronizing the asynchronous calls, as the use of traditional blocking I/O would violate the synchronous hypothesis. Thus a programmer writing this organism needs to work on Layers 1 (asynchronous I/O) and 2 (text rendering via CÉU-MEDIA). Finally, note that this application cannot be directly implemented in NCL, SMIL, or HTML without resorting to external scripts.

5.2 A multimedia slideshow

The slideshow we consider consists of three images. Each one is presented for five seconds while a piano soundtrack is played in background (in a loop) and synchronized subtitles are shown over the images. The slideshow terminates when all three images are displayed or when there are no more subtitles to be presented or any key is pressed. Listing 10 depicts the CÉU-MEDIA code of this application.

```
1  var Scene s with this.size = Size (800, 585); end;
2  var Media piano = Media.AUDIO ("piano.ogg", .5);
3  var Media img1 = Media.IMAGE ("img1.jpg", ...);
4  var Media img2 = Media.IMAGE ("img2.jpg", ...);
5  var Media img3 = Media.IMAGE ("img3.jpg", ...);
6  par/or do
7    loop do await Player.play (piano, &s); end
8  with
9      watching 5s do await Player.play (img1, &s); end
10     watching 5s do await Player.play (img2, &s); end
11     watching 5s do await Player.play (img3, &s); end
12 with
13     await SRT (&s, "subtitle.srt", 485);
14 with
15     await s.key_event;
16 end
```
Listing 10. A multimedia slideshow (Layer 2).

Listing 10 begins creating the scene and the necessary media descriptions (lines 1–5). Then it starts four execution trails in a `par/or` composition—the composition, and thus the program, ends when any of these trails end. The first trail (line 7) creates an anonymous player to render the background piano music in a loop (every time the player ends it is recreated and restarts the music). The second trail (lines 9–11) presents the three images (in corresponding players) each for five seconds. The third trail (line 13) creates an `SRT` organism to present the subtitles and waits for it to finish before terminating. Finally, the fourth trail (line 15) awaits for a scene `key_event` before terminating.

The previous `par/or` composition (lines 6–16) and the sequence of `watching` statements (lines 9–11) resemble the `par` (with its endsync attribute equals to `first`) and `seq` SMIL containers. The `watching` blocks resemble SMIL's `dur` attribute, while the counterpart of the previous `loop` statement is the `repeatCount` attribute of SMIL, with its value set to `indefinite`. Similar analogies can be made with NCL. But the crucial difference here is that the semantics of CÉU is unambiguous and guarantees that the trails are, at any time, precisely and deterministically synchronized. Furthermore, in pure NCL or SMIL it is impossible to create abstractions comparable to the previous `SRT` organism

5.3 The Slideshow organism

It is possible using CÉU constructs to declaratively describe a slideshow application. For instance, Listing 11 depicts a CÉU program that defines into two `MediaList`, `parallel` in lines 2–5 and `sequence` in lines 6–10, media objects that should be presented in parallel (background) and in sequence. This program uses the CÉU organism `Slideshow` (Listing 12) to actually present these objects.

```
1  var Scene scene with this.size = Size (800, 585); end;
2  pool MediaList[] parallel =
3    new MediaList.CONS (Media.AUDIO ("piano.ogg", .5),
4        MediaList.CONS (Media.IMAGE ("frame.png", ...),
5        MediaList.NIL ()));
6  pool MediaList[] sequence =
7    new MediaList.CONS (Media.IMAGE("img1.jpg", ...),
8        MediaList.CONS (Media.IMAGE("img2.jpg", ...),
9        MediaList.CONS (Media.IMAGE("img3.jpg", ...),
10       MediaList.NIL ()))));
11 do Slideshow with
12     this.scene    = &scene;
13     this.parallel = &parallel;
14     this.sequence = &sequence;
15     this.time     = 10;
16     this.quit     = 'q';
17 end;
```
Listing 11. A declarative description of a slideshow in Céu (Layer 2).

Despite the imperative nature of CÉU, this code contains basically declarations of media lists and an instantiation of an organism (lines 11–17). The `Slideshow` organism (Listing 12) actually implements the application logic, by capturing some of the behavior of the previous slideshow program. The organism itself consists of two sets of objects: one containing media descriptions that should run in parallel, and another containing media descriptions that should be played in a sequence. When the `Slideshow` organism is started it creates a player for each description in these sets. Those in the `parallel` set are played in parallel (the `spawn` statement in line 14 spawns instances of `Players`) and those in the `sequence` set are played in a loop, one after the other, each for a given amount of time (the `await` statement in line 24 creates a `Player` and waits until it finishes). The organism ends when the key `quit` (set when the organism is instantiated) is pressed or all media within the `sequence` list terminate. Listing 12 depicts the CÉU-MEDIA code of this organism.

```
1  class Slideshow with          /* interface */
2    var Scene &scene;
3    pool MediaList[] &parallel;
4    pool MediaList[] &sequence;
5    var uint time;
6    var char quit;
7  do                            /* body */
8    par/or do
9      key = await s.key_event until (key == quit);
10   with
11     traverse list in && this.parallel do
12       watching *list do
13         if list:CONS then
14           spawn Player.play (list:CONS.media, &s);
15           traverse &&list:CONS.next;
16         end
17       end
18     end
19     loop do
20       traverse list in && this.sequence do
21         watching *list do
22           if list:CONS then
23             watching (time)s do
24               await Player.play (list:CONS.media, &s);
25             end
26             traverse &&list:CONS.next;
27           end
28         end
29       end
30     end
31   end
32 end
```
Listing 12. The Slideshow organism (Layer 2).

In Listing 12, the parallel and sequence sets are represented by the media lists (lines 3–4) in the organism interface. The interface also has variables that determine the target scene (`scene`, line 2), the duration of each entry in the sequence set (`time`, line 5), and the specific key which causes the organism to terminate (`quit`, line 6). The organism body consists of two parallel trails in a `par/or` composition. The first trail (line 9) waits for the given `quit` key before terminating, while the second trail (lines 11–30) implements the slideshow semantics, that is, traverses the media lists recursively (via `traverse` statements) creating the players and waiting for the appropriate events, e.g., `time` seconds before stopping each player created in line 24.

Alternatively, we can specify a slideshow program using a Lua table (CÉU can be seamless integrated with Lua). The Lua version is depicted in Listing 13. Both versions, Listing 11 and 13, are equivalent, i.e., they produce exactly the same resulting presentation. Here we chose Lua for mere convenience. Any higher-level syntax could be used, provided that there is a corresponding CÉU code to parse it. Finally, note that this example illustrates that from a small set of abstractions exposed by CÉU-MEDIA it is possible to create higher-level constructs targeting nonspecialist users. Such usage resemble the use of template languages such as TAL [18] or XTemplate [8] in the domain of XML languages.

```
rect = {76,74,650,440}
SLIDESHOW = {
  width = 800, height = 585,
  background = {
    {tag='audio', uri='piano.ogg', volume=.5},
    {tag='image', uri='frame.png', rect={0,0,800,585}}
}, sequence = {
    {tag='image', uri='img1.jpg', rect=rect},
    {tag='image', uri='img2.jpg', rect=rect},
    {tag='image', uri='img3.jpg', rect=rect},
}, }
```

Listing 13. A Lua version of the slideshow program (Layer 3).

6. CONCLUSION

This work is another evidence that the synchronous approach might be an adequate solution to the longstanding semantical problems of NCL and SMIL, and possibly HTML. In fact, an approach to these problems, and possible future work, is to investigate how CÉU can be used to implement an NCL or SMIL player—which would indirectly "solve" the problem of ambiguity in their specification.

Even though CÉU has a different target audience than traditional declarative multimedia languages, we have illustrated in this paper how one can use the constructs and features of CÉU to create abstractions suitable to users of those languages. The imperative nature of CÉU, however, may be an issue for authors used to the declarative paradigm. An approach to overcome this problem is to explore the development of higher-level abstractions, as illustrated by the use of Lua tables for creating slideshows.

The enslaving of the presentation clock to the logical clock of CÉU programs leads to some rendering flaws that become more noticeable as the skew between the presentation time and the physical time increases (specially for sounds due their high sampling frequency). We are investigating solutions to minimize this problem.

Finally, our research has indicated that CÉU is well-suited for developing local multimedia applications. As the synchrony hypothesis cannot be assumed in distributed settings due to communication latency, further research must be conducted to understand the limits of synchronous languages in developing distributed multimedia applications. We are in-

vestigating how to implement different architectures to support the requirements of these systems.

REFERENCES

[1] ABNT NBR 15606-2. *Digital Terrestrial TV — Data Coding and Transmission Specification for Digital Broadcasting — Part 2: Ginga-NCL for Fixed and Mobile Receivers: XML Application Language for Application Coding*. ABNT, São Paulo, SP, Brazil, February 2016.

[2] X. Amatriain, P. Arumi, and D. Garcia. A framework for efficient and rapid development of cross-platform audio applications. *Multimedia Systems*, 14(1):15–32, 2008.

[3] K. Barkati and P. Jouvelot. Synchronous programming in audio processing: A lookup table oscillator case study. *ACM Computing Surveys*, 46(2):24:1–24:35, December 2013.

[4] A. Benveniste and G. Berry. The Synchronous Approach to Reactive and Real-Time Systems. *Proceedings of the IEEE*, 79(9):1270–1282, 1991.

[5] A. Benveniste, P. Caspi, S. A. Edwards, N. Halbwachs, P. Le Guernic, and R. De Simone. The synchronous languages 12 years later. *Proceedings of the IEEE*, 91(1):64–83, 2003.

[6] G. Berry. The foundations of Esterel. In G. Plotkin, C. Stirling, and M. Tofte, editors, *Proof, Language, and Interaction*, pages 425–454. MIT Press, 2000.

[7] J. A. dos Santos, C. Braga, and D. C. Muchaluat-Saade. Automating the analysis of NCL documents with a model-driven approach. In *WebMedia 2013*, pages 193–200, New York, New York, USA, nov 2013. ACM Press.

[8] J. A. F. dos Santos and D. C. Muchaluat-Saade. XTemplate 3.0: spatio-temporal semantics and structure reuse for hypermedia compositions. *Multimedia Tools and Applications*, 61(3):645–673, jan 2011.

[9] G. F. Lima. *A synchronous virtual machine for multimedia presentations*. PhD thesis, Department of Informatics, PUC-Rio, Rio de Janeiro, RJ, Brazil, 2015.

[10] A. Ghomari, N. Belheziel, F. Z. Mekahlia, and C. Djeraba. *Towards a formal approach for verifying temporal coherence in a SMIL document presentation*, volume 8216 of *Lecture Notes in Computer Science*. Springer Berlin Heidelberg, Berlin, Heidelberg, 2013.

[11] P. L. Guernic, J.-P. Talpin, and J.-C. L. Lann. Polychrony for system design. *Circuits, Systems, and Computers*, 2003.

[12] N. Halbwachs, P. Caspi, P. Raymond, and D. Pilaud. The synchronous data flow programming language LUSTRE. *Proceedings of the IEEE*, 79(9):1305–1320, September 1991.

[13] Y. Orlarey, D. Fober, and S. Letz. FAUST: An efficient functional approach to DSP programming. In *New Computational Paradigms for Computer Music*. 2009.

[14] D. Picinin Júnior, C. Koliver, C. A. S. Santos, and J.-M. Farines. Verifying Hypermedia Applications by Using an MDE Approach. *System Analysis and Modeling: Models and Reusability*, 8769:174–189, 2014.

[15] M. S. Puckette. *The Theory and Technique of Electronic Music*. World Scientific Publishing Company, Singapore, 2007.

[16] F. Sant' Anna, R. Ierusalimschy, and N. Rodriguez. Structured synchronous reactive programming with CÉU. In *Proc. of the 14th International Conference on Modularity*, pages 29–40, New York, New York, USA, 2015. ACM Press.

[17] F. Sant'Anna, N. Rodriguez, R. Ierusalimschy, O. Landsiedel, and P. Tsigas. Safe System-Level Concurrency on Resource-Constrained Nodes. In *SenSys '13*, New York, New York, USA, nov 2013. ACM Press.

[18] C. d. S. Soares Neto, L. F. G. Soares, and C. S. de Souza. TAL—Template Authoring Language. *Journal of the Brazilian Computer Society*, 18(3):185–199, sep 2012.

[19] W3C Recommendation 01 December 2008. *Synchronized Multimedia Integration Language (SMIL 3.0)*. World Wide Web Consortium (W3C), December 2008.

[20] G. Wang and P. Cook. ChucK: A Programming Language for On-the-fly, Real-time Audio Synthesis and Multimedia. In *Proc. of 12th ACM Multimedia*, pages 812–815, 2004.

HaaRGlyph: A New Method for Anaglyphic Reversion in Stereoscopic Videos

Felipe Maciel Rodrigues
Universidade de São Paulo
São Carlos – SP - Brasil
maciel.icmc@gmail.com

Juliano Koji Yugoshi
[1]Universidade de São Paulo
[2]Univ. Federal de Mato
Grosso do Sul
[1]São Carlos - SP - Brasil
[2]Três Lagoas - MS - Brasil
[1]juliano.yugoshi@usp.br

Rudinei Goularte
Universidade de São Paulo
São Carlos – SP - Brasil
rudinei@icmc.usp.br

ABSTRACT

In spite of recent advances in the so called 3D technology, the related literature reveals that, on the one hand, there is still a need for compression in order to reduce data volume. On the other hand, there is a lack of encoding methods capable to produce reusable 3D content, easily interchangeable between different visualization modes. In this scenario, a possible approach, but yet poorly explored, is to use the anaglyphic encoding method as a means to get both: higher compression and independence of visualization modes. That way, this work proposes the HaaRGlyph, a new technique for stereoscopic video coding based on anaglyphic method. HaaRGlyph uses spatial coding, lossless and lossy, in order to achieve better compression ratios minimally interfering with the depth perception quality. At the same time, the technique preserves enough information to allow an anaglyphic image to be reverted into the related stereo pair. This helps content interchange since different visualization modes use stereo pairs as input. The conduced experiments used objective metrics (PSNR - Peak Signal-to-Noise Ratio) and subjective metrics (DSCQS - Double Stimulus Continuous Quality Scale) applied to a stereoscopic image database. The results were compared to related techniques, pointing out that HaaRGlyph achieves better results.

CCS Concepts

• **Computing methodologies** → *Image compression;*

Keywords

Visualização estereoscópica; codificação de vídeo estereoscópico; vídeo anaglífico

1. INTRODUÇÃO

Vídeos estereoscópicos, popularmente conhecidos como vídeos 3D, são formados por um par de vídeos – chamado par

WebMedia '16, November 08 - 11, 2016, Teresina, PI, Brazil

© 2016 Copyright held by the owner/author(s). Publication rights licensed to ACM.
ISBN 978-1-4503-4512-5/16/11... $15.00

DOI: http://dx.doi.org/10.1145/2976796.2976864

estéreo (olho direito e olho esquerdo) – e são reproduzidos de maneira a propiciar a percepção de profundidade para um observador, simulando o efeito obtido pelo sistema visual humano (Seção 2). Devido à aceitação e expressão de interesse público, houve um aumento de produção deste tipo de conteúdo pela indústria de entretenimento. Além disso, a tecnologia estereoscópica está sendo incorporada em diversos produtos eletrônicos tal como televisores 3D[1], telefones celulares[2] e videogames[3]. Cada dispositivo apresenta suporte a diferentes tipos de visualização para possibilitar a percepção de profundidade. Consequentemente, novas técnicas para a captura, codificação e reprodução de vídeos estereoscópicos estão surgindo ou sendo aperfeiçoadas, a fim de otimizar e integrar esta tecnologia com a infraestrutura existente.

No campo de produção de conteúdo estereoscópico, câmeras especiais foram desenvolvidas visando capturar dois pontos de vista diferentes de uma mesma imagem (gerando o par estéreo), ou então gerando um mapa de profundidade das cenas juntamente com o vídeo [5]. Também foram desenvolvidas técnicas para conversão e apresentação de vídeos 3D a partir de vídeos originalmente em 2D [25]. No que diz respeito à visualização de vídeos 3D, existem tecnologias – aqui chamadas de modos de visualização - que fazem uso de óculos especiais para separar o par estéreo direcionando a imagem correta para cada olho [6]. São elas: estereoscopia anaglífica [12], luz polarizada [12] e óculos obturadores [23]. Existem ainda monitores denominados auto-estereoscópicos, os quais permitem assistir conteúdos 3D sem o auxílio de óculos ou dipositivos específicos [5].

Apesar do impulso que a tecnologia 3D vem recebendo da indústria do cinema [15] [24] e da televisão, ainda existe a necessidade de pesquisa nesta área. Um reflexo disso é que os atuais métodos empregados para codificar vídeo 3D, para fins de armazenamento e transmissão, são adaptações de métodos para vídeo 2D, gerando conteúdo que não pode ser facilmente intercambiado entre diferentes modos de visualização. Tais métodos podem ser divididos em dois grandes grupos: o método de Lipton [13] e os métodos aqui chamados de vinculados [22]. No método de Lipton o par estéreo é armazenado em contêineres genéricos, com ou sem compressão. Apesar de ser flexível, resulta em um volume de dados duas vezes maior, pois armazena dois fluxos de vídeo.

---

[1]http://www.sony.co.uk/electronics/3d-tvs
[2]http://www.lg.com/br/celulares/lg-P920-smartphone
[3]http://www.nintendo.com/3ds/hardware

Os métodos vinculados, por sua vez, utilizam técnicas avançadas de compressão de vídeo (como MPEG-2 e H.264) para diminuir o volume de dados e armazená-los em contêineres próprios, visando atender às demandas de armazenamento/transmissão [22] [27]. Contudo, tais técnicas: ainda armazenam dois fluxos de vídeo como no método de Lipton; são adaptadas do vídeo 2D para tratar vídeo 3D; utilizam compressão com perdas, o que pode impossibilitar a correta percepção de profundidade em alguns casos, notadamente em vídeos anaglíficos [4].

Uma consequência importante da utilização dos métodos vinculados é a dificuldade dos reprodutores em reutilizar conteúdo sem a necessidade de complexas recodificações. Cada método possui um decodificador/reprodutor próprio e, assim, o conteúdo codificado por um método específico fica vinculado a um modo de visualização. Por exemplo, um vídeo codificado pelo método anaglífico [21] possui o par estéreo fundido em um único fluxo de dados, o que impossibilita a exibição desse conteúdo em sistemas que utilizam óculos obturadores ou polarizadores, pois estes necessitam do par estéreo para realizar a correta reprodução do conteúdo. Vídeos codificados com o método de mapa de profundidade [8] [16] não possuem o par estéreo e necessitam de algoritmos complexos de renderização para gerá-lo e possibilitar a visualização da profundidade por quaisquer dos modos de visualização/reprodução.

Assim, de um lado tem-se a necessidade de compressão para reduzir o volume de dados. De outro, tem-se a carência de métodos de codificação que produzam conteúdo reutilizável, facilmente intercambiável entre diferentes modos de visualização. Nesse cenário, uma abordagem ainda pouco explorada é utilizar a codificação anaglífica como meio de obter ambos: maior compressão e independência dos modos de visualização.

Em termos de compressão, a codificação anaglífica reorganiza os dados de modo a reduzir em 50% o volume de dados original (Seção 2), sendo que o conteúdo restante pode ainda receber mais compressão via técnicas consagradas (entropia, transformadas, quantização, etc.) em padrões importantes (como MPEG, H.264, etc.). Outra vantagem da codificação anaglífica é ter baixo custo computacional, uma vez que seu algoritmo é simples e rápido [6].

Em termos de independência dos modos de visualização, a codificação anaglífica oferece uma oportunidade interessante: o conteúdo possui informações das duas visões que compõem o par estéreo original. Como todos os modos de visualização 3D utilizam como entrada um par estéreo para gerar a sensação de profundidade, bastaria recompor (reverter) cada quadro do vídeo anaglífico a uma boa aproximação de seu correspondente par estéreo original. Contudo, essa reversão não é uma tarefa trivial, pois as informações faltantes para a recomposição são descartadas durante a codificação. Por ser um tópico recente de pesquisa, para o melhor de nosso conhecimento, até o momento apenas dois trabalhos relacionados abordaram esse assunto [9] [28], sendo que os seus resultados indicam que tanto a taxa de compressão quanto a qualidade das imagens podem ser melhoradas (Seção 3).

Assim, este trabalho propõe uma nova técnica, a HaaRGlyph, para a codificação de vídeo estereoscópico baseada na transformação anaglífica. A técnica desenvolvida utiliza codificação espacial, com e sem perdas, de modo a atingir melhores taxas de compressão interferindo minimamente na qualidade da percepção de profundidade. Ao mesmo tempo, a técnica preserva informação suficiente para que se possa obter uma aproximação de qualidade do par estéreo original. Os experimentos realizados utilizaram métricas objetivas (PSNR – *Peak-to-Signal Noise Ratio*) e subjetivas (DSCQS - *Double Stimulus Continuous Quality Scale*) aplicadas a uma base de dados estereoscópicos. Os resultados foram comparados aos de técnicas relacionadas, apontando que a HaaRGlyph obtém melhores resultados.

O restante deste artigo está assim organizado: a Seção 2 apresenta alguns conceitos relacionados, necessários para o bom entendimento do trabalho; a Seção 3 discute os trabalhos relacionados e aponta o estado da arte em codificação estereoscópica e reversão anaglífica; a Seção 4 apresenta a técnica proposta – HaaRGlyph; a Seção 5 apresenta as análises objetivas e subjetivas conduzidas com o objetivo de aferir a taxa de compressão e a qualidade das imagens decodificadas resultantes da reversão; a Seção 6 apresenta as conclusões sobre o trabalho e aponta algumas possibilidades de pesquisas futuras.

2. CONCEITOS RELACIONADOS

Os olhos humanos estão distantes aproximadamente 6,5cm um do outro, movimentam-se em conjunto para uma mesma direção e cada um possui um ângulo de visão limitado. Por apresentarem-se em posições diferentes, cada olho observa uma imagem ligeiramente diferente do outro, característica classificada como disparidade binocular (Figura 1) [6]. Por essas razões era de se esperar que, ao olhar para um objeto, enxergássemos duas imagens e não apenas uma.

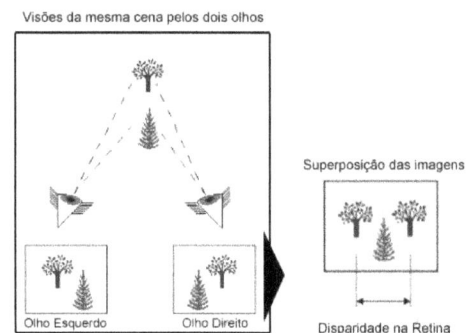

Figura 1: Disparidade binocular

Essa utilização de ambos os olhos para formar uma única imagem, com diferentes níveis de profundidade entre os objetos nela presentes, é definida como estereopsia [6] [12]. O principal personagem envolvido nesses fenômenos é o cérebro, que se encarrega de retirar as informações das distâncias relativas dos objetos e de interpretar essas duas imagens resultando na produção de uma única imagem.

A estereopsia é responsável pela sensação de profundidade entre os objetos, e é obtida em virtude da disparidade binocular, que é a diferença na distância entre as posições da imagem formada em cada retina em relação ao centro.

Sendo assim, o requisito obrigatório para obter a estereopsia é possuir visão em ambos olhos, sendo que cada olho deve receber uma imagem ligeiramente diferente da outra. Essa característica é explorada em filmes 3D para passar a impressão de que os objetos estão mais próximos ou mais afastados do observador.

Deste modo a estereoscopia é baseada em métodos que apresentem a um observador um par de imagens do mesmo objeto, cada uma proporcionando a visão de cada olho com uma perspectiva diferente [6]. Este é denominado par estéreo. O par estéreo provoca disparidade da retina e em seguida a estereopsia, propiciando a percepção de profundidade. Para direcionar cada imagem do par estéreo para o olho correto (direito ou esquerdo), são utilizados os denominados modos de visualização estereoscópica. Estes, por sua vez, se valem de dispositivos especiais (como óculos ou monitores, com filtros ou lentículas) que ajudam a separar e direcionar as imagens. Tais métodos podem ser classificados em [6]: anaglífico, por luz polarizada, por óculos obturadores e auto-estereoscópicos. O foco deste trabalho é o método anaglífico, sendo a codificação anaglífica ilustrada na Figura 2.

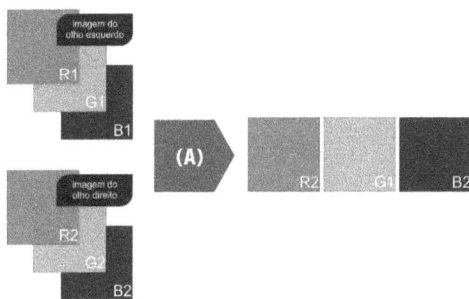

Figura 2: (A) Transformação Anaglífica

Os canais RGB de cada imagem são combinados a fim de obter informações de ambas imagens [15]. Dado um par estéreo formado por $R_1G_1B_1$ (imagem do olho esquerdo) e $R_2G_2B_2$ (a imagem do olho direito), a conversão é realizada utilizando uma componente de cor de uma visão (G_1), juntamente com as duas componentes de cor complementares da outra visão (R_2 e B_2), resultando em uma imagem anaglífica ($R_2G_1B_2$). Devido a combinação entre as cores vermelho (R_2) e azul (B_2) resultarem na cor magenta, a imagem anaglífica resultante ilustrada na Figura 2 é conhecida como imagem anaglífica verde-magenta. Outras transformações anaglíficas possíveis são: vermelho-ciano ($R_1G_2B_2$) e azul-amarelo ($R_2G_2B_1$).

Durante a reprodução do vídeo anaglífico, o observador utiliza óculos com lentes coloridas seguindo as cores da transformação anaglífica que atuam como filtros. Na transformação ilustrada na Figura 2, os filtros seriam verde e magenta. Com isso, a lente verde bloqueia as informações de cor verde passando apenas informações de cor vermelha e azul, enquanto a lente magenta bloqueia as cores vermelha e azul passando apenas informações de cor verde. Assim, consegue-se separar as imagens, direcionando cada imagem para o olho correto, gerando disparidade binocular e estereopsia [15].

As duas principais vantagens deste método são, o custo para a produção e reprodução do vídeo anaglífico e o tamanho do arquivo final. O custo para a produção e reprodução é baixo, pois não requer equipamentos com alta tecnologia. O tamanho do arquivo final é menor (50%) em relação ao original, já que se tem somente um sinal de vídeo resultante da junção dos dois originais (3 canais de cor em vez de 6).

Isso sem utilizar nenhuma técnica específica de compressão (como entropia ou MPEG).

3. TRABALHOS RELACIONADOS

Os trabalhos relacionados estão concentrados em dois grupos: 1) organização e codificação/compressão de dados estereoscópicos e 2) reversão anaglífica. Esses dois grupos serão discutidos a seguir. No primeiro grupo, a literatura revela que diferentes autores têm criado diferentes estratégias de codificação, cada uma projetada para atender requisitos de um ou de outro tipo de sistema estereoscópico, dificultando a compatibilidade do conteúdo entre diferentes sistemas.

Entre as diferentes estratégias, pode-se citar o Método de Lipton [13], que descreve vários modos de organizar um par estéreo de vídeos, com preocupação de ter pouca ou nenhuma modificação no *hardware* que já está disponível para exibição. Esses modos de organização são: acima-abaixo e lado-a-lado. A única diferença entre eles é o modo com que as imagens do par estéreo estão organizadas em contêineres de armazenamento. No modo acima-abaixo, cada quadro de vídeo possui a imagem da visão esquerda posicionada acima da imagem da direita. No modo lado-a-lado, cada quadro de vídeo possui a imagem da visão esquerda posicionada à esquerda da imagem da visão direita. Esse método apenas organiza, não comprime os dados, mas permite qualquer método de codificação subjacente. Vale notar que, mesmo comprimindo os dados, o método de Lipton ainda armazena dois fluxos de vídeo, um para cada visão.

Smolic et al. [22] discutem a diversidade de formatos de organização de vídeo estereoscópico, cada um dirigido a um sistema específico, exigindo diferentes implementações, compressões e estruturas. Os autores classificam esses formatos com base no número de sinais de vídeo (chamadas de visões), ordem de complexidade e tipos de dados envolvidos, resultando em seis classes de formatos: *Conventional Stereo Video* (CSV), que possui um par estéreo (duas visões), semelhante ao Método de Lipton; *Multiview Video Coding* (MVC), que possui dois ou mais pontos de visão; *Video plus Deph* (V+D), que é um formato com maior complexidade, em que um mapa de profundidade é enviado juntamente com o sinal de vídeo para renderizar o par estéreo no receptor, permitindo a possibilidade de gerar um número limitado de outros pontos de visão. Essas três primeiras classes podem ser implementadas utilizando codificadores de vídeo disponíveis, como MPEG (2 ou 4) e H.264, comumente aplicados a vídeo 2D.

Para aplicações mais avançadas, com múltiplas visões, as próximas três classes são usadas [22]: *Multiview plus Depth* (MVD) é uma combinação das propriedades do MVC e V+D, o que significa que vários pontos de visão e vários mapas de profundidade são enviados com o sinal de vídeo; *Layered Depth Video* (LDV), envia um sinal de vídeo, informação de profundidade, e também um conjunto de camadas e mapas de profundidade associados que são utilizados para gerar visões virtuais; *Depth Enhanced Stereo* (DES), que é uma extensão do CSV com o adicional de mapas de profundidade e camadas, oferecendo algum nível de compatibilidade entre formatos diferentes. Apesar do DES ser concebido para ser um formato genérico, existem dois grandes inconvenientes. Primeiro, é necessário o armazenamento de uma grande quantidade de dados para manter tanto o sinal de vídeo quanto os mapas de profundidade e de camadas adicionais. Segundo, também há um aumento no custo computacional e nos erros gerados a partir de cálculos de profundidade, pois esses podem ser baseados também nas camadas, às quais possuem erros inerentes. Para essas outras três classes, são necessários codificadores mais avançados, como a extensão multivisão do MPEG-4/H.264 [27] ou como para mapas de profundidade [10].

Todas as técnicas de codificação discutidas até aqui primeiramente utilizam compressão espacial como um dos métodos para reduzir o volume de dados. Conforme discutido por Andrade e Goularte [1] [4], a compressão espacial afeta a percepção de profundidade. Este trabalho tem foco analisar como as perdas ocorridas na codificação espacial afetam a qualidade da percepção de profundidade em imagens estereoscópicas anaglíficas. Vale ressaltar que a maioria dos padrões de compressão de vídeo citados utilizam largamente (e principalmente) a codificação temporal e entre visões após a codificação espacial.

No segundo grupo de trabalhos relacionados, citados no início desta seção, estão os trabalhos dedicados à reversão anaglífica. Por ser um tópico recente, para o melhor de nosso conhecimento, apenas dois trabalhos estão presentes na literatura. Zingarelli [28] demonstra a viabilidade de um método de codificação estereoscópico anaglífico independente de visualização. No entanto, esse método – RevGlyph - utiliza apenas técnicas básicas de compressão (como subamostragem de crominância e compressão sem perdas), além de armazenar informações complementares ao vídeo anaglífico gerado, diminuindo a taxa de compressão possível. Joulin e Kang [9], por sua vez, desenvolveram um método com foco na reconstrução do par estéreo, não em compressão, e utilizam a técnica SIFT-Flow [14] para calcular a propagação de cores dos pixels entre as imagens. Contudo, a imagem reconstruída possui artefatos que prejudicam a qualidade da percepção de profundidade. Tais artefatos aparecem com mais frequência quando a imagem original possui muita oclusão ou muita movimentação entre objetos. Além disso o custo computacional para extrair descritores SIFT é alto.

A técnica proposta neste artigo (HaaRGlyph) é uma técnica CSV que, diferente das técnicas do primeiro grupo, é mais simples - a HaaRGlyph utiliza codificação anaglífica e compressão espacial (não usa compressão temporal), contribuindo para manter o custo computacional baixo. A HaaRGlyph pode ser usada para atender à independência de visualização, porém, diferente dos trabalhos relacionados aqui discutidos, em particular do grupo 2, consegue-se aliar boas taxas de compressão com boa qualidade de imagem. A Seção 4, a seguir, apresenta a HaaRGlyph.

4. A TÉCNICA HAARGLYPH

Esta Seção apresenta a técnica HaaRGlyph, que tem como objetivo codificar um vídeo estereoscópico a fim de obter compressão e de modo que se possa recuperar uma aproximação do par estéreo original. Essa última característica permite que o conteúdo possa ser exibido por qualquer sistema de visualização estereoscópica. Para tanto, a HaaRGlyph utiliza uma combinação de codificação anaglífica e técnicas de compressão espacial, com e sem perdas.

A Figura 3 ilustra o processo para o método de codificação proposto. A HaaRGlyph recebe como entrada um par estéreo, de imagens ou quadros de vídeo, no espaço de cores RGB, representando as visões do olho esquerdo ($R_1G_1B_1$) e direito ($R_2G_2B_2$).

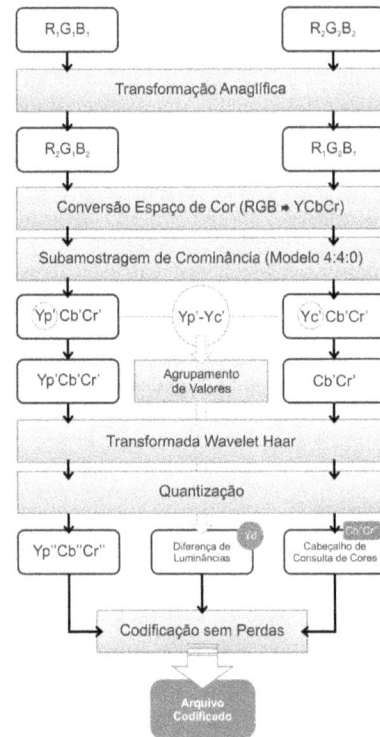

Figura 3: HaaRGlyph

A primeira etapa do processo envolve a transformação do par estéreo em uma imagem anaglífica. Na codificação anaglífica convencional apenas uma imagem anaglífica é criada. Na abordagem proposta, gera-se uma segunda imagem anaglífica, intitulada imagem anaglífica complementar.

Como descrito na Seção 2, o processo de codificação anaglífica permite diferentes combinações dos canais de cor dando origem a diferentes tipos de imagens anaglíficas (verde - magenta, vermelho-ciano e azul-amarelo). A escolha do tipo pode influenciar na correta percepção da profundidade. Tal fato é decorrente de que a codificação anaglífica é baseada na combinação das componentes de cores do par estéreo e, os filtros utilizados para desfazer tal combinação possuem comportamentos distintos para diferentes comprimentos de onda (cor), podendo gerar artefatos que interferem na correta visualização estereoscópica [1]. No trabalho realizado por Andrade e Goularte [1] foram analisadas as combinações anaglíficas vermelho-ciano e verde-magenta e os resultados evidenciam que a imagem anaglífica verde-magenta mostra-se superior em termos de qualidade, sendo este, o tipo escolhido para representar a imagem anaglífica principal e a complementar (na Figura 3, respectivamente, $R_2G_1B_2$ e $R_1G_2B_1$).

Após a geração das imagens anaglíficas, a fim de explorar uma propriedade do sistema visual humano, que é mais sensível à luz do que à cor [19], é realizada a conversão do espaço de cor RGB para YCbCr. As componentes no espaço YCbCr separam as informações de luminância (Y) das de crominância (Cb e Cr). Assim, é possível representar as informações de crominância (cores) em uma resolução menor do que as informações de luminância (luz), sem causar danos significativos à percepção visual da imagem. Esta técnica é conhecida como subamostragem de crominância [11].

Os diferentes modelos de subamostragem de crominância existentes apresentam diferentes relações entre compressão e fidelidade de cor. O modelo utilizado pela grande maioria das técnicas padronizadas de compressão (JPEG, MPEG-1, MPEG-2, MPEG-4, H.264, entre outros) de imagem e de vídeo, é o modelo 4:2:0 [18]. Esse modelo comprovadamente reduz a 1/4 o volume de informações de crominância sem perdas significativas na percepção de qualidade em imagens 2D. Contudo, em imagens estereoscópicas, existem estudos [1] [2] demonstrando que esse modelo degrada a percepção de profundidade, sendo preferível o modelo 4:4:0. As duas imagens anaglíficas, principal e complementar, são então subamostradas segundo o modelo 4:4:0 (na Figura 3, respectivamente, Yp'Cb'Cr' e Yc'Cb'Cr').

As informações de luminância presentes em ambas imagens anaglíficas são muito semelhantes – são provenientes de um par estéreo. Para explorar esta propriedade, é realizada uma codificação por diferença (*Differential Coding*) entre os pixels homólogos de cada imagem (Yp'-Yc', na Figura 3). A diferença entre as luminâncias resulta em valores próximos de zero e também muito próximos entre si. De modo a explorar a proximidade entre estes valores, em vez de se armazenar diretamente os valores das diferenças, um agrupamento de intervalos de valores é realizado. O agrupamento dos valores se assemelha ao algoritmo de codificação por carreiras (*run-length coding*), em que, sequências de repetição de valores são convertidas em um par ordenado, que contém o valor em si e a quantidade de vezes que ele se repete. Diferente da codificação por carreiras, neste caso, os valores não precisam ser exatamente iguais para serem agrupados em uma sequência, apenas próximos. Valores sucessivos cuja a diferença não ultrapasse um determinado limiar são considerados iguais e agrupados dentro de uma mesma sequência. O valor final a ser codificado é representado pela média aritmética dos valores agrupados na sequência. Essa etapa do processo está representada na Figura 3 como "Agrupamento de Valores".

Na etapa seguinte do processo, aplica-se uma Transformada Discreta Wavelet (*Discrete Wavelet Transform* DWT) aos dados codificados anteriormente da imagem anaglífica principal e das componentes de crominância da imagem anaglífica complementar (vide Figura 3). DWTs têm sido usadas com sucesso na codificação espacial de imagens e vídeos 2D [7] [18] [19]. Para imagens e vídeos estereoscópicos, contudo, ainda há poucos estudos. Andrade [2] analisou a aplicação de 18 diferentes famílias de transformadas *wavelets* no processo de compressão espacial estereoscópica anaglífica. O estudo concluiu que a *wavelet* Haar obteve os melhores resultados juntamente com a *wavelet* Daubechies 2, tanto em análises objetivas quanto em análises subjetivas. Além de obter ótimos resultados, dentre as transformadas *wavelets*, a Haar é conceitualmente mais simples e rápida e a sua aplicação inversa não gera ruídos nas bordas da imagem (um problema comum em outras transformadas *wavelets*). Estas razões levaram a DWT Haar ser escolhida para fazer parte do método proposto.

Uma questão relevante em relação a utilização de DWTs é a dimensão dos macroblocos de pixels a serem utilizados. Para obter respostas melhores das transformadas as imagens/dados devem ser divididos em M macroblocos de NxN pixels, sendo cada macrobloco enviado separadamente para a DWT [19]. O melhor tamanho de macrobloco depende da aplicação e, neste trabalho, foram adotadas três possíveis

dimensões: 32 x 32, 64 x 64 e 128 x 128 pixels. A análise da melhor dimensão está detalhada na Seção 5.

Devido a propriedade multiresolução das *wavelets*, é possível aplicá-las a mesma imagem repetidas vezes, iterativamente, obtendo imagens de menor resolução. A cada iteração, ou nível, obtém-se um conjunto (matrizes) de coeficientes DWT: os coeficientes de aproximação e os de detalhe. A cada nível, os coeficientes de aproximação e de detalhe contêm as informações necessárias para reconstruir os coeficientes de aproximação e de detalhe do próximo nível de maior resolução [7]. As *wavelets* apenas reorganizam as informações (não as altera), concentrando sua maior energia nos coeficientes de aproximação.

Assim, a DWT Haar é aplicada as componentes referentes à imagem anaglífica principal e também às componentes de crominância da imagem anaglífica complementar. Como resultado obtém-se matrizes de coeficientes DWT cujos dados estão reordenados em função da frequência espacial de maior e de menor importância. Desse modo é possível que as informações de menor importância (coeficientes de detalhe) sofram uma quantização mais rígida, contribuindo para melhorar a taxa de compressão.

A etapa seguinte do processo proposto é a quantização. Conforme ilustrado na Figura 3, são quantizados os coeficientes DWT provenientes das imagens anaglíficas, principal (Yp'Cb'Cr') e complementar (Cb'Cr'). Como resultado da quantização obtém-se matrizes esparsas, contendo uma quantidade grande de valores nulos. Esses valores nulos são provenientes de parte dos coeficientes DWT de detalhes, de modo que os valores não nulos representam as informações de maior importância na imagem [7] [19].

Quantização implica em perda de informação, introduzindo erros chamados ruídos [20]. Tais ruídos podem comprometer a correta percepção de profundidade em imagens estereoscópicas. Assim, métodos de quantização relacionados a transformadas *wavelets* aplicados a dados estereoscópicos começaram a ser desenvolvidos na década de 2000 [17] [26] e são baseados em três etapas. A primeira etapa a ser realizada é a divisão da imagem em macroblocos (cuja dimensão convencional é 8x8 pixels). Posteriormente, aplica-se N níveis de uma DWT sobre os macroblocos. Finalmente os macroblocos resultantes são submetidos à quantização em si, dividindo-se seus valores por uma constante [26] ou por uma matriz de mesma dimensão com valores positivos especialmente distribuídos [17]. A abordagem prosposta por Nayan et al., considera a aplicação de três níveis fixos da DWT para cada macrobloco, enquanto a abordagem de Thanapirom et al. [26] utiliza aplicação de mais de três níveis da DWT para geração de árvores de *wavelets*, aumentando o tempo de execução do método. A divisão entre a matriz DWT e a matriz de quantização, como citado, resulta no surgimento de valores zero na matriz, diminuindo a quantidade de dados a ser armazenado e consequentemente contribuindo na compressão dos dados.

Quando aplicada a vídeos anaglíficos subamostrados, em particular, a abordagem proposta por Nayan et al. [17] apresenta o efeito (ruído) conhecido como blocagem (*blockiness*). Andrade [2] indica que esse efeito está relacionado a dimensão dos macroblocos e propõe um algoritmo para gerar matrizes de quantização adequadas a diferentes dimensões. Em geral, existe um compromisso entre redução de ruído e o custo computacional ao se aumentar a dimensão dos macroblocos. Neste trabalho, optou-se por utilizar o algoritmo de quantização sugerido por Andrade [2] para três diferentes dimensões: 32 x 32, 64 x 64 e 128 x 128 pixels (análise na Seção 5).

A última etapa do processo proposto é aplicar codificação sem perdas aos dados já quantizados pela etapa anterior (na Figura 3, Yp"Cb"Cr" e Cb"Cr") e a Yd, que é proveniente da codificação diferencial das componentes de luminância das imagens anaglíficas principal e complementar. A codificação sem perdas tem como objetivo remover redundâncias de código, contribuindo para aumentar a taxa de compressão sem que ocorram perdas de informação [19]. O método utilizado foi o LZ77 [29], porém, outros algoritmos de codificação sem perdas podem ser utilizados. Ao final dessa etapa tem-se um arquivo binário com os dados codificados de uma imagem (ou vídeo) estereoscópica(o) anaglífica(o). A seguir, na Seção 5, são apresentados os experimentos objetivos e subjetivos realizados para aferir a qualidade de imagem e taxa de compressão da técnica proposta.

5. ANÁLISES E RESULTADOS

Esta seção descreve os experimentos realizados à fim de analisar a técnica HaaRGlyph. Foram realizados dois tipos de experimentos, um teste objetivo e outro subjetivo, utilizando as métricas PSNR e DSCQS, ambas muito utilizadas na área. O objetivo dos testes é verificar quanto a compressão fornecida pela HaaRGlyph afeta a qualidade da imagem. Em especial, quando comparada a trabalhos relacionados. Os experimentos utilizaram uma coleção de 32 vídeos estereoscópicos [3], em formato lado-a-lado. Uma imagem foi extraída de um quadro aleatório de cada um dos vídeos, formando assim a base de testes composta por 32 imagens estereoscópicas.

5.1 Análise Objetiva

A análise objetiva consistiu em calcular tanto a taxa de compressão quanto o PSNR da imagem recuperada pela HaaRGlyph. Esses valores foram então comparados com trabalhos relacionados. Como citado na Seção 4, após a codificação diferencial (Yp-Yc), diferentes limiares podem ser utilizados para a realização do agrupamento de valores. Nas análises, aplicou-se limiares com valores inteiros, em uma escala de 0 à 5, sendo que, no limiar 0, nenhuma diferença é aceitável entre o valor base e o valor consecutivo, enquanto no limiar 5, a diferença aceitável é de máximo 5 entre os valores. Testes empíricos com as 32 imagens, mostraram que limiares acima do valor 5, resultam em poucas mudanças na compressão e qualidade objetiva das imagens, motivando a escolha destes limiares apenas para a execução das análises. Para cada limiar, três dimensões de macroblocos foram utilizadas: 32 x 32, 64 x 64 e 128 x 128 pixels. Essas dimensões foram escolhidas pois, como discutido em [2], são onde a transformada Haar obtém a melhor relação custo e benefício, entre tempo de processamento e redução de ruído. Para cada macrobloco, foram aplicados os seguintes níveis (quantidade de iterações) DWT: 1, 2, 3 e a quantidade máxima possível[4]. As combinações entre as opções de limiar, dimensão dos macroblocos e a quantidade de iterações totalizam 72 testes possíveis. Neste artigo apresenta-se apenas os melhores resultados por limiar.

---

[4]O número máximo de iterações (i) é dado por $2^i = N$, sendo N a quantidade total de elementos contidos no fluxo de entrada de dados.

Após a execução da conversão anaglífica pela HaaRGlyph, a taxa de compressão é dada por meio da divisão do total de bytes do arquivo codificado pelo total de bytes do par estéreo original. Em seguida, o processo de reversão anaglífica é realizado e o valor PSNR entre o par estéreo original e o par estéreo recuperado é calculado. O valor PSNR é dado pela média aritmética de cada componente (Y, Cb e Cr) das 32 imagens, sendo por fim realizada a média aritmética entre elas.

A Tabela 1 mostra o melhor resultado de compressão para cada limiar, enquanto a Tabela 2 mostra o melhor resultado de PSNR para cada limiar.

Em termos de compressão, os macroblocos com dimensões de 64 x 64 pixels com a aplicação máxima de níveis da DWT, são os que apresentam os melhores resultados independente do limiar escolhido. Após a aplicação da transformada, os coeficientes que carregam pouca energia (informação) são eliminados na quantização, resultando em uma melhor taxa de compressão. A cada nova iteração, a DWT concentra a maior energia em seus coeficientes de aproximação, reduzindo a energia contida nos coeficientes de detalhe. Tal fato explica o porquê a quantidade máxima de iterações obtém a melhor taxa de compressão para cada limiar. A aplicação da quantidade máxima de iterações da DWT a um determinado macrobloco, resulta em apenas um coeficiente de aproximação (com alta energia), sendo os demais coeficientes de detalhe (com baixa energia).

Quanto à análise da qualidade objetiva, os macroblocos com dimensões de 128 x 128 pixels são os que se destacam. Os coeficientes gerados pelos macroblocos de 128 x 128 pixels, guardam em si valores que não favorecem a sua eliminação na etapa de quantização. Por eliminar uma quantidade menor de informação, o resultado PSNR alcançado torna-se superior aos demais (0,23 dB, em média, em relação aos resultados da Tabela 1). Contudo, reduzindo a taxa de compressão em 1,5%, em média. Conclui-se que, como os resultados de compressão e de PSNR são muito próximos, é indicado utilizar macroblocos de 64 x 64 pixels devido ao custo de processamento menor.

Macrobloco (pixel)	Limiar	Níveis DWT	PSNR (dB)	Compressão (%)
64 x 64	0	Máxima	39,31	87,05
64 x 64	1	Máxima	39,36	88,85
64 x 64	2	Máxima	39,26	90,01
64 x 64	3	Máxima	39,19	90,73
64 x 64	4	Máxima	38,99	91,22
64 x 64	5	Máxima	38,92	91,57

Tabela 1: Melhores resultados de compressão

Macrobloco (pixel)	Limiar	Níveis DWT	PSNR (dB)	Compressão (%)
128 x 128	0	3	39,56	85,56
128 x 128	1	3	39,42	87,36
128 x 128	2	3	39,45	88,52
128 x 128	3	3	39,39	89,24
128 x 128	4	3	39,34	89,74
128 x 128	5	3	39,24	90,10

Tabela 2: Melhores resultados de PSNR

5.1.1 Comparação entre HaaRGlyph e RevGlyph

Nesta análise, ao comparar a RevGlyph com a HaaR-Glyph, foi utilizada a mesma base de dados (imagens), procedimento para cálculo de PSNR e procedimento para cálculo de taxa de compressão descritos no início da Seção 5. Ainda, ambas técnicas utilizam limiar 2 para Diferença de Luminância. Vale ressaltar que na análise realizada por Zingarelli [28], a técnica RevGlyph obtém melhores resultados ao se utilizar o limiar 2 - melhor compromisso entre qualidade e compressão.

A Tabela 3 mostra os resultados da HaaRGlyph (macroblocos de dimensão 64 x 64, aplicando-se a quantidade máxima de níveis da DWT) em comparação com a RevGlyph. A última linha mostra a diferença entre os valores da HaaR-Glyph e da RevGlyph.

Método	PSNR(dB)	Taxa de Compressão (%)
HaaRGlyph	39,26	90,01
RevGlyph	38,97	76,02
Diferença	0,29	13,99

Tabela 3: Resultados HaaRGlyph e RevGlyph

Como pode ser observado, apesar da HaaRGlyph utilizar técnicas de compressão que promovem maior perda de dados, a HaaRGlyph obtém uma pequena vantagem em termos de PSNR (0,29 dB) em comparação a RevGlyph. A perda de dados ocasionados por este processo, explica também o porquê a HaaRGlyph alcança 13,99% mais compressão.

5.2 Análise Subjetiva

Para aplicações nos quais o público alvo são usuários finais, um método apropriado para quantificar a qualidade visual da imagem é por meio de avaliações subjetivas. A estimativa da qualidade das imagens estereoscópicas pode ser realizada utilizando-se a métrica DSCQS. Inicialmente montam-se estruturas de vídeo ABAB sendo A o vídeo original e B o vídeo processado. Os vídeos são mostrados por um tempo fixo e intercalados com trechos de tela cinza. O grupo de avaliadores utiliza uma tabela de pontuação de cada vídeo, a qual possui 5 níveis, classificando o vídeo de péssimo à excelente. Por fim, a estimativa média é obtida utilizando o *Mean Opinion Score* (MOS), ou seja, a média de valores atribuídos aos vídeos pelos avaliadores. As 32 amostras foram exibidas a um grupo de 30 pessoas, de ambos os sexos com idade variando entre 17 e 55 anos, todas sem prévia experiência com processamento de imagens e vídeos digitais. Os avaliadores utilizaram o dispositivo *cardboard*[5], para que cada imagem do par estéreo fosse direcionado ao olho correspondente. O tempo médio gasto para cada um dos testes subjetivos foi de 27 minutos.

A Figura 4 apresenta os valores médios de MOS obtidos na análise subjetiva para cada uma das 32 imagens que compõem a base.

Analisando as diferenças entre valores médios MOS obtidos pelo par estéreo original e o recuperado, nota-se que a maior diferença é dada pela imagem 8 (dos05.bmp) com valor 0,69. Em contrapartida, o par estéreo recuperado da imagem 32 (trave01.bmp) obtive a média MOS superior em 0,27 em comparação ao MOS obtido pelo par estéreo original.

---

[5]https://www.google.com/get/cardboard/

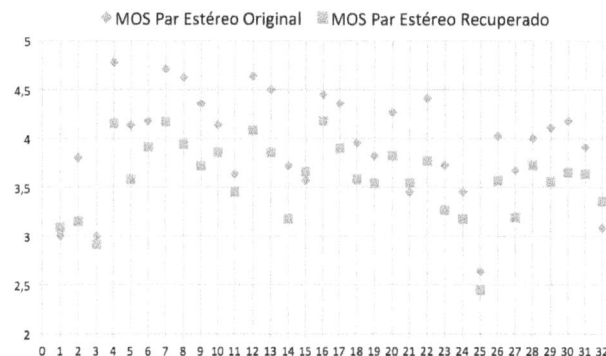

Figura 4: Resultados MOS

A base estereoscópica utilizada tem imagens bastante diversificadas (claras, escuras, com cores saturadas e não saturadas, com foco bem e mal definido, entre outros). Andrade et al. [3][2] cita que, para essa base, o valor 3,5 de MOS é crítico. Assim, as imagens que atingiram valores de MOS inferiores a este apresentaram perda de qualidade que prejudicam em algum grau a percepção da profundidade.

Entre as 32 imagens estereoscópicas da bases utilizada, 26 imagens originais obtiveram valor superior ou igual a 3,5, enquanto a mesma condição foi atingida por 22 imagens recuperadas. Entre as faixas de valor 3 e 3,5, encontram-se 5 imagens originais e 8 imagens recuperadas. Adicionalmente apenas 1 imagem original e 2 imagens recuperadas obtiveram a média MOS abaixo de 3. Vale ressaltar que nenhuma imagem original obtive média máxima MOS e que as diferenças entre as médias MOS das imagens originais e recuperadas são pequenas, não afetando significativamente a percepção de profundidade das imagens.

6. CONCLUSÃO

Este artigo explorou o problema conhecido como reversão anaglífica, que consiste em reverter uma imagem ou vídeo anaglífico a uma aproximação do par estéreo original. Uma possível aplicação para uma técnica de reversão anaglífica, como discutido nas Seções 1 e 3, é contribuir no estabelecimento de métodos de codificação de vídeos estereoscópicos que, ao mesmo tempo, alcançem boas taxas de compressão e sejam independentes dos modos de visualização. Este último ponto é ainda um problema em aberto e pouco explorado na área, levando a dificuldades em reutilizar conteúdo entre os diferentes métodos de visualização disponíveis.

Como uma contribuição em direção a solucionar o problema supracitado, neste artigo propõem-se uma nova técnica de codificação de vídeos estereoscópicos, a HaaRGlyph, baseada no método anaglífico. O método anaglífico, por si só, já oferece uma taxa de 50% de redução do volume inicial de dados. Além disso, utiliza-se compressão espacial, com e sem perdas, especialmente adaptadas para imagens anaglíficas. Como isso, a HaaRGlyph consegue alcançar boas taxas de compressão sem comprometer a qualidade da percepção de profundidade. Ao mesmo tempo, a HaaRGlyph preserva informação suficiente para permitir que uma imagem anaglífica seja revertida a uma boa aproximação do par estéreo original. Isso facilita o intercâmbio de conteúdo 3D uma vez que diferentes modos de visualização utilizam um par estéreo como entrada.

Os experimentos conduzidos utilizaram métricas consagradas na literatura – PSNR para os testes objetivos e DSCQS para os testes subjetivos. Foi utilizada uma base de imagens estereoscópicas, aferindo-se a taxa de compressão e qualidade da imagem, isoladamente e comparada a trabalhos relacionados. Da análise realizada na Seção 5, pode-se concluir que a HaaRGlyph é competitiva em termos de taxa de compressão – superou a técnica mais diretamente relacionada e possui custo computacional mais baixo do que outras técnicas em estado da arte, uma vez que utiliza apenas compressão espacial. Em termos de qualidade de imagem e percepção de profundidade, o resultado indicou que a HaarGlyph obteve resultados muito próximos dos obtidos com as imagens originais.

Como pesquisas futuras sugere-se estudar se o uso de compressão temporal imporia perdas significativas na qualidade das imagens e se o possível ganho em compressão compensaria a complexidade extra imposta ao método. Outra possibilidade é investigar um método de reversão anaglífica que utilize apenas as informações intracodificadas na imagem/vídeo anaglífico.

7. REFERÊNCIAS

[1] L. A. Andrade and R. Goularte. Uma análise da influência da subamostragem de crominância em vídeos estereoscópicos anaglíficos, 2010.

[2] L. A. de Andrade. *Compressão espacial de vídeos estereoscópicos: uma abordagem baseada em codificação anaglífica*. PhD thesis, Instituto de Ciências Matemáticas e de Computação, Universidade de São Paulo, São Carlos, 2012.

[3] L. A. de Andrade, P. D. Cordebello, and R. Goularte. Construção de uma base de vídeos digitais estereoscópicos, Maio 2010.

[4] L. A. de Andrade and R. Goularte. Anaglyphic stereoscopic perception on lossy compressed digital videos. In *Proceedings of the XV Brazilian Symposium on Multimedia and the Web*, WebMedia '09, pages 29:1–29:8, New York, NY, USA, 2009. ACM.

[5] C. Fehn, P. Kauff, M. O. D. Beeck, F. Ernst, W. IJsselsteijn, M. Pollefeys, L. V. Gool, E. Ofek, and I. Sexton. An evolutionary and optimised approach on 3d-tv. In *In Proceedings of International Broadcast Conference*, pages 357–365, 2002.

[6] E. B. Goldstein. *Sensation and Perception*. Linda Schreiber, 2010.

[7] R. C. Gonzalez and R. E. Woods. *Digital Image Processing. 3rd ed.* Upper Saddle River: Prentice-Hall, 2008.

[8] D. Hutchison. Introducing dlp 3-d tv, 2007.

[9] A. Joulin and S. Kang. Recovering stereo pairs from anaglyphs. In *IEEE Conference on Computer Vision and Pattern Recognition*. IEEE, IEEE, June 2013.

[10] P. Kauff, N. Atzpadin, C. Fehn, M. Müller, O. Schreer, A. Smolic, and R. Tanger. Depth map creation and image-based rendering for advanced 3dtv services providing interoperability and scalability. *Image Commun.*, 22(2):217–234, Feb. 2007.

[11] D. A. Kerr. Chrominance subsampling in digital images, Janeiro 2012.

[12] L. Lipton. *Foundations of the Stereoscopic Cinema: a study in depth*. Van Nostrand Reinhold:, New York, 1982.

[13] L. Lipton. Stereo-vision formats for video and computer graphics, 1997.

[14] C. Liu, J. Yuen, and A. Torralba. Sift flow: Dense correspondence across scenes and its applications. *IEEE Transactions on Pattern Analysis and Machine Intelligence*, 33(5):978–994, May 2011.

[15] B. Mendiburu. *3D Movie Making: Stereoscopic Digital Cinema from Script to Screen*. Focal Press, 2009.

[16] K. Muller, P. Merkle, and T. Wiegand. 3-d video representation using depth maps. *Proceedings of the IEEE*, 99(4):643–656, April 2011.

[17] M. Y. Nayan, E. A. Edirisinghe, and H. E. Bez. Baseline jpeg-like dwt codec for disparity compensated residual coding of stereo images. In *Proceedings of the 20th UK Conference on Eurographics*, EGUK '02, pages 67–, Washington, DC, USA, 2002. IEEE Computer Society.

[18] I. E. Richardson. *H.264 and MPEG-4 Video Compression: Video Coding for Next-generation Multimedia*. Wiley, Londres, 2003.

[19] D. Salomon. *A Concise Introduction to Data Compression*. Undergraduate topics in computer science. pub-SV, pub-SV:adr, 2008.

[20] W. B. Seales, C. J. Yuan, and M. Brown. Efficient content extraction in compressed images. In *Content-Based Access of Image and Video Libraries, 1997. Proceedings. IEEE Workshop on*, pages 52–58, June 1997.

[21] M. Siegel, P. Gunatilake, S. Sethuraman, and A. G. Jordan. Compression of stereo image pairs and streams, 1994.

[22] A. Smolic, K. Mueller, P. Merkle, P. Kauff, and T. Wiegand. An overview of available and emerging 3d video formats and depth enhanced stereo as efficient generic solution. In *Picture Coding Symposium, 2009. PCS 2009*, pages 1–4, May 2009.

[23] Stereographics. Stereographics® developers handbook: background on creating images for crystaleyes® and simuleyes®, 1997.

[24] A. d. O. Suppia. Monstro brasileiro revive em 3D. *Ciência e Cultura*, 59:57 – 59, 06 2007.

[25] W. J. Tam and L. Zhang. 3d-tv content generation: 2d-to-3d conversion. In *Multimedia and Expo, 2006 IEEE International Conference on*, pages 1869–1872, July 2006.

[26] S. Thanapirom, W. A. C. Fernando, and E. A. Edirisinghe. Zerotree-based stereoscopic video codec. *Optical Engineering*, 44(7):077004–077004–10, 2005.

[27] A. Vetro, T. Wiegand, and G. J. Sullivan. Overview of the stereo and multiview video coding extensions of the h.264/mpeg-4 avc standard. *Proceedings of the IEEE*, 99(4):626–642, April 2011.

[28] M. R. U. Zingarelli. Revglyph – codificação e reversão estereoscópica anaglífica. Master's thesis, Instituto de Ciências Matemáticas e de Computação, Universidade de São Paulo, São Carlos, 2013.

[29] J. Ziv and A. Lempel. A universal algorithm for sequential data compression. *IEEE Transactions on Information Theory*, 23(3):337–343, May 1977.

Local Synchronization of Web Applications with Audio Markings

Victor S. Lemos[1], Rafael F. Ferreira[1], Ricardo M. Costa Segundo[1],
Leandro L. Costalonga[2], Celso A. S. Santos[1]

[1] Universidade Federal do Espírito Santo
Campus Goiabeiras, Av. Fernando Ferrari, S/N,
29060-970, Vitória-ES, Brazil
vslemos@inf.ufes.br, rfavarof@gmail.com,
rmcs87@gmail.com, saibel@inf.ufes.br

[2] Universidade Federal do Espírito Santo
Campus São Mateus, Rodovia BR 101 Norte, Km 60
29932-540, São Mateus-ES, Brazil
leandro.costalonga@ufes.br

ABSTRACT

Synchronization is about providing coherent orchestration of events or resources involved in a multimedia application. In a synchronized application, the user has the notion that his device's content is directly connected with others. In this paper we discuss the existing synchronization techniques, their advantages and disadvantages, and the current implementations and usage. We also present our open source solution for local synchronization of Web applications, the Audio Markings API, detailing its usage, components and functionalities. The focus of this paper is on smart devices such as smartphones, tablets and laptops since they often have built-in microphones and speakers - resources that we intend to explore. In addition to that, those devices are perfectly capable of running full-featured web browsers, something that we also need to take advantage of. Our goal is to give developers an alternative for synchronization of Web applications, using the Web browser as a platform and the sound as a bridge.

Keywords

Synchronization, Web Application, Audio, HTML5, Mobile.

1. INTRODUÇÃO

Os dispositivos eletrônicos com os quais interagimos frequentemente chegaram a um alto nível de sofisticação, formas de interação e multifuncionalidade. Os diversos aplicativos encontrados hoje para *smartphones*, *tablets* e *notebooks* estão presentes em diversas atividades do dia-a-dia, sendo aplicados para ações simples, como despertadores, até controles mais sofisticados para dispositivos eletroeletrônicos em casas inteligentes.

A onipresença desses dispositivos em nossas casas e ambientes de trabalho impulsiona a criação de soluções para permitir que eles trabalhem cada vez mais em conjunto e que sejam capazes de se comunicar de forma transparente. Com o passar dos anos, tecnologias para comunicação a pequenas distâncias, tais como o

WebMedia '16, November 08-11, 2016, Teresina, PI, Brazil
© 2016 ACM. ISBN 978-1-4503-4512-5/16/11...$15.00
DOI: http://dx.doi.org/10.1145/2976796.2976853

NFC [1] e o Bluetooth [2], emergiram. Apesar de bastante populares, essas tecnologias apresentam uma série de problemas, em especial, com relação à compatibilidade. Mesmo que os aparelhos que desejam se comunicar por meio de uma dessas tecnologias possuam o hardware necessário, é bem possível que eles não consigam se comunicar por apresentarem diferentes versões dos padrões, especialmente se os aparelhos forem de fabricantes diferentes.

Uma forma de se evitar tais problemas é a utilização de meios alternativos para realizar a comunicação entre os dispositivos. Como a captura e reprodução de formas de mídia é um dos usos mais comuns para esses aparelhos, é comum a presença de *hardwares* para captura de áudio e vídeo, em especial em aparelhos *mobile*. Com a presença tão comum deste tipo de *hardware*, técnicas que usem a câmera, o microfone e a saída de áudio dos aparelhos para realizar a comunicação começaram a se popularizar. Dentre estas técnicas, podemos destacar a leitura de QR Code, captura de *Audio Watermark* e *Audio Fingerprint*.

De fato, o uso de áudio e vídeo para a comunicação permitiu que aparelhos que tradicionalmente não interagiam com o resto do ambiente passassem também a transmitir e receber informações. Um exemplo disso é o surgimento das aplicações de segunda tela (*second screen*). Pesquisas relativamente recentes mostram que mais da metade dos donos de *smartphones* e *tablets* declararam usar os aparelhos enquanto assistem conteúdo televisivo [3]. Por outro lado, é importante que o conteúdo apresentado tanto na TV quanto no dispositivo estejam sincronizados, para que a experiência faça algum sentido ao usuário [4]. Neste contexto, vários trabalhos fazem uso do áudio como base para esse tipo de sincronização [5][6][7]. Os experimentos realizados por Angeluci et al. [8] indicam, inclusive, que este tipo de cenário parece ser o mais adequado para sincronização da segunda tela.

Outra plataforma na qual encontramos uma diversidade de aplicações sendo executados de forma transparente para o usuário são os navegadores Web. O desenvolvimento desse tipo de aplicação possui diversos atrativos, sendo o principal, a possibilidade de desenvolver uma única aplicação que possa ser executada em computadores e aparelhos *mobile*, de fabricantes e modelos diversos. Semelhante ao que observamos em aplicativos nativos para *smartphones* e *tablets*, muitas vezes é importante que exista uma comunicação e sincronização entre aplicações nesse ambiente de execução.

Se as tecnologias NFC e Bluetooth já apresentam problemas de compatibilidade em aplicações com foco principal na transferência de dados, se consideramos o uso dessas tecnologias de comunicação para aplicativos executados sobre *Web browsers*, o desafio se torna ainda maior. O uso desses recursos tecnológicos presentes no hardware do aparelho através de um navegador depende da existência de uma API, fornecida pelos seus desenvolvedores e, de preferência, implementada da mesma forma por todos os fabricantes de navegadores que utilizarão os recursos. Tal padronização ainda não existe para Bluetooth e NFC. Atualmente, apenas APIs experimentais estão disponíveis e, mesmo assim, elas não fazem parte da lista de padronizações da W3C, obrigando o uso de versões específicas de navegadores e configurações adicionais para a execução das aplicações. No caso de acesso ao microfone e saídas de áudio, essas APIs já estão disponíveis [9][10], tornando o uso de sinais de áudio uma opção viável para comunicação entre os dispositivos.

O texto do artigo é iniciado com a análise de algumas das técnicas usadas hoje para sincronização de aplicações e conteúdos multimídia, assim como seus exemplos de uso. Na sequência, apresentamos a solução proposta neste estudo para comunicação e sincronização para aplicações Web: uma API para comunicação em áudio, usando os microfones e saídas de som presentes nos aparelhos *mobile* e computadores. Na mesma seção, apresentamos detalhes de como a solução pode ser usada, suas funcionalidades e componentes. A seção seguinte traz três implementações do tipo "prova de conceito" (PoC) que ilustram como nossa API pode ser empregada para o desenvolvimento de aplicações Web em casos reais onde mecanismos de sincronização local são desejáveis. Por fim, apresentamos, na última parte do texto, alguns testes de avaliação do nível de precisão no uso da API, além de discutirmos as limitações da proposta e algumas soluções práticas encontradas durante o seu desenvolvimento.

2. MECANISMOS DE SINCRONIZAÇÃO

A sincronização está diretamente relacionada à coerente orquestração de apresentações e eventos que ocorrem entre diferentes entidades, como mídias (apresentação áudio e vídeo) ou máquinas (realização de rotinas). Intuitivamente, se as aplicações estiverem sincronizadas, o usuário terá a percepção de que a aplicação que está sendo executada em seu dispositivo está perfeitamente acoplada com a de outros dispositivos, uma vez que as mudanças de estado ocorrem de forma praticamente simultânea em todas as aplicações quando um evento compartilhado por elas é disparado. Um exemplo deste cenário é a mudança simultânea de um slide apresentado em todos os dispositivos após o usuário clicar em um ícone de uma aplicação executada num navegador, conforme os exemplos apresentados na seção 4.

Diferentes tecnologias para apoiar a sincronização podem ser aplicadas. Estas podem usar mídias, comunicação direta com servidor, entre outros. Tecnologias como Bluetooth e NFC, focadas em comunicação a pequenas distâncias, são naturalmente candidatas quando pensamos em sincronização entre aplicações encontradas em dispositivos diferentes, mas fisicamente próximos. Como já discutido, apesar de populares, essas tecnologias apresentam alguns problemas, e o seu uso em navegadores web ainda é restrito e experimental, limitando-se a APIs que ainda não fazem parte da lista de padronizações da W3C, como a Web Bluetooth[1] e a Web NFC[2].

A seguir discutiremos algumas técnicas que podem ser usadas no contexto de sincronização, mas que façam o uso de *hardwares*

para captura e reprodução de formas de mídia, como áudio e vídeo.

2.1 *QR Code*

O QR Code (*Quick Response Code*), criado pela empresa japonesa Denso Wave, consiste em um código de barras em duas dimensões, contendo informações tanto na vertical quanto na horizontal, permitindo um volume consideravelmente maior de dados codificados do que um código de barras convencional [11]. No contexto de sincronização, o QR Code é mais utilizado para transmitir informações entre aparelhos, como URLs e senhas de acesso, de forma rápida e robusta. Contudo, o QR Code não representa uma boa opção para uma comunicação contínua.

Para que um usuário possa fazer uso das informações contidas no QR Code, é necessário que ele segure seu aparelho de forma que a câmera esteja focada na imagem. O espaço ocupado pelo QR Code também pode ser um problema, especialmente em casos como a exibição de vídeos ou imagens, onde o código pode ocupar o mesmo espaço que o conteúdo principal, conforme observado em [8]. Algumas estratégias buscam solucionar o problema do espaço, mas são mais voltadas para a ocultação de informações de autoria e não no uso para a sincronização [11].

Apesar das limitações, a técnica ainda representa uma opção robusta para uma primeira transmissão de dados e, de fato, nós a utilizamos em quase todos os nossos testes e casos de uso com a API, para transmitir as informações iniciais entre os dispositivos, como URLs.

2.2 *Audio Fingerprinting*

O objetivo principal do *audio fingerprinting* é a identificação do grau de similaridade entre dois objetos multimídia, comparando não os objetos como um todo, mas sim uma amostra deles [12]. O *fingerprint*, nesse caso, é uma amostra extraída do áudio contendo informações relevantes do sinal, que possam ser usadas para comparação.

A estratégia envolve no geral duas etapas. Primeiro é realizada a extração de informações relevantes para a identificação do áudio. Quais são essas informações e como são extraídas vai depender da implementação. Tendo a identificação do conteúdo multimídia armazenado em uma base de dados, em conjunto com metadados sobre mesmo (como nome do autor ou título), o *fingerprint* extraído durante a reprodução do conteúdo multimídia pode ser usado para fazer o *matching* com a base de dados, disponibilizando os metadados para o usuário [5][6][12].

Além do uso primário para a identificação de conteúdo, a técnica também é usada no contexto de sincronização. Isto porque as informações armazenadas podem estar relacionadas com a ordem temporal em que aparecem no objeto multimídia. Alguns trabalhos trouxeram soluções para sincronizar conteúdo televisivo com aplicações de segunda tela [5][6].

Apesar da natureza não intrusiva da técnica em comparação com outras alternativas, uma vez que não é adicionado nada no conteúdo multimídia original, o uso de *audio fingerprinting* apresenta algumas limitações. Aplicações que usem a técnica precisam ter acesso ao banco de dados contendo os dados relacionados ao *fingerprinting* [5][6][12]. Diferentes soluções podem extrair diferentes *fingerprints*, o que dificulta a reutilização da informação por diferentes aplicações.

2.3 *Audio Watermarking*

Similar ao conceito de esteganografia, a técnica *audio watermarking* também envolve a ocultação de informações em outra fonte de dados. Usada de forma semelhante ao *audio*

---

[1] https://www.w3.org/community/web-bluetooth/

[2] https://www.w3.org/community/web-nfc/

fingerprinting, em particular para a ocultação de informações no nível de autoria, no *watermarking* a informação armazenada para pareamento é adicionada no (e não extraída do...) conteúdo ou mídia original. Na maioria dos casos, a informação é associada a mídia usando o conceito de espalhamento espectral (*spread-spectrum*), adicionando ruídos em amplitudes muito baixas, não perceptíveis pela audição humana [7][13].

Como se espera que a técnica seja resistente a ataques de dessincronização [13], não é de se estranhar que o *audio watermark* também seja empregado na sincronização de conteúdo. Neste sentido, Arnold et al. [7] apresenta um *framework* para sincronização de aplicações de *second screen*, usando um *watermark* embutido no áudio transmitido pela TV.

A técnica apresenta problemas bem similares aos de *audio fingerprinting*, como a necessidade de acesso a um banco de dados contendo as informações para realizar o pareamento de conteúdos, assim como a dificuldade na reutilização de informações escondidas por fontes diferentes, em especial no caso de *watermarking*, onde existem diferentes estratégias para ocultar a informação na mídia.

2.4 Comunicação por áudio

Usado na maior parte para comunicação submarina, já que sinais de rádio são altamente atenuados nesse ambiente [14], a comunicação através de sinais de áudio possui diversas vantagens. Vários dos aparelhos que temos a nossa volta a maior parte do tempo, tais como *smartphones*, *tablets* e *notebooks*, possuem microfones e saidas de áudio por padrão, um dos poucos requisitos para se realizar a comunicação por áudio entre aplicações. Existe também uma gama de algoritmos e soluções para análise e sintetização de áudio, permitindo uma variedade de estratégias para se utilizar o som para transmitir dados.

Trabalhos como o de Hanspach e Goetz [14] exploram os periféricos de áudio presentes em *laptops* para estabelecer formas de comunicação secretas, ou *covert channels*. Neste caso, a intenção é realizar a comunicação entre dois aparelhos, sem que essa seja detectada por meios de monitoramento de redes padrão. Para impedir que esses sinais transmitidos sejam percebidos por humanos, foram usadas frequências próximas de 18600 Hz.

Jeon, Kim e Lee [15] propuseram uma solução para a transmissão de informações usando áudio, mas focado na transmissão de textos. A solução foi testada para a transmissão de URLs entre notebooks, também em frequências além da audição humana, obtendo resultados melhores que o já existente *Google Tone*[3].

Madhavapeddy et al. [16] apresentaram alternativas para transmitir informações por áudio, sem apresentar ruídos desagradáveis aos usuários. Além do uso de frequências nas faixas inaudíveis, os autores também exploraram o uso de combinações de notas musicais para a transmissão de dados, numa tentativa de transformar o som gerado em algo agradável ao ouvido humano.

No caso de uso em navegadores Web, o acesso ao microfone e saída de áudio dos aparelhos já é uma realidade [9][10], diferente de tecnologias como Bluetooth e NFC, os quais não fazem parte da lista de padronizações da W3C, além de estarem associados apenas a soluções experimentais, exigindo configurações adicionais e versões específicas de navegadores para serem usadas. Apesar disso, encontramos apenas dois trabalhos que utilizam um *browser* como plataforma para comunicação sem fio

com base no áudio: o *Google Tone*, desenvolvido por Kauffmann e Smus e a biblioteca `sonicnet.js` [17] por Smus.

O *Google Tone* é uma extensão para o navegador *Chrome* para a transmissão de URLs entre computadores, facilitando o compartilhamento local de páginas Web. Ele utiliza o sistema DTMF (*Dual-tone multi-frequency signaling*) para transmissão dados, o que faz com que o mesmo gere alguns sons na faixa audível durante a transmissão. Mais detalhes sobre o desempenho do mesmo podem ser observados em experimentos conduzidos por Jeon, Kim e Lee [15]. Apesar de ser uma solução usada em navegadores, a mesma é restrita a apenas o navegador da Google, na forma de extensão para o mesmo. Também notamos que não foi possível usar essa extensão em aparelhos como *smartphones* e *tablets*, apenas em navegadores instalados em computadores.

A biblioteca `sonicnet.js` foi desenvolvida em *JavaScrip*, que usa tecnologias do HTML5, Web Audio API [9] e WebRTC [10] para o envio e recebimento de dados em áudio. A biblioteca utiliza a estratégia STMF (*Single Tone Multi-Frequency*) para transmissão de dados, permitindo que toda a comunicação seja realizada fora da faixa de audição humana. Por ser a solução mais próxima da que a nossa API apresenta, iremos detalhar o funcionamento da `sonicnet.js` e compará-la a nossa solução na seção 3 desse artigo.

Das soluções citadas envolvendo a comunicação por áudio entre dispositivos e/ou aplicações, conseguimos testar apenas o *Google Tone* e a biblioteca `sonicnet.js`, ambos disponíveis *online*. Os demais trabalhos apresentam soluções muito especializadas, dificultando a reutilização e expansão dos mesmos para outros contextos além dos apresentados pelos autores. Além disso, algumas dessas soluções são implementadas em linguagens de baixo nível, dependentes de sistemas operacionais e de ferramentas específicas, dificultando o seu uso mais amplo em cenários reais. Também encontramos testes utilizando dispositivos móveis (*smartphones* e *tablets*) apenas para a biblioteca `sonicnet.js` [17][18].

3. A *AUDIO MARKINGS API*

A *Audio Markings* é uma API *opensource* disponível *online*[4] desenvolvida para facilitar a criação de aplicações Web que possam se comunicar e se sincronizar, utilizando a comunicação por áudio como estratégia.

Considerando a ubiquidade de navegadores Web e *hardwares* de áudio em aparelhos usados no dia-a-dia, optamos por usar tecnologias ligadas ao desenvolvimento para *Web browsers* para o desenvolvimento da nossa API. Desta forma, buscamos aumentar o leque de dispositivos capazes de se comunicar usando essa solução, uma vez que a mesma aplicação pode ser usada em diversos aparelhos de marcas e modelos diferentes, desde que os mesmos possuam um navegador Web compatível.

A API foi desenvolvida usando a linguagem *JavaScript*, para ser usada em navegadores que suportem os recursos do HTML 5, em especial a Web Audio API [9] e WebRTC [10]. A Web Audio API é responsável pela geração e análise dos sinais de áudio, enquanto o WebRTC é usado para permitir que o navegador tenha acesso ao microfone do aparelho.

3.1 Estratégia

Para facilitar a compreensão de como a nossa API funciona, estabelecemos os seguintes termos no contexto deste texto:

---

[3] https://research.googleblog.com/2015/05/tone-experimental-chrome-extension-for.html

[4] https://github.com/jonkoala/AudioMarkings.js

- Sinal: é o sinal de áudio que contém a informação codificada a ser intercambiada entre os aparelhos.
- Mensagem: é a informação codificada e enviada por meio de um sinal e que é decodificada pelo receptor.

A estratégia usada na API para transmitir e receber mensagens em áudio é centrada no conceito de *Single Tone Multi-Frequency* (STMF), utilizado pela biblioteca `sonicnet.js` [17][18]. Nessa estratégia, primeiro é definido um alfabeto contendo os caracteres usados para a transmissão dos dados, sendo que cada caractere é enviado em uma mensagem diferente. Um espectro de frequências é definido e dividido em regiões, cada região correspondendo a um caractere [17][18]. Como exemplo, Calixto et al. [18] em seus experimentos utiliza um espectro entre 18.5 e 19.5 KHz, com um alfabeto de dois caracteres, conforme mostra a Figura 1.

Para identificar qual o caractere está associado a uma mensagem, o aparelho que capta o áudio deve realizar uma transformada de *Fourier* no sinal e analisar o espectro definido. A partir daí, identifica-se qual das regiões possui maior nível de intensidade a fim de descobrir qual dos caracteres foi enviado na mensagem [18]. Note que com a abordagem, o número de mensagens diferentes é igual ao número de caracteres definidas pelo alfabeto da aplicação. Assim, não é possível enviar dois caracteres ou mais em uma mesma mensagem, independentemente do tamanho do alfabeto ou do espectro definidos. Buscando evitar tal limitação, nossa solução não analisa o espectro completo procurando pela região de maior intensidade. A estratégia proposta neste artigo também define um espectro e o divide em regiões, mas cada região é analisada independentemente, permitindo que mais de um caractere seja enviado em uma mensagem. Esta estratégia aumenta o número de mensagens diferentes para 2^k, onde k é o número de caracteres definidos no alfabeto.

Separando o espectro e analisando cada região de forma independente, observamos que não é difícil codificar as informações em binário. Cada caractere pode representar um bit, a ordem dos bits no alfabeto representa a sua grandeza e a presença ou ausência de um caractere na mensagem cria o nosso conjunto de 0's e 1's. Como exemplo, num alfabeto com 3 caracteres, 'a', 'b' e 'c', uma mensagem 'ac' apresenta apenas o primeiro e o terceiro caracteres do alfabeto, podendo ser representado como a mensagem 101 em código binário. Nossa API trabalha com mensagens codificadas utilizando essa lógica.

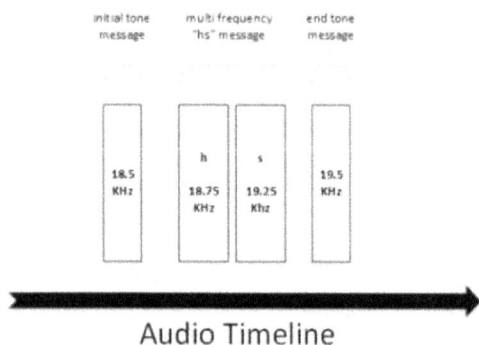

Audio Timeline

Figura 1. Exemplo usado nos experimentos de Calixto et al. [18], usando um alfabeto de 2 letras, 'h' e 's'.

Para definir se um bit da mensagem possui valor 0 ou 1, junto com as regiões do espectro definidas para os bits da mensagem, também definimos mais duas regiões extras. Essas regiões adicionais são as nossas referências, uma delas está constantemente com intensidade alta e a outra com intensidade constantemente baixa durante a transmissão da mensagem. Cada região do espectro usada para carregar os bits da mensagem é comparada com esses dois sinais extras. Se a região possui intensidade semelhante à do sinal com baixa intensidade, o mesmo representa um bit com valor 0; se for semelhante à do sinal com intensidade alta, o valor do bit é 1. A Figura 2 ilustra um exemplo da estratégia para uma mensagem de tamanho 8 bits.

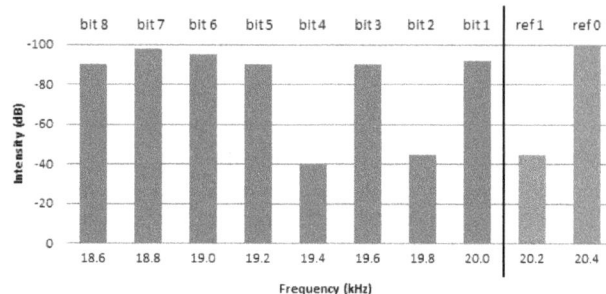

Figura 2. Exemplo de uma mensagem com o valor '00001010'. As frequências de 18.6 a 20 KHz carregam os bits que representam a mensagem, enquanto as frequências de 20.2 e 20.4 KHz são as referências para valor 1 e 0, respectivamente.

3.2 Componentes da *Audio Markings* API

A *Audio Markings* API é dividida em duas partes principais, *emitter* e *receiver*, cada uma desempenhando um papel diferente na comunicação entre as aplicações. O *emitter* fica encarregado de codificar e emitir as mensagens, enquanto e *receiver* capta o sinal pelo microfone do aparelho, analisa o sinal e o decodifica em uma mensagem.

A API está configurada inicialmente para se comunicar usando as frequências de 18.6 a 20 KHz para a mensagem, com as frequências de 20.2 e 20.4 KHz como as referências para valor de bit, conforme ilustrado na Figura 2. Tais valores foram definidos por serem considerados em outros trabalhos como faixas inaudíveis ou semi-inaudíveis ao ser humano [14][17][18]. Mas esses valores podem ser configurados conforme necessidade da aplicação.

O *emitter* possui funcionalidades para alterar, iniciar e finalizar a transmissão de uma mensagem. Uma vez iniciada a transmissão, o *emitter* enviará a mesma mensagem constantemente, até que essa seja alterada ou finalizada. Utilizando as configurações iniciais, é possível enviar 2^8 mensagens diferentes.

O *receiver* cuida da rotina de checagem do sinal detectado pelo microfone do aparelho. Ao ser inicializado, é possível adicionar e remover eventos para mensagens específicas, ou ser notificado cada vez que o aparelho detectar uma mudança de mensagem.

A API foi desenvolvida para trabalhar de forma orientada à eventos, tanto no *emitter* quanto no *receiver*. A Figura 3 ilustra um cenário genérico de utilização dos dois recursos em aplicações e aparelhos diferentes. Uma aplicação que faça uso do *emitter* aguarda até que algum evento interno demande a transmissão de uma mensagem. No caso do *receiver*, a aplicação aguarda até que alguma mensagem diferente seja detectada para que uma ação relacionada àquela mensagem seja realizada.

162

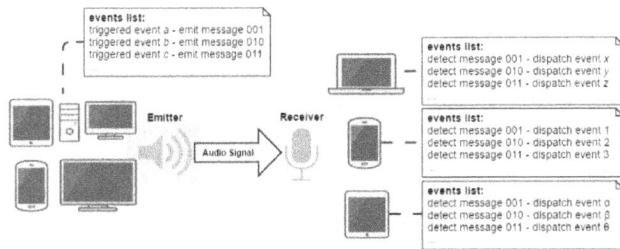

Figura 3. Cenário de utilização dos recursos da API.

Devido a restrições de segurança do WebRTC, sempre que um *receiver* é inicializado, o navegador deve perguntar ao usuário se o mesmo permite ou não que a aplicação faça o uso do microfone do dispositivos [10]. Em alguns navegadores existe também a restrição de que apenas aplicações em servidores usando protocolo de transmissão seguro (HTTPS) possam requisitar o uso do microfone.

3.3 Métodos

Como detalhado na subseção anterior, a API é dividida em *emitter* e *receiver*. Cada um desses componentes é uma classe que pode ser instanciada em um objeto. As tabelas a seguir descrevem brevemente a interface da API, como as classes podem ser instanciadas e como utilizar os métodos disponíveis.

Classe *Emitter*
Um *emitter* pode ser inicializado recebendo um *AudioContext*, um recurso da WebAudio API necessário para trabalhar com áudio [9]; caso nenhum seja fornecido, o próprio construtor se encarregara de criar um. Por questões de otimização, é recomendado que apenas um *AudioContext* seja criado por aplicação [9], geralmente uma mesma instância é usada para diversas funcionalidades em uma mesma aplicação e por isso dá-se a opção do reuso do recurso durante a construção do *emitter*.

Métodos
Initialize: Permite mudar as frequências usadas pela aplicação. Os parâmetros são a frequência inicial (o começo do espectro utilizado), o intervalo entre as frequências usadas e a quantidade de bits que se deseja ter em uma mensagem. Por padrão, esses valores são 18600, 200 e 8, respectivamente, resultando em uma faixa de [18.6-20] KHz, conforme o visto na Figura 2.
SetMessage: Especifica a mensagem a ser emitida. Como a API trabalha com mensagens codificadas em números binários, o parâmetro de entrada é o número da mensagem que se deseja enviar. Em um exemplo onde são utilizados 8 bits para a mensagem, as mensagens vão de 00000000(0) a 11111111(255).
Start: Inicia a transmissão de mensagens; se nenhuma mensagem for definida, o valor 00000000 é transmitido por padrão.
Stop: Interrompe a transmissão de mensagens. Não é necessário interromper a transmissão para trocar a mensagem a ser enviada; o *SetMessage* pode ser usado múltiplas vezes durante uma mesma transmissão.

Classe *Receiver*
Cada *receiver* deve ser inicializado com um método para *callback* em caso de sucesso e outro para o caso de falha na aquisição do microfone do aparelho, uma vez que a requisição do microfone é uma operação assíncrona. Sempre que uma aplicação Web requer

o uso do microfone, o usuário deve ser questionado se permite ou não que a aplicação tenha acesso [10]. No caso de algum erro durante a aquisição do microfone ou se o usuário negar o acesso, o método de erro será chamado, informando a fonte do problema. Assim como o *emitter*, também é opcional fornecer um *AudioContext* durante a criação do *receiver*.

Métodos
Initialize: Utilizado caso seja necessário trocar as frequências usadas pelo *receiver*. Os parâmetros de entrada são um *array* contendo as frequências que se deve observar para a mensagem e as frequências de referência para sinal enviado e não enviado. Por padrão, os valores (Hz) são 18600, 18800, 19000, 19200, 19400, 19600, 19800 e 20000 para a mensagem e 20200 e 20400 para as referências de sinal enviado e não enviado, respectivamente.
AddMessageEvent: Utilizado para adicionar um evento para um valor de mensagem específico. Sempre que o *receiver* detecta uma mudança de mensagem, todos os eventos associados a essa mensagem são invocados de forma assíncrona. Os parâmetros são a mensagem (numérica) e a função a ser invocada.
RemoveMessageEvent: Utilizado para remover eventos associados a mensagens específicas. Os parâmetros são a mensagem associada e a função que seria invocada.
OnChangeMessage: Chamado sempre que o *receiver* detecta uma mensagem diferente. Pode ser associado a uma função da aplicação para que a mesma seja sempre notificada sobre uma mudança de mensagem.
CheckMessage: Utilizado durante o *loop* de verificação que o próprio *receiver* realiza para disparar os eventos associados a mensagens; ele pode ser utilizado caso o desenvolvedor prefira criar a sua própria rotina de checagem de mensagens. Quando chamado, verifica imediatamente qual a mensagem que está sendo transmitida, retornando seu número.
GetIntensityValues: Recebe um conjunto de valores de frequência e devolve a intensidade (em dB) detectada em cada um deles; também é utilizado nas rotinas internas do *receiver* e pode ser útil para detectar níveis de ruído, proximidade e qualidade do sinal ou, até mesmo, para detectar mensagens em outros padrões além do definido no *receiver*.

4. PROVAS DE CONCEITO (POC)

Esta seção apresenta três provas de conceito (PoC) da utilização da API, para demonstrar a sua viabilidade e avaliar se a mesma pode ser usada em situações reais envolvendo sincronização local em aplicações Web. Os experimentos foram conduzidos em um ambiente isolado, com os aparelhos a uma distância de menos de 1 metro do emissor. A infraestrutura para os experimentos consistiu de dois notebooks, um *smartphone* Nexus 4, um *tablet* Nexus 7, todos rodando as aplicações em um navegador Chrome, versão 50.0.2661; também utilizamos uma caixa de som JBL Flip e um microfone portátil Clone para os *notebooks*.

4.1 Cores sincronizadas

Nessa PoC buscamos utilizar a percepção visual da mudança de cores para demonstrar o nível fino de sincronização que pode ser alcançado com a comunicação por áudio entre os dispositivos. A PoC consiste em uma aplicação Web que permite escolher uma das 127 cores disponíveis, a qual deve ser "simultaneamente" apresentada por todos os dispositivos conectados à aplicação.

A aplicação principal consiste em uma página HTML com um mosaico de quadrados de cores distintas. Essa aplicação implementa o *emitter* para transmitir a cor selecionada. Assim que o usuário escolhe uma cor, ela emite o sinal contendo a mensagem de qual cor as demais aplicações executando nos dispositivos devem apresentar. Ao invés de mandar uma mensagem com a codificação RGB da cor, as duas aplicações contêm uma lista interna de todas as cores usadas, numeradas de 1 a 127, na qual apenas o índice da cor selecionada que é transmitido.

As aplicações que exibem as cores selecionadas implementam o *receiver* da nossa API. Elas ficam constantemente escutando os sinais emitidos pela aplicação principal, mudando de cor conforme o usuário interage com a aplicação principal.

As duas aplicações utilizam as frequências padrões definidas pela API. A aplicação principal também pode exibir em forma de QR Code a URL para a aplicação que exibe as cores, para facilitar o acesso ao endereço da mesma.

O código desenvolvido pode ser acessado através de um repositório aberto[5], que também contém links para as aplicações Web e um vídeo demonstrando a PoC em ação.

4.2 Performance musical distribuída
Essa PoC consiste no uso de um grupo de dispositivos para tocar uma música em conjunto, cada aparelho sendo responsável por tocar um dos instrumentos. Assim, para que a música faça sentido aos ouvidos dos usuários, é necessário que os dispositivos reproduzam seus trechos e instrumentos de forma síncrona.

Para permitir que cada aparelho toque um instrumento diferente da composição, a música original foi dividida em vários arquivos mp3, cada um contendo a parte correspondente a um instrumento da composição original. Além dos aparelhos que irão tocar cada um dos instrumentos, um aparelho deve ser designado para ser o ponto de sincronização. Ele funciona como um maestro e informa a cada um dos outros aparelhos em qual instante da música a performance se encontra. Dessa forma é possível também que um usuário interagindo com o aparelho sincronizador possa alterar o instante da música a qualquer momento, e os demais aparelhos devem se ajustar para acompanhar o maestro.

A Figura 4 ilustra o cenário dessa aplicação. A cada 2 segundos o sincronizador emite um sinal informando em qual instante a música se encontra. Os aparelhos tocando os instrumentos individuais ficam constantemente escutando o sinal emitido pelo sincronizador. Ao detectar uma nova mensagem, cada aparelho verifica o quão adiantado ou atrasado ele se encontra com relação ao sincronizador e se ajusta de acordo. Nesse experimento cada aparelho se ajusta caso esteja atrasado ou adiantado em mais de 0.5 segundos em relação ao sincronizador.

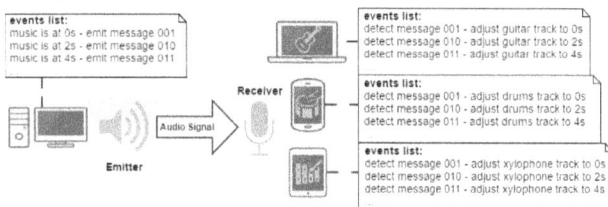

Figura 4. Esquema da PoC performance musical distribuída.

A aplicação do sincronizador foi desenvolvida usando o *emitter* nas frequências padrões da API. Junto com os sinais informando os instantes em que a música se encontra, mais dois sinais foram definidos: 11111111 (255) para pausa e 00000000 (0) como sinal neutro.

A aplicação executada nos dispositivos que tocam os instrumentos implementa o *receiver*, também usando as frequências padrão da API e definindo eventos para as mensagens de pausa e neutro. A informação de qual instrumento cada aparelho deve tocar é definida pela URL. Para decodificar e reproduzir a música em mp3 foi desenvolvido um player usando a Web Audio API.

Para facilitar o acesso às aplicações dos instrumentos, o sincronizador pode gerar as URLs específicas de cada instrumento, exibidas como um QR Code no corpo da página.

O código desenvolvido pode ser acessado através de um repositório aberto[6], que também contém links para as aplicações Web e um vídeo demonstrando essa PoC em ação.

4.3 Apresentação de slides
Essa PoC ilustra uma apresentação simultânea de slides, na qual existe uma apresentação principal, contendo os slides e outras secundárias com conteúdo complementar, tais como imagens, diagramas ou informações extras. Assim, o dispositivo que reproduz o conteúdo principal orquestra a sincronia, emitindo o sinal referente ao slide que está sendo exibido; as aplicações secundárias captam o sinal, decodificam a mensagem e exibem o conteúdo adicional sincronamente com o slide. Ambas as aplicações foram implementadas a partir de uma biblioteca já existente para apresentação de slides, a `reveal.js`[7].

A aplicação de apresentação principal tambem foi desenvolvida usando um *emitter* nas frequências padrões da API. Os sinais emitidos consistem na posição do slide em exibição e assim, a mensagem 00000000 representa o primeiro slide, 00000001, o segundo e assim, por diante.

A aplicação de apresentação secundária implementa um *receiver*, também nas frequências padrões da API. Essa aplicação é similar à de apresentação principal, contendo slides, no entanto a ordem em que esses slides são apresentados depende da informação transmitida pela aplicação de apresentação principal. A aplicação fica constantemente escutando os sinais transmitidos e troca de slides sempre que uma mensagem nova é detectada.

O código desenvolvido na PoC pode ser acessado através de um repositório aberto[8], que também contém links para as aplicações Web e um vídeo demonstrando essa PoC em ação.

5. TESTES DE PRECISÃO
Alguns testes foram executados para permitir a análise do desempenho da API e uma avaliação inicial de como os dispositivos móveis respondem a aplicações que usem os seus microfones em frequências fora da audição humana. Para isso, foi desenvolvida uma aplicação usando a *Audio Markings* API para avaliar a precisão com que os aparelhos conseguem identificar corretamente mensagens enviadas por áudio.

Conforme esperado, as flutuações nos sinais capturados pelos aparelhos podem gerar detecções erradas das mensagens. Essas flutuações podem ser causadas pela qualidade do microfone encontrado no aparelho que está recebendo o sinal ou pela própria transmissão do sinal. Para contornar esse problema, uma lógica de *debouncing* foi implementada a fim de só notificar as aplicações sobre uma mudança de mensagem quando o mesmo sinal é detectado um determinado número de vezes. Como a API verifica

---

[5] https://github.com/jonkoala/synchronized-colors

[6] https://github.com/jonkoala/distributed-musical-performance

[7] https://github.com/hakimel/reveal.js

[8] https://github.com/faesin/synchronous-slideshow

por mensagens novas a cada frame, essa lógica de confirmação de mensagens não representa uma queda considerável na velocidade de detecção de novas mensagens. Buscando avaliar também o impacto da estratégia de *debounce* para melhorar a robustez da recepção, todos os testes foram realizados duas vezes com cada aparelho, uma vez com a API usando o *debounce* e outra com o recurso desligado.

Os equipamentos usados nos testes foram um notebook, um *smartphone* Nexus 4, um *tablet* Nexus 7, todos rodando as aplicações em um navegador Chrome, versão 50.0.2661, também utilizamos uma caixa de som JBL Flip para emitir o som proveniente do notebook usado como emissor. Este último envia constantemente um sinal usando o *emitter* da nossa API, enquanto os aparelhos móveis devem identificar corretamente a mensagem enviada, usando uma aplicação desenvolvida com o *receiver*.

Os testes foram aplicados com os aparelhos posicionados a distâncias de 1 a 5 metros da fonte de áudio. Todos os testes foram executados com os sinais 00000000 e 11111111. As aplicações de teste escutam os sinais durante 10 minutos e informam a porcentagem desse tempo em que a mensagem correta seria informada pela API. Os resultados dos testes podem ser vistos na Tabela 1.

Com esses resultados, podemos observar uma diferença no desempenho entre os aparelhos, mesmo quando testados sob as mesmas condições. Acreditamos que essa diferença se dê pela qualidade dos microfones presentes nesses dispositivos, mesmo sendo de marcas iguais. Na presença do *debounce*, o *tablet* Nexus 7 parece ter maior precisão para sinais mais simples (0), mas tem um desempenho inferior para mensagens maiores (255) em comparação com o *smartphone* Nexus 4. Sem a lógica de *debounce*, o Nexus 7 parece ter um desempenho melhor no geral em comparação com o Nexus 4. Note também que ocorre uma diminuição na precisão quando o sinal usa muitos harmônicos no processo de sintetização. É possível notar esse efeito comparando os resultados entre o sinal 0 e o 255; o sinal 0 não usa nenhum harmônico para a mensagem, sendo consideravelmente mais simples de detectar que o 255, que usa 8 harmônicos.

Tabela 1. Resultados dos testes de precisão (%) com a distância (m), com e sem o uso da estratégia de *debounce*.

	Precisão (%) no recebimento de mensagens							
	Com *debounce*				Sem *debounce*			
	Nexus 4		Nexus 7		Nexus 4		Nexus 7	
Dist.	0	255	0	255	0	255	0	255
1m	100	98.74	100	96.33	99.44	94.2	100	93.68
2m	100	97.66	100	96.38	100	73.26	100	87.16
3m	98.85	100	100	93.45	99.44	75.97	100	94.57
4m	98.61	97.9	100	96.28	98.22	86.95	100	88.82
5m	98.81	96.23	100	94.2	94.31	80.1	100	80.83

Não tão impactante quanto ao número de harmônicos no sinal, a distância entre os aparelhos e a fonte de áudio também influenciou os resultados. Isso já era esperado, uma vez que ondas acústicas são atenuadas com a distância [14].

Por fim, os resultados evidenciam que a nossa lógica de *debounce* também influencia na precisão. De fato, observando que ela contribui mais na detecção de sinais contendo um número maior de harmônicos, acreditamos que a lógica seja importante para a comunicação usando a API, uma vez que em nenhum dos casos observados houve precisão menor que 90%, enquanto em alguns casos sem o recurso os resultados obtiveram taxas abaixo de 76%.

6. CONSIDERAÇÕES FINAIS

Nesse artigo discutimos sobre a sincronização de aplicações e conteúdos multimídia, apresentamos algumas técnicas usadas hoje, assim como aplicações reais existentes para cada uma delas. Em especial, discutimos técnicas que usam o áudio para realizar a sincronização e comunicação, uma vez que recursos como microfones e saídas de áudio estão presentes em muitos dos dispositivos que temos a nossa volta.

Também apresentamos a *Audio Markings* API para o desenvolvimento de aplicações para navegadores Web que se comuniquem por meio do som. Como a maioria dos *smartphones* e *tablets* possuem não só *hardware* para comunicação por áudio, mas acesso a navegadores Web, acreditamos que uma API para essa plataforma possa representar uma contribuição ainda maior para este tipo de comunicação entre aplicações. Observamos ainda uma carência de soluções deste tipo para navegadores Web, tornando nossa solução bastante atrativa para essa plataforma.

Três cenários reais de uso foram implementados para demonstrar a viabilidade da API e avaliar o nível de sincronização alcançado. As aplicações podem ser acessadas e testadas online com o uso de navegadores, assim como os seus códigos fontes foram disponibilizados para que interessados no uso da API possam ter uma base para desenvolver as suas próprias aplicações.

Por fim, apresentamos os resultados de testes realizados sobre o desempenho da API com relação à precisão da comunicação. Os resultados mostraram não só um bom nível de precisão para uma API tão nova, mas também podem ser interessantes para se analisar o desempenho desses dispositivos quando usamos seus microfones e saídas de áudio para trabalhar em frequências fora dos valores para os quais eles foram projetados.

Como trabalhos futuros, pretendemos testar o desempenho da API em ambientes variados, com ruídos e obstáculos. Também pretendemos desenvolver mais casos de uso para a mesma, como ambientes interativos e jogos. Como os navegadores Web estão sempre se atualizando, também estaremos sempre atualizando a API, assegurando que a mesma esteja funcionando como o esperado nos principais navegadores.

6.1 Limitações e questões práticas

A decisão de utilizar navegadores Web como plataforma para o desenvolvimento de aplicações pode limitar a quantidade de usuários com aparelhos habilitados a utilizar a API. Isso porque nem todos os navegadores implementam as tecnologias usadas pela solução. Alguns dos recursos usados, em especial a criação de ondas periódicas [19] e o acesso ao microfone do aparelho de forma nativa (sem necessitar da instalação de plug-ins) [20], são relativamente novos e, portanto, é possível que navegadores mais antigos ainda não sejam capazes de utilizar a API.

O uso do microfone através do navegador exige também que o fabricante do aparelho crie uma interface que permita esse acesso do *browser* ao *hardware*. Além de, em alguns casos, não existir essa permissão, alguns modelos também aplicam, por padrão, filtros ao sinal capturado, tais como *echo cancelation* ou *low-pass filter*. Uma vez que o uso primário desses microfones é para a captação de voz humana, é de se esperar que os aparelhos sejam projetados para captar melhor o espectro da fala, mas quando é desejado usar a API para a comunicação em frequências inaudíveis, isso pode representar um problema. É possível requisitar que esses filtros sejam desabilitados [20] e, de fato, nossa API faz essa requisição ao navegador, mas não é garantido que os fabricantes implementem uma resposta adequada a essa requisição. Para contornar o problema, a API permite que frequências não filtradas sejam usadas, mas nesses casos, a maioria dos usuários seria capaz de escutar os sinais transmitidos.

A API usada para a geração de sinais através de osciladores trabalha com uma taxa de 44.1 KHz [9], o que permitiria, seguindo o teorema de Nyquist, a utilização de sinais com frequências de até 22 KHz. Esse limite é ainda menor considerando a estratégia usada pela *Web Audio API* para a sintetização de áudio, usando ondas periódicas através dos harmônicos [9], uma vez que um aumento no número de harmônicos resulta na diminuição da amplitude do sinal [21]. Por padrão, a *Audio Markings* API usa valores que não chegam a representar queda significativa na amplitude, mas se configurada para se comunicar em frequências muita próximas do limite superior (22 KHz) ou muito acima de 20 KHz, é possível notar a diminuição drástica na amplitude do sinal, e por consequência uma diminuição na qualidade da transmissão.

7. AGRADECIMENTOS

Os autores agradecem à Fundação de Amparo à Pesquisa e Inovação do Espírito Santo (FAPES) pelo suporte financeiro concedido ao primeiro autor, por meio de uma bolsa de mestrado.

8. REFERÊNCIAS

[1] Coskun, V., Ozdenizci, B. and Ok, K. A survey on near field communication (NFC) technology. *Wireless Personal Communications*, 71(3), pp.2259-2294. 2013.

[2] Haartsen, J. Bluetooth-The universal radio interface for ad hoc, wireless connectivity. *Ericsson review*, 3(1), pp.110-117. 1998.

[3] Nielsen Newswire. Action Figures: How Second Screens are Transforming TV Viewing. Accessible in *URL*: http://www.nielsen.com/us/en/newswire/2013/action-figures--how-second-screens-are-transforming-tv-viewing.html

[4] Segundo, R.M.C. and Santos, C.A.S., Timeline Alignment of Multiple TV Contents. *In*: Proc. 20th Brazilian Symp. on Multimedia and the Web (pp. 195-202). ACM. Nov. 2014.

[5] Duong, N.Q., Howson, C. and Legallais, Y. Fast second screen TV synchronization combining audio fingerprint technique and generalized cross correlation. *In*: Int. Conf. on Consumer Electronics-Berlin, (pp. 241-244). IEEE. 2012.

[6] Bisio, I. et al. Fast audio fingerprint comparison for real-time TV-channel recognition applications. *In*: Wireless Communications and Mobile Computing Conference (IWCMC), 2013 9th Int. (pp. 694-699). IEEE. Jul. 2013.

[7] Arnold, M. et al. A phase-based audio watermarking system robust to acoustic path propagation. *IEEE Trans. on Information Forensics and Security,* 9(3), pp.411-425. 2014.

[8] Angeluci, A.C.B. et al. QRcode, hashtag or audio watermark? A case study on second screening. *Multimedia Tools and Applications*, pp.1-16. 2016.

[9] Adenot, P., Wilson, C. and Rogers, C. Web Audio API. W3C, Dec. 2015. DOI= https://www.w3.org/TR/2015/WD-Webaudio-20151208/

[10] Bergkvist, A. et al. WebRTC 1.0: Real-time Communication Between Browsers. W3C Working Draft. World Wide Web Consortium. 2016. DOI= https://www.w3.org/TR/2016/WD-Webrtc-20160128/

[11] Prabakaran, G., Bhavani, R. and Ramesh, M. A robust QR-Code video watermarking scheme based on SVD and DWT composite domain. *In:* 2013 Int. Conf. on Pattern Recognition, Informatics and Mobile Engineering (PRIME), (pp. 251-257). IEEE. Feb. 2013.

[12] Haitsma, J. and Kalker, T. A highly robust audio fingerprinting system. In *ISMIR* (Vol. 2002, pp. 107-115). Oct. 2002.

[13] Hartung, F. and Kutter, M. Multimedia watermarking techniques. *Proc. of the IEEE*, 87(7), pp.1079-1107. 1999.

[14] Hanspach, M. and Goetz, M. On Covert Acoustical Mesh Networks in Air. *Journal of Communications*, 8(11). 2013.

[15] Jeon, K.M., Kim, H.K. and Lee, M.J., Noncoherent Low-Frequency Ultrasonic Communication System with Optimum Symbol Length. *Int. Journal of Dist. Sensor Networks*, 2016.

[16] Madhavapeddy, A. et al. Audio networking: the forgotten wireless technology. *IEEE Pervasive Computing*, 4(3), pp.55-60. 2005.

[17] B. Smus. Ultrasonic networking on the Web. 2013. [Online]. *URL*= http://smus.com/ultrasonic-networking/

[18] Calixto, G.M. et al. Effectiveness analysis of audio watermark tags for IPTV second screen applications and synchronization. *In:* 2014 Int.Telecommunications Symposium (ITS), (pp. 1-5). IEEE. Aug. 2014

[19] Adenot, P., Wilson, C. and Rogers, C. Web Audio API, Oct. 2013. W3C. *URL*= https://www.w3.org/TR/2013/WD-Webaudio-20131010/

[20] Burnett D. and Narayanan A. getusermedia: Getting access to local devices that can generate multimedia streams. 2011. W3C Editors draft. *URL*= http://dev.w3.org/2011/Webrtc/editor/getusermedia.html

[21] Loy, G., 2007. Musimathics, Vol. 2.

Per-Flow Routing with QoS Support to Enhance Multimedia Delivery in OpenFlow SDN

Rafael Fernando Diorio
School of Technology – FT
University of Campinas – UNICAMP
Limeira, SP, Brazil
rafael@diorio.com.br

Varese Salvador Timóteo
School of Technology – FT
University of Campinas – UNICAMP
Limeira, SP, Brazil
varese@ft.unicamp.br

ABSTRACT

In this paper, we present the results obtained trough a per-flow routing resource with Quality of Service (QoS) support, provided by a multimedia gateway, to enhance multimedia delivery in OpenFlow Software-Defined Networks (SDN). We use the multimedia gateway to identify and classify multiple multimedia traffic flows on the network and to forward each traffic flow to the destination system according to specific flow rules, with different configurations of bandwidth allocation and priority of transmissions. In the SDN environment, the multimedia gateway acts as complementary component of the OpenFlow controller and as a network gateway of the end-systems. The interactions with the OpenFlow controller occur through a RESTful API, as an extension to the OpenFlow controller API Northbound. Through these interactions, with global information of the network, multimedia traffic flows can be routed and delivered differently from the other flows. These features are important to improve the multimedia distribution and to increase the user-perceived Quality of Experience (QoE).

CCS Concepts

• **Networks** → **Network performance analysis; Network experimentation; Middle boxes/network appliances**

• **Information systems** → **Multimedia streaming**

Keywords

Multimedia Delivery; Quality of Service; Software-Defined Network.

1. INTRODUÇÃO

Aplicações e serviços multimídia estão dentre as aplicações e serviços de maior popularidade e sucesso na Internet. Há uma grande variedade de soluções que enfatizam, por exemplo, transmissões de áudio, voz, vídeo e dados no contexto multimídia. Por outro lado, esses serviços e aplicações tornaram o fluxo de tráfego de rede, além de mais intenso [1], mais detalhado e complexo, uma vez que os requisitos e particularidades desses serviços e aplicações encontram uma

WebMedia '16, November 08-11, 2016, Teresina, PI, Brazil
© 2016 ACM. ISBN 978-1-4503-4512-5/16/11...$15.00
DOI: http://dx.doi.org/10.1145/2976796.2976844

série de dificuldades e limitações que vão desde seu projeto e desenvolvimento até sua distribuição e comunicação [2]. Como resultado, uma série de esforços da academia e da indústria discorre acerca de comunicações multimídia.

Nesse contexto, as Redes Definidas por *Software (Software-Defined Network, SDN)* representam um novo paradigma que objetiva simplificar e flexibilizar o gerenciamento da rede, além de permitir e facilitar sua evolução e inovação [3]. Em SDN, a inteligência da rede está logicamente centralizada em controladores baseados em *software*, com dispositivos simples, e programáveis por meio de uma interface aberta, realizando o encaminhamento de pacotes [4]. Essa estrutura, além de possibilitar a consolidação dos diversos dispositivos da rede, facilita a implantação de novos protocolos e aplicações, bem como na forma como a rede é vista e gerenciada, com amplo controle sobre seus fluxos de tráfego [3, 4]. Nesse cenário, o protocolo OpenFlow [5] tem sido utilizado como padrão para permitir a comunicação entre os dispositivos do plano de dados (*switches*, roteadores, etc.) e o controlador.

Diante desse cenário, este artigo tem como objetivo apresentar e discutir os resultados acerca do emprego de recursos para encaminhamento por fluxos, com suporte à Qualidade de Serviço *(Quality of Service, QoS)*, enquanto contribuições para aprimorar a distribuição multimídia em ambientes SDN OpenFlow. Na rede, esses recursos são fornecidos por um *gateway* multimídia interconectado ao plano de dados do ambiente SDN. Nesse ambiente, o *gateway* multimídia é capaz de identificar e classificar múltiplos fluxos multimídia na rede, possibilitando, por exemplo, que tais fluxos recebam um tratamento diferenciado quanto à seu processamento e encaminhamento no âmbito da distribuição multimídia. Essa abordagem é útil, por exemplo, para fornecer melhores níveis de QoS às aplicações multimídia de fluxo *stream*, bem como para aumentar a percepção de Qualidade de Experiência *(Quality of Experience, QoE)* pelo usuário final em termos de tais aplicações, de modo geral.

Para tal, o restante deste artigo está organizado da seguinte forma: a Seção 2 apresenta alguns dos trabalhos relacionados com nossa proposta. A Seção 3 apresenta e discorre sobre o *gateway* multimídia em ambientes SDN OpenFlow. A Seção 4 apresenta os resultados experimentais e, por fim, a Seção 5 apresenta as conclusões e trabalhos futuros.

2. TRABALHOS RELACIONADOS

Trabalhos recentes discorrem acerca de recursos voltados para QoS no âmbito de SDNs. As discussões são amplas, compreendendo propostas voltadas para estratégias de roteamento [6, 7], transmissões interdomínios [8], arquiteturas para *Service Providers* [9] e para *home networks* [10], recursos para priorização de fluxos e limitação de banda [11], bem como pelo emprego de escalonadores de pacotes [12], dentre outros.

Como exemplo, os autores em [6, 7] propõem o emprego de mecanismos de roteamento dinâmico no projeto do controlador OpenFlow para o provimento de QoS fim-a-fim à fluxos multimídia durante seu processo de encaminhamento ao longo da rede. Ambas as propostas consistem em rotear os fluxos multimídia de modo distinto aos demais fluxos da rede, porém com abordagens diferenciadas quanto às restrições consideradas no processo de roteamento, bem como nos níveis de classificação ofertados aos fluxos multimídia.

Por sua vez, num contexto interdomínios, os autores em [8] propõem uma arquitetura, baseada em virtualização de redes, para o fornecimento de QoS fim-a-fim em redes OpenFlow. A proposta considera dois níveis de mapeamento: o primeiro nível mapeia especificações de QoS (QSPEC) entre fluxos OpenFlow e o esquema de prioridades do PCP *(Priority Code Point)* e o segundo nível fornece mapeamento e interoperabilidade interdomínios através do protocolo NSIS *(Next Steps in Signaling)*. O mapeamento L2/L3 é realizado por meio da conversão do campo PCP para o campo DSCP *(Differentiated Services Code Point)*, o qual é realizado por *gateways* com suporte ao OpenFlow e ao NSIS.

No âmbito de ISPs, uma arquitetura baseada em SDN é apresentada em [9]. Nessa proposta, o protocolo MPLS *(Multiprotocol Label Switching)* é empregado no plano de dados e o fornecimento de recursos de QoS se dá por meio de regras e tabelas específicas para tal, com diferenciação entre fluxos de tráfego sendo realizada por diferentes *matching fields*, tais como DSCP e o MPLS EXP, dentre outros.

Num contexto de *home networks* em SDN, os autores em [10] empregam recursos de classificação de fluxos e de limitação de taxas de transmissão para aprimorar a QoS da rede local. As classificações de fluxo se dão por meio de resoluções DNS e pela identificação do protocolo de aplicação. Por sua vez, as limitações de taxa de transmissão se dão por meio de recursos de *traffic shaping* associados aos grupos de aplicações que terão sua taxa de transmissão limitada.

Em [11], os autores analisam a aplicação de recursos para priorização de fluxos multimídia (de áudio e vídeo) e de limitação de banda, enquanto mecanismos de QoS para transmissões VoIP, no âmbito de SDNs. Em seu trabalho, os autores classificam e priorizam os fluxos VoIP, embasados no protocolo SIP, dos demais fluxos da rede por meio de interações entre o servidor SIP e o controlador SDN (via RESTful API). Nas sessões VoIP, os fluxos de áudio e vídeo são classificados por meio de suas portas de transmissão (de origem e de destino).

Por sua vez, em [12] os autores propõem a utilização de múltiplos escalonadores de pacotes para melhorar o fornecimento de recursos de QoS em redes OpenFlow. A ideia é estender o controle sobre escalonadores de pacotes do Linux, como HTB *(Hierarchical Token Bucket)*, RED *(Randonly Early Detection)* e SFQ *(Stochastic Fairness Queuing)* para ambientes OpenFlow. A proposta também considera recursos de *enqueueing* e *traffic shaping* para alcançar QoS e QoE.

Diante dos trabalhos relacionados, nossa proposta não considera modificações no projeto do controlador OpenFlow ou nos *switches* do plano de dados para o provimento de QoS na rede, tal como em [6, 7, 8]. De modo similar, nenhum componente externo ao *gateway* multimídia é necessário para realizar a inspeção e classificação dos fluxos multimídia, bem como para a realização de interações com o controlador OpenFlow, tal como ocorre em [7, 11]. Por sua vez, a identificação e classificação de fluxos multimídia é distinta ao proposto em [10], sendo essa realizada no nível de rede (IP), utilizando o campo DSCP, porém sem mapeamentos L2/L3 conforme proposto em [8]. Mecanismos de escalonamento e regulação, tal como em [12], são empregados para o encaminhamento de pacotes ao cliente final, porém não como uma extensão ao protocolo OpenFlow, mas como parte dos recursos funcionais do *gateway* multimídia.

3. ABORDAGEM PROPOSTA

3.1 Gateway Multimídia em SDN

Em nossa abordagem, propomos o emprego de recursos para encaminhamento por fluxos, com suporte à QoS, para aprimorar a distribuição multimídia em ambientes SDN OpenFlow. A proposta consiste em empregar tais recursos em um *gateway* multimídia interconectado ao plano de dados do ambiente SDN, aprimorando trabalhos anteriores [13, 14].

Em tal ambiente, o *gateway* multimídia atua como componente complementar ao controlador OpenFlow e como *gateway* de acesso à rede dos sistemas finais. Seu objetivo é estender as características de gerenciamento centralizado fornecidas pelo ambiente SDN para flexibilizar o encaminhamento e a distribuição de conteúdos multimídia na rede local. Nesse ambiente, as interações com o controlador OpenFlow se dão através de uma API RESTful [15, 16], por meio de uma extensão a API *Northbound* do controlador.

Nesse cenário, o *gateway* multimídia possibilita que fluxos multimídia, tais como fluxos de dados, áudio, voz e vídeo, recebam um tratamento diferenciado quanto à seu processamento e encaminhamento, tais como ser seletivamente encaminhado, redirecionado ou bloqueado e ter sua taxa de transmissão regulada por mecanismos de escalonamento e regulação, dentre outros.

Essa abordagem é útil, por exemplo, para fornecer melhores níveis de QoS às aplicações multimídia de fluxo *stream*, bem como para aumentar a percepção de QoE pelo usuário final em termos de tais aplicações, de modo geral.

3.2 Identificação e classificação de fluxos multimídia

No ambiente SDN, o *gateway* multimídia é posicionado como *gateway* de acesso à rede dos *hosts* que executam as aplicações multimídia objetos de seu mecanismo funcional. Nesse ambiente, múltiplas aplicações multimídia geram tráfego tipicamente *stream* na rede. Esses fluxos de tráfego são intermediados pelo *gateway* multimídia e, após processados e tratados por ele em termos de seus recursos funcionais, encaminhados às suas respectivas aplicações receptoras.

Nesse cenário, um módulo de inspeção de pacotes, associado às interfaces de rede do *gateway* multimídia, é o responsável por obter os atributos utilizados para identificar e classificar tais pacotes a um ou outro tipo de fluxo multimídia. Para efeitos de avaliação, utilizamos o campo ToS do IPv4, tido como DSCP [17] e ECN [18], para a identificação e classificação de fluxos multimídia na rede. Em nossa abordagem, consideramos quatro tipos de serviços multimídia:

dados, áudio, voz e vídeo. Dessa forma, os 6 bits do campo DSCP foram logicamente organizados para suportar tais serviços. Nessa estrutura, 2 bits foram utilizados para identificar os serviços multimídia de dados, áudio, voz e vídeo e os demais 4 bits restantes foram utilizados para identificar até 16 possíveis canais de transmissão para cada um desses serviços multimídia (Figura 1).

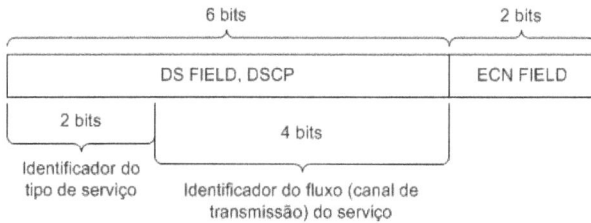

Figura 1. Organização de bits para o campo DSCP para a identificação de fluxos multimídia de dados, áudio, voz e vídeo, bem como para seus canais de transmissão.

De modo complementar, a Tabela 1 apresenta os identificadores para os serviços multimídia de dados, áudio, voz e vídeo, bem como os possíveis identificadores para seus canais de transmissão.

Tabela 1. Identificadores para os serviços multimídia de dados, áudio, voz e vídeo e seus canais de transmissão.

Serviço Multimídia	Identificador do Serviço	Identificador do Canal
Dados	00	
Áudio	01	0000 até 1111
Voz	10	(16, 2^4, canais)
Vídeo	11	

Cabe ressaltar que, se aplicável e necessário, outros métodos para identificação e classificação de fluxos multimídia podem ser empregados, de modo que esse não esteja restrito somente ao campo DSCP do protocolo IP. Da mesma forma, a organização de bits proposta para o campo DSCP pode ser adequada para suportar mais ou menos serviços multimídia, aumentando-se ou diminuindo-se os bits utilizados para a identificação do serviço e/ou os bits utilizados para identificação do canal associado ao respectivo serviço (respeitando-se o limite total de bits do campo DSCP).

3.3 Encaminhamento por fluxos com suporte à QoS

Uma vez identificados e classificados, os fluxos multimídia podem ser encaminhados de acordo com a política padrão do *gateway* multimídia (roteamento padrão) ou de acordo com regras que modifiquem esse comportamento. Essas regras compreendem, de modo geral, encaminhamentos seletivos de pacotes, redirecionamento de pacotes ou descarte de pacotes. Nesse contexto, o encaminhamento seletivo de pacotes possibilita a escolha de qual (ou quais) fluxo(s) serão encaminhados pelo *gateway* multimídia. Dessa forma, as definições de encaminhamento ficam especializadas em termos de um ou mais fluxos multimídia, havendo a possibilidade de realização de descartes ou processamento padrão de pacotes para os demais fluxos de tráfego. Por sua vez, no redirecionamento de pacotes, os pacotes IP de um ou mais fluxos multimídia podem ter seu destinatário modificado, sendo passíveis de

redirecionamentos para outros *hosts* e aplicações de rede. Nesse caso, há a possibilidade de se modificar tanto o IP do destinatário, quanto a porta de comunicação da aplicação multimídia, possibilitando redirecionamento nos níveis de rede e de transporte. Assim como no encaminhamento seletivo, outros fluxos de tráfego podem ser encaminhados de acordo com sua configuração padrão ou, se aplicável, serem descartados pelo *gateway* multimídia.

Em termos de QoS, mecanismos de escalonamento e regulação complementam o recurso de encaminhamento de pacotes fornecido pelo *gateway* multimídia. Múltiplas filas de escalonamento podem ser criadas junto ao mesmo, de modo que cada fluxo de tráfego, em específico, possa receber configurações diferenciadas em termos de prioridade de encaminhamento e alocação de banda. Para tal, múltiplos mecanismos de escalonamento podem ser empregados, tais como FIFO *(First In First Out)* ou FCFS *(First Come First Served)* e WFQ *(Weighted Fair Queueing)*, por exemplo. De modo similar, múltiplos mecanismos de regulação também podem ser empregados, tais como o *leaky bucket* e o *token bucket*, por exemplo.

Nesse contexto, por meio do emprego de tais mecanismos de escalonamento e regulação, o *gateway* multimídia é capaz de implementar múltiplas filas de transmissão, com prioridades variadas entre si e com alocações e frações de banda, também, variadas entre ambas. Nessa estrutura, um "rodízio" é realizado entre as filas de maior e menor prioridade, de modo que todos os pacotes sejam transmitidos sem ter que aguardar, necessariamente, os pacotes de filas de maior prioridade. Nesse caso, a fração de banda de rede destinada aos pacotes de filas de alta prioridade é maior que os pacotes de filas de menor prioridade, mas ainda assim todos serão transmitidos de modo intercalado.

3.4 Protótipo: Ambiente e ferramentas de desenvolvimento

Para avaliar a abordagem proposta, um protótipo acerca do *gateway* multimídia foi implementado sob o ambiente de *software* do sistema operacional Linux Ubuntu 12.04 LTS[1].

Nesse ambiente, para realizar a identificação e classificação dos fluxos multimídia de dados, áudio, voz e vídeo, um módulo de inspeção de pacotes foi implementado, em especial, por meio da solução Netfilter[2]. De modo geral, por meio de tal solução é possível inspecionar e obter informações acerca dos pacotes IP processados pelo *gateway* multimídia. De modo complementar, essa solução também possibilita filtrar pacotes IP em termos de bloqueios, encaminhamentos, redirecionamentos e monitoramentos, dentre outros. Esses filtros podem ser aplicados utilizando informações de diferentes camadas da pilha TCP/IP, tais como em informações das camadas de enlace (endereços MAC, por exemplo), de transporte (protocolos TCP e UDP e portas de comunicação, por exemplo) e de aplicação (protocolos de aplicação), além de informações da camada de rede (campos do cabeçalho IP, como o DSCP, e endereços IP, por exemplo). Suas entradas de configuração foram realizadas por meio de *shell scripts* construídos sobre o *shell* Bash do Linux, com regras de encaminhamento inseridas em nível de Kernel do sistema.

---

[1] Linux Ubuntu em http://www.ubuntu.com.

[2] Netfilter em http://www.netfilter.org.

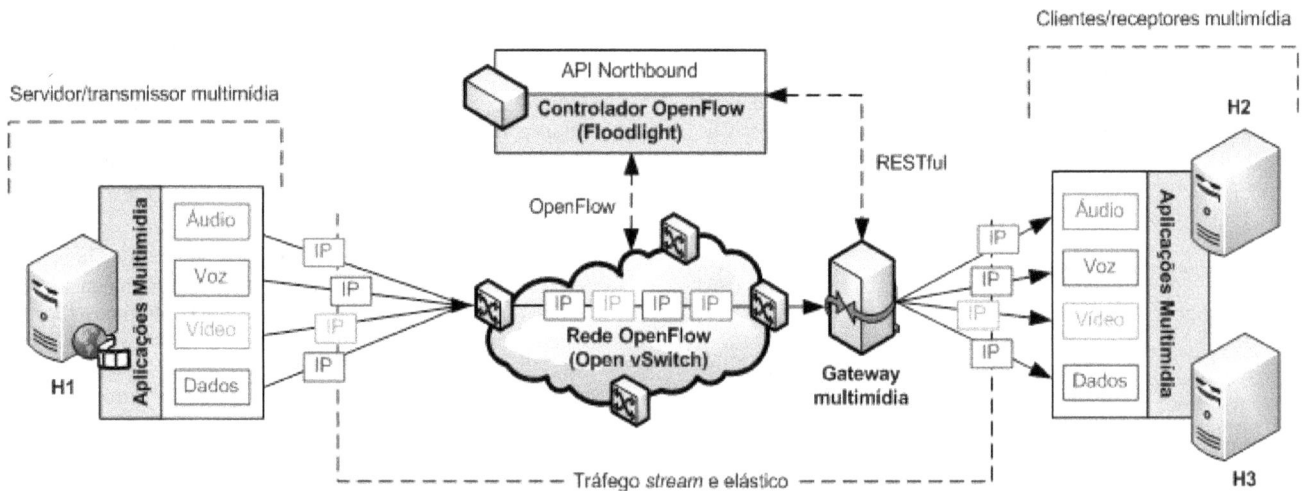

Figura 2. Ambiente de avaliação utilizado para a obtenção de resultados experimentais: Sistemas transmissor e receptor dos fluxos multimídia de dados, áudio, voz e vídeo e o *gateway* multimídia, ambos em um ambiente SDN OpenFlow.

No âmbito dos recursos de QoS, a principal solução empregada é o iproute2[3]. Funcionalmente, o iproute2 possui suporte a vários mecanismos de escalonamento e regulação, tais como o *token bucket* e as disciplinas FIFO e WFQ, dentre outras. Dessas, algumas disciplinas, como a FIFO, por exemplo, são tidas como *classless*, enquanto outras, como o *Hierarchical Token Bucket* (HTB), por exemplo, são tidas como *classful*. Quanto ao mecanismo funcional de ambas, hierarquicamente, disciplinas do tipo *classful* suportam a definição de outros componentes internos, tais como classes e filtros, utilizados para a criação de múltiplas classes de serviço *(Class of Service, CoS)* na rede, bem como do tratamento diferenciado dos tráfegos associados a tais classes de serviço. Por sua vez, as disciplinas do tipo *classless* não possibilitam essa hierarquização interna, tratando o tráfego de todas as aplicações da rede como "sinônimos" quanto ao seu mecanismo funcional. Outro recurso funcional presente nas disciplinas do tipo *classful* está associado à priorização dos fluxos de uma ou outra classe de serviço e ao empréstimo de recursos (taxa de transmissão) entre ambas.

Por sua vez, no âmbito das Redes Definidas por *Software*, o protocolo OpenFlow foi compilado e instalado junto ao *gateway* multimídia.

4. EXPERIMENTOS

Para a obtenção de resultados experimentais, um cenário SDN foi configurado utilizando o *software switch* Open vSwitch[4] e o controlador Floodlight[5] (Figura 2). Em tal cenário, implementado em um ambiente virtual por meio da solução Oracle VM VirtualBox[6], três *hosts* foram configurados: um deles atuando como servidor/transmissor dos conteúdos multimídia de dados, áudio, voz e vídeo (*host* H1) e os demais (*hosts* H2 e H3) atuando como clientes/receptores de tais conteúdos, ambos com enlaces de até 100 Mbps.

Nesse ambiente experimental, todo fluxo de tráfego gerado pelo *host* servidor/transmissor multimídia foi devidamente rotulado de acordo com os identificadores de fluxos descritos na Tabela 1. Esse processo de rotulação de pacotes foi realizado no roteador de ingresso à rede do servidor/transmissor multimídia, uma vez que as aplicações utilizadas na geração do fluxo de tráfego multimídia na rede não possuíam recursos nativos para tal. Em tal cenário, por meio de interações com o controlador OpenFlow, via RESTful API, regras para redirecionamento de fluxos foram configuradas de modo que o *gateway* multimídia os intermediasse antes do recebimento desses pelos *hosts* receptores, viabilizando a experimentação e avaliação de seus recursos funcionais.

Para a geração dos fluxos de tráfego multimídia na rede, utilizamos um gerador de tráfego multimídia [19], a solução iPerf[7] e dois serviços de Internet configurados junto ao *host* servidor/transmissor multimídia: um serviço de *streaming* de vídeo (embasado nos protocolos RTP, *Real Time Transport Protocol*, e RTSP, *Real Time Streaming Protocol*) e um serviço de transferência de arquivos (embasado no protocolo FTP, *File Transfer Protocol).* Diante desse cenário, o gerador de tráfego multimídia possibilitou a geração de fluxos multimídia de dados, áudio, voz e vídeo na rede, ambos com modelagem de tráfego pré-definida e, nos testes, embasadas na função de distribuição exponencial. Por meio de tal recurso, também possibilitou a identificação de eventuais alterações quanto às características de seus fluxos de tráfego em termos de duração e frequência de transmissão/recebimento de pacotes. Por outro lado, por não fornecer recursos voltados à especificação de taxas de transmissão, bem como informações acerca de tempos de transmissão, pacotes perdidos e variações do atraso, a ferramenta iPerf foi empregada para tal. Por sua vez, os serviços de *streaming* de vídeo e de transferência de arquivos foram utilizados, em especial, para avaliar os recursos de QoS num contexto mais próximo ao âmbito do usuário final, de modo geral.

---

[3] Iproute 2 em http://www.linuxfoundation.org/collaborate/work groups/networking/iproute2.

[4] Open vSwitch em http://openvswitch.org.

[5] Floodlight em http://www.projectfloodlight.org/floodlight.

[6] Oracle VM VirtualBox em https://www.virtualbox.org.

[7] iPerf em https://iperf.fr.

5. RESULTADOS E DISCUSSÕES

5.1 Identificação e encaminhamento diferenciado de fluxos de tráfego multimídia

Para avaliar a identificação e encaminhamento diferenciado de fluxos de tráfego multimídia na rede, fluxos experimentais de dados, áudio, voz e vídeo foram gerados, do *host* transmissor para os *hosts* receptores, por meio do gerador de tráfego multimídia. Esses fluxos foram transmitidos em uma porta distinta à de escuta nos *hosts* receptores, porém devidamente rotulados junto ao campo DSCP. Dessa forma, com base no DSCP dos pacotes IP, o *gateway* multimídia deve identificar, classificar e encaminhar os fluxos multimídia de dados, áudio, voz e vídeo para os *hosts* receptores, dessa vez em sua porta de escuta correta, de modo que se esse processo não for devidamente realizado, não haverá comunicação entre os sistemas transmissor e receptor do conteúdo multimídia.

Para tal, definições de encaminhamento específicas para tais fluxos foram definidas no *gateway* multimídia, de modo que, depois de identificados, os mesmos sejam encaminhados para os *hosts* receptores de modo distinto dos demais fluxos da rede. Essas definições, que tiveram como base os rótulos DSCP definidos na Tabela 1, são ilustradas na Figura 3.

```
tcp DSCP match 0x00 to:172.18.0.1:6001
tcp DSCP match 0x01 to:172.18.0.2:6001
udp DSCP match 0x10 to:172.18.0.1:7001
udp DSCP match 0x11 to:172.18.0.2:7001
udp DSCP match 0x20 to:172.18.0.1:8001
udp DSCP match 0x21 to:172.18.0.2:8001
udp DSCP match 0x30 to:172.18.0.1:9001
udp DSCP match 0x31 to:172.18.0.2:9001
```

Figura 3. Definições de encaminhamento, embasadas no campo DSCP do protocolo IP, para os fluxos multimídia de dados, áudio, voz e vídeo.

Nessas definições, pacotes IP com DSCP 0x00 e 0x01 (fluxo de dados), 0x10 e 0x11 (fluxo de áudio), 0x20 e 0x21 (fluxo de voz), 0x30 e 0x31 (fluxo de vídeo) devem ser encaminhados, pelo *gateway* multimídia, de modo distinto dos demais fluxos de tráfego da rede. Esses fluxos devem ser encaminhados para *hosts* receptores específicos, nesse caso, *hosts* com endereços IP 172.18.0.1 (*host* H2) e 172.18.0.2 (*host* H3) e em portas também específicas em tais *hosts*, nesse caso, portas 6001/TCP (dados), 7001/UDP (áudio), 8001/UDP (voz) e

9001/ UDP (vídeo). Por sua vez, pacotes IP com identificadores desconhecidos serão encaminhados por meio da rota padrão do *gateway* multimídia, com a possibilidade de também serem descartados, se assim forem definidas as configurações de encaminhamento.

Nesse contexto, durante a realização dos experimentos, esse processo de identificação e encaminhamento diferenciado de fluxos multimídia específicos mostrou-se funcional no ambiente SDN. A partir das regras de encaminhamento definidas no *gateway* multimídia, houve processo de comunicação entre os *hosts* transmissor e receptor dos conteúdos multimídia de dados, áudio, voz e vídeo. Da mesma forma, se uma regra de encaminhamento fosse alterada ou removida, os efeitos eram imediatamente observados na rede, nesse caso, com imediata interrupção no processo de comunicação entre o *host* transmissor e os *hosts* receptores de tais fluxos multimídia.

5.2 Características de tráfego, tempos de transmissão, variações do atraso e percentual de datagramas perdidos

No que se refere às características de tráfego, suas observações tiveram como base os arquivos de *log* das aplicações receptoras do gerador de tráfego multimídia. Por meio de tais arquivos, foi possível observar se a frequência e os tempos de cada pacote recebido estavam de acordo com a distribuição empregada na geração dos mesmos pelo sistema transmissor, nesse caso a distribuição exponencial. Dessa forma, a partir de tais arquivos de *log*, foi possível observar se houve modificações quanto às suas características durante o processo de encaminhamento realizado pelo *gateway* multimídia.

Diante desse cenário, observamos que as características do fluxo de tráfego recebido pelas aplicações receptoras de dados, áudio, voz e vídeo estavam em conformidade, em termos de frequência e tempos de duração com o sistema gerador/ transmissor de tais fluxos. Essas características se mantiveram em transmissões observadas com durações de 30 minutos, 1 hora, 2 horas, 12 horas e 24 horas.

Como exemplo, a Figura 4 ilustra o histograma pertinente aos fluxos de voz, modelados utilizando a função de distribuição exponencial, intermediados pelo *gateway* multimídia, em transmissões de 30 minutos (à esquerda) e 12 horas (à direita), considerando chamadas com durações de até 720s, realizadas em intervalos de até 3,6s e com até 1000 chamadas simultâneas.

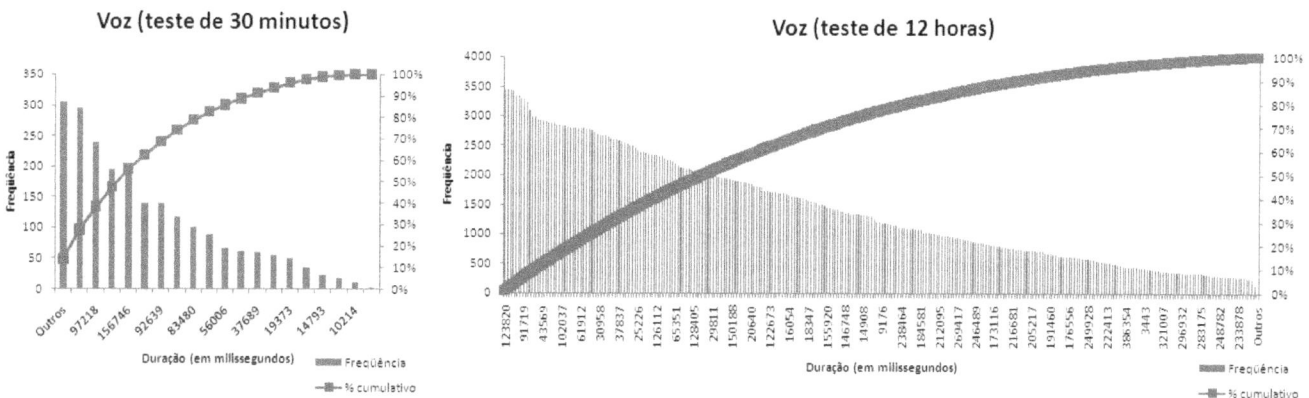

Figura 4. Histograma pertinente a fluxos de voz, modelados utilizando a função de distribuição exponencial, intermediados pelo *gateway* multimídia, em testes de 30 minutos (à esquerda) e 12 horas (à direita).

Tabela 2. Tempos de transmissão para os fluxos de tráfego não intermediados e intermediados pelo *gateway* multimídia.

Tráfego *stream* de	Tempos de transmissão (em segundos)											
	Sem o intermédio do *gateway* multimídia						Com o intermédio do *gateway* multimídia					
	T1	T2	T3	T4	T5	Média	T1	T2	T3	T4	T5	Média
50 Mb	42	42	42	42	42	**42**	42	42	42	42	42	**42**
100 Mb	83,91	83,91	83,91	83,91	83,91	**83,91**	83,91	83,91	83,91	83,91	83,91	**83,91**
200 Mb	167,81	167,81	167,83	167,81	167,81	**167,814**	167,81	167,81	167,81	167,81	167,81	**167,81**

Tabela 3. Variações do atraso (*jitter*) para os fluxos de tráfego não intermediados e intermediados pelo *gateway* multimídia.

Tráfego *stream* de	*Jitter* (em milissegundos)											
	Sem o intermédio do *gateway* multimídia						Com o intermédio do *gateway* multimídia					
	T1	T2	T3	T4	T5	Média	T1	T2	T3	T4	T5	Média
50 Mb	1,631	1,947	1,891	0,606	0,058	**1,2266**	0,705	2,255	2,158	0,619	0,432	**1,2338**
100 Mb	0,055	0,381	0,16	1,113	0,177	**0,3772**	0,317	0,363	0,547	0,171	0,048	**0,2892**
200 Mb	0,506	0,548	2,255	0,461	0,643	**0,8826**	1,457	0,464	1,159	0,961	0,535	**0,9152**

Tabela 4. Percentuais de datagramas perdidos para os fluxos de tráfego não intermediados e intermediados pelo *gateway* multimídia.

Tráfego *stream* de	Percentual de datagramas perdidos											
	Sem o intermédio do *gateway* multimídia						Com o intermédio do *gateway* multimídia					
	T1	T2	T3	T4	T5	Média	T1	T2	T3	T4	T5	Média
50 Mb	0,39	0	0,42	0,34	0,69	**0,368**	0,28	0,75	0,17	0,47	0	**0,334**
100 Mb	0,93	0,23	0,53	0,46	0,53	**0,536**	0,84	0,17	0,41	0,18	0,87	**0,494**
200 Mb	0,17	0,2	0,21	0,22	0,14	**0,188**	0,18	0,42	0,14	0,91	1,3	**0,59**

Por sua vez, em termos de tempos de transmissão, variações do atraso (*jitter*) e percentual de datagramas perdidos, fluxos de tráfego *stream* de 50 Mb, 100 Mb e 200 Mb, sobre o protocolo UDP, com *bandwidth* de 10 Mbps, foram gerados por meio da ferramenta iPerf. Esses fluxos de tráfego foram gerados por 5 vezes (transmissões de T1 à T5) em duas situações: sem o intermédio do *gateway* multimídia, com transmissões diretas entre o *host* transmissor H1 e o *host* receptor H2; e, com o intermédio do *gateway* multimídia, com transmissões entre o *host* transmissor H1 e o *host* receptor H2, porém intermediadas pelo *gateway* multimídia.

Nesse contexto, os resultados obtidos em termos de tempos de transmissão são apresentados na Tabela 2; os resultados obtidos em termos das variações do atraso (*jitter*) são apresentados na Tabela 3; e, os resultados obtidos em termos de percentuais de datagramas perdidos são apresentados na Tabela 4.

Diante dos resultados obtidos, é possível observar que os tempos de transmissão em ambos os casos foram praticamente os mesmos em todos os testes, com apenas uma distinção de 0,02 segundos (à maior) no teste T3 na transmissão de 200Mb sem o intermédio do *gateway* multimídia. Também é possível observar que a média obtida acerca da variação do atraso foi muito similar em ambos os casos, sendo essa 0,0072ms e 0,0326ms superior com a utilização do *gateway* multimídia na média das transmissões de 50Mb e 200 Mb, respectivamente, e inferior em 0,088ms na média das transmissões de 100Mb. Por sua vez, no que se refere ao percentual de datagramas perdidos, mais uma vez, há muita similaridade em ambos os casos. Em apenas uma transmissão houve perda superior a 1% (teste T5 com o intermédio do *gateway* multimídia) e em duas transmissões não ocorreram perdas (transmissões T2 sem o *gateway* multimídia e T5 com o *gateway* multimídia). Na média, o percentual de datagramas perdidos utilizando o *gateway* multimídia foi inferior nas transmissões de 50 Mb e 100 Mb, porém superior nas transmissões de 200 Mb.

5.3 Qualidade de Serviço

Para avaliar o recurso de QoS durante o processo de encaminhamento por fluxos, três classes de serviço, com diferentes prioridades e taxas de transmissão foram configuradas no *gateway* multimídia: uma classe com prioridade 1 para fluxos de vídeo (*streaming* de vídeo), uma classe com prioridade 2 para fluxos de dados (FTP) e uma classe com prioridade 3 para os demais fluxos da rede. Dessas, a classe com prioridade 1 é a que possui maior prioridade de transmissão e a classe com prioridade 3 é a que possui menor prioridade de transmissão. Essa priorização entre uma e outra classe de serviço e seus respectivos fluxos de tráfego é realizada por meio dos mecanismos de escalonamento e regulação empregados pelo *gateway* multimídia, nesse caso, fornecidos pelo *Hierarchical Token Bucket* (HTB) durante tal experimentação. Nessa estrutura, um "rodízio" é realizado entre as filas de maior e menor prioridade, de modo que todos os pacotes sejam transmitidos sem ter que aguardar, necessariamente, os pacotes de filas de maior prioridade. Por outro lado, a fração de banda de rede destinada aos pacotes de filas de alta prioridade é maior que os pacotes de filas de menor prioridade, mas ainda assim todos serão transmitidos de modo intercalado.

Nesse contexto, cada classe de serviço recebeu diferentes configurações em termos de alocações de banda: a classe destinada aos fluxos de vídeo recebeu alocações de 4 Mbps; a classe destinada aos fluxos de dados recebeu alocações de 2 Mbps e a classe destinada aos demais fluxos da rede recebeu alocações de 1 Mbps. Por sua vez, a associação entre fluxos de tráfego e classes de serviço foi realizada com base nos identificadores DSCP pertinentes a cada fluxo de tráfego em questão (vídeo e dados, com os demais fluxos automaticamente tidos como "outros fluxos").

Tabela 5. Taxa média de transmissão para fluxos de vídeo (*streaming* de vídeo) e de dados (FTP), em transmissões individuais, sem o emprego de recursos de QoS e com o emprego de recursos de QoS (priorizações e alocações de banda) pelo *gateway* multimídia.

Fluxo	Taxa média de transmissão (aplicações multimídia executadas individualmente)											
	Sem recursos de QoS						Com recursos de QoS					
	T1	T2	T3	T4	T5	Média	T1	T2	T3	T4	T5	Média
Vídeo (*streaming* de vídeo)	3531,3 Kbps	3535,8 Kbps	3522,8 Kbps	3530,0 Kbps	3528,6 Kbps	**3529,7 Kbps**	3532,0 Kbps	3529,8 Kbps	3531,4 Kbps	3536,2 Kbps	3536,2 Kbps	**3533,1 Kbps**
Dados (FTP)	4189,1 Kbps	4128,7 Kbps	4475,6 Kbps	4377,8 Kbps	4152,8 Kbps	**4264,8 Kbps**	1903,2 Kbps	1891,0 Kbps	1886,3 Kbps	1902,8 Kbps	1891,3 Kbps	**1894,9 Kbps**

Tabela 6. Taxa média de transmissão para fluxos de vídeo (*streaming* de vídeo) e de dados (FTP), em transmissões em conjunto/paralelas, sem o emprego de recursos de QoS e com o emprego de recursos de QoS (priorizações e alocações de banda) pelo *gateway* multimídia.

Fluxo	Taxa média de transmissão (aplicações multimídia executadas em conjunto/paralelo)											
	Sem recursos de QoS						Com recursos de QoS					
	T1	T2	T3	T4	T5	Média	T1	T2	T3	T4	T5	Média
Vídeo (*streaming* de vídeo)	2434,7 Kbps	2526,6 Kbps	2452,3 Kbps	2359,5 Kbps	2502,4 Kbps	**2455,1 Kbps**	3527,1 Kbps	3529,9 Kbps	3519,3 Kbps	3528,0 Kbps	3523,5 Kbps	**3525,6 Kbps**
Dados (FTP)	2544,8 Kbps	2493,5 Kbps	2609,1 Kbps	2587,6 Kbps	2572,9 Kbps	**2561,6 Kbps**	1860,4 Kbps	1861,8 Kbps	1856,9 Kbps	1859,7 Kbps	1856,3 Kbps	**1859,0 Kbps**

Diante dessas configurações, quatro experimentações foram realizadas: (1) transmissões de dados e de vídeo sem recursos de QoS e com ambos os serviços multimídia sendo executados individualmente; (2) transmissões de dados e de vídeo com recursos de QoS e com ambos os serviços multimídia sendo executados individualmente; (3) transmissões de dados e de vídeo sem recursos de QoS e com ambos os serviços multimídia sendo executados em conjunto/paralelo; e, por fim, (4) transmissões de dados e de vídeo com recursos de QoS e com ambos os serviços multimídia sendo executados em conjunto/paralelo. Para cada experimentação, 5 fluxos de transmissão para cada serviço multimídia de vídeo e de dados foram consideradas (transmissões de T1 à T5) e, em todos os casos, utilizando os mesmos arquivos de referência: um arquivo de dados de 149M e um arquivo de vídeo[8], de 44,2M.

Nesse contexto, a Tabela 5 apresenta a taxa média de transmissão para os fluxos de vídeo (*streaming* de vídeo) e de dados (FTP), em transmissões individuais, sem o emprego de recursos de QoS e com o emprego de recursos de QoS pelo *gateway* multimídia. E, por sua vez, a Tabela 6 apresenta a taxa média de transmissão para os fluxos de vídeo (*streaming* de vídeo) e de dados (FTP), em transmissões em conjunto/paralelas, sem o emprego de recursos de QoS e com o emprego de recursos de QoS pelo *gateway* multimídia.

Diante dos resultados obtidos, é possível observar que, individualmente e sem a aplicação de recursos de QoS (priorizações e alocações de banda), a taxa média de transmissão pertinente ao *streaming* de vídeo foi de 3529,7 Kbps e a taxa pertinente ao conteúdo de dados (FTP) foi de 4264,8 Kbps. Por outro lado, quando ambos os serviços são executados em conjunto, com transmissões de vídeo e de dados em paralelo, a taxa média de transmissão do *streaming* de vídeo foi reduzida para 2455,1 Kbps e a taxa do conteúdo de dados foi reduzida

para 2561,6. Nesse momento, no âmbito do QoE percebido pelo usuário final, as transmissões do *streaming* de vídeo ficaram mais lentas, com alguns *delays* associados à *"bufferização"* durante a exibição do conteúdo de vídeo no *player* do cliente.

Por outro lado, com a aplicação dos recursos de QoS, com alocações de 4 Mbps para as transmissões do *streaming* de vídeo e de 2 Mbps para as transmissões do conteúdo de dados (FTP), esses *delays* de transmissão não foram observados no *player* do cliente durante a exibição do *streaming* de vídeo. Nesse caso, é possível observar que as taxas de transmissão pertinentes ao *streaming* de vídeo foram muito similares nas transmissões individuais e em conjunto do serviço de dados, com taxas médias de 3533,1 Kbps e 3525,6 Kbps, respectivamente. Por sua vez, as taxas pertinentes ao serviço de dados foram reduzidas e se mantiveram de acordo com seu escopo de 2 Mbps, resultando numa taxa média de 1894,9 Kbps para transmissões individuais e de 1859 Kbps para transmissões em conjunto ao *streaming* de vídeo.

De modo complementar, observamos que tais taxas de transmissão se mantiveram dentro de outros limites testados (entre 100kbits e 10mbps) e com a inversão de valores e priorizações entre um e outro serviço multimídia durante o encaminhamento de pacotes realizado pelo *gateway* multimídia. Dessa forma, avaliamos como funcional o recurso de fornecimento de QoS, em termos de priorizações e alocações de banda, durante o processamento e encaminhamento de fluxos multimídia específicos no âmbito da distribuição multimídia no ambiente SDN OpenFlow.

6. CONCLUSÕES

Este artigo apresentou os resultados obtidos acerca do emprego de recursos para identificação e encaminhamento diferenciado de fluxos multimídia, com suporte à Qualidade de Serviço (QoS), em um ambiente de Redes Definidas por *Software* (SDN) OpenFlow.

Com base em resultados experimentais, obtidos por meio de um *gateway* multimídia interconectado ao plano de dados do

---

[8] Vídeo de referência *(Windows Media Encoder, Test3)* em http://download.wavetlan.com/SVV/Media/HTTP/http-wmv.htm.

ambiente SDN (atuando este como componente complementar ao controlador OpenFlow e como *gateway* de acesso à rede dos clientes da LAN), fluxos multimídia de dados, áudio, voz e vídeo puderam ser identificados e classificados conforme seu tipo de serviço, bem como puderam ser processados e encaminhados de modo distinto aos demais fluxos da rede. No âmbito da distribuição multimídia, esses fluxos foram encaminhados com base em definições específicas para cada serviço multimídia e, por meio de classes de serviço distintas, receberam diferentes configurações em termos de prioridade de encaminhamento e de alocações e frações de banda entre si, possibilitando, por exemplo, a oferta de melhores níveis de QoS às aplicações multimídia de fluxo *stream* e o aprimoramento da percepção de QoE pelo usuário final em termos de tais aplicações, de modo geral.

Sendo assim, o emprego de recursos para identificação e encaminhamento diferenciado de fluxos multimídia, com suporte à QoS, em um ambiente SDN OpenFlow possibilitou: (I) flexibilizar o processo de encaminhamento e distribuição multimídia na rede; (II) agregar recursos de QoS para fluxos multimídia específicos durante tal processo de encaminhamento e distribuição multimídia; (III) fornecer melhores níveis de QoS às aplicações multimídia de fluxo *stream;* e, (IV) aprimorar a percepção de QoE pelo usuário final, de modo geral.

Como parte dos trabalhos futuros, pretendemos estender a aprimorar os recursos de QoS voltados à distribuição multimídia no ambiente SDN OpenFlow. Em especial, pretendemos explorar o emprego de modelos de predição no âmbito do provisionamento de recursos de QoS em tal ambiente de rede.

7. AGRADECIMENTOS

Os autores registram seus agradecimentos a CAPES e ao CNPq pelo suporte ao desenvolvimento deste trabalho.

8. REFERÊNCIAS

[1] Cisco Systems. The Zettabyte Era: Trends and Analysis. White Paper. June 2, 2016.

[2] Kurose, J. F.; Ross, K. W. Redes de Computadores e a Internet: Uma Abordagem Topdown. 5ª Edição. São Paulo: Pearson Addison Wesley, 2010.

[3] Kreutz, D.; Ramos, F.M.V.; Esteves Verissimo, P.; Esteve Rothenberg, C.; Azodolmolky, S.; Uhlig, S. Software-Defined Networking: A Comprehensive Survey. Proceedings of the IEEE, v.103, issue 1, pp.14-76, 2015.

[4] Nunes, B. A. A.; Mendonca, M.; Xuan-Nam Nguyen; Obraczka, K.; Turletti, T. A Survey of Software-Defined Networking: Past, Present, and Future of Programmable Networks. IEEE Communications Surveys & Tutorials, v.16, issue 3, pp.1617-1634, 2014.

[5] McKeown, N.; Anderson, T.; Balakrishnan, H.; Parulkar, G.; Peterson, L.; Rexford, J.; Shenker, S.; Turner, J. Openflow: Enabling Innovation In Campus Networks. ACM SIGCOMM Computer Communication Review, v38, issue 2, pp.69-74, 2008.

[6] Egilmez, H. E.; Civanlar, S.; Tekalp, A. M. An Optimization Framework for QoS-Enabled Adaptive Video Streaming Over OpenFlow Networks. IEEE Transactions on Multimedia, v.15, issue 3, pp.710-715, 2013.

[7] Adami, D.; Antichi, G.; Garroppo, R. G.; Giordano, S.; Moore, A. W. Towards an SDN network control application for differentiated traffic routing. In Proc. of the IEEE International Conference on Communications (ICC), pp.5827-5832, 2015.

[8] dos Passos Silva, D.; Pontes, A. B.; Avelar, E. A. M.; Dias, K. L. Uma Arquitetura para o Aprovisionamento de QoS Interdomínios em Redes Virtuais baseadas no OpenFlow. In Proc. of the 31st Simpósio Brasileiro de Redes de Computadores e Sistemas Distribuídos (SBRC), pp.893-906, 2013.

[9] López-Rodríguez, F.; Campelo, D. R. A Robust SDN Network Architecture for Service Providers. In Proc. of the IEEE Global Communications Conference (GLOBECOM), pp.1903-1908, 2014.

[10] Seddiki, M. S.; Shahbaz, M.; Donovan, S.; Grover, S.; Park, M.; Feamster, N.; Song, Y. FlowQoS: QoS for the rest of us. Proceedings of the Third Workshop on Hot topics in Software Defined Networking (HotSDN '14), pp.207-208, 2014.

[11] Karaman, M. A.; Gorkemli, B.; Tatlicioglu, S.; Komurcuoglu, M.; Karakaya, O. Quality of service control and resource prioritization with Software Defined Networking. In Proc. of the 1st IEEE Conference on Network Softwarization (NetSoft), pp.1-6, 2015.

[12] Ishimori, A.; Farias, F.; Cerqueira, E.; Abelem, A. Control of multiple packet schedulers for improving QoS on OpenFlow/SDN networking. In Proc. of Second European Workshop on Software Defined Networks, pp.81-86, 2013.

[13] Diorio, R. F.; Timóteo, V. S. A Platform for Multimedia Traffic Forwarding in Software Defined Networks. In Proc. of the 21st Brazilian Symposium on Multimedia and the Web (WebMedia '15), pp.177-180, 2015.

[14] Diorio, R. F.; Timóteo, V. S.; Ursini, E. L. Testing an IP-based Multimedia Gateway. INFOCOMP (UFLA. Impresso), v.13, pp.21-25, 2014.

[15] Fielding, R. T. Architectural Styles and the Design of Network-based Software Architectures. PhD thesis, University of California, Irvine, 2000.

[16] Richardson, L.; Amundsen, M.; Ruby, S. RESTful Web APIs. USA: O'Reilly Media, 2013.

[17] Nichols, K.; Blake, S.; Baker, F.; D. Black. Definition of the Differentiated Services Field (DS Field) in the IPv4 and IPv6 Headers. RFC 2474, 1998.

[18] Ramakrishnan, K.; Floyd, S.; D. Black. The Addition of Explicit Congestion Notification (ECN) to IP. RFC 3168, 2001.

[19] Pinotti, F. L.; Oliveira, T. R. B.; Ursini, E. L.; Timóteo, V. S. An IP-based multimedia traffic generator. In Proc. of International Workshop on Telecommunications (IWT), 2011.

SceneSync: A Hypermedia Authoring Language for Temporal Synchronism of Learning Objects

Antonio José G. Busson[2,3], André Luiz de B. Damasceno[2,3], Thacyla de S. Lima[2,3],
Carlos de Salles Soares Neto[1,2]
[1]Telemídia - UFMA
[2]Laboratory of Advanced Web Systems - UFMA
[3]Mediabox Technologies
Av. dos Portugueses, Campus do Bacanga
São Luís/MA, Brazil
(thacyla, busson, andre, csalles)@laws.deinf.ufma.br

ABSTRACT

Learning Objects (LOs) are entities, digital or not, that can be used, reused or referenced during the teaching process. According to Multimedia Systems area, they are specified by documents that establish several spatiotemporal synchronization relationships of their contents. LOs allow students to individualize the learning experience with non-linear navigation mechanisms and content adaptation. The paper presents a survey of requirements for the set of documents representing such LOs as well as desirable aspects for expressing during authoring phase. In addition, this paper presents a multimedia conceptual model that answers such requirements gathered. The model is implemented by SceneSync, a domain specific language focused on the temporal synchronism of LOs. As a result of the work, it is presented the SceneSync modeling of a nonlinear LO illustrating all initially identified requirements, attesting the expressiveness and applicability of the language.

CCS Concepts

•**Software and its engineering → Domain specific languages;** Extensible Markup Language (XML);

Keywords

Learning Objects; Hypermedia Language; DSL; SceneSync

1. INTRODUÇÃO

Objetos de Aprendizagem (OAs) são entidades que podem ser utilizadas, reutilizadas ou referenciadas durante o processo de ensino e aprendizagem com suporte tecnológico [7, 28]. OAs podem ser vistos como documentos multimídia em que se apresenta vários tipos de mídia, como imagem, texto, vídeo, todos eles sincronizados entre si. Isso significa que OAs não são formados apenas por vídeos. Há exemplos em que o vídeo é apresentado como elemento central, mas geralmente é enriquecido com outros objetos de mídia que visam aperfeiçoar a experiência do usuário aluno.

Uma primeira contribuição deste trabalho é identificar os requisitos funcionais e não-funcionais que se observam em diversos OAs apresentados na literatura. Em tal estudo se nota a diferença clara entre a natureza de tempo contínua do vídeo e a forma não-linear em que OAs são planejados. Enquanto assistir a um vídeo sempre será feito da mesma forma, com a mesma sequência de quadros, os OAs permitem que se individualize a experiência do aluno, oferecendo a oportunidade de navegar no conteúdo da forma que melhor convier, notadamente de forma não-linear. Suponha, por exemplo, um OA sobre mamíferos em que em determinado tempo se cria um ícone na tela que, apenas se selecionado, permite o aluno ter mais informações sobre um animal específico (como um outro vídeo), para depois voltar àquele instante de tempo original do vídeo sobre mamíferos. Esse cenário não pode ser modelado por um único vídeo.

Um problema complexo a se tratar é como representar OAs em um documento de tal forma que eles possam ser, ao mesmo tempo, usados para simplificar os ambientes clássicos da multimídia que são: autoria, armazenamento e exibição. Em relação à autoria, documentos que representam OAs devem ser facilmente criados por professores possivelmente por meio do uso de uma ferramenta de autoria multimídia. Quanto ao armazenamento, tais documentos devem ser fáceis de serem usados para organizar os diferentes objetos de mídia que os compõem e posteriormente que esse conteúdo possa ser transmitido ao aluno. Finalmente, formatadores hipermídia [17] devem ser simples e leves para permitir que se exiba tais documentos em diferentes plataformas para o aluno, como em TVs digitais, *tablets*, *smartphones* ou computadores.

A alternativa de utilizar linguagens de programação de propósito geral para essa finalidade não é viável já que exigiria o conhecimento de programação até mesmo para a autoria de OAs simples. Por outro lado, linguagens de autoria hipermídia parecem ser mais adequadas, porém elas facilitam a criação de aplicações hipermídia gerais, sem um propósito mais específico no domínio de conteúdo educacional. Uma alternativa é o estabelecimento de uma linguagem de autoria hipermídia focada especificamente no domínio educacional. Novamente fazendo uso da analogia com linguagens de programação de propósito geral, o foco é criar uma

ACM acknowledges that this contribution was authored or co-authored by an employee, contractor or affiliate of a national government. As such, the Government retains a nonexclusive, royalty-free right to publish or reproduce this article, or to allow others to do so, for Government purposes only.

WebMedia '16, November 08-11, 2016, Teresina, PI, Brazil

© 2016 ACM. ISBN 978-1-4503-4512-5/16/11...$15.00

DOI: http://dx.doi.org/10.1145/2976796.2976855

linguagem de domínio específico (DSL - acrônimo de *domain specific language*) [12] voltada para a criação de OAs.

O artigo apresenta SceneSync, que é uma DSL para a autoria hipermídia de objetos de aprendizagem. SceneSync é baseada em um modelo conceitual conciso e simples que estrutura a informação em diferentes cenas e tem os elos de sincronismo como elemento básico para a definição da lógica temporal do OA. SceneSync foi criado especificamente para o domínio da construção de OAs, portanto tem a semântica restrita e específica, simplificando tanto a construção de formatadores que exibem seus documentos bem como de ferramentas de autoria que são usadas para a criação de forma gráfica de tais documentos. Documentos SceneSync representam o conceito de objetos de aprendizagem interoperáveis [19] uma vez que o mesmo documento pode ser usado para ser executado em diferentes plataformas.

A lógica temporal de documentos SceneSync é feita de tal forma que possa ser abstraída por não-programadores. O propósito é tornar passível de ser acoplada a diferentes ferramentas de autoria com mais facilidade. Como implicação, não se usa o moderno sincronismo baseado em estrutura [3] mas sincronismo baseado em linha do tempo. Essa decisão de projeto facilita o processo de construção incremental do documento e a criação síncrona do documento texto mantendo correspondência a sua abstração gráfica. Essa decisão de projeto também simplifica a implementação de formatadores que mantenham íntegras as relações de sincronismo temporal durante a exibição do documento.

As contribuições do trabalho são organizadas como se segue. A Seção 2 descreve um estudo visando identificar os requisitos observados em diferentes OAs na literatura. Por sua vez, a Seção 3 apresenta outras linguagens de autoria hipermídia relacionadas com a abordagem SceneSync. A Seção 4 contém o núcleo da proposta, com a construção de um modelo conceitual multimídia específico para a estruturação e sincronismo temporal de OAs. A proposta de modelagem é concretizada pela aplicação XML SceneSync, apresentada na Seção 5. A aplicabilidade da proposta é discutida ao se exemplificar seu emprego na modelagem de um exemplo de OA na Seção 6. A Seção 7 discute um aspecto importante para a interoperabilidade dos OAs criados em SceneSync, que é sua conversão para diferentes modelos de documentos. Finalmente, a Seção 8 descreve as considerações finais e discussão dos resultados.

2. LEVANTAMENTO DE REQUISITOS

Nesta seção é apresentado o levantamento de requisitos funcionais e não-funcionais identificados para a criação de OAs. O levantamento é feito por meio de uma pesquisa na literatura com o propósito de fundamentar a criação de um modelo conceitual hipermídia e a definição de uma linguagem de domínio específico que possa representar tais OAs.

Trabalhos de desenvolvimento de videoaulas (OAs baseados em vídeo) feitos em [20] destacam a importância da promoção de interação e envolvimento de alunos em ambientes de *e-learning*. O estudo faz uma comparação entre diferentes padrões de videoaulas e sugere requisitos fundamentais para sua produção, como: utilização de vídeos de curta duração, transições suaves, suporte a *links* (interatividade) e sumarização de conteúdo (para espectadores seletivos). Os padrões analisados foram: o estilo *Lecture Capture* (gravação de uma aula ou palestra); *Talking Head* (gravação da parte superior do instrutor falando para a câmera); *Voice*

Over Presentation (apresentação de slides complementada com áudios narrativos); e *Interactive Video* (apresentação de vídeo enriquecida com conteúdo multimídia e funcionalidades de interação).

A pesquisa [1] mede os benefícios do uso de videoaulas para complementação de aulas presenciais. Para isso, foi realizada uma análise comparativa entre três estilos de projetos OAs. O primeiro é caracterizado por apresentar ausência de atenção para elementos de mudança de ritmo (como no estilo *Lecture Capture* mencionado em [20]). O segundo apresenta gráficos, desenhos e clipes de áudio para propiciar alívio de cansaço durante a aula. Enfim, o terceiro apresenta um número reduzido de gráficos, desenhos e áudios que foram sutilmente apresentados de forma que não tomassem toda a atenção do aluno. O trabalho constata que o segundo estilo de projeto (uso de gráficos, desenhos e clipes de áudio) apresenta o melhor desempenho em comparação aos outros dois, pois obteve a melhor taxa de aprendizagem e menor taxa de abandono dos alunos. O resultado desse estudo reforça a necessidade do emprego de conteúdo multimídia para apoiar o processo de ensino.

Estudos como [6] e [29] analisam a preferência e satisfação de aprendizagem dos estudantes em ambientes *e-learning* que fazem uso de OAs baseados em vídeo. Em [29] foram analisados quatro tipos de ambientes. O primeiro faz uso de vídeos interativos. O segundo faz uso de vídeos não interativos. O terceiro ambiente não faz uso de vídeos. O quarto ambiente, por sua vez, consiste em uma sala de aula tradicional. O estudo conclui que os alunos tiveram um desempenho significativamente melhor de satisfação e aprendizagem no ambiente que faz uso de vídeos interativos. A interatividade parece ser um meio importante para melhorar a eficácia na aprendizagem em ambientes de *e-learning*, pois fornecem controle individual ao aluno para acesso de conteúdo específico por meio de um índice de conteúdo organizado. Já em [6], a partir de uma análise das respostas de um questionário, foi constatada a predileção dos alunos pela utilização de animações em vídeos, o que, segundo a maioria dos alunos, facilita o aprendizado.

Em [4] é discutido como a TVDI (TV Digital interativa) pode ser inserida no contexto educacional. Além da web, a TVDI também pode potencializar a transmissão de aplicações educacionais. O suporte a interatividade e o poder de processamento do set-top-box permite a execução de aplicações complexas. A Tabela 1 apresenta um sumário dos requisitos identificados com a presente pesquisa.

3. TRABALHOS RELACIONADOS

O SMIL (Synchronized Multimedia Integration Language) [21] define uma linguagem declarativa, baseada em XML [24], para especificação de apresentações multimídia interativas na Web. Usando SMIL, é possível descrever comportamento temporal, associar *hyperlinks* a objetos de mídia e especificar *layouts*. A partir da versão SMIL 2.0 [2] passou a ser organizada em módulos, permitindo que parte da linguagem SMIL pudesse ser reutilizada por outras linguagens baseadas em XML, em particular aquelas que precisam especificar relações de sincronização temporal. Sua última versão, o SMIL 3.0 [25], reviu algumas funcionalidades de versões anteriores e adicionou novos módulos, com um novo tipo de mídia *smilText* e mecanismos para criação de controle de fluxo mais complexos sem o uso de linguagem de *script*. No entanto, em abril de 2012, o W3C extinguiu o

Tabela 1: Requisitos funcionais e não-funcionais para objetos de aprendizagem

Requisitos funcionais
Rf1 - Usar vários vídeos de curta duração e não um vídeo único (decompor em cenas).
Rf2 - Suporte a links (interatividade).
Rf3 - Vídeos enriquecidos com conteúdo multimídia áudio, vídeo, texto) sincronizados.
Rf4 - Índice (sumarização de conteúdo).
Rf5 - Permitir que o professor incorpore mecanismos de checagem de aprendizagem (como enquetes e avaliações).
Rf6 - Incluir meta-dados que facilitem a busca de conteúdo.
Requisitos não-funcionais
Rn1 - Animação e efeitos de transição.
Rn2 - Executar na web e tv digital (interoperabilidade).
Rn3 - Roteiro não linear (não se trata apenas de um vídeo sequencial).
Rn4 - O paradigma de sincronismo temporal deve ser simples para que os autores possam modelar objetos de aprendizagem com mais facilidade.

comitê responsável pela evolução da linguagem, apontando o HTML5 [26] como tópico relacionado [22].

A linguagem XMT (eXtensible MPEG-4 Textual Format) [10] é uma estrutura declarativa, baseada em XML, utilizada para representação de conteúdo no padrão MPEG-4. Sua representação de alto nível permite a fácil troca de conteúdo entre autores ou ferramentas de autoria. O formato XMT possui dois níveis de representação, o XMT-A (alpha) e XMT-O (omega) [8].

O XMT-A é uma representação textual direta do formato binário BIFS (BInary Format for Scenes) [14]. Nela são definidas todas as expressões existentes no formato binário, sem perda de expressividade. No entanto, ao contemplar todas essas expressões, a linguagem tornou-se excessivamente complexa e extensa para autoria, como consequência foi desenvolvida a linguagem XMT-O, que consiste de uma representação textual de alto nível baseado no padrão SMIL 2.0.

O formato XMT-O foi desenvolvido com base em um subconjunto de módulos definido pelo SMIL. Os elementos XMT-O são temporalmente arranjados e sincronizados com o uso dos mesmos contêineres temporais do SMIL (<par>, <seq>, <excl>). Este conjunto simples de composição temporal dificulta a definição de relacionamentos complexos, podendo ser necessário, em muitos casos, estabelecer composições com vários níveis de aninhamento. Além disso, essas composições obrigam o autor a estruturar o documento de acordo com a especificação para apresentação [13]. Alguns módulos do SMIL e XMT também incorporam algumas características da linguagem X3D [27], permitindo o intercâmbio de conteúdo entre usuários XMT, SMIL e X3D, respeitando os limites de compatibilidade entre as linguagens.

A linguagem NCL (Nested Context Language) é uma linguagem declarativa para autoria de documentos hipermídia baseado no modelo conceitual NCM [18]. A linguagem foi inicialmente projetada para o ambiente Web, mas sua principal aplicação é como linguagem declarativa padrão do Sistema Brasileiro de TV Digital Terrestre. Também é uma

recomendação H.761 da União Internacional de Telecomunicações para serviços de IPTV [9]. Em ambos os casos é utilizada para o desenvolvimento de aplicações interativas para TV Digital.

A NCL foi projetada de forma modular, tal como os padrões SMIL e XMT, permitindo a combinação de seus módulos em diferentes perfis de linguagem. Cada perfil pode agrupar um subconjunto de módulos, possibilitando a criação de linguagens de acordo com a necessidade dos usuários. Além disso, módulos do NCL podem ser combinados com módulos de outras linguagens, permitindo a incorporação de características do NCL a essas linguagens e vice-versa.

A versão mais recente da linguagem NCL, batizada de NCL 3.0 [16], reviu algumas funcionalidades contidas em versões mais antigas. Essa nova versão introduz duas novas funcionalidades: navegação através do uso de teclas e funcionalidades de animação. Adicionalmente, NCL 3.0 fez modificações profundas na funcionalidade de *template* de nó de composição e também reestruturou a especificação de conectores hipermídia de forma a possuir uma notação mais concisa.

A linguagem NCL é complexa e bastante verbosa, possui vários elementos que são utilizados apenas para facilitar a estruturação de reuso de certos elementos e não possuem influencia direta na semântica da aplicação [15]. Em [11] foi apresentada uma abordagem que usa o NCL Raw Profile (remoção de todos os açúcares sintáticos e funcionalidades de reuso) para reduzir a complexidade de implementação de Players NCL.

Este trabalho propõe uma abordagem mais simples, idealmente seria interessante ter uma linguagem de propósito mais específico, com pouca expressividade e diretamente mapeada para o modelo de interação do usuário. Para possibilitar a autoria declarativa de documentos que descrevem OAs, de forma clara e concisa. Até mesmo para ferramentas de autoria de OAs, como o Cacuriá [5], é demasiado complexo manter uma abstração gráfica de alto nível sem uma correspondência direta com uma linguagem de representação no documento que esteja no mesmo nível de domínio da aplicação. Outra vantagem no uso de um modelo mais simples está na facilidade de conversão do documento para outros modelos hipermídia, assim possibilitando sua execução em múltiplas plataformas.

4. MODELO CONCEITUAL SCENESYNC

Com base nos requisitos levantados, foi definido o SceneSync Model (SSM), um modelo conceitual hipermídia para modelagem de OAs baseados em linha do tempo. A Figura 1 apresenta as entidades do modelo.

O SSM utiliza a abstração de cenas como base lógica para representar composições multimídia (requisitos Rf1 e Rn3). Um nó de cena é representado pela entidade Scene, e possui, em seu conteúdo, uma coleção de objetos de mídia e âncoras de sincronismo, no entanto não pode conter outros objetos de cena, ou seja, as composições não são aninhadas para simplificar a modelagem.

A abstração de sincronismo por linha temporal é usada para sincronizar objetos (requisito Rn4). Cada objeto de conteúdo (cena ou mídia) possui um relógio interno que pode ser usado como referencial para definir os marcadores temporais (âncoras) de uma apresentação. Uma âncora é definida pela entidade Sync, sua função é determinar o instante do tempo em que as ações devem ser executadas.

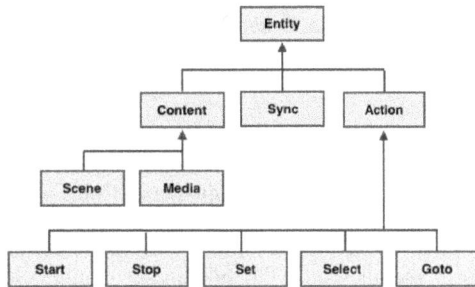

Figura 1: Entidades do modelo conceitual SceneSync.

Uma ação define relações de sincronismo entre as âncoras temporais e os objetos de conteúdo, pode ser especializadas em cinco diferentes entidades: Start, que inicia a apresentação de um objeto; Stop, que termina a apresentação de um objeto; Set, que altera as propriedades de um objeto; Select e Goto, que direcionam a apresentação para outro instante de tempo ou cena. Uma ação do tipo Select é disparada quando há interação do usuário (requisitos Rf2, Rf4 Rf5, Rn3). A ação do tipo Goto é disparada quando a condição temporal é satisfeita.

A Figura 2 exemplifica uma apresentação modelada em SSM. O exemplo consiste de um OA que possui um objeto de vídeo e um objeto de imagem sincronizados com a linha temporal da cena principal. No instante definido pela âncora A, a ação Start inicia o objeto de vídeo. Em outro instante, definido pela âncora B, a ação Stop termina a apresentação do vídeo. E por último, no instante definido pela âncora C, a ação Start inicia o objeto de imagem. A Seção 6 exemplifica o uso do modelo proposto em um objeto de aprendizagem concreto.

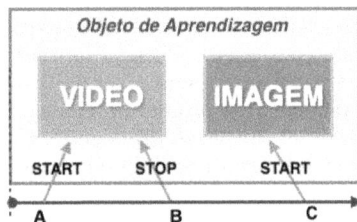

Figura 2: OA simples modelado em SceneSync.

5. A LINGUAGEM SCENESYNC

Com base no modelo conceitual SSM foi definida uma linguagem declarativa de domínio especifico destinada à autoria hipermídia de objetos de aprendizagem baseados em linha do tempo. A Figura 3 apresenta o diagrama organizacional dos módulos e elementos da linguagem. A especificação da linguagem SceneSync foi feita usando uma abordagem modular em XML Schema seguindo o padrão definido em [23]. Os três módulos da linguagem são: Estrutural, Conteúdo e Sincronismo, os quais são descritos nas sub-seções seguintes.

5.1 Módulo Estrutural

A estrutura básica de uma apresentação SceneSync é formada pelo elemento <scenesync> e seus elementos filhos

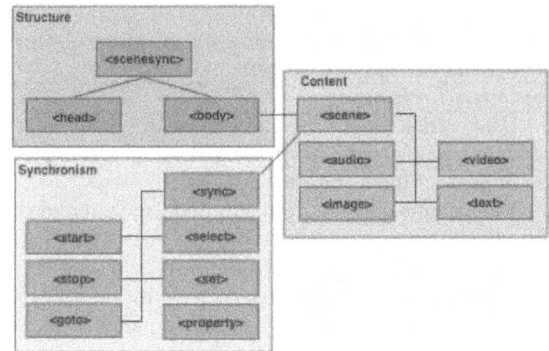

Figura 3: Módulos e elementos da linguagem SceneSync.

<head> e <body>. O elemento <scenesync> é a raiz do documento e possui os atributos id e xmlns, que identificam respectivamente a aplicação e o esquema padrão usado. O valor do atributo id pode ser definido por qualquer cadeia de caracteres, desde que seu valor seja único. O elemento <head> pode conter o elemento <meta>, que auxilia a descrição do documento. O elemento <body> contém os elementos que descrevem o conteúdo da apresentação, tais como objetos de mídia e sincronismo. Os elementos, atributos e elementos filhos que compõem o módulo estrutural da linguagem SceneSync são listados na Tabela 2.

Tabela 2: Elementos do módulo Estrutural.

Elemento	Atributos	Elementos filhos
scenesync	id, xmls	(head?,body)
head	-	meta?
body	-	(scene - media - sync)*

5.2 Módulo de Conteúdo

Como dito na seção anterior, em SceneSync todos os objetos de conteúdo (cenas e mídias) possuem um cronômetro de execução interno que é usado como referencial temporal pelos elementos do módulo de sincronismo.

Uma apresentação SceneSync é composta de uma ou mais cenas. Uma cena é representada pelo elemento <scene>. Além do identificador, cenas também possuem em seu conteúdo uma coleção de objetos de mídia e sincronismo.

Para facilitar a autoria, cada tipo de objeto de mídia é representado como uma entidade de primeira classe, que pode ser: imagem (<image>), texto (<texto>), áudio (<audio>) e vídeo (<video>). Além do identificador, os objetos de mídia também possuem o atributo src, que especifica a URI do conteúdo do objeto, e outros atributos que definem características de exibição. Objetos de mídia também possuem uma lista de objetos sincronismo. Todos os elementos do módulo de conteúdo são listados na Tabela 3.

5.3 Módulo de Sincronismo

Em SceneSync as relações de sincronismo são definidas pelo elemento <sync>. Além do identificador, o elemento <sync> possui o atributo time, que consiste de uma âncora temporal que utiliza o cronômetro do elemento de conteúdo

Tabela 3: Elementos do módulo Conteúdo

Elemento	Atributos	Elementos filhos
scene	id	(scene, image, text, audio, video, sync)*
image	id, src, left, top, width, height, transparency, layer	(sync)*
text	id, src, left, top, style, align, color, fontfamily, fontsize, transparency, layer	(sync)*
audio	id, src, volume	(sync)*
video	id, src, left, top, width, height, transparency, volume, layer	(sync)*

Tabela 4: Elementos do módulo Sincronismo

Elemento	Atributos	Elementos filhos
sync	id, time	(start, stop, set, select, goto)*
start	id, target	-
stop	id, target	-
set	id, target	(property)*
select	id, target, key, timeevent	-
goto	id, target, timeevent	-
property	id, name, value	-

pai como referencial para definir o instante em que objetos de ações (filhos) são disparados.

Em Scenesync cada ação tem uma função especifica e são representada por 5 entidades:

- O elemento <start> inicia a apresentação de um objeto de conteúdo.

- O elemento <stop> termina a apresentação de um objeto de conteúdo.

- O elemento <set> altera os valores das propriedades de um objeto de conteúdo.

- O elemento <goto> redireciona a apresentação para outra cena ou instante de tempo.

- O elemento <select> redireciona a apresentação para outra cena ou instante de tempo ao disparo de um evento de entrada (pressionar tecla, clique do mouse, etc).

Além do identificador, todas as ações possuem o atributo *target*, que define o objeto que sofre a ação. O elemento <set>, em particular, possui em seu interior uma lista de objetos do elemento <property>, que define qual atributo e novo valor atribuído, com o uso dos atributos *name* e *value*, respectivamente. O elemento <select> possui o atributo *key*, que define a tecla que dispara a ação. O atributo *timeEvent*, presente em <select> e <goto> define o instante de tempo inicial da cena redirecionada. Na Tabela 4 pode ser vista a relação dos elementos do módulo de sincronismo.

6. EXEMPLO DE MODELAGEM EM SCE-NESYNC

Para facilitar o entendimento da linguagem SceneSync, nesta seção é apresentada a construção passo a passo de um exemplo de OA. Vale ressaltar, que nesta seção não existe a preocupação em usar cada elemento especificado na seção anterior, o objetivo é ajudar o eleitor a entender os conceitos abstratos da linguagem.

O exemplo "Aula de algoritmos de ordenação" consiste de um objeto de aprendizagem não-linear composto por três cenas. Na primeira cena, o professor introduz conceitos gerais sobre algoritmos de ordenação. Em determinado momento,

ele pergunta ao espectador se deseja aprender mais sobre o algoritmo de ordenação *Insertsort* ou *Quicksort*. Dependendo da escolha, o objeto de aprendizagem iniciará a cena que aborda o tema de interesse. Para isso, deve-se especificar o conteúdo das três cenas, onde:

1. A primeira cena (introdução), deve conter:

    (a) Um video que aborda a introdução sobre algoritmos de ordenação.

    (b) Uma imagem, que ilustra a opção *insertsort*.

    (c) Uma outra imagem, que ilustra a opção *quicksort*.

2. A segunda cena (*insertsort*), deve conter:

    (a) Uma imagem de fundo.

    (b) Um vídeo que aborda o algoritmo de ordenação *insertsort*.

    (c) Uma imagem, que ilustra um exemplo do algoritmo de ordenação *insertsort*.

3. A terceira cena (*quicksort*), deve conter:

    (a) Uma imagem de fundo.

    (b) Um vídeo que aborda o algoritmo de ordenação *quicksort*.

    (c) Uma imagem, que ilustra um exemplo do algoritmo de ordenação *quicksort*.

Para definir uma cena em SceneSync, faz-se uso do elemento <scene>, conforme ilustra a Listagem 1. Para cada cena é definido um identificador único e as respectivas mídias listadas anteriormente.

Listagem 1: Conteúdo das três cenas.

```
<!- Intro Scene ->
<scene id="aula_introducao">
   <video id="vid_alg" src="intro.mp4"
       width="100%" height="100%" />
   <image id="img_insert" src="img1.png"
       left="30%" top="80%" width="30%"
       height="20%" />
   <image id="img_quick" src="img2.png" left="65%"
       top="80%" width="30%" height="20%" />
</scene>
<!- Insertsort Scene ->
<scene id="aula_insertsort">
```

```
      <video id="vid_insert" src="video1.mp4"
          width="100%" height="100%" />
      <image id="back_insert" src="back.png"
          width="100%" height="100%" />
      <image id="img_alg_insert" src="img2.png"
          left="65%" width="80%" width="30%"
          height="20%" />
</scene>
<!- Quicksort Scene ->
<scene id="aula_quicksort">
      <video id="vid_quick" src="video1.mp4"
          width="100%" height="100%" />
      <image id="back_quick" src="back.png"
          width="100%" height="100%" />
      <image id="img_alg_quick" src="img2.png"
          left="65%" width="80%" width="30%"
          height="20%" />
</scene>
```

Na primeira cena, o objeto de aprendizagem deve iniciar exibindo o vídeo introdutório. Para isso, conforme ilustra as linhas 1 à 3 da Listagem 2, dentro da primeira cena define-se um objeto de sincronismo (<sync>) com um objeto de ação do tipo <start>, que inicia a exibição do vídeo "vid_alg". Note que não foi especificado o valor do atributo *time*, logo ele é assumido, por default, com o valor 0. Dessa forma, o vídeo é iniciado aos 0 segundos da cena.

Listagem 2: Sincronismo da cena de introdução.
```
1   <sync>
2       <start target="vid_intro" />
3   </sync>
4   <sync time="45">
5       <start target="img_insert" />
6       <start target="img_quick" />
7       <select target="img_insert" key="1"
              target="aula_insertsort" />
8       <select target="img_quick" key="2"
              target="aula_quicksort" />
9   </sync>
10  <sync time="65s">
11      <goto target="aula_introducao" timeEvent="45s"/>
12  </sync>
```

Aos 45 segundos da primeira cena, o professor convida o espectador a escolher entre as duas opções de conteúdo. Neste instante devem ser exibidas duas imagens, uma para ilustrar a opção *insertsort*, e outra para a opção *quicksort*. Também é necessário habilitar as interações que levam às respectivas cenas. Para isso, deve-se especificar o segundo objeto de sincronismo com o atributo *time* definido com o valor "45s". Nele são inserido dois objetos de ação do tipo <start>, o primeiro para iniciar o objeto de imagem "img insert", e o segundo, para iniciar o outro objeto de imagem "img quick". Para habilitar a interatividade, são inserido dois objetos de ação do tipo <select>, os quais habilitam a funcionalidade de interação por tecla. Para o primeiro objeto de ação do tipo <select>, os atributos *key* e *target* são definidos com os valores "1"e "aula_insertsort", respectivamente. E para o segundo, com os valores "2"e "aula_quicksort", como pode ser visto nas linhas 4 à 9 da Listagem 2. Dessa forma, ao pressionar a tecla "1"será iniciada a apresentação da segunda cena (*insertsort*), e ao pressionar a tecla "2", será iniciada a apresentação da terceira cena (*quicksort*).

Quando o vídeo principal da primeira cena chegar ao final (65s), é interessante que o tempo da cena retorne para os 45 segundos, para criar um *loop* e impedir que a apresentação do vídeo termine. Para isso, utiliza-se o elemento <goto>, com os atributos *target* e *timeEvent* com valores definidos como "aula_introducao" e "45s", respectivamente , como ilustrado nas linhas 10 à 12 da Listagem 2. A Figura 4 ilustra a visão espaço-temporal completa da primeira cena.

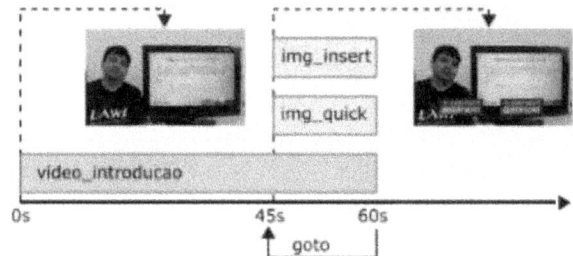

Figura 4: Visão espaço-temporal da cena de introdução

As cenas "aula_insertsort"e "aula_quicksort"possuem a mesma estrutura espaço-temporal, por isso, somente a cena "aula_insertsort"é detalhada. A cena *Insertsort* deve iniciar exibindo o vídeo sobre o algoritmo *insertsort*. Para isso, como ilustra as linhas 1 à 3 da Listagem 3, define-se um objeto de sincronismo com um objeto de ação do tipo <start>, que inicia a apresentação do vídeo "vid_insert".

Listagem 3: Sincronismo da cena Insertsort.
```
1   <sync>
2       <start target="vid_insert" />
3   </sync>
4   <sync time="5s">
5       <start target="img_back_insert" />
6       <start target="img_alg_insert" />
7       <set target="vid_insert">
8          <property name="left" value="5%" />
9          <property name="top" value="5%" />
10         <property name="width" value="17%" />
11         <property name="height" value="10%" />
12      </set>
13  </sync>
```

Aos 5 segundos, o vídeo principal da segunda cena é redimensionado e deslocado para o canto superior esquerdo, então a imagem de fundo é iniciada ocupando toda a tela, e a imagem que contém o exemplo de algoritmo *insertsort* é exibida no lado direito da tela. Para isso, conforme ilustra as linhas 4 à 13 da Listagem 3, define-se o objeto de sincronismo com o atributo *time* especificado com o valor "5s". Dentro do objeto de sincronismo insere-se dois objetos de ação <start>, um para iniciar a imagem de fundo "img_back_insert" e outro para iniciar a imagem de exemplo "img_alg_insert". Por último, insere-se um objeto de ação <set> para alterar as propriedades do vídeo "vid_insert". Dentro do <set> são especificados os objetos <property> com os atributos de exposição (*left, top, width, height*) e os novos valores modificados. A Figura 5 ilustra a visão espaço-temporal completa da segunda cena.

A Figura 6 ilustra telas da execução do exemplo construído. A tela "A"exibe o início da cena de introdução. Na tela "B"é exibido o instante onde professor convida o aluno

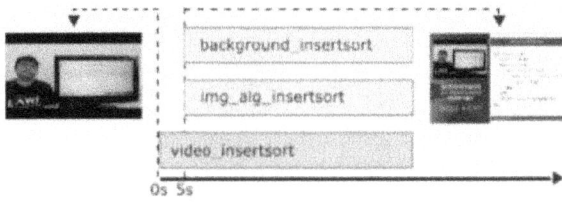

Figura 5: Visão espaço-temporal da cena Insertsort.

a escolher o tema desejado. Na tela "C"é exibido o conteúdo da cena *Insertsort*. E por último, na tela "D"é exibido o conteúdo da cena *Quicksort*.

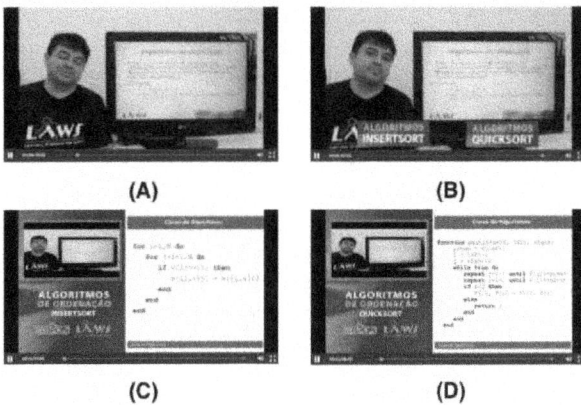

(A) (B)

(C) (D)

Figura 6: Telas de execução do OA "Aula de algoritmos de ordenação".

7. CONVERSOR DE DOCUMENTOS

Nesta seção é apresentado o conversor de documentos SceneSync. O conversor consiste de um *web service* desenvolvido para realizar a conversão sob demanda de documentos especificados na linguagem SceneSync para os padrões HTML5 e NCL.

O processo de conversão é feito em duas etapas, na primeira etapa é feita a validação do documento SceneSync, ou seja, é verificado se o documento de entrada está de acordo com as regras definidas pelo XML Schema da linguagem SceneSync. No caso de erros é gerado um documento XML com a indicação e localização do erro. Caso contrário, o parser organiza os nós do documento em uma estrutura, chamada árvore DOM (Document Object Model).

Na segunda etapa é feita a transformação da linguagem de representação do documento. A árvore DOM gerada na primeira etapa é utilizada em conjunto com um mapa que contém as correspondências entre os modelos hipermídia suportados pelo conversor. Dessa forma, por exemplo, o elemento <scene> em SceneSync pode ser mapeado para o elemento <div> em HTML5, ou <context> em NCL, e vice-versa. Como visto na Figura 7, durante o processo cada nó da árvore DOM é convertido para uma instancia correspondente da linguagem de saída, onde os atributos dos nós são usados para preencher as lacunas durante o processo.

O padrão HTML5 não oferece suporte nativo ao sincronismo temporal, por isso, durante o processo de transformação, são gerados três documentos complementares. Um do-

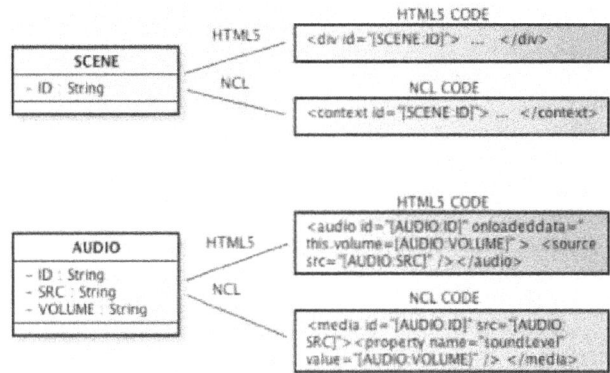

Figura 7: Geração de código HTML5 e NCL para as entidades Scene e Audio.

cumento javascript "class.js", que possui as classes do pacote SceneSync. Outro documento javascript "core.js", que possui as rotinas responsáveis pela interatividade e sincronismo temporal. E por último, uma folha de estilo "scenesync.css", usada para fornecer características de exposição. A Figura 8 ilustra o OA "Nefrologia"que foi especificado em SceneSync e convertido para o padrões HTML5 e NCL.

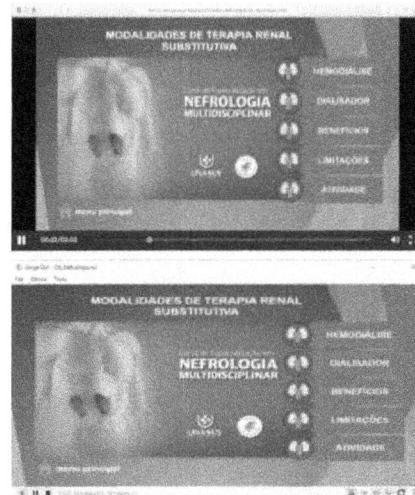

Figura 8: "Nefrologia UNASUS-UFMA"convertido para HTML5 (cima) e NCL (baixo).

8. CONCLUSÃO

O presente trabalho apresenta o processo de modelagem da linguagem declarativa de domínio específico SceneSync. A linguagem tem como objetivo a autoria hipermídia de objetos de aprendizagem baseados em linha do tempo. Para isso, foi realizado um levantamento na literatura por requisitos funcionais e não-funcionais presentes em OAs com o propósito de criar o modelo conceitual SSM e especificar uma linguagem que atende tal modelo.

O estudo de caso exemplificado neste trabalho demonstra que é possível especificar OAs baseados em linha do tempo com a linguagem SceneSync. A simplicidade da linguagem facilita o seu mapeamento para outros modelos de linguagem hipermídia, como HTML5 e NCL, o que permite a execução de aplicações SceneSync em várias plataformas.

Aplicações que utilizam salto temporal possuem limitações de sincronismo, quando convertidas para o padrão NCL. Por exemplo, uma imagem é iniciada aos 5 segundos do vídeo principal, caso a aplicação salte de 2 para 6 segundos a imagem não é iniciada em NCL, pois a condição de causalidade não será disparada. Para resolver esse problema, planeja-se incorporar *script* NCLua auxiliar para simular a sincronização baseada em marcações de tempo utilizada pela linguagem SceneSync.

Em testes informais com professores se percebe que a modelagem de OAs com base nos conceitos de cenas e elos são naturais e similares à organização de slides de aulas. Futuramente planeja-se formalizar testes de usabilidade com professores para obter indicadores de eficácia, eficiência e satisfação quanto ao uso da linguagem para a criação de OAs.

9. REFERÊNCIAS

[1] H. D. Brecht. Learning from online video lectures. *Journal of Information Technology Education*, 11:227–250, 2012.

[2] D. Bulterman and L. RutLedge. *SMIL 2.0: Interactive Multimedia for Web and Mobile Devices*. Springer, 2004.

[3] D. C. A. Bulterman and L. Hardman. Structured multimedia authoring. *ACM Transactions on Multimedia Computing, Communications, and Applications (TOMCCAP)*, 2005.

[4] J. M. C. da Silva and R. M. Vicari. Relacionando a televisão digital interativa com o conceito de objetos de aprendizagem: conceitos, aspectos históricos, e perspectivas. *XX Simpósio Brasileiro de Informática na Educação (SBIE 2009)*, 2009.

[5] A. L. B. Damasceno, R. J. Galabo, and C. S. Soares-Neto. Cacuriá: Authoring tool for multimedia learning objects. *Proceedings of the 20th Brazilian Symposium on Multimedia and the Web (WebMedia'14)*, pages 59–66, 2014.

[6] S. C. Dotta, E. F. Jorge, E. P. Pimentel, and J. C. Braga. Análise das preferências dos estudantes no uso de videoaulas: Uma experiência na educação a distância. *II Congresso Brasileiro de Informática na Educação (CBIE 2013)*, pages 21–30, 2013.

[7] IEEE. Draft standard for learning object metadata, 2012.

[8] ISO/IEC. 14496-1:2001. coding of audio-visual objects – part 1: Systems, 2001.

[9] ITU-T. Recommendation h.761 - nested context language (ncl) and ginga-ncl for iptv services. ITU-T, Geneva, Switzerland, 2009.

[10] M. Kim, S. Wood, and L. Cheok. Extensible mpeg-4 textual format (xmt). *International Multimedia Conference*, 2000.

[11] G. A. F. Lima, L. F. G. Soares, R. G. A. Azevedo, and M. F. Moreno. Reducing the complexity of ncl player implementations. *Proceedings of the 19th Brazilian Symposium on Multimedia and the Web (WebMedia'13)*, pages 297–304, 2013.

[12] M. Mernik, J. Heering, and A. M. Sloane. When and

[13] D. C. Muchaluat-Saade. *Relações em Linguagens de Autoria Hipermídia: Aumentando Reuso e Expressividade*. PhD thesis, Pontifícia Universidade Católica do Rio de Janeiro, 2003.

[14] J. Signès, Y. Fisher, and A. Eleftheriadis. Mpeg-4's binary format for scene description. *Signal Processing: Image Communication*, page 321–345, 2000.

[15] L. F. Soares, G. A. Lima, and C. S. Neto. Ncl 3.1 enhanced dtv profile. *III Workshop de TV Digital Interativa (WTVDI) - Colocated with ACM WebMedia'10*, 2010.

[16] L. F. G. Soares and R. F. Rodrigues. Nested context language 3.0 part 8 - ncl digital tv profiles. *Technical report, Departamento de Informática - PUC-Rio*, 2006.

[17] L. F. G. Soares, R. F. Rodrigues, and D. C. Muchaluat-Saade. *Modeling, authoring and formatting hypermedia documents in the HyperProp system*. Multimedia Systems, Springer, 2000.

[18] L. F. G. Soares, R. F. Rodrigues, and D. C. Muchaluat-Saade. Modelo de contextos aninhados - versão 3.0. *Relatório Técnico, Laboratório Telemídia, PUC-Rio*, 2003.

[19] R. M. Vicari, A. Ribeiro, J. M. C. da Silva, E. R. Santos, T. Primo, and M. Bez. Brazilian proposal for agent-based learning objects metadata standard - obaa. *Fourth Metadata and Semantics Conference (MTSR 2010)*, 2010.

[20] I. Vieira, A. P. Lopes, and F. Soares. The potential benefits of using videos in higher education. *EDULEARN14*, 2014.

[21] P. Vuorimaa, D. Bulterman, and P. Cesar. Smil timesheets 1.0. *Working draft, W3C*, 2008.

[22] W3C. The symm wg is closed since 01 april 2012. http://www.w3.org/AudioVideo/. [Acessado em 20/05/2016].

[23] W3C. Xml schema part 0: Primer second edition w3c recommendation 28 october 2004. http://www.w3.org/TR/xmlschema-0/, 2004. [Acessado em 20/05/2016].

[24] W3C. Extensible markup language (xml) 1.0 (fifth edition). W3C Recommendation, 2008.

[25] W3C. Synchronized multimedia integration language (smil 3.0) specification. W3C Recommendation, 2008.

[26] W3C. Html5: A vocabulary and associated apis for html and xhtml. http://www.w3.org/TR/html5/ World- Wide Web Consortium Working Draft, 2011.

[27] WeB3DConsortium. X3d. http://www.web3d.org/x3d/specifications/, 2008.

[28] D. A. Wiley. Connecting learning objects to instructional design theory: A definition, a metaphor, and a taxonomy, in the instructional use of learning objects. http://reusability.org/read/chapters/wiley.doc. [Acessado em 20/05/2016].

[29] D. Zhang, L. Zhou, R. O. Briggs, and J. F. N. Jr. Instructional video in e-learning: Assessing the impact of interactive video on learning effectiveness. *Information & Management*, 43(1):15–27, 2006.

Video Streaming Over Publish/Subscribe

João Martins de Oliveira Neto
Universidade Federal da Paraíba
Centro de Informática
João Pessoa, Brazil
martins.j.neto@gmail.com

Lincoln David Nery e Silva
Universidade Federal da Paraíba
Centro de Informática
João Pessoa, Brazil
lincoln@lavid.ufpb.br

ABSTRACT

Mobile technologies have created a lot of challenges for distributed systems over the last decade. Intermitent connections and weak network signals can induce unnexpected behaviour in some applications. One kind of application that suffer from these difficulties is video streaming. This paper investigates the use of SDDL, a publish/subscribe middleware based on DDS, for live video streaming. Since SDDL is designed for scalable communications in a dynamic environment, we believe the proposed solution is fit for use in mobile networks.

Keywords

Video; Streaming; Networks; Publish/Subscribe; DDS; SDDL; Multumedia

1. INTRODUÇÃO

A utilização em massa de tecnologias móveis é uma das grandes mudanças da última década no que diz respeito à forma como utilizamos sistemas computacionais. Desse modo, as tecnologias utilizadas precisam ser adaptadas para atender às necessidades geradas por esse novo modelo. Conexões via redes móveis são, de modo geral, mais suscetíveis a erros do que as tradicionais. Sinais fracos de wifi e redes móveis de baixa qualidade podem causar desconexões frequentes nos dispositivos móveis, geralmente ocasionando, também, mudanças repentinas de endereço IP durante o ciclo de vida das aplicações. Além disso, por si só, o ciclo de vida de aplicações móveis é bem mais curto que o normal, podendo ser inicializadas e finalizadas diversas vezes em um curto espaço de tempo. Um outro fator que dificulta o projeto de sistemas móveis é o grande número de dispositivos, o que requer uma arquitetura escalável para o seu funcionamento adequado.

Estas e outras dificuldades tornam a disseminação de dados para dispositivos móveis um desafio. Um modelo que, a princípio, lida com algumas dessas dificuldades é o *Publish/Subscribe*, onde a comunicação entre produtores e consumidores é desacoplada em termos de tempo, espaço e sincronia.

Middlewares que implementam este modelo, entretanto, geralmente não são robustos o suficiente para lidar com as dificuldades de conectividade apresentadas pelos dispositivos móveis. Outro problema é que a maioria deles é projetado para o envio de mensagens atômicas, e não para a transmissão de um fluxo contínuo de dados.

Este trabalho investiga a viabilidade da utilização de um middleware que distribui dados no modelo *Publish/Subscribe* para a transmissão de *streams* de vídeo. Um dos problemas da utilização dos sistemas tradicionais de transmissão de vídeo baseados no UDP para ambientes móveis é a perda de pacotes. Instabilidades na rede geram problemas na recepção do vídeo como mostrado na Figura 1, comprometendo a experiência do usuário final. Atualmente não há muitas soluções escaláveis que satisfaçam esses requerimentos. Um sistema desse porte é facilmente utilizado por câmeras de segurança, para o mapeamento de imagens de uma cidade (uma vez que podem ser transmitidos juntos com o vídeo informações geográficas) e para transmissões domésticas, como é utilizado atualmente o aplicativo *Periscope*. Também é possível a implementação de sistemas de videoconferência através deste modelo.

Figura 1: Falhas na recepção de vídeo via UDP

Na segunda seção deste trabalho serão introduzidos os conceitos básicos relacionados ao trabalho. Na seção 3 serão apresentados outros trabalhos que tratam da distribuição de vídeo sobre um modelo de rede Pub/Sub. Já na quarta seção a solução é apresentada em termos de suas funcionalidades e possíveis aplicações. Na seção 5 serão explicados os detalhes da implementação e dos

WebMedia '16, November 08-11, 2016, Teresina, PI, Brazil
© 2016 ACM. ISBN 978-1-4503-4512-5/16/11...$15.00
DOI: http://dx.doi.org/10.1145/2976796.2976859

casos de teste utilizados para a avaliação do sistema. Na sexta seção serão mostrados os resultados destes testes e as duas últimas seções tratarão, respectivamente, de trabalhos a serem realizados pra viabilizar a utilização da solução proposta em larga escala e das conclusões do trabalho.

2. FUNDAMENTAÇÃO TEÓRICA

2.1 Streaming de Vídeo em Rede

Um fluxo (*stream*) é uma sequência ordenada de pacotes de rede. Nos sistemas mais robustos que admitem algum nível de controle por parte do cliente, ele pode ser representado por dois canais separados. Por um passa o conteúdo da *stream* de fato e pelo outro passam os sinais de controle do sistema que coordenam clientes e servidor, com comandos do tipo *iniciar, parar, configurar*, etc [6].

O servidor, que envia os dados da stream, permanece ativo durante todo o ciclo de vida do sistema. Já os clientes, que consomem o conteúdo, tem acesso a uma URI única que identifica um determinado fluxo. Cada cliente pode entrar e sair da sessão no momento que desejar, tornando o número de participantes e a duração de cada conexão volátil e imprevisível [6].

Diversos protocolos de rede são utilizados para dar suporte ao *streaming* de vídeo. Para o controle de transporte são comumente usados o TCP, o UDP, o *Real Time Transmission Protocol* (RTP) e o *Real Time Transmission Control Protocol* (RTCP). Tanto o TCP como o UDP provêem funcionalidades básicas do transporte de pacotes. Além disso o TCP, diferente do UDP, reenvia pacotes perdidos, controla o congestionamento da rede e o fluxo de dados para evitar a sobrecarga do cliente. Isso faz com que seja introduzido na transmissão um determinado retardo, o tornando ineficiente para, por exemplo, sistemas de videoconferência onde altas latências prejudicam a comunicação. Dessa forma, geralmente usa-se o UDP para *streaming* de vídeo. Ele apenas ignora pacotes perdidos e continua a exibição do vídeo, causando falhas na imagem mas sem parar a exibição. Como o UDP não provê nenhum controle sobre os dados, geralmente utiliza-se ainda de um protocolo em uma camada superior, o RTP, que provê informações como sequenciamento dos pacotes e *time-stamping*. Junto ao RTP, utiliza-se o protocolo RTCP para enviar-se feedback sobre a qualidade do fluxo que chega no cliente e outras informações adicionais [17]. Já a nível de controle de sessão são comumente usados o RTSP ou o SIP. Eles são utilizados para iniciar ou finalizar sessões e fazer o pedido de *streaming* ao servidor [13].

Na prática, a ideia do *streaming* de vídeo é que ao apertar o botão *play*, o vídeo começará a tocar, sem parar, até o fim. Outras técnicas comuns de transmissão de vídeo são o "*Progressive Download*", onde o vídeo é baixado completamente, o que pode resultar na ocorrência de pausas durante a execução do mesmo para a sua *bufferização*, e o "*Adaptative Streaming*", no qual são gerados vários fluxos de qualidades diferentes e a transmissão é adaptada às condições do cliente final [13]. Um exemplo dessa forma de transmissão é o protocolo *MPEG-DASH* [15] utilizado pelo Youtube e Netflix. Ao detectar que o cliente não está recebendo o vídeo suficientemente rápido, ele troca automaticamente o fluxo para um com menor taxa de transmissão.

Para medir a qualidade de vídeos transmitidos pela rede podem-se utilizar diversos parâmetros. Estes podem dizer respeito à questões de codificação ou de rede.

- A qualidade da codificação do vídeo diz respeito à taxa de bits de saída solicitada ao codificador do vídeo, ao número de quadros por segundo e a outros parâmetros da codificação do vídeo [14]. Estes parâmetros não serão analisados neste trabalho, pois ele trata apenas de questões de rede.

- Em termos de transmissão, alguns parâmetros são fundamentais na avaliação da qualidade. A perda de pacotes é um fator crucial para a qualidade do vídeo. Se estiver sendo utilizado um protocolo que suporte a retransmissão de pacotes perdidos a exibição irá sofrer paradas. Caso seja utilizado um protocolo que apenas descarte os pacotes perdidos, a imagem irá apresentar falhas como na Figura 1[16]. O *jitter*, por sua vez, consiste na variação do tempo de chegada de cada pacote. Se o *jitter* for muito alto, o vídeo pode parar subitamente enquanto espera um pacote. Quando o pacote chegar, devido a essa parada, ele será exibido apenas brevemente, pois o tempo do próximo quadro estará perto. Geralmente o *jitter* se resolve utilizando um buffer grande o suficiente, mas em casos extremos esta solução não é viável [4].

2.2 O Modelo Publish/Subscribe

Um sistema *Publish/Subscribe (Pub/Sub)* consiste em um conjunto de nós que trocam informações entre si em um ambiente distribuído, desacoplados através de um serviço de entrega de mensagens. Os clientes do sistema são classificados em produtores (*publishers*), que geram conteúdo, e consumidores (*subscribers*), que recebem conteúdo do sistema [3].

A interação entre os clientes está descrita na Figura 2. Neste modelo de sistema os clientes se tornam independentes entre si. Os consumidores possuem a habilidade de demonstrar interesse em uma mensagem ou em um padrão de mensagens *(subscribe())*. Desse modo, sempre que um produtor enviar uma nova mensagem ao sistema *(publish())*, os consumidores interessados nela serão notificados. Ao demonstrar interesse em um tipo de mensagem, os consumidores não precisam ter o conhecimento de quem irá gerar estas mensagens, e analogamente os produtores, ao enviar uma mensagem, não tem conhecimento de quais consumidores irão recebê-la [9].

A independência que é provida pelo sistema pode ser justificada por três tipos de desacoplamento que ele oferece:

- Tempo: Produtores e consumidores não precisam estar conectados ao sistema ao mesmo tempo

- Espaço: Ambas as partes não precisam conhecer a localização das outras

- Sincronia: Produtores e consumidores enviam e recebem dados de forma não bloqueante, fora de suas *threads* principais

O registro do interesse de um consumidor por uma determinada mensagem pode se dar de várias formas. As mais clássicas são os registros baseados em *tópicos*, *conteúdos* ou *tipos*. No primeiro caso, o mais clássico, cada mensagem possui um tópico, que pode ser uma palavra

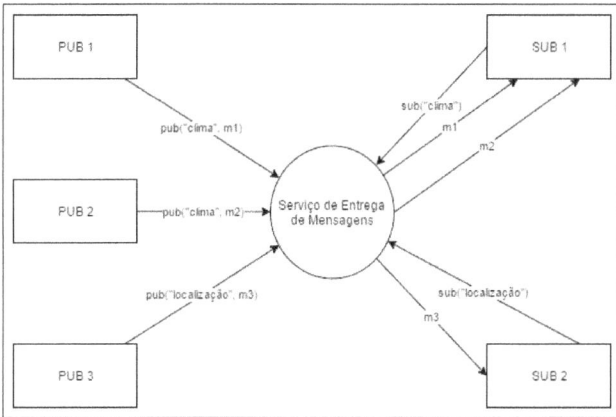

Figura 2: Esquema básico do modelo *Pub/Sub*

arbitrária ou uma espécie de domínio. Os consumidores se baseiam neste tópico para registrar seu interesse nessas mensagens. Possíveis tópicos em um sistema real são "localização" e "temperatura". Também é possível utilizar expressões regulares para abranger vários tópicos em um único registro [11]. Já no Pub/Sub baseado em conteúdo os consumidores definem regras de acordo com propriedades da mensagem em si. Por exemplo, se a mensagem possuir um campo "temperatura", um consumidor pode definir que deseja receber mensagens onde este campo é maior que um valor determinado. No Pub/Sub baseado em tipos, por sua vez, a cada mensagem é dado um tipo (podendo haver subtipos), e os consumidores apenas recebem os tipos de mensagem que registraram no sistema [9].

Devido a essa versatilidade e adaptabilidade a ambientes dinâmicos, o modelo *Publish/Subscribe* se apresenta como uma alternativa escalável para a disseminação de dados em ambientes móveis, sendo bastante utilizado e há bastante tempo [11].

2.3 SDDL

Os avanços das tecnologias de redes móveis e dos sensores embutidos em aparelhos celulares possibilitaram que houvesse uma demanda por novos tipos de serviços e aplicações distribuídas. Um dos grandes desafios desses serviços é o gerenciamento e a comunicação de um grande número de usuários. Comumente é requerido dessas aplicações o rastreamento de informações como a localização do aparelho e a viabilização da interação entre usuários. Outro problema desse tipo de sistema é o fato de que o conjunto de aparelhos a se comunicar varia frequentemente. Essa variação pode se dar devido ao ciclo de vida da aplicação dos usuários ou devido a problemas de conexão destes, como por exemplo uma conectividade *wifi* intermitente [5].

Nesse contexto, se faz necessário o uso de uma plataforma que garanta uma infraestrutura confiável para a disseminação de dados com retardo mínimo e garantia de entrega de mensagens. Um dos modelos bastante estudados para dar suporte a esse tipo de aplicação é o *Publish/Subscribe*, descrito na seção 2.2. Entretanto, poucas soluções que utilizam este modelo garantem uma QoS (Qualidade de Serviço) satisfatória para uma larga escala de usuários [8].

Uma das soluções que ganhou destaque por seu alto desempenho foi o *Data Distribution Service (DDS)*. Ele consiste em um modelo de *middleware peer to peer* para a distribuição de dados no modelo *Pub/Sub*. Entretanto, se exposto a redes móveis de qualidade razoável, o DDS pode apresentar comportamento imprevisível. Isso se dá devido à falta de tratamento de problemas como a falha intermitente na conexão, às mudanças de IP e ao uso extensivo de processamento dos nós (não aceitável em dispositivos móveis) [5].

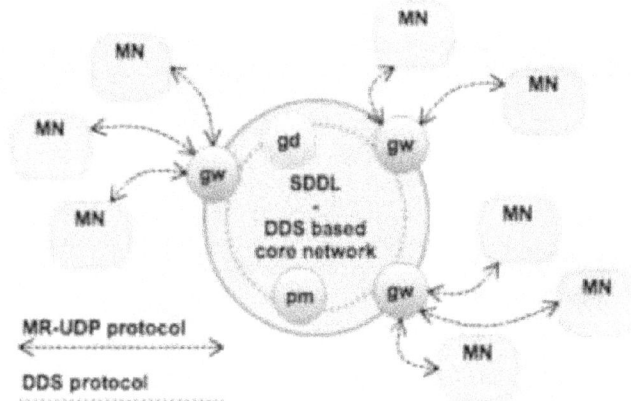

Figura 3: Modelo de Aplicação SDDL [8]

Para superar as limitações do DDS em redes móveis, foi desenvolvido na PUC-Rio o Scalable Data Distribution Layer (SDDL) [8] . Este middleware consiste em uma rede principal, cabeada, de nós estacionários que se comunicam utilizando o DDS. Nós móveis se conectam então a essa rede utilizando o protocolo Mobile Reliable UDP (MR-UDP). Este protocolo provê as funcionalidades do TCP implementadas sobre o protocolo UDP, solucionando o problema da conectividade intermitente e das mudanças de endereço IP. Além disso, este modelo não sobrecarrega a capacidade de processamento dos aparelhos móveis, geralmente limitada. Cada mensagem é confirmada com uma espécie de mensagem de *acknowledgement*.

Existem três tipos de nós na rede principal do DDS, como mostrados na Figura 3. Estes são:

- *Gateway (GW)*: São os pontos de acesso (PoA) dos nós móveis à rede principal. Cada nó móvel que deseja se conectar ao SDDL deve estabelecer uma conexão MR-UDP com um *gateway*. Este então irá converter as mensagens do SDDL para MR-UDP e vice-versa, estabelecendo assim a integração da rede principal com os aparelhos móveis. Também cabe aos gateways avisar aos outros membros da rede principal quando um novo nó móvel se conecta ou desconecta do sistema.

- *PoA-Manager (PM)*: Periodicamente distribuem uma lista de gateways disponíveis para os nós móveis, em ordem de preferência de conexão. Dessa forma, conseguem anunciar quando um novo PoA é criado ou destruído. Também conseguuem, ao enviar uma lista diferente para cada nó, balancear a carga da rede entre os PoAs.

- *GroupDefiner (GD)*: Avaliam a participação de cada nó em grupos criados dinamicamente. Cada aplicação define as regras para a criação dos grupos. Uma aplicação pode criar grupos, por exemplo, baseados na localização geográfica dos nós, agrupandos clientes de uma mesma cidade, estado ou país. Essa lista de membros é então distribuída para todos os *gateways*, permitindo o envio de mensagens específicas para grupos específios (*groupcast*).

Um exemplo prático que pode caracterizar o SDDL é a sua implementação no gerenciamento da frota de uma companhia de distribuição de gás que opera no Brasil. O middleware viabilizou o rastreamento da posição de cada caminhão em tempo real e o envio de mensagens entre os motoristas, otimizando os itinerários dos veículos e alertando os motoristas de congestionamentos e bloqueios nas estradas. Por operar em uma grande área, os nós tiveram que lidar com diferenças de conectividade 2G/3G, comprovando a robustez do middleware [8].

A ideia original do SDDL é transmitir mensagens atômicas entre produtores e consumidores, e não o *streaming* contínuo de dados, como a transmissão de vídeo proposta neste trabalho. Para se adaptar a esta funcionalidade, alterações devem ser feitas em seu funcionamento. No entanto, as suas características de entrega confiável, resiliência a conexões de baixa qualidade e escalabilidade são fundamentais em sistemas de disseminação de vídeo e por isso o *middleware* foi estudado neste trabalho como uma solução viável para este problema.

3. TRABALHOS RELACIONADOS

Em um de seus trabalhos, Al-Madani [2] analisa a transmissão de vídeo no modelo *Publish/Subscribe* sobre o RTP. Em outro trabalho [1] ele também analisa o uso do DDS para a transmissão de vídeo em tempo real. Ele utiliza métricas de avaliação como banda e *jitter*, comparando o DDS com a transmissão feita pelo software VLC. É chegada a conclusão que o DDS é um forte candidato a ser usado para este propósito. O trabalho, entretanto, testa apenas um máximo de 15 consumidores.

Detti [7], por sua vez, estuda o envio de vídeo codificado pelo *H264 Scalable Video Coding* sobre o DDS em redes sem fio. Ela mostra em seus experimentos que a qualidade do vídeo resultante é superior ao tradicional envio do MPEG-2 em termos de qualidade visível ao cliente.

Garcia [10] propões uma arquitetura de *adaptative streaming* de vídeo sobre o DDS. Sua solução é voltada para a disseminação de vídeos de segurança. Ele exalta as garantias de qualidade de serviço ofertadas pelo DDS quando comparado a sistemas reais.

Todos os trabalhos relacionados comprovam que a utilização do modelo *Publish/Subscribe* e do DDS é, de fato, viável para a transmissão de vídeo. Os resultados obtidos pelos autores estudados são sempre positivos quando comparados à transmissão tradicional utilizando protocolos como UDP e RTP.

4. SOLUÇÃO PROPOSTA

Por possuir uma arquitetura escalável e apresentar robustez para transmissão de dados em dispositivos móveis, o SDDL se mostra como uma alternativa interessante para a distribuição de vídeo. Sua utilização adiciona

um grau de confiabilidade na recepção de mensagens, evitando a perda de pacotes de vídeo. A estas vantagens também são adicionados o desacoplamento que o modelo *Publish/Subscribe* fornece aos clientes. Os consumidores não precisam, por exemplo, saber de onde está vindo o fluxo que chega a eles. Os detalhes de implementação e da viabilização do uso do *middleware* são relatados na próxima seção.

A transmissão de vídeo sobre o Pub/Sub pode ser facilmente aplicável no monitoramento em tempo real de vídeos de câmeras de segurança. Um cliente pode, neste caso, receber todos os vídeos ou apenas os desejados, baseado em alguma informação de contexto de cada vídeo. Este cenário pode ser estendido ainda para a recepção de vídeos de vários *drones* espalhados em uma área, seja para o reconhecimento do local ou para aplicações militares e de resgate.

Outro cenário que demonstra a aplicabilidade desta solução é a transmissão ao vivo de *feeds* de notícias. Grupos definidos no SDDL podem facilmente simbolizar notícias referentes a um tema e/ou local. O cliente então definiria suas prioridades e assim receberia apenas as notícias que o interessassem.

Por fim, este sistema, devido à sua escalabilidade, também pode ser usado em transmissões domésticas por usuários que queiram divulgar qualquer tipo de conteúdo de vídeo ao vivo na rede, podendo receber *feedback* de outros usuários que os estejam assistindo.

5. MODELOS E MÉTODOS

Foram desenvolvidos para este trabalho dois tipos de clientes SDDL. Um deles para publicar vídeo no sistema e outro para receber e reproduzir este vídeo. Para garantir a entrega ordenada dos pacotes de vídeo, junto com cada pacote é enviado ao sistema o seu índice, uma espécie de contador que funciona como um relógio lógico como definido por Lamport [12]. Ao receber cada pacote o consumidor o coloca em uma fila de prioridade ordenada pelo índice que funciona como um *buffer*. Se o pacote estiver no topo da fila, ele é encaminhado para o reprodutor de vídeo. Caso contrário, ele é armazenado ordenadamente até que esteja na sua vez de ser enviado. Isto garante que não chegarão pacotes fora de ordem no reprodutor. O funcionamento do sistema está ilustrado na Figura 4. Esta solução garante que os pacotes de vídeo chegarão ao seu destino, mas não garante que eles chegarão a tempo de serem tocados ao vivo.

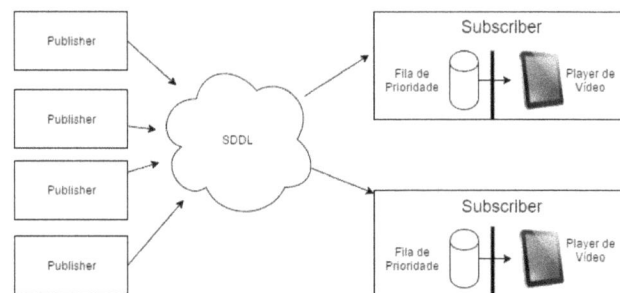

Figura 4: Esquema do Sistema de Distribuição de Vídeo

Para avaliar a solução proposta tomou-se como métrica o

uso de dados da rede, a média e o desvio padrão dos retardos dos pacotes em relação a uma transmissão UDP simples e o *jitter*, que é a variação de latência entre os pacotes. O *jitter* foi calculado como sendo a média entre as diferenças de retardo de pacotes consecutivos.

A utilização de dados foi medida através da ferramenta *Wireshark*. Para calcular o retardo relativo e o *jitter* foram introduzidos no código da aplicação logs de recebimento e entrega de mensagens, que foram posteriormente processados pelo *Microsoft Excel*, gerando os gráficos apresentados na próxima seção. Foram feitos testes do SDDL e transmissões UDP com 1, 10, 20 e 50 consumidores.

Para os testes foi utilizado um vídeo de 2 minutos e 24 segundos, resolução 640x360p, taxa de 24 quadros por segundo e taxa de bits de 500kbps. As transmissões foram feitas entre duas máquinas na mesma rede local (LAN).

6. RESULTADOS E AVALIAÇÃO

Nos casos de teste descritos na seção anterior o sistema funcionou corretamente para 1, 10 e 20 consumidores. A Figura 5 mostra 4 telas de consumidores em um cenário onde 20 estão em execução. Ao aumentar o número para 50, o vídeo começa a apresentar alguns travamentos, comprometendo assim a experiência do usuário. Esses travamentos podem ser solucionados através da implantação de mais *gateways* para dividir a carga, satisfazendo o aumento da demanda. A utilização de vídeos com altas taxas de dados sobrecarregou o protocolo móvel, sendo necessárias algumas otimizações para adaptar o sistema. Como os testes foram realizados em rede local, algumas variações nos resultados podem aparecer devido ao tráfego de fundo do laboratório onde a pesquisa foi realizada. Nesta seção apresentamos algumas métricas que medem a qualidade do fluxo e do vídeo exibido.

Figura 5: Funcionamento do sistema de distribuição de vídeo

6.1 Utilização de Dados

O gráfico da Figura 6 mostra que, comparado a uma transmissão UDP do mesmo vídeo, a transmissão via SDDL é mais custosa em termos de utilização do link de rede. Essa diferença cresce linearmente de acordo com o número de consumidores para quem o vídeo será sendo enviado.

Este aumento de banda garante que não serão perdidos pacotes de vídeo na transmissão, uma vez que ele é devido a vários fatores, entre eles o acréscimo de pacotes de controle,

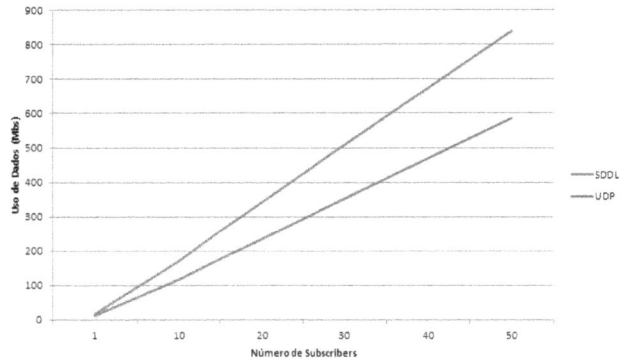

Figura 6: Utilização de dados do sistema

a retransmissão de alguns pacotes, o *overhead* da utilização do MR-UDP e a utilização do Pub/Sub, uma vez que pacotes devem ser marcados com tópicos e informações adicionais.

6.2 Retardo

O aumento do retardo médio do SDDL em relação a uma transmissão UDP regular é de aproximadamente 150 milissegundos. Uma vez que o foco do trabalho é fazer transmissão de vídeo e não videoconferências, esse aumento de latência média é relativamente baixo e aceitável. De acordo com a Figura 7, essa latência média também se mantém constante para diferentes números de consumidores.

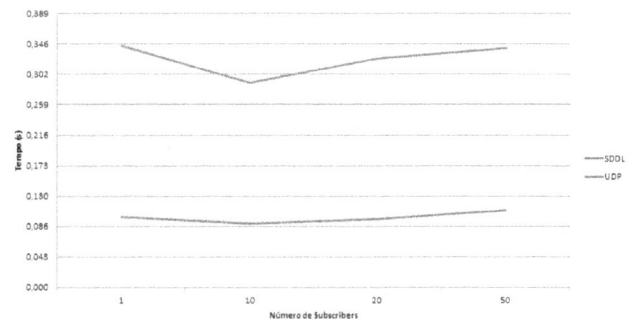

Figura 7: Retardo de Pacotes SDDL e UDP

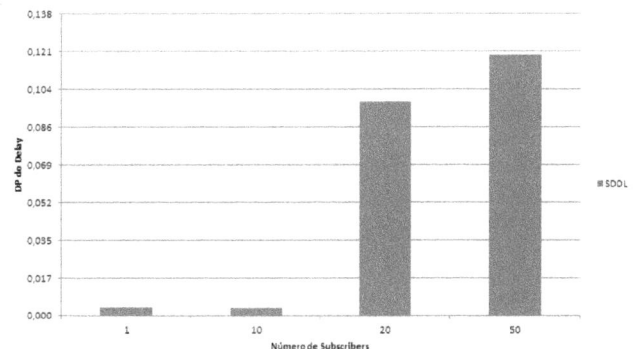

Figura 8: Desvio padrão da latência

Já a variação do *retardo* de cada pacote durante a

transmissão do vídeo varia bastante de acordo com o número de clientes. A Figura 8 mostra o desvio padrão da latência para um determinado número de consumidores. Percebe-se que quanto maior este número, maior será a variação desta medida. As Figuras 9 e 10, por sua vez, mostram detalhadamente essa variação nos casos específicos onde há 10 e 50 consumidores, respectivamente. Para um grande número de clientes essa latência pode se tornar um problema. Nos casos em que há muitos picos, a exibição do vídeo pode travar, pois o reprodutor estará aguardando a chegada do próximo pacote.

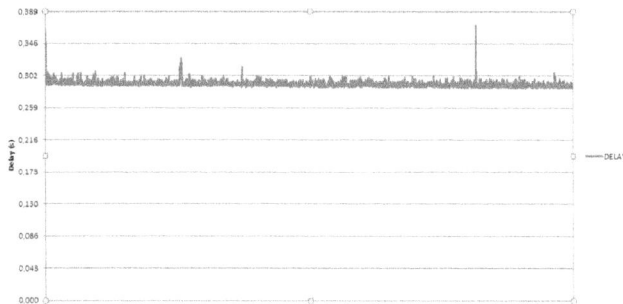

Figura 9: Variação de latência durante a transmissão para 10 consumidores

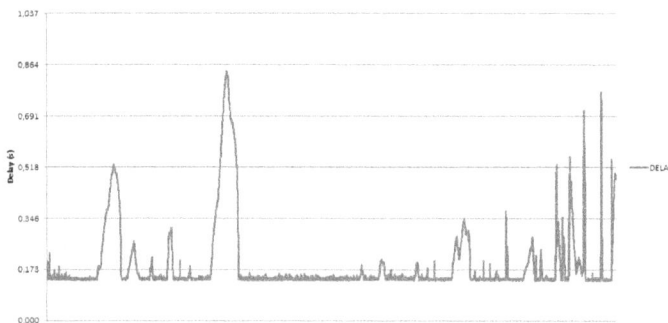

Figura 10: Variação de latência durante a transmissão para 50 consumidores

6.3 Jitter

Jitter é a média da variação de latência entre pacotes consecutivos de um fluxo. Um *jitter* muito alto pode causar, no caso de fluxos UDP, erros na ordenação dos pacotes e perdas de pacotes devido a altos atrasos. No caso da implementação proposta neste trabalho um *jitter* alto irá causar pausas intermitentes do vídeo. A Figura 11 mostra uma comparação entre fluxos UDP e SDDL. Percebe-se que o SDDL apresenta valores melhores nos casos apresentados, mas com uma tendência a um aumento quando houverem mais consumidores

6.4 Análise

A solução apresentada neste trabalho apresenta algumas vantagens significativas em relação ao modelo tradicional de transmissão de vídeo. A perda de pacotes é evitada, garantindo que as imagens cheguem completamente no destino e a variação da latência é minimizada, diminuindo a possibilidade de eventuais travamentos no vídeo

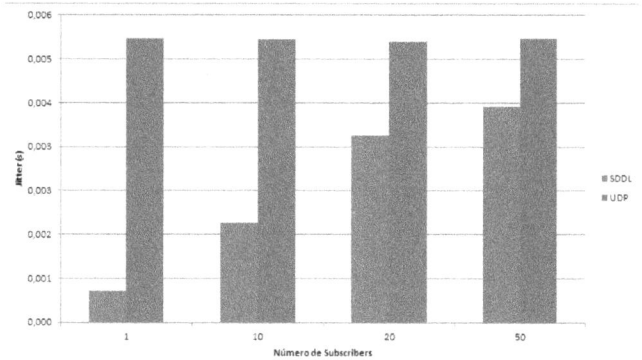

Figura 11: Funcionamento do sistema de distribuição de vídeo

Entretanto, a solução proposta requer mais banda que um fluxo UDP normal, o que pode se tornar um problema para usuários que dependam de redes 2G/3G limitadas. Também é maior o tempo de chegada do vídeo no cliente, que pode se tornar um impedimento na adoção desta solução em sistemas críticos ou em videoconferências.

Apesar dos pontos negativos apresentados, os resultados relatados nesta seção indicam a viabilidade da utilização do SDDL para a transmissão de vídeo, como também mostrado por outros autores com soluções semelhantes que utilizam o DDS.

7. TRABALHOS FUTUROS

Algumas adaptações ainda devem ser implementadas no protocolo de comunicação com os nós móveis para que este suporte completamente a transmissão de um fluxo contínuo de dados com alta taxa de bits. Também está no escopo de trabalhos futuros a realização de testes em maiores escalas, com um maior número de *gateways* e nós móveis conectados na nuvem.

8. CONCLUSÃO

A robustez do SDDL ao lidar com redes móveis faz dele um excelente candidato para aplicações móveis. Entretanto, o SDDL não foi pensado para transmitir fluxos de informações, apenas mensagens atômicas. Sendo assim, o envio de vídeo sobre o SDDL é um importante avanço na disseminação desse tipo de informação para dispositivos móveis. Este tipo de aplicação pode ser facilmente utilizada para transmissões domésticas de vídeos para o mundo inteiro, a exemplo de outras aplicações como o *"Periscope"*. Essa tecnologia também pode ser utilizada para o monitoramento de câmeras de segurança e para o mapeamento de cidades através dos celulares dos usuários.

Os testes feitos neste trabalho se mostraram satisfatórios e indicaram que o SDDL, apesar das limitações encontradas, é uma tecnologia promissora para ser usada em aplicações do mundo real.

9. REFERÊNCIAS

[1] B. Al-Madani, A. Al-Roubaiey, and Z. A. Baig. Real-time qos-aware video streaming: a comparative and experimental study. *Advances in Multimedia*, 2014:1, 2014.

[2] B. Al-Madani, M. Al-Saeedi, and A. A. Al-Roubaiey. Scalable wireless video streaming over real-time publish subscribe protocol (rtps). In *Proceedings of the 2013 IEEE/ACM 17th International Symposium on Distributed Simulation and Real Time Applications*, pages 221–230. IEEE Computer Society, 2013.

[3] G. Banavar, T. Chandra, B. Mukherjee, J. Nagarajarao, R. E. Strom, and D. C. Sturman. An efficient multicast protocol for content-based publish-subscribe systems. In *Distributed Computing Systems, 1999. Proceedings. 19th IEEE International Conference on*, pages 262–272. IEEE, 1999.

[4] M. Claypool and J. Tanner. The effects of jitter on the peceptual quality of video. In *Proceedings of the seventh ACM international conference on Multimedia (Part 2)*, pages 115–118. ACM, 1999.

[5] L. David, R. Vasconcelos, L. Alves, R. André, and M. Endler. A dds-based middleware for scalable tracking, communication and collaboration of mobile nodes. *Journal of Internet Services and Applications*, 4(1):1–15, 2013.

[6] H. Deshpande, M. Bawa, and H. Garcia-Molina. Streaming live media over a peer-to-peer network. *Technical Report*, 2001.

[7] A. Detti, P. Loreti, N. Blefari-Melazzi, and F. Fedi. Streaming h. 264 scalable video over data distribution service in a wireless environment. In *World of Wireless Mobile and Multimedia Networks (WoWMoM), 2010 IEEE International Symposium on a*, pages 1–3. IEEE, 2010.

[8] L. D. N. e Silva. *A Scalable Middleware for Structured Data Provision and Dissemination in Distributed Mobile Systems*. PhD thesis, PUC-Rio, 2014.

[9] P. T. Eugster, P. A. Felber, R. Guerraoui, and A.-M. Kermarrec. The many faces of publish/subscribe. *ACM Computing Surveys (CSUR)*, 35(2):114–131, 2003.

[10] M. García-Valls, P. Basanta-Val, and I. Estévez-Ayres. Adaptive real-time video transmission over dds. In *Industrial Informatics (INDIN), 2010 8th IEEE International Conference on*, pages 130–135. IEEE, 2010.

[11] Y. Huang and H. Garcia-Molina. Publish/subscribe in a mobile environment. *Wireless Networks*, 10(6):643–652, 2004.

[12] L. Lamport. Time, clocks, and the ordering of events in a distributed system. *Communications of the ACM*, 21(7):558–565, 1978.

[13] A. Marques, R. Bettencourt, and J. Falcão. Internet live streaming. *Instituto Superior Técnico, Portugal. Mai*, 2012.

[14] S. Mohamed, G. Rubino, F. Cervantes, and H. Afifi. Real-time video quality assessment in packet networks: A neural network model. 2001.

[15] I. Sodagar. The mpeg-dash standard for multimedia streaming over the internet. *IEEE MultiMedia*, (4):62–67, 2011.

[16] A. Watson and M. A. Sasse. Measuring perceived quality of speech and video in multimedia conferencing applications. In *Proceedings of the sixth ACM international conference on Multimedia*, pages 55–60. ACM, 1998.

[17] D. Wu, Y. T. Hou, W. Zhu, Y.-Q. Zhang, and J. M. Peha. Streaming video over the internet: approaches and directions. *Circuits and Systems for Video Technology, IEEE Transactions on*, 11(3):282–300, 2001.

A Deep Approach for Handwritten Musical Symbols Recognition

Roberto M. Pereira [*]
Federal University of
Maranhão
São Luís, MA , Brazil
roberto@nca.ufma.br

Caio E. F. Matos
Federal University of
Maranhão
São Luís, MA , Brazil
caio@nca.ufma.br

Geraldo Braz Junior
Federal University of
Maranhão
São Luís, MA , Brazil
geraldo.braz@ufma.br

João D. S. de Almeida
Federal University of
Maranhão
São Luís, MA , Brazil
joao.dallyson@ufma.br

Anselmo C. de Paiva
Federal University of
Maranhão
São Luís, MA , Brazil
anselmo.paiva@ufma.br

ABSTRACT

Preserving the world musical heritage comes down to digitalizing and provision of music works to further query on the acquired data. However, to do the processing it is necessary an Optical Music Recognition (OMR) system capable of decoding the original manuscripts into a machine-readable data. Developing a precise and robust OMR system for handwritten musical scores is still an open issue. A fundamental step of improve such task is to recognise musical notes. Hence, trying to provide ways to produce a truly robust OMR system, we present in this paper a new methodology applying deep learning techniques to recognise musical notes in digitalised handwritten musical scores. The proposed methodology has been tested on a ground truth dataset of music scores reaching a minimum error rate of 3.99%, 96.46% of precision and 96.56% of recall on the HOMUS dataset.

Keywords

Optical musical recognition; Document analyses; Deep learning; Convolutional neural network;

1. INTRODUCTION

An important field of Document Image Analysis and Recognition (DIAR) refers to the task of analysing digitalised music scores. Currently, a large amount of music scores are available only in their original handwritten forms or as digitalised images. However, to do the processing it is necessary an Optical Music Recognition (OMR) system to convert these music scores into a machine-readable data that could be reproduced in computer and stored as compact digitalised data.

Some commercial OMR software solutions have been proposed, such as Capellascan [1], OmeR [2], PhotoScore [3], SharpEye [4], e SmartScore [5]. Unfortunately, those software do not provide a satisfactory solution, mainly when tested on handwritten scores. On the other hand, theses systems present remarkable results when processing printed sheet music once their note symbols are regular. Handwritten music scores are hard to be processed and recognised. Each author has its own way of writing on a music sheet. As the symbols are not printed by a machine, there can be variations on the size of staff lines and music symbols, which makes harder to develop OMR systems. This project was encouraged by such difficulties aiming at providing solutions for a still not completely solved issue.

The main jobs performed by an OMR system are recognition, presentation and recording of data in a computer readable format. The typical architecture of an automatic music score recognition system involves four main tasks: (1) pre-processing, (2) Musical note recognition, (3) Note reconstruction and (4) construction of a final representation.

This paper focuses on musical note recognition through deep learning architectures. This kind of architecture has the capability of automatic feature extraction based on a training data. Our goal is to propose a new methodology for robust recognition handwritten musical symbols in order to improve OMR systems and in future make available a mobile system for sheet music recognition and help preserve and disseminate of the Maranhão's historical musical cultural.

The remainder of this work is organized in more five sections, where Section 2 discuss about related works and our contribution, Section 3 presents the background needed to comprehend the methodology, that is fully described in Section 4. The results and final conclusions are presented in Sections 5 and 6 respectively.

[*]Corresponding Author

WebMedia '16, November 08-11, 2016, Teresina, PI, Brazil
© 2016 ACM. ISBN 978-1-4503-4512-5/16/11...$15.00
DOI: http://dx.doi.org/10.1145/2976796.2988171

[1]http://www.capella-software.com/capscan.htm
[2]http://www.myriad-online.com/en/products/omer.htm
[3]http://www.neuratron.com/photoscore.html
[4]http://www.visiv.co.uk
[5]http://www.musitek.com/smartscre.html

2. RELATED WORKS

In this section we present some works that have been developed handwritten music notation recognition. In [8] it is presented an online handwritten music score recognition system. In the proposed system symbols are recognized as the user writes them using a pen-based computer. The authors divided the musical symbols in strokes and made the recognition to form symbols. The stroke recognition is done through the extraction of features using 8-direction Freeman Chain Code and Support Vector Machine. This method achieved a correct recognition rate of 98.80% obtained with a database of 250 symbols.

In [2] the authors presents a method based in Dynamic Time Warping for old Handwritten Musical Symbol. Classification of eighth classes, four of clefs and four accidentals achieved a Recognition rates of 89.55% in the classification of 4,098 musical symbols. Recently, in [13] it is proposed a OMR system to recognize the music symbols without segmentation. It classifies the symbols using a combined neural network. The method achieves average accuracy of 98.71%.

Also, four classification methods, support vector machines (SVMs), neural networks (NNs), nearest neighbor (kNN) and hidden markov model were investigated in [9]. The classifiers were evaluated on real and synthetic scores databases. They used 3,222 handwritten music symbols and 2,521 printed music symbols with fourteen classes of each.

In [1] it is presented the HOMUS dataset which consists of 32 types of musical symbos from 100 different musicians resulting in a total of 15,200 samples. During the experiments different algorithms were tested to detect independent symbols style, using SVM, K-NN with dissimilarity measure Dynamic Time Warping and several other scenarios, the experiments obtained an error rate exceeding 15%.

More recently, in [12] different rank methods, such as the Farthest Neighbour voting and Nearest to enemy voting were used for prototype selection on the HOMUS dataset. The maximum accuracy acquired and the current state-of-art for the classification task on this database was 89.9%.

A robust and accurate handwritten musical symbol recognition system is still an open issue. In this context, this paper proposes a new approach to handwritten musical symbols recognition using Deep Convolutional Neural Network in order to provide robustness for large datasets and different author calligraphy.

3. BACKGROUND

Inspired by animals' visual cortex [3], Convolutional Neural Networks (CNNs) continuous tile the input images in order to identify and learn their different features. Usually there are at least three distinct layers in a CNN: fully connected, convolutional and pooling layers.

Features are usually repeated in an image. A way to sum up such repetitions is to present them in activation maps. This method is called convolution.

Convolutional layers can be understood as sets of learnable filters represented by an activation matrix. Each filter is learnt from a different part of the input image then applied as a feature extractor over the image convolving into a feature activation map.

Usually convolutional layers are followed by a subsampling layer, also called pooling layer. These layers are statistical representations of the previous layers. Using functions such as max or mean, the amount of data is significantly reduced without large losses. The pooling process provides more reliable filters what helps to avoid overfitting.

Lastly, fully connected layers usually are on the top of the neural networks, casting the learnt features into the output. Layers of that kind normalize the propagated input pattern aiming at providing a classification to the neural network's input image. Sigmoide, softmax and logistic functions are common activation functions to fully connected layers.

Usually, CNNs are trained using the Stochastic Gradient Descent method (SGD)[14] during a fixed number of epochs. Also, it is necessary to set a learning rate. Commonly, the original dataset is divided into 3 subsets: training, validation and testing. The last is only shown to the final trained model in order to analyse the results.

4. PROPOSED METHODOLOGY

The proposed methodology is shown in Figure 1 and it is composed of three steps: database acquisition and image generation, training and testing and finally analysis of the results. Each step is described in details in the following sections.

4.1 Database Acquisition and Image Generation

On this work we used the HOMUS [1] database. It consists of 15200 samples of handwritten music notation produced by 100 musicians, each musician wrote every symbol on its own way. The samples are divided into 32 different classes each representing a different musical symbol. Each sample is composed by its stroke, its author identification and the label representing to which classes it belongs. Samples were acquired using a pen-based method.

In order to continue with the methodology, we first had to generate images based on the samples from the database. To do so, we followed linked each stroke by its next. We assumed a stroke of thickness 2 pixels in our method. Figure 4.1 shows an example of the result acquired in this step.

4.2 Training and Testing

We compare three instances of convolutional neural networks, LeNet [6], AlexNet [4] and GoogleNet [11]. The first one is well-known for solving handwritten problems on the MNIST dataset [7], AlexNet and GoogLeNet have acquired high results and top classification in their respective participations at ImageNet challange [5], [10].

The original layers' organization were maintained during all training, but some parameters were adjusted. The first of them was the number of epochs which got fixed at 100 for all networks, the learning rate was initialised at 0.01 and reduced every 10 learning cycles in a gamma rate of 0.1. For last, we applied the SGD method for learning in both networks.

As mentioned before, we used a total of 15,200 images, divided in 32 classes each one representing a different music note symbol. During the training, the dataset was divided into 3 subsets: training set, validation set and testing set.

The first set is used to adjust the connections' weight, what means it is related to the actual learning process and should be larger than the others. Therefore 70% of the images were randomly and equally separated for the training set. The validation set is used for avoiding overfitting and a slice of 15% was given to it. Finally, testing sets are used

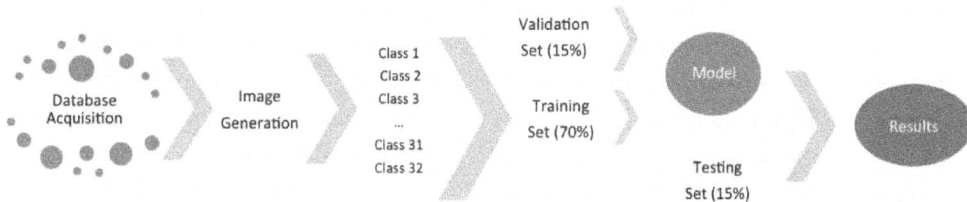

Figure 1: Proposed methodology

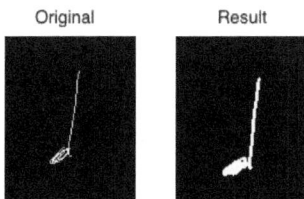

Figure 2: Example of image generation. On the left hand side there is a graphical representation of the an sample. On the right hand side there is the image obtained after the processing.

Table 1: Overall results using different CNNs.

	Recall	Precison	Accuracy
LeNet	80.78%	81.02%	79.51%
AlexNet	96.06%	96.06%	95.35%
GoogLeNet	96.56%	96.46%	96.01%

for checking predictive power of the network and, during our tests, it kept the 15% remaining images. In order to compare the results, the same dataset was used for every CNN's architecture studied.

5. RESULTS

The experiments were conducted according to the methodology proposed at Section 4. After training the models, we used the test set (which is completely unknown during the training) to measure their performance on the proposed methodology. Used metrics were recall, precision and accuracy.

In Table 1 we show the overall results using the different architectures. Using the simplest convolutional neural network's architecture resulted in a poor accuracy at solving the problem. LeNet's overall accuracy was 79.51% with a precision of 81.02 and a 80.78% recall rate. Most of the classes were classified less than 75% correct, the biggest trouble was in trying to classify correctly classes 29 (recall of 49.17% and 49.58% of precision) and 30 (recall of 53.33% and 48.48% of precision).

AlexNet presented better results than LeNet. Its overall accuracy was 95.35% with both precision and recall 96.06%. This time classes 29 (recall of 85.00% and 82.26% of precision) and 30 (recall of 85.00% and 94.44% of precision) had better rates, but still bellow the desired (over 90%).

As expected, the best results, acquired with the proposed methodology, were achieved using GoogLeNet. Its overall accuracy was 96.01% with a precision of 96.46% and a recall of 96.56%. Only one musical symbol has precision bellow 90% which is class 29 and two other symbols have recall

lower than 90% they are classes 23 and 27. These results mean a stable performance in most of the cases.

The obtained results for each class with GoogleNet are presented in Table 2.

Table 2: GoogLeNet results for the proposed methodology.

Class	Recall (%)	Precision (%)
1	100.00	100.00
2	96.67	98.31
3	96.67	96.67
4	98.33	96.72
5	96.67	98.31
6	98.33	96.72
7	96.67	96.67
8	98.33	98.33
9	98.33	98.33
10	100.00	92.31
11	96.67	100.00
12	98.33	98.33
13	100.00	96.77
14	98.33	96.72
15	95.83	99.14
16	95.00	96.61
17	100.00	100.00
18	95.00	96.61
19	100.00	98.36
20	95.83	99.14
21	98.33	93.65
22	97.50	98.32
23	85.00	91.07
24	100.00	98.36
25	90.00	93.10
26	95.00	93.44
27	86.67	94.55
28	100.00	93.75
29	92.50	81.62
30	93.33	96.55
31	96.67	100.00
32	100.00	98.36

In order to analyse more precisely the errors, Table 3 presents examples of errors found when applied GoogLeNet.

We could notice that error occurred mainly due to the variate of ways someone could write the same symbol. If we take from Table 3 class 23, it is easy to notice many different ways how the symbol was written. Also, there are some errors caused by similarity between two classes, as we can see in classes 25 and 29. In classes 18 and 20 we could notice that symbols partially omitted were hard to identify.

In comparison with other works in the literature, the pro-

Table 3: Example of incorrect classified symbols with GoogLeNet

Class	Original	Error Case		
15				
18				
20				
23				
25				
29				

posed deep approach using googlenet reach higher results with a very large and heterogeneous database. In comparison with another work using Homus database, it has the overall best result.

6. CONCLUSION

This work presented the use of CNN to classify 32 different classes of musical symbols. Doing so, we intend to help in the search for developing a reliable and precise OMR system. Such systems could lead us to better preservation of musical heritage as much as a more effective way of converting musical scores into braille and audio. Thus, improving accessibility over musical information.

We conduced experiments with three different architectures, LeNet, AlexNet and GoogLeNet. The last one showed lower error rates over the others. This is not a novel result, indeed GoogLeNet has overcome AlexNet in other challenges [10] and it is considered to be a more powerful convolutional neural network. Our approach shows the use of those well-known architecture in a different scenario: musical symbol classification. Thus, there results encourage new researches using DNNs as a powerful classification method for OMR systems.

The main advantage of the proposed methodology is the lack of need for feature extraction approaches. Also, the proposed methodology can easily be adapted for solving complex tasks, for instance, adding a new symbol with a new calligraphy or increase the database size.

As ongoing work, we are interested in developing a full OMR system based on CNN as a classification method and allow a construction of a mobile application for sheet music reading and interpretation. To do so, there are a few steps left, such as removing staff lines, symbol reconstruction and finally add semantic information in order to play the music.

Acknowledgements

Our research group acknowledges financial support from FAPEMA, CNPQ and NCA/UFMA.

7. REFERENCES

[1] J. Calvo-Zaragoza and J. Oncina. Recognition of pen-based music notation: the homus dataset. In *2014 22nd International Conference on Pattern Recognition (ICPR)*, pages 3038–3043. IEEE, 2014.

[2] A. Fornés, J. Lladós, and G. Sánchez. Old handwritten musical symbol classification by a dynamic time warping based method. In *Graphics Recognition. Recent Advances and New Opportunities*, pages 51–60. Springer, 2007.

[3] D. H. Hubel and T. N. Wiesel. Receptive fields and functional architecture of monkey striate cortex. *The Journal of physiology*, 195(1):215–243, 1968.

[4] A. Krizhevsky, I. Sutskever, and G. E. Hinton. Imagenet classification with deep convolutional neural networks. In *Advances in neural information processing systems*, pages 1097–1105, 2012.

[5] S. V. Lab. Large scale visual recognition challenge 2012 (ilsvrc2012), 2012.

[6] Y. LeCun, L. Bottou, Y. Bengio, and P. Haffner. Gradient-based learning applied to document recognition. *Proceedings of the IEEE*, 86(11):2278–2324, 1998.

[7] Y. LeCun, C. Cortes, and C. J. Burges. The mnist database. *URL http://yann.lecun.com/exdb/mnist*, 1998.

[8] H. Miyao and M. Maruyama. An online handwritten music score recognition system. In *Proceedings of the Pattern Recognition, 17th International Conference on (ICPR'04)*, volume 1, pages 461–464. IEEE, 2004.

[9] A. Rebelo, G. Capela, and J. S. Cardoso. Optical recognition of music symbols. *International Journal on Document Analysis and Recognition (IJDAR)*, 13(1):19–31, 2010.

[10] O. Russakovsky, J. Deng, H. Su, J. Krause, S. Satheesh, S. Ma, Z. Huang, A. Karpathy, A. Khosla, M. Bernstein, et al. Imagenet large scale visual recognition challenge. *International Journal of Computer Vision*, 115(3):211–252, 2015.

[11] C. Szegedy, W. Liu, Y. Jia, P. Sermanet, S. Reed, D. Anguelov, D. Erhan, V. Vanhoucke, and A. Rabinovich. Going deeper with convolutions. In *Proceedings of the IEEE Conference on Computer Vision and Pattern Recognition*, pages 1–9, 2015.

[12] J. J. Valero-Mas, J. Calvo-Zaragoza, J. R. Rico-Juan, and J. M. Iñesta. An experimental study on rank methods for prototype selection. *Soft Computing*, pages 1–13, 2016.

[13] C. Wen, A. Rebelo, J. Zhang, and J. Cardoso. A new optical music recognition system based on combined neural network. *Pattern Recognition Letters*, 58:1–7, 2015.

[14] S. Zhang, C. Zhang, Z. You, R. Zheng, and B. Xu. Asynchronous stochastic gradient descent for dnn training. In *Acoustics, Speech and Signal Processing (ICASSP), 2013 IEEE International Conference on*, pages 6660–6663. IEEE, 2013.

A Semantic Web Approach to Low-Level Features in Images

Miguel Bento Alves
ESTG, Instituto Politécnico de
Viana do Castelo
4900-348 Viana do Castelo
mba@estg.ipvc.pt

Carlos Viegas Damásio
NOVA-LINCS, Universidade
Nova de Lisboa
2829-516 Caparica, Portugal
cd@fct.unl.pt

Nuno Correia
NOVA LINCS, Universidade
Nova de Lisboa
2829-516 Caparica, Portugal
nmc@fct.unl.pt

ABSTRACT

We present a Semantic Web based approach that meets the requirements for images retrieval based on low-level features. For that, we developed a prototypical implementation using a Semantic Web framework, linking open data ontologies and image processing libraries. We created an ontology to support the low-level features data of images. Furthermore, we created semantic rules to define concepts based on low-level features. We show how the different mechanisms of the Semantic Web may help multimedia management, both for storage and in retrieval tasks.

1. INTRODUCTION

As a consequence of technology development in several fields, large image databases have been created. In this context, well-organized databases and efficient storing and retrieval algorithms are absolutely necessary. These databases must be able to represent multimedia resources and its descriptions, considering that they are complex objects, and make them accessible to automated processing [5]. To enable multimedia content to be discovered and exploited by services, agents and applications, it needs to be described semantically. Indeed, it is very easy and cheap to take pictures, store or share and publish them, but it is very difficult and expensive to organize pictures, annotate, and find or retrieve them. This "big mismatch" between these two groups of tasks, summarizes some of the key motivations for multimedia retrieval and, particularly in our work, for semantic description of visual metadata and inference on it. Multimedia constitutes an interesting field of application for Semantic Web and Semantic Web reasoning, as the access and management of multimedia content and context depends strongly on the semantic descriptions of both [5]. Semantic multimedia is a field that has emerged as a multidisciplinary topic from the convergence of semantic web technologies, multimedia and signal analysis. In [18], the advantages of using Semantic Web languages and technologies for the creation, storage, manipulation, interchange and processing of image metadata are described in more detail. Manual annotation is the most effective way of doing multimedia annotation, consisting in adding metadata to the image, such as keywords or textual descriptions, to support the retrieval process. However, this method ignores the rich contents that the images have which can not be described by a **small sets of tags** [4]. Furthermore, the keywords are very dependent on the observer [19].

A visual content feature refers to part of a visual content that contains interesting details or a property of the image which we are interested in. For any object there are many features, interesting points of the object, that can be extracted to provide a "feature" description of the object. We can have global visual content features, which describe a visual content as a whole, or local features, which represent visual content details.

In this work, our purpose is to show that a Semantic Web approach meets the requirements for multimedia information retrieval, namely, images retrieval based on low-level features. For that, we performed an implementation using the Jena framework (https://jena.apache.org), a free and open source Java framework for building Semantic Web applications. It provides a programmatic environment for Resource Description Framework (RDF), Resource Description Framework Schema (RDFS), Web Ontology Language (OWL), a query engine for SPARQL Protocol and RDF Query Language (SPARQL) and it includes a rule-based inference engine. Jena is widely used in Semantic Web applications because it offers an "all-in-one" solution for Java. Jena includes a general purpose rule-based reasoner which is used to implement both the RDFS and OWL reasoners but is also available for general use. Jena reasoner supports rule-based inference over RDF graphs and provides forward chaining, backward chaining and a hybrid execution model. To extract visual content features we make use of Lucene Image Retrieval (LIRE) [12] [13], a light weight open source Java library for content-based image retrieval. It provides common and state-of-the-art global image features.

This document is structured as follows. We present the ontology created in this work in Section 2. In Section 3 we present how to retrieve multimedia data with semantic web technologies and we explored the capabilities of the used semantic web framework to maximize the retrieval task capabilities. In Section 4 we illustrate how semantic rules can be used to add knowledge to our system, reuse the knowledge produced and adding expressivity to that knowledge. We finish by discussing this work and general conclusions in Section 5.

WebMedia '16, November 08-11, 2016, Teresina, PI, Brazil

© 2016 ACM. ISBN 978-1-4503-4512-5/16/11...$15.00

DOI: http://dx.doi.org/10.1145/2976796.2988176

2. STORING DATA WITH ONTOLOGIES

Ontologies [6], a formal representation of a set of concepts within a domain and the relationships between those concepts, are effective for representing domain concepts and relations in a form of semantic network. The motivation to the development of the MPEG-7 standard [16], an ontology for describing multimedia documents, summarizes well the use of ontologies to store multimedia data, namely, the need for a high-level representation that captures the true semantics of a multimedia object. Multimedia ontologies should provide metadata descriptors for structural and low-level aspects of multimedia documents. In [17] relevant ontologies are presented in the field of multimedia, providing a comparative study.

Reusing existing ontologies is always a good choice when it is appropriate to do so [20], because one of the requirements is to make sure that our system can communicate with other systems that have already committed to particular ontologies. Although it is a good practice to reuse existing ontologies, we need a domain ontology to capture the specifics of a given domain. In our work, we used the LIRE system to extract visual content features and we developed an ontology to represent the information extracted. In **Listing 1**, some excerpts of our LIRE ontology are presented, defining 19 global features and 5 local features. We performed mappings to the AceMedia ontology [2] and to Hunter's MPEG-7 Ontology [10], and we used Ontology for Media Resources (OMR) [3] to describe media resources. OMR is a W3C Media Annotations Working Group recommendation whose aim is to connect many media resource descriptions together, bridging the different descriptions of media resources, and provide a core set of properties that can be used to transparently express them. The mapping between our LIRE ontology and OMR allows the interoperability with other media metadata schemas, since the metadata of multimedia content can be represented in different formats. The mapping with AceMedia has the same purpose but is more focused on low-level features.

$lire{:}Feature \equiv vdo{:}Feature$
$lire{:}GlobalFeature \sqsubseteq lire{:}Feature$
$lire{:}LocalFeature \sqsubseteq lire{:}Feature$
$lire{:}EdgeHistogram \sqsubseteq lire{:}GlobalFeature$
$lire{:}EdgeHistogram \equiv mpeg7{:}EdgeHistogram$
$lire{:}ScalableColor \sqsubseteq lire{:}GlobalFeature$
$lire{:}ScalableColor \equiv mpeg7{:}ScalableColor$
$lire{:}FCTH \sqsubseteq lire{:}GlobalFeature$
$lire{:}SimpleExtractor \sqsubseteq lire{:}LocalFeature$
$lire{:}SurfExtractor \sqsubseteq lire{:}LocalFeature$
$lire{:}MPEG7features \equiv mpeg7{:}Texture \sqcup mpeg7{:}Color$
$\geq 1 lire{:}feature \sqsubseteq ma{-}ont{:}MediaResource$
$lire{:}globalFeature \sqsubseteq lire{:}feature$
$\top \sqsubseteq \forall lire{:}globalFeature.lire{:}Feature$
$lire{:}localFeature \sqsubseteq lire{:}feature$
$\top \sqsubseteq \forall lire{:}localFeature.lire{:}Feature$
$lire{:}edgeHistogram \sqsubseteq lire{:}globalFeature$
$\top \sqsubseteq \forall lire{:}edgeHistogram.lire{:}EdgeHistogram$
$lire{:}scalableColor \sqsubseteq lire{:}globalFeature$
$\top \sqsubseteq \forall lire{:}scalableColor.lire{:}ScalableColor$
$\geq 1 lire{:}featureProperty \sqsubseteq lire{:}Feature$
$lire{:}byteArrayRepresentation \sqsubseteq lire{:}featureProperty$
$\top \sqsubseteq \forall lire{:}byteArrayRepresentation.xsd{:}string$
$vdo{:}coefficients \sqsubseteq lire{:}featureVector$

$\top \sqsubseteq \forall lire{:}featureVector.xsd{:}string$
$lire{:}numberOfCoefficients \sqsubseteq lire{:}featureProperty$
$lire{:}numberOfBitplanesDiscarded \sqsubseteq lire{:}featureProperty$
$\geq 1 lire{:}numberOfBitplanesDiscarded \sqsubseteq lire{:}ScalableColor$
$\top \sqsubseteq \forall lire{:}numberOfBitplanesDiscarded.xsd{:}nonNegativeInteger$
$lire{:}numberOfBitplanesDiscarded \equiv vdo{:}numberOfBitPlanesDiscarded$
$lire{:}numberOfCoefficients \sqsubseteq lire{:}featureProperty$
$\geq 1 lire{:}numberOfCoefficients \sqsubseteq lire{:}ScalableColor$
$\top \sqsubseteq \forall lire{:}numberOfCoefficients.xsd{:}nonNegativeInteger$
$lire{:}numberOfCoefficients \equiv vdo{:}numberOfBitPlanesDiscarded$

Listing 1 - Excerpt of the domain ontology

The ontology can be downloaded from here https://github.com/mbentoalves/LIRE_Ontology/blob/master/lire.ttl. **Listing 2** exemplifies the descriptions of the visual features of an image. Notice that since we mapped our domain ontology to the AceMedia ontology, the same data can be obtained using the visual descriptions defined in AceMedia.

```
:im247581.jpg rdf:type ma-ont:Image ;
  lire:colorLayout [
    lire:featureVector "[34.0,20.0,28.0,...,13.0]";
    lire:byteArrayRepresentation "[21,6,34,...,13]";
    lire:numberOfCCoeff 6;
    lire:cbCoeff "[24,15,18,17,15,15,16,16,...,16]";
    lire:numberOfYCoeff 21;
    lire:yCoeff "[34,20,28,22,15,23,12,18,...,15]";
    lire:crCoeff "[40,16,11,14,17,13,16,16,...,15]";
  ];
  lire:scalableColor [
  lire:featureVector "[0.0,0.0,-9.0,50.0,...,-3.0]";
  lire:byteArrayRepresentation "[0,0,0,0,...,-3]";
  lire:numberOfCoefficients 64;
  lire:haarTransformedHistogram "[-129,57,...,1]";
  lire:numberOfBitplanesDiscarded 0
];
```

Listing 2 - The descriptions of the visual features of an image

Some mappings require the use of the Jena rule engine, since they cannot be represented with OWL axioms. Next, we give an example where the property *coefficients* corresponds to the property *featureVector* when this last property is defining a property of a *ScalableColor*. Notice that the inference done by the rules listed in **Listing 3** cannot be modelled in OWL, namely by the OWL 2 role inclusion chain axioms, because the target is a literal. In Section 4 it is explained why rules are important in the Semantic Web stack.

```
(?a lire:scalableColor ?b),
(?b lire:featureVector ?c) ->
   (?b vdo:coefficients ?c).
```
Listing 3 - Rule example

3. RETRIEVING MULTIMEDIA DATA WITH SPARQL USING JENA

Sparql Protocol And Rdf Query Language(SPARQL) [15] is the language most used in semantic web frameworks to query RDF. SPARQL can be employed to express queries across diverse data sources, when the data is stored as RDF. The SPARQL query language is based on matching graph patterns and the results of the queries can be result sets or RDF graphs.

The Jena framework allows the definition of SPARQL functions to be used in the query engine. A SPARQL value function is an extension point of the SPARQL query language that uses an URI to name a function in the query processor. In this way, we can develop SPARQL functions to perform operations with multimedia data. Next, we provide a SPARQL query that retrieves the distance of the *Scalable-Color* feature of all images to a given image. In this example and in the next examples and listings, both the well-known prefixes and the prefix of our ontology, *lire*, are omitted.

```
PREFIX ma-ont: <https://www.w3.org/ns/ma-ont.rdf#>
SELECT ?x ?z
WHERE {
  ?x rdf:type ma-ont:Image .
  ?x lire:scalableColor ?x_sc .
  ?x_sc lire:byteArrayRepresentation ?bx .
  ex:im247581.jpg lire:scalableColor ?y_sc .
  ?y_sc lire:byteArrayRepresentation ?by .
  BIND (lire:SFDistance('ScalableColor', ?bx, ?by)
    as ?z) .
}
ORDER BY ?z
```

**Example 1 - SPARQL query example
with built-in functions**

In the previous example, *SFDistance* is a custom SPARQL function that calculates the distance between two images, considering the *ScalableColor* feature, represented by its byte array. This custom function developed uses the algorithm of LIRE to calculate distances between images. However, it is very easy to implement other algorithms to calculate the difference between two images and deploy them in the system as custom SPARQL functions.

Jena also provides a Java API, which can be used to create and manipulate RDF graphs. Jena has object classes to represent graphs, resources, properties and literals. In this way, we can retrieve multimedia data in Java programs without SPARQL.

4. SEMANTIC RULES FOR MULTIMEDIA INFERENCING

It is recognised that OWL has some limitations [14]. To overcome the OWL limitations, semantic rules allow to add expressivity and expertise to our model. SWRL [8] is a proposal for representing rules/axioms for the Semantic Web, implemented by several semantic web frameworks. Other semantic web frameworks have their own rule formats, e.g., Jena framework with Jena rules [11]. Since SWRL and Jena rules are an extension of the OWL ontology language, they are restricted to unary and binary DL-predicates.

In our work, we developed semantic rules to represent concepts based on low-level features. We perform several tests and we found out some rules with interesting rates of success.

Next, we give some examples of how semantic rules can easily encode expert knowledge, where an image is concluded to be a member of a particular concept if some of its features are close to others images that are already classified as representing that concept. These semantic rules make use of the work developed in [1], a system that allows the definition of SPARQL queries on Jena rules.

```
(?image rdf:type dbpedia:flower) <-
  (?image lire:binaryPatternsPyramid ?bpp1),
  (?bpp1 lire:byteArrayRepresentation ?b1_bpp),
  (?image lire:jCD ?jcd1),
  (?jcd1 lire:byteArrayRepresentation ?b1_jcd),
  (\\\SPARQL
    SELECT (COUNT(*) AS ?nCnt)
    WHERE {
      ?image_concept rdf:type dbpedia:flower .
      ?image_concept lire:binaryPatternsPyramid ?bpp2 .
      ?bpp2 lire:byteArrayRepresentation ?b2_bpp .
      ?image_concept lire:jCD ?jcd2 .
      ?jcd2 lire:byteArrayRepresentation ?b2_jcd .
      BIND (lire:SFDistance('BinaryPatternsPyramid',
        ?b1_bpp, ?b2_bpp) as ?Dist_bpp) .
      BIND (lire:SFDistance('JCD',
        ?b1_jcd, ?b2_jcd) as ?Dist_jcd) .
      FILTER (?Dist_bpp <= 0.95) .
      FILTER (?Dist_jcd <= 60.73) .
    }
  \\\SPARQL),
  ge(?nCnt, 10).
```

Listing 4 - Semantic rule for Flower concept

The previous semantic rule defines when an image is considered to represent a flower. A given image is considered an image of a flower if there are at least 10 photos to which the features are close enough, more specifically, if the distance in the feature *BinaryPatternsPyramid* is less than 0,95 and the distance in the feature *JCD* is less than 60,73. We achieve a recall of 60% and a precision of 84%. In a semantic rule that defines the snow concept, we achieve a recall of 55% and a precision of 71%, using the features *SimpleColorHistogram* and *CEDD*. In the first one feature the distance must be less that 117,54 and int the second one the distance must be less than 29,17. In a semantic rule that defines the swimming concept, we achieve a recall of 51% and a precision of 94%, using the features *FCTH* and *FuzzyOpponentHistogram*. In both features, the distance must be less that 36,2. To figure out the semantic rules and perform the evaluation, we selected 100 images to test and 100 images to evaluate from the MIRFLICKR25000 image database [9] from several concepts.

5. CONCLUSIONS AND DISCUSSION

The effectiveness of the Semantic Web technologies in the multimedia field have already been widely reported. In this work, we contribute to support the advantages of using Semantic Web languages and technologies in the multimedia field, through development of a multimedia store and retrieval system in a Semantic Web framework, namely, Jena. We focused on the low-level features, so, we also used the LIRE system to do image processing. We present an ontology to modelling the lower-level features data. It was also shown how a good design of a multimedia ontology can be useful to integrate semantic data of multimedia objects with other systems. To increase the power of data retrieval, we make use of the mechanisms of the Jena framework that allow the development of multimedia custom SPARQL functions. Thus, we have shown how a powerful language as SPARQL can be useful in data retrieval. We also present semantic rules to represent concepts, with good rates of success in the retrieval process. Notice that all knowledge obtained by using the system developed in this work is open, well-known and can be shared. For example, the use of machine learning techniques to annotate multimedia content can provide a relatively powerful method for discovering complex and hidden relationships or mappings. However, it can be difficult to develop and maintain because its effectiveness depends on the design and configuration of multiple variables and options. The relationships discovered between low-level features and semantic descriptions remain hidden and are not able to be examined or manipulated [7]. The knowledge is "closed" and hidden in the systems and these systems are used as "black boxes". We have also shown how semantic rules can increase the expertise of our system. Furthermore, it gives a better expressivity to the developer and the knowledge produced can be reused in other parts of the system or even by other systems. One of the most important purposes of multimedia systems is mapping the data produced by the visual descriptor extraction systems to higher-level semantic terms, such as objects and events. The system developed in our work is tailored to allow multimedia developers to find out these mappings. As a future work, we foresee the development of more semantic rules that can represent concepts with low-level features and with a good precision and recall.

6. REFERENCES

[1] M. B. Alves, C. V. Damásio, and N. Correia. SPARQL commands in jena rules. In P. Klinov and D. Mouromtsev, editors, *Knowledge Engineering and Semantic Web - 6th International Conference, KESW 2015, Moscow, Russia, September 30 - October 2, 2015, Proceedings*, volume 518 of *Communications in Computer and Information Science*, pages 253–262. Springer, 2015.

[2] S. Bloehdorn, K. Petridis, C. Saathoff, N. Simou, Y. Avrithis, S. H, Y. Kompatsiaris, and M. G. Strintzis. Semantic annotation of images and videos for multimedia analysis. *In Proc. of the 2nd European Semantic Web Conference, ESWC 2005*, pages 592–607, 2005.

[3] P.-A. Champin, T. Bürger, T. Michel, J. Strassner, W. Lee, W. Bailer, J. Söderberg, F. Stegmaier, J.-P. EVAIN, V. Malaisé, and F. Sasaki. Ontology for media resources 1.0. W3C recommendation, W3C, Feb. 2012. http://www.w3.org/TR/2012/REC-mediaont-10-20120209/.

[4] R. Datta, D. Joshi, L. Li, and J. Wang. Image retrieval: Ideas, influences, and trends of new age, 2008.

[5] D. J. Duke, L. Hardman, A. G. Hauptmann, D. Paulus, and S. Staab, editors. *Semantic Multimedia, Third International Conference on Semantic and Digital Media Technologies, SAMT 2008, Koblenz, Germany, December 3-5, 2008. Proceedings*, volume 5392 of *Lecture Notes in Computer Science*. Springer, 2008.

[6] T. Hofweber. Logic and ontology. In E. N. Zalta, editor, *The Stanford Encyclopedia of Philosophy*. Spring 2013 edition, 2013.

[7] L. Hollink, S. Little, and J. Hunter. Evaluating the application of semantic inferencing rules to image annotation. In *Proceedings of the 3rd international conference on Knowledge capture*, K-CAP '05, pages 91–98, New York, NY, USA, 2005. ACM.

[8] I. Horrocks, P. F. Patel-Schneider, H. Boley, S. Tabet, B. Grosof, and M. Dean. SWRL: A semantic web rule language combining OWL and RuleML. W3c member submission, World Wide Web Consortium, 2004.

[9] M. J. Huiskes and M. S. Lew. The mir flickr retrieval evaluation. In *MIR '08: Proceedings of the 2008 ACM International Conference on Multimedia Information Retrieval*, New York, NY, USA, 2008. ACM.

[10] J. Hunter. Adding Multimedia to the Semantic Web - Building an MPEG-7 Ontology. In *Proceedings of the 1st International Semantic Web Working Symposium*, Stanford, USA, August 2001.

[11] Jena Documentation. Reasoners and rule engines: Jena inference support.

[12] M. Lux and S. A. Chatzichristofis. Lire: Lucene image retrieval: An extensible java cbir library. In *Proceedings of the 16th ACM International Conference on Multimedia*, MM '08, pages 1085–1088, New York, NY, USA, 2008. ACM.

[13] M. Lux and O. Marques. Visual information retrieval using java and lire. *Synthesis Lectures on Information Concepts, Retrieval, and Services*, 5(1):1–112 pp., jan 2013.

[14] B. Parsia, E. Sirin, B. C. Grau, E. Ruckhaus, and D. Hewlett. Cautiously approaching swrl. Preprint submitted to Elsevier Science, 2005.

[15] E. Prud'hommeaux and A. Seaborne. SPARQL Query Language for RDF. Technical report, W3C, 2006.

[16] P. Salembier and T. Sikora. *Introduction to MPEG-7: Multimedia Content Description Interface*. John Wiley & Sons, Inc., 2002.

[17] M. C. Suárez-Figueroa, G. A. Atemezing, and O. Corcho. The landscape of multimedia ontologies in the last decade. *Multimedia Tools Appl.*, 62(2):377–399, Jan. 2013.

[18] R. Troncy, J. van Ossenbruggen, J. Z. Pan, and G. Stamou. Image annotation on the semantic web. World Wide Web Consortium, Incubator Group Report XGR-image-annotation-20070814, August 2007.

[19] C. Ventura. Image-based query by example using mpeg-7 visual descriptors. Master's thesis, 2010.

[20] L. Yu. *A Developer's Guide to the Semantic Web*. Springer, 2011.

An Evaluation of Readily Usable Automatic Video Shot Segmentation Techniques

Rodrigo Mitsuo Kishi
University of São Paulo
Federal University of Mato
Grosso do Sul
São Carlos - SP - Brazil
rodrigokishi@usp.br

Tiago Henrique Trojahn
University of São Paulo
Federal Institute of São Paulo
São Carlos - SP - Brazil
ttrojahn@icmc.usp.br

Rudinei Goularte
University of São Paulo
São Carlos - SP - Brazil
rudinei@icmc.usp.br

ABSTRACT

Shot segmentation is a fundamental task in video systems, being a prior step to scene detection and summarization. Although the literature provides large number of automatic shot segmentation techniques, most of them cannot be easily used by researchers simply because they aren't available to download, use legacy technology or are paid. This paper provide an evaluation of easily obtained video shot segmentation software in a benchmark composed by a set of movies and documentaries. Results, although may not be comparable to state-of-the-art, have significant meaning because these methods could be actually used by anyone.

Keywords

Multimedia; video; shot segmentation

1. INTRODUCTION

Video shot segmentation is often regarded as a necessary step to modern video systems because it can improve browsing, access and is even useful in other video adaptation tasks like scene segmentation, which can be regarded as a matter of labeling shots [3, 6] or summarization, which is usually performed over a shot segmented video [5].

According to Thomas *et al.* [9], a shot can be defined as a sequence of continuous frames generated during a single camera operation or, in a more simplistic way, according to Fabro and Böszörmenyi [4], the physical boundaries where camera changes happens in a video.

Automatic shot segmentation task rapidly advanced in the 90s and 00s due to advances in color histogram analysis, texture representation, local features and so on. Most advanced techniques use combinations of these features to obtain expressive results [1].

Video shot segmentation task is based on finding the discontinuities of the recording of a single camera. These discontinuities, known as transitions, can be of two different kinds: abrupt or gradual. Abrupt shot transitions, often called cut transitions, are those that don't have any smoothing effect in the transition itself. The frames recorded for each shot are concatenated together as they are, presenting a sudden change into the video. Gradual transitions, otherwise, present a smoothing effect in the transition which modifies some frames of each shot. These effects can include fade in, fade out, wipe or other complex video effects.

The segmentation of abrupt (cut) transitions are fairly easy to accomplish, with a large number of highly effective methods to detect then [8]. Gradual shot segmentation, however, can be quite challenging for some complex transitions. Even that does not exist a technique that always produces completely correct outputs, shot segmentation is considered "essentially solved" [4], with new methods and approaches presenting acceptable results, just a bit better than previous techniques.

Although there are a large number of high quality video segmentation techniques reported in the literature, including a dedicated TRECVid track between years 2001 and 2007, there is a problem to those who are interested in getting the shots of a video, like researchers, video producers, editors or enthusiasts.

Most of the techniques reported in the literature does not present the source code or a usable application implementing it. Another option, implementing the technique by following the original paper, can be quite challenging or even impossible to accomplish due to the lack of some essential information, like threshold values and other related details. In practice, implementing these techniques can be even more expensive in both time and money than performing manual shot segmentation.

There is, however, few tools available to the users which does not want to re-implement a complex technique. These programs, although sometimes does not achieve comparable results with state-of-the-art approaches, can be effectively used to provide a fairly good shot segmentation. Unfortunately, one may not recognize if the output segmentation result is "good" or if a given tool was "better" than another. In other words, there isn't comparative analysis of these popular shot segmentation tools.

That way, this paper aims to provide some insights about the accuracy of some public and easily available techniques implementation's which provides automatic video shot segmentation. These tools were evaluated against two benchmarks based on real world data (movies and documentaries), obtaining the precision/recall and f-measure of each tool against manual annotated ground-truths.

WebMedia '16, November 8–11, 2016, Teresina, PI, Brazil.

© 2016 ACM. ISBN 978-1-4503-4512-5/16/11...$15.00

DOI: http://dx.doi.org/10.1145/2976796.2988174

The remaining of this paper is organized as follows: the evaluated tools details are presented in Section 2; the evaluation methodology and video dataset details are described on Section 3; the obtained results and some discussion over them are presented on Section 4; finally, conclusions and future research possibilities are presented on Section 5.

2. EVALUATED TOOLS

This section briefly describes the shot segmentation tools evaluated against two manually annotated video datasets. These particular tools were selected because they were recently developed, do not require any particular programming skill aside from an eventual compiling process or because it is often cited on the literature. The tools are presented without a particular order.

2.1 FFMpeg

FFMpeg[1] is a popular solution which performs tasks like conversion, streaming and recording of video files. It is also capable of detecting shot boundaries by calculating the sum of absolute differences between each two consecutive frames of a video and comparing it with a threshold parameter set by the user. Although it is known to be fast, FFMpeg shot detection can miss some gradual transitions since it only compares a frame with the one preceding it.

The FFMpeg documentation[2] states that normal threshold values lies between the 0.3 and 0.5 range. We used 0.3 as the shot segmentation threshold parameter.

2.2 FAST

FAST (FAst Shot segmenTation)[3] is an open-source video shot segmentation application developed recently to be used in an automatic video scene segmentation technique [10]. The application uses the popular OpenCV to perform shot segmentation through HSV color histogram comparisons, using independent sliding-window estimated by both Euclidean and histogram intersection dissimilarity distances.

2.3 Shotdetect

Shotdetect[4] is an open-source software which detects shots from an input video. To operate it, the user need to specify a threshold to detect the shots transitions, which default value is 75 (also used in our evaluation).

Unfortunately, we were unable to obtain a high-level description of the technique, although its shot segmentation process seems to be based on RGB pixel-wise comparisons between two consecutive frames. We concluded it observing the source code.

2.4 Kdenlive

Kdenlive[5] is a video editor for multiple operational systems like GNU/Linux, Mac OS X and FreeBSD.

The software is fully automatic, as does not require any threshold to be specified by the user. Other advantage it's his graphical user interface (GUI) which gives the users the possibility to visualize the shot segmentation results with ease.

2.5 MKLab Video Shot and Scene Segmentation Tool

The Video Shot and Scene Segmentation[6] was developed in the Multimedia Knowledge and Social Media Analytics Laboratory (MKLab) and, as the name says, it performs both shot and scene segmentation, whose methods are described in [2] and [7], respectively. The MKLab Website provides a demo application which processes videos up to ten minutes of duration. They also have a web service with the full application, which can be accessed through paid subscription or free for research purposes.

This tool uses a score function, based on local (SURF) and global (color histograms) descriptors, to compare consecutive frames. It detects abrupt transitions, indicated by very low similarity scores and gradual transitions which are obtained with the derivative of the moving average of the score function. Finally, there is an outlier detection step which tries to discard some false positive boundaries caused by camera movement or object exhibition.

2.6 Imagelab Shot Detector

The Imagelab Shot Detector[7] is a tool described in [3] which aims to perform video shot segmentation with high accuracy and low execution times. The method consists on defining an extended difference measure, based on normalized color histograms, which is used to detect transitions among a frame window with variable size.

The tool requires that the user specify a parameter, the maximum window size. In our evaluation, this value was set as 2.5, as originally used by the authors' in their paper.

3. EVALUATION METHODOLOGY

To evaluate the accuracy of previously described shot segmentation tools, popular precision (P), recall (R) and F-measure $(F1)$ metrics were used. Precision measures proportion of correct transitions detected by the tools, while recall measures the amount of transitions which were found. The F1, a variation of the F-measure which gives the same weight for both precision and recall, is used to group both measures into a single value.

Precision, recall and F1 values were obtained though the analysis of the output of each tool when performing the shot segmentation of videos from two benchmarks: Movies Dataset and Imagelab Dataset.

Movies is a custom-made dataset composed by five Hollywood movies: *A Beautiful Mind* (md_1), *Back to the Future* (md_2), *Ice Age* (md_3), *Pirates of the Caribbean: The Curse of the Black Pearl* (md_4) and *Sixty Seconds* (md_5). Each video has the movie with exception of its opening and ending credits. The videos are coded at 24fps and resolution of 640x480 using the H.264/AVC format. For each instance, there is a manually annotated ground truth of its shots. The number of frames, gradual and abrupt shot transitions are detailed on Table 1.

Imagelab Dataset, developed by researchers from the ImageLab of Unimore University, is composed of ten documentary videos, randomly selected from the Rai Scuola video archive[8]. This dataset, which were also manually annotated,

---

[1]Available at https://www.ffmpeg.org/
[2]https://www.ffmpeg.org/ffmpeg-all.html
[3]Available at https://github.com/trojahn/FAST
[4]Available at https://github.com/johmathe/Shotdetect
[5]Available at https://kdenlive.org

[6]Available at http://mklab.iti.gr/project/video-shot-segm
[7]Available at http://imagelab.ing.unimore.it
[8]http://www.scuola.rai.it

Table 1: Movies Dataset details

	# frames	# gradual transitions	# abrupt transitions
md_1	180766	38	1544
md_2	156001	1	1343
md_3	107727	49	1316
md_4	191070	1	2657
md_5	155798	3	2677

contains 987 shot boundaries, where 724 are abrupt transitions and 263 are gradual transitions. More details about this dataset can be found on [3] and the dataset itself can be downloaded at http://imagelab.ing.unimore.it.

4. RESULTS AND DISCUSSIONS

This section presents the evaluation which consisted on running each application with every video from both Movies and ImageLab datasets. Its output was compared with the respective ground-truth shot segmentation, measuring precision, recall and F1 values.

Previously described tools, FAST (FA), FFMpeg (FF), Kdenlive (KD), MKLab (MK), Shotdetect (SD) and ImageLab (IL) results are presented on sections 4.1 and 4.2 for the Movies and ImageLab datasets, respectively.

4.1 Movies Dataset Results

Tables 2, 3 and 4 shows, respectively, the results of precision, recall and F1 for the Movies Dataset.

Table 2: Precision values obtained by the evaluated tools on the Movies Dataset.

Precision						
	md_1	md_2	md_3	md_4	md_5	AVG
FA	95.75	82.9	91.23	94.64	92.55	91.41
FF	97.96	84.14	**96.69**	92.59	91.55	92.59
KD	98.17	**91.17**	95.67	**95.72**	**96.63**	**95.47**
MK	94.78	88.37	87.63	89.47	92.72	90.59
SD	**98.23**	82.94	95.16	90.72	89.73	91.36
IL	92.16	77.26	88.05	86.75	84.45	85.73

The expressive obtained precision values (above 92% with md_1) can be partly explained given the small amount of gradual transitions into the dataset, which can be accurately detected by several shot segmentation approaches. However, an interesting exception is md_2 (*Back to the Future*) movie. The movie, although does only have a single gradual transition, uses some special visual effects including flashes and others artifacts which suddenly appears within shots, resulting in increased false positive rate.

Table 3: Recall values obtained by the evaluated tools on the Movies Dataset.

Recall						
	md_1	md_2	md_3	md_4	md_5	AVG
FA	92.6	86.54	**92.16**	85.78	78.36	87.09
FF	73.15	68.25	77.15	56.41	67.13	68.42
KD	84.83	78.36	77.74	59.79	66.35	73.42
MK	**94.18**	**94.94**	90.26	**91.76**	**91.75**	**92.58**
SD	84.45	79.55	82.13	66.19	78.25	78.11
IL	89.95	83.12	87.4	83.03	79.03	84.51

Table 3 shows that the tools, although achieve high precision, often not detect several transitions. That can be

perceived in FF, IL and SD tools, whose user need to specify some sort of threshold to detect shot transitions. The used threshold (which is the default or recommended value in each respective method) seems to be too conservative, given the small number of detected transitions (low recall).

Table 4: F1 values obtained by the evaluated tools on the Movies Dataset.

F1						
	md_1	md_2	md_3	md_4	md_5	AVG
FA	94.15	84.68	**91.69**	89.99	84.87	90.08
FF	83.76	75.36	85.83	70.1	77.46	78.5
KD	91.01	84.28	85.78	73.61	78.68	82.67
MK	94.48	**91.54**	88.92	**90.6**	**92.23**	**91.56**
SD	90.82	81.24	88.17	76.53	83.6	84.07
IL	91.04	80.08	87.72	84.85	81.65	85.07

MK achieved the best results overall in F1, with FA overcoming it only in movie md_3. In other hand, the FF and SD tools, which needs the user to input the segmentation thresholds, achieved the worst F1 results, caused by the conservative default thresholds which also caused lower recall values presented in Table 3.

Statistically, MK achieved the smaller standard deviation on F1 value (± 2.05) while KD obtained the higher value (± 6.70). That way, considering F1 values of other tools (FA - ± 4.19, FF - ± 6.37, SD - ± 5.64 and IL - ± 4.45), it can be concluded that MK achieve the best overall results, closely followed by FA. IL, KD and SD tools presented almost identical results, slightly below MK and FF, but significantly better than FF results. Overall, for videos without a large number of complex or gradual transitions (as the Movies Dataset), MK and FA tools would obtain the best results.

4.2 ImageLab Dataset Results

Tables 5, 6 and 7 shows, respectively, the results of precision, recall and F1 for the ImageLab Dataset.

Table 5: Precision values obtained by the evaluated tools on ImageLab Dataset.

Precision											
	id_1	id_2	id_3	id_4	id_5	id_6	id_7	id_8	id_9	id_{10}	AVG
FA	24.59	66.39	84.48	69.04	84.34	81.53	92.03	91.7	53.39	57.14	70.46
FF	80	92.5	96.59	96.29	96.7	**93.75**	94.89	88.04	**80.64**	**87.71**	**90.71**
KD	54.54	**93.67**	**98.87**	**100**	**98.36**	92.85	96.26	**96.27**	71.23	75.71	87.77
MK	20	58.46	92.87	96.29	90.38	89.65	89.81	87.37	55.1	58.06	73.79
SD	64.28	90.69	**98.87**	98.21	96.87	92.45	**97.14**	91.48	73.97	75	87.89
IL	34.48	80.67	84.68	**100**	95.14	92.85	93.63	87.62	61.79	67.46	79.83

Results in Table 5 shows that the tools obtained lower average precision values when segmenting ImageLab Dataset than when segmenting the Movies Dataset. The default threshold values used on FF and SD tools produced better results over the other tools, as it was also perceived on Movies Dataset.

Table 6: Recall values obtained by the evaluated tools on ImageLab Dataset.

Recall											
	id_1	id_2	id_3	id_4	id_5	id_6	id_7	id_8	id_9	id_{10}	AVG
FA	18.51	55.1	**86.72**	**95.08**	92.38	**96.36**	94.54	89.84	88.7	87.5	80.47
FF	9.87	50.34	75.22	85.24	83.8	81.81	84.54	82.23	80.64	78.12	71.18
KD	7.4	50.34	77.87	90.16	88.57	94.54	93.63	78.68	83.87	82.81	74.78
MK	18.51	51.7	81.41	85.24	89.52	94.54	88.18	87.81	87.09	84.37	76.83
SD	11.11	53.06	77.87	90.16	88.57	89.09	92.72	87.36	87.09	84.37	76.14
IL	**24.69**	**65.3**	83.18	93.44	**93.33**	94.54	93.63	**89.84**	**88.7**	**87.5**	**81.41**

Table 7: F1 values obtained by the evaluated tools on ImageLab Dataset.

	id_1	id_2	id_3	id_4	id_5	id_6	id_7	id_8	id_9	id_{10}	AVG
FA	21.12	60.22	85.58	80	88.18	88.33	93.27	**90.76**	66.66	69.13	74.32
FF	17.58	65.19	84.57	90.43	89.79	87.37	89.42	85.03	80.64	**82.64**	77.26
KD	13.04	65.48	87.12	94.82	93.46	**93.69**	**94.93**	86.59	77.03	79.1	78.52
MK	19.23	54.87	**87.2**	90.43	89.95	92.03	88.99	87.59	67.5	68.78	74.65
SD	18.94	66.95	87.12	94.01	92.53	90.74	94.88	89.35	80	79.41	79.39
IL	**28.77**	**72.18**	83.92	**96.61**	**94.23**	**93.69**	93.63	88.72	**82.84**	76.19	**81.07**

Table 7 shows the evaluated tools presented worst accuracy when segmenting ImageLab Dataset, with the obtained values decreasing about 10%-15% from when shot segmenting Movies Dataset. It could be partly explained because of the higher complexity of ImageLab Dataset, which contains complex effects, like picture-in-picture (PIP), which still challenging shot segmentation techniques.

Statistically, all tools obtained high standard deviation of 20%-24% each one, which makes it difficult to obtain an accurate assessment of its accuracy. In this dataset, the IL tool obtained both the best average F1 and the standard deviation values (±20.1), making it the best tool on this particular dataset. On the other hand, MK and FA, which obtained the best results on Movies Dataset, showed the worst accuracy on ImageLab Dataset.

It wasn't possible to compare the evaluated tools regarding running time and computational costs, as there were a vast diversity of running environments for them. For example, MKLab tool is available only as a web service, without access to the source-code. ImageLab, although provide access to the source-code, is only compilable on Windows.

5. CONCLUSIONS

In this paper, we performed an evaluation of some of the most popular automatic video shot applications available today. These applications, although may not achieve segmentation results comparable with the best techniques reported on the literature, can be easily used by researchers as a starting point for further research. These tools could be improved or coupled in video adaptation tasks like scene segmentation, video summarization, and so on. They can also be used as a baseline to evaluation tests. In general, these applications allow anyone to quickly obtain an acceptable shot segmentation.

The evaluated applications were compared by means of precision, recall and F1, obtaining some insights about it's accuracy when segmenting movies and documentaries into shots. The results suggests that the tools can retrieve the shot segmentation with F1 between 80%-90% for movies and 70%-80% for documentaries.

In general, MKLab, FAST and ImageLab obtained the best results overall, with the first two excelling on movies segmentation and the last one obtaining the best shot segmentation on documentaries dataset. From an user standpoint, however, these techniques presents some important limitations like requiring a paid registration (MKLab), being able to run on a particular operational system (ImageLab) or requiring the installation of external libraries and the technique compiling (FAST).

Another interesting possibility for potential users is selecting one technique to achieve a fast shot segmentation, preferably with high recall, and manually fixing its segmentation by removing the incorrect transitions found (false positives). In this sense, FAST presented the second best recall value in both datasets and thus is the recommended tool to be used in this particular approach. It also interesting to researchers as it have the advantage of being a open-source non-platform dependent application.

As future work, we suggest the use of high level features on the shot segmentation task, in order to deal with movies like *Back to the Future* where all the shot segmentation techniques face the same difficulty identifying false transitions. Another task could be the analysis of an automatic threshold estimation to improve the results of parameters dependent tools, like FFMpeg and Shotdetect.

6. ACKNOWLEDGMENTS

The authors would like to thank Federal University of Mato Grosso do Sul and Federal Institute of São Paulo for financial support. Authors also thanks Dr. Vasileios Mezaris, Information Technologies Institute/Centre for Research & Technology Hellas, who provided access and support to their online shot/scene segmentation tool.

7. REFERENCES

[1] M. Ali and A. Adnan. *Short Boundary Detection Using Spatial-Temporal Features*, pages 971–981. Springer International Publishing, Cham, 2016.

[2] E. Apostolidis and V. Mezaris. Fast shot segmentation combining global and local visual descriptors. In *IEEE International Conference on Acoustics, Speech and Signal Processing*,, pages 6583–6587, May 2014.

[3] L. Baraldi, C. Grana, and R. Cucchiara. Shot and scene detection via hierarchical clustering for re-using broadcast video. In *CAIP*, 2015.

[4] M. Del Fabro and L. Böszörmenyi. State-of-the-art and future challenges in video scene detection: a survey. *Multimedia Systems*, 19(5):427–454, 2013.

[5] M. Demir and H. I. Bozma. Video summarization via segments summary graphs. In *IEEE ICCVW*, pages 1071–1077, Dec 2015.

[6] P. Sidiropoulos, V. Mezaris, I. Kompatsiaris, and J. Kittler. Differential Edit Distance: A Metric for Scene Segmentation Evaluation. *IEEE TCSVT*, 22(6):904–914, jun 2012.

[7] P. Sidiropoulos, V. Mezaris, I. Kompatsiaris, H. Meinedo, M. Bugalho, and I. Trancoso. Temporal video segmentation to scenes using high-level audiovisual features. *IEEE TCSVT*, 21(8):1163–1177, Aug 2011.

[8] A. F. Smeaton, P. Over, and A. R. Doherty. Video shot boundary detection: Seven years of TRECVid activity. *Computer Vision and Image Understanding*, 114(4):411 – 418, 2010.

[9] S. S. Thomas, S. Gupta, and K. Venkatesh. An Energy Minimization Approach for Automatic Video Shot and Scene Boundary Detection. *2014 Tenth International Conference on Intelligent Information Hiding and Multimedia Signal Processing*, pages 297–300, 2014.

[10] T. H. Trojahn and R. Goularte. Video scene segmentation by improved visual shot coherence. In *Proceedings of the 19th Brazilian Symposium on Multimedia and the Web*, WebMedia '13, pages 23–30, New York, NY, USA, 2013. ACM.

Automatic Image Thumbnailing
Based on Fast Visual Saliency Detection

Maiko M. I. Lie[1], Hugo Vieira Neto[1],
Gustavo B. Borba[2], Humberto R. Gamba[1]
Graduate Program in Electrical and Computer Engineering[1]
Graduate Program in Biomedical Engineering[2]
Federal University of Technology – Paraná
Curitiba, Brazil
minian.lie@gmail.com, {hvieir, gustavobborba, humberto}@utfpr.edu.br

ABSTRACT

Image retargeting has seen many applications in areas such as content adaptation for small displays and thumbnailing for image database browsing. Most retargeting methods, however, are too expensive computationally to achieve fast performance on common desktop systems. This work addresses the problem of fast automatic thumbnailing for image browsing. A simple approach of automatic thresholding saliency maps and cropping using bounding box extraction is presented. Eight of the fastest saliency detectors in the literature and three automatic thresholding methods are assessed using precision, recall, F-score and execution time on the MSRA1K dataset. The results show that the approach is computationally efficient and adequate for fast automatic image thumbnailing. In particular, saliency detection with difference to random color samples (RS) thresholded by Rosin's method achieved the best trade-off between execution time and F-score.

Keywords

Thumbnailing; Visual attention; Saliency detection

1. INTRODUCTION

Adaptation of image content to fit certain size restrictions, also known as *image retargeting*, has been used in applications such as image/video viewing on small screens [4], thumbnailing for image database browsing [17] and selective focus of operator attention in surveillance videos [7]. Although being simple and fast, retargetting using uniform resizing is usually not effective, as it does not consider the different importance of the content in each and every region of the image – a very significant aspect, as information loss or distortion is inevitable in this process and, in most cases, integrity preservation of important content is desirable. For this reason, image retargeting algorithms compute an *impor-*

tance map, which indicates the importance of each location of the image, in order to preserve their contents accordingly.

Several strategies have been adopted in importance map computation, most notably visual saliency, face detection and text detection [4]. In this work, only visual saliency is considered, as it is based exclusively on low-level characteristics and consequently adequate for general images – unlike face and text detection which are application specific. From the importance map, many spatial manipulations may be performed for retargeting. Methods such as local warping [11] and seam carving [2] resize by preserving important regions while distorting or completely removing the remaining regions. Because unimportant regions can occur in any location, these approaches might alter the relationship between objects in the image and compromise scene comprehension. In applications in which these distortions are undesirable, a combination of rescaling and cropping can be employed.

Many, if not most, image retargetting methods are computationally expensive – some take several seconds [11] to process a single image. Considering this, this work addresses the problem of fast automatic image cropping for thumbnailing. Since image browsers must show several thumbnails at a time, fast mechanisms for their computation are needed. In this work, importance maps are computed using fast saliency detection, followed by automatic thresholding. The importance maps are used for retargeting based on cropping, for simplicity and speed. Eight saliency detectors among the fastest in the literature, as well as three automatic thresholding methods are assessed for this task. Quantitative assessment is made in terms of precision, recall, F-score and execution time on the MSRA1K dataset.

2. RELATED WORK

Chen and colleagues [4] proposed an image retargeting method for visualization in small displays. Their method integrates both bottom-up (i.e. color, intensity and orientation contrasts) and top-down (i.e. face and text detection) visual attention. Suh and colleagues [16] assessed the effectiveness of automatic thumbnail cropping through user interaction experiments on recognition and visual search tasks, finding strong evidence supporting the effectiveness of thumbnails based on visually salient regions.

Image retargetting was also explored in the context of video content, for instance, in surveillance applications [7], in which multiple cropping windows are desired, as well as their smooth trajectory.

ACM acknowledges that this contribution was authored or co-authored by an employee, contractor or affiliate of a national government. As such, the Government retains a nonexclusive, royalty-free right to publish or reproduce this article, or to allow others to do so, for Government purposes only.

WebMedia '16, November 08-11, 2016, Teresina, PI, Brazil

© 2016 ACM. ISBN 978-1-4503-4512-5/16/11...$15.00

DOI: http://dx.doi.org/10.1145/2976796.2988190

Marchesotti and colleagues [12] proposed a saliency detection framework based of visual similarity applied to the problem of image thumbnailing. Their method has two stages: saliency detection and thumbnail extraction. The former is formulated as a co-saliency model based on visually similar images from a dataset, and is shown to outperform other three state-of-the-art methods in precision, recall and F-score. The latter is formulated as a segmentation method (Grab-Cut) initialized with the saliency map from the first stage. The authors state that this stage overcomes a drawback of the saliency detectors assessed, i.e. these do not account for the contours of the salient objects. We show that this is not entirely true for more recent saliency detectors.

3. THUMBNAIL CROPPING BASED ON VISUAL SALIENCY

3.1 Fast Saliency Detection

Eight saliency detectors among the fastest in the literature were assessed for importance map computation. They are briefly described next, maintaining the notation of the original papers when possible. The criterion for selection was to be listed among the fastest in the extensive benchmark by Borji and colleagues [3] or having comparable execution time.

Luminance Contrast (LC). This method computes the saliency of a pixel as its luminance contrast to the rest of the image. To accelerate computation, the contrast between each luminance value is computed instead and attributed to pixels with correspondent luminance [18]. Given an image $I \in R^{m \times n}$, the saliency map output by LC is defined as:

$$S_{\mathrm{LC}}(p) = \sum_{i=0}^{255} f_i D(p, i), \qquad \forall p \in I, \qquad (1)$$

where l_p is the luminance of the pixel p, f_i is the frequency of the luminance level i and $D(p, i)$ is the map of luminance contrasts $||l_p - l_i||$, which can be computed in constant time.

Spectral Residual (SR). This method differs from most of the others due to its frequency-domain formulation. Given an image $I \in R^{m \times n}$, its log-spectrum representation $L(f)$ is the log of the magnitude of its Fourier Transform:

$$L(f) = log(Re(F[I])). \qquad (2)$$

Saliency is then estimated as the spectral residual $R(f)$, that is, the difference between the input image and its average filtered version, both in their log-spectrum representation [9]:

$$R(f) = L(f) - h_n(f) * L(f), \qquad (3)$$

where h_n is simply an averaging filter. The saliency map in the spatial domain is obtained by the Inverse Fourier Transform, which is squared to indicate the estimation error and smoothed by a Gaussian filter G_σ for better visual quality:

$$S_{\mathrm{RS}}(I) = G_\sigma * F^{-1}[exp(R(f) + P(f))]^2, \qquad (4)$$

where $P(f) = Im(F[I])$ indicates the phase spectrum of the image. Before saliency map computation, the input image is downsampled to 64 pixels in width or height, to approximate the limited spatial scale of pre-attentive human vision.

Frequency-tuned (FT). This method operates on a simple premise: the average color of the image is more similar

to pixels from the background than to salient pixels. Thus, the saliency of a pixel can be estimated from its color distance to the average color of the image. Given an image $I \in R^{m \times n}$, the saliency map output by FT is defined as [1]:

$$S_{\mathrm{FT}}(p) = ||I_\mu - I_G(p)||, \qquad \forall p \in I, \qquad (5)$$

where I_μ is the average color of the image and $I_G(p)$ is the color of the pixel p on the Gaussian blurred version of I.

Histogram-based Contrast (HC). This method is basically an improvement of LC, which is extended to consider color difference instead of luminance contrast. This is made computationally viable through color quantization and removal of less frequent colors. Given an image $I \in R^{m \times n}$, the saliency map output by HC is defined as [5]:

$$S_{\mathrm{HC}}(p) = \sum_{i=1}^{N} f_i D(c_p, c_i), \qquad \forall p \in I, \qquad (6)$$

where c_p is the color of the pixel p, N is the number of colors, f_i the bin of color c_i in the color histogram of I and $D(c_p, c_i)$ is the map of color distances.

Sparse Sampling and Kernel Density Estimation (FES). Given an image $I \in R^{m \times n}$, the saliency map output by FES is defined as [14]:

$$S_{\mathrm{FES}}(p, r, N) = A_C * [P_r^N(1|f, \bar{p})]^\alpha, \qquad \forall p \in I, \qquad (7)$$

where r is the radius of the circular sampling area around the pixel p, N is the number of samples in this area, A_C is a circular averaging filter, $P_r^n(1|f, \bar{p})$ is the probability of the pixel belonging to center (as opposed to surround) given a feature vector f and that p is located at $\bar{p}$, α is an adjustable attenuation factor. Before saliency map computation, I is rescaled to 171×128 pixels.

Image Signature (IS). This method is based on the Discrete Cosine Transform (DCT). Given an image $I \in R^{m \times n}$, the saliency map output by IS is defined as [8]:

$$S_{\mathrm{IS}}(I) = g * \sum_i (\bar{I}_i \circ \bar{I}_i), \qquad (8)$$

where g is a Gaussian kernel, i is the ith color channel of I, $\circ$ is the Haddamard product operator and $\bar{I}$ is the inverse DCT of the *image signature*, which is defined as the sign component of the DCT of the input I. The input image is rescaled to 64×48 pixels before saliency map computation.

Soft Image Abstraction (SIA). Proposed by Cheng and colleagues [6], this method decomposes the input image into perceptually homogeneous components using a Gaussian Mixture Model and determines the salient regions by integrating its color contrast to the other components and the spatial distribution of colors.

Difference to Random Color Samples (RS). This method describes the saliency of each pixel as its color difference to a random sample of other pixels. Given an image $I \in R^{m \times n}$, the saliency map output by RS is defined as [10]:

$$S_{\mathrm{RS}}(p) = \sum_{\forall p_r \in I_R} ||I(p) - I(p_r)||, \qquad \forall p \in I, \qquad (9)$$

where I_R is a set of random pixels from I. The size of I_R is set to three pixels and the input is resized to 25% of its original size to accelerate computation. As image thumbnailing does not require as much accuracy as salient region segmentation, the joint upsampling step in the original method was replaced by Gaussian filtering to further improve execution time.

3.2 Adaptive Saliency Map Thresholding and Thumbnail Extraction

Importance maps computed using saliency detection are thresholded so that the connected components of the salient regions can be extracted. Three simple automatic thresholding methods were considered, Otsu and Rosin for being well-known and having complementary characteristics, Achanta for being usual in salient region segmentation [1, 3]:

- Otsu: Considering that the image is bimodal (two classes), this method determines the threshold that minimizes their intra-class variance [13].

- Achanta: Proposed by Achanta and colleagues [1] for saliency map thresholding, this method defines the threshold as twice the average saliency of the image.

- Rosin: Considering that the image is unimodal, this method considers a line from the peak of the image histogram to its first empty bin. The threshold is selected as the value for which the perpendicular distance between this line and the histogram is maximum [15].

Once the saliency map is computed and thresholded, the bounding box of the largest connected component is selected as cropping window.

4. EXPERIMENTS AND DISCUSSION

The assessment of the saliency detectors and automatic threshold algorithms was based on precision, recall, F-score and execution time using the MSRA1K dataset [1], which contains 1000 images with diverse unambiguously salient objects in a variety of scenes. For each image there is a corresponding ground-truth image with the salient regions labeled (by human subjects) with bounding boxes – considered as the ideal cropping based on visual saliency. The experiments were run on an Intel Core i7-860 2.80 GHz CPU with 4 GB RAM, using MATLAB.

A qualitative assessment can be made analyzing Figure 1, whereas the quantitative assessment of the methods is summarized in Table 1. The three top performances are indicated in bold. FES is the most accurate of the assessed methods, achieving the first (0.7230) and third (0.6690) highest F-scores when using Achanta's and Rosin's thresholding methods, respectively. The second highest F-score (0.6742) results from RS thresholded by Rosin's method. No thresholding method performed consistently better than the others.

Although FES has the best accuracy performance, it has the slowest execution time (97.7 ms per image), as indicated in Table 2. On the other hand, the fastest saliency detectors, SR and LC, have the worst F-scores, 0.51 and 0.47 respectively. This suggests that what is desirable is a trade-off between execution time and F-score, as can be seen more clearly in Figure 2, where points closer to the bottom right have the best combination of short execution time and high F-score. The method with the best trade-off is RS, which takes on average 20.7 ms per image, with an F-score of 0.67.

Table 1: Assessment of the saliency detectors on the MSRA1K dataset for each of the automatic thresholding algorithms considered. The images of the dataset have a typical size of 400×300 pixels.

	Threshold	Precision	Recall	F-score
LC	Achanta	0.3585	0.3278	0.3512
	Otsu	0.3712	0.3741	0.3656
	Rosin	0.4532	0.8776	0.4672
SR	Achanta	0.3958	0.3604	0.3875
	Otsu	0.4859	0.5268	0.4820
	Rosin	0.5014	0.7867	0.5113
FT	Achanta	0.4029	0.3314	0.3927
	Otsu	0.4955	0.4500	0.4864
	Rosin	0.5787	0.6562	0.5769
HC	Achanta	0.6170	0.5828	0.6084
	Otsu	0.6362	0.6859	0.6327
	Rosin	0.4938	0.8166	0.5042
FES	Achanta	0.7509	0.5685	**0.7230**
	Otsu	0.5215	0.3863	0.4990
	Rosin	0.6628	0.8632	**0.6690**
IS	Achanta	0.4088	0.3367	0.3966
	Otsu	0.6288	0.7200	0.6277
	Rosin	0.5555	0.8252	0.5650
SIA	Achanta	0.6736	0.6186	0.6648
	Otsu	0.6157	0.5764	0.6072
	Rosin	0.6374	0.8130	0.6421
RS	Achanta	0.5528	0.4037	0.5318
	Otsu	0.5378	0.4458	0.5226
	Rosin	0.6767	0.7492	**0.6742**

Note: saliency detector implementations from the original authors or Borji and colleagues' benchmark [3] were used.

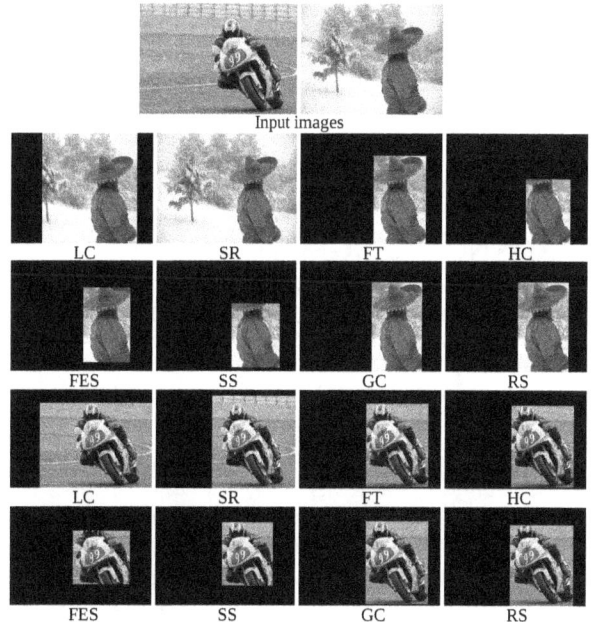

Figure 1: Thumbnails cropped using saliency detection and automatic thresholding. For the selected examples, LC and SR tend to undercrop, while FES and IS tend to overcrop. FT, SIA and RS output the most visually pleasing thumbnails.

Table 2: Average execution time and F-score on the MSRA1K dataset. Only the best performing thresholding method for each detector was considered.

	LC[3]	SR[3]	FT[3]	HC[2]	FES[1]	IS[2]	SIA[1]	RS[3]
Time (ms)	11.9	10.5	61.6	16.9	97.7	20.1	61.8	20.7
F-score	0.47	0.51	0.58	0.63	0.72	0.63	0.66	0.67

[1]Achanta, [2]Otsu, [3]Rosin.

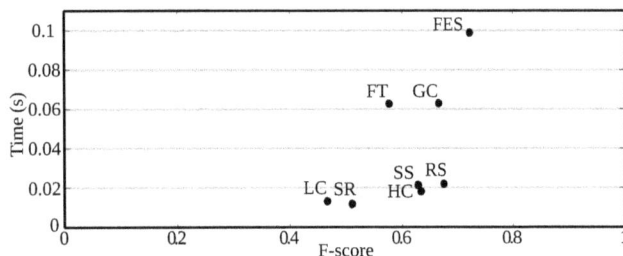

Figure 2: Trade-off between F-score and execution time of the assessed saliency detectors. The closer to the bottom right, the better the resulting trade-off.

5. CONCLUSIONS

This paper presented an assessment of fast saliency detectors for importance map computation in terms of precision, recall, F-score and execution time – with promising results for automatic image thumbnailing. In particular, saliency detection based on difference to random color samples (RS) thresholded by Rosin's method presented the best trade-off between execution time (20.7 ms/image) and F-score (0.67).

The main contributions of this paper are: (i) showing that, unlike suggested by previous work [12], saliency-based importance maps can be used for thumbnailing without additional segmentation algorithms, due to the accuracy of recent saliency detectors, and (ii) providing an assessment of fast saliency detectors in image thumbnailing, considering their bounding box accuracy as well as execution time. Future work includes strategies for grouping multiple salient regions into a cropping window and assessing the feasibility of the chosen saliency detectors to parallelization.

6. ACKNOWLEDGMENTS

The authors would like to acknowledge the Brazilian Coordination for the Improvement of Higher Education Personnel (CAPES) for the financial support of this work.

7. REFERENCES

[1] R. Achanta, S. Hemami, F. Estrada, and S. Süsstrunk. Frequency-tuned Salient Region Detection. In *Proceedings of the IEEE International Conference on Computer Vision and Pattern Recognition*, pages 1597 – 1604, 2009.

[2] S. Avidan and A. Shamir. Seam Carving for Content-aware Image Resizing. *ACM Transactions on Graphics*, 26(3), July 2007.

[3] A. Borji, M. M. Cheng, H. Jiang, and J. Li. Salient Object Detection: A Benchmark. *IEEE Transactions on Image Processing*, 24(12):5706–5722, 2015.

[4] L.-Q. Chen, X. Xie, X. Fan, W.-Y. Ma, H.-J. Zhang, and H.-Q. Zhou. A Visual Attention Model for Adapting Images on Small Displays. *Multimedia Systems*, 9(4):353–364, 2003.

[5] M. M. Cheng, N. J. Mitra, X. Huang, P. H. S. Torr, and S. M. Hu. Global Contrast Based Salient Region Detection. *IEEE Transactions on Pattern Analysis and Machine Intelligence*, 37(3):569–582, March 2015.

[6] M.-M. Cheng, J. Warrell, W.-Y. Lin, S. Zheng, V. Vineet, and N. Crook. Efficient Salient Region Detection with Soft Image Abstraction. In *Proceedings of the IEEE International Conference on Computer Vision*, December 2013.

[7] H. El-Alfy, D. Jacobs, and L. Davis. Multi-scale Video Cropping. In *Proceedings of the 15th ACM International Conference on Multimedia*, pages 97–106, NY, USA, 2007. ACM.

[8] X. Hou, J. Harel, and C. Koch. Image Signature: Highlighting Sparse Salient Regions. *IEEE Transactions on Pattern Analysis and Machine Intelligence*, 34(1):194–201, Jan 2012.

[9] X. Hou and L. Zhang. Saliency Detection: A Spectral Residual Approach. In *Proceedings of the IEEE International Conference on Computer Vision and Pattern Recognition*, pages 1–8, 2007.

[10] M. M. I. Lie, G. B. Borba, H. Vieira Neto, and H. R. Gamba. Fast Saliency Detection Using Sparse Random Color Samples and Joint Upsampling. In *Proceedings of the 29th SIBGRAPI Conference on Graphics, Patterns and Images*, São José dos Campos, SP, Brazil, October 2016. (Forthcoming).

[11] F. Liu and M. Gleicher. Automatic Image Retargeting with Fisheye-view Warping. In *Proceedings of the 18th Annual ACM Symposium on User Interface Software and Technology*, pages 153–162, NY, USA, 2005. ACM.

[12] L. Marchesotti, C. Cifarelli, and G. Csurka. A Framework for Visual Saliency Detection with Applications to Image Thumbnailing. In *Proceedings of the IEEE 12th International Conference on Computer Vision*, pages 2232–2239, Sept 2009.

[13] N. Otsu. A Threshold Selection Method from Gray-Level Histograms. *IEEE Transactions on Systems, Man and Cybernetics*, 9(1):62–66, 1979.

[14] H. Rezazadegan Tavakoli, E. Rahtu, and J. Heikkilä. Fast and Efficient Saliency Detection Using Sparse Sampling and Kernel Density Estimation. In *Proceedings of the 17th Scandinavian Conference on Image Analysis*, pages 666–675, Berlin, Heidelberg, 2011. Springer Berlin Heidelberg.

[15] P. L. Rosin. Unimodal Thresholding. *Pattern Recognition*, 34(11):2083 – 2096, 2001.

[16] B. Suh, H. Ling, B. B. Bederson, and D. W. Jacobs. Automatic Thumbnail Cropping and its Effectiveness. In *Proceedings of the 16th Annual ACM Symposium on User Interface Software and Technology*, pages 95–104, NY, USA, 2003. ACM.

[17] J. Sun and H. Ling. Scale and Object Aware Image Retargeting for Thumbnail Browsing. In *Proceedings of the IEEE International Conference on Computer Vision*, pages 1511–1518, Nov 2011.

[18] Y. Zhai and M. Shah. Visual Attention Detection in Video Sequences Using Spatiotemporal Cues. In *Proceedings of the 14th ACM International Conference on Multimedia*, pages 815–824, NY, USA, 2006. ACM.

Creating Non-Linear Interactive Narratives with Fábulas Model

Hedvan Fernandes Pinto[1], Antonio José Grandson Busson[1],
Carlos de Salles Soares Neto[1,2], Samyr Beliche Vale[2]
[1]Laboratory of Advanced Web Systems - UFMA
[2]Departamento de Informática - DEINF - UFMA
Av. dos Portugueses, Campus do Bacanga, s/n
São Luís/MA, Brazil - 65000-000
(hedvan, busson)@laws.deinf.ufma.br, (csalles, samyr)@deinf.ufma.br

ABSTRACT

Interactive narratives are multimedia applications that makes use of digital resources in order to enrich the reading experience. These applications are more complex to produce than digital books because they require the specification of spatial and temporal synchronization among medias. They can also define non-linear stories in contrast to linear books. The authoring of interactive narratives establishes an application domain that is defined by a set of functional and non-functional requirements. This paper presents Fábulas, a multimedia conceptual model created for the declarative development of non-linear interactive narratives. Fábulas model is small and designed for content producers like teachers, parents or writers. This paper illustrates the expressiveness and applicability of this model by describing a sample application that shows some of the Fábulas features.

CCS Concepts

•**Software and its engineering** → **Domain specific languages;** Extensible Markup Language (XML);

Keywords

Hypermedia Language; DSL; Conceptual Model;

1. INTRODUÇÃO

A criação de narrativas é dependente diretamente do processo criativo do autor. Entretanto para autoria de narrativas interativas para plataforma digitais (computadores, dispositivos móveis, TV Digital, etc), também é preciso transportar as intenções do autor para uma linguagem interpretável pela máquina. Geralmente os autores de narrativas não possuem experiência com programação de computadores e lógica de programação, o que se mostra como um obstáculo para eles criarem esses tipos de aplicativos.

ACM acknowledges that this contribution was authored or co-authored by an employee, contractor or affiliate of a national government. As such, the Government retains a nonexclusive, royalty-free right to publish or reproduce this article, or to allow others to do so, for Government purposes only.

WebMedia '16, November 08-11, 2016, Teresina, PI, Brazil

© 2016 ACM. ISBN 978-1-4503-4512-5/16/11... $15.00

DOI: http://dx.doi.org/10.1145/2976796.2988177

Em [5] DSLs são definidas como linguagens pequenas e geralmente declarativas que oferecem poder expressivo focado em um domínio de problema particular. Em muitos casos [3] [4], programas de DSL são convertidos para chamadas à uma sub-rotina e o DSL pode ser visto como um meio de esconder os detalhes dessa biblioteca. Isso as tornam mais simples de serem utilizadas, já que grande parte do conhecimento do domínio já está implícito na própria estrutura da linguagem.

Este artigo visa apresentar e discutir o modelo conceitual multimídia de um ambiente para a criação de narrativas interativas em comparação com outras linguagens e ferramentas de autoria multimídia. A proposta é concretizada pela extensão do modelo SceneSync [1], que foi originalmente criado para a autoria de objetos de aprendizagem e foi adaptado para permitir a definição de narrativas interativas. A expressividade do trabalho é demonstrada pela instanciação de uma narrativa fazendo uso do modelo conceitual multimídia proposto.

O restante deste trabalho está dividido do seguinte modo. Na Sessão 2 é apresentado o levantamento de requisitos para a definição do modelo de narrativas interativas. O modelo Fábulas é apresentado na Sessão 3. A Sessão 4 mostra a aplicação do modelo Fábulas estendendo a linguagem SceneSync. Por fim, a Sessão 5 discute o artigo e apresenta as considerações finais.

2. NARRATIVAS INTERATIVAS

As narrativas interativas discutidas nesse artigo apresentam contos e histórias para o público infanto-juvenil. Elas geralmente têm o propósito de estimular o interesse pela leitura desde os primeiros anos de vida da criança. Para isso são empregados vários recursos interativos disponíveis nos dispositivos digitais modernos, como *tablets, e smartphones*. Esses elementos interativos proporcionam ao leitor uma experiência mais rica transformando a leitura em algo mais atrativo e dinâmico e envolvendo ele no enredo.

Essas narrativas são geralmente disponibilizadas no formato de aplicativos para *smartphones* e *tablets*, e computadores. Por essa característica de tentar passar um conto ou história esses aplicativos muitas vezes usam a metáfora de livros para apresentar o seu conteúdo.

Em [2] são descritas as etapas do trabalho de criação de um aplicativo que apresenta o conto infantil João e Maria. O artigo relata o uso dos recursos tecnológicos e de interação com o usuário para auxiliar a alfabetização e tornar mais interessante a leitura para crianças. O aplicativo conta com jogos casuais, sons e vídeos para reter a atenção do leitor. Os experimentos apresentados pelo trabalho afirmam que houve aumento do interesse na leitura com o uso de elementos dinâmicos misturados à história textual.

Para determinar as principais características dessas narrativas, incluindo os recursos comumente usados por elas, foi feito um levantamento dos aplicativos disponíveis nas lojas virtuais para aplicativos móveis e no site *Primary homework Help* [1] e o site *Learn English Kids* [2] que oferecem entre seus serviços jogos educativos em forma de histórias interativas. Nas aplicações selecionadas foram identificados os seguintes elementos: *Voiceover*; Imagem; Animação; Texto; Áudio; Atividades adicionais.

Além desses elementos também foram identificados os seguintes comportamentos para essas aplicações: Botões de navegação (Ler, Leia para mim, informações, linguagem, controle de volume do áudio); Possibilidade de acessar ao menu inicial durante a leitura da narrativa; Padrões de interação do usuário com a cena como arrastar, tocar, segurar, soltar, deslizar e sobrepor; Aplicação de efeitos e filtros de imagem como sombra, borrar, brilho.

3. MODELO CONCEITUAL MULTIMÍDIA FÁBULAS

O modelo conceitual multimídia (ou apenas modelo, por simplificação) para narrativas interativas Fábulas descreve a organização lógica e funcional das informações que o compõem. É a partir desse modelo que é possível descrever a forma como as narrativas devem ser expressas e como devem ser dispostas as mídias que a compõem. A Figura 1 apresenta uma visão geral de seus componentes.

3.1 Estrutura da Narrativa

A entidade base da estrutura da narrativa é a página, que representa uma parte da apresentação da narrativa e uma composição de elementos multimídia. Os capítulos são elementos opcionais que servem para agrupar e organizar as páginas.

A navegação entre as páginas inicialmente segue a sua sequência de declaração. Para possibilitar a criação de narrativas não-lineares essa ordem pode ser manipulada através de regras de navegação explícitas. Essa ordem implícita de apresentação simplifica o desenvolvimento de narrativas lineares e com as regras de navegação o autor do documento pode criar desvios no fluxo da apresentação e representar navegações mais complexas.

3.2 Mídias

As mídias básicas da narrativa do Fábulas são imagem, áudio e texto. Para determinar o posicionamento da imagem na cena é usado um esquema de coordenadas relativas. Assim as coordenadas são os valores de distância para as bordadas do *container* da imagem.

O texto é uma parte essencial para as narrativas e tem diversas particularidades a serem notadas como a necessidade de formatar sua apresentação. O texto, como todo elemento gráfico, precisa ter suas dimensões de exibição e sua posição

na cena definida, estabelecendo assim uma janela de exibição.

A mídia de áudio fornece a possibilidade de acrescentar áudio e efeitos sonoros à cena. Um objeto de áudio precisa ser ativado através de uma ação para poder tocar. Cada página pode definir a sua música ambiente que permeia a narrativa. Pela característica do áudio de ter uma duração limitada é necessário definir o número de repetições para elas.

3.3 Animações

Para apresentações mais dinâmicas, o uso das mídias básicas do Fábulas não é suficiente. A animação por frames é feita pela troca sucessiva entre as imagens da animação. Essa troca de imagens causa a ilusão de movimento. Assim, para o Fábulas a animação é simplesmente um conjunto de imagens sequenciais.

Os atributos usados para possibilitar o controle do comportamento desse tipo de animação é a relação entre a duração dos frames e o número de repetições. A sequência de apresentação dos frames se dá de acordo com a sua ordem de definição na animação.

3.4 Componentes

Os componentes funcionam também como uma máquina de estados, onde as mídias são agrupadas. Os componentes são formados por um conjunto de objetos e um conjunto de ações. Assim, o tratamento de eventos fica contido no próprio objeto que sofre o evento deixando o código mais claro e legível. Definindo de outra forma, os componentes servem para modelar estado e comportamento simultaneamente.

3.5 Propriedades

As propriedades servem para controle da apresentação ou para representar o comportamento dos objetos. As propriedades são sensíveis ao tipo de objeto ao qual elas pertencem. Por exemplo, objetos sonoros têm a propriedade volume, a que os objetos puramente gráficos não têm. Além disso as propriedades podem ser sobrescritas, por exemplo, o volume definindo na mídia tem precedência em relação ao volume da cena.

As propriedades de sistema seguem a estrutura dos contextos, por exemplo, o volume do áudio definido para uma cena não interfere no volume das outras cenas. Propriedades ocultas são basicamente propriedades criadas para simplificar a alteração de conjuntos de propriedade, por exemplo, a propriedade *size* utilizada para largura e altura em objetos gráficos.

3.6 Comportamento: Causalidade e Sincronismo

O fluxo da narrativa pode ser controlado através de um paradigma causal baseado em eventos e ações. Essa forma de controlar o fluxo pode ser vista como uma forma de comunicação entre diferentes objetos que formam a narrativa. Essa comunicação é composta por seis partes: o evento, a condição, o elemento origem, a ação, a mensagem, e o elemento alvo. Cada uma dessas partes é detalhada a seguir.

O evento sempre tem um objeto de origem e tem uma duração infinitesimal. Nesse caso, têm-se duas categorias de eventos: passivos e ativos. Os eventos passivos são disparados pelo próprio sistema como resultado de mudanças de estado de elementos da narrativa ou alterações de valores em

---

[1]O site do Primary Homework Help pode ser acessador pelo link http://www.primaryhomeworkhelp.co.uk/

[2]O site do Learn English Kids pode ser acessador pelo link http://learnenglishkids.britishcouncil.org/en/

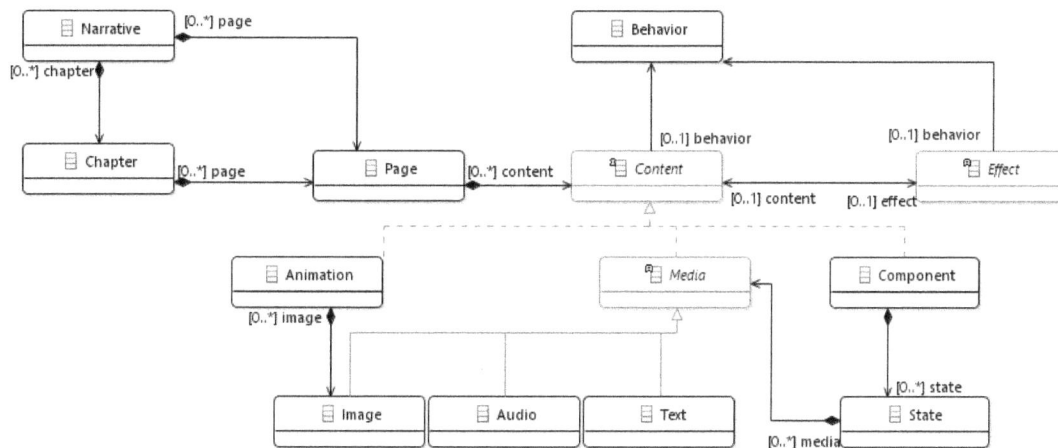

Figura 1: Modelo de narrativas do Fábulas

propriedades. Já os eventos ativos são decorrentes da interação do usuário como, por exemplo, tocar em algum objeto na tela. Para construir narrativas, esses dois tipos de eventos podem ser tratados da mesma forma, pois o resultado é sempre o avanço do fluxo da narrativa.

Eventos podem ser classificados em três grupos: eventos de apresentação, interação e controle. Eventos de apresentação são aqueles que marcam uma mudança no estado dos elementos da narrativa, por exemplo, o início da apresentação de um áudio ou o fim de um efeito. Evento de interação é um tipo de evento que envolve alguma atividade do usuário ou interação entre os elementos da narrativa, como um toque na tela. Os eventos de controle (*Control*) são usados pelo usuário para poder direcionar o fluxo da narrativa.

4. MODELADO NARRATIVAS COM O MODELO FÁBULAS

Esta seção apresenta a extensão da linguagem SceneSync em conformidade com o modelo Fábulas. A linguagem SceneSync já possui um modelo de sincronismo temporal conciso e robusto. Ela foi projetada para ser modular, assim facilitando a sua adaptação ao modelo conceitual do Fábulas. Para essa adaptação somente se mostra necessário acrescentar módulos responsáveis por animações, interação com usuário, e componentes. A Tabela 1 lista os novos elementos acrescentado ao SceneSync.

Tabela 1: Elementos do módulo Interaction

Elemento	Atributos	Elementos filhos
select	id, target, value	(start, stop, set, goto)*
case	id, target, value	(start, stop, set, goto)*
property	name, value	-
component	id	(state)*
state	id	(image, text, audio, video, scene)*
animation	id, dur, repeat	image*

A narrativa escolhida de exemplo se chama "Ajude o Pi-

rata", é uma história interativa sobre um pirata que precisa de ajuda para encontrar uma chave para abrir um baú do tesouro. A narrativa é composta por três cenas. Na primeira cena, o pirata é apresentado e pede ajuda ao leitor para encontrar a chave que abre o baú. Na segunda cena, é exibida uma ilha onde o usuário deve procurar pela chave perdida. E na terceira cena, o leitor é parabenizado ao encontrar a chave.

Para cada cena é definido um identificador único e as suas respectivas mídias. Também é necessária a definição de uma variável global "HoldKey"que indica se leitor já encontrou a chave. O componente "bush", definido na segunda cena, representa um arbusto e possui dois estados, no primeiro ele exibe a imagem de um arbusto fechado, e no segundo, uma imagem de um arbusto aberto.

Na primeira cena, a narrativa deve iniciar exibindo as imagens que a compõe. Para isso, conforme ilustra as linhas 1 a 6 da Listagem 1, define-se um objeto de sincronismo (<sync>) com objetos de ação do tipo <start>, que iniciam a apresentação das imagens de fundo, pirata, balão de fala e baú do tesouro.

No balão de fala do pirata é informado que, ao tocar a tela do dispositivo, é iniciada a busca pela chave perdida. Para isso, conforme ilustrado nas linhas 7 a 9 da Listagem 1, define-se um objeto de seleção (<select>) com o atributo *event* definido como "touch". Dentro do objeto de seleção é definido um objeto de ação do tipo <goto> que redireciona a aplicação para a cena "scene_island". Dessa forma, ao tocar na tela, a aplicação deve iniciar a apresentação da cena da ilha.

Figura 2: Cenas da narrativa "Ajude o Pirata"

Como feito na primeira cena, também se deve iniciar as mídias que compõe a segunda cena. Para isso, conforme ilustra a Listagem 1, é declarado um objeto de sincronismo que contém as ações do tipo <start> que iniciam as imagens do plano de fundo (areia, palmeira, mar e pedra), bem como o componente "bush". Esse componente tem como primeiro estado a exibição da imagem do arbusto fechado. Note que a imagem da chave não foi iniciada, esta deve ser exibida apenas quando o leitor encontrar sua localização.

Listagem 1: Conteúdo das cenas da narrativa.

```
<scenesync>
  <var id="HoldKey" value="false" />

  <scene id="scene_pirate">
    <image src="balao_fala.png" id="speaks" />
    <image src="pirate.png" id="pirate" />
    <image src="back_pirate.png"
        id="back_pirate" />
    <image src="bau.png" id="chest" />
    <sync>
      <start target="speaks" />
      <start target="pirate" />
      <start target="back_pirate" />
      <start target="chest" />
    </sync>
    <select event="touch">
      <goto target="scene_island" />
    </select>
  </scene>
  <scene id="scene_island">
    <image src="back_pirate.png"
        id="back_island" />
    <image src="areia.png" id="sand" />
    <image src="mar.png" id="sea" />
    <image src="palmeira.png" id="palmtree" />
    <image src="pedra.png" id="rock" />
    <image src="key.png" id="key" />
    <sync>
      <start target="sand" />
      <start target="sea" />
      <start target="palmtree" />
      <start target="rock" />
    </sync>
    <component id="bush">
      <state id="closed">
        <image src="arbusto.png"
            id="bush_closed" />
        <select event="touch">
          <start target="opened" />
          <case target="HoldKey" value="false">
            <start target="key" />
          </case>
        </select>
      </state>
      <state id="opened">
        <image src="arbusto_aberto.png" />
      </state>
    </component>
  </scene>
  <scene id="scene_congrats"> ... </scene>
</scenesync>
```

Na narrativa, a chave perdida está escondida dentro do arbusto. Logo, quando o usuário tocar o arbusto, este deve trocar seu estado para "bush_open"e a imagem da chave deve ser exibida. Para isso, conforme ilustra a Listagem 1, define-se dentro do objeto de imagem "bush_closed"um objeto de seleção com o atributo *event* definido como *touch*. Dentro dele, um objeto de ação do tipo <start> que inicia o estado "opened"do componente "bush". Dentro do ebjeto de seleção também há uma estrutura de condição que verifica se o valor da variável "HoldKey"é falso. Isto é, verifica se o leitor não segura a chave. Caso a condição seja satisfeita, o objeto de ação do tipo <start> inicia a apresentação da imagem da chave. Figura 2 ilustra as telas da primeira e segunda.

5. CONCLUSÕES

O artigo apresenta inicialmente um levantamento de requisitos necessários para a definição de aplicações multimídia de um tipo específico que são as narrativas interativas. Tal levantamento é coberto pela proposta de um modelo conceitual multimídia chamado Fábulas. Esse conhecimento de domínio define, portanto, uma DSL com foco na autoria de narrativas interativas.

Neste artigo, ao invés de optar pela criação de mais uma nova linguagem, a proposta especifica uma extensão específica para o Fábulas. Essa extensão é usada para dar ao modelo conceitual SceneSync a capacidade de expressar narrativas interativas.

O trabalho é validado pela modelagem de um exemplo expressivo de narrativa interativa que exige o atendimento dos requisitos levantados. O modelo Fábulas foi satisfatório para expressar tal exemplo de aplicação multimídia com concisão e simplicidade.

Há algumas opções interessantes de trabalho futuro. Primeiro, pode-se pensar no emprego de engenharia dirigida por modelos (MDE) para a especificação do meta-modelo que descreve o modelo conceitual multimídia Fábulas. Com essa abordagem seria possível formalizar a especificação de uma Linguagem de Domínio Específico (DSL) possivelmente visual para Fábulas.

6. REFERÊNCIAS

[1] A. J. G. Busson. SceneSync: Uma Linguagem de Autoria Hipermídia para Descrição de Objetos de Aprendizagem. Master's thesis, Universidade Federal do Manhão, São Luis, Brasil, 2015.

[2] G. E. dos Santos, I. M. C. L. F. Chaves, and G. S. Bianchini. Livro de contos interativo "joão e maria".

[3] E. J. Marchiori, Á. Del Blanco, J. Torrente, I. Martinez-Ortiz, and B. Fernández-Manjón. A visual language for the creation of narrative educational games. *Journal of Visual Languages & Computing*, 22(6):443–452, 2011.

[4] J. Torrente, Á. Del Blanco, E. J. Marchiori, P. Moreno-Ger, and B. Fernández-Manjón. < e-adventure>: Introducing educational games in the learning process. pages 1121–1126, 2010.

[5] A. Van Deursen, P. Klint, and J. Visser. Domain-specific languages: An annotated bibliography. *Sigplan Notices*, 35(6):26–36, 2000.

Experimental Investigation of the SHVC Scalable Video Encoder Architecture

Ronaldo Husemann
DELET - UFRGS
Osvaldo Aranha, 103
Porto Alegre
+55 51 33083515
rhusemann@inf.ufrgs.br

Valter Roesler
II - UFRGS
Bento Gonçalves, 9500
Porto Alegre
+55 51 33086167
roesler@inf.ufrgs.br

José Valdeni de Lima
II - UFRGS
Bento Gonçalves, 9500
Porto Alegre
+55 51 33086167
valdeni@inf.ufrgs.br

ABSTRACT

Mobile and portable technologies frequently adopt heterogeneous multimedia networks. In this context it was designed scalable video encoders where a scalable video stream is transmitted containing a base layer (responsible by the minimum video requirements) and additional enhancement layers (each one improving the video characteristics). Recently MPEG and ITU-T groups published the scalable HEVC standard specification. However, the whole implementation of this encoder demands large computational resources and memory size. The current work presents a detailed analysis of this technology and its internal modules, indicating a simplified configuration that reach a tradeoff among low latency time and encoding quality. Comparison results indicate it as a fast and low complexity solution with small video quality loss.

RESUMO

Com o avanço das tecnologias móveis e portáteis cada vez mais são encontradas redes heterogêneas de multimídia. Para estes ambientes foi desenvolvida a tecnologia de codificação de vídeo escalável, onde o fluxo de vídeo é transmitido contendo uma camada base (responsável pelos requisitos mínimos de vídeo) e uma ou mais camadas adicionais de refinamento (cada qual aprimorando as características do vídeo). Recentemente, os grupos MPEG e ITU-T publicaram a extensão escalável do padrão HEVC, que passou a ser chamada de SHVC. A implementação completa de um codificador SHVC exige muitos recursos computacionais, bem como significativo consumo de memória. O presente trabalho apresenta uma análise técnica deste codificador avaliando funcionalidades e demanda de módulos internos. Diversos ensaios experimentais foram realizados buscando-se uma configuração simplificada que melhor atenda o compromisso entre baixo tempo de execução e qualidade de codificação. Resultados comparativos apontam para uma solução mais rápida com baixa perda de qualidade sobre o vídeo.

Categories and Subject Descriptors

I.4.2 [**Compression (Coding)**]: Data compaction and compression.

General Terms

Algorithms, Measurement, Performance, Experimentation.

© 2016 Association for Computing Machinery. ACM acknowledges that this contribution was authored or co-authored by an employee, contractor or affiliate of a national government. As such, the Government retains a nonexclusive, royalty-free right to publish or reproduce this article, or to allow others to do so, for Government purposes only.
WebMedia '16, November 08-11, 2016, Teresina, PI, Brazil
© 2016 ACM. ISBN 978-1-4503-4512-5/16/11...$15.00
DOI: http://dx.doi.org/10.1145/2976796.2988172

Palavras-chave

Codificação de vídeo escalável; SHVC

Keywords

Scalable video coding; SHVC

1. INTRODUÇÃO

Apesar das grandes inovações dos codificadores de vídeo, ainda apresentam desempenho limitado para atender a algumas aplicações emergentes, como a vigilância por vídeo, redes de sensores visuais, e transmissão remota de video conferencia, quando estas operam sobre redes heterogêneas ou híbridas [1]. O maior problema destas redes é que os dispositivos de menor capacidade de processamento ou menor banda de recepção (como, por exemplo, aparelhos celulares e tablets) não conseguem lidar com vídeos de alta resolução [2]. Para atender a este dilema, cada vez mais comum com redes Ethernet e redes sem fio, essencialmente heterogêneas, surgiu o conceito da escalabilidade sobre codificadores de vídeo. Escalabilidade de vídeo é o recurso que possibilita armazenar ou transmitir simultaneamente as informações de um dado vídeo em diversas partes, chamadas de camadas, cada qual contendo um nível de detalhamento [3].

Em 2013, o grupo JVT apresentou o projeto de um adendo da norma HEVC, incluindo extensões escaláveis o que levou ao desenvolvimento do padrão Scalable High-efficient Video Coding (SHVC), que representa o estado da arte em codificação de vídeo escalável, com opções de escalabilidade temporal, por qualidade ou SNR (*Signal Noise Ratio*), resolução espacial e combinações destas [4]. Para avaliar a complexidade prática de um codificador SHVC foram realizados vários ensaios sobre o software de referência do padrão SHVC. Os ensaios puderam mensurar, para diferentes configurações do codificador, resultados práticos de qualidade final obtida e desempenho global (tempo de execução). Os dados obtidos experimentalmente permitiram identificar os blocos mais e menos críticos e com isso refinar o modelo tradicional, na busca do compromisso entre desempenho do codificador e qualidade do vídeo gerado. A seção 2 expõe as estratégias adotadas pelo SHVC, a seção 3 descreve resultados experimentais obtidos e, a seção 4 apresenta as conclusões.

2. PADRÃO SHVC

Diferentemente de outros padrões escaláveis o SHVC [5] adota uma estrutura de decodificação em topologia multi-loop para prover escalabilidades temporal, espacial, de qualidade, bem como combinações destas. A imagem de camada de referência, reamostrada e\ou redimensionada se necessário, é utilizada como referência para camadas de enriquecimento, suportando textura inter-camada e predição de parâmetros de movimento. A seguir se apresentam maiores detalhes da arquitetura do padrão SHVC.

2.1 Escalabilidade Espacial no SHVC

Visando flexibilidade de aplicação, o padrão SHVC permite que se utilize qualquer relação de resoluções entre duas camadas consecutivas, não se limitando ao caso clássico diádico (razão entre camadas igual a 2). É possível inclusive utilizar aspectos de resolução distintos entre duas camadas [5]. Uma vez que as amostras de referência obtidas a partir da camada base se referem a resoluções inferiores módulos de sobreamostragem são necessários. Para sobreamostragem de componentes luma, filtros unidimensionais FIR de 8-TAP são aplicados horizontal e verticalmente, enquanto que para componentes croma são usados filtros bilineares. Para ambos luma e croma, prevê-se um conjunto de 15 filtros com resolução de cerca de 1/16 para deslocamentos de fase provendo grande flexibilidade para a escalabilidade espacial. O módulo de predição busca reduzir o erro sistemático decorrente do uso de dados reconstruídos da camada base [6]. Um sinal de diferença, é calculado subtraindo-se amostras reconstruídas da camada de enriquecimento pela camada base. O resultado final da predição é calculado então somando-se dados da camada base reconstruída com dados deste sinal de diferença. O padrão SHVC prevê três técnicas de predição entre camadas: predição de textura intra, de movimento e resíduo [7].

2.2 Escalabilidade Temporal no SHVC

Quando explora a escalabilidade temporal o padrão SHVC, distribui os distintos quadros que formam o vídeo original entre as diferentes camadas que compõem o fluxo escalável codificado (base + enriquecimento). Genericamente quando se trabalha com codificação escalável temporal cada camada é referenciada como Tn, sendo n o número da respectiva camada. O padrão SHVC prevê uma estrutura diferenciada de formatação dos quadros de referência de cada sequência de vídeo, baseando-se em uma árvore de decomposição temporal hierárquica. Considerando que o mecanismo de predição temporal consiga explorar adequadamente a redundância temporal entre quadros próximos a taxa de bit resultante da compressão de bit apresenta uma relação aproximadamente linear com a taxa de quadros. Esta topologia em arvore ao mesmo tempo em que distribui para produzir um padrão de codificação mais uniforme, também contribui para por gerar uma solução com baixo impacto adicional de complexidade [8].

2.3 Escalabilidade SNR no SHVC

De forma genérica, este tipo de escalabilidade se baseia na segmentação dos valores de quantização adotados para cada camada, produzindo desta forma diferentes níveis de qualidade. O controle sobre a taxa de bit produzida se dá pelo ajuste de parâmetros de quantização. De forma geral o SHVC adota uma técnica flexível de codificação que se baseia no truncamento de coeficientes de frequência a fim de suportar o refinamento progressivo dos coeficientes de transformada [9]. Por utilizar uma topologia multi-loop, o padrão SHVC aumenta sua eficiência de codificação, porém em contrapartida apresenta um custo mais elevado de carga computacional e memória (múltiplas imagens de referência devem são processadas de forma iterativa para formar cada nível distinto de qualidade) [10].

3. EXPERIMENTOS PRÁTICOS

Diferentes autores realizam ensaios sobre o SHVC, tais como [8], [10] e [11], porém buscando comparar seus resultados frente à codificação simulcast (não escalável). A comparação entre diferentes topologias SHVC se apresenta então como uma investigação inédita e relevante.

As análises feitas neste trabalho procuraram avaliar praticamente a qualidade final bem como desempenho para diferentes configurações de um codificador SHVC. Para esses experimentos práticos foi utilizado o software de referência SHM versão 6, desenvolvido pelo grupo JVT [12] Todos os ensaios foram repetidos com distintas sequências de vídeo, especialmente escolhidas por apresentarem diferentes níveis de detalhamento e movimentação, visando assim aumentar a consistência dos dados obtidos. Particularmente as sequências escolhidas foram Bus, City, Racehorses, BasketballDrive, e Cactus.

A análise de desempenho de um algoritmo pode ser estimada a partir do tempo de execução do mesmo. Para os experimentos em questão, cada uma das configurações de codificação foi executada sobre uma mesma máquina com as seguintes configurações: processador Pentium i7 3770k 3,4GHz, com memória cache L1 de 4x32kB, memória cache L2 de 4x256kB, com a cache L3 de 8MB, memória DDR3 FSB 1,33GHz de 8 GB e HD SATA 7200 RPM de 500GB.

3.1 Ensaios sobre Escalabilidade Espacial

A fim de avaliar as demandas da codificação escalável espacial avaliou-se o desempenho do codificador sob distintas relações de resolução. Basicamente foram avaliados dois cenários: Caso diádico e não diádico. No caso diádico a relação entre o vídeo da camada base e da camada de enriquecimento é de 2:1 (exemplo camada de enriquecimento com resolução de 352x288 vs camada base com 176x144 pixels). Já para o caso não diádico foi adotada a relação 1,7:1 (exemplo 352x2(352x288 vs 208x170).

Os ensaios realizados procuraram analisar questões práticas relevantes como qualidade do vídeo reconstruído, tempo de codificação e complexidade dos seus algoritmos internos. Devido ao fato dos vídeos terem resoluções e padrões muito diferentes não faz sentido comparar os valores brutos entre si. Por isso optou-se por apresentar os resultados dos ensaios na forma de variação proporcional. No caso dos tempos de codificação a relação apresentada foi obtida pela razão entre o tempo da codificação registrado no caso não diádico pelo tempo da codificação do caso diádico. Já os dados de PSNR apresentados foram obtidos subtraindo-se os valores de qualidade da codificação do caso não diádico pelos valores do caso diádico. Todos resultados (relação de tempo e qualidade para cada um dos elementos Y, U e V) estão apresentados na tabela 1.

Tabela 1. Comparação entre escalabilidade espacial

Seqüência	Cenário	Aumento do tempo execução (%)	Variação de PSNR por componente (dB)		
			Y	U	V
Bus	Não Diádico X Diádico	+23,2	-0,07	-0,09	-0,05
City	Não Diádico X Diádico	+25,3	-0,04	-0,07	-0,06
Racehorses	Não Diádico X Diádico	+32,6	-0,12	-0,07	-0,07
Basketball Drive	Não Diádico X Diádico	+34,1	-0,08	-0,06	-0,05
Cactus	Não Diádico X Diádico	+32,9	-0,09	-0,06	-0,07

Pode-se perceber que o parâmetro de qualidade (PSNR) é ligeiramente superior quando se trata do caso diádico. Também se percebe que o tempo de execução da configuração diádica é significativamente menor.

3.2 Ensaios sobre Escalabilidade Temporal

A codificação escalável temporal nesse padrão é obtida a partir de um mecanismo inovador de decomposição temporal, que foi incluído na estrutura do codificador visando aumentar a eficiência da codificação. Pode-se alterar as configurações de funcionamento desta codificação escalável temporal, através da alteração do tamanho do GOP. Devido ao mecanismo B hierárquico utilizado pelo SHVC o ajuste deste parâmetro tem efeito direto sobre o número de camadas geradas. Por exemplo, um vídeo com valor de GOP igual a 16 produz cinco camadas temporais, enquanto que GOP igual a 8 produz apenas quatro.

Tabela 2. Comparação considerando escalabilidade temporal

Seqüência	Cenário	Aumento do tempo execução (%)	Variação de PSNR por componente (dB)		
			Y	U	V
Bus	GOP 8 X GOP 16	+12,0	+0,03	-0,02	-0,01
City	GOP 8 X GOP 16	+10,02	-0,02	+0,01	-0,01
Racehorses	GOP 8 X GOP 16	+10,54	+0,02	-0,01	-0,01
Basketball Drive	GOP 8 X GOP 16	+12,34	+0,01	+0,01	+0,01
Cactus	GOP 8 X GOP 16	+14,1	-0,02	-0,01	-0,01

Percebe-se uma variação significativa de desempenho entre os resultados das diferentes sequências de vídeo, porém com relação de qualidade praticamente nula (qualidades iguais) entre as configurações utilizando GOP igual a 8 ou GOP igual a 16. Os resultados medidos são apresentados a seguir. A redução do tempo de execução chega a 15% em alguns casos em favor da versão com GOP igual a 8.

3.3 Ensaios sobre Escalabilidade SNR

Os experimentos de escalabilidade SNR avaliaram diferentes configurações de qualidade na camada de enriquecimento, mantendo-se para todos os casos o valor de QP (*Quantization Parameter*) igual a 30. Os resultados obtidos com os ensaios práticos da escalabilidade SNR são apresentados na forma de gráfico para facilitar visualização (valores considerados no gráfico referem-se ao componente Y).

A visualização das qualidades obtidas aponta como a qualidade medida na camada de enriquecimento é basicamente proporcional ao valor de QP escolhido.

Percebe-se, entretanto, que com valores muito menores de QP o ganho de qualidade passa a reduzir proporcionalmente, isto existe um limite de qualidade máximo a ser atingido.

A avaliação de desempenho (tempo de execução) mostra que quanto menor a qualidade (maior o QP) mais rápida é a codificação.

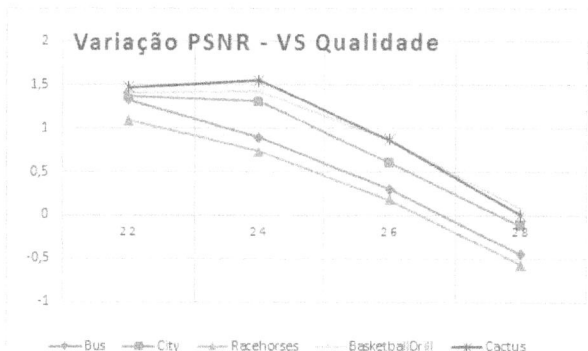

Figura 1. Comparação da variação de qualidade percebida para diferentes configurações de QP

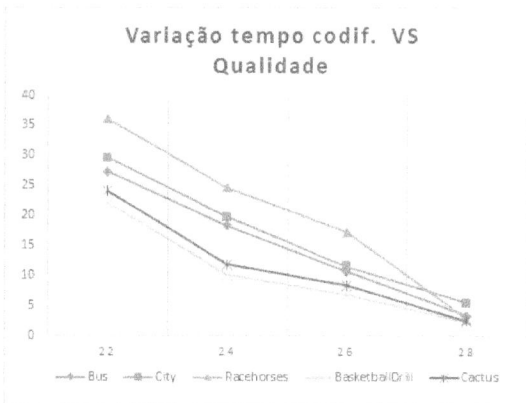

Figura 2. Relações de desempenho percebido para diferentes configurações de QP

3.4 Mecanismos de Predição

Para complementar os ensaios feitos procurou-se por fim avaliar diferentes configurações para os módulos de predição entre quadros. Basicamente o parâmetro avaliado foi a variação do tamanho da janela de busca adotada. Foram avaliados cinco cenários: com janelas de tamanho 16x16, 32x32, 64x64, 96x96 e 128x128 pixels respectivamente. Os resultados são apresentados comparando-se cada cenário com a topologia 128x128 pixels (melhor qualidade).

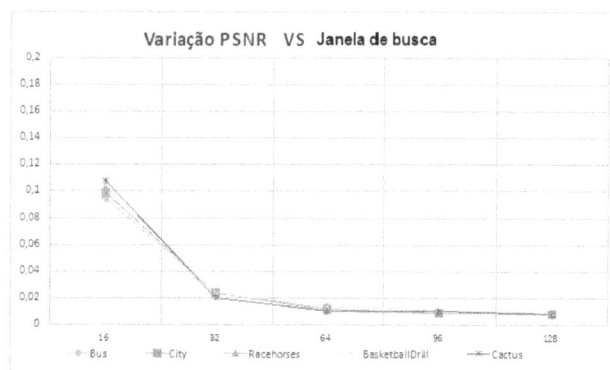

Figura 3. Comparação da variação de qualidade percebida para diferentes configurações de janela de busca

Apesar das diferenças claras entre cenários, de forma geral pode-se perceber que todos cenários apresentam resultados de PSNR bem próximos. Apesar de similares em relação à qualidade do vídeo produzida, a variação registrada pelos diferentes cenários em termos do tempo de execução é bastante grande (Figura 4).

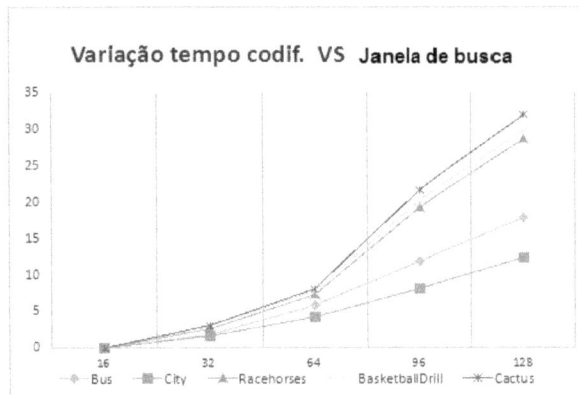

Figura 4. Relações de desempenho percebido para diferentes configurações de janela de busca

Dentre os cenários apresentados percebe-se que a topologia com janelas de busca reduzidas é a que apresenta menor tempo de execução. A análise realizada até o momento aponta para a redução da janela de busca como um recurso que causa aumento significativo do desempenho do codificador, porém para janelas muito pequenas (16x16), a qualidade passa a ser afetada.

3.5 Refinamento do modelo

Com base em todos os experimentos realizados e visando-se reduzir o tempo de codificação e principalmente o tempo de latência, o qual varia diretamente com a dependência temporal entre quadros, montou-se uma configuração simplificada com GOP igual a 8. Também visando redução de complexidade, propõe-se a uma codificação escalável SNR com valores de QP próximos.

Este modelo tem a capacidade de produzir oito camadas (quatro camadas temporais com duas camadas SNR). Este modelo quando comparado com exemplos tradicionais do software de referência (SHM v. 6) [12] aponta para uma significativa redução de complexidade global com pouco efeito na qualidade final gerada. Tratam-se de resultados preliminares, mas as análises dos dados finais obtidos indicam uma perda de qualidade relativamente baixa, (em média menor que 0,25db).

4. CONCLUSÕES

Neste trabalho foram analisados e ensaiados na prática os principais módulos constituintes de um codificador escalável padrão SHVC. Com base nos resultados obtidos com estes ensaios pôde-se desenvolver uma proposta refinada que consegue realizar a codificação escalável em um tempo inferior a 40% do tempo gasto com uma codificação convencional, apresentando um baixo impacto na qualidade do vídeo gerado (menor que um quarto de dB em média). Pode-se, portanto, concluir que a solução proposta representa uma alternativa de codificação escalável compatível com o padrão SHVC bastante relevante, principalmente para aplicações escaláveis com demandas de tempo real.

5. REFERÊNCIAS

[1] Ohm J-R. Advances in Scalable Video Coding. Proc. of IEEE. Vol. 93, n. 1. Jan. 2005. pp 42-56.

[2] Wien M. et. al Real-Time System for Adaptive Video Streaming Based on SVC. In Proc. IEEE Transactions of Circuits and Systems for Video Technology, v. 17, n. 9, Sept. 2007.

[3] Rieckl J. Scalable Video for Peer-to-Peer Streaming. Master Thesis University of Wien, 2008. 53 p.

[4] Sullivan G. J. et al. Standardized Extensions of High Efficiency Video Coding (HEVC) IEEE Journal of Select Topics in Signal Proc. Oct. 2013. pp. 1-17.

[5] Ye Y. He Y. Wang Y-K. SHVC. The Scalable Extension of HEVC and its Applications. ZTE Communications. Feb 2016. V. 14. N. 1. pp. 24-1 24-31.

[6] Philipp H. et al. "ScalableVideo coding extension of HEVC" Data compression conference (DCC)2013, DOC 20-22 March 2013

[7] Sun X. Spatially Scalable Video Coding for HEVC IEEE Transactions on Circ. and Sys. for Video Tech. Dec 2012. pp. 1091-1086.

[8] Laude T. et, al. Scalable Extensions of HEVC using Enhanced Inter-Layer Prediction. ICIP 2014. PP pp. 3739-3746.

[9] J. Liu, Y. Cho, Z. Guo and C.-C. J. Kuo, "Bit Allocation for Spatial Scalability Coding of H.264/SVC with Dependent Rate-Distortion Analysis", IEEE Transactions on Circuits and Systems for Video Technology, vol. 20, no. 7, pp. 967-981, 2010

[10] C. Hsu and M. Hefeeda, "Optimal partitioning of fine-grained scalable video streams", Proceedings of ACM International Workshop on Network and Operating System Support for Digital Audio and Video (NOSSDAV07), pp. 63-68

[11] Dayananda U. S. M. SwaminathanV., "Investigating Scalable High Efficiency Video Coding for HTTP streaming," ICMEW 2015, Turin, 2015, pp. 1-6.

[12] J. Chen, J. Boyce, Y. Ye and M. M. Hannuksela, "Scalable HEVC (SHVC) Test Model 6 (SHM 6)", Joint Collaborative Team on Video Coding (JCT-VC), 17th JCT-VC Meeting

LETRAS - Communication with Lines, Triangles and Rectangles

Guilherme M. A. Ramos
Universidade Federal de São Carlos
Rodovia Washington Luís km 235
13565-905 São Carlos SP - Brazil
+55 16 3351-8234
gmatheus95@outlook.com

Victor O. N. Sales
Universidade Federal de São Carlos
Rodovia Washington Luís km 235
13565-905 São Carlos SP - Brazil
+55 16 3351-8234
victor_otavio205@hotmail.com

Cesar A. C. Teixeira
Universidade Federal de São Carlos
Rodovia Washington Luís km 235
13565-905 São Carlos SP - Brazil
+55 16 3351-8232
cesar@dc.ufscar.br

ABSTRACT

People may lose motor skills for different reasons, due to accidents or illnesses. Very serious diseases, such as Amyotrophic Lateral Sclerosis (ALS), evolve to the point of imposing severe motor restrictions, reaching situations where the patient is unable even to speak or perform movements, besides moving the eyes. An additional consequence for the sick person, besides needing support for all her necessities that require any movement, is the difficulty in communicating. It becomes essential, in such cases, the use of alternative communication facilities. Motivated for helping a sick person at advanced stage of ALS, unable to control even the act of blinking, we proceeded with studies and implementation of another device (camera + software) for eye tracking. The novelties of the proposed solution, compared to others that are based on the same principle, are: the independence of high precision eye-tracking devices, usually very expensive; it does not require patient accuracy to select symbols on virtual keyboards, or memorization of specific eye movements to express themselves. We present in this paper the rationale that guided the design decisions, some details of the development and some achieved results which suggest the proposal feasibility.

Keywords

Alternative Communication; Assistive Technology; Word Prediction; Eye Tracking.

1. INTRODUÇÃO

"Tecnologia Assistiva é uma área do conhecimento, de característica interdisciplinar, que engloba produtos, recursos, metodologias, estratégias, práticas e serviços que objetivam promover a funcionalidade relacionada à atividade e participação de pessoas com deficiência, incapacidades ou mobilidade reduzida, visando sua autonomia, independência, qualidade de vida e inclusão social" [1].

Enfermos de Esclerose Lateral Amiotrófica (ELA) podem chegar a situações de serem capazes de se comunicar apenas com movimentos dos olhos, sem poder contar inclusive com o ato de piscar [2]. A evolução de tecnologias computacionais coloca em evidência a necessidade de se rever continuamente soluções e recursos de Tecnologia Assistiva existentes e de se avaliar

WebMedia '16, November 08 - 11, 2016, Teresina, PI, Brazil
Copyright is held by the owner/author(s). Publication rights licensed to ACM.
ACM 978-1-4503-4512-5/16/11†$15.00
DOI: http://dx.doi.org/10.1145/2976796.2988175

possíveis inovações para a área. Existem diversos estudos e produtos, baseados em dispositivos (câmera + software) de acompanhamento de olhar (*eye tracking*), projetados para contribuir com tais enfermos [3], [4]. O acompanhamento de um paciente que fez uso de um desses produtos, e a observação de suas demandas específicas e rigorosas impostas pela evolução da doença, levou-nos a planejar e desenvolver uma nova ferramenta, denominada *LETRAS*, que incorpora inovações e atende parcialmente essas demandas e outros requisitos que estabelecemos. Os caracteres que compõem palavras são especificados por movimentos de olhar que "desenham" segmentos de linhas, triângulos e retângulos.

O artigo, nas próximas seções, estabelece os requisitos impostos à solução, o *rationale* aplicado à concepção da ferramenta, uma descrição do fluxo de interações associado à comunicação, o mecanismo de predição desenvolvido para melhorar a eficiência da ferramenta, alguns testes e resultados alcançados.

2. REQUISITOS

Enumeramos a seguir os requisitos que estabelecemos para a solução de comunicação desenvolvida, em função das observações que realizamos junto ao paciente referência e de nossa percepção de utilidade.

(1) Os caracteres para composição de palavras e sentenças devem ser selecionados apenas com a movimentação dos olhos; (2) A seleção de caracteres não pode depender de movimentos de piscar os olhos, já que em estágios avançados da doença o controle desse movimento fica prejudicado; (3) A solução não pode ser dependente de câmeras de grande precisão e caras; (4) A velocidade da comunicação deve acompanhar a habilidade do paciente no uso da ferramenta; (5) A velocidade da comunicação deve ser suficiente para tornar a ferramenta operacional e útil; (6) Caracteres mais utilizados devem ser mais fáceis de serem selecionados; (7) A interface deve ser intuitiva e fácil de ser usada, impondo uma curva de aprendizado com derivada elevada; (8) A utilização contínua da ferramenta não deve gerar muito estresse físico nem emocional ao paciente; (9) A predição de palavras personalizada ao paciente deve melhorar a eficiência da comunicação; (10) A solução deve ser configurável; (11) O paciente deve ter o controle para ligar/desligar/pausar a ferramenta; (12) A predição de palavras não pode depender da Internet (o paciente pode estar em hospitais ou outros recintos em que o acesso à Internet não é possível); (13) Ao final de cada sentença um sintetizador de voz produz sua versão audível.

3. RATIONALE

A utilização de câmera de baixo custo, e consequente pouca sensibilidade, nos levou a pensar em solução em que a tela fosse dividida em poucas e grandes áreas sensíveis, promovendo bastante redundância no direcionamento do olhar. Essa medida visa também contribuir para a redução do cansaço e estresse do paciente, que pode, como observado no paciente referência, ficar muito irritado quando pretende selecionar com o olhar um ponto sensível mas o sistema seleciona outro adjacente.

A impossibilidade de piscar ou fazer outro movimento para realizar seleção levou-nos a codificar os caracteres como figuras geométricas iniciadas e finalizadas no centro da tela. O centro da tela deve ser área neutra. É nessa área que a palavra deve ser construída e as dicas do próximo movimento serem apresentadas. Dicas na área neutra podem contribuir com o aprendizado e não impor a necessidade de se decorar movimentos.

Para acompanhar a habilidade do paciente e tornar o processo de comunicação independente de temporização, a finalização de um caractere deve ocorrer quando o paciente finalizar a movimentação do olhar correspondente ao caractere. Quanto mais hábil ele for mais rápido será a comunicação.

Os movimentos de olhar devem ser curtos e com tolerância para que possam ser realizados do forma rápida. Os movimentos mais curtos e rápidos devem ser associados aos caracteres mais comuns.

Para o paciente pausar a escrita ele deve ser capaz de selecionar algum modo de bloqueio da tela (sem luz) e também de desbloqueio. Embora a ideia seja restringir a exibição de uma ou poucas palavras por vez na área central da tela, o paciente deve ter a opção de visualizar todo o texto escrito em momentos anteriores.

Como o objetivo principal da ferramenta é o suporte à comunicação cotidiana do paciente, um sistema de predição de palavras deve ser previamente alimentado com conjunto de palavras de uso cotidiano.

A parametrização da ferramenta deve permitir a implementação de interfaces de gerenciamento pelas quais auxiliares do paciente possam personalizar a interface de acordo com as preferências do paciente.

O uso de sintetizadores de voz *offline* é opção para a produção da versão audível da sentença produzida.

4. CONVERSANDO COM *LETRAS*

A Figura 1 ilustra a interface gráfica principal da ferramenta em seu estágio atual. Uma câmera consegue identificar o local aproximado da tela em que a pessoa, que deseja se comunicar, está olhando.

Dez regiões são consideradas para distinguir a direção do olhar, como ilustradas nas cores da Figura 2. A parte central abriga duas regiões: a cinza é a região de estabilidade que deve atrair o olhar da pessoa e define o estado inicial do processo de "digitação" de cada caractere; a negra é uma região neutra. Na sequência deste texto o termo região central é utilizado para identificar a região de estabilidade.

A digitação consiste em, a partir de região central, dirigir o olhar para uma ou duas regiões em sequência, nas laterais e/ou cantos da tela, e voltar o olhar para a região central, onde os caracteres digitados vão sendo concatenados, resultando em palavras. A Figura 3 ilustra o movimento de triângulo realizado para a seleção do caracter 'D'. Duas opções de bloqueio do modo "escrever" da aplicação foram desenvolvidas. A Figura 4 ilustra o movimento para bloqueio de pausa, que leva a uma tela negra com pequeno

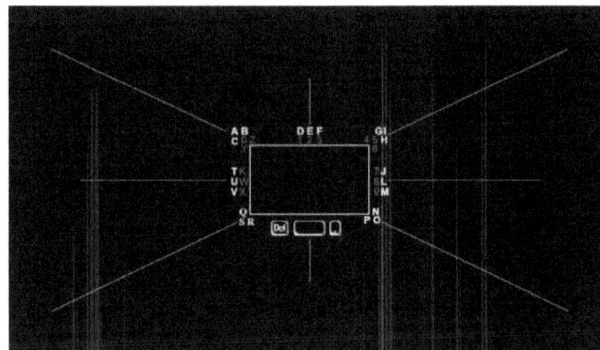

Figura 1. Versão atual da interface gráfica.

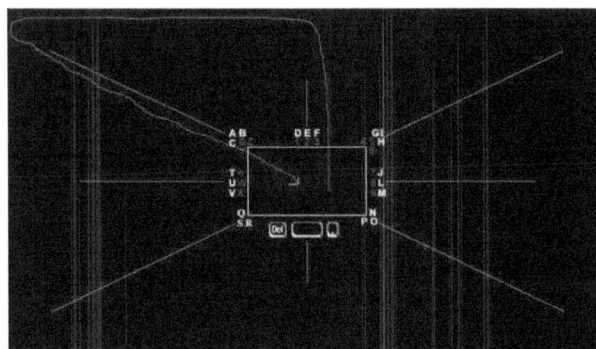

Figura 2. Identificação de regiões.

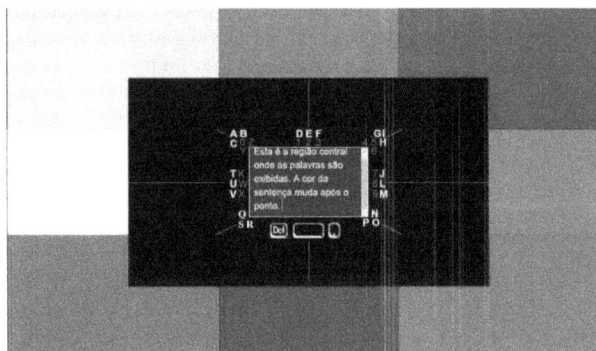

Figura 3. Seleção do caracter D.

cadeado cinza no centro. A Figura 5 ilustra o bloqueio de leitura, alcançado com movimento de retângulo semelhante ao do bloqueio de pausa, mas nesse caso realizado do lado esquerdo. Nos estados de bloqueio o *eye tracking* detecta os mesmos movimentos de olhar utilizados para bloquear, que servem para fazer o desbloqueio da aplicação, colocando-a em modo escrita novamente.

Uma fração de tempo, a ser aguardada durante o movimento, quando o olhar está direcionado para alguma lateral ou canto da tela, é utilizado para chavear entre o alfabeto principal, destacado em branco na área central, e o secundário, apresentado em cinza claro. Como exemplo, uma pequena parada na parte central do topo da tela, durante o movimento de seleção da letra "D", seleciona o caracter "2". O uso de um temporizador, nesse caso, não deve prejudicar o desempenho se os caracteres do teclado secundário forem utilizados apenas esporadicamente.

A expectativa de redução do estresse e cansaço do usuário decorre do fato de que, além de estarmos utilizando alvos grandes, esses alvos (exceto o central) podem ser selecionados com olhares que passam pela região e seguem em direção ao infinito

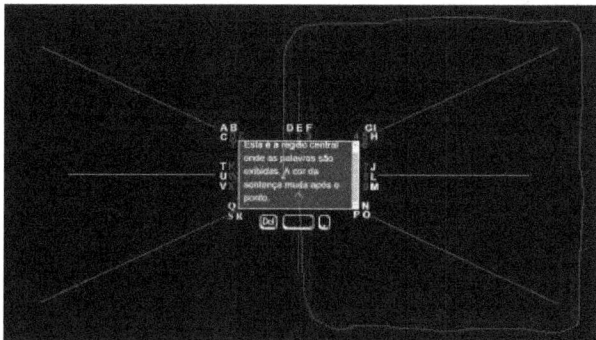

Figura 4. Retângulo de bloqueio de pausa.

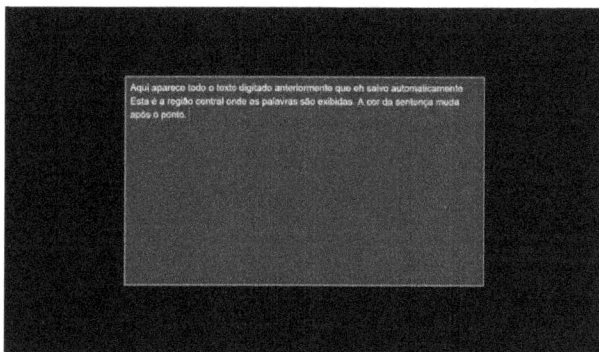

Figura 5. Tela bloqueada para leitura.

5. PREDIÇÃO DE PALAVRAS

Embora a versão básica da ferramenta seja operacional, é evidente a necessidade de se evoluir e propiciar facilidades que possam permitir velocidade ainda maior na comunicação e diminuir o esforço do usuário.

Mecanismos de predição de palavras (auto completar e de sugestões) são extensamente utilizados com o intuito de agilizar processos de digitação [5]. São encontrados em navegadores web, ferramentas de e-mail, motores de busca, ferramentas de consulta a base de dados, editores de texto, etc. São muito úteis principalmente em dispositivos portáteis como *tablets* e *smartphones* em que o processo de digitação é trabalhoso pela ausência de teclados físicos. De relevância ainda maior são para sistemas de entrada de dados dedicados a pessoas com deficiência[6]. Os mecanismos de predição de palavras procuram se antecipar às ações do usuário fazendo previsões baseadas em informações passadas. O passado pode ser recente, como instantes anteriores em que os primeiros caracteres foram digitados ou que informações de contexto foram obtidas, analisando-se palavras anteriores na frase ou no texto[6]. Informações mais antigas, como frequência do uso de palavras pelo usuário ou pessoas relevantes, também são importantes.

A possibilidade de contornar erros de digitação, com o oferecimento de sugestões a partir de trocas de um ou mais dos caracteres digitados pelo usuário, é uma característica comum nos mecanismos. Diversas são as propostas de algoritmos e ferramentas para predição de palavras, com variações quanto às formas de se representar os documentos/dicionários a serem pesquisados. Lucene[7] é um projeto *open source* da Apache, que usa VSM ("Vector Space Model") para representar documentos e oferece biblioteca de alto desempenho para recuperação de informação, inclusive para geração automática de sugestões. Por conveniência e ampla aplicação, Lucene foi escolhida como base para o desenvolvimento da solução tratada neste artigo.

Para que as palavras indexadas na solução pudessem ser diferenciadas por frequência de uso, atribuímos pesos a cada palavra que são incrementados toda vez que a palavra for digitada. É possível, em uma base de índices da Lucene, armazenar índices compostos, ou seja, que possuam mais de uma informação. Sendo assim, cada nova palavra seria indexada com seu peso inicial associado "1", e a cada uso repetido da palavra, esse índice teria seu peso associado incrementado, fazendo a diferenciação das palavras por frequência de uso.

O armazenamento dos índices pode se dar por meio de dois tipos de base de dados distintas, ou em memória RAM, ou em disco rígido, a depender da necessidade e implementação. Como é interessante armazenar as palavras e seus pesos para uso da aplicação em diferentes momentos, optou-se a princípio por utilizar-se de um banco de índices em disco rígido (FSDirectory, ou File System Directory). Testes de estresse no sistema mostraram, contudo, que havia possibilidade de lentidão na recuperação de sugestões, fazendo com que fosse idealizada uma arquitetura mista de bases de índices, utilizando FSDirectory e RAMDirectory em conjunto. A necessidade de realização de processo de normalização de pesos (que pode tomar tempo e prejudicar a dinâmica de predição de palavras) levou a uma evolução da arquitetura que passou a utilizar também de uma RAMDirectory temporária, Figura 6, e um modelo de processamento concorrente.

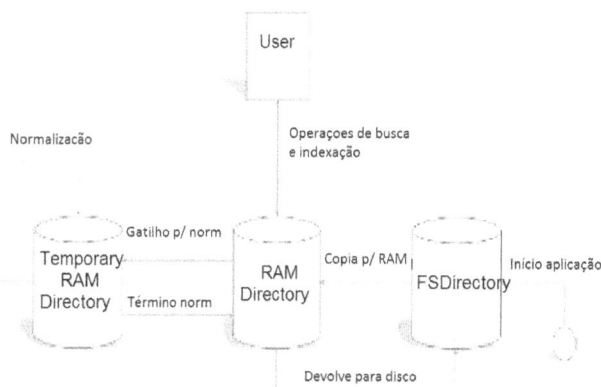

Figura 6. Arquitetura mista de bases de índices.

Quando há um gatilho para normalização, o RAMDirectory é duplicado. A duplicata, chamada de Temporary RAMDirectory, executa o processo de normalização enquanto o diretório original continua a executar buscas de índices para o usuário. Quando a normalização no diretório temporário terminar, este é espelhado para o diretório utilizado pelo usuário, e o temporário é destruído.

Quando o programa é inicializado, uma *thread* referente ao WindowsForms (GUI) é criada e posta em execução. Toda vez que o usuário insere um caractere, uma *thread* é aberta para acesso ao banco de índices (tanto para busca quanto para indexação). Após o encerramento da operação de busca ou inserção, essa *thread* é destruída. Caso a operação realizada tenha sido de busca, a *thread* que a realizou, retornará os resultados da *query* para a aplicação gráfica antes de sua deleção. Se durante uma indexação ocorrer um gatilho para normalização, uma terceira *thread* é aberta para executá-la. Assim que a normalização for encerrada, o banco de índices a ser utilizado na aplicação é substituído pelo banco normalizado, e a *thread* de normalização é destruída.

Três questões tiveram que ser tratadas para integrar o sistema de predição à ferramenta de comunicação, em particular à sua interface gráfica: quantas sugestões devem ser mostradas; como/onde mostra-las; como aceitar uma. A Figura 7 ilustra a apresentação de quatro sugestões para o prefixo "pa" e o movimento para aceitação da sugestão "parte" (a aceitação das outras é por meio de movimentos similares).

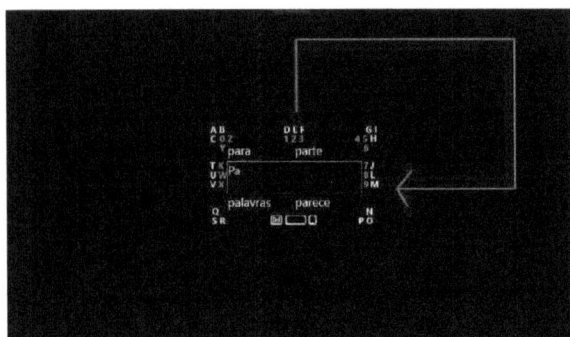

Figura 7. Aceitação de sugestão da palavra "parte".

Deve-se observar que, após o paciente decorar as dicas de movimentos, a interface gráfica pode ser descongestionada (e melhorada) com a supressão das dicas

6. TESTES E RESULTADOS

Testes iniciais realizados com usuários após vinte minutos de treinamento com a ferramenta e sem utilizar a predição de palavras mostraram uma média de seleção de 34 caracteres, ou aproximadamente seis palavras por minuto. Com a predição de palavras esse valor quase que dobrou.

Para a avaliação do sistema de predição foram processados três livros de Machado de Assis, que serviram para a alimentação inicial da base de palavras. Sentenças diversas de cada livro foram escolhidas arbitrariamente para serem digitadas na ferramenta. Em média, foram necessários 3.05 caracteres digitados para se completar uma palavra de qualquer tamanho, sendo necessário, portanto, digitar aproximadamente 59% de uma palavra média para que se obtenha a sugestão correta.

Os testes iniciais foram realizados com usuários sem deficiência motora, utilizando-se um notebook padrão com usb 3.0 (requisito

da câmera utilizada: EyeTribe modelo 101 - http://dev.theeyetribe.com/general/).

7. CONCLUSÃO

A ferramenta de sugestões automáticas aumenta consideravelmente a velocidade de escrita do usuário, e em uso extensivo da aplicação, as sugestões corretas se evidenciarão cada vez mais rapidamente, uma vez que a ferramenta se adapta ao vocabulário do usuário. A velocidade também aumenta à medida em que o usuário passa a memorizar os movimentos associados a cada caractere. A grande tolerância nos movimentos para escolha de um caractere é um fator importante que pode reduzir o estresse do usuário. Testes mais exaustivos devem ser realizados na continuidade do trabalho. Algumas questões ainda a serem respondidas são: Qual a relação entre taxa de digitação e taxa de erros? Qual a influência dos erros na legibilidade do texto? Vale a pena corrigir os erros ou é melhor ganhar na velocidade? Quais são os erros mais comuns e como evita-los? Qual a influência na eficiência da digitação que têm o tamanho e disposição das dez áreas sensíveis consideradas pela ferramenta? Quais são os tamanhos ideais? Vale a pena aumentar a região central de digitação ou é melhor deixa-la capaz de abrigar apenas a palavra que estiver sendo construída? Os feedbacks visuais e auditivos estão adequados? A continuidade do trabalho também deverá explorar a substituição da câmera utilizada pela webcam do próprio notebook.

8. AGRADECIMENTOS

Nossos agradecimentos à FAPESP (processos 015/13931-8 e 08/57705-8) e ao CNPq (processos 573972/2008-7 e 312692/2013-7) pelo apoio no contexto do INCT|ECCE e Bolsa DT.

9. REFERÊNCIAS

[1] Brasil. 2009. *Subsecretaria Nacional de Promoção dos Direitos da Pessoa com Deficiência. Comitê de Ajudas Técnicas. Tecnologia Assistiva.* Brasília: CORDE, 138 p.

[2] Oliveira, A. S. B, Pereira - Amyotrophic lateral sclerosis (ALS): three letters that change the people's life. For ever. Arquivos R. D. B. *Neuro-Psiquiatria* Print version ISSN 0004-282X Arq. Neuro-Psiquiatr. vol.67 no.3a São Paulo Sept. 2009

[3] Pedrosa, D. C. ; Pimentel, M. G. C. ; Wright, A. ; Truong, K. N. 2015. Filteryedping: Design Challenges and User Performance of Dwell-Free Eye Typing. *ACM Transactions on Accessible Computing,* v. 6, p. 1-37, 2015.

[4] Kurauchi, A., Feng, W., Joshi, A., Morimoto, C., Betke, M. 2016. EyeSwipe: Dwell-free Text Entry Using Gaze Paths, *Proceedings of the 2016 CHI Conference on Human Factors in Computing Systems, May 07-12, 2016*

[5] Tam, C. ; Wells, D. - Evaluating the Benefits of Displaying Word Prediction Lists on a Personal Digital Assistant at the Keyboard Level. Assistive Technology, 21, 2009, p. 105-114.

[6] Witten, I. H. ; Darragh, J. J. - The reactive keyboard. Cambridge, UK: Cambridge University Press, ISBN 0-521-40375-8, 1992, p. 43–44.

[7] McCandless, M. ; Hatcher, E. ; Gospodnetic, O. - Lucene in Action: Covers Apache Lucene 3.0. Second Edition. Connecticut: Manning Publications Co., 2010, 475 p.

Optimization of Quality of Service for a Cloud Gaming System using Layer Catching and Motion Prediction

Marcelo Tetsuhiro Sadaike
Escola Politécnica da Universidade de São Paulo
São Paulo, SP, Brasil
+55 11 99682-4159
msadaike@larc.usp.br

Graça Bressan
Escola Politécnica da Universidade de São Paulo
São Paulo, SP, Brasil
+55 11 3091-9747
gbressan@larc.usp.br

ABSTRACT
With the growing video games industry, new markets and technologies are emerging. Electronic games of the new generation are increasingly requiring more processing and powerful video cards. The solution that is gaining more prominence is Cloud Gaming, where the player performs a command, the information is sent and processed remotely on a cloud, then the images return as a video stream back to the player using the Internet. To improve the Quality of Experience (QoE), it is proposed a model that reduces the response time between the player command and the stream of the resulting game scenes through a game manager called Cloud Manager. The Cloud Manager uses layer caching techniques, in the background, and future state prediction, in the character, to reduce the network bandwidth usage, bitrate transmission and network latencies. The game is encoded in different layers, if a layer is the same in the following frame, it will not be re-encoded by the server. To speculate the next frames, the game manager renders all future possible outcomes based on the commands performed by the player.

Keywords
computing; cloud; gaming; preprocessing; layer caching; movement prediction.

1. INTRODUÇÃO
Ao longo dos últimos quarenta anos, a indústria de jogos eletrônicos cresceu de forma constante, aumentando seu público em todo o mundo, ampliando sua demografia e adicionando novas plataformas (consoles, computadores, consoles portáteis, celulares, tablets, entre outros). A oferta e a demanda mudaram de acordo com as evoluções tecnológicas das interfaces, dispositivos e redes. Em 2013, havia 1,2 bilhão de jogadores ativos em todo o mundo, com 880 jogos ativos e com as receitas previstas de US$ 86,1 bilhões em 2016, uma taxa de crescimento anual prevista de 6,7% [1]. Em outras palavras, a indústria de jogos é uma forma estabelecida de entretenimento e de renda.

Os jogos modernos, no entanto, têm novas exigências de desempenho gráfico e CPU que só os computadores de ponta e consoles podem suprir. Outros dispositivos como set-top boxes ou dispositivos portáteis geralmente não têm a capacidade de executar um jogo com saída gráfica de alta qualidade. Uma solução que vem ganhando cada vez mais força é o Cloud Gaming.

Em Cloud Gaming, o processamento é realizado remotamente na nuvem e retorna imagens como uma sequência de vídeo em tempo real de volta para o jogador utilizando a Internet. O sistema deve recolher as ações de um jogador, transmiti-las para a nuvem, processar as ações, renderizar os resultados, codificar/comprimir as alterações do jogo e transmitir o vídeo (cenas do jogo) de volta para o jogador.

Há desafios ao fornecer jogos pela nuvem. Como descrito por Huang et al. [2] usuários esperam alta qualidade de vídeos, assim como, baixo tempo de resposta (round trip time – RTT) que são requisitos fundamentais para uma boa qualidade de experiência.

Trabalhos relacionados focam em implementação por camadas [3, 4] ou predição de movimentos [5, 6] de maneira separada. Essas técnicas são usadas para diminuir o tempo de resposta como principal objetivo.

Neste trabalho, a fim de otimizar a qualidade de experiência (QoE) é proposto um gerenciador de nuvem chamado Cloud Manager composto de duas principais funções. Para isso, o jogo é dividido em duas partes, plano de fundo e personagem. Na primeira função, o Cloud Manager analisa cada camada do plano de fundo e verifica se houve uma mudança em alguma camada, em caso positivo a camada que foi modificada é processada novamente e atualizada no cliente. Na segunda função, é analisado os comandos enviados pelo cliente e realizando o pré-processamento na nuvem do vídeo, utilizando predição de movimento.

O resto do artigo é estruturado da seguinte maneira: na Sessão 2, as definições de Jogos Eletrônicos são apresentadas, na Sessão 3, o Cloud Gaming é mostrado, na Sessão 4, o Cloud Manager é apresentado. As conclusões são apresentadas na Sessão 5.

2. JOGOS ELETRÔNICOS
Os jogos eletrônicos podem ser classificados em relação aos requisitos de recursos, sistemas: offline/online, número de jogadores e arquiteturas. Para alcançar uma boa jogabilidade, os jogos eletrônicos exigem requisitos na precisão de jogo, capacidade de resposta e equidade entre todos os jogadores, exigindo mais processamento da arquitetura de sistema de jogo [7].

2.1 Gêneros de Jogos
Os gêneros de jogos são usados para organizar os jogos com base em sua interação com o jogador. Um gênero de jogo é definido pela sua jogabilidade e são classificados independentemente da sua definição ou conteúdo [8].

WebMedia '16, November 08 - 11, 2016, Teresina, PI, Brazil
Copyright is held by the owner/author(s). Publication rights licensed to ACM.
ACM 978-1-4503-4512-5/16/11...$15.00
DOI: http://dx.doi.org/10.1145/2976796.2988203

Nomes descritivos de gêneros levam em conta os objetivos do jogo, o protagonista e até mesmo a perspectiva oferecida ao jogador. Por exemplo, um jogo de tiro em primeira pessoa é um jogo que é jogado a partir de uma perspectiva em primeira pessoa e envolve a prática de tiro. O termo "subgênero" pode ser usado para se referir a uma categoria dentro de um gênero para especificar ainda mais o gênero do jogo em discussão. Considerando que "jogo de tiro" é um nome de gênero, "tiro em primeira pessoa" e "tiro em terceira pessoa" são subgêneros comuns do gênero de jogos de tiros [9].

2.2 Ponto de vista do jogador

Em jogos, a visão em primeira pessoa refere-se a uma perspectiva gráfica a partir do ponto de vista do personagem do jogador. A visão em segunda pessoa é semelhante à primeira pessoa, mas vista é a partir da parte de trás do personagem do jogador, o que significa que o jogador pode ver o seu avatar na tela. Já os jogos com visão em terceira pessoa sempre têm um ângulo de vista fixo, os chamados God-view; os jogadores assistem toda a cena como um pássaro, para que eles possam facilmente visualizar o ambiente ao redor de seus avatares.

Neste trabalho, para reduzir a quantidade de codificação para cada frame será utilizado um jogo do gênero plataforma 2D e com ponto de vista em terceira pessoa, uma vez que o cenário tem apenas 2 dimensões e a quantidade de movimentos do personagem são limitadas.

3. CLOUD GAMING

Com o Cloud Gaming, não há a necessidade de instalar o jogo, não ocupando espaço no computador do cliente e simplificando o processo de lançamento de jogos para as companhias de jogos.

Os dados dos jogos ficam em uma nuvem, o que evita a perda de dados devido a algum dano causado no dispositivo do usuário. Os usuários frequentemente interagem com vários dispositivos (smartphone, tablet, laptop). Os jogadores muitas vezes estão interessados nos jogos, sem se preocupar com a plataforma. Eles estão dispostos a jogar o mesmo jogo em diferentes dispositivos, se o conteúdo for entregue sem problemas. Portanto, proporcionar uma boa experiência para jogos em tempo real com características multiplataforma é crítica. Deve ser simples e rápido suspender e retomar um jogo, de modo que o jogador não perceba a transição.

Alguns dos maiores desafios em Cloud Gaming [10] são:

- Satisfazer as expectativas dos jogadores em qualidade de experiência (Quality of Experience - QoE) durante jogos on-line fornecendo qualidade de serviço (Quality of Service - QoS) de forma flexível em ambientes heterogêneos de rede.
- Suprir o aumento dramático na demanda de recursos de computação.

Processar e transmitir dados de dispositivos móveis para a nuvem através de redes sem fio.

3.1 Qualidade de Experiência

Para avaliar a qualidade de experiência (QoE) do cliente algumas características são consideradas, como:

- Características de tráfego: a largura de banda da rede e o consumo dentro de uma sessão de jogo.
- Latência: a diferença de tempo entre o início de um evento e o momento em que seus efeitos se tornam perceptíveis em cada etapa.
- *Jitter*: variação da latência em um curto período de tempo.
- Qualidade gráfica: a fidelidade do vídeo transmitido para o cliente.

Os parâmetros de qualidade de serviço (QoS) tais como atraso, *jitter* e perda de pacotes são conhecidos por influenciar a experiência do usuário ou a jogabilidade [11].

Como o Cloud Game é um serviço de nuvem, este não pode ser iniciado sem acesso à rede e os jogos não podem ser reproduzidos uma vez que a Internet está desconectada.

A alta qualidade de vídeo e as altas taxas de transmissões de vídeo requerem uma quantidade grande de largura de banda, enquanto que a experiência de jogo é altamente sensível à latência de rede. O desafio de pesquisa mais crítico nesta área é estabelecer um sistema eficaz, para jogos, capaz de codificar vídeo, comprimir, transmitir e decodificar em tempo real [12].

3.2 Implementação por camadas

O sistema codifica as diferentes camadas do jogo separadamente e gera o resultado, quando o próximo quadro é gerado, se a camada não for modificada, não será necessário codificá-la novamente no servidor. A última informação de cada camada é armazenada no gerenciador da nuvem, dessa forma, o gerenciador precisa combinar dados pré-codificados estáticos com dados codificados em tempo real. Um desafio para a implementação é que em cada quadro gerado no servidor é preciso renderizar, codificar, enviar e decodificar, mantendo um baixo tempo de atraso no sistema.

O jogo deve ser adaptado ou criado especificamente para renderizar por camadas. O codificador deve ter acesso a cada camada do quadro. Para o designer do jogo, é necessário codificar cada camada especificamente, já sabendo o comportamento do jogo e quais objetos de cada camada são mais relevantes.

Figura 1. Imagem do jogo "2D Platformer" do gênero plataforma 2D com visão em terceira pessoa.

Nesse trabalho será utilizado um jogo desenvolvido na plataforma Unity, "2D Platformer", que é gratuito, com código aberto e criado em camadas, conforme mostra a Figura 1.

3.3 Comandos do jogador

Os comandos que o usuário pode realizar têm campos importantes como tempo, ângulo de visão, movimento e os botões. O campo de tempo corresponde a quantos milissegundos de simulação o comando corresponde. O campo de ângulo de visão é um vetor que representa a direção em que o jogador está olhando. O campo de movimento é determinado pela ação do teclado, mouse e joystick para ver se qualquer um dos botões de movimento foi apertado. O campo de botões é apenas um campo de bits com um ou mais bits definidos para cada botão que está sendo pressionado [13].

3.4 Predição de movimento

Predição de movimento implica prever os movimentos futuros em intervalos de tempo discreto. Foi usada a cadeia de Markov para prever o movimento, baseado nos comandos realizados pelo jogador.

O tempo é quantizado, com cada intervalo discreto de tempo correspondente ao tempo de tick do jogo. O tick corresponde à atualização do jogo que ocorre em um ciclo determinado de tempo.

A variável aleatória N_t representa o vetor de navegação que altera em 3D a translação e a rotação no tempo t:

$$N_t = \{\delta_{x,t}, \delta_{y,t}, \delta_{z,t}, \theta_{x,t}, \theta_{y,t}, \theta_{z,t}\} \qquad (1)$$

Cada componente acima é quantizado. n_t representa um vetor de navegação recebido pelo cliente. Um dos problemas de estimar o próximo estado é achar a máxima estimativa possível $\widehat{N}_{t+\lambda}$ Onde λ é o tempo de resposta (RTT). Usando o modelo de Markov, a distribuição de probabilidade do vetor de navegação no próximo passo é dependente somente do vetor de navegação da etapa atual: $p(N_{t+1}|N_t)$. Prever o vetor de navegação mais provável $\widehat{N}_{t+1}$ no próximo passo de tempo com:

$$\widehat{N}_{t+1} = \mathrm{E}[p\ (N_{t+1}|N_t = n_t)]$$
$$= \underset{N_{t+1}}{\mathrm{argmax}}\, p\ (N_{t+1}|N_t = n_t) \qquad (2)$$

Onde $N_t = n_t$ indica que o passo atual foi atribuído um valor fixo devido ao valor de entrada do usuário n_t. Em muitos casos, o tempo de resposta é mais do que uma etapa única. Para lidar com este caso, é possível prever o valor mais provável depois de um tempo de resposta como:

$$\widehat{N}_{t+\lambda} = \underset{\widehat{N}_{t+\lambda}}{\mathrm{argmax}}\, p(N_{t+1}|N_t = n_t) \prod_{i=1..\lambda-1} p(N_{t+i+1}|N_{t+i}) \qquad (3)$$

Onde λ representa a latência do tempo de resposta expressa em unidades de *tick*. N_{t+1} não possui memória, ou seja, é independente do dado N_t antigo. Deve-se considerar que, informações adicionais nas cadeias mais longas de Markov não mostraram um benefício mensurável em termos da precisão da previsão. Ao invés de construir um modelo único para todo o vetor de navegação, tratar cada componente do vetor N de forma independente e construir seis modelos distintos. O benefício dessa abordagem é que menos treinamento é necessário quando se estima $\widehat{N}$.

4. CLOUD MANAGER

Para implementar o Cloud Manager será utilizado o GamingAnywhere que é um sistema aberto em Cloud Gaming, que pode ser usado, estudado e modificado sem restrições, e que pode ser copiado e redistribuído de forma modificada ou não modificada, sem qualquer restrição [2].

Para testar a proposta, foi utilizado o jogo "2D Platformer", presente na Figura 1, pois o jogo produzido no Unity, já é separado em camada de plano de fundo e personagem, facilitando a implementação por camadas.

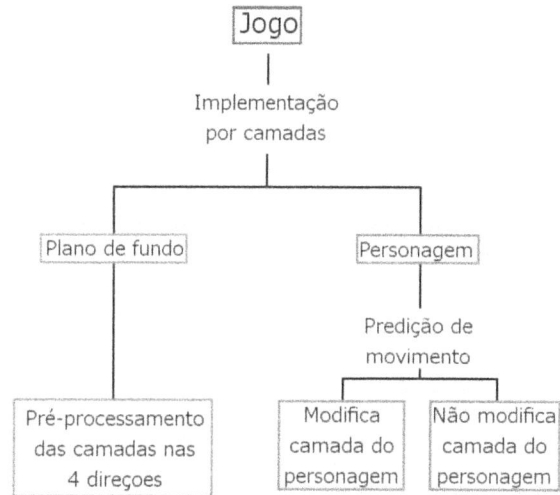

Figura 2. Arquitetura do Cloud Manager

Com a implementação por camadas, foi analisado separadamente o plano de fundo e o personagem, conforme mostra a Figura 2. Como o jogo é de plataforma 2D, as possíveis direções que o personagem pode se mover são quatro, para direita, esquerda, cima ou baixo, foi implementado um pré-processamento das camadas do plano de fundo nessas quatro direções. Já no plano do personagem, foi utilizado a predição de movimento para pré-processar o possível próximo quadro do personagem apenas. Se o comando do usuário corresponder à predição calculada, o Cloud Manager envia o conteúdo já pré-processado. Caso contrário, o Cloud Manager não envia o conteúdo pré-processado e ao invés disso, o servidor em nuvem realiza o processo que foi mandado pelo cliente.

Para testar a viabilidade do Cloud Manager, será testado o jogo em três condições diferentes, apenas com a implementação de camadas, apenas com a predição de movimento e utilizando as duas técnicas ao mesmo tempo.

5. CONCLUSÃO

Neste artigo foi proposto o Cloud Manager que otimiza a qualidade de experiência do usuário utilizando implementação por camada e predição de movimento. Realizando a predição de movimento apenas para o personagem, muda apenas a camada em que o personagem está presente, não necessitando ter que fazer o processamento do quadro inteiro, reduzindo assim o tempo de resposta.

Para jogos em que o cenário tem pouca variação ou é fixo e a quantidade de movimentos que o personagem do jogo pode realizar é pouca, esta solução permite melhorar o tempo de resposta e melhorar a qualidade de serviço.

Uma das grandes limitações dessa proposta é que o jogo deve ser desenvolvido em camadas ou ser adaptado para ser dividido em camadas. Outro fator a ser analisado em trabalhos futuros é que dependendo do gênero e do ponto de vista esta solução pode não ser viável ou ter resultados insatisfatórios.

6. REFERÊNCIAS

[1] Warman P. ; Global Monetization of Games: Emerging Markets as Drivers of Growth. Casual Connect San Francisco, 2013.

[2] C. Huang, C. Hsu, Y. Chang, and K. Chen, "GamingAnywhere: an open cloud gaming system", 4th ACM Multimedia Systems Conference (MMSys '13). ACM,

New York, NY, USA, 36-47, 2013.
DOI=10.1145/2483977.2483981.

[3] Warman P. ; Global Monetization of Games: Emerging Markets as Drivers of Growth. Casual Connect San Francisco, 2013.

[4] C. Huang, C. Hsu, Y. Chang, and K. Chen, "GamingAnywhere: an open cloud gaming system", 4th ACM Multimedia Systems Conference (MMSys '13). ACM, New York, NY, USA, 36-47, 2013. DOI=10.1145/2483977.2483981.

[5] Wu, Xiangyu, et al. "CGSharing: Efficient content sharing in GPU-based cloud gaming." Low Power Electronics and Design (ISLPED), 2015 IEEE/ACM International Symposium on. IEEE, 2015.

[6] Cordeiro Barboza, Diego, Debora Christina Muchaluat-Saade, and Esteban Walter Gonzales Clua. "A real-time game streaming optimization technique based on layer caching." Consumer Communications and Networking Conference (CCNC), 2015 12th Annual IEEE. IEEE, 2015.

[7] Lee, Kyungmin, et al. "Outatime: Using speculation to enable low-latency continuous interaction for mobile cloud gaming." GetMobile: Mobile Computing and Communications 19.3 (2015): 14-17.

[8] K. Lee, D. Chu, E. Cuervo, J. Kopf, Y. Degtyarev, S. Grizan, A. Wolman, and J. Flinn. Outatime: Using Speculation to Enable Low-Latency Continuous Interaction for Mobile Cloud Gaming. In Proc. Of the 13th International Conference on Mobile Systems, Applications and Services, pages 151-165, Florence, Italy, May 2015.

[9] Mishra D., Zarki M. E., Erbad A., Hsu C., Venkatasubramanian N.; Clouds + games: A multifaceted approach. IEEE Internet Comput., vol.18, no.3, p.20-27, 2014.

[10] Apperley T. H.; Genre and game studies: Toward a critical approach to video game genres. Simulation & Gaming, 37(1), p. 6–23, 2006.

[11] Lecky-Thompson, G. W.; Video Game Design Revealed. Cengage Learning. p. 23, 2008.

[12] Wei C., Victor C. M. L., Min C.; Next Generation Mobile Cloud Gaming. 2013 IEEE Seventh International Symposium on Service-Oriented System Engineering, 2013.

[13] Wei Cai, Leung V.C.M. "Mlutiplayer Cloud Gaming System with Cooperative Video Sharing," CloudCom, Taiwan, Dec. 2012, pp. 640-645, doi:10.1109/CloudCom.2012.6427515.

[14] Cai W., Chen M., Leung V.; Towards gaming as a service. IEEE Internet Computing, 2014.

[15] Bernier Y. W.; Latency Compensating Methods in Client/Server In-game Protocol Design and Optimization. Game Developers Conference, 2001.

Reliability Evaluation of Behavioral Representations from Multimedia Applications - An Experimental Approach

Thiago M. Prota, Douglas Véras, Carlos A. G. Ferraz
Centro de Informática
Universidade Federal de Pernambuco (UFPE)
Recife, Brasil
{tmp, dvs,cagf}@cin.ufpe.br

ABSTRACT
There are several efforts that seek to provide abstractions to represent the behavior of multimedia applications, each with its limitations and complexity. In this scenario, it is common to provide abstractions based on state machines, because they adequately define the behavioral transitions of these applications. However, it is not trivial to identify the real state machine from application. In this context, reliability is quite critical, given the applicability of these abstractions in many activities. In this work, we present a controlled experiment to evaluate the reliability of the state-based representation of multimedia applications, applying an approach in evaluating a real solution that extracts the behavioral model from the source code of NCL applications. Our approach uses a finite representative set of sequences defined by a test-cases generation technique in the evaluation process.

Keywords
Controlled Experiment; State Machine; NCL

1. INTRODUÇÃO
No contexto das aplicações multimídias existem soluções que buscam prover abstrações para representar o comportamento das aplicações com o objetivo de auxiliar as atividades de documentação, manutenção, validação e verificação do software. Essas abstrações podem prover visões distintas das aplicações, adequadas para representar o comportamento de acordo com sua finalidade, cada qual com sua limitação e complexidade [4, 5, 7]. Nesse cenário, o requisito de confiabilidade é bastante crítico, dado a aplicabilidade dessas abstrações em diversas atividades, como por exemplo: na realização de testes de regressão, na identificação de anomalias comportamentais, na geração de casos de testes automáticos, na representação da compreensão do software, entre outros [7].

Sendo assim, a abordagem descrita por este trabalho teve por objetivo avaliar a confiabilidade de uma ferramenta de análise comportamental para aplicações NCL (Figura 1). A ferramenta busca prover representações comportamentais, fundamentada na Máquina de Estados Finita Estendida (EFSM - *Extended Finite*

WebMedia '16, November 08-11, 2016, Teresina, PI, Brazil
© 2016 ACM. ISBN 978-1-4503-4512-5/16/11...$15.00
DOI: http://dx.doi.org/10.1145/2976796.2988179

State Machine), a partir da análise estática e dinâmica do código fonte das aplicações NCL. Desta forma, buscou-se avaliar a confiabilidade da representação comportamental gerada pela solução comparando-a com dois interpretadores reais da linguagem NCL: o **Astrobox**[1], emulador desenvolvido pela TQTVD[2] que fornece suporte a execução de aplicações NCL; e o **EiTV smartBox**[3], set-top-box desenvolvido e comercializado pela EiTV[4]. O trabalho foi organizado da seguinte forma, primeiramente são apresentadas as definições acerca do plano experimental. A seção seguinte detalha a execução e a análise do experimento realizado. Por fim, as conclusões e os trabalhos relacionados são destacados.

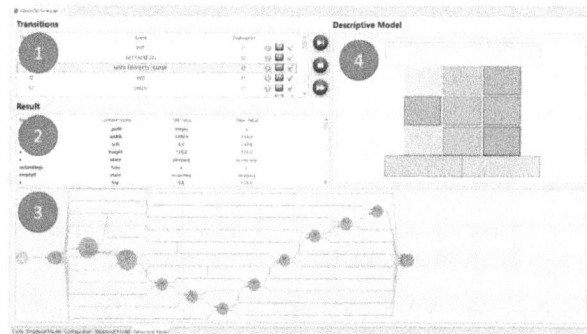

Figura 1. Análise comportamental de aplicações NCL.

2. PLANO DE EXPERIMENTAÇÃO
Máquinas de estados podem determinar as sequências de interações possíveis de uma dada aplicação multimídia [6]. Os interpretadores, responsáveis por executar as aplicações, funcionam como tradutores dessas máquinas de estados, determinando as transições comportamentais das aplicações. Desta forma, a partir de um interpretador **confiável**, que segue corretamente as especificações da linguagem, é viável determinar as **máquinas de estados reais** das aplicações. Consequentemente, é possível avaliar a confiabilidade de quaisquer soluções cujas máquinas de estados possam ser inferidas, utilizando abordagens que checam a equivalência dessas com a máquina real [6].

Entretanto, algumas limitações foram identificadas na aplicação dessa abordagem. Primeiramente, é impossível comparar explicitamente a linguagem de duas máquinas de estado se elas são infinitas [6]. Além disso, as linguagens desse contexto,

---

1 www.astrodevnet.com.br/AstroDevNet/restrict/astrobox_sobre.html

2 www.tqtvd.com

3 www.eitv.com.br/produtos/eitv-smartbox

4 www.eitv.com.br

normalmente, não definem mecanismos confiáveis para atestarem a conformidade de seus conteúdos e dos seus interpretadores. Desta forma, não é indicado utilizar interpretadores para determinar as máquinas de estados reais das aplicações.

O plano de experimentação aqui proposto busca endereçar as limitações identificadas, aplicando um processo semiautomático para determinar a máquina de referência, além de utilizar um conjunto finito de sequências representativo, gerado a partir de técnicas de geração de testes.

Uma questão levantada é a seguinte:

Qual abordagem é a mais confiável na identificação dos comportamentos reais das aplicações NCL: a que utiliza a **solução avaliada**, a que utiliza o **Astrobox** ou a que utiliza o **EiTV smartBox**?

2.1 Métricas

Segundo Walkinshaw e Bogdanov [6] os seguintes indicadores são relevantes para comparar máquina de estados:

- **Precision** – Proporção das sequencias aceitas pela máquina avaliada em comparação com as aceitas pela máquina de referência. Definida por: $\frac{VP}{VP \cup FP}$;

- **Recall / Sensitivity** – Proporção das sequencias aceitas pela máquina de referência em comparação com as aceitas pela máquina avaliada. Definida por: $\frac{VP}{VP \cup FN}$;

- **F-Measure** – Média harmônica entre **Precision** e **Recall**. Definida por: $\frac{2*Precision*Recall}{Precision+Recall}$;

- **Specificity** – Proporção das sequencias rejeitadas pela máquina de referência em comparação com as rejeitadas pela máquina avaliada. Definida por: $\frac{VN}{VN \cup FP}$; e

- **Balanced Classification Rate (BCR)** – Acurácia da máquina avaliada, balanceada com relação a classificação positiva e negativa. Definida por: $\frac{Sensitivity+Specificity}{2}$.

Onde as medidas **VP**, **FP**, **FN** e **FN** podem ser obtidos a partir da Matriz de Confusão [6] (Figura 2).

Figura 2. Exemplo da Matriz de Confusão

Uma orientação acerca da utilização desses indicadores é a seguinte [6]: se o objetivo é priorizar o grau de aceitação da linguagem pela máquina avaliada (se realmente aceita as sequencias positivas), sem dar a mesma ênfase ao complemento da linguagem (se realmente rejeitam as sequencias negativas), é indicado utilizar apenas os indicadores **Precision** e **Recall** (usando **F-Measure** para agregar os dois). Porém, se tanto a linguagem quanto seu complemento tem a mesma importância para o estudo é mais indicado utilizar a **Sensitivity** e **Specificity** (usando **BCR** para agregar os dois). Para o contexto deste experimento, dado que o objetivo é avalia a confiabilidade do Modelo Comportamental, é importante evidenciar todos os indicadores.

2.2 Hipóteses

As hipóteses foram definidas de acordo com as médias das medidas **F-Measure** e **BCR**.

- μ_{FM-RC} — Média da medida **F-Measure** referente à abordagem que provê a representação comportamental;
- $\mu_{FM-IR-ASTB}$ — Média da medida **F-Measure** referente à abordagem que utiliza o **Astrobox**;
- $\mu_{FM-IR-EITV}$ — Média da medida **F-Measure** referente à abordagem que utiliza o **EiTV smartBox**;
- μ_{BCR-RC} — Média da medida **BCR** referente à abordagem que provê a representação comportamental;
- $\mu_{BCR-IR-ASTB}$ — Média da medida **BCR** referente à abordagem que utiliza o **Astrobox**; e
- $\mu_{BCR-IR-EITV}$ — Média da medida **BCR** referente à abordagem que utiliza o **EiTV smartBox**.

Hipóteses Nulas

- (H_{01}) $\mu_{FM-RC} \leq \mu_{FM-IR-ASTB}$;
- (H_{02}) $\mu_{FM-RC} \leq \mu_{FM-IR-EITV}$;
- (H_{03}) $\mu_{BCR-RC} \leq \mu_{BCR-IR-ASTB}$; e
- (H_{04}) $\mu_{BCR-SOL} \leq \mu_{BCR-EITV}$.

Hipótese Alternativa

- (H_{11}) $\mu_{FM-RC} > \mu_{FM-ASTB}$;
- (H_{12}) $\mu_{FM-RC} > \mu_{FM-EITV}$;
- (H_{13}) $\mu_{BCR-RC} > \mu_{BCR-ASTB}$; e
- (H_{14}) $\mu_{BCR-RC} > \mu_{BCR-EITV}$.

2.3 Variáveis

- **Objetos Experimentais:** representação Comportamental das Aplicações Multimídia Codificadas em NCL;
- **Sujeitos Experimentais:** Aplicações Multimídia Codificadas em NCL;
- **Variáveis de Resposta:** matriz de Confusão contendo: a quantidade de: Verdadeiros-positivos (VP); Falso-positivos (FP); Verdadeiros-negativos (VN); e Falso-Negativos (FN);
- **Parâmetros:** algoritmo de Geração de Sequências Relevantes; e
- **Fatores:** identificação dos comportamentos reais das aplicações (único), com três tratamentos: Através da Representação Comportamental; Através do emulador Astrobox; e Através do interpretador EiTV smartBox.

2.4 Instrumentação

Além das soluções que representam os tratamentos (Ferramenta de Análise Comportamental de Aplicações NCL; Emulador Astrobox; e EiTV smarBox) também foram definidos alguns instrumentos necessários para apoiar a realização do experimento:

- **Gerador de Sequências Comportamentais** – implementação Java fundamentada no *W-Method*. Além de gerar as sequências comportamentais, esta solução também determina se a Representação Comportamental aceita cada uma das sequências geradas.

- **AstroboxSimulator** – implementação Java para automatizar o processo de execução das sequências comportamentais no emulador Astrobox. Desta forma, permite: inicializar a aplicação no emulador **Astrobox**; simular o pressionamento de teclas no emulador, através da *API Robot*[5]; capturar a tela da aplicação em execução no emulador (também através da *API Robot*); e gerar um **Relatório de Execução**;

---

5 docs.oracle.com/javase/8/docs/api/java/awt/Robot.html

- **EiTVSimulator** – implementação Java para automatizar o processo de execução das sequências comportamentais no emulador EiTV smartBox, utilizada para apoiar a verificação do aceite dessas sequências. Desta forma, permite: inicializar a aplicação no **EiTV smartBox**; simular o pressionamento de teclas no emulador, através do envio de requisições HTTP ao servidor do EiTV smartBox; capturar a tela da aplicação em execução no interpretador, através da *API JavaCV*[6] que permite manipular uma WebCam; e gerar um **Relatório de Execução**; e
- **Relatório de Execução** – relatório HTML que contém a descrição visual e textual da execução de cada sequência para possibilitar a verificação por um especialista da linguagem.

2.5 Design do Experimento

O design do experimento (Figura 3) define as etapas necessárias para a execução e análise, desta forma propõe-se:

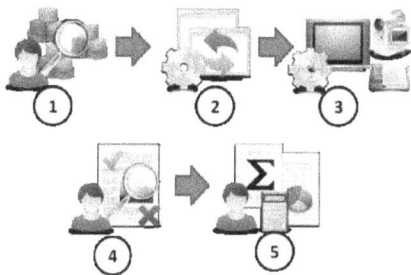

Figura 3. Etapas do experimento controlado.

1. Definir a amostra das aplicações a serem utilizadas;
2. Definir o conjunto de sequências comportamentais de cada aplicação através do **Gerador de Sequências Comportamentais**;
3. Executar o conjunto de sequências comportamentais de cada aplicação utilizando o **AstroboxSimulator** e o **EiTVSimulator**;
4. Analisar os **Relatórios de Execução** gerados para determinar o aceite de cada sequência comportamental executada. Nesta etapa, para cada conjunto de sequências executado, é necessário:
   a. Identificar os conflitos gerados entre a saída esperada (definida pela **Representação Comportamental**) e o resultado da execução. Nesta etapa, deve-se considerar como conflito qualquer saída diferente da esperada [6];
   b. Determinar qual é o real resultado de cada conflito, através da análise de um especialista da linguagem, a fim de identificar qual abordagem está inconsistente com a máquina de estados real da aplicação; e
   c. Montar duas Matrizes de Confusão que evidencie a comparação de cada tratamento (Figura 4).
5. Calcular as métricas para realizar análises exploratórias e formais, para esta etapa propõe-se utilizar o software R[7], pois ele fornece suporte a bibliotecas destinadas a análises estatísticas e permite a geração de diversos tipos de gráficos apropriados para a análise exploratória dos dados [2], tais como: o *box-plot*, que permite visualizar a dispersão e a mediada; e o *dot-plot,* que é utilizado para visualizar as medidas (F-Measure e BCR) de cada aplicação. Para a

6 github.com/bytedeco/javacv

7 www.r-project.org

análise formal, é indicada a utilização de um teste de hipótese apropriado de acordo com a amostragem utilizada.

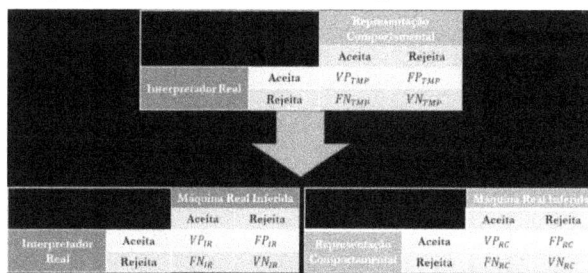

Figura 4. Inferência das Matrizes de Confusão

A Figura 4 apresenta como inferir as matrizes de confusão para cada tratamento. Este processo tem como entrada uma Matriz de Confusão (Temporária) que considera a Representação Comportamental como a Máquina de Referência. A partir da Matriz de Confusão Temporária é necessário que um especialista da linguagem analise cada uma das sequências conflitantes (que compõem FP_{TMP} e FN_{TMP}) a fim de determinar qual seria o real comportamento de acordo com as especificações da linguagem. Desta forma, infere-se:

- FP_{RC} – Quantidade real de falsos positivos para a Representação Comportamental;
- FP_{IR} – Quantidade real de falsos positivos para o Interpretador Real;
- FN_{RC} – Quantidade real de falsos negativos para a Representação Comportamental;
- FN_{IR} – Quantidade real de falsos negativos para o Interpretador Real;
- VP_{RC} – Quantidade real de verdadeiros positivos para a Representação Comportamental, determinada por $VP_{TMP} + FP_{IR}$;
- VP_{IR} – Quantidade real de verdadeiros positivos para o Interpretador Real, determinada por $VP_{TMP} + FP_{RC}$;
- VN_{RC} – Quantidade real de verdadeiros negativos para a Representação Comportamental, determinada por $VN_{TMP} + FN_{IR}$; e
- VN_{IR} – Quantidade real de verdadeiros negativos para o Interpretador Real, determinada por $VN_{TMP} + FN_{RC}$.

3. EXECUÇÃO E ANÁLISE

Para este experimento foram selecionadas 12 aplicações, coletadas a partir: de repositórios públicos (Clube NCL e Github); do contato com desenvolvedores através de fóruns de desenvolvimento; do contato com os principais produtores de conteúdo (Lifia, HxD , Lavid , TQTVD , SBT , Globo , Laboratório Telemidia , Cesar); e da consulta livre na Web. Além destas, também foram consideradas aplicações criadas para explorar alguns tipos de interações da linguagem. A execução ocorreu conforme o Design do Experimento, os detalhes dos dados dessa execução podem ser encontrados em dl.dropboxusercontent.com/u/5228583/Experimento/Detalhe.pdf.

O processo de análise também buscou seguir as diretrizes do Design do Experimento. A Figura 5 apresenta o gráfico *box-plot* para a medida *F-Measure* , enquanto que a Figura 6 apresenta para a medida BCR. É possível observar que a mediana das medidas para a Representação Comportamental tende a 1,00 em ambos os gráficos, enquanto que para o Astrobox tende a 0,00 (*F-Measure*) e 0,33 (*BCR*) e para o EiTV smartBox tende a 0,70 (*F-Measure*) e 0,88 (*BCR*). Este cenário sugere que a Representação Comportamental é mais confiável na identificação dos comportamentos das aplicações multimídias codificadas em NCL quando comparado às abordagens que utilizam esses interpretadores.

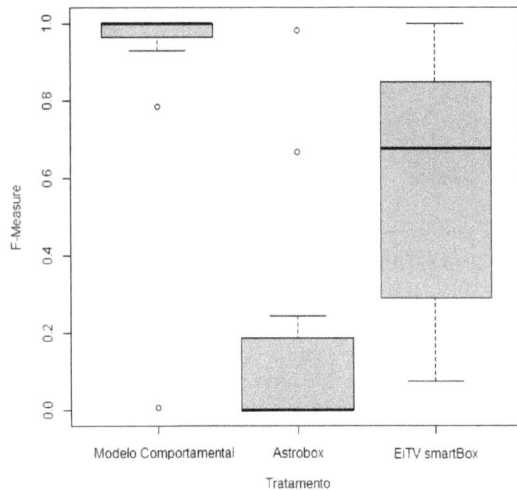

Figura 5. Gráfico *box-plot* para a medida *F-Measure*

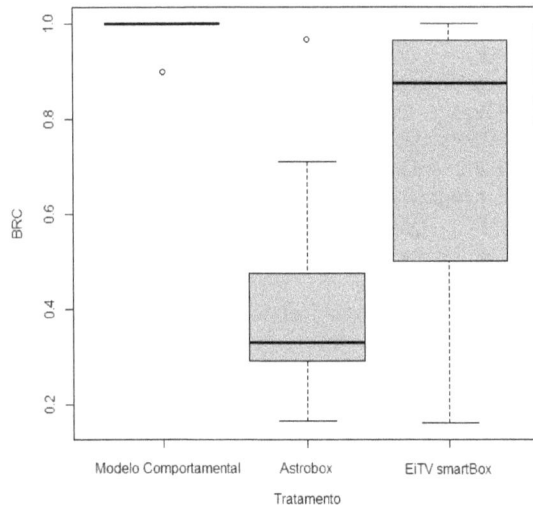

Figura 6. Gráfico *box-plot* para a medida *BCR*

O processo de análise formal fez uso do Teste T emparelhado [3], dado que a mesma população foi utilizada (nas três observações) e que a variável de resposta não possui natureza nominal ou ordinal [3]. Além disto, foi necessário determinar o valor-p (*p-value*), indicador utilizado para decidir sobre a aceitação ou rejeição da hipótese nula [3]. Como este experimento utilizou uma amostra de apenas 12 elementos utilizou-se a variável t_{n-1} da distribuição t de *Student* [1]. Sendo assim, considerando o nível de significância igual a 0,05, determinou-se o $t_{critico}$ igual a -1,796, que determina que a hipótese nula deva ser aceita no caso do t calculado (t_{calc}) ser maior, e que deva ser rejeitada em caso contrário. A análise formal também foi realizada através do software R, que apresentou resultados conforme a Tabela 1.

Tabela 1. Resultado da avaliação experimental.

t_{calc}	Conclusão
-6.1975	$t_{calc1} < t_{critico}$, então H_{01} deve ser rejeitado.
-2.0204	$t_{calc1} < t_{critico}$, então H_{02} deve ser rejeitado.
-8.1419	$t_{calc1} < t_{critico}$, então H_{03} deve ser rejeitado.
-2.9323	$t_{calc1} < t_{critico}$, então H_{04} deve ser rejeitado.

Com isso, concluiu-se que a Representação Comportamental apresenta uma confiabilidade mais alta que as abordagens que utilizam o Astrobox ou EiTV smartBox, independente do propósito: se o grau de aceitação da linguagem é priorizado (*F-Measure*) ou se o grau de aceitação e o grau de rejeição têm a mesma relevância (*BCR*). Vale salientar que todas as ameaças à validade do experimento [8] foram consideradas.

4. CONCLUSÃO

Este trabalho teve, por objetivo apresentar uma abordagem experimental para avaliar a confiabilidade de representações comportamentais no contexto das aplicações multimídia. Tal abordagem foi aplicada para avaliar uma solução de análise comportamental de aplicações NCL, que provê uma representação comportamental destinada à identificação de problemas comportamentais nas aplicações, comparando-a com interpretadores reais da linguagem: Astrobox ou EiTV smartBox.

Como resultado da avaliação experimental, concluiu-se que a representação comportamental avaliada apresentou uma confiabilidade mais alta que as abordagens que utilizam os interpretadores reais da linguagem. Como trabalho futuro, pretende-se aplicar a abordagem proposta para avaliar representações comportamentais de aplicações multimídia codificadas por outras linguagens extraídas por outras soluções.

5. REFERENCES

[1] AHSANULLAH, M.; KIBRIA, B. M. G.; SHAKIL, M.. Normal and Student´s t Distributions and Their Applications. Atlantis Press. v.4, 2014.

[2] JEDLITSCHKA, A.; PFAHL, D. Reporting guidelines for controlled experiments in software engineering. Empirical Software Engineering. International Symposium, 2005.

[3] JURISTO, N.; MORENO, A. M.. Basics of Software Engineering Experimentation (1st Ed.). Springer Publishing Company, Incorporated, 2010.

[4] PICININ JR., D.; FARINES, J.-M.; KOLIVER, C. (2012). An approach to verify live NCL applications. In Proceedings of the 18th Brazilian symposium on Multimedia and the web (WebMedia '12). ACM, New York, 2012.

[5] ROBILLARD, M.P.; BODDEN, E.; KAWRYKOW, D.; MEZINI, M.; RATCHFORD, T. (2013). Automated API Property Inference Techniques. In Software Engineering, IEEE Transactions. vol.39, no.5, pp.613-637, May 2013.

[6] WALKINSHAW, N.; BOGDANOV, K. (2013). Automated Comparison of State-Based Software Models in Terms of Their Language and Structure. ACM Transactions on Software Engineering and Methodology, 22(2), 1–37, 2013.

[7] WALKINSHAW, N.; TAYLOR, R.; DERRICK, J. (2013). Inferring Extended Finite State Machine models from software executions. In 20th Working Conference on Reverse Engineering (WCRE'13). 2013.

[8] WOHLIN, C; RUNESON, P.; HÖST, M.; OHLSSON, M. C.; REGNELL, B. (2012). Experimentation in Software Engineering. 2012. Editora Springer. 2012.

Visual Categorization of Apparel Products Combining Bag of Visual Words (BoVW) and Color and Edge Directivity Descriptor (CEDD)

Joyce M. dos Santos
Universidade Federal do Amazonas
Instituto Federal de Educação,
Ciência e Tecnologia do Amazonas
jsantos@ifam.edu.br

Edleno S. de Moura
Universidade Federal do Amazonas
edleno@icomp.ufam.edu.br

Josiane R. da Silva
Universidade Federal do Amazonas
josiane@icomp.ufam.edu.br

Caio M. Daoud
Universidade Federal do Amazonas
caiodaoud@icomp.ufam.edu.br

ABSTRACT

In e-commerce scenario, identify in advance the category of a product is fundamental to improving the quality of the returned ranking for a query. In this article, we propose an alternative to the task of categorization of apparel products which explores the combination of representation generated by *Bag of Visual Words* (BoVW) method with features extracted by a traditional content-based image descriptor, the Color and Edge Directivity Descriptor (CEDD). Our experiments show that the proposed combination strategy is viable, competitive and statistically higher compared to baselines.

Keywords: Product Classification; Machine Learning; Image Descriptors.

1. INTRODUÇÃO

Os produtos relacionados à moda que são disponibilizados no comércio eletrônico geralmente possuem um forte apelo visual, de tal forma que a apresentação de imagens ilustrativas exerce uma grande influência na decisão de compra do consumidor. Apesar disso, muitas lojas *online* ainda limitam seus usuários a realizarem busca por produtos a partir de uma descrição puramente textual. Técnicas de recuperação de imagens baseada em conteúdo, conhecidas como *Content-Based Image Retrieval* (CBIR), têm sido exploradas para melhorar a experiência de compra dos consumidores. Isso porque seu funcionamento baseia-se na recuperação de imagens a partir de uma imagem de consulta e não a partir de uma descrição textual. Em CBIR, informações do conteúdo da imagem como cor, forma e textura são utilizadas para recuperar imagens semelhantes a uma imagem de consulta. Nesse contexto, existem os métodos que aplicam estratégias baseadas em *Bag of Visual Words* (BoVW). Esses métodos tem como objetivo descrever imagens por meio de um conjunto de palavras visuais que são geradas a partir de um processo de agrupamento que roda sobre pontos de interesse detectados em imagens presentes em uma coleção de referência.

WebMedia '16, November 08-11, 2016, Teresina, PI, Brazil
© 2016 ACM. ISBN 978-1-4503-4512-5/16/11...$15.00
DOI: http://dx.doi.org/10.1145/2976796.2988178

Um aspecto importante da abordagem BoVW está no fato de que sua representação permite que técnicas de recuperação textual consideradas eficientes possam ser adotadas na busca visual.

No contexto de recuperação visual de produtos, reconhecer um produto presente na imagem é uma tarefa essencial para que o sistema retorne resultados de qualidade. O que tem sido feito nessa direção, é o uso da multimodalidade das bases de produtos. Normalmente, essas bases são compostas por imagens e alguma descrição textual. Uma informação que comprovadamente auxilia no aumento da qualidade dos resultados é a categoria associada aos produtos [3].

Muitos trabalhos apresentados na literatura têm demonstrado que a abordagem BoVW tem alcançado bons resultados quando associada aos processos de aprendizagem de máquina em tarefas de classificação. O foco deste trabalho está em buscar uma alternativa viável que seja capaz de melhorar o desempenho obtido pela abordagem BoVW especificamente em tarefas de classificação de produtos do segmento de vestuário. Para isso, verificamos o efeito de um particionamento fixo das imagens nesse contexto, exploramos estratégias de combinação entre a representação gerada pela abordagem BoVW e a representaçao gerada por uma técnica CBIR tradicional, a partir da utilização do *Color and Edge Directivity Descriptor* (CEDD), e por fim fizemos experimentos de ajuste de parâmetros para obter um modelo de aprendizagem satisfatório. A estratégia de combinação dessas abordagens em um único espaço de representação apresentou resultados competitivos e estatisticamente significantes em todos os cenários experimentados quando comparada à aplicação individual de cada abordagem.

2. CONCEITOS FUNDAMENTAIS

O descritor de imagem é um dos componentes mais importantes em um sistema CBIR. Ele é o responsável por representar informações referentes ao conteúdo visual da imagem em um vetor de características e por calcular a similaridade entre as imagens com base na representação adotada. Neste trabalho, um dos descritores utilizados foi o CEDD (*Color and Edge Directivity Descriptor*) [2]. A escolha desse descritor foi motivada pelo desempenho obtido por ele no trabalho apresentado em [3], que foi superior ao desempenho de vários outros descritores no contexto de recuperação visual de produtos. O CEDD extrai características de cor e textura das imagens e as incorpora em um vetor de características limitado a 54 *bytes* por imagem, o que o torna adequado para grandes coleções de imagens.

A fim de lidar com o desafio da busca eficiente em grandes coleções de imagens, uma série de métodos tem adotado a estratégia de modelar imagens como documentos constituídos por palavras visuais. Essa estratégia de representação é conhecida como *Bag of Visual Words* (BoVW). O trabalho apresentado em [5] é considerado o precursor na aplicação dessa estratégia na tarefa de recuperação de imagens. De uma forma geral, a representação BoVW é gerada a partir de três etapas: (i) detecção e representação de características, (ii) geração do vocabulário visual e (iii) quantização dos descritores locais. A detecção de características é a etapa responsável por detectar e descrever pontos de interesse considerados relevantes nas imagens. A etapa de geração do vocabulário consiste no processo de agrupamento dos descritores locais referentes aos pontos de interesse. Cada grupo gerado durante esse processo é tratado como uma única palavra visual do vocabulário. Por fim, a etapa de quantização dos descritores locais consiste no processo de descrever as imagens com as palavras do vocabulário gerado na etapa anterior.

Neste trabalho, tratamos um problema de aprendizagem de máquina não separável linearmente, uma vez que buscamos a classificação de imagens em uma coleção que possui mais do que duas categorias de produtos. O classificador SVM [7] faz uso de diferentes funções de *kernel* para lidar com problemas não separáveis linearmente. As funções de *kernel* são responsáveis por mapear as amostras em um espaço de características de dimensão maior do que o espaço de características original. Dentre as funções de *kernel* mais utilizadas estão as funções Polinomiais e as funções Gaussianas, também conhecidas como RBF (*Radial-Basis Function*). Cada uma delas apresenta parâmetros que devem ser ajustados de acordo com o contexto da aplicação. Buscamos por meio da realização de experimentos, escolher a melhor configuração de *kernel* para o SVM, a fim de aplicá-la no cenário de categorização de produtos de vestuário.

3. TRABALHOS RELACIONADOS

No trabalho apresentado em [6], a representação BoVW foi utilizada na tarefa de atribuição de rótulos às imagens de uma coleção de 3.500 produtos. Uma estratégia adotada para aumentar a acurácia das respostas foi a representação de vários pontos de vista de um mesmo produto. Para representar os pontos de interesse do produto foi utilizado apenas o descritor SIFT [4]. Foram exploradas a geração de um vocabulário visual hierárquico e a adoção de uma classificação de vizinho mais próximo em tarefas de classificação limitadas a 2 e a 3 classes. Ao comparar nossa proposta com o trabalho apresentado em [6], usamos uma base mais heterogênea composta por 33.660 imagens classificadas em 13 categorias de produtos de vestuário, e em vez de considerar imagens com fundo homogêneo, foram usadas imagens com mais ruído, ou seja, com fundo não homogêneo ou produtos sendo usados por pessoas, o que apresenta um desafio maior para a tarefa de classificação. Além disso, em vez de usar apenas o BoVW tradicional, propusemos uma estratégia de combinação para aumentar o desempenho do BoVW a partir da combinação de sua representação com a representação gerada por um descritor CBIR tradicional.

Na pesquisa realizada em [3], foi proposta uma estratégia para aumentar a qualidade das respostas retornadas para a busca visual de produtos presentes em base multimídia de imagens que estão associadas a uma descrição textual. A estratégia proposta consistiu em classificar a imagem de consulta em uma das categorias de produtos existentes na coleção de imagens. A definição da categoria do produto foi feita com base na descrição textual de categoria mais frequente presente no topo do ranking inicial da busca visual. Essa categoria é usada como um filtro em uma segunda etapa de busca

para melhorar os resultados iniciais obtidos. Uma crítica a essa estratégia está no fato de que o resultado da inferência da categoria é muito dependente dos resultados da busca inicial. Isso quer dizer que se o topo do resultado inicial não possuir um número superior de imagens pertencentes à categoria correta, o resultado final será prejudicado de forma considerável. Neste sentido, nosso trabalho propõe uma estratégia baseada em aprendizagem de máquina para identificar propriedades que auxiliam no reconhecimento automático da categoria de uma imagem submetida como consulta.

4. PROPOSTA

Nossa proposta consiste em combinar as representações geradas por um método BoVW e um descritor CBIR tradicional em sua integridade em um mesmo espaço de representação. Nesse caso, adotamos a estratégia conhecida como *early fusion*. A abordagem *early fusion* consiste em concatenar as representações visuais em um único vetor de características. Essa forma de combinação permite uma representação onde uma regra de decisão está baseada em todas as fontes de evidência.

Neste trabalho, aplicamos a representação resultante da combinação proposta em um processo de aprendizagem supervisionada, de forma a aumentar a acurária obtida em tarefas de categorização visual de produtos do segmento de vestuário. Experimentos foram realizados com o intuito de obter o modelo de representação ideal para esse contexto. Para isso, foi utilizada a coleção *DafitiPosthausAmazon* [3], composta por imagens de produtos de moda extraídas de três *websites* de comércio eletrônico que totalizam 33.660 imagens. As imagens extraídas pertencem a cinco categorias, definidas como: roupas femininas, roupas masculinas, calçados femininos, calçados masculinos e bolsas. Para cada categoria existe um conjunto de subcategorias: blusas, camisas, camisetas, vestidos, calças, shorts, saias, sapatilhas, scarpins, botas, sandálias, sapatos e tênis.

4.1 Representação de características

Cada imagem da coleção foi associada a três representações distintas. A primeira representação foi formada pelas características extraídas pelo descritor CEDD, representando o CBIR tradicional. Essa representação consiste em um vetor de 144 posições que representa padrões de cor e textura das imagens. A segunda representação foi formada pelas características representadas pela abordagem BoVW com a utilização do descritor SURF [1]. A escolha desse descritor foi motivada devido a sua velocidade de processamento ser considerada superior a de outros descritores utilizados para o mesmo fim, como por exemplo o SIFT [4]. Essa representação consiste em um vetor composto por 500 posições, referentes ao tamanho do vocabulário visual gerado durante o processo de agrupamento dos pontos de interesse detectados. Uma terceira representação foi formada com a combinação das características extraídas pelo CEDD e pela abordagem BoVW, referida neste trabalho como CEDD+BOVW. A combinação das características do CEDD e do BoVW é feita por meio da concatenação de seus vetores de características e a geração de um único vetor com as características geradas pelas duas abordagens. Dessa forma, essa representação refere-se a um vetor de 644 posições. A Seção 5 apresenta uma análise sobre o impacto de cada representação no treinamento do classificador.

4.2 Protocolo de aprendizagem

O protocolo adotado neste trabalho para o processo de aprendizagem é apresentado na Figura 1. A coleção de imagens foi inicialmente dividida em duas partes de aproximadamente 66% para treino e 33% para teste. As imagens foram divididas aleatoriamente, buscando manter essa mesma proporcionalidade na divisão entre as categorias e as subcategorias (estratificação). Para a realização de ajuste de parâmetros na fase de treinamento optou-se por realizar *hold-out* de 66% das instâncias para treino. O modelo gerado pelo classificador durante a fase de treinamento foi validado em 10 partições diferentes da coleção de teste. A partir dos resultados obtidos, o teste estatístico *Wilcoxon* [8] foi aplicado com o intuito de validar como significativas apenas as diferenças com o mínimo de 95% de confiança.

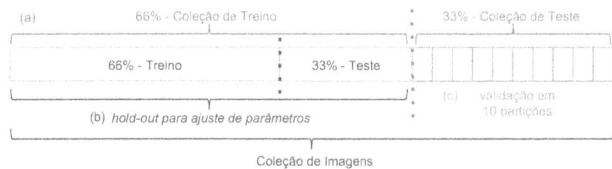

Figure 1: Protocolo do Processo de Aprendizagem.

5. EXPERIMENTOS

A fim de verificar a influência do *background* da imagem no processo de aprendizagem, foram feitos experimentos com uma estratégia simples de particionamento que foi proposta em [3]. Essa estratégia consiste em representar a imagem a partir de uma partição fixa da mesma, equivalente a 30% do seu tamanho original, objetivando capturar o objeto de interesse da imagem, que no caso de imagens de produtos, está normalmente posicionado em seu centro. Para a análise do impacto do particionamento, foram definidas duas versões da coleção: uma com e outra sem o particionamento das imagens.

Os valores apresentados na Tabela 1 são referentes aos resultados obtidos a partir do processo de aprendizagem no qual foi aplicado o classificador SVM [7] com o *kernel* Polinomial. Analisando os resultados, o melhor desempenho está associado à representação de imagens sem particionamento. A conclusão sobre o desempenho obtido a partir da aplicação do particionamento fixo foi diferente da obtida em [3], onde a estratégia de particionamento fixo rendeu melhor desempenho na tarefa de classificação de produtos de vestuário. Para o contexto deste trabalho, que aplica processo de aprendizagem de máquina, acreditamos que utilizar um particionamento fixo e não um adaptável foi determinante para os melhores resultados estarem associados à estratégia sem particionamento. A aplicação de um particionamento fixo para todas as imagens ocasionou a perda de informações relevantes para a caracterização de algumas imagens. A partir dessa conclusão, os experimentos seguintes foram realizados com o cenário de representação sem particionamento.

Os resultados preliminares apresentados na Tabela 1 demonstram que a proposta de combinação CEDD+BoVW se manteve competitiva quando comparada à aplicação do CEDD e do BoVW individualmente em todos os cenários. A fim de aprimorar ainda

		Acurácia (%)
CEDD	com partição	71,89
	sem partição	73,19
BOVW	com partição	73,13
	sem partição	77,29
CEDD+BOVW	com partição	81,53
	sem partição	84,68

Table 1: Classificação de categorias: SVM - kernel Polinomial; C=1 ; Grau=1.

mais os resultados obtidos e validar estatisticamente as diferenças entre as representações, foram realizados experimentos em busca da parametrização ideal do SVM a ser aplicada em cada cenário de representação sem particionamento. O ajuste de parâmetros do SVM foi realizado para a tarefa de classificação de categorias no ambiente de treino, com o objetivo de validar a melhor configuração no processo de classificação de categorias e subcategorias no ambiente de teste.

Nessa fase, foram realizados experimentos com o *kernel* Polinomial e o *kernel* RBF. Para cada *kernel* testado foram feitos experimentos com a variação de seus parâmetros. Essa variação influencia tanto no tipo de superfície de separação que será gerada pelo classificador (parâmetro Grau ou Gamma) quanto na quantidade de erros permitidos de forma a evitar o risco empírico e garantir um bom desempenho do classificador (parâmetro C).

As Tabelas 2 e 3 mostram os resultados do treinamento realizado com o *kernel* Polinomial e o *kernel* RBF. Inicialmente foi feita a variação dos parâmetros $Grau$ (Polinomial) e $Gamma$ (RBF). Uma vez obtido o melhor valor para esses parâmetros, foi variado o valor do parâmetro C para os dois *kernels*. Para gerar os modelos a serem validados na coleção de teste, foram escolhidos o melhor conjunto de parâmetros para cada cenário e representação. Para o CEDD, foi gerado um modelo com o *kernel* Polinomial aplicando os parâmetros $C = 1$ e $Grau = 2$ e um modelo com o *kernel* RBF aplicando os parâmetros $C = 10$ e $Gamma = 0, 5$. Para o BoVW, foi gerado um modelo com o *kernel* Polinomial aplicando os parâmetros $C = 1$ e $Grau = 2$ e um modelo com o *kernel* RBF aplicando os parâmetros $C = 10$ e $Gamma = 0, 4$. Para o CEDD+BoVW, foi gerado um modelo com o *kernel* Polinomial aplicando os parâmetros $C = 1$ e $Grau = 2$ e um modelo com o *kernel* RBF aplicando os parâmetros $C = 10$ e $Gamma = 0, 2$. Esses mesmos parâmetros foram utilizados para gerar os modelos aplicados na tarefa de classificação de subcategorias.

As médias dos valores de precisão obtidos pelos modelos em cada partição da coleção de teste podem ser visualizadas nas Tabelas 4 e 5. Analisando os resultados apresentados, para a tarefa de classificação de categorias, os modelos gerados utilizando o *kernel* RBF obtiveram resultados superiores estatisticamente aos resultados obtidos com o *kernel* Polinomial em todos os cenários. Para a tarefa de classificação de subcategorias, o desempenho obtido pelo *kernel* RBF se manteve superior estatisticamente em relação ao desempenho do *kernel* Polinomial, exceto no cenário CEDD+BoVW onde o desempenho se manteve equivalente de acordo com os testes estatísticos.

Analisando o desempenho individual das estratégias de representação gerada para as imagens, a representação CEDD+BoVW obteve desempenho superior estatisticamente em relação às representações CEDD e BoVW tanto na tarefa de classificação de categorias quanto na tarefa de classificação de subcategorias, onde foram alcançadas valores máximos de acurácia de 89, 96% e 76, 49% respectivamente. Esse resultado nos leva a constatar que o modelo de combinação proposto é viável, competitivo e superior em relação à aplicação individual dessas abordagens.

6. CONCLUSÕES

A estratégia de combinação das representações BoVW e CEDD, permitiu o alcance ganhos significativos estatisticamente em relação às abordagens aplicadas de forma individual em todos os cenários explorados neste trabalho. O estudo da melhor configuração para o classificador SVM foi importante para a obtenção de um resultado ainda melhor na tarefa de classificação. Para o contexto deste trabalho, foi possível verificar que o *kernel* RBF obteve na maioria dos cenários desempenho superior em relação ao *kernel*

			Acurácia (%)
CEDD	C=1	G = 1	73,19
		G = 2	79,19
		G = 3	79,09
		G = 4	78,15
		G = 5	76,49
			Acurácia (%)
BoVW	C=1	G = 1	77,29
		G = 2	80,31
		G = 3	77,60
		G = 4	72,62
		G = 5	66,79
			Acurácia (%)
CEDD+BoVW	C=1	G = 1	84,68
		G = 2	86,94
		G = 3	86,43
		G = 4	85,07
		G = 5	83,16
(a) C fixo; Variando Grau			
			Acurácia (%)
CEDD	G=2	C = 0,01	70,58
		C = 0,1	76,96
		C = 1	79,19
		C = 10	78,15
		C = 100	75,91
			Acurácia (%)
BoVW	G=2	C = 0,01	67,29
		C = 0,1	77,88
		C = 1	80,31
		C = 10	78,37
		C = 100	77,37
			Acurácia (%)
CEDD+BoVW	G=2	C = 0,01	84,78
		C = 0,1	87,40
		C = 1	86,94
		C = 10	86,40
		C = 100	85,67
(b) Grau fixo; Variando C			

Table 2: Ajuste de parâmetros: Classificação de categorias - Parametrização do SVM com kernel Polinomial.

			Acurácia (%)
CEDD	C=1	G = 0,1	74,45
		G = 0,2	76,41
		G = 0,3	77,57
		G = 0,4	78,18
		G = 0,5	78,82
			Acurácia (%)
BoVW	C=1	G = 0,1	77,86
		G = 0,2	79,61
		G = 0,3	80,44
		G = 0,4	80,47
		G = 0,5	79,86
			Acurácia (%)
CEDD+BoVW	C=1	G = 0,1	86,31
		G = 0,2	86,85
		G = 0,3	86,67
		G = 0,4	85,73
		G = 0,5	83,91
(a) C fixo; Variando Grau			
			Acurácia (%)
CEDD	G=0,5	C = 0,1	71,83
		C = 1	78,82
		C = 10	80,45
		C = 50	79,93
		C = 100	79,38
			Acurácia (%)
BoVW	G=0,4	C = 0,1	66,41
		C = 1	80,47
		C = 10	81,49
		C = 50	80,83
		C = 100	80,76
			Acurácia (%)
CEDD+BoVW	G=0,2	C = 0,1	75,63
		C = 1	86,85
		C = 10	87,98
		C = 50	87,56
		C = 100	87,50
(b) Gamma fixo; Variando C			

Table 3: Ajuste de parâmetros: Classificação de categorias - Parametrização do SVM com kernel RBF.

	Acurácia (%)		Acurácia (%)
CEDD	80,48	CEDD	82,62
BoVW	82,66	BoVW	84,14
CEDD+BoVW	89,52	CEDD+BoVW	89,86
(a) Kernel Polinomial		(b) Kernel RBF	

Table 4: Classificação de categorias: validação dos modelos de aprendizagem.

	Acurácia (%)		Acurácia (%)
CEDD	64,13	CEDD	67,28
BoVW	66,02	BoVW	68,43
CEDD+BoVW	75,92	CEDD+BoVW	76,49
(a) Kernel Polinomial		(b) Kernel RBF	

Table 5: Classificação de subcategorias: validação dos modelos de aprendizagem.

Polinomial. Também foi possível constatar que a representação das imagens onde foi aplicada a estratégia de particionamento proposta em [3] não garantiu um melhoria do desempenho da classificação.

Como trabalhos futuros podem ser feitos experimentos para verificar a eficiência de outros descritores, como também a influência de outros classificadores nessa tarefa. Experimentos podem ser realizados com o intuito de transformar a classificação das subcategorias em um processo multi-etapa, onde primeiro classifica-se a categoria do produto e em seguida a subcategoria. Outro estudo que poderia ser conduzido está relacionado à aplicação de segmentação no lugar do particionamento fixo para eliminar o *background* da imagem. Por fim, o modelo proposto nesse trabalbo pode ser experimentado como alternativa ao processo *ad hoc* de categorização aplicado no método de *re-ranking* apresentado em [3].

7. REFERENCES

[1] H. Bay, T. Tuytelaars, and L. Van Gool. Surf: Speeded up robust features. *Computer Vision*, pages 404–417, 2006.

[2] S. Chatzichristofis and Y. Boutalis. Cedd: color and edge directivity descriptor: a compact descriptor for image indexing and retrieval. *Computer Vision Systems*, pages 312–322, 2008.

[3] J. M. dos Santos, J. M. Cavalcanti, P. C. Saraiva, and E. S. de Moura. Multimodal re-ranking of product image search results. In *Advances in Information Retrieval*, pages 62–73. Springer, 2013.

[4] D. Lowe. Object recognition from local scale-invariant features. In *Proceedings of the 7th IEEE International Conference on Computer Vision*, volume 2, pages 1150–1157, 1999.

[5] J. Sivic and A. Zisserman. Video google: A text retrieval approach to object matching in videos. In *International Conference on Computer Vision*, pages 1470–1477. IEEE, 2003.

[6] B. Tomasik, P. Thiha, and D. Turnbull. Tagging products using image classification. In *Proceedings of the 32Nd International ACM SIGIR Conference on Research and Development in Information Retrieval*, SIGIR '09, pages 792–793, New York, NY, USA, 2009. ACM.

[7] V. Vapnik. *The nature of statistical learning theory*. Springer, 2000.

[8] F. Wilcoxon. Individual comparisons by ranking methods. *Biometrics*, 1:80–83, 1945.

A Framework-based Approach for the Integration of Web-based Information Systems on the Semantic Web

Danillo R. Celino
Ontology & Conceptual Modeling Research
Group (Nemo) - Department of Informatics,
Federal University of Espírito Santo (Ufes)
Vitória, ES, Brazil
drcelino@inf.ufes.br

Beatriz Franco Martins
Ontology & Conceptual Modeling Research
Group (Nemo) - Department of Informatics,
Federal University of Espírito Santo (Ufes)
Vitória, ES, Brazil
bfmartins@inf.ufes.br

Luana Vettler Reis
Ontology & Conceptual Modeling Research
Group (Nemo) - Department of Informatics,
Federal University of Espírito Santo (Ufes)
Vitória, ES, Brazil
luanna.vettler@gmail.com

Vítor E. Silva Souza
Ontology & Conceptual Modeling Research
Group (Nemo) - Department of Informatics,
Federal University of Espírito Santo (Ufes)
Vitória, ES, Brazil
vitor.souza@ufes.br

ABSTRACT

For the vision of the Semantic Web to become a reality and its benefits harnessed, data available on the Web must also be published in the form of *linked data*. Moreover, the quality of the abstract conceptual models behind this data, i.e., their ontology, can also have a big influence in the adoption of linked data sets and their vocabularies. In this paper, we propose *FrameWeb-LD*, an approach for the integration of Web-based Information Systems on the Semantic Web, which uses well-founded languages and methods for the modeling of ontologies and aids developers in publishing their application's data and services on the *Web of Data*.

Keywords

Web Engineering; Frameworks; Semantic Web; Linked Data; Ontologies.

1. INTRODUCTION

The Semantic Web vision, first described by Berners-Lee et al. [3] in their seminal article, proposed to harness the architecture of the World Wide Web to link data instead of just documents, adding semantics (meaning) to such links. According to the authors, making data available on the Web in a machine-processable format would allow the creation of software agents that could aid us in tasks that are repetitive, impractical or even impossible to accomplish nowadays.

Such tasks are hindered by the amount of data available on the Web. From product specifications to geographical information, from scientific research results to governmental data, an increasing number of people and organizations are

choosing to share their data with others, contributing to a *data deluge*. This phenomenon creates problems such as how to provide access to data so it can be most easily reused; how to enable discovery of relevant data within the multitude of data sets; or how to integrate data from different and formerly unknown data sources [12]. The first step is to publish all this data in the form of *linked data* [2].

According to [13], however, the WWW is not the only source and inspiration for the technologies that support the Semantic Web. The construction of abstract models (Conceptual Modeling, Ontology Engineering) and computing with knowledge (Logic and Artificial Intelligence) are also involved in the process of building for this *Web of Data*.

Ontologies have a fundamental role on the development of the Semantic Web [15]. They define a common meaning to data published in various data sources, helping with their reutilization, discovery and integration. The more disseminated these vocabularies, the more likely they are to be used. We believe a key factor in making these ontologies popular is their quality which, in turn, is tightly connected to the quality of the languages, methods and tools used in their definition.

This paper proposes *FrameWeb-LD*, an extension of the *FrameWeb* [19, 22] method that aids developers in making their Web-based Information Systems (WIS) — both data- and service-wise — available on the Semantic Web, i.e., published as linked data. The main problem we aim to address is that of adoption: by providing a systematic method based on well-founded ontologies, coupled with tools that automate certain parts of the process, we facilitate the task of integrating a WIS into the *Web of Data*, with higher quality models, thus promoting the adoption of *linked data*. Of course, this is a small contribution regarding a broader problem of realizing the Semantic Web vision. We can, however, harness the benefits of *linked data* even if such vision has not been (or will never be) reached.

The remainder of the paper is divided as following: Section 2 summarizes the baseline of our work; Section 3 presents our proposal, *FrameWeb-LD*; Section 4 describes our proposal's evaluation; Section 5 discusses related work; and, finally, Section 6 concludes.

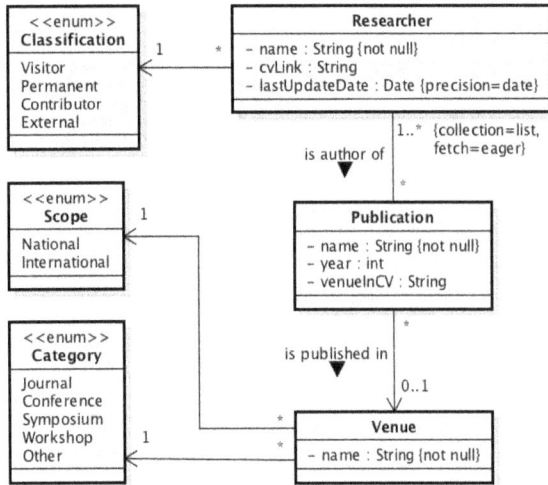

Figure 1: Example of *FrameWeb* Domain Model.

2. BASELINE

FrameWeb-LD is an extension of *FrameWeb* [19, 22], a *Framework-based Design Method for Web Engineering*. *FrameWeb* is motivated by the advantages brought by the use of frameworks and container-based architectures (e.g., Java™ Enterprise Edition [4]), such as avoiding the continual rediscovery and reinvention of basic architectural patterns and components, reducing cost and improving the quality of software by using proven architectures and designs [21].

FrameWeb incorporates concepts from well established types of framework — e.g., Front Controller (MVC), Object/Relational Mapping (ORM), Dependency Injection (DI) — into architectural design models. For instance, Figure 1 shows part of a domain model for C2D, a Web-based Information System (WIS) that keeps track of members of a post-graduate program of an university and their respective publications, used as a running example in this paper. In addition to the usual UML constructs (visibility kinds, cardinalities, data types, etc.), the diagram shows ORM mappings such as *not null*, *precision=date*, *fetch=eager*, etc. [22].

There are three other models prescribed by *FrameWeb*: the *Persistence Model* specifies the persistence operations that should be implemented using the ORM framework for each domain class; the *Navigation Model* shows the different elements that compose an MVC solution for the presentation layer (web pages, forms, MVC controllers, etc.); finally, the *Application Model* models the service layer and determines how the DI framework should connect the controllers to service classes that, in turn, depend on the Data Access Objects (DAOs [1]) from the persistence layer.

In its original proposal [22], *FrameWeb* already includes a Semantic Web extension called *S-FrameWeb*, which proposes the inclusion of a domain analysis [7] activity for the construction of an ontology [9] of the domain, the use of the Ontology Definition Metamodel (ODM)[1] for domain models and an extension of the MVC framework to deliver results in OWL[2] upon request. Our proposal, *FrameWeb-LD*, intends to replace *S-FrameWeb* for the reasons explained next.

S-FrameWeb does not prescribe a systematic method for

the construction of the ontology. In this work, we propose the use of SABiO, a Systematic Approach for Building Ontologies [6], which organizes the ontology construction process in five phases: (1) purpose identification and requirements elicitation; (2) ontology capture and formalization; (3) design; (4) implementation; and (5) test. These phases are supported by well-known activities in the Requirements Engineering lifecycle, such as knowledge acquisition, reuse, documentation and evaluation.

Moreover, ODM defines a language that focuses on operational ontologies (as defined in [6]) in OWL. Following SABiO, we propose the use of the well-founded language OntoUML [10] for ontology capture and formalization. Tools such as OLED[3] and Menthor[4] can aid modelers in designing OntoUML diagrams, plus include features for deriving OWL operational ontologies from OntoUML models.

Finally, *S-FrameWeb* included linked data (LD) support for a single MVC framework based on technology that is now outdated. We propose: (1) the use of tools such as D2RQ[5], which serve as an LD adapter layer over relational databases (predominant database type in WIS); (2) to follow best practices in LD publishing [12]; and (3) to aid developers in providing Semantic Web Services [20] using standard description languages such as OWL-S[6]. Tools such as OWL-S Editor [5] and OWLComposer[7] can help in this matter.

The above Semantic Web technologies are based on the RDF[8] (Resource Description Framework) data model, which describes resources on the Web using triples, i.e., statements composed by three parts, subject-predicate-object, forming node-and-arc-labeled directed graphs [12]. Triples can be stored in a special kind of database called *triplestore* and be queried via the semantic query language SPARQL.

3. PROPOSAL

In this section we present our proposal of a new semantic extension for *FrameWeb*, called *FrameWeb-LD*. The contributions of this work are: (a) an extension of the metamodel of *FrameWeb* allowing linked data mappings to be represented in its design models; (b) the integration of the systematic approach SABiO for building ontologies with the ontologically well-founded language OntoUML; (c) a tool for the automatic generation of code, relieving developers of most of the effort in publishing the aforementioned linked data and semantic web services.

The flowchart in Figure 2 provides an overview of the development process proposed by *FrameWeb-LD*. Dashed lines represent the flow of information, whereas solid ones denote the sequence of tasks (besides the usual flow of information between two sequential activities). The process is divided in five stages, indicated by the diagram's swim-lanes (names on the left-hand side of the figure). It is important to note that while the flowchart indicates a sequence of activities/phases, we do not prescribe a specific development life-cycle. We suggest, however, the use of iterative and agile processes.

The phases of the *FrameWeb-LD* development process are detailed in the subsections that follow. We use the generic

---

[1]http://www.omg.org/spec/ODM/1.1/.
[2]http://www.w3.org/standards/techs/owl.

[3]http://nemo.inf.ufes.br/projects/oled/
[4]http://www.menthor.net/
[5]http://d2rq.org/.
[6]http://www.w3.org/Submission/OWL-S/.
[7]http://sourceforge.net/projects/owl-scomposer/.
[8]https://www.w3.org/RDF/

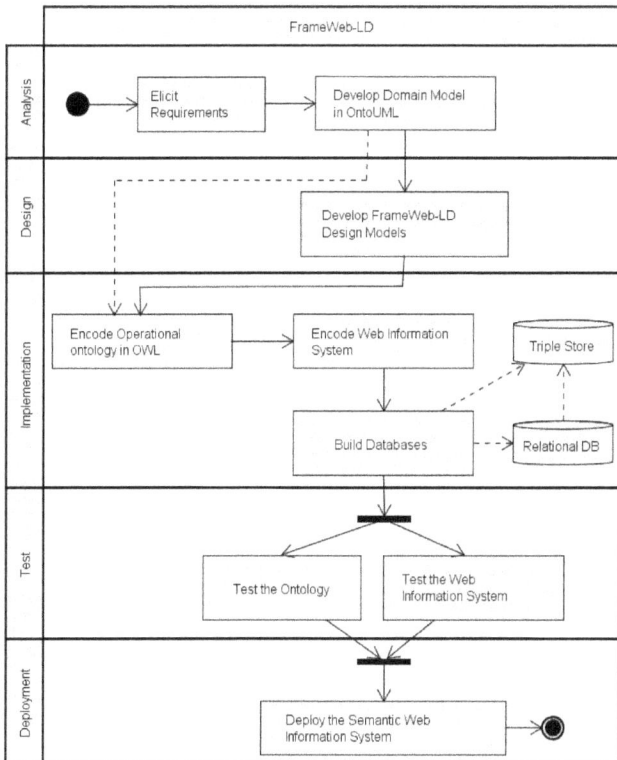

Figure 2: Overview of the *FrameWeb-LD* process.

role *developer* to represent the actors conducting the activities in different stages of the software process (which could be requirements engineers, software architects, programmers, etc., depending on the stage).

3.1 Analysis

During this phase, the developer conducts the first two steps of the SABiO process: (1) purpose identification and requirements elicitation (*Elicit Requirements* activity); and (2) ontology capture and formalization (*Develop Domain Model in OntoUML* activity). The output of this phase is an ontology that represents the concepts of the problem domain of the WIS, modeled in OntoUML.

As an extension of *FrameWeb*, these activities should integrate with the usual Requirements Engineering (RE) process conducted to develop the WIS. As part of it, requirements engineers usually produce a conceptual model of the problem at hand. With *FrameWeb-LD*, the OntoUML model produced at this stage can be used as basis for the construction of the conceptual model during RE. Optionally, the developer could conduct a Domain Analysis activity [7], broadening the ontology scope to the entire domain of the problem (e.g., publications from researchers associated to post-graduate programs) and not just the problem at hand (metrics used at a specific program for evaluating researchers).

For our running example, we focused on the problem at hand. In parallel with ordinary RE activities (e.g., capture of functional and non-functional requirements), we elicited Competency Questions [8] focusing on our post-graduate program — such as "What is a researcher in the post-graduate program?" (CQ1), "What are the possible roles for a researcher?" (CQ2), or "What is the scoring system to eval-

uate researchers in the program?" (CQ8) — and produced an ontology in OntoUML, shown in Figure 3.

This conceptual model shows elements from the domain, such as the post-graduate program, its researchers, their publications and how they are scored following a scoring system. Each class has a stereotype that determines their relation to the concepts of the foundational ontology UFO. For a complete description of OntoUML and what each of these stereotypes mean, the reader should refer to [10].

Later, this model was used as basis for a UML class diagram (with added elements such as attributes, enumerations, etc.), featured in the software requirements specification document for C2D.

3.2 Design

At the design phase, the developer should produce the *FrameWeb* models described in Section 2, namely: *Application*, *Domain*, *Navigation* and *Persistence* models. The *FrameWeb-LD* extension proposes additions to the first two on this list, described next.

3.2.1 Domain Model

The *Domain Model* is based on the ontology/conceptual model built in the previous phase, but with added details regarding implementation. As shown in Figure 1, *FrameWeb* adds Object/Relational Mapping (ORM) annotation to domain classes, besides other usual implementation details (attribute data types, navigability of associations, etc.). Analogously, *FrameWeb-LD* adds linked data (RDF) mapping annotations to this model. The resulting model serves also as Ontology Design Specification, which is the expected result of the design phase of SABiO.

The meta-models that define the *FrameWeb* language [19] were, thus, extended to allow the inclusion of RDF annotations, which specify how the data from the WIS relates to well-known vocabularies from the Semantic Web, with the purpose of integrating them into the Web of Data [12]. Due to space constraints, a fragment of these meta-model extensions is shown in Figure 4. The complete meta-model is available at the *FrameWeb* project website.[9]

White classes in the figure come from the UML meta-model extended by *FrameWeb* [19], which includes the `FrameWebModel` class, in blue, and `DomainAttribute`, green. The remaining classes, in yellow, are the extensions from the *FrameWeb-LD* meta-model, which are based on the OWL 2.0 syntax specification.[10] The `VocabularyModel` class represents the *FrameWeb-LD* model that contains linked data annotations. Such model can import `Axioms` and `Annotations` from external `Vocabulary` given their URI (the meta-model uses `IRI`, following the term from the OWL 2.0 syntax specification, although we prefer the more popular term, URI). Then, the model is annotated via `VocabularyAssociation`, `VocabularyProperty` or `VocabularyConstraint`.

The proposed extensions are illustrated in a partial *Domain Model* for C2D in Figure 5 as follows:

- Although not shown in the diagram, the meta-model associates vocabulary identifiers (IDs) to their respective URIs, just as the header of an RDF document does. In the example, `foaf` is associated with http://xmlns.com/foaf/0.1/ (Friend of a Friend vocabulary)

---

[9]http://nemo.inf.ufes.br/projects/frameweb/
[10]https://www.w3.org/TR/owl2-syntax/

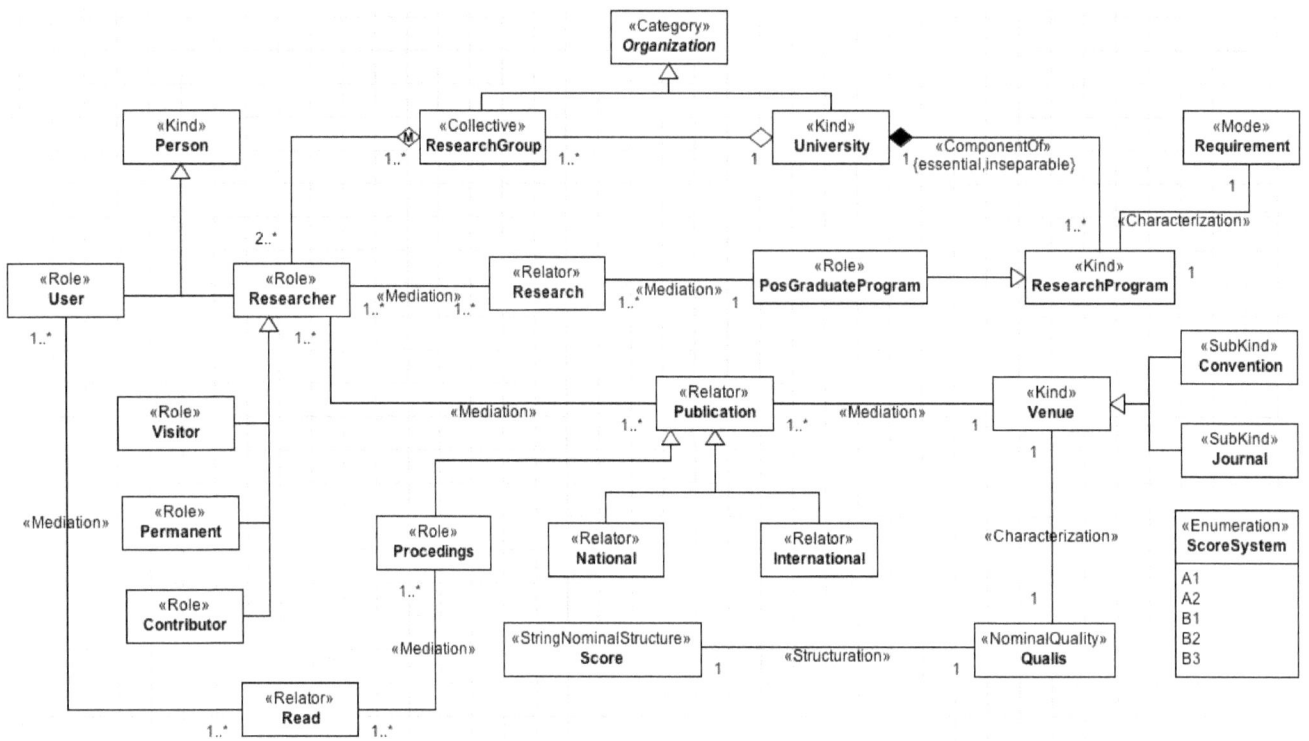

Figure 3: OntoUML ontology for our running example, C2D.

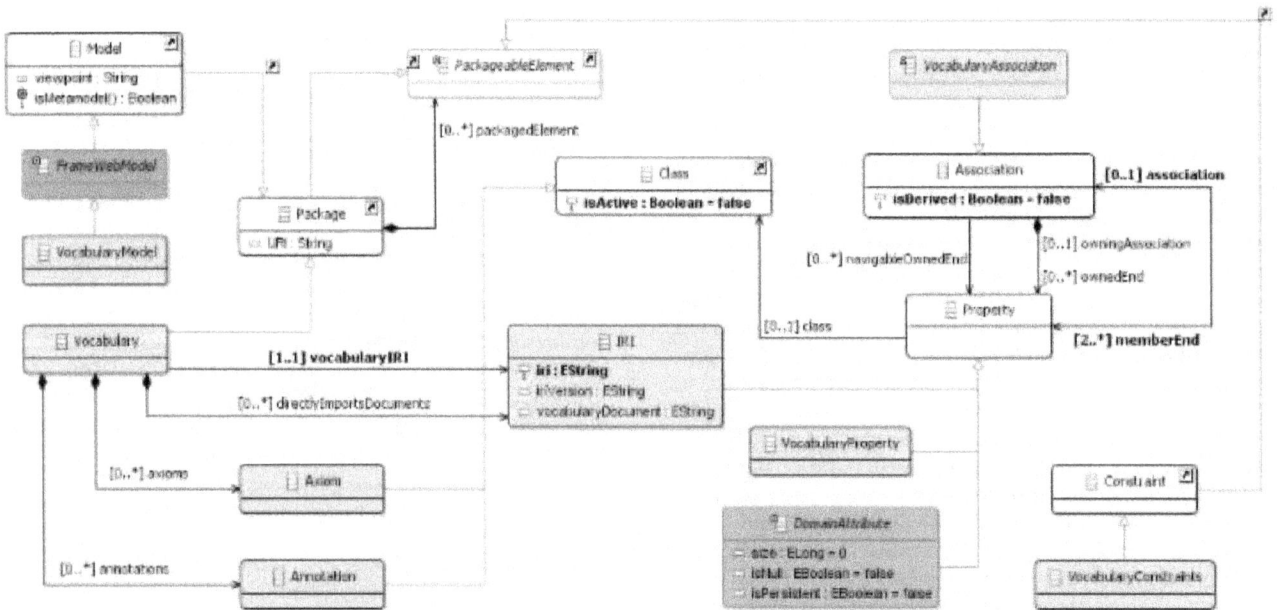

Figure 4: Fragment of the *FrameWeb-LD* meta-model.

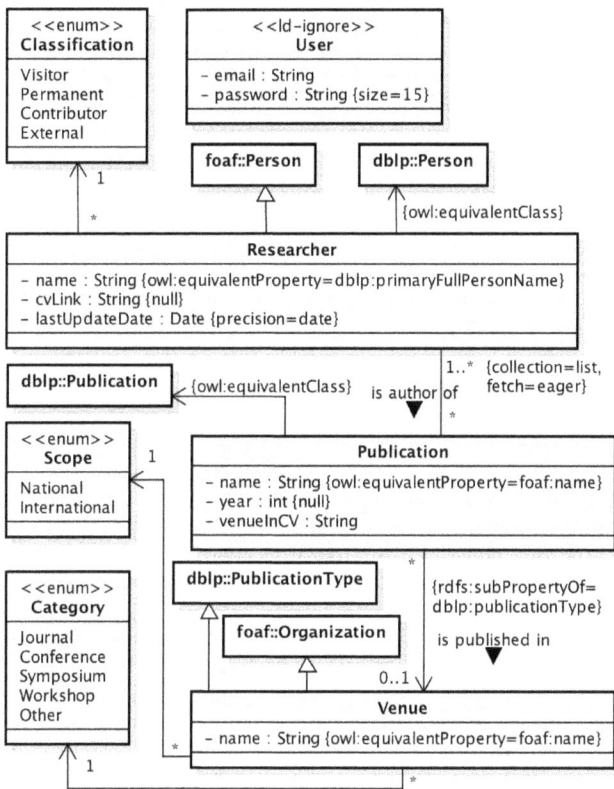

Figure 5: A _FrameWeb-LD_ Domain Model.

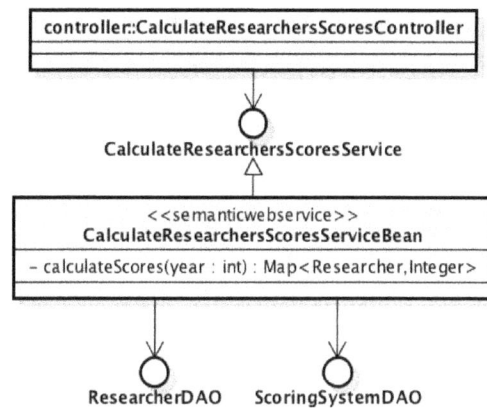

Figure 6: A _FrameWeb-LD_ Application Model.

and `dblp` with http://dblp.rkbexplorer.com/id/ (DBLP Computer Science Bibliography dataset);

- Classes from external vocabularies are shown using their vocabulary IDs as UML namespace (denoted with two colons :: instead of just one : as in RDF). They can be related to classes from the WIS via UML associations, navigable towards the external class, representing an RDF triple: the class from the WIS is the subject, the external one is the object and the predicate is specified as a constraint. In the example, `Researcher` is `owl:equivalentClass` to `dblp:Person`;

- As a syntactic sugar, the `rdfs:subClassOf` relation between a class from the WIS and one from an external vocabulary can be represented by a UML inheritance association. In the example, `Researcher` is `rdfs:subClassOf foaf:Person`;

- Triples concerning attributes of classes are represented using constraints in the form _predicate=object_. In the example, `Researcher.name` is `owl:equivalentProperty` to `dblp:primaryFullPersonName`;

- Constraints in associations between classes from our WIS establish relations among object properties (in the same way constraints in attributes establish relations among data type properties). In the example, the association between `Publication` and `Venue` is `rdfs:subPropertyOf dblp:publicationType`;

- Last, but not least, data from all classes are to be published as linked data, unless the `ld-ignore` stereotype

is used (either to exclude specific attributes or entire classes). In the example, the `User` class is excluded from the linked data set to be published.

In the same spirit as _FrameWeb_, _FrameWeb-LD Domain Models_ give clear instructions on how to publish linked data from our WIS in the next phases of the process.

3.2.2 Application Model

The _Application Model_ is centered on classes that implement the services of the WIS, which are made available to (human) users via a Web interface mediated by the MVC framework. For software agents, however, a more suitable way to access these services are Semantic Web Services [20].

Therefore, _FrameWeb-LD_ proposes the `semanticwebservice` stereotype to be used in application classes as a whole or just some of their methods. Figure 6 shows part of a model from C2D that specifies that the methods from the service class responsible for calculating the scores for researchers of the post-graduate program in a given year should also be made available via Semantic Web Services.

As with the _Domain Model_, the information in this diagram is used in the next phases of the process to guide the implementation of the WIS.

3.3 Implementation

We propose three activities for this phase: _Encode Operational Ontology in OWL_ (the equivalent to SABiO's _Implementation_ phase), _Encode Web Information System_ and _Build Databases_.

The first activity can be automated by tools such as OLED or Menthor Editor (cf. Section 2), which can generate OWL operational ontologies from OntoUML models. This generated OWL file is the base for the vocabulary (RDF schema) of our WIS, but needs to be completed with relations to external vocabularies, represented earlier as RDF annotations on the _Domain Model_ (e.g., Figure 5).

To ease this task, we built a prototype of a code generator tool called _ReMaT_ (**Re**lational Database **Ma**pping to **T**riple Store) that reads a _FrameWeb-LD Domain Model_ and produces the triples that complete our WIS' vocabulary. An example is shown in Listing 1. In this excerpt from the OWL file generated by Menthor, _ReMaT_ adds the `rdfs:subClassOf` and `rdfs:subPropertyOf` relations present in Figure 5.

Listing 1: Excerpt from operational ontology in OWL generated by Menthor and *ReMaT*

```
<owl:Class rdf:about="http://dev.nemo.inf.ufes.br/owl
    /c2d.owl#Publication">
  <rdfs:label rdf:datatype="http://www.w3.org/2001/
      XMLSchema#string">Publication</rdfs:label>
  <rdfs:subClassOf rdf:resource="http://dblp.uni-
      trier.de/rdf/schema-2015-01-26#Publication"/>
</owl:Class>

<owl:Class rdf:about="http://dev.nemo.inf.ufes.br/owl
    /c2d.owl#Venue">
  <rdfs:label rdf:datatype="http://www.w3.org/2001/
      XMLSchema#string">Venue</rdfs:label>
  <rdfs:subClassOf rdf:resource="http://xmlns.com/
      foaf/0.1/Organization"/>
  <rdfs:subClassOf rdf:resource="http://dblp.uni-
      trier.de/rdf/schema-2015-01-26#PublicationType"
      />
</owl:Class>

<owl:ObjectProperty rdf:about="http://dev.nemo.inf.
    ufes.br/owl/c2d.owl#isPublishedIn">
  <rdfs:label rdf:datatype="http://www.w3.org/2001/
      XMLSchema#string">isPublishedIn</rdfs:label>
  <rdfs:domain rdf:resource="http://dev.nemo.inf.ufes
      .br/owl/c2d.owl#Publication"/>
  <rdfs:range rdf:resource="http://dev.nemo.inf.ufes.
      br/owl/c2d.owl#Venue"/>
  <rdfs:subPropertyOf rdf:resource="http://dblp.uni-
      trier.de/rdf/schema-2015-01-26#publicationType"
      />
</owl:ObjectProperty>
```

The codification of the WIS is done following the *Frame-Web* method and using the contents of its proposed models together with the chosen frameworks to build the application. *FrameWeb-LD* adds Semantic Web Services to the WIS based on *Application Models*. Once the methods from the application classes are implemented, IDEs such as Eclipse[11] can generate a WSDL[12] description for the web service, which serves as input to an OWL-S tool (cf. Section 2), which finally produces the OWL-S description of the Semantic Web Service. An example is show in Listing 2 regarding the web service illustrated earlier in Figure 6.

Listing 2: Semantic Web Service description generated by OWL-S Editor.

```
<?xml version="1.0" encoding="UTF-8"?>
<rdf:RDF
  xml:base="http://dev.nemo.inf.ufes.br/owl-s/c2d/
      CalculateReseacherScores/_Service.owl#"
  xmlns:owl="http://jamsci.servehttp.com/owlsedit/owl
      .rdf#"
  xmlns:rdf="http://www.w3.org/1999/02/22-rdf-syntax-
      ns#"
  xmlns:rdfs="http://jamsci.servehttp.com/owlsedit/
      rdf-schema.rdf#" xmlns:service="http://staff.um
      .edu.mt/cabe2/supervising/undergraduate/
      owlseditFYP/owls11/Service.owl#">
  <owl:Ontology rdf:about="">
    <owl:versionInfo>Version 1.0</owl:versionInfo>
    <rdfs:comment>Service Ontology to Calculate
        Reseacher Scores</rdfs:comment>
    <owl:imports rdf:resource="http://www.w3.org
        /1999/02/22-rdf-syntax-ns"/>
    <owl:imports rdf:resource="http://jamsci.
        servehttp.com/owlsedit/owl.rdf"/>
    <owl:imports rdf:resource="http://jamsci.
        servehttp.com/owlsedit/rdf-schema.rdf"/>
    <owl:imports rdf:resource="http://staff.um.edu.mt
        /cabe2/supervising/undergraduate/owlseditFYP/
        owls11/Service.owl"/>
  </owl:Ontology>
  <service:Service rdf:ID="_Service">
    <service:presents rdf:resource="http://dev.nemo.
        inf.ufes.br/owl-s/c2d/
        CalculateReseacherScores/_Profile#_Profile"/>
    <service:describedBy rdf:resource="http://dev.
        nemo.inf.ufes.br/owl-s/c2d/
        CalculateReseacherScores/_ProcessModel#
        _ProcessModel"/>
    <service:supports rdf:resource="http://dev.nemo.
        inf.ufes.br/owl-s/c2d/
        CalculateReseacherScores/_Grounding#
        _Grounding"/>
  </service:Service>
</rdf:RDF>
```

---

[11] http://www.eclipse.org
[12] Web Services Description Language, http://www.w3.org/TR/wsdl

However, the description produced by these tools is disconnected from the vocabulary of our WIS: the tools "make up" a vocabulary which needs to be manually replaced by the developer. Having the *ReMaT* tool (semi-)automate this task is one our plans for the near future.

Finally, the last activity of this phase regards the creation of the databases that will serve our WIS. First, a relational database is created as usual (modern ORM frameworks support the automatic creation of the database schema from the system domain classes) in order to store all the data from our WIS. Besides this database, we propose the use of a triple store that can provide software agents with linked data triples with derreferenceable URIs, plus a SPARQL endpoint for querying the data.

D2RQ (cf. Section 2) creates a layer on top of the relational database and offers the aforementioned features based on a semi-automatic conversion from the database schema to RDF. Like the OWLComposer tool mentioned earlier, D2RQ creates a "mock" vocabulary that needs to be replaced by the one generated for the WIS. Our tool, *ReMaT*, replaces the vocabulary automatically, relieving the developer of another tedious task.

Listing 3 shows part of the mapping file generated by D2RQ to map the database table `Researcher` to RDF. Again, *ReMaT* completes the file with information from *FrameWeb-LD* models, such as the `rdfs:subClassOf`, `owl:equivalentClass` and `owl:equivalentProperty` relations in the listing.

Listing 3: Excerpt from the relational-to-RDF mapping file generated by D2RQ and *ReMaT*

```
@prefix c2d: <http://dev.nemo.inf.ufes.br/owl/c2d.owl
    #>

# Table Researcher
map:Researcher a d2rq:ClassMap;
    d2rq:dataStorage map:database;
    d2rq:class c2d:Researcher;
    d2rq:classDefinitionLabel "Researcher";
    rdfs:subClassOf foaf:Person;
    owl:equivalentClass dblp:Person;

map:Researcher_name a d2rq:PropertyBridge;
    d2rq:belongsToClassMap map:Researcher;
    d2rq:property vocab:Researcher_name;
    d2rq:propertyDefinitionLabel "Researcher name";
    owl:equivalentProperty dblp:primaryFullPersonName;
    d2rq:column "Researcher.name";
    .
```

3.4 Test and Deployment

The *Test* phase of *FrameWeb-LD* consists of testing both the ontology and the WIS. We do not provide any contributions in this sense. The ontology should be tested as per SABiO (validating the competency questions, verifying the operational ontology, etc.) and the WIS following appropriate testing methods from Software/Web Engineering.

Deployment is done as usual for the WIS (no different than *FrameWeb*), with the addition of D2RQ, which needs to be executed alongside the Web Server that hosts the WIS.

4. EVALUATION

We have conducted preliminary evaluation of *FrameWeb-LD* with students enrolled in a *Web Development and the Semantic Web* course from the Post-Graduate Program in Informatics of our university. The students developed small Web Information Systems (WIS) using frameworks and were asked to have their WIS publish linked data and connect to external vocabularies. At the end of the semester, each group would produce a report, documenting their WIS with *FrameWeb* and *FrameWeb-LD* models.

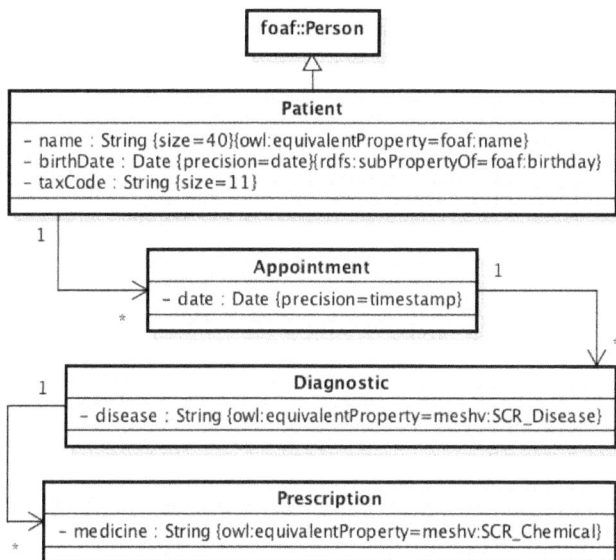

Figure 7: Domain Model for *Medic*.

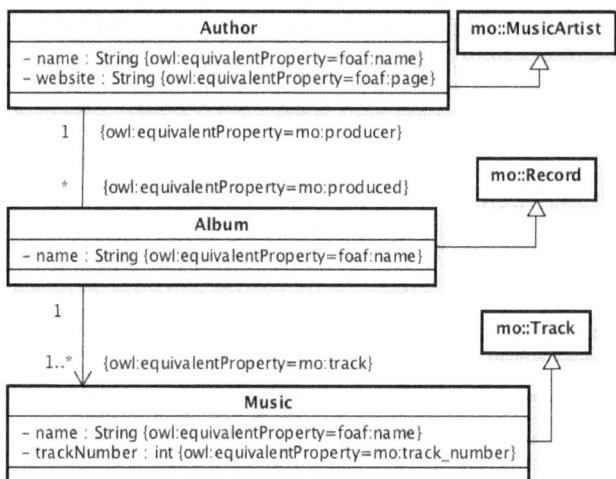

Figure 8: Domain Model for *SocialMusic*.

In all, 10 reports were produced, from which we illustrate two: *Medic*, in Figure 7, a WIS for keeping track of patients, their doctor's appointments, diagnostics and prescriptions[13]; and *SocialMusic*, in Figure 8, a WIS in which people can declare their musical interests for artists/bands, their albums or specific tracks. All course projects are available at an online version control repository.[14] Other than the aforementioned FOAF, *Medic* connected to the U.S. National Institutes of Health's Medical Subject Headings[15] vocabulary, whereas *SocialMusic* used the Music Ontology[16].

This experience allowed us to informally evaluate *Frame-Web-LD* by getting feedback from developers regarding the

---

[13]We realize this is not the kind of data one should publish as linked data. The course project has educational purposes only.

[14]https://github.com/orgs/dwws-ufes/

[15]http://www.nlm.nih.gov/mesh/

[16]http://musicontology.com/specification/

approach's usefulness, ease of use, completeness, etc. We recognize, however, that larger, more comprehensive and systematic experiments are necessary to properly evaluate our proposal.

5. RELATED WORK

There is a very large body of work on linked data (LD) and the Semantic Web. We are interested, however, on those that, like us, propose an approach for integrating data from a Web-based Information System (WIS) into the *Web of Data*, i.e., connect it with well-known LD sets/vocabularies.

Hera [16] is a design method for Semantic WIS. It is focused on information systems that use Internet technologies for retrieving information from different sources on the Web and delivering it to users based on user preferences. It proposes an architecture with three layers: Semantic (specifies the data contents in terms of a conceptual model), Application (specifies the hypermedia view, representing navigation structures and user adaptations) and Presentation (details needed for producing the view in a concrete platform). Although somewhat similar, *FrameWeb-LD* proposes an architecture based on the use of well-established frameworks. Moreover, we propose the use of well-founded ontologies for describing content, whereas Hera conceptual models are based on operational ontologies (OWL, RDF(S)).

OntoWeaver [17] is an ontology-oriented approach for creating and maintaining personalized Web applications, i.e., whose contents are presented according to the need and preferences of its users and the kind of device being used to access the application. The declarative nature of the Web application specification allows a designer to manage and maintain it at the conceptual level. The internal knowledge model of OntoWeaver is frame-based and compatible with OCML, whereas we propose the use of an ontologically well-founded language based on UML, a more well-known modeling language for the average developer.

JOINT [14] is a Toolkit that supports the development of ontology-based applications through the integration of RDF and Object Oriented technologies. JOINT proposes the use of a triplestore instead of a relational database, generating code that integrates the RDF data into a Java application via a Knowledge Access Object (analogous to a Data Access Object [1], used by *FrameWeb*). Our proposal keeps the relational database, which is a popular choice for the architecture of WISs, adding a relational-to-RDF mapping layer on top of it in order to augment it with LD features.

Other publications also propose methods for building Semantic WISs, but focusing on specific concerns, such as multimedia [18], semantic portals [23] or integration of Web APIs [11]. Our work focuses on the use of ontologies and frameworks, supporting the publication of LD in RDF and describing semantic Web services.

6. CONCLUSIONS

In this paper, we presented *FrameWeb-LD*, a method for the integration of WIS into the Semantic Web based on *FrameWeb*. Using a systematic process and a well-founded language for building ontologies, the proposed approach generates linked data (LD) and semantic Web services for Web Information Systems (WIS) based on design models.

The idea behind our proposal is to decrease the burden on developers for publishing LD about their WIS and, thus, promote the adoption of LD technologies. This is done by taking the specification of the data schema to a higher level of abstraction (design models) and automating most of the steps necessary for the generation of LD based on it.

This research is on-going work, with many limitations that should be addressed in future work, such as: (a) the *ReMaT* tool needs to be developed further to include the automation of more steps of the process (e.g., integrating Semantic Web Service descriptions with the vocabulary of the WIS); (b) the entire approach needs additional experiments to evaluate its usefulness, feasibility, ease of use, etc.; (c) OntoUML models currently include a lot of constraints on the generated OWL operational ontology due to its well-founded nature, with the purpose of guaranteeing consistency. Implementing in practice such constraints on the WIS is a very challenging task that needs further investigation.

We also intend to investigate ways to (semi-)automatically discover relevant vocabularies for a WIS being developed, helping developers make more and better connections between the vocabulary of the WIS and external ones from the *Web of Data*.

7. ACKNOWLEDGMENTS

Nemo (http://nemo.inf.ufes.br) is currently supported by Brazilian research agencies Fapes (# 0969/2015), CNPq (# 485368/2013-7, # 461777/2014-2), and by Ufes' FAP (# 6166/2015). The authors would like to thank Bruno Borlini Duarte for his contributions to the OntoUML model of C2D and all the students that contributed to *FrameWeb-LD*'s evaluation.

8. REFERENCES

[1] D. Alur, J. Crupi, and D. Malks. *Core J2EE Patterns: Best Practices and Design Strategies*. Prentice Hall / Sun Microsystems Press, 2nd edition, 2003.

[2] T. Berners-Lee. Linked Data - Design Issues, http://www.w3.org/DesignIssues/LinkedData.html (last access: May 7th, 2015), 2006.

[3] T. Berners-Lee, J. Hendler, and O. Lassila. The Semantic Web. *Scientific American*, 284(5):34–43, 2001.

[4] L. DeMichiel and B. Shannon. JSR 342: Java^{TM} Platform, Enterprise Edition 7 (Java EE 7) Specification, https://jcp.org/en/jsr/detail?id=342 (last access: April 29th, 2015).

[5] D. Elenius, G. Denker, D. Martin, F. Gilham, J. Khouri, S. Sadaati, and R. Senanayake. The OWL-S editor–a development tool for semantic web services. In *The Semantic Web: Research and Applications*, pages 78–92. Springer, 2005.

[6] R. A. Falbo. SABiO: Systematic Approach for Building Ontologies. In G. Guizzardi, O. Pastor, Y. Wand, S. de Cesare, F. Gailly, M. Lycett, and C. Partridge, editors, *Proc. of the Proceedings of the 1st Joint Workshop ONTO.COM / ODISE on Ontologies in Conceptual Modeling and Information Systems Engineering*. CEUR, sep 2014.

[7] R. A. Falbo, G. Guizzardi, and K. C. Duarte. An ontological approach to domain engineering. In *Proc. of the 14th International Conference on Software Engineering and Knowledge Engineering*, pages 351–358. ACM, jul 2002.

[8] M. Grüninger and M. S. Fox. Methodology for the Design and Evaluation of Ontologies. In *Workshop on Basic Ontological Issues in Knowledge Sharing*, apr 1995.

[9] N. Guarino, D. Oberle, and S. Staab. What is an Ontology? In S. Staab and R. Studer, editors, *Handbook on Ontologies*, International Handbooks on Information Systems, pages 1–17. Springer, 2 edition, 2009.

[10] G. Guizzardi. *Ontological Foundations for Structural Conceptual Models*. Phd thesis, University of Twente, The Netherlands, 2005.

[11] M. Hausenblas. Exploiting linked data to build web applications. *IEEE Internet Computing*, 13(4):68, 2009.

[12] T. Heath and C. Bizer. *Linked Data: Evolving the Web into a Global Data Space*. Synthesis Lectures on the Semantic Web: Theory and Technology. Morgan & Claypool Publishers, 2011.

[13] P. Hitzler, M. Krötzsch, and S. Rudolph. *Foundations of Semantic Web Technologies*. CRC Press, 2009.

[14] O. Holanda, S. Isotani, I. I. Bittencourt, E. Elias, and T. Tenório. JOINT: Java ontology integrated toolkit. *Expert Systems with Applications*, 40(16):6469–6477, 2013.

[15] I. Horrocks. Ontologies and the Semantic Web. *Communications of the ACM*, 51(12):58–67, 2008.

[16] G.-J. Houben, P. Barna, F. Frasincar, and R. Vdovjak. Hera: Development of Semantic Web information systems. In *Web Engineering*, pages 529–538. Springer, 2003.

[17] Y. Lei, E. Motta, and J. Domingue. OntoWeaver: An ontology-based approach to the design of data-intensive web sites. *Journal of Web Engineering*, 4(3):244, 2005.

[18] F. Lima and D. Schwabe. Modeling applications for the Semantic Web. In *Web Engineering*, pages 417–426. Springer, 2003.

[19] B. F. Martins and V. E. S. Souza. A Model-Driven Approach for the Design of Web Information Systems based on Frameworks. In *Proc. of the 21st Brazilian Symposium on Multimedia and the Web*, pages 41–48. ACM, oct 2015.

[20] S. A. McIlraith, T. C. Son, and H. Zeng. Semantic Web Services. *IEEE intelligent systems*, 16(2):46–53, 2001.

[21] D. Schmidt, M. Stal, H. Rohnert, and F. Buschmann. *Pattern-Oriented Software Architecture, Patterns for Concurrent and Networked Objects*. Wiley, 2013.

[22] V. E. S. Souza, R. A. Falbo, and G. Guizzardi. Designing Web Information Systems for a Framework-based Construction. In T. Halpin, E. Proper, and J. Krogstie, editors, *Innovations in Information Systems Modeling: Methods and Best Practices*, chapter 11, pages 203–237. IGI Global, 1 edition, 2009.

[23] N. Stojanovic, A. Maedche, S. Staab, R. Studer, and Y. Sure. SEAL: a framework for developing SEmantic PortALs. In *Proceedings of the 1st International Conference on Knowledge Capture*, pages 155–162. ACM, 2001.

A Methodology to Handle Social Media Posts in Brazilian Portuguese for Text Mining Applications

Milton Stiilpen Júnior
Federal University of Ouro Preto
Ouro Preto, Brazil
mstiilpenj@gmail.com

Luiz Henrique de C. Merschmann
Federal University of Ouro Preto
Ouro Preto, Brazil
luizhenrique@iceb.ufop.br

ABSTRACT

Online Social Networks emerged at the beginning of 21st century and give us evidence that they are going to have a long life. Almost two-thirds of overall social media users affirm an everyday usage of a social media website and, therefore, the data volume across this platforms is huge. Natural language processing of social media texts is an attractive topic among researchers of this area. While there are many studies about natural language processing of social media texts for some languages (e.g., English), the researches for Brazilian Portuguese language are still limited. Then, in this paper, a methodology is proposed to deal with peculiarities of the Brazilian Portuguese language in informal, short and noisy texts, where the lack of context poses obstacles in text mining. The proposed methodology has been evaluated in two tasks (Text Categorization and Opinion Mining) and experiments showed that the preprocessing mechanisms included in this methodology were important to achieve better results.

Keywords

Text Mining; Online Social Networks; Natural Language Processing

1. INTRODUCTION

Social networks have always been the subject of research, especially by sociologists. In recent years, with the eminence of the Internet, online social networks (OSN) established themselves as a high-commercial value channel. Through them, people exchange information and publicly state opinions on various subjects, forming a large repository of unstructured data.

About 64% of social media users report accessing at least one social network every day and thus, the amount of data generated by these communication channels is overwhelming [21]. Twitter, a social platform of short posts (tweets),

WebMedia '16, November 08-11, 2016, Teresina, PI, Brazil
© 2016 ACM. ISBN 978-1-4503-4512-5/16/11...$15.00
DOI: http://dx.doi.org/10.1145/2976796.2976845

reported receiving half a billion daily posts[1] in 2014. In the course of the last Brazilian presidential elections, almost 40 million tweets were published on this platform[2]. Concerning the Facebook, another social network that also receives a large volume of daily posts, Brazil is the third country from all the nations in number of users [3]. It is, therefore, a noteworthy challenge to process this universe of unstructured data and to extract relevant information for small and large organizations.

In order to address this challenge, several studies in the literature have proposed using Natural Language Processing techniques (NLP) to derive, for example, understanding of published texts and hence recognize subjects (Textual Categorization - TC), correlate entities (Named Entity Recognition - NER) and determine user opinion (Opinion Mining - OM).

However, in the OSN scenario, where the texts are short and much of them do not present context of the subject or a textual revision, algorithms traditionally used to solve problems such as TC and NER, in formal texts, have their performance considerably degraded [15, 24]. As a consequence, there is the challenge of dealing with the textual informality, the diversity of language, the real-time nature, the lack of contextualization and yet maintain the effectiveness of these algorithms [5].

The natural language processing on social network texts is a recent research topic in which researchers have proposed adaptations of approaches that deal with formal texts [24, 5, 2]. On this issue, particular attention has been given to NLP tasks called Text Normalization [13, 17, 11, 1, 28] and Text Semantics [19, 3]. In the environment of social networks, normalization aims to remove linguistic noise and formalize the text along with semantics, which aims to contextualize and bring meaning to fuzzy texts. In this way, NLP techniques used in formal texts can be used and achieve similar results to those reported in the literature for this scenario.

Therefore, this work proposes a methodology capable of dealing with the complexity of the texts published in the OSN and working with the peculiarities of the Brazilian Portuguese language, such as a vast vocabulary, complex grammar rules, accented words and others. Using a collection of tweets and a collection of product reviews obtained from Google Play, the proposed methodology was evaluated for the Textual Classification and Opinion Mining tasks, respectively.

---

[1]http://about.twitter.com/company
[2]http://glo.bo/1Ct4ulu
[3]http://goo.gl/srNGBc

The main contributions of this paper are:

- We present a literature review of NLP strategies proposed to deal with informal short texts in Brazilian Portuguese Language (Section 2).

- We propose a methodology for preprocessing short and informal texts published in Brazilian Portuguese language. Our proposal puts together different text preprocessing techniques scattered across different works reported in literature (Section 3).

- We evaluate the proposed methodology for two text mining applications: Text Categorization and Opinion Mining (Section 4).

- We show that the preprocessing modules included in the proposed methodology provide better results than those obtained from different preprocessing scenarios presented in literature.

2. RELATED WORK

As noted in [15, 7], preprocessing plays an important role for the task of mining OSN texts, given the informality of the texts in this environment. In [15], the authors cite the importance of morphological (e.g., removing stop-words and stemming), syntactical (e.g., POS tagger and Parser) and semantic analysis (e.g., the use of semantic dictionaries to contextualize sentences). In addition, they mentioned that the main classification algorithms that have been used in OSN text mining works are Decision Trees, KNN, SVM and Neural Networks.

In [24], the performance of NLP tools (originally proposed to deal with formal texts) is evaluated on a set of social network posts. With a base of 800 manually labeled tweets, the authors propose the T-NER, which corresponds to an adaptation of all modules involved in the NER task in formal texts. Thus, they showed performance gains from the first module, which is responsible for the morphological tagging of words (POS tagging), up until the classification of the named entities. Furthermore, the authors tried adding a module to the process that is responsible for automatically rating the quality of the capitalized text. The proposed approach in this work showed to be promiseful, given the comparison of results against tools like Stanford NLP[4] and the OpenNLP[5]. Nevertheless, the T-NER was implemented for the English language and does not solve the issues of spelling errors and capitalization.

The authors of [2], based on [24], bring TwitIE as a complete adaptation of GATE modules - Generic Architecture for Text Engineering (a NLP tool for formal texts) to deal with OSN texts. Their difference lies in two modules: terms tokenization and text normalization. The first module is responsible for special treatment of hashtags, URLs and emoticons. The second is responsible for spell-checking (via a dictionary). It is noteworthy that the TwitIE also does not support text in Portuguese.

The automatic spell-checking approach used in [2] was exploited to the Portuguese language in [1]. In this study, the authors developed an automatic spell-checker for the vernacular that is able to achieve better performance than the known Aspell[6]. The heuristic proposed in this work essentially combines three features: phonetic rules (proposed by the authors), Levenshtein distance and the frequency of terms suitable to replace the term identified as an error. As a result, they obtained an accuracy of 65% for an experiment from a sampled set of 1323 words in a collection of textual product reviews.

In addition, the speller is dependent on a formal lexicon, i.e., correct words existing in Portuguese. In the scenario of social networks, the texts contain several informal abbreviations, neologisms, memes and other words out of vocabulary (OOV) that do not in fact represent an error and thus hinder the auto-correction task. In [14], types of OOV were listed and evaluated in a product review corpus obtained in the price comparing website, Buscapé[7]. The main types of OOV are acronyms, proper names (most being names of companies and products), abbreviations, Internet slang, foreignness and measurement units (e.g., terabytes). The identification and treatment of OOV in this work are implemented from lexical transformations.

The work proposed in [11] shows that the text normalization cannot be reduced simply to the spell-checking or the treatment of terms not found in the vocabulary. In this work, the main problems in text normalization regarding product reviews that have similar characteristics of tweets (noisy and often short) were collected. Initially, from a sample of product reviews texts, a manual correction of the texts was performed to identify which types of normalization brought improvement in the precision of an automatic tagger. Thus, the authors concluded that the most important normalizations were: capitalization and punctuation correction. Afterwards, approaches to automate the process of normalization have been implemented, but were not successful.

Moreover, in [10] the authors formalize a set of procedures to normalize user generated informal texts. Using a lexicon-based approach, they design a pipeline to solve spell check automatically and to treat acronyms, slangs and proper names. They improved the performance of POS tagging task by just solving these text normalization problems. Their work reinforces the need to convert an informal text to a formal one. Although, issues as capitalization, punctuation, grammar check are not treated as we proposed and test in our methodology.

In [19] the authors present a semantic linking method for microblog posts aiming to contextualize and determine the subject in question. By automatically identifying Wikipedia concepts that are related to the text, they were able to add new features in tweets like Wikipedia categories and statistics. The method brought significant results compared to other approaches, particularly in terms of precision.

Finally, the works [23, 8], related to Opinion Mining, demonstrate the relevance of textual preprocessing and the adaptation of NLP algorithms (proposed for formal texts) for the extraction of user reviews on Web 2.0. In [23], a detailed characterization is performed on social channels (Facebook, Twitter, blogs and forums). The results show the challenge involving contextualization and standardization of Twitter texts, for the reason that 82% of its posts are subjective and approximately 40% of them have at least

---

[4]http://nlp.stanford.edu
[5]http://opennlp.apache.org
[6]http://aspell.net
[7]http://www.buscape.com.br

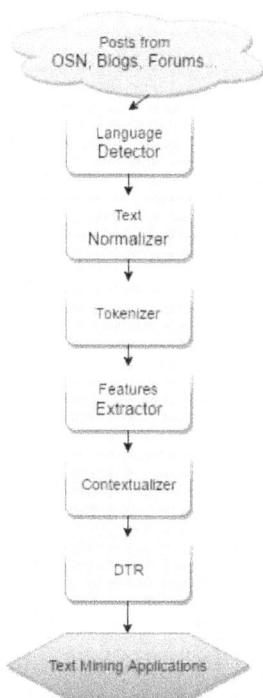

Figure 1: Modules of proposed methodology

75% of their content full of errors. These numbers are consistent with those presented in the work [8], which proposes a method for cleaning (e.g., removal of special characters, treatment of abbreviations) and merging of sentences, in order to normalize opinion texts and consequently improve their results.

On the other hand, in [9] the authors evaluate four classifiers for Opinion Mining task using a collection of product reviews obtained from Google Play store. They concluded that text preprocessing techniques had an insignificant role in opinion mining task for the evaluated domain.

Our proposal differs from those presented in the main related works [2, 24, 8, 10, 9] on the grounds that it treats the problem of informal texts with a thorough normalization (capitalization correction, grammar correction and the processing of social profiles aliases) and deal with the issue of lack of contextualization. In addition, this work faces the challenge of dealing with texts written in Brazilian Portuguese.

3. PROPOSED METHODOLOGY

In this section we present the methodology proposed to preprocess and extract information from texts written in Brazilian Portuguese language obtained in social media channels. The proposed methodology consists of a series of chained modules. The sequence of modules, shown in Figure 1, is essentially shaped by the Pipes and Filters pattern [20], which ensures its scalability and extensibility.

The goal of every module of the proposed methodology is described below.

1. Language Detector: responsible for filtering text to ensure that only those written in Portuguese language proceed to the next modules.

2. Text Normalizer: responsible for formalizing the text based on various types of transformations (special characters cleaning, treatment of punctuation, treatment of out of vocabulary terms), corrections (spelling, grammar and capitalization) and contractions expansion. In order to convert the text, it employs defined lexicons (e.g., to handle OOV words), rules (e.g., to handle punctuation) and probabilistic models computed from the corpus of Wikipedia articles to handle capitalization.

3. Tokenizer: performs the segmentation of sentences, terms and specific combinations of text characters in social networks (e.g.: emoticons and URLs).

4. Features Extractor: responsible for extracting characteristics (both morphological and syntactic) from text.

5. Contextualizer: it aims at the expansion of the information embedded in text through the use of structured and semi-structured data extracted from Wikipedia [19], WordNets [6], Semantic dictionaries [22] or another source.

6. DTR (Data Transformation and Reduction): enables the application of algorithms for data discretization, attribute selection and balancing dataset. Its output can be used in text mining applications, such as Text Categorization, Sequence Labeling (eg NER), Clustering (eg Topic Modeling) and others.

To illustrate the execution of a post through the modules of proposed methodology, Table 1 shows the results of each process to the following hypothetical post:

"esse comercial da #heineken, em são paulo c/ mulheres cantando por homens q bebe + conscientemente e ótm :P"

English version: *"this #heineken commercial in são paulo w/ women singing for men dat drinks moar consciously is grt :P"*

The previous post illustrates some common characteristics of informal short texts in Brazilian Portuguese language. Besides the language complexity (lexical richness and complex grammar), slangs, abbreviations, accents and proper nouns are the main obstacles encountered in this scenario for natural language processing applications.

In order to implement the proposed methodology, the following tools were used:

- Apache OpenNLP: used as base for Tokenization, Part of Speech and Chunking tasks;

- Apache Lucene [8]: used to index and compute terms statistics;

- Language Detector [25]: responsible for computing the probability of a text being in Portuguese language;

- LanguageTool [9]: used as base of our spell checker;

---

[8]https://lucene.apache.org/core/
[9]https://www.languagetool.org/

241

Table 1: Execution of a post through the modules of the proposed methodology

Module	Input	Output
1. Language Detector	"esse comercial da #heineken, em são paulo c/ mulheres cantando por homens q bebe + conscientemente e ótm :P" English version: *"this #heineken commercial in são paulo w/ women singing for men dat drinks moar consciously is grt :P"*	Post in Portuguese
2. Text Normalizer: a. Hashtags and profile mentions treatment b. Slang and Internet common abbreviations treatment c. Word capitalization correction d. Punctuation correction e. Spelling and grammar correction f. Contraction Expansion	esse comercial da #heineken, em são paulo c/ mulheres cantando por homens q bebe + conscientemente e ótm :P	Esse (c) comercial de a (f) Heineken (a,c), em São Paulo (c) com (b) mulheres cantando por homens que (b) bebem (e) mais (b) conscientemente e ótimo (b). (d) :P
3. Tokenizer: a. Segmentation of sentences, terms (considering compound terms) and treatment of URLs and emoticons as only one token	Esse comercial de a Heineken, em São Paulo com mulheres cantando por homens que bebem mais conscientemente e ótimo. :P/	Esse/ comercial/ de/ a/ Heineken/ em/ São Paulo/ com/ mulheres/ cantando/ por/ homens/ que/ bebem/ mais/ conscientemente/ e/ ótimo/ ./ :P/
4. Features Extractor: a. POS Tagger b. Chunker c. Lemmatization d. Stemming e. Word shape f. N-Gram generator	Esse/ comercial/ de/ a/ Heineken/ em/ São Paulo/ com/ mulheres/ cantando/ por/ homens/ que/ bebem/ mais/ conscientemente/ e/ ótimo/ ./ :P/	Esse (pronoun), comercial (noun), de (preposition) a (article), Heineken (proper noun), em (preposition), São Paulo (proper noun), com (preposition), mulheres (noun), cantando (verb), por (preposition) , homens (noun), que (conjunction), bebem (verb), mais (adverb), conscientemente (adverb), e (conjunction), ótimo (adjective), . (punctuation) Obs.: Example showing only the output of POS tagger stage.
5. Contextualizer: a. Categories from a Wikipedia concept found in the text b. Query results from semantic dictionaries	Esse/ comercial/ da/ Heineken/ em/ São Paulo/ com/ mulheres/ cantando/ por/ homens/ que/ bebem/ mais/ conscientemente/ e/ ótimo/ ./ :P/ AND Module 4 output	Heineken = Liquor companies (a), Beer (a), São Paulo = federative units of Brazil (a), Southeastern Region of Brazil (a), Great = Positive Word (b)

- CoGrOO [4]: used as grammar checker, and

- Smile [10]: adopted as our machine learning engine.

Besides the tools previously listed, proprietary and open lexicons were also used in the proposed methodology. The main proprietary lexicons we have built from many public Brazilian sources are: most frequent memes and slangs (500 entries), obscene words (226 entries), frequent adjectives (1000 entries), relevant organizations and brands names (10000 entries) and proper names of people and places (8000 entries). Concerning open lexicons, we have adopted VERO dictionary [11], Aspell dictionary [12], PB Unitex [13], and LIWC [14].

Datasets, tools, open resources and API to reproduce the results can be found in https://github.com/mstiilpenj/brs-nlp-api.

4. COMPUTATIONAL EXPERIMENTS

This section presents the computational experiments conducted to evaluate the proposed methodology. Textual Categorization (TC) and Opinion Mining (OM) tasks were adopted in order to evaluate our proposal.

TC task in the Twitter platform can be considered a major challenge, given that the posts of this microblog have character limitation, causing the tweets to have limited context, many abbreviations and misspellings.

In the OM task, from product review texts, the challenge is usually unrelated to the limitation of text characters, but to its degree of abstraction, since the solution of the problem depends on the identification of the words meaning in the given context.

In Subsection 4.1, we present the experiments for the TC task, and in Subection 4.2, the experiments for OM task. Both subsections contain information on used dataset features, experimental setup and the obtained results.

All experiments were performed on a PC Intel Xeon E5-2690-V3 Dodeca-Core, with 512GB RAM and Linux Ubuntu 14.04 operating system.

4.1 Text Categorization

The first experiment using the proposed methodology involves the task of Textual Categorization. In short, the goal of this task is to classify a text in a specific category. For example, given a collection of news from two categories (Health and Technology), it is desired to classify each news in one of these two categories.

4.1.1 Dataset

The collection of posts used to evaluate the proposed methodology was provided by a large Brazilian communication agency that monitors and classifies thousands of daily posts on social networks to generate reports and analysis of product brands to its customers. However, in face of the large amount of data in social networks, the manual classification of tweets can be a dull and error-prone work. Therefore, there is a need to automate this process.

The built dataset corresponds to a sample of 600 posts related to the theme "beer", obtained from tweets published during the years 2013, 2014 and 2015. The classes of these posts are: Health and Welfare, Brewer Knowledge, Economy, Environment, Culture / Behavior and Responsible Consumption. Table 2 presents each of these classes and examples of its posts.

The sample of posts that compose the dataset used was selected using the following criteria: a) only posts equally manually labeled by two taggers were considered; b) it was sought for posts with diversity of content; c) posts were chosen targeting the class balancing on dataset.

4.1.2 Experimental setup

The text vectorization technique proposed in [27] was used to transform texts in attribute vectors allowing the construction of the dataset used in the classifier training.

Table 3 shows the different evaluated scenarios in order to verify the hypothesis that the modules present in the proposed methodology are important to achieve better results than those obtained from different strategies presented in literature. Therefore three scenarios (1 to 3), involving common strategies adopted in the literature are compared with three other (4 to 6) relating to the proposed methodology.

The heuristic used in scenarios 5 and 6 selects a subset of tokens (based on their characteristics) to compose the attribute vector. For text categorization task, the attribute vector consisted of tokens classified as nouns, proper names, adjectives, adverbs, verbs and hashtags. As for opinion mining task, tokens classified as nouns, proper names, adjectives, pronouns, verbs, adverbs, conjunctions and interjections were considered to compose the attribute vector.

The classifier used in the evaluation of scenarios was the SVM using linear kernel, which is a technique commonly used in OSN text mining [15, 16]. Aiming at finding the best parameter setting for each dataset used in this work, a tuning process using the cross-validation method was conducted by varying the parameter $C = 10^Z$, with $Z \in \{-5, -4, -3, -2, -1, 0, 1, 2, 3, 4, 5\}$ [12]. The implementation of SVM used in our experiments is provided by Statistical Machine Intelligence & Learning Engine (Smile).

4.1.3 Results

Table 4 shows the experimental results. The first column indicates the preprocessing scenario used. From the second through the fourth column, the results of predictive performance are presented in terms of percentage, namely: Precision, Recall, and F-measure (F1) [18], all of them including the confidence interval. The fifth column has the size of attribute vector resulting from the preprocessing performed in the given scenario and, finally, the last column shows the best C parameter value achieved as result of tuning process. The predictive performance results presented in this table are averages obtained from 500 repetitions of the 10-fold cross-validation method, wherein, for each entire 10-fold cross-validation, a different seed was used to shuffle the original dataset.

From the results shown in Table 4, it is evident that all scenarios had better performances than the one which does not execute any preprocessing of the text (Scenario 1). Moreover, it appears that all scenarios that consider the proposed methodology (Scenarios 4-6) achieved higher predictive performance to those obtained by other strategies presented in

---

[10]http://haifengl.github.io/smile/

[11]https://pt-br.libreoffice.org/projetos/vero/

[12]ftp://ftp.gnu.org/gnu/aspell/dict/0index.html

[13]http://www.nilc.icmc.usp.br/nilc/projects/unitex-pb/web/recursos.html

[14]http://143.107.183.175:21380/portlex/index.php/pt/projetos/liwc

Table 2: Post examples

Table 2: Post examples

Class	Number of posts	Example
Health and Welfare	100	Beer hydrates as much as water after sports activities. A study in Spain demonstrated that moderate consumption of alcohol after exercise is beneficial to health
Brewer Knowledge	100	Tomorrow,once more I will give the opening lecture for the beer Sommelier Course of,the Science of beer
Economy	100	RT @jornalextra: Beer and soft drinks will get more expensive this Christmas - The Brazilian Association of Supermarkets ...
Environment	100	Beer boxes Recycling turns into Library ...
Culture/Behavior	100	Curiosities YES! Has anyone ever heard of the Guinness Irish beer ...
Responsible Consumption	100	The culture of alcohol – SAY NO to drugs! Today we can clearly see a culture of almost adoration to alcohol

Table 3: Preprocessing scenarios used to evaluate the methodology

Scenario	Definition
1	Texts are not preprocessed.
2	Terms standardization: removal of accents, special characters, and reduction of the letters to lowercase.
3	Scenario 2 including stemming technique
4	Implementation of all methodology modules (except Contextualizer) using all processed attributes.
5	Implementation of all methodology modules (except Contextualizer) using a heuristic to select attributes based on outputs of Features Extractor module.
6	Scenario 5 including the implementation of Contextualizer module.

the literature (Scenarios 1-3). It is also worth mentioning that, according to the statistical t-test at 95% confidence level, the best scenario involving the proposed methodology (Scenario 6) reached an F1 value significantly higher than the value obtained by the best scenario that does not consider the proposed methodology (Scenario 3).

4.2 Opinion Mining

The second experiment using the proposed methodology involves the task of Opinion Mining. In short, the goal of this task is to classify an opinion expressed in a text, for example, as positive or negative.

4.2.1 Dataset

The dataset used in this experiment was built from the data derived from work [9], where the authors crawled a collection of mobile applications textual reviews from the Google Play virtual store. In [9], 10,000 reviews were manually labeled by the authors as positive, neutral and negative classes.

Inspecting the review texts and their respective classes on the dataset of work [9], it is prominent that the neutral class had several reviews whose manual annotation is questionable. As an illustration, the text "Payed extension does not work. Best" seems to be a negative evaluation, but was labeled as neutral. Due to this fact, just a sample of reviews of positive and negative classes of the dataset used in the

work [9] were employed. In order to work with a balanced dataset, 815 instances of each class (positive and negative) were randomly selected. Table 5 shows each of those classes and also examples of its posts.

4.2.2 Experimental setup

The technique used to transform texts in attribute vectors, the evaluated scenarios and classifier are exactly the same as those used in the experiments presented in Subsection 4.1.2. In addition, we also run a tuning process using the cross-validation method to find the best C parameter value for SVM classifier using linear kernel. For each dataset, we evaluated $C = 10^Z$, with $Z \in \{-5, -4, -3, -2, -1, 0, 1, 2, 3, 4, 5\}$. Again, the implementation of SVM used in our experiments is provided by Statistical Machine Intelligence & Learning Engine (Smile).

4.2.3 Results

Table 6 shows the experimental results for Opinion Mining task. The first column indicates the preprocessing scenario adopted. From the second through the fourth column, the results (in terms of percentage) of Precision, Recall, and F-measure (F1) [18] are presented, all of them including the confidence interval. The fifth column presents the size of attribute vector resulting from the preprocessing performed in the given scenario and, finally, the last column shows the best C parameter value obtained from tuning process. Again, the predictive performance results presented in this table are averages obtained from 500 repetitions of the 10-fold cross-validation method, wherein, for each entire 10-fold cross-validation, a different seed was used to shuffle the original dataset.

The results of this experiment, showed in Table 6, were similar to those presented in Subsection 4.1.3, that is, the preprocessing of the text led to an increase of predictive performance (precision, recall and F1) when compared to the scenario without text preprocessing (Scenario 1). One can observe that the best result (Scenario 6) reached a F1 value as high as 95.51%, while the no preprocessing scenario obtained a F1 value equal to 92.04%. This improvement means that, on average, 58 reviews more were correctly classified compared to Scenario 1 (without preprocessing). Even when compared to the best strategy involving other proposals presented in literature (Scenario 3), all scenarios related to the proposed methodology (Scenarios 4-6) achieved higher predictive performances. Again, according to the statistical t-test at 95% confidence level, the best scenario involving

Table 4: Results for different scenarios using SVM classifier

Scenario	Precision (%)	Recall (%)	F1 (%)	Vector size	Best C
1	73.57 ± 0.07	70.23 ± 0.07	71.21 ± 0.08	3718	10^5
2	81.08 ± 0.06	79.41 ± 0.06	79.94 ± 0.06	2933	10^{-2}
3	80.98 ± 0.05	79.46 ± 0.06	79.99 ± 0.06	2358	10^0
4	81.23 ± 0.06	79.38 ± 0.06	79.87 ± 0.06	2497	10^0
5	82.47 ± 0.06	80.31 ± 0.05	80.77 ± 0.05	2461	10^{-2}
6	$\mathbf{82.64 \pm 0.05}$	$\mathbf{80.95 \pm 0.06}$	$\mathbf{81.40 \pm 0.05}$	2828	10^2

Table 5: Review examples

Class	Number of reviews	Example
Positive	815	Is very cool game angri birds of espace ...
Negative	815	This s**** wont save the game where we stop lost 5hours played on f**** chrono trigger...

the proposed methodology (Scenario 6) reached an F1 value significantly higher than the value obtained by the best scenario that does not consider the proposed methodology (Scenario 3).

5. CONCLUSION

As mentioned in [7], the NLP problem of social network texts in languages diverse to English is challenging, as there are few language tools developed for this case. Not only that, the textual structure of social networks is hostile, that is, there is much informality and a lack of context in the posts of the leading online platforms.

In this paper, we propose a methodology that corresponds to an adaptation of NLP tasks used in formal texts in Brazilian Portuguese, putting together different text preprocessing techniques scattered across different works reported in literature. Our proposal contributes knowledge and expertise in text preprocessing for short and informal texts published in Brazilian Portuguese language.

The proposed methodology was evaluated for Text Categorization (TC) and Opinion Mining (OM) tasks. In the TC task a collection of posts (tweets) formed the dataset used in the experiments. In the OM task, the experiments were run based on the product reviews of the Google Play virtual store.

In both tasks it was verified that the implementation of text preprocessing following the proposed methodology enables the improvement of the classifier predictive performance. In addition, the results obtained from each scenario show that all modules of the proposed methodology contributed to improve the classifier predictive performance.

As future work, it is intended to improve every module of the proposed methodology and evaluate them on other tasks, such as named entity recognition, and with different domains. In addition, a more detailed extrinsic evaluation of normalization module applied to different tasks will be explored in order to know the level of importance of each normalization step for a given task. It is worth to mention that we also intend to evaluate our methodology using classification techniques described in [29, 26].

6. ACKNOWLEDGMENTS

This work was partially supported by the Federal University of Ouro Preto (UFOP) and by the project FAPEMIG-PRONEX-MASWeb, Models, Algorithms and Systems for the Web, process number APQ-01400-14.

7. REFERENCES

[1] L. V. Avanço, M. S. Duran, and M. d. G. V. Nunes. Towards a phonetic brazilian portuguese spell checker. *The International Conference on Computational Processing of Portuguese - PROPOR*, 2014.

[2] K. Bontcheva, L. Derczynski, A. Funk, M. A. Greenwood, D. Maynard, and N. Aswani. Twitie: An open-source information extraction pipeline for microblog text. In *RANLP*, pages 83–90, 2013.

[3] K. Bontcheva and D. Rout. Making sense of social media streams through semantics: a survey. *Semantic Web*, 5(5):373–403, 2014.

[4] W. D. C. de Moura Silva. *Aprimorando o Corretor Gramatical CoGrOO*. PhD thesis, Universidade de São Paulo, 2013.

[5] D. M. de Oliveira, A. H. Laender, A. Veloso, and A. S. da Silva. Fs-ner: a lightweight filter-stream approach to named entity recognition on twitter data. In *Proceedings of the 22nd international conference on World Wide Web companion*, pages 597–604. International World Wide Web Conferences Steering Committee, 2013.

[6] V. de Paiva, A. Rademaker, and G. de Melo. Openwordnet-pt: An open brazilian wordnet for reasoning. In *Proceedings of the 24th International Conference on Computational Linguistics*, 2012. See at http://www.coling2012-iitb.org (Demonstration Paper). Published also as Techreport http://hdl.handle.net/10438/10274.

[7] L. Derczynski, D. Maynard, G. Rizzo, M. van Erp, G. Gorrell, R. Troncy, J. Petrak, and K. Bontcheva. Analysis of named entity recognition and linking for tweets. *Information Processing & Management*, 51(2):32–49, 2015.

[8] L. Dey and S. M. Haque. Opinion mining from noisy text data. *International Journal on Document Analysis and Recognition (IJDAR)*, 12(3):205–226, 2009.

[9] F. L. Dos Santos and M. Ladeira. The role of text pre-processing in opinion mining on a social media language dataset. In *Intelligent Systems (BRACIS), 2014 Brazilian Conference on*, pages 50–54. IEEE, 2014.

[10] M. S. Duran, L. Avanço, and M. G. V. Nunes. A

Table 6: Results for different scenarios using SVM classifier

Scenario	Precision (%)	Recall (%)	F1 (%)	Vector Size	Best C
1	92.05 ± 0.03	92.04 ± 0.03	92.04 ± 0.03	5713	10^0
2	92.26 ± 0.02	92.25 ± 0.02	92.25 ± 0.02	3302	10^{-2}
3	93.18 ± 0.02	93.17 ± 0.02	93.17 ± 0.02	2533	10^{-2}
4	93.53 ± 0.02	93.52 ± 0.02	93.52 ± 0.02	3463	10^{-2}
5	94.53 ± 0.02	94.52 ± 0.02	94.52 ± 0.02	3434	10^{-2}
6	$\mathbf{95.52 \pm 0.02}$	$\mathbf{95.51 \pm 0.02}$	$\mathbf{95.51 \pm 0.02}$	4399	10^{-2}

normalizer for ugc in brazilian portuguese. *ACL-IJCNLP 2015*, page 38, 2015.

[11] M. S. Duran, L. V. Avanço, S. M. Aluísio, T. A. Pardo, and M. G. Nunes. Some issues on the normalization of a corpus of products reviews in portuguese. *EACL 2014*, page 22, 2014.

[12] A. Genkin, D. D. Lewis, and D. Madigan. Large-scale bayesian logistic regression for text categorization. *Technometrics*, 49:291–304(14), 2007.

[13] B. Han and T. Baldwin. Lexical normalisation of short text messages: Makn sens a# twitter. In *Proceedings of the 49th Annual Meeting of the Association for Computational Linguistics: Human Language Technologies-Volume 1*, pages 368–378. Association for Computational Linguistics, 2011.

[14] N. S. Hartmann, L. V. Avanço, P. P. Balage, M. S. Duran, M. G. Nunes, T. A. Pardo, and S. M. Aluísio. A large corpus of product reviews in portuguese: Tackling out-of-vocabulary words. *Proceedings of the 9th edition of the Language Resources and Evaluation Conference (LREC)*, 2014.

[15] R. Irfan, C. K. King, D. Grages, S. Ewen, S. U. Khan, S. A. Madani, J. Kolodziej, L. Wang, D. Chen, A. Rayes, et al. A survey on text mining in social networks. *The Knowledge Engineering Review*, 30(02):157–170, 2015.

[16] T. Joachims. *Text categorization with support vector machines: Learning with many relevant features.* Springer, 1998.

[17] F. Liu, F. Weng, and X. Jiang. A broad-coverage normalization system for social media language. In *Proceedings of the 50th Annual Meeting of the Association for Computational Linguistics: Long Papers-Volume 1*, pages 1035–1044. Association for Computational Linguistics, 2012.

[18] C. D. Manning and H. Schütze. *Foundations of statistical natural language processing.* MIT press, 1999.

[19] E. Meij, W. Weerkamp, and M. de Rijke. Adding semantics to microblog posts. In *Proceedings of the fifth ACM international conference on Web search and data mining*, pages 563–572. ACM, 2012.

[20] R. T. Monroe, A. Kompanek, R. Melton, and D. B. Garlan. Architectural styles, design patterns, and objects. *IEEE software*, page 43, 1996.

[21] Nielsen. The digital consumer. Technical report, Nielsen, February 2014.

[22] J. W. Pennebaker, M. E. Francis, and R. J. Booth. Linguistic inquiry and word count (liwc): A computerized text analysis program. *Mahwah (NJ)*, 7, 2001.

[23] G. Petz, M. Karpowicz, H. Fürschuß, A. Auinger, V. Stříteský, and A. Holzinger. Computational approaches for mining user's opinions on the web 2.0. *Information Processing & Management*, 50(6):899–908, 2014.

[24] A. Ritter, S. Clark, O. Etzioni, et al. Named entity recognition in tweets: an experimental study. In *Proceedings of the Conference on Empirical Methods in Natural Language Processing*, pages 1524–1534. Association for Computational Linguistics, 2011.

[25] N. Shuyo. Language detection library for java, 2010.

[26] R. Socher, A. Perelygin, J. Y. Wu, J. Chuang, C. D. Manning, A. Y. Ng, and C. Potts. Recursive deep models for semantic compositionality over a sentiment treebank. In *Proceedings of the Conference on Empirical Methods in Natural Language Processing (EMNLP)*, pages 1631–1642, 2013.

[27] P. Soucy and G. W. Mineau. Beyond tfidf weighting for text categorization in the vector space model. In *IJCAI*, volume 5, pages 1130–1135, 2005.

[28] Z. Xie, A. Avati, N. Arivazhagan, D. Jurafsky, and A. Y. Ng. Neural language correction with character-based attention. *arXiv preprint arXiv:1603.09727*, 2016.

[29] X. Zhang and Y. LeCun. Text understanding from scratch. *arXiv preprint arXiv:1502.01710*, 2015.

DynWebStats: A Framework for Determining Dynamic and Up-to-date Web Indicators

Israel Guerra
DCC / UFMG
guerra@dcc.ufmg.br

Wagner Meira Jr.
DCC / UFMG
meira@dcc.ufmg.br

Adriano César M Pereira
DCC / UFMG
adrianoc@dcc.ufmg.br

Diogo M Santana
DCC / UFMG
diogo296@gmail.com

Vagner Diniz
CEWEB / W3C / NIC.br
vagner@nic.br

Heitor Ganzeli
CEPTRO / NIC.br
heitor@nic.br

Marcelo Pitta
CETIC / NIC.br
marcelopitta@nic.br

Alexandre Barbosa
CETIC / NIC.br
alexandre@nic.br

RESUMO

It has been broadly discussed over the last years about the growth and popularity of the Internet and, more specifically, about the *World Wide Web* and its services and applications. Despite being common sense, acquiring indicators about this growth and characteristics of the whole Web, or event parts of it, is a big challenge, which can be explained by some factors: (1) the constant and dynamical evolution of the Web in many dimensions, that is, any analysis becomes obsolete instantly as soon as it's ready; (2) the great volume of data that is necessary to generate indicators, which is usually disruptive in terms of bandwidth and storage. There are also problems related to ethics and network viability of the crawl; and (3) the coverage and newness to generate indicators, whether indicators about domains or Web pages. This paper presents a new methodology for generating dynamic Web indicators, which consider Web pages changes, both in terms of its modifications and its creation or deletion. This methodology provides a rational crawling and offers a measure of the quality of the indicators. In order to validate it, we run a simulation that uses a dataset with 8.690 Web pages that were downloaded daily for 134 days. The results show that it's possible to crawl a greater universe of Web pages and still keep indicators between acceptable levels of confidence, turning it possible to have a snapshot of this universe as close to reality as possible.

Keywords

Web; Coleta e Análise de Dados; Indicadores Dinâmicos; Caracterização de dados; Retrato da Web

WebMedia '16, November 08-11, 2016, Teresina, PI, Brazil

© 2016 ACM. ISBN 978-1-4503-4512-5/16/11...$15.00

DOI: http://dx.doi.org/10.1145/2976796.2976857

1. INTRODUÇÃO

Muito se fala sobre o crescimento e ampla adoção da Internet e, em particular, da Web e dos vários serviços por ela providos. Apesar de ser senso comum, obter indicadores sobre esse crescimento e as características da Web como um todo, ou mesmo sobre partes da Web, por exemplo, um conjunto de domínios, ainda é um grande desafio.

Distinguimos pelo menos três fatores que explicam o desafio de gerar indicadores robustos sobre a Web. O primeiro fator é a evolução dinâmica e permanente da Web sob várias dimensões, ou seja, qualquer "retrato"que se faça da Web, já se torna instantaneamente obsoleto assim que esteja concluído. O segundo fator é o volume de dados que é necessário para gerar indicadores, que é normalmente disruptivo em termos de banda e armazenamento, não considerando questões de etiqueta de rede e a viabilidade da coleta. O terceiro fator é a cobertura e atualidade de qualquer tipo de coleta para gerar um indicador, seja em termos de sítios ou de páginas.

Coleta de dados da Web compreende a localização, obtenção, armazenamento e análise de dados de um contexto da Web. Um contexto da Web compreende um conjunto de domínios, seus sítios e suas respectivas páginas.

O conceito de coleta dinâmica consiste na aquisição contínua de dados e a estimativa de indicadores que quantificam a evolução do contexto Web objeto da coleta. Idealmente, deveríamos ter a coleta, a cada instante do tempo, como um conjunto de páginas coletadas atualizadas. Entretanto, tal coleta é inviável por questões práticas e ainda pode representar um desperdício de recursos, uma vez que o intervalo de tempo entre atualizações das páginas ou mesmo dos sítios pode ser da ordem de semanas ou meses.

Uma estratégia de compromisso neste caso é coletar dados continuamente, racionalizando a utilização de recursos ao mesmo tempo que se perde alguma precisão. Assim, a cada instante do tempo, como medida de aproximação, podemos utilizar a última versão de cada página coletada para fins de geração de indicadores e o histórico de coleta como insumo para estimativa da qualidade desses indicadores. Essa proposta permite ainda a inserção de novos indicadores e análises que explorem existência (ou disponibilidade) da página em um dado momento e sua evolução.

Neste trabalho apresentamos uma nova metodologia para gerar indicadores dinâmicos da Web. Essa metodologia leva em consideração a dinâmica da mudança das páginas, tanto em termos de alterações, quanto em termos de criação e remoção de páginas, com vistas a racionalizar a coleta, ao mesmo tempo que oferece uma medida de qualidade dos indicadores gerados. A proposta é validada através de uma simulação utilizando um conjunto de 8690 páginas que foram coletadas diariamente por 134 dias. Os resultados demonstram que é possível coletar um universo maior de páginas mantendo indicadores com uma confiança dentro de intervalos aceitáveis. Isso permite manter um "retrato" desse universo mais próximo da realidade. A principal contribuição desse trabalho é um arcabouço que permite, de forma sistemática, coletar e gerar indicadores dinâmicos que permitem avaliar um universo de páginas da Web.

Em termos de organização deste artigo, na Seção 2 são descritos alguns trabalhos relacionados. Na Seção 3 tem-se os conceitos básicos. A metodologia proposta é explicada na Seção 4 e, em seguida, os resultados experimentais são apresentados na Seção 5. Por fim, a Seção 6 apresenta as principais conclusões e propostas de trabalhos futuros.

2. TRABALHOS RELACIONADOS

Esta seção apresenta alguns trabalhos relacionados à temática deste trabalho, em especial sobre a coleta, caracterização e análise de páginas da web, que envolve o processo de *crawling*. Nos primeiros anos de existência da Web, por volta de 1995 a 2000, muitos trabalhos pesquisaram sobre caracterização de dados e análise de conteúdo das páginas Web. Apesar de ser na época uma aplicação distribuída e de larga escala, a realidade da época era infinitamente menor do que os tempos atuais, quando milhões de ações são realizadas em apenas 60 segundos.

Estima-se que milhões de páginas Web são criadas todos os dias. A consultoria empresarial Excelacom divulgou um gráfico bastante interessante sobre o que acontece na internet em apenas 60 segundos (ver Figura 1. Analisando a imagem, é possível perceber que mais de 20 milhões de mensagens são enviadas por minuto no WhatsApp, por exemplo. Plataformas de streaming também apresentaram números incríveis. O Spotify registra mais de 38 mil horas em apenas um minuto. Já a Netflix chega a quase 70 mil horas de conteúdo assistido no mesmo período.

Alguns trabalhos anteriores realizaram coleta e análise de páginas da Web, em especial dois deles acerca da Web Brasileira. O trabalho de Eveline et al. [32] foi o primeiro deles, publicado no ano 2000, apresentou um retrato do conteúdo e da estrutura da Web brasileira da época. O estudo foi realizado com o auxílio de agentes distribuídos implementados para coletar documentos da Web brasileira. Algumas características importantes da Web brasileira foram apresentadas, tais como o tamanho médio dos documentos, o número de servidores e o número médio de links por página, e, a partir dos dados coletados, fizeram uma estimativa do tamanho da Web brasileira.

Foram encontrados 164.948 servidores Web, espalhados em 142.196 domínios distintos, com uma média de 70 documentos por servidor, perfazendo um total de 11.546.360 documentos, que ocupavam aproximadamente 99,2 Gigabytes. Na época não conseguiram coletar todos os domínios (sítios) da Web brasileira. Mas verificaram que existiam cerca de 220.000 domínios cadastrados com DNS válido no

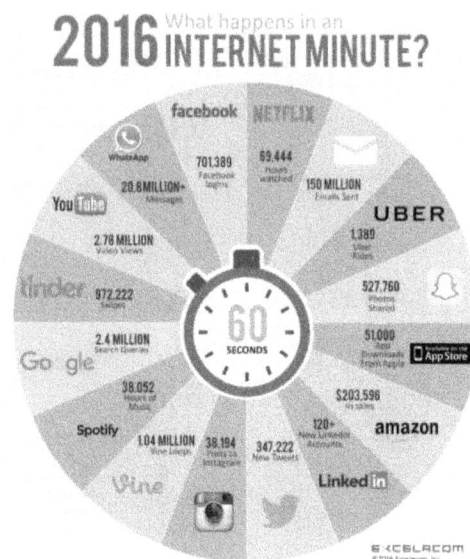

Figura 1: Ilustração do que ocorre na Internet em 60 segundos (18.04.2016) - Fonte: Consultoria Excelacom − http://goo.gl/xKbyVl/

registro.br. Assim estimaram que deixaram de coletar cerca de 78 mil domínios (ou 36%), sendo que por aproximação chegaram ao valor de 17.870.000 documentos existentes na Web brasileira.

Posteriormente, em 2005, o trabalho de Modesto et al. [21] desenvolveu um método para estimar um novo retrato da Web brasileira, contrastando os dados com o trabalho anterior apresentado.

Os dados a seguir resumem os principais resultados obtidos neste trabalho: (i) Coletou-se uma amostra com mais de 132 mil sites, com aproximadamente 7,7 milhões de páginas, com ocupação de mais de 91 Gigabytes de espaço; (ii) Cada domínio .br possuía em média 1,1 Web sites; (iii) Os países mais referenciados eram a Argentina, Reino Unido, Alemanha, Portugal e Chile, desconsiderando as referências para os Estados Unidos; (iv) Os 10% dos Web sites com mais páginas continham mais de 80% do total de páginas do universo coletado; (v) Existiam aproximadamente 6% de links quebrados; e (vi) Mais de 86% das páginas estavam escritas em idioma português e 11% em inglês. Esses resultados foram contrastados com o trabalho anterior de 2000, possibilitando ver mudanças ocorridas neste período em relação a características do conteúdo das páginas Web, uso de tecnologias e tipos de arquivos.

O coletor utilizado foi o WIRE desenvolvido por Castillo [8] no Centro de Pesquisa da Web da Universidade de Chile. Seu forte é o desempenho em coletas, pois utiliza algoritmos como o Pagerank: páginas relevantes podem ser coletadas antes. O WIRE começa a coleta por uma semente de domínios e alcança outros através da caminhada por links, adicionando-os à fila. Esse é o procedimento padrão de coleta, conhecido como *crawling* [23].

Tratando de *crawling*, existem alguns trabalhos que estudaram esse processo e desenvolveram metodologias de coleta de diferentes domínios da Internet.

Um trabalho desenvolvido no âmbito de coleta de dados e caracterizações da Web é o trabalho realizado por [19], que apresenta um retrato da Web portuguesa, entendido como o conjunto de conteúdos publicados na Web de interesse da comunidade de Portugal [2, 18, 19]. Embora o objetivo seja o mesmo, caracterizar a Web, no caso a Web portuguesa, a metodologia empregada difere-se das utilizadas nos estudos anteriores. O objetivo deste estudo remete à criação de uma infraestrutura que suporte coletas periódicas da Web portuguesa, assim como a pesquisa acerca dos arquivos armazenados e o acesso a longo prazo. Essa infraestrutura serviria, dentre outros objetivos, para permitir a pesquisa histórica por endereço Web, a pesquisa histórica por termo, coleções históricas de conteúdos Web para fins de investigação, dentre outros.

Olston e Najork [24] apresentam um *survey* sobre *crawling* de páginas web. Esse levantamento mostra que *crawling* vai muito além de uma busca em largura e profundidade por páginas da Web, na realidade apresenta muitos desafios desse processo, que vão desde a parte de gerenciamento de estruturas de dados muito grandes até questões teóricas relacionadas à frequência de revisitas para atualização de conteúdo. No trabalho discutem modelos e soluções do estado-da-arte para lidar com os desafios apresentados, que podem ser úteis para a avaliação e políticas para realização de coleta e análise de conteúdo da Web.

O artigo de Cothey [13] investiga a confiabilidade das coletas da Web, contrastando uma avaliação crítica dos resultados de crawling de conteúdo e de link. Ele mostra que os resultados de crawling de máquinas de busca são intencionalmente enviesados e seletivos. São feitas simulações de diferentes políticas de crawling com uma coleção de dados para avaliar os efeitos das políticas nos resultados, em termos de cobertura e qualidade dos resultados.

Além das questões arquiteturais, estudos sobre crawling de conteúdo Web lidam com paralelismo e eficiência na coleta de dados [11, 28], descoberta e controle de acesso de crawlers para administração de sites Web [31, 30, 20], acesso de conteúdo por formulários Web (conhecido como Web escondida – *hidden Web*) [26, 4], atualização de cópias de máquinas ou motores de busca [10, 14], escalonamento de páginas por coletores [22, 12, 1], crawling de domínios específicos [15, 27, 25], além de estudos de características da Web sobre a distribuição de mudanças das páginas da Web [16, 5, 6, 3] e da estrutura macroscópica da Web [7, 34].

Em especial, neste estudo estamos interessados com a análise da coleta de páginas da Web e novos métodos para alterar a forma como a coleta é processada, em termos de mudança no mecanismo de recoleta para que esta possa ser realizada de forma dinâmica, além de técnicas para aferir a qualidade de indicadores gerados neste modelo de coleta. O trabalho desenvolvido por Sigurosson [29] é bem relacionado ao que propomos neste artigo, cuja ideia é estender o *crawler* Heritrix para ser capaz de realizar coleta incremental de páginas da Web. O autor discute a diferença de coleta por retrato (*snapshot*) e incremental, discutindo formas de prover uma estratégia de coleta incremental. Apesar de bem relacionado ao nosso trabalho, não é feito um estudo específico das políticas de escalonamento como propomos neste trabalho, por exemplo em relação à confiabilidade do indicador analisado versus a cobertura da coleta realizada.

O trabalho de Castillo et al. [9] discute que um grande problema que as máquinas de busca têm que lidar é com o volume da Web, que é da ordem de bilhões de documentos. Esse grande volume de documentos induz a uma cobertura menor, que faz com que as melhores máquinas de busca não coletem um terço do conteúdo disponível. No trabalho, os autores desenvolvem uma política de escalonamento para crawling de páginas da Web que garante que, mesmo não coletando todo o universo de páginas, consiga coletar as consideradas mais relevantes. O trabalho é validado com uma grande amostra de dados da Web chilena, comparando as estratégias desenvolvidas e obtendo conclusões relevantes ao problema da coleta dinâmica de conteúdo da Web. O trabalho traz aspectos interessantes para considerarmos, apesar de nossas políticas de coleta dinâmica estarem mais voltadas para a questão da premissa de cobertura da coleta versus a necessidade de recoleta de conteúdo e qualidade do indicador da página Web que se quer analisar.

3. FUNDAMENTOS CONCEITUAIS

Nesta seção apresentamos alguns fundamentos conceituais do arcabouço proposto. Como mencionado, o nosso objetivo é maximizar a qualidade dos indicadores estimados ao mesmo tempo que minimizamos a necessidade de coleta e maximizamos o universo coletado. Um mecanismo fundamental do arcabouço DynWebStats é a coleta dinâmica de páginas, discutida a seguir.

A coleta dinâmica de páginas se divide em duas tarefas básicas: explorar e atualizar. Explorar consiste em coletar novas páginas cujos endereços foram encontrados em páginas já coletadas. Atualizar consiste em coletar uma página que já foi coletada com o intuito de obter informações correntes a respeito da página.

Durante o processo de coleta, deve-se decidir como escalonar os recursos disponíveis entre essas duas tarefas. Esta decisão deve considerar o compromisso entre duas medidas de qualidade do universo de páginas coletadas: cobertura e atualidade. Cobertura é a fração do universo de páginas-alvo já coletada. Atualidade quantifica a recentidade das páginas coletadas em um dado momento.

Para podermos formular uma estratégia de coleta de dados Web, é importante definirmos a dinâmica das páginas durante o processo. Distinguimos três estados nos quais uma página do universo alvo pode estar em cada instante de tempo t. **Descoberta:** A página foi encontrada a partir de semente ou da análise de links de alguma página coletada. **Ativa:** A página foi coletada com sucesso e indicadores foram extraídos. **Inativa:** A página não pôde ser coletada.

O estado de uma página pode ser afetado pelas seguintes ações:

- Coleta com sucesso: A página descoberta é coletada com sucesso, tipicamente código 2xx.

- Coleta com erro: A página descoberta não pode ser coletada, tipicamente códigos 4xx e 5xx.

- Recoleta com sucesso: A página ativa ou inativa é coletada novamente com sucesso.

- Recoleta com erro: A página ativa ou inativa não é coletada com sucesso.

A diferença entre coleta e recoleta é que a primeira coleta com sucesso insere a página na base de dados de página, assim como seus indicadores. As recoletas tentam atualizar os dados das páginas. Apresentamos o ciclo de vida da página na Figura 2.

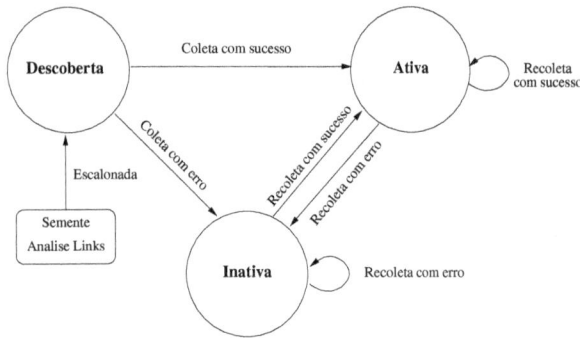

Figura 2: Ciclo de vida da página

Com base no ciclo de vida da página, podemos definir algumas métricas de interesse para avaliar o processo de coleta. Utilizando-se os estados definidos, pode-se definir a métrica de cobertura C (Definição 1) como uma razão entre as **páginas ativas** P_a e a soma das **páginas descobertas** P_d e **inativas** P_i.

DEFINIÇÃO 1. $C = \frac{P_a}{P_d + P_i}$.

A atualidade (Definição 2) é definida como uma taxa de "atualização", com base na idade média das páginas ativas.

DEFINIÇÃO 2. *Dada a média de idade das páginas ativas* I_m, *tem-se a atualidade* $A = \frac{1}{I_m}$.

4. O ARCABOUÇO DYNWEBSTATS

Nesta seção vamos apresentar o arcabouço DynWebStats. Identificamos três componentes principais no arcabouço: escalonamento, coleta e estimativa de indicadores. Esses componentes serão descritos a seguir:

4.1 Visão geral

A premissa básica do DynWebStats consiste em não recoletar páginas que possuam uma probabilidade menor de sofrer modificações no decorrer do tempo. Isso permite que a capacidade de coleta não seja excedida ao mesmo tempo que amplia a quantidade de páginas que podem ser analisadas. Para que isso seja possível, utiliza-se uma função de escalonamento que decide a periodicidade de atualização de uma página, ou seja, quando ela deve ser recoletada para atualizar seus indicadores.

No contexto do DynWeStats, para fins de escalonamento, cada página é caracterizada por três informações: estado, intervalo entre coletas e o momento da próxima coleta. Já discutimos como o estado das páginas evolui ao longo do processo de coleta. Vamos agora discutir como o intervalo e o momento da próxima coleta são definidos.

Uma possível estratégia para racionalizar o processo de coleta é aumentar ou diminuir exponencialmente o intervalo entre coletas, o que explora a lógica de localidade de referência temporal: se uma página coletada apresentou alteração em seu conteúdo, a próxima coleta deve ser feita em um período de tempo menor $\frac{T}{2}$, onde T é o intervalo entre as duas últimas coletas. Caso contrário, deve-se aumentar esse intervalo para $T \times 2$, assumindo que, se a página não se alterou nas últimas T unidades de tempo, é mais provável que a página continue sem sofrer modificações. Cada vez que há uma tentativa de coleta de uma página, o seu intervalo entre

coletas é potencialmente atualizado e o próximo momento de coleta é definido de acordo com o novo intervalo.

Por outro lado, deve-se sempre ampliar as fronteiras da coleta dentro do universo delimitado, ou seja, deve-se explorar as novas páginas encontradas no decorrer da coleta. Portanto, o escalonador deve maximizar a cobertura (Definição 1) e atualidade (Definição 2). Em termos práticos, a atualidade influencia na confiança dos indicadores gerados com os dados já coletados. Quanto mais recente for a coleta de cada página, é mais confiável de que essa informação seja a mais próxima da realidade atual. A cobertura consiste em quanto do universo que se quer analisar já foi coletado. Quanto mais páginas são coletadas e processadas, mais novos links são encontrados. A expectativa é de que que em algum momento a quantidade de novas páginas a ser explorada diminua.

4.2 Escalonamento

O escalonamento de coleta do DynWebStats considera não apenas as páginas a serem coletadas, mas também a capacidade de coleta. O primeiro passo do processo de escalonamento, a cada instante de tempo t, é verificar quantas páginas estão inicialmente escalonadas para t. Se esse número é menor que a capacidade de coleta, então verificamos se há páginas que foram postergadas e podem ser antecipadas. Caso contrário, verificamos quais páginas devem ser postergadas. Até o momento implementamos três políticas de escalonamento:

FIFO: As páginas que foram coletadas há mais tempo tem prioridade para serem coletadas novamente e são as últimas a serem postergadas.

LIFO: As páginas que foram coletadas há menos tempo tem prioridade para serem coletadas novamente e são as últimas a serem postergadas.

DYN: As páginas que apresentam o maior erro em termos dos indicadores desejados tem prioridade em serem coletadas, ou seja, as páginas com menor erro são postergadas.

As páginas escalonadas inicialmente para um período de tempo são ordenadas de acordo com a política de escalonamento e as páginas que excedam a capacidade de coleta são postergadas para o tempo $t + intervalo/2$, ou seja, reduzimos o intervalo de coleta para a metade do que era inicialmente previsto. Por outro lado, não escalonamos a página para $t + 1$ para evitar uma concentração de páginas num mesmo instante do tempo.

4.3 Coleta

O coletor deve possuir uma arquitetura que permita a coleta dinâmica nos moldes de escalonamento descritos na Seção 4.2. Além disso sua construção deve permitir alta escalabilidade, visando a coleta de universos cada vez maiores de páginas.

Uma informação fundamental é se a página se alterou ou não desde a última coleta. Esse processo pode ser feito pela comparação literal de ambas as versões. Essa abordagem tem como principais desvantagens o custo de processamento e de armazenamento. Uma alternativa é utilizar assinaturas baseadas em funções hash, cujo tamanho é parametrizado e possuem uma taxa de colisões bem conhecida. Essa alternativa também possui desvantagens, pois pequenas mudanças na página (um caractere) gerariam hashes diferentes e acusariam mudança entre versões da página que possuem o mesmo conteúdo. Um exemplo clássico é a página que possui data e horário variáveis (ou calendário) em seu conteúdo. Para solucionar o problema foi formulada uma heurística que busca acusar reais mudanças de estrutura ou conteúdo quando se compara duas páginas.

A heurística pode ser vista como uma sequência de verificações que sempre deixa para o final as checagens mais custosas em termos computacionais. Atualmente ela consiste nos seguintes passos:

1. Obter o *header* da página e verificar o campo *Last-Modified*. Esse campo já determina se a página foi alterada ou não.

2. Verificar o Tamanho da página segundo o *header*, através do atributo *Content-Length*: caso seja diferente em mais de 1000 Bytes em relação à coleta anterior, considera-se que página mudou.

3. Baixar a página e verificar seu tamanho e compará-lo ao da última coleta. Se for diferente em mais de 1000 bytes em relação à coleta anterior, considera-se que a página mudou. O valor de 1000 bytes gira em torno de 10% do tamanho médio das páginas coletadas.

4. Executar um algoritmo de detecção de mudança na estrutura de *tags* [33].

5. Executar o algoritmo de distância de strings entre um trecho fixo no meio da página.

Para validar a heurística foi avaliado um conjunto de 50.000 páginas coletadas a partir de algumas sementes do universo **.gov.br**. A heurística foi executada para duas coletas com intervalo de uma semana. Depois foi feita uma verificação manual utilizando a ferramenta *diff* do unix para comparar os resultados, que foram considerados satisfatórios.

Em suma, pode-se considerar que o processo de coleta possui os seguintes passos:

1. Coleta a página Web.

2. Se a página Web não puder ser coletada, altera o seu estado para Inativa.

3. Se a página Web puder ser coletada, gera a assinatura relativa à nova versão.

4. Compara as assinaturas das versões da página Web.

5. Se forem iguais, capture e armazene os indicadores pertinentes à página Web.

6. Se forem diferentes, analise os links da página Web, altere os indicadores e a sua assinatura.

4.4 Estimativa de Indicadores

Uma vez coletada a página, procedemos com a estimativa dos indicadores da página. Esses indicadores podem ser numéricos ou categóricos e um aspecto fundamental dos mesmos é a robustez da estimativa, uma vez que os dados que são utilizados para a estimativa são inerentemente incompletos, uma vez que há sempre um intervalo de tempo entre duas coletas durante o qual pode ter havido alterações signficativas na página Web.

Neste trabalho utilizamos a técnica de *Bootstrap Sampling* [17] para elaborar e verificar as estimativas de indicadores. Esta técnica foi escolhida não só pela robustez dos resultados alcançados, mas também por permitir calcular intervalos de confiança de cada um dos indicadores. Finalmente ela é também aplicável tanto a atributos numéricos quanto atributos categóricos.

5. RESULTADOS EXPERIMENTAIS

Nesta seção apresentamos os resultados experimentais do trabalho. Inicialmente são apresentados resultados da caracterização dos dados, depois a metodologia experimental e, por fim, os resultados da coleta dinâmica realizada.

5.1 Caracterização dos Dados

Como mencionado anteriormente, os dados que utilizamos para validar e analisar as propostas deste trabalho foram coletados durante 134 dias. Mais especificamente, coletamos diariamente 8.690 páginas Web de 28 sítios diferentes, pertencentes ao universo de domínios da Web governamental brasileira (.gov.br), pertencentes aos sítios de ministérios do Governo Federal Brasileiro. Para cada página Web que foi coletada com sucesso mais de uma vez, verificamos o quanto a página foi alterada em relação à coleta imediatamente anterior dessa página.

Organizando as páginas coletadas como um grafo, temos, conforme esperado, somente um componente conectado. Conforme a Tabela 1 mostra, o diâmetro da rede é de 25, ou seja, esse é o maior caminho entre uma das sementes e qualquer página Web nesta rede. Pode-se ver também no gráfico da Figura 3 a distribuição das menores distâncias entre as páginas. Apesar do diâmetro de 25, a maioria dos caminhos possuem um tamanho entre 3 e 11, sendo que os caminhos de tamanho 6 e 7 foram os mais frequentes.

Métrica	Valor
Diâmetro da rede	25
Média de Vizinhos	6,758
Número de nós ou vértices	8.648
Componentes Conectados	1
Out-Degree Médio	8,16
In-Degree Médio	31,08

Tabela 1: Métricas do grafo da Web coletado

As páginas Web foram coletadas à partir de 2158 sementes (páginas que foram retiradas de 28 ministérios). No gráfico da Figura 4 é possível ver como ficou a distribuição da coleta final em relação aos 28 ministérios.

No gráfico da Figura 5 é possivel ter um panorama da quantidade de páginas coletadas com sucesso no decorrer dos 134 retratos que foram executados.

5.2 Metodologia Experimental

A metodologia experimental define quais são os experimentos a serem realizados. Vamos avaliar o nosso arcabouço DynWebStats em duas dimensões:

Política de escalonamento: A política de escalonamento é parte fundamental do DynWebStats. Neste experimento vamos comparar o desempenho de várias políticas com vistas a verificar quais resultam em melhor desempenho.

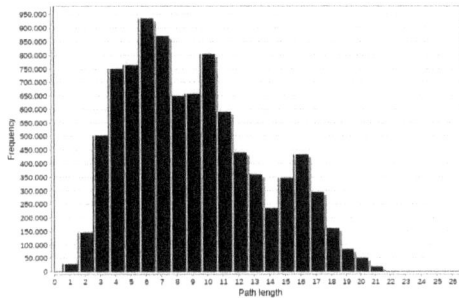

Figura 3: Distribuição dos menores caminhos

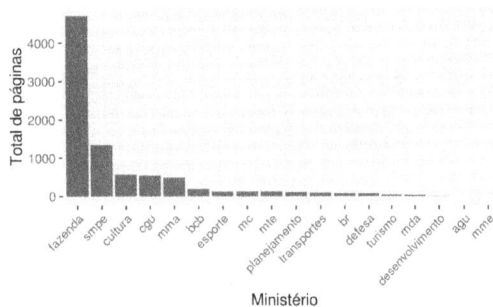

Figura 4: Distribuição das páginas Web coletadas entre os sites dos ministérios - .gov.br

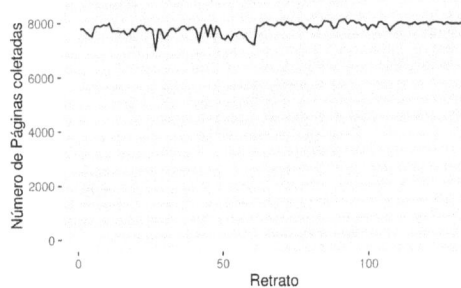

Figura 5: Quantidade de páginas Web baixadas por retrato

Capacidade de Coleta: A capacidade de coleta é o número de páginas que podem ser coletadas por unidade de tempo pelo sistema de coleta. Distinguimos dois limiares de capacidade. O primeiro limiar é representado pela maior demanda de coleta para uma unidade de tempo qualquer, ou seja, nunca a coleta de uma página terá que ser postergada por baixa capacidade de coleta. O segundo limiar é a demanda média por coleta, ou seja, eventualmente, mesmo com algum atraso, todas as páginas demandadas serão coletadas. Capacidades de coleta menores que o segundo limiar vão implicar em páginas que jamais serão coletadas.

Para realizar os experimentos construímos um simulador discreto de eventos que permite variar a política de escalonamento e a capacidade do sistema de coleta. Vale ressaltar que, como as páginas cujo comportamento a ser simulados foram todas coletadas ao longo de 134 dias, é possível va-

riar as condições de execução e mensurar os resultados, em particular com relação à estimativa de indicadores.

Nos experimentos a seguir, adotamos como indicador o tamanho da página em bytes, mas ressaltamos que outros indicadores categóricos ou numéricos poderiam ter sido adotados, o que deixamos como trabalhos futuros. Para avaliação da qualidade dos indicadores estimados, utilizamos o erro médio relativo, ou seja, $erro = \frac{|est-real|}{real}$, onde est é o valor estimado, e $real$ é o valor se a página tivesse sido coletada todas as vezes.

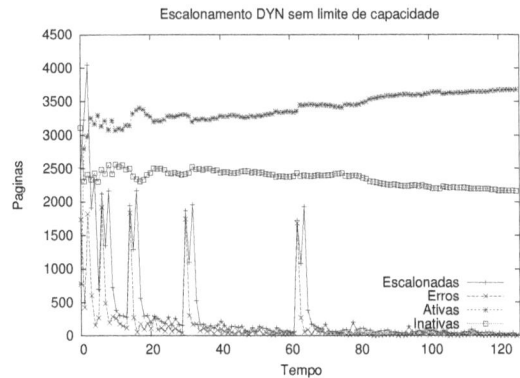

Figura 6: Evolução da coleta da política DYN sem limite de capacidade

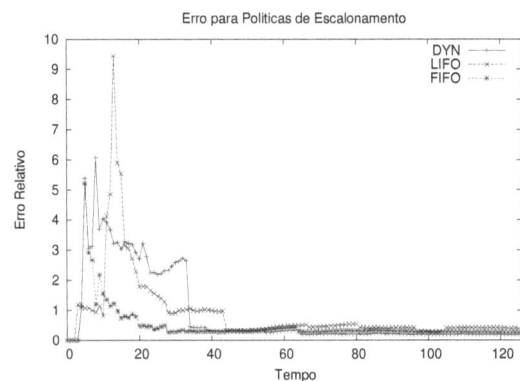

Figura 7: Erro relativo médio para as políticas DYN, FIFO e LIFO

5.3 Análise dos Resultados

Nesta seção apresentamos resultados experimentais do arcabouço DynWebStats, considerando os critérios de política de escalonamento e capacidade.

Antes de analisarmos o impacto da política de escalonamento e da capacidade de coleta na qualidade dos indicadores, vamos verificar o funcionamento do arcabouço proposto para fins de validação. A Figura 6 mostra a evolução do processo de coleta para a política DYN sem limite de capacidade de coleta. Podemos observar que o número de páginas ativas é crescente e o número de páginas inativas é decrescente, indicando um aumento de cobertura, ao mesmo tempo que percebemos picos de coletas, justificados pelas mudanças exponenciais no intervalo entre coletas.

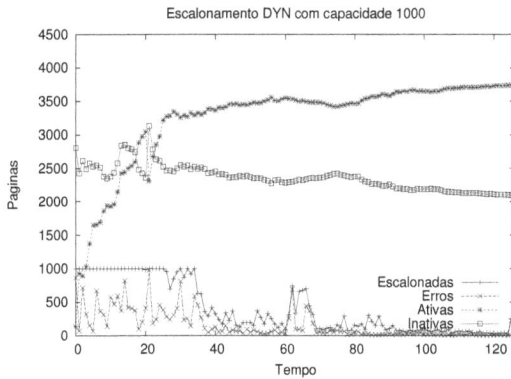

Figura 8: Evolução da coleta da política DYN com capacidade limitada a 1000 páginas

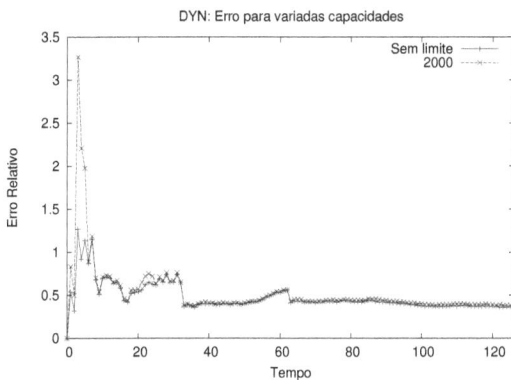

Figura 9: Erro relativo médio para diferentes capacidades de coleta

5.3.1 Política de escalonamento

Para avaliar a política de escalonamento, verificamos o erro de aproximação observado para as várias políticas de escalonamento implementadas até o momento, o que é mostrado na Figura 7. Podemos perceber que as várias políticas resultaram em erros significativos até o tempo 35 e depois pudemos observar uma maior estabilidade, havendo superioridade da política DYN. Em particular, considerando a segunda metade da avaliação, a política DYN resultou em um erro médio de 19%, enquanto as políticas FIFO e LIFO apresentaram erros médios de 25% e 40%, respectivamente, para o mesmo período. Em suma, a política DYN habilitou a obtenção de indicadores de melhor qualidade.

5.3.2 Capacidade de Coleta

Antes de avaliarmos a qualidade dos indicadores em cenários de capacidade de coleta limitada, vamos verificar como o arcabouço se comporta em tais situações. A Figura 8 mostra a evolução do processo de coleta considerando uma capacidade de 1000 páginas por unidade de tempo, que constitui pouco mais que 10% do total de páginas e permite mostrar o comportamento da coleta sob restrições significativas de capacidade. Podemos perceber a saturação em torno de 1000 páginas até o tempo 35, após o que o número de páginas ativas passa a crescer consistentemente e não se observa mais a saturação no número de páginas escalonadas.

Em termos da qualidade dos indicadores, podemos perceber, pela Figura 9, que a limitação de capacidade resulta em erros mais significativos apenas nos momentos iniciais da coleta, mas seguido de resultados muito semelhantes. No caso apresentado na figura, a execução sem limite de capacidade tendeu a 35% de erro, enquanto a execução com limite de capacidade convergiu para 39%.

6. CONCLUSÃO

Neste artigo apresentamos o arcabouço DynWebStats, que tem por objetivo estimar indicadores da Web de forma mais eficiente e robusta. O arcabouço foi descrito e implementado em um simulador discreto de eventos. Utilizando uma base de páginas real, pudemos comparar políticas de escalonamento e o impacto de uma capacidade limitada de coleta de páginas. No primeiro caso, a política proposta neste trabalho, DYN, permitiu uma redução significativa no número de páginas coletadas, ao mesmo tempo que garantiu a estimativa de indicadores robustos. No segundo caso, verificamos que, mesmo em cenários de capacidade limitada, a política DYN ainda foi capaz de estimar indicadores com precisão próxima de cenários sem limitação de capacidade.

Em termos de trabalhos futuros, destacamos duas grandes frentes de trabalho. Em primeiro lugar, vamos implementar a estratégia de coleta dinâmica na plataforma Heritrix. Em segundo lugar, vamos avaliar a efetividade do arcabouço em um experimento real.

Agradecimentos

Este trabalho foi parcialmente patrocinado pelo NIC.br / CEWEB.br / W3C Brasil, Instituto Nacional de Ciência e Tecnologia para a Web (CNPq no. 573871/2008-6), MASWeb (grant FAPEMIG/PRONEX APQ-01400-14), EUBra-BIGSEA (H2020-EU.2.1.1 690116, Brazil/MCTI/RNP GA-000650/04), CAPES, CNPq, Finep, e Fapemig.

7. REFERÊNCIAS

[1] A. AlSum, M. L. Nelson, R. Sanderson, and H. Van de Sompel. Archival http redirection retrieval policies. In *Proc. of the 22nd Intl Conf. on World Wide Web*, WWW '13 Companion, pages 1051–1058, New York, NY, USA, 2013. ACM.

[2] R. BAEZA-YATES, C. CASTILLO, and E. EFTHIMIADIS. Characterization of National Web Domains. *ACM Transactions on Internet Technology*, pages 1–32, 2007.

[3] R. Baeza-Yates, A. Pereira, and N. Ziviani. Understanding content reuse on the web: Static and dynamic analyses. In *Proc. of the 8th Knowledge Discovery on the Web Intl Conf. on Advances in Web Mining and Web Usage Analysis*, WebKDD'06, pages 227–246, Berlin, Heidelberg, 2007. Springer-Verlag.

[4] L. Barbosa and J. Freire. An adaptive crawler for locating hidden-web entry points. In *Proc. of the 16th Intl. Conf. on World Wide Web*, WWW '07, pages 441–450, New York, NY, USA, 2007. ACM.

[5] K. Borgolte, C. Kruegel, and G. Vigna. Relevant change detection: A framework for the precise extraction of modified and novel web-based content as a filtering technique for analysis engines. In *Proc. of the 23rd Intl. Conf. on World Wide Web*, WWW '14

Companion, pages 595–598, New York, NY, USA, 2014. ACM.

[6] B. E. Brewington and G. Cybenko. How dynamic is the web? In *Proc. of the 9th Intl. World Wide Web Conf. on Computer Networks : The Intl. Journal of Computer and Telecommunications Networking*, pages 257–276, Amsterdam, The Netherlands, 2000. North-Holland Publishing Co.

[7] A. Broder, R. Kumar, F. Maghoul, P. Raghavan, S. Rajagopalan, R. Stata, A. Tomkins, and J. Wiener. Graph structure in the web. In *Proc. of the 9th World Wide Web Conf. on Computer Networks*, pages 309–320, Amsterdam, The Netherlands, 2000. North-Holland Publishing Co.

[8] C. Castillo. Effective web crawling. *SIGIR Forum*, 39(1):55–56, June 2005.

[9] C. Castillo, M. Marin, A. Rodriguez, and R. Baeza-Yates. Scheduling algorithms for web crawling. In *Proc. of the WebMedia & LA-Web 2004 Joint Conf. 10th Brazilian Symposium on Multimedia and the Web 2Nd Latin American Web Congress*, LA-WEBMEDIA '04, pages 10–17, Washington, DC, USA, 2004. IEEE CS.

[10] J. Cho and H. Garcia-Molina. Synchronizing a database to improve freshness. *SIGMOD Rec.*, 29(2):117–128, May 2000.

[11] J. Cho and H. Garcia-Molina. Parallel crawlers. In *Proc. of the 11th Intl. Conf. on World Wide Web*, WWW '02, pages 124–135, New York, NY, USA, 2002. ACM.

[12] J. Cho, H. Garcia-Molina, and L. Page. Efficient crawling through url ordering. *Comput. Netw. ISDN Syst.*, 30(1-7):161–172, Apr. 1998.

[13] V. Cothey. Web-crawling reliability. *Journal of the American Society for Information Science and Technology*, 55(14):1228–1238, 2004.

[14] A. Czumaj, I. Finch, L. Gasieniec, A. Gibbons, P. Leng, W. Rytter, and M. Zito. Efficient web searching using temporal factors. *Theoretical Computer Science*, 262(1):569 – 582, 2001.

[15] M. Diligenti, F. Coetzee, S. Lawrence, C. L. Giles, and M. Gori. Focused crawling using context graphs. In *Proc. of the 26th Intl. Conf. on Very Large Data Bases*, VLDB '00, pages 527–534, San Francisco, CA, USA, 2000. Morgan Kaufmann Publishers Inc.

[16] F. Douglis, A. Feldmann, B. Krishnamurthy, and J. Mogul. Rate of change and other metrics: A live study of the world wide web. In *Proc. of the USENIX Symposium on Internet Technologies and Systems*, USITS'97, pages 14–14, Berkeley, CA, USA, 1997. USENIX Association.

[17] B. Efron and R. J. Tibshirani. *An Introduction to the Bootstrap*. Chapman and Hall: London, 1993.

[18] D. GOMES, S. FREITAS, and M. J. SILVA. Design and Selection Criteria for a National Web Archive. *Proc. 10th European Conf. on Research and Advanced Technology for Digital Libraries, ECDL*, 4172, 2006.

[19] D. GOMES and J. MIRANDA. Arquivo e Medição da Web Portuguesa. *Fundação para a Computação Científica Nacional - Lisboa, Portugal*, pages 1–8, 2008.

[20] M. Koster. Robots in the web: threat or treat ? *ConneXions*, 9(4), Apr. 1995.

[21] M. Modesto, A. Pereira, N. Ziviani, C. Castillo, and R. Baeza-Yates. Um novo retrato da web brasileira. In *Proc. of XXXII SEMISH*, pages 2005–2017, São Leopoldo, Brazil, 2005.

[22] M. Najork and J. L. Wiener. Breadth-first crawling yields high-quality pages. In *Proc. of the 10th Intl. Conf. on World Wide Web*, WWW '01, pages 114–118, New York, NY, USA, 2001. ACM.

[23] C. Olston and M. Najork. Web crawling. *Found. Trends Inf. Retr.*, 4(3):175–246, Mar. 2010.

[24] C. Olston and M. Najork. Web crawling. *Found. Trends Inf. Retr.*, 4(3):175–246, Mar. 2010.

[25] A. Pirkola and T. Talvensaari. Addressing the limited scope problem of focused crawling using a result merging approach. In *Proc. of the 2010 ACM Symposium on Applied Computing*, SAC '10, pages 1735–1740, New York, NY, USA, 2010. ACM.

[26] S. Raghavan and H. Garcia-Molina. Crawling the hidden web. In *Proc. of the 27th Intl. Conf. on Very Large Data Bases*, VLDB '01, pages 129–138, San Francisco, CA, USA, 2001. Morgan Kaufmann Publishers Inc.

[27] A. Seyfi, A. Patel, and J. Celestino Júnior. Empirical evaluation of the link and content-based focused treasure-crawler. *Comput. Stand. Interfaces*, 44(C):54–62, Feb. 2016.

[28] V. Shkapenyuk and T. Suel. Design and implementation of a high-performance distributed web crawler. In *Data Engineering, 2002. Proc. 18th Intl. Conf. on*, pages 357–368, 2002.

[29] K. Sigurosson. Incremental crawling with Heritrix. In *Proc. of the 5th Intl. Web Archiving Workshop (IWAW'05)*, Sept. 2005.

[30] J. Talim, Z. Liu, P. Nain, and E. G. Coffman, Jr. Controlling the robots of web search engines. *SIGMETRICS Perform. Eval. Rev.*, 29(1):236–244, June 2001.

[31] P.-N. Tan and V. Kumar. Discovery of web robot sessions based on their navigational patterns. *Data Min. Knowl. Discov.*, 6(1):9–35, Jan. 2002.

[32] E. A. Veloso, E. de Moura, P. Golgher, A. da Silva, R. Almeida, A. Laender, R. B. Neto, and N. Ziviani. Um retrato da Web Brasileira. In *Proc. of Simposio Brasileiro de Computacao*, Curitiba, Brasil, 2000.

[33] D. Yadav, A. K. Sharma, J. P. Gupta, N. Garg, and A. Mahajan. Architecture for parallel crawling and algorithm for change detection in web pages. In *ICIT*, pages 258–264. IEEE CS, 2007.

[34] Z. Yang, J. X. Yu, Z. Liu, and M. Kitsuregawa. Fires on the web: Towards efficient exploring historical web graphs. In *Proc. of the 15th Intl. Conf. on Database Systems for Advanced Applications - Volume Part I*, DASFAA'10, pages 612–626, Berlin, Heidelberg, 2010. Springer-Verlag.

EDUARDO: A Semantic Model for Automatic Content Integration with an Conversational Agent

Fábio Rodrigues dos Santos[1,2]
[1]Instituto Federal de Roraima (IFRR)
Boa Vista, Roraima, Brazil, 69303-220
fabio.santos@ifrr.edu.br

Sandro J. Rigo[2],Jorge L. V. Barbosa[2],
Clarissa Rodrigues[2]
[2]Universidade do Vale do Rio dos Sinos (UNISINOS)
Programa de Pós-graduação em Computação Aplicada
São Leopoldo, Rio Grande do Sul, Brazil, 93022-000
{rigo, jbarbosa}@unisinos.br, clarissa.ar@gmail.com

ABSTRACT

This paper presents a model to integrate CMS contents and a intelligent. The proposed model acts on the problem of creating structured content to Semantic Web by the content publishers. The model also contemplates the use of Semantic Content through a Conversational Agent. For evaluation purposes will be dynamically integrated the contents of a Content Management System with a Communicational Intelligent Agent. The evaluation will be done in two parts: first checking if the agent can generate the knowledge base for dialogue, accessing Web pages and representing their content in RDFa and AIML format. In a second step, interaction tests will be carried out with users for usability evaluation in order to get their opinion on the use of Conversational Agent.

Keywords
Conversational Agent; Semantic Web; Content Management Systems

1. INTRODUÇÃO

A web inicialmente foi projetada para leitura por humanos e não para representação formal das informações exibidas, dificultando a automatização de processos e assessoramento na navegação. Avanços nesta área podem ser observados a partir da iniciativa da Web Semântica, que proporciona uma base para representação e compartilhamento automático de dados. Mesmo assim, as interações dos usuários com os atuais sistemas de gerenciamento de conteúdo web se caracterizam pelo modelo de consulta por palavras-chave e navegação a partir de hyperlinks. Recursos como os Agentes Comunicacionais [1] atuam neste âmbito gerando diálogos mais amigáveis com os usuários, entretanto possuem limitações para a atualização das informações dos conteúdos tratados.

Um agente conversacional encarnado se assemelha a um personagem de desenho animado capaz de interagir com usuários através de conversa e gestos [2]. Este agente torna as interações humanas com o computador mais amigáveis, por simular parte das habilidades de comunicação que os seres humanos possuem, como uma conversa em linguagem natural. Para sua construção é preciso descrever cenários para representar os conhecimentos e as técnicas de diálogo a serem usadas pelo agente. Convencionalmente tais cenários são escritos manualmente por desenvolvedores que usam linguagens de descrição de diálogo, tal como a *Artificial Intelligence Mark-up Language* (AIML)[1], entre outras, sendo por isso difícil de atualizá-los quando as páginas web sofrem alterações.

Iniciativas para resolver este problema são observadas em alguns trabalhos, como o uso de bases de dados anotadas semanticamente [1][4] ou geração de roteiros para o diálogo a partir de extração de informações em texto [2]. Entretanto, estes trabalhos não aproveitam uma grande possibilidade para automação, que é a incorporação dos dados disponíveis em sistemas de gerenciamento de conteúdo Web.

Este artigo descreve um modelo para utilização de agentes comunicacionais e para anotação semântica de conteúdo em Sistemas de Gerenciamento de Conteúdo Web (SGCW), fomentando assim uma interação mais amigável e também um ganho de produtividade na geração dos diálogos dos agentes comunicacionais. O principal diferencial deste modelo é a utilização de recursos da Web Semântica para a anotação automática das informações e disponibilização destas para uso no agente, proporcionando melhoria na interface de interação com os usuários e redução dos custos de manutenção.

Foi desenvolvido um protótipo deste modelo, que permite a integração dinâmica de conteúdo com um Agente Comunicacional Inteligente. Este protótipo foi integrado com um site web de uma instituição educacional. Depois disso, o protótipo foi avaliado quanto à capacidade de geração das informações necessárias para os diálogos, acessando as páginas Web. Em um segundo momento, ensaios de interação foram realizados com usuários, para avaliação de sua aceitação e diversos aspectos do uso do Agente Conversacional.

Este texto está organizado como segue. São apresentados os trabalhos relacionados, o modelo proposto e o protótipo desenvolvido, seguidos da avaliação e das conclusões.

2. TRABALHOS RELACIONADOS

VOX [1] é uma plataforma que explora as fontes de informação estruturadas na World Wide Web sob a forma de Dados Conectados. O VOX baseia-se em um repositório externo de dados conectados e toma como entrada uma ontologia que tem dois papéis no sistema: 1) definir a taxonomia do domínio de

WebMedia '16, November 08-11, 2016, Teresina, PI, Brazil
© 2016 ACM. ISBN 978-1-4503-4512-5/16/11...$15.00
DOI: http://dx.doi.org/10.1145/2976796.2976850

---

[1] http://www.alicebot.org/TR/2005/WD-aiml/

pesquisa; e 2) definir a estrutura dos objetos no domínio de pesquisa, refinando e sugerindo novos resultados da pesquisa. Com essa abordagem, é possível fornecer diferentes visões sobre um repositório externo de dados gerais apenas por adaptar a ontologia fornecida. Além disso, a abordagem pode ser ligada a qualquer terminal SPARQL público sem sobrecarrega-lo, o que é importante em cenários abertos, tais como no caso dos dados abertos e conectados.

Chatter Bots são conhecidos como Agentes Conversacionais. Seu uso no trabalho de [3] descreve uma metodologia com base em um algoritmo para gerar automaticamente bases de conhecimento AIML a partir de FAQs, texto puro e glossário de termos. Para validação do projeto foi gerado um Agente Conversacional em língua italiana. Todo o conhecimento relacionado com o domínio de interesse é incluído em um arquivo FAQ[2] e em arquivos de Glossário. Assim, a disponibilização de um método para extrair todo o possível conhecimento de FAQ's e Glossários é o ponto de partida para o processo de gerar um Agente de software que responda a perguntas de um domínio de conhecimento.

Recentemente tem havido algum progresso no gerenciamento do ciclo de vida do conteúdo semântico na web dos dados. No entanto, o aspecto menos desenvolvido é a criação amigável de conteúdo semântico de forma automática ou semiautomática. Este artigo [4] apresenta a abordagem RDFaCE para combinar uma ferramenta WYSIWYG para autoria de textos com a criação de anotações ricas para web semântica. A arquitetura do RDFaCE utiliza uma camada de base sobre a qual é disponibilizado o RDFaCE como *plugin* é o Editor de Texto Rico TinyMCE[3], um editor HTML *open source* e foi escolhido por ser flexível, extensível e suportado por uma ampla gama de Sistemas de Gerenciamento de Conteúdo Web SGCW, *blogs*, *wikis* e fóruns de discussão e etc. [4].

Pode ser vista em [5] a utilização de estudos da psicologia cognitiva sobre a memória de trabalho e a integração de informações, aplicados na melhoria dos resultados obtidos com um modelo de tratamento de diálogo para sistemas de Interação Multimodal, que visa proporcionar a geração de diálogos que se aproximem de situações de diálogo em linguagem natural. A principal contribuição deste trabalho não está precisamente no modelo proposto, mas sim na utilização da memória de trabalho como forma de tornar os diálogos mais naturais, fazendo o agente demostrar traços de consciência, quando consegue travar uma conversa com sensibilidade de contexto. Essas características podem ser evidências em duas situações propostas para avaliação do trabalho: a) identificar um contexto prévio referido, de modo que a percepção dos usuários seja adequada; b) identificar uma troca de contexto, evitando uma continuidade de diálogo de forma inadequada.

Os trabalhos analisados foram selecionados com foco no uso de aspectos de web semântica para composição do repertório de diálogos de agentes conversacionais. Porém nenhum destes trabalhos leva em consideração o consumo de dados semânticos publicados por autores de conteúdo em um SGCW/Site. Tais conteúdos já vem sendo publicados e apresentam uma ótima oportunidade de pesquisas em sua utilização para composição de diálogos em linguagem natural. É possível identificar que nenhum dos trabalhos estudados leva em consideração a integração das três categorias elencadas aqui como: SGCW, Web Semântica e Agente Conversacional, o que se pretende com essa integração é uma redução no trabalho manual dos gestores de diálogo, na criação e principalmente atualização dos diálogos em arquivos aiml, automatizando este processo com extração dos metadados produzidos pelos autores de conteúdo de um SGCW. Como diz KHALILI et al, (2012), a maioria dos trabalhos considera a exportação de bases de dados relacionais, dados em arquivo (no formato texto/csv) ou outras fontes de informações para dados estruturados no formato RDF.

3. O MODELO EDUARDO

Nesta seção é apresentado o modelo proposto neste trabalho, denominado Eduardo. A principal contribuição destacada neste modelo é o uso de Web Semântica como estratégia de expansão automática dos diálogos do agente conversacional.

O Modelo está subdividido em três grandes componentes, denominados *Semantic AIML Interpreter*, *Script Metadata Extractor* e *WYSIWYM*, apoiados por diversos componentes complementares. Uma parte dos componentes está associada com um ambiente de um servidor web, enquanto outra parte está localizada junto dos programas clientes, como os navegadores web. Estes componentes e seu relacionamento serão descritos a seguir.

Uma visão geral do modelo está ilustrada na Figura 1. A notação TAM (*Technical Architecture Modeling*) definida pela SAP com o propósito de cobrir tanto o nível conceitual como o nível de design de aplicações de software foi utilizada na sua descrição. A notação TAM combina a descrição FMC (*Fundamental Modeling Concepts*) para o nível conceitual e a notação UML (*Unified Modeling Language*) para o nível de design [7].

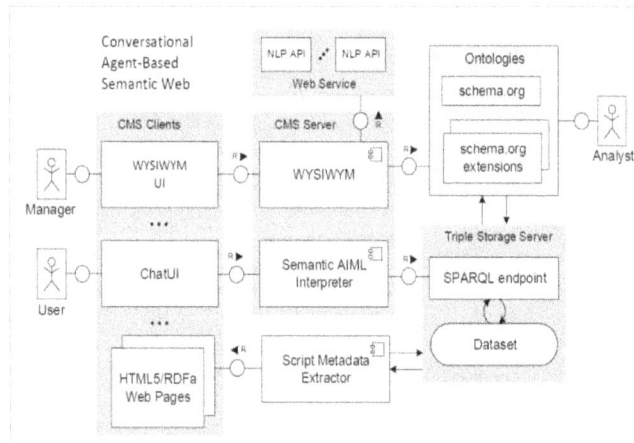

Figura 1. Modelo proposto para Agente conversacional com base em Web Semântica

Destacam-se inicialmente os três papéis definidos no modelo e suas funções. O papel do usuário (*user*, na figura 1) é delimitado ao acesso às informações através do agente comunicacional, neste caso disponibilizado pelo componente ChatUI. O papel do administrador (*manager*, na figura 1) está associado com a efetivação de anotações semânticas de conteúdo, realizadas por intermédio do componente WYSIWYM. Por fim, está previsto o papel de um especialista em gestão do conhecimento, com a finalidade de efetuar ajustes nas ontologias utilizadas, no caso de adequação do modelo entre diferentes contextos de aplicação, o que será detalhado adiante. Este papel é denominado *Analyst* no modelo.

---

[2] FAQ – Frequently Asked Questions ou Perguntas Frequentes no Português

[3] TinyMCE – http://tinymce.moxiecode.com

O componente denominado de WYSIWYM (acrônimo de *What You See Is What You Mean)* no modelo Eduardo possui similaridades com os elementos conhecidos como *WYSIWYG* (acrônimo de *What You See Is What You Get).* Estes em geral consistem em um editor de texto, que disponibiliza um conjunto de ferramentas para edição e a possibilidade de visualização do resultado.

O diferencial que o modelo Eduardo oferece em relação ao editor *WYSYWIG* tradicional está na capacidade de representar semanticamente o conteúdo que está sendo editado, através de anotações em formato *RDFa[4].* Para descrever esta situação, adotamos o termo cunhado por Khalili *et al* (2012) é *WYSYWIM,* representando um elemento de interface com o usuário que associa a visualização dos elementos com o seu significado, usualmente indicado em uma base de conhecimento.

Neste caso, adotou-se a utilização de um ontologia para representação do conhecimento. No modelo é proposto o uso da ontologia *Schema.org[5]* e também extensões da mesma para torná-la capaz de abranger as especificidades do site web no qual o agente comunicacional é disponibilizado. Com esta possibilidade de extensão dos conceitos o modelo pode ser utilizado em diferentes contextos.

O modelo Eduardo prevê um script para extração dos metadados que são disponibilizados pelos usuários editores de conteúdo através do componente WYSIWYM. Na Figura **2** foram extraídos do modelo Eduardo apenas os elementos relacionados com o componente denominado *Script Metadata Extractor.*

Figura 2. Script Metadata Extractor

Este componente descrito na Figura **2** foi definido com uma dinâmica a partir da qual periodicamente, ou quando requisitado, é realizada uma requisição para as páginas HTML5 previamente editadas com a notação RDFa. Esta requisição dispara o procedimento para extrair o conteúdo RDF destas páginas HTML5 e convertê-lo para um formato tal como o formato RDF/XML ou Turtle, por exemplo, que seja compatível com o armazenamento em um componente Triple Storage.

O modelo prevê a disponibilização de uma tela de chat, interface que possibilita interação com o Agente Conversacional Inteligente. A comunicação deste componente com o conteúdo anotado semanticamente será possível através de requisições Ajax para o componente *Semantic AIML Interpreter* disponibilizado como um componente do *SGCW.*

O módulo *Semantic AIML Interpreter* disponibiliza uma interface de *chat* escrita em Javascript, além de outros arquivos estáticos necessários a sua renderização, tais como CSS (*Cascading Style Sheets*) e arquivos de imagens. Conforme esse modelo conceitual da Figura **3**, é possível identificar que o usuário interage com uma interface de *chat*, a qual faz uma requisição *HTTP* (*Hypertext Transfer Protocol*) ao módulo disponibilizado pelo *SGCW*, que

por sua vez processa a requisição do usuário, podendo consultar um *SPARQL endpoint* e em seguida retornar a resposta ao usuário.

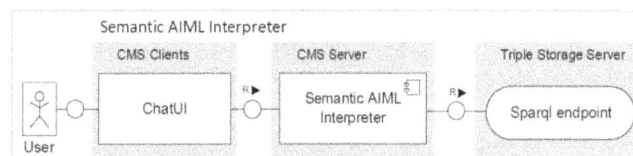

Figura 3. Semantic AIML Interpreter

Para manter a possibilidade de atualização de conteúdo utilizado pelo agente conversacional, é adotado no modelo Eduardo um mecanismo de anotação semântica que possibilita expansões sucessivas da ontologia utilizada.

O processo de expansão da ontologia não é um procedimento simples, pois é necessário conhecimento de Web Semântica para criação e alteração desse componente. Portanto foi proposto no modelo um perfil de usuário qualificado para assumir tal responsabilidade, a expansão dos diálogos depende tanto das ontologias quanto das consultas *SPARQL*, cuja responsabilidade de criação e manutenção estão a cargo deste usuário especializado identificado no modelo como *Analyst.*

4. DESENVOLVIMENTO DO PROTÓTIPO

Nesta seção são apresentadas as etapas realizadas para o desenvolvimento do protótipo do Modelo Eduardo. O objetivo desta implementação foi proporcionar o ambiente necessário para a avaliação de aspectos propostos pelo modelo.

4.1 Implementação do Semantic AIML Interpreter

O componente *Semantic AIML Interpreter* foi implementado com base na extensão da biblioteca pyAIML[6]. Por padrão esta biblioteca não interpreta consultas SPARQL, então foram sobrescritos os seus métodos _*init*_ e *lern*, como está indicado na figura 4, na classe *HookitKernel* do pacote *hookitaiml* que estende da classe *Kernel* do pacote *AIML*. Além disso, outros dois métodos foram propostos. Um deles é o _*processSparql,* responsável por interpretar a tag *sparql* proposta para ampliar a linguagem *aiml* neste modelo. Outro é o método _*processTranslate,* que tem o propósito de traduzir as entidades e os parâmetros para a ontologia escolhida. Esse método se fez necessário, pois o agente utiliza a linguagem a partir do português e o núcleo da ontologia Schema.org encontra-se em inglês.

Outras adaptações necessárias no código foram feitas por herança, de modo que não interferissem no código original da biblioteca pyAIML. Na Figura **4** também é possível observar que a biblioteca *SparqlWrapper* foi utilizada para interpretar as consultas *SPARQL*, sendo que a resposta a essa consulta foi serializada em formato JSON[7].

---

[4] https://www.w3.org/TR/xhtml-rdfa-primer/

[5] http://schema.org

[6] https://pypi.python.org/pypi/PyAIML

[7] http://www.json.org/

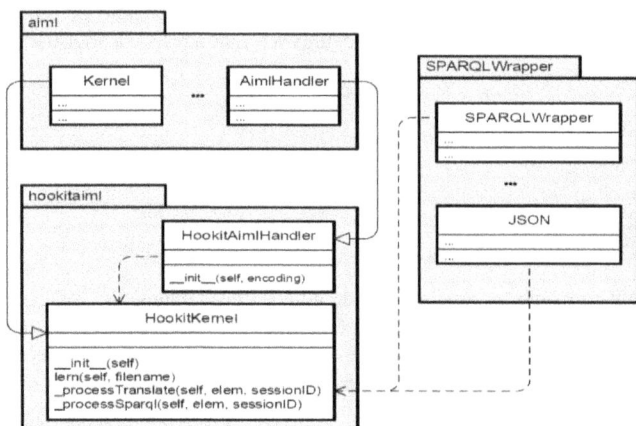

Figura 4. Diagrama de Classes do *Semantic AIML Interpreter*

Um exemplo de consulta SPARQL embutida em um documento AIML é apresentado na Figura **5**. Destaca-se que na linha 4 são capturados dois parâmetros através da tag <star>, sendo que na linha seguinte o atributo *endpoint* possui como valor o endereço do *endpoint* onde a consulta deve ser realizada. Esse atributo é opcional e caso não seja definida a consulta será realizada por padrão em http://pt.dbpedia.org/sparql. O código responsável pela consulta é definido como conteúdo do elemento sparql, onde os parâmetros são definidos através do marcador <set>. Esta abordagem foi inspirada em KIMURA [2].

```
1  <category>
2      <pattern>QUAL O * DO *</pattern>
3      <template>
4          O <star index="1"/> do <star index="2" /> é:
5          <sparql endpoint="http://localhost:3030/ifrr/sparql">
6              PREFIX schema:&lt;http://schema.org/&gt;
7              SELECT ?s ?o
8              WHERE {
9                  ?s ?property ?x FILTER regex(?x, '^<star index="2"/>$', 'i')
10                 ?s schema:<set name="prop"><translate><star index="1"/></translate></set>
11                     <condition name="prop">
12                         <li value="address"><set name="aux">?oo</set></li>
13                         <li><set name="aux">?o</set></li>
14                     </condition> .
15                 <condition name="prop" value="address">
16                     ?oo schema:streetAddress ?o
17                 </condition>
18             }
19             LIMIT 1
20         </sparql>
21         . Para mais informações acesse a página de &lt;a href='/IFRR/@@uo-view'&gt;
22         contatos da instituição&lt;/a&gt;.
23     </template>
24 </category>
```

Figura 5. Exemplo de consulta SPARQL em um arquivo AIML

4.2 Implementação do Wysisym

O SGCW Plone[8] foi utilizado como base para esta implementação. Ele utiliza o TinyMCE[9] como editor de texto WYSYWIG padrão na versão 3.2.6, compatível com o RDFaCE citado anteriormente [6]. O editor TinyMCE é disponibilizado no Plone através do componente Products.TinyMCE. Para seu uso foi necessário configurar o plugin RDFaCE no componente Products.TinyMCE e realizar algumas adaptações no mesmo, devido ao fato de que sua distribuição padrão é para a linguagem PHP.

O RDFaCE utiliza uma versão do vocabulário Schema.org extraído no formato JSON pelo projeto http://schema.rdfs.org/. Esse método de extração pode ser considerado depreciado para

identificar automaticamente os dados disponibilizados pelas página HTML do Schema.org [8] e também pelo fato do Schema.org já disponibilizar seu vocabulário no formato JSON-LD. Porém o RDFaCE é anterior a essa iniciativa e foi codificado apenas para ler os dados em JSON. Então optou-se por continuar a usar a abordagem disponível e posteriormente contribuir para o projeto editando o RDFaCE para aceitar os arquivos no formato JSON-LD. Mesmo usando a abordagem indicada, os scripts precisaram ser atualizados para o novo formato em que o Schema.org disponibiliza seu vocabulário, o que acarretou menos trabalho do que reescrever o RDFaCE para suportar os dados em JSON-LD.

4.3 Script Metadata Extractor

O *Script Metadata Extractor* é o elemento responsável por extrair os Metadados de páginas HTML5 anotadas semanticamente com o RDFaCE descrito no tópico anterior. O mesmo script pode ser utilizado para extrair dados em RDF/XML, JSON-LD e Turtle de qualquer site, bastando configurar as url´s em seu dicionários de dados. Este componente utiliza as bibliotecas RDFLIB[10] para acessar os recursos e extrair os metadados e gravá-los em arquivos de texto, em seguida utiliza a biblioteca *subprocess* para executar os códigos binários do servidor Fuseki[11] e enviá-los para uma base de dados.

4.4 Implementação da Ontologia

O Schema.org utiliza RDFS para definição de seu vocabulário e em maio de 2015 apresentou um novo mecanismo de extensão baseado em RDFa e JSON-LD. O Schema.org fornece um vocabulário básico para descrever os tipos de entidades mais comum e que as aplicações web mais necessitam. Muitas vezes existe a necessidade de uso de vocabulários mais especializados e mais profundos, que podem ser construídos usando o Schema.org como ponto de partida. Os mecanismos de extensão previstos facilitam a criação de tais vocabulários adicionais [9].

A Figura **6** representa parte da ontologia que será utilizada para mapear os conselhos e conselheiros em uma instituição de ensino superior. Na figura, as entidades *Thing*, *Person*, *Organization* e *EducationalOrganization* já são fornecidas pelo Schema.org. As setas azuis indicam uma relação de herança (*has subclass*), sendo que as demais entidades (Institutos_Federais, Reitoria, Campus, Conselheiro, Grupo_Conselho e Conselho) foram criadas para expandir o vocabulário, mais especificamente os Institutos Federais, que possuem uma composição compreendendo múltiplos campus.

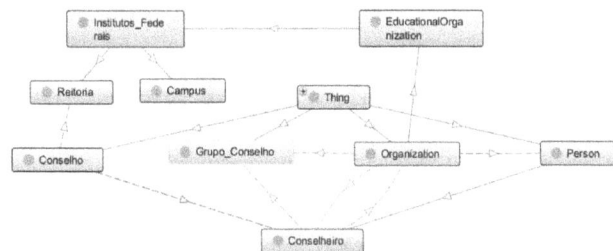

Figura 6. Parte da ontologia para o Mapeamento

---

[8] https://plone.org/

[9] https://www.tinymce.com/

[10] https://rdflib.readthedocs.io

[11] https://jena.apache.org/documentation/fuseki2/

5. AVALIAÇÃO

Dois experimentos foram realizados para avaliação do modelo, a partir do protótipo implementado. O primeiro experimento foi utilizado em uma avaliação baseada em cenários, projetada para verificar problemas críticos que poderiam prejudicar a verificação dos objetivos do modelo. Já o segundo experimento avaliou a usabilidade do modelo, verificando sua facilidade de uso e a percepção de sua utilidade por parte dos usuários.

5.1 Avaliação de Usabilidade Baseada em Cenários

Conforme [10], ao descrever o modelo de cenários passo a passo, um avaliador descreve sistematicamente cenários de interação de usuários com objetos de um site e avalia as ações necessárias para concluir cada um dos cenários segundo um modelo cognitivo. Como os objetivos do site são definidos em cenários, o avaliador pode efetivamente identificar problemas críticos que podem prejudicar a realização dos objetivos. Segundo [11], a avaliação por cenários tem sido utilizada pela comunidade acadêmico-científica para avaliar projetos sensíveis ao contexto em ambientes diversos como ambientes web e ambientes ubíquos, de acordo com [12].

5.1.1 Cenário 1 – Anotação de Conteúdo com RDFa

Este cenário pretende demostrar a utilização do componente WYSIWYM proposto como componente do modelo Eduardo para anotar o conteúdo de uma página web por um usuário com o perfil *Manager* que tenha acesso a área administrativa do Plone SGCW.

A descrição do Cenário 1 é a seguinte: Márcia é chefe de gabinete na Reitoria do IFRR e lhe foi solicitado que publique no portal institucional as informações pertinentes ao conselho superior. O Conselho Superior é um órgão consultivo e de deliberação, com estrutura, atribuições e funcionamento definidos na lei 11.892/08, no estatuto e em regimento Interno. Sabendo disso, Márcia então coleta e publica informações como: Legislação, Composição e Estrutura, Local e Calendário de Reuniões, etc. Márcia também participa do Conselho como secretária e ela é o principal meio de contato com os membros do conselho. Para publicar tais informações em um formato que o Agente Conversacional e demais mecanismos de busca tenham condições de extrair, Márcia verifica no conteúdo das páginas por Entidades tais como Pessoas, Organizações e Lugares e procura marcá-los, selecionando cada um e definindo as respectivas entidades através de um painel suspenso que aparece sempre que pressiona o botão direito do mouse sobre um texto pré-selecionado. O texto recebe um destaque visual para identificar que já foi marcado, sendo que após marcar uma entidade Márcia pode clicar novamente com o botão direito do mouse sobre ela e adicionar propriedades e relações. Caso Márcia opte por maior comodidade, ela pode usar o botão de anotação automática de conteúdo, que identifica as entidades mais comuns.

A partir deste cenário, inspirado em necessidades reais observadas, podemos acompanhar os seguintes detalhes de sua execução. O componente WYSIWYM captura os eventos de clique de Mouse efetuados pelo usuário e adiciona um marcador <span> na seleção contendo o atributo RDFa definido na marcação feita pelo próprio usuário. Tal procedimento pode ser visto na Figura 7, indicando a anotação de informações de contato como secretária.

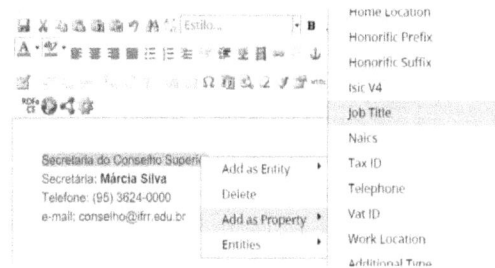

Figura 7. Interface do componente WYSIWYM

O resultado da operação descrita pode ser visualizado no código HTML com anotação RDFa gerado, ilustrado na Figura 8, com base nos atributos *typeof* e *property*.

Figura 8. Código HTML5/RDFa gerado pelo componente WYSIWYM

5.1.2 Cenário 2 – Extração de Dados

Este cenário pretende demostrar a configuração do componente *Script Metadata Extractor* proposto como componente do modelo Eduardo para extrair os metadados das páginas veiculadas no site do IFRR e em seguida submete-los ao servidor Fuseki como alternativa para automatização do processo.

A descrição do Cenário 2 está comentada a seguir: Diogo é analista de TI do IFRR, atua na área de infraestrutura e lhe foi solicitado a instalação de um servidor para disponibilizar o serviço de *triple storage*. O software selecionado foi o Fuseki server e a plataforma adotada foi o Gnu Linux, mais especificamente a distribuição Debian 8 de 64 bits, em um ambiente virtualizado. Como a maioria das distribuições do Gnu Linux já oferece a linguagem python pré-instalada, após instalar o Fuseki server o Diogo tem apenas que baixar o *Script Metadata Extractor* do sistema de controle de versão para a pasta do Fuseki server e em seguida o executar para testar a conectividade com a rede e a internet. Em seguida ele pode optar por executar o script apenas quando lhe for solicitado ou configurar o mesmo no agendador de tarefas do sistema para que seja executado periodicamente.

Com base nos detalhes indicados, podemos acompanhar a descrição da execução do cenário 2 nas seguintes operações. Ao executar o script ele acessa através da biblioteca urllib as páginas que estão cadastradas em seu dicionário de dados uma a uma, a resposta fica gravada em memória, para cada página o script utiliza da biblioteca RDFlib para extrair os metadados e gravá-los em arquivo. O próximo passo é utilizar os scripts disponíveis no fuseki server para submeter os arquivos a sua base de dados e assim disponibilizá-los online. O Resultado do script é o código estruturado extraído do HTML. Na Figura 9 é apresentado o código Turtle gerado pelo *Script Metadata Extractor*.

```
@prefix rdf: <http://www.w3.org/1999/02/22-rdf-syntax-ns#> .
@prefix schema: <http://schema.org/> .

_:1
    rdf:type schema:Person;
    schema:jobTitle "Secretaria do Conselho Superior";
    schema:name "Márcia Silva";
    schema:telephone "(95) 3624-0000";
    schema:email "conselho@ifrr.edu.br" .
```

Figura 9. Código Turtle extraído em teste de validação no RDFaPlay

5.1.3 Cenário 3 – Expansão da Ontologia e Consultas Sparql

Este cenário pretende demonstrar os procedimentos executados pelo usuário *Analyst*. A expansão da ontologia utilizada pelo modelo Eduardo e a criação de consultas são atividades que têm o propósito de ampliar o diálogo do Agente Conversacional.

Segue a descrição do Cenário 3: Tiago é Analista de TI do IFRR e foi encarregado de cumprir com a responsabilidade de manutenção da ontologia e criação das consultas SPARQL na implantação do protótipo do modelo Eduardo. Ele possui bom conhecimento das tecnologias de web semântica para realizar essas duas atividades. Para a primeira atividade o Tiago deve dar manutenção nos arquivos que ampliam o vocabulário Schema.org. Caso ele queira projetar uma nova ontologia para um domínio específico do site, ele pode usar o editor Protégé, porém se quiser continuar hospedando a ontologia em sua instância do Schema.org deverá converte-la para RDFa ou JSON-LD, sendo que até o momento esse procedimento não é suportado pelo protégé, então deve ser realizado manualmente. A dificuldade deste procedimento vai depender do grau de complexidade da ontologia. Para criar, testar e executar novas consultas SPARQL que lhe tenham sido solicitadas para o agente ou qualquer outro propósito, o Tiago pode utilizar a interface de Sparql endpoint do que o fuseki server disponibiliza para este fim.

Uma descrição dos resultados e detalhes de Execução do Cenário é a seguinte. O ambiente onde o Tiago poderá editar a ontologia é basicamente qualquer IDE ou editor de texto de sua preferência, tendo sido escolhido o uso do PyCharm Community por se tratar de um aplicação em Python cujo *deploy* pode ser feito no Google appengine. Esta ferramenta apresenta algumas facilidades para se desenvolver com essas tecnologias. O mais importante é o código para extensão e implantação de instância do Schema.org. Na Figura **10** uma parte da estrutura de diretórios do projeto Shema.org pode ser visto em schemaorg->ext->ifbr como um exemplo de extensão do seu vocabulário.

Figura 10. Ambiente proposto para extensão da ontologia

Para obter uma visão conceitual da ontologia, realizar testes e propor inferências, ou até mesmo criar uma ontologia nova para qualquer domínio de aplicação que desejar o Tiago pode fazer uso do Protégé, sendo que esta ferramenta pode ser visualizada na

Figura **11** juntamente com algumas entidades e propriedades utilizadas no modelo protótipo do modelo Eduardo.

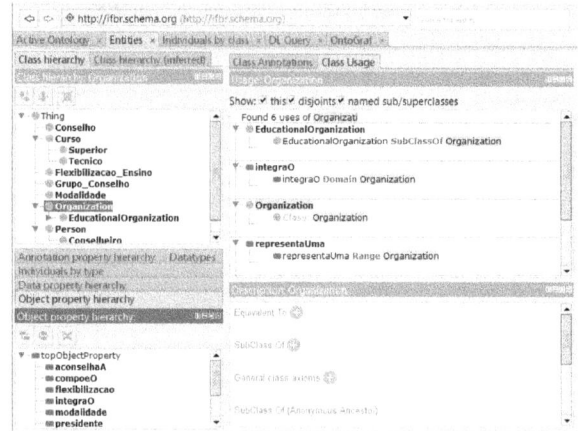

Figura 11. Protégé contendo algumas entidades e propriedades

O resultado das atividades pode ser visualizado na Figura **12**, que contém um figura da extensão da ontologia Schema.org.

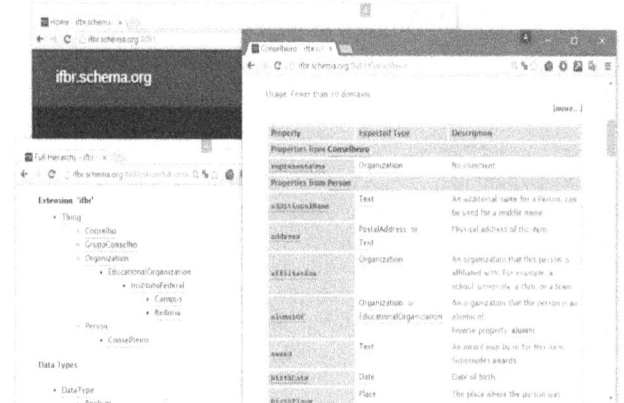

Figura 12. Extensão da Ontologia Schema.org

5.1.4 Cenário 4 - Conversação com o Agente

O objetivo desse cenário é demonstrar a expansão do diálogo do agente conforme os usuários forem interagindo com ele.

A descrição do cenário 4 é feita a seguir: Maria é aluna do IFRR e então acessa o site para perguntar ao Agente Conversacional sobre o termo "consup" do qual tem ouvido falar pelos corredores da instituição. Então ela inicia uma conversa com o agente conversacional em busca de respostas aos seus questionamentos. O diálogo da Maria com o Agente pode ser visualizado na Figura **13**, onde ela realiza algumas perguntas simples como uma saudação "Oi" e uma pergunta sobre o agente "Quem é você?", quando ela pergunta "O que é o consup?", o agente responde "Consup ou Conselho Superior é o órgão de deliberação máxima do IFRR.", estas respostas estão representadas em AIML e o agente não realizou nenhuma consulta sparql para formulá-las. Porém quando a Maria pergunta "Quem são os membros do consup?" o agente não consegue responder pois não possui a resposta corresponden terepresentada em AIML, então apresenta uma resposta padrão para quando não tem em sua base de conhecimento a resposta relacionada a pergunta do Usuário.

Figura 13. Primeira conversa com o Agente

Alguns detalhes de Execução do Cenário: Tiago que o analista responsável pelos diálogos do agente, lê os logs de perguntas realizadas ao protótipo do modelo Eduardo e identifica que a pergunta da Maria não foi atendida, então Tiago amplia a ontologia Schema.org para oferecer as entidades, propriedades e relações necessárias para anotar as informações dos membros do consup. Para isso ele utiliza a abordagem *scrape* para extrair o JSON do Schema.org com o *schema* ampliado e disponibiliza para o componente *WYSIWYM*, em seguida ele solicita a Márcia que é a secretária do consup, que anote a página do consup que dá publicidade aos seus membros. Por fim o Tiago cria a consulta Sparql necessária para que o Agente consiga responder a pergunta de Maria.

Na Figura **14** é apresentado um trecho da utilização da interface de chat do Eduardo onde este cenário foi testado para consultar informações de contato de servidores disponíveis na página de servidores e que estão ligadas a página do consup.

Figura 14. Interface de Chat do Eduardo

5.2 Avaliação com Usuários

Para a avaliação de usabilidade foi utilizado o Modelo de Aceitação de Tecnologia (TAM) proposto por [13] e ampliado por [14], usando uma escala de Likert [15]. Foram realizadas utilizações do agente comunicacional para atividades corriqueiras de consulta de dados, com um grupo de doze pessoas com perfil predominantemente técnico.

Os resultados em relação a facilidade de uso se mostraram positivos e revelam o potencial do modelo no apoio a transparência na disponibilização dos dados da instituição e também na orientação a navegação dos usuários que acessam o portal do IFRR, já que seus os principais interessadas consideraram os componentes do protótipo fáceis de se manusear. Na figura 15 estão representados os resultados sobre a facilidade de uso. Na Figura **16** o gráfico se refere a percepção de utilidade dos usuários.

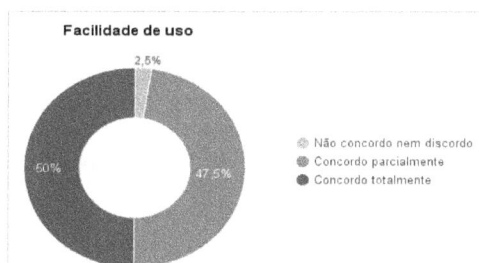

Figura 15. Resultado da pesquisa para Facilidade de Uso

A Figura **16** apresenta uma forte identificação de utilidade no fato de se divulgar os metadados e utilizar-se do processamento de linguagem natural para apoiar as buscas nos mesmos.

Figura 16. Resultado da pesquisa para Percepção de Utilidade

O experimento foi realizado apenas uma vez com um número reduzido de pessoas e ações, o que poderia tornar o resultado tendencioso caso o viés da pesquisa fosse de natureza quantitativa. Como se trata de um experimento de natureza qualitativa optou-se por adotar a abordagem de Nielsen [16] na consideração de validade quanto ao número reduzido de respondentes. Mesmo assim, destaca-se com cuidado estas análises, reforçando-se a limitação do número de respondentes.

6. CONCLUSÃO

Este trabalho apresentou um modelo para integração automática de conteúdo com um agente conversacional inteligente. A descrição deste modelo proporcionou a implementação de um protótipo, cujo objetivo foi a publicação de conteúdo anotado semanticamente para websites e o consumo deste conteúdo por um agente conversacional. Este protótipo foi implementado tendo como domínio um caso de divulgação de informações institucionais de uma instituição educacional e foi realizada uma avaliação a partir de diversos procedimentos, que apresentou resultados promissores.

Para elaboração do modelo proposto foram avaliados trabalhos relacionados tendo como temas básicos os temas principais do modelo. Estes trabalhos estudados foram resumidos e analisados na seção de trabalhos relacionados e auxiliaram na identificação de possibilidades de pesquisas e também na identificação de soluções já existentes nesta área [1], [2], [3], [6], [5].

Dentre as características do modelo proposto, podem ser citadas o fato de ser um modelo aplicável à um domínio genérico, por possuir o suporte a um editor *WYSIWYM* e permitir a representação de dados estruturados em RDFa, Microformatos e RDF/XML, além da capacidade de extrair os metadados semânticos de páginas HTML5 e contar com a extensão de um interpretador AIML para realizar as consultas SPARQL. Estes elementos foram definidos com base nas lacunas observadas e com o objetivo de possibilitar a utilização flexível do modelo.

Tendo em vista os objetivos do trabalho, foram tomadas decisões de projeto ao longo da definição do modelo e foram realizados procedimentos que buscaram evidenciar como o uso de recursos da Web Semântica pode apoiar a melhor utilização de conteúdo web, a partir de procedimentos de anotação semântica tanto automáticos como manual. Os resultados dos conteúdos anotados representaram a possibilidade de uma integração com o contexto de um agente conversacional com base na utilização do AIML, o que permite superar uma das limitações conhecidas no caso destes sistemas, que é a dificuldade de geração de conteúdo que sirva de base para os diálogos. O processo automatizado de geração de diálogos em formato AIML e os mecanismos de integração com os conteúdos anotados através de consultas SPARQL apoiam a experiência dos usuários de sites web favorecendo uma interação mais amigável.

Uma das contribuições a destacar em relação ao modelo apresentado é a possibilidade de ampliação automatizada do repertório do agente conversacional conforme novos conteúdos são publicados nos sites vinculados a ele. Este é um fator importante para apoiar a consolidação da utilização de recursos da web semântica para a anotação das informações de modo automático e disponibilização destas para uso por componentes como os agentes conversacionais. A melhoria de usabilidade percebida por usuários em ambientes de interação por linguagem natural é dependente da qualidade dos recursos que os sistemas conversacionais possuem à sua disposição. Deste modo, esta contribuição observada se localiza como mais um elemento de melhoria na interface de interação com os usuários.

Os resultados das avaliações se mostraram promissores ao usar um agente conversacional com base em web semântica como elemento de interface com usuários em web sites, pois foi possível validar os conceitos presentes no modelo, bem como observar a indicação obtida de facilidade de uso e utilidade perceptível.

Nesse trabalho, procurou-se tratar o mapeamento do conteúdo considerando a língua portuguesa, e uma das funcionalidades do componente *WYSIWYM* está relacionada ao processamento de linguagem natural. Segundo [5], estudos da língua portuguesa ainda estão muito aquém do desejado e compõe assim uma limitação a superar. Em trabalhos futuros espera-se implementar as funcionalidades de (i) memória de trabalho e sensibilidade de contexto, (ii) o reconhecimento dos usuários por algoritmos de reconhecimento facial para incorporar estes elementos como aspectos do diálogo, (iii) melhoria na interface do *WYSIWYM* e (iv) atualização na forma como o *WYSIWYM* consome o vocabulário Schema.org para que suporte o formato JSON-LD divulgado oficialmente.

7. REFERÊNCIAS

[1] F. J. Serón and C. Bobed, "VOX system: a semantic embodied conversational agent exploiting linked data," *Multimed. Tools Appl.*, Oct. 2014.

[2] M. Kimura and Y. Kitamura, "Embodied conversational agent based on semantic web," in *Agent Computing and Multi-Agent Systems*, Springer, 2006, pp. 734–741.

[3] G. De Gasperis, "Building an AIML Chatter Bot Knowledge-Base Starting from a FAQ and a Glossary," *J. E-Learn. Knowl. Soc.*, vol. 6, no. 2, 2010.

[4] A. Khalili, S. Auer, and D. Hladky, "The RDFa Content Editor - From WYSIWYG to WYSIWYM," 2012, pp. 531–540.

[5] J. S. Prates, "Gerenciamento de Diálogo Baseado em Modelo Cognitivo para Sistemas de Interação Multimodal," Mestrado, UNISINOS, São Leopoldo, 2014.

[6] A. Khalili, S. Auer, and D. Hladky, "The RDFa Content Editor - From WYSIWYG to WYSIWYM," 2012, pp. 531–540.

[7] A. Knöpfel, "FMC Quick Introduction." FMC Consortium, Jun-2007.

[8] R. Cyganiak and M. Hausenblas, "What is Schema.RDFS.org?," *schema.rdfs.org*, 26-Mar-2015. [Online]. Available: http://schema.rdfs.org/. [Accessed: 05-Jan-2016].

[9] schema.org, "Extending Schemas," May-2015. [Online]. Available: http://schema.org/docs/extension.html. [Accessed: 05-Jan-2016].

[10] V. S. S. V. M. Sugimura and V. K. Ishigaki, "New web-usability evaluation method: scenario-based walkthrough," *FUJITSU Sci Tech J*, vol. 41, no. 1, pp. 105–114, 2005.

[11] A. K. Dey, "Understanding and using context," *Pers. Ubiquitous Comput.*, vol. 5, no. 1, pp. 4–7, 2001.

[12] M. Satyanarayanan, "Pervasive Computing: Vision and Challenges," *Pers. Commun. IEEE*, vol. 8, no. 4, pp. 10–17, 2001.

[13] F. D. Davis, "Perceived usefulness, perceived ease of use, and user acceptance of information technology," *MIS Q.*, pp. 319–340, 1989.

[14] C. Yoon and S. Kim, "Convenience and TAM in a ubiquitous computing environment: The case of wireless LAN," *Electron. Commer. Res. Appl.*, vol. 6, no. 1, pp. 102–112, Mar. 2007.

[15] R. Likert, "A Technique for the Measurement of Attitudes," *Arch. Psychol.*, vol. 22, no. 140, pp. 1–55, 1932.

[16] J. Nielsen, "How Many Test Users in a Usability Study?," *Nielsen Norman Group*, 06-Apr-2012. [Online]. Available: https://www.nngroup.com/articles/how-many-test-users/. [Accessed: 13-Jan-2016].

Emotional Fingerprint from Authors in Classical Literature

Matheus Araújo
Universidade Federal de
Minas Gerais, Brazil
matheus.araujo@dcc.ufmg.br

Iuro Nascimento
Universidade Federal de
Minas Gerais, Brazil
iuro@ufmg.br

Gustavo Caetano Rafael
Universidade Federal de
Minas Gerais, Brazil
gustavorafael@dcc.ufmg.br

Raquel de Melo-Minardi
Universidade Federal de
Minas Gerais, Brazil
raquelcm@dcc.ufmg.br

Fabrício Benevenuto
Universidade Federal de
Minas Gerais, Brazil
fabricio@dcc.ufmg.br

ABSTRACT

The Internet deeply changed the way people share their knowledge. Almost all content that people produces is now available in digital formats, like e-books, apps, newspapers, and magazines. That content has commonly some metadata available that can be used to generate complex recommendation systems that track content similarity. Since there is some effort in the literature to explore this direction, almost all use classical recommendation approaches, like collaborative filter data and information present on websites that sells books. While most efforts in the literature use features derived from the text syntax to create a recommendation model, our approach aims to trace an emotional fingerprint of authors extracted from their texts. This approach, known as psychometry, consists of the study of behavioral characteristics like positivity, negativity, sadness, fear, religiosity, sexuality, which are able to disguise individuals. Using two sentiment analysis lexicons and a collection of 641 books from the English literature written by 56 authors, we show the effectiveness of these psychometric features in order to trace those authors emotional fingerprint.

Keywords

Authorship Identification; Sentiment analysis; Language features; Lexical semantics

1. INTRODUÇÃO

A Internet mudou profundamente as formas de publicação de conteúdo. Jornais e revistas são mais lidos hoje em sua forma online que na impressa e todos os tipos de textos agora estão disponíveis em formato digital. Em particular, a digitalização da língua escrita finalmente chegou a indústria editorial do livro através de e–books, que podem ser comprados e baixados a partir de vários tipos de livrarias online [8] [10]. E-books podem ser lidos em diferentes dispositivos

WebMedia '16, November 08-11, 2016, Teresina, PI, Brazil

© 2016 ACM. ISBN 978-1-4503-4512-5/16/11...$15.00

DOI: http://dx.doi.org/10.1145/2976796.2976868

eletrônicos como PDAs, Celulares e Tablets, além é claro de leitores de livros eletrônicos dedicados como o Kindle.

Essa mudança representa também um desafio e uma grande oportunidade para diversas disciplinas dentro da Ciência da Computação, em especial aquelas ligadas à descoberta de melhores métodos de processamento de linguagem natural e sistemas de recomendação. Como o conteúdo dos livros esta agora em sua forma digital, esses sistemas tem acesso a seus textos e metadados, que podem ser incorporados para compor mecanismos mais elaborados para recomendação de livros ou de novos autores. Apesar de existirem alguns esforços na literatura que exploram essa direção [22] [9] [25], a grande maioria é baseada em abordagens clássicas de recomendação, como filtragem colaborativa, e informações presentes em compras de livros realizadas online. Um exemplo é o site de compras Amazon que oferece recomendações do tipo: "Pessoas que se interessaram por esse livro se interessaram por esses outros". Nesse trabalho apresentamos uma abordagem inovadora capáz de identificar padrões textuais que proveem assinaturas características de autores em obras literárias. Nosso esforço consiste em explorar aspectos emocionais ao longo de todo o texto dos livros capazes de sumarizar unicamente a assinatura emocional de seu autor.

Nosso estudo foi baseado em técnicas de linguística forense, a ciência envolvida na identificação de autoria e utilizada por órgãos de segurança e inteligência a fim de identificar crimes de falsificações [20]. As análises realizadas neste tipo de estudo estão basicamente divididas em duas formas de análise, uma qualitativa e outra quantitativa. A forma qualitativa é limitada, pois trata da inferência do estilo e traços de escrita dos autores por peritos de forma subjetiva. Já a abordagem quantitativa é realizada a partir de uma avaliação objetiva das variações da escrita realizadas pelos autores através de ferramentas que auxiliam esta análise. Através da perspectiva qualitativa este trabalho propõe uma abordagem que pode ser incorporada nestas ferramentas de análise de autoria a fim de melhorar o seu desempenho.

A solução mais adotada para o problema de identificação de autoria na literatura envolve a identificação de classes de atributos estilométricos que se destacam na estrutura de um texto, esta solução é denominada estilometria. Estes atributos estruturais podem variar bastante, há trabalhos que utilizam a ocorrência de números, símbolos, formas de abreviações, formato do texto, variação na pontuação, ocorrência de verbos, advérbios e outras partes do discurso. Portanto como afirmado por [21], a estilometria busca atender aos diferentes pontos de vista de uma análise estilística forense, incorporando em seu contexto, diferentes classes de atributos estilométricos a fim de identificar uma forma única da escrita de um autor.

Ao contrário da maioria dos trabalhos recentes na área que utilizam atributos derivados da sintaxe dos textos como ocorrência de verbos, adjetivos, outras partes do discurso, número de *stopwords*, pontuações dentre outros, a nossa proposta procura traçar uma assinatura emocional dos autores extraindo de seus textos somente atributos relacionados a fatores psicológicos como, por exemplo, positividade, negatividade, tristeza, medo, religiosidade, e sexualidade. Esta abordagem já é conhecida no campo da psicologia como psicometria, e consiste no estudo de características comportamentais capazes de distinguir sensorialmente indivíduos.

Através do uso da psicometria queremos responder questões de pesquisa como: "É possível atribuir a autoria de um conjunto de documentos apenas utilizando aspectos psicológicos presentes no texto? Existe uma assinatura emocional extraída a partir das palavras escolhidas pelo autor em sua obra? Qual é o desempenho desta técnica?". Para responder estas perguntas este trabalho propõe o uso de uma série de atributos psicométricos que foram selecionados a partir de 2 léxicos de sentimentos descritos na Tabela 1. Desta forma contribuímos na área ao enriquecer o leque de classes de atributos a serem utilizadas na análise estilométrica adicionando fatores psicológicos capazes de traçar uma assinatura emocional de cada autor da literatura clássica.

Para ilustrar as assinaturas emocionais propostas, apresentamos as Figuras 1 e 2. Os gráficos de radar ilustram 12 dos 62 atributos psicométricos utilizados neste trabalho, onde cada linha colorida representa um autor e os valores no gráfico representam as médias da ocorrência de determinado atributo ao longo de suas obras. Note que assim como impressões digitais, essa assinatura emocional visa identificar unicamente cada escritor. Os resultados demonstram que a representação emocional reflete a realidade literária de tais autores, como exemplo na Figura 1 podemos observar o Arcebispo Wake, autor que produziu muitos livros de cunho religioso [1], se distinguiu claramente em sua assinatura no quesito religião. Da mesma forma acontece com Marlowe, considerado por muitos um escritor com traços muito próximos a de Shakespeare [2], no gráfico sua assinatura é realmente muito próxima de Shakespeare apesar do fator sexualidade se destacar. Já na Figura 2, a assinatura de Charles Darwin apresenta poucas emoções destacadas, provavelmente devido ao caráter descritivo e científico de suas obras. Jules Verne, reconhecido por muitos como pai da ficção científica, possui em suas obras um equilíbrio emocional, sendo o atributo religião praticamente inexistente. Este resultado implica no questionamento sobre a religiosidade de Jules Verne, explorada em discussões como [5].

Existem muitas discussões e aplicações a serem exploradas para assinaturas emocionais. Portanto para novas reflexões desenvolvemos uma visualização online que permite comparar as assinaturas de cada autor extraídas deste trabalho dinamicamente.[3]

No entanto este trabalho procura dar um foco maior na validação desta técnica e entender o seu desempenho. As seções a seguir estão organizadas da seguinte forma, trabalhos

---

[1]https://en.wikipedia.org/wiki/William_Wake

[2]https://en.wikipedia.org/wiki/Christopher_Marlowe

[3]Visualização Online: https://iurobpn.github.io/authorship/

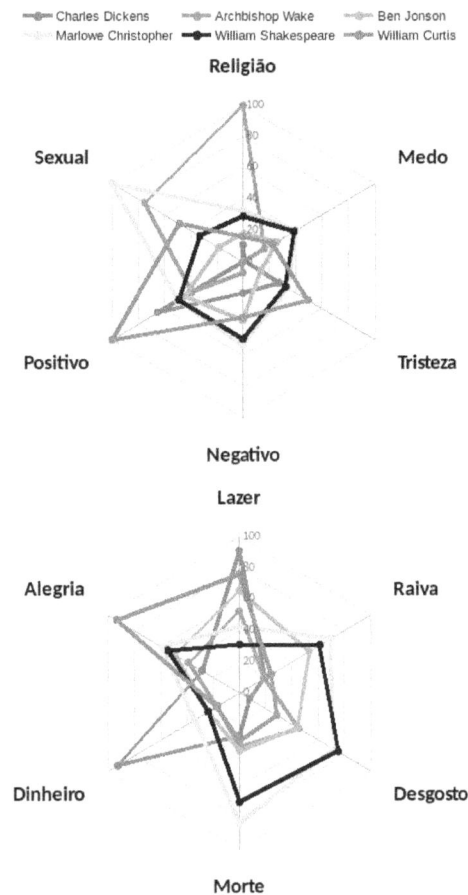

Figura 1: Exemplo da Assinatura Emocional proposta neste trabalho entre 6 autores e 12 diferentes atributos psicométricos. A assinatura emocional foi traçada a partir da média da ocorrência dos atributos psicométricos ao longo das diversas obras de cada autor.

relacionados para contextualizar este material, a metodologia adotada, os experimentos realizados para justificar a utilização de atributos psicométricos propostos e por fim a conclusão deste projeto.

2. TRABALHOS RELACIONADOS

A identificação de autoria em textos é um problema recorrente na literatura e apresentado de diferentes formas e contextos. Em [16], são apresentados diversos trabalhos realizados nesta área, sendo que três linhas de pesquisa possuem maior destaque: a identificação do autor, a descoberta de perfis dos autores e a detecção de plágio.

Dentre os muitos trabalhos realizados na área de atribuição de autoria de um texto, [16] é uma revisão recente, que apresenta publicações que focam em técnicas para identificação do perfil (idade, gênero e sexo) do autor, fornecendo uma ampla visão sobre a utilização de softwares como o dicionário LIWC (Linguistic Inquire Word Count) e de características de estilo e psicológicas da escrita.

Em [13] e [23] há trabalhos centrados em características estilométricas para atribuição do perfil dos autores de blogs, e-mails e Twitter. Nestes estudos foram extraídas as frequên-

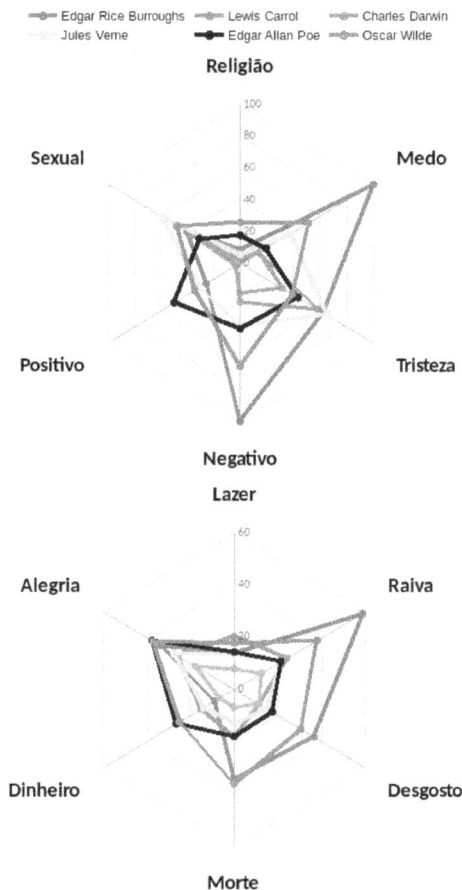

Figura 2: Assim como na Figura 1, um exemplo da Assinatura Emocional com outros autores famosos.

cias de palavras por categorias com o auxílio de dicionários como LIWC e são analisadas as características estruturais de texto como forma de reconhecer um autor. Nosso trabalho realiza algo semelhante, porém com o foco em apenas características psicométricas e em textos longos.

É relevante notar que a maioria dos trabalhos foca em características estilométricas para identificação e criação de um perfil dos autores e não na identificação de autoria propriamente dita. Em [3] e [23] algumas características psicológicas são incorporadas às análises do perfil dos autores mostrando um potencial nas características emocionais para identificação de assinatura de autores.

Mais recentemente, diversas novas técnicas foram incorporadas na identificação de autoria, como pode ser observado em [19]. Nesta revisão apresenta-se um apanhado dos trabalhos mais recentes da área, que em sua maioria foca na combinação de atributos para um algoritmo de aprendizado de máquina a fim de classificar autoria, assim como trabalhos que procuram selecionar quais atributos são os mais relevantes neste tipo de classificação. A maioria das técnicas utilizadas foca em características linguísticas e na estruturação sintática das frases.

Apesar dos significativos resultados na identificação dos autores de textos, trabalhos como [11] questionam a eficácia de métodos que utilizaram um pequeno número de autores em seus experimentos obtendo resultados próximos a 95%

de acurácia. Segundo o autor, esses métodos possuem parâmetros superestimados (*overfit*), que não seriam capazes de manter tal desempenho caso o número de autores fosse aumentado. Além disso, há uma redução de desempenho à medida que o número de autores cresce: na identificação de 145 autores os melhores resultados são da ordem de 35% de acurácia. Em nosso trabalho procuramos ser generosos ao analisar 56 autores em um único experimento a fim de evitar este tipo de viés.

Outro ponto discutido é a dificuldade de identificar o autor com uma base de dados muito limitada como, por exemplo, tendo entre de cinco e dez mil palavras por autor. Uma solução para esse problema é aumentar a quantidade de textos de um autor. Em [24] foram selecionados autores da literatura clássica da língua inglesa para a identificação de autoria devido ao grande número de obras disponíveis. A partir de técnicas estilométricas, focando nas partes de discurso do texto e na estrutura sintática, os autores conseguiram resultados com cerca de 85% de acurácia na identificação de autoria.

Uma vez selecionadas as características a serem extraídas para análise do texto, a maioria dos autores utilizam técnicas de aprendizado de máquina para criar um modelo para classificação. Em [18] é apresentado um estudo completo das mais diversas técnicas utilizando caracterização de texto. Outros trabalhos como [4] comparam diferentes técnicas como PMC (Perceptron de Multiplas Camadas), árvores de decisão (*decision trees*) e o *Support Vector Machine* (SVM). A última, segundo o autor, se destaca por ser capaz de processar milhares de categorias eficientemente. Em [11] é utilizada a implementação do algoritmo SVM conhecida como Otimização sequencial mínima (SMO do inglês *Sequencial Minimal Optimization*) para lidar com o problema da limitação de dados.

Observamos que alguns trabalhos relacionados se esquivam da identificação da autoria e partem para assuntos como identificação de perfil de autores. Além disso, poucos buscam entender o impacto que os atributos psicométricos podem gerar para este tipo de tarefa. Portanto, nosso trabalho preenche estas lacunas inovando ao utilizar unicamente atributos psicométricos em diversos experimentos para identificação da autoria dos documentos.

3. METODOLOGIA

3.1 Conjunto de Dados

O Projeto Guntenberg[1] oferece mais de 38 mil livros clássicos gratuitamente para download, no entanto a utilização de todo este conjunto de dados para este trabalho se mostrou inviável por dois motivos: o primeiro seria a falta de estudos comparativos e o segundo é o alto índice de repetição de livros nesta base, o que poderia tornar este trabalho muito enviesado.

Para solucionar estes problemas, decidimos escolher como conjunto de dados ao longo deste trabalho os mesmos 56 autores e a mesma quantidade de livros utilizada por [24]. Todos os 56 autores estão listados na Tabela 2 e cada livro foi coletado manualmente do Projeto Gutenberg a fim de evitar que houvessem trabalhos repetidos na base. Foi também realizado um pré-processamento retirando os metadados e as licenças de copyright inseridas elo Projeto Gutenberg a fim de evitar ruídos na execução dos experimentos.

Devido a pouca cobertura de autores de diferentes épocas literárias pelo conjunto de dados descrito acima, em especial, para o experimento da Seção 4.4 utilizamos 5443 livros coletados automaticamente do projeto Gutenberg. Para evitar a não repetição de livros, utilizamos o identificador do livro presente em seus metadados para filtrar as entradas. Foi também realizada uma inspeção automática para identificar se o texto estava escrito na língua inglesa.

3.2 Métricas

Neste estudo utilizamos duas métricas de analise de desempenho o F-Measure e a Acurácia. A acurácia é definida pelo número de livros cujos autores foram corretamente atribuídos dividido pelo número de livros analisados. Já o F-Measure é média harmônica entre a precisão e o recall: $2 * \frac{(preciso*recall)}{(preciso+recall)}$. Seja tp, o número de livros positivos verdadeiros, tn positivos falsos, fp falsos positivos e fn falsos negativos. Temos que precisão é definida como: $\frac{tp}{tp+fp}$ e o recall é definido com: $\frac{tp}{tp+fn}$.

3.3 Atributos da Assinatura Emocional

Os atributos psicométricos que foram extraídos dos livros para identificar a assinatura emocional de autores são provenientes de dois léxicos de sentimentos, são eles o Emolex e o LIWC. Ambos estão entre vários léxicos de sentimentos na literatura. Em [17] são apresentados cerca de 19 métodos de análise de sentimentos e uma ampla comparação de desempenho entre eles. Em [2] é disponibilizado os métodos diretamente através de uma ferramenta online. No entanto, foram escolhidos o LIWC e o Emolex por possuírem vários atributos emocionais em seus léxicos não apenas a polaridade de sentimentos. Existem outras ferramentas com léxicos formados a partir de escalas psicométricas, como o PANAS-t [6], que deixamos para explorar em trabalhos futuros.

O Emolex [12], também conhecido como NRC Emotion Lexicon, contém mais de 14 mil palavras associadas a 10 emoções básicas mostradas na Tabela 1, estas emoções foram definidas através do trabalho de [15]. Já o LIWC (Linguistic Inquiry and Word Count) é uma ferramenta paga criada para realizar uma série de análises linguísticas em textos longos. A ferramenta calcula a ocorrência de 90 atributos linguísticos, porém apenas 52 estão relacionados a emoções, estes também podem ser visualizados na Tabela 1. Foi utilizada a versão 2015 do LIWC [14].

3.4 Identificação da Assinatura Emocional

Para a identificação da assinatura emocional de cada autor, avaliamos a ocorrência de cada atributo psicométrico ao longo de suas obras literárias. Essa extração é realizada através da contagem do percentual de palavras relacionadas a cada atributo presente na Tabela 1. Por exemplo, caso hajam 100 palavras relacionadas ao sentimento de tristeza (*sadness*) em um texto que possui no total 1.000 palavras, o percentual de ocorrência da tristeza é 10%. Devido à grande quantidade de palavras que não correspondem a nenhum atributo, os valores de incidência são baixos. Portanto, a fim de tornar mais fácil a identificação da assinatura emocional para cada autor foi realizada uma normalização Min-Max, desta forma é valorizada a diferença entre cada autor, sendo aquele possui o maior valor para um determinado atributo recebe 1 e o autor com a menor ocorrência de palavras ligadas a este atributo recebe 0.

3.5 Contribuição de cada Atributos nos Resultados

Na Figura 3, os atributos são apresentados de forma ordenada de acordo com o InfoGain calculado pela ferramenta WEKA [7] no conjunto de dados da Tabela 2. O atributo *focuspast* foi considerado o que possui o maior ganho de informação, sozinho é responsável por 4,5% do desempenho do F-Measure no experimento de identificação de autoria por validação cruzada. Pode-se observar também que a metade da quantidade de atributos deste trabalho, foi possível alcançar 0.6 de F-Measure para o máximo de 0,7 utilizando todas as features. Ao associar esta análise e a visualização no gráfico na Figura 3, podemos afirmar que apesar de cada atributo ter contribuído para a melhoria de desempenho, alguns atributos podem ser retirado a fim de economizar recursos ao analisar conjuntos de dados muito grandes.

3.6 Classificador SVM e parametrização

Para realizar a predição da autoria dos textos realizamos testes com classificadores como *Random Forest*, Perceptron de Múltiplas Camadas, dentre outros disponíveis no software WEKA. Este software disponibiliza gratuitamente a implementação de diversos métodos de aprendizado de máquina. Porém, como identificado por outros trabalhos relacionados, o SVM se destacou com o método de aprendizado com o melhor desempenho, portanto o SMO, uma variante do SVM na ferramenta WEKA foi utilizado ao longo deste trabalho.

O parâmetro C é uma constante que afeta complexidade do classificador SMO, e geralmente seu valor tem-se um *tradeoff* como desempenho do algoritmo. Portanto foi realizado uma busca por GridSeach pelo melhor valor do parâmetro C do SMO. Observamos que o aumento de C melhora a acurácia do algoritmo até $C \simeq 5,3$. Um aumento de C acima deste valor não afeta mais o desempenho.

4. EXPERIMENTOS E RESULTADOS

4.1 Identificação de Autoria

A tabela 2 mostra os resultados de 3 diferentes experimentos para a tarefa de identificação de autoria.

No experimento representado pela coluna **V. Cruz.** foi realizada uma validação cruzada de 10 dobras entre todos os conjuntos de livros dos autores. Nele 90% dos livros de cada autor foram utilizados para treinos e 10% dos livros foram separados para testes. Alguns autores possuem menos de 10 livros, nestes casos há um dificultador na identificação, pois sobram poucos livros para treino do classificador. Nota-se que os autores com mais de 20 livros têm F-Measure acima de 0, 8, enquanto a identificação de autores com poucos livros tem um desempenho pior. Apenas para os autores Marlowe, Poe e Bierce não foi possível identificar a autoria, sendo estes com menos de 10 livros para a análise. Em média foi alcançado 0,7 de F-Measure com um intervalo de confiança de 90% entre 0,63 e 0,77.

O segundo experimento representado pela coluna **LOO**, é um *Leave-One-Out*. Seja N o total de livros de um autor, $N-1$ livros são utilizados para treino e apenas 1 livro é deixado de fora. Desta forma N avaliações foram realizadas, um para cada livro, a fim de identificar como seria atribuída a autoria deste determinado livro caso tivéssemos uma base completamente rotulada e treinada pelo SVM. Podemos observar valores como 21/22 para Wodehouse, ou seja, 21 dos 22 livros escritos por Wodehouse foram corretamente classifi-

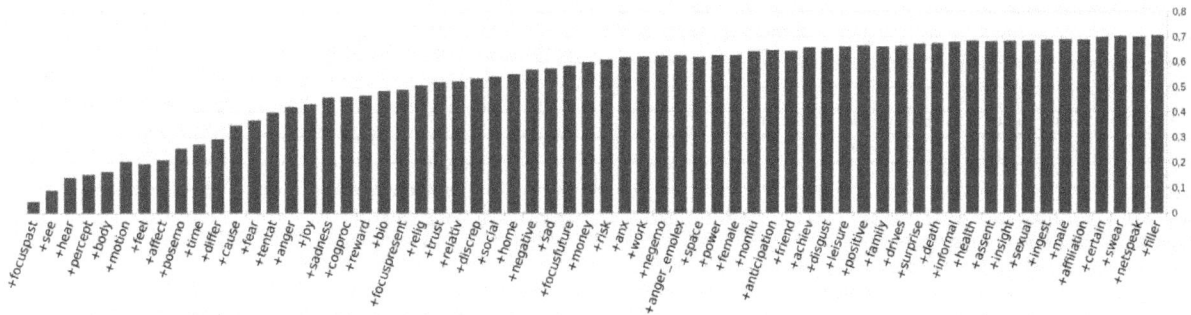

Figura 3: Desempenho acumulativo do F-Measure ao adicionar cada um dos atributos psicometricos na avaliação

cados. Outros autores como Wakem, Alger, Fletcher, Alcott, Collins, também obtiveram bons resultados sendo suas assinaturas emocionais bem destacadas dos demais facilitando sua identificação. O experimento LOO possui resultados coerentes ao apresentado na coluna **V. Cruz.**, sendo que em média 64% dos livros foram classificados corretamente com um intervalo de confiança de 90% entre 0,57 e 0,72.

O terceiro experimento representado pela coluna **1 vs. T**, é chamado *todos contra um*. Seja A o número de autores, foram realizados um conjunto de A experimentos sendo que em cada experimento, remove-se a autoria de todos os livros com exceção dos livros de um determinado autor. Este experimento tem como objetivo analisar como a assinatura emocional dos autores funciona quando é desejado retirar os livros de um autor especifico de um conjunto de livros não rotulados. O classificador tem dificuldade neste experimento, pois aqueles livros que antes tinham autores definidos agora não os possuem, sendo assim as classes estão bastante misturadas, tornando mais difícil a identificação de um padrão para classificação. É interessante notar que neste experimento alguns autores que antes possuíam uma assinatura distinguível como Yonge, McCutcheon, Motley tiveram o F-measure reduzido drasticamente. No entanto, 43% dos livros foram classificados corretamente neste experimento com um intervalo de confiança de 90% entre 0,33 e 0,52.

4.2 Identificação Não Supervisionada

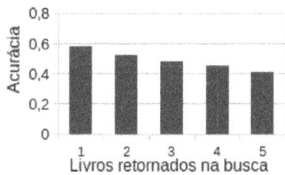

Figura 4: acurácia na busca por livros similares

A fim de, não apenas utilizar uma abordagem supervisionada como o o caso do classificador SVM, neste outro experimento foi avaliado como seria uma extração não supervisionada dos autores dado um determinado livro.

Este experimento foi inspirado no experimento P@5 realizado por [24], no qual o autor realiza através de um algoritmo de recuperação de informação uma consulta de um livro e recebe como resposta um ranking com os prováveis autores deste livro. Da mesma forma no nosso estudo, seja a assinatura emocional presente em um livro, uma consulta dessa assinatura é realizada por um algoritmo de recupe-

ração de informação e são retornados como resultados os livros mais similares em forma de um ranking. A medida de desempenho utilizada foi a acurácia da busca de um livro de acordo com o autor do mesmo. Por exemplo, dado que foi pesquisado um livro de Shakespeare, se 3 dos 5 livros retornados são de Shakespeare, a acurácia é de 60%.

Para este experimento $N - 1$ livros foram colocados em espaço F dimensional, sendo F a quantidade de *atributos* da Tabela 1. O livro deixado de fora é utilizado como *query*, no qual um algoritmo calcula os livros mais próximos utilizando a distância euclidiana.

Como resultado deste experimento temos o gráfico na Figura 4. Foram avaliados os 5 primeiros livros retornados na busca. Em média ao avaliar apenas o livro mais próximo, em 55% das vezes o resultado foi um livro do mesmo autor. O desempenho cai a medida que mais livros são considerados ao longo do ranking, com 5 livros apenas 40% dos livros retornados eram autor correto.

4.3 Desempenho Variando o Número de Classes

Figura 5: Apresentação do desempenho variando o número de classes no experimento para as métricas de tempo de execução e F-Measure. Observa-se que para 8 autores ou menos, o F-Measure é acima de 0,85 e tempo de execução abaixo de 5s.

Até agora, foram apresentados os resultados de experimentos avaliando 56 classes de autores com uma distribuição heterogênea de livros. No entanto gostaríamos de realizar um novo experimento a fim de identificar como a assinatura emocional se comporta em termos de tempo de execução e F-Measure variando o número de autores. Realizamos uma filtragem no conjunto de dados utilizando apenas autores que possuíam 10 ou mais livros, sendo que foram selecionados apenas 10 livros de cada autor para que não houvesse

Tabela 1: Atributos Psicométricos Utilizados dos Léxicos Emolex e LIWC. Na coluna **Qnt** é apresentado o número de palavras no léxico associado ao respectivo atributo

Atributos do Emolex, Total: 14182 entradas		
Atributo	**Exemplos**	**Qnt**
Positive	abundance, shine, love	2312
Negative	abadon, death, nausea, hate	3324
Anger	doomsday, rage, savage	1247
Anticipation	inquiry, prognostic, prophecy	839
Disgust	prostitute, cholera, crap	1058
Fear	wilderness, threat, terrorism	1476
Joy	elegant, bless, amused	689
Sadness	punish, prison, fat	1191
Surprise	rarity, playful, mystery	534
Trust	radiance, proven, philosopher	1231
Atributos do LIWC 2015, Total: 6548 entradas		
Affective	processes affect happy, cried	1393
Positive	emotion posemo love, nice, sweet	620
Negative	emotion negemo hurt, ugly, nasty	744
Anxiety	anx worried, fearful	116
Anger	anger hate, kill, annoyed	230
Sadness	sad crying, grief, sad	136
Social	processes social mate, talk, they	756
Family	family daughter, dad, aunt	118
Friends	friend buddy, neighbor	95
Female	references female girl, her, mom	124
Male	references male boy, his, dad	116
Cognitive	processes cogproc cause, know, ought	797
Insight	insight think, know	259
Causation	cause because, effect	135
Discrepancy	discrep should, would	83
Tentative	tentat maybe, perhaps	178
Certainty	certain always, never	113
Differentiation	differ hasn't, but, else	81
Perceptual	processes percept look, heard, feeling	436
See	see view, saw, seen	126
Hear	hear listen, hearing	93
Feel	feel feels, touch	128
Biological	processes bio eat, blood, pain	748
Body	body cheek, hands, spit	215
Health	health clinic, flu, pill	294
Sexual	sexual horny, love, incest	131
Ingestion	ingest dish, eat, pizza	184
Drives	drives	1103
Affiliation	affiliation ally, friend, social	248
Achievement	achieve win, success, better	213
Power	power superior, bully	518
Reward	reward take, prize, benefit	120
Risk	risk danger, doubt	103
Past	focus focuspast ago, did, talked	341
Present	focus focuspresent today, is, now	424
Future	focus focusfuture may, will, soon	97
Relativity	relativ area, bend, exit	974
Motion	motion arrive, car, go	325
Space	space down, in, thin	360
Time	time end, until, season	310
Work	work job, majors, xerox	444
Leisure	leisure cook, chat, movie	296
Home	home kitchen, landlord	100
Money	money audit, cash, owe	226
Religion	relig altar, church	174
Death	death bury, coffin, kill	74
Informal	language informal	380
Swear	words swear fuck, damn, shit	131
Netspeak	netspeak btw, lol, thx	209
Assent	assent agree, OK, yes	36
Nonfluencies	nonflu er, hm, umm	19
Fillers	filler Imean, youknow	14

um viés, no total foram avaliados um conjunto de 300 obras de 30 autores.

Tabela 2: Lista de Autores e Desempenho na Identificação de Autoria em 3 experimentos de identificação de autoria utilizando SVM. Em **V. Cruz.** temos os resultados do F-Measure para o experimeto de classificação de autores utilizando validação cruzada. Em **LOO** temos os resultados para o experimento *Leave-One-Out*, os valores estão no formato *a/b*, onde a é são os livros classificados corretamente e *b*. Em **1 vs. T** temos a acurácia no experimento *um contra todos*.

Autores	#Livros	V. Cruz.	LOO	1 vs. T
Alcott	10	0,82	(9/10)	0,78
Alger	10	0,94	(15/16)	0,80
Austen	8	0,86	(6/7)	0,92
Baum	10	0,44	(4/10)	0,15
Bierce	8	0,00	(0/8)	0,43
Burroughs	9	0,94	(8/9)	0,89
Carroll	6	0,67	(4/6)	0,44
Churchill	22	0,83	(18/24)	0,47
Collins	23	0,93	(20/23)	0,91
Conrad	12	0,33	(4/11)	0,00
Curtis	7	0,67	(3/6)	0,67
Darwin	9	0,78	(7/9)	0,71
Defoe	9	0,24	(3/9)	0,20
Dickens	11	0,11	(2/9)	0,00
Fletcher	6	1,00	(6/6)	1,00
Galsworthy	10	0,80	(8/10)	0,89
Haggard	37	0,85	(30/33)	0,77
Hardy	7	0,53	(4/7)	0,00
Harte	9	0,67	(6/9)	0,50
Hawthorne	10	0,71	(6/10)	0,63
Henry	9	0,93	(13/14)	0,69
Holmes	9	0,48	(4/9)	0,00
Howells	10	0,44	(5/10)	0,00
James	19	0,75	(14/19)	0,09
Jonson	7	0,83	(5/6)	0,00
Kingsley	10	0,74	(6/10)	0,29
Kipling	8	0,50	(5/8)	0,00
Lang	10	0,31	(2/8)	0,00
Lever	9	0,82	(9/9)	0,31
London	21	0,80	(15/20)	0,65
Lytton	10	0,48	(4/10)	0,00
MacDonald	9	0,47	(5/9)	0,50
Marlowe	5	0,00	(0/5)	0,00
Maupassant	9	0,35	(4/9)	0,00
McCutcheon	10	0,89	(7/10)	0,00
Motley	10	0,77	(10/10)	0,22
Parker	10	0,43	(2/10)	0,27
Pepy	10	1,00	(10/10)	1,00
Poe	6	0,00	(0/6)	0,00
Rohmer	10	1,00	(10/10)	1,00
Schiller	10	0,70	(7/10)	0,63
Scott	10	0,90	(9/10)	0,90
Shakespeare	42	0,84	(37/42)	0,85
Shaw	10	0,76	(8/10)	0,71
Stevenson	10	0,27	(1/9)	0,00
Stockton	10	0,59	(5/10)	0,43
Tolstoy	15	0,57	(5/15)	0,32
Twain	14	0,50	(6/14)	0,00
Verne	10	0,74	(7/10)	0,46
Wake	9	1,00	(9/9)	0,94
Warner	10	0,46	(5/9)	0,27
Wells	10	0,70	(8/10)	0,43
Wilde	7	0,18	(0/7)	0,00
Wodehouse	23	0,93	(21/22)	0,93
Yonge	10	0,70	(7/10)	0,14
Média		0,70	0,64	0,43
D. Pad		0,27	0,29	0,36
90 % IC		[0,63 0,77]	[0,57 0,72]	[0,33 0,52]

Neste experimento de classificação, avaliamos o desempenho da validação cruzada de 10 dobras utilizando o classificador SVM. A primeira execução foi realizada para todos os 30 autores, em seguida novas execuções foram realizadas à medida que o número de autores no experimento era decrementado, sendo que o experimento termina quando há apenas 1 autor a ser classificado.

Na Figura 5, mostramos os resultados após 30 repetições aleatórias deste experimento com o respectivo intervalo de confiança de 95%. A linha no gráfico apresenta a média do tempo de execução e as colunas apresentam a média do F-Measure a medida que o número de autores e decrementado. Observa-se que avaliando 30 autores o F-Measure fica em torno de 0,77 e o tempo de execução 13s. A medida que o número de autores diminui observamos um rápido decréscimo no tempo de execução assim com um aumento significativo do F-Measure. Este comportamento mostra que a diminuição do número de autores diminui tanto a complexidade da tarefa de classificação quanto na quantidade de dados a serem avaliados pelo SVM. Com menos de 8 autores a serem avaliados temos um F-Measure médio acima de 0,85 e um tempo de execução abaixo de 5s.

Houve uma preocupação com este aspecto, pois em trabalhos como [11] é questionado o pequeno número de classes utilizadas nos experimentos deste tipo na literatura. Nota-se que quando há uma quantidade maior e homogênea de livros para cada autor, a assinatura emocional de cada autor se comporta muito bem ao identificar a autoria de livros.

4.4 Identificação de Épocas Literárias

Ao longo deste trabalho levantamos a hipótese de que não apenas é possível realizar a identificação de autoria através da assinatura emocional dos autores, mas também é possível traçar uma assinatura emocional das épocas literárias em que estes autores se encontram. Partimos do princípio que determinados estágios na história da literatura como Romantismo, Renascença, Iluminismo compartilham aspectos e perspectivas psicológicas similares dentro de suas obras.

De forma a obter a época literária a qual pertencem os autores e conseqüentemente os livros, foram utilizados os metadados do Projeto Gutenberg e um novo conjunto de livros e autores como explicado na Seção 3.1. O projeto tem um catálogo em arquivos de formato RDF[4], que é atualizado diariamente. Este catálogo oferece muitas informações úteis sobre autores e livros, como ano de nascimento e de morte do autor, gênero do livro e língua. As épocas foram selecionadas levando-se em consideração o ano de nascimento dos autores e uma janela de tempo de 20 anos. As classes de épocas foram definidas pelos seguintes intervalos de anos[5]: Medieval de 500 a 1500, Renascença de 1500 a 1670, Iluminismo de 1700 a 1800 e Romantismo de 1800 a 1820.

Somente as épocas da literatura inglesa e livros em inglês foram levados em conta. A partir de 1820, as épocas começam a se entrelaçar e não seria possível classificar os livros com base no ano de nascimento do autor, assim somente o início do Romantismo foi considerado, de 1800 a 1820. Outro detalhe é que dado o período conturbado e de baixa produção literária na idade média, e a ausência de tecnologia como a prensa, há poucos livros desta época.

---

[4]Resource Description Framework
[5]Retirado de: www.online-literature.com/periods/timeline.php

	Id. Méd.	Ilumin.	Renac.	Romant.
Id. Méd.	48	20	14	21
Ilumin.	1	1358	32	490
Renac.	4	81	505	20
Romant.	4	449	33	2363

Tabela 3: Matriz de Confusão por Movimento Literário. Nas linhas da matriz estão os livros rotulados de acordo com a linha e nas colunas da matriz estão os livros classificados pela assinatura emocional como a respectiva coluna. Na diagonal verificamos os livros classificados corretamente.

Na Tabela 3, o valor na linha i e coluna j corresponde a quantidade de livros do movimento literário da linha i atribuídos como a coluna j pela assinatura emocional. Os maiores erros foram classificações erradas entre o Romantismo e Iluminismo e vice-versa. A provável causa destes erros a proximidade temporal das épocas. Em geral 78,5% das épocas foram classificadas corretamente utilizando a assinatura emocional dos livros, este dado indica que podemos estender a utilização das assinaturas emocionais na classificação não somente de autores de livros, mas como épocas literárias.

5. LIMITAÇÕES DESTE ESTUDO

Apesar de nossos resultados sugerirem que a assinatura emocional é capaz de distinguir autores, sabe-se que determinados autores mudam seu estilo ao longo de suas obras, tornando este trabalho mais difícil. Um exemplo desta mudança pode ser observado na Figura 6, na qual são comparados alguns atributos emocionais dos autores Ben Jonson e Charles Dickens. Uma inspeção inicial permite perceber uma grande variação dos atributos entre as obras de Dickens, enquanto Jonson apresenta uma maior regularidade no conjunto dos livros analisados. Os resultados obtidos são uma indicação da existência de uma assinatura emocional mais característica no caso de Jonson. Esta assinatura é comprovada nos resultados da Tabela 2, na qual os valores de desempenho ao identificar os livros de Dickens são muito inferiores ao de Jonson. Em nossos experimentos, observamos que autores com alto desvio padrão na ocorrência dos atributos psicométricos tendem a serem mais difíceis de ser identificados.

6. CONCLUSÃO

Enquanto muitos trabalhos na literatura focam demasiadamente na utilização de atributos estilográficos para caracterização de autoria em obras literárias, este trabalho introduz uma nova perspectiva na forma de identificar autoria em textos longos. Observa-se que a partir de atributos psicométricos provenientes de 2 Léxicos de Sentimentos, obtêm-se resultados satisfatórios na tarefa de identificação de 56 autores em mais de 600 livros da literatura clássica. Ressaltamos o resultado de 0.7 em média de F-Measure para validação cruzada, valor elevado ao considerar a grande quantidade de autores para esta tarefa e a carência de livros para alguns indivíduos. Pretendemos explorar futuramente novas assinaturas emocionais focando agora na comparação de métodos estado da arte na identificação de autoria, dessa forma poderemos quantificar as melhorias que atributos psicométricos irão trazer para essas ferramentas.

Uma extensão do nosso estudo de autoria foi realizada a fim de identificar de épocas literárias por meio de da utilização da assinatura emocional. O trabalho foi capaz de

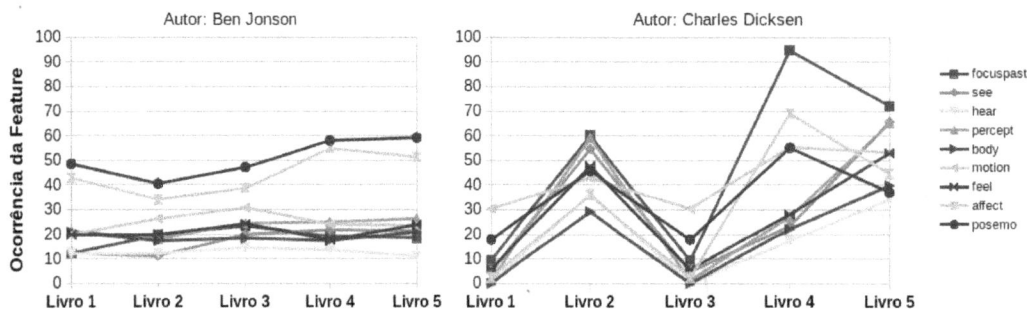

Figura 6: Evolução das Principais *Features* em Autores Distintos

identificar movimentos literários como Iluminismo, Renascentismo e Romantismo em 78,5% dos casos. Um trabalho futuro abordando a classificação de gêneros de livros como Romance, Terror, Suspense utilizando a assinatura emocional é merecido.

7. AGRADECIMENTOS

Financiado pelo projeto FAPEMIG-PRONEX-MASWeb, número do processo APQ-01400-14, e por bolsas de pesquisa individuais fornecidas pelo CNPq, CAPES, e Fapemig.

Referências

[1] Project gutenberg. http://www.gutenberg.org/.

[2] M. Araujo, J. P. Diniz, L. Bastos, E. Soares, M. Junior, M. Ferreira, F. Ribeiro, and F. Benevenuto. ifeel 2.0: A multilingual benchmarking system for sentence-level sentiment analysis. *ICWSM*, 2016.

[3] N. Cheng, R. Chandramouli, and K. Subbalakshmi. Author gender identification from text. *Digital Investigation*, 8(1):78–88, 2011.

[4] J. Diederich, J. Kindermann, E. Leopold, and G. Paass. Authorship attribution with support vector machines. *Applied intelligence*, 19(1-2):109–123, 2003.

[5] C. Frye. The religion and political view of jules verne, 2016.

[6] P. Gonçalves, F. Benevenuto, and M. Cha. Panas-t: A psychometric scale for measuring sentiments on twitter. *arXiv preprint arXiv:1308.1857*, 2013.

[7] M. Hall, E. Frank, G. Holmes, B. Pfahringer, P. Reutemann, and I. H. Witten. The weka data mining software: an update. *ACM SIGKDD explorations newsletter*, 11(1):10–18, 2009.

[8] T. Hillesund. Will e-books change the world? *First Monday*, 6(10), 2001.

[9] Z. Huang, X. Li, and H. Chen. Link prediction approach to collaborative filtering. In *Proceedings of the 5th ACM/IEEE-CS joint conference on Digital libraries*, pages 141–142. ACM, 2005.

[10] M. Levine-Clark. Electronic book usage: A survey at the university of denver. *portal: Libraries and the Academy*, 6(3):285–299, 2006.

[11] K. Luyckx and W. Daelemans. Authorship attribution and verification with many authors and limited data. In *Proceedings of the 22nd International Conference on Computational Linguistics-Volume 1*, pages 513–520. Association for Computational Linguistics, 2008.

[12] S. Mohammad and P. D. Turney. Crowdsourcing a word-emotion association lexicon. *Computational Intelligence*, 29, 2013.

[13] R. Overdorf, T. Dutko, and R. Greenstadt. Blogs and twitter feeds: A stylometric environmental impact study.

[14] J. W. Pennebaker, R. L. Boyd, K. Jordan, and K. Blackburn. The development and psychometric properties of liwc2015. *UT Faculty/Researcher Works*, 2015.

[15] R. Plutchik. *A general psychoevolutionary theory of emotion*, pages 3–33. Academic press, New York, 1980.

[16] T. R. Reddy, B. V. Vardhan, and P. V. Reddy. A survey on authorship profiling techniques. *International Journal of Applied Engineering Research*, 11(5):3092–3102, 2016.

[17] F. N. Ribeiro, M. Araújo, P. Gonçalves, M. A. Gonçalves, and F. Benevenuto. Sentibench-a benchmark comparison of state-of-the-practice sentiment analysis methods. *EPJ Data Science*, 5(1):1–29, 2016.

[18] F. Sebastiani. Machine learning in automated text categorization. *ACM computing surveys (CSUR)*, 34(1):1–47, 2002.

[19] E. Stamatatos. A survey of modern authorship attribution methods. *Journal of the American Society for information Science and Technology*, 60(3):538–556, 2009.

[20] P. J. VARELA. *O uso de atributos estilométricos na identificação da autoria de textos*. PhD thesis, Pontifícia Universidade Católica do Paraná, 2010.

[21] P. J. Varela, E. J. Justino, L. E. Oliveira, and P. U. C. do Paraná. O uso de dicionário de atributos estilométricos na identificação de autoria de textos de língua portuguesa.

[22] P. C. Vaz, D. Martins de Matos, B. Martins, and P. Calado. Improving a hybrid literary book recommendation system through author ranking. In *Proceedings of the 12th ACM/IEEE-CS joint conference on Digital Libraries*, pages 387–388. ACM, 2012.

[23] L. M. Werlen. Statistical learning methods for profiling analysis.

[24] Y. Zhao and J. Zobel. Searching with style: Authorship attribution in classic literature. In *Proceedings of the thirtieth Australasian conference on Computer science-Volume 62*, pages 59–68. Australian Computer Society, Inc., 2007.

[25] Z. Zhu and J.-y. Wang. Book recommendation service by improved association rule mining algorithm. In *Machine Learning and Cybernetics, 2007 International Conference on*, volume 7, pages 3864–3869. IEEE, 2007.

Exploiting Item Representations for Soft Clustering Recommendation

Rafael M. D'Addio and Marcelo G. Manzato
Institute of Mathematics and Computer Science
University of São Paulo
São Carlos, SP, Brazil
{rdaddio,mmanzato}@icmc.usp.br

ABSTRACT

Recommender systems help dealing with the information overload problem since they provide personalized content for users. There are two major paradigms in recommendation: content-based and collaborative filtering. Regardless of the paradigm, there has been a great effort into finding additional information to better describe items and/or users, which in turn helps to increase the personalization power of the system. User's reviews turn out to be a great source of information, since they provide information about the characteristics of the items as well as insights about the opinion of the user towards them. In previous works, we explored some techniques for extracting information from reviews in order to generate items' representations and applied them into an item k-NN algorithm. In this work, we explore the impact that those representations, alongside with rating and genre-based representations, can cause into a soft clustering-based recommender system. We compare our findings with the item k-NN algorithm and observe that they are better in some cases, but the soft clustering recommender has lower computational cost.

CCS Concepts

•Information systems → Recommender systems;

Keywords

Recommendation; Soft Clustering; Item Representation

1. INTRODUCTION

Recommender systems emerged to deal with the well-known information overload problem by producing personalized content to their users. Theses systems can be traditionally divided into two main paradigms: content-based [15], where users' profiles are matched with items' representations using similarity measures; and collaborative filtering [8, 13], where two main approaches are adressed: the neighborhood and the latent factors space models. Beyond these

WebMedia '16, November 08-11, 2016, Teresina, PI, Brazil
© 2016 ACM. ISBN 978-1-4503-4512-5/16/11. . . $15.00
DOI: http://dx.doi.org/10.1145/2976796.2976858

two paradigms, there is an effort to combine them into a third hybrid approach, where the flaws of each other are compensated by their strengths [1].

Specifically in neighborhood models, there are many forms to represent the entities (users or items) in order to obtain their similarities. The most common approach is to use the user x item rating matrix as features for a similarity metric [12], but one can use other information such as items' metadata or users' demographics depending on the context.

In fact, given the current scenario of the Web, where users can provide content by producing annotations, comments and reviews about any subject, there is a great amount of rich and detailed information available that is created collaboratively by the community. Recent works focus on extending the traditional recommendation paradigms by using this user-provided unstructured information [9, 11, 21, 23]. This is a great source of information, since it is able to describe items in detail.

However, dealing with such unstructured user-generated data raises a set of challenges [2]. First, reviews are prone to the occurrence of noise, such as misspelling and false information. Secondly, there is a requirement for natural language processing (NLP) tools to analyze, extract and structure relevant information about a subject from texts. Finally, there is a lack of research about how to organize and use additional data provided by users in order to enhance items' representations, and consequently, to improve the accuracy of recommendations.

In previous works [5, 6, 7], we explored different methods to extract relevant information from users' reviews in order to produce items' representations for an item-based k-nearest neighbors (Item k-NN) [12]. Although the results were promising, the study was restricted to one specific recommendation algorithm. Even more, the algorithm takes a considerable time to process, since it builds a neighborhood for each user x item pair by taking into account item x item similarities among those rated by the user.

A possible alternative to reduce computational cost and time is to cluster closely related items. Since those items have similar characteristics, their contribution to a final recommendation score may be close, thus allowing to group them and use a single score as their cluster contribution. Even though, items may have a big variety of characteristics, making it virtually impossible to group them into well-defined and hard partitioned clusters. With this, a possible solution is to use a clustering solution which produces overlapping clusters, with items having probabilities, or pertinence degrees, of belonging to each of the clusters. With this, items can relate with each other in different aspects and with different degrees.

In this study, we explore the impact that different types of items' representations can cause to an algorithm where the relatedness between items is governed by a soft clustering of them. We adopt the terminology "soft" to address partitions with cluster overlapping, but test our findings with fuzzy (Fuzzy c-means [3]) and probabilistic (Expectation-Maximization [4]) clustering algorithms. We apply the partitions obtained by these algorithms into a recommender system which we adapt from the work of Ganu et al. [9]. We evaluate our proposal by considering the error between predicted and real ratings, and the results show that the recommendations generated by considering soft clusters of items are better to those produced by the Item k-NN model with two of the four items' representations addressed. Nevertheless, the best soft-clustering configuration yields better results than the best item k-NN configuration, with the advantage of requiring less computational time to be executed.

This paper is structured as follows: in Section 2 we discuss some related work; in Section 3 we provide more details into which items' representations we have considered in this study; in Section 4 we detail the recommendation algorithm; in Section 5 we describe our experimental setting and our results and, finally, in Section 6 we provide our final remarks.

2. RELATED WORK

In this section, we present some works that use users' reviews to obtain additional information in order to generate better recommendations. We also present some works that aggregate clustering solutions to calculate recommendations.

Some recent works use reviews to extract sentiment related to the characteristics of the items in order to characterize them for a content-based recommendation scenario. For example, Qumsiyeh and Ng [21] proposed a system capable of generating recommendations for various multimedia items, using information such as genres, actors and reviews, extracted from multiple trusted Web sites. Their method is based on mathematical and statistical formulations using the sentiment (positive, neutral or negative) and degree (ratings) of every aspect it considers to predict scores of unclassified items.

Unlike the work described above, other works use reviews for the construction of user profiles, applying them in collaborative filtering and hybrid approaches. Kim et al. [11], for example, proposed a personalized search engine for movies, called MovieMine, based on reviews and user-provided ratings. In this system, the user types a query, which is expanded by adding keywords taken from earlier reviews provided by himself, allowing the search key to be customizable. Ganu et al. [9] proposed a review-based recommendation system for restaurants. This system performs a soft clustering of users based on topics and sentiment present in the reviews.

Clustering methods applied into collaborative filtering recommendation have been studied previously in the literature. In the work of Gong [10], for instance, the k-means algorithm was used to cluster users based on their ratings in order to find nearest neighbors and smooth the prediction. Then, k-means is applied to cluster items and finally produce the recommendations. Park and Tuzhilin [19] address the Long Tail problem problem by splitting the data into head (items with many ratings) and tail (new or unpopular items), and

apply the EM clustering in the tail set. Recommendation is thus produced by creating predictive models for the groups in the tail set, while the items in the head set have each a unique predictive model. Pham et al. [20], in turn, proposed a hierarchical clustering of users based on their social information found in a network topology.

Related works also use the degree of appreciation of users towards items features as alternatives to build clustering solutions for recommenders. As stated before, Ganu et al. [9] performed a soft clustering of users based on features extracted from their reviews. Wang and Chen [23] also used reviews to derive information about users, which is used in CF and clustering techniques. Liu et al. [14], in turn, use clustering solutions in a multi-criteria recommender systems. The main notion is that users have their preferences defined by different criteria, such as price, quality, location. Users with similar criteria preferences are thus clustered, and recommendation is based on those groups.

Our approach differs from the aforementioned since it explores different item representations derived from reviews, ratings and genres to cluster items in a soft-partitioned scenario. These partitions are applied in a recommender algorithm that makes direct use of the pertinence degrees of the items in each of the clusters.

3. ITEM REPRESENTATIONS

In this study, we consider four items' representations that describe the items in different senses. Two of them are obtained directly from the database, being ratings and item genres used as features. The other two where obtained from outer sources of user reviews, being terms and aspects used as features. Figure 1 gives examples of these representations, where $u_i \in U$ represent the users that gave the rating, $g_i \in G$ are the genres that an item may or may not contain, $t_i \in T$ are the terms and $a_i \in A$ are the aspects used as features that may or may not have a sentiment value related to them.

The following subsections detail better the four representations we address in this study.

3.1 Traditional Representations

The first kind of representation consists solely in the ratings obtained in the database. Each item is represented by a vector where each position consists of a user. The score of each position is the rating that a specific user provided to that item. The scores are discrete numbers that range from 1 to 5, and if a user u did not provide a rating for the item i, $(i, u) = 0$. Thus, each item's vector represent which users evaluated it and, for those that indeed evaluated it, which ratings they assigned.

The second representation uses the items' genres available in our database. Since in this study we are dealing with a movie recommendation scenario, each position represents a movie genre, such as "action", "suspense" and "drama". The scores are binary, and reflect whether an item has or not determined genre.

The other two representations were constructed by considering user reviews found on the Web and are described in the following subsection.

3.2 Review-based Representations

The main goal of these representations is to capture the overall sentiment (good, bad or neutral) of many review-

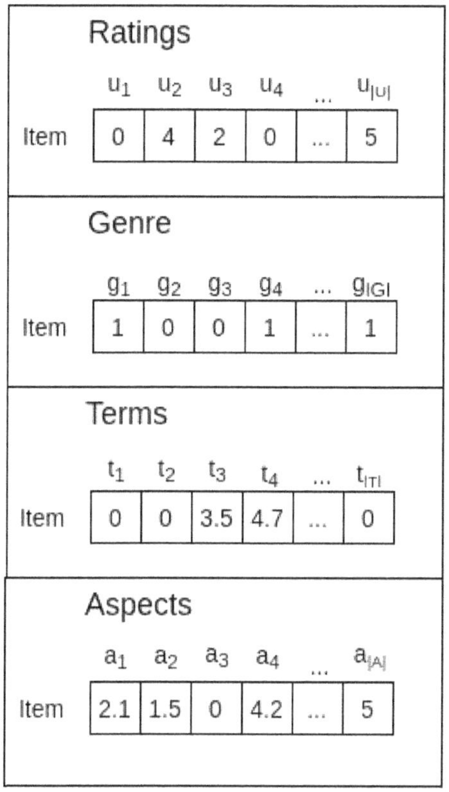

Figure 1: Examples of the Item Representations.

ers towards different characteristics of the movies. This is done by following the premise that users analyze reviews from other users to decide whether or not to consume certain product. When reading the reviews, a user can verify whether the item meets his/her expectations in certain aspects, analyzing if the majority of the reviewers appreciates or not the features that he/she thinks interesting. Thus, we encapsulate into one representation the average sentiment of other users towards several aspects of the items, obtained in their texts.

In this study, we consider two different feature granularities: terms and aspects; which were proposed in previous works [6, 7]. Terms are words that represent actual characteristics of an item [16], while aspects are collections of terms that together represent a generic concept [2]. For instance, suppose that among the terms extracted from a review, there are the words **actor**, **star**, and **artist**. While in the term-based representation they would be treated as separate features, in the aspect-based representation they may be aggregated into a single feature, namely **ACTOR**.

Regardless of the granularity of the representation, one may need to pre-process the texts in order to obtain candidate words (tokens) that may constitute terms or aspects. We pre-process the whole reviews set (gathered from the Web) with the well-known Stanford CoreNLP[1] [17], a natural language processing toolkit that contains several NLP routines. There, we perform routines such as tokenization, lemmatization, stemming, part-of-speech (POS) tagging and sentence splitting. The sentiment analysis algorithm is also

---

[1]http://nlp.stanford.edu/software/corenlp.shtml

executed in this toolkit, and a brief description of it can be seen in Section 3.2.3.

Having the texts pre-processed, we apply either the term or the aspect extraction techniques, obtaining a set of features that will constitute the item representation. We detail them in the following subsections, and later present the scoring method for the representations.

3.2.1 Term Extraction

The term extraction technique involves the application of two filters in the set of lemmatized words: one linguistic and another statistical.

First, we select only words with the nouns POS tag as candidate terms. One of the problems with part-of-speech taggers is that unknown words tend to be classified as nouns. This problem is aggravated when using texts produced by users, due to misspellings, Internet slangs and abbreviations.

Therefore, we select from the set of candidate words those that are more common among the item reviews, assuming that these may be, in fact, features. Since an item has n reviews, instead of using the document frequency (DF) [16], we decided to use a similar metric called item frequency (IF) [6, 7]. Considering F as the candidate words set and I the items set, the item frequency IF_f of a candidate word f is given by

$$IF_f = \sum_i^{|I|} k_{if},$$ (1)

where k_{if} is equal to 1 if an item i has the candidate word in at least one of its reviews. The IF_f is then compared to a threshold, and if its value is greater than it, the candidate word is maintained in the term set. In an earlier experiment, we considered four different thresholds for constructing lists of terms: 1, 30, 100 and 200 [6]. The results indicated that the threshold of 30 is a good value since it produces a shorter set of terms with interesting results, performing better than the baseline.

3.2.2 Aspect Extraction

In this approach, we apply a set of heuristics, similarly to those applied in the term extraction, to reduce the number of candidate words and create aspects from the reviews. We apply in the set of lemmatized word both linguistic and statistical filters applied in the first term extraction technique: first we select only nouns and then apply the item frequency, discarding the candidate words that have an IF_f value lower than a certain threshold.

From the set of remaining terms, we aggregate those that contain the same or similar stem. For example, when performing the pre-processing step, we may obtain the lemmas "director" and "direction", but both share the same stem "direct". By joining the lemmas that share the same stem, we often reduce the number of features that have relation to the same topic.

The last step, performed semi-automatically, is to aggregate synonymous topics. We use a lexicon as a basis to obtain the synonyms of the lemmas for each existing topic, and group those topics who share the synonyms. After performing this step, we make a manual check to remove errors and noise.

We explored this technique in a previous experiment [7]. The results showed that the produced aspect set was very small, which affected the capability of the Item k-NN recommender to distinguish the items and hence to locate appropriate neighbors to produce adequate suggestions.

3.2.3 Building the Representations

Regardless of the method, the resulting feature set will constitute the items' representations dimensionality. In the next step, the sentiment value for each of those features is computed. Thus, an item is represented by the average sentiment of many users' reviews towards each of its characteristics.

In order to do that, first we apply a sentiment analysis algorithm in the item's reviews, obtaining the sentiment for each sentence. The main reason for using a sentence-level sentiment analysis is that most of the features extracted from the reviews is nouns, specially in a movie recommendation domain. Nouns have neutral sentiment, hence we rely on the context and sentiment existing in sentences containing these nouns.

We use the sentiment analysis algorithm available in the Stanford CoreNLP toolkit [22] to obtain the sentiment of all reviews' sentences. In this approach, recursive neural networks models are used to build representations that capture the structure of the sentences, obtaining in this way their sentiment based on the meaning of each of words. The Stanford CoreNLP sentiment analysis tool classifies sentences in five sentiment levels: "Very Negative", "Negative", "Neutral", "Positive" and "Very Positive". We convert this classification into a [1, 5] rating system, being 1 equals to "Very Negative" and 5 equals to "Very Positive".

Next, the system analyzes the feature set and checks if they are terms or aspects. If they are terms, the system finds and stores which sentences are related to them. If they are aspects, the system finds the set of terms that each aspect represents, and then checks which sentences contain them.

After obtaining the sentences related to each feature, the next step is the sentiment attribution to them. For each feature of each item it is calculated the average sentiment of the related sentences. Thus, the final value represents the collective level of appreciation or depreciation of certain attribute of an item. A zero value indicates that an item simply does not have that feature.

4. RECOMMENDATION

With the representations at hand, each of them will describe the items in a specific manner. The goal of this paper is to analyze which of these descriptions can organize better the items into clusters, which will in turn serve as single weights to contribute to the recommendation, thus reducing the computational cost. As mentioned before, hard partitioned clusters are not a good solution, since the nature of the representations describe items as belonging to different cluster with varied degrees of persistence.

Thus, we apply them into a soft clustering algorithm which will produce partitions with overlapping clusters. These clusters, as well as the probabilities that each item is contained in those clusters, are given to a recommender algorithm which will use this information to predict ratings for unknown user x item pairs.

For this work, we adapted a recommender algorithm proposed by Ganu et al. [9], which uses the premise of soft clusters of users in its calculation. The changes were made

in order to the algorithm perform its calculations with a soft clustering of items. A brief description of the original algorithm follows, and then we detail the changes we made in order to produce a soft clustering of items.

4.1 Original Algorithm

The main idea of the original algorithm is that each user has a value that describes the probability, or the degree of relevance, that it is contained in a cluster. The predicted rating for an unknown pair (u, i) will be an average of all ratings from other users who evaluated the item in question, weighted by the degree of relevance of them.

In order to obtain the clusters, the authors used the Iterative Information Bottleneck (IIB) in users' profiles that were produced based on the sentiment analysis of several aspects of reviews produced by themselves.

Once the groups and the degree of relevance of each user are defined, the recommendation algorithm uses this information to predict the rating of an unknown user-item pair. Considering that the set of users who have rated an item i is called R_v^i, and that each user has a relevance degree for the cluster c_k, denoted as $u(c_k)$, the contribution score $Contr(c_k, i)$ of each cluster c_k given a fixed item i is calculated by the following equation:

$$Contr(c_k, i) = \frac{\sum_{v \in R_v^i} v(c_k) * r_{vi}}{\sum_{v \in R_v^i} v(c_k)}, \qquad (2)$$

where r_{vi} is the rating that user v gave to the item i. Thus, the contribution of each cluster is an average of the scores given by other users to the item, weighted by their pertinence in the cluster.

The final rating $\hat{r}_{ui}$ is predicted by calculating the average contribution weighted by the relevance degree of the user u in relation to the n existing cluster:

$$\hat{r}_{ui} = \frac{\sum_{k=1}^{n} u(c_k) * Contr(c_k, i)}{\sum_{k=1}^{n} u(c_k)} \qquad (3)$$

4.2 Item-based Soft Clustering Recommender

We adapted the previously detailed algorithm to compute the predicted ratings from soft clusters of items. The clustering solutions are produced from the items' representations described in the previous section. With them, the algorithm tries to predict a rating in a similar fashion of the original algorithm, but instead of computing contribution from clusters of users, it computes from clusters of items. In the following subsections, we detail each change we perform in the original algorithm.

4.2.1 Soft Clustering Algorithms

The first difference worth noting is that while the original work uses the IIB algorithm, we decided to test two other soft clustering algorithms: one based in fuzzy clustering (fuzzy c-means, or FCM) and one based on probabilistic clustering (expectation-maximization, or EM), since they are well-known and successful soft clustering algorithms.

The FCM is a fuzzy version of the well known k-means algorithm, by allowing the overlapping of clusters and setting degrees of cluster persistence to the data. As well as the k-means, it attempts to minimize the intra-cluster variance:

$$\min_{\mu_{ij}, v_i} J = \sum_{j=1}^{N} \sum_{i=1}^{c} \mu_{ij}^m \parallel x_j - v_i \parallel^2, \qquad (4)$$

where x_j is an object, v_i is a cluster centroid, μ_{ij} is the degree of pertinence of an object j to a cluster i with a value between 0 and 1, $\sum_{i=1}^{c} \mu_{ij} = 1$ and $m > 1$ is a fuzzification value.

The EM algorithm attempts to probabilistically model the data through Gaussian mixtures. In this sense, the clusters are Gaussians distributed into the data space, and the objects have probabilities of belonging to those Gaussian. The algorithm maximizes the log-likelihood function:

$$ln(p(X\|\pi, \Sigma, v)) = \sum_{j=1}^{N} ln(\sum_{l=1}^{k} \pi_l N(x_j\|v_l, \Sigma_l), \qquad (5)$$

where π_l is the a priori probability that a random object was generated by a Gaussian l, $N(x_j\|v_l, \Sigma_l)$ and Σ_l is the weighted covariance matrix of the Gaussian l.

4.2.2 Recommendation algorithm

Regarding the recommendation algorithm, we perform a conversion similar to the one done from the User k-NN algorithm into the Item k-NN. In this sense, the contribution of a cluster c_k is calculated by considering the score and relevance degree of all other items rated by the user. We also aggregate into the calculation the baseline estimates b_{ui}, which represent user and item biases and are commonly used in neighborhood and factorization models [12]. A baseline estimate for an unknown rating $\hat{r}_{ui}$ is denoted by:

$$b_{ui} = \mu + b_u + b_i, \qquad (6)$$

where μ is the global average rating, b_i and b_u are the item's and user's deviations from the average. To estimate b_u and b_i one can solve a least squares problem. We adopted a simpler approach which will iterate a number of times the following equations:

$$b_i = \frac{\sum_{u:(u,i)\in K}(r_{ui} - \mu - b_u)}{\lambda_1 + |\{u|(u,i) \in K\}|}, \qquad (7)$$

$$b_u = \frac{\sum_{i:(u,i)\in K}(r_{ui} - \mu - b_i)}{\lambda_2 + |\{i|(u,i) \in K\}|}, \qquad (8)$$

where K is the set of rated items and r_{ui} is a rating given by a user u to an item i.

Given those changes, the algorithm works as follows. Considering R_j^u as the set of items that a user u evaluated, and $i(c_k)$ as the pertinence degree of an item in a cluster, we rewrite the contribution score $Contr(c_k, u)$ of a cluster c_k given a fixed user u as:

$$Contr(c_k, u) = \frac{\sum_{j \in R_j^u} j(c_k) * (r_{uj} - b_{uj})}{\sum_{j \in R_j^u} j(c_k)}. \qquad (9)$$

With this, the contribution of a cluster is the average of the variation between the ratings of the other items evaluated by the user and their baseline estimate, weighted by their pertinence degree on the cluster. The final rating $\hat{r}_{ui}$ is given as:

$$\hat{r}_{ui} = b_{ui} - \frac{\sum_{k=1}^{n} i(c_k) * Contr(c_k, u)}{\sum_{k=1}^{n} i(c_k)}, \qquad (10)$$

which is its baseline estimate adjusted by the average of the clusters contributions weighted by the pertinence degree of the item.

5. EXPERIMENTAL EVALUATION

In the following subsections, we detail the experiments conducted. We first present the dataset used, then we detail our experimental setting, and finally present the results obtained.

5.1 Dataset

We performed our experiments on a database related to movies, generated from the MovieLens Web site[2] and enhanced with information contained in the IMDb Web site[3].

For this study, we used the well-known MovieLens 100k (ML-100k) database. The ML-100k consists of $100,000$ ratings (from 1 to 5) performed by 943 users for $1,682$ movies. It also categorizes the movies into genres and provides users demographics.

We also collected up to 10 reviews per item for the ML-100k database, resulting in a total of $15,863$ documents. Unfortunately, not every movie had the maximum number of reviews, in fact, there were some movies that did not have reviews at all.

5.2 Experimental Setting

Regarding the size of the representations, we have obtained $3,085$ terms by selecting the IF_f threshold of 30, accordingly to our findings in earlier experiments [6]. Each item contains sentiment in an average of 223.32 terms. As for the aspect-based representation, it contains a set of 78 features, with each item having sentiment in an average of 22.59 aspects. Regarding the other representations, the genre-based contains 18 features, with each item being assigned on average to 1.72 genres; while the rating-based contains 943 features, which is the number of users in the database, and each item was rated by an average of 59.45 users.

Regarding the clustering methods, we selected as 3, 5 and 7 the number of clusters and run each of them 10 times for each representation, selecting the partitions that had the smallest intra-cluster variation for FCM and biggest log-likelihood function for EM.

Regarding the recommendation algorithm, we learned the baseline estimates by iterating 10 times the Equations 7 and 8, with $\lambda_1 = 10$ and $\lambda_2 = 15$, as suggested by the literature [12].

We evaluate our approach in the rating prediction scenario, using the root mean square error (RMSE) between a predicted rating and its real value in the test set, which is defined as:

$$\text{RMSE} = \frac{1}{|U|} \sum_{u \in U} \sqrt{\frac{1}{|O_u|} \sum_{i \in O_u} (\hat{r}_{ui} - r_{ui})^2}, \qquad (11)$$

where O_u is the predicted items set that the user u evaluated. By evaluating in this scenario, we aim to minimize

---

[2]http://movielens.umn.edu
[3]http://www.imdb.com

Table 1: RMSE results obtained by applying the clustering methods into the item representations.

Representations	Number of Clusters					
	3		5		7	
	FCM	EM	FCM	EM	FCM	EM
Ratings	**0,93995**	0,94329	0,94193	0,94082	0,94193	0,94539
Genres	**0,93310**	0,93905	0,93654	0,94713	0,94176	0,94952
Terms	**0,93883**	0,93976	0,93979	0,94166	0,94187	0,94703
Aspects	**0,93039**	0,93292	0,93470	0,93817	0,94018	0,94245

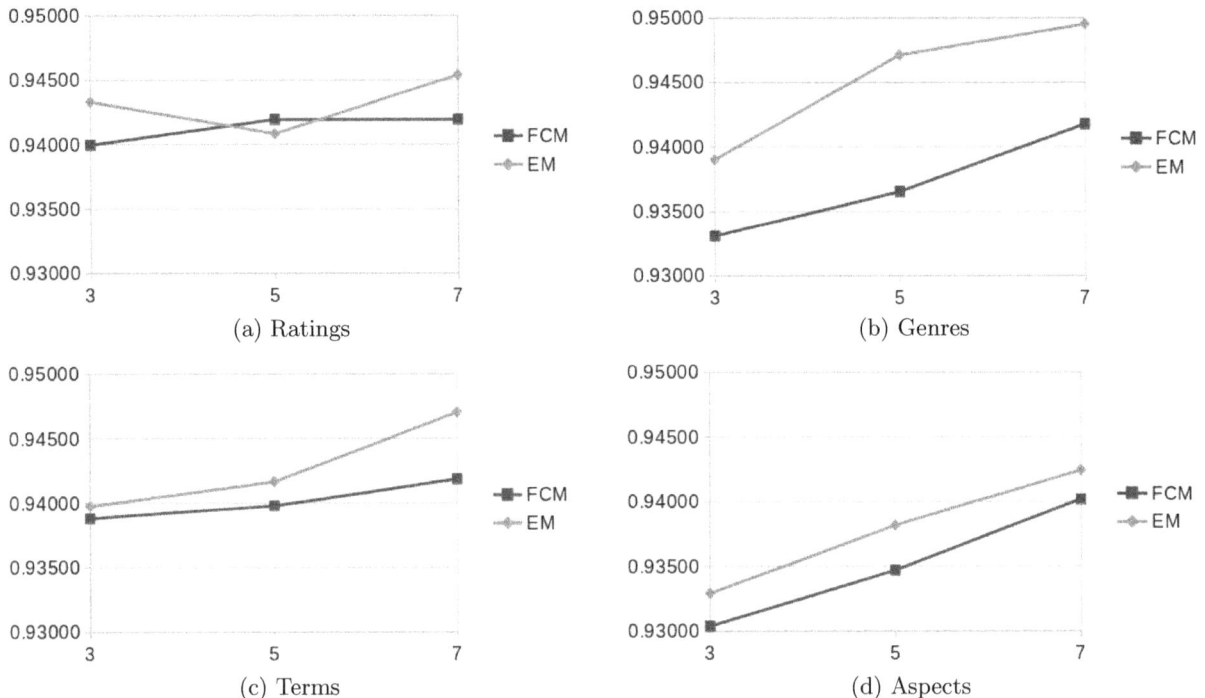

(a) Ratings
(b) Genres
(c) Terms
(d) Aspects

Figure 2: Graphics comparing the results obtained by FCM and EM clustering for each representation.

the error between the predicted ratings and those on the test set, thus, lower RMSE values represent better results.

All experiments were carried out in a 10-fold cross validation setting, and the values displayed are the average results of the folds. In order to check the significance of the results, we applied the Student's t test [18].

5.3 Results

Table 1 and Figure 2 presents the results obtained by executing the recommendation algorithm with all previously detailed configurations. Values in bold indicate the best configuration results for each representation.

As it can be seen, the best results were obtained using the partitions with fewer clusters. By analyzing the FCM partitions, we have observed that as we raise the number of clusters, the algorithm tends to assign similar relevance degrees in every cluster for each item. As for the EM algorithm, the behaviour is the opposite: it tends to assign a high probability to only one cluster, while the others remain with low probabilities. We believe that this happens due to the nature of the representations. Since all of them are quite sparse, as we try to segregate more the data by raising the number of clusters, the centroids of the FCM tend to move to the center of the data space, encompassing the whole data

with similar probabilities, while the EM tend to describe the data by producing Gaussians that rarely overlap, giving clustering solutions that are nearly hard partitioned.

Another thing worth noting is that FCM provided better results for every kind of items' representation in comparison with EM (with p-value < 0.01 in all cases). This leads us to conclude that FCM handles better the situations where the data are not well behaved, i.e., the objects in the vector space do not form natural clusters. This can be backed up by the sparse nature of our data, where there are not small and separated natural clusters.

We compare our best results (FCM with 3 clusters) with those produced by executing the same representations into the item k-NN. We have trained the baseline estimates with the same configurations previously reported, set $k = 40$ and used the Pearson correlation to find the neighbours. Table 2 and Figure 3 present the comparison.

By comparing it with item k-NN, one can see that the soft clustering recommendation provided significantly better results (p-value < 0.005) for two of the four representations: genres and aspects. Both representations use a smaller set of attributes, which can lead us to the conclusion that the clustering algorithms considered in this study behaved better with fewer features, providing more accurate groups. We

Table 3: Execution time comparison between FCM with 3 clusters and item k-NN, in seconds.

Representations		Similarity / Partitioning	Recommendation	Overall
Ratings	FCM	1.390	11.903	**13.293**
	Item k-NN	46.420	49.525	95.945
Genres	FCM	0.0476	12.039	**12.086**
	Item k-NN	0.507	48.232	48.739
Terms	FCM	2.603	11.890	**14.493**
	Item k-NN	54.744	48.453	103.197
Aspects	FCM	0.128	13.093	**13.221**
	Item k-NN	3.897	49.509	53.406

Table 2: Comparison of the best results with item k-NN results.

Representations	Recommender	
	FCM	Item k-NN
Ratings	0,93995	**0,93583**
Genres	**0,93310**	0,94018
Terms	0,93883	**0,93135**
Aspects	**0,93039**	0,94262

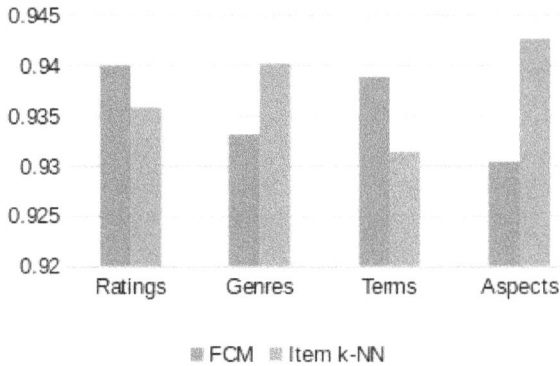

Figure 3: Chart comparing the best results (3 clusters) with item k-NN results.

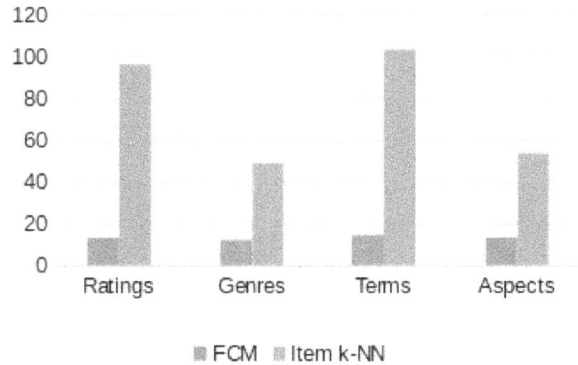

Figure 4: Chart comparing the overall execution time of FCM with 3 clusters and item k-NN, in seconds.

that it in overall performs faster, as it can be seen in Table 3 and Figure 4[4]. Even though the similarity, as well as the partitions, can be computed offline and be given to the recommender itself which operates online, the recommendation part by itself performs faster in the soft clustering-based algorithm than in the item k-NN. The main reason for that difference is that the item k-NN requires an additional step before computing the predictions to find the k nearest neighbors, which involves sorting items by similarity.

argue that it happens mainly because of the nature of the distance metric used in those algorithms. Since FCM uses Euclidean and EM uses Mahalanobis, and both distance metrics consider zero values in their calculations, they tend to perform poorly in matrices with high dimensionality and sparsity.

The opposite can be seen in the item k-NN algorithm, which seems to perform better using representations with high dimensionality. The main drawback of this is that the system needs more computational resources and time to perform the recommendations, since there are larger matrices to process. This scenario tends to get worse as the database grows.

Nonetheless, the result obtained by using the aspect-based representation with FCM clustering is statistically superior (p-value < 0.01) to the results obtained by the item k-NN with rating and term-based representations. This shows that, even though the soft clustering recommender provided better results in two out of four representations, it still yields the best result with a significantly smaller set of features.

Another indication of the strength of this algorithm is

6. CONCLUSIONS

In this paper, we analyzed the application of four different items' representations in a recommender system that uses partitions produced by soft clustering solutions. This algorithm was adapted from the work of Ganu et al. [9], and we tested two classic algorithms of clustering with partitions superposition. Experimentation indicates that the algorithm provides, in some cases, better results than the well-known item k-NN algorithm, making the choice of the kind of representation crucial for the system. Nevertheless, the algorithm provides the best results when considering a smaller set of features (the aspects representation), outperforming even the best results produced by the item k-NN. This proves to be advantageous since it requires fewer computational resources and time. Another advantage is that the soft clustering recommendation algorithm itself performs faster than the item k-NN.

---

[4]Experiments were executed in a Linux Mint 17 Cinnamon 64-bits, with Intel Core i7-4930K CPU @ 3.40GHz x 6 and 16gb of RAM.

As future work we plan on testing partitions produced by other state-of-the-art soft clustering algorithms into the recommender system. We also plan to apply the proposed system in other data domains, such as music, products and turism.

7. ACKNOWLEDGMENTS

The authors would like to thank the financial support from CAPES and FAPESP.

8. REFERENCES

[1] G. Adomavicius and A. Tuzhilin. Toward the next generation of recommender systems: a survey of the state-of-the-art and possible extensions. *IEEE Transactions on Knowledge and Data Engineering*, 17(6):734–749, 2005.

[2] C. C. Aggarwal and C. X. Zhai. *Mining Text Data*. Springer Publishing Company, Incorporated, 2012.

[3] J. C. Bezdek. *Pattern Recognition with Fuzzy Objective Function Algorithms*. Kluwer Academic Publishers, Norwell, MA, USA, 1981.

[4] C. M. Bishop. *Pattern Recognition and Machine Learning (Information Science and Statistics)*. Springer-Verlag New York, Inc., Secaucus, NJ, USA, 2006.

[5] R. D'Addio, M. Conrado, S. Resende, and M. Manzato. Generating recommendations based on robust term extraction from users' reviews. In *Proceedings of the 20th Brazilian Symposium on Multimedia and the Web (WebMedia '14)*, pages 55–58, 2014.

[6] R. M. D'Addio and M. G. Manzato. A collaborative filtering approach based on user's reviews. In *2014 Brazilian Conference on Intelligent Systems (BRACIS '14)*, pages 204–209, 2014.

[7] R. M. D'Addio and M. G. Manzato. A sentiment-based item description approach for knn collaborative filtering. In *Proceedings of the 30th ACM/SIGAPP Symposium On Applied Computing (SAC '15)*, pages 1060–1065, 2015.

[8] C. Desrosiers and G. Karypis. A comprehensive survey of neighborhood-based recommendation methods. In F. Ricci, L. Rokach, B. Shapira, and P. B. Kantor, editors, *Recommender Systems Handbook*, pages 107–144. Springer US, 2011.

[9] G. Ganu, Y. Kakodkar, and A. Marian. Improving the quality of predictions using textual information in online user reviews. *Information Systems*, 38(1):1–15, Mar. 2013.

[10] S. Gong. A collaborative filtering recommendation algorithm based on user clustering and item clustering. *Journal of Software*, 5(7):745–752, 2010.

[11] H. Kim, K. Han, M. Yi, J. Cho, and J. Hong. Moviemine: personalized movie content search by utilizing user comments. *IEEE Transactions on Consumer Electronics*, 58(4):1416–1424, 2012.

[12] Y. Koren. Factor in the neighbors: Scalable and accurate collaborative filtering. *ACM Transactions on Knowledge Discovery from Data (TKDD)*, 4(1):1:1–1:24, Jan. 2010.

[13] Y. Koren and R. Bell. Advances in collaborative filtering. In F. Ricci, L. Rokach, B. Shapira, and P. B.

Kantor, editors, *Recommender Systems Handbook*, pages 145–186. Springer US, 2011.

[14] L. Liu, N. Mehandjiev, and D.-L. Xu. Multi-criteria service recommendation based on user criteria preferences. In *Proceedings of the Fifth ACM Conference on Recommender Systems*, RecSys '11, pages 77–84. ACM, 2011.

[15] P. Lops, M. de Gemmis, and G. Semeraro. Content-based recommender systems: State of the art and trends. In F. Ricci, L. Rokach, B. Shapira, and P. B. Kantor, editors, *Recommender Systems Handbook*, pages 73–105. Springer US, 2011.

[16] C. D. Manning, P. Raghavan, and H. Schütze. *Introduction to Information Retrieval*. Cambridge University Press, New York, NY, USA, 2008.

[17] C. D. Manning, M. Surdeanu, J. Bauer, J. Finkel, S. J. Bethard, and D. McClosky. The stanford corenlp natural language processing toolkit. In *Proceedings of 52nd Annual Meeting of the Association for Computational Linguistics: System Demonstrations*, pages 55–60, 2014.

[18] T. M. Mitchell. *Machine Learning*. McGraw-Hill, Inc., 1997.

[19] Y.-J. Park and A. Tuzhilin. The long tail of recommender systems and how to leverage it. In *Proceedings of the 2008 ACM Conference on Recommender Systems*, RecSys '08, pages 11–18, New York, NY, USA, 2008. ACM.

[20] M. C. Pham, Y. Cao, R. Klamma, and M. Jarke. A clustering approach for collaborative filtering recommendation using social network analysis. *Journal of Universal Computer Science*, 17(4):583–604, 2011.

[21] R. Qumsiyeh and Y.-K. Ng. Predicting the ratings of multimedia items for making personalized recommendations. In *Proceedings of the 35th International ACM SIGIR Conference on Research and Development in Information Retrieval (SIGIR '12)*, pages 475–484, 2012.

[22] R. Socher, A. Perelygin, J. Wu, J. Chuang, C. D. Manning, A. Y. Ng, and C. Potts. Recursive deep models for semantic compositionality over a sentiment treebank. In *Proceedings of the Conference on Empirical Methods in Natural Language Processing (EMNLP '13)*, pages 1631–1642, October 2013.

[23] F. Wang and L. Chen. Recommending inexperienced products via learning from consumer reviews. In *2012 IEEE/WIC/ACM International Conferences on Web Intelligence and Intelligent Agent Technology (WI-IAT '12)*, pages 596–603, 2012.

Group-based Collaborative Filtering Supported by Multiple Users' Feedback to Improve Personalized Ranking

Arthur F. da Costa, Marcelo G. Manzato and Ricardo J. G. B. Campello
Institute of Mathematics and Computer Science
University of São Paulo
São Carlos, SP, Brazil
{fortes,mmanzato,campello}@icmc.usp.br

ABSTRACT

Recommender systems were created to represent user preferences for the purpose of suggesting items to purchase or examine. However, there are several optimizations to be made in these systems mainly with respect to modeling the user profile and remove the noise information. This paper proposes a collaborative filtering approach based on preferences of groups of users to improve the accuracy of recommendation, where the distance among users is computed using multiple types of users' feedback. The advantage of this approach is that relevant items will be suggested based only on the subjects of interest of each group of users. Using this technique, we use a state-of-art collaborative filtering algorithm to generate a personalized ranking of items according to the preferences of an individual within each cluster. The experimental results show that the proposed technique has a higher precision than the traditional models without clustering.

CCS Concepts

• Information systems → Clustering; Personalization;

Keywords

Recommender Systems; Collaborative Filtering; Data Clustering

1. INTRODUCTION

Recommender Systems (RS) represent a technology that uses statistical techniques and machine learning to make recommendations of items to users based on a history of past activities. RS have become an important research area since the mid-90s, because it supports users to deal with the information overload problem existent on the Web [13].

The recommendation task can be seen as a prediction problem: the system tries to predict the relevance of certain items to a user and then sorts them according to the

WebMedia '16, November 08-11, 2016, Teresina, PI, Brazil
© 2016 ACM. ISBN 978-1-4503-4512-5/16/11... $15.00
DOI: http://dx.doi.org/10.1145/2976796.2976852

provided relevance values. The importance of an item is usually represented by a numerical value that reflects the degree of user's interest as provided herein. The result of an RS is usually a set of items ordered in descending order by importance scheduled for a given user [1].

Traditionally, recommender systems employ filtering techniques and machine learning information to generate appropriate recommendations to the user's interests from the representation of his profile. However, other techniques, such as Neural Networks, Bayesian Networks and Association Rules are also used in the filtering process [1]. The most used types of filtering are currently: content-based, responsible for selecting information based on descriptions of items which were rated in the past. Email messages filtered out to the trash messages containing unwanted words is an example of content-based filtering. The second approach is collaborative filtering, which is based on the relationship between people and items. A simple example is the selection of electronic messages based on the relationship between sender and recipient of a message. Finally, the hybrid approach which combines the filtering based on content and collaborative filtering [13].

The collaborative filtering approach tends to calculate its recommendations based on all users' interactions that were given to them [5]. However, this task can increase the computational cost and cause problems in the final result. Once the recommendation will be generated based on the preferences of undistinguished users, the system may recommend items for users who has no interest in those selected content. Another problem is that depending on the size of the database, computational cost is very high in order to process all the information. A possible solution to these problems would be the previous construction of groups of users with similar interests, and further recommendation, similarly to when recommending a content to a friend. For the person who receives the recommendation, it works as a filter or a particular view of a universe of possibilities usually inaccessible. It can also take into consideration the preference of those who are looking for suggestions and not just those who make it. It is also possible to make recommendations based on the opinions of others. As for instance, someone who is not an admirer of the jazz genre may be recommended based on what his friends enjoy, except this style which is unpleasant for him. Still, the recommendation may include explanations of how it was generated to allow recipient to assess.

This work proposes a technique to generate more accurate recommendation of items using groups of users with similar preferences. We analyze a variety of users' interaction paradigms in order to obtain richer information about their interests. Such rich information is then used to create groups of similar users. The recommendation list for each user of a particular group is generated using a recommendation algorithm based on collaborative filtering. We evaluated our proposal by comparison with two state-of-the-art collaborative recommenders (User KNN and BPR MF), and we compared different types of recommendations generated from our approach to demonstrate the proposal's generality. The experiments were executed with two real datasets from different domains: the first is MovieLens, which contains data from a movies reviews system; and the second is Last FM, a music website. Our study shows that the proposed group-based approach is able to provide better accuracy than individual recommenders.

This paper is structured as follows: Section 2 addresses the related work; Section 3 describes techniques which are explored in this work; Section 4 presents the proposal in details; Section 5 reports the evaluation executed in the system; finally, Section 6 as devoted the final remarks and future works.

2. RELATED WORK

In this section, we review some work related to our proposal. First, we depict approaches related to different types of interaction in recommender systems, and then, we provide a review of data mining approaches in recommender systems.

2.1 Multiple Interactions Based Approaches

With the increasing number of interactions between users and content, several studies have emerged in order to work with the integration of these interactions, so that more information about the users preferences are gathered by the systems. The recommendation systems can be extended in various ways in order to improve the understanding of users and items, including, for example, new types of interaction in the recommendation process and making the combination of them [13].

The SVD algorithm proposed in [8] uses explicit (ratings) and implicit (viewing history) information from users in a factorization model, called SVD++. Another factorization model, called Factorization Machines (FM) [14], can consider many types of information regarding users, items and/or their interactions. These techniques have the drawback that they process only certain types of interactions, with little capability of extension to other different types. In recent studies, Costa et al. [4] developed an ensemble recommender technique, called Ensemble BPR Learning, to unify different types of feedback from users, processed in different recommendation techniques. While this model is extensible for any types of user's interaction, its learning phase has high computational cost, since it depends on the execution of several recommendation techniques beforehand.

The present work differs from the aforementioned since it explores an alternative to build user profiles, in a pre-processing step, that summarizes the interactions made by users in the system, producing users groups with similar behavior.

2.2 Data Mining Based Approaches

In this study, we have used data mining techniques to cluster users with similar preferences to generate recommendations based on their group. Several researchers have proposed recommender systems for online personalization through data mining to provide recommendation services. This kind of recommendation system is used to predict the user navigation behavior and their preferences using web log data.

Kim et al. [7] present an improved recommendation algorithm for CF. The algorithm uses the K-Means Clustering method to reduce the search space. It then utilizes a graph approach to the best cluster with respect to a given test customer in selecting the neighbors with higher similarities as well as lower similarities. The graph approach allows us to exploit the transitivity of similarity. The algorithm also considers the attributes of each item. The work developed by Wen and Zhou [17] presents an improved collaborative filtering recommendation algorithm based on dynamic item clustering method. A similarity threshold limits the similarity between clusters. By calculating the similarity between the current item and the cluster center, it chooses the greatest similitude cluster, and then it finds the target items' nearest neighbors. Li et al. [9] propose an improved collaborative filtering method based on user ranking and item clustering, in which the users are classified and ranked in multiple item clusters by computing their rating qualities based on the previous rating records, and items are recommended for target users according to their similar users with high-ranks in different item categories. Experiments on real world data sets have demonstrated the effectiveness of their approach.

Our approach is different than their work in the sense that we analyze various paradigms of users' interactions on a particular item, in order to create groups of users with similar preferences and thus, a more accurate personal profile. The advantages of this approach is the ease of extending the template for insertion of other types of interactions; the reduced time and computational processing, considering that the sets of data would be reduced to a single cluster before computing the recommendation. Our contribution, therefore, can be considered the proposal of a recommender system based on multiple feedback types of similar users' groups.

3. RELATED MODELS OVERVIEW

This study involves the pre-processing of data by means of data mining techniques and the recommendation of items through filtering algorithms. The following sections present the main concepts covered in this paper.

3.1 Notation

We use special indexing letters to distinguish users and items: a user is indicated as u and an item is referred as i, j; and r_{ui} is used to refer to either explicit or implicit feedback from a user u to an item i. In the first case, it is an integer provided by the user indicating how much he liked the content; in the second, it is just a boolean indicating whether the user consumed or visited the content or not. The prediction of the system about the preference of user u to item i is represented by $\hat{r}_{ui}$, which is a floating point value guessed by the recommender algorithm. The set of pairs (u, i) for which r_{ui} is known are represented by the set $K = \{(u, i) | r_{ui}$ is known$\}$. Additional sets used in this paper are: $N(u)$ to indicate the set of items for which user u provided an implicit feedback, and $\bar{N}(u)$ to indicate the set of items that are unknown to user u.

3.2 k-medoids Clustering Algorithm

Clustering is the process of grouping a set of objects into clusters so that objects within a cluster are similar to each other but are dissimilar to objects in other clusters [6]. K-means clustering [10] and partitioning around medoids are well known techniques for performing non-hierarchical clustering. K-means clustering iteratively finds the k centroids and assigns every object to the nearest centroid, where the coordinate of each centroid is the mean of the coordinates of the objects in the cluster. Unfortunately, K-means clustering is known to be sensitive to the outliers although it is quite efficient in terms of the computational time. For this reason, K-medoids clustering are sometimes used, where representative objects called medoids are considered instead of centroids. Because it is based on the most centrally located object in a cluster, it is less sensitive to outliers in comparison with the K-means clustering [12].

k-medoids clustering algorithm is a partition-based clustering algorithm based on k-means. It attempts to minimize the distance between points labeled to be in a cluster and a point designated as the center of that cluster [12]. In contrast to the k-means algorithm, k-medoids chooses datapoints as centers (medoids or exemplars) and works with an arbitrary matrix of distances between datapoints. It is more robust to noise and outliers as compared to k-means because it minimizes a sum of pairwise dissimilarities instead of a sum of squared Euclidean distances [12]. A medoid can be defined as the object of a cluster whose average dissimilarity to all the objects in the cluster is minimal, i.e., it is a most centrally located point in the cluster. The implementation of the K-medoids used in this paper is explained as follows:

K-Medoid Clustering Algorithm

---

1. Initialization: randomly select (without replacement) k of the n data points as the medoids.

2. Associate each data point to the closest medoid. (Using a dissimilarity measure like cosine, Pearson, etc.)

3. For each medoid m

   - For each non-medoid data point o
     - Swap m and o and compute the total cost of the configuration

4. Select the configuration with the lowest cost.

5. Repeat steps 2 to 4 until there is no change in the medoid.

The advantage of this k-medoids implementation is that large datasets can be efficiently classified and its convergence is proved regardless of the dissimilarity measure. Furthermore, it is reliable in theory, simple and fast [12]. In this

work, to generate users' groups, we use the k-medoids algorithm to group users with similar preferences. This algorithm was chosen to accept different types of distance and not only metrics, such as Manhattan and Euclidean, which do not work well for recommendation approaches.

3.3 Recommendation Algorithms

We evaluate our proposal with two recommender algorithms: a neighborhood-based [8, 13] and a matrix factorization [15] approaches. The following subsections detail each algorithm.

3.3.1 BPR MF: Recommendation Algorithm

The BPR MF approach [15] consists of providing personalized ranking of items to a user according only to implicit feedback (e.g. navigation, clicks, etc.). An important characteristic of this type of feedback is that we only know the positive observations; the non-observed user-item pairs can be either an actual negative feedback or simply the fact that the user does not know about the item's existence. The authors have proposed a generic method for learning models for personalized ranking, where instead of training the model using only the user-item pairs, they also consider the relative order between a pair of items, according to the user's preferences [15]. It is inferred that if an item i has been viewed by user u and j has not ($i \in N(u)$ and $j \in \bar{N}(u)$), then $i >_u j$, which means that he prefers i over j. Each user u is associated with a user-factors vector $p_u \in \mathbb{R}^f$, and each item i with an item-factors vector $q_i \in \mathbb{R}^f$.

It is important to mention that when i and j are unknown to the user, or equivalently, both are known, then it is impossible to infer any conclusion about their relative importance to the user. To estimate whether a user prefers an item over another, Rendle et al. proposed a Bayesian analysis using the likelihood function for $p(i >_u j | \Theta)$ and the prior probability for the model parameter $p(\Theta)$. The final optimization criterion, BPR-Opt, is defined as:

$$\text{BPR-Opt} := \sum_{(u,i,j) \in D_K} \ln \sigma(\hat{s}_{uij}) - \Lambda_\Theta ||\Theta||^2 , \quad (1)$$

where $\hat{s}_{uij} := \hat{r}_{ui} - \hat{r}_{uj}$ and $D_K = \{(u, i, j) | i \in N(u)$ & $j \in \bar{N}(u)\}$. The symbol Θ represents the parameters of the model, Λ_Θ is a regularization constant, and σ is the logistic function, defined as: $\sigma(x) = 1/(1 + e^{-x})$.

For learning the model, the authors also proposed a variation of the stochastic gradient descent technique, denominated LearnBPR, which randomly samples from D_K to adjust Θ.

3.3.2 User KNN

This recommendation algorithm is the well-known User KNN, whose details can be found in [8, 13]. We adopted this algorithm because of its well-acceptance, and because it can be intuitively extended to include other information. The main goal of the algorithm is to find similar users and predict the best items for them based on their similar items.

In this way, a score is predicted for a unknown user-item pair $\hat{r}_{ui}$ considering the interaction that other users with similar preferences to u have assigned to item i. To find similar users, a measure of similarity p_{uv} is employed between their vectors. The similarity measure may be based on several similarity measures, such as Pearson correlation coefficient or cosine similarity. The final similarity measure is a retracted coefficient, s_{uv}:

$$s_{uv} = \frac{n_{uv}}{n_{uv} + \lambda_1} p_{uv}, \tag{2}$$

where n_{uv} is the number of items that users u and v have in common, and λ_1 is a regularization constant, set as 100 according to suggestions found in the literature [8].

Using the similarity values obtained, the algorithm identifies the k most similar users of u who evaluated item i, denoted as $S_u^k(i;v)$, and performs a score prediction based on the interactions of the k similar users weighted by their similarity towards u [8]. Then the final score is predicted using the k most similar users through the Equation (3).

$$\hat{r}_{ui} = \frac{\sum_{v \in S^k(i;u)} s_{uv}}{Number\ of\ neighbors}, \tag{3}$$

4. PROPOSED METHOD

In this paper, we propose a technique capable of generating recommendations based on users groups' preferences. Our approach consists of a pre-processing step, responsible for combining users into groups according different type of interactions in the system with a particular item. In this way, the combination of assigning tags and user history during navigation, for example, can be made to improve the quality of the groups, since we can better represent the behavior of each user. The recommendation list for each user of a particular group is generated using a recommendation algorithm based on collaborative filtering. In this work, we adopted three algorithms: k-medoids, BPR MF and User kNN described in Section 3. The first one is used to generate groups based on the similarity among users, while the second and the third are used to generate recommendations based on interactions of each group.

Figure 1 illustrates all steps involved in our technique. Multiple users' interactions are captured and used to generate user vs. item matrices, where each cell in these matrices is a value containing the relevance feedback of each interaction type. These matrices are then used to compute the distance of users using some dissimilarity measure. After this step, we generated a single distance matrix resulting from the combination of the others. Then, we send this matrix to the clustering module to generate users' groups. Each of these clusters corresponds to users who have similar interests on particular subjects. Finally, based on these groups, we compute particular recommendations to each user in the database, using the navigation history (implicit feedback) of each group. The browsing history of each group was built using all kinds of interactions considered by the algorithm, making explicit interactions in binary form and removing duplicate entries.

Particularly in this paper, we adopted different types of implicit feedback, although our approach accepts explicit information too. As implicit feedback, we considered two types: i) whether a user assigned a tag or not to an item; and ii) his navigation history, inferred from other interactions (if the user has some kind of interaction, then he has viewed the item). As shown in Figure 1, we used the BPR

MF algorithm to generate a personalized ranking for each user using a binary matrix (user per item), where the values will be one if user u made some interaction with an item i and zero otherwise. There are three phases in our technique: data representation; finding the nearest neighbor; and generating the lists of recommendations. The following subsections detail each of them.

4.1 Data representation

The algorithm inputs are represented by user × item interactions matrices, e.g if we consider ratings and tags we will have two input matrices. Each cell in the matrix represents the interactions made by users on items. Different methods can be used to represent interactions. Discrete values (such as 1, 2, 3, 4, 5) can be used to represent degrees of user's preferences towards the items; numerical values can be used to characterize the amount of times a user accessed an item; boolean values (such as 0 and 1) to represent whether a user assigned or not a tag on an item. Each cell of each matrix gets its respective type of interaction. If a user has not interacted with the corresponding item, its value in the matrix is 0, otherwise it will be specific for each type of interaction. For example, if the user explicitly rated an item, this value will be the provided rating; if he has only viewed the item, this value will be 1.

4.2 Finding the nearest neighbors

The dissimilarity between a user and other users is acquired based on their interactions. We use Cosine angle and Pearson correlation to calculate how two users are alike, considering all the interactions made by users on all items in the database. These metrics were chosen because: i) they discards the matrix cells that has no interaction, and ii) they are the metrics most commonly used in the area of recommender systems [13, 1]. This is particularly useful because we can not assume that users are similar based on the fact they have not interacted with certain items. For each interaction, we used these metrics to generate a new matrix of $M \times M$ users, which represents the dissimilarity among users. Cosine similarity between two users u and v is represented by Equation (4):

$$d_{(u,v)}^{cosine} = 1 - \frac{uv}{\|u\|_2 \|v\|_2}, \tag{4}$$

where $d_{(u,v)}$ is the distance of each type of interaction between two users, $\|*\|_2$ is the 2-norm of its argument $*$, and $u \cdot v$ is the dot product of u and v. The Pearson correlation is defined by:

$$d_{(u,v)}^{pearson} = 1 - \frac{\sum(u,v)}{\sigma_u \sigma_v}, \tag{5}$$

where Σ is the covariance between two users u and v, and σ is the standard deviation between them.

To combine the distances of each type of interaction in a single distance matrix, we computed a weighted average of the values, as shown in Equation (6).

$$d_{(u,v)}^{final} = \frac{1}{N_f} \sum_{n=1}^{|N_f|} \alpha_n d_n \tag{6}$$

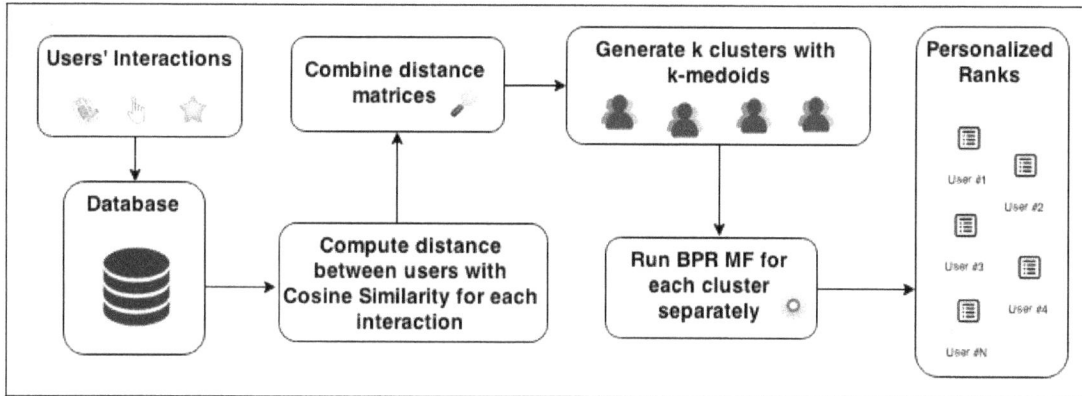

Figure 1: Schematic visualization of the proposed technique.

where N_f is the number of interactions' types and α_* are variables used to weight each interaction type. It is defined as:

$$\alpha = \frac{N_{uv}(N_u + N_v)}{(N_u N_v)}. \tag{7}$$

In the equation above, N_u and N_v denote the number of interactions made by users u and v, respectively, and N_{uv} denotes the number of interactions in common of these users. After computing the distance matrix, we use k-medoids presented in Subsection 3.2, to generate groups. Here, k data objects are selected randomly as medoids to represent k clusters and all remaining data objects are placed in a cluster having medoid nearest (or most similar) to that data object. After processing all data objects, a new medoid is determined which can represent cluster in a better way and the entire process is repeated. Again all data objects are bound to the clusters based on the new medoids. In each iteration, medoids change their location step by step; in other words, medoids move in each iteration. This process is continued until all medoids stop moving over each iteration. As a result, k clusters are found representing a set of n data objects.

4.3 Generating the lists of recommendations

We have used the state-of-the-art CF-based algorithms to process the interactions of each cluster and generate a list of recommended items for each user in that cluster. At this stage, each user receives personalized recommendations based on his behavior and his neighbors behavior. The algorithm is responsible for assembling a matrix that contains all users and items of a given group k and individual interactions of each user to predict items that he can enjoy, both highlighting the items he visited as the ones he has not. Finally, we concatenate the rankings generated for each user in a single ranking with all users. The proposed technique generates four values for k from training set of samples. In this step, the sample is divided into training and test in order to verify the precision and MAP values generated by this sample; then this procedure is repeated n times, returning the best values for k.

5. EVALUATION

To evaluate our approach we first check which of the dissimilarity metric provided the best accuracy in the proposed model using all the feedback types. Furthermore, we compare the algorithms having the best combination of interactions with CF-based algorithms, namely BPR MF [15] and User KNN [8], presented in Subsection 3.3. In this way, we execute the proposed approach applied to each Group-based BPR MF algorithm (GB-BPR MF) and Group-based User KNN (GB-User KNN), respectively. The algorithms implementation used in our work is available in the MyMediaLite library [3].

5.1 Datasets

The system evaluation was based on two datasets provided by Cantador et al. [3]. Last fm 2k consists of 92,834 user-listened artist relations, 186,479 interaction tags applied by 1,892 users to 17,632 artists. As feedback types, we considered: whether a user tagged an item or not; and the number of times the user has visited a particular item. MovieLens 2k consists of 10 million ratings, 100,000 interactions tags applied to 10,000 users and 72,000 movies. As explicit information, we used the ratings that users assigned to items to calculate the distance matrix, and as implicit information, we considered whether a user tagged an item or not and the navigation history to compute matrices and recommendations.

5.2 Methodology

We adapted the All But One [2] protocol for the construction of the ground truth and 10-fold-cross-validation. Given the data set, we randomly divided it into the same 10 subsets and for each sample we use $n-1$, these subsets of data for training and the rest for testing. The training set t_r was used to test the proposed technique and in the test set T_e we randomly separated an item for each user to create the truth set H. After that, the remaining items form the set of observable O, used to test the algorithm. To assess the outcomes of the systems we use evaluation metric Mean Average Precision (MAP) [16], as follows:

Mean Average Precision computes the precision considering the respective position of items in the ordered list. With this metric, we obtain a single accuracy score value for a set of test users T_e:

$$MAP(T_e) = \frac{1}{|T_e|} \sum_{j=1}^{|T_e|} AveP(R_j, H_j), \qquad (8)$$

where R is the set of recommendations that the system computed, given the set of observables O, and the ground truth set H. The average precision (AveP) is given by

$$AveP(R_j, H_j) = \frac{1}{|H_j|} \sum_{r=1}^{|H_j|} [Prec(R_j, r) \times \delta(R_j(r), H_j)], \quad (9)$$

where $Prec(R_j, r)$ is the precision for all recommended items up to rank r and $\delta(R_j(r), H_j) = 1$, iff the predicted item at rank r is a relevant item $(R_j(r) \in H_j)$ or zero otherwise.

We executed the clustering algorithm with different k values (between 2 and 30) and used the "knee finding" technique to choice the best number of clusters. For both datasets we deduce experimentally $k = 3$ as best value. For results we use Cosine Similarity, once our results indicate that this similarity is superior than the other measures such as Pearson Correlation, Jaccard measure, Euclidean measure that we tested.

In this work we used MAP@N, where N corresponds to the number of recommendations. We tested for the following values: $1, 3, 5$ and 10 in the ranks returned by the system. For each configuration and measure, the 10-fold values are summarized by using mean and standard deviation. In order to compare the results in statistical form, we apply the two-sided paired t-test with a 95% confidence level [11].

5.3 Results

The results of the experiments in each of the datasets are discussed in the following subsections.

5.3.1 Last fm 2k

Tables 1 and 2 show the results using only one type of interaction by user (navigation history and tag, respectively) to compute similarity between users. Figure 2 shows the results using the combination of both types of interactions in the proposed methods against the best results in the baselines. The best results are highlighted in bold.

We note that MAP has a tendency for higher values as the number of returned items increases. This can be explained because MAP only considers the relevant items and their positions in the ranking. Thus, as more items are returned, the number of relevant items is also increased.

We observed that regardless of the number of groups or types of interactions, the use of clustering algorithms considerably improves the results of recommendation, proven by the t-student analysis ($p < 0.05$). This is because instead of generating recommendations through all interactions in the base, we use only related interactions with users' interactions, discarding items that the user probably would never use. The combination of the two types of feedback (navigation history and tag) resulted in better outcomes for all top N recommendations. This is because the more information a user has, the better we can relate them to other users with similar tastes and we can thus generate more accurate recommendations for him.

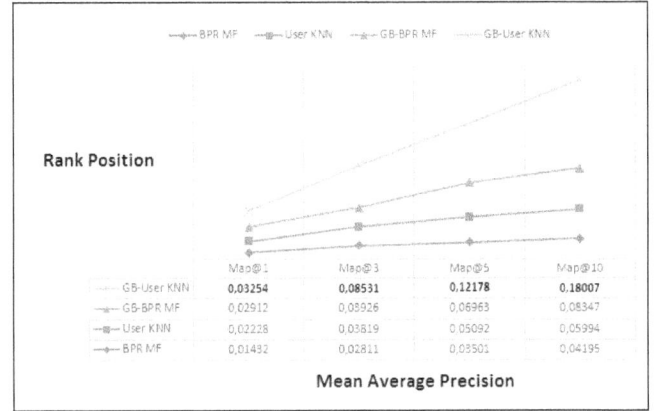

Figure 2: Graph and table comparing the MAP with two types of interaction (Last fm 2k).

5.3.2 MovieLens 2k

Tables 3 and 4 show the results of this evaulation in the MovieLens 2k dataset, using tags and ratings as interaction types. Figure 3 illustrates the algorithms' performance in Top@N vs. MAP graphs with two types of interactions.

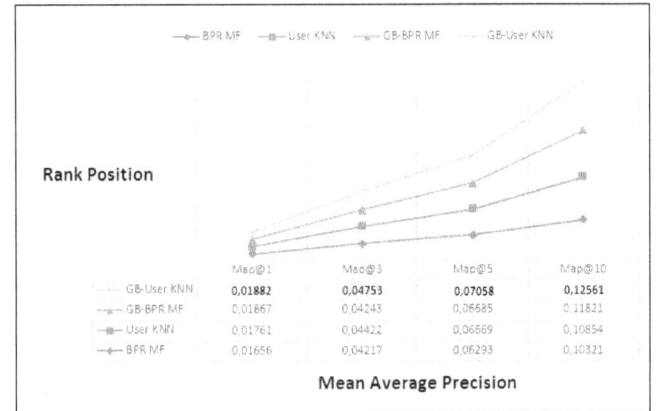

Figure 3: Graph and table comparing the MAP with both types of interactions (MovieLens 2k).

The results demonstrate that the proposed technique was able to achieve better accuracy in two different domains (recommendation of artists and movies), proven by the t-student analysis ($p < 0.05$). Most of the results showed improvement in the accuracy of the recommendation, especially when using more than one type of feedback in the process. This emphasizes that we can represent user's behavior better when we have a large number of information about him.

The overall results obtained and described in the paper are small because of the evaluation protocol used in the experiments. The All But One hides one item from each user in the test set and considers it as the ground truth. As we are recommending top N items, the MAP will decrease because the system thinks there are N relevant items, although the protocol has set only the hided item as relevant. In this way, it is important to rely only on the differences among the approaches, and we managed to increase the results of our proposal when compared to the baselines. As shown in the experiments, our approach is flexible and ex-

Table 1: Comparative MAP table using navigation history (Last fm 2k)

		Top 1	Top 3	Top 5	Top 10
BPR MF	MAP	0,01273	0.03342	0.04456	0.06259
	Standard deviation	0.000043	0.000014	0.000024	0.00011
User KNN	MAP	0.02175	**0.04721**	0.06206	0.07745
	Standard deviation	0.000087	0.000034	0.000217	0.000089
GB-BPR MF	MAP	0.01346	0.03065	0.04509	0.06803
	Standard deviation	0.000132	0.000187	0.000042	0.000131
GB-User KNN	MAP	**0.02374**	0.04573	**0.06532**	**0.07908**
	Standard deviation	0.000017	0.000123	0.000133	0.000054

Table 2: Comparative MAP table using Tags (Last fm 2k)

		Top 1	Top 3	Top 5	Top 10
BPR MF	MAP	0.01538	0.04509	0.06631	0.10291
	Standard deviation	0.000127	0.000051	0.000126	0.000012
User KNN	MAP	0.02864	0.08381	**0.11724**	0.15542
	Standard deviation	0.000152	0.000082	0.000012	0.000215
GB-BPR MF	MAP	0.01754	0.04954	0.07165	0.12658
	Standard deviation	0.000041	0.000504	0.000145	0.000097
GB-User KNN	MAP	**0.03154**	**0.09014**	0.11297	**0.17541**
	Standard deviation	0.000026	0.000071	0.000259	0.000195

Table 3: Comparative MAP table using navigation history (MovieLens 2k)

		Top 1	Top 3	Top 5	Top 10
BPR MF	MAP	0.01594	0.04208	0.06298	0.10226
	Standard deviation	0.000043	0.000014	0.000024	0.00011
User KNN	MAP	0.01809	0.04432	0.06206	0.10882
	Standard deviation	0.000087	0.000034	0.000217	0.000089
GB-BPR MF	MAP	0.01346	**0.04503**	0.06307	0.10903
	Standard deviation	0.000132	0.000187	0.000042	0.000131
GB-User KNN	MAP	**0.01915**	0.04398	**0.06612**	**0.11054**
	Standard deviation	0.000017	0.000123	0.000133	0.000054

Table 4: Comparative MAP table using ratings (MovieLens 2k)

		Top 1	Top 3	Top 5	Top 10
BPR MF	MAP	0.00214	0.00681	0.01071	0.01842
	Standard deviation	0.000043	0.000014	0.000024	0.00011
User KNN	MAP	**0.00233**	0.00775	0.01147	0.02075
	Standard deviation	0.000087	0.000034	0.000217	0.000089
GB-BPR MF	MAP	0.00119	0.00678	**0.01164**	0.01893
	Standard deviation	0.000132	0.000187	0.000042	0.000131
GB-User KNN	MAP	0.00209	**0.00807**	0.01143	**0.02106**
	Standard deviation	0.000017	0.000123	0.000133	0.000054

tensible to different algorithms and domains, although some of these configurations result in marginal improvements over the baselines (in particular KNN-based algorithms).

6. FINAL REMARKS

It is very crucial for a recommender system to have the capability of making accurate prediction by analyzing and retrieving customer's preferences. Although collaborative filtering is widely used in recommender systems, some efforts to overcome its drawbacks have to be made to improve the prediction quality. Selecting the proper neighbors plays an important role to improving the prediction quality.

We have proposed a technique that yields better recommendation accuracy using users' groups, generated from the similarity between them. It considers different type of interactions of each user for customer's preferences and low similarities as well. The experimental results showed that our algorithm provides the better prediction accuracy than baselines in two datasets. The main advantages of our approach are extensibility and flexibility, once it enables developers to use different recommender and clustering algorithms, dissimilarity metrics and different types of feedback.

As future work, we plan to evaluate our approach with additional datasets from other domains in order to check the accuracy with different information types. Furthermore, we plan to consider community detection in graphs to select better users' groups to make the recommendation.

7. ACKNOWLEDGMENTS

We would like to acknowledge CAPES and CNPq for the financial support.

8. REFERENCES

[1] M. B.-R. F. T. A. Adomavicius, G. Context-aware recommender systems. *AI Magazine*, pages 67–80, 2011.

[2] J. S. Breese, D. Heckerman, and C. Kadie. Empirical analysis of predictive algorithms for collaborative filtering. In *Proceedings of the Fourteenth Conference on Uncertainty in Artificial Intelligence*, UAI'98, pages 43–52, San Francisco, CA, USA, 1998. Morgan Kaufmann Publishers Inc.

[3] I. Cantador, P. Brusilovsky, and T. Kuflik. 2nd workshop on information heterogeneity and fusion in recommender systems (hetrec 2011). In *Proceedings of the 5th ACM conference on Recommender systems*, RecSys 2011, New York, NY, USA, 2011. ACM.

[4] A. da Costa Fortes and M. G. Manzato. Ensemble learning in recommender systems: Combining multiple user interactions for ranking personalization. In *Proceedings of the 20th Brazilian Symposium on Multimedia and the Web*, WebMedia '14, pages 47–54, New York, NY, USA, 2014. ACM.

[5] A. da Silveira Dias, L. K. Wives, and V. Roesler. Enhancing the accuracy of ratings predictions of video recommender system by segments of interest. In *19th Brazilian Symposium on Multimedia and the Web, WebMedia '13, Salvador, Brazil, November 5-8, 2013*, pages 241–248, 2013.

[6] J. Han, M. Kamber, and A. K. H. Tung. Spatial clustering methods in data mining: A survey. In H. J. Miller and J. Han, editors, *Geographic Data Mining and Knowledge Discovery, Research Monographs in GIS*. Taylor and Francis, 2001.

[7] T.-H. Kim, Y.-S. Ryu, S.-I. Park, and S.-B. Yang. An improved recommendation algorithm in collaborative filtering. In *Proceedings of the Third International Conference on E-Commerce and Web Technologies*, EC-WEB '02, pages 254–261, London, UK, UK, 2002. Springer-Verlag.

[8] Y. Koren. Factor in the neighbors: Scalable and accurate collaborative filtering. *ACM Transactions on Knowledge Discovery from Data (TKDD)*, 4(1):1–24, Jan. 2010.

[9] W. Li and W. He. An improved collaborative filtering approach based on user ranking and item clustering. In M. Pathan, G. Wei, and G. Fortino, editors, *Internet and Distributed Computing Systems*, volume 8223 of *Lecture Notes in Computer Science*, pages 134–144. Springer, 2013.

[10] J. MacQueen. Some methods for classification and analysis of multivariate observations. In *Proceedings of the Fifth Berkeley Symposium on Mathematical Statistics and Probability, Volume 1: Statistics*, pages 281–297, Berkeley, Calif., 1967. University of California Press.

[11] T. M. Mitchell. *Machine Learning*. McGraw-Hill, Inc., New York, NY, USA, 1 edition, 1997.

[12] J.-S. L. Park, Hae-Sang and C.-H. Jun. A k-means-like algorithm for k-medoids clustering and its performance. *Proceedings of ICCIE (2006)*, pages 102–117, 2006.

[13] F. R., L. R., and B. S. Introduction to recommender systems handbook. In *Recommender Systems Handbook*, pages 1–35. Springer US, 2011.

[14] S. Rendle. Factorization machines with libFM. *ACM Trans. Intell. Syst. Technol.*, 3(3):57:1–57:22, May 2012.

[15] S. Rendle, C. Freudenthaler, Z. Gantner, and L. Schmidt-Thieme. Bpr: Bayesian personalized ranking from implicit feedback. *CoRR*, abs/1205.2618, 2012.

[16] E. M. Voorhees and D. K. Harman. *TREC: Experiment and Evaluation in Information Retrieval (Digital Libraries and Electronic Publishing)*. The MIT Press, 2005.

[17] J. Wen and W. Zhou. An improved item-based collaborative filtering algorithm based on clustering method. In M. Pathan, G. Wei, and G. Fortino, editors, *Journal of Computational Information Systems*, volume 8 of *Lecture Notes in Computer Science*, pages 571–578. Springer Berlin Heidelberg, 2012.

Predicting Portuguese *Steam* Review Helpfulness Using Artificial Neural Networks

Jardeson L. N. Barbosa
Universidade Federal do Piauí
Teresina, Piauí
jardesonbarbosa@gmail.com

Raimundo Santos Moura
Universidade Federal do Piauí
Teresina, Piauí
rsm@ufpi.edu.br

Roney L. de S. Santos
Universidade Federal do Piauí
Teresina, Piauí
roneylira@hotmail.com

ABSTRACT

Online consumer reviews are currently available in most e-Commerce websites. By discussing products features, reviews help consumers during the search stage of the buying process. However, from thousands of reviews published daily, it is not always clear which ones consumers should read. To help with that, consumers can vote user reviews as helpful or not helpful. This paper proposes an automatic method to analyze the helpfulness of online consumer reviews. This analysis was made on reviews collected from Steam using Multilayer Perceptron Artificial Neural Network. We found out indication that certain features of reviews affect the perception of helpfulness and we discuss applications and future researches.

Keywords

extraction and treatment of social data; neural networks; modeling of user behavior

1. INTRODUCTION

With the rise of the global Internet usage, a big number of business transactions started using the Internet. One of those services is the e-Commerce. The e-Commerce is usually a more comfortable way to buy and sell products, and for that reason, it became gigantic. It is estimated that there are 12 to 24 million e-Commerce stores selling products on the Internet around the world today[1]. Nevertheless, while the huge amount of websites and products available on the Internet is good for consumers, the searching stage of the online buying process becomes a wearing activity as consumers are subject to multiple choices, making it difficult to take decisions [24].

To make the buying decision process easier for consumers, some websites make use of automatic recommendation systems. Those so called "recommender systems" use algorithms that build a model from a user's past behavior as well as similar decisions made by other users, and then use this model to predict items that the user may have an interest in. But even though those systems have acceptable to good performance, they are still less efficient than personal recommendations that come from trustable sources, like family members and friends [21].

Goldenberg et al. (2001) [8] showed that the decision making process is heavily influenced by the word of mouth communication (WOM). Over the internet, online social networks concentrate a good portion of the WOM communications because everyone can share their own experiences with the world without much effort. Consumers can express their opinions about products through reviews by writing their own recommendations or discussing, liking and sharing recommendations from other consumers [12]. They can also use those reviews during the decision making process.

From online reviews, consumers have access to information about the products they are interested in through several review features, such as the number of stars or the textual description [10]. However, given the high amount of spam, low quality texts and false information on the internet, consumers can be misled and may need a huge amount of time to find helpful reviews, reducing their efficiency.

To solve that problem, a vast majority of websites use a measure called review helpfulness, introduced by Amazon[2]. In websites like Amazon, consumers can vote in reviews that they consider helpful or not helpful during the buying decision process, so future consumers are aware of the best-voted reviews and can avoid the low-quality ones.

Despite the success of that measure, it presents its problems. One of the problems is that reviews need a good amount of votes in order to be read, since reviews without votes will not be considered helpful. That is a special problem for new reviews that may never be read, since they may never get enough votes [16]. In that scenario, reviews that are not very good can be considered the most helpful ones just because they were published first.

To relieve that and other related problems, this paper presents a study on review helpfulness through analysis of textual descriptions and non-textual information present in reviews. It proposes a model capable of automatically predict the review helpfulness of online user reviews using an Artificial Neural Network Multilayer Perceptron (ANN MLP). This investigation is based on reviews collected from Steam Store, a digital store and social network with more than 125 million users that distributes digital computer video games,

---

[1]http://blog.lemonstand.com/just-how-big-is-the-ecommerce-market-youll-never-guess

WebMedia '16, November 08-11, 2016, Teresina, PI, Brazil

© 2016 ACM. ISBN 978-1-4503-4512-5/16/11...$15.00

DOI: http://dx.doi.org/10.1145/2976796.2976871

[2]https://www.amazon.com.br/

digital music, computer software and digital movies. Steam was chosen because of its innovative review system and community model.

The main contributions of this work are a model for brazilian portuguese reviews and the investigation on the impact of social features, present in social networks like Steam, in the perception of review helpfulness, along with features already studied in previous works, such as linguistic features.

The rest of this paper is organized as follow: Section 2 presents a literature review. Section 3 presents the proposed model. Section 4 shows the results of the experiments. Section 5 presents the conclusion and final considerations.

2. LITERATURE REVIEW

2.1 The perception review helpfulness

In a voting system as the one proposed by Amazon, the review helpfulness can be defined as

$$H = \frac{n_p}{n_p + n_n} \tag{1}$$

where n_p represents the number of positive votes and n_n represents the number of negative votes [11]. While this approach is simple and good enough, it presents some unfavorable trends, as the lack of votes for new reviews [16] and the fact that not everyone that reads reviews actually votes on them [11]. For that reason, the most-voted reviews are not necessarily an accurate representation of the most helpful ones.

Another problem of that approach is that it does not take into account the amount of votes received by each review. For example, it is impossible to distinguish two reviews with helpfulness 0.8 (or 80%), even if one of them has 10000 votes and the other one has just 10. Mathematically, this problem was already solved in 1927 by Edwin B. Wilson using the lower bound of Wilson score confidence interval for a Binomial parameter [1]

$$H = \frac{\left(\hat{p} + \frac{z_{\alpha/2}^2}{2n} \pm z_{\alpha/2} \sqrt{[\hat{p}(1-\hat{p}) + z_{\alpha/2}^2/4n]/n} \right)}{(1 + z_{\alpha/2}^2/n)} \tag{2}$$

where $\hat{p}$ represents the percentage of observed positive votes, n is the total of received votes and z quantile of the standard normal distribution.

This equation considers the amount of votes of a review as a sample of a hypothetical population where all reviews are equally voted. Assuming a set confidence level (95% in this work), it is determined a new success probability for the analyzed distribution. Some websites such as *Reddit*[3] and *Yelp*[4] already use this equation to order their topics, comments and reviews.

In this paper, review helpfulness is the percentage of positive votes of a review based on Equation (2). Formally, the review helpfulness measure can be described as the extent to which consumers perceive their capability to facilitate judgment or purchase decisions [16].

---

[3]http://www.redditblog.com/2009/10/reddits-new-comment-sorting-system.html
[4]http://officialblog.yelp.com/2011/02/the-most-romantic-city-on-yelp-is.html

2.2 Formative features of review helpfulness

Evidences support the theoretical conceptualization of review helpfulness as a formative construct [16]. Thus, it is understood that there are a number of features that influence the perception review helpfulness.

Some past works identified the direct influence of the review content into its helpfulness perception. With the help of a supervised machine learning, Kim et al. (2006) [11] found that text size, its unigrams and the product type are important features to measure the perception of review helpfulness. Danescu-Niculescu-Mizil et al. (2009) [6] conducted a study on the Amazon corpus and identified that a review is perceived as more helpful when its rating is close to the average rating for the same product. Otterbacher (2009) [18] analized data from the website Amazon and determined that the perception of review helpfulness can be manifested by the relevance of the topic, readability and the author's credibility and objectivity. Furthermore, it was discovered a strong relationship between the chronological order of the reviews their helpfulness. Schindler and Bickart (2012) [19] examined the content of the review features and found that the text size and the amount of statements positively influence the perception of helpful reviews, but only to a certain extent. Using neural networks, Lee and Choeh (2014) [15] found that the text size and the number of words with only one letter are good indicative of the review helpfulness perception.

Some scholars also explored the influence of the declaration of authorship on the perception of reviews helpfulness. Connors et al. (2011) [4] studied some basic factors associated with review helpfulness. They realized that the author's expertise, i.e. the knowledge of the author about the product domain, has positive influence on the perception of reviews helpfulness. Forman et al. (2008) [7] discovered that the presence of descriptive information about the identity of the author of online reviews has a positive impact on the perception of review helpfulness.

Another point of interest is the type of product being reviewed and the impact it causes in the perception of review helpfulness. Sen and Lerman (2007) [20] investigated how consumers evaluate the review helpfulness of positive and negative reviews and found that the product type moderates the effect of review valence. It was noted that, for utilitarian products, readers are more likely to attribute the negative opinion expressed in the review to the author's external reasons. As to hedonic products, negative assessments are assigned to internal reasons. In the same topic, Mudambi and Schuff (2010) [17] found that, for experience goods, reviews with extreme ratings are less useful than reviews with moderate ratings. The depth of the review also has a positive influence on the perception of usefulness, being stronger to search goods.

This paper presents a different approach by analyzing of the helpfulness of reviews written in Brazilian Portuguese and by exploiting different review features from previous works, such as the consumer engagement on the online community and past reviews published by the same consumer. These features can be easily extracted thanks to the virtual community model proposed by Steam.

3. PROPOSED MODEL

For a given review, the objective of this work is to find the measurement of this review helpfulness, called H, that can also be defined by the Equation (2), where H is a real number between 0 and 1. To develop a model that predicts this measurement, it was defined a set of formative features of review helpfulness. Based on this study, it was hypothesized that there are three important groups of review features that model the review helpfulness: features based on the authorship, textual features and features based on review metadata. The proposed model is given by a regression function that has as input a X vector containing those features and as output a scalar H that is the perception of review helpfulness measurement. It was chosen an ANN MLP to approximate this function because MLP are universal function approximators. An ANN for function approximation can be described as follow:

$$y(x_1, x_2, ..., x_n) = \sum_{i=1}^{n_1} \lambda_i g_j(u_i) \qquad (3)$$

$$u_i = \sum_{j=1}^{n} W_{ij} x_j - \theta_i \qquad (4)$$

where the function y to be mapped by the ANN will be constructed by superimposing the logistics type activation functions, represented by the terms $g_j(u_i)$, which are weighted by factors λ_i [5]. The logistics function is defined as

$$g(u) = \frac{1}{1 + e^{-\beta * u}} \qquad (5)$$

where β is a real constant associated with the steepness of the curve front of his turning point.

The universal approximation theorem applied to the MLP provides the necessary basis for defining the structural configurations of these networks in order to map algebraic functions [5]. In addition, the ANN model allows any functional form that relates the independent variables to the dependent variable need not be imposed by the model, that is, you can capture non-linear relationships in the data without the need for prior specification [15].

To define the characteristics of the proposed model, it was analyzed the data from user reviews about digital games from Steam described in the following subsections.

3.1 Data collection

Unlike a big number of e-commerce websites, Steam is also an online community. Steam users have a profile where they can add a personal picture; have friends; exchange private and public messages; publish screenshots, texts and videos and engage in groups. An example of Steam user profile is shown in Figure 1.

Steam has a detailed review system that includes, in addition to the user text, several other information. The Figure 2 shows a typical Steam review in Brazilian Portuguese. The final rating is presented at the top, above the review text and can be *Recommended* or *Not Recommended*. Other information include username, number of products the user has in its account, number of previously published reviews, the amount of hours the user has played the game and the helpfulness vote system with a third option besides *Helpful* and *Not Helpful* called *Funny* that is not taken into consideration to calculate the perceived helpfulness of reviews.

The data collection for the model training and testing

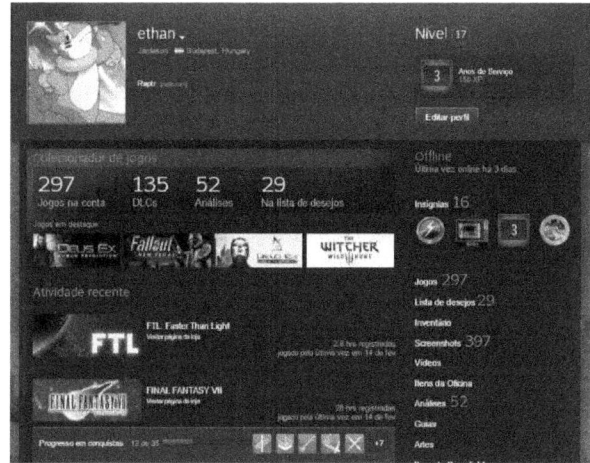

Figure 1: Example of Steam user profile

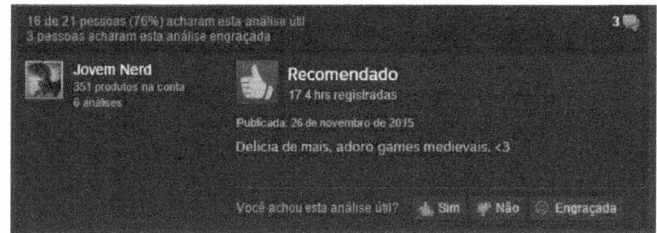

Figure 2: Example of Steam user review

was carried out automatically using a *scraper*[5] written in Python using the Scrapy Framework[6]. It was defined as the population of interest all reviews of digital games from Steam written in Brazilian Portuguese, with at least one helpfulness vote and posted by users who have public profiles. Since Steam reviews are ordered so that reviews with few votes or many not helpful votes are difficult to access, the collection was concentrated only in the 100 most played games on Steam on 26th February, but not limited to reviews published that day. This list is updated daily on the site itself[7].

Of the 100 most played games on 26 February, five had no reviews in Brazilian Portuguese with at least one vote. Therefore, the initial collected sample had 10,168 reviews. To avoid asymmetry and trend in the data, it was decided to remove reviews with less than three votes, since most reviews had very few votes.

The data cleaning consisted in removing all the texts with correctness under a certain threshold, defined as the mean of the original set (0.76). This was made because some reviews are not written in Brazilian Portuguese or may employ a colloquial language hardly understood by machines. The correctness of the text is modeled as the number of correct words divided by the total number of words in a text. To determine if the word belongs or not to the Brazilian Portuguese, we used the dictionary *br.ispell* developed by the

---
[5]Computer software technique of extracting information from websites
[6]http://scrapy.org/
[7]http://store.steampowered.com/stats/

289

Table 1: Linguistic patterns
NOUN ADV? V? (ADV? ADJ | ADV V)*
ADJ NOUN
ADV ADJ

University of Sao Paulo[8]. After the data cleaning, it was obtained a final sample containing 5,823 reviews that were published between November 2013 and February 2016.

3.2 Review features

3.2.1 Features concerning authorship

There are two important features regarding authors: reputation and expertise. Studies suggest that reviews submitted by authors with positive history are seen as more helpful [25]. The reputation incorporates aspects of the author's credibility and expertise indicates the level of knowledge of an author about the discussed topic.

The author reputation is modeled from three variable: the average number of reviews votes (total number of votes from past reviews divided by total number of reviews), the average number of positive votes (total of positive votes from past reviews divided by the total number of votes in past reviews); and the number of friends a user has in the Steam community. The expertise is modeled by the amount of hours a review author played the analyzed game. For example, an author who played only two hours of a particular game may have less proficiency in the topic than one that played 20 hours.

3.2.2 Features regarding the textual content of reviews

Fundamentally, previous researches dedicated themselves to two types of textual analysis in online reviews: analysis of semantic features and analysis of the stylistic features of the text [3, 11]. By exploring the textual content of a review, it can be attentive to the opinions and sentiment expressed in the text. According to the Oxford Dictionary, an opinion is a view or judgment formed about something, not necessarily based on fact or knowledge.

It is hypothesized that online reviews with a large amount of opinions are more informative. In this approach, opinions should be modeled numerically. So it is interesting only know the amount of opinions expressed in every review. To this end, holds up a process of extracting opinions according to an adaptation of the model proposed by Sousa et al. (2015) [22].

In the extraction of opinions, the texts are analyzed according to the phrasal structure of sentences. The standard adopted was "subject + verb + predicative of subject", where the core of the subject is the qualified feature and the predicate core is the qualifying word. For example, "esse jogo é divertido" (this game is fun) is extracted as (jogo, divertido) or (game, fun). These linguistic patterns were defined by a manual analysis performed on another sample of 385 reviews collected on the same website (confidence level 95% and error 5%). The result is shown in Table 1.

The stylistic elements, the text readability and the text size were considered. Readability is the ease in which a text can be understood. The readability of a text in English

can be analyzed using the Flesh-Kincaid readability test, a mathematical method that evaluates how readable is a text by its average of words per sentence and average of syllables per total words [13]. An adaptation to the Portuguese was published by Squarisi and Salvador (2005) [23]

$$\left(\frac{n_w}{n_s} + n_p\right) * 0.4 \qquad (6)$$

where n_W is the total number of words of text, n_s is the total number of sentences and n_p is the total number of polysyllables. The constant 0.4 is the average number of letters of the word in the phrase in Portuguese. The higher the score, the less readable is the text. A text score 1 can be easily read by anyone.

Based on discoveries of Kim et al. (2006) [11] and Lee et al. (2014) [15] , it was modeled the text size from the number of words, number of sentences and the number of monosyllabic text, as the Portuguese has not large amount of semantically relevant words with only one letter.

3.2.3 Review Metadata

The final evaluation and the posting date of the review are considered metadata. Final evaluation refers to the binary evaluation of product present in each review, which may be "recommended" or "not recommended". It is important to note that readers may be influenced by the average ratings of the product. This idea was explored by Danescu-Niculescu-Mizil et al. (2009) [6].

Considering an evaluation review as being 1 for "recommended" (or positive) and 0 for "not recommended" (or negative), the evaluation is modeled as an expression where p is the percentage of reviews with positive evaluations (in decimal representation) for a product and x is the individual evaluation review for the same product.

$$xp + (1 - x) * (1 - p) \qquad (7)$$

Starting from Otterbacher (2009) [18] discoveries, it was modeled the review's posting time as the difference between the release date of the product and the review posting date in days.

3.2.4 Validation

The ANN MLP for function approximation is composed of three layers: an input layer, just one hidden layer and an output layer. The input layer maps each of the input variables studied. The output layer has only one neuron that maps the output variable H, that represents the review helpfulness. To set the most appropriate number of neurons in the hidden layer it was used the Cross-validation process and for the neurons on the hidden layer, It was used the logistic function as activation (5). For the output layer, it was used a linear activation function (3), since the output neuron performs only a linear combination of logistic activation functions implemented in the hidden layer neurons [5]. Therefore, after the MLP network training process, the weights matrix relating to the output neuron will correspond to the own λ_i parameters of the Equation (3), i.e. $\lambda_i = W_{1,i}$. The illustration of this network is shown in Figure 3.

The input variables defined in the hypotheses specification are: i) the number of reviews votes by the total amount of reviews of a user; ii) the ratio of positive votes by the total

---

[8]http://www.ime.usp.br/ ueda/br.ispell/

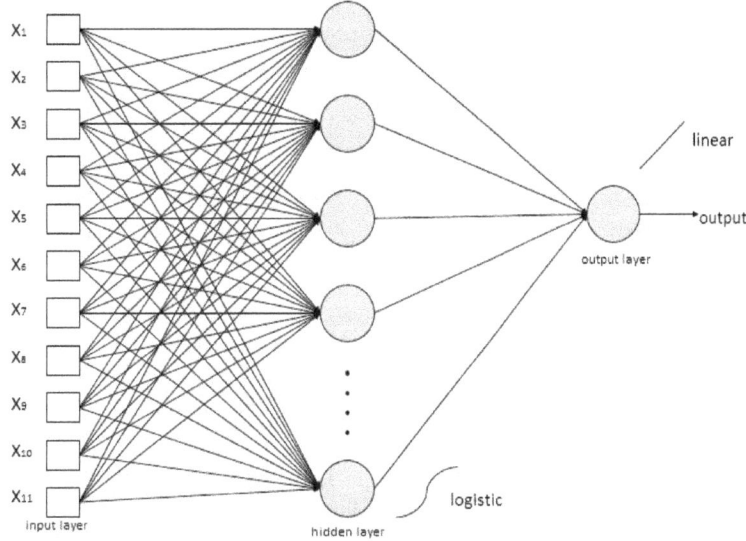

Figure 3: MLP for functional approximation

number of votes of a user; iii) the number of the user's friends in the Steam community; iv) the amount of time (in hours) that the author dedicated to game analysis; v) the amount of opinions expressed in the text; vi) the readability of the text; vii) the size of text in words; viii) the number of sentences in the text; ix) the number of monosyllabic words in the text; x) the difference between the average evaluation of the product and the user evaluation; xi) the difference between the date of release of the product and the date of publication of the review in days. The expected output variable is the review helpfulness.

The relationship between each input variable and the output variable can be calculate using the Relative Strength (RS) measure [15] [26]:

$$RS_{ji} = \frac{\sum_{k=0}^{n}(W_{ki}W_{jk})}{\sum_{i=0}^{m}\sum_{k=0}^{n}|W_{ki}W_{jk}|} \qquad (8)$$

where W_{ki} denotes the weight of the k-th hidden unit and the i-th input unit. W_{jk} denotes the weight between the j-th output unit and the k-th hidden unit. RS_{ji} calculates the relative weight between the i-th input variable and the j-th output variable. The numerator RS_{ji} calculates the ratio between the i-th input variable and the j-th output variable and can be either positive or negative, depending on the weights. Since the denominator relationship calculates the total of all input and output variables.

To validate the chosen features, it was used the Correlation-based Feature Selection (CFS) [9]. CFS takes the subset evaluation approach. The most suitable features are selected taking into account the correlation between all the features in the model. A good model has features that are not correlated with each other, but are correlated with the class. Features with high correlation with the class variable are highly relevant. CFS's feature subset evaluation function is

described as follows:

$$M_s = \frac{k\overline{r_{cf}}}{\sqrt{k + k(k-1)\overline{r_{ff}}}} \qquad (9)$$

where M_s is the heuristic "merit" of a feature subset S containing k features, $\overline{r_{cf}}$ is the mean feature-class correlation ($f \in S$) and $\overline{r_{ff}}$ is the average feature-feature intercorrelation [9]. The numerator of Equation (9) can be thought of as providing an indication of how predictive of the class a set of features are; the denominator of how much redundancy there is among the features [9].

4. RESULTS

The most appropriated topology for an MLP to map an specific problem is specified empirically [5]. The topology selection process is usually given by trial and error [15]. To select the best topology between the candidates, it was used the cross-validation k-fold. In that process, the total sample is divided in k folds, being $(k-1)$ of them used to compose the training subset while the the remaining partition is the subset test. In this paper, k was defined being 10. The overall performance of each candidate topology is obtained according to the average of individual performances observed when applying the k partitions.

The RNA implemented in this study has random values as initial weights, learning rate and 0.1 and momentum 0.3. We opted for small values to ensure that convergence occurs, even if the process requires more times. To avoid overfitting, each topology was trained until it was found the least mean square error of the square (RMSE) local or when it was reached 10^4 epochs, whichever occurs first.

Figure 4 presents a graphic with the RMSE for each of the tested topologies. We begin with a topology of one neuron in the hidden layer and increase the layer in one neuron to each new topology. We note that the error increases with every new neuron included in the hidden layer, but begins to decrease as soon as it reaches five neurons. The topology chosen was the one that has the lowest number of neurons in the hidden layer and the lowest RMSE. The final RNA

MLP model chosen is a network of three layers consisting of 11 input nodes, five nodes in the hidden layer and one output node. Given the complexity of performing predictions based on human behavior, the RMSE of 0.1929 was considered acceptable.

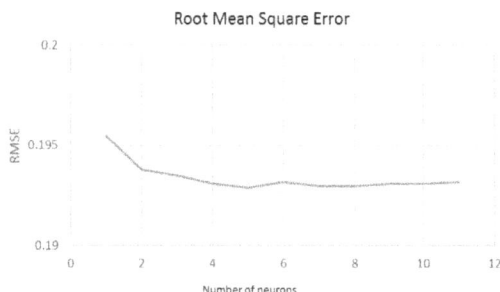

Figure 4: Variation of the RMSE as the number of neurons in the hidden layer increases.

Table 2 shows the relative weight of review helpfulness determinants using the Equation (8). Values above 0.02 are good indicators of impact on the perception of review helpfulness [15].

Table 2: Relative weight of the variables.

Variables	Weights
average number of votes per user	0.14272
user average rating	0.06112
amount of timed played	0.02507
number of friends	0.01743
linguistic patterns	-0.00442
readability	0.00789
number of words	0.02794
number of sentences	0.01224
difference between user rating and average rating	0.01302
number of monosyllabic words	-0.00962
difference between product release date and posting date	0.00122

Applying the Correlation-based feature selection for discrete data algorithm and using the hill climbing as search method, four features were selected: the average number of votes per use, the number of friends of the author, the word count of the review and the difference between the user rating and the average rating. In that case, those features are enough to fully represent our model. Running the neural network with this subset of inputs yields a slightly better RMSE than before, of 0.1915.

The results of this analysis confirm earlier researches conducted by Danescu-Niculescu-Mizil et al. (2009) [6], Schindler et al. (2012) [19] and Kim et al. (2009) [11]. It was noted that the user rating and the text size are characteristics that positively impact the perception of review helpfulness. On the other hand, the date of posting of the reviews does not seem to have strong impact on the perception of review helpfulness in online communities such as Steam, which contradicts findings made by Otterbacher (2009) [18]. One of the possible explanations could be that Steam hold regular sales that revitalize pages of old products.

Among the new discoveries, it was found that the author's reputation is a relevant factor in the perception of review helpfulness. It was found that authors with positive historic of votes in past reviews have best new evaluated reviews.

The expertise of the author also seems to be a relevant feature. In the case of Steam, the amount of hours played by an author at the time of publication of the review has a positive impact on the perception of usefulness, but is correlated with another feature. The amount of user's friends in the community also has a positive impact on the perception of review helpfulness.

5. CONCLUSIONS AND FUTURE WORK

This study aimed to explore ways to quantify and predict the perception of helpfulness of online user reviews. The results of this study were positive and give clues about what are the relevant features and what can be explored in the future. For the e-Commerce, these results provide clues as to which website structures may be used so that the best reviews are read by consumers and therefore maximize sales.

Features that were expected to be important, such as the linguistic patterns, actually underperformed. That may be caused by the colloquial language used on Steam or the use of internet memes [2].

To assert the applicability of our work, the experiments present in this work will be replicated in different domains, using real world data, such as TripAdvisor (hospitality industry), Foursquare (location-based social networks), Amazon (search goods) and AdoroCinema (movies and tv).

For future work, we intend to replace the use of linguistic patterns for more robust NLP techniques, such as Latent Semantic Analysis (LSA). LSA is an extraction technique and representation of contextual use of words using statistical computations for a large corpus. The principle of LSA is that the aggregate of all words contexts in which a given word appears or does not appear derives a set of mutual constraints which determines in large part the similarity of the meaning of words and groups of words [14]. It is expected that techniques that are more contemporary can identify situations that could not be analyzed in our model, as the occurrence of hidden subject and humor in texts.

This work will also be expanded to include a comparison between our model and some variations of our model regarding the dataset and the machine learning algorithm.

Finally, we intend to explore the impact of humor in the perception of review helpfulness. The very Steam allows users to rate reviews as funny, an option rarely used, but that can serve as a basis for future studies.

6. REFERENCES

[1] A. Agresti and B. A. Coull. Approximate Is Better than "Exact" for Interval Estimation of Binomial Proportions. *The American Statistician*, 52(2):119–126, May 1998.

[2] N. Baym. *Personal Connections in the Digital Age*. DMS - Digital Media and Society. Wiley, 2010.

[3] Q. Cao, W. Duan, and Q. Gan. Exploring determinants of voting for the "helpfulness" of online user reviews: A text mining approach. *Decision Support Systems*, 50(2):511 – 521, 2011.

[4] L. Connors, S. M. Mudambi, and D. Schuff. Is it the review or the reviewer? a multimethod approach to determine the antecedents of online review helpfulness. In *In 44th Hawaii International Conference on System Sciences*, 2011.

[5] I. N. da Silva, D. H. Spatti, and R. A. Flauzino. *Redes Neurais Artificiais: para engenharia e ciências aplicadas*, chapter Redes Perceptron Multicamadas. Artliber, 2010.

[6] C. Danescu-Niculescu-Mizil, G. Kossinets, J. Kleinberg, and L. Lee. How opinions are received by online communities: A case study on amazon.com helpfulness votes. *18th International Conference on World Wide Web,*, 2009.

[7] C. Forman, A. Ghose, and B. Wiesenfeld. *Examining the Relationship Between Reviews and Sales: The Role of Reviewer Identity Disclosure in Electronic Markets.* INFORMS, 2008.

[8] J. Goldenberg, B. Libai, and E. Muller. Talk of the network: A complex systems look at the underlying process of word-of-mouth. *Marketing Letters, Volume 12, Issue 3*, pages 211–223, 2001.

[9] M. A. Hall. *Correlation-based Feature Subset Selection for Machine Learning.* PhD thesis, University of Waikato, Hamilton, New Zealand, 1998.

[10] N. Hu, L. Liu, and J. Zhang. Do online reviews affect product sales? the role of reviewer characteristics and temporal effects. *Information Technology and Management Vol. 9 No. 3*, pages 201–214, 2008.

[11] S.-M. Kim, P. Pantel, T. Chklovski, and M. Pennacchiotti. Automatically assessing review helpfulness. In D. Jurafsky and r. Gaussier, editors, *EMNLP*, pages 423–430. ACL, 2006.

[12] Y. A. Kim and J. Srivastava. Impact of social influence in e-commerce decision making. In *Proceedings of the Ninth International Conference on Electronic Commerce*, ICEC '07, pages 293–302, New York, NY, USA, 2007. ACM.

[13] J. P. Kincaid, R. P. Fishburne, R. L. Rogers, and B. S. Chissom. Derivation of New Readability Formulas (Automated Readability Index, Fog Count and Flesch Reading Ease Formula) for Navy Enlisted Personnel. Technical report, Feb. 1975.

[14] T. Landauer, P. Foltz, and D. Laham. An introduction to latent semantic analysis. *Discourse processes*, 25:259–284, 1998.

[15] S. Lee and J. Y. Choeh. Predicting the helpfulness of online reviews using multilayer perceptron neural networks. *Expert Syst. Appl.*, 41(6):3041–3046, 2014.

[16] M. Li, L. Huang, C.-H. Tan, and K.-K. Wei. Helpfulness of online product reviews as seen by consumers: Source and content features. *International Journal of Electronic Commerce*, 17:101–136, 2013.

[17] S. M. Mudambi and D. Schuff. What makes a helpful online review? a study of customer reviews on amazon.com. *MIS Quarterly*, 34(1):185–200, 2010.

[18] J. Otterbacher. 'helpfulness' in online communities: A measure of message quality. In *Proceedings of the SIGCHI Conference on Human Factors in Computing Systems*, CHI '09, pages 955–964. ACM, 2009.

[19] R. Schindler and B. Bickart. Perceived helpfulness of online consumer reviews: The role of message content and style. *Journal of Consumer Behaviour*, 11:234–243, 2012.

[20] S. Sen and D. Lerman. Why are you telling me this? an examination into negative consumer reviews on the web. *Journal of Interactive Marketing*, 21:76–96, 2007.

[21] R. R. Sinha and K. Swearingen. Comparing recommendations made by online systems and friends. In *DELOS Workshop: Personalisation and Recommender Systems in Digital Libraries*, 2001.

[22] R. F. d. Sousa, R. A. L. Rabelo, and R. S. Moura. A fuzzy system-based approach to estimate the importance of online customer reviews. *IEEE International Conference on Fuzzy Systems (FUZZ-IEEE)*, 2015.

[23] D. Squarisi and A. Salvador. A arte de escrever bem: um guia para jornalistas e profissionais do texto. pages 50–52. Editora Contexto, 2005.

[24] K. D. Vohs, R. F. Baumeister, B. J. Schmeichel, J. M. Twenge, N. M. Nelson, and D. M. Tice. Making choices impairs subsequent self-control: A limited-resource account of decision making, self-regulation, and active initiative. *Motivation Science, Vol 1(S)*, pages 19–42, 2014.

[25] C. N. Wathen and J. Burkell. Believe it or not: Factors influencing credibility on the web. *Journal of the American Society for Information Science and Technology*, 53(2):134–144, 2002.

[26] Y. Yoon, T. Guimaraes, and G. Swales. Integrating artificial neural networks with rule-based expert systems. *Decis. Support Syst.*, 11(5):497–507, June 1994.

Study of Gender Preferences for Locations Around the World Using Social Media Data

Willi Muller
Hasso-Plattner-Institut
Potsdam, Germany
willi.mueller@student.hpi.de

Thiago H Silva
Universidade Tecnológica
Federal do Paraná
Curitiba, Brasil
thiagoh@utfpr.edu.br

Jussara M Almeida
Universidade Federal de
Minas Gerais
Belo Horizonte, Brasil
jussara@dcc.ufmg.br

Antonio A F Loureiro
Universidade Federal de
Minas Gerais
Belo Horizonte, Brasil
loreiro@dcc.ufmg.br

ABSTRACT

Traditional methods for obtaining data to conduct gender studies may be cumbersome because, usually, data are obtained manually through questionnaires. However, this poses challenges in conducting such studies on a large scale. Thus, available studies using traditional methods often provide analysis only at country level. In this paper, we explore the use of check-ins data collected from Foursquare to estimate the cultural gender preferences for locations in the physical world. Our results suggest that gender preferences can be captured for locations at different spatial granularity – not just for countries. This indicates that our proposed methodology could inspire a complementary approach to conduct studies of gender preferences for locations.

Keywords

Redes Sociais Baseadas em Localização; Foursquare; Mídia Social; Gênero; Preferências Culturais; Computação Urbana; Computação Social

1. INTRODUÇÃO

Para estudar as diferenças entre grupos de gênero ao redor do mundo, os cientistas sociais muitas vezes dependem de métodos manuais, por exemplo questionários, para coletar dados diversos. Os dados obtidos podem, então, ser agregados para calcular métricas específicas, tais como o Índice de Desigualdade de Gênero (GII), desenvolvido pelo Programa de Desenvolvimento das Nações Unidas (UNDP)[1].

No entanto, esses métodos tradicionais podem ser demorados por causa das etapas manuais, dificultando a realiza-

[1] http://hdr.undp.org.

WebMedia '16, November 08-11, 2016, Teresina, PI, Brazil
© 2016 ACM. ISBN 978-1-4503-4512-5/16/11...$15.00
DOI: http://dx.doi.org/10.1145/2976796.2976863

ção de um estudo em escala global. Os dados produzidos sob tais condições são comumente liberados após longos intervalos de tempo (pode levar vários anos). Portanto, eles podem não capturar rapidamente mudanças na dinâmica da sociedade. Além disso, os resultados de estudos de diferenças de gênero inter-regionais, como relata o GII, geralmente estão disponíveis apenas para regiões geográficas grandes, muitas vezes para países. Assim, apesar de estudos com base em questionários poderem ser realizados em regiões arbitrárias menores, como cidades, bairros ou até mesmo um local específico (por exemplo, em uma universidade ou em um centro comercial), informações sobre a diferença de gênero em tais granularidades espaciais não são facilmente disponíveis.

Por outro lado, as redes sociais baseadas em localização (*Location-based social networks - LBSNs*), tais como o Foursquare[2], são atualmente muito utilizadas, principalmente devido ao uso generalizado de *smartphones* em todo o mundo. Em tais aplicações, os usuários expressam suas preferências por locais através da realização de *check-ins* em locais específicos. *Check-ins* podem, então, ser vistos como uma fonte de *sensoriamento social*, capturando como as pessoas se comportam no mundo real no que diz respeito aos lugares visitados. Como discutido em [3, 13], esses sinais podem ser explorados para entender melhor a dinâmica humana em áreas urbanas, e, particularmente, padrões urbanos relacionadas à cultura dos habitantes.

Nós nos concentramos em um aspecto particular da cultura de uma sociedade: diferenças de gênero [1, 7, 9, 15]. Temos o objetivo de investigar se os *check-ins* dos usuários em LBSNs também podem ser usados para avaliar as *preferências culturais de gênero por locais* em diferentes regiões urbanas do mundo. Para esse fim, avaliamos as diferenças entre usuários masculinos e femininos com relação às preferências por locais específicos em uma determinada região. A agregação de tais diferenças para muitos locais pode, então, ser utilizada como um indicador emergente de preferências de gênero por locais, que poderia ser usado, por exemplo, como uma forma de verificar potenciais diferenças de gênero em um dado local ou região geográfica.

Neste estudo propomos uma metodologia que visa extrair

[2] http://www.foursquare.com.

as preferências do usuário por locais situados em diferentes regiões urbanas ao redor do mundo a partir de dados de *check-in* coletados do Foursquare. Usando essa metodologia nós identificamos diferenças significativas para locais específicos entre grupos de gênero em várias regiões, o que sugere que as preferências de gênero e uma determinada localidade podem não ser independentes nessas regiões. Realizamos nosso estudo em várias granularidades espaciais, incluindo países, cidades, e em tipos específicos de locais em uma determinada cidade.

Os resultados obtidos sugerem que a nossa metodologia utilizada tem o potencial de ser uma ferramenta para apoiar novas aplicações e estudos em grande escala sobre preferências de gênero por locais. Por exemplo, esses resultados podem ajudar empresários a entender melhor os seus consumidores. O proprietário de um café que apresenta um padrão muito distinto com relação ao gênero dos consumidores, em comparação com outros cafés na mesma cidade, poderia explorar esse conhecimento para promover propaganda específica para um determinado gênero e tentar mudar esse quadro.

O restante deste artigo está organizado da seguinte forma. A Seção 2 discute alguns dos trabalhos relacionados. A Seção 3 introduz o nosso *dataset*, enquanto a Seção 4 apresenta a metodologia utilizada neste trabalho. A Seção 5 apresenta um estudo sobre as preferências culturais de gênero por locais em regiões urbanas de diferentes tamanhos: países, cidades e locais. Finalmente, a Seção 6 apresenta as considerações finais e trabalhos futuros.

2. TRABALHOS RELACIONADOS

A diferença de gênero pode ser considerada um dos grandes enigmas da sociedade moderna. Tem uma natureza muito subjetiva, e pode variar muito entre culturas [11]. Por exemplo, ao comparar diferentes regiões do mundo, as mulheres e os homens muitas vezes diferem em seus hábitos de vestir, ocupações típicas, capacidades assumidas entre outras coisas. Isso faz com que a diferença de gênero seja difícil de explicar.

Alguns estudos recentes incluem a investigação de diferença de gênero na educação [2], nas relações [16] e com respeito ao uso da tecnologia [6]. Neste último, os autores analisaram como 270 adultos usaram a Web, visando identificar diferenças na atividade online. Esses estudos anteriores, como boa parte dos estudos da Sociologia, baseiam se em métodos manuais de coleta de dados, o que explica pesquisas com um tamanho de amostra razoavelmente pequeno. Com isso, existem grandes desafios na realização de estudos com amostras maiores (por exemplo, milhares ou milhões de usuários).

Ainda mais recentemente, os pesquisadores estão aplicando conjuntamente técnicas de Ciência da Computação e Estatística para auxiliar estudos sociológicos usando conjuntos de dados de larga escala. Sobre o tema específico de diferença de gênero, Ottoni et al. [10] observaram uma grande diferença entre usuários do gênero feminino e masculino em relação às suas motivações para o uso de Pinterest. Lou et al. [8] investigaram como ocorre a troca de gênero em jogos *online multiplayer*, observando-se que ambos os jogadores masculinos e femininos atingem níveis mais elevados no jogo mais rápido com um avatar masculino do que com um avatar feminino. De Las Casas et al. [5] caracterizaram o uso de Google+ por membros que se não declararam como indivíduos do gênero feminino ou masculino, mas como *outro*. Cunha et al. [4] estudaram distinções de gênero no uso de *hashtags* do Twitter, concluindo que o gênero pode ser considerado um fator social que influencia a escolha do usuário por *hashtags* específicas sobre um determinado tópico.

Neste trabalho também usamos um conjunto de dados de larga escala. No entanto, ao contrário dos estudos anteriores citados, queremos inferir diferenças relevantes entre preferências de gênero no mundo físico, em vez de online. Para isso, quantificamos as diferenças entre usuários masculinos e femininos por preferências por locais específicos em diferentes culturas.

3. DESCRIÇÃO DOS DADOS

Em vez de utilizar dados de questionários tracionais, neste trabalho investigamos o uso de dados disponíveis publicamente a partir de LBSNs, particularmente no Foursquare, para estudar as preferências de gênero por locais. Especificamente, o nosso *dataset* consiste de *check-ins* feitos pelos usuários do Foursquare que se tornaram públicos através do Twitter entre 25 de abril e 1 de maio de 2014. Esse *dataset* contém cerca de 2,9 milhões de *tweets*[3] com *check-ins* compartilhados por cerca de 630 mil usuários. Os locais do Foursquare são agrupados em dez categorias (entre parênteses estão as abreviaturas utilizadas aqui): *Arts & Entertainment* (Arts); *College & University* (Education); *Event*; *Food*; *Nightlife Spot* (*Nightlife*); *Outdoors & Recreation*; *Professional & Other Places* (Work); *Residence*; *Shop & Service*; *Travel & Transport*. Cada categoria, por sua vez, tem várias subcategorias (por exemplo, *Rock Club* é uma subcategoria de *Nightlife*).

Foram aplicados os seguintes filtros em nosso *dataset*. Só foram considerados os *check-ins* realizados por usuários que especificaram "homem" ou "mulher" como gênero nos seus perfis do Foursquare. Nós consideramos apenas um *check-in* por usuário em cada local para evitar que usuários com muitos *check-ins* enviesassem a popularidade de um local, além disso, desconsideramos todos os locais com menos de cinco *check-ins*, com isso evitamos considerar locais pouco populares. Também considerados apenas locais das categorias Arts, Education, Food, Nightlife, e Work, locais onde é esperado capturar melhor as preferências de gênero por locais em uma sociedade. Foram descartadas categorias que têm muitas subcategorias com enviesamento esperado por um determinado gênero (por exemplo, barbearia, subcategoria que pertence à categoria não considerada *Shop & Service*), bem como categorias que abrangem lugares que podem ser mais populares entre turistas (como *Travel & Transport*, onde encontramos locais das subcategorias hotel e aeroporto), pois nosso objetivo é estudar padrões de gênero entre os moradores de regiões específicas.

Além disso, ao analisar uma região particular, são considerados apenas locais de uma determinada subcategoria se existe pelo menos dois locais diferentes dessa subcategoria, que atendam os critérios mencionados acima, em uma determinada região. Isso é necessário, pois, como será explicado na Seção 4, a metodologia proposta demanda pelo menos dois locais diferentes em uma determinada subcategoria. Finalmente, foram selecionados locais abrangendo diferentes regiões do mundo: Brasil, Estados Unidos (EUA)

---

[3]Mensagens que são compartilhadas pelos usuários no Twitter.

País	*Check-ins* totais	*Check-ins* por homens	Locais	Usuários Masculinos
Brasil	29.017	14.298 (49%)	3.042	9.872 (49%)
França	422	253 (60%)	38	205 (61%)
Alemanha	329	251 (76%)	35	239 (77%)
Japão	12.326	10.613 (86%)	1.028	6.702 (85%)
Kuwait	3.816	1.719 (45%)	243	1.048 (45%)
Malásia	38.125	21.055 (55%)	3.376	10.697 (54%)
México	29.963	17.742 (59%)	2.764	11.624 (59%)
Arábia Saudita	3.576	1.399 (39%)	342	1.065 (39%)
Coreia do Sul	297	117 (39%)	33	104 (42%)
Espanha	467	347 (74%)	58	321 (74%)
Tailândia	14.579	3.376 (23%)	1.346	2.017 (23%)
Emirados Árabes	211	116 (55%)	27	104 (56%)
Reino Unido	1.061	735 (69%)	115	640 (70%)
Estados Unidos	15.633	9.444 (60%)	1.756	7.085 (61%)
Turquia	30.000	16.574 (55%)	10.803	14.812 (55%)

Table 1: Visão geral do nosso dataset.

e México (representando a América); França, Alemanha, Espanha e Reino Unido (representando a Europa); Japão, Malásia, Coreia do Sul e Tailândia (representando o Leste e Sul da Ásia); Arábia Saudita, Kuwait, Emirados Árabes e Turquia (representando o Oeste e Oriente médio da Ásia). Após a realização desses filtros, o *dataset* que é usado em nossas análises contém um total de 179.822 *check-ins* realizados por 122.180 usuários em 25.006 locais, distribuídos em 15 países, como detalhado na Tabela 1.

4. METODOLOGIA

4.1 Estimando Preferências de Gênero por Locais

O primeiro passo do nosso estudo é caracterizar as preferências de gênero para diferentes locais em uma determinada região. Para esse fim, extraímos os dados filtrados do Foursquare conforme explicamos na seção anterior. Nossa metodologia é geral o suficiente para considerar todos os locais do mesmo tipo (mesma subcategoria) em conjunto ou cada local individualmente, dependendo do objetivo do estudo. Primeiramente, consideramos o primeiro caso, mas na Seção 5.2 mostramos como nossa abordagem pode ser facilmente aplicada para estudar as diferenças entre gênero com relação às preferências por locais individuais.

De posse de cada subcategoria de local do nosso *dataset* considerado, medimos a popularidade de todos os locais dessas subcategorias em cada grupo de gênero. Isto é, dada uma região, uma subcategoria, um local e um gênero, calculamos a porcentagem de todos os *check-ins* realizados pelos usuários desse gênero em todos os locais da subcategoria da região. Para melhorar a legibilidade dos gráficos, nós normalizamos estas percentagens pelo maior valor.

O próximo passo consiste em calcular a diferença de popularidade entre gênero d_s para cada subcategoria[4]. Para isso, definimos um espaço bidimensional com base nas duas medidas (normalizadas) de popularidade (uma para cada gênero). A diagonal deste espaço representa um caso ideal em que a

popularidade é equilibrada entre os gêneros. A diferença de popularidade entre gêneros para uma determinada subcategoria é então definida como a distância (euclidiana) mais curta entre o ponto que representa a subcategoria no espaço bidimensional e sua diagonal[5]. As diferenças negativas indicam maior popularidade entre os usuários do gênero feminino (ponto que encontra-se no lado esquerdo da diagonal), enquanto as diferenças positivas implicam maior popularidade entre os usuários do gênero masculino.

Dada uma diferença de popularidade entre gênero diferente de zero, calculada como descrito, uma pergunta natural que surge é: esta diferença é relacionada com uma possível diferença no tamanho da população feminina/masculina no *dataset* estudado, ou reflete um padrão significativo relacionado ao gênero?

4.2 Testando a Significância Estatística

Para tratar a questão mencionada acima, construímos um modelo nulo usando o seguinte teste de permutação. A informação sobre o gênero do usuário está associada a cada *check-in*. Sabendo disso, nós embaralhamos aleatoriamente o gênero associado a todos os *check-ins* localizados na região em estudo. Desta forma, mantemos todos os outros atributos do *check-in*, por exemplo localização, inalterados, ao gerar um padrão de gênero aleatório. Em seguida, recalculamos a diferença de popularidade entre gêneros para cada subcategoria (como discutido acima). Note que apenas aleatorizando o atributo gênero dos *check-ins*, nós preservamos as frequências gerais de gênero e local na região, apenas quebrando qualquer possível correlação que possa existir entre gênero e locais específicos. Nós repetimos este procedimento de embaralhamento $k = 100$ vezes, produzindo uma distribuição de diferenças de popularidade para cada subcategoria. Ao comparar a diferença observada para uma determinada subcategoria com a distribuição correspondente produzida pelo processo de aleatorização mencionado acima, nós somos capazes de filtrar possíveis efeitos devido a diferenças do tamanho da população de gênero, e testar se a diferença entre gênero observada é significativa, ou seja, se

---

[4]Para que esse resultado seja mais representativo precisamos de no mínimo dois locais distintos por subcategoria. Além disso, isso possibilita análises considerando apenas uma determinada subcategoria.

[5]Experimentamos outras abordagens para calcular a diferença de popularidade, como a diferença entre as coordenadas, mas os resultados são semelhantes.

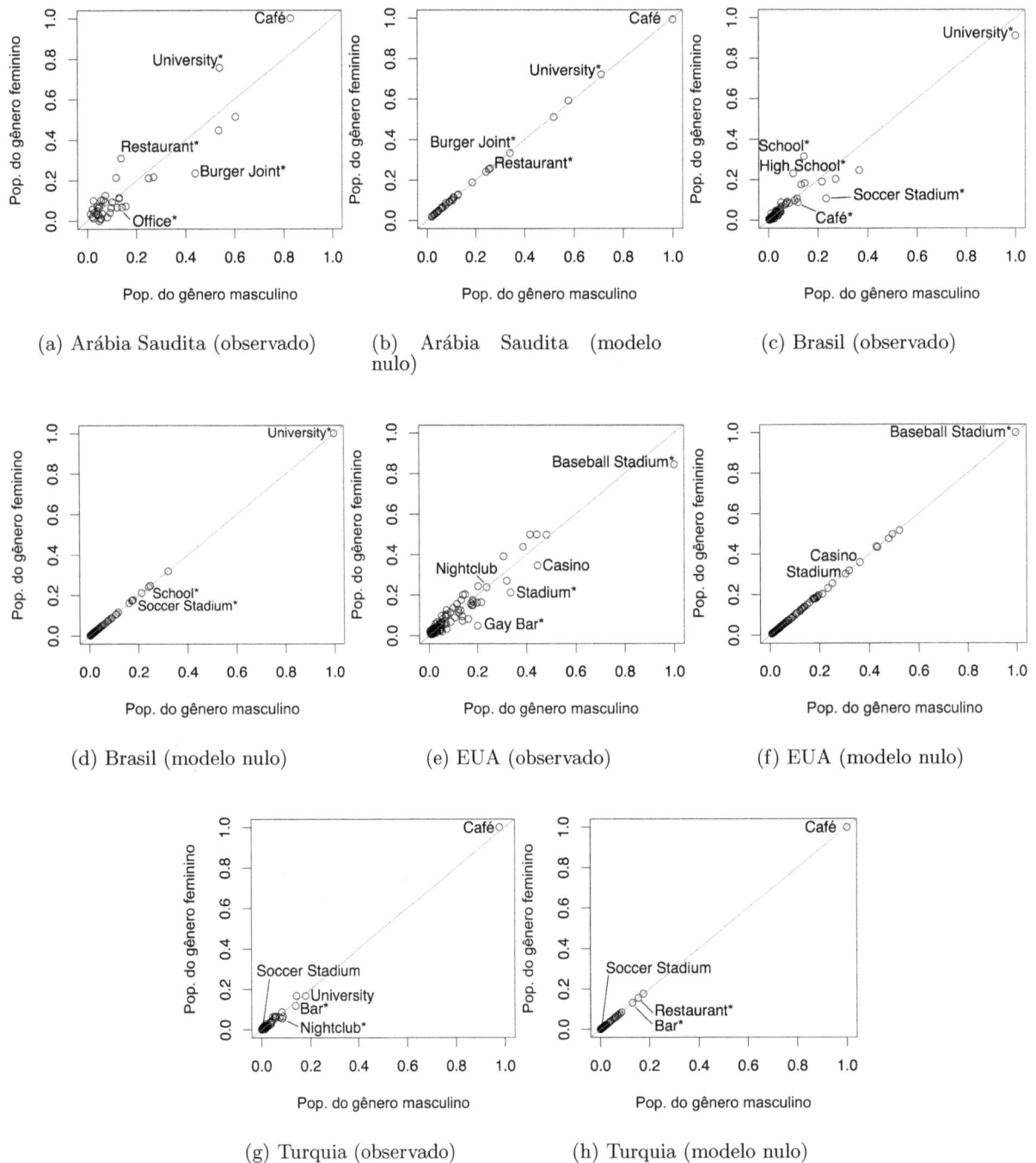

(a) Arábia Saudita (observado)

(b) Arábia Saudita (modelo nulo)

(c) Brasil (observado)

(d) Brasil (modelo nulo)

(e) EUA (observado)

(f) EUA (modelo nulo)

(g) Turquia (observado)

(h) Turquia (modelo nulo)

Figure 1: Popularidade (normalizada) de subcategorias selecionadas para os usuários do gênero masculino e feminino. Para cada país temos os valores observados e os valores médios após a criação do modelo nulo.

de fato ela significa que está relacionada com as preferências de gênero.

Deixe d_s ser a diferença observada para a subcategoria s e D_s^{null} a distribuição das diferenças obtidas após a aleatorização. Comparamos d_s com D_s^{null} adotando uma das duas estratégias a seguir (seguindo uma abordagem semelhante à utilizada em [14]): Se D_s^{null} segue uma distribuição Normal[6], calculamos a média $\bar{d}^{null}$ e o desvio padrão σ_d^{null} das $k = 100$ diferenças, e testamos se o valor d_s situa-se no intervalo $[\bar{d}^{null} - 3\sigma_d^{null}, \bar{d}^{null} + 3\sigma_d^{null}]$. Lembre-se de que 99,7% da distribuição Normal encontra-se neste intervalo. Assim, se a diferença observada d_s se encontra *fora* desta faixa, afir-

---

[6]Nós testamos se D_s^{null} segue uma distribuição normal (com p-value < 0.05), utilizando um teste de Shapiro-Wilk [12].

mamos que é estatisticamente significativa, rejeitando que poderia ser produzido pelo modelo nulo. Se D_s^{null} não segue uma distribuição Normal, nós comparamos d_s com os valores mínimos min e máximos max observados em D_s^{null}. A diferença observada é significativa se é encontrada *fora* do intervalo $[min, max]$. Em ambos os casos, nós nos referimos ao intervalo de valores com os quais d_s é testado como o *intervalo de aceitação* $[\Delta_l, \Delta_u]$. Se d_s está dentro dessa faixa, ele não pode ser considerado significativo, e não podemos dizer se ele realmente reflete os padrões relacionados com o gênero.

5. CARACTERIZAÇÃO DE PREFERÊNCIAS CULTURAIS DE GÊNERO

5.1 Análises na Granularidade de País

Nós começamos analisando as preferências de gênero para subcategorias de locais em diferentes países. Foram analisadas todas as subcategorias consideradas em nosso *dataset* em cada país.

A Figura 1 (a, c, e, g) mostra a popularidade (normalizada) das subcategorias para os usuários do gênero masculino e feminino na Arábia Saudita, Brasil, Estados Unidos e Turquia. Cada ponto em cada gráfico representa uma subcategoria. A figura apresenta algumas descobertas interessantes. Por exemplo, locais da subcategoria *Soccer Stadiums* tendem a ser muito mais populares entre os usuários do gênero masculino em todos os países com exceção da Turquia. Em contraste, locais da subcategoria *Universities* são ligeiramente mais populares entre os usuários do gênero masculino no Brasil, mas muito mais popular entre usuários do gênero feminino na Arábia Saudita. Da mesma forma, não há praticamente nenhuma diferença com relação ao gênero oposto para *Cafés* nos Estados Unidos, enquanto na Arábia Saudita, esses lugares tendem a atrair mais usuários do gênero feminino. Essas diferenças refletem desigualdades nas preferências de gênero nesses países?

Em seguida, para tentar responder essa questão, voltamos nossa atenção para os resultados produzidos após o processo de aleatorização, mostrados nas Figuras 1 (b, d, f, h), que apresenta a média de valores (normalizada) de popularidade computadas utilizando todas as $k = 100$ repetições. Note que, ao contrário dos dados observados, esses valores são bem equilibrados entre os gêneros em todos os casos.

Nós investigamos mais detalhes alguns dos resultados apresentados na Figura 1, começando com três subcategorias particulares relacionadas a esporte, a saber, *Soccer Stadiums*, *Baseball Stadium* e *Cricket Ground*. Em todos os países analisados, vemos que *Soccer Stadiums* são significativamente mais populares entre os usuários do gênero masculino, com diferenças positivas e estatisticamente significativas entre os gêneros, no Brasil, México, Alemanha, Malásia e Reino Unido[7]. Como um exemplo, a Figura 2(a) mostra a distribuição das diferenças entre gêneros calculada durante o processo de aleatorização para o Brasil. A linha vertical sólida é a diferença observada nos dados (d_s), ao passo que as linhas verticais tracejadas indicam o intervalo de aceitação $[\Delta_l, \Delta_u]$. Note que a diferença observada (0,0188) excede muito o limite superior Δ_u.

Em contraste, na Espanha, Japão, Coreia do Sul, Tailândia e EUA, as diferenças de popularidade para o gênero oposto não foram significativas, de acordo com nosso teste de permutação. Isso pode ser devido a uma maior popularidade das equipes de futebol feminino nesses países, que atraem proporcionalmente mais usuários do gênero feminino para os locais relacionados em comparação com o Brasil, o México e outros países acima referidos. A Turquia é um caso interessante. Conseguimos encontrar uma diferença que indica uma preferência ligeiramente maior entre os usuários do gênero feminino. A explicação mais provável é que esse resultado seja consequência de uma grande penalidade, introduzida em 2011, para os clubes de futebol turcos que autorizava somente mulheres e crianças menores de 12 anos a participarem de jogos dos clubes penalizados[8]. Como mostrado na Figura 2(b), não podemos afirmar que a diferença entre gênero para toda a subcategoria é realmente significativa.

Voltando nossa atenção para a subcategoria *Baseball Stadium*, descobrimos que esses locais são significativamente mais populares entre os usuários do gênero masculino, tanto na Coreia do Sul como nos EUA, como ilustrado para os EUA na Figura 2(c). Em contraste, no México e no Japão, onde esses locais também são populares, não encontramos nenhuma tendência clara para qualquer gênero (diferenças não significativas), como mostrado na Figura 2(d) para o México.

A subcategoria *Cricket Ground* só foi analisada para os Emirados Árabes (EAU), pois os locais desta subcategoria nos outros países não passou nos nossos critérios de filtragem. Para esse país, onde essa subcategoria foi o tipo de local desportivo mais popular, conseguimos encontrar uma diferença positiva estatisticamente significativa entre gênero, indicando uma maior popularidade entre os usuários do gênero masculino (Figure 2(e)). Curiosamente, um resultado geral para todas as três subcategorias de esportes é que a subcategoria mais popular entre elas no país é geralmente significativamente mais popular para homens.

Com relação às outras subcategorias de locais, descobrimos que *Offices* são significativamente mais populares entre os usuários do gênero masculino em todos os países analisados, menos no Japão e Malásia. No caso da Malásia, a exceção pode ser devido ao fato de que a maioria dos locais mais populares classificados como *Offices* também estão localizados em shopping centers, que tradicionalmente atraem muitas mulheres, compensando, assim, qualquer possível viés masculino. Isso também acontece no Japão, e, além disso, entre os escritórios mais populares há uma gravadora de pop coreano, um estilo que tem um público majoritariamente do gênero feminino[9], indicando que este escritório pode atrair muitas fãs do gênero feminino.

A subcategoria *Cafés*, por sua vez, só tem diferença de popularidade entre gênero significativa para 4 dos 12 países analisados com dados suficientes sobre cafés. Embora esses lugares sejam mais populares para usuários do gênero feminino no Japão, Malásia e Emirados Árabes, eles são mais populares entre os usuários do gênero masculino no Brasil. Uma possível razão para esse resultado é que os cafés mais populares analisados no Brasil estão localizados em áreas

---

[7] Algumas figuras foram omitidas por restrição de espaço, mas explicamos a mensagem das mesmas no texto.

[8] https://www.opendemocracy.net/can-europe-make-it/aslan-amani/football-in-turkey-force-for-liberalisation-and-modernity.

[9] http://www.theguardian.com/music/2011/dec/15/cowell-pop-k-pop.

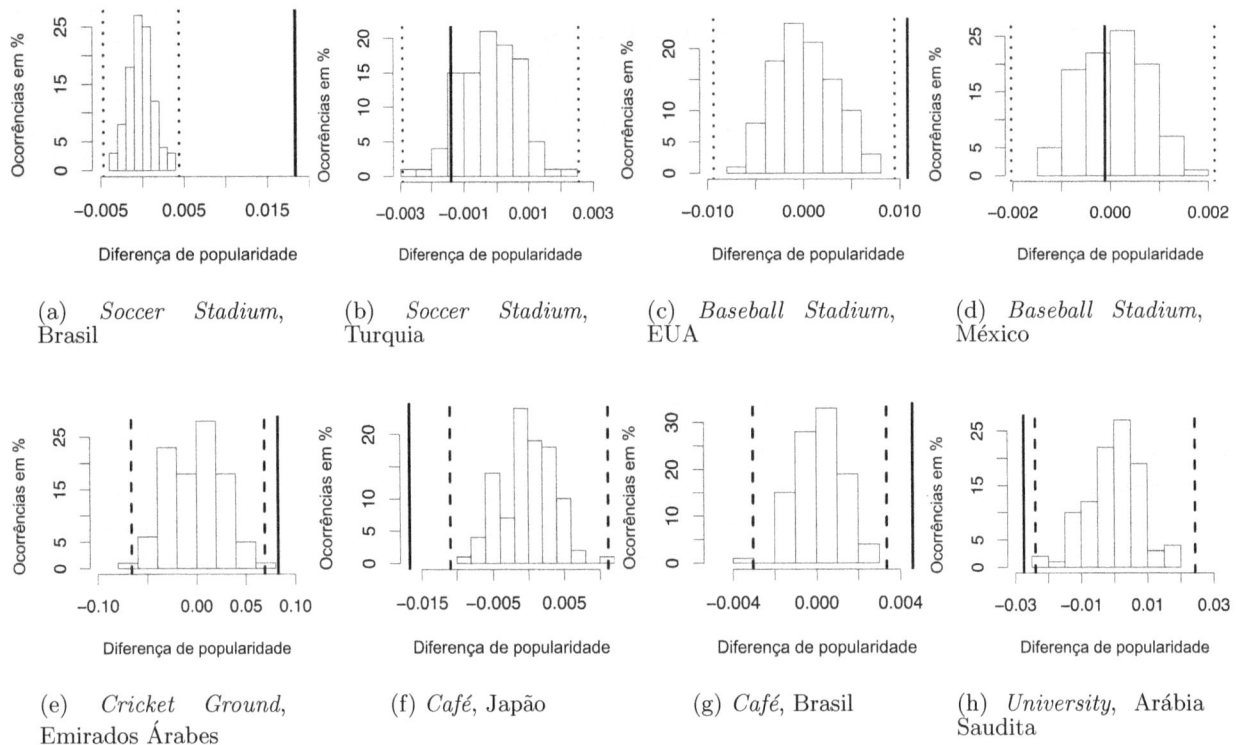

(a) *Soccer Stadium*, Brasil (b) *Soccer Stadium*, Turquia (c) *Baseball Stadium*, EUA (d) *Baseball Stadium*, México

(e) *Cricket Ground*, Emirados Árabes (f) *Café*, Japão (g) *Café*, Brasil (h) *University*, Arábia Saudita

Figure 2: Distribuição das diferenças entre gêneros calculada durante o processo de aleatorização. A linha vertical sólida é a diferença observada nos dados (d_s), ao passo que as linhas verticais tracejadas indicam o intervalo de aceitação $[\Delta_l, \Delta_u]$.

populares entre os homens, tais como regiões financeiras. Nós ilustramos essa descoberta, apresentando resultados para o Japão e o Brasil nas Figuras 2(f) e (g), respectivamente. Estes resultados ilustram diferentes padrões culturais, estatisticamente significantes, entre gênero em ambos os países.

Como exemplo final, a subcategoria *University* é significativamente mais popular entre os usuários do gênero masculino no Brasil e na Tailândia, mas, como mostrado na Figura 2(h), muito mais popular entre usuários do gênero feminino, com diferenças significativas, na Arábia Saudita. Uma possível explicação para este último caso é que a maioria das pessoas com um diploma de graduação são mulheres na Arábia Saudita, de acordo com um relatório recente[10].

Nosso objetivo nesta seção foi ilustrar o uso da metodologia proposta para caracterizar as preferências de gênero para diferentes tipos de locais em um país. Como discutido acima, os nossos resultados sugerem que as diferenças observadas podem refletir aspectos culturais inerentes de cada país.

5.2 Análises para uma Granularidade Mais Fina

Na seção anterior, mostramos como a nossa metodologia pode ser usada para identificar diferenças significativas entre gênero nas preferências por diferentes tipos de locais em diferentes países. Vamos agora mostrar que ela também pode ajudar a identificar tais diferenças em granularidades muito

mais finas. Concentrando-se em uma cidade específica - São Paulo (Brasil) - nós estudamos as diferenças nas preferências de gênero para locais específicos em dois cenários: todos os locais da cidade e todos os locais de uma determinada subcategoria. O último é útil para identificar locais onde os padrões de gênero divergem daqueles observados em outros locais do mesmo tipo na cidade.

No primeiro cenário, aplicamos nossa metodologia considerando *check-ins* em locais individuais localizados em São Paulo, normalizando os valores da popularidade por gênero pelo número total de *check-ins* em todos os locais da cidade. Como a Figura 3 mostra, existem algumas diferenças consideráveis entre gênero na cidade. Considerando todos os 255 locais analisados, foram identificados 6 onde as diferenças de popularidade entre gênero são estatisticamente significativas, de acordo com a nossa metodologia.

A *Universidade Anhembi Morumbi (Centro Moóca campus)*, um exemplo desses locais, é muito mais popular entre usuários do gênero feminino, com uma diferença entre gênero negativa estatisticamente significativa (Figure 4(a)). Isso talvez possa ser explicado por uma tendência de presença maior de mulheres no Brasil nas áreas dos tipos de cursos localizados nesse campus (a saber, saúde, artes e educação). Da mesma forma, a *Universidade FAPCOM*, que também oferece cursos semelhantes, também é significativamente muito mais popular entre usuários do gênero feminino (estatisticamente significativo).

Outro exemplo é o museu *Museu de Arte Fundação Bienal Ibirapuera*, que também é significativamente mais popular

---

[10]http://www.worldpolicy.org/blog/2011/10/18/higher-education-path-progress-saudi-women.

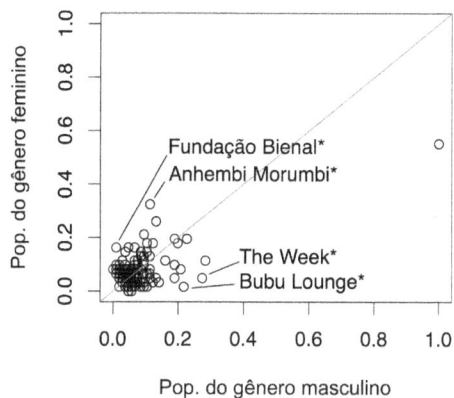

(a) Observado

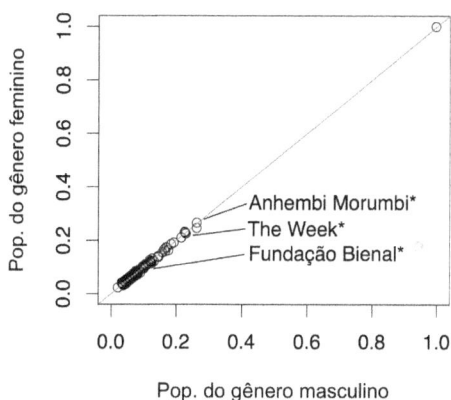

(b) Médias do modelo nulo

Figure 3: Popularidade normalizada entre gêneros para locais individuais em São Paulo (esquerda: valores observados; direita: média de valores após o processo de aleatorização).

entre os usuários do gênero feminino, como mostrado na Figura 4(b). Esse resultado é consistente com as conclusões do IPHAN[11], que relatou uma predominância de mulheres em museus no Brasil.

No segundo cenário, consideramos *check-ins* em locais da subcategoria *Nightclub* (boates) localizados em São Paulo, e normalizamos os valores da popularidade por gênero pelo número total de *check-ins* em todos os locais desta subcategoria na cidade. Mais uma vez, tal como mostrado na Figura 5, várias boates aparecem muito longe da diagonal. Considerando todas as 29 boates analisadas, encontramos 3 com diferenças estatisticamente significativas entre gênero: *The Week* e *Villa Mix* são duas dessas boates.

The Week é significativamente mais popular entre homens (Figure 6(a)). Analisando fotos disponíveis na Web de festas realizadas nessa boate identificamos uma participação proporcionalmente maior de pessoas do gênero masculino. Isso sugere que a nossa metodologia pode detectar locais que fogem do padrão de gênero daqueles observados em ou-

[11]http://portal.iphan.gov.br.

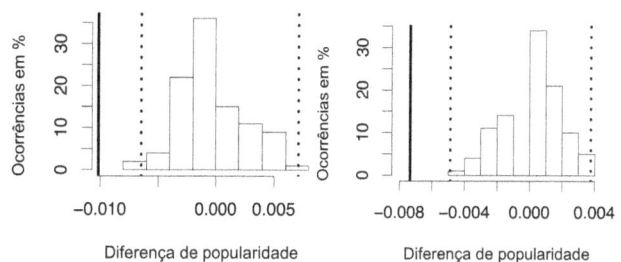

(a) Universidade Anhembi Morumbi (Centro Moóca campus)

(b) Museu de Arte Fundação Bienal Ibirapuera

Figure 4: Distribuição das diferenças de popularidade produzidas pelo processo de aleatorização para dois locais em São Paulo.

tros locais da mesma subcategoria na cidade. Esse resultado pode ser útil, por exemplo, para melhorar esquemas de classificação de locais na cidade.

Em contraste, Villa Mix, é significativamente mais popular entre os usuários do gênero feminino (Figura 6(b)). Isso pode ser explicado pelo fato de que essa é uma casa noturna que frequentemente realiza eventos musicais com artistas do estilo musical Sertanejo, um estilo de música que é particularmente popular entre as mulheres brasileiras.

Como podem existir diferenças culturais consideráveis entre os diferentes países, diferenças nos resultados são esperadas. A mensagem chave desta seção é que encontramos evidências de que a nossa metodologia talvez possa auxiliar na captura de diferenças culturais entre as preferências por locais baseadas em gênero.

6. CONCLUSÕES E TRABALHOS FUTUROS

Neste trabalho propomos uma metodologia que tem o potencial de auxiliar na identificação de preferências culturais de gênero por locais específicos em regiões urbanas. Ilustramos o uso da nossa metodologia identificando diferenças entre gênero estatisticamente significativas nas preferências por determinadas subcategorias de locais, a nível de país e cidade, e para locais específicos utilizando dados de *check-ins* realizados pelos usuários do Foursquare. Algumas das diferenças significativas refletem padrões culturais bem conhecidos, enquanto outras talvez possam ser explicadas por aspectos particulares dos locais (identificados após investigação manual). Como trabalho futuro, nós pretendemos validar a nossa metodologia com outros *datasets* e investigar como outras aplicações podem se beneficiar dos resultados que podem ser levantados.

Agradecimentos

Este trabalho foi parcialmente financiado pelo projeto FAPEMIG-PRONEX-MASWeb, Modelos, Algoritmos e Sistemas para Web, processo número APQ-01400-14, bem como pelo Instituto Nacional de Ciência e Tecnologia para Web (INWEB), FAPEMIG, Fundação Araucária e CNPq.

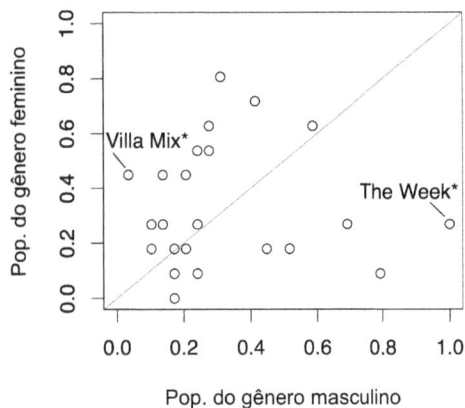

(a) Observado

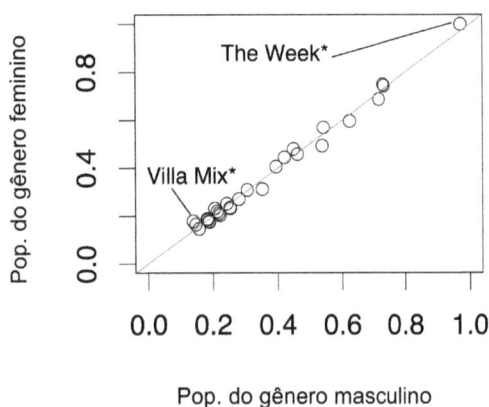

(b) Médias do modelo nulo

Figure 5: Popularidade normalizada entre gêneros de locais da categoria *Nightclub* **em São Paulo (esquerda: valores observados; direita: valores médios após o processo de aleatorização).**

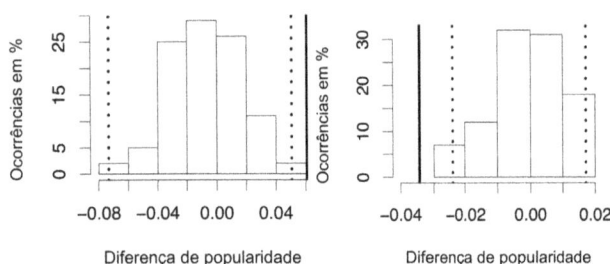

(a) *The Week*   (b) Villa Mix

Figure 6: Distribuição das diferenças de popularidade produzidas pelo processo de aleatorização para dois locais da categoria *Nightclub* **em São Paulo.**

7. REFERENCES

[1] N. S. Baron and E. M. Campbell. Talking takes too long: Gender and cultural patterns in mobile telephony. In *Conf. of Assoc. of Internet Researchers.*, Göteborg, Sweden, 2010.

[2] C. Buchmann, T. A. DiPrete, and A. McDaniel. Gender inequalities in education. *Annu. Rev. Sociol*, 34:319–337, 2008.

[3] J. Cranshaw, R. Schwartz, J. I. Hong, and N. Sadeh. The Livehoods Project: Utilizing Social Media to Understand the Dynamics of a City. In *Proc. of ICWSM'12*, Dublin, Ireland, 2012. AAAI.

[4] E. Cunha, G. Magno, V. Almeida, M. A. Gonçalves, and F. Benevenuto. A gender based study of tagging behavior in twitter. In *Proc. of HT'12*, pages 323–324, Milwaukee, USA, 2012. ACM.

[5] D. C. de Las Casas, G. Magno, E. Cunha, M. A. Gonçalves, C. Cambraia, and V. Almeida. Noticing the other gender on google+. In *Proc. of WebSci '14*, pages 156–160, Bloomington, USA, 2014. ACM.

[6] E. Hargittai and A. Hinnant. Digital inequality differences in young adults' use of the internet. *Comm. Research*, 35(5):602–621, 2008.

[7] L. E. Harrison and S. P. Huntington. *Culture matters: How values shape human progress.* Basic Books, 2000.

[8] J.-K. Lou, K. Park, M. Cha, J. Park, C.-L. Lei, and K.-T. Chen. Gender swapping and user behaviors in online social games. In *Proc. of WWW '13*, pages 827–836, Rio de Janeiro, Brazil, 2013. ACM.

[9] G. Magno and I. Weber. *Proc. of SocInfo'14*, pages 121–138. Springer, Barcelona, Spain, 2014.

[10] R. Ottoni, J. P. Pesce, D. B. Las Casas, G. Franciscani Jr, W. Meira Jr, P. Kumaraguru, and V. Almeida. Ladies first: Analyzing gender roles and behaviors in pinterest. In *Proc. of ICWSM'13*, Boston, USA, 2013. AAAI.

[11] A. Sen. The many faces of gender inequality. *New republic*, pages 35–39, 2001.

[12] S. S. Shapiro and M. B. Wilk. An analysis of variance test for normality (complete samples). *Biometrika*, pages 591–611, 1965.

[13] T. Silva, P. Vaz de Melo, J. Almeida, M. Musolesi, and A. Loureiro. You are What you Eat (and Drink): Identifying Cultural Boundaries by Analyzing Food & Drink Habits in Foursquare. In *Proc. of ICWSM'14*, Ann Arbor, USA, 2014. AAAI.

[14] T. H. Silva, P. O. S. Vaz de Melo, J. M. Almeida, J. Salles, and A. A. F. Loureiro. Revealing the city that we cannot see. *ACM Trans. Internet Technol.*, 14(4):26:1–26:23, Dec. 2014.

[15] A. Szymanowicz and A. Furnham. Do intelligent women stay single? cultural stereotypes concerning the intellectual abilities of men and women. *Journal of Gender Studies*, 20(01):43–54, 2011.

[16] J. H. van Hooff. Rationalising inequality: heterosexual couples' explanations and justifications for the division of housework along traditionally gendered lines. *Journal of gender studies*, 20(01):19–30, 2011.

Study of Google Popularity Times Series for Commercial Establishments of Curitiba and Chicago

Yuri B Neves⋆, Mozart C P Sindeaux⋆, William Souza⋆, Nádia P Kozievitch⋆,
Antonio A F Loureiro◇, Thiago H Silva⋆
⋆Universidade Tecnológica Federal do Paraná. Curitiba, Brasil
◇Universidade Federal de Minas Gerais. Belo Horizonte, Brasil.
yurineves,neto,william@alunos.utfpr.edu.br; loureiro@dcc.ufmg.br;
nadiap,thiagoh@utfpr.edu.br;

ABSTRACT

Urban computing is a recent area of study that helps us to understand the nature of urban phenomena. In this sense, an important aspect to study is the dynamics of commercial establishments popularity in the city. Recently, Google launched a new service that provides popularity time series of some commercial establishments in several cities. This is a valuable source of data that allow us to better understand the dynamics of establishments popularity, helping to change our perceived physical limits about the city, which can enable the development of new applications and urban services. The results of this study are: (1) characterization of Google popularity time series for bars and restaurants in the cities of Curitiba/Brazil and Chicago/USA. Among the results, we find cultural characteristics of these cities, as well as a favorable clustering of similar venues based on the temporal pattern of popularity; (2) evaluation of reproduction of Google popularity time series using Foursquare data. In this evaluation, we found evidence that Foursquare data might be used for this purpose. This means that for places where Google does not offer this service data from Foursquare, or other source, could be used. This enables the exploration of a greater number of establishments in, for example, a new venue recommendation engine.

Keywords

Computação Urbana; Google; Séries Temporais; Popularidade de Locais; Caracterização; Foursquare; Redes Sociais

1. INTRODUÇÃO

A computação urbana é uma área nova de estudo e pode ser definida como um processo de aquisição, integração e análise massiva de dados urbanos gerados por diversas fontes. Alguns dos principais objetivos dessa área são: oferecer serviços urbanos mais inteligentes e melhorar a qualidade de vida das pessoas que vivem em ambientes urbanos [17, 20]. Nessa direção, um dos aspectos importantes para estudo é a dinâmica de popularidade de estabelecimentos comerciais da cidade. Isso auxilia na mudança dos nossos

limites físicos percebidos sobre a cidade, o que pode habilitar o desenvolvimento de novas aplicações e serviços urbanos.

Existem diversas fontes de dados que permitem pesquisas na área de computação urbana. Uma das mais valiosas são as redes sociais baseadas em localização, como o Foursquare, pois usuários podem ser considerados sensores sociais fornecendo dados sobre diversos aspectos da cidade de maneira espontânea [17]. Outro exemplo de fonte são serviços Web sobre áreas geográficas disponibilizados por empresas, como dados meteorológicos fornecidos pelo Clima Tempo[1] e séries temporais de popularidade de estabelecimentos comerciais fornecidos pelo Google. Esse último é um serviço recente oferecido pelo Google sobre a popularidade de estabelecimentos comerciais ao longo das horas do dia. Esse serviço está disponível para várias cidades ao redor do mundo para alguns estabelecimentos comerciais dessas cidades. Para essas cidades é possível saber, por exemplo, qual o horário mais popular e o menos popular de um estabelecimento que possui esse dado disponível. Esses dados permitem realizar um estudo sobre a dinâmica de popularidade de estabelecimentos comerciais de uma cidade.

Nesse trabalho utilizamos dados de *check-ins* do Foursquare e séries temporais de popularidade do Google para bares e restaurantes de Curitiba, Brasil, e Chicago, Estados Unidos. As contribuições deste trabalho podem ser divididas em dois grupos:

1. caracterização de séries temporais de popularidade do Google para bares e restaurantes de Curitiba e Chicago. No melhor do nosso conhecimento, este é o primeiro trabalho que estuda esses dados. Dentre os resultados, encontramos características culturais dessas cidades, bem como um elevado poder de agrupamento de locais similares com base no padrão temporal de popularidade;

2. avaliação da tentativa de reprodução das séries temporais de popularidade do Google usando dados do Foursquare. A verificação dessa possibilidade é interessante, pois as séries temporais de popularidade do Google não estão disponíveis para todos os estabelecimentos de Curitiba e Chicago. Nessa avaliação realizada, encontramos indícios de que dados do Foursquare apresentam um potencial de serem utilizados para essa finalidade. Isso significa que para locais onde o Google não oferece esse serviço dados do Foursquare poderiam ser utilizados. Isso habilita a exploração de um número maior de estabelecimentos em, por exemplo, novos mecanismos de recomendação de locais.

O restante deste trabalho é organizado como segue. A Seção 2 apresenta os trabalhos relacionados. A Seção 3 discute o conjunto

---

[1]http://www.climatempo.com.br.

de dados considerados neste trabalho, incluindo como obtê-los. A Seção 4 apresenta a caracterização das séries temporais de popularidade consideradas para Curitiba e Chicago. A Seção 5 apresenta a avaliação da tentativa de reprodução das séries temporais de popularidade do Google usando dados do Foursquare. Por fim, a Seção 6 apresenta as conclusões e trabalhos futuros.

2. TRABALHOS RELACIONADOS

Pesquisadores da área de Computação Urbana, tipicamente, adquirem novos conhecimentos através da procura de padrões, formulação de teorias e teste de hipóteses com base na observação de algum aspecto da cidade. A vasta disponibilidade na Web de dados espaciais e espaço-temporal com alta resolução oferece oportunidades para a obtenção de novos conhecimentos e melhor compreensão dos fenômenos geográficos complexos, tais como a dinâmica socioeconômica das cidades. A seguir discutimos alguns dos trabalhos relacionados nessa direção.

Em [1] os autores propõem uma forma de utilizar coordenadas geográficas e *check-ins* do Foursquare, para identificar regiões distintas da cidade, que refletem os padrões de atividades coletivas atuais. A compreensão destas informações pode ser utilizada para apresentar novos limites para os bairros. Também similar ao tema proposto neste artigo, podemos citar [12], onde os autores propuseram uma maneira de classificar áreas e usuários de uma cidade com base nas categorias de locais disponíveis no Foursquare. Isso pode ser utilizado para identificar grupos de pessoas que possuem interesses em locais de uma mesma categoria, o que seria útil para comparar áreas urbanas de cidades distintas ou para ser utilizado em um sistema de recomendação de locais. Em [6] os autores estudaram o problema da alocação ótima de lojas de varejo na cidade. Eles usaram dados do Foursquare para compreender como a popularidade de três redes de lojas de varejo em Nova Iorque é definida em termos de número de *check-ins*. Em [8] os autores apresentam um estudo sobre dados de ruídos produzidos em uma cidade. A partir desse trabalho inicial, a diminuição de ruído pode ser realizada e avaliada em locais estratégicos da cidade.

Mais relacionado com o estudo de cidades utilizando explorando a dimensão temporal, em [16] os autores propuseram uma nova metodologia para a identificação de fronteiras culturais e semelhanças entre sociedades, considerando hábitos alimentares e de bebida. Esse mesmo grupo também mostrou que utilizando dados do Foursquare e Instagram os locais parecem ter uma espécie de assinatura, ou seja, padrões que são característicos de um determinado tipo de estabelecimento [18].

O presente estudo diferencia de todos os outros, pois, no melhor do nosso conhecimento, esse é o primeiro estudo sobre as séries temporais de popularidade fornecidas pelo Google. Além disso, mostramos a utilidade desses dados no contexto de computação urbana, por exemplo, possibilitando o aprimoramento de estratégias de recomendação de locais como a apresentada em [2].

3. CONJUNTO DE DADOS

Esta seção apresenta dois conjunto de dados (*datasets*) utilizados neste trabalho. Primeiramente, a Seção 3.1 discute as séries temporais de popularidade do Google (também conhecida como Google *Popular Times*). Já a Seção 3.2 apresenta os dados do Foursquare, que é uma rede social baseada em localização.

3.1 Séries Temporais de Popularidade do Google

Séries temporais são séries estatísticas em que os dados são coletados a partir de observações durante um intervalo de tempo [3]. No escopo deste artigo, estudamos séries temporais fornecidas pelo Google. Os dados dessas séries temporais mostram a popularidade de um determinado local por hora do dia, para todos os dias de semana. Não se sabe ao certo como o Google gera essas informações, mas existem hipóteses de que é utilizado dados de localização obtidos com o auxílio do sistema operacional Android, que está presente em boa parte de dispositivos móveis que os usuários carregam.

Para visualizar as séries temporais de popularidade basta fazer uma pesquisa no Google por um determinado local e, eventualmente, um gráfico como o mostrado na Figura 1 será apresentado. Esses gráficos não estão disponíveis para todos os locais da cidade, mas sim para boa parte dos locais mais visitados. A Figura 1 é um exemplo de busca por um determinado local que possui uma série temporal de popularidade. No canto inferior direito da figura é possível observar essa série temporal em forma de um gráfico. Nesse gráfico, o eixo X representa as horas do dia, já o eixo Y representa a popularidade de cada horário. O dia da semana que esse gráfico se refere é especificado no *combobox* no canto superior direito do gráfico.

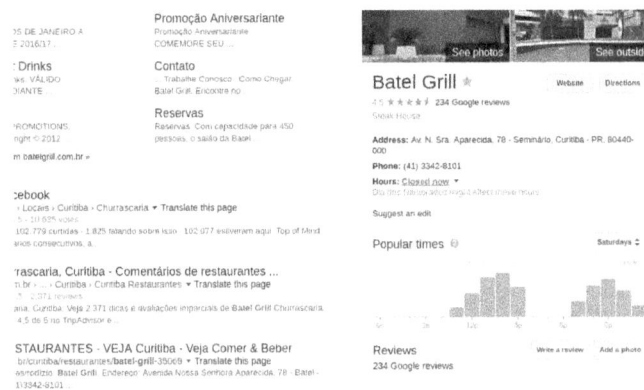

Figure 1: Exemplo de uma série temporal de popularidade do Google para um estabelecimento de Curitiba.

Para a realização deste trabalho, foram coletados as séries de popularidade do Google para diversos locais das cidades de Curitiba e Chicago. A coleta desses dados é feita por meio de coletores, também conhecidos como *web crawlers* [15, 17], que, neste trabalho, foram produzidos na linguagem *Python*. O coletor dos dados primeiramente necessita de uma lista com nomes de estabelecimentos. Para capturar os nomes dos estabelecimentos de interesse de Curitiba utilizamos dados do catálogo de endereços, fornecidos pelo website Apontador [2], que fornece dados dos estabelecimentos comerciais, incluindo a categoria dos mesmos. Para Chicago usamos a informação das licenças de estabelecimentos comerciais concedidas para essa cidade. Esses dados estão disponíveis publicamente[3] e, assim como os dados do catálogo, várias informações do estabelecimento estão disponíveis, incluindo a categoria do local.

De posse de uma lista de nomes de estabelecimentos, simulamos uma pesquisa no Google com esses nomes, com isso é carregado

---

[2]http://www.apontador.com.br.
[3]https://data.cityofchicago.org.

uma página com resultados da pesquisa para cada local e o coletor salva estas páginas. Com estas páginas em mãos, por meio da biblioteca da linguagem Python BeautifulSoup [14], é feita uma pesquisa por classes específicas contidas no código HTML de cada página, a fim de extrair as séries temporais de popularidade, que são sete grupos de 24 valores (que representam as 24 horas de cada dia da semana). Em seguida, esses dados são normalizados pelo maior valor encontrado para cada cidade. Ao final do processo em questão foram coletados os dados de 634 locais na cidade de Curitiba e 1419 para a cidade de Chicago, os quais são usados e descritos com mais detalhes na seção 4.

3.2 Check-ins do Foursquare

O Foursquare é uma rede social baseada em localização, que permite ao usuário informar o local onde o mesmo se encontra naquele horário. Além do tipo de dado fornecido pelo Foursquare ser bastante valioso, essa rede é bastante popular, com milhões de usuários[4], o que torna os *check-ins* uma fonte interessante de ser obtida e estudada para diversos propósitos [1].

Os dados do Foursquare foram coletados através do Twitter[5], que é um serviço de *microblogging*, ou seja, ele permite que os seus usuários enviem e recebam atualizações pessoais de outros contatos em textos de até 140 caracteres, conhecidos como *tweets*. Além de *tweets* de texto simples, os usuários também podem compartilhar *check-ins* a partir de uma integração com o Foursquare. Neste caso, *check-ins* do Foursquare anunciados no Twitter passam a ficar disponíveis publicamente, o que por padrão não acontece quando o *check-in* é publicado unicamente no sistema do Foursquare. Cada *check-in* é composto de coordenadas GPS (latitude e longitude), do horário do compartilhamento do dado, do ID do usuário compartilhador, categoria (por exemplo, comida) e um identificador do local. Mais informações sobre o *dataset* e como ele foi obtido podem ser encontradas em [19]. No total, esse *dataset* contém 4.672.841 de *check-ins* realizados por 1.929.237 de usuários em diferentes locais em abril de 2012 e nos meses de maio, junho e julho de 2014.

4. CARACTERIZAÇÃO DAS SÉRIES TEMPORAIS DE POPULARIDADE DO GOOGLE

Nessa seção caracterizamos as séries temporais de popularidade do Google para bares e restaurantes de Curitiba e Chicago. A Figura 2 mostra todas as séries temporais de popularidade para Curitiba (esquerda) e Chicago (direita). Cada linha do gráfico se refere a um estabelecimento, o eixo X mostra as horas do dia (24 horas) e o eixo y mostra a popularidade[6] do estabelecimento ao longo do dia. Como podemos observar, os resultados apresentados na Figura 2 não nos dizem muita coisa, e, aparentemente os resultados para as duas cidades estudadas são muito parecidos. No entanto, se analisarmos com mais profundamente esses resultados importantes diferenças são observadas.

Com o intuito de estudar mais detalhes dessas séries temporais, selecionamos locais que apresentaram no mínimo 10 *check-ins* observados na base de dados do Foursquare e que foram possíveis de serem identificados na base do Foursquare. Esse casamento de locais do Google com locais do Foursquare é descrito na Seção 5. A aplicação desse filtro nas séries temporais do Google é interessante para desconsiderar locais pouco populares entre usuários de redes

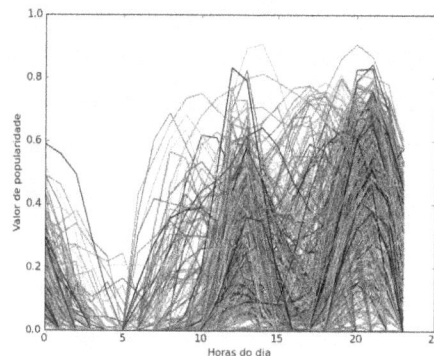

(a) Curitiba

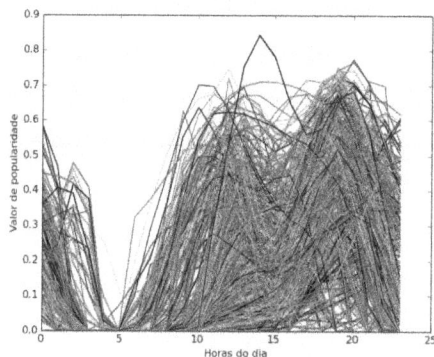

(b) Chicago

Figure 2: Todas as séries temporais de popularidade para Curitiba (esquerda) e Chicago (direita).

sociais baseadas em localização, já que o público alvo para os potenciais resultados deste trabalho pertencem a essa classe. Neste estudo consideramos ainda apenas dias de semana (segunda a sexta). Após esse processo, obtemos 78 locais para Curitiba e 57 locais para Chicago.

Separamos essas séries temporais resultantes em grupos (*clusters*) utilizando um algoritmo de agrupamento de séries temporais baseado particionamento e em Dynamic Time Warping (DWT) [5][7]. O algoritmo constrói várias partições e as avalia usando algum critério, para isso é utilizada a distância *Dynamic Time Warping* (mais detalhes desta distância são fornecidos na Seção 5). As partições são criadas a partir da segmentação de um conjunto de dados em um conjunto de *k clusters*. Verificamos que as séries temporais de Curitiba são melhor separadas em três *clusters* e as séries de Chicago em dois *clusters*. As Figuras 3 e 4 mostram esses grupos para Curitiba e Chicago, respectivamente. Nessas figuras já podemos observar *clusters* bastante distintos.

Analisando primeiro os *clusters* para as séries temporais de Curitiba observamos no primeiro *cluster* (figura mais à esquerda) que esse *cluster* representa lugares que possuem maior popularidade

---

[4]http://www.foursquare.com/about.

[5]http://www.twitter.com.

[6]Todos os valores de popularidade foram normalizados em ambas cidades estudadas.

[7]Utilizamos o pacote do *R DTWClust* [13].

305

à noite e de madrugada. O segundo *cluster* (figura do meio), representa locais populares no horário do almoço e jantar e que são impopulares durante a madrugada. Já o último *cluster* (figura mais à direita) representa locais que são bem mais populares por volta do horário do almoço do que por volta do horário do jantar (segundo horário de maior popularidade), bem como não são populares durante a madrugada.

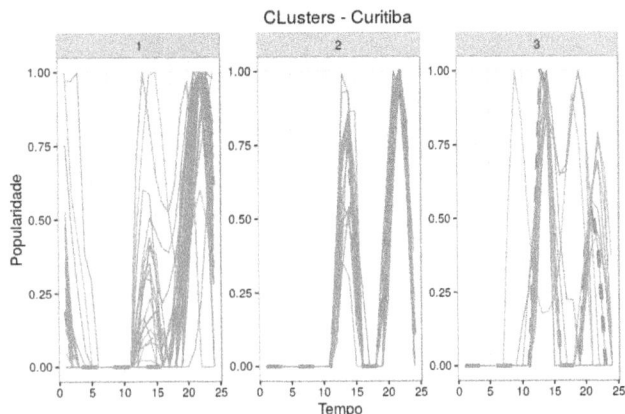

Figure 3: *Clusters* das séries temporais de popularidade do Google para Curitiba.

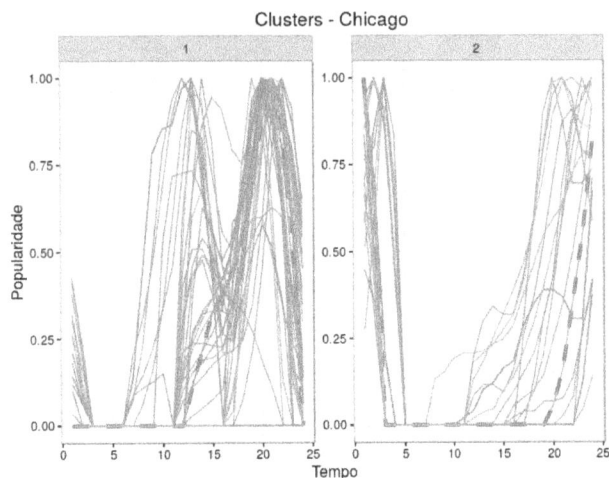

Figure 4: *Clusters* das séries temporais de popularidade do Google para Chicago.

Analisando agora os *clusters* para as séries de Chicago (Figura 4), o primeiro grupo (figura à esquerda) representa locais populares durante o almoço e jantar, com uma leve tendência para um volume maior de popularidade por volta do horário do jantar. Note que não observamos esse resultado com a mesma intensidade para os resultados de Curitiba. Isso é uma característica cultural que talvez possa ser explicada pela diferença das culturas presentes nas cidades analisadas. O segundo grupo para Chicago (figura à direita), representa locais que são mais populares à noite e durante a madrugada. Note que esses locais não são populares durante o horário do almoço, diferente do grupo similar encontrado para Curitiba. Isso também pode ser explicado por diferenças culturais entre essas cidades estudadas. Esse resultado vai de acordo com um

estudo de diferenças culturais em séries temporais de popularidade utilizando dados do Foursquare desenvolvido pelos autores de [16].

Dado que alguns locais possuem séries temporais de popularidade parecidas, uma pergunta natural que surge é: as subcategorias dos locais explicam essas semelhanças nas séries temporais? Para tentar responder essa questão realizamos outro agrupamento, desta vez utilizando um agrupamento hierárquico com um critério de agrupamento por *complete linkage*[8] [4]. Para cada local consideramos a sua subcategoria (essas subcategorias são fornecidas pelo Foursquare, mais detalhes em [19]). O resultado é apresentado na forma de um dendograma [10], que pode ser observado nas Figuras 5 e 6[9] para Curitiba e Chicago, respectivamente. Como podemos observar nas Figuras 5 e 6 temos indícios de que locais semelhantes, em termos de mesma subcategoria de local, possuem séries temporais também similares. Se fizermos um corte no dendograma de Curitiba por volta da altura 0.04 nos podemos ver quatro *clusters* distintos. O primeiro, mais a esquerda, é composto majoritariamente por restaurantes, que parecem ser mais casuais, dado o elevado número de locais das subcategorias *fried chicken restaurant* e *BBQ joint*. O segundo *cluster*, logo após o primeiro, é composto por apenas dois locais que pertencem às subcategorias: *Café* e *vegetarian vegan restaurant*. O terceiro *cluster*, logo após o último mencionado, é composto também por restaurantes, e o que parece diferenciar do primeiro *cluster* é que esse grupo representa locais mais formais, dado que não foi encontrado muitas subcategorias de locais que sugerem locais casuais neste *cluster*. O último *cluster* é formado por restaurantes do tipo *fast food* e bares.

Analisando os resultados para Chicago, se fizermos um corte no dendograma para o valor da altura de 0.04 nós podemos ver quatro *clusters* distintos. O primeiro, mais a esquerda, é composto majoritariamente por bares. O segundo, logo após esse cluster mencionado, é composto por locais das subcategorias: *burger joint* e *brekfast spot*. Logo após, o terceiro *cluster* é composto por casas noturnas e bares. Talvez esses bares apresentem um padrão mais noturno, o que pode diferenciar dos bares do primeiro grupo. O último *cluster* é composto por bares e por restaurantes, que parecem ser mais sofisticados, já que, por exemplo, locais da categoria *sushi restaurant* e *mediterranean restaurant* constam nesse *cluster*.

Para entender melhor esses resultados apresentados no dendograma, a Figura 7 mostra as séries temporais de popularidade do Google de dois locais que constam no mesmo *cluster* (terceiro *cluster*, composto na maioria por casas noturnas) e que pertencem à mesma subcategoria (*bar*) para a cidade de Chicago. Como é possível observar as séries são bastante parecidas, resultado que, de certa forma, não é uma surpresa. Já a Figura 8 mostra séries de locais de subcategorias distintas, *bar* e *american restaurant*, que constam no mesmo *cluster* de Chicago (o primeiro *cluster*, mais à esquerda na figura). Como podemos constatar, locais podem ser de subcategorias distintas mas apresentar a mesma dinâmica, e isso pode ser um importante descritor sobre o tipo do local.

Em seguida escolhemos outro local, Square Bar & Grill, que também pertence à subcategoria *bar*, mas que pertence ao primeiro *cluster*, mais à esquerda, na mesma cidade. A Figura 9 mostra a série temporal de popularidade desse local juntamente com a série do local The Bar 10 Doors, estudado na Figura 7. Como pode-

---

[8]Julgamos que as características desse critério são interessantes para o problema estudado. No entanto outros critérios poderiam ser utilizados e essa avaliação está fora do escopo do presente estudo.

[9]Os números na frente do nome da subcategoria de local foi usado apenas para diferenciar o nome no algoritmo usado. Isso significa que Bar1 e Bar2, por exemplo, representa dois locais distintos da mesma subcategoria: Bar.

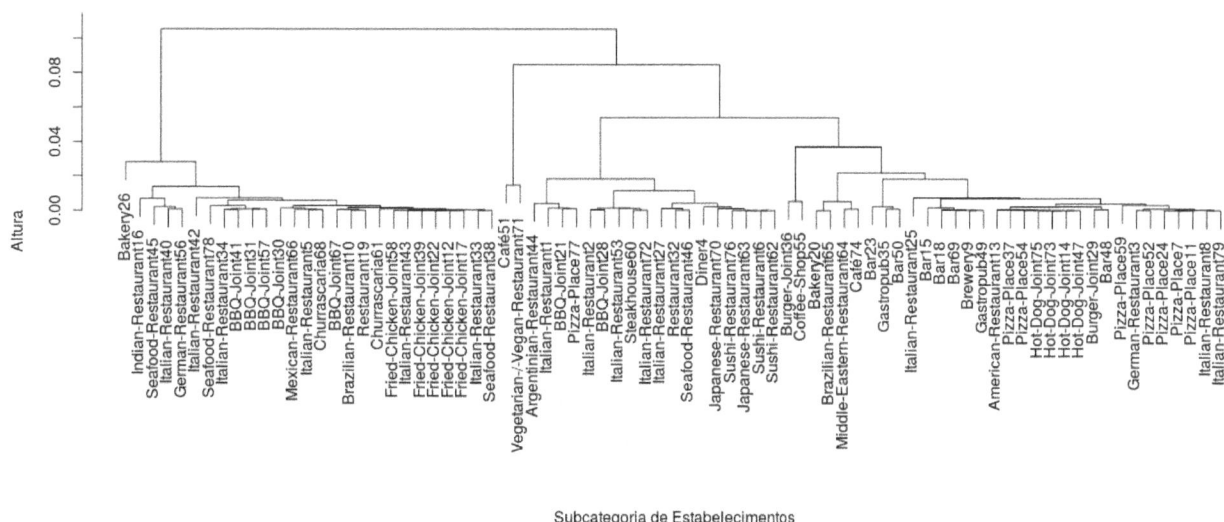

Figure 5: Dendograma para Curitiba

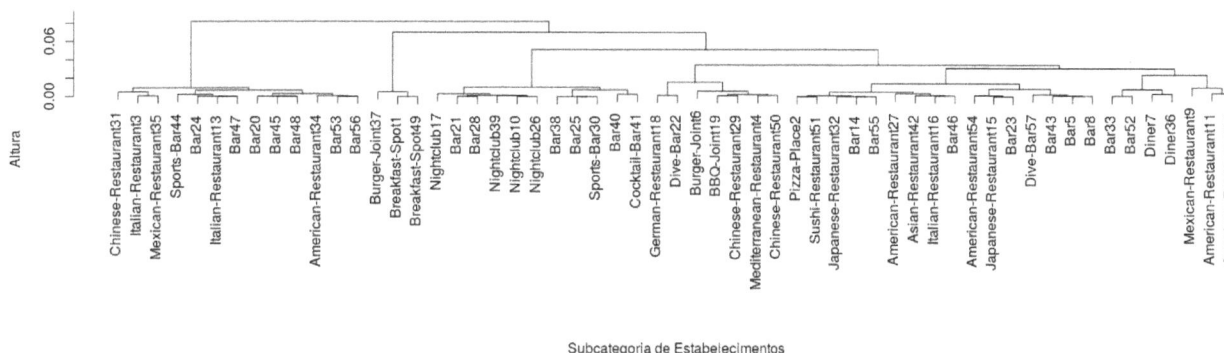

Figure 6: Dendograma para Chicago.

mos observar, existem lugares de mesma subcategoria que estão em *clusters* diferentes. Isso reforça o ponto de que a subcategoria não explica por si só o fato de dois locais estarem em um mesmo *cluster*, mas provavelmente a similaridade do comportamento dos locais explique. Note o potencial de recomendação que isso representa. No exemplo estudado, um usuário que visitou e gostou do local The Bar 10 Doors talvez goste do local Emporium Arcade Bar. É importante deixar claro que não estamos sugerindo que a recomendação deva se basear somente nesse critério, mas talvez esse critério também possa ser interessante de ser considerado em algoritmos mais sofisticados para recomendação de locais.

Isso pode significar que pessoas que frequentam determinados locais também poderiam gostar de frequentar outros locais que possuem um comportamento parecido, mostrando assim, que essa pode ser uma informação valiosa para, por exemplo, um algoritmo de recomendação de locais. Apesar da utilidade e aplicabilidade das séries temporais do Google, mostrada nesta seção, ainda existe uma limitação, ou seja, essas séries não estão disponíveis para to-

dos os locais. Desta forma surge um novo questionamento: seria possível reproduzir esses dados com base em fontes alternativas? A próxima seção visa tentar responder essa pergunta.

5. REPRODUÇÃO DAS SÉRIES TEMPO-RAIS DO GOOGLE

Nesta seção descrevemos os procedimentos para tentar reproduzir as séries temporais de popularidade do Google a partir de uma fonte alternativa de dados, no caso *check-ins* do Foursquare.

5.1 Séries Temporais de Popularidade Usando Check-ins do Foursquare

Para exemplificar a metodologia proposta, nos utilizamos *check-ins* do Foursquare para as cidades de Curitiba e Chicago. No *dataset* do Foursquare (descrito na Seção 3.2), temos disponível o nome, id, subcategoria do local, latitude e longitude de cada estabelecimento. Para gerar as séries temporais de popularidade com *check-ins*, alocamos uma matriz de tamanho 7x24 (que repre-

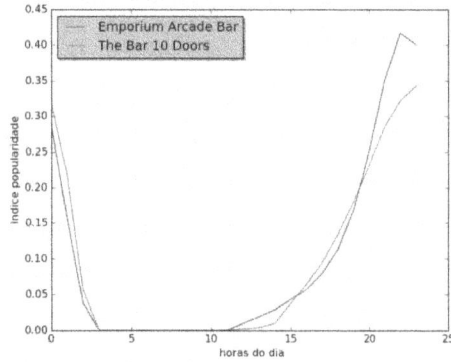

Figure 7: Séries temporais de popularidade do Google de dois locais de mesma subcategoria que constam no mesmo *cluster* de Chicago.

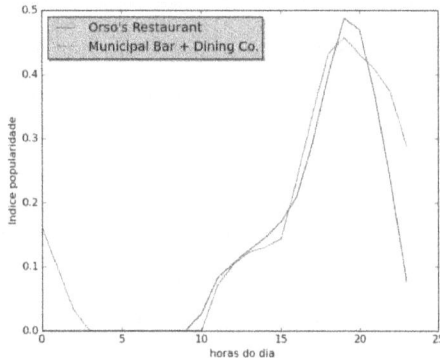

Figure 8: Séries temporais de popularidade do Google de dois locais de subcategorias distintas que constam no mesmo *cluster* de Chicago.

senta os dias e horas do dia, respectivamente). Então, buscamos por *check-ins*, utilizando o id dos locais e pra cada *check-in* encontrado extraimos a data e hora do mesmo. Com estes dados em mãos, usando um método da biblioteca *Date*, determina-se o dia da semana correspondente àquela data e a hora, usando estas informações como índice para incrementar a matriz descrita acima. Em seguida normalizamos os valores pelo maior encontrado, após isso a série temporal do local está finalizada.

Nas séries temporais do Google cada local também possui um nome, mas não necessariamente os nomes são idênticos aos nomes da base do Foursquare. Com isso, precisamos realizar uma casamento de nomes (*string matching*), para vincular um local do Foursquare, com o seu respectivo local no *dataset* do Google, com base em seus nomes. Para realizar esse casamento, utilizamos o algoritmo de Levenshtein[10] [9].

Utilizamos uma biblioteca da linguagem Python chamada *Distance*[11] que fornece o algoritmo de Levenshtein já implementado que, ao passar como parâmetro um par de nomes, é retornado um índice de diferença entre os nomes normalizado, entre 0 e 1. Quanto menor o valor retornado mais próximos são os nomes. Foi

[10](Mesmo sendo antigo, esse método continua sendo amplamente utilizado [11]).

[11]http://pypi.python.org/pypi/Distance.

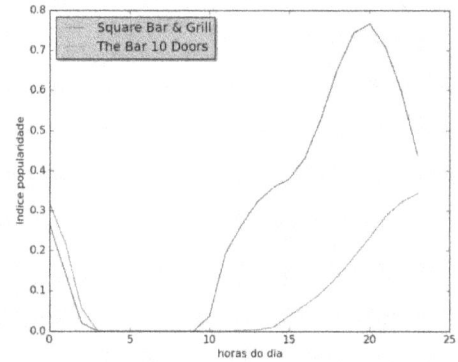

Figure 9: Séries temporais de popularidade do Google de dois locais de mesma subcategoria que constam em *clusters* distintos de Chicago.

necessário definir um limite na resposta para os casamentos de 0, 18 (valor definido empiricamente que gerou 100% de acerto nos casamentos). Esse limite representa uma linha de corte para determinar o que é, ou não, um par de nomes iguais no nosso contexto. O resultado desse casamento gerou 127 registros de locais disponíveis no *dataset* do Google vinculado a um id no Foursquare para Curitiba e 103 para Chicago.

5.2 Distância Entre as Séries Temporais

A comparação entre as séries do Google e as séries geradas utilizando os *check-ins* é feita por meio da distância DTW [5]. O DTW, resumidamente, recebe duas séries S e Q, de tamanho n e m respectivamente, e as compara. Para realizar a comparação, cria-se uma matriz D (para armazenar as distâncias), de tamanho n por m, onde D_{ij} possui o resultado da seguinte expressão: $(s_i - q_j)^2$, sendo i um valor entre 0 e n, e j entre 0 e m.

Para encontrar o emparelhamento e calcular a distância entre as séries, deve-se definir um caminho que minimiza a distância acumulativa entre elas. Isto pode ser feito através do calculo da fórmula 1.

$$DTW(S,Q) = min\sqrt{\sum_{k=1}^{K} wk,} \qquad (1)$$

onde wk representa o elemento da matriz D_{ij}, que pertence ao k-ésimo elemento do caminho W.

Para realizar os cálculos de distâncias entre as séries, foi utilizado uma biblioteca da linguagem R, chamada *TSdist*[12], que já possui diversos métodos de cálculo de similaridade de séries, dentre estes está o algoritmo de DTW. Nesta implementação passa-se como parâmetro dois vetores com valores numéricos e o método nos retorna o valor de similaridade entre esses vetores. Dessa forma, utilizamos dois vetores (um do Google e um do Foursquare) de 24 valores, que representam os índices de popularidade nas horas do dia.

Para avaliarmos a estratégia acima criamos dois *heatmaps*, mostrados nas Figuras 10 (para Curitiba) e 11 (para Chicago), onde cada ponto do eixo X diz respeito a um estabelecimento, e cada ponto no eixo Y, refere-se a cada dia da semana. Nessa avaliação, além dos locais com no mínimo 10 *check-ins*, consideramos tam-

[12]https://cran.r-project.org/web/packages/TSdist/index.html.

além locais com no mínimo 30 e 50 *check-ins*. Optamos por discutir os resultados para locais com no mínimo 50 *check-ins*, pois eles refletem a mensagem principal de maneira mais compacta. Vale ressaltar que, com mais *check-ins* observamos uma ligeira tendência de reproduzir melhor os resultados, o que não é uma surpresa.

Cada célula no *heatmap* representa o resultado da distância DTW calculada, que é representado por uma cor de acordo com a escala mostrada juntamente com a figura. Vale ressaltar que no eixo Y tem uma linha além dos dias da semana, que é a da média. A referida linha foi calculada considerando todas as séries temporais da seguinte maneira: para cada local consideramos as sete séries temporais de popularidade (segunda a domingo). Para cada horário, somamos seu correspondente nas sete séries e o dividimos por sete, gerando desta forma uma nova série com 24 valores (representando as horas do dia), sendo cada um deles a média dos horários correspondentes. Executamos esses passos para as duas séries temporais consideradas (Google e Foursquare), e então seguimos o mesmo processo para determinar a distância DTW.

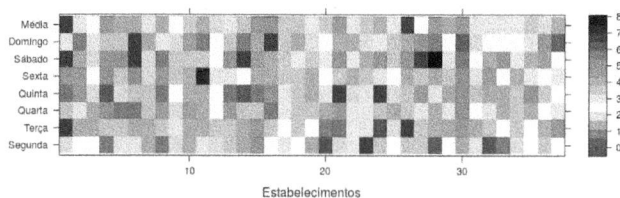

Figure 10: *Heatmap* **de similaridade entre as séries do Google e as séries geradas usando o Foursquare para a cidade de Curitiba, considerando dias de semana.**

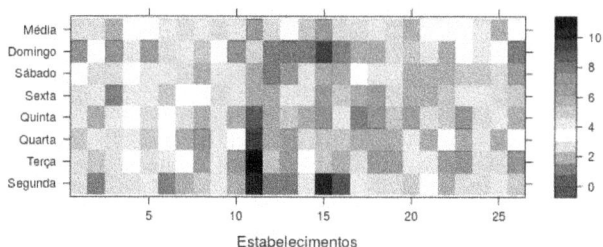

Figure 11: *Heatmap* **de similaridade entre as séries do Google e as séries geradas usando o Foursquare para a cidade de Chicago, considerando dias de semana.**

Estudando os resultados apresentados nas Figuras 10 e 11, podemos observar que para todos os locais alguns dias da semana apresentam maior similaridade entre as duas séries analisadas, ou seja, menor distância entre as séries do Google e Foursquare. Um dos motivos que pode explicar esse resultado é que o número de *check-ins* pode variar muito, isso significa que em um determinado dia um local pode ter mais *check-ins* do que outro. Por essa razão calculamos a média de todos os dias de semana, com isso acreditamos que a série temporal gerada representa melhor o comportamento dos dias de semana que, como já foi estudado em [19], tende a ser muito similar entre todos os dias de semana. Observe que os resultados para a média dos valores não é pior do que o pior resultado encontrado. Isso significa que considerar a média dos dados é mais interessante do que considerar algum dia de semana específico.

Para entendermos melhor o que os valores das distâncias significam, as Figuras 12 e 13 mostram as séries com o menor, o maior e um caso médio para as distâncias DTW encontradas para Curitiba e Chicago, respectivamente. Podemos observar que no melhor caso, com distância menor do que 2 para ambos os casos, a reprodução da série temporal de popularidade do Google com a série temporal de popularidade do Foursquare tende a ser muito boa. Percebemos também que vários casos médios, assim como os ilustrados nas Figuras 12b e 13b, capturam corretamente a essência da popularidade do local, como o horário de maior popularidade. A maioria dos resultados observados estão até o caso médio e confirmamos que a maioria capturou corretamente informações importantes sobre o horário de popularidade do local.

Resultados com valores de distância acima do caso médio podem não ser tão informativos. Ilustramos esse caso mostrando a maior distância encontrada para a série que representa a média das horas do dia de ambas as cidades, Figuras 12c e 13c. O resultado para Curitiba ainda consegue capturar o pico máximo de popularidade, no entanto para Chicago o resultado pouco útil. Observamos que o número de *check-ins* recebidos pelos locais pode estar influenciando nesses resultados, no entanto esse ponto ainda pede uma maior investigação. Acreditamos que para esses casos realizar um processo de redução de dimensionalidade por, por exemplo, *Piecewise Aggregate Aproximation* [7] pode ser interessante.

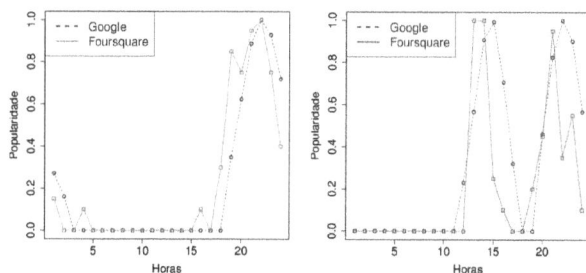

(a) Menor distância = 1,48   (b) Caso médio = 3,11

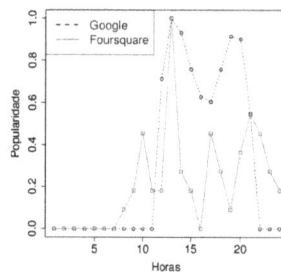

(c) Maior Ditância = 6,67

Figure 12: Séries temporais de exemplo para Curitiba.

6. CONCLUSÃO

Neste trabalho realizamos, no melhor do nosso conhecimento, o primeiro estudo sobre as séries temporais de popularidade do Google. Consideramos estabelecimentos comerciais para cidades

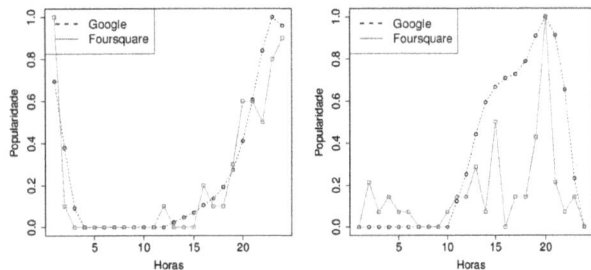

(a) Menor distância = 1,98   (b) Caso médio = 3,8

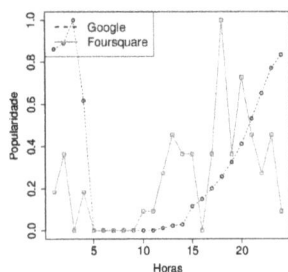

(c) Maior Ditância = 6,67

Figure 13: Séries temporais de exemplo para Chicago.

em dois países distintos, uma no Brasil (Curitiba) e outra nos Estados Unidos (Chicago). Mostramos que as séries temporais de popularidade do Google são bastante valiosas para um melhor entendimento da dinâmica de estabelecimentos comerciais de uma cidade. Mostramos também o potencial de recomendação de locais em que esses dados poderiam ser explorados. Apesar de inúmeras vantagens, as séries temporais de popularidade do Google não estão disponíveis para todos os estabelecimentos, o que limita certos tipos de estudo. Com isso, avaliamos a reprodutibilidade das séries temporais de popularidade do Google usando uma fonte alternativa de dados: *check-ins* do Foursquare. Nessa avaliação, encontramos indícios de que dados do Foursquare podem ser utilizados para a reprodução das séries temporais do Google. Isso abre um leque de novos trabalhos futuros, por exemplo a integração dos resultados que podem ser obtidos com esse estudo a um novo algoritmo de recomendação de locais.

Agradecimentos

Este trabalho foi parcialmente financiado com recursos da FAPEMIG, Fundação Araucária, CAPES e CNPq.

7. REFERENCES

[1] J. Cranshaw, R. Schwartz, J. I. Hong, and N. Sadeh. The Livehoods Project: Utilizing Social Media to Understand the Dynamics of a City. In *Proc. of ICWSM*, 2012.

[2] M. A. Domingues, T. E. Santos, R. Hanada, B. C. Cunha, S. O. Rezende, and M. d. G. C. Pimentel. A platform for the recommendation of points of interest in brazilian cities: Architecture and case study. In *Proc. of WebMedia*, pages 229–236, New York, NY, USA, 2015. ACM.

[3] R. S. Ehlers. Análise de séries temporais. *Universidade Federal do Paraná*, 2007.

[4] E. B. Fowlkes and C. L. Mallows. A method for comparing two hierarchical clusterings. *Journal of the American statistical association*, 78(383):553–569, 1983.

[5] T.-c. Fu. A review on time series data mining. *Engineering Applications of Artificial Intelligence*, 24(1):164–181, 2011.

[6] D. Karamshuk, A. Noulas, S. Scellato, V. Nicosia, and C. Mascolo. Geo-spotting: Mining online location-based services for optimal retail store placement. In *Proc. of KDD '13*, pages 793–801, Chicago, Illinois, USA, 2013. ACM.

[7] E. J. Keogh and M. J. Pazzani. A simple dimensionality reduction technique for fast similarity search in large time series databases. In *Knowledge Discovery and Data Mining.*, pages 122–133. Springer, 2000.

[8] N. P. Kozievitch, L. C. Gomes-Jr, T. M. C. Gadda, K. V. O. Fonseca, , and M. Akbar. Analyzing the Acoustic Urban Environment: A Geofencing-Centered Approach in the Curitiba Metropolitan Region, Brazil. In *Proc. of SMARTGREENS*, 2016.

[9] V. I. Levenshtein. Binary codes capable of correcting deletions, insertions, and reversals. In *Soviet physics doklady*, volume 10, pages 707–710, 1966.

[10] O. Maimon and L. Rokach. *Data mining and knowledge discovery handbook*, volume 2. Springer, 2005.

[11] G. Navarro. A guided tour to approximate string matching. *ACM computing surveys (CSUR)*, 33(1):31–88, 2001.

[12] A. Noulas, S. Scellato, C. Mascolo, and M. Pontil. An Empirical Study of Geographic User Activity Patterns in Foursquare. In *Proc. of ICWSM'11*, 2011.

[13] T. Oates, L. Firoiu, and P. R. Cohen. Clustering time series with hidden markov models and dynamic time warping. In *Proc. of IJCAI*, pages 17–21. Citeseer, 1999.

[14] L. Richardson. Beautiful soup. *Crummy: The Site*, 2013.

[15] M. A. Russell. *Mining the Social Web*. O'Reilly Media, 2013.

[16] T. Silva, P. Vaz de Melo, J. Almeida, M. Musolesi, and A. Loureiro. You are what you eat (and drink): Identifying cultural boundaries by analyzing food e drink habits in foursquare. In *Proc. of ICWSM*, Ann Arbor, USA, 2014.

[17] T. H. Silva and A. A. Loureiro. Computação urbana: Técnicas para o estudo de sociedades com redes de sensoriamento participativo. In *Anais da XXXIV JAI*, volume 8329, pages 68–122. SBC, 2015.

[18] T. H. Silva, P. O. S. Vaz de Melo, J. M. Almeida, J. Salles, and A. A. F. Loureiro. A picture of Instagram is worth more than a thousand words: Workload characterization and application. In *Proc. of DCOSS'13*, Cambridge, MA, USA, May 2013.

[19] T. H. Silva, P. O. S. Vaz de Melo, J. M. Almeida, J. Salles, and A. A. F. Loureiro. Revealing the city that we cannot see. *ACM Trans. Internet Technol.*, 14(4):26:1–26:23, Dec. 2014.

[20] Y. Zheng, L. Capra, O. Wolfson, and H. Yang. Urban computing: concepts, methodologies, and applications. *ACM TIST*, 5(3):38, 2014.

Travel History: Reconstructing Semantic Trajectories Based on Heterogeneous Social Tracks Sources

Amon Veiga Santana
UNIFACS
Rua Doutor José Peroba, 251, STIEP
Salvador, Bahia, Brazil, 41770-235
amoncaldas@yahoo.com.br

Jorge Campos
UNIFACS, UNEB
Rua Doutor José Peroba, 251, STIEP
Salvador, Bahia, Brazil, 41770-235
jorge@unifacs.br

ABSTRACT

Trajectories of moving objects have been an active research topic for over a decade. Classical approaches to analyze the trajectories of these objects are mainly based on large amounts of data acquired from positioning devices, such GPS receivers. GPS data has the advantage of describing the trajectory of an object with a great level of detail and high accuracy, but the data do not carry any kind of semantic information. On the other hand, nowadays it is growing the number of interactions in social networks with some kind of information about the location of the user. Georeferenced social interactions are an important source of semantic about user's trajectories and activities. This work proposes a solution for reconstructing travel histories using heterogeneous social track sources posts in social networks, GPS positioning data, location history data generated by cloud services or any digital footprint with an associated geographic position. The solution encompasses a conceptual model; a methodology to reconstruct travel histories based on heterogeneous social tracks sources; and an application to present the reconstructed travel itinerary in a graphical and interactive fashion. An experiment conducted with real travel experiences showed that the proposed solution is a reasonable way to reconstruct travels histories, geographically and semantically, in an automatic fashion.

Keywords

Travel History; Trajectory Semantic Enrichment; Social Networks; Moving Object Trajectories; Crowdsourcing.

1. INTRODUCTION

The popularization of Online Social Network (OSN) and User Generated Content (UGC) have modified the way people search, find, read, access, and share information in the Internet [16]. Travel specialized websites, for instance, have increased its sociability and usage by adopting mechanisms that facilitates content sharing in real time between users.

OSNs have an important role in the production and search for information. OSN users' are frequently involved in activities to find relevant contents, advices, opinions, or to simply interact with their mates to have fun [8]. UGCs (e.g., posts in social networks and comments in websites and forums)

---

[1]http://www.researchandmarkets.com/reports/1866967/phocuswrights_social_media_in_travel_2011

WebMedia '16, November 08-11, 2016, Teresina, PI, Brazil
© 2016 ACM. ISBN 978-1-4503-4512-5/16/11...$15.00
DOI: http://dx.doi.org/10.1145/2976796.2976854

have become an important and recognized source of information in the tourism domain [1]. A 2011 PhocusWright report[1], for instance, showed that nine of ten cyber travelers read and trust online reviews in touristic related sites. Unfortunately, there are far more people willing to consume them, than people disposed to generate this kind of content [11]. It is because most people see UGC as a time consuming and boring task, but they will not mind to contribute if there exists some kind of application or service that captures their contribution in an automatic fashion.

A special kind of information incorporated by most OSNs that has attracted the attention of the travel and tourism community is the users' position shared while they are moving. The increasing number of location-enabled devices opens the possibility of making the position of the user mandatory piece of information to virtually any kind of social interaction or user generated content. Moreover, the capability of keeping track of the position of a user at high detailed levels opens the possibility to combine traveler's trajectory data and georeferenced social interactions to produce, in an automatic fashion, a structured and semantic rich dataset of traveler's preferences and behaviors.

This paper introduces Travel History, a conceptual model and a methodology to reconstruct the trajectory of travelers based on records of their position over time and their interactions posted on social networks. Position information may vary from the usual detailed GPS logs to any evidence of places visited and recovered from the traveler social network repository. Thus, Travel History model supports the representation of the trajectory with different levels of granularities mixed and interleaved with travelers' social interactions.

The remainder of this paper is structured as follows: Section 2 discusses related work. Section 3 presents the proposed Travel History Model. Section 4 discusses the Travel History generation process. Section 5 introduces a prototype tool that implements all techniques to generate Travel Histories discussed in the previous sections and presents some results of an experimental evaluation of real travelers' volunteers. Section 6 presents conclusions and indicates future work.

2. RELATED WORK

The analysis of trajectories of moving objects has been an active research topic over the last decade. Fed initially by the profusion of data captured from sensors and location devices, studies in this field have evolved from the generation of trajectories using GPS raw trajectory data to the use of novel means to enrich trajectories semantically. One salient source of information comes from the growing habit among users to interact in social networks, posting, commenting, or sharing contents that contain geographic references. This source of information has proven its value for many different fields and purposes. It is of special interest of this work the combination of trajectory semantic enrichment techniques and georeferenced post in social networks to produce semantic rich set of information about travelers and their visits.

Concerning initiatives that deal with trajectory analysis and semantic enrichment, [14] proposed the first model that treats trajectories of moving objects as a spatiotemporal concept. The *Stops* and *Moves* model is one of the most accepted model to represent trajectory of moving objects. A *Stop* is part of a trajectory that is relevant to the application in which the travelling object did not move (i.e., the object remains stationary for a minimal amount of time). A *Move* is the non-stationary part of the trajectory. Usually, a *Move* is a sub-trajectory between two *Stops*.

Semantic enrichment and annotation in trajectory data are very active research topics. [2] used the time for adding semantic annotation to the stationary part of a trajectory and argued that the more time is spent in a place more important it is the place to a person. In the [19]'s work, it was exposed a technique that considered, beyond the spending time, the geographic coincidence with Points of Interest (POI) defined in the application. [18] proposed a technique based on speed, acceleration and the orientation of the user to detect, in an automatic fashion, the transportation mode used to move from one place to another. A comprehensive set of solutions for semantic annotation of heterogeneous trajectories can be found in [15] and for semantic trajectories modeling and analysis in [12].

Researches in the trajectory domain provide a solid base for the development of effective solutions to extract information from raw trajectory data. In another branch, several initiatives focus in pattern and knowledge discovery from User Generated Georeferenced Content (UGGC). In our context, UGGC is defined as a UGC that carries any kind of information that allows the identification of the geographic location of the related content, not necessarily the location of the user. UGCC do not have the same spatial granularity of positioning devices such as GPS, but allows a more refined semantic extraction. A georeferenced picture of Copacabana beach posted in Instagram and a review made by someone in New York about the Copacabana Palace Hotel, for instance, are both examples of UGGC of the same geographic region.

Associated with initiatives that deal with UGCC for semantic enrichment, [7][6] proposed a solution for mining city attractions from touristic blogs posts, [13] proposed an approach to extract semantic from georeferenced picture posted in the Flickr social network, and [4] proposed a method to identify touristic attractions from Flickr's georeferenced pictures and to enrich the description of such attractions with information extracted from collaborative websites like Yahoo Travel Guide[2] and WikiTravel[3]. [9] proposed a picture-based customized trip planning. The system allows trip planners to specify personal preferences and generates travel routes from geo-tagged photos. The proposed solution is limited to surrounding attractions in a given city or region, and does not support travel plans lasting more than one day and involving multiple destinations. [17] proposed a framework for itinerary social recommendation by using the trajectories generated by local residents and expert travelers.

Despite the enormous potential, few works have combined the use of trajectory data and UGCC in the process of trajectories reconstruction and semantic enrichment. [3] proposed a methodology for measure and analyze Twitter's posts and how they

influence followers. [10] proposed an approach to analyze people's feeling based in users' text, [5] proposed a method for trajectory annotation based on the spatiotemporal compatibility of Twitter posts. Although the spatial component of the post is mentioned in the work of [5], the proposed methodology takes into account only the temporal compatibility between trajectory data and Twitter posts, that is, they do not use the posts' content or location to enrich the trajectory semantically.

Analyzing related work, it is noticeable that most solutions use detailed logs of position devices to analyze people's movements. This tendency is switching to incorporate location information embedded in social interactions and stored in the cloud. In a social post, for instance, the position comes with some kind of information or even a personal opinion about the place visited. Thus, trajectory reconstruction using georeferenced social interactions can be the strategy to recover context elements and semantics of trajectory.

As the process of trip planning involves information search and retrieval, it is natural that travelers also look for this kind of information among their friends and people from their social circle. At the best of our knowledge, however, there is no service that, considering previous users' experience, registered as social tracks, offers efficient means for travelers to access information about structured travel itineraries, including attractions and transportation means. Next section introduces a conceptual model to represent this kind of information.

3. TRAVEL HISTORY

Travel History conceptual model encompasses all information needed to represent a relevant actions and movements of a traveler. Before discussing the representation of a travel with high-level entities of a conceptual model, it is interesting to understand the kind of information this model intends to use to reconstruct a traveler's history. A hypothetical scenario represents a single day trip of a traveler named Jerry to New York City. Jerry's hotel was located somewhere in the Upper West Side. Early in the morning, Jerry left the hotel for a walking carrying his smartphone with the GPS turned on and running the Google Maps app. Jerry walked for about two hours and decided to stop at the Natural History Museum. He stayed at the museum for two hours. After that, Jerry went to the Central Park, walked around, made a check-in and performed some interactions in Facebook. Tired of walking, Jerry took a cab to Times Square, where he stayed for three hours shopping. While in Times Square, Jerry posted a couple of photos on Instagram. After visiting Times Square, Jerry took the subway to Freedom Tower. At this point, Jerry's device lost the GPS signal, but he was still able to send a bunch of twittes sharing his morning experience. The remainder of the Jerry's day in New York was full of other visits, walks and a touristic bus ride. To save battery Jerry turned off the Internet connection and the GPS, but he continued to use the phone to take some photos and videos. At the end of the day, when he arrived back in his hotel he posted some photos he had captured and tagged these photos defining the place and the time in which each one was taken.

Figure 1 depicts some relevant events of Jerry's day trip to New York. The circles represent places where Jerry spent certain amount of time and the radius of the circle is proportional to the amount of time that Jerry stayed near each place. Dashed line represents the fact that Jerry was moving between two places. An icon shows the mode of transportation used. At this level of detail, the exact path

---

[2] https://www.yahoo.com/travel/guides

[3] http://wikitravel.org

performed by Jerry and recorded by the GPS device is not shown and straight lines represent all movements.

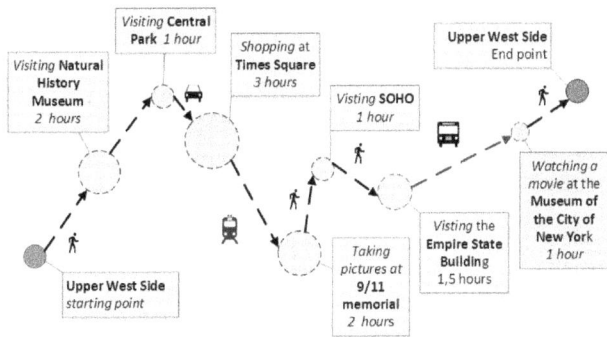

Figure 1: Graphical representation of Jerry's one-day trip.

In order to represent Jerry's or any other travel, it was developed a conceptual model called *Travel History*. Figure 2 shows a diagram of the *Travel History* conceptual model with the relationships among entities using UML notation.

The central entity of the model is *Travel History*, which is an entity that aggregates *Stays* and *Trails* traveled by an individual during a given time interval. *Travel History* has temporal attributes defining the time window of the travel and its temporal ordered collections of *Stays* and *Trails*.

A *Trail* is an entity that captures the traveler movement. Each *Trail* has an associate path and a transportation mode. The path is a collection of geographic points that represents the geometry of the movement. The path may vary from a pair of points indicating only the endpoints of the movement up to a collection of points representing the detailed path fulfilled by the traveler. The transportation mode indicates how the *Traveler* goes from a place to another (walking, by train, etc.).

Stays represent the places where the *Traveler* remained for a while. A Stay also has temporal attributes defining the time span the

Traveler has stayed at certain location. Each *Stay* occurs at a *Place*. A *Place* is a geographic location plus some semantic incorporated, like a description, political categorization or a combination of them.

A *Stay* may or may not have a special meaning for the trip. The place where the traveler stops walking and takes a cab is represented as a *Stay*, because of the change of transportation mode. If the traveler took a cab to a train station and then a train to other city, this place (i.e., the train station) also becomes a Stay in the model, but it is likely to have a more significant meaning for the trip. When the *Traveler*'s permanency at some place is relevant for the trip, the *Stay* is specialized and becomes a *Visit*. A *Visit* represents a place where the *Traveler* has made and registered some social interaction or stayed for certain amount of time. It is considered that the time at a place indicates the relevance of the place for the trip.

Visits and *Trails* may have one or more *Social Interactions*. These interactions are contents that help to understand Traveler's intentions or activities. The association of *Visits* and *Trails* with *Social Interactions* considers either temporal and geographical matches. In the former case, there is only the time of the realization of the *Social Interaction*, thus the interaction is associated with *Stay* or *Trail* going on at the time of the occurrence. In the second case, the *Social Interactions* have some geographic information associated (i.e., it is an UGGC). In this case, the location of the interaction is determinant to establish the association between the social interaction and the respective *Stay* or *Trail*. The amount of social interactions related to a *Stay* or *Trail* is also an indication of the place's relevance for the trip.

Travel History model was conceived aiming at handling multiple types of UGGCs retrieved from different OSNs and combined with any sort of positioning data about the user movement. Next section discusses the mechanism of converting these kinds of heterogeneous data into entities of the model.

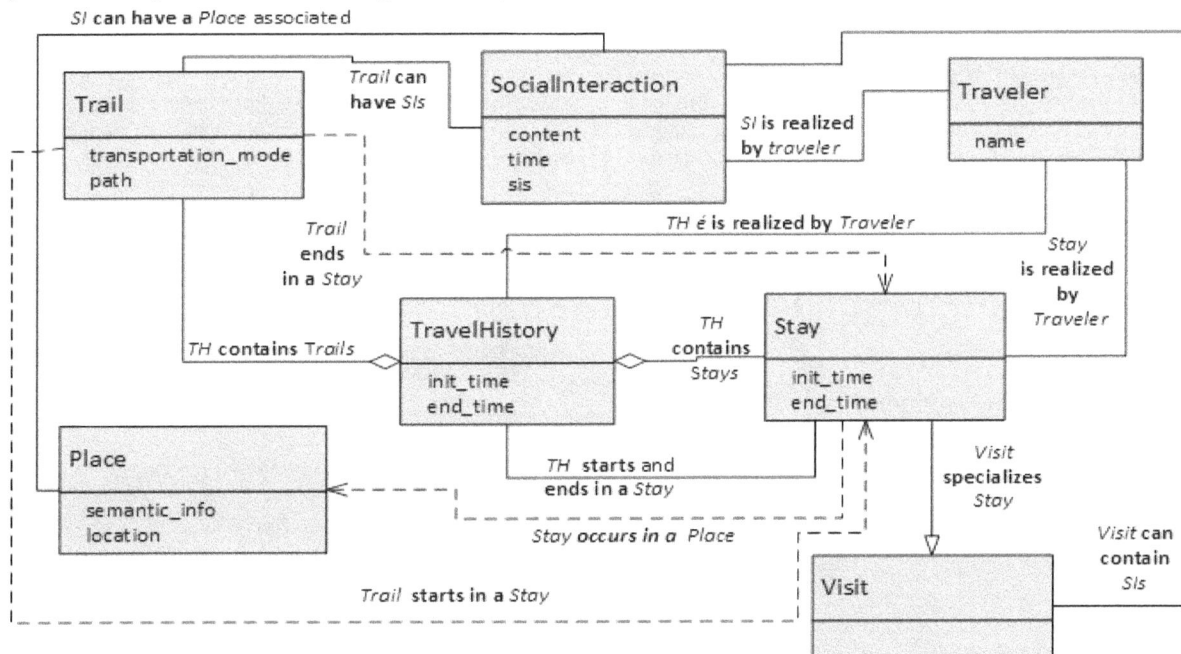

Figure 2: Travel History Conceptual Model.

4. REBUILDING TRAVEL HISTORIES

The *Travel History* reconstruction process is based on heterogeneous sources of data. Sometimes it is available a very fine set of registers of a traveler's movement captured by some kind of position device. Other times there is a less fine position records, but the data comes with some kind of semantics attached, and not rarely there is a social interaction that can be used as a source of information about the travel. Even coming from different sources, these datasets share common concepts and structures. Thus, it is possible to group the source of information in three main categories: 1) Raw Trajectory Data (RTD), 2) Semantic Trajectory Data (STD), and 3) Social Interactions. When a Social Interaction has an associated geographic location, it is called Georeferenced Social Interaction (GSI).

RTD and STD are sequences of spatiotemporal records. Although they share the same basic structure, RTD are generated by position devices, like GPS-enable smartphones, and contains only registers with the position and the timestamp of the acquisition. On the other hand, STD is a result of preprocessed data acquired from many different sources. This information comes from some kind of cloud service such as "Google Takeout", which allows users to recover information about their movement. Users have to authorize Google to keep track of their whereabouts and Google uses this information in lots of different services. RTD records are denser than STD records, but the semantic of the later is much more relevant to the trajectory reconstruction than the former. The last category of source of information is GSI. GSI records are even sparser than STD records. Thus, GSI alone contributes less to reconstruct the detailed trajectory geometry, but they are very important to enrich the trajectory semantically and to infer traveler's behavior in the absence of RTD and STD records.

In order to illustrate the reconstruction process, consider a hypothetical travel with samples of information gathered from the traveler's personal files and social interactions. Figure 3 shows a hypothetical travel timeline with samples of information gathered from the traveler's personal files and social interactions. The first segment of the timeline has only intermittent RTD records. It is because sometimes the GPS device was generating detailed traveler's position (dense sequence of points) and other times, due to a loss of the GPS signal, the device stops to generate positions and causes a gap in the RTD sequence. In the second segment, the STD (trajectory data from cloud services) and GSI (content posted in social networks like Facebook or Instagram) are available. In the last segment, a combination of RTD, STD and GSI is available and in some parts, they overlap. The lack of information and possible overlapping of different sources are common situations found during the reconstruction process.

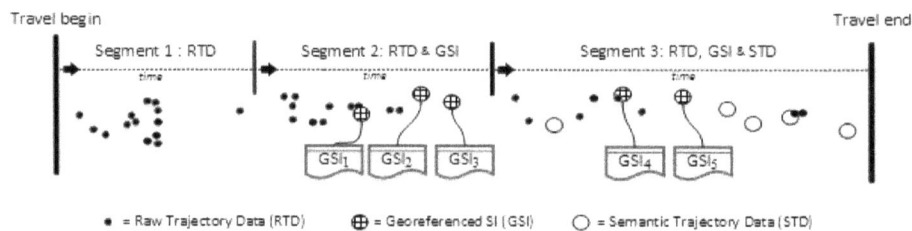

Figure 3: Timeline of different sources of information of a hypothetical trip.

The process of rebuilding *Travel Histories* can be split in three phases: I - data acquisition; II - data processing; and III - entities generation. In the first phase, the data is acquired from different sources, like social networks, location web services, and location's tracks recorded in the user device. In the second phase, the data is processed to identify *Stay* candidates and transportation mode. In the last phase, *Stays*, *Visits* and *Trails* are generated and semantically enriched. Figure 4 illustrated the entire reconstruction process. Next sections discuss the details of each phase of the process.

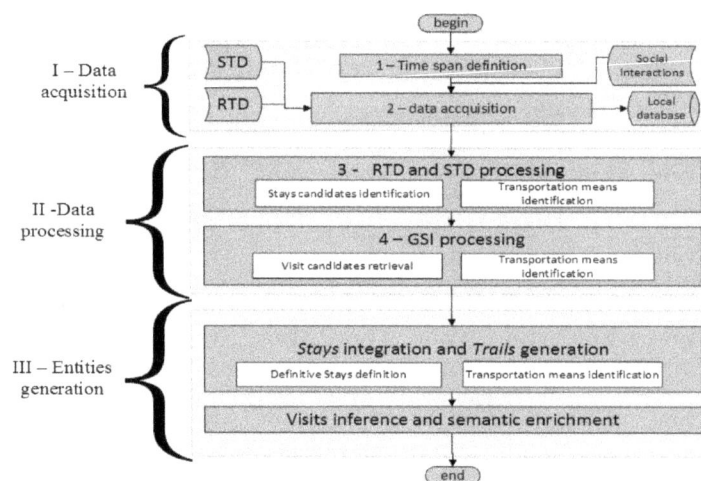

Figure 4: Travel History generation process.

4.1 Data acquisition and processing

The process of information gathering starts with the definition of the time window when the travel happened. This information could be inferred from the activity of a person in a social network, but has a considerable computation cost and may be imprecise. For the sake of simplicity, it is assumed that this information is the initial input of the reconstruction process. After defining the temporal window of the trip, the reconstruction process continues by gathering all relevant information about user movement and his/her *Social Interactions*.

The data acquisition strategy depends on the category of the sources available. RTD and STD are collected as a single file. RTD records come from mobile applications that continuously record the position of the travelers over time. These records are stored in the device internal memory and can be imported at any time. STD records come from cloud services (like Google Takeout). These records are requested by the owner of the data, the only person able to retrieve them. RTD and STD files are traversed and relevant information is extracted and stored in a local database. The process of gathering social interactions, on the other hand, can be fully automated. OSN's users authorize a computer application to search and retrieve all social interactions of a given period. These data are also stored in a local database.

With all information in place, phase II starts to process the data to identify *Stays* candidates and transportation modes between these candidates. *Stays* candidates represent the locations where the traveler hangs around for a while, make a social interaction or change the transportation mode. Later, in the reconstruction process, *Stays* candidates will be reprocessed and either confirmed as a *Stay* or disregarded and incorporated to a nearby *Trail*.

Stays candidates are generated considering the category of the data source to be processed. To detect *Stays* from RTD and STD sources, it was developed an algorithm capable of recognizing these entities based on the geometric configurations of the track (clusters of points or isolated points), based on the knowledge that the traveler changes the transportation mode, and based on some semantic information already present in the data (Figure 5).

When a cluster of points (i.e., a dense formation of points) is identified in RTD or STD sources, these points are grouped to form a *Stay* candidate (Figure 5 - case 1). A dense formation of points indicates that the traveler stays near a place for a long period of time, suggesting it is a place of interest. On the other extreme, isolated points also becomes a *Stay* candidate (Figure 5 - case 2). This case occurs when there is a record distant from both the previous and the next point, and it is not considered an outlier. Outliers are treated during the pre-processing phase of the reconstruction process. Most outliers are disregarded based on the physical unviability for a traveler being at a certain place considering, for example, the maximum speed of known transportation means, and disregarded from the dataset. Thus, at this stage, isolated points are inflexions on the trajectory and considered a strong candidate to become a *Stay*.

While processing RTD files, the transportation mode used between two *Stays* candidates is also computed. The definition of the transportation mode takes into account the following aspects: speed, speed variation, acceleration, orientation variation and continuity. Each transportation mode has a single combination of these factors. By taking them together, it is possible to infer how the *Traveler* moved between *Stays*. Due to the lack of space, it is abstracted away the details of determining transportation modes. *Stays* are also defined at every location where a transportation mode change occurs (Figure 5 - case 3). Finally, a *Stay* can be inferred from the semantic embedded in STD files. These data sometimes have semantic information like "still" or "tilting" associated with a place. (Figure 5 - case 4). These places always become a *Stay* candidate.

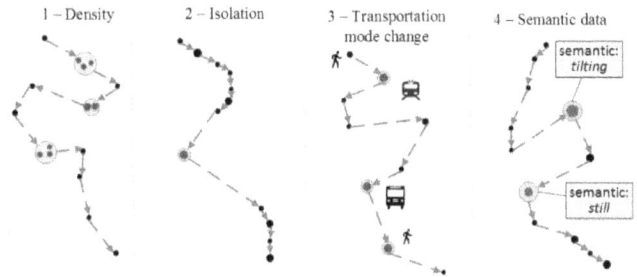

Figure 5: *Stays* identification techniques.

Stay candidates are also generated considering GSI information. In this case, the rule is simple, that is, every GSI generate a *Stay* candidate. Later, some of these *Stays* will be grouped, becoming a single *Stay*, others will not be confirmed as a *Stay* and will become a social interaction of a *Trail*. Figure 6 shows the result of processing RTD, STD and GSI of the hypothetical travel discussed earlier.

All *Stays* candidates, no matter the source of information, are stored in a common persistence entity. In the next section, all *Stays* candidates will be reprocessed, confirmed as a single Stay, promoted to a *Visit*, merged with other *Stays* or disregarded and incorporate to the closest *Trail*.

4.2 Entities generation

During the last phase of the reconstruction process, all high-level entities of the model representing parts of the travel history are generated, integrated and semantically enriched. During the integration step, issues related to the duplicity and overlaps are solved. At this point, each *Stay* candidate is processed, confirmed as a definitive *Stay*, promoted to a *Visit*, or merged with others *Stays*. Since *Stays* candidates are generated from different sources separately, it is possible that some *Stays* candidates refer the same event of the trip. The *Stays* merge process occurs when the distance between two *Stays* is less than a given threshold.

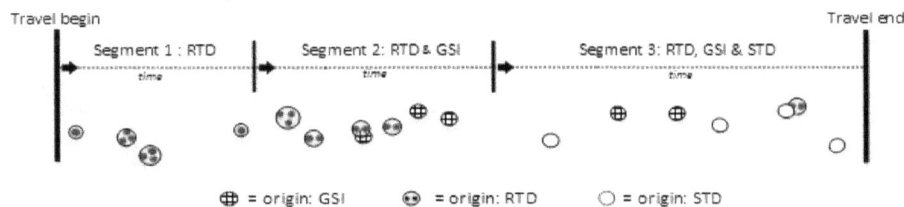

Figure 6: Stays generated from RTD, STD e GSI.

The next step in the reconstruction process is the *Trails* generation. *Trails* connect two *Stays* and describe the *Traveler* movement between them. A *Trail* connects two existing *Stays*. During *Trails* generation it is necessary to identify the transportation mode. If the *Stays* were generated from the same source, the transportation mode between them is already defined in the phase II, but if the *Stays* were generated based on different sources, the same algorithm to detect transportation mode discussed earlier is used.

Figure 7 shows the result of *Stays* integration (considering overlaps) and *Trails* generation connecting *Stays*. It can be seen that

some *Stays* along the segment 2 and 3 (Figure 6) were merged in a single *Stay* (Figure 7).

The last step of the phase III is the semantic enrichment of *Trails* and *Visits*. *Visits* are specialized versions of *Stays*. For a *Stay* to become a *Visit* it is considered the amount of time spent on site and the number of social interactions carried out by the traveler.

Once all model entities are instantiated, an application using geo-visualization techniques can easily depicts the graphical realization of the reconstruct travel history. Next section presents such application in the context of an experimental evaluation of the proposed methodology.

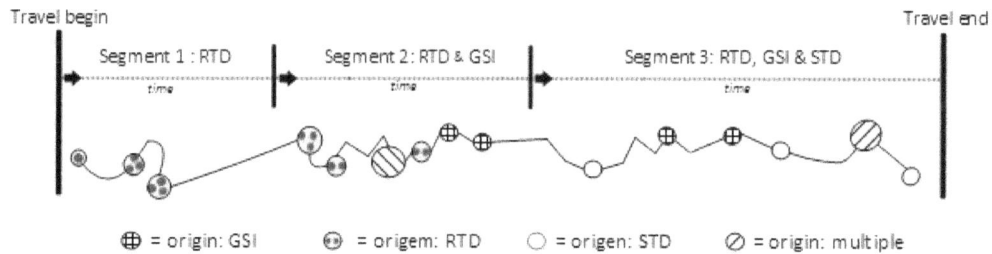

Figure 7: Integrating overlapped *Stays* and generating *Trails*.

5. EXPERIMENT AND RESULTS

To evaluate the *Travel History* model and reconstruction process it was developed a prototype tool that employs all techniques discussed in this paper. The prototype allows the acquisition, processing and generation of *Travel Histories* based on data from different online social networks, raw trajectory data files (RTD) and semantic trajectory data files (STD). At the end, the tool shows the user travel history in an interactive map. *Stays*, *Visits*, and *Trails* are presented in a graphical and user-friendly web application. The tool was developed as a web application and can be accessed at http://th.fazendoasmalas.com. It is available in two languages: English and Portuguese.

Figure 8 shows an overview of a *Travel History* generated using the prototype. This travel occurred between January 28 and February 1, 2016. It was a five days' trip in the south part of Brazil, including a visit to the capital of Paraná, a train trip between the capital and some place along the state coastline, a visit to Mel Island in the Paranaguá Bay, and a visit to the state of Santa Catarina, including

the capital Florianópolis and other small towns nearby. To reconstruct this travel history it was used as source of information GPS log files, location history files generated by Google and the online social networks Facebook, Instagram and Twitter.

The ability to reconstruct a trip successfully is directly related to the quality and quantity of the sources of information available. Different, reliable, and abundant sources of information will produce rich and accurate travel histories. On one hand, RTD and STD are good sources of information for detailed analysis of the travel geometry. On the other hand, GSI generates semantic richer entities. As expected, the combination of all sources produces the best result. When RTD, STD, and GSI are all available, it is possible to zoom in the map presentation to analyze the detailed path of the traveler and to visualize comments and social interactions posted along the path. The Figure 9 shows a detailed view of part of the trip to Parana and Santa Catarina.

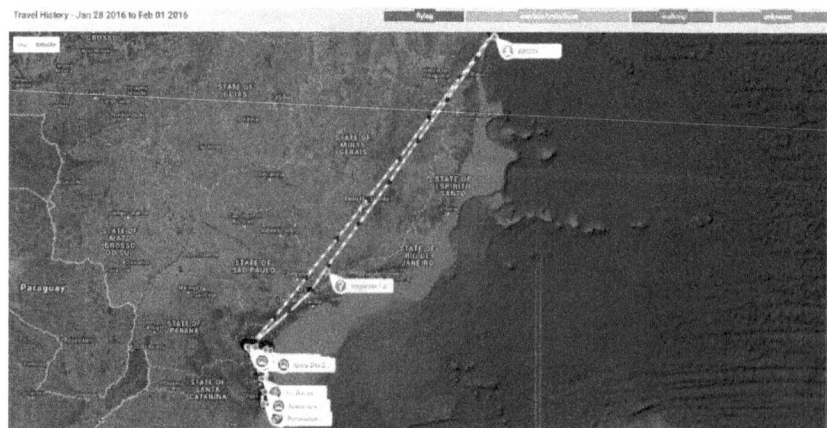

Figure 8: Overview of a Travel History generated using RTD, STD and GSI data sources.

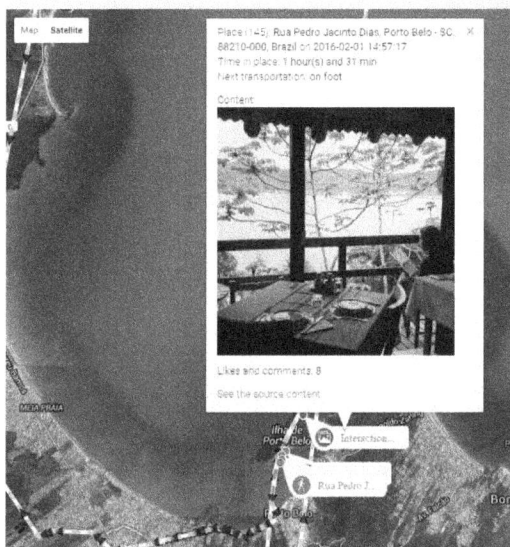

Travel History - Jan 28 2016 to Feb 01 2016

Figure 9: Visit enriched by Social Interaction and geographical trajectory description detailed by RTD.

The prototype tool was used to conduct an experiment with real travelers and their travels. Volunteers from the RBBV (acronym, in Portuguese, for Brazilian Travel Bloggers Network) have been invited to use the tool, submit the data, reconstruct their travels and evaluate the travel history generated by the application. A total of 58 volunteers started the experiment, but only 23 travelers completed the entire process successfully. Some volunteers did not submitted data, others submitted inconsistent data, and some did not perform the evaluation.

The volunteers were oriented to answer a questionnaire after analysing and exploring their reconstructed travel. The questions presented to the volunteers aimed at verifying the level of satisfaction with the accuracy and similarity of the Travel History created based on their digital footprints when compared with the events and destinations of the real trip they have made. An interactive map allowed the volunteers to check visited *Places*, analyse the performed *Trails*, inferred transportation means, and associated semantics. The tool used to present the graphical realization of the trip was not evaluated.

In the process of evaluating the travel reconstruction process, the volunteers have answered five questions. The results of the experiment are presented in the Table 1.

Table 1: Travel History reconstruction evaluation results

Aspect analyzed	Avg. grade	Standard Deviation	Totally accurate or in most of the cases
Visits identification accuracy	7,71	2,7	78,25%
Visits and *Trails* order accuracy	7,82	2,03	82,6%
Transportation means identification accuracy	7,39	2,19	69,56%
Activities and semantic identification accuracy	7,06	1,79	74%
Travel History rebuilt represents the real travel made.	8,69	2,14	95,65%
Averages considering all aspects	*7,73*	*2,17*	*80,01%*

The first question aims to evaluate the accuracy of *Visits* identification. The result for this question indicates that most of the evaluators (~79%) considered that the identification of *Visits* was completely accurate or precise in most cases, while ~13% felt it was accurate in some places, and 8% found the process of *Visit* identification was slightly or completely inaccurate.

The second question measures the satisfaction with temporal order of visits and trails. This question is related to the integration process of *Stays* and *Visits*, which is responsible for identifying overlaps, to perform merges, and to sort these entities. The result indicates that most evaluators (82.6%) considered that the order of visits and trail order has been completely precise or precise in most cases, 13.05% found that the identification of the order was accurate in some places and only one evaluator (4.31%) considered that the order of *Visits* and *Trails* was imprecise.

The third question evaluates the accuracy of identifying the transportation mode used in each *Trail*. Although the level of satisfaction with the identification of the transportation mean is close to 70%, this aspect has the worst evaluation on the survey. The identification of the transportation mode is directly linked to the existence and granularity of RTD and STD sources and the accuracy of the location of GSI. It is noticeable that the identification of transportation mean improves when interactions in OSNs are made in real time during the trip.

The fourth question is more subjective and it is related to the accuracy of the semantic enrichment process. In this regard, 73.9% of the evaluators answered that the identification of activities and interactions was completely accurate or accurate in most cases. The semantic enrichment process can be improved by incorporating the capability of including textual content of Social Interactions and with the ability to access structured information about users' activities. Facebook, for example, has such kind of information, but, at the time of writing, it is not possible to access such kind of using third-party applications.

The fifth question evaluated the overall perception of the reconstruction process. It is by far the best-rated item of the survey. Almost 96% of the evaluators considered that the Travel History reconstructed represents, totally or in the major part, the travels they have made. Taking all aspects together, about 80% are satisfied with the proposal of reconstructing semantic trajectories based on heterogeneous social tracks sources.

6. CONCLUSION

Considering the digital socialization growth and the search for online social recognition, travelers begin to demand ways to share their travel experiences in a systematic and intuitive way.

This paper proposes conceptual and data models and a methodology to reconstruct semantic-rich traveler's trajectories. The central entity of the model is *Travel History*, which is an entity that aggregates *Stays* and *Trails* traveled by an individual during a given time interval. A *Trail* is an entity that captures the traveler movement and the transportation mode used. A *Stay* represent places where the *Traveler* remained for a while or changes the transportation mode. A *Stay* becomes a *Visit* if it is a place of intense online social interaction.

Model's entities are instantiated based on a myriad of sources of information, varying from detailed low-level GPS registries and going up to high-level georeferenced social interactions. Thus, the proposed methodology used to generate models entities and to identify transportation mode is based on techniques to process, analyze, and integrate data with different levels of semantic and spatial-temporal granularity.

In order to evaluate the proposed model and methodology, an experiment with travelers from a social traveler's network was designed and run. The results of the experiment show an overall level of satisfaction of 80%, considering the identification of the model's entities (i.e., *Stays*, *Visits* and *Trails*), the temporal order of these entities, the identifications of the transportation mode used by the traveler, the identification of activities performed by the traveler during the trip, the semantic enrichment of travelers' activities, and the level of adherence of the modeled travel history with the real trip.

As future work, there are aspects that can be improved to extend the proposed model and methodology. Semantic enrichment, for instance, can be improved by incorporating text mining algorithms. Moreover, a travel social media ontology can be developed to improve semantic identification. To improve the data accuracy and granularity, mobile applications can be used to collect other kinds of social interaction, like offline media capture or any other type of interactions on the device. Algorithms for transportation means identification can be improved to become more accurate and to support the identification of other kinds of transportation.

The use of tools that apply the proposed model allow the reconstruction of individuals' Travel Histories, which in turn, can be a way to generate a knowledge base for travel itineraries, preferences, attractions and other aspects and events inherent to travels. This knowledge can be used as the base of a travel recommendation system or other initiatives such as urban planning, demographic and behavioral studies, intelligent transportation systems, social recognizing research, among others. Despite the fact that the model is generic and that it can be, in principle, used in several domains to describe semantic trajectories, the usage in other domains require specifics tests.

7. ACKNOWLEDGMENTS

This work was partially supported by CAPES.

8. REFERENCES

[1] Akehurst, G. 2009. User generated content: The use of blogs for tourism organisations and tourism consumers. *Service Business*. 3, 1 (2009), 51–61.

[2] Andrienko, G., Andrienko, N. and Wrobel, S. 2007. Visual analytics tools for analysis of movement data. *ACM SIGKDD Explorations Newsletter*.

[3] Ballona, P.R., Dom, A., Gaspar, J., Torres, H., Dom, A. and Gaspar, J. 2015. Analyzing The Influence Of Pope ' s Tweets On His Followers ' Mood Categories and Subject Descriptors. *Proceedings of the 21st Brazilian Symposium on Multimedia and the Web*. (2015), 93–100.

[4] Gao, Y., Tang, J., Hong, R., Dai, Q., Chua, T.-S. and Jain, R. 2010. W2Go: a travel guidance system by automatic landmark ranking. *Proceedings of the international conference on Multimedia - MM '10*. (2010), 123.

[5] Gil, R., Nabo, B., Fileto, R., Nanni, M. and Renso, C. 2014. Annotating Trajectories by Fusing them with Social Media Users ' Posts. *Geoinfo Synposiun 2014* (2014).

[6] Hao, Q., Cai, R., Wang, C., Xiao, R., Yang, J.-M., Pang, Y. and Zhang, L. 2010. Equip Tourists with Knowledge Mined from Travelogues. *Proc. of the 19th International World Wide Web Conference*. (2010), 1–10.

[7] Ji, R., Xie, X., Yao, H. and Ma, W.-Y. 2009. Mining City Landmarks from Blogs by Graph Modeling. *ACM International Conference on Multimedia* (2009), 105–114.

[8] Lange-faria, W. and Elliot, S. 2012. Understanding the Role of Social Media in Destination Marketing. *Tourismos: an International Multidisciplinary Journal of Tourism*. 7, 1 (2012), 193–211.

[9] Lu, X., Wang, C., Yang, J.-M., Pang, Y. and Zhang, L. 2010. Photo2Trip: generating travel routes from geo-tagged photos for trip planning. *Proceedings of the international conference on Multimedia - MM '10*. (2010), 143–152.

[10] Martins, R., Pereira, A. and Benevenuto, F. 2015. An Approach to Sentiment Analysis of Web Applications in Portuguese. *Proceedings of the 21st Brazilian Symposium on Multimedia and the Web*. (2015), 105–112.

[11] Pan, B. and Crotts, J.C. 2012. Theoretical Models of Social Media, Marketing Implications, and Future. *Social Media in Travel, Tourism and Hospitality: Theory, Practice and Cases*. 1965 (2012), 1–19.

[12] Parent, C., Spaccapietra, S., Renso, C., Andrienko, G., Andrienko, N., Bogorny, V., Damiani, M.L., Gkoulalas-Divanis, A., Macedo, J., Pelekis, N., Theodoridis, Y. and Yan, Z. 2013. Semantic trajectories modeling and analysis. *ACM Computing Surveys*. 45, 4 (2013), 42:1–42:32.

[13] Rattenbury, T., Good, N. and Naaman, M. 2007. Towards automatic extraction of event and place semantics from flickr tags. *Proceedings of the 30th annual international ACM SIGIR conference on Research and development in information retrieval SIGIR 07*. pages, (2007), 103.

[14] Spaccapietra, S., Parent, C., Damiani, M.L., Antonio, J., De Macedo, J.A., Porto, F. and Vangenot, C. 2008. A Conceptual View on Trajectories. *Data & knowledge engineering*. 65.1, May 2007 (2008), 126–146.

[15] Yan, Z., Chakraborty, D., Parent, C., Spaccapietra, S. and Aberer, K. 2011. SeMiTri: A framework for semantic annotation of heterogeneous trajectories. *Proceedings of the 14th International Conference on Extending Database Technology (EDBT/ICDT '11)* (2011), 259–270.

[16] Ye, Q., Law, R., Gu, B. and Chen, W. 2011. The influence of user-generated content on traveler behavior: An empirical investigation on the effects of e-word-of-mouth to hotel online bookings. *Computers in Human Behavior*. 27, 2 (2011), 634–639.

[17] Yoon, H., Zheng, Y., Xie, X. and Woo, W. 2012. Social itinerary recommendation from user-generated digital trails. *Personal and Ubiquitous Computing*. 16, (2012), 469–484.

[18] Zheng, Y., Chen, Y., Li, Q., Xie, X. and Ma, W.-Y. 2010. Understanding transportation modes based on GPS data for web applications. *ACM Transactions on the Web*. 4, 1 (2010), 1–36.

[19] Zheng, Y., Zhang, L., Xie, X. and Ma, W.-Y. 2009. Mining interesting locations and travel sequences from GPS trajectories. *Proceedings of the 18th international conference on World wide web - WWW '09*. (2009), 791.

Weight Adjusment for Multi-criteria Ratings in Items Recommendation

Felipe Born de Jesus
Universidade Federal de Santa Catarina
Departamento de Informática e Estatística (INE)
Programa de Pós Graduação em Ciências da
Computação (PPGCC)
Florianópolis - Santa Catarina (Brasil)
felipe.born@posgrad.ufsc.br

Carina Friedrich Dorneles
Universidade Federal de Santa Catarina
Departamento de Informática e Estatística (INE)
Programa de Pós Graduação em Ciências da
Computação (PPGCC)
Florianópolis - Santa Catarina (Brasil)
dorneles@inf.ufsc.br

ABSTRACT

In this paper we propose to use implicit ratings of multiple criteria to mitigate the data sparsity problem. The intuition is to predict the overall relevance of an item for a given user, based on her/his own implicit feedback instead of using similar users ratings (commonly used in collaborative filtering). Furthermore, since we believe one criterion may be more important than others, we propose a weighting schema, in which we estimate how interesting is each criterion for a given user, in order to generate a personalized ranking. The weighting schema do not suppose the generation of predicted explicit ratings. Instead, we reorganize the weights in such a way that just the criterion that has rating are weighted. For predicting the weight of each criterion to each user, we propose a genetic programming to predict how interesting is each criterion for a user, in which the initial weight values are randomly generated. In our experiments, we show that when having a sufficient corpus of historical user implicit feedback we can obtain higher precision for ranking items to a user, considering a predicted set of weight.

Keywords

Implicit feedback; explicit feedback; weighting schema; genetic algorithm; multi-criteria ratings; rating

1. INTRODUÇÃO

Em um sistema de recomendação, há duas maneiras de se obter as preferências de um usuário: através de *feedback* explícito ou através de *feedback* implícito [19]. No primeiro caso, o usuário explicita a avaliação de um item ou de um atributo desse item. No segundo caso, tal avaliação é inferida pelo próprio sistema de recomendação. Quando um usuário gosta de música e encontra um filme com uma ótima trilha sonora, por exemplo, tal usuário pode prover uma boa avaliação do filme, através de um *rating* explícito, resultando

em um *feedback* explícito. Por outro lado, o sistema de recomendação pode, proativamente, com, por exemplo, base em outras avaliações, identificar que um filme possui uma trilha sonora compatível com o usuário e então avaliar de forma positiva, através de um *rating* implícito, este filme a algum usuário que gosta de música. Essa avaliação resulta em *feedback* implícito.

Obtidas as preferências, um ponto que pode ser considerado na modelagem delas é o esquema de pesos [7], em que cada usuário possui um conjunto de pesos, cada peso relacionado a determinado aspecto de um item (gênero de um filme, qualidade visual do filme, etc.). Um aspecto pode ser entendido como um critério [16], atributo mensurável de um item que pode variar de acordo com cada usuário. A mensuração de um critério resulta em um *rating*. Adaptando-se o esquema de pesos em domínios de aplicação que utilizam critérios, é possível estabelecer o quão importante é cada critério para um usuário, uma vez que cada peso está associado a um critério. Todavia, em sistemas de recomendação, a porcentagem de *ratings* desconhecidos é muito alta, gerando o problema da esparsidade de dados [26, 11, 1]. Um exemplo real desta problemática pode ser encontrado na base de dados do MovieLens[1], onde existe um total de 22 milhões de *ratings* aplicados por 240 mil usuários para 33 mil filmes. A quantidade de pares usuário e filmes é de 7,92 bilhões (240 mil usuários para 33 mil filmes), sendo apenas 0,3% de *ratings* conhecidos, ou seja, mesmo uma base de dados com muitos *ratings* possui uma taxa mínima de avaliações conhecidas.

Para se entender o problema da esparsidade, basta considerar que dificilmente um usuário vai conhecer todos os itens de determinada base de dados, tampouco dedicar tempo fornecendo informações ou avaliações aos itens ou aos critérios de um item. Ainda assim, existem sistemas de recomendação que, mesmo utilizando poucos *ratings*, fazem recomendações importantes aos usuários. Para isso, são aplicadas técnicas que procuram solucionar o problema de esparsidade utilizando *ratings* implícitos [4, 15, 2, 25]. Em muitas dessas técnicas, como a filtragem colaborativa [16, 5, 6], quando um *rating* é desconhecido, ele é predito pelo sistema, com base em informações de *feedback* explícito fornecidas por outros usuários [17]. No entanto, a abordagem de se predizer *ratings* usando abordagens colaborativas demanda tempo excessivo de processamento, o que pode trazer dificuldades em se aplicar tais técnicas em sistemas reais alta-

ACM acknowledges that this contribution was authored or co-authored by an employee, contractor or affiliate of a national government. As such, the Government retains a nonexclusive, royalty-free right to publish or reproduce this article, or to allow others to do so, for Government purposes only.

WebMedia '16, November 08-11, 2016, Teresina, PI, Brazil

© 2016 ACM. ISBN 978-1-4503-4512-5/16/11...$15.00

DOI: http://dx.doi.org/10.1145/2976796.2976846

---

[1] http://grouplens.org/datasets/movielens/

mente esparsos. O tempo de processamento elevado se dá pela complexidade computacional linear [21], de se encontrar a similaridade entre pares de usuários, para só então se estimar os *ratings* desconhecidos de itens.

Portanto, no presente trabalho propõe-se o uso dos dois conceitos de *ratings*, com a finalidade de se reduzir a quantidade de processamento necessário em uma recomendação: explícitos, fornecidos explicitamente pelos usuários para itens (ou critérios de itens); e implícitos, computados para pares de usuário e itens (ou critérios de itens). Importante observar que *ratings* explícitos podem ser desconhecidos, pois nem sempre usuários fornecem avaliações a itens, mas *ratings* implícitos sempre serão conhecidos, uma vez que podem ser computados pelo sistema para quaisquer pares usuário-item. Portanto, a abordagem proposta neste trabalho utiliza uma combinação de *ratings* explícitos, quando existentes, com *ratings* implícitos, sempre existentes. Reduz-se a quantidade de *ratings* preditos pelo fato de apenas serem computados *ratings* implícitos, não se predizendo *ratings* explícitos desconhecidos, ou seja, diferente do proposto por trabalhos relacionados, apenas *ratings* implícitos são calculados.

Outro ponto importante na recomendação de itens, é saber qual a importância de cada critério para o usuário. Isso possibilita que sejam fornecidas recomendações personalizadas aos usuários. Por exemplo, pode ser que uma recomendação seja mais precisa para determinado usuário se ela considerar que o critério mais importante é o de **efeitos visuais**. Para que seja possível identificar diferentes pesos para diferentes critérios, é usada uma abordagem em que cada usuário possui um conjunto de pesos, estando cada peso relacionado a um critério. A geração desse conjunto de pesos se dá, inicialmente, com pesos aleatórios e, a partir daí, eles são ajustados de acordo com os *ratings* já conhecidos fornecidos para o usuário, utilizando-se um algoritmo genético. A ideia é que *ratings* altos para critério podem indicar sua importância ao usuário. Na literatura, alguns trabalhos que propõe o ajuste de pesos, usando regressão múltipla [14] e técnicas baseadas em gradiente descendente [18], também foram propostos. No entanto, no caso da regressão múltipla, o problema é o fato de serem gerados pesos negativos, enquanto técnicas como gradiente descendente possuem tempo muito variável para se obter otimizações. O algoritmo genético, entretanto, possibilita que sejam adicionadas restrições aos pesos e aos conjuntos de pesos, de forma que não sejam gerados pesos negativos por exemplo, ao mesmo tempo que permite ser definida uma quantidade máxima de iterações.

Há dois problemas, portanto, a serem tratados neste artigo: (i) reduzir os efeitos da esparsidade, mesmo existindo uma alta taxa de *ratings* desconhecidos, obtendo-se precisão comparável às demais técnicas da literatura sem a necessidade de se predizer tais *ratings*; e (ii) gerar adequadamente os pesos dos critérios para cada usuário. Para o primeiro problema, é proposta uma abordagem em que se combina *ratings* explícitos com *ratings* implícitos. Para o segundo problema, é proposta uma abordagem que utiliza algoritmo genético.

As principais contribuições deste trabalhos são as seguintes: (i) geração de *ratings* implícitos para a mitigação do problema de esparsidade de dados, evitando a necessidade do uso de filtragem colaborativa para predizer *ratings* explícitos desconhecidos; (ii) algoritmo genético que ajusta

Figure 1: *Ratings* implícitos e explícitos em um item com múltiplos critérios

pesos, estimando quão importante é cada critério para determinado usuário; uma função de *fitness* é definida, a fim de representar quão bom é um dado conjunto de pesos a um determinado usuário. A noção de "bom" é baseada em quão próximo um *rating* predito é de um *rating real*; e (iii) realização de experimentos em uma base de dados pública e real, a MovieLens (seguindo a linha de importantes trabalhos da literatura, tal como [24]), através da comparação com quatro *baselines*. Os experimentos mostram boa performance em termos de precisão e uma economia relevante de tempo gasto para predição de *ratings*.

Este artigo está organizado da seguinte maneira. Primeiramente, introduz-se um exemplo motivacional na Seção 2. Na Seção 4 são apresentados os principais conceitos para o entendimento do problema e da proposta. Na Seção 6, a proposta é apresentada, tratando os problemas de esparsidade de dados e de geração dos pesos dos critérios para cada usuário. Na Seção 3 são discutidos os trabalhos relacionados. Na Seção 7 são apresentados os experimentos executados para avaliação da proposta, com ênfase nas contribuições deste trabalho. Conclusões são discutidas na Seção 8.

2. EXEMPLO MOTIVACIONAL

Neste seção, é discutido um cenário motivacional de recomendação de filmes que ilustra tanto o uso do conjunto de pesos quanto a predição de *ratings* implícitos. A Figura 1 apresenta um exemplo de avaliação de um filme do usuário Bob, com *ratings* implícitos e explícitos. Nesse exemplo, os *ratings* explícitos fornecidos, representados por avaliações entre 1 e 5 estrelas, estão associados aos critérios **Atuação**, **Qualidade Visual**, **Qualidade sonora** e **Enredo**. Os *ratings* implícitos, que são números no intervalo entre 0 e 1, computados pelo sistema, estão associados com os critérios **Data de lançamento** e **Gênero**.

Como é comum em um sistema de recomendações, Bob não forneceu *ratings* (para **Qualidade sonora**, por exemplo) para todos os critérios de *Star Wars*, muito menos para todos os filmes do sistema, como exemplificado na Tabela 1 para os Filmes 2, 3 e 4, gerando uma matriz esparsa. Por outro lado, considerando apenas os *ratings* implícitos, é possível a obtenção de uma matriz completa. Vale destacar que *ratings* com valor 0 são *ratings* conhecidos, mas que rep-

Table 1: Matriz de *ratings*

Bob	Ratings Explícitos				Ratings Implícitos		Rating do Item
	Acting	Visual Quality	Audio Quality	Story	Genre	Release Date	
Star Wars	0.4	0.8	?	0.6	0.8	0.9	0.8
Filme 2	0.5	0.8	0	0.7	0	0.7	0.9
Filme 3	?	?	?	?	0	0.9	?
Filme 4	?	?	?	?	0.5	0	?
Pesos	0.15	0.20	0.05	0.10	0.30	0.20	N/A

resentam que o item não possui relevância alguma para o usuário. Assim, quando o sistema precisar utilizar os *ratings* de um item para uma recomendação, no mínimo existirão aqueles *ratings* computados implicitamente pelo sistema, normalmente gerados através da análise do comportamento do Bob, ou seja, pelo seu *feedback* implícito. Nota-se, portanto, que os *ratings* implícitos são uma maneira de mitigar o problema de esparsidade de dados, servindo como base para solução de um dos problemas destacados para este trabalho.

Além dos *ratings* existentes para o usuário Bob, é importante considerar quais critérios são mais importantes para ele, de forma a se gerar uma recomendação personalizada. Pela Tabela 1, considerando cada uma das colunas como um critério, tem-se que o conjunto de pesos do Bob é {0,15; 0,20; 0,05; 0,10; 0,30; 0,20}. É possível inferir, a partir desse conjunto, que o critério Genre é o de maior interesse para o Bob, enquanto Audio Quality é o de menor peso. Como cada peso está relacionado a um critério, existem pesos associados a *ratings* desconhecidos, como é o caso de Qualidade sonora no filme Star Wars. Dessa forma, o problema é: "o que fazer quando há *ratings* desconhecidos para o Bob?". Mais especificamente, como calcular um *rating* global para o filme Star Wars, por exemplo, já que Audio Quality é desconhecido? $(0,4 \cdot 0,15 + 0,8 \cdot 0,20 + ? \cdot 0,05 + 0,6 \cdot 0,10 + 0,8 \cdot 0,30 + 0,9 \cdot 0,20) \approx ?$. A solução adotada é ignorar o peso relacionado aos *ratings* explícitos desconhecidos e reajustar os demais, mantendo-se a mesma proporção. Por exemplo, no caso da recomendação de Star Wars, como o *rating* desconhecido está relacionado a um critério de peso $0,05$, é necessário ajustar os demais pesos dividindo-os por $0,95$: $\frac{(0,4 \cdot 0,15 + 0,8 \cdot 0,20 + 0,6 \cdot 0,10 + 0,8 \cdot 0,30 + 0,9 \cdot 0,20)}{0,95} \approx 0,74$. Para os demais filmes da tabela, ter-se-iam os seguintes *ratings* finais dos items: Filme 2: $(0,5 \cdot 0,15 + 0,8 \cdot 0,20 + 0,0 \cdot 0,05 + 0,7 \cdot 0,10 + 0,0 \cdot 0,30 + 0,7 \cdot 0,20) \approx$ **0,445**; Filme 3: $\frac{(0,0 \cdot 0,30 + 0,9 \cdot 0,20)}{0,5} \approx$ **0,36**; e Filme 4: $\frac{(0,5 \cdot 0,30 + 0,0 \cdot 0,20)}{0,5} \approx$ **0,30**. Com esses items e *ratings*, a ordem de recomendação para o Bob seria a seguinte: Star Wars (0,74), Filme 2 (0,445), Filme 3 (0,36) e Filme 4 (0,30).

3. TRABALHOS RELACIONADOS

Personalização de ranqueamento e abordagens utilizando múltiplos critérios não são novidades nas literaturas de sistemas de recomendação e recuperação de informação. Todavia, ainda existem características inexploradas quando considera-se o problema de *rating* de múltiplos critérios. Existem trabalhos que utilizam a abordagem de múltiplos critérios para melhorar a precisão de resultados [23, 22, 16], além de pelo menos dois *surveys* publicados na literatura que mencionam os problemas de múltiplos critérios. O primeiro deles [12] descreve diferentes categorias de abordagens de

múltiplos critérios, enquanto o segundo [1] estuda diferentes abordagens de múltiplos critérios, em especial o problema de *ratings* de múltiplos critérios, ressaltando tarefas inexploradas na literatura de sistemas de recomendação.

Aplicações contemporâneas também consideram múltiplos critérios no processo de ranqueamento para recomendações, como no Netflix[2] por exemplo, que considera os atores dos filmes ou seriados assistidos pelos usuários, bem como os gêneros desses filmes ou seriados e quanto tempo foi passado assistindo-lhes.

Além de se utilizar múltiplos critérios, existem trabalhos que combinam técnicas para fornecer recomendações, como é o caso de Lamontagne et al.[8], ao combinar múltiplas métricas de similaridade para sistemas de recomendação, sem precisar considerar nenhum critério. Além desse trabalho, outros combinam múltiplas técnicas em outros escopos, como Lee [9], que combina múltiplas técnicas para recuperar informações textuais de diferentes linguagens, ou o trabalho de Rousseau [20], que ajusta pesos para grafos considerando diferentes parâmetros de TF-IDF.

A abordagem deste trabalho distingue *ratings* explícitos de implícitos, evitando-se a necessidade de predizer *ratings* explícitos, o que se diferencia de abordagens que predizem *ratings* através de filtragem colaborativa [16, 5, 6]. Uma das vantagens de não se utilizar a filtragem colaborativa é economia de tempo de processamento nas predições. O ajuste de pesos proposto para os critérios utiliza um algoritmo genético, assim como [5], com a diferença de que o proposto por [5] o formula para um número fixo de 4 pesos, enquanto este trabalho considera um conjunto de pesos independente de tamanho. Outras abordagens para ajuste de pesos incluem otimização via gradiente descendente [18], que tem a chance de ficar presos em ótimos locais [3] - evitado em algoritmo genético, por causa da operação de mutação -, e a regressão múltipla [14], que pode ter como resultado pesos negativos.

4. CONCEITOS BÁSICOS

Antes de dar início à descrição da proposta, é importante que alguns conceitos sejam definidos a fim de deixar a compreensão livre de ambiguidades. Os principais conceitos definidos são: item, múltiplos critérios, *ratings* explícitos e implícitos, *feedback* implícito e explícito, e pesos de critérios.

DEFINITION 1. *Item e múltiplos critérios:* Seja $I = \{i_1, \cdots, i_j\}$ o conjunto de j itens, e $C = \{c_1, \cdots, c_k\}$ o conjunto de k critérios, onde cada critério é um rótulo representando um aspecto avaliável de um item. Cada item $i \in I$ possui um conjunto de critérios $C_i = \{c_{i1}, \cdots, c_{il}\}$.

---

[2]https://www.netflix.com

A Figura 1 apresenta um exemplo de itens e seus critérios. O item $i =$ `Star Wars` possui o conjunto de 6 critérios $C_{StarWars} = \{$`Acting, Visual Quality, Audio Quality, Story, Genre, Release Date`$\}$.

DEFINITION 2. **Rating explícito e rating implícito:** *Rating explícito $r^{exp} \in \{\{\emptyset\} \cup \mathbb{R}\}$ é aquele provido explicitamente por um usuário. Rating implícito $r^{imp} \in \mathbb{R}$ é aquele computado implicitamente para algum usuário.*

Matematicamente falando, a principal diferença entre um *rating* implícito e um *rating* explícito está no fato deste último ter a possibilidade de ser desconhecido, quando $r^{exp} = \emptyset$. Isso não acontece com o *rating* implícito, uma vez que ele pode ser calculado. É importante observar que r^{imp} pode ser 0, o que é diferente de um *rating* desconhecido $\emptyset$.

DEFINITION 3. **Feedback explícito e feedback implícito:** *Feedback é uma tripla (u, r, λ), na qual u é um usuário, r é um rating e λ pode ser tanto um item i quanto um critério c_i do item i. O conjunto Fb^{exp} é o conjunto de feedback explícito, quando $r = r^{exp}$, enquanto Fb^{imp} é o conjunto de feedback implícito, quando $r = r^{imp}$.*

Através da Definição 3 é possível notar que pode haver *feedbacks* explícitos, cujos *ratings* são explicitamente providos por um usuário, ou *feedbacks* implícios, cujos *ratings* são calculados pelo sistema. Outra característica importante apresentada na Definição 3 é que uma tripla de *feedback* pode estar relacionada tanto a um item quanto a um critério de um item. Observando a Figura 1, é possível observar que a tupla $Fb^{imp} = \{Bob, 0.8, Genre_{StarWars}\}$ refere-se ao critério `Genre` do item `Star Wars`. Já observando a Tabela 1, é possível observar que a tupla $Fb^{imp} = \{Bob, ?, Filme4\}$ refere-se ao item `Filme 4`, sem *rating* fornecido.

DEFINITION 4. **Pesos dos critérios:** *Seja $W_u = \{\omega_1, \cdots, \omega_k\}$ o conjunto de pesos para o usuário u, onde k é o número de critérios e cada ω_j é um par (w, c), em que $w \in \mathbb{R}$ e $w \geq 0$ é um peso e $c \in C$ é um critério, tal que $\sum_{\omega_j = (w,c) \in W_u}(w) = 1$.*

A Definição 4 impõe o conjunto de pesos para um determinado usuário, considerando os critérios de um item. Assim, considerando o exemplo da Tabela 1, onde estão os exemplos de pesos para cada critério do item `Star Wars`, o usuário Bob teria o conjunto $W_{Bob} =$ {0,15; 0,20; 0,05; 0,10; 0,30; 0,20}, sendo que somatório é igual a 1.

5. ESPARSIDADE DOS DADOS

Como discutido, o problema da esparsidade de dados pode ser contornado ao se utilizar técnicas de filtragem colaborativa, predizendo-se valores relativos aos *ratings* desconhecidos. Isso, porém, demanda um elevado poder computacional, principalmente pela quantidade de *ratings* inexistentes. Os trabalhos que utilizam filtragem colaborativa para aplicações com múltiplos critérios [16, 5, 6] predizem os *ratings* para os critérios no intuito de se gerar um ranqueamento de recomendações, utilizando-os. Para se ranquear a recomendação de itens é necessário, portanto, predizer um *rating* geral para o item, de forma que quanto maior é o *rating*, mais recomendável é o item a determinado usuário. Entretanto, tal *rating* geral, nesses trabalhos, pressupõe que,

quando existem *ratings* desconhecidos, esses serão estimados.

Neste trabalho, é proposto apenas o uso de *ratings* explícitos **conhecidos** e implícitos, em combinação com seus respectivos pesos, para a predição do *rating* geral usado para o ranqueamento da recomendação final. A Definição 5 trata desse *rating* geral, em que também utiliza, na equação proposta, pesos relacionados aos *ratings* desconhecidos.

DEFINITION 5. **Predição do rating geral de um item:** *Seja W_u o conjunto de $\omega = (w, c)$ em que w é o peso associado ao critério c para o usuário u. Seja também Fb_u o conjunto de feedback para o usuário u. Além disso, $r^{exp}_{c^i,u}$ é o rating $r^{exp} \in (u, r^{exp}, \lambda)$, tal que $(u, r^{exp}, \lambda) \in Fb^{exp}_u$. Analogamente, $r^{imp}_{c^i,u}$ é o rating $r^{imp} \in (u, r^{imp}, \lambda)$, tal que $(u, r^{imp}, \lambda) \in Fb^{imp}_u$. Para ambas definições, λ é um critério c_i para o item i. Então, a fim de se obter a predição de um rating geral $r_{i,u}$ para um item i de um usuário u, é definida a Equação 1.*

$$r_{i,u} = \frac{x^k_{i,u} + \sum_{(w,c) \in X_u} w \times r^{imp}_{c^i,u}}{1 - x^{uk}_{i,u}} \qquad (1)$$

onde $x^k_{i,u}$ representa a soma do produto de pesos com os respectivos ratings conhecidos, como definido na seguinte equação: $x^k_{i,u} = \sum_{(w,c) \in X_u} w \times r^{exp}_{c^i,u} \quad \forall \; r^{exp}_{c^i,u} \neq \emptyset$; enquanto $x^{uk}_{i,u}$ representa a soma dos pesos relacionados aos ratings desconhecidos, como definido na seguinte equação: $x^{uk}_{i,u} = \sum_{(w,c) \in X_u} w \quad \forall \; r^{exp}_{c^i,u} = \emptyset$.

Quando um sistema de recomendação, que utilize a abordagem proposta neste trabalho, necessita prover recomendações de itens a determinado usuário, ele deve primeiramente calcular o *rating* mencionado na Definição 5 para todos os itens que deseja recomendar, ordenando-os de acordo com tal *rating*. Exemplificando o uso dessa definição, seja $i = StarWars$ (da Tabela 1) o item que se deseja estimar o *rating* geral para o usuário $u = Bob$. Para o cálculo de $x^{uk}_{i,u}$ toma-se os pesos relacionados com os *ratings* desconhecidos, ou seja $x^{uk}_{i,u} = 0,05$. Por outro lado, para se obter o $x^k_{i,u}$, deve-se somar o produto entre os pesos e *ratings* explícitos, ou seja $x^k_{i,u} = 0,15 \times 0,4 + 0,2 \times 0,8 + 0,10 \times 0,6 = 0,28$. Substituindo-se na fórmula do $r_{i,u}$, tem-se que $r_{i,u} = \frac{0,28 + (0,3 \times 0,8 + 0,2 \times 0,9)}{1 - 0,05} = \frac{0,28 + 0,42}{0,95} \approx 0,74$.

6. AJUSTAMENTO DE PESOS

Nesta seção, é proposta da função de maximização, definida em termos matemáticos - através de um problema de otimização-, e em seguida é apresentada a configuração de algoritmo genético que realiza tal otimização. O objetivo da função de maximização e do algoritmo genético é ajustar o conjunto de pesos de determinado usuário, na finalidade de se identificar a importância que cada critério tem ao usuário.

6.1 Função de maximização

Considerando que se possua um conjunto de *feedbacks* com *ratings* explícitos de usuários para os itens, é possível estimar quão próximo desse *rating* está o *rating* computado pela Definição 5, supondo-se utilizar determinado conjunto de pesos. Portanto, a fim de se estimar o conjunto de pesos que melhor se adeque às preferências do usuário, propõe-se a função de maximização apresentada na Definição 6.

DEFINITION 6. *Função de maximização:* Seja W_u o conjunto de pares, para o usuário u, $\omega = (w,c)$, em que w é um peso e c é um critério. Seja também Fb_u^{exp} o conjunto de tuplas (u, r^{exp}, λ), tais que $\lambda = i \in I$ e $r^{exp} \neq \emptyset$. Além disso, $r_{i,u}$ é o rating geral predito para o item i, considerando o usuário u, como descrito na Definição 5. Então, a função de maximização é estabelecida na Equação 2.

$$
\begin{aligned}
\underset{X_u}{Maximize} \quad & \left(1 - \frac{\sum_{(u,r^{exp},\lambda) \in Fb_u^{exp}} \sqrt{|r^{exp} - r_{i,u}|}}{|Fb_u^{exp}|} \right) \\
subject\ to \quad & \sum_{\omega = (w,c) \in W_u} (w) = 1 \qquad (2) \\
& 0 \leq w \leq 1\ \forall w \in \omega = (w,x) \in W_u.
\end{aligned}
$$

A intuição por trás da Equação 2 é ajustar o conjunto de pesos W_u de forma que a diferença entre os *ratings* reais dos itens (i.e: os *ratings* que o usuário previamente forneceu para os itens) e os *ratings* gerados para esses itens, através da Definição 5, seja mínima. Além disso, usa-se a raiz quadrada do módulo dessa diferença, por causa de resultados empíricos. Adota-se também o complemento dessa diferença, uma vez que é apresentado um algoritmo genético que considera parte da Equação 2 como a função de *fitness*. Em um algoritmo genético, quanto maior é o valor resultando da função de *fitness*, melhor adaptado é o indivíduo, de forma que faz mais sentido uma maximização da função de *fitness*.

Por exemplo, supondo-se que se deseje verificar quão bom está o conjunto de pesos da Tabela 1. Supõe-se que os únicos *ratings* fornecidos pelo usuário sejam os da tabela. O *rating*, de acordo com a Definição 5, utilizando tal conjunto de pesos, para o filme Star Wars é de 0,74. Já o *rating* computado para o item Filme 2 é de 0,445. O *rating* real fornecido para Star War é de 0,8 e o fornecido para o Filme 2 é de 0,9. Portanto, aplicando-se a Equação 2, o resultado seria $1 - \frac{(\sqrt{|0,74-0,8|} + \sqrt{|0,445-0,9|})}{2} = 1 - \frac{(\sqrt{0,06} + \sqrt{0,455})}{2} \approx 1 - \frac{0,24+0,67}{2} \approx 1 - 0,46 \approx 0,54$. Quanto mais próximo o resultado for de 1, mais próximo está o predito do real.

Uma abordagem existente que é capaz de ajustar um conjunto de peso tal que a diferença entre valores reais e preditos (na abordagem proposta, o rating real e o rating geral predito) é a regressão múltipla [14]. Uma regressão linear simples considera um conjunto de pontos bi-dimensionais e ajusta uma linha com inclinação (coeficiente angular) e intercepto (coeficiente linear). Uma regressão múltipla, por outro lado, considera mais variáveis independentes e ajusta outras variáveis além da inclinação e intercepto. Portanto, a fim de se obter o conjunto de pesos desejado, a regressão múltipla poderia ser uma abordagem possível. No entanto, o coeficiente de cada variável em uma regressão múltipla pode ser um número negativo, fazendo com que o conjunto resultante não fosse adequado ao problema, uma vez que pesos não podem ser negativos, de acordo com a definição 4. Além disso, o conjunto resultante de pesos de uma regressão múltipla não é, necessariamente, normalizado. Portanto, é proposta uma abordagem que utilize um algoritmo genético para a resolução desse problema de maximização.

6.2 Algoritmo genético

O algoritmo genético é baseado no comportamento genético da evolução de indivíduos, em que aqueles mais adaptados tendem a levar adiante seus genes, através de cruzamentos. O algoritmo genético é uma meta-heurística para problemas de otimização, capaz de evoluir determinado conjunto, com base em uma função de otimização (conhecida como função de *fitness*), na finalidade de se otimizar o conjunto. No âmbito deste trabalho, os indivíduos são os conjuntos de pesos, em que se deseja obter o mais otimizado. Uma vez que o algoritmo genético é uma meta-heurística, é necessário adaptar alguns conceitos para a abordagem proposta: (i) indivíduo (ou código genético), que é o conjunto de pesos, sendo cada peso um cromossomo; (ii) a função de *fitness*, capaz de predizer quão adaptado é algum indivíduo (conjunto de pesos), que é a função de maximização definida na Equação 2; e (iii) as operações de mutação e *crossover*.

As operações de *crossover* e mutação são aquelas que, em cada iteração do algoritmo genético, respectivamente, combinam os códigos genéticos de dois indivíduos e modificam o código genético de um indivíduo. O objetivo da operação de *crossover* é levar adiante cromossomos de indivíduos bem adaptados, buscando valores ótimos. Neste trabalho são consideradas duas abordagens para implementação da operação de *crossover*, o *crossover* de um ponto (combina dois indivíduos através de um único corte nos códigos genéticos) e o *crossover* de dois pontos (combina dois indivíduos ao se cortar em dois pontos diferentes os códigos genéticos). A operação de mutação, por outro lado, foca na prevenção de se ficar em valores de ótimos locais, buscando um valor de ótimo global, através da mutação aleatória de alguns cromossomos. Em ambas operações, é possível que sejam criados conjuntos de pesos que não batem com as restrições da Definição 4. Propõe-se, portanto, que após a aplicação de tais operações, os conjuntos sejam normalizados dividindo-se cada elemento de pela soma total dos pesos dele. Um cuidado que deve-se ter ao se utilizar a mutação é a taxa com que a mutação vai ocorrer, pois quando ela é alta, a tendência é de que, a cada iteração do algoritmo genético, conjuntos de pesos sejam aleatórios.

Para se exemplificar o funcionamento da operação de *crossover*, sejam dois conjuntos de pesos diferentes, tais que $A = \{0,1; 0,5; 0,4\}$ e $B = \{0,4; 0,3; 0,3\}$. A operação de *crossover* por um ponto primeiramente computa dois novos conjuntos de peso, que são $A' = \{0,1; 0,5; 0,3\}$ e $B' = \{0,4; 0,3; 0,4\}$. Como nenhum dos conjuntos está normalizado (a soma dos pesos de A' é 0,9 e a soma dos pesos de B' é 1,1), normaliza-se os dois conjuntos, divindo-se os elementos de $A'1$ por 0,9 e de B' por 1,1. Tal normalização resulta nos seguinte conjuntos de peso: $A' = \{0,11; 0,56; 0,33\}$ e $B' = \{0,37; 0,27; 0,36\}$. A operação de mutação, por outro lado, tem a possibilidade de modificar cada peso, deixando-o com valores aleatórios. Após a operação de mutação, normaliza-se o conjunto de pesos resultante.

7. AVALIAÇÃO EXPERIMENTAL

Nesta seção, são apresentados os experimentos realizados com o intuito de validar a abordagem proposta. O principal objetivo dos experimentos é demostrar que o algoritmo genético, através da função de *fitness* proposta, é capaz de produzir uma estratégia de pesos que melhora a precisão dos resultados, mesmo que os experimentos tenham sido realizados em um conjunto de dados bastante esparso.

7.1 Base de dados

Para os experimentos, foi usada a base de dados do Movielens Latest Database[3], uma vez que essa base é largamente utilizada na comunidade de recuperação de informação [24, 13, 10], além de conter um grande número de *ratings*. No total, o Movielens contém 22 milhões de *ratings* para 33 mil filmes, aplicados por 240 mil usuários, sendo que cada *rating* é dado em uma escala de 1 a 5 estrelas para os filmes. Tais *ratings* foram normalizados divindo-os por 5. Cada um dos filmes possui 5 critérios: `enredo`, `atuação` e `qualidade`, que possuem *ratings* explícitos, e `data de lançamento` e `gênero` que possuem *ratings* implícitos. Como a base de dados do MovieLens não contém *ratings* explícitos para os critérios, e sim para o item como um todo, então foi necessário simulá-los conforme discutido mais adiante na Seção 7.3. A esparsidade dessa base de dados é de aproximadamente 99,722%, em um total de aproximadamente 7,898 bilhões de pares usuário e filmes com *ratings* desconhecidos.

7.2 Baselines e parâmetros de configuração

Com o intuito de comparar a abordagem proposta com outros trabalhos propostos na literatura, foram considerados quatro *baselines*, descritos na Seção 3, dois deles levando em conta a proposta de Jannach [6], outro considerando o proposto por Nilashi [16] e outro o trabalho de Hwang [5]. Os *baselines* foram configurados da seguinte forma: (i) Jannach com predição de *rating* (JwR) e sem predição de *rating* (JnR), usando o algoritmo SV-regress proposto com os parâmetros descritos pelos autores; (ii) Nilashi (Nil), com as regras *fuzzy* manualmente definidas; e (iii) Hwang (HwG), com os parâmetros e funções definidos pelo autor.

Além desses *baselines*, foram adotadas duas variações para o trabalho proposto neste artigo: uma delas utilizando *crossover* de um ponto (GW-1P) e a outra usando *crossover* de 2 pontos (GW-2P). A taxa de *crossover* foi definida como 0, 7, enquanto a taxa de mutação foi 0, 01. O tamanho da população foi de 50. Foram consideradas 1 milhão de iterações para se obter a otimização da função de *fitness*.

7.3 Metodologia utilizada

Os experimentos foram conduzidos através da ordenação dos itens de recomendação utilizando cada uma das abordagens apontadas na Seção 7.2, fazendo uso do mesmo conjunto de dados (mesmos usuários e mesmos itens).

Os experimentos foram repetidos para 100 usuários aleatórios e foram considerados os seguintes critérios: `enredo`, `atuação`, `qualidade`, `data de lançamento` e `gênero`. Como já mencionado, a base de dados do Movielens não contém *ratings* explícitos para os critérios, então foi necessário simulá-los. Para essa simulação, utilizou-se a seguinte premissa: usuários que fornecem *rating* para um item, possivelmente forneceriam também *rating* aos critérios do mesmo item. Com base nessa premissa, foi adotada uma porcentagem de 60% como a chance de um usuário fornecer *rating* a cada critério do item, sendo que esse *rating* é o *rating* fornecido para o item somado com um número uniformemente distribuído no intervalo de −0, 4 a 0, 4, respeitando-se que o resultado dessa soma se mantenha no intervalo entre 0 e 1. Exemplificando: seja 0, 6 o *rating* fornecido para o filme A. Para cada critério com *rating* explícito (`Acting`, `Visual Quality`, `Audio Quality` e `Story`) há 60% de chance de o usuário fornecer *rating* (simulado) para tal item. Ao se fazer essa simulação para o item A, e com a suposição de

que apenas os critérios `Acting` e `Story` tenham *ratings* simulados (i.e: os demais se mantém desconhecidos), o *rating* ligado ao critério `Acting` é de, por exemplo, 0, 5 (0, 6 − 0, 1) e o ligado ao `Story` é 0, 9 (0, 6 + 0, 3).

Os experimentos foram realizados de forma a mensurar as quatro situações a seguir. **(i) Precisão na recomendação de itens:** neste caso, simulou-se um cenário de recomendação de filmes para usuários. Para tal simulação, foi selecionado um conjunto de itens aleatórios e, nesse conjunto, foram adicionados os filmes relevantes para o usuário. Então, para cada item desse conjunto, foram preditos *ratings* gerais para cada item, de acordo com a Definição 5. Os itens foram ranqueados e, com base nos itens do topo do ranqueamento, foram mensuradas as precisões e coberturas do ranqueamento; **(ii) Efeitos da esparsidade de dados:** nesta situação, o conjunto de dados utilizado para o experimento possui pelo menos 20 *ratings* por usuário. Simulou-se, então, um cenário em que 95% desses *feedbacks* foram removidos da base, fazendo com que o conjunto de *ratings* conhecidos ficasse ainda mais esparso. Dessa maneira, é possível avaliar os efeitos de uma base de dados mais esparsa para a abordagem proposta; **(iii) Tempo necessário para recomendação:** neste caso, foram avaliados os tempos necessários para se aplicar as abordagens testadas, verificando-se a viabilidade de cada uma em sistemas Web. Para tais experimentos, foram considerados os tempos *online* e tempo *offline*. No primeiro caso, foi medido o tempo necessário para ranqueamento dos itens para recomendação, enquanto no segundo caso, foi considerado o tempo necessário para a configuração dos dados para recomendação. Como configuração dos dados entende-se os seguintes passos: predição de *ratings* implícitos, predição de *ratings* explícitos (para as abordagens que necessitam dessa predição) e ajuste de pesos (para abordagens que necessitam de tal ajuste); e **(iv) Diferença entre *ratings* preditos com os reais:** estimou-se *ratings*, para todos os itens com *ratings* conhecidos, de forma a se verificar a diferença entre o real e o predito.

Os resultados dos experimentos foram medidos em termos de precisão, tempo e erro percentual absoluto médio (MAPE). Para isso, foram consideradas os top 5 (P@5), top 10 (P@10) e top N (P@N), onde N significa o número de itens relevantes (por exemplo, no caso de existirem 7 itens relevantes para um usuário, são considerados os top 7 resultados). Um item é considerado relevante quando possui um *rating* maior ou igual a 0, 6 (ou seja, no mínimo 3 estrelas). Todos os experimentos foram feitos em um conjunto de 150 itens aleatórios, além dos itens relevantes, ranqueados de acordo com o *rating* geral predito para cada item. *Time Off* significa o tempo necessário para o processamento *offline*, enquanto *Time On* significa o tempo para recomendação dos resultados.

7.4 Cálculo dos *ratings* implícitos

Como os critérios `data de lançamento` e `gênero` dos filmes do Movielens são relacionados a *ratings* implícitos, é preciso gerar tais *ratings*. Para `data de lançamento`, a ideia é calcular *ratings* maiores para novos filmes. Como o filme mais antigo da base de dados é datado no ano de 1906, o *rating* para um filme é calculado de acordo com a Definição 7.

DEFINITION 7. *Rating para critério de data de lançamento mais recente: Seja y o ano atual, i um item, em*

---

[3]http://grouplens.org/datasets/movielens/

que i_d representa a data de lançamento dele. Então, o rating para o critério de data mais recente é computado para determinado usuário u como sendo o seguinte: $r^{imp(i,u)} = max\{0, \frac{(i_d - 1906)}{(y - 1906)}\}$.

A intuição do cálculo do *rating* para o critério **data de lançamento** proposta é dar maiores *ratings* para filmes mais recentes. Utiliza-se o ano do filme mais antigo registrado (1906) como fator para dar maior destaque às diferenças dos anos dos filmes. Dessa forma, sendo o ano atual 2016, por exemplo, um filme de 1930 tem *rating* de 0,22, enquanto um filme de 2010 tem *rating* de 0,95.

O outro critério para o qual é necessário gerar um *rating* implícito é **gênero**. O *rating* de gênero deve ser diferente para diferentes usuários, uma vez que há usuários que gostam de um determinado gênero em específico enquanto outros usuários não. O *rating* de gênero é calculado em duas partes: (i) os níveis de interesse de cada gênero para o usuário, que indica dentre os itens que o usuário previamente forneceu *rating*, quais deles contém um determinado gênero(Definição 8); e (ii) *rating* para o critério **gênero**, baseado nos gêneros do filme e nos níveis de interesse de cada gênero para o usuário (Definição 9).

DEFINITION 8. ***Nível de interesse do gênero:*** *Seja* $G = \{g_1, \cdots, g_m\}$ *um conjunto de m gêneros e* $G_i = \{g_{i,1}, \cdots, g_{i,j}\} \subseteq G$ *o conjunto dos gêneros de um item* i. *Cada gênero* $g \in G$ *possui um rating* $s_{g,u}$ *associado a um usuário* u, *computado pela seguinte equação:* $s_{g,u} = \frac{\sum_{(u,r,\lambda) \in Fb_{g,u}^{exp}}(r)}{|Fb_{g,u}^{exp}|}$, *em que* $Fb_{g,u}^{exp} = (u, r, \lambda)|\lambda \in I \wedge g \in G_\lambda \subseteq Fb^{exp}$ *é o conjunto de feedback explícito do usuário* u, *cujos itens contenham o gênero* g.

DEFINITION 9. ***Rating de gênero:*** *Seja* i *um item que contém um conjunto de gêneros* $G_i = \{g_{i,1}, \cdots, g_{i,j}\} \subseteq G$. *Seja também* $s_{g,u}$ *o nível de interesse de um gênero* g *para o usuário* u, *calculado através da Definição 8, então o rating implícito do gênero é calculado através da seguinte equação:* $r^{imp(i,u)} = \frac{\sum_{g_j \in G_i}(s_{g_j,u})}{|G_i|}$.

Para o cálculo do *rating* para o critério de **gênero**, é necessário primeiramente calcular o nível de interesse, que indica, dentre os itens que o usuário previamente forneceu *rating*, quais deles contém esse gênero. A média desses *ratings* é o nível de interesse do gênero. Sabendo-se o nível de interesse de todos os gêneros para determinado usuário, calcular o *rating* para o critério de **gênero** de um item fica trivial, sendo tal *rating* a média dos interesses dos gêneros do item.

7.5 Resultados dos experimentos e discussões

Nesta seção, são mostrados os resultados dos experimentos em dois cenários. O primeiro deles considera todos os *feedbacks* dos usuários presentes na base de dados do Movielens, enquanto o segundo considera apenas 5% dessa quantidade. Todos os resultados estão dispostos na Tabela 2. Os valores referentes a P@5, P@10, P@N indicam a precisão das diferentes abordagens e, quanto maior a precisão, melhor o resultado. Os valores referentes a T-Off e T-On indicam o tempo, em milissegundos, e quanto menor o tempo, melhor. Os valores do MAPE estão indicados em porcentagem, sendo que os melhores resultados são os com menor valor.

Comparando-se primeiramente as duas propostas deste artigo (duas primeiras linhas da tabela), quando considerado o cenário com todos os *feedbacks*, os experimentos mostram que o ajuste de pesos utilizando *crossover* de 2 pontos supera o ajuste do *crossover* de 1 ponto em termos de P@N, embora tenha um resultado pior em termos de P@5 e P@10. O *crossover* de 2 pontos, nesse cenário, tem a desvantagem de demandar 13% a mais de tempo de processamento *offline*.

Para as demais abordagens do *baseline*, o tempo gasto para ajustes, que predição de *ratings* desconhecidos, foi muito maior que as duas variações da abordagem proposta neste artigo. Comparando-se o tempo da variação *crossover* de 1 ponto, a abordagem de Nilashi [16] teve um tempo 153% maior, enquanto a abordagem de Jannach [6] excedeu 272%.

Apesar de mais lenta em termos de tempo para ajustamento, a abordagem de Jannach mostrou ser melhor que a abordagem proposta neste artigo nos resultados considerando os top 5 e os top N resultados em um cenário com todos os *feedbacks*. Isso mostra que a predição de *ratings* desconhecidos pode aumentar a precisão nesse cenário, ou seja, em aplicações cujas recomendações necessitam ser precisas, mesmo demandando maior tempo, justificar-se-ia o uso de filtragem colaborativa. Todavia, ao se mudar de cenário, reduzindo 95% do *feedback* de todos os usuários, deixando a base de dados de *ratings* ainda mais esparsa, as duas variações da abordagem proposta neste artigo superaram os demais *baselines*. Nesse cenário, pelo fato de as predições de *ratings* desconhecidos se tornarem menos confiáveis, as abordagens que necessitam predizer *ratings* desconhecidos, além de levar mais tempo com essa predição, tendem a perder precisão. Outro ponto interessante no cenário de poucos *feedbacks* é o fato de o tempo necessário para ajuste diminui na abordagem proposta, pelo fato de se ter menos informações para juste, mas aumenta nas demais, pelos motivos já descritos.

Considerando predição de *ratings*, a abordagem proposta mostrou melhor performance que as *baselines*. O erro médio da abordagem proposta (com *crossover* de um ponto), em um cenário menos esparso, manteve uma média de erro de 12,84%, ao passo que tal erro subiu para 27,96% em um cenário mais esparso. Nos dois cenários, o *baseline* que melhor manteve desempenho foi a abordagem de Jannach [6], cujo MAPE foi de 15,65% e 31,62%, respectivamente.

8. CONSIDERAÇÕES FINAIS

Este artigo apresenta uma abordagem com múltiplos critérios em que, de acordo com cada usuário, o critério está associado a um diferente peso. Para se predizer esses pesos, é proposta uma configuração de algoritmo genético, cuja precisão nas recomendações em cenário com um conjunto grande de *feedbacks* é capaz de competir com outras abordagens recentes, com uma grande redução de tempo necessário para ajustes. Em um cenário mais esparso, experimentos revelam que é possível reduzir o tempo de ajuste, obtendo-se, ainda assim, precisões melhores que demais técnicas da literatura. A razão pela qual essa abordagem possui melhor performance, em termos de tempo, é o fato de não serem preditos *ratings* explícitos desconhecidos, mas sim computados *ratings* implícitos, o que permite que a abordagem proposta se adapte melhor ao problema de esparsidade de dados.

Table 2: Resultados dos experimentos considerando todos os *feedbacks* e poucos *feedbacks*

Method	Todos os *feedbacks*						Poucos *feedbacks*					
	P@5	P@10	P@N	T-Off	T-On	MAPE	P@5	P@10	P@N	T-Off	T-On	MAPE
GW-1P	0.722	**0.611***	0.736	**31040***	**42.6***	**12.84***	**0.228***	**0.182***	**0.231***	**29080***	48.3	**27.96***
GW-2P	0.678	0.600	0.758	35195	47.5	13.82	0.188	0.161	0.194	31577	**48.2***	29.02
Nil	0.592	0.516	0.656	78583	110.8	17.89	0.170	0.148	0.190	82529	48.5	35.37
HwG	0.594	0.485	0.581	95909	135.3	22.80	0.146	0.122	0.162	101882	49.0	38.88
JnR	0.590	0.523	0.647	45275	63.0	15.65	0.164	0.132	0.152	38109	49.0	31.62
JwR	**0.728***	0.599	**0.759***	115723	159.6		0.172	0.139	0.182	121463	47.6	

* melhores resultados.

9. AGRADECIMENTOS

Os autores agradecem à CAPES pelo apoio financeiro, fundamental para o desenvolvimento deste trabalho.

10. REFERENCES

[1] G. Adomavicius, N. Manouselis, and Y. Kwon. Multi-criteria recommender systems. In Recommender systems handbook, pages 769–803. Springer, 2011.

[2] G. Guo. Integrating trust and similarity to ameliorate the data sparsity and cold start for recommender systems. In RecSys, RecSys '13, pages 451–454, New York, NY, USA, 2013. ACM.

[3] S. Haykin and N. Network. A comprehensive foundation. Neural Networks, 2(2004), 2004.

[4] Z. Huang, H. Chen, and D. Zeng. Applying associative retrieval techniques to alleviate the sparsity problem in collaborative filtering. TOIS, 22:116–142, Jan. 2004.

[5] C.-S. Hwang. Genetic algorithms for feature weighting in multi-criteria recommender systems. In Journal of Convergence Information Technology. Citeseer, 2010.

[6] D. Jannach, Z. Karakaya, and F. Gedikli. Accuracy improvements for multi-criteria recommender systems. In EC'13, pages 674–689. ACM, 2012.

[7] N. T. A. Lakiotaki, K.; Matsatsinis. Multicriteria user modeling in recommender systems. IEEE Intelligent Systems, 26(2):64–76, 2011.

[8] L. Lamontagne and I. Abi-Zeid. Combining multiple similarity metrics using a multicriteria approach. In Advances in Case-Based Reasoning, pages 415–428. Springer, 2006.

[9] C.-J. Lee and W. B. Croft. Cross-language pseudo-relevance feedback techniques for informal text. In Advances in Information Retrieval, pages 260–272. Springer, 2014.

[10] Y. Li, M. Yang, and Z. M. Zhang. Scientific articles recommendation. In CIKM, pages 1147–1156. ACM, 2013.

[11] L. Liu, N. Mehandjiev, and D.-L. Xu. Multi-criteria service recommendation based on user criteria preferences. In ACM, pages 77–84. ACM, 2011.

[12] N. Manouselis and C. Costopoulou. Analysis and classification of multi-criteria recommender systems. World Wide Web, 10(4):415–441, 2007.

[13] X. Meng, J. Shao, et al. Semantic approximate keyword query based on keyword and query coupling relationship analysis. In CIKM, pages 529–538. ACM, 2014.

[14] D. C. Montgomery. Design and analysis of experiments. John Wiley & Sons, 2008.

[15] Y. Moshfeghi, B. Piwowarski, and J. M. Jose. Handling data sparsity in collaborative filtering using emotion and semantic based features. In SIGIR, SIGIR '11, pages 625–634, New York, NY, USA, 2011. ACM.

[16] M. Nilashi, O. bin Ibrahim, and N. Ithnin. Multi-criteria collaborative filtering with high accuracy using higher order singular value decomposition and neuro-fuzzy system. Knowledge-Based Systems, 60:82–101, 2014.

[17] K. Palanivel and R. Sivakumar. A study on implicit feedback in multicriteria e-commerce recommender system. JECR, 11(2):140–156, 2010.

[18] S. Rendle, C. Freudenthaler, Z. Gantner, and L. Schmidt-Thieme. Bpr: Bayesian personalized ranking from implicit feedback. In AUAI, pages 452–461. AUAI Press, 2009.

[19] F. Ricci, L. Rokach, B. Shapira, and P. B. Kantor. Recommender Systems Handbook. Springer-Verlag New York, Inc., New York, USA, 1st edition, 2010.

[20] F. Rousseau and M. Vazirgiannis. Graph-of-word and tw-idf: new approach to ad hoc ir. In CIKM, pages 59–68. ACM, 2013.

[21] B. Sarwar, G. Karypis, J. Konstan, and J. Riedl. Item-based collaborative filtering recommendation algorithms. In WWW, pages 285–295. ACM, 2001.

[22] M. Szelag, S. Greco, and R. Słowiński. Variable consistency dominance-based rough set approach to preference learning in multicriteria ranking. Information Sciences, 277:525–552, 2014.

[23] R. Wang and S. Kwong. Active learning with multi-criteria decision making systems. Pattern Recognition, 47(9):3106–3119, 2014.

[24] M. Zhang, J. Tang, X. Zhang, and X. Xue. Addressing cold start in recommender systems: A semi-supervised co-training algorithm. In SIGIR, pages 73–82. ACM, 2014.

[25] Y. Zhang, G. Lai, M. Zhang, Y. Zhang, Y. Liu, and S. Ma. Explicit factor models for explainable recommendation based on phrase-level sentiment analysis. In SIGIR, pages 83–92. ACM, 2014.

[26] Y. Zhang, M. Zhang, Y. Zhang, Y. Liu, and S. Ma. Understanding the sparsity: Augmented matrix factorization with sampled constraints on unobservables. In CIKM, CIKM '14, pages 1189–1198, New York, NY, USA, 2014. ACM.

A Framework for Creation of Linked Data Mashups: A Case Study on Healthcare

Gabriel Lopes
Instituto Federal do Ceará - IFCE
Fortaleza, CE, Brasil
gabriellopes9102@gmail.com

Vânia Vidal
Universidade Federal do Ceará - UFC
Fortaleza, CE, Brasil
vvidal@lia.ufc.br

Mauro Oliveira
Instituto Federal do Ceará - IFCE
Aracati, CE, Brasil
amauroboliveira@gmail.com

ABSTRACT

Linked Data promotes the publication of structured data on the Web, easing the development of an homogeneized-view over heterogeneous sources, called *Linked Data Mashup view* (LDM view). But the development of this homogeneized-view still is a challenging task. This article proposes a *framework* Ontology-based that aims to ease the process of creation of LDM views. This *framework* allow users without specifics knowledge to create their own applications, based on their needs. We also present a case study in which we use our approach to develop an integrated view over two heterogeneous sources from Brazilian Public Health System.

Keywords

Linked Data Mashup; Data Integration ; Semantic Integration; Semantic Mediator

1. INTRODUÇÃO

A iniciativa *Linked Data* [2] promove a publicação de bases de dados anteriormente isoladas como fontes RDF interligadas. O *Linked Data* trouxe novas oportunidades para o desenvolvimento de aplicações semânticas. Essas aplicações consomem os dados de um *Linked Data Mashup* (LDM), uma aplicação *web* que promove a integração de bases de dados através da combinação, agregação e transformação de fontes possivelmente heterogêneas [5]. Existem exemplos de aplicações *Linked Data Mashup* em diversos domínios, como na Saúde [1, 11] e na Música [6]. O DrugBank [11], por exemplo, é um *mashup* que integra diversas fontes de dados abertos, reunindo informações sobre mais de 5000 medicamentos, e pode ser utilizado pela comunidade para o desenvolvimento de diversas aplicações.

Entretanto, para o desenvolvimento de aplicações LDM, é necessário a obtenção de uma visão homogênea dos dados provenientes de diferentes fontes, muitas vezes com formatos e/ou *schemas* heterogêneos. De acordo com [9], o desenvolvimento de uma visão integrada, chamada de *visão Linked Data Mashup*, não é uma tarefa simples, pois requer

WebMedia '16, November 08-11, 2016, Teresina, PI, Brazil

© 2016 ACM. ISBN 978-1-4503-4512-5/16/11...$15.00

DOI: http://dx.doi.org/10.1145/2976796.2988185

a *integração semântica* das fontes de dados, i.e, as diferenças semânticas entre as fontes precisam ser conciliadas. Os principais desafios para a integração semântica no contexto de *Linked Data* estão relacionados aos seguintes fatores: (i) heterogeneidade das fontes de dados e dos vocabulários usados; (ii) qualidade dos dados que podem estar fragmentados, incompletos, incorretos ou inconsistentes; (iii) resolução de conflito de URIs, visto que diferentes URIs podem se referir ao mesmo objeto. Nesse processo, são necessários conhecimentos específicos que dificultam para um usuário geral, um gestor da área da Saúde por exemplo, criar seu próprio *mashup*.

Esse artigo propõe um *Framework* para facilitar a criação de *visões Linked Data Mashup*. Um dos objetivos da proposta, é permitir que usuários finais, com poucos conhecimentos em Computação, desenvolvam suas próprias visões integradas sobre informações distribuídas. Na nossa abordagem, uma visão LDM é especificada baseada na metodologia proposta em [9]. Essa especificação indica que as fontes de dados utilizadas para o *mashup* foram integradas semanticamente, total ou parcialmente. A partir dessa especificação, usuários finais podem construir seus próprios *mashups*, chamados de *visões de aplicação mashup*, por meio de uma *interface web*, de maneira fácil, intuitiva e sem a necessidade de conhecimentos específicos. Um dos diferenciais da nossa abordagem, é que a integração semântica é realizada uma única vez, e a partir de então, a especificação gerada será reutilizada para a criação de aplicações posteriores. Para isso, fazemos uma reescrita da especificação original, utilizando os parâmetros passados pelo usuário por meio da *interface web* gráfica. Além disso, apresentamos um estudo de caso em que o *framework* proposto é utilizado para especificar uma *visão de mashup* chamada de *Datasus_hub*, que integra semanticamente duas bases heterogêneas do Sistema Público de Saúde brasileiro. Nesse estudo de caso, também demonstramos como um usuário final pode criar seu próprio *mashup*.

O restante do artigo está organizado da seguinte forma. A Seção 2 apresenta o *framework* proposto. Na Seção 3, nossa abordagem é utilizada para construir uma visão integrada sobre duas bases da Saúde. Finalmente, a Seção 4 apresenta nossas expectativas e trabalhos futuros.

2. ESPECIFICAÇÃO DO FRAMEWORK

2.1 Visão geral

Nessa Seção, apresentamos o *framework* com 4 camadas baseado em Ontologias (Figura 1), que tem como objetivo permitir que usuários finais obtenham uma visão integrada de informações distribuídas. Na nossa abordagem, uma *integração semântica* é realizada baseada nos conceitos de [9], brevemente discutido na Seção 1, que apresenta cinco passos para a especificação e materialização de uma visão LDM. O resultado dessa integração semântica é a especificação de uma *Visão Integrada M*, que será utilizada para a criação de *visões de aplicação mashups*, ou simplesmente *visões de mashup*. Cada visão de *mashup* é criada por um usuário final por intermédio de uma *interface web* gráfica. As quatro camadas do *framework* são descritas a seguir.

2.1.1 Framework 4 camadas

Na Camada de Integração Semântica, a *Ontologia de Domínio* O_M representa uma visão homogênea sobre as fontes de dados $S_1, ..., S_n$, que deseja-se unificar. Na Camada de Dados, cada fonte S_i é descrita por uma ontologia O_{Si} e exporta uma ou mais visões, chamadas de *Visões Exportadas*. Cada visão exportada E_i é composta por uma *Ontologia Exportada* O_{Ei}, cujo vocabulário é um subconjunto de O_M, e um conjunto de mapeamentos M_{Ei}, que mapeia os conceitos de O_{Si} em O_{Ei}. Também é na Camada de Visões Exportadas que são definidas as regras para descobertas de *Links Semânticos*, $EL_1, ..., EL_m$, que apontam a similaridade entre dois objetos do mundo real em duas bases distintas.

Usuários finais utilizam os parâmetros (O_{Vi}, F_i) para construir visões de *mashup* baseadas na especificação da *Visão Integrada* previamente criada. A *Ontologia de Aplicação* O_{Vi}, cujo vocabulário deve ser um subconjunto do vocabulário de O_M, representa os conceitos de interesse do usuário; enquanto F_i representa um conjunto de filtros (e.g. cidade, ano etc.) que serão aplicados sobre os dados. Os usuários finais interagem com o *framework* por meio de uma *interface web* gráfica, que permite, de forma intuitiva, a construção de uma visão de *mashup*. Como será discutido na subseção 2.3, para a materialização da visão V_i, é necessário combinar os parâmetros (O_{Vi}, F_i) com a especificação da visão integrada M, gerando uma especificação de V. Essa especificação V denota uma integração semântica parametrizada sobre as bases $S_1, ..., S_n$. A especificação de V será então utilizada na materialização dos dados, realizada automaticamente com o auxílio de *frameworks* específicos.

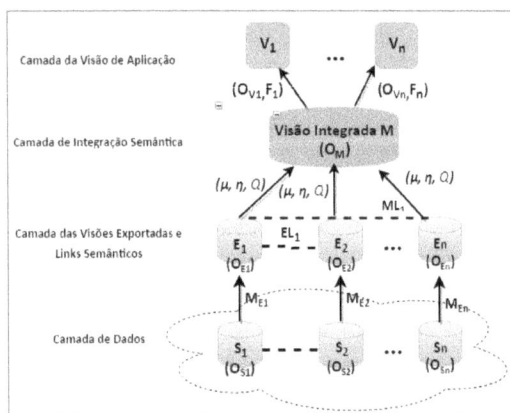

Figura 1: *Framework* **4 Camadas**

2.2 Especificação da Visão Integrada

Seja M uma visão em um formato homogêneo sobre as fontes de dados que deseja-se unificar. A especificação de M é uma 6-tupla:

- $\lambda_m = \{M, O_M, E_M, EL_M, \mu_m, Q\}$.

Onde M é o nome da visão integrada; O_M é a ontologia de domínio; E_M representa o conjunto das visões exportadas; EL_M define o conjunto de regras para descoberta dos *links* semânticos; μ_m determina as regras de fusão e, finalmente, Q determina os critérios para avaliação de qualidade das fontes de dados. O processo de especificação da visão M consiste em 5 etapas:

1. **Seleção das fontes de dados relevantes para a aplicação.** As fontes de dados $S_1, ..., S_n$ são escolhidas de acordo com a relevância para a aplicação. Por exemplo, se a aplicação requer dados geográficos, Geo-Names[1] pode ser uma escolha. Além disso, deve haver uma ontologia O_{Si} descrevendo cada fonte S_i.

2. **Modelagem da Ontologia de Domínio.** Denotada por O_M, essa ontologia representa todos os conceitos do *framework* que podem ser utilizados para a criação das visões de aplicação *mashup*.

3. **Especificação das Visões Exportadas.** A especificação de uma $E_i \in E_M$ consiste em: (i) modelar a ontologia exportada O_{Ei}, cujo vocabulário deve ser um subconjunto do vocabulário de O_M e (ii) especificar o conjunto de mapeamentos M_{Ei} que mapeia os conceitos de O_{Si} para O_{Ei}.

4. **Especificação dos conjuntos de Links Semânticos.** Cada conjunto $EL_i \in EL_M$ denota regras para definir que x objetos do mundo real em visões exportadas distintas, E_u e E_v, representam uma mesma entidade.

5. **Especificação as regras de fusão e de avaliação de qualidade.** As regras de fusão μ_m explicitam como duas representações distintas de um mesmo objeto do mundo real serão combinadas em uma única representação. As regras de avaliação Q são utilizadas para quantificar a qualidade das fontes de dados.

2.3 Construção de uma Visão de Aplicação

Para a construção de uma Visão de Aplicação *Mashup*, denotada por V na Figura 1, são necessárias 3 etapas: (i) geração da especificação V sobre M; (ii) geração da especificação V sobre as fontes de dados e (iii) materialização de V. Essas etapas são descritas a seguir.

2.3.1 Geração da Especificação de V sobre M

A especificação de V sobre M é uma tupla $V = (O_V, F_V)$, onde O_V é a ontologia de aplicação, que deve ser um subconjunto da ontologia de domínio O_M e representa os conceitos de interesse do usuário; e F_V é um conjunto de filtros definidos sobre os conceitos de O_V. A especificação de V pode ser realizada através de uma *interface web* gráfica, onde, por meio de uma seleção intuitiva, o usuário define a ontologia de aplicação e os filtros.

---

[1]http://www.geonames.org/

2.3.2 Geração da Especificação de V sobre as Fontes de Dados

Nessa etapa, a especificação de V sobre as fontes de dados $S_1, ..., S_n$ é gerada através da combinação dos parâmetros do usuário com a especificação da Visão Integrada M. Seja os parâmetros do usuário $\delta = (O_V, F_V)$, a combinação de δ com λ_m (subseção 2.2) resulta em: $\lambda_v = \{V, O_V, F_V, E_V, EL_V, \mu_v, Q\}$. Onde V é o nome da visão de aplicação. As visões exportadas e as regras de fusão são definidas como se segue:

- $\forall E_{Vi} \in E_V$, $O_{EVi} = O_V \cap O_{EMi}$, onde $O_{EMi} \in E_{Mi}$. Os conjuntos de mapeamentos são definidos de forma que: $\tau \in M_{EVi}$ é uma regra de mapeamento de C_S para C_T, sse $C_S \in O_{Si}$ e $C_T \in O_{EVi}$

- $\mu_{vi} \in \mu_v$ é uma regra de fusão para duas entidades, C_U e C_V, sse $\mu_{vi} \in \mu_m$ em λ_m e ($C_U \in O_{EVi}$ e $C_V \in O_{EVj}$).

Como as fontes de dados são as mesmas, Q não é alterado. A especificação dos *links semânticos* também permanecem inalterados de λ_m para λ_v. Como o vocabulário de O_V é um subconjunto do vocabulário de O_M, quaisquer regras de *links* $EL_i \in EL_M$ em λ_m também serão válidas para λ_v.

2.3.3 Materialização da Visão de Aplicação Mashup (V)

No nosso *framework*, a materialização de V é realizada automaticamente baseada na especificação λ_v e consiste em três passos. 1. **Materialização das Visões Exportadas**: nessa etapa as fontes de dados S_{Vi} são traduzidas para o vocabulário de O_{EVi}, utilizando os mapeamentos M_{EVi}. 2. **Materialização dos Links Semânticos**: dada uma especificação de *links* EL_{Vi} sobre um conjunto E_V de visões exportadas, essa etapa computa os *links* owl:sameAs entre entidades similares, mas em visões exportadas distintas. 3. **Materialização da Visão Aplicação Mashup**: essa etapa materializa a visão de *mashup* V aplicando as regras de fusão sobre a materialização das visões exportadas e dos links semânticos. Nessa etapa serão avaliadas as fontes de dados, segundo critérios de qualidade e também serão resolvidas possíveis inconsistências.

3. ESTUDO DE CASO

Nessa Seção, utilizamos o *framework* apresentado na Seção 2 para desenvolver uma *visão integrada* sobre duas bases do Sistema Público de Saúde brasileiro (SUS): Sistema de Informações sobre Nascidos Vivos (SINASC) e SUS eletrônico (e-SUS). Além disso, demonstramos como construir *visões de aplicação mashup* a partir dessa visão integrada, que chamamos de *Datasus_hub*.

3.1 Datasus_hub

Datasus_hub foi desenvolvido seguindo os passos descritos na subseção 2.2, apresentados a seguir.

3.1.1 Fontes de Dados

As fontes de dados selecionadas foram SINASC e e-SUS, respectivamente representadas por S_{sinasc} e S_{esus} na especificação. Ambas as fontes estão em um formato de dados relacional e possuem *schemas* distintos. A base SINASC contém informações sobre uma gestação e sobre o recém-nascido,

como: a quantidade de consultas pré-natal da gestante; a quantidade de abortos em gestações anteriores; o peso do recém-nascido e possíveis anomalias-congênitas (malformação). A base e-SUS contém informações sobre um indivíduo, como hábitos e doenças. Nessa base é informado, por exemplo, se determinado indivíduo é fumante, usa drogas, é diabético etc.

3.1.2 Ontologia de Domínio

A ontologia desenvolvida, representada na Figura 2, reutiliza termos de vocabulários bem definidos, como *foaf (Friend of a Friend)*[1], *dbo (DBPedia Ontology)*[2] e *bio (Biographical Information)*[3]. Além disso, foi criado o vocabulário *gissa* para representar os novos termos.

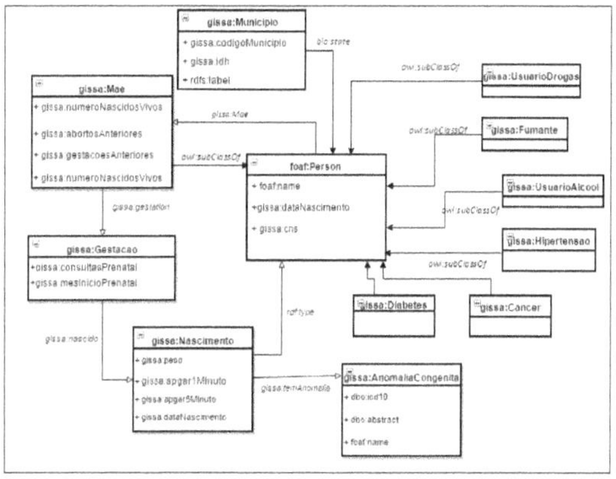

Figura 2: Datasus_OWL

3.1.3 Visões Exportadas

As visões exportadas E_{sinasc} e E_{esus} foram definidas com o mapeamento entre as fontes S_{sinasc} e S_{esus} e a ontologia *Datasus_OWL*. Note que o resultado de cada mapeamento é uma ontologia exportada cujo vocabulário é um subconjunto de *Datasus_OWL*. Devido à limitação de espaço, as ontologias exportadas $O_{Esinasc}$ e O_{Esus} e seus respectivos mapeamentos são omitidos neste trabalho. Para o mapeamento das bases relacionais em RDF, foi utilizado a linguagem padrão R2RML [10].

A descoberta dos *links semânticos* entre E_{sinasc} e E_{esus} foi realizada utilizando as propriedades de uma entidade *foaf:Person*: *foaf:name*, *gissa:cns*, que representa um identificador do cidadão nas bases da Saúde; *gissa:Municipio* e *gissa:dataNascimento*.

3.1.4 Fusão e Qualidade

Para quantificar a qualidade das bases, utilizamos alguns dos critérios abordados em [8], como: (i) quantidade de registros ausentes nas bases de dados; (ii) quantidade de registros duplicados e (iii) quantidade de registros com erros, como nomes de pessoas com erros de escrita, por exemplo. Atribuímos peso 1 para cada critério, e a fonte de dados com maior pontuação representa a menos confiável. Na fusão, utilizamos todas as propriedades originadas da fonte mais confiável.

---

[1] http://xmlns.com/foaf/spec/
[2] http://purl.org/vocab/bio/0.1/
[3] http://dbpedia.org/ontology/

3.2 Construção de uma visão de mashup com Datasus_hub

Nessa subseção, utilizamos a especificação de *Datasus_hub* e as etapas definidas na Seção 2.3 para criar uma *visão de aplicação mashup*. Em nosso exemplo fictício, um gestor da saúde no Brasil quer alertar a população de seu município sobre os perigos dos maus-hábitos durante a gravidez. Para isso, o gestor quer correlacionar o uso de drogas, do tabaco e de álcool durante a gestação com a malformação em recém-nascidos. No Brasil, essas informações estão distribuídas em fontes de dados com formatos heterogêneos. Assim, utilizamos nosso *framework* para criar uma *visão de aplicação mashup V*, que atenda às necessidades do gestor, baseada na visão integrada *Datasus_hub*. As etapas para construção da visão são apresentados a seguir.

3.2.1 Seleção dos Filtros e da Ontologia de Aplicação

Nessa etapa, utilizamos a *interface* gráfica para selecionar os conceitos (classes) da ontologia de domínio (Fig. 2) importantes para nossa aplicação. Dessa seleção, extraímos a ontologia de aplicação O_V. As classes selecionadas foram: *foaf:Person, gissa:Mae, gissa:Gestacao, gissa:UsuarioDrogas, gissa:Fumante, gissa:Municipio, gissa:AnomaliaCongenita, gissa:Nascimento, gissa:UsuarioAlcool*. No nosso exemplo, o gestor quer construir uma aplicação sobre as informações de seu município. Portanto, nosso $F_V = \{gissa:Municipio\}$. As próximas etapas acontecem de forma transparente para o usuário.

3.2.2 Geração das Visões Exportadas

Nosso *framework* combina a especificação de *Datasus_hub* com os parâmetros O_V e F_V para gerar a especificação de V. O conjunto das ontologias exportadas de V, E_V, é definido por: $E_V = \{(O_V \cap O_{Esinasc}) \cup (O_V \cap O_{Esus})\}$, denotadas por E_{Vs} e E_{Ve} respectivamente. As regras de mapeamento e de descoberta dos *links semânticos* são importadas da especificação de *Datasus_hub* conforme previamente definido.

3.2.3 Materialização da Aplicação Mashup

Nessa etapa, o *framework* retorna uma visão homogênea dos dados anteriormente isolados. Como definido em 2.3.3, a materialização ocorre em 3 etapas. Na primeira etapa, utilizamos o SILK [3] para descoberta dos *links semânticos* representados por *owl:sameAs*, resultando em 326 *links* entre E_{Vs} e E_{Ve}. Para a materialização das visões exportadas, utilizamos uma versão modificada D2R-Server [4] para processar os mapeamentos R2RML [10]. Na materialização da visão de aplicação, utilizamos o SIEVE [7] para definir as regras de qualidade e de fusão dos dados. Na avaliação de qualidade dos dados, a base S_{sinasc} obteve uma pontuação de 643, enquanto S_{esus}, 248. Desta forma, em caso de fusão, utilizamos as informações do S_{esus}.

4. CONCLUSÃO E TRABALHOS FUTUROS

Neste artigo, apresentamos um *framework* baseado em Ontologias para auxiliar que usuários gerais, com poucos conhecimentos específicos em Computação, possam desenvolver visões integradas sobre dados em fontes heterogêneas. Dentre os benefícios que esperamos com a nossa abordagem, podemos citar os seguintes. (1) Fácil integração de novas fontes de dados. (2) Auxiliar gestores na tomada de deci-

são. (3) A partir da integração semântica realizada pelo *framework*, quaisquer bases que utilizem os mesmos *schemas*, ou conceitos parecidos, poderão ser integradas com o mínimo de esforço. (4) Modificação mínima em casos de mudanças nos *schemas* das fontes de dados. O *framework* apresentado está na fase de conceptualização, portanto, um dos nossos trabalhos futuros é o desenvolvimento de uma ferramenta *web* que vai implementar nossa metodologia. Além disso, futuramente esperamos avaliar nossa abordagem utilizando-a para auxiliar tomadores de decisão na Saúde Pública do Brasil.

5. REFERENCES

[1] F. Belleau, M.-A. Nolin, N. Tourigny, P. Rigault, and J. Morissette. Bio2rdf: Towards a mashup to build bioinformatics knowledge systems. *J. of Biomedical Informatics*, 41(5):706–716, Oct. 2008.

[2] C. Bizer, T. Heath, and T. Berners-Lee. Linked data - the story so far. *Int. J. Semantic Web Inf. Syst.*, 5(3):1–22, 2009.

[3] C. Bizer, J. Volz, G. Kobilarov, and M. Gaedke. Silk - a link discovery framework for the web of data. In *18th International World Wide Web Conference*, April 2009.

[4] D2RQ. *D2RQ - Accessing Relational databases as Virtual RDF Graphs*, mar 2012. available at http://d2rq.org/.

[5] H. H. Hoang, T. N. Cung, D. K. Truong, D. Hwang, and J. J. Jung. Semantic information integration with linked data mashups approaches. *IJDSN*, 2014, 2014.

[6] G. Kobilarov, T. Scott, Y. Raimond, S. Oliver, C. Sizemore, M. Smethurst, C. Bizer, and R. Lee. *Media Meets Semantic Web – How the BBC Uses DBpedia and Linked Data to Make Connections*, pages 723–737. Springer Berlin Heidelberg, Berlin, Heidelberg, 2009.

[7] P. N. Mendes, H. Mühleisen, and C. Bizer. Sieve: Linked Data Quality Assessment and Fusion. In *2nd International Workshop on Linked Web Data Management (LWDM 2012) at the 15th International Conference on Extending Database Technology, EDBT 2012*, page to appear, March 2012.

[8] L. L. Pipino, Y. W. Lee, and R. Y. Wang. Data quality assessment. *Commun. ACM*, 45(4):211–218, Apr. 2002.

[9] V. M. P. Vidal, M. A. Casanova, N. Arruda, M. Roberval, L. P. Leme, G. R. Lopes, and C. Renso. *Advanced Information Systems Engineering: 27th International Conference, CAiSE 2015, Stockholm, Sweden, June 8-12, 2015, Proceedings*, chapter Specification and Incremental Maintenance of Linked Data Mashup Views, pages 214–229. Springer International Publishing, Cham, 2015.

[10] W3C. *R2RML RDB to RDF Mapping Language*, jun 2016. available at https://www.w3.org/TR/r2rml/.

[11] D. S. Wishart, C. Knox, A. Guo, D. Cheng, S. Shrivastava, D. Tzur, B. Gautam, and M. Hassanali. Drugbank: a knowledgebase for drugs, drug actions and drug targets. *Nucleic Acids Research*, 36(Database-Issue):901–906, 2008.

Falibras Messenger: Solution to the Accessibility of the Deafs in Telegram Web with the Aid of Volunteer Computer Grid

João Paulo F. da Silva
Universidade Federal de Alagoas
- Campus Arapiraca
Núcleo de Ciências Exatas (NCEx)
Caixa Postal 61 - Arapiraca - AL - Brasil
joao.silva@arapiraca.ufal.br

Bruno R. F. S. B. Silva
Universidade Federal de Alagoas
Instituto de Computação
Av. Lourival Melo Mota, s/n, Tabuleiro - Maceió - AL, Brasil
brafaeldesouza@gmail.com

Patrick H. Brito
Universidade Federal de Alagoas
Instituto de Computação
Av. Lourival Melo Mota, s/n, Tabuleiro - Maceió - AL, Brasil
patrick@ic.ufal.br

ABSTRACT

In Brazil there are about 9.6 million people who have some kind of hearing impairment. The Brazilian deaf own mother tongue the Brazilian Sign Language - Libras. Because it is a visual language, a deaf person has great difficulty in social interaction, particularly with hearing people. One way to work around this limitation is by supporting tools, such as Falibras Messenger, presented in this paper. It is an integrated Portuguese-Libras translator to Telegram Web application that aims to facilitate communication between deaf and hearing people. However, to enable the use of Falibras Messenger, it was necessary to refactor its architecture to adapt it to new scalability requirements, given the increasing demand of requests for instant messaging applications. In this work, the development of a new distributed translation architecture based on volunteer grid computing and a new tool for communication of deaf and hearing on the Web Telegram is addressed. The developed architecture was evaluated in a heterogeneous experimental environment presenting gains in scalability and increased performance of the median time translation.

Keywords

Brazilian Sign Language; Automatic Translation; Distributed Computing; Volunteer Computing Grid

1. INTRODUÇÃO

As Tecnologias de Informação e Comunicação (TIC's) proporcionam novas experiências de interação e troca de informações com pessoas em todo mundo, trazendo benefícios para a sociedade. Um bom exemplo de TIC's que proporcionam um novo formato de interação são as Redes Sociais

WebMedia '16, November 08-11, 2016, Teresina, PI, Brazil
© 2016 ACM. ISBN 978-1-4503-4512-5/16/11. . . $15.00
DOI: http://dx.doi.org/10.1145/2976796.2988181

Online (RSO's) [7]. No entanto, as RSO's não são acessíveis a todos como, por exemplo, os surdos. Isso ocorre porque, para os surdos, o acesso ao conhecimento está intimamente ligado ao uso comum de um código linguístico prioritariamente visual, a língua de sinais [4, 8, 14].

Os fatos demonstrados reforçam os problemas referentes à exclusão social dos surdos devido à falta de uma língua comum. Com base nesses fatos, surge o Falibras Messenger [15] que auxilia na comunicação básica entre surdos e ouvintes através de uma interface acessível e inclusiva. O projeto é a integração do Telegram Web [17], que tem seu código aberto, com o tradutor Português-Libras do Falibras Messenger. O objetivo do projeto, além de diminuir a exclusão social entre as duas comunidades, é apoiar no processo de aprendizagem de uma segunda língua, o português para os surdos e a Libras para os ouvintes.

Apesar de os resultados preliminares terem sido promissores, foram percebidas algumas limitações no projeto que precisavam de melhorias. Foi analisada que a infraestrutura do projeto não estava pronta para atender a quantidade gigantesca requisições de usuários das RSO's, o que tornaria as traduções lentas e, consequentemente, traria experiências negativas de usabilidade para os usuários. Além do mais, a aquisição e manutenção de um computador de grande porte geralmente exige um alto custo. Com o intuito de melhorar a infraestrutura do sistema, para que possa viabilizar a quantidade de solicitações do tradutor de forma eficiente e barata, foi realizado um processo de reengenharia.

A partir dos fatos demonstrados, os objetivos deste trabalho são: (1) apresentar uma nova tecnologia para o apoio na comunicação de ouvintes e surdos no Telegram Web (2) apresentar uma nova infraestrutura distribuída baseada em grade computacional voluntária para o Falibras Messenger, tendo como consequência o surgimento de uma nova plataforma de computação voluntária e (3) analisar a viabilidade da nova infraestrutura através de testes de desempenho.

2. TRADUTORES PORTUGUÊS-LIBRAS

As ferramentas para a tradução do Português-Libras tem por objetivo o auxílio na comunicação de ouvintes e surdos. Para isso, alguns tradutores usam técnicas de processamento de linguagem natural e outros utilizam-se de apenas o mapeamento Português-Libras, onde as traduções são exibidas de forma visual e animada.

O INES (Instituto Nacional de Educação de Surdos) possui um dicionário de Libras *online*, onde é possível realizar a tradução do Português-Libras [3]. Já o RibenáTV [5] foca na tradução de legendas ocultas, do Português-Libras, utilizadas em TV Digital. O ProDeaf [13] tem como foco proporcionar acessibilidade em websites de empresas para surdos, utilizando-se de animações 3D. O HandTalk [16] tem como diferencial ter sido projetado para *smartphones* e *tablets*, atualmente possuindo uma versão web, foi eleito o melhor aplicativo social do mundo, na WSA-mobile, evento organizado pela ONU – Organização das Nações Unidas – realizado em Abu Dhabi, nos Emirados Árabes.

Embora todos os projetos citados nessa seção serem caracterizados como tradutores Português-Libras, nenhum deles tem suporte à integração em aplicações de mensagens instantâneas e, consequentemente, interação acessível entre usuários. O objetivo do Omitido *Messenger* ě justamente suprir essa necessidade na comunicação de surdos e ouvintes em aplicações de mensagens instantâneas.

3. GRADES COMPUTACIONAIS E COMPUTAÇÃO VOLUNTÁRIA

As grades computacionais são sistemas distribuídos que possuem alta capacidade de agregação computacional, permitindo o compartilhamento de ciclos de processamento nas tarefas. A motivação destes sistemas é a agregação de recursos computacionais dispersos geograficamente, de forma a prover uma maior capacidade combinada de processamento. Esses recursos podem ser obtidos a partir da execução de uma aplicação em qualquer nó da grade através da divisão de uma aplicação em tarefas menores que podem executadas em paralelo [6]. Dentro da categoria da computação em grades, há uma subcategoria que correspondem aos sistemas de computação voluntária [1] que utiliza-se de recursos computacionais ociosos doados por voluntários para algum determinado projeto, geralmente científico ou filantrópico.

A computação voluntária é bastante utilizada em projetos de bioinformática e astronomia, tais como o SETI@Home [11] e Einstein@Home [10], devido a grande quantidade de dados que essas áreas precisam processar, chegando a um desempenho na margem de PetaFLOPS[1] [2]. Embora não foi encontrado na literatura nenhum trabalho que usa essa abordagem para a tradução de textos, a aplicação da computação voluntária no processamento de traduções de textos mostra-se viável.

4. FALIBRAS MESSENGER

O Falibras Messenger foi integrado com o aplicativo Telegram Web [15], para que a interface do sistema ficasse acessível para surdos (Figura 1), a interface possui um avatar, bastando que o usuário clique no Botão *Play* correspondente à frase que o usuário deseja traduzir de forma animada. O objetivo principal do seu uso é para que os surdos e ouvintes possam manter um diálogo básico a partir de mensagens. Assim, espera-se diminuir a exclusão social entre as comunidades e facilitar aprendizado de conceitos básicos de uma segunda língua, o Português para surdos e a Libras para os ouvintes.

---

[1]1 PetaFLOP equivale a 10^{15} operações de ponto-flutuante por segundo.

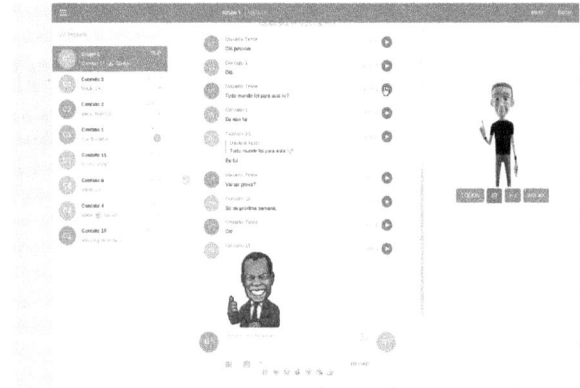

Figure 1: Interface do Falibras Messenger integrada com o Telegram Web.

Um dos sérios problemas discutidos sobre as RSO's estão relacionados aos vícios de linguagem e os erros de escrita. Por se tratar de um meio de comunicação rápido e dinâmico, tornou-se comum o uso de gírias e abreviações de palavras para agilizar a escrita. No entanto, esse artifício resultou no aprendizado incorreto de jovens na escrita das palavras. Isso é um problema gravíssimo para surdos que já têm dificuldades na aprendizagem do Português, além de que o tradutor pode não realizar a tradução correta por causa de uma palavra errada. Para auxiliar no aprendizado correto de uma segunda língua, um corretor ortográfico também foi adaptado na solução proposta.

4.1 Arquitetura Escalável

O *framework* utilizado para o desenvolvimento da arquitetura baseada em grade foi o JPPF 5.0.4 [9]. Por ser escrito em Java, uma linguagem de programação multiplataforma, e por ser um projeto *opensource*. O JPPF fornece diversas abstrações para representar as tarefas que serão processadas na grade. As abstrações utilizadas para este trabalho foram as *Tasks* e os *Jobs*. *Tasks* são usados para representar qualquer tarefa que será executada na grade. Já um *Job* é formado por um conjunto de *Tasks*. No contexto do projeto em questão, cada texto requisitado corresponde a um *Job* e cada frase a ser traduzida é considerada uma *Task* que serão executadas de modo paralelo na grade.

A Figura 2 representa a arquitetura de tradução distribuída do Falibras Messenger. A mesma é composta por vários componentes apresentados a seguir.

- *Nodes* - Usuários voluntários que contribuem com seus recursos computacionais à grade, processando as traduções;

- *Clientes* - Requisitam as traduções ao sistema via serviços *Web*, através da interface do Falibras Messenger;

- *Servidor web* - Responsável por receber as solicitações dos clientes e encaminhá-las ao Servidor de balanceamento de carga, além de disponibilizar o serviço de tradução aos clientes;

- *Servidor de banco de dados* - Responsável por armazenar o banco de dados de tradução, além de disponibilizar os dados de *cache* para os *Nodes*. O gerenciador de banco de dados utilizado foi o MySQL 5.5 [12];

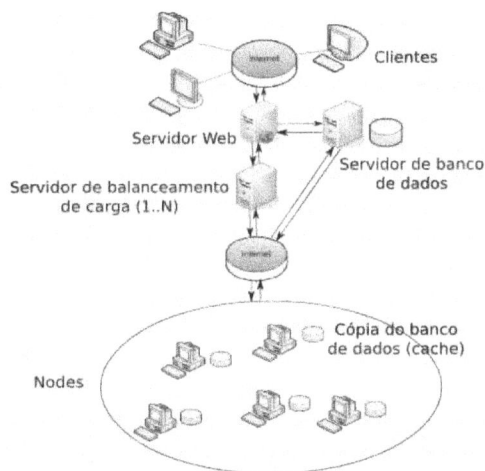

Figure 2: Arquitetura de tradução do Falibras Messenger baseada em grade computacional voluntária.

Figure 3: Proteção de tela do Falibras *Node*.

- *Servidor de balanceamento de carga* - Tem o papel de escalonar e distribuir as tarefas de tradução aos *Nodes*, com a possibilidade de expansão para mais de um servidor. O mesmo utiliza o algoritmo *Round Robim* para o escalonamento e o protocolo TCP para o transporte dos dados na rede.

De um modo geral, quando o cliente requisita uma tradução de um texto ao sistema através da interface do Falibras Messenger, cada frase do texto é inserida em *Tasks*, dentro de um *Job*, e transferido para o Servidor de balanceamento de carga, atuando como um escalonador, e enviando para algum *node* ocioso conectado à grade. Em seguida, o *Node* processa a tradução do texto e retorna uma lista de glosas[2], onde as mesmas percorre o caminho inverso e, no final, é exibida a frase traduzida para o cliente.

Para que um usuário se torne um nó voluntário, basta que o mesmo baixe e execute a aplicação Falibras *Node*, que futuramente estará disponível para o *download* no site do projeto[3]. Com isso, no momento em que o computador do usuário estiver inativo, o Falibras *Node* iniciará uma proteção de tela e solicitará uma cópia do banco de dados das entidades necessárias para a tradução, a ser armazenada na memória RAM, similar a um *cache* de dados. Tal solicitação

---

[2]Refere-se às frases traduzidas.
[3]http://www.omitido.org/

é realizada através de *webservices RESTFul*. Em seguida, é estabelecida a conexão do *Node* à grade, pronto para realizar traduções. Assim, caso o servidor de banco de dados venha a parar de funcionar, os dados estarão disponíveis nas réplicas ativas da grade; além de evitar requisições constantes ao servidor de banco de dados, de forma a aumentar o desempenho no processamento das traduções.

A Figura 3 exemplifica a proteção de tela do Falibras *Node* sendo executada na máquina do nó voluntário. Percebe-se que é exibida a quantidade de traduções efetuadas na máquina do mesmo, tendo como objetivo o aumento da satisfação do voluntário na colaboração com o projeto.

5. AVALIAÇÃO DA ARQUITETURA

A fim de realizar as primeiras avaliações da arquitetura desenvolvida, foram realizadas uma série de testes de desempenho para aferir o comportamento da grade em situações como clientes requisitando traduções simultâneas e alta/baixa disponibilidade de nós conectados à grade.

O experimento foi executado em um laboratório com 9 computadores modelo HP EliteDesk 800 equipados com processadores Intel Core i5 vPro e 4GB de RAM, interligados numa rede LAN cabeada e isolada. A velocidade do enlace da rede era de 150 Mbps. Para o monitoramento, foi utilizado o painel *console* do JPFF. Para cada etapa, adicionava-se mais um nó à grade. Os papéis de cada computador foram dispostos da seguinte forma:

- 7 computadores com sistema operacional Linux Ubuntu 14.04 x64, sendo que 1 com o programa para a simulação dos clientes, 1 rodando o servidor Web e de banco de dados, 1 servidor mestre e 4 escravos;

- 2 com sistema operacional Windows 8 Pro x64 (escravos);

- Todos os computadores com Java JDK 1.8 instalados.

O programa usado para a simulação dos clientes consistiu em um *script* escrito em *Java* contendo um *ArrayList* com 24 frases diferentes. A chamada do método de tradução de frases foi inserida em uma estrutura de repetição com execução infinita e, a cada iteração, sorteava-se uma frase da lista para a tradução na grade. Esse trecho de código foi inserido em várias *threads* e executadas na máquina cliente. Com isso, foi possível simular vários clientes requisitando traduções de diferentes frases. Foram instanciadas 120 clientes (*threads*) de forma simultânea.

O painel console do JPPF oferece métricas de medição de desempenho baseadas em médias. As medições utilizadas no experimento foram os Tempos Médios de Processamento dos *Jobs* (T_{MPJ}) e de Espera na Fila (T_{MEF}).

Table 1: Comparativo dos T_{MPJ} e T_{MEF} obtidos nos 6 testes.

	Jobs Processados	T_{MPJ}(ms)	T_{MEF}(ms)
Teste 1	8616	33	1
Teste 2	4752	61	0.2
Teste 3	2850	103	0.13
Teste 4	4302	68	0.12
Teste 5	4489	65	0.11
Teste 6	4571	64	0.10

A Tabela 1 apresenta os resultados dos Tempos Médios de Tradução obtidos nos 6 testes realizados. De acordo com os dados, percebe-se que o T_{MPJ} com 1 nó foi o menor. Já com a inserção do segundo nó, houve um aumento considerável no tempo médio de execução. Isso ocorreu porque o algoritmo de escalonamento utilizado pelo JPPF (*Round Robim*) tenta distribuir as tarefas o mais homogêneo possível entre os nós. Assim, com 1 nó conectado não há escalonamento e, consequentemente, o tempo de espera para o recebimento das frases paralelizadas será menor, porém, com risco de sobrecarregamento. No entanto, percebe-se que a partir de 4 nós houve uma diminuição no T_{MPJ} e T_{MEF}. Isso ocorreu pelo motivo de haver bem mais processadores disponíveis, o que diminuiu as trocas de contexto, estabilizando a distribuição no escalonamento.

6. CONSIDERAÇÕES FINAIS

Este trabalho apresentou uma ferramenta para a acessibilidade de surdos no aplicativo Telegram Web onde o processamento das traduções é realizado através de uma arquitetura distribuída baseada em grade computacional voluntária, de forma a viabilizar o processamento de uma alta demanda de requisições simultâneas, além de diminuir os custos na aquisição e manutenção de recursos computacionais. Ao mesmo tempo, foi realizada uma avaliação de desempenho em um ambiente heterogêneo local, a fim de validar a arquitetura distribuída. Os experimentos serviram para demonstrar os ganhos que a arquitetura pode obter nos quesitos de escalabilidade e de desempenho. Embora a arquitetura não tinha sido submetida a testes mais robustos, as primeiras avaliações mostraram ser uma solução viável para o processamento de uma alta demanda de requisições simultâneas.

6.1 Trabalhos Futuros

Haja vista que esta é a fase inicial do desenvolvimento da solução, diversos trabalhos futuros podem ser vislumbrados, tais como:

- Validação da interface em um cenário de uso real: verificar se a interface criada é de fácil compreensão, tanto para surdos como também para ouvintes;

- Avaliar a atuação da grade em cenários reais de demanda crítica, envolvendo serviços de tradução integrados a redes sociais, TV Digital e dispositivos móveis;

- Implementação de criptografia no processo de transmissão de dados entre os componentes da grade, de forma a aumentar a confidencialidade das mensagens;

- Implementar um serviço de autenticação na grade para auxiliar no gerenciamento de usuários voluntários, a fim de colher estatísticas de processamento de tarefas pelos voluntários;

- Propor formas de motivar a contribuição de voluntários na grade em redes sociais, como recompensas (gamificação).

7. REFERENCES

[1] D. P. Anderson. Volunteer computing: The ultimate cloud. In Spring, editor, *ACM Crossroads*, pages 7–10. Spring 2010/Vol. 16, No. 3, 2001.

[2] D. P. Anderson and G. Fedak. The computational and storage potential of volunteer computing. *CCGRID '06 Proceedings of the Sixth IEEE International Symposium on Cluster Computing and the Grid*, 2006.

[3] A. Brasil. Dicionário da língua brasileira de sinais. http://www.acessobrasil.org.br/libras. Acesso em 08 de Junho de 2016.

[4] M. da Educação. Saberes e práticas da inclusão: Desenvolvendo competências para o atendimento às necessidades educacionais de alunos surdos. http://portal.mec.gov.br, 2006. Acesso em 08 de Junho de 2016.

[5] M. L. C. de Amorim, R. Assad, B. F. Lóscio, F. S. Ferraz, and S. Meira. Rybenátv: Solução para acessibilidade de surdos para tv digital. *XVI Simpósio Brasileiro de Sistemas Multimídias e Web - WebMedia*, 2010.

[6] I. Foster and C. Kesselman. *The grid: blueprint for a future computing infrastructure*. Morgan Kaufmann Publication, San Francisco, USA, 1999.

[7] O. Gestor. O que são redes sociais. http://ogestor.eti.br/o-que-sao-redes-sociais/, 2015. Acesso em 08 de Junho de 2016.

[8] Z. M. Gesueli. Linguagem e identidade: a surdez em questão. *Educação & Sociedade*, 27:277–292, 2006.

[9] JPPF. Jppf: The open source grid computing solution. http://www.jppf.org/, 2016. Acesso em: 02/04/2016.

[10] B. Knispel, R. P. Eatough, H. Kim, E. F. Keane, B. Allen, D. Anderson, C. Aulbert, O. Bock, F. Crawford, and H.-B. Eggenstein. Einstein@home discovery of 24 pulsars in the parkes multi-beam pulsar survey. *The Astrophysical Journal*, 2013. August 2013.

[11] E. J. Korpela. Seti@home, boinc and volunteer distributed computing. *The Annual Review of Earth and Planetary Sciences*, 2011.

[12] MySQL. About. http://www.mysql.com/about/. Acesso em 08 de Junho de 2016.

[13] ProDeaf. O que é? http://prodeaf.net/. Acesso em 08 de Junho de 2016.

[14] R. M. Quadros. Políticas lingüísticas: as representações das línguas para os surdos e a educação de surdos no brasil. In *Livro Pós-II Congresso de Educação Especial*, 2005.

[15] B. R. F. S. B. Souza, P. H. Brito, and A. A. Barbosa. Tradutor português-libras adaptado a um comunicador de mensagens instantâneas. *Nuevas Ideas en Informática Educativa - TISE*, 2015.

[16] H. Talk. Sobre. http://www.handtalk.me/sobre, 2016. Acesso em 08 de Junho de 2016.

[17] Telegram. Telegram messenger: a new era of menssaging. https://telegram.org/, 2016. Acesso em 08 de Junho de 2016.

For or Against? Polarity Analysis in Tweets about Impeachment Process of Brazil President

Bruno Á. Souza
Instituto de Computação
Universidade Federal do
Amazonas
Amazonas, Brasil
bruno.abia@icomp.ufam.edu.br

Thais G. Almeida
Instituto de Computação
Universidade Federal do
Amazonas
Amazonas, Brasil
tga@icomp.ufam.edu.br

Alice A. F. Menezes
Instituto de Computação
Universidade Federal do
Amazonas
Fundação Paulo Feitoza
(FPF Tech)
Amazonas, Brasil
alice.menezes@icomp.ufam.edu.br

Fabíola G. Nakamura
Instituto de Computação
Universidade Federal do
Amazonas
Amazonas, Brasil
fabiola@icomp.ufam.edu.br

Carlos M. S. Figueiredo
Universidade do Estado do
Amazonas
Amazonas, Brasil
cfigueiredo@uea.edu.br

Eduardo F. Nakamura
Instituto de Computação
Universidade Federal do
Amazonas
Amazonas, Brasil
nakamura@icomp.ufam.edu.br

ABSTRACT

Social networks define a major media for users to express their opinion regarding different matters. As a consequence, these networks naturally provide information that allow us to detect user behaviors, opinions, and sentiments about diverse events around the world. One event that called attention in Brazil is the impeachment process of the Brazillian President. The goal of this paper is to infer and characterize the opinion (polarity) of the Brazilians about the impeachment process in Brazil. We used a supervised learning approach and compared three classifiers: Max Entropy, Support Vector Machine (SVM), and Multinomial Naive Bayes. The SVM presented the best performance for detecting the comments' polarity about the impeachment process. In some cases, the SVM presented an F-score at least 1.03% higher than the others.

Keywords

Opinion Mining, Social Network, Twitter, Supervised Learning, Text Classification, Portuguese Language

1. INTRODUÇÃO

A Análise de Sentimento, também conhecida como Mineração de Opinião, é o campo de estudo que analisa as opiniões de pessoas, sentimentos, avaliações e emoções para com entidades como: produtos, serviços, organizações, indivíduos, eventos e seus atributos [4]. Os trabalhos envolvendo técnicas de Análise de Sentimento utilizam duas abordagens

WebMedia '16, November 08-11, 2016, Teresina, PI, Brazil

© 2016 ACM. ISBN 978-1-4503-4512-5/16/11...$15.00

DOI: http://dx.doi.org/10.1145/2976796.2988189

principais para determinar a polaridade de textos: técnicas baseadas em aprendizagem de máquina [7, 15] e técnicas baseadas em léxicos [5, 14]. Enquanto a primeira abordagem utiliza modelos de aprendizagem supervisionada que necessitam de exemplos rotulados (conjunto de treinamento) para classificar a polaridade de textos, a segunda abordagem faz uso de léxicos (um conjunto de recursos linguísticos com semântica bem definida) para determinar tal polaridade.

Quando aplicada em textos que provêm de redes sociais, a Análise de Sentimento se torna uma tarefa ainda mais desafiadora, pois neste caso os textos não são estruturados e a escrita é coloquial. Deste modo, para determinar a polaridade de um texto, é necessário primeiramente, realizar uma etapa de pré-processamento para eliminar ruídos.

Ainda são poucos os trabalhos que contemplam as particularidades da análise de sentimentos no idioma português, mas existem avanços que podem ser destacados nos trabalhos de Martins et al. [5], Rosenthal et al. [12]. O presente trabalho apresenta uma comparação entre técnicas de aprendizagem de máquina para inferir a polaridades dos brasileiros, em redes sociais, em relação ao processo de *impeachment* da presidente do Brasil. Comparando as técnicas *Support Vector Machine* (SVM), *Multinomial Naive Bayes* (MNB) e *Max Entropy* (ME)) em uma base de comentários provenientes do Twitter.

Portanto, este trabalho apresenta como contribuições principais: (a) uma avaliação de técnicas de aprendizagem de máquina mais adequadas para este cenário; (b) um estudo de caso considerando o processo de *impeachment* da presidente do Brasil.

2. TRABALHOS RELACIONADOS

Ténicas de análise de sentimento vêm sendo empregadas em cenários políticos com objetivos que vão desde o monitoramento do sentimento de populações em relação a candidatos [2] até a predição do resultado de eleições [13]. Um dos trabalhos pioneiros envolvendo análise de sentimento em cenários políticos foi o de Melville et al. [6], que propôs um framework unindo as abordagens léxica e supervisionada para inferir o sentimento de pessoas. Como estudo de caso, os autores utilizaram três cenários diferentes: revisões de filmes online, discussão política sobre as eleições estadounidenses e discussão sobre produtos. Os resultados obtidos confirmaram a superioridade do framework proposto em relação às abordagens que utilizam léxicos e exemplos rotulados de forma isolada.

O'Connor et al. [9] e Tumasjan et al. [13] investigaram se a análise de sentimento de textos provenientes da rede social Twitter refletiam a opinião pública real. O'Connor et al. [9] verificaram se há relação entre pesquisas de opinião pública e medidas de sentimentos derivados da análise de textos do Twitter. Para tanto, são analisados dados referentes à: (i) confiança da população quanto a economia e emprego; (ii) eleição presidencial dos Estados Unidos em 2008; e (iii) aprovação do presidente Barack Obama. Como resultado, os autores mostram a relação entre as opiniões do Twitter com pesquisas de opinião encomendadas.

No trabalho de de França and Oliveira [3], foi realizada uma análise de polaridade sobre *tweets* em português relacionados aos protestos que se iniciaram no Brasil no período de junho à agosto de 2013. Para tanto, os autores utilizaram o método de aprendizagem de máquina *Naive Bayes* para verificar o apoio ou repúdio da população às manifestações, através das opiniões presentes no Twitter. Os autores apontam que a opinião pública pode influenciar as decisões políticas, assim como a opinião de consumidores influencia questões comerciais e fabricantes de produtos. Como resultado, foi constatado que a maioria dos *tweets* analisados continham mensagens de apoio às manifestações.

3. BASE DE DADOS

Neste trabalho, a análise de polaridade nos *tweets*, referentes à abertura do processo de *impeachment* da presidente do Brasil, considera uma base de dados com 10.347.642 *tweets*, coletados entre 14/12/2015 e 12/05/2016[1]. Durante a fase de coleta de dados, utilizamos palavras chaves que observamos ter uma relação com o cenário que estavamos analisando, como por exemplo: *impeachment*, Dilma, Lula, Pedaladas Fiscais, Lava Jato, Golpe, PT, PSDB e PMDB. Além disso, durante a fase de coleta e construção da base de dados, foram considerados apenas *tweets* em português.

Para construir a base de dados de treino e validação, foram selecionados uma amostra de 3.167 *tweets*, onde selecionamos inicialmente 4.000 *tweets* aleatoriamente. Com o intuito de produzir uma base levemente balanceada, a quantidade de amostras rotuladas foram reduzidas. Cada *tweet* recebeu dos voluntários um dos rótulos: **contra o processo de impeachment** - que consistia em comentários cuja natureza era contra o processo de *impeachment*, e assim, apoiavam o governo que está sendo ameaçado de realizar seu mandato; **a favor do processo de impeachment** - são *tweets* que relatam opiniões, notícias ou outras informações que sejam a favor desse impedimento; e **indefinido** - os casos de informações compartilhadas em que não ficava claro qual a polaridade do *tweet*, por exemplo: *"Quem foi condenado? Dona Mancha!!"*, assumimos que iriam ser classificados com este rótulo. Cada *tweet* foi analisado por um voluntário, mas caso houvesse dúvidas durante a rotulação, o texto era

submetido a uma votação, onde cada um iria indicar seu rótulo e consequentemente o mais votado seria atríbuido como rótulo ao texto. Para cada voluntário, foi atribuído mais de 630 amostras e algumas informações, como data e *username* do usuário que compartilhou a informação. Essas informações adicionais auxiliaram na rotulação, pois quando o usuário que compartilhou o *tweet* é conhecido de algum cenário, facilitava a identificação do rótulo, por exemplo, os posts de políticos da oposição, em geral, apresentam dados que pesam contra o governo.

O processo de rotulação resultou na seguinte distribuição (tabela 1): 47,80% dos *tweets* contra o processo de *impeachment*, 47,80% a favor do *impeachment*, e 4,38% classificados como indefinidos. Vale ressaltar que em nosso trabalho analisamos polaridades contra e a favor do governo, mas não descartamos os comentários indefinidos, pois em nossa base existem *tweets* que não expressam uma polaridade direta, dificultando a classificação.

Table 1: Sumário da base de *tweets* utilizado nos experimentos.

	Rótulos			
	Contra	A Favor	Indefinido	Total
Quantidade	1.514	1.514	139	3.167

4. PROPOSTA

Nesta seção é descrita a proposta de como foi inferida a polaridade dos *tweets* referentes ao processo de *impeachment* da presidente do Brasil.

4.1 Análise de Polaridade

Uma característica muito importante de técnicas supervisionadas é que elas apresentam fundamentalmente o mesmo comportamento: dado um conjunto de dados de treinamento, composto por instâncias que são formadas por vários atributos previamente rotulados (polaridades) nas classes de interesse [8], o modelo aprende características (base de treino) de cada classe e poderá ser usado para classificar outras amostras (base de teste). Em nosso trabalho analisamos três classificadores, SVM, MNB e ME, que são os mais comuns devido suas características quando estamos lidando com classificação de textos [15].

Para que os textos possam ser utilizados por um algoritmo de aprendizagem, é necessário que eles sejam convertidos em uma representação adequada. Diversos estudos no contexto de classificação de texto, mais especificamente em classificação de polaridade, objetivam a melhoria da representação de textos [4, 8, 10, 11].

Geralmente, métodos de classificação de texto baseados em aprendizagem de máquina adotam o modelo de representação denominado *bag-of-words*, onde cada documento é representado por um vetor de palavras que o compõe.

Neste trabalho cada *tweet* foi modelado com uma *bag-of-words* que utiliza a mesma proposta de Aisopos et al. [1] (utilizar *bag-of-words* em conjunto com o TF-IDF).

4.2 Experimentos e Resultados

Esta seção descreve como foram realizados os experimentos e quais resultados foram alcançados para análise automática de polaridade (positiva, negativa ou neutra) em *tweets* que estejam relatando alguma informação sobre o processo

---

[1]A coleta utilizou a Search API do Twitter, disponível em https://dev.twitter.com/rest/public/search

de *impeachment*. Em todos os experimentos serão apresentados os resultados dos 3 classificadores selecionados para executar o experimento (SVM,MNB e ME).

Após coletada e rotulação dos dados, foi realizada uma limpeza nos dados para que os ruídos fossem eliminados, por exemplo, as *stopwords*, URLs, menções, *hashtags* e outras palavras que são comuns quando estamos nos referindo a textos curtos originados do Twitter.

Nos experimentos utilizamos uma validação cruzada de 10 partes. Em outras palavras, a base utilizada rotulada manualmente foi dividida em 10 partes, sendo, 9 utilizadas para treino e 1 para teste, onde podemos avaliar o desempenho de todos os classificadores.

Para utilizar tanto a validação cruzada quanto as técnicas citadas, utilizamos a API chamada *Scikit learn*[2], que é uma ferramenta para mineração e análise de dados em Python[3].

Para medir a acurácia de cada método, utilizamos três métricas: precisão, revocação, F1 e acurácia.

Table 2: Métricas de avaliação detalhadas por método e classe.

	Método	A favor	Contra	Indefinido
Precisão	SVM	0,9571	0,9156	1,0000
	MNB	0,8598	0,9084	1,0000
	ME	0,9347	0,8922	0,9166
Revocação	SVM	0,9178	0,9743	0,7333
	MNB	0,9246	0,8910	0,4666
	ME	0,8833	0,9551	0,7333
F1	SVM	0.9370	0,9440	0,8461
	MNB	0,8910	0,8996	0,6363
	ME	0,9084	0,9226	0,8148

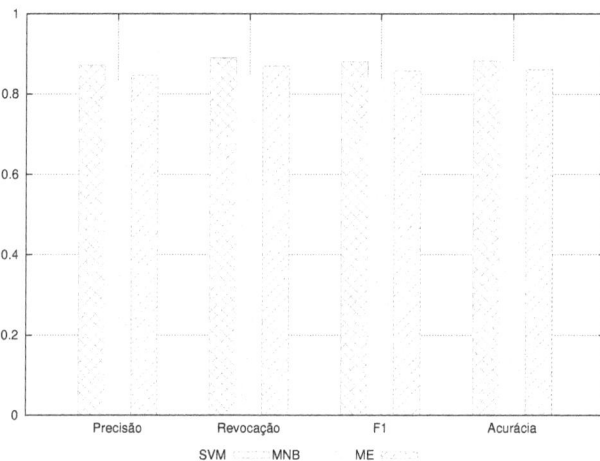

Figure 1: Precisão, revocação e F1 dos tweets que foram classificados como a favor o processo de *impeachment*.

Observamos que em todos os cenários avaliados, com relação aos resultados, o SVM apresentou uma medida F1 pelo menos 1,04% maior que os demais classificadores e uma acurácia de 93%, na tarefa de *aprender* a identificar as classes a favor e contra o processo de *impeachment*. Vale ressaltar que todos os classificadores apresentaram medidas F1 acima

[2]http://scikit-learn.org/stable/
[3]https://www.python.org/

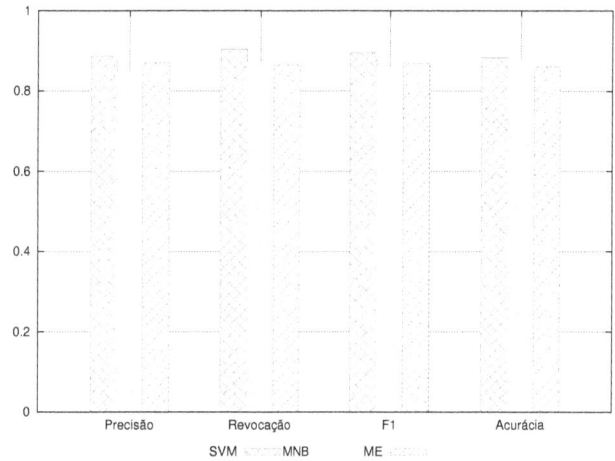

Figure 2: Precisão, revocação e F1 dos tweets que foram classificados como contra o processo de *impeachment*.

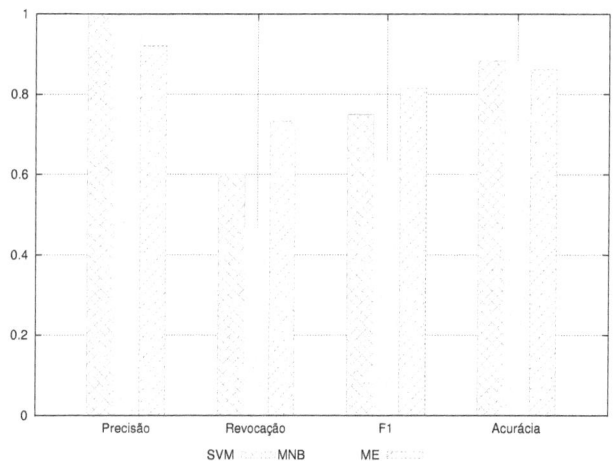

Figure 3: Precisão, revocação e F1 dos tweets que foram classificados como indeterminados.

de 80% para identificar as mesmas classes. Já os rótulos classificados como "indefinidos", apresentaram uma queda na medida F1 em relação as demais classes, uma vez que em nossa base temos poucos comentários dessa natureza.

Observando o cenário de estudo e o comportamento dos usuários nas redes sociais, concluímos que é realmente difícil encontrar *tweets* que não assumam uma posição contra ou a favor do processo de *impeachment*, mas não descartamos sua existência.

Com isso, sumarizamos nossos resultados da seguinte forma:

1. O SVM apresenta pelo menos 1,03% de medida F1 acima, quando comparado aos classificadores *Multinomial Naive Bayes* e *Max Entropy*;

2. Todos os métodos testados apresentaram uma acurácia acima de 80% na identificação das classes positivas e negativas, mas sem analisar a questão de termos com a presença de sarcasmos;

3. A base de dados representativa permitiu em nossos ex-

perimentos ter uma amostra da opinião dos brasileiros quanto ao cenário político brasileiro do processo de *impeachment*;

4. A utilização de técnicas supervionadas de aprendizagem de máquina para inferir a polaridade de textos em português, alcançando uma métrica F1 superior a 80% na identificação das classes contra e a favor;

5. A diferença entre as medidas F1 dos algoritmos utilizados não é maior que 1,03%, devido a base estar balanceada e com classes bem definidas.

5. CONCLUSÃO E TRABALHOS FUTUROS

Neste trabalho, foram analisadas técnicas supervisionadas de aprendizagem de máquina, a fim de inferir a polaridade expressa por usuários em textos curtos em português. E apesar do avanço de métodos léxicos para língua portuguesa, observamos que as técnicas supervisionadas ainda apresentam resultados superiores a outros métodos. Com isso, comparamos o desempenho dos classificadores SVM, MNB e ME, na mineração de opinião ou sentimento dos usuários brasileiros durante um evento histórico para o nosso país, que é o processo de *impeachment* da presidente do Brasil.

Esses métodos foram avaliados em uma base de dados representativa de *tweets*. Onde os resultados apresentam o SVM como melhor algoritmo para identificação de classes em nosso cenário, mas não descartando os outros classificadores, pois quando trabalhamos com poucos recursos de memória, o *Multinomial Naive Bayes* apresenta um desempenho melhor que outros classificadores.

Como trabalhos futuros pretendemos utilizar técnicas que permitam o uso de agrupamento de *hashtags*, pois observamos que a polaridade de vários comentários pode ser inferida somente analisando a *hashtag* citada no texto. Ainda mais, pretendemos realizar uma análise mais profunda, com isso, não analisar somente a polaridade, mas também realizar uma análise de aspectos nos textos, a fim de inferir cada termo separadamente.

Referências

[1] F. Aisopos, G. Papadakis, K. Tserpes, and T. Varvarigou. Content vs. context for sentiment analysis: a comparative analysis over microblogs. In *Proceedings of the 23rd Conference on Hypertext and Social Media*, pages 187–196. ACM, 2012.

[2] A. Bermingham and A. F. Smeaton. On using twitter to monitor political sentiment and predict election results. In *Proceedings of the 2014 Workshop at the International Joint Conference for Natural Language Processing (IJCNLP)*. DORAS, 2011.

[3] T. C. de França and J. Oliveira. Análise de sentimento de tweets relacionados aos protestos que ocorreram no brasil entre junho e agosto de 2013. In *Proceedings of the III Brazilian Workshop on Social Network Analysis and Mining (BRASNAN)*, pages 128–139. SBC, 2014.

[4] B. Liu. Sentiment analysis and opinion mining. *Synthesis lectures on human language technologies*, 5 (1):1–167, 2012.

[5] R. F. Martins, A. Pereira, and F. Benevenuto. An approach to sentiment analysis of web applications in portuguese. In *Proceedings of the 21st Brazilian Symposium on Multimedia and the Web (WebMedia)*, pages 105–112. ACM, 2015.

[6] P. Melville, W. Gryc, and R. D. Lawrence. Sentiment analysis of blogs by combining lexical knowledge with text classification. In *Proceedings of the 15th ACM SIGKDD international conference on Knowledge discovery and data mining*, pages 1275–1284. ACM, 2009.

[7] A. Montejo-Ráez, E. Martínez-Cámara, M. T. Martín-Valdivia, and L. A. Ureña-López. Ranked wordnet graph for sentiment polarity classification in twitter. *Computer Speech & Language*, 28(1):93–107, 2014.

[8] F. Moraes, M. Vasconcelos, P. Prado, J. Almeida, and M. Gonçalves. Polarity analysis of micro reviews in foursquare. In *Proceedings of the 19th Brazilian symposium on Multimedia and the web (WebMedia)*, pages 113–120. ACM, 2013.

[9] B. O'Connor, R. Balasubramanyan, B. R. Routledge, and N. A. Smith. From tweets to polls: Linking text sentiment to public opinion time series. In *Proceedings of the 2010 International AAAI Conference on Web and Social Media (ICWSM)*, pages 122–129. AAAI, 2010.

[10] B. Pang and L. Lee. Opinion mining and sentiment analysis. *Foundations and trends in information retrieval*, 2(1-2):1–135, 2008.

[11] B. Pang, L. Lee, and S. Vaithyanathan. Thumbs up?: sentiment classification using machine learning techniques. In *Proceedings of the 2002 ACL Conference on Empirical methods in natural language processing (ACL-02)*, pages 79–86. Association for Computational Linguistics (ACL), 2002.

[12] S. Rosenthal, P. Nakov, S. Kiritchenko, S. Mohammad, A. Ritter, and V. Stoyanov. Semeval-2015 task 10: Sentiment analysis in twitter. In *Proceedings of the 9th International Workshop on Semantic Evaluation (SemEval 2015)*, pages 451–463, Denver, Colorado, June 2015. Association for Computational Linguistics. URL http://www.aclweb.org/anthology/S15-2078.

[13] A. Tumasjan, T. O. Sprenger, P. G. Sandner, and I. M. Welpe. Predicting elections with twitter: What 140 characters reveal about political sentiment. In *Proceedings of the 4th International AAAI Conference on Weblogs and Social Media (ICWSM)*, pages 178–185. AAAI, 2010.

[14] T. Wilson, J. Wiebe, and P. Hoffmann. Recognizing contextual polarity: An exploration of features for phrase-level sentiment analysis. *Computational linguistics*, 35(3):399–433, 2009.

[15] Q. Ye, Z. Zhang, and R. Law. Sentiment classification of online reviews to travel destinations by supervised machine learning approaches. *Expert Systems with Applications*, 36(3):6527–6535, 2009.

Gender Differences in the Use of Portuguese in Social Networks: Evidence from LIWC

Gustavo Paiva Guedes
CEFET/RJ - Centro Federal de
Educação Tecnológica Celso
Suckow da Fonseca
Av. Maracanã, 229
Rio de Janeiro-RJ, Brasil
gustavo.guedes@cefet-rj.br

Eduardo Bezerra
CEFET/RJ - Centro Federal de
Educação Tecnológica Celso
Suckow da Fonseca
Av. Maracanã, 229
Rio de Janeiro-RJ, Brasil
ebezerra@cefet-rj.br

Lilian Ferrari
UFRJ - Universidade Federal do
Rio de Janeiro
Av. Brigadeiro Trompovisky s/n
Rio de Janeiro-RJ, Brasil
lilianferrari@uol.com.br

Fellipe Duarte
UFRRJ - Universidade Federal
Rural do Rio de Janeiro
Av. Gov. Roberto Silveira s/n
Nova Iguaçu-RJ, Brasil
duartefellipe@cos.ufrj.br

ABSTRACT

This work aims at highlighting gender differences in the use of Brazilian Portuguese by users of a Brazilian social network. We perform this study by using a dictionary of a text analysis program named LIWC. Experimental results indicate that males and females differ with respect to the most used word classes. Our results are consistent with studies performed in other languages.

Keywords

Sentiment analysis; LIWC; Text Mining;

1. INTRODUÇÃO

A grande expansão das redes sociais online proporcionou o surgimento de diversos estudos a respeito do comportamento dos indivíduos [7], incluindo o comportamento de pedófilos [3], traficantes de drogas [14], etc. Muitas vezes, esses criminosos fornecem perfis falsos para cometer diversas atividades criminosas [15]. Entretanto, vale ressaltar que esses indivíduos possuem características distintas (e.g., idade, sexo, nível de escolaridade) que podem influenciar o estilo da escrita dos textos publicados nessas redes. Essas influências foram evidenciadas em diversos estudos encontrados na literatura [2, 13, 11].

Os estudos supracitados foram desenvolvidos com base em um programa denominado LIWC (Linguistic Inquiry and Word Count) [16]. O LIWC analisa textos em linguagem natural, fundamentado em um conjunto de diversas categorias linguísticas e psicológicas, dentre as quais podemos

mencionar as categorias *raiva*, *espaço*, *religião* e *tempo*. Para analisar os textos, o LIWC utiliza um dicionário de palavras rotuladas com uma ou mais categorias. Nesse trabalho, adotamos uma versão do LIWC produzida para o português do Brasil [1], a qual é composta por 127.149 palavras, classificadas em 64 categorias.

A literatura é repleta de estudos que evidenciam diferenças textuais de gênero utilizando o LIWC [13, 6, 9]. Entretanto, não foram encontrados trabalhos que evidenciassem essas diferenças utilizando o LIWC em português do Brasil. É nesse panorama que o presente trabalho se insere: evidenciar a influência do gênero nas diferenças linguísticas observadas no uso do português do Brasil em usuários de redes sociais. Por essa razão, utilizamos a versão do LIWC em português do Brasil no desenvolvimento deste trabalho.

Nesse cenário, utilizamos como objeto de estudo uma rede social brasileira denominada Meu Querido Diário[1] (MQD). Essa rede funciona como um diário online, em que os usuários escrevem entradas textuais descrevendo suas experiências diárias, emoções ou seus estados emocionais. Cada entrada efetuada por um usuário possui, obrigatoriamente, data, assunto e texto.

O restante deste trabalho encontra-se dividido em mais sete seções. Na Seção 2 são apresentados os trabalhos correlatos ao presente estudo. Na Seção 3 são discutidas algumas características do LIWC e na Seção 4 é apresentada a rede social utilizada para produção do conjunto de dados utilizado nesse trabalho. A Seção 5 descreve a construção do conjunto de dados. Na Seção 6, se encontram os procedimentos adotados para a extração das características dos textos dos usuários. Na Seção 7 são exibidos os resultados experimentais. Por fim, na Seção 8, são discutidas as conclusões e algumas perspectivas para trabalhos futuros.

2. TRABALHOS RELACIONADOS

O trabalho realizado em [10] apresenta um estudo com 96 estudantes universitários (48 homens e 48 mulheres) separados em duplas compostas por um homem e uma mulher.

WebMedia '16, November 08-11, 2016, Teresina, PI, Brazil

© 2016 ACM. ISBN 978-1-4503-4512-5/16/11. . . $15.00

DOI: http://dx.doi.org/10.1145/2976796.2988188

[1]http://www.meuqueridodiario.com.br

Durante 20 minutos as conversas das duplas foram gravadas. Em seguida, os autores analisaram as gravações e concluíram que, para as mulheres, era mais comum o uso de perguntas, enquanto que para os homens, as frases imperativas eram as mais frequentes.

No estudo desenvolvido em [13] foi possível identificar que as mulheres tendem a utilizar mais palavras relacionadas a processos psicológicos e sociais. O trabalho evidencia que os homens utilizam mais palavras relacionadas à tópicos impessoais e objetos concretos. No entanto, essa diferença fica menos perceptível em situações que exigem a utilização da norma culta da língua.

No trabalho produzido em [8], os autores evidenciaram que, em conversas do dia-a-dia, os homens utilizam quatro vezes mais palavras relacionadas a juramentos e consideravelmente mais palavras longas (com mais de seis letras). Além disso, os homens também utilizam mais palavras com conteúdo agressivo e artigos. O estudo também descreve que as mulheres utilizam mais palavras relacionadas à discrepância (e.g., poderia, deveria), mais palavras associadas à emoções positivas assim como uma maior referência à primeira pessoa (no singular).

Em [12], os autores apresentam um estudo com um *website* de encontros *online*. Os autores investigaram os textos das apresentações pessoais de 25 homens e 25 mulheres encontraram resultados indicando que os homens utilizam mais palavras que caracterizam hesitação ao se descreverem (e.g., acredito, talvez). Os autores sugerem que os resultados encontrados são provenientes da tentativa dos indivíduos do sexo masculino parecerem mais atraentes.

É importante ressaltar que diversos estudos utilizam o LIWC para relatar diferenças entre as categorias de palavras utilizadas por homens e mulheres. Entretanto, não encontramos estudos apresentando esses resultados para o português do Brasil. Nesse cenário, o presente trabalho tem o objetivo de contribuir evidenciando as categorias de palavras mais utilizadas por indivíduos do sexo feminino e masculino aplicando o LIWC em português.

3. LIWC

O LIWC (*Linguistic Inquiry and Word Count*) é um programa utilizado para extração e análise de componentes emocionais, cognitivos e estruturais presentes na fala e em textos [16]. O propósito inicial do LIWC era descobrir como acompanhar melhorias na saúde a partir de características extraídas de textos que descrevem experiências negativas dos pacientes [17]. Contudo, outras aplicações foram propostas como, por exemplo, a transcrição de narrativas cotidianas [17].

O LIWC contém um dicionário de palavras em que cada palavra se encontra associada a uma ou mais categorias. Essas categorias estão relacionadas com informações linguísticas básicas como artigos, pronomes e preposições e com informações de nível psicológico, como emoções positivas ou negativas e palavras cognitivas [17]. A versão do dicionário em português do Brasil do LIWC, idioma alvo do estudo atual, possui 127.149 palavras e 64 categorias [1].

4. MQD

O conjunto de dados utilizado neste trabalho foi extraído da rede social brasileira `Meu Querido Diário` (MQD). Essa rede funciona como um diário *online* em que os usuários escrevem entradas retratando suas experiências diárias, sentimentos e emoções. Atualmente o MQD possui mais de 60.000 usuários cadastrados e aproximadamente 180.000 entradas escritas por esses usuários.

O MQD foi utilizado por ser uma rede social em que os usuários escrevem predominantemente em português do Brasil. Além disso, informam obrigatoriamente o seu sexo (i.e., masculino ou feminino) ao se cadastrarem. Assim, dado que o objetivo é evidenciar as diferenças textuais de de indivíduos do sexo masculino e feminino para o português, o MQD fornece um conjunto de dados bastante relevante como objeto de estudo.

5. CONSTRUÇÃO DO CONJUNTO DE DADOS

Esta seção descreve a criação do conjunto de dados utilizado nas próximas seções. Para isso, foram utilizados dados provenientes da rede social MQD. O conjunto de dados produzido e utilizado no decorrer desse trabalho é denominado `MQD1016-LIWC-PT-1NORM`. Para produzir esse conjunto de dados, utilizamos o conjunto de dados denominado a `MQD1016-MF`. O `MQD1016-MF` é composto pelas entradas e o sexo de 1016 usuários, extraídas do MQD. Esses 1016 usuários são divididos em 510 usuários do sexo feminino e 506 usuários do sexo masculino.

Em um passo seguinte, utilizamos as entradas dos 1016 usuários para produzir 1016 vetores de dimensão $n = 64$ (representando as 64 categorias do LIWC). Para formar um vetor $\vec{v}$ representando um usuário u, foram consideradas as palavras que esse usuário utilizou em seus textos. As categorias associadas a cada palavra p, utilizada pelo usuário u, foram identificadas no dicionário do LIWC. Em seguida, para cada categoria identificada x_i em p, sua posição correspondente no vetor $\vec{v}$ foi incrementada. A Figura 1 exemplifica o procedimento utilizado para representar os usuários, nesse caso, para o usuário u_1. Podemos notar que $x_0 = 1$, assinalando que houve apenas uma palavra usada por u_1 que se enquadrou nessa categoria. Para o caso de x_5, é possível perceber que 21 palavras se encaixaram nessa categoria.

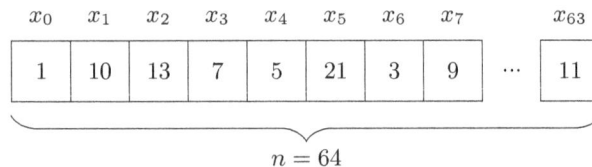

Figure 1: Vetor representando um usuário utilizando as categorias do LIWC.

Depois de todos os usuários serem representados por vetores, os vetores foram normalizados. Utilizamos a norma L^1, isto é, a soma das componentes em cada vetor normalizado resulta em 1: $x_0 + x_1 + ... + x_{63} = 1$. O vetor normalizado do usuário u_1, representado na Figura 1, é apresentado Figura 2. Considerando os valores entre x_8 e x_{62} como zeros, podemos notar que 12% (0.12) das palavras do usuário u_1 se enquadram na categoria x_2. Analogamente, 26% das palavras se encaixam na categoria x_5. Por fim, esses dados foram consolidados no conjunto de dados `MQD1016-LIWC-PT-1NORM`.

x_0	x_1	x_2	x_3	x_4	x_5	x_6	x_7		x_{63}
0.01	0.10	0.12	0.16	0.06	0.26	0.04	0.11	...	0.14

$$n = 64$$

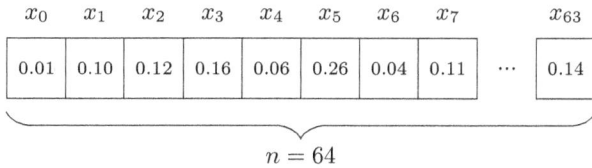

Figure 2: Vetor normalizado representando um usuário utilizando as categorias do LIWC. Corresponde ao vetor não-normalizado ilustrado na Figura 1.

6. DIFERENÇAS DE GÊNERO EM TEXTOS UTILIZANDO O LIWC

Esta seção descreve a metodologia adotada para identificar as diferenças existentes entre indivíduos do sexo masculino e feminino em textos em português do Brasil. O objetivo é procurar evidências dessas diferenças utilizando o dicionário do LIWC em português do Brasil.

Inicialmente, criamos uma partição de tamanho 2 do conjunto de dados com vetores normalizados `MQD1016-LIWC-PT-1NORM`. Uma das partições contém os usuários do sexo masculino e outra contém usuários do sexo feminino.

Para investigar eventuais diferenças de estilo de escrita entre os gêneros de usuários, aplicamos a fórmula de Cohen [5] (Eq. 1) em cada uma das 64 categorias do LIWC. Fixada a i-ésima categoria ($0 \leq i < 64$), M_{masc}^i e M_{fem}^i são as médias simples da i-ésima componente dos vetores de usuários masculinos e femininos, respectivamente. Analogamente, s_{masc}^i e s_{fem}^i são o desvio padrão de cada um dos dois gêneros de usuários, para a categoria i. Nesse cenário, podemos calcular o tamanho do efeito das diferenças entre as categorias mais utilizadas por homens e mulheres.

$$d_i = \frac{M_{fem}^i - M_{masc}^i}{\sqrt{((s_{fem}^i)^2 + (s_{masc}^i)^2)/2}} \quad (1)$$

A intuição subjacente à equação acima é descrita como segue. Valores positivos de d_i indicam que indivíduos do gênero feminino utilizaram mais palavras na categoria i do que os do gênero masculino. Valores negativos denotam uma maior utilização por indivíduos do gênero masculino.

Cohen recomenda o valor de corte de .20 para caracterizar um pequeno tamanho de efeito [4] . Assim, embora alguns trabalhos utilizem o valor de .10 (e.g., [13]), iremos adotar o valor de corte de .20. É importante ressaltar que, nesse estudo, apenas as categorias com *p-values* altamente significantes foram considerados ($p < .001$).

7. RESULTADOS EXPERIMENTAIS

Os resultados experimentais desse trabalho foram produzidos com a utilização do conjunto de dados `MQD1016-LIWC-PT-1NORM`. Para analisar os resultados obtidos, são apresentados os resultados encontrados para as categorias do LIWC com valor absoluto do tamanho do efeito (Eq. 1) maior ou igual a 0.20. Para essas categorias, também foram apresentados os valores de média (M) e desvio padrão (D) referentes ao número de palavras utilizadas.

Analisando os valores da Tabela 1, pode-se notar que as mulheres tendem a utilizar mais emoções negativas (*negemo*), pronomes (*pronoun*), pronomes pessoais (*ppron*), pro-

nomes pessoais na 1ª pessoa do singular (*i*), palavras que sugerem interação social (*social*), palavras que manifestam tristeza (*sad*) e palavras associadas à discrepância (*discrepancy*). A maior utilização de palavras dessas categorias pelas mulheres também foi encontrada para a língua inglesa em [13]. Além disso, as palavras que se referem a humanos (*humans*) apresentam predominância de uso pelas mulheres.

Com relação às categorias mais utilizadas pelos indivíduos do sexo masculino, podemos notar as preposições (*preps*), palavras que refletem o trabalho (*work/occupation*) e dinheiro (*money*). Esses resultados também foram revelados em [13]. Assim como no presente trabalho, existem outros trabalhos que também evidenciam que palavras relacionadas ao tempo (*time*), espaço (*space*) e com conteúdo relativo (*relativ*) são mais utilizadas por homens, como exemplo, podemos destacar o trabalho produzido em [11]. Por fim, a análise do português do Brasil também indica que os homens utilizam mais palavras relacionadas à realizações (*achieve*) e com traços de causa (*cause*).

Table 1: Valores positivos indicam que os indivíduos do sexo feminino utilizaram mais a categoria do que os masculinos. O tamanho do efeito é representado por d, conforme a Eq. 1. M e D representam a média e o desvio padrão, respectivamente.

Dimensão	Feminino		Masculino		
	M	D	M	D	(d)
pronoun	2.46	0.62	2.22	0.67	0.36
ppron	1.69	0.55	1.55	0.58	0.24
i	1.55	0.75	1.28	0.86	0.34
preps	2.29	0.70	2.63	1.39	-0.31
social	1.62	0.42	1.48	0.46	0.30
humans	1.41	0.43	1.30	0.54	0.22
negemo	1.16	0.67	0.99	0.59	0.27
sad	1.05	0.85	0.83	0.68	0.28
discrep	2.13	0.78	1.97	0.78	0.20
cause	1.87	0.77	2.05	0.83	-0.23
relativ	2.71	0.65	2.89	0.80	-0.25
space	2.11	0.95	2.47	1.40	-0.31
time	1.81	0.65	2.10	1.05	-0.34
work	0.92	0.67	1.18	1.00	-0.30
achieve	1.09	0.47	1.25	0.75	-0.25
money	1.36	1.01	1.56	1.05	-0.21

8. CONCLUSÕES E SUGESTÕES DE TRABALHOS FUTUROS

Nesse artigo, adotamos o dicionário do LIWC para segmentar as palavras utilizadas por usuários de uma rede social em classes que refletem aspectos linguísticos e psicológicos e, em seguida, analisamos as diferenças de classes mais utilizadas pelos gêneros feminino e masculino. Diversos trabalhos encontrados na literatura evidenciam diferenças entre as categorias de palavras mais utilizadas por homens e mulheres em diversos contextos, seja em redes sociais, sites de relacionamento, blogs, etc. Entretanto, a literatura ainda carece de trabalhos relativos ao português do Brasil. Nesse aspecto, o presente trabalho contribui para preencher essa lacuna, utilizando a versão do LIWC para o português do Brasil para evidenciar as categorias de palavras mais utilizadas por homens e mulheres.

Para realização dos experimentos, produzimos um conjunto de dados contendo textos de 1016 usuários de uma rede social brasileira, correspondendo a 510 mulheres e 506 homens. Esse conjunto de dados contém, para cada usuário, a proporção de uso de palavras em cada uma das 64 categorias do LIWC. Com isso, é possível extrair, para cada usuário, informações linguísticas e psicológicas de seus textos.

Dentro desse panorama pudemos evidenciar que as mulheres utilizam mais pronomes pessoais, emoções negativas, referência a humanos, além de palavras que refletem interação social, manifestam tristeza e possuem conteúdo relacionados à discrepância. Também identificamos que os homens utilizam mais preposições, palavras associadas ao trabalho, dinheiro, tempo, espaço e com conteúdo relativo. Grande parte dessas diferenças ocorreram em trabalhos realizados com a língua inglesa, conforme descrito na Seção 7.

Como trabalho futuro, destacamos a possibilidade de produzir um estudo da correlação entre as categorias mais utilizadas. Por exemplo, pode-se notar que os homens utilizam mais palavras associadas às categorias trabalho e dinheiro. Seria interessante a investigação de possíveis correlações entre essas categorias. Além disso, pode-se associar as categorias analisadas a graus de objetividade (e.g., espaço), subjetividade (e.g., pronomes pessoais) e intersubjetividade (e.g., marcas de interação social) no uso linguístico. Esse tipo de análise permitirá verificar se, em seus relatos sobre experiências pessoais, homens e mulheres diferem quanto ao aspectos que tendem a destacar: o evento em si, a participação pessoal e emoções associadas ao evento ou o contato interpessoal que o evento propicia. Também seria pertinente averiguar se os aspectos estruturais da rede social (i.e., usuários e seus amigos) estão relacionados aos estilos de escrita utilizados.

9. REFERENCES

[1] Pedro Paulo Balage Filho, Thiago Pardo, and Sandra Aluísio. An evaluation of the Brazilian Portuguese LIWC dictionary for sentiment analysis. In Sandra Maria Aluísio and Valéria Delisandra Feltrim, editors, *Proceedings of the 9th Brazilian Symposium in Information and Human Language Technology (STIL)*, pages 215–219, Fortaleza-CE, Brazil, 21–23 October 2013. Sociedade Brasileira de Computação.

[2] Federica Barbieri. Patterns of age-based linguistic variation in american english. *Journal of Sociolinguistics*, 12(1):58–88, 2008.

[3] Dasha Bogdanova, Paolo Rosso, and Thamar Solorio. On the impact of sentiment and emotion based features in detecting online sexual predators. In *Proceedings of the 3rd Workshop in Computational Approaches to Subjectivity and Sentiment Analysis*, pages 110–118. Association for Computational Linguistics, 2012.

[4] J. Cohen. A power primer. *Psychological Bulletin*, 112(1):155–159, 1992.

[5] Jacob Cohen. {CHAPTER} 2 - the t test for means. In Jacob Cohen, editor, *Statistical Power Analysis for the Behavioral Sciences (Revised Edition)*, pages 19 – 74. Academic Press, revised edition edition, 1977.

[6] Goldine C. Gleser, Louis A. Gottschalk, and Watkins John. The relationship of sex and intelligence to choice of words: A normative study of verbal behavior. *Journal of Clinical Psychology*, 15(2):182–191, 1959.

[7] Long Jin, Yang Chen, Tianyi Wang, Pan Hui, and Athanasios V Vasilakos. Understanding user behavior in online social networks: A survey. *IEEE Communications Magazine*, 51(9):144–150, 2013.

[8] Matthias R Mehl and James W Pennebaker. The sounds of social life: a psychometric analysis of students' daily social environments and natural conversations. *Journal of personality and social psychology*, 84(4):857, 2003.

[9] Anthony Mulac, David R Seibold, and Jennifer Lee Farris. Female and male managers' and professionals' criticism giving differences in language use and effects. *Journal of Language and Social Psychology*, 19(4):389–415, 2000.

[10] Anthony Mulac, John M Wiemann, Sally J Widenmann, and Toni W Gibson. Male/female language differences and effects in same-sex and mixed-sex dyads: The gender-linked language effect. *Communications Monographs*, 55(4):315–335, 1988.

[11] Meenakshi Nagarajan and Marti A Hearst. An examination of language use in online dating profiles. In *ICWSM*, 2009.

[12] Meenakshi Nagarajan and Marti A. Hearst. An examination of language use in online dating profiles. In *Proceedings of the Third International Conference on Weblogs and Social Media, ICWSM 2009, San Jose, California, USA, May 17-20, 2009*, 2009.

[13] Matthew L. Newman, Carla J. Groom, Lori D. Handelman, and James W. Pennebaker. Gender Differences in Language Use: An Analysis of 14,000 Text Samples. *Discourse Processes*, 45(3):211–236, May 2008.

[14] Fatih Ozgul and Zeki Erdem. Detecting criminal networks using social similarity. In *Advances in Social Networks Analysis and Mining (ASONAM), 2012 IEEE/ACM International Conference on*, pages 581–585. IEEE, 2012.

[15] Claudia Peersman, Walter Daelemans, and Leona Van Vaerenbergh. Predicting age and gender in online social networks. In *Proceedings of the 3rd international workshop on Search and mining user-generated contents*, pages 37–44. ACM, 2011.

[16] James W. Pennebaker, Martha E. Francis, and Roger J. Booth. *Linguistic Inquiry and Word Count*. Lawerence Erlbaum Associates, Mahwah, NJ, 2001.

[17] James W. Pennebaker, Matthias R. Mehl, and Kate G. Niederhoffer. Psychological aspects of natural language use: Our words, our selves. *Annual Review of Psychology*, 54(1):547–577, 2003.

Gestural Interaction for Accessibility of Web Videos

Marcio Maestrelo Funes
Instituto de Ciêcias Matemáticas e de
Computação - Universidade de São Paulo
Av. Trabalhador São Carlense, 400
São Carlos, São Paulo, Brasil
marciofunes@usp.br

Rudinei Goularte
Instituto de Ciêcias Matemáticas e de
Computação - Universidade de São Paulo
Av. Trabalhador São Carlense, 400
São Carlos, São Paulo, Brasil
rudinei@icmc.usp.br

ABSTRACT

Recently the interest in video content sharing platforms, such Youtube and Netflix, has increased considerably attracting users with different profiles, including visually impaired. Although initiatives such as WCAG 2.0 (Web Content Acessibility Guidelines) set guidelines for video players development, there is still a need for investigation about how to improve the level of accessibility of visually impaired throughout the process of video media interaction, from browsing to the use of the player interface.

The aim of this paper is to present an analysis conducted with 18 visually impaired users to access Web-video players through gestures. The analysis was carried out to check if there is improvement in the level of accessibility to access Web-video players through gestures if compared the usual access interfaces (keyboard, mouse and screen readers).

Keywords

accessibility, visually impaired, natural interface, gesture

1. INTRODUÇÃO

Plataformas de compartilhamento de conteúdo multimídia têm crescido consideravelmente nos últimos anos. Após o surgimento da Web 2.0, conteúdos como áudio e vídeo se tornaram mais populares [4]. É possível verificar este crescimento ao analisar os números do *YouTube*, uma das redes sociais e plataforma de vídeos mais acessadas atualmente, lançado pelo *Google* em 2005.

Segundo dados divulgados em 2015, o *YouTube* possui mais de um bilhão de usuários, quase um terço dos usuários da Internet e, a cada dia, seus usuários assistem á milhões de horas de vídeos gerando bilhões de visualizações [8].

Estes números indicam a grande procura de conteúdos de vídeos por diversos tipos de usuários, com os mais variados perfis, incluindo aqueles que possuem algum tipo de deficiência visual. Segundo a *World Health Organization* [7], a estimativa de pessoas com deficiência visual no mundo é de

285 milhões, sendo 39 milhões cegos e 246 milhões com baixa visão.

No Brasil, segundo o censo demográfico realizado no ano de 2010, 45,6 milhões de pessoas declararam ter algum tipo de deficiência, representando 23,9% do total da população. A deficiência visual é a mais frequente, atinge 3,5% dos brasileiros totalizando seis milhões de pessoas que possuem dificuldade severa em enxergar e mais de 506 mil cegas, 29 milhões de pessoas declaram possuir alguma dificuldade permanente de enxergar mesmo com o uso de óculos e lentes [2].

Para entender como a acessibilidade em vídeos está sendo aplicada atualmente para estes usuários, Rosas-Villena et al [5] realizaram uma pesquisa incluindo os 50 sites mais acessados no mundo de acordo com o site Alexa [1]. Dentre os 50 sites, foram destacados dez sites que permitem assistir e realizar *uploads* de vídeo. O estudo aponta que nenhum site ofereceu total suporte a acessibilidade e afirma que a falta destas características especiais e a tecnologia empregada, em muitos casos, podem ser consideradas como barreiras de acessibilidade ao impossibilitar o acesso ao conteúdo de vídeo por usuários deficientes visuais.

Além de muitos *players* de vídeo não possuírem recursos de acessibilidade, outras barreiras podem ser encontradas nas interfaces utilizadas. Teclados podem oferecer barreiras por possuírem diferentes *layouts*, dependendo do nível de deficiêcia do usuário o *mouse* pode ser utilizado, porém não de forma totalmente plena devido a precisão necessária para seu uso. Leitores de tela dependem da forma em que a interface gráfica, como um todo, está desenvolvida e disponibilizada ao usuário, em muitos casos o leitor de tela não consegue fornecer o *feedback* correto sobre qual opção está em seleção na tela.

Uma possível investigação sobre como melhorar o nível em acessibilidade e que não tem sido explorada atualmente, no contexto de vídeos na Web, pode ser encontrada em pesquisas na área de computação ubíqua, mais precisamente no tema de interfaces naturais. Segundo J. C. Lee [3], o uso do conceito de naturalidade pode prover melhorias na usabilidade ao permitir o controle de sistemas computacionais realizando gestos com as mãos e os braços.

Este artigo apresenta um estudo realizado com 18 usuários deficientes visuais que tiveram a oportunidade de interagir com um *player* de vídeo na Web por meio de gestos. Os resultados apresentam fortes indícios de que interfaces gestuais podem promover melhoria nos níveis de acessibilidade no acesso a vídeos na Web. O artigo está dividido da seguinte forma: **seção 2** apresenta a descrição do estudo, sendo di-

WebMedia '16, November 08-11, 2016, Teresina, PI, Brazil
© 2016 ACM. ISBN 978-1-4503-4512-5/16/11...$15.00
DOI: http://dx.doi.org/10.1145/2976796.2988184

---

[1] http://www.alexa.com/

vidido nas seguintes partes: **sessão 2.1** apresenta o questionário de pré-atividades utilizado e os dados coletados, a **sessão 2.2** apresenta o roteiro e as atividades propostas e a **sessão 2.3** apresenta o questionário de pós-atividades utilizado e os dados coletados. Por fim, a **sessão 3** apresenta a análise dos dados coletados bem como as discussões desses resultados.

2. DESCRIÇÃO DO ESTUDO

Para a realização do estudo foram convidados 18 usuários deficientes visuais e seu intuito foi observar e coletar dados sobre a interação, com conteúdos de vídeos na Web, destes usuários. A classificação utilizada para determinar o perfil dos diferentes tipos de acuidades visuais seguem as orientações da *World Health Organization* [7] e estão sumarizados na Tabela 1. Para guiar o estudos, seguiu-se as recomendações de Freire et al [1] devido sua analise sobre as etapas para avaliação de acessibilidade no contexto de deficientes visuais e Web.

2.1 Questionário de Pré-Atividade

Abaixo seguem as informações coletadas por entrevista com os usuários antes da realização das atividades propostas. Esta etapa teve como objetivo descobrir o perfil dos usuários convidados e analisar sua relação com vídeos e tecnologia, as questões utilizadas durante a entrevista e seus resultados estão listadas abaixo.

Gênero e idade: 11 homens e 7 mulheres entre 17 e 58 anos.

Table 1: Acuidade visual dos usuários

Usuários	Classificação	Acuidade visual decimal
11	Cegueira total	Sem projeção de luz
2	Próximo á cegueira	0,015 a 0,008
3	Baixa visão profunda	0,04 a 0,02
2	Baixa visão severa	0,10 a 0,05

Faz uso de algum recurso especial para desenvolver suas atividades do dia-a-dia, incluindo seu trabalho ?: Sim: 72,2% | Não: 27,8%

Níveis de escolaridade: Fundamental completo: 16,7% | Ensino médio completo: 61,1% | Superior Completo: 22,2%

Qual a quantidade de tempo que utiliza o computador ?: Menos de 1 ano: 5,6% | Entre 1 e 5 anos: 22,2% | Mais de 5 anos: 72,2%

Qual o tempo médio de navegação na Web por semana ?: Menos de 4 horas: 16,7% | Entre 4 e 8 horas: 27,8% | Entre 8 e 24 horas: 33,3% | Mais de 24 horas: 22,2%

Já teve experiências com vídeos na Web ?: Sim: 94,4% | Não: 5,6% (um usuário)

Qual a frequência de acessos de vídeos na Web ?: Raramente: 11,1% | Algumas vezes por mês: 11,1% | Algumas vezes na semana: 22,2% | Diariamente: 55,6%

Qual o dispositivo usado com maior frequência para acessar vídeos na Web ?: Computador: 50% | *Smartphones*: 38,9% | *Tablets:* 5,6% (um usuário) | *Smart TV*: 5,6% (um usuário)

Faz uso de programas para leitura de telas no acesso de vídeos na Web ?: Sim: 61,1% | Não: 38,9%

Qual o site mais usado para acessar vídeos na Web ?: *Youtube:* 94,4% | Rede sociais: 5,6%

Quais são os conteúdos de vídeos com maior interesse na Web ?: Informações sobre deficiência visual: 50% | Entretenimento: 38,9% | Notícias diversas: 11,1%

Sente dificuldades ou inseguranças ao acessar vídeos na Web ?: Sim: 61,1% | Não: 38,9%

Faz interações durante a reprodução do vídeo ?: Sim: 61,1% | Não: 38,9%

Quais são as funções mais utilizadas (depois do *play*) durante a reprodução do vídeo ?: Avançar/Retroceder: 66,7% | Pause: 33,3%

Existe o desejo de aprender novas formas de interação com vídeo na Web ?: Sim: 100%

2.2 Roteiro de Atividades

Os usários foram convidados a realizar atividades de acessos de vídeos da forma ao qual estavam habituados (**Interação Usual**) e em seguida utilizando os gestos como forma de interação (**Interação Gestual**). Para tanto, foi proposto um roteiro de atividades contendo as seguintes etapas:

Interação Usual: nessa etapa o usuário foi convidado a acessar o site de vídeos ao qual está habituado e encontrar um vídeo com conteúdo de sua preferência. Eesta etapa foi criada para determinar qual o nível de dificuldade que cada usuário possui e quais barreiras de acessibilidade ele encontra. Após a escolha do vídeo, o usuário deveria executar as seguintes tarefas:

Tarefa 1: reproduzir o vídeo.
Tarefa 2: ajustar o volume de acordo com sua preferência.
Tarefa 3: após reprodução total do vídeo, navegar até um trecho de sua preferência.
Tarefa 4: após assistir o trecho escolhido pausar o vídeo.
Tarefa 5: voltar até o inicio do vídeo e pausar.

Interação Gestual: para que esta etapa fosse realizada, os usuários foram apresentados ao dispositivo vestível *Myo* desenvolvido pela empresa *Thalmic*[2]. No formato de bracelete, o dispositivo possui sensores que capturam os movimentos musculares realizados pelo usuário interpretando os gestos realizados, como ilustrado na Figura 1, e fornecendo vibrações como *feedback*.

Os usuários foram apresentados as possibilidades de uso de gestos por meio de treinamento, para tanto foi utilizado o *software* do fábricante[3]. Foi escolhido manter o *software*

---

[2]https://www.myo.com/
[3]https://www.myo.com/start

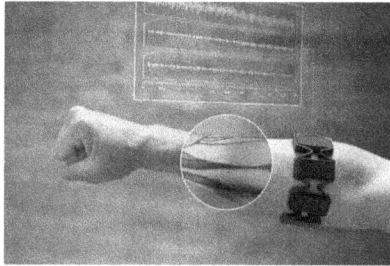

Figure 1: Dispositivo vestível utilizado [6]

padrão do dispositivo para observar a interação do usuário com tecnologias gestuais já existentes antes da criação de uma nova solução. Após treinamento, os usuários foram convidados a realizarem as mesmas tarefas listadas na etapa de **Interação Usual** porém utilizando gestos.

2.3 Questionário de Pós-Atividade

Após a realização do roteiro de atividades, os usuários foram entrevistados para coleta de opiniões sobre suas experiências, os dados do estudo são apresentados abaixo.

Nível de facilidade ao treinar os gestos com o dispositivo ?: Muito fácil: 22,2% | Fácil: 55,6% | Nem fácil, nem dificíl: 11,1% | Difícil: 11,1% | Muito difícil: 0%

Nível de facilidade ao acessar as funções do reprodutor de vídeo por meio de gestos ?: Muito fácil: 22,2% | Fácil: 55,6% | Nem fácil, nem dificíl: 0% | Difícil: 22,2% | Muito difícil: 0%

A vibração que o dispositivo oferece como *feedback* foi útil ?: Sim: 100%

Gostaria de *feedbacks* sonoros cada vez que realizasse uma tarefa ?: Sim: 88,9% | Não: 11,1%

Teve dificuldades em realizar alguma tarefa ?: Sim: 72,2% | Não: 27,8%

Gostaria de personalizar o gesto para cada uma das tarefas ?: Sim: 77,8% | Não: 22,2%

Em sua opinião houve melhoria na acessibilidade com o uso de gestos ?: Sim: 94,4% | Não: 5,6% (um usuário)

Usaria os gestos para acesso de vídeo na Web no seu dia-a-dia ?: Sim: 100%

Qual método foi o melhor, do modo usual ou por gestos ?: Gesto: 88,9% | Usual: 5,6% (um usuário) | Não existe diferença: 5,6% (um usuário)

3. CONCLUSÕES

Perfil dos usuários: analisando os dados coletados da entrevista sobre o perfil dos usuários, nota-se que nos quesitos gênero (11 homens e 7 mulheres) e idade (entre 17 e 58 anos) o estudo conseguiu coletar dados de forma abrangente não focando em apenas um perfil de usuários. No quesito

acuidade visual a maioria dos usuário foram classificados com cegueira total, para este tipo de usuário apenas os *feedbacks* audíveis do vídeo lhes forneciam ciência do resultado da interação, aumentando ainda mais as possíveis barreiras de acessibilidade.

Tecnologia: no quesito relação com tecnologias, a maioria dos usuários possui mais de 5 anos de experiência no uso de computadores e navegam entre 8 e 24 horas semanalmente. Segundos relatos, mesmo com as barreiras existentes no acesso de sites em geral e especificamente de vídeos, ainda existe motivação na busca por informações e entretenimento. O estudo indicou que 50% dos usuários acessa conteúdos de vídeos sobre deficiência visual e 38% em busca de entretenimento (filme e principalmente música).

Os dados também indicam que o dispositivo mais utilizado para o acesso de vídeos são os computadores com 50% das respostas. Segundo relatos, os leitores de tela e a navegação pelo teclado influenciam na escolha do computador como primeira opção. Já 38,9% dos usuários relataram preferir o uso de *smartphones* para acessar vídeos. Segundo eles, as configurações de acessibilidade e leitores de telas nos aparelhos permitem o acesso de vídeos, porém não de forma completa. Segundo os usuários que preferem os *smartphones*, o função de *play* e *pause* (por meio de leitores de tela) e o controle de volume (em aparelhos que possuem botão físico) na maioria dos casos é facilmente encontrada, porém as funções de avançar ou retroceder o vídeo nem sempre são facilmente encontradas, o que obriga os usuários a repetir o vídeo inteiro quando deseja acessar algum trecho específico do vídeo.

Interações Gerais: com relação ao site de vídeo mais acessado o *Youtube* foi escolhido por 94,4% dos usuários, 61,1% dos usuários relataram ter alguma barreira no acesso de vídeos. Esta dificuldade pode ser confirmada com o resultado da questão sobre gostar de realizar interações de controle durante a execução do vídeo, onde 61,1% dos usuários também relataram gostar de fazer ajustes durante a reprodução do vídeos. A função mais utilizada (depois da função de *play*), segundo estes usuários é a função de avançar e retroceder o vídeo com 66,7% das respostas, em segundo lugar vem a função de *pause* com 33,3%.

Já 38,9% dos usuários relataram não ter dificuldades ao acessar vídeos e 38,9% dos usuários também responderam que não costumam realizar interações durante a execução de um vídeo. Segundo relatos, as barreiras de acessibilidade desmotivam a realizações de interações e como estratégia de não enfrentar dificuldade estes usuários optam por não realizar interações, apenas acessar a função de *play* e consumir o vídeo até o fim. Independente das dificuldades, 100% dos usuários responderam que gostariam de aprender novas formas de interações com vídeos na Web, o que motiva a investigação do uso de gestos como forma alternativa de acesso.

Interação Usual: após a realização do roteiro de atividades, os usuários foram entrevistados com o objetivo de coletar dados sobre suas experiência na realização de cada atividade. Na Figura 2 estão os dados coletados sobre cada tarefa realizada na atividade interação usual, nota-se que a classificação de "difícil" (cor verde) foi mais citada nas tarefas 2 (ajustar o volume), 3 (navegar até um trecho escolhido) e 5 (voltar até o inicio do vídeo), já a classificação nem "fácil, nem difícil" (cor laranja) foi citada com ênfase nas tarefas 1 (reproduzir o vídeo), 3 (navegar até um trecho escolhido), 4 (pauser o vídeo) e 5 (voltar até o inicio do vídeo), poucos usuários utilizaram a classificação "muito fácil" (cor azul) e

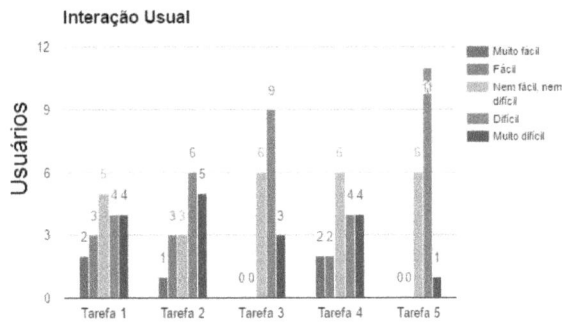

Figure 2: **Respostas dos usuários a cada tarefa proposta de modo usual**

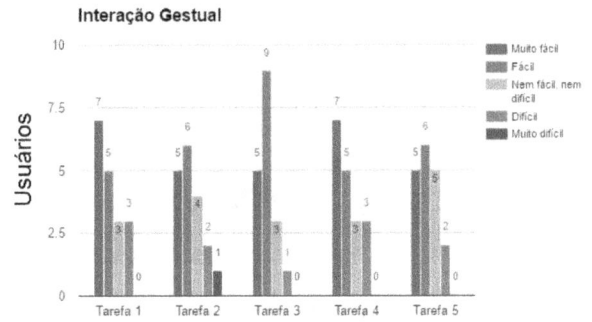

Figure 3: **Respostas dos usuários a cada tarefa proposta de modo gestual**

"fácil" (cor vermelha), sendo que em algumas tarefas elas não são mencionadas por nenhum usuário.

Interação Gestual: na Figura 3 estão os dados coletados sobre cada tarefa realizada na atividade de interação gestual, nota-se que a classificação "muito fácil" (cor azul) foi citada em todas as tarefas, a classificação "fácil" (cor vermelha) também está presente na opnião dos usuários em todas as tarefas e obteve maior resultado na tarefa 3 (navegar até um trecho escolhido), a classificação "nem fácil, nem difícil" (cor laranja) ficou abaixo de 5 usuários em todas as tarefas e a classificação "difícil" (cor verde) ficou abaixo de 3 usuários em todas as tarefas, também pode ser observado que a classificação "muito difícil" (cor roxa) apenas aparece na tarefa 2 (ajustar o volume).

Feedback: com relação ao *feedback*, 100% dos usuários disseram que a vibração foi útil para saber sobre o *status* da interação com o conteúdo do vídeo e 88,9% afirmaram que gostariam de receber também um *feedback* sonoro durante a interação. De forma geral 55,6% dos usuários acharam fácil realizar o treinamento gestual e também 55,5% dos usuários acharam fácil o uso de gestos para acessar as funcionalidades de um reprodutor.

Personalização dos Gestos: os usuários também fizeram considerações sobre poder personalizar qual gesto utilizar em cada tarefa de acordo com sua preferência, 77,8% responderam que gostariam de cadastrar novos gestos. Pode-se relacionar esse número com os dados sobre ter dificuldade na realização de algum gesto, 72,2% dos usuários disseram que sentiram dificuldade em realizar ao menos uma tarefa por meio de gestos. Muitos relataram confusão para associar a ação pretendida no reprodutor com o gesto original do dispositivo, isso motivou o desejo de cadastrar os gestos de acordo com sua preferência.

Melhorias e Objetivo: por fim, 94,4% dos usuários afirmaram que houve melhoria na acessibilidade de vídeos por meio de gestos, 100% responderam que utilizariam um sistema que permitisse o uso de gestos em seu dia-a-dia e 88,9% responderam que o método de interação gestual foi melhor que o método de interação usual (teclado, mouse e leitor de tela), 5,6% afirmaram preferir o método de interação usual e 5,6% afirmaram que não houve diferença. Por meio dos dados e análises apresentados neste artigo, é possível concluir que existem fortes indícios de melhoria dos níveis de acessibilidade no acesso de vídeos na Web por meio de gestos.

Trabalhos Futuros: outros trabalhos podem ser desenvolvidos com a investigação do uso de gesto utilizando outros dispositivos de captura gestual, dispositivos que utilizam processamento de imagem como câmeras, *Kinect*[4] e que utilizam censores de movimento como *smartphones* e *Wii Mote*[5]. A investigação com outros dispositivos de captura é válida para descobrir melhores formas de usabilidade e de melhores resultados em acessibilidade. Outra investigação possível está em fornecer ao usuário meios de personalizar o gesto para cada ação pretendida e avaliar os melhores gestos para cada tarefa.

4. REFERÊNCIAS

[1] A. P. Freire, S. M. A. de Lara, and R. P. de Mattos Fortes. Avaliação da acessibilidade de websites por usuários com deficiência. In *UFCS*, pages 348–351, Porto Alegre, Brazil, 2013. SBC.

[2] IBGE. Censo demográfico. http://censo2010.ibge.gov.br/, 2012. Acessado em 10-01-2016.

[3] J. C. Lee. In search of a natural gesture. http://doi.acm.org/10.1145/1764848.1764853, June 2010.

[4] C. Perrenoud and K. Phan. Emergence of web technology: An implementation of web accessibility design in organizations. In *Proceedings of PICMET '12:*, pages 633–645, July 2012.

[5] J. M. Rosas-Villena, B. Ramos, R. Goularte, and R. P. M. Fortes. *Video Accessibility on the Most Accessed Websites - A Case Study Regarding Visual Disabilities*, pages 231–241. Springer, 2015.

[6] Thalmic. Myo armband. https://www.myo.com/. Acessado em 12-01-2016.

[7] WHO. World helth organization media center - visual impairment and blindness, fact sheet n°282. http://www.who.int/mediacentre/factsheets/fs282/en/, 2014. Acessado em 10-01-2016.

[8] YouTube. Estatísticas oficiais do youtube. https://www.youtube.com/yt/press/pt-BR/statistics.html, 2015. Acessado em 10-01-2016.

---

[4]http://www.xbox.com/pt-BR/Kinect/Home-new
[5]http://www.nintendo.com/wiiu/accessories

Improvement in Indexes of Knowledge Areas through the Social Relations of Co-authorship

Rafael Loureiro
Universidade Federal do Rio de Janeiro
PPGI/UFRJ
Caixa Postal 68.530, Rio de Janeiro, RJ
21941-590, Brasil
rafaeloureirosm@ufrj.br

Fabrício F. Faria.
Universidade Federal do Rio de Janeiro
PPGI/UFRJ
Caixa Postal 68.530, Rio de Janeiro, RJ
21941-590, Brasil
firminodefaria@ppgi.ufrj.br,

Jonice de Oliveira
Universidade Federal do Rio de Janeiro -
PPGI/UFRJ
Caixa Postal 68.530, Rio de Janeiro, RJ
21941-590, Brasil
jonice@dcc.ufrj.br

ABSTRACT

The analysis of the organization of knowledge is an important tool for the management and evaluation of development agencies. Decisions are made in public politics, investment in research and innovation from the academic production of researchers and educational institutions in different areas of science. In many cases this organization is composed of a rigid structure that does not follow the development of their areas, this affects the progress of science, an example of organization is the taxonomy. With the analysis of the study of social network, we use the collaboration between researchers in a co-authors network can demonstrate new links among knowledge areas. This article describes a method which analyzes a co-authorship network, infers how areas are related and suggests new links and areas for a taxonomy. We applied our method in the IEEE taxonomy, and in our experiments we obtained good update suggestions to this taxonomy, according to the experts.

Keywords

Análise de Redes Sociais; Organização do Conhecimento; Gestão do Conhecimento; Taxonomia; Classificação; Coautoria; Grafos;

1. INTRODUÇÃO

Com a quantidade de informações que temos atualmente e com a velocidade que as áreas de conhecimento vem evoluindo, principalmente da Computação, é importante que a organização dessas informações também acompanhe essa evolução. Dentre os mecanismos de organização da informação, podemos destacar a taxonomia que é um processo de organização da informação onde define-se grupos com características semelhantes criando uma classificação hierárquica onde os conceitos de relacionam. Os trabalhos [2] e [3] mostram que para discutir e propor melhorias na tabela de áreas de conhecimento foi necessária uma reunião de especialistas, pesquisadores e coordenadores e um grande tempo foi gasto.

De acordo com os trabalhos [2], [3], [7] e [8], a organização da taxonomia de áreas do conhecimento do CNPq está desatualizada e por esse motivo causam problemas tanto na gestão quanto na organização dos dados e educação. O mapeamento criterioso e confiável dos dados e informações é

WebMedia '16, November 08-11, 2016, Teresina, PI, Brazil
© 2016 ACM. ISBN 978-1-4503-4512-5/16/11...$15.00
DOI: http://dx.doi.org/10.1145/2976796.2988182

considerado de importância inquestionável para gestores e administradores do C&T. Apesar da complexidade, o desafio deve ser encarado, porque a atualização de áreas do CNPq reflete diretamente no modo como as pesquisas são avaliadas e no maior ou menor acesso a recursos.

Este trabalho possui como principal questão: Já que através das redes sociais há troca de conhecimentos, podemos utilizá-las para a inferência de novas áreas e relacionamentos para aperfeiçoar ou atualizar taxonomias? Para isto, criamos um método que baseado nas redes sociais de coautoria e nas áreas de atuação dos pesquisadores e seus artigos, recomendamos possíveis atualizações para uma taxonomia.

2. MÉTODO

Nesta seção descreveremos o método proposto, que é composto pelas etapas descritas na Figura 1.

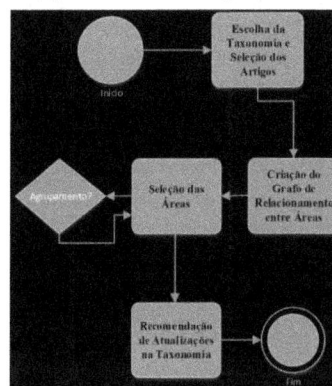

Figura 1 - Etapas do método

2.1 Escolha da Taxonomia e Seleção dos Artigos

É importante a escolha de uma determinada taxonomia, pois ela será a base de comparação com as recomendações que serão feitas na última etapa do método. Assim restringimos nossas comparações em apenas um universo e conseguimos resultados mais consistentes.

Outro ponto importante nesta etapa é a seleção de artigos, pois é dela que extrairemos as informações necessárias para criar o grafo na próxima etapa. As principais informações a serem extraídas são os autores do artigo e suas palavras-chave, mas informações como filiação dos autores, ano de publicação, local de publicação etc também podem ser extraídas e acrescentar mais informações à análise.

2.2 Criação do Grafo de Relacionamento entre Áreas

O primeiro passo desta etapa é a criação do grafo de relacionamento de coautoria. A partir do *corpus* definido na etapa anterior, será criado um grafo onde os nós são os autores, as arestas são os artigos que escreveram juntos e o peso da aresta é a frequência com que esta parceria se repetiu (a quantidade de artigos que os autores possuem em comum).

A partir do sociograma, será traçado um grafo de correlação de áreas.

Um grafo G é um par ordenado (V, A) formado por um conjunto de |V| vértices, dado por V = {v_1, v_2, ..., $v_{|V|}$}, e um conjunto de |A| arestas, dado por A = {a_1, a_2, ..., $a_{|A|}$}, onde, no nosso caso, os vértices são as áreas de atuação de todos os autores e também áreas de todas as publicações. As arestas são formadas a partir de uma ligação entre coautores, ou seja, as áreas de atuação entre dois ou mais autores de uma mesma publicação são interligadas e as áreas de atuação das publicações também são interligadas. Para isto, é executado o seguinte algoritmo:

i. Relacionar as áreas de atuação entre pesquisadores em coautoria
ii. Relacionar as áreas de atuação de cada pesquisador;
iii. Formar o grafo com todos esses relacionamentos;

As figuras 4, 5 e 6, ilustram como é realizado esse processo.

Na Figura 2, temos dois pesquisadores e suas publicações. O pesquisador 1, tem as publicações Pub1 e Pub2. Já o pesquisador 2, tem as publicações definidas como Pub2 e Pub3. Além disso, as publicações têm áreas de atuação atreladas a elas. A Pub1 tem as áreas de atuação A1 e A2, Pub2 tem as áreas A3 e A4 e Pub3 tem relacionado a área A5. Como podemos perceber os pesquisadores 1 e 2 tem uma publicação em comum (Pub2), por isso eles têm uma conexão entre eles e as áreas A3 e A4 (0) aparecem já que são as áreas de Pub2. A imagem 2 ilustra os pesquisadores com suas publicações e as publicações com suas áreas de atuação.

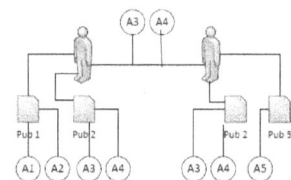

Figura 2 - Exemplo de ligação entre autores e suas publicações.

A Figura 3 mostra que o pesquisador 1 tem relação com as áreas A1, A2, A3 e A4 e o pesquisador 2 tem relação com A3, A4 e A5. Transformamos as publicações em áreas de atuação, visto que nosso grafo é de relacionamento entre áreas.

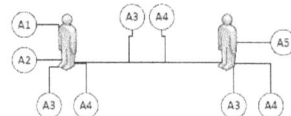

Figura 3 - Transformação das publicações em somente áreas de atuação

A partir dessa relação entre pesquisadores e áreas, podemos criar nosso grafo de relacionamento entre áreas. Temos nossos vértices V= {A1, A2, A3, A4 e A5} e o conjunto de arestas formadas pelo relacionamento entre áreas da mesma publicação e áreas que se relacionam pela coautoria entre pesquisadores, A_a= ({A1, A2}, {A1, A3}, {A1, A4}, {A2, A3}, {A3, A4}) são as relações das publicações do pesquisador 1. A_b= ({A3, A4}, {A3, A5}, {A4, A5}) são as relações entre as áreas do pesquisador 2. E A_c= ({A3, A4}) é a relação entre a publicação em comum entre os pesquisadores. Com isso unimos A_a, A_b e A_c e temos o

conjunto total de arestas do grafo A = ({A1, A2}, {A1, A3}, {A1, A4}, {A2, A3}, {A3, A4}, ({A3, A4}, {A3, A5}, {A4, A5}, {A3, A4}). Observamos nesse exemplo que a relação entre as áreas A3 e A4 aparece 3 vezes. Essa propriedade do relacionamento em grafo será utilizada na próxima seção.

Seguindo o algoritmo e baseado no esquema da Figura 3, uniremos as áreas de atuação relacionadas a coautoria entre autores, Figura 4, (i), as áreas relacionadas aos pesquisadores, Figura 5, (ii). Por fim, unimos todas as relações em um grafo único, Figura 6 (iii).

Figura 4 - Passo (i)

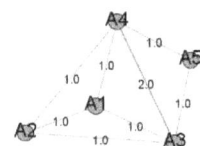

Figura 5 - Passo (ii)

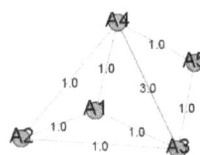

Figura 6 - Passo (iii)

2.3 Seleção das Áreas

Nesta etapa, encontramos as conexões mais fortes entre as áreas de conhecimento através do peso das arestas.

Utilizamos um filtro baseado no peso das arestas ($Filtro_{RelacÁreas}$) para estabelecermos os relacionamentos mais fortes entre as áreas.

$$Filtro_{RelacÁreas} = \frac{Pmax(|A|)}{2}$$

Sendo $P_{max}(|A|)$ o valor de maior peso encontrado no grafo. Ou seja, nosso filtro é baseado na metade do maior peso entre as arestas do grafo. Nesta etapa, selecionamos todas as áreas (vértices do grafo) cujas arestas são selecionadas através do $Filtro_{RelacÁreas}$.

2.3.1 Agrupamento das Áreas

O próximo passo é o agrupamento de áreas em subconjuntos. Essa etapa é aplicada para a detecção de grupos de vértices que compartilham propriedades em comum e/ou desempenham funções semelhantes dentro do grafo com um grande volume de áreas. Caso o número de áreas resultantes seja pequeno após o filtro (etapa anterior), esta etapa poderá ser descartada. Se após o filtro de peso da aresta for realizado, restar uma quantidade abaixo de 10% de arestas do grafo original, então a etapa de agrupamento não deve ser realizada. Pois possivelmente as relações do subgrafo já tem alta densidade de conexões entre seus vértices.

2.4 Recomendação de Atualizações na Taxonomia

Primeiramente vamos definir conceitos importantes para o entendimento desta seção. Durante nossas pesquisas [4][5][6] e taxonomias analisadas (ACM, IEEE e CNPq), geralmente uma taxonomia é dividida em 4 conjuntos de conceitos (Grande Área, Área, Subárea e Especialidade) que se relacionam hierarquicamente indo dos mais abrangentes (Grande área) até os mais específicos (Especialidades). Esta etapa segue os seguintes passos:

·1-Identificação dos relacionamentos fortes e fracos. Os relacionamentos fortes são aqueles que tem o peso da aresta acima do valor de filtro. Os relacionamentos que tem o peso da aresta menor que os filtros são considerados relacionamentos fracos.

2-Criação da tabela de grau de mudança. Esta é uma tabela de que mapeará a mudança de cada área com as demais. Para preencher esta tabela, utilizaremos como parâmetros:

- Áreas com uma relação direta entre elas e não precisam sofrer uma modificação → grau de mudança = 0.
- Se a relação não for direta, mas ainda fazem parte da mesma Área→ grau de mudança =1
- Em um relacionamento entre áreas que não fazem parte da mesma Área, mas tem uma relação porque fazem parte da mesma grande área→ atribuímos o valor 2 para o grau de mudança.
- Se existir uma relação entre duas áreas que não se enquadram em nenhum dos casos descritos anteriormente, então elas não têm nenhuma grande área em comum→ recebem o grau de mudança 3.

3- Com a tabela de grau de mudança preenchida, unimos a tabela de peso da aresta com a tabela de grau de mudança.

- Ordenamos de forma decrescente os pesos das arestas. Com isso podemos ver os maiores pesos, ou seja, os relacionamentos mais fortes.
- Nesta lista, buscamos dentre os relacionamentos mais fortes, os que tem o grau de mudança 3.
- Verificamos em qual grupo (Grande áreas, Área, subárea ou especialidade) as áreas pertencem:
  - o Se elas são de grupos diferentes, a área que é mais específica fica conectada num nível abaixo àquela mais abrangente;
  - o Se são do mesmo grupo, o elaborador deve definir qual área é mais abrangente e definir a hierarquia.

Cabe ressaltar que toda taxonomia é um processo de representação e classificatório da informação e como todo processo desta natureza é um produto de uma construção que representa o estado e visão do conhecimento de seus elaboradores [1].

3. Exemplo de Uso

Conforme descritos na seção 2, nosso primeiro passo é a definição da taxonomia e quais artigos iremos utilizar para extrair os dados. Os dados escolhidos para aplicar nossa metodologia foram da base da IEEE (*Institute of Electrical and Electronics Engineers*)[1] onde selecionamos publicações de pesquisadores da Universidade Federal do Rio de Janeiro (UFRJ). Utilizamos o *IEEE Xplore Search Gateway*[2] como ferramenta de exportação das informações. Essa API[3] faz solicitações via HTTP[4] à biblioteca do IEEE[5] e retorna os valores em formato XML[6]

Um exemplo de uma consulta[7]. Podemos traduzi-la da seguinte forma: retorne as publicações com ano de publicação acima de 2009 que contenham a palavra 'java' nos seus metadados e com ISSN igual a '1077-2626'

Para compor nossa base utilizamos a seguinte pesquisa[8]. Que se traduz assim: retorne as 1000 publicações mais recentes que contenham a palavra 'UFRJ' na afiliação dos autores.

Com isso obtivemos um total de 268 publicações e 915 palavras-chave geradas automaticamente pelo IEEE. Todas as informações foram armazenadas em um banco de dados.

O grafo não-direcionado de áreas foi elaborado (seção 2.2) contém 910 vértices e 26.778 arestas. Ao aplicarmos o filtro (seção 2.3), tentamos encontrar relacionamentos fortes entre as áreas. O maior peso entre as arestas encontrado foi 36, utilizando o filtro de seleção de áreas fizemos um corte de peso da aresta acima de 18. Com isso chegamos ao resultado do grafo da Figura 7. E após a aplicação do filtro obtivemos um total de 53 arestas, bem abaixo dos 10% do total de arestas. Por esse motivo não foi necessário aplicar o agrupamento entre áreas.

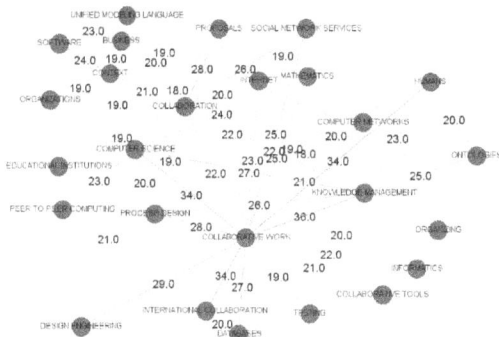

Figura 7 - Subgrafo com os maiores pesos nas arestas

Diante disso, propomos uma atualização na taxonomia, baseada no peso das arestas entre duas áreas e como elas se relacionavam na taxonomia do IEEE, verificando suas subáreas e grandes áreas. A tabela 2 mostram um exemplo de dados que foram utilizados para interligar as áreas.

Tabela 1 - Dados para a organização

Origem	Destino	Peso	Grau de mudança
COMPUTER SCIENCE	KNOWLEDGE MANAGEMENT	27	2
HUMANS	KNOWLEDGE MANAGEMENT	23	3
KNOWLEDGE MANAGEMENT	PROCESS DESIGN	26	3
KNOWLEDGE MANAGEMENT	ONTOLOGIES	25	3

Na taxonomia do IEEE *Computer Science* é uma Área e *Knowledge Management* é uma subárea, por questões hierárquicas, quando unimos essas áreas elas irão seguir o mesmo padrão, por esse motivo *Knowledge Management* se tornou uma subárea de *Computer Science*. As áreas *humans* e *ontologies*, , não fazem parte da taxonomia do IEEE por esse motivo são fortes candidatas e como não temos referência da sua posição hierárquica, decidimos coloca-las como especialidades de *Knowledge Management*. E a relação entre *Knowledge Management e Process Design* tem nível de mudança 3 por fazerem parte de grandes áreas distintas.

---

2 http://ieeexplore.ieee.org/gateway/

3 Application Programming Interface

4 Hypertext Transfer Protocol

5 http://ieeexplore.ieee.org/Xplore/home.jsp

6 eXtensible Markup Language

7 http://ieeexplore.ieee.org/gateway/ipsSearch.jsp?querytext=java&pys=2010&issn=1077-2626

8 http://ieeexplore.ieee.org/gateway/ipsSearch.jsp?cs=UFRJ&hc=1000

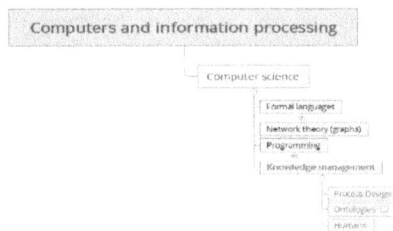

Figura 8 - Nova organização proposta

A Figura 8 acima mostra como podemos utilizar nosso método para recomendar novos relacionamentos entre áreas de uma taxonomia, utilizando as áreas de atuação de pesquisadores e suas publicações.

4. AVALIAÇÃO E RESULTADOS

A avaliação pelos especialistas tem, pelo menos, duas funções: uma delas é confirmar o trabalho realizado, a outra, transferir o conhecimento do processo de realização. Desta forma, consideramos imprescindível a validação em todas as etapas de definição da taxonomia, que vai dos estudos dos documentos/informações agregadas até a definição das formas gráficas de representação. Isto permitirá que possamos atingir critérios de comunicabilidade, estimulação e compatibilidade.

Foi criado um formulário onde foram realizadas perguntas sobre a estrutura, relacionamento e novas áreas. Os avaliadores podiam escolher entre três opções: a taxonomia atual, a taxonomia nova ou a taxonomia que ele pode criar. Também foi realizado perguntas objetivas, com o intuito de saber:

- Se as novas áreas estavam relacionadas com o domínio;
- Se as áreas estavam posicionadas hierarquicamente corretamente;
- E, se de uma forma geral a proposta pode melhorar uma taxonomia.

Dos 10 avaliadores, apenas 10% achou que a taxonomia atual continua sendo a melhor representação do domínio, outros 90% acreditam que a nova taxonomia foi a melhor representação do domínio e, nenhum especialista criou novos relacionamentos.

Entre os especialistas avaliados, 90% acham que as novas áreas relacionadas ao domínio estão corretas. E 70% acham que elas estão posicionadas corretamente. Outros 10% acreditam que as novas áreas não fazem parte do domínio e 30% também acham que não estão posicionadas corretamente.

Diante dos resultados do exemplo de uso e avaliações de especialistas, o método revelou-se uma grande ajuda para atualização da taxonomia e, de acordo com especialistas, as recomendações de relacionamentos entre áreas são compatíveis com a realidade atual. Acreditamos que conseguimos atingir os critérios de comunicabilidade, estimulação e compatibilidade.

5. CONCLUSÕES

A atualização de uma taxonomia, ou outra organização da informação, pode se tornar um processo complexo e demorado. Devido a célere atualização que as áreas da ciência sofrem com o passar do tempo, essa forma de organização da informação deve acompanhar sua evolução.

Acreditamos que uma taxonomia atualizada pode ajudar pesquisadores, instituições de ensino e organizações de fomento às pesquisas. Pois teremos as relações atuais entre as áreas, suas

produções científicas e um enquadramento mais real de pesquisas, projetos, trabalhos nas suas reais áreas de atuação.

O trabalho apresentado teve o objetivo de propor um método em que utilizamos a análise de redes sociais para melhorar uma taxonomia, baseando-se nas redes sociais dos autores e suas áreas de atuação. Para atingirmos nosso objetivo aplicamos nossa metodologia em publicações de pesquisadores da UFRJ na biblioteca online do IEEE e propusemos uma atualização da taxonomia do instituto.

Como resultado, conseguimos encontrar relacionamentos entre áreas que até então não tinham uma relação e atualizamos a taxonomia do IEEE, sendo assim, modificamos a taxonomia com as recomendações de novos relacionamentos. Com a ajuda de especialistas foi possível avaliar e confirmar nosso objetivo.

Concluímos que nosso objetivo foi alcançado, pois com a ajuda da análise de redes sociais pudemos propor novos relacionamentos, acrescentar novas áreas, de modo geral, conseguimos atualizar a taxonomia. E obtivemos boas avaliações dos especialistas. Apesar do método ser considerado bem-sucedido, a participação de especialistas na avaliação ainda é imprescindível para o sucesso de uma proposta mais consistente e realista.

Finalmente, cabe assinalar que este desafio não é exclusivo da Computação, mas tipicamente do momento atual de desenvolvimento da ciência que procura responder a desafios típicos de uma realidade fluida.

Para trabalhos futuros pretendemos estender nossos estudos utilizando outras bases, outras classificações e propondo novas melhorias para outras formas de organização, melhorar o processo de avaliação do método, melhorando o *feedback* dos especialistas. Estender o método para novas formas de organização como tesauros e ontologias.

6. REFERÊNCIAS

[1] Almeida Campos, M. L., & Gomes, H. E., Taxonomia e classificação: a categorização como princípio. *ENANCIB 2007.*

[2] M. D. Neto, "Nova tabela das áreas do conhecimento " *Rev. Soc. Bras. Med. Trop.*, vol. 38, no. 4, p. 364, 2005.

[3] Oliveira, D., Souza, F., Bottura, A., & Lima, M. (2013). Classificação das áreas de conhecimento do CNPq e o campo da Enfermagem : possibilidades e limites. *Revista Brasileira de Enfermagem*, 66, 60–65.

[4] RANGANTHAN, S.R.Colon Classification. Bombay: Asia Publishing House, 1963. 126 p.

[5] RANGANTHAN, S.R. Philosophy of library classification. New Delhi: Ejnar Munksgaard, 1951.

[6] RANGANATHAN, S. R. Prolegomena to Library classification. Bombay: Asia Publishing House,1967.640 p.

[7] Souza, R. F. de. Organização e representação de áreas do conhecimento em ciência e tecnologia: princípios de agregação em grandes áreas segundo diferentes contextos de produção e uso de informação. EBBCI, Florianópolis, número especial, p.27-21, (2006).

[8] Souza, R. F. de. Organização e representação do conhecimento no contexto da Ciência da Informação, da Comunicação Informação em Ciência e da Educação. Ed. UNIVALI, 2006 p. 111-125 (2006 b)

Opinion-meter: a Framework for Aspect-Based Sentiment Analysis

Darlan S. Farias
Inst. de Ciências Matemáticas
e de Computação
Universidade de São Paulo
darlansf@usp.br

Ivone P. Matsuno
Inst. de Ciências Matemáticas
e de Computação-USP
Universidade Federal do
Mato Grosso do Sul
ivone.matsuno@usp.br

Ricardo M. Marcacini
Universidade Federal do
Mato Grosso do Sul
ricardo.marcacini@ufms.br

Solange O. Rezende
Inst. de Ciências Matemáticas
e de Computação
Universidade de São Paulo
solange@icmc.usp.br

ABSTRACT

With the explosion of text content made available in the internet Sentiment Analysis (SA) started to attract more of people's attention by offering alternatives to automatically extract opinion information from text. As the internet extended its reach throughout the globe, the need for tools to enable information exchange between people who do not speak the same language emerged, to this need the most common response has been the use of Machine Translation. Some researchers have also evaluated the use of machine translation in SA and some interesting results were obtained. This work introduces Opinion-meter, a system for Aspect-Based Sentiment Analysis that enable users to analyze texts in several languages with the use of Machine Translation and using various methods based on PMI, Lexicon and Machine Learning. An evaluation of the methods available in the system was made in four different languages and the results suggest that although Machine Translation can yield reasonable results, Machine Learning may still be a better alternative.

Keywords

Sentiment Analysis on the Web; Aspect-Based Sentiment Analysis; Machine Translation; Machine Learning

1. INTRODUÇÃO

Com o advento da *web-social*, os usuários da *web* não são apenas consumidores de informação, mas também são geradores de conteúdo e, por meio de suas relações na web, divulgam e trocam experiências. As pessoas expressam suas opiniões na *web* em *blogs*, redes sociais e *sites* especializados

WebMedia '16, November 08-11, 2016, Teresina, PI, Brazil

© 2016 ACM. ISBN 978-1-4503-4512-5/16/11...$15.00

DOI: http://dx.doi.org/10.1145/2976796.2988187

ou de *e-commerce*. Isso gera um grande volume de textos disponíveis na Internet em que pode conter informações preciosas e relevantes que são de interesse tanto dos consumidores quanto dos fornecedores no processo de tomada de decisão [11, 13]. Nesse cenário, as pesquisas na área de Análise de Sentimentos (AS) aumentam em busca de soluções para o processamento automático das opiniões em textos em língua natural [11]. Um tipo de Análise de Sentimentos é baseada em Aspectos (ASBA) que consiste em extrair os sentimentos expressos em textos considerando a entidade avaliada e suas características. Uma opinião pode ser representada pela tripla $O = (e_i, a_{ij}, s_{ij})$, em que e_i é uma entidade i (e.g. produto ou serviço), a_{ij} é o aspecto j (propriedade ou característica) da entidade i, e s_{ij} é a polaridade do sentimento em relação ao aspecto a_{ij} da entidade e_i, por exemplo, positiva, negativa ou neutra. Por exemplo, no texto de opinião *"As sobremesas deste restaurante são deliciosas, mas o atendimento é muito ruim."* pode-se extrair as seguintes triplas de opinião: $O_1 = (restaurante, sobremesas, positivo)$ e $O_2 = (restaurante, atendimento, negativo)$. Diversos métodos utilizando diferentes técnicas são propostos para a realização de ASBA [11]. Neste framework, para cada processo de análise, é considerado que os textos de opinião são referentes a uma única entidade e que ela é previamente conhecida.

Ainda no contexto da popularização da Internet, algo que ganha relevância com a quebra de barreiras geográficas que ela promove, é a capacidade de troca de informação entre grupos de diferentes países. É frequente a utilização de um idioma comum, geralmente o inglês, para facilitar a comunicação e a utilização das informações geradas. No entanto, ainda existem muito conteúdo e opiniões já produzidos e disponíveis na Internet em muitos idiomas diferentes. Por isso, há esforços no sentido da construção de ferramentas que tornem informações em vários idiomas acessíveis também para pessoas sem conhecimento no idioma em que a informação foi originalmente produzida, especialmente, a tradução automática [3, 4, 9]. A maioria das propostas de AS em diversos idiomas é realizada em nível de documento como um todo [1, 5]. Este trabalho tem como foco principal a ASBA em diversos idiomas.

Diversos métodos são propostos para a realização de ASBA usando diferentes técnicas. Os métodos propostos apresentam suas vantagens e desvantagens, variando de acordo com o domínio, idioma ou tipo de texto [11]. Em vista disso, neste trabalho é proposto um *framework*, denominado Opinion-meter, para realização de ASBA em diversos idiomas por meio da combinação de métodos, algoritmos de aprendizado de máquina e o uso de tradução automática.

Na seção seguinte são apresentados alguns trabalhos que dão base conceitual a este trabalho. Na Seção 3, são apresentados a arquitetura do sistema e os métodos de identificação de aspectos e classificação de sentimentos implementados. Na Seção 4 são apresentados a configuração e os resultados do experimento conduzido com a ferramenta. Por fim, na Seção 5, é apresentada uma breve discussão sobre as contribuições, limitações e possíveis extensões a este trabalho.

2. TRABALHOS RELACIONADOS

Para o desenvolvimento do *framework* Opinion-meter foram levantados os principais trabalhos referentes ao processo de ASBA e tradução automática. Dentre os trabalhos que abordam a questão da AS em múltiplos idiomas, destacam-se [1] e [5]. Esse último enfatiza as vantagens na possibilidade de analisar como pessoas de culturas diferentes podem avaliar uma mesma entidade. Em [1], ao comparar diversos métodos para o idioma inglês com a utilização de tradutor automático e métodos nativos para outros idiomas, os resultados apontam que, ao utilizar tradução automática, pode-se obter resultados semelhantes ou até melhores que ao utilizar métodos nativos.

Dentre as principais tarefas para realização de ASBA, a literatura apresenta uma variedade de métodos para a identificação de aspectos e para a classificação de sentimentos. Os métodos que são frequentemente utilizados como base de comparação são os de [16] e [8] que foram utilizados como base para os algoritmos implementados neste trabalho.

Em [16] é apresentado um algoritmo para classificação de sentimento em sentenças. No método proposto, obtém-se rótulos identificando a classe gramatical das palavras do texto sob avaliação. Em seguida, as sequências desses rótulos são comparadas com um conjunto de padrões pré-definidos como, por exemplo, um adjetivo seguido de um substantivo, para extrair frases cujas polaridades serão avaliadas. Para o cálculo da polaridade de cada frase, utiliza-se uma medida baseada no *Point-wise Mutual Information* (PMI). A equação do PMI é dada a seguir:

$$PMI(p1, p2) = \log_2(\frac{P(p1, p2)}{P(p1)P(p2)}) \qquad (1)$$

Em que $P(p1, p2)$ é a probabilidade das palavras $p1$ e $p2$ ocorrerem no mesmo documento, enquanto $P(pX)$ é a probabilidade da dada palavra aparecer no documento. Uma estimativa do PMI é feita substituindo as probabilidades por número de resultados em um motor de busca. Por fim, a polaridade de cada frase (f) é estimada obtendo-se a diferença entre o PMI de f e uma palavra com conotação positiva e o PMI de f e uma palavra com conotação negativa, resultando na medida *Semantic Orientation* (SO).

Em [8] é apresentada uma abordagem baseada em frequência para a identificação de aspectos e palavras de sentimento. Nesta abordagem extraem-se expressões frequentes, para encontrar os potenciais aspectos, focando em substantivos e sintagmas nominais. Para selecionar as expressões frequentes, é utilizada a geração de *itemsets* do algoritmo Apriori. Após identificar os aspectos, parte-se do princípio de que ao expressar opiniões pessoas utilizam palavras de

sentimento próximas aos aspectos para identificar as palavras de sentimento. Assim, qualquer adjetivo próximo a um *itemset* frequente é considerado uma palavra de sentimento. Por fim, uma abordagem baseada em Léxico é utilizada para estimar a polaridade de cada aspecto, considerando as palavras de sentimento identificadas em seu entorno.

3. PROPOSTA: OPINION-METER

O *framework* Opinion-meter, proposto neste trabalho, tem por objetivo realizar a ASBA realizando as tarefas de identificação dos aspectos e a classificação da polaridade dos sentimentos associados por meio da utilização de diversos métodos. O *framework* usa tradução automática para permitir a utilização de métodos e ferramentas originalmente criadas para a utilização com textos em idioma inglês para a realização de ASBA com textos em outros idiomas. Como alternativa, o *framework* também incorpora técnicas de Aprendizado de Máquina para a classificação de sentimento, de forma independente de idioma.

3.1 Arquitetura

Na Figura 1 estão representados os principais componentes do *framework* e o fluxo da informação desde o *upload* dos textos até a obtenção e visualização dos resultados.

Inicialmente, o usuário deve fazer o *upload* dos textos que deseja analisar, agrupados sob um mesmo processo de análise. Ao fazê-lo, o usuário também indica se deseja utilizar tradução automática e o idioma original dos textos. Os textos são passados por uma ferramenta de POS *tagging* [2] com modelo de máxima entropia para obtenção das classes gramaticais das palavras. O *framework* realiza, então, a análise dos textos com os métodos escolhidos pelo usuário. Após a execução dos algoritmos, um resumo dos resultados é apresentado em uma interface do *framework*. Os métodos utilizados para identificação de aspectos e classicação de sentimentos são apresentados nas próximas subseções.

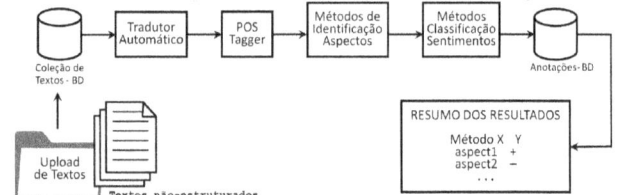

Figure 1: Arquitetura geral do *framework*

3.2 Identificação de Aspectos

Os métodos de identificação de aspectos extraem do texto palavras que indicam características ou propriedades das referidas entidades. O método de identificação de aspectos implementado neste trabalho é baseado naquele apresentado em [8]. Nesse método, são selecionadas como candidatas a aspecto apenas as palavras classificadas como substantivos, cujas POS *tags* são apresentadas na Tabela 1. Para cada palavra o algoritmo considera sua frequência no conjunto dos textos, e apenas palavras cuja frequência atinge um valor mínimo (definido pelo usuário) são consideradas como aspecto. Essa abordagem parte de um princípio semlhante ao utilizado por [8] de que conjuntos de substantivos frequentes tendem a ser os aspectos mais relevantes avaliados.

3.3 Classificação de Sentimentos

Após a identificação dos aspectos, é feita a classificação da polaridade atribuída ao sentimento associado a cada um deles, para cada texto. Cada polaridade é classificada como positiva, negativa ou neutra, caso tenha (i) associações boas, (ii) associações ruins, ou (iii) nenhuma associação identificada ou associações igualmente boas e ruins, respectivamente. Os métodos implementados são detalhados a seguir.

Table 1: *Tags* **utilizadas para selecionar candidatos a aspecto**

Inglês		Português	
Tag	**Descrição**	**Tag**	**Descrição**
NN	Substantivo singular	N	Substantivos
NNS	Substantivo plural		

3.3.1 Baseado em Léxico

Nessa abordagem, é realizada uma adaptação de [7], em que para cada sentença e aspectos nela contidos, a polaridade é calculada somando-se as contribuições das palavras da sentença que se encontram dentro de uma distância de até 10 palavras do aspecto sob análise, como na equação 2. Se o valor obtido for menor que zero, atribui-se polaridade negativa ao aspecto, caso seja maior que zero, atribui-se polaridade positiva, e caso seja igual a zero, atribui-se a polaridade neutra.

$$p(i) = \sum_{j=max(i-10,1),i\neq j}^{min(i+10,n)} \left(l_{pos}(s(j)) \times (v) - l_{neg}(s(j)) \times (v)\right)$$
(2)

em que, i a posição do aspecto na sentença s, $s(j)$ a j-ésima palavra da mesma, $v = n - |i - j|$ é uma medida de proximidade, e $l_{pos}(x)$ e $l_{neg}(x)$ são dados pela equação 3.

$$l_{pos \ (ou \ neg)}(x) : \begin{cases} 1 & \text{se x é positiva (ou negativa)} \\ 0 & \text{caso contrário} \end{cases}$$
(3)

As funções $l_{pos}(x)$ e $l_{neg}(x)$ utilizam o Léxico de Sentimento [15, 17, 7] correspondente ao idioma utilizado para obter a informação de polaridade das palavras.

3.3.2 Baseado em PMI

Esse método é baseado naquele apresentado em [16]e introduzido na Seção 2. Neste trabalho, para identificar as frases consideradas no cálculo da polaridade para textos em inglês, foram utilizados os padrões baseados em POS *tags* como definidos em [16], assim como para textos em português, mas considerando as *tags* correspondentes utilizadas pelo POS *tagger* de português. Para a extração das frases para os textos traduzidos, além dos padrões originalmente propostos, foram incluídos padrões que preveem a inversão da ordem das duas primeiras palavras dos padrões para os quais essa inversão não estava prevista. Por fim, para cada frase extraída é calculado o *Semantic Orientation* (SO). A polaridade de cada sentença é calculada com base na polaridade dominante e, para tanto, os valores de SO são somados.

3.3.3 Baseado em Classificação por Aprendizado de Máquina

Dentre os diversos métodos existentes, neste trabalho optou-se por utilizar um método mais simples de classificação por AM, o algoritmo de Naïve Bayes [14]. Esse método baseia-se no teorema de Bayes [10] para identificar a classe para a qual um exemplo x tem a maior probabilidade de estar associado, como dado pela Equação 4.

$$y = max_{y_i} P(y_i|x)$$
(4)

Neste trabalho, foi utilizada a implementação do classificador Naïve Bayes disponível na ferramenta WEKA [6].

4. AVALIAÇÃO EXPERIMENTAL

Neste experimento buscou-se avaliar a viabilidade do *framework* proposto para a identificação de aspectos e classificação dos sentimentos associados. Nas próximas subseções são apresentados a configuração experimental, os dados das bases utilizadas, os critérios de avaliação e os resultados obtidos.

4.1 Configuração Experimental

Para avaliar os métodos implementados, foram obtidas bases com aspectos e sentimentos rotulados para os idiomas inglês, espanhol e francês do SemEval 2016[1]. Além disso, por não haver uma base rotulada disponível no idioma português, textos de avaliação de produtos em português foram rotulados por dois especialistas de domínio. Foram considerados apenas os aspectos coincidentes e identificados com polaridades concordantes entre ambos. Todas as bases rotuladas utilizadas são do mesmo domínio e estão disponíveis[2]. Na Tabela 2 são apresentados o número de sentenças, aspectos, aspectos positivos, negativos e neutros de cada base.

Table 2: Dados das bases utilizadas

	Inglês	Português	Francês	Espanhol
Sentenças	48	397	40	58
Aspectos	55	281	35	38
Positivos	35	244	20	29
Negativos	17	35	13	6
Neutros	3	2	2	3

Em relação ao método de identificação de aspectos baseado em frequencia, utilizou-se, para todas as bases, uma frequência mínima igual a 2, exceto para a base em português, que contém mais de 6 vezes o número de aspectos que a média das demais, para essa utilizou-se o valor 8.

4.2 Resultados

Para avaliar os acertos na identificação de aspectos, foi considerado que um aspecto foi corretamente identificado caso o mesmo esteja contido em algum dos aspectos identificados nas bases rotuladas. Para avaliar as polaridades dos sentimentos, por sua vez, foram consideradas apenas aquelas associadas aos aspectos corretamente identificados, considerando como corretas quando as polaridades atribuídas pelo algoritmo e pela base rotulada coincidem. Foi calculada a média ponderada da precisão entre as classes (positiva, negativa e neutra), dada pela razão entre o número de exemplos corretamente classificados para uma classe (positivos verdadeiros) e o total de exemplos classificados como dessa classe (positivos falsos e positivos verdadeiros).

Na Tabela 3 é apresentada a precisão na identificação de aspectos e na Tabela 4 é apresentada a precisão na classificação de sentimentos. A precisão do método baseado em AM foi calculada por meio de validação cruzada, sendo a média de 4 execuções [12]. Em ambas as tabelas, a sigla ST indica que não houve uso de tradução automática e CT indica o seu uso. Vale ressaltar que, apesar de utilizar a mesma base rotulada, os resultados para o idioma português com e sem tradução podem variar devido a variações na qualidade da tradução e da classificação feita pelos POS *taggers* e léxicos para inglês (texto traduzido) e português (texto sem tradução).

---

[1]SemEval: http://alt.qcri.org/semeval2016/ (acesso em 27 de maio de 2016)

[2]http://sites.labic.icmc.usp.br/OpinionMeter2016/#dataset

Ao comparar os resultados obtidos para português com e sem o uso de tradução automática, nota-se que os resultados obtidos com o uso de tradução são similares ou superiores aos obtidos sem o seu uso. Isso aponta para a possibilidade de que, com os devidos ajustes e aprimoramentos das técnicas utilizadas, resultados satisfatórios podem vir a ser obtidos com o uso de tradução automática. É notável também que os resultados obtidos para português, na identificação de aspectos são consideravelmente superiores aos dos demais idiomas. Uma possível explicação é que o uso de uma frequência mínima maior pode ter colaborado para a remoção de substantivos ou palavras equivocadamente classificadas como tal mas pouco relevantes no conjunto dos textos.

Table 3: Precisão na identificação de aspectos por base rotulada

EN - ST	PT - ST	PT - CT	FR - CT	ES - CT
0.74	0.3	0.42	0.3	0.21

Table 4: Precisão por classe na classificação de sentimento para cada método e base rotulada

	PMI	Léxico	AM
Inglês - ST	0.44	0.64	0.49
Português - ST	0.22	0.23	0.64
Português - CT	0.25	0.33	0.67
Francês - CT	0	0.086	0.94
Espanhol - CT	0.19	0.15	0.66

Os métodos baseados em PMI e léxico apresentam resultados bastante próximos para quase todas as bases, embora a abordagem baseada em léxico tenda a resultados melhores. Os resultados obtidos com utilização de AM, por outro lado, parecem os mais promissores, obtendo os melhores resultados na maioria dos cenários. Isso é especialmente interessante quando considerado que o algoritmo implementado é um dos mais simples encontrados na bibliografia.

Na segunda etapa da análise, os resultados para o idioma francês são os que mais variam, possivelmente devido ao reduzido número de aspectos corretamente identificados e ao fato de não haverem aspectos de diferentes polaridades na mesma sentença entre aquelas avaliadas na segunda etapa.

5. CONCLUSÕES

A principal contribuição deste trabalho é agregar e integrar, em um único ambiente, diversos métodos de ASBA com a utilização de tradução automática, possibilitando a análise de opiniões da *web* em diversos idiomas. Os resultados obtidos demonstram que o uso de tradução automática junto aos métodos de ASBA é promissor, embora ainda haja necessidade de aprimoramento das técnicas utilizadas.

Outra contribuição é que o *framework* Opinion-meter é disponibilizado [3] de forma que qualquer pessoa possa utilizá-lo para analisar textos nos idiomas suportados, utilizando os métodos implementados ou adicionando e estendendo o *framework* para utilizar seus próprios métodos. O *framework* Opinion-meter está em sua primeira versão e ainda deve ser ampliado para incorporar outros métodos de ASBA e de aprendizado de máquina da literatura, além de ferramentas adicionais de processamento de língua natural.

6. AGRADECIMENTOS

Os autores agradecem à FAPESP (#2014/08996-0), à PROPP-UFMS e à FUNDECT-MS (#147/2016).

[3]Todo o *framework*, código-fonte e dados estão disponíveis em http://sites.labic.icmc.usp.br/OpinionMeter2016/

7. REFERENCES

[1] M. Araujo, J. Reis, A. Pereira, and F. Benevenuto. An evaluation of machine translation for multilingual sentence-level sentiment analysis. In *Proc.of the 31st Annual ACM Symposium on Applied Computing*, pages 1140–1145, 2016.

[2] J. Baldridge. The opennlp project. *URL: http://opennlp.apache.org/index.html*, 2005.

[3] C. L. Borgman. Multi-media, multi-cultural, and multilingual digital libraries. *D-Lib*, 3(6), 1997.

[4] G. G. Chowdhury. Natural language processing. *Annual review of information science and technology*, 37(1):51–89, 2003.

[5] H. Guo, H. Zhu, Z. Guo, X. Zhang, and Z. Su. Opinionit: A text mining system for cross-lingual opinion analysis. In *Proc.of the 19th ACM Int. Conf. on Information and Knowledge Management*, pages 1199–1208, 2010.

[6] G. Holmes, A. Donkin, and I. Witten. Weka: A machine learning workbench. In *Proc. Second Australia and New Zealand Conf. on Intelligent Information Systems*, 1994.

[7] M. Hu and B. Liu. Mining and summarizing customer reviews. In *Proc. of the Tenth ACM SIGKDD Int. Conf. on Knowledge Discovery and Data Mining*, pages 168–177, 2004.

[8] M. Hu and B. Liu. Mining opinion features in customer reviews. In *AAAI*, volume 4, pages 755–760, 2004.

[9] D. Jurafsky and J. H. Martin. *Speech and Language Processing: An Introduction to Natural Language Processing, Computational Linguistics and Speech Recognition.* Prentice Hall, 2000.

[10] K.-R. Koch. Bayes' theorem. In *Bayesian Inference with Geodetic Applications*, pages 4–8. Springer, 1990.

[11] B. Liu. *Sentiment analysis: Mining opinions, sentiments, and emotions.* Cambridge University Press, 2015.

[12] T. M. Mitchell. Machine learning. 1997. *Burr Ridge, IL: McGraw Hill*, 45:37, 1997.

[13] B. Pang and L. Lee. Opinion mining and sentiment analysis. *Found. Trends Inf. Retr.*, 2:1–135, 2008.

[14] I. Rish. An empirical study of the naive bayes classifier. In *IJCAI-Workshop on Empirical Methods in Artificial Intelligence*, volume 3, pages 41–46, 2001.

[15] M. Souza and R. Vieira. Sentiment analysis on twitter data for portuguese language. In *Int. Conf. on Computational Processing of the Portuguese Language*, pages 241–247. Springer, 2012.

[16] P. D. Turney. Thumbs up or thumbs down?: Semantic orientation applied to unsupervised classification of reviews. In *Proc. of the 40th Annual Meeting on Association for Computational Linguistics*, pages 417–424, 2002.

[17] T. Wilson, J. Wiebe, and P. Hoffmann. Recognizing contextual polarity in phrase-level sentiment analysis. In *Proc. of the Conf. on Human Language Technology and Empirical Methods in Natural Language Processing*, pages 347–354, 2005.

Sentiment Analysis of Portuguese Comments from Foursquare

Thais G. Almeida
Instituto de Computação
Universidade Federal do
Amazonas
Amazonas, Brasil
tga@icomp.ufam.edu.br

Bruno Á. Souza
Instituto de Computação
Universidade Federal do
Amazonas
Amazonas, Brasil
bruno.abia@icomp.ufam.edu.br

Alice A. F. Menezes
Instituto de Computação
Universidade Federal do
Amazonas
Fundação Paulo Feitoza (FPF
Tech)
Amazonas, Brasil
alice.menezes@icomp.ufam.edu.br

Carlos M. S. Figueiredo
Universidade do Estado do
Amazonas
Amazonas, Brasil
cfigueiredo@uea.edu.br

Eduardo F. Nakamura
Instituto de Computação
Universidade Federal do
Amazonas
Amazonas, Brasil
nakamura@icomp.ufam.edu.br

ABSTRACT

Sentiment Analysis is an emerging research area applied to social media to find useful information from specific topics, such as service or product quality, or even general contexts as marketing, politics and economy. Although there are numerous studies using Sentiment Analysis, few of them address the Portuguese language, because of the language complexity. This study aims to evaluate the performance of three methods of machine learning (Support Vector Machine, Multinomial Naive Bayes, and Maximum Entropy) to detect polarities in two different scenarios. The first scenario is characterized as a three-class problem (positive, negative, and neutral). The second scenario consists of only two classes (positive and negative). Our dataset consists of comments from the Foursquare social network. The results show that Support Vector Machine presents an F-score at least 1.9% higher than the others for the three-class scenario, while Multinomial Naive Bayes presents an F-score at least 2.6% higher than the others for two-class scenario.

Keywords

Sentiment Analysis, Supervised Learning, Foursquare

1. INTRODUÇÃO

A popularização da Internet e de dispositivos móveis, como celulares e tablets, gerou um aumento na utilização de redes sociais, o que faz delas parte do dia-a-dia das pessoas e das empresas. Um novo paradigma de redes sociais, que tem atraído milhões de usuários, são as redes sociais baseadas em serviços de localização [8]. Um exemplo desse tipo de rede social é o Foursquare[1], onde usuários compartilham sua localização com seus contatos, além de poderem expressar suas opiniões, fazendo um breve resumo das experiências vividas no local, por meio de comentários (*tips*).

A mineração de opinião, também chamada de análise de sentimento [9], é uma área que vem sendo utilizada por empresas que necessitam reunir informações a respeito dos seus produtos e serviços, bem como sua reputação. A detecção da polaridade de uma *tip* no Foursquare pode ser usada para agrupar o sentimento de vários usuários sobre um local, fornecendo ao proprietário uma visão geral sobre seu negócio, além de ser um ótimo auxílio na escolha de um local para visitar, beneficiando os próprios usuários da rede. Entretanto, detectar polaridade nas *tips* é um desafio, pois elas apresentam comentários curtos (limitados a 200 caracteres) e possuem em sua maioria um conteúdo informal, o que significa que a informação coletada pode não ser o suficiente para realizar a detecção [8]. Ainda existe o uso de expressões como *"Esse atendimento foi ótimooooo!!!!"*, gírias, erros de escrita e *hashtags* que são comumente encontradas, o que dificulta ainda mais a análise.

Existem diversas ferramentas que auxiliam a análise e detecção de polaridade em textos longos e curtos, como: Sentiment140 [3], Sentimentrix[2] e o Lymbix[3], apresentando uma classificação bem próxima a de um ser humano para textos em inglês, japonês, russo, italiano e francês. Contudo, tais ferramentas não apresentam bons resultados quando aplicados sobre textos em português que se apresentam fora do padrão de escrita formal [6]. Partindo dessa limitação, as principais contribuições deste trabalho são: (i) a avaliação do desempenho de três métodos de aprendizagem de máquina na análise de polaridade de textos em português, provenientes de um ambiente não controlado; e (ii) a quantifi-

WebMedia '16, November 08-11, 2016, Teresina, PI, Brazil
© 2016 ACM. ISBN 978-1-4503-4512-5/16/11...$15.00
DOI: http://dx.doi.org/10.1145/2976796.2988180

[1]https://pt.foursquare.com/
[2]http://www.sentimentrix.com
[3]http://www.lymbix.com

cação do impacto no desempenho de classificadores quando um problema de análise de sentimento é modelado considerando três classes (positiva, negativa e neutra), ao invés de apenas duas (positiva, negativa).

2. TRABALHOS RELACIONADOS

Na literatura existem diversos trabalhos sobre análise de polaridade [1, 5, 9], pois segundo Pang and Lee [9], analisar o sentimento expresso pelas pessoas sempre foi objeto de interesse dos pesquisadores. As abordagens mais conhecidas, em que a maioria dos trabalhos podem ser agrupados, são as que utilizam aprendizagem de máquina [6, 10] e as abordagens léxicas [11, 13].

No contexto de revisões de dados online, Pang et al. [10], são pioneiros na análise de sentimentos por meio da abordagem de aprendizagem de máquina, utilizando técnicas supervisionadas para realizar uma classificação binária (positiva ou negativa) de revisões de filmes. Em seus experimentos, os autores representaram cada revisão como uma *bag-of-words*, obtendo uma acurácia superior a 82,9% com o *Support Vector Machine*, baseando-se em unigramas e bigramas. Turney [12] utilizou o mesmo cenário de revisões, empregando o *PMI-Information Retrieval* (PMI-IR) para determinar a orientação semântica de uma revisão . Em seus experimentos, o autor utilizou 410 revisões de diferentes domínios, atingindo uma acurácia superior a 65,83%.

Moraes et al. [8] aplicaram análise de polaridade em textos curtos, comparando métodos supervisionados e não supervisionados (léxicos) para textos em inglês compartilhados no Foursquare. Os experimentos foram realizados em duas bases de dados, obtendo como resultado um empate entre o *Naive Bayes* e o modelo léxico, levando em consideração o F1 médio para ambas as bases de dados. Neste mesmo contexto, Martins et al. [6] introduzem uma nova técnica de análise de sentimento de textos em português, chamada SentiPipe. A fim de validar a eficiência do novo método, os autores o compararam com o *Multinomial Naive Bayes* [4]. Como resultado, foi constatado que o SentiPipe apresentou desempenho superior aos métodos que o compõe, quando aplicados individualmente, e à medida que o conjunto de treino diminui, o desempenho do SentiPipe se torna superior ao do *Multinomial Naive Bayes*.

Segundo Serrano-Guerrero et al. [11], as técnicas de aprendizagem de máquina mais utilizadas são *Support Vector Machine*, *Naive Bayes* e *Maximum Entropy*, seja em textos longos ou curtos. O trabalho de Go et al. [3], por exemplo, utiliza as técnicas citadas para classificar a polaridade de *tweets*. Nesse contexto, buscamos explorar o cenário de aplicações de análise de sentimento para textos curtos em português, buscando combinar as abordagens descritas nos trabalhos de Moraes et al. [8] e Martins et al. [6].

3. METODOLOGIA

A metodologia utilizada para a condução deste trabalho consiste nas seguintes etapas: (i) coleta de dados provenientes da rede social Foursquare para a construção da base de dados; (ii) rotulação manual dos dados por voluntários, a fim de gerar um conjunto de treino para os métodos supervisionados; (iii) pré-processamento dos dados com o objetivo de retirar ruídos; (iv) treinamento dos métodos supervisionados a partir dos dados rotulados; (v) análise de polaridade

das *tips* pelos métodos de aprendizagem de máquina; e (vi) avaliação da eficiência dos métodos.

3.1 Base de Dados

A base de dados utilizada neste trabalho é composta por *tips* referentes à localidades da cidade de São Paulo. Para a coleta de dados, utilizamos a API da rede social Foursquare[4]. O Foursquare possui dez categorias de locais bem definidas: *Arts & Entertainment, College & University, Event, Food, Nightlife Spot, Outdoors & Recreation, Professional & Other Places, Residence, Shop & Service e Travel & Transport*. As *tips* coletadas para compor a base de dados pertencem às categorias de: *Food, Shop & Service e Nightlife Spot*. Essas categorias foram escolhidas por apresentarem um número maior de *tips* indicando uma opinião, uma vez que compreendem localidades que oferecem serviços (e.g., restaurantes, lojas, bares).

Após a etapa de coleta, as *tips* foram submetidas a uma filtragem, cujo objetivo é garantir a presença apenas de textos em português. Como resultado, a base de dados dispõe de um total de 179.181 *tips*. A tabela 1 ilustra a distribuição das *tips* por categoria.

O processo de rotulação das *tips* foi realizado de forma manual por quatro voluntários. Para isso, escolhemos aleatoriamente da base de dados 3.502 *tips* das quais 1.714 foram rotuladas com polaridade negativa, positiva ou neutra e as outras 1.788 foram rotuladas como positivas ou negativas. A distribuição de *tips* por rotulador foi realizada de forma proporcional, ou seja, cada um dos voluntários rotulou aproximadamente o mesmo número de *tips*. É importante observar que cada vonluntário rotulou um conjunto de *tips* distinto dos demais.

Table 1: Distribuição de *tips* por categoria.

Categoria	Quantidade de *tips*
Food	106.800
Nightlife Spot	24.720
Shop & Service	47.661

Antes de aplicar os métodos de aprendizagem de máquina supervisionados para classificar as *tips* da base de dados entre os rótulos definidos (positivo, negativo, neutro), foi necessário realizar um pré-processamento nos dados para retirar URLs, *hashtags*, pontuações e *stopwords* (termos que não possuem semântica representativa, porém são muito frequentes nos textos). Adicionalmente, utilizamos a técnica de *stemming* sobre as *tips* para que fossem removidos os afixos das palavras com o objetivo de reduzir o número de atributos do vetor de características dos classificadores.

3.2 Métodos Supervisionados

Neste trabalho utilizamos os seguintes métodos de aprendizagem supervisionada para detectar a polaridade de *tips*: *Multinomial Naive Bayes, Support Vector Machine e Maximum Entropy*. A escolha desses métodos foi baseada no fato de serem considerados o estado da arte em classificação de texto. As implementações consideradas neste trabalho são as disponíveis na API *Scikit learn*[5]. Durante a etapa de treinamento dos métodos supervisionados, utilizamos a técnica de validação cruzada do tipo *ten fold*.

---

[4]https://developer.foursquare.com
[5]http://scikit-learn.org/stable/

O vetor de características de cada um dos métodos supervisionados foi construído utilizando os conceitos de *bag-of-words*, onde a ordem dos termos no texto é desconsiderada, e medidas de ponderação dos termos. Quanto a estas últimas, utilizamos os pesos *Term Frequency* (TF) e *Inverse Document Frequency* (IDF). Uma vez que em um texto alguns termos apresentam uma maior importância que outros, os pesos TF-IDF auxiliam na definição de que termos são relevantes em um documento. Esta modelagem do vetor de características foi utilizada por Moraes et al. [8], onde os autores argumentam que experimentos preliminares demonstraram que tal representação leva a resultados superiores aos obtidos usando unigramas ou bigramas. Desta forma, cada *tip* t é modelada como um vetor $p_1,...p_n$, onde p_i é a frequência ponderada da palavra i na *tip* t normalizada pela frequência da palavra i na base de treino, seguindo o modelo proposto por Aisopos et al. [1].

3.3 Métricas de Avaliação

Para avaliar a eficiência dos classificadores na tarefa de análise de polaridade das *tips* em português, utilizamos as seguintes métricas que são largamente empregadas na literatura: precisão, revocação e F1. Enquanto a precisão consiste na fração de documentos atribuídos a uma determinada classe que realmente pertencem a esta classe (segundo o conjunto de teste), a revocação representa a fração de todos os documentos que pertecem a uma determinada classe (segundo o conjunto de teste) e foram atribuídas corretamente a esta classe pelo classificador. Já a métrica F1 pode ser definida como uma medida que busca relacionar as métricas de precisão e revocação a fim de obter uma medida de qualidade que equilibre a importância relativa destas duas métricas [2].

4. EXPERIMENTOS E RESULTADOS

Neste trabalho conduzimos experimentos em dois cenários: o primeiro cenário considera três polaridades (negativo, neutro e positivo) para as *tips* em português, e o segundo cenário considera apenas duas polaridades (negativo e positivo). Em ambos os cenários, os classificadores *Multinomial Naive Bayes* (MNB), *Support Vector Machine* (SVM) e *Maximum Entropy* (ME) foram avaliados segundo as métricas descritas na subseção 3.3.

4.1 Cenário I

Durante a rotulação manual da base de dados, verificamos que algumas *tips* não se adequavam bem na classe positiva ou negativa. *Tips* como *"A comida estava deliciosa, mas o atendimento foi péssimo"*, ou ainda *"A senha do wifi é 1020304050"* são exemplos de textos que foram rotulados como neutros. No trabalho de Martins et al. [6], os autores optam por não desconsiderar os rótulos neutros, uma vez que estes garantem uma maior confiabilidade nos resultados obtidos pelos classificadores. A partir da mesma premissa, neste primeiro cenário a polaridade neutra foi considerada, tornando a tarefa de classificação mais desafiadora.

Analisando a tabela 2 é possível observar que o classificador que apresentou um melhor desempenho geral na detecção da polaridade das *tips* foi o SVM, alcançando valores de F1 de pelo menos 1,9% maiores que os demais métodos. Em relação a classe positiva, o SVM alcançou os valores de 0,7352, 0,7878 e 0,7462 para as métricas de precisão, revocação e F1 respectivamente. Já em relação a classe negativa,

os valores foram de 0,7714, 0,8709 e 0,8181 para as métricas de precisão, revocação e F1. Quanto a classe neutra, o SVM apresentou os valores de 0,8571, 0,6315 e 0,7272 para as métricas de precisão, revocação e F1.

Ainda que o classificador ME tenha apresentado resultado geral inferior aos demais métodos, ele obteve os maiores valores de precisão, revocação e F1 para a classe neutra, o que demonstra que este método *aprendeu* bem as características da classe em questão.

Como o SVM apresentou desempenho superior aos demais metódos neste cenário, ele foi escolhido para inferir a polaridade, por categoria, da base completa. Como resultado, 2% das *tips* pertencentes a categoria *Food* foram classificadas como neutras, 35% como negativas e 63% como positivas. Já em relação a categoria *Nightlife Spot*, 2,5% das *tips* foram classificadas como neutras, 38,5% como negativas e 59% como positivas. Por fim, para a categoria *Shop & Service*, 2,5% das *tips* foram classificadas como neutras, 48,5% como negativas e 49% como positivas. Este resultado sugere que no contexto em estudo, nas categorias *Food* e *Nightlife Spot* as opiniões são em sua maioria positivas, enquanto que na categoria *Shop & Service* são balanceadas entre positivo e negativo.

Table 2: Métricas de avaliação detalhadas por método e classe para o cenário I.

	Método	Positivo	Negativo	Neutro
Precisão	SVM	0,7352	0,7714	0,8571
	MNB	0,6842	0,7500	1,0000
	ME	0,7419	0,7333	0,7272
Revocação	SVM	0,7575	0,8709	0,6315
	MNB	0,7878	0,8709	0,4736
	ME	0,6969	0,70967	0,8421
F1	SVM	**0,7462**	**0,8181**	**0,7272**
	MNB	0,7323	0,8059	0,6428
	ME	0,7187	0,7213	0,7804

4.2 Cenário II

Neste cenário, as *tips* foram categorizadas como pertencentes a uma das seguintes classes: positiva ou negativa. Como resultado direto da eliminação de uma das classes (neutra), observamos que os classificadores apresentaram um melhor desempenho quando comparados ao cenário I.

Analisando a tabela 3 é possível observar que o classificador que apresentou o melhor desempenho na detecção da polaridade das *tips* foi o MNB, alcançando valores de F1 pelo menos 2,6% maiores que os demais métodos. Quanto a classe positiva, o MNB apresentou valores de 0,8333, 0,8695 e 0,8510 para as métricas precisão, revocação e F1, respectivamente. Em relação a classe negativa, o MNB apresentou valores de 0,8554, 0,8160 e 0,8352 para as métricas precisão, revocação e F1. Os resultados alcançados condizem com os apresentados por McCallum et al. [7], onde os autores afirmam que para documentos com tamanho variável, o MNB atinge um desempenho elevado. Esse é o caso das *tips* do Foursquare, que embora apresentem um tamanho máximo de 200 caracteres, possuem uma grande variação em seu tamanho, uma vez que expressam experiências e emoções dos usuários.

Como o MNB apresentou desempenho superior aos demais metódos neste cenário, ele foi escolhido para inferir a polaridade, por categoria, da base completa. Quanto as *tips* pertencentes a categoria *Food*, 40,5% foram classificadas como negativas e 59,5% como positivas. Já em relação a categoria *Nightlife Spot*, 43,5% das *tips* foram classificadas como negativas e 56,5% como positivas. Por fim, para a categoria *Shop & Service*, 57% das *tips* foram classificadas como negativas e 43% como positivas. Neste caso, os resultados sugerem que os estabelecimentos da categoria *Shop & Service* possuem maior deficiência no atendimento ao cliente.

De forma geral, é possível observar que os classificadores obtiveram um desempenho superior na aprendizagem de características de *tips* positivas, quando comparadas às negativas. É importante ressaltar que a grande maioria das *tips* que no cenário I eram classificadas como neutras, no cenário II foram classificadas como negativas. Se comparados ao trabalho de Moraes et al. [8], onde são considerados apenas duas polaridades (positiva e negativa) para textos em inglês, os nossos resultados são pelo menos 3,3% melhores em relação a medida F1.

Table 3: Métricas de avaliação detalhadas por método e classe.

	Método	Positivo	Negativo
	SVM	0.7920	0,8461
Precisão	MNB	**0,8333**	**0,8554**
	ME	0,7800	0,8227
	SVM	0,8695	0,7586
Revocação	MNB	**0,8695**	**0,8160**
	ME	0,8478	0,7471
	SVM	0,8290	0,8000
F1	MNB	**0,8510**	**0,8352**
	ME	0,8125	0,7831

5. CONCLUSÃO E TRABALHOS FUTUROS

Neste trabalho, foi apresentado uma avaliação do desempenho de três métodos de aprendizagem supervisionada (*Support Vector Machine*, *Multinomial Naive Bayes*, *Maximum Entropy*) na tarefa de detecção da polaridade de textos curtos escritos em português. Embora métodos supervisionados necessitem inerentemente de um número expressivo de elementos rotulados para classificar novos textos, os resultados se mostraram promissores e confirmaram a eficiência obtida pelos métodos empregados, ainda que os textos sejam escritos em português.

Dentre os desafios encontrados para execução deste trabalho, vale ressaltar o tempo demandado para rotular os dados do conjunto de treino dos classificadores e a natureza dos dados, que são provenientes da rede social Foursquare e, portanto, pertencem a um ambiente não controlado, onde há presença de ruído em razão da forma de escrita ser predominantemente coloquial.

Como trabalho futuro, pretendemos investigar métodos híbridos de análise de sentimento que utilizem tanto a abordagem supervisionada quanto a léxica, reduzindo o tempo empregado na tarefa de rotulação dos dados de treino, e buscando alcançar melhores resultados.

Referências

[1] F. Aisopos, G. Papadakis, K. Tserpes, and T. Varvarigou. Content vs. context for sentiment analysis: a comparative analysis over microblogs. In *Proceedings of the 23rd ACM Conference on Hypertext and Social Media*, pages 187–196. ACM, 2012.

[2] R. Baeza-Yates and B. Ribeiro-Neto. *Recuperação de Informação-: Conceitos e Tecnologia das Máquinas de Busca*. Bookman Editora, 2013.

[3] A. Go, R. Bhayani, and L. Huang. Twitter sentiment classification using distant supervision. *CS224N Project Report, Stanford*, 1:12, 2009.

[4] A. M. Kibriya, E. Frank, B. Pfahringer, and G. Holmes. Multinomial naive bayes for text categorization revisited. In *Advances in Artificial Intelligence*, pages 488–499. Springer, 2004.

[5] B. Liu. Sentiment analysis and opinion mining. *Synthesis lectures on human language technologies*, 5 (1):1–167, 2012.

[6] R. F. Martins, A. Pereira, and F. Benevenuto. An approach to sentiment analysis of web applications in portuguese. In *Proceedings of the 21st ACM Brazilian Symposium on Multimedia and the Web*, pages 105–112. ACM, 2015.

[7] A. McCallum, K. Nigam, et al. A comparison of event models for naive bayes text classification. In *Proceedings of AAAI Workshop on Learning for Text Categorization*, volume 752, pages 41–48. Citeseer, 1998.

[8] F. Moraes, M. Vasconcelos, P. Prado, J. Almeida, and M. Gonçalves. Polarity analysis of micro reviews in foursquare. In *Proceedings of the 19th ACM Brazilian Symposium on Multimedia and the Web*, pages 113–120. ACM, 2013.

[9] B. Pang and L. Lee. Opinion mining and sentiment analysis. *Foundations and Trends in Information Retrieval*, 2(1-2):1–135, 2008.

[10] B. Pang, L. Lee, and S. Vaithyanathan. Thumbs up?: sentiment classification using machine learning techniques. In *Proceedings of the ACL-02 Conference on Empirical Methods in Natural Language Processing*, volume 99, pages 79–86. Association for Computational Linguistics, 2002.

[11] J. Serrano-Guerrero, J. A. Olivas, F. P. Romero, and E. Herrera-Viedma. Sentiment analysis: A review and comparative analysis of web services. *Information Sciences*, 311:18–38, 2015.

[12] P. D. Turney. Thumbs up or thumbs down?: semantic orientation applied to unsupervised classification of reviews. In *Proceedings of the 40th Annual Meeting on Association for Computational Linguistics*, pages 417–424. Association for Computational Linguistics, 2002.

[13] T. Wilson, J. Wiebe, and P. Hoffmann. Recognizing contextual polarity: An exploration of features for phrase-level sentiment analysis. *Computational Linguistics*, 35(3):399–433, 2009.

Towards a Model for Personality-Based Agents for Emotional Responses

Rafael G. Rodrigues
Centro Federal de Educação
Tecnológica Celso Suckow da
Fonseca
Av. Maracanã, 229 - Maracanã,
CEP: 20271-110
Rio de Janeiro, Brasil
rgrnf74@gmail.com

Gustavo Paiva Guedes
Centro Federal de Educação
Tecnológica Celso Suckow da
Fonseca
Av. Maracanã, 229 - Maracanã,
CEP: 20271-110
Rio de Janeiro, Brasil
gustavo.guedes@cefet-rj.br

Eduardo Ogasawara
Centro Federal de Educação
Tecnológica Celso Suckow da
Fonseca
Av. Maracanã, 229 - Maracanã,
CEP: 20271-110
Rio de Janeiro, Brasil
eogasawara@ieee.org

ABSTRACT

Affective Computing is a promising research area with many open challenges. This area expects to develop computational systems that can monitor and respond to the affective states of an interacting user (IU). These affective states can be observed in terms of emotional responses, which demands continuous monitoring of IU. However, emotional responses can vary according to differences in personality traits. Due to that, we propose a novel model for personality-based agents to produce different emotional responses. This model suggests that distinct personality-based agents could have particular emotional responses. To evaluate our model, we collected data from an on-line social network in which entries have personality expressed by users and emotional information associated. We produced two personality-based agents: one extroverted and another introverted. Experimental results indicate that our model can be promising in providing distinct personality-based agents. The extroverted agent performed better on texts written by extroverted individuals just as the introverted agent performed better on texts written by introverted individuals. Our achieved results point out that personality traits are relevant to produce emotional agents.

Keywords

Affective Computing; Intelligent Systems; Text Mining;

1. INTRODUCTION

Affective Computing is a promising research area with many challenges ahead. It was first introduced by Rosalind Picard in 1995 [16]. Such area is expected to develop computational systems that can monitor and respond to the affective states of the user [17]. Affective states (e.g. emotions, moods) have been studied by several researches in many fields [3]. In psychology, for example, we already know that

writing important personal experiences in an emotional way can bring improvements in mental and physical health [15]. In computer science, such studies are helping social network users to select related documents based on their emotional preferences [2].

Many studies focus on the problem of extracting affective states from text [23, 6]. In this scenario, we can highlight the problem of extracting emotions from texts. This task aims to infer the underlying emotions influencing the author/writer by studying their input texts [8]. Recognizing emotions in text is very important to the human-computer interactions [5]. Our work is motivated by the task of identifying emotions in text considering personality characteristics. This motivation also comes from the relation between personality and emotion [20].

There are many theories in psychology describing the nature of personality and the differences in personality traits. In this work we adopt the Big Five Personality Traits [18]. This theory is used by many psychologists and comprises five traits, defined as *extraversion, openness to experience, conscientiousness, agreeableness* and *neuroticism.*

In this study, we focus on *extraversion* trait according to Gray results [9]. This work offers a theoretical rationale for predicting differences in emotional susceptibility between extraverts and neurotics. Since there is a strong relation between *extraversion* and emotional dispositions [4], we follow this study to conduct experimental evaluation under such assumption. We also refer to Mehrabian and Russel [11] study, whose work propose that the emotional state of individual's experience is influenced by the stimuli of surroundings, their initial emotional states, and their personality traits.

We position our research in this context. However, it is important to take account that we do not aim at creating agents that simply reacts to human emotions. Our goal is to develop a model that is capable to provide distinct personality-based agents. Such model aims creating personality-based agents that give emotional responses based on internal personality traits. Thus, these agents should react with its own particularities when exposed to an external stimulus.

The starting point of our work comes from the desire to understand how can different people react differently according to the same stimulus. There are several applications that can arise from this problem. As an example, in *games* area characters could have diverse reactions based on personal-

WebMedia '16, November 08-11, 2016, Teresina, PI, Brazil

© 2016 ACM. ISBN 978-1-4503-4512-5/16/11...$15.00

DOI: http://dx.doi.org/10.1145/2976796.2988186

ity/emotional states. As another example, suppose we intent to write an important e-mail to someone we have already changed some emails. Given that it is possible to predict personality traits from text [10], we could use these traits to simulate individuals emotional reactions before sending the email. In this scenario, modeling such emotional systems can help people to develop various abilities and to understand behaviors that contribute to emotional intelligence. This is possible since we can simulate systems with different personalities and emotional responses. It would also be possible to train people to improve their emotional intelligence.

In order to produce personality-based agents, we use text entries from a social network as the previous emotional experiences (stimuli). So, we model two initial environments: one is built from entries of extroverted individuals and the other is built from entries of introverted individuals. Different from the extensive number of works addressing the human computer interaction area (HCI) [21], at this point, we intent to give emotional and personality identities to an agent, thereby producing unique individuals. There is not the goal of our work to transform human states or to react to human states. We want to evaluate if personality-based agents can perform differently when trained with entries from introverted and extroverted individuals.

This paper is divided into five more sections. In Section 2 we describe some related work. Section 3 explains the data set collection. In Section 4 we introduce our model and Section 5 presents experimental evaluations. Finally, Section 6 concludes and points out future works.

2. RELATED WORK

Neal et al [13] model an Artificial Endocrine System to interact with an Artificial Neural Network. The authors present a model inspired by homeostasis, which is a property of a system to achieve a stable internal state in a varying environment. In experimental settings, the authors suggest that they generated a behavior such as "fear" or "timidity". In our work, we can reveal the exactly emotions coming as an output state. More than that, we want that different systems achieve different emotional states.

Sun et al [22], propose a linguistic-based emotion analysis and recognition method for measuring consumer satisfaction. They use an annotated emotion corpus (Ren-CECps) to compare linguistic characteristics of emotional expressions of positive and negative attitudes. They also explored the problem of recognizing blended emotions in sentence, presenting significant results. In their study, they can recognize emotions in text, but they do not take into account differences between personality profiles.

Read et al [19] propose a cognitive architecture named Personality-enabled Architecture for Cognition (PAC). PAC is designed to create intelligent virtual agents with personality traits and cultural characteristics. Simulations indicated PAC can create virtual agents with different personality. The behavior of agents depends on the application of social knowledge, which, in PAC, is encoded in narrative (story-like) structures. Our work also proposes the creation of virtual agents with different personality. However, in our case, we use texts to train and evaluate the agents.

Although we could found some works concerning affective computing and text mining problem, we could not find works exploring personality traits, emotions, affective computing and text mining techniques to generate personality-based agents. Thus, our work appears as a new contribution combining these areas.

3. DATA COLLECTION

We collected data from an on-line social network named MQD[1]. In this social network, users write about their lives, feelings and emotions. For each entry, users can associate one (only one) of the six basic emotions proposed by Paul Ekman [7]. These emotions are *sadness*, *happiness*, *fear*, *anger*, *surprise* and *disgust*.

To collect personality information from users, we created a personality test based on the 44-question version of the Big Five Personality Inventory in Portuguese language [1]. As described in Section 1, the Big Five theory suggests five dimensions to describe the human personality and psyche: *Openness to experience*, *Conscientiousness*, *Extraversion*, *Agreeableness* and *Neuroticism*. All users in MQD can answer to this test, however it is not mandatory.

Since we have entries with an associated emotion and personality profiles of users who wrote these entries, we created MQDPers data set. This data set consists of more than 48,000 entries with associated emotions from users who answered to the personality test. Table 1 shows the number of entries with each emotion. It is possible to note that happiness and sadness are the predominant emotions.

Table 1: Number of entries with each emotion

hap	sad	ang	fear	sur	dis
19,499	17,172	4,077	3,922	3,266	935

4. PBAER MODEL

This section presents Personality-Based Agents for Emotional Responses (PBAER) model. It is built from texts (T) of individuals with personality traits (P) associated. During training, texts must have emotional annotations (E). PBAER receives a function $f(\mathcal{X}, y, e)$ as input and processes a data set $\mathcal{X}$ composed of text, personality, and emotional information. The aim of $f(\mathcal{X}, y, e)$ is to process different personality traits y and partition $\mathcal{X}$ into v subsets based on these traits.

Hence, PBAER produces v subsets (x_0, x_1, ..., x_p) of $\mathcal{X}$. Each subset consists of z entries. Each entry d_j is encoded as a vector of word count, as illustrated in Figure 1. Each word (w_0, w_1, ...,w_g) in d_j is represented in this word count vector. Vector positions represent the frequency of word w_g in entry d_j. Next, we use a feature selection method to extract the most relevant attributes of x_p.

w_0	w_1	w_2	w_3	w_4	w_5	w_6	w_7		w_g
1	10	13	7	5	21	3	9	...	11

Figure 1: Word count vector representing one entry.

Next, PBAER provides each of the subsets to train a personality-based agent Ag_n. Each personality-based agent uses an Artificial Neural Network (ANN) to process the subset x_p and model the response function. Thereby, the output

---

[1] http://www.meuqueridodiario.com.br

of each agent Ag_n is a set of values representing output emotional impulses (e_0, e_1, ..., e_k). It is important to mention that each agent has distinct output values, produced by a personality context-based environment.

Figure 2 depicts PBAER model. PBAER partitions $\mathcal{X}$ based *only* on personality traits. According to Figure 2, personality traits are illustrated as gradient red color. Thus, each subset x_p is composed by different personality-filtered subsets. Once $\mathcal{X}$ is partitioned, each individual agent is trained from a subset of $\mathcal{X}$. Such multiple training aims to producing different outputs, even when T is equivalent for each agent.

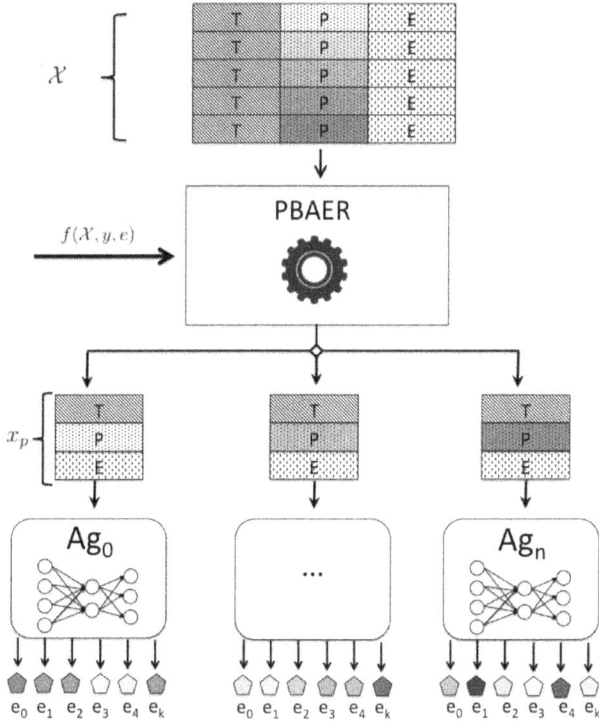

Figure 2: **PBAER model with n personality-based agents. Red gradient indicates the low extraversion to high extraversion score.**

5. EXPERIMENTAL EVALUATION

The aim of this section is to provide insights about the potential of PBAER model. To accomplish this goal, we used MQDPers data set as described in Section 3. Thus, in first step, PBAER receives and processes MQDPers. The function f is applied and splits MQDPers in two subsets (MQDPers-int, MQDPers-ext), based on *extraversion* trait. We choose this trait since there is a theoretical relation between this trait and emotional dispositions, as described in Section 1.

Hence, in order to produce MQDPers-int subset, f selects $1,000$ textual entries from the most introverted users of MQDPers data set. Analogous, MQDPers-ext subset contains $1,000$ textual entries from the most extroverted users. During training of each individual agent, we applied Information Gain [12] to score attributes according to their expected usefulness. In the training phase of each agent we reduced the number of attributes to approximately 10% of the original number of attributes. Thus, MQDPers-int has

Table 2: **Number of entries with each emotion in subsets MQDPers-int and MQDPers-ext**

	hap	sad	ang	fear	sur	dis
MQDPers-int	329	430	89	81	46	25
MQDPers-ext	457	332	74	69	49	19

889 attributes and MQDPers-ext have 832 attributes. Table 2 shows the number of entries for each emotion in these data sets. It is possible to observe that both subsets have more entries with *happiness* and *sadness* emotions.

The experimental evaluation was executed with these two data sets. Thereby, PBAER produces two personality-based agents (one extroverted and one introverted). The introverted agent (Ag_{int}) is trained with MQDPers-int as input. Analogously, the extroverted agent (Ag_{ext}) is trained with MQDPers-ext. Each agent is composed of an Artificial Neural Network to classify instances, in this case, a Multilayer Perceptron (MLP). This MLP was implemented as a backpropagation (BP) algorithm. Neural network structure was optimized using neural network cartridges [14].

The aim is to evaluate outputs from the two personality-based agents (Ag_{int} and Ag_{ext}). Then, after training phase, each agent is able to produce a set of emotions as output states. These output states refer to scores on each of the six emotions proposed by Ekman: *sadness, happiness, fear, anger, surprise,* and *disgust.*

To evaluate produced agents, we generated another two subsets of MQDPers: MQDPers-ext-test contains 100 entries written by extroverted individuals and MQDPers-int-test contains 100 entries written by introverted individuals. Entries in these data set were also encoded as vectors of word count. Table 3 shows results provided by both trained agents. Ag_{ext} agent corrected classified 41% entries in MQDPers-ext-test data set and outperformed Ag_{int}. Ag_{ext} performed worse in MQDPers-int-test data set. Conversely, Ag_{int} correctly classified 35% entries in MQDPers-ext-test. Ag_{int} performed better in MQDPers-int-test data set. It corrected classified 40% entries. Thereby, it is possible to note that the personality-based agent trained with entries from extroverted individuals (Ag_{ext}) performed better in evaluating a data set containing entries from extroverted individuals. Ag_{int} performed 15% better on MQDPers-ext-test data set than in MQDPers-int-test.

Finally, personality-based agent trained with entries from introverted individuals (Ag_{int}) achieved better results evaluating a data set containing entries from introverted individuals. This agent performed 31% better in MQDPers-int-test than in MQDPers-ext-test.

Table 3: **Accuracy of agents**

dataset	Ag_{ext}	Ag_{int}
MQDPers-ext-test	41%	35%
MQDPers-int-test	28%	40%

Our preliminary experimental evaluation indicates a promising research regarding the building of personality-based agents for emotional responses, since both agents react differently under different evaluations and were more specialized to their target training criteria. Moreover, it is also possible to observe that results obtained in Table 3 indicates the room for better training, either by improving data preprocessing methods or by the way in which machine learning methods can be trained.

6. CONCLUSIONS AND FUTURE WORK

Affective computing is a promising research area, which expects to develop computational systems that can monitor and respond to affective states of an interacting user. In this work we focused on the creation of a model for producing different agents based on personality and emotions extracted from text.

Since there is a relation between personality and emotion, we proposed the creation of a novel model to produce personality-based agents with different emotional responses. We motivated this research by different applications. We could not find studies producing personality-based agents trained with texts to generate emotional responses as output. In this scenario, we are creating a model to produce a set of personality-based agents. This model uses a function to partition data sets based on personality characteristics to train personality-based agents. The experimental evaluation using data from an on-line social network points out the relevance of our study. We created a data set from this social network to produce two personality-based agents: one extroverted and one introverted. These agents were trained with an Artificial Neural Network with a Multilayer Perceptron with a particular training data set using PBAER model.

After the training phase, we produced two more data sets to evaluate our agents: one consisting of entries from introverted users and other with entries from extroverted users. Our experiments indicate that the extroverted personality-based agent outperformed introverted personality-based agent in an extroverted evaluation data set. Conversely, introverted personality-based agent performed better on an introverted evaluation data set.

As future work, in addition to improve data preprocessing and machine learning method accuracy, we want to adapt our model to change internal state according environment and over time. Since emotions are dynamic states, we think that this is going to produce personality-based agents capable of changing the emotional internal experiences.

7. REFERENCES

[1] Josemberg Moura de Andrade. Evidências de validade do inventário dos cinco grandes fatores de personalidade para o brasil. 2008.

[2] Shenghua Bao, Shengliang Xu, Li Zhang, Rong Yan, Zhong Su, Dingyi Han, and Yong Yu. Mining social emotions from affective text. *Knowledge and Data Engineering, IEEE Transactions on*, 24(9):1658–1670, 2012.

[3] Rafael A Calvo and Sunghwan Mac Kim. Emotions in text: dimensional and categorical models. *Computational Intelligence*, 29(3):527–543, 2013.

[4] Paul T Costa and Robert R McCrae. Influence of extraversion and neuroticism on subjective well-being: happy and unhappy people. *Journal of personality and social psychology*, 38(4):668, 1980.

[5] Roddy Cowie, Ellen Douglas-Cowie, Nicolas Tsapatsoulis, George Votsis, Stefanos Kollias,

Winfried Fellenz, and John G Taylor. Emotion recognition in human-computer interaction. *Signal Processing Magazine, IEEE*, 18(1):32–80, 2001.

[6] Sidney K D'Mello and Art Graesser. Language and discourse are powerful signals of student emotions during tutoring. *Learning Technologies, IEEE Transactions on*, 5(4):304–317, 2012.

[7] Paul Ekman. Basic emotions. *Handbook of cognition and emotion*, 98:45–60, 1999.

[8] Amira F. El Gohary, Torky I. Sultan, Maha A. Hana, and Mohamed M. El. A computational approach for analyzing and detecting emotions in arabic text, 2013.

[9] Jeffrey A Gray. The psychophysiological basis of introversion-extraversion. *Behaviour research and therapy*, 8(3):249–266, 1970.

[10] Kim Luyckx and Walter Daelemans. Using syntactic features to predict author personality from text. *Science*, 22:319–346, 1998.

[11] A. Mehrabian and J.A. Russell. *An approach to environmental psychology*. M.I.T. Press, 1974.

[12] T. Mitchell. *Machine Learning*. McGraw-Hill, New York, NY, 1997.

[13] Mark James Neal and Jon Timmis. Timidity: A useful emotional mechanism for robot control?. *Informatica (Slovenia)*, 27(2):197–204, 2003.

[14] E. Ogasawara, L. Murta, G. Zimbrao, and M. Mattoso. Neural networks cartridges for data mining on time series. In *International Joint Conference on Neural Networks, 2009*, pages 2302–2309, June 2009.

[15] James W Pennebaker and Janel D Seagal. Forming a story: The health benefits of narrative. *Journal of clinical psychology*, 55(10):1243–1254, 1999.

[16] R. Picard. Affective computing. Technical report, 1995.

[17] Rosalind W. Picard. *Affective Computing*. MIT Press, Cambridge, MA, USA, 1997.

[18] S.A. Rathus. *Psychology: Concepts & Connections, Brief Version*. Cengage Learning, 2012.

[19] Stephen Read, Lynn Miller, Anna Kostygina, Gurveen Chopra, John L Christensen, Charisse Corsbie-Massay, Wayne Zachary, Jean-Christophe LeMentec, Vassil Iordanov, and Andrew Rosoff. The personality-enabled architecture for cognition (pac). In *Affective Computing and Intelligent Interaction*, pages 735–736. Springer, 2007.

[20] David Sander and Klaus R. Scherer. *The Oxford Companion to Emotion and the Affective Sciences*. Oxford University Press, 2009.

[21] Nancy Staggers and Anthony F. Norcio. Mental models: concepts for human-computer interaction research. *International Journal of Man-machine studies*, 38(4):587–605, 1993.

[22] Yan Sun, Changqin Quan, Xin Kang, Zuopeng Zhang, and Fuji Ren. Customer emotion detection by emotion expression analysis on adverbs. *Inf. Technol. and Management*, 16(4):303–311, December 2015.

[23] Gábor Tatai and László Laufer. Extraction of affective components from texts and their use in natural language dialogue systems. *Acta Cybern.*, 16(4):625–642, 2004.

User Models Development Based on Cross-Domain for Recommender Systems

Marivaldo Rodrigues
Department of Computer
Science
Federal University of Bahia
Salvador, Brazil
marivaldojunior@dcc.ufba.br

Gabriela O. Mota da Silva
Department of Computer
Science
Federal University of Bahia
Salvador, Brazil
gbrlamota@gmail.com

Frederico Araújo Durão
Department of Computer
Science
Federal University of Bahia
Salvador, Brazil
freddurao@dcc.ufba.br

ABSTRACT

Recommender systems are used by many sites and services, and are important tools to help the user to find what is most relevant in the immense amount of information available. One way to build a Recommendation System is content-based filtering, which recommends items to the user based on a profile that contains information about the content, such as genre, keywords, etc. For this to happen effectively, the system must take into account the preferences and needs of users in order to generate useful recommendations. This work proposes the modeling of user profiles with integration of multiple domains and automatically. Then, through a transfer of knowledge of a domain to another, increase the performance of the recomendation. The results of the evaluation showed that information sharing between the domains increased the performance of the recommendation, as in the test with the metric prec@5, where obtained an improvement of more than 90%.

Keywords

recommender systems; user profiles; metadata; social networks; content-based filtering.

1. INTRODUÇÃO

Desde a invenção da *World Wide Web*, a quantidade de informação *online* cresceu rapidamente, o que impulsionou o progresso na área de recuperação da informação. Atualmente, muitos *sites* e serviços incorporam Sistemas de Recomendação (SR) para assistir seus usuários na tarefa de filtrar conteúdo relevante.

Para alcançar critérios individualizados, os sistemas de recomendação constroem modelos de usuário para armazenar suas preferências. Esses modelos são comumente construídos a partir de preferências extraídas de um único domínio. Por exemplo, para sugerir livros, o SR examina aqueles que o usuário já leu.

WebMedia '16, November 08-11, 2016, Teresina, PI, Brazil
© 2016 ACM. ISBN 978-1-4503-4512-5/16/11...$15.00
DOI:http://dx.doi.org/10.1145/2976796.2988183

Este trabalho tem foco em modelos de usuário baseados em múltiplos domínios, ao invés do cenário citado acima. Propõe-se um método para modelagem de perfis de usuário que combina informações de múltiplos domínios para melhorar a precisão das recomendações de um SR. Assim, esta modelagem possibilita cruzar metadados de itens de um domínio (e.g. livros) para descobrir interesses do usuário em outros domínios (e.g. filmes). As preferências do usuário sobre livros e filmes são extraídas a partir do Facebook e então é gerado o perfil de usuário de forma automatizada.

2. TRABALHOS RELACIONADOS

Pesquisas têm sido feitas para descobrir métodos que permitam integrar informações de redes sociais ao processo de recomendação, e assim lidar melhor com o problema da esparsidade de dados. Normalmente, os Modelos de Usuário são específicos para o conteúdo oferecido por um serviço. Berkovsky et al. [2] propôs um mecanismo de mediação entre diferentes domínios de entretenimento, com o objetivo de enriquecer o Modelo de Usuário de um serviço através da importação e integração de Modelos de Usuários parciais construídos por outros serviços, o que foi chamado de *Cross-Domain User Modeling*.

Um estudo realizado por Wang et al. [13] utilizou conteúdo de redes sociais para a recomendação de usuários e atividades para membros de redes sociais, misturando informações de diversas redes sociais do usuário. Diferentemente deste trabalho, a proposta de Wang et al. [13] envolve *feedback* explícito do usuário, onde é necessário fornecer informações (gostou/não gostou) sobre as atividades recomendadas, enquanto no presente trabalho todos os dados foram coletados de forma automática.

Neste trabalho, é proposto um sistema que coleta informações de múltiplos domínios sobre usuários a partir do Facebook[1], de forma automática, para a criação de Modelos de Usuários baseados em suas preferências por filmes e livros.

3. SISTEMAS DE RECOMENDAÇÃO

Sistemas de recomendação são técnicas e ferramentas de software para fornecer sugestões de itens úteis para um usuário. Nesses sistemas, "item" é um termo genérico utilizado para denotar o que o sistema recomenda a um usuário [12].

As diferentes técnicas de recomendação que embasam um sistema de recomendação podem ser classificadas com base em suas fontes de conhecimento. Na filtragem colaborativa,

---

[1]http://www.facebook.com

o sistema gera recomendações para um usuário utilizando apenas informações de itens de outros usuários com gosto similar. Sistemas que implementam uma abordagem de recomendação baseada em conteúdo analisam um conjunto de itens previamente classificados por um usuário e constroem um modelo ou perfil de interesses do usuário [8].

O processo de recomendação consiste em combinar os atributos do perfil do usuário com os atributos de um item de conteúdo. O presente trabalho foca na modelagem desses perfis de usuários de forma a melhorar a eficiência da recomendação ao unir diferentes domínios de itens.

4. MODELOS DE USUÁRIO

Um sistema de recomendação pode ser visto como uma ferramenta que gera recomendações construindo e explorando modelos de usuário [2]. A tarefa de coletar dados de modelagem de usuário é normalmente realizada de duas maneiras: explícita e implícita. No modelo explícito, o usuário é solicitado explicitamente a fornecer *feedback* sobre os itens, normalmente através de um formulário ou sistema de classificação. Já no *feedback* implícito são aplicados mecanismos de raciocínio que inferem as informações necessárias com base no comportamento observável do usuário [5].

Cada sistema de recomendação constrói e mantém uma coleção proprietária de Modelos de Usuário [9]. Assim, supõe-se que sistemas de recomendação possam potencialmente beneficiar-se ao enriquecer seus dados de modelagem de usuário importando e integrando estes dados de outros sistemas de recomendação e, então, fornecer melhores recomendações para o usuário. Tais sistemas podem, inclusive, carregar preferências dos usuários em diferentes domínios.

Winoto e Tang [14] apresentaram um dos primeiros estudos relacionados a recomendações em múltiplos domínios, em que concluem que, embora recomendações entre múltiplos domínios tendam a ser menos precisas do que recomendações em um único domínio, a primeira gera uma lista mais diversificada, o que pode levar à maior satisfação do usuário. Além disso, recomendações entre múltiplos domínios têm outras vantagens, como lidar com o problema da partida-a-frio (*cold-start problem*) [1] e também com o problema da esparsidade [10]. Assim, conclui-se que, ao identificar as relações entre itens em dois domínios diferentes e explorar as preferências do usuário em tais domínios conhecidos, pode-se gerar recomendações para ele sobre itens em um domínio inexplorado.

4.1 Bayesian Personalized Ranking

Bayesian Personalized Ranking (BPR) é um *framework* genérico para otimizar diferentes tipos de modelos. Foi proposto por Rendle et al. [11] para lidar com o problema de treinar um modelo de recomendação de itens utilizando apenas *feedbacks* implícitos. O modelo fornece pontuações positivas para os itens observados e pontuações negativas para os itens não visitados. Entretanto, tal suposição é imprecisa, pois um item não observado pode apenas não ser conhecido do usuário.

Considerando este problema, ao invés de treinar o modelo utilizando apenas os pares usuário-item, Rendle et al. [11] propôs considerar a ordem relativa entre um par de itens, de acordo com as preferências do usuário. Sendo $N(u)$ o conjunto de itens para o qual o usuário u forneceu *feedback* implícito e $\bar{N}(u)$ o conjunto de itens desconhecidos pelo usuário u, é inferido que se um item i foi visto por um usuário u e j não foi visto ($i \in N(u)$ e $j \in \bar{N}(u)$), então $i >_u j$, o que significa que ele prefere i ao invés de j.

4.2 BPR-Mapping

O BPR-Mapping é um algoritmo proposto por Gantner et al. [3], baseado no *framework* BPR, para personalizar um *ranking* de itens utilizando apenas *feedback* implícito. A principal diferença é que ele utiliza um mapeamento linear para otimizar os fatores de item que serão utilizados depois em uma regra de predição de fatoração de matriz extendida.

Gantner et al. [3] objetiva o caso onde novos usuários e itens são adicionados primeiramente calculando os vetores de característica latentes de atributos como a idade do usuário ou o gênero do filme, e então utilizando os vetores de característica latentes estimados para calcular a pontuação do modelo da matriz de fatorização (MF) subjacente.

5. GERAÇÃO AUTOMÁTICA DE MODELOS DE USUÁRIOS BASEADOS EM MÚLTIPLOS DOMÍNIOS

Nesta seção, são apresentados a análise e o desenvolvimento da solução para modelagem automatizada de perfis de usuários.

O sistema funciona como um *website* que, a princípio, utiliza-se de dados sobre o interesse do usuário em filmes e livros obtidos no Facebook. Assim, faz parte do escopo da solução o uso da API[2] do Facebook, que permite que aplicações façam uso das conexões sociais e informações do perfil do usuário.

A Figura 1 apresenta um fluxograma com uma visão geral do funcionamento do sistema. Inicialmente (Passo 1 da Figura 1) o usuário deve realizar *login* no sistema utilizando sua conta do Facebook. Neste passo são obtidos dados básicos do usuário, como nome, e-mail e data de nascimento.

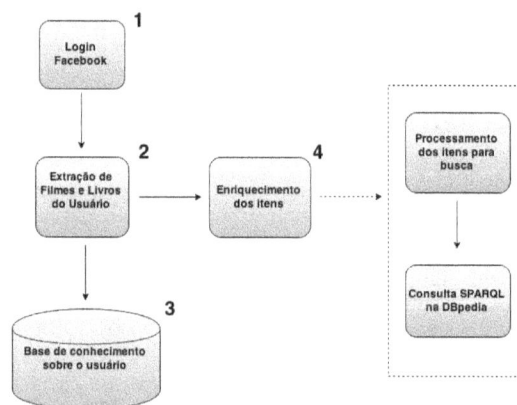

Figura 1: Fluxo do Funcionamento do Sistema.

Após ter acesso ao sistema, o usuário poderá acessar a opção para coletar todos os filmes e livros que foram marcados pelo usuário como "assistidos" ou "lidos" no Facebook (Passo 2 da Figura 1). Também é realizada uma consulta ao Facebook para obter a data de lançamento de cada filme e livro, em suas respectivas páginas. Todos esses dados são obtidos por meio da API mencionada anteriormente e são

---

[2]https://developers.facebook.com

então armazenados em um banco de dados e relacionados ao usuário (Passo 3 da Figura 1).

Para construção de um modelo de usuário relevante, é necessário obter mais informações sobre os filmes e livros do usuário e, assim, entender o que eles representam e o seu significado para o usuário. Isso é feito através do enriquecimento de informações sobre os itens do usuário (Passo 4 da Figura 1). Para isso foi utilizada a base da DBpedia[3] como fonte, para checar cada item que não possui detalhes e complementar as informações.

As consultas à DBpedia são feitas utilizando SPARQL, uma linguagem de consulta semiestruturada semântica para banco de dados, capaz de recuperar e manipular dados armazenados em RDF, *Resource Description Framework*. Os detalhes buscados sobre os itens são: gêneros, sinopse, diretor, atores, data de lançamento e duração. Ao fim da consulta à DBpedia, temos o conjunto de informações que representa o modelo do usuário resultante do processo de geração automatizado proposto por este trabalho. Ele permitirá ao sistema de recomendação executar algoritmos de recomendação para sugerir livros ou filmes a partir da combinação de dois ou mais atributos do modelo, sejam eles do mesmo domínio ou de domínios diferentes.

6. AVALIAÇÃO

Como metodologia de avaliação, diferentes tipos de metadados foram combinados de dois em dois, como pode ser visto na tabela 1. Essas combinações são descritas em um arquivo de texto que contém relações binárias entre as entidades. Os arquivos contêm duas colunas, cada coluna contendo o ID da entidade no banco de dados. Os arquivos são utilizados como entrada para o algoritmo BPR-Mapping, descrito na Seção 4.2 através da biblioteca MyMediaLite [4].

6.1 Conjunto de Dados

Todos os testes foram executados com dados de usuários do Facebook. De cada usuário, foram coletados os filmes e livros que este marcou como assistido ou lido, respectivamente. Para cada filme são consultados, na DBpedia, o diretor, país, data de lançamento, sinopse e gêneros. E para os livros são consultados autor, país, data de lançamento, sinopse, gêneros e número de páginas. O banco de dados final é composto de 37 usuários relacionados a 9 cidades, 1189 filmes e 637 livros com relações entre 30 países e 39 gêneros.

Para os testes foi utilizado o processo de *cross-validation*, em que o modelo é treinado utilizando um conjunto de treino e testado com os exemplos de um conjunto de teste. Em seguida, diferentes conjuntos de treino e teste são selecionados para iniciar o processo de treino e teste novamente, repetindo o processo k vezes. Finalmente, a performance média é reportada. Existem várias técnicas de *cross-validation*, aqui foi utilizada a técnica *n-Fold*, em que o conjunto de dados é dividido em n grupos. Um dos grupos é utilizado para testar o modelo e os restantes $n-1$ grupos são utilizados para treino.

O algoritmo BPR-Mapping (ver Seção 4.2) foi executado oito vezes utilizando diferentes conjuntos de entradas. A primeira execução foi realizada sem considerar atributos de filmes, livros ou do usuário, para ser posteriormente utilizada como base para avaliação de performance das outras sete execuções. Os resultados obtidos estão listados na Tabela 1.

[3]http://wiki.dbpedia.org

6.2 Métricas de Avaliação

Neste trabalho são utilizadas as seguintes métricas:

- *Precisão em n (Prec@n)* é utilizada para avaliar o sistema no contexto de um único usuário. A $P@n$ mede a relevância dos n primeiros itens de uma lista: $P@n = \frac{r}{n}$, onde n é o número de itens retornados e r é o número de itens considerados relevantes e retornados até a posição n da lista.

- *Mean Average Precision (MAP)* é obtida calculando a média sobre a precisão média da lista de recomendações de cada usuário, como: $MAP = \sum_{n=1}^{N} \frac{AveP(n)}{N}$, onde $AveP(n)$ é a média dos valores de precisão obtidos para o conjunto de top-N recomendações depois que cada recomendação relevante é recuperada [7].

- *Area Under the ROC curve (AUC)* tenta medir como um sistema de recomendação pode distinguir com sucesso os itens relevantes (aqueles apreciados pelo usuário) dos itens irrelevantes (todos os outros) [6]: $AUC = \frac{n' + 0.5n''}{n}$. O melhor valor possível a ser obtido é 1, e qualquer ranking não aleatório que faça sentido tem valores AUC $> 0,5$.

6.3 Resultados

Esta seção apresenta os resultados da execução do algoritmo BPR-Mapping.

Analisando os resultados obtidos com a métrica prec@5, o nível de melhoria chegou a 91,31%, o que é um valor bem expressivo, obtido ao utilizar os atributos gênero do filme e cidade do usuário, com um valor de 0,03612, como pode ser visto na Tabela 1. Isto se deve provavelmente ao fato de que muitos dos usuários registrados na aplicação pertencem a cidades em comum ou são amigos na rede social Facebook, o que sugere que possam ter interesses em comum por filmes. Entretanto, ao utilizar os atributos gênero do filme e data de nascimento do usuário não houve melhoria. Isto pode ser devido ao fato de que o ano de nascimento é um atributo esparso, ou seja, em alguns casos não foi informado.

Na prec@10 a performance da recomendação não foi tão alta se comparada ao prec@5, pois esta métrica considera os dez primeiros itens da lista. Aqui, o nível de melhoria foi de 37,55% e, mesmo sendo mais baixo que a prec@5, ainda assim é um bom resultado. O maior valor alcançado foi obtido ao utilizar os atributos país do filme e livros do usuário, com um valor de 0,02916. Pode-se deduzir, neste caso, o interesse dos usuários por filmes e livros de uma mesma nacionalidade, sendo os itens de maior interesse de nacionalidade estadunidense.

Com a métrica MAP, o nível de melhoria ficou entre 8,07% e 36,24%. Os valores obtidos ao utilizar os atributos dos filmes, livros e usuário são geralmente muito melhores. O maior valor alcançado foi obtido ao utilizar os atributos gênero do filme e livros do usuário, com um valor de 0,09154. Isso se deve provavelmente ao fato de que as relações entre filmes e livros podem ser facilmente conectadas, por exemplo, um usuário que gostou de um livro de terror tende a gostar de filmes de terror. Contudo, ao utilizar os atributos gênero do filme e data de nascimento do usuário, obteve um valor de 0,05977, valor 11% menor ao obtido no teste sem atributos. Isto deve-se, provavelmente, ao fato de que o ano de nascimento pode influenciar no interesse em determinados gêneros de filmes.

Tabela 1: Resultados para AUC, prec@5, prec@10 e MAP.

Atributos do Filme	Atributos do Usuário	AUC	prec@5	prec@10	MAP
sem atributos	sem atributos	0,76189	0,01888	0,02120	0,06719
países	sem atributos	0,77813	0,02388	0,02370	0,07261
gêneros	sem atributos	0,77977	0,02388	0,02390	0,07899
países	ano de nascimento	0,78743	0,03244	0,02616	0,08193
países	livros	0,79902	0,03544	**0,02916**	0,08838
países	cidades	0,78898	0,03494	0,02491	0,08683
gêneros	ano de nascimento	0,78450	0,01888	0,02120	0,05977
gêneros	livros	**0,80516**	0,02388	0,02370	**0,09154**
gêneros	cidades	0,78079	**0,03612**	0,02845	0,08231

Nos testes realizados, todos os valores obtidos pela métrica AUC estiveram acima de 0,5. Aqui, mais uma vez temos o maior valor alcançado ao utilizar os atributos gênero do filme e livros do usuário, atingindo um valor de 0,80516. Portanto o algoritmo foi capaz de identificar itens relevantes para recomendar ao usuário.

7. CONCLUSÕES

Este trabalho apresentou uma modelagem de perfis de usuários em múltiplos domínios, gerados de forma automatizada, com o objetivo de transferir conhecimento sobre o usuário de um domínio para um outro domínio relacionado. Os resultados das métricas obtidos nas avaliações executadas mostram que compartilhar informações entre domínios aumenta consideravelmente a performance da recomendação. Em todos os experimentos, combinar atributos dos filmes com os dos livros produziu melhores resultados na recomendação do que ao utilizar somente atributos de filmes.

A abordagem de múltiplos domínios na modelagem dos perfis de usuários também se mostrou conveniente para lidar com o problema da partida a frio (*cold-start problem*) em sistemas de recomendação, em que o conhecimento existente sobre os novos usuários não é suficiente para começar a gerar recomendações, já que o modelo de usuário é criado de forma automática.

Como trabalhos futuros, sugerimos melhorias na etapa de coleta dos detalhes sobre os itens a partir da DBpedia. Como o Facebook fornece apenas o nome do filme ou livro, a busca na DBpedia precisou ser realizada através do nome, o que trouxe problemas relacionados a erros de grafia ou ruídos. Outra sugestão refere-se ao esforço em complementar informações dos filmes e livros. Isso pode ser feito com a obtenção de dados sobre os itens em sites especializados, como IMDB[4], por exemplo.

8. REFERENCES

[1] F. Abel, E. Herder, G.-J. Houben, N. Henze, and D. Krause. Cross-system user modeling and personalization on the social web. *User Modeling and User-Adapted Interaction*, 23(2):169–209, 2012.

[2] S. Berkovsky, T. Kuflik, and F. Ricci. Cross-representation mediation of user models. *User Modeling and User-Adapted Interaction*, 19(1-2):35–63, Feb. 2009.

[3] Z. Gantner, L. Drumond, C. Freudenthaler, S. Rendle, and L. Schmidt-Thieme. Learning attribute-to-feature mappings for cold-start recommendations. In *2010 IEEE 10th International Conference on Data Mining (ICDM)*, pages 176–185, dec. 2010.

[4] Z. Gantner, S. Rendle, C. Freudenthaler, and L. Schmidt-Thieme. MyMediaLite: A free recommender system library. In *Proceedings of the 5th ACM Conference on Recommender Systems*, RecSys '11, pages 305–308, New York, NY, USA, 2011.

[5] U. Hanani, B. Shapira, and P. Shoval. Information filtering: Overview of issues, research and systems. *User Modeling and User-Adapted Interaction*, 11(3):203–259, Aug. 2001.

[6] L. Lü, M. Medo, C. H. Yeung, Y. Zhang, Z. Zhang, and T. Zhou. Recommender systems. *CoRR*, abs/1202.1112, 2012.

[7] C. D. Manning, P. Raghavan, and H. Schütze. *Introduction to Information Retrieval*. Cambridge University Press, New York, NY, USA, 2008.

[8] D. Mladenic. Text-learning and related intelligent agents: A survey. *IEEE Intelligent Systems*, 14(4):44–54, July 1999.

[9] M. Montaner, B. López, and J. L. De La Rosa. A taxonomy of recommender agents on theinternet. *Artif. Intell. Rev.*, 19(4):285–330, June 2003.

[10] W. Pan, E. Xiang, N. Liu, and Q. Yang. Transfer learning in collaborative filtering for sparsity reduction, 2010.

[11] S. Rendle, C. Freudenthaler, Z. Gantner, and L. Schmidt-Thieme. Bpr: Bayesian personalized ranking from implicit feedback. In *Proceedings of the Twenty-Fifth Conference on Uncertainty in Artificial Intelligence*, UAI '09, pages 452–461, Arlington, Virginia, United States, 2009. AUAI Press.

[12] F. Ricci, L. Rokach, B. Shapira, and P. B. Kantor, editors. *Recommender Systems Handbook*. Springer, 2011.

[13] Y. Wang, J. Zhang, and J. Vassileva. *Artificial Intelligence: Methodology, Systems, and Applications: 14th International Conference, AIMSA 2010, Varna, Bulgaria, September 8-10. 2010. Proceedings*, chapter Towards Effective Recommendation of Social Data across Social Networking Sites, pages 61–70. Springer Berlin Heidelberg, Berlin, Heidelberg, 2010.

[14] P. Winoto and T. Tang. If you like the devil wears prada the book, will you also enjoy the devil wears prada the movie? a study of cross-domain recommendations. *New Generation Computing*, 26(3):209–225, 2008.

---

[4]IMDB, http://www.imdb.com

Author Index